Eroberte im Mittelalter

Europa im Mittelalter

Abhandlungen und Beiträge
zur historischen Komparatistik

Herausgegeben von Michael Borgolte,
Wolfgang Huschner und Barbara Schlieben

Band 39

Eroberte im Mittelalter

Umbruchssituationen erleben, bewältigen, gestalten

Herausgegeben von
Rike Szill und Andreas Bihrer

DE GRUYTER

Gefördert durch die Gleichstellungsmaßnahme ‚Frauen aufs Podium!' der Philosophischen Fakultät der Christian-Albrechts-Universität zu Kiel.

ISBN 978-3-11-162085-5
e-ISBN (PDF) 978-3-11-073992-3
e-ISBN (EPUB) 978-3-11-074003-5
ISSN 1615-7885

Library of Congress Control Number: 2022949428

Bibliografische Information der Deutschen Nationalbibliothek
Die Deutsche Nationalbibliothek verzeichnet diese Publikation in der Deutschen Nationalbibliografie; detaillierte bibliografische Daten sind im Internet über http://dnb.dnb.de abrufbar.

© 2024 Walter de Gruyter GmbH, Berlin/Boston
Dieser Band ist text- und seitenidentisch mit der 2023 erschienenen gebundenen Ausgabe.
Satz: Integra Software Services Pvt. Ltd.

www.degruyter.com

Vorwort

Beinahe wären die Beitragenden dieses Sammelbandes selbst zu Eroberten geworden: Der Ausbruch der Pandemie im Jahr 2020 trieb sie im Frühjahr erst ins Ungewisse, im Sommer ins Hybride und zum Jahresende hin schließlich ganz ins Digitale. Dass trotz dieser erschwerten Vorzeichen nunmehr der Sammelband zur Tagung „Ein (ver)nehmen? ‚Eroberte' als Diskursteilnehmer zwischen Selbstinszenierung und Sinnstiftung in der Vormoderne" aus dem November 2020 vorliegt, ist einer Vielzahl an verschiedensten Personen, Gruppen und Institutionen zu verdanken: Ohne ihre Unterstützung wäre weder eine Tagung in präsenter, hybrider oder digitaler Form durchführbar noch eine Redaktion von insgesamt 19 Beiträgen möglich gewesen.

Dieser Dank gilt dem Team der Professur für die Geschichte des frühen und hohen Mittelalters sowie für Historische Grundwissenschaften am Historischen Seminar der Christian-Albrechts-Universität (CAU) zu Kiel: Gabriele Langmaack danken wir für ihre unerlässliche und zuverlässige Hilfe seitens des Sekretariats, Markus Kranz, Judith Böhm, Mara Dwornik und Franca Wißmann für die perfekte technische Vorbereitung und Koordination während der Tagung. Karolin Künzel, Janina Lillge und Patrick Nehr-Baseler haben sympathisch, souverän und kompetent durch drei digitale Veranstaltungstage moderiert, Sarah-Christin Schröder gilt unser Dank für die Erstellung des Tagungsberichts.[1] Ein großer Dank gilt ferner den Mitarbeitenden des Instituts für Neuere Deutsche Literatur und Medien der CAU, namentlich Willem Strank, Felix Trautmann und Malte Schulze, für die weit über das Maß an Flurfunk und Nachbarschaftshilfe hinausgehende technische Unterstützung bei der Tagung, dem Team der Gleichstellungsbeauftragten und des Dekanats der Philosophischen Fakultät der CAU für die finanzielle Förderung des Bandes aus den Mitteln der Gleichstellungsmaßnahme ‚Frauen aufs Podium!', der Pressestelle der CAU für die Erstellung von Plakaten und Flyern sowie dem Rechenzentrum für die stets freundlichen Rückmeldungen bei noch so banalen Rückfragen in allen Planungsstadien.

Allen Referierenden, die sich auch noch kurzfristig dazu bereiterklärten, an einer komplett digital stattfindenden Tagung teilzunehmen und viel Zeit und Mühe in die Abfassung ihrer Vorträge und die Überführung ihrer Vortragsskripte in die Druckfassung investiert haben, sowie allen Diskussionsteilnehmenden gilt unser herzlicher Dank: Sie haben zum Gelingen der Tagung sowie zum Entstehen dieses Sammelbandes maßgeblich beigetragen. Alison Beach, Bianca Frohne, Veit Groß und Helga Schnabel-Schüle danken wir für ihre Tagungsvorträge; Marcel Bubert, Christoph Mauntel und Philipp Winterhager danken wir für ihre Bereitschaft, im Nachgang an die Tagung jeweils eigene Beiträge verfasst und so den Band durch ihre Expertise bereichert zu haben. Schließlich sei Kordula Wolf für die Anfertigung ihrer Schlusszu-

---

[1] https://www.hsozkult.de/conferencereport/id/fdkn-127459 (Zugriff: 23.09.2022).

https://doi.org/10.1515/9783110739923-202

sammenfassung sowie allen Beitragenden die freundliche und unkomplizierte Zusammenarbeit im Zuge der Redaktionsarbeit herzlich gedankt.

Für die Unterstützung bei den Redaktionsarbeiten danken wir den Kieler Hilfskräften Sarah-Christin Schröder, Lea Tanha, Alexandra Thomsen, Ole Marten, Tabea Wittorf und Hendrik Kühn, die auch das Register erstellt haben, sowie Mara Dwornik für die Korrektur der englischsprachigen Abstracts. Den Reihenherausgeber/innen Barbara Schlieben, Michael Borgolte und Wolfgang Huschner gilt unser Dank für die Aufnahme des Bandes in die Reihe „Europa im Mittelalter", die in allen Phasen der Publikation von Elisabeth Kempf, Eva Locher, Robert Forke und Laura Burlon sowie von Anne Stroka und David Jüngst von Integra Software Services kompetent und geduldig betreut und begleitet wurde. Philipp Winterhager danken wir für seine Unterstützung bei Fragen zur Gestaltung des Verlagsmanuskripts.

Unter allen Genannten herrschte dabei ein großes Einvernehmen darüber, dass ein Fokus auf Eroberte im Mittelalter ein wichtiges wie ertragreiches Thema für einen Sammelband darstellt. Mögen sich die Lesenden dieses Bandes nun selbst von den Stimmen und Perspektiven der Eroberten in ihren Bann ziehen lassen.

Kiel, im Januar 2023

Inhaltsverzeichnis

Vorwort —— V

Rike Szill
Eroberte im Mittelalter. Aspekte einer Geschichte historischer
Umbruchssituationen ‚von unten' —— 1

I Eroberung erleben

Hermann Kamp
Das Aufbegehren der Eroberten. Absichten, Formen und Deutungen im
europäischen Mittelalter (8. bis 14. Jahrhundert) —— 21

Philipp Winterhager
Ganz Italien, seine Teile – und Rom. Der ‚Liber Pontificalis' und die
topographische Verortung des Eigenen im Angesicht von Eroberung —— 47

Philipp Frey
Verräterische und verratene Eroberte in Einhards ‚Vita Karoli'. Eine
exemplarische Untersuchung zur Einflussnahme Eroberter im Reich der
Karolinger —— 73

Anne Foerster
Die Stimmen der Eroberten bei Ermoldus Nigellus. Eine Mahnung an Ludwig
den Frommen und Pippin von Aquitanien —— 97

Christoph Mauntel
Eroberung oder nur Herrschaftswechsel? Die Normandie unter englischer
Herrschaft, 1415–1450 —— 123

II Eroberung bewältigen

Michael Grünbart
Strategien zur Bewältigung von Eroberung im griechischen Mittelalter —— 155

Richard Engl
Muslimische Perspektiven auf christliche Eroberungen in Süditalien.
Deutungsspuren vor Ort und im Ayyubidenreich (7.–8./13.–14. Jahrhundert) —— 181

Robert Friedrich
Die zweifache christliche Unterwerfung von Menorca/Manūrqa. Handlungsspielräume der Eroberten und Vereinbarkeit von Rechtstraditionen in den Verträgen von Capdepera (628/1231) und Sent Agayz (685/1287) —— 209

Eric Böhme
Vom Šarq al-Andalus in die Krone Aragón? Die Errichtung des Königreiches València aus der Perspektive der muslimischen Aljamas —— 237

Julia Bühner
Furchtlos vor der Macht des Schicksals. Die Wiederentdeckung der ‚Insulae Fortunatae' im Spätmittelalter —— 267

Isabelle Schürch
‚Reconquistas' in Las Americas. Eine etwas andere Conquistageschichte zu Pferd —— 295

III Eroberung gestalten

Stephan Bruhn
Büßen, Versöhnen, Einigen. Deutung und Bewältigung von Eroberung im Kontext der dänischen Herrschaft über England (1013–1042) —— 319

Maximilian Nix
Die Geschichte schreibt den Sieger. Gefährliches Wissen und der Kampf um das Narrativ in den Kontroversschriften um 1100 —— 355

Marcel Bubert
Fremdes Blut, heilige Rache und die Invasion im Schafspelz. Die anglonormannische ‚Eroberung' Irlands und die Strategien ihrer Delegitimation —— 375

Helen Wiedmaier
Die Darstellung der Besiegten in der Historiografie des 14. Jahrhunderts. Begegnungen von Siegern und Besiegten am Beispiel der Schlacht bei Mühldorf —— 411

Jörg Rogge
Nach dem Sieg oder: Welchen Wert hatte militärischer Erfolg im späten Mittelalter? Beobachtungen zum militärischen und politischen Handeln König Edwards I. von England in Wales und Schottland —— 429

Andreas Bihrer
Den Eroberer überreden. Persuasive Kommunikation in Jacopo Sannazaros Elegie I,8 ‚Ad Petrum de Roccaforti' —— 451

Kordula Wolf
Eroberte im Mittelalter, oder: Wer schreibt die Geschichte? Ein Resümee —— 467

Verzeichnis der Beitragenden —— 487

Abbildungsverzeichnis —— 491

Personen- und Ortsregister —— 493

Rike Szill
Eroberte im Mittelalter
Aspekte einer Geschichte historischer Umbruchssituationen ‚von unten'

Abstract: Historical phases of upheaval and transformation continue to be a fruitful topic, also with regard to the Middle Ages: That established terms such as ‚conquest' and ‚fall' or ‚victory' and ‚defeat' are considered diametrically opposed seems, in this context, all too understandable. After all, they are what makes such a complex phenomenon describable. However, dichotomising conquest also invites the rather hasty conclusion that contemporaries actually distinguished the actors involved from each other by both categorising them as conquerors and conquered and assigning fixed patterns of interpretation to them. Based on this assumption, this paper discusses aspects on being conquered in the Middle Ages, thereby giving a programmatic introduction to the contributions of the conference volume.

1 Ein Spiel der Narrative: Eroberungserzählungen

Die Beschäftigung mit historischen Umbruchs- und Transformationsphasen hat nach wie vor Konjunktur: Dieser Befund lässt sich nicht nur an der aktuellen Forschungslandschaft ablesen, in welcher die Erforschung des Niedergangs großer Städte, Völker und Reiche seit jeher zum festen Untersuchungsrepertoire gehören.[1] Auch in der Populärkultur liegen allein zum Mittelalter als ‚Zeitalter der Eroberungen' zahlreiche

---

1 Die Schwierigkeit, das Forschungsfeld adäquat zu kartieren, betont auch *Kamp*, Eroberungspolitik (2022), 16: „Der Überblick über die bisherige Beschäftigung mit der Eroberungspolitik im Mittelalter zeigt vor allem eins: [D]as Phänomen weist so viele interessante und bedeutsame Begleiterscheinungen auf, dass ihm allzu leicht die Aufmerksamkeit als Ganzem gestohlen wird." Vgl. aus der unüberschaubaren Fülle an Studien die wegweisenden Beiträge zur kulturwissenschaftlichen Neuausrichtung von *Kortüm*, Gegenstand (2000), bes. 30–37, und *Clauss*, Kriegsniederlagen (2010), bes. 18f., mit jeweils eigenen Verweisen auf die Forschungslandschaft, die im Kontext des Tübinger SFB 923 ‚Bedrohte Ordnungen' zu verortenden Studien von *Frie*, Ordnungen (2013), *Ders.* u. a., Thema (2017), und *Patzold*, Chancen (2014), sowie die in der dazugehörigen Reihe erschienenen Sammelwerke von *Frie/Kohl/Meier*, Dynamics (2018), und *Widder/Holzwart-Schäfer/Heinemeyer*, Dynastien (2018). Das Forschungspotential stellt auch *Bihrer*, Eroberungen (2022), bes. 464, heraus. Vgl. zudem die Vielzahl der allein in Deutschland ansässigen Verbundprojekte der letzten Jahre, wie etwa den SFB 923 ‚Bedrohte Ordnungen' an der Universität Tübingen, den SFB 1167 ‚Macht und Herrschaft' an der Universität Bonn, das GRK 2304 ‚Byzanz und die euromediterranen Kriegskulturen' an der Universität Mainz, die Forschungsgruppe ‚Gewalt-Zeiten' an der Universität Hamburg oder das DFG-Projekt ‚Mediation von Herrschaft' an der Universität Leipzig.

https://doi.org/10.1515/9783110739923-001

Adaptionen in unterschiedlichster medialer Form vor.² Bekanntermaßen produzieren solche Mediaevalismen darin indes ihr eigenes – historisch meist blasses, gerade in dieser Reduktion aber so einprägsames – Mittelalter, das als verzerrtes Echo vornehmlich moderne Interpretationen und Rezeptionen perpetuiert.³

Dieser Umstand tritt nicht nur in Filmen und Computerspielen, sondern auch in vergleichsweise wenig erforschten modernen Brett- und Kartenspielen deutlich hervor:⁴ Ihr bekannter Vertreter und „blockbuster title"⁵ ‚Dominion', der bereits ein Jahr nach seiner Erstveröffentlichung mit dem prestigeträchtigen Titel ‚Spiel des Jahres' ausgezeichnet wurde und seitdem 15 Erweiterungen, fünf Neuauflagen und vier Sondersets erhalten hat,⁶ erhebt das Erleben von Eroberung etwa zu einem, wenn nicht gar zu dem wesentlichen Spielgegenstand:

> Du bist ein Monarch, genau wie deine Eltern zuvor – Regent eines netten kleinen Königreiches mit Flüssen und immergrünen Ländereien. Doch anders als deine Vorfahren hast du Hoffnungen und Visionen. Du willst mehr! Mehr Flüsse, mehr immergrüne Ländereien. Du willst ein Imperium, dein Dominion! In allen Himmelsrichtungen liegen kleine Herzogtümer und Lehen, deren Herrscher nur darauf warten, dass du sie unter deinem Banner vereinst.⁷

Bei genauerem Hinsehen wird in der Aussicht auf das Gewinnen und Siegen der Fokus jedoch auf ein einseitiges Erleben von Eroberungen verschoben. Dies mag

---

2 Vgl. dazu die Beiträge in *Barsch*, Vormoderne (2021), *Enseleit/Peters*, Bilder (2017), *Bildhauer/Jones*, Modern World (2017), und *Emery/Utz* (Hrsg.), Medievalism (2014), mit jeweils weiterer Literatur, zur Bedeutung von Mediaevalismen und des Mittelalters für die Gegenwart maßgeblich *Ders.*, Manifesto (2017), sowie *Jones/Kostick/Oschema*, Relevance (2020), bes. 2f. Für Perspektiven zur Wissenschaftskommunikation vgl. *Baumgärtner* u. a., Mittelalter (2021).
3 Vgl. dazu *Hassemer*, Populärkultur (2016), bes. 28–30, und mit Blick auf das Mittelalter im Film bereits *Kiening*, Mittelalter (2006), 3f.
4 Vgl. dazu neben vereinzelten, jedoch wiederkehrenden Sessions auf dem Medieval Congress in Kalamazoo und dem International Medieval Congress in Leeds *Woods*, Eurogames (2012), grundlegend *Bernsen/Meyer*, Gesellschaftsspiele (2020), und *Boch/Falke*, Brettspiel (2020), bes. 96f. Vgl. zudem die Beiträge in den ‚Analog Game Studies' (https://analoggamestudies.org) sowie insbes. die Projekte aus dem Team des ‚BoardGameHistorian' (https://bghistorian.hypotheses.org/team, Zugriff auf beide: 09.08.2022). Vgl. zu Spielen im Mittelalter zuletzt *Kopp/Lapina* (Hrsg.), Games (2020), mit weiterführender Literatur.
5 *Miller*, Neomedievalism (2019), 149–152, Zitat 152. Vgl. dazu auch *Woods*, Eurogames (2012), 49, und für weitere Beispiele *Black*, Malevolent (2021), 116 (Anm. 1).
6 Vgl. *Woods*, Eurogames (2012), 76, *Black*, Malevolent (2021), 106, sowie für einen schnellen Überblick zu den Erweiterungen https://www.dominion-welt.de/erweiterungen/ (Zugriff: 09.08.2022).
7 Eine englischsprachige Version der Spielebeschreibung findet sich unter https://www.riograndegames.com/wp-content/uploads/2016/09/Dominion2nd.pdf (Zugriff: 15.08.2022). Dabei können die Spieler*innen in einer Partie ihre Aktionsmöglichkeiten durch den gezielten Kauf von Karten kontinuierlich verändern, stärken und die Züge ihrer Mitspieler*innen dadurch nachhaltig stören und schwächen. Wer zu Spielende die meisten Siegpunkte in Form von unterschiedlich großen und damit unterschiedlich wertvollen Territorien hat, gewinnt. Vgl. zur genaueren Spielemechanik auch *Black*, Malevolent (2021), 105f.

angesichts des Spielprinzips wenig verwundern, erklärt dieses das Erobern von Ländereien doch zum expliziten Handlungsziel[8] – und ganz ohnehin zielen viele Gesellschaftsspiele auf eine Gewinnsituation ab, in der es darum geht, von etwas am meisten zu haben. Geradezu paradigmatisch spiegelt sich dieser Aspekt schließlich im Titel des Spiels wider, lässt ‚Dominion' sich doch im Deutschen am sinnfälligsten mit ‚Herrschaft' oder ‚Herrschaftsgebiet' übersetzen.

Aus dieser Gemengelage resultiert für die Repräsentation von Eroberungen im Mittelalter in ‚Dominion' indes eine tiefergreifende Problematik, mit der es sich auseinanderzusetzen gilt: Denn indem die Vermittlung des Mittelalters auf eine gewaltsame Durchsetzung territorialer Ambitionen reduziert wird, wirken Eroberung und Kriegsführung dort als letztlich positive Kräfte zur Schaffung und Umwälzung sozialer Ordnungen ohne weiterführende Konsequenzen. Dadurch forciert und reproduziert ‚Dominion' jedoch nicht nur gängige allgemeine Vorstellungen von Eroberungen im Mittelalter,[9] sondern auch Erfolgsgeschichten und Elitediskurse, da es seine Teilnehmer*innen ausschließlich in die Rolle von Monarchen – und damit weitestgehend männlichen Akteuren – versetzt, die ihre Herrschaft ausbauen wollen.

Doch obwohl damit ein Aspekt mittelalterlichen Eroberns – das Erringen politischer Macht über neu gewonnene Territorien – zweifelsohne das zentrale Thema von ‚Dominion' darstellt, leistet es nicht mehr: In ‚Dominion' leben das Mittelalter wie auch das Erobern von Spielmechanismen mit allenfalls vage ‚mittelalterlich' klingenden Namen, Stereotypen und Aktionen,[10] die nicht nur ein vornehmlich westlich-europäisches Mittelalter,[11] sondern häufig eine ‚Epoche großer Männer' verkörpern und erlebbar machen.[12] Bleibt in solch binären Konstruktionen – trotz entsprechender Bemühungen in Artwork, jüngeren Erweiterungssets und Neuauflagen[13] – kaum Platz für die Repräsentation von diverseren Gesellschaften und Vergesellschaftungsprozessen, mag ‚Dominion' letztlich nur wenig zu einem umfassenderen Verständnis über die politischen, kulturellen und sozialen Praktiken von Eroberungen im Mittelalter beitragen. Warum steht es also am Beginn eines Sammelbandes, der sich spezifisch mit Eroberten im Mittelalter beschäftigen will?

---

8 Vgl. dazu *Black*, Malevolent (2021), 107.
9 Vgl. dazu *Kamp*, Eroberungspolitik (2022), bes. 18, und *Bihrer*, Eroberungen (2022), 444f.
10 Vgl. dazu auch die Einschätzung von *Miller*, Neomedievalism (2019), 152, „that the (...) medieval theming [in Dominion, Anm. d. V.] is comparatively minimalist (...)."
11 Vgl. dazu *Woods*, Eurogames (2012), und den Hinweis von *Miller*, Neomedievalism (2019), 149, dass „a genericized version of the medieval West has become a favorite setting for a number of different gaming genres, electronic and otherwise."
12 Vgl. dazu die instruktive Studie von *Black*, Malevolent (2021), sowie zur Perspektivierung von Gewalt, Krieg und Geschlecht die Beiträge in *Fößel* (Hrsg.), Gewalt (2020). Vgl. für weibliche Perspektiven auf Eroberung zudem die Beiträge von Andreas Bihrer, Stephan Bruhn und Julia Bühner in diesem Band.
13 Vgl. dazu aber auch das Urteil in *Black*, Malevolent (2021), 112f.

Bekanntermaßen lassen sich etablierte Sichtweisen auf konventionelle „Meistererzählungen vom Mittelalter"[14] gerade mit Zeugnissen problematisieren, die sie selbst hervorbringen.[15] So lässt sich in ‚Dominion' nebst den skizzierten Narrativen, Vorstellungen und Mechanismen auch ein Changieren zwischen den Räumen des Eroberns und Erobert-Werdens greifen. In der Spielebeschreibung zur ‚Dark Ages'-Erweiterung wird dazu etwa eine anonyme Schreibinstanz fingiert, die ihre Eroberungserfahrungen wie folgt beschreibt:

> Hart waren die Zeiten. Letztens erst bist du aus deiner Burg in eine nett eingerichtete Schlucht gezogen, um Geld zu sparen. Aber die alte verfallene Burg war sowieso nicht mehr so richtig nach deinem Geschmack. Ständig kamen die Plünderer – und das auch noch zu den unpassendsten Zeiten. (…) Die neue Schlucht aber, ja, die ist großartig. Man bekommt genügend frische Luft und kann seinen Müll hinwerfen, wo man will. (…) Naja, so ist das Leben aber wohl manchmal. Am besten machst du einfach weiter wie immer – eroberst in aller Stille ein paar Dörfer und hältst dich an den Ruinen deiner Burg fest, bis der Sturm vorübergezogen ist.[16]

Das deutlich präsente Credo, das Beste aus der aktuellen Situation machen zu wollen, steht dabei in deutlichem Kontrast zur bezeugten Lebenssituation: Krisenbehafteter könnten diese „harten Zeiten" kaum sein, in denen ohne Obdach und Geld immer wieder feindliche Angriffe gedroht hätten. Trotz der offensichtlich prekären Lage scheint der alten Behausung indes nicht sonderlich nachgetrauert zu werden. Im Gegenteil: Infolge des Ortswechsels seien vorerst keine weiteren Angriffe zu befürchten, auch der neuen Bleibe kann etwas Positives abgewonnen und zur Existenzsicherung schon ein erster, wenn auch ausbaufähiger Plan hervorgebracht werden. Allen Widrigkeiten zum Trotz versteht sich ‚Dominion'-Anonymus damit selbst überhaupt nicht als unterlegen oder erobert.

Bei aller Sachbezogenheit zeichnet damit ausgerechnet die ‚Dark Ages'-Erweiterung, die ob ihres bloßen Titels genug Mittelalterassoziationen hervorrufen mag, mit ihren optimistisch, ironisch wie zynisch interpretierbaren Einwürfen ein doch sehr positives Bild von Eroberungen, bei dem die kulturellen und sozialen Folgen von Umbruchssituationen trotz ihrer expliziten Darstellung in den Hintergrund treten: Denn so konkret die fingierte Schreibinstanz ihre von Obdachlosigkeit, Unsicherheit und finanzieller Not geprägte Lebenslage auch schildern mag, wird diese doch erst in einem zweiten Schritt mit lösungsorientierten Sinnstiftungen verknüpft. Eroberungsgewalten erscheinen dagegen von Vornherein als bloße Begrifflichkeiten, die einen Aggressor als „Plünderer" zwar mehr oder minder namentlich benennen, damit je-

---

14 Vgl. dazu den gleichnamigen Band von *Rexroth* (Hrsg.), Meistererzählungen (2007).
15 Vgl. zu den Perspektiven und Grenzen von populärkulturellen Mittelalterbildern als diskursive Praktiken *Hassemer*, Mittelalter (2011), bes. 136, und *Hamann*, Mittelalter (2021), bes. 17 f., mit jeweils weiterer Literatur.
16 Vgl. die deutsche Spielebeschreibung unter https://www.dominion-welt.de/erweiterungen/darkages/, sowie die Anmerkungen von Donald X. Vaccarino unter https://boardgamegeek.com/thread/846194/secret-history-dark-ages (Zugriff: 09.08.2022).

doch nur indirekt auf die Konsequenzen kriegerischer Auseinandersetzungen und die Tragweite sozialer Umbrüche verweisen. Stattdessen werden in den Kartensets von ‚Dominion' Erfahrungen von Verlust und Niederlage – mit Ausnahme einiger weniger Aktionskarten[17] wie zum Beispiel einem äußerst erschrocken illustrierten ‚Flüchtling' – ausschließlich durch entpersonalisierte Nominalausdrücke wie ‚Zerstörung', ‚Vertreibung' und ‚Verfolgung' oder in Form von Ruinenkarten bereits als etwas Defizitäres präsentiert, das die sozialen, kulturellen und wirtschaftlichen Folgen des Erobert-Werdens zwar recht plakativ auf zerstörte Dörfer, Bibliotheken, Märkte und verlassene Minen verdichtet. Den ‚Überlebenden', die im ‚Dark Ages'-Set bezeichnenderweise selbst eine Ruinenkarte darstellen und zu denen ‚Dominion'-Anonymus dadurch ebenfalls gezählt werden kann, wird als Spieleigenschaft dagegen nur eine Vorsortierfunktion für das Kartendeck zuteil: Können sie als Eroberte nie für sich, sondern nur in Kombination mit anderen wirksam werden, findet das Erobert-Werden im Spielverlauf von ‚Dominion' zumeist gar nicht statt – und obwohl es damit wesentlich in der Spiellogik verankert ist, wird es nur durch das Verlieren der Partie von seinem Ende her erfahrbar.

Eine solch retrospektive Betrachtungs- und Bewertungsweise misst jedoch zum einen „alle früheren Versuche, vergangenes Geschehen in eine Erzählform zu bringen, an modernen Maßstäben"[18], infolgedessen Eroberte fast schon konsequenterweise nicht mehr darstellen könnten als eine amorphe Masse aus Stereotypen, Allgemeinaussagen und unpersönlichen Ausdrücken, deren persönliches Schicksal unausweichlich und unveränderlich gegeben sei. Zum anderen mag dieser buchstäblich spielerische Zugriff auf das Thema paradigmatisch für ein zu positives Bild von Eroberungen stehen,[19] das mit Schlagwörtern wie Koexistenz, Konsens und Anpassung allen Beteiligten im Nachhinein einen erstaunlich breiten und flexiblen Aktionsrahmen in der Aussicht auf Ausgleich, Aussöhnung und Friedensstiftung als gleichsam gemeinsames Ziel unterstellt, ohne dabei die Folgen von bereits erfahrener oder erneut in Aussicht stehender Gewalt, Zerstörung, Flucht und Tod miteinzubeziehen.

In ‚Dominion' verdichten und verschränken sich folglich etablierte wie wirkmächtige Narrative, die auch für das Erforschen, Erzählen und Erklären von Eroberungen im Mittelalter relevant sind: Dazu zählen der Fokus auf die Reproduktion politikgeschichtlicher Ordnungsmuster, die in erster Linie Herrschaftsträger, -insignien und -räume und den Erhalt dieser Ordnungen in den Blick nehmen,[20] sowie eine dichotome Diffe-

---

[17] Vgl. die Spielebeschreibungen unter https://www.dominion-welt.de/erweiterungen/ (Zugriff: 09.08.2022). Die im Folgenden genannten Karten stammen aus den Erweiterungssets Dark Ages (2012), Abenteuer (2015) und Menagerie (2020).
[18] *Rau/Studt*, Einleitung (2009), 1.
[19] Vgl. dazu auch *Bihrer*, Eroberungen (2022), 462.
[20] Vgl. dazu etwa die Aktionskarten ‚Thronsaal' und ‚Vasall' aus der 2. Edition des Dominion-Basisspiels (2017) oder ‚Lehnsherr' und ‚Krone' aus der 2. Edition der Empires-Erweiterung (2021) in den Spielebeschreibungen unter https://www.dominion-welt.de/erweiterungen/ (Zugriff: 09.08.2022).

renzierung in retrospektive Bewertungskategorien wie ‚Eroberer' und ‚Eroberte' als solche. Mögen die skizzierten Bilder und Vorstellungen von Eroberungen im Mittelalter dabei zwangsweise unvollständig und weitestgehend einseitig bleiben, so erfordert das Sprechen über – und damit das Erforschen von – Eroberungen nicht nur eine Reflexion der skizzierten Gemengelage aus verschiedensten alltagssprachlichen, populärkulturellen und auch fachwissenschaftlichen Narrativen, die es in ihrer Komplexität und Ambivalenz zu begreifen gilt. Sie bedingt auch eine Auseinandersetzung mit der Frage „what we view as ‚past history' and whose past histories we choose to reproduce."[21]

2 Eine Frage der Perspektive: Eroberungen erzählen in Vergangenheit und Gegenwart

Trotz der nach wie vor ungebrochenen gesellschaftlichen und wissenschaftlichen Relevanz von Eroberungen als konstantes Phänomen der mittelalterlichen Geschichte hat die Perspektive der Eroberten bislang keine systematische Erforschung erfahren. Zwar haben jüngere Studien allzu einseitige Deutungsmuster modifiziert und stellen somit zentrale Ansatzpunkte für die hier verfolgten Erkenntnisinteressen bereit:[22] So ist Eroberung zum einen als komplexes und damit diffiziles Phänomen zu charakterisieren, das zum anderen nicht als Erfolgsgeschichte im Sinne einer Etablierung von kultureller Homogenität in den eroberten Gebieten pauschalisiert werden kann. Als Konsequenz daraus wurde ferner die Relevanz der Perspektive der Eroberten betont, die „nach Möglichkeit"[23] ebenfalls in die Untersuchungen miteinbezogen werden sollte: Im Anschluss daran wurde erst kürzlich der pragmatische Umgang von Eroberten mit veränderten Herrschaftsverhältnissen herausgestellt, in deren Kontext allen Beteiligten daran gelegen gewesen sei, eigene Handlungsspielräume und Interessen für sich zu bewahren, vorteilhaft auszulegen oder zu schaffen.[24] Eroberte waren und

---

21 *Black*, Malevolent (2021), 111, sowie ferner *Trammel*, Misogyny (2014).
22 Vgl. dazu *Drews*, Verflechtungsprozesse (2016). Mit der Eroberung des Aargaus 1415 fand auf einer Schweizer Tagung im Jahr 2015 etwa ein regionalhistorisches Ereignis nicht auf landesgeschichtlicher Ebene, sondern in europäisch vergleichender Perspektive Beachtung, vgl. dazu *Hesse*, Einführung (2017), 3, mit *Antenhofer*, Rezension (2018). Diese Perspektive fand auch Eingang in die Herbsttagung des Konstanzer Arbeitskreises für mittelalterliche Geschichte im Folgejahr, die verschiedene Eroberer und ihre Herrschaft über fremde Völker und Reiche in der longue durée untersuchte, vgl. dazu die Beiträge in *Kamp*, Herrschaft (2022), und *Ders.*, Eroberungspolitik (2022), 17 f., mit *Venzke/Wolfram*, Tagungsbericht (2017), und *Mauntel*, Rezension (2022).
23 *Hesse*, Einführung (2017), 14.
24 Vgl. etwa *Geis*, Folgen (2022), 246 f., *Jaspert*, Eroberung (2022), und *Szill*, Krisenmanagement (2022).

sind damit „nicht nur passive Opfer, sondern aktive Akteure, die Strategien verfolgten, Entscheidungen trafen und Neues erschufen."[25] Eine vergleichend angelegte und bewusst auf Eroberte zentrierte Aufarbeitung des Themenfeldes steht indes noch aus.

Für die bisherige Fokussierung auf Eroberer sowie deren Perspektiven, Handlungen und Strategien in der bisherigen Forschung scheint es durchaus einen handfesten Grund zu geben:[26] Denn allein die vergleichsweise geringe Anzahl an Quellenbeständen, die aus der Hand von Eroberten überliefert sind, mag eine gezielte Untersuchung von Momenten des Umbruchs aus der Sicht der Eroberten verunmöglichen. Bei genauerer Betrachtung lassen sich in dieser Annahme jedoch gleich mehrere Aspekte identifizieren, die einer stärkeren Differenzierung bedürfen: So trifft diese Einschätzung weder auf alle historischen Kontexte zu[27] noch trägt sie den durchaus vielfältigen Möglichkeiten Rechnung, mit denen die Perspektiven von Eroberten „indirekt und auf subtile Weise"[28] erschlossen werden können.[29] Auch Autor*innen, die für Eroberer schrieben, griffen die Perspektiven ‚ihrer Eroberten' gleichsam fragmentarisch auf, indem sie sich auf diese als Informationsquellen beriefen oder sie als Sprecher*innen selbst zu Wort kommen ließen. Nicht zuletzt vor dem Hintergrund, dass Eroberer durch militärische Fehlschläge, Gegenoffensiven, innere Revolten oder andere kriegerische Auseinandersetzungen selbst zu Eroberten werden konnten,[30] ist somit vielmehr danach zu fragen, ob ‚Eroberer' und ‚Eroberte' überhaupt als geeignete

---

25 *Bihrer*, Eroberungen (2022), 462.
26 Diesen Umstand unterstreichen etwa zahlreiche Beinamen, mit denen historische Persönlichkeiten als ‚Eroberer' oder ‚Große' bedacht wurden und die zum festen Titelrepertoire von Publikationen gehören, vgl. die überbordende Literatur zu Herrschern wie etwa Wilhelm ‚dem Eroberer', Jakob I. von Aragón ‚el Conquistador' und ‚Fātiḥ' Sultan Mehmed II. und allgemein *Kamp*, Eroberungspolitik (2022), 11f.
27 So fördert ein Blick an und über die Ränder des mittelalterlichen Europas hinaus eine durchaus umfangreiche Überlieferungssituation für Quellenbestände von Eroberten zutage, die in für die Thematik einschlägigen Studien wie etwa *Bartlett*, Europe (1993) keine Berücksichtigung finden. Vgl. dazu auch die Beiträge von Isabelle Schürch und Michael Grünbart in diesem Band. Dass sich Perspektiven auf die Iberische Halbinsel und Byzanz lohnen, zeigen z. B. die Beiträge in *Fancy/García Sanjuan* (Hrsg.), Conquest (2021), sowie *Kefala*, Conquered (2020), und *Szill*, Herrschaftszeiten (2020). Vgl. auch das Programm des Workshops des IEG Mainz ‚Conquerors and Conquered' unter https://www.hsozkult.de/event/id/event-116827 (Zugriff: 09.08.2022).
28 Vgl. den Beitrag von Kordula Wolf in diesem Band.
29 Mit Blick auf die zur Verfügung stehenden Quellenbestände und -gattungen gilt es sich dabei bewusst zu machen, dass historiographisches Schreiben als Ort des Schreibens über Geschichte zwar ein wesentliches, aber eben nicht das einzige Format darstellt, Stimmen und Perspektiven von Eroberten zugänglich zu machen. So existieren mit Briefen, Gedichten, Predigten und Urkunden auch andere schriftliche Zeugnisse sowie ikonographische und archäologische Befunde, die Perspektiven von Eroberten z. B. auf Grabsteinen oder Wandmalereien überliefern. Vgl. für Quellen jenseits historiographischer Zeugnisse u. a. die Beiträge von Eric Böhme und Robert Friedrich in diesem Band.
30 Vgl. zu den Perspektiven auf ein temporäres Erobert-Sein oder potientielles Erobert-Werden die Beiträge von Anne Foerster, Philipp Frey und Philipp Winterhager in diesem Band.

Begriffe fungieren können, um Eroberung als komplexes wie ambivalentes Thema in seinen Facetten adäquat beschreiben zu können.

Dabei kann und soll es nicht das Ziel des vorliegenden Sammelbandes sein, fest im sprachlichen Diskurs verankerte Rahmenbegriffe wie Erobernde und Eroberte gänzlich zu verwerfen und durch letztlich nicht tragfähige Alternativen zu ersetzen. Dass sich bei der Beschreibung von historischen Umbruchs- und Transformationsphasen Begriffspaare wie ‚Eroberung' und ‚Fall' oder ‚Sieg' und ‚Niederlage' gleichsam von sich aus diametral gegenüberstünden, scheint auf den ersten Blick zudem einsichtig wie notwendig – immerhin machen sie dieses komplexe Phänomen erst beschreibbar. Gleichwohl laden solche und ähnliche Dichotomien zu dem Fehlschluss ein, dass die darin involvierten Gruppen stets trennscharf voneinander unterschieden, ja überhaupt als ‚Eroberer' und ‚Eroberte' kategorisiert und mit festen Deutungsmustern belegt wurden.[31] Jedoch ist in Momenten der gewaltsamen Herrschaftsübernahme vielmehr von einem komplexen Beziehungsgeflecht aus Akteur*innen und Interessengruppen auszugehen, in denen sich Allianzen und Konfliktlinien verschoben, neu formierten und einer steten Aushandlung unterlagen. Eroberer wie Eroberte sind damit als fluide Konstrukte zu verstehen, die durch Diskurse geformt und kontextbedingt verändert werden konnten und wurden. Dies gilt umso mehr, wenn man Eroberung als langfristigen Transformationsprozess begreift, der sich keineswegs an einer einzelnen Schlacht oder der Krönung einer neuen Herrscherperson singulär festmachen lässt.[32] Gerade in dieser temporal geweiteten Dimension, die neben Wandel und umwälzender Veränderung auch Raum für Kontinuitäten und Anpassungen lässt, tritt der dynamische Charakter von Selbst- respektive Fremdverortungen einzelner Individuen und Gruppen deutlich hervor.

Dazu bietet es sich an, das Untersuchungsrepertoire an etablierten Begrifflichkeiten um einen weiteren Terminus zu ergänzen, der die reziproke und dynamische Verwobenheit der unterschiedlichen Kategorien und Faktoren von Eroberung stärker fokussiert. Denn wenn nicht klar ist, was Eroberung eigentlich ist, zeitigt dieser Umstand nicht allein Konsequenzen für die Zuschreibungskategorien Eroberer und Eroberte. Vielmehr bilden diese zusammen mit dem ‚Stein des Anstoßes', dem ‚Zankapfel' oder – etwas allgemeiner formuliert – dem eigentlichen Streitgrund, der letztlich zur Eroberung geführt hat, ein unauflösbares Interaktionsgeflecht, das zwar wechselseitig aufeinander bezogen, aber in sich flexibel ausgestaltet werden kann. Dieses mehrpolige Beziehungsgeflecht soll hier heuristisch mit dem Begriff der ‚Eroberungstriade' gefasst werden, um der Vielschichtigkeit der Ereignisse und der von ihnen angestoßen Sinnstiftungsprozesse Rechnung zu tragen.

---

31 Vgl. dazu *Bihrer*, Eroberungen (2022), 463: „[D]ie Grenzziehungen zwischen Eroberern und Eroberten [waren] vielfach gar nicht so eindeutig, es kam zu Mischformen und Übergängen, zu Ver- und Entfremdungsprozessen (...)."
32 Vgl. dazu u. a. den Beitrag von Christoph Mauntel in diesem Band.

Generiert sich vor diesem Hintergrund auch der so griffig anmutende Terminus ‚Eroberung' stets aus der Auffassung und Interpretation des Geschehens durch alle Beteiligten, die Wahrnehmung ihrer Zeitgenossen und die Deutung der Nachwelt, so kommt gerade – um bei den Dichotomien zu bleiben – den ‚Eroberten' und ‚Verlierern' eine, wenn nicht gar die zentrale Deutungsinstanz zu: Denn wenn die Bewertung von historischen Umbruchssituationen letztlich Aushandlungssache ist, lösen sich nicht nur lange Zeit stabil gedachte Distinktionen zwischen Herrschern und Beherrschten auf. Auch der semantische Gehalt von Eroberung gestaltet sich zu komplex, als dass er auf seine rein militärische Bedeutung als „gewaltsame[r] Gebietserwerb fremden Staatsgebiets mit kriegerischen Mitteln"[33] reduziert und daher ohne Weiteres von außen zugeschrieben werden könnte. Folglich erweist sich die Wahrnehmung der Eroberten für das Phänomen Eroberung als konstitutiv: Erst durch den Einbezug ihrer Perspektive lässt sich das Phänomen Eroberung als multiperspektivisches Konstrukt überhaupt fassbar machen und erforschen – und stellt somit ganz notwendigerweise einen zentralen Untersuchungsgegenstand dar.[34]

Dabei mag ein Fokus auf die *agency* der Eroberten im Umgang mit neuen Herrschaftsverhältnissen auf den ersten Blick ebenfalls zu einer zu positiven Lesart und „einem zu harmonischen, zu ‚weichgespülten' Bild von Eroberungen"[35] beitragen. Denn gewaltsame Expansionsbestrebungen zeitigten einen fundamentalen Einschnitt in bisherige Lebensrealitäten,[36] eine Konfrontation mit Krieg, Flucht und Verlust, die Gefahr für Leib und Leben sowie daraus erwachsene kulturelle wie soziale Folgen.[37] Diese – im Detail nicht immer greifbare, aber realgeschichtlich zweifelsohne vorhandene – Dimension von Eroberung gilt es auch bei einer Analyse der

---

33 *König/Fassbender*, Eroberung (2006), 495. Vgl. auch *Rogge*, Theorie (2006), und *Hesse*, Einführung (2017), bes. 2f.
34 Studien dieser Art schauen auf eine lange Forschungstradition zurück, die keineswegs auf die mittelalterliche Epoche beschränkt bleibt. Als prominentes Beispiel sei an dieser Stelle auf das siebenbändige Werk von *Gibbon*, Decline (1776–1789), verwiesen. Hier wie auch in anderen Kontexten dient das Mittelalter meist als Negativfolie, vgl. dazu z. B. *Münkler*, Imperien (2005). Zu unterschiedlichen Zuschreibungsmustern bereits in zeitgenössischer Perspektive vgl. auch den Beitrag von Helen Wiedmaier in diesem Band.
35 *Bihrer*, Eroberungen (2022), 462.
36 Diese Umsetzung bedeutete auch für Eroberer die Etablierung organisatorischer, legitimatorischer, logistischer sowie diplomatischer, finanzieller und wirtschaftlicher Strategien. Durch Risiken für Leib und Leben bestand zudem eine akute Gefährdung für die eigene Person wie auch den Fortbestand von Familie und Dynastie, vgl. dazu etwa die Beiträge in *Jaros* u. a. (Hrsg.), Herrschaftswechsel (in Vorbereitung). Vgl. zu solchen Risiken und deren Abwägung die Beiträge in *Scheller* (Hrsg.), Kulturen (2019), für Strategien zur Herrschaftssicherung *Rogge*, Theorie (2006), 123, 127, und *Kortüm*, Besatzung (2006), 42, 51, sowie den Beitrag von Jörg Rogge in diesem Band.
37 Vgl. dazu *Bihrer/Schiersner*, Reformen (2016), 16: „Die meist negativen Folgen (…) zeigten sich auf ganz unterschiedlichen Ebenen (…). Betroffen waren Einzelne, Gruppen, Institutionen oder ganze Gemeinschaften. Die Veränderungen konnten zum Verlust von Besitz, Ressourcen, Infrastruktur bzw. von Ansehen, Status, Rechten und Handlungschancen führen, aber auch den Verlust

Aktionsräume, Initiativen und Handlungsoptionen von Eroberten im Blick zu behalten. Denn diese Aspekte sollen und können nicht darüber hinwegtäuschen, dass Eroberung vor allem für die Bevölkerung der zu erobernden Gebiete Gewalt, Zerstörung, Folter und Tod bedeutete.[38]

So berechtigt, bedeutsam und grundlegend diese Anmerkung auch sein mag: Zur Realität von gewaltsamen Umbrüchen gehören nicht allein das von Leid und Verlust geprägte Erleben von Eroberten, das es mithin in der Forschung als weitreichende Untersuchungsdimension ernst zu nehmen gilt. Mindestens ebenso bedeutsam ist der Umgang mit diesen existenzbedrohenden Erfahrungen – gerade wenn man Eroberung als Prozess begreift, der über die unmittelbare Gewalterfahrung oder militärische Konfrontation hinausgeht. Eroberte waren und sind nicht ohnmächtig, sie ergaben sich weder einfach noch fügten sie sich bedingungslos in ihr Schicksal: Indem sie mit ihren Eroberern verhandelten, zu ihnen überliefen, ihnen Widerstand leisteten oder sich den neu geschaffenen Verhältnissen anpassten, eigene Strategien im Umgang mit den neuen Rahmenbedingungen etablierten oder diese akzeptierten, gestalteten Eroberte diese Umbruchssituationen aktiv mit. Damit kommt ihnen eine wichtige Rolle in der Anerkennung von Herrschaftswechseln und der (Neu-)Aushandlung von sozialem Status zu.

Dementsprechend ist es das erklärte Ziel des vorliegenden Sammelbandes, mit der Perspektivierung von Eroberten in Austausch mit ihren Eroberern eine „facettenreiche(…) Grauzone" in den Blick zu nehmen, die „vereinheitlichende Lesarten und stereotype Zuschreibungen zu hinterfragen hilft und der historischen Vielfalt und Uneindeutigkeit mehr Geltung verschafft."[39] Damit reiht sich der Band nicht nur in mittlerweile gängige Forderungen nach einem prozessualen und multiperspektivischen Zugriff auf historische Ereignisse sowie dem in jüngerer Zeit „wieder vermehrt ins Bewusstsein gerückte[n] (…) Umgang mit Gewalt im Mittelalter"[40] ein. In Anschluss

---

von Informationen, Kommunikationsmöglichkeiten, Traditionen und Identitäten zur Folge haben." Vgl. dazu auch den Beitrag von Richard Engl in diesem Band.

38 Damit ist eine komplexe Gemengelage aus zwei miteinander verschränkten Untersuchungsanliegen skizziert, die ihrerseits unterschiedlicher Konzeptualisierungen bedürfen: einerseits die Beschreibung von Erfahrungen, Perspektiven und Verarbeitungen zeitgenössischer Augen- und Ohrenzeugen im Kontext emotionsgeschichtlicher und erinnerungsgeschichtlicher Ansätze, andererseits die Analyse von Aktionsräumen, Initiativen und Handlungsoptionen von Eroberten in vergleichend-systematisierender Perspektive. Letzterem möchten sich die in diesem Band versammelten Beiträge schwerpunktmäßig widmen. Vgl. zu Gewalt im Mittelalter kürzlich *Meier*, Gewalt (2021), und die Beiträge in *Garnier* (Hrsg.), Konzepte (2021), mit jeweils weiterer Literatur, sowie *Turner/Lee* (Hrsg.), Trauma (2018), und *Frohne*, Pain (2021).
39 Vgl. dazu den Beitrag von Kordula Wolf in diesem Band.
40 *Bihrer*, Eroberungen (2022), 462.

und Ergänzung zu anderen Forschungsverbünden, Tagungen und Publikationen[41] spiegelt sich in diesem Zugriff auch das Anliegen wider, das – nach wie vor etablierte – Narrativ über die passive Ergebenheit von Eroberten weiter zu dekonstruieren, ihre Perspektive grundlegend im Forschungsdiskurs zu verankern und so zu einem komplexeren Verständnis von historischen Umbruchssituationen beizutragen.[42] Dazu legen die hier versammelten Beiträge ihren Fokus gezielt auf Aspekte zur *agency* von Eroberten, ihren Bewältigungskonzepten und -strategien sowie der Anerkennung von Herrschaftsansprüchen im Austausch mit ihren Eroberern.[43]

Nicht zuletzt vor diesem Hintergrund möchte der Sammelband Eroberung somit weniger als ein politik- und militärgeschichtliches, sondern als ein kultur- und sozialgeschichtliches Thema verstehen, in dessen Kontext es sich lohnt, „Eroberung grundsätzlich aus der Perspektive ‚von unten' zu betrachten."[44] Denn eine Erforschung von Eroberung ist stets auch eine Erforschung von sozialen Ungleichheiten – und bedarf somit einer Berücksichtigung derjenigen Individuen und Personengruppen, die in zeitgenössischen wie retrospektiven Meistererzählungen zumeist an den Rand gedrängt werden.[45]

3 Eroberungen erleben, bewältigen, gestalten

Aus diesen epistemischen Parametern resultiert gleich eine ganze Reihe offener Fragen, die in den hier vereinten Beiträgen exemplarisch anhand unterschiedlicher Konstellationen verfolgt werden: Was macht Eroberung, was macht den Zustand

---

41 Das vermehrte Interesse an Eroberten verdeutlichen auch zwei derzeit in Vorbereitung befindliche Sammelbände von *Kamenzin/Lentzsch* (Hrsg.), Geschichte (in Vorbereitung), mit *Straub/Baum*, Tagungsbericht (2021), sowie *Jaros* u. a. (Hrsg.), Herrschaftswechsel (in Vorbereitung), mit *Szill*, Tagungsbericht (2021). Die darin versammelten Beiträge bieten wertvolle und wichtige Ergänzungen zu den hier entworfenen Perspektiven. Zudem ist die Thematik insbes. in der Byzantinistik jüngst auf vermehrte Resonanz gestoßen, vgl. dazu den Mainzer GRK 2304 ‚Byzanz und die euromediterranen Kriegskulturen', *Kefala*, Conquered (2020), sowie die Tagung ‚On Being Conquered in Byzantium' von Adam Goldwyn (2021): https://www.doaks.org/research/byzantine/scholarly-activities/on-being-conquered-in-byzantium (Zugriff: 09.08.2022).
42 Vgl. dazu den Forschungsüberblick *Bihrer/Schiersner*, Reformen (2016), bes. 20–22.
43 Vgl. dazu auch *Schröder*, Tagungsbericht (2021).
44 *Geis*, Folgen (2022), 216, mit *Bihrer*, Eroberungen (2022), 462, und *Ders./Schiersner*, Reformen (2016).
45 Vgl. neben *Bihrer/Schiersner*, Reformen (2016), 16, pointiert *Epp*, Eroberer (2022), 104: „Eroberung [ist] keineswegs nur als Machtausübung politischer Art über Territorien und Personen [zu] definieren, sondern auch als Deutungshoheit über politische und gesellschaftliche Werte." Vgl. zu Perspektiven auf eine intellektuelle Auseinandersetzung, in deren Rahmen sich „diejenigen zu Wort melden, die sich in die Ecke gedrängt, angegriffen, übervorteilt oder nicht verstanden fühlen", auch den Beitrag von Maximilian Nix in diesem Band (mit Zitat).

des Erobert-Seins aus? In welchen Kontexten und in welchen Formen lassen sich Eroberte im Mittelalter greifen – und wer nahm diese Etikettierungen vor? Resultiert Erobert-Sein aus der Zuschreibung durch andere oder aus Formen der Selbstbezeichnung und Aneignung? Handelt es sich dabei um ein vergleichbares Erzählphänomen, das aus einem gemeinsamen Beschreibungsrepertoire schöpft und mit mehr oder minder eigenen Akzenten versehen werden kann? Kann – und wie kann – Erobert-Sein dann jedoch mehr sein als eine bloße narratologische Chiffre? Geschieht die Verwendung von Topoi beispielsweise lediglich zum Selbstzweck oder kann gerade die Umformung und Abweichung von bekannten und etablierten Sprachfiguren ein probates Mittel bereitstellen, um unzulänglich gewordene Wahrnehmungs-, Deutungs- und Sinnstrukturen effektvoll zu kennzeichnen?

Als leitgebend für eine problemorientierte Annäherung an diese Fragestellungen seien dabei drei Annahmen formuliert: (i) ‚Erobert'-Werden und ‚Erobert'-Sein hat es im Mittelalter als feste Konzepte nicht gegeben. Darauf deuten einerseits bereits jüngere Forschungen hin, die sich explizit für einen offeneren Eroberungsbegriff ausgesprochen haben.[46] Andererseits müssen sich Eroberungen damit nicht ausschließlich in militärisch oder anderweitig gewaltsam ausgetragenen Konflikten manifestieren, sondern können auch bei körperbezogenen Aushandlungssituationen wie Konzeptualisierungen von Schmerz oder bei Kontroversen um Wissensbestände wie der Umsetzung von Reformbewegungen deutlich werden.[47]

Eroberung bedingt nicht nur eine Aufhebung der territorialen Stabilität, sondern führt stets eine Dislokation von etablierten Denk-, Wahrnehmungs- und Handlungsmustern herbei: (ii) Eroberung hinterlässt Spuren – und verkörpert daher im buchstäblichen Sinne eine physische wie psychische Form von Erfahrung. Diese wird individuell und kollektiv gelebt, geschaut und gehört, und damit internalisiert und inkorporiert. Folglich ist Eroberung nicht einfach da, handelt es sich dabei doch – wie betont – um einen Prozess: voller Fortschritte, Rückschritte und Widersprüche, geprägt von Konsens und Dissens, der zu einem Abschluss geführt werden soll und doch nicht einfach zu Ende ist.

Diese Aushandlungs- und Anpassungsprozesse sind es, welche den Ereigniskomplex einer Eroberung als singulär kennzeichnen, ohne dass er anderen gänzlich unähnlich wäre: (iii) Eroberung zeitigt Folgen – für Eroberer, Eroberte und diejenigen, die zwischen diesen Eckpunkten changieren, aber auch für Vorstellungswelten und Strukturen, für ihre Überlieferung und die Nachwelt. Genau diese Folgen sind es möglicherweise sogar, welche die Geschehnisse erzählenswert, in jedem Fall jedoch erklärenswert machen.

---

46 Vgl. dazu insbes. *Kamp*, Eroberungspolitik (2022), 18–24.
47 Vgl. dazu *Bihrer/Schiersner*, Reformen (2016), zu körperbezogenen Eroberungssituationen *Frohne*, Pain (2021), und zur Aushandlung von Wissensbeständen *Beach*, Trauma (2017).

Diesen Annahmen folgend erfolgt der Zugriff auf die Thematik dieses Sammelbandes in drei Sektionen: Eroberung erleben, bewältigen und gestalten. Diese Ebenen mögen in den Quellen oft miteinander zusammenfallen – und sind deswegen auch nicht strikt voneinander zu trennen. So diskutieren alle Beiträge Aspekte unterschiedlich stark, die auf Erfahrungen fußen, Formen des Umgangs mit dem Erlebten beleuchten und die neue, ungewohnte oder unbekannte Situation so ganz automatisch einem Gestaltungsprozess unterziehen. Dementsprechend hätten sich die einzelnen Beiträge wohl genauso gut in den jeweils anderen Sektionen dieses Bandes unterbringen lassen. In der prinzipiellen Offenheit liegt aber auch die Stärke der Sektionen: Sie sind eingängig, tragen dem prozessualen Charakter von Umbruchssituationen Rechnung und beleuchten verschiedene Querverbindungen, die sich aus den Eckpunkten einer Eroberung ergeben. So bieten sie schließlich genügend Raum, um Anknüpfungs- und Diskussionspunkte zwischen den einzelnen Beiträgen zu schaffen.

Dabei fokussieren die Beiträge in der Sektion ‚Eroberung erleben' die zeitgenössischen Überlieferungen von Eroberten und nehmen dazu Aspekte der Selbst- und Fremdinszenierung sowie die Memorialfunktion der Quellen in den Blick. Dadurch knüpfen sie nicht allein an den aktuellen Forschungsstand an, sondern führen bisher aufgeworfene Fragestellungen unter dem Fokus auf Eroberte fort. Auf diese Weise werden Deutungen und Strategien der gemeinhin als unterlegen bezeichneten Akteur*innen perspektiviert, die den Aushandlungsstatus von Eroberungen sinnfällig über die gesamte mittelalterliche Epoche hinweg belegen und das etablierte Narrativ der passiven Ergebenheit von Eroberten gegenüber ihren neuen Herrschern dekonstruieren.

Untrennbar mit diesen Aspekten sind Fragen zu Sinnstiftungs- und Bewältigungsstrategien verbunden: Dazu richtet die Sektion ‚Eroberung bewältigen' den Blick bewusst auf den Schreibprozess als Verarbeitung von erlebten Krisensituationen. Welche narrativen Strategien entwickelten die Betroffenen, um das Geschehene verbalisierbar und begreifbar zu machen? Welche Konzepte lassen sich finden, die das Erfahrene produktiv, pragmatisch oder innovativ in übergeordnete Erzählkontexte einordneten? Welche Intentionen wurden dabei verfolgt?

Die Sektion ‚Eroberung gestalten' führt die erarbeiteten Befunde auf einer übergeordneten Ebene fort: Mit der Bewertung von bereits abgeschlossenen Entscheidungsprozessen stehen hier die mittel- bis langfristigen Folgen von Eroberungen im Vordergrund. Auf diese Weise wird die Perspektive über die konkrete Eroberungssituation hinaus mit Fragen zur Herrschaftskonsolidierung und -ausübung verbunden. Ein solcher Fokus auf die Anerkennung von Herrschaftsansprüchen und Deutungshoheiten greift zudem die aufgeworfenen Fragen zur sozialen Praxis und Praktikabilität wieder auf: Welche Handlungsspielräume ergaben sich für die vermeintlich Eroberten gegenüber ihren ‚Eroberern'? Welche Chancen taten sich im Rahmen der neuen Herrschaftsverhältnisse auf? Mit welchen Herausforderungen sahen sich die Eroberten konfrontiert? Welche Interaktionsformen ergaben sich aus den neuen

Konstellationen? Überwogen in diesem Zusammenhang Strategien zur Deeskalation, oder barg die prinzipiell offene Konstellation auch die Gefahr einer (erneuten) Eskalation?

Eroberung erweist sich damit als instabiles und transformatives Konstrukt, das kontinuierlich neu ausgehandelt werden muss und einer beständigen Anpassung, zum Beispiel durch sprachliches Handeln, unterliegt. Daher ist es unabdingbar, die Perspektiven, Strategien und Handlungsmöglichkeiten der Eroberten auszuloten und mit denjenigen der Erobernden ins Verhältnis zu setzen. Dieses Anliegen leistet der Band aus einem breit gefächerten chronologischen, geographischen und auch methodischen Zugriff heraus: Dazu führt er Beiträge zum Früh-, Hoch- und Spätmittelalter zusammen, deren Fallbeispiele die Fragestellungen des Bandes querschnittartig über den gesamten europäischen Raum hinweg von Byzanz über das Mediterraneum bis nach Spanien und vom skandinavischen Ostseeraum über England und das Reich bis nach Italien perspektivieren. Auf diese Weise trägt er dazu bei, Eroberungen verstärkt als Aushandlungs- und Kommunikationsprozesse vergleichend untersuchen zu können – und eröffnet dadurch ein neues und innovatives Forschungsfeld.

Literatur

Christina Antenhofer, Rez. von: Christian Hesse / Regula Schmid / Roland Gerber (Hrsg.), Eroberung und Inbesitznahme. Die Eroberung des Aargaus 1415 im europäischen Vergleich (2017), online: H-Soz-Kult, 11.09.2018, https://www.hsozkult.de/publicationreview/id/reb-26359 (Zugriff: 09.08.2022).

Sebastian Barsch (Hrsg.), Geschichtsdidaktische Perspektive auf die ‚Vormoderne'. Fachwissenschaft und Fachdidaktik im Dialog. (Think! Historically. Teaching History and the Dialogue of Disciplines, Bd. 1.) Kiel 2021.

Robert Bartlett, The Making of Europe. Conquest, Colonization, and Cultural Change 950–1350. London 1993.

Ingrid Baumgärtner u. a., Mittelalter erschließen. Wissenschaftskommunikation und Wissenstransfer, in: Das Mittelalter 26.1, 2021, 68–86.

Alison Isdale Beach, Trauma of Monastic Reform. Community and Conflict in Twelfth-Century Germany. Cambridge u. a. 2017.

Daniel Bernsen / Till Meyer, Gesellschaftsspiele, in: Felix Hinz / Andreas Körber (Hrsg.), Geschichtskultur – Public History – Angewandte Geschichte. Geschichte in der Gesellschaft: Medien, Praxen, Funktionen. Göttingen 2020, 238–260.

Andreas Bihrer, Eroberungen im Mittelalter. Gegenstand – Motive – Akteure – Formen – Folgen. Eine Zusammenfassung, in: Hermann Kamp (Hrsg.), Herrschaft über fremde Völker und Reiche. Formen, Ziele und Probleme der Eroberungspolitik im Mittelalter. (Vorträge und Forschungen, Bd. 93.) Ostfildern 2022, 443–463.

Andreas Bihrer / Dietmar Schiersner, Reformen – Verlierer. Forschungsfragen zu einem besonderen Verhältnis, in: Dies. (Hrsg.), Reformverlierer 1000–1800. Zum Umgang mit Niederlagen in der europäischen Vormoderne. (Zeitschrift für historische Forschung. Beiheft, Bd. 53.) Berlin 2016, 11–36.

Bettina Bildhauer / Chris Jones (Hrsg.), The Middle Ages in the Modern World. Twenty-First Century Perspectives. (Proceedings of the British Academy, Bd. 208.) Oxford 2017.
Daisy Black, Malevolent and Marginal. The Feminized ‚Dark Ages' in Modern Card Games Cultures, in: Karl Alvestad / Robert Houghton (Hrsg.), The Middle Ages in Modern Culture. History and Authenticity in Contemporary Medievalism. (Bloomsbury Collections.) London 2021, 105–118.
Lukas Boch / Anna Klara Falke, Wikinger im modernen Brettspiel, in: Mittelalter Digital 1.2, 2020, 95–117.
Martin Clauss, Kriegsniederlagen im Mittelalter. Darstellung – Deutung – Bewältigung. (Krieg in der Geschichte, Bd. 54.) Paderborn 2010.
Wolfram Drews, Transkulturelle Verflechtungsprozesse in der Vormoderne. Zur Einleitung, in: Christian Scholl / Ders. (Hrsg.), Transkulturelle Verflechtungsprozesse in der Vormoderne. (Das Mittelalter. Beihefte, Bd. 3.) Berlin u. a. 2016, VII–XIII.
Elizabeth Emery / Richard J. Utz (Hrsg.), Medievalism. Key Critical Terms. (Medievalism, Bd. 5.) Woodbridge u. a. 2014.
Tobias Enseleit / Christian Peters (Hrsg.), Bilder vom Mittelalter. Vorstellungen von einer vergangenen Epoche und ihre Inszenierung in modernen Medien. (Wissenschaftliche Schriften der WWU Münster. Reihe 10, Bd. 26.) Münster 2017.
Verena Epp, Chlodwig und Theoderich als Eroberer, in: Hermann Kamp (Hrsg.), Herrschaft über fremde Völker und Reiche. Formen, Ziele und Probleme der Eroberungspolitik im Mittelalter. (Vorträge und Forschungen, Bd. 93.) Ostfildern 2022, 93–112.
Hussein Anwar Fancy / Alejandro García Sanjuan (Hrsg.), What Was the Islamic Conquest of Iberia? Understanding the New Debate. London / New York 2021.
Amalie Fößel (Hrsg.), Gewalt, Krieg und Geschlecht im Mittelalter. Berlin 2020.
Ewald Frie, ‚Bedrohte Ordnungen' zwischen Vormoderne und Moderne. Überlegungen zu einem Forschungsprojekt, in: Klaus Ridder / Steffen Patzold (Hrsg.), Die Aktualität der Vormoderne. Epochenentwürfe zwischen Alterität und Kontinuität. (Europa im Mittelalter, Bd. 23.) Berlin 2013, 99–110.
Ewald Frie / Thomas Kohl / Mischa Meier (Hrsg.), Dynamics of Social Change and Perceptions of Threat. (Bedrohte Ordnungen, Bd. 12.) Tübingen 2018.
Ewald Frie u. a., ‚Bedrohte Ordnungen' als Thema der Kulturwissenschaften, in: Journal of Modern European History 15.1, 2017, 5–35.
Bianca Frohne, Living with Pain. Exploring ‚Strange Temporalites' in Premodern Disability History, in: Frühneuzeit-Info 31, 2021, 95–109.
Claudia Garnier (Hrsg.), Konzepte und Funktionen der Gewalt im Mittelalter. (Geschichte. Forschung und Wissenschaft, Bd. 72.) Berlin u. a. 2021.
Lioba Geis, Tota terra inhorruit? Die Folgen der Eroberung Süditaliens für Klöster und Städte, in: Hermann Kamp (Hrsg.), Herrschaft über fremde Völker und Reiche. Formen, Ziele und Probleme der Eroberungspolitik im Mittelalter. (Vorträge und Forschungen, Bd. 93.) Ostfildern 2022, 215–246.
Edward Gibbon, The History of the Decline and the Fall of the Roman Empire. London 1776–1789.
Sven Hamann, Wir wollen Mittelalter!, in: Sebastian Barsch (Hrsg.), Geschichtsdidaktische Perspektive auf die ‚Vormoderne'. Fachwissenschaft und Fachdidaktik im Dialog. (Think! Historically. Teaching History and the Dialogue of Disciplines, Bd. 1.) Kiel 2021, 17–22.
Simon Maria Hassemer, Das Mittelalter in der Populärkultur. Medien – Designs – Mytheme. Freiburg i.Br. 2016.
Simon Maria Hassemer, Das Mittelalter in der Populärkultur, in: Thomas Martin Buck / Nicola Brauch (Hrsg.), Das Mittelalter zwischen Vorstellung und Wirklichkeit. Probleme, Perspektiven und Anstöße für die Unterrichtspraxis. Münster 2011, 129–140.

Christian Hesse, Eroberung und Inbesitznahme. Einführung, in: Ders. / Regula Schmid / Roland Gerber (Hrsg.), Eroberung und Inbesitznahme. Die Eroberung des Aargaus 1415 im europäischen Vergleich. Ostfildern 2017, 1–18.

Sven Jaros u. a. (Hrsg.), Monarchische Herrschaftswechsel im Spätmittelalter im Vergleich. Aushandlungen – Akteure – Ambivalenzen / Changes of Monarchical Rule in Late Medieval Societies in Comparison. Negotiations – Actors – Ambivalences. (Europa im Mittelalter.) (in Vorbereitung.)

Nikolas Jaspert, Eroberung – Rückeroberung – Glaubenskampf – Gotteskrieg. Die Levante und die Iberische Halbinsel im Vergleich, in: Hermann Kamp (Hrsg.), Herrschaft über fremde Völker und Reiche. Formen, Ziele und Probleme der Eroberungspolitik im Mittelalter. (Vorträge und Forschungen, Bd. 93.) Ostfildern 2022, 249–289.

Chris Jones / Conor Kostick / Klaus Oschema, Why Should we Care about the Middle Ages? Putting the Case for the Relevance of Studying Medieval Europe, in: Dies. (Hrsg.), Making the Medieval Relevant. How Medievalists Are Revolutionising the Present. (Das Mittelalter. Beihefte, Bd. 6.) Berlin u. a. 2020, 1–30.

Manuel Kamenzin / Simon Lentzsch (Hrsg.), Geschichte wird von den Besiegten geschrieben. Darstellung und Deutung militärischer Niederlagen in Antike und Mittelalter. (in Vorbereitung.)

Hermann Kamp, Formen, Ziele und Probleme der Eroberungspolitik im Mittelalter. Eine Einführung, in: Ders. (Hrsg.), Herrschaft über fremde Völker und Reiche. Formen, Ziele und Probleme der Eroberungspolitik im Mittelalter. (Vorträge und Forschungen, Bd. 93.) Ostfildern 2022, 9–28.

Hermann Kamp (Hrsg.), Herrschaft über fremde Völker und Reiche. Formen, Ziele und Probleme der Eroberungspolitik im Mittelalter. (Vorträge und Forschungen, Bd. 93.) Ostfildern 2022.

Eleni Kefala, The Conquered. Byzantium and America on the Cusp of Modernity. (Extravagantes, Bd. 1.) Washington, D.C. 2020.

Christian Kiening, Mittelalter im Film, in: Ders. (Hrsg.), Mittelalter im Film. (Trends in Medieval Philology, Bd. 6.) Berlin u. a. 2006.

Hans-Joachim König / Bardo Fassbender, Eroberung, in: Enzyklopädie der Neuzeit 3, München 2006, 495–504.

Vanina Kopp / Elizabeth Lapina (Hrsg.), Games and Visual Culture in the Middle Ages and the Renaissance. (Studies in the History of Daily Life [800–1600], Bd. 8.) Turnhout 2020.

Hans-Henning Kortüm, Besatzung im Mittelalter, in: Günther Kronenbitter / Markus Pöhlmann / Walter Dierk (Hrsg.), Besatzung. Funktion und Gestalt militärischer Fremdherrschaft von der Antike bis zum 20. Jahrhundert. (Krieg in der Geschichte, Bd. 28.) Paderborn u. a. 2006, 37–55.

Hans-Henning Kortüm, Der Krieg im Mittelalter als Gegenstand der Historischen Kulturwissenschaften. Versuch einer Annäherung, in: Ders. (Hrsg.), Krieg im Mittelalter. Berlin 2000, 13–43.

Christoph Mauntel, Rez. von: Hermann Kamp (Hrsg.), Herrschaft über fremde Völker und Reiche. Formen, Ziele und Probleme der Eroberungspolitik im Mittelalter. (Vorträge und Forschungen, Bd. 93.) Ostfildern 2022, online: H-Soz-Kult, 07.09.2022, https://www.hsozkult.de/publicationreview/id/reb-116071 (Zugriff: 06.10.2022).

Frank Meier (Hrsg.), Gewalt und Gefangenschaft im Mittelalter. (Geschichte in Wissenschaft und Forschung.) Stuttgart 2021.

Timothy S. Miller, Bidding with Beowulf, Dicing with Chaucer, and Playing Poker with King Arthur. Neomedievalism in Modern Board-Gaming Culture, in: Studies in Medievalism 29, 2019, 149–175.

Herfried Münkler, Imperien. Die Logik der Weltherrschaft – vom Alten Rom bis zu den Vereinigten Staaten. Berlin 2005.

Steffen Patzold, Bedrohte Ordnungen, mediävistische Konfliktforschung, Kommunikation. Überlegungen zu Chancen und Perspektiven eines neuen Forschungskonzepts, in: Ewald Frie / Mischa Meier (Hrsg.), Aufruhr – Katastrophe – Konkurrenz – Zerfall. Bedrohte Ordnungen als Thema der Kulturwissenschaften. (Bedrohte Ordnungen, Bd. 1.) Tübingen 2014, 31–60.

Susanne Rau / Birgit Studt, Einleitung, in: Dies. (Hrsg.), Geschichte schreiben. Ein Quellen- und Studienhandbuch zur Historiografie (ca. 1350–1750). München 2009, 1–10.

Frank Rexroth (Hrsg.), Meistererzählungen vom Mittelalter. Epochenimaginationen und Verlaufsmuster in der Praxis mediävistischer Disziplinen. (Historische Zeitschrift. Beihefte, Bd. 46.) München 2007.

Jörg Rogge, Zur Theorie, Praxis und Erfahrung militärischer Besetzung (Okkupation) im späten Mittelalter, in: Ders. / Markus Meumann (Hrsg.), Die besetzte res publica. Zum Verhältnis von ziviler Obrigkeit und militärischer Herrschaft in besetzten Gebieten vom Spätmittelalter bis zum 18. Jahrhundert. (Herrschaft und soziale Systeme in der frühen Neuzeit, Bd. 3.) Berlin u. a. 2006, 119–128.

Benjamin Scheller (Hrsg.), Kulturen des Risikos im Mittelalter und in der Frühen Neuzeit. (Schriften des Historischen Kollegs, Bd. 99.) Berlin 2019.

Sarah-Christin Schröder, Tagungsbericht: Ein(ver)nehmen? Eroberte als Diskursteilnehmer zwischen Selbstinszenierung und Sinnstiftung in der Vormoderne, 12.–14.11.2020 digital (Kiel), online: H-Soz-Kult, 16.03.2021, www.hsozkult.de/conferencereport/id/tagungsberichte-8895 (Zugriff: 09.08.2022).

Nina Straub / Bianca Baum, Tagungsbericht: Geschichte wird von den Besiegten geschrieben. Darstellung und Deutung militärischer Niederlage in Antike und Mittelalter, 10.–12.06.2021 digital (Bochum), online: H-Soz-Kult, 09.11.2021, www.hsozkult.de/conferencereport/id/tagungsberichte-9122 (Zugriff: 09.08.2022).

Rike Szill, Byzantinisches Krisenmanagement und Osmanische Expansion. Verhandlungsstrategien nach der Einnahme Konstantinopels 1453 im Geschichtswerk des Kritobulos von Imbros, in: Julia Gebke / Stephan Mai / Christof Muigg (Hrsg.), Das diplomatische Selbst in der Frühen Neuzeit. Verhandlungsstrategien – Erzählweisen – Beziehungsdynamiken. Affalterbach 2022, 77–93.

Rike Szill, Tagungsbericht: Monarchische Herrschaftswechsel im Spätmittelalter im Vergleich. Aushandlungen – Akteure – Ambivalenzen, 13.–15.09.2021 Leipzig und digital, online: H-Soz-Kult, 16.12.2021, www.hsozkult.de/conferencereport/id/tagungsberichte-9221 (Zugriff: 09.08.2022).

Rike Szill, Herrschaftszeiten! Zum Diskurs über die Endlichkeit von Herrschaft am Beispiel der Einnahme Konstantinopels 1453 in den Geschichtswerken des Dukas und des Kritobulos von Imbros, in: Julia Weitbrecht / Andreas Bihrer / Timo Reuvekamp-Felber (Hrsg.), Die Zeit der letzten Dinge. Deutungsmuster und Erzählformen des Umgangs mit Vergänglichkeit in Mittelalter und Früher Neuzeit. (Encomia deutsch, Bd. 6.) Göttingen 2020, 267–286.

Aaron Trammel, Misogyny and the Female Body in Dungeons and Dragons, in: Analog Game Studies 2.4, 2014, online: https://analoggamestudies.org/2014/10/ (Zugriff: 09.08.2022).

Wendy J. Turner / Christina Lee (Hrsg.), Trauma in Medieval Society. (Explorations in Medieval Culture, Bd. 7.) Leiden u. a. 2018.

Richard J. Utz, Medievalism. A Manifesto. (Past Imperfect.) Kalamazoo 2017.

Sandra Venzke / Lars Wolfram, Tagungsbericht: Herrschaft über fremde Völker und Reiche. Formen, Ziele und Probleme der Eroberungspolitik im Mittelalter, 04.–06.10.2016 Reichenau, online: H-Soz-Kult, 14.03.2017, www.hsozkult.de/conferencereport/id/tagungsberichte-7054 (Zugriff: 09. 08.2022).

Ellen Widder / Iris Holzwart-Schäfer / Christian Heinemeyer (Hrsg.), Geboren, um zu herrschen? Gefährdete Dynastien in historisch-interdisziplinärer Perspektive. (Bedrohte Ordnungen, Bd. 10.) Tübingen 2018.

Stewart Woods, Eurogames. The Design, Culture and Play of Modern European Board Games. Jefferson, NC / London 2012.

Eroberung erleben

Hermann Kamp
Das Aufbegehren der Eroberten
Absichten, Formen und Deutungen im europäischen Mittelalter
(8. bis 14. Jahrhundert)

Gerd Althoff, zum 9.7.2023

Abstract: Using the example of the Sicilian Vespers, this article first addresses the problems of the definition of the conquered in the Middle Ages. The resistance of the Saxons against the Frankish conquest is then treated as an example for a type of insurrection frequently encountered in the early Middle Ages, in which the struggle against subjugation and the defence against the imposed change of faith intertwined and intensified. The second part analyses the Anglo-Saxon uprisings against William the Conqueror and shows how the sometimes extremely violent resistance was fed primarily by the rejection of the new imposed methods of rule and turned less against the conqueror than against the tyrant William, who is believed to crush their own freedom. At the same time, one recognises a strong hostility towards the foreigners who came to the country with the new ruler, whereby the conquest comes into view as a motive for resistance. The third section deepens the consideration of the Sicilian Vespers once more, extended by a look at the Flanders Revolt of 1302. Both examples serve to highlight the importance of the cities for the conquests and the resistance against the conquerors. These cases reveal that the uprising against the conquerors was only supported by certain classes and groups, while others cooperated, with internal conflicts contributing to partisanship. Dynastic legitimacy itself, however proves to be an important mobilisation factor for the urban population and even rebellious artisan groups.

Am 30. oder 31. März 1282 kam es in Palermo zu einem blutigen Aufstand gegen die Herrschaft Karls von Anjou, der 1266 das Königreich Sizilien auf Kosten der Staufer erobert hatte.[1] Nach einem Zwischenfall bei einem Fest vor der Stadt ergriff eine Gruppe von Palermitanern die Waffen, tötete die anwesenden Franzosen und machte anschließend Jagd auf deren Landsleute in der Stadt. Der oberste französische Amtsträger des

---

1 Vgl. zum Verlauf der Sizilianischen Vesper noch immer *Runciman*, Sizilianische Vesper (1976), 228–242, der sich an der grundlegenden Arbeit von *Amari*, Guerra, Bd. 1 (1843), 114–221, orientiert; ein knapper Überblick findet sich bei *Herde*, Karl I. (1979), 99–107. Die aktuellste Analyse bietet *Dunbabin*, Charles I Anjou (1998), 99–113. Die Ursachen und Gründe referiert *Kiesewetter*, Anfänge (1999), 86–92. Mehr mit dem Fortleben der Vesper in den nachfolgenden Jhden. als mit den Ereignissen selbst befasst sich *Tramontana*, Gli anni del Vespro (1989). Zur Behandlung der Vesper in der deutschen Geschichtsschreibung vgl. *Leonardi*, L'età del vespro siciliano (2011).

https://doi.org/10.1515/9783110739923-002

von Neapel aus regierenden Königs wurde erschlagen und eine neue städtische Regierung etabliert, die nach dem Vorbild oberitalienischer Kommunen agieren sollte. 2000 Franzosen fielen dem Aufruhr und Umsturz zum Opfer. Das Aufbegehren blieb nicht auf Palermo begrenzt. Im Verlauf des Monats April erhoben sich weitere Städte, zuletzt im Mai auch das im Osten gelegene Messina. Fast überall wurden die Franzosen vertrieben, nur wenige kamen mit dem Leben davon. Für die Aufständischen war die Erhebung ein Erfolg. Karl von Anjou verlor die Herrschaft über die Insel Sizilien, wenngleich er weiterhin den süditalienischen Teil des Königreichs regieren konnte.

Es fällt nicht schwer, in der Sizilianischen Vesper einen Aufstand der Eroberten zu sehen. Sowohl das Ziel als auch das Vorgehen der Aufbegehrenden sprechen eine eindeutige Sprache. Man wehrte sich gegen die Franzosen und diejenigen, die im Namen Karls von Anjou die Insel verwalteten, und suchte der verhassten Franzosenherrschaft mit aller Gewalt ein Ende zu bereiten.[2] Doch hatten sich die Sizilianer wirklich gegen den Eroberer Karl erhoben? Und handelt es sich genau genommen um einen Widerstand gegen eine Eroberung? Sucht man nach einer Antwort auf diese einfach klingenden Fragen, so kommt bereits ein ganzes Bündel von Problemen zum Vorschein, auf die man stößt, wenn man sich mit dem Widerstand der Eroberten im Mittelalter beschäftigt.

Zunächst einmal erweist es sich als schwierig, die Gründe für das Aufbegehren mit der Eroberung in Verbindung zu bringen. Ein wichtiger Auslöser für die Sizilianische Vesper waren die Steuern, die Karl von Anjou ein Jahr zuvor hatte erheben lassen.[3] Sie reihen sich ein in die Steuerpolitik, die er seit seiner Herrschaftsübernahme betrieben hatte.[4] Aber diese Steuer von 1281 sollte dem Anjou vor allem zur Eroberung des Byzantinischen Reiches dienen.[5] Mit der Eroberung Siziliens 1266 hatte sie nichts zu tun. Und selbst wenn man einen Schritt weitergeht und die schlechte Regierung Karls von Anjou und besonders die vielen Übergriffe seiner Amtsleute als Ursache ansieht, wird die Sache nicht einfacher. Denn die *mala signoria* des Anjou stellte nicht unbedingt ein Resultat der Eroberung von 1266 dar, sondern entwickelte sich erst mit den Jahren.[6] So gesehen steckt nicht in jeder Erhebung, die sich gegen die Herrschaft eines Eroberers richtet, ein Aufbegehren der Eroberten. Davon wird man erst sprechen können, wenn man die Erhebung und die dabei zutage tretenden Motive und Ziele in einen engeren Zusammenhang mit der Eroberung stellen kann oder aber die Akteure eine solche Verbindung selbst thematisieren.

Das zu erkennen ist leichter gesagt als getan, und damit kommt das zweite grundsätzliche Problem in den Blick. Obwohl das Mittelalter viele und vielfältige

---

2 Vgl. *Kiesewetter*, Karl II. (1999), 80 f., 87, der in dieser Annahme die jüngeren Forschungen übereinstimmen sieht.
3 Vgl. *Dunbabin*, Charles I of Anjou (1998), bes. 99–113.
4 Vgl. *Kiesewetter*, Karl II. (1999), 79 f., mit weiterer Literatur.
5 Vgl. *Cartellieri*, Peter von Aragon (2012), 135.
6 Vgl. *Kiesewetter*, Karl II. (1999), 78 f.; *Bresc*, Mala signoria (1998).

Erfahrungen mit Eroberungen machte, so entwickelte es doch keinen klaren Begriff von Eroberung.[7] Es gab Wörter wie *expugnatio* oder *conquisitio* samt ihren Ableitungen, die dem nahekommen, was man heute gemeinhin unter einer Eroberung versteht, nämlich die militärisch erzwungene Aneignung eines Herrschaftsgebietes.[8] Doch diese Wörter wurden nur selten herangezogen, um eine Eroberung zu benennen. Viel häufiger sprach man davon, dass dieser oder jener ein Königreich, eine Provinz oder ein Volk unterworfen habe.[9]

Entscheidend für die zeitgenössische Wahrnehmung war der Herrscherwechsel, der mit der Eroberung einherging, und damit die Frage, ob man den Wechsel für legitim oder nicht erachtete.[10] Verfolgte der Eroberer in den Augen der Beobachter sein Ansinnen mit gutem Recht und sei es nur, dass er das begangene Unrecht der Eroberten bestrafte, so akzeptierten sie den Herrscherwechsel und hoben nicht weiter darauf ab, in welcher Form und mit welchen Mitteln es dazu gekommen war oder auf welche Weise die neue Herrschaft abgesichert wurde, wie man es heute tun würde. Sprach man aber dem Eroberer das Recht zu seinem Tun ab, wurde er als Tyrann, der das Recht bricht, oder als *invasor*, der sich fremde Rechte aneignet, diskreditiert.[11] Dementsprechend erschien aus päpstlicher Sicht Karl von Anjou keineswegs als Eroberer, sondern als Herrscher, der dem Recht, sprich dem päpstlichen Recht auf die Vergabe des Königreichs, wieder zur Geltung verhalf.[12] Dagegen wurde Manfred, der staufische Erbe des Königreichs Sizilien, von päpstlicher Seite als unrechtmäßiger Herrscher hingestellt und alle, die Karl verdrängen wollten, mit dem Wort *invasor* belegt.[13] Von Eroberern und Eroberungen war auf dieser Ebene folglich selten die Rede und ebensowenig von den Eroberten. Sie erhalten, wo größere Reiche oder Gebiete erobert wurden, häufig ethnische Bezeichnungen, tauchen als Sachsen, Slawen, Engländer oder Sizilianer in den Quellen auf und nennen sich, wo man dies rekonstruieren kann, dann auch selbst so.[14] Die fehlende Selbstbezeichnung lässt zwar nicht die Perspektive auf die Eroberten ins Leere laufen; sie macht es aber gleichwohl schwerer, diese zu bestimmen.

Und damit ist ein drittes Problem angesprochen, das sich aus den beiden zuvor genannten speist. Wer sind die Eroberten, die aufbegehren, wenn sie sich selbst kaum so bezeichnen? Grundsätzlich lässt sich die Schwierigkeit erst einmal dadurch beheben, dass man sie als diejenigen bezeichnet, die im Zuge einer Eroberung unter-

---

7 Vgl. hierzu und zum Folgenden *Kamp*, Formen (2022), 23.
8 Vgl. *Kamp*, Formen (2022), 18.
9 Vgl. *Kamp*, Formen (2022), 21–23.
10 Vgl. hierzu und zum Folgenden *Kamp*, Formen (2022), 23 f. Vgl. auch *Hehl*, Eroberung (2006).
11 Vgl. *Kamp*, Formen (2022), 26 f.
12 Vgl. *Potthast*, Regesta (1895), 1769, Nr. 21895: Bulle Martins VI. vom 7. Mai 1282. Der Text findet sich in Hermann von Niederaltaich, Annales. Ed. *Pertz*, 412–414.
13 Vgl. Hermann von Niederaltaich, Annales. Ed. *Pertz*, 412 f.
14 Vgl. die im Folgenden angeführten Fallbeispiele.

worfen wurden. Dabei wird man als Eroberung die militärische Aneignung eines Herrschaftsgebietes mitsamt der politischen Durchsetzung und Absicherung des damit einhergehenden Herrschaftsanspruchs gegenüber der dort lebenden Bevölkerung definieren.[15] Am einfachsten lassen sich die Eroberten als Eroberte ansprechen, wenn sich ihr Widerstand nicht nur gegen die militärische Übernahme richtet, sondern er auch gegen die neu etablierte Herrschaft fortgeführt wird. Mit Blick auf Sizilien kann man dies ohne Weiteres für einen Teil des Adels auf der Insel Sizilien annehmen, der mit Manfred gegen Karl auf dem Schlachtfeld stand und sich keine zwei Jahre nach dem Sieg des Anjou gegen ihn erhob, als der Staufer Konradin nach Süditalien zog, um das Erbe seines Vaters anzutreten.[16] Und die Repression, der diese Adligen nach der Niederlage Konradins anheimfielen, war ein wichtiger Faktor für ihre spätere Teilnahme an der Vesper.[17] Bei diesen Personen kann man gut und gern von einem Aufbegehren der Eroberten sprechen. Es sind eben diejenigen, die sich erheben, um die alten Herrscher und vielleicht auch die alten Verhältnisse wiederzubekommen.

Für die anderen Beteiligten ist das schon schwerer zu beurteilen, weil sich weder die Städte noch ein Teil des Adels anfänglich gegen Karl von Anjou gestellt hatten.[18] Dennoch wäre es nun voreilig, die Erhebung und den Widerstand der Palermitaner von 1282 in seiner Breite von der Eroberung des Königreichs Sizilien durch Karl von Anjou zu trennen. Denn der Aufstand richtete sich im Bewusstsein der Akteure unverkennbar gegen die Franzosen, die seit 1282 ins Land gekommen waren und die nun vertrieben werden sollten, um Karl seiner Herrschaft zu berauben. Insofern gibt es auch gute Gründe, hier von einem Aufstand der Eroberten zu reden. Offenkundig kann man über das Aufbegehren der Eroberten nur sinnvoll sprechen, wenn man sich immer wieder die Frage nach dem Bezug ihres Handelns zur Eroberung vorlegt. Das gilt für die Betrachtung ihrer Beweggründe und Absichten ebenso wie für die Auseinandersetzung mit ihrem Vorgehen und ihrem Selbstbild. Dass man bei einem solchen Zugriff sehr schnell von der Quellenlage im Stich gelassen werden kann, vor allem, wenn es um das frühere Mittelalter geht, muss man nicht eigens sagen.

Gerade auch die schwierige Überlieferungslage bei frühmittelalterlichen Eroberungen lässt es sinnvoll erscheinen, das Aufbegehren der Eroberten über einen längeren Zeitraum zu behandeln. So kann man bestimmte Aspekte in den Blick nehmen, die möglicherweise nur aufgrund mangelnder Quellen in diesem oder jenem Fall nicht sichtbar werden. Darüber hinaus verspricht ein Längsschnitt auch die großen Veränderungen, die die Gesellschaft des Mittelalters seit dem 12. Jahrhundert erlebte, in ihrer Wirkung auf den Widerstand gegen Eroberungen besser zu erfassen. Aus diesen Gründen wird im Folgenden das Aufbegehren der Eroberten an ausgewählten

---

15 Vgl. auch *Kamp*, Formen (2022), 18.
16 Vgl. zu den Ereignissen *Herde*, Karl I. von Anjou (1979), 49–53.
17 Vgl. *Dunbabin*, Charles I Anjou (1998), 105 f.
18 Vgl. *Kiesewetter*, Karl II. (1999), 82.

Beispielen über den Zeitraum vom 8. bis zum beginnenden 14. Jahrhundert betrachtet. Dabei finden primär großräumige Eroberungen Erwähnung, bei denen ganze Völker und deren Siedlungsgebiet beziehungsweise bestehende Reiche unterworfen wurden.

Zunächst wird es um den sächsischen Widerstand gegen Karl den Großen gehen, der exemplarisch für das Aufbegehren der nicht-christlichen Eroberten steht, denen der Eroberer einen Glaubenswechsel verordnet. Der zweite Teil widmet sich dem Kampf gegen Wilhelm den Eroberer, womit ein Konflikt erörtert wird, bei dem auf beiden Seiten Christen standen. Der dritte Abschnitt vertieft noch einmal die Betrachtung der Sizilianischen Vesper, erweitert um einen Blick auf den Flandrischen Aufstand von 1302. Damit rückt zugleich eine Zeit ins Blickfeld, in der die Städte und mit ihnen größere Teile der Bevölkerung weit mehr als zuvor von den Folgen eines Herrschaftswechsels und damit auch von Eroberungen betroffen waren. Zugleich gewinnen in dieser Phase die Selbstdeutungen der Aufständischen an Konturen, sodass die Perspektive der Eroberten deutlicher zutage tritt. Doch zunächst sei der Blick auf die Zeit Karls des Großen geworfen, in der die Stimmen der Aufbegehrenden in den Quellen so gut wie gar nicht unmittelbar zu fassen sind.

1

Die Kriege, die Karl der Große seit 772 gegen sächsische Gruppierungen führte, die die Franken mit dem Sammelbegriff Sachsen bezeichneten, dienten nicht von Anfang an der Eroberung und ebenso wenig der Christianisierung.[19] Sie ergaben sich aus dem Ansinnen, die Großen des Reiches nach dem Tod des Bruders und der keinesfalls selbstverständlichen Übernahme der Gesamtherrschaft durch einen Beutezug an sich zu binden, mit der Zerstörung eines paganen Heiligtums namentlich die missionsfreudigen Kreise in der Kirche für sich zu gewinnen und das seit Generationen von Grenzkonflikten bestimmte Verhältnis zu den Sachsen zu fränkischen Bedingungen zu befrieden.[20]

Verfolgt man die Ereignisse bis zum Jahre 775, so zielte die Politik Karls zunächst auf die Kontrolle des Grenzgebietes entlang des Hellwegs bis zur Weser ab, eines Raumes, in dem der sächsische Adel schon länger fränkisch geprägt war.[21]

---

19 Zum Verlauf vgl. kurz und bündig *Lampen*, Sachsenkriege (1999), 264–272; ausführlich *Rembold*, Conquest (2018), 39–84; grundsätzlich zu Karls Vorgehen gegen die Sachsen zuletzt *Schieffer*, Karl der Große (2022).
20 Vgl. *Becher*, Prediger (2013). *Hartmann*, Karl der Große (2010), 98–106, *Springer*, Sachsen (2004), 180, und *von Padberg*, Christianisierung (2009), 98 f., schrieben Karl von Anfang an das Bestreben zu, die Sachsen zu missionieren.
21 Vgl. *Lampen*, Sachsenkriege (1999), 26. Vgl. zur fränkischen Prägung der Region *Ludowici*, Gegner der Karolinger (2019), 294–299.

Die übrigen Sachsen, die Westfalen, Engern und Ostfalen, band Karl noch 775 an sich, indem er deren Anführer Treueide leisten und Geiseln überstellen ließ und so nicht mehr als eine Art Oberherrschaft etablierte.[22] Erst ab 776 kann man von einer Eroberungspolitik im engeren Sinn sprechen. Nun kam es zu ersten Massentaufen und ein Jahr darauf zum ersten Hoftag im sächsischen Paderborn,[23] was als Beleg für die Annexion des Landes zwischen Sauerland, Lippe und Weser gewertet werden kann. Drei Jahre später dehnte Karl die Christianisierungsbemühungen auf das Gebiet zwischen Weser und Elbe aus und setzte wohl ab 782 systematisch Grafen ein, um 785 durch massive Kriegs- und Plünderungszüge die Eingliederung der Sachsen bis zur Elbe in den fränkischen Herrschaftsverband abzuschließen.[24]

Diese schrittweise vollzogene Eroberung war selbst das Ergebnis des Widerstandes, auf den die Aktivitäten Karls von Anfang an in Sachsen stießen. Denn Karl reagierte mit seinen rigider werdenden Maßnahmen immer wieder auf die sächsischen Bemühungen, sich seinem Zugriff zu entziehen. Dementsprechend richtete sich der sächsische Widerstand bis 776 auch noch nicht gegen eine Eroberung, sondern gegen eine verstärkte Kontrolle der Grenzregion entlang des Hellwegs bis zur Weser. Dieser Widerstand nahm in den ersten Jahren die Form von Vergeltungsaktionen an, bei denen sächsische Kriegergruppen in fränkische Gebiete einfielen und sie verheerten. Zugleich zerstörten sie die von den Franken neu errichteten Befestigungen. 774 und 776 traf es die Eresburg,[25] 778 die sogenannte Karlsburg, die Karl an der Lippe hatte errichten lassen.[26] Das zuletzt genannte Zerstörungswerk stand im Zusammenhang mit einem ausgedehnten Plünderungszug, den sächsische Gruppen bis in die Gegend von Koblenz unternahmen.[27] Jedes Mal aber reagierte Karl umso entschlossener und suchte im Gegenzug die Bevölkerung vollständig seinem Gebot zu unterwerfen. Diese Politik war insofern erfolgreich, als die sächsischen Vergeltungs- und Plünderungszüge ab dem Jahr 779 der Vergangenheit angehörten.[28] Von nun an kam es nur noch zu Widerstandshandlungen auf sächsischem Boden, die vorwiegend die Gebiete nördlich des Teutoburger Waldes betrafen.[29]

Allerdings lassen sich die Formen des Widerstandes in diesen Jahren nur schemenhaft erkennen. Die fränkischen Annalen bezeichnen ihn stets nur als Abfall

---

22 Vgl. Annales regni Francorum. Ed. *Kurze*, a.a. 775, 40, 42.
23 Vgl. *Becher*, Der Prediger (2013), 39.
24 Vgl. Annales regni Francorum. Ed. *Kurze*, a.a. 780, 56. Zur Einsetzung der Grafen vgl. *Hartmann*, Karl der Große (2010), 100.
25 Vgl. Annales Petaviani. Ed. *Pertz*, 7–9, 17 f., a.a. 774, 16; Annales regni Francorum. Ed. *Kurze*, a. a. 773, 36, 38 (zu 774 gehörend); a.a. 776, 44. Vgl. dazu auch *Rembold*, Conquest (2018), 50.
26 Vgl. Annales Petaviani. Ed. *Pertz*, a.a. 778, 16.
27 Vgl. Annales regni Francorum. Ed. *Kurze*, a.a. 780, 52.
28 Vgl. *Springer*, Sachsen (2004), 185.
29 Das bereits zuvor annektierte Gebiet um Paderborn blieb vom Widerstand unberührt und diente Karl als Aufmarschgebiet für die Unterwerfung des restlichen Sachsens. Vgl. dazu die Karte, die die einzelnen kriegerischen Auseinandersetzungen verortet, in *Hardt*, Totschlag (2019), 277.

und Rebellion und reduzieren ihn auf kriegerische Aktionen, zu denen Überfälle auf fränkische Krieger, aber auch einige wenige Schlachten zählen.[30] Offenkundig fanden sich immer wieder Sachsen dazu bereit, mit ihren widerspenstigen Landsleuten die Franken im Land anzugreifen. So solidarisierten sich 782 die Sachsen, die gemeinsam in einem Heer mit den Franken einen slawischen Einfall zurückschlagen sollten, mit den aufständischen Westfalen und gingen dann gemeinsam gegen die Franken vor.[31] Darüber hinaus kam es zur Vertreibung von sächsischen Karlsfreunden.[32] Möglicherweise fanden bereits in den 780er Jahren auch Angriffe auf Kirchen und Priester statt. Solche Aktionen werden in der sogenannten ‚Capitulatio de partibus Saxoniae' mit drastischen Strafen belegt.[33] Zwar kann man die entsprechenden Bestimmungen nicht einfach als Spiegelung sächsischen Verhaltens lesen,[34] und doch dürften die Kirchen, die seit 777 auf sächsischem Boden errichtet wurden, ein beliebtes Ziel sächsischen Widerstands gewesen sein.[35] Dafür sprechen auch die Ereignisse in den 790er Jahren, als Karl die Sachsen nördlich der Elbe und in Friesland unterwerfen und christianisieren wollte. Nun ist auch in den Annalen von Überfällen auf Kirchen und der Ermordung von Priestern die Rede.[36] Aber dabei blieb es nicht. Im Jahr 795 erschlugen die Sachsen nördlich der Elbe einen Fürsten der Abodriten, mit denen sich Karl gegen sie verbündet hatte, und drei Jahre später nahmen sie hochrangige karolingische Gesandte gefangen, von denen sie einige umbrachten.[37]

Dass sich der Widerstand in den einzelnen Regionen stets über mehrere Jahre hielt, hängt sicherlich mit der starken Mobilisierung größerer Segmente der sächsischen Gesellschaft zusammen. Zwar kooperierte ein Gutteil des sächsischen Adels

---

30 Zur Wahrnehmung der Sachsen als Rebellen und Untreue zuletzt *Flierman*, Saxon Identities (2019), 103, 107 f. Die Arten des Widerstandes kann man der Schilderung der Ereignisse zwischen 778 und 785 bei *Springer*, Sachsen (2004), 185–195, entnehmen.
31 Vgl. Annales regni Francorum. Ed. *Kurze*, a.a. 782, 60, 62, und ausführlicher Einhardsannalen. Ed. *Kurze*. a.a. 782, 59, 61, 63. Vgl. dazu *Springer*, Sachsen (2004), 188–191.
32 Vgl. *Rembold*, Conquest (2018), 72–75.
33 Vgl. Capitulatio de partibus Saxoniae. Ed. *von Schwerin*, 37–44. Vgl. dazu *Schubert*, Capitulatio (1993), 3–28, mit deutscher Übersetzung, und *Springer*, Sachsen (2004), 221–230.
34 Vgl. *Patzold*, Paganisierung (2019), 291–293.
35 Vgl. *Hartmann*, Karl der Große (2010), 102. Zu den Missionsbezirken vgl. *Becher*, Der Prediger (2013), 40. Dass der Widerstand wesentlich geringer ausgefallen wäre, wenn die Sachsen nicht zum Glaubenswechsel gezwungen worden wären, betont auch *Schieffer*, Karl der Große (2022), 125 f. Das Argument verliert aber eine wichtige Stütze, wenn man die ‚Capitulatio de partibus Saxoniae' spät auf die Jahre nach 792 datiert, wie jüngst *Flierman*, Religious Saxons (2016), 181–201, vorgeschlagen hat.
36 Vgl. Annales Laureshamenses. Ed. *Pertz*, 22–39, a.a. 792, 35, mit *Rembold*, Conquest (2018), 80 f. Vgl. generell zu den Erhebungen nach 792 *Springer*, Sachsen (2004), 200–210.
37 Vgl. Annales regni Francorum. Ed. *Kurze*, a.a. 795, 96.

früh und wurde mit Ämtern belohnt.[38] Andere Adlige beteiligten sich indes an den Aufständen. Widukind ist der bekannteste von ihnen.[39] Wichtiger war die massive Mitwirkung der so genannten Freien und Halbfreien, die nicht zuletzt durch die Christianisierung in den Widerstand getrieben worden sein dürften.[40] Dabei sind religiöse und materielle Motive schwer zu trennen. Auch die Einführung des Zehnten mag zur Mobilisierung beigetragen haben.[41]

Auf das Gewicht, das den Freien und Halbfreien beim Kampf gegen die Eroberung zukam, verweist einige Jahrzehnte später auch ein erneuter Aufstand in Sachsen. Hier entstammten die Rebellen, die sich als Stellinga bezeichnet haben sollen, denselben niederen Ständen.[42] Darüber hinaus steht dieser Aufstand von 841 noch immer in Zusammenhang mit der Eroberung Karls. Denn die Aufständischen fanden Unterstützung bei Kaiser Lothar I., der sich damals mit seinem Bruder Ludwig im Krieg befand, zu dessen Herrschaftsgebiet Sachsen gehörte. Und Lothar soll den sächsischen Empörern die Möglichkeit eröffnet haben, zu ihren alten Rechten vor der Christianisierung zurückzukehren. Was das im Einzelnen bedeutet, ist schwer zu fassen, da die entsprechenden Berichte aus der Feder seiner Gegner stammen.

Mit Sicherheit aber richtete sich der Stellinga-Aufstand gegen den eigenen sächsischen Adel, der seine Vorrechte und materiellen Ressourcen durch die Übernahme von Ämtern und die Einheirat in die fränkische Führungsschicht ausgebaut hatte. Auf der Seite der Aufständischen vereinigten sich indes die Eroberungsverlierer, jene Minderfreien, die durch die finanzielle Heranziehung zu militärischen Diensten an Rang und Wohlstand eingebüßt hatten,[43] und die Freien, die durch die Einführung des Grafengerichtes Einfluss im Rechtsleben verloren hatten.[44] Dieser Personenkreis witterte offenbar 841 die Chance, die Zeit zurückzudrehen, was ihm nebenbei gesagt nicht gelang, da Ludwig nach einem Ausgleich mit seinem Bruder den Aufstand mit aller Gewalt niederschlug.[45] Die Forderung der Sachsen von 841, die Rechtsverhältnisse vor der Eroberung wieder einzuführen, erlaubt es jedenfalls, im Stellinga-Aufstand das Aufbegehren von Eroberten zu erkennen, obgleich nicht der Eroberer und seine Nachfolger, sondern die sächsische Oberschicht die Ziel-

---

38 Vgl. *Rembold*, Conquest (2018), 63–71, die den Widerstand in Sachsen insgesamt weniger durch den sozialen Gegensatz zwischen dem Adel und den übrigen sozial deutlich schlechter gestellten Schichten geprägt sieht und dementsprechend auch die unterschiedlichen ‚individuellen' Optionen des Adels betont.
39 Zu Widukind zuletzt *Rembold*, Conquest (2018), 66–69; *Althoff*, Widukind (2019), 300f., und ausführlicher *Tiefenbach/Springer*, Art. Widukind (2016).
40 Vgl. *Schieffer*, Karl der Große (2022), 125f.
41 Vgl. Capitulatio de partibus Saxoniae. Ed. *von Schwerin*, 39f., Nr. 16f.
42 Vgl. hierzu und zum Folgenden ausführlich *Rembold*, Conquest (2018), 102–107. Vgl. auch *Schäpers*, Lothar I. (2018), 411–414, und *Ehlers*, Integration (2007), 260–266.
43 Vgl. *Goldberg*, Popular Revolt (1995), 493, 498.
44 Vgl. *Rembold*, Conquest (2018), 116.
45 Vgl. *Rembold*, Conquest (2018), 128.

scheibe des Aufstandes bildete. Denn es waren die Aufständischen selbst, die ihr Vorgehen mit der Eroberung Karls in Verbindung brachten, als sie diejenigen angriffen, die im Unterschied zu ihnen von der Eroberung profitiert hatten.

Alles in allem erscheint die Eroberung Sachsens in ihrer Form zu einem Gutteil dem Widerstand selbst geschuldet, der sich zunächst aus der Ablehnung zunehmender Kontrolle speiste, seine stärkste Motivation indes im Kampf gegen die Christianisierung fand, für den sich breite Schichten der Bevölkerung gewinnen ließen. Gerade diese Breitenwirkung verleiht dem Aufbegehren der Sachsen in der Karolingerzeit seine Ausnahmestellung. Bekanntlich eroberte Karl der Große kurz nach dem Ausbruch der Sachsenkriege auch das Langobardenreich. Doch dies gelang ihm verhältnismäßig schnell. Nach einer mehrmonatigen Belagerung der Hauptstadt Pavia konnte er sich des langobardischen Königs bemächtigen. Karl übernahm dessen Titel und Stellung und ließ sich von den langobardischen Großen Treueide leisten, die im Gegenzug ihre Ämter behalten durften.[46] Zur Kontrolle ließ er eine Garnison in Pavia zurück. Ein Jahr später kam es zu einem Aufstand in Friaul mit dem Ziel, den geflohenen Sohn des abgesetzten langobardischen Königs wieder zurück auf den Thron zu holen und die Eigenständigkeit wiederherzustellen.[47] Zügig begab sich Karl nach Italien und warf den Aufstand nieder. Er nahm die Empörung zum Anlass, die entscheidenden Ämter an Franken zu vergeben und namentlich fränkische Grafen an die Stelle der langobardischen Herzöge zu setzen, ohne jedoch langobardische Große grundsätzlich aus der Verwaltung zu verbannen.[48] Diese Maßnahmen stabilisierten die Eroberung dauerhaft.[49] Letztlich blieb das Aufbegehren gegen Karl punktuell und war zeitlich befristet. Dazu trug seine militärische Überlegenheit ebenso bei wie die ohnehin geringe Bindungskraft des langobardischen Königtums.[50] Vor allem aber sah er sich nicht gezwungen, in das Leben der Mehrheitsbevölkerung eingreifen zu müssen, sondern konnte es bei der partiellen Ausschaltung der alten Elite belassen.

So gesehen stellte der hartnäckige Widerstand der Sachsen eine Ausnahme dar. Doch zugleich steht er für all die Erhebungen, die auch im weiteren Verlauf des Mittelalters den Eroberern das Leben lange schwer machten, weil ihr Wunsch, die Unterworfenen zu christianisieren, große Teile der Bevölkerung gegen sie und die mit ihnen verbündete Kirche aufbrachte. Man denke nur an den elbslawischen Widerstand gegen das ottonische Vordringen zwischen Elbe und Oder, der nach 50

---

46 Vgl. zuletzt *Schieffer*, Karl der Große (2022), 121 f., 125; *Hartmann*, Karl der Große (2010), 83–85; ausführlicher *Jarnut*, Langobarden (1982), 120–124.
47 Vgl. *Schieffer*, Karl der Große (2022), 125.
48 Vgl. *Schieffer*, Karl der Große (2022), 131 f.; *Hartmann*, Karl der Große (2010), 84; ausführlicher *Hlawitschka*, Franken (1960), 23–38.
49 Perspektiven auf die langfristige Sicherung eroberter Gebiete entwirft auch der Beitrag von Jörg Rogge in diesem Band.
50 Vgl. *Schieffer*, Karl der Große (2022), 122. Die politische Schwäche der langobardischen Könige und die zentrifugalen Kräfte in deren Reich unterstreichen *McKitterick*, Karl der Große (2008), 105 f., und *Jarnut*, Langobarden (1982), 124.

Jahren im großen Slawenaufstand von 983 kulminierte, bei dem das gerade eingeführte Christentum wieder für 200 Jahre abgeschafft wurde.[51] Nicht weniger heftig weigerten sich im 13. Jahrhundert die Pruzzen, das Christentum und die Unterwerfung unter den Deutschen Orden anzunehmen.[52] Allerdings wanderten mit der zunehmenden Christianisierung die Voraussetzungen für solche Eroberungen an die Ränder Europas,[53] während sich die Eroberungen ansonsten auf christliche, sich zumeist für ebenbürtig erachtende Nachbarreiche erstreckten.

2

Wenn man das hohe Mittelalter als Zeitalter des Expansionismus bezeichnet, dann liegt das zunächst an den Kreuzzügen und den mit ihnen verbundenen Eroberungen im Heiligen Land, in Spanien oder im Baltikum.[54] Aber auch die Eroberung Englands durch Knut den Großen[55] und später durch Wilhelm den Eroberer, die Übernahme der Herrschaft im Königreich Sizilien durch die Normannen und dann durch die Staufer sowie die Eroberung Konstantinopels und der Teile des Byzantinischen Reiches 1204 durch die Venezianer und Kreuzfahrer tragen zu diesem Bild bei. Erobert wurde also zur Genüge, und so gab es auch viele Eroberte, die aufbegehren konnten. Aus der Fülle der möglichen Fallbeispiele sei im Folgenden vor allem der Widerstand gegen Wilhelm den Eroberer herausgegriffen, um auf einige Aspekte und Dimensionen hinzuweisen, die für den Widerstand gegen die Eroberer des 11. und 12. Jahrhunderts bestimmend waren.

Die Eroberung Englands im Jahre 1066 erinnert auf den ersten Blick an die gewaltsame Unterwerfung des Langobardenreichs durch Karl den Großen. Auch hier hat man es mit einer schnellen, diesmal durch eine Schlacht herbeigeführten militärischen Überwältigung zu tun, die innerhalb kürzester Zeit zur Anerkennung des neuen Königs aus der Normandie führte.[56] Auf der anderen Seite brachen bald darauf vielerorts Aufstände aus, die Wilhelm den Eroberer zu äußerst gewalttätigen Verheerungszügen und Repressalien veranlassten, was eher an die Sachsenkriege denken lässt.[57] Indem der neue König schließlich die alten angelsächsischen Eliten ausschaltete, ging er sogar noch einen Schritt weiter als Karl der Große.[58] Der massive Einsatz

---

51 Vgl. *Kamp*, Gewalt und Mission (2013), 395–404.
52 Vgl. *Sarnowsky*, Eroberung Preußens (2022), 424.
53 Vgl. dazu auch die Beiträge von Eric Böhme, Julia Bühner, Robert Friedrich und Isabelle Schürch in diesem Band.
54 Vgl. hierzu und zum Folgenden *Gillingham*, Age of Expansionism (1999).
55 Vgl. zur normannischen Eroberung Englands den Beitrag von Stephan Bruhn in diesem Band.
56 Vgl. *Peltzer*, 1066 (2016), 231–254; *Bates*, William the Conqueror (2016), 211–258.
57 Vgl. *Bates*, William the Conqueror (2016), 317.
58 Vgl. *Peltzer*, 1066 (2016), 287 f.

von Gewalt war aber nicht allein eine Sache Wilhelms, sondern auch seiner Gegner. Die zum Teil exzessive Gewalt derjenigen, die sich gegen die Eroberung zur Wehr setzen, kommt in diesem Fall viel deutlicher als in dem ersten Beispiel zum Vorschein, was auch an der besseren Quellenlage liegt.[59]

Die Gewalttätigkeit erfuhr unter anderem Robert de Comines, den Wilhelm zum Earl von Northumbria bestimmt hatte. Als der neue Amtsträger mit einem größeren normannischen Gefolge Ende Januar 1069 nach Durham kam, wurde er vom dortigen angelsächsischen Bischof empfangen. Ob Robert wirklich seine Leute angewiesen hatte, in der Stadt zu plündern, wie es Simon von Durham berichtet, sei dahingestellt.[60] Es klingt eher wie eine nachträgliche Rechtfertigung für das, was dann geschah: nämlich die Abschlachtung Roberts und seiner Normannen durch die Bürger von Durham. Das Haus des Bischofs, in dem sich Robert befand, wurde angesteckt. Als er dem Feuer zu entkommen suchte, wurde er unter freiem Himmel totgeschlagen.[61] Der Bischof schloss sich später im Übrigen dem angelsächsischen Widerstand an.

Die exzessive Gewalt erscheint hier als der entscheidende Faktor für die Ausweitung und Ausbreitung des gewaltsamen Widerstandes. Im Norden Englands entstand nun eine Widerstandsbewegung, bei der sehr unterschiedliche Kräfte und Gruppen zusammenfanden. In diesem Sinne spricht auch Ordericus Vitalis von der neuen Hoffnung, die die Engländer nun in ihrem Kampf gegen die Normannen fanden.[62] In York kam es kurz nach den Ereignissen in Durham zu einem Aufstand der Stadtbevölkerung gegen den normannischen Hauptmann der Garnison, der ebenfalls mit seinen Leuten dabei den Tod fand.[63] Jetzt verließ der Thronprätendent Edgar Ætheling sein Exil in Schottland, kam nach Yorkshire und stellte mit anderen Großen der Region ein Heer auf, um Wilhelm den Norden zu entreißen. Womit die Rebellen allerdings nicht gerechnet hatten, war die schnelle Reaktion Wilhelms, der unverzüglich nach York zog, die Aufständischen besiegte und die Stadt plündern ließ, um die Bürger für ihr Aufbegehren zu bestrafen.

Die hohe Gewaltbereitschaft der Aufständischen – im September 1069 sollten sie bei der Einnahme Yorks erneut sämtliche Normannen bis auf den Burghauptmann umbringen[64] – weist auf einen weiteren für den Widerstand der Jahre 1068 bis 1070 entscheidenden Faktor hin: die Feindseligkeit gegenüber den fremden Normannen. Sie wurde zwar nicht von allen Angelsachsen geteilt, führte aber dazu, dass sich

---
59 Vgl. den Überblick bei *Peltzer*, 1066 (2016), 15–23.
60 Vgl. *Bates*, William the Conqueror (2016), 303.
61 Vgl. *Waßenhoven*, 1066 (2016), 77, der sich im Übrigen, ebd., 70–90, ein ganzes Kapitel dem Widerstand gegen den Eroberer Wilhelm widmet. Vgl. zu diesem Aspekt ausführlich *Williams*, English and Norman Conquest (1995), und *Kapelle*, Norman Conquest (1979).
62 *Fiducia deinceps Anglis crevit contra Normannos* (...). Ordericus Vitalis, Historia. Ed. und übers. Chibnall, Bd. 4, 222, Kap. II, 187.
63 Vgl. hierzu und zum Folgenden *Waßenhoven*, 1066 (2016), 77f.; *Bates*, William the Conqueror (2016), 303–305, mit der Diskussion der einschlägigen Quellen.
64 Vgl. *Bates*, William the Conqueror (2016), 303.

Personen und Gruppen im Kampf gegen Wilhelm vereinigten, die zuvor untereinander Kleinkriege geführt hatten.[65] Dabei scheint diese Feindseligkeit selbst wiederum zum Teil durch die Politik Wilhelms verstärkt worden zu sein, etwa wenn er nach ersten Erhebungen das Land seiner Gegner konfiszierte und neu verteilte.[66] Als Brandbeschleuniger wirkten wohl auch neue Abgaben, die Wilhelm hatte erheben lassen.[67]

Der Widerstand der angelsächsischen Eliten richtete sich weniger gegen die Eroberung oder besser gesagt die Herrschaftsübernahme durch Wilhelm als gegen dessen Herrschaftsweise. Das lässt sich am Verhalten der Anführer der Rebellion von 1068 bis 1075 ablesen, die alle zwischenzeitlich und zum Teil mehrmals ihren Frieden mit Wilhelm machten, dann aber, weil sie sich aus verschiedenen Gründen schlecht behandelt fühlten, wieder abfielen. Diese Personen handelten weniger als Eroberte, sondern als Personen, die sich in ihrem Rang, in ihrem Ehrgefühl oder in ihrem Ansehen verletzt fühlten. Das zeigte sich ganz besonders im Jahre 1075, als Waltheof, ein Rädelsführer des northumbrischen Aufstandes von 1069, den Wilhelm wieder zu Gnaden aufgenommen und zum Earl erhoben hatte, sich gemeinsam mit einem unzufriedenen normannischen Magnaten erneut gegen den König verschwor.[68]

Wie die Städter oder auch die Bauern und Landpächter ihr Tun verstanden, ist schwer zu sagen. Aber wenn Ordericus Vitalis schreibt, die Rebellen, die sich 1068 gegen Wilhelm mit den Walisern verbündet hatten, hätten Boten durchs Land geschickt, um zusätzliche Kräfte zu mobilisieren, die sich dann per Eid zum Kampf für ihre Freiheiten verpflichteten, spricht er damit immerhin ein Motiv an, das wiederholt dazu taugte, den Widerstand gegen einen neuen, fremden Herrscher zu animieren, der allerdings zu allererst wegen seiner tyrannischen Herrschaft, genau genommen seiner unrechten Unterdrückung der Engländer angegriffen wurde.[69] Aus diesem Grund bedurfte es keineswegs eines Eroberers, um in der damaligen Zeit mit dem Schwert für die Freiheit zu kämpfen. Auch die Sachsen deklarierten in den 1070er Jahren ihren Aufstand gegen Heinrich IV. zum Freiheitskrieg im mittelalterlichen

---

65 Vgl. *Bates*, William the Conqueror (2016), 304.
66 Vgl. *Williams*, English and the Norman Conquest (1995), 19–23; *Kapelle*, Norman Conquest (1979), 111.
67 Vgl. *Kapelle*, The Norman Conquest (1979), 108 f.; *Waßenhoven*, 1066 (2016), 73, 76.
68 Namentlich gehörten auch die einstigen Earls Morcar und Edwin zu denen, die sich 1069 unterworfen hatten, 1071 aber wieder von König Wilhelm abfielen. Vgl. zur Wechselpolitik der alten Führungselite *Waßenhoven*, 1066 (2016), 81, 84 f., 89; *Peltzer*, 1066 (2016), 270–272; *Bates*, William the Conqueror (2016), 295.
69 *Congregatis autem in unum multis Anglorum et Gualorum optimatibus, fit generalis querimonia de iniuriis et oppressionibus, quibus intolerabiliter Angli affligebantur a Normanis et eorum contubernalibus. Legationibus quouscunque poterant per omnes Albionis terminos in hostes clam palamque stimulabant. Fit ex consensu omnium pro uendicanda libertate procax conspiratio et obnixa contra Normannos coniuratio.* Ordericus Vitalis, Historia. Ed. und übers. Chibnall, 216. Vgl. auch Williams, English and Norman Conquest (1995), 24 f.

Sinne, eben als Krieg für die Beibehaltung alter Rechte und Vorrechte.[70] Dennoch bleibt die Feindschaft gegenüber den Fremden, sprich den Normannen, ein entscheidendes Motiv für das Aufbegehren der Angelsachsen gegen Wilhelm den Eroberer.

Zu guter Letzt kam dem Widerstand in England die Unterstützung benachbarter Herrscher zugute. Wiederholt flohen die hochrangigen Rebellen an den Hof des schottischen Königs, der damit eine ähnliche Rolle spielte wie der Dänenkönig während der Sachsenkriege Karls des Großen.[71] Noch bedeutsamer war allerdings das Eingreifen des dänischen Königs Sven Estridsons, der 1069 eine Flotte schickte, die zunächst erkunden sollte, ob es gelingen könnte, den eigenen Anspruch auf die englische Krone mit Hilfe der Angelsachsen und Angeldänen gegen Wilhelm durchzusetzen.[72] Aufgrund seiner Intervention verlor Wilhelm damals nicht nur erneut die Kontrolle über York. Er sah sich gezwungen, Verhandlungen mit den Anführern der Dänen aufzunehmen und ihnen am Ende zu gestatten, ihren Lebensunterhalt den Winter über an der Küste einzutreiben,[73] sofern sie im Frühjahr abziehen würden. Da die Dänen sich an das Versprechen hielten, konnte sich Wilhelm York erneut sichern und das Umland so verwüsten, dass fortan der Widerstand ausblieb.[74] Die Einmischung Sven Estridsons war selbstverständlich auch aufgrund der Sympathien, die er bei einem Großteil der anglodänischen Bevölkerung im Norden Englands genoss, eine größere Bedrohung.[75] Aber letztlich kündigt sie schon an, was den Handlungsspielraum der Eroberten mit der Europäisierung der Bündnispolitik seit dem 12. Jahrhundert erweiterte: die Möglichkeit, mit den Gegnern des Eroberers in den Nachbarländern gemeinsame Sache zu machen.

Auch wenn die Erhebung im Norden Englands scheiterte, hatte hier der Widerstand gegen Wilhelms Herrschaft die größte Breitenwirkung und Schlagkraft entwickelt. Dabei spielte zwar die Ablehnung seiner Herrschaftsmethoden, die in vielerlei Hinsicht die Züge einer Eroberungspolitik trugen, eine wichtige Rolle. Aber einen nicht zu unterschätzenden Faktor bildete mit Sicherheit auch der schon lange vorher bestehende Unwille der dortigen angelsächsischen Elite, sich von den Königen im Süden beherrschen zu lassen. Ein Jahr vor Wilhelms Ankunft war es dort erst zu einer Empörung gegen seinen Vorgänger gekommen.[76] Das Aufbegehren der Eroberten geht eben mal mehr und mal weniger auf die Eroberung zurück.

---

70 Vgl. *Becher*, Auseinandersetzung (2006).
71 Vgl. *Peltzer*, 1066 (2016), 259, 263; *Kapelle*, Norman Conquest (1979), 110–111; *Bates*, William the Conqueror (2016), 295, 313, 360. Zur Flucht von sächsischen Rebellen nach Dänemark vgl. *Zettel*, Karl der Große (1985), 11f., 15f.
72 Vgl. *Peltzer*, 1066 (2016), 266, der auch davon ausgeht, dass im Frühjahr auch König Sven selbst nach England übergesetzt hat, während *Waßenhoven*, 1066 (2016), 83f., die entsprechende Nachricht in die Welt der Fabel zurückweist.
73 Vgl. *Waßenhoven*, 1066 (2016), 80.
74 Vgl. *Waßenhoven*, 1066 (2016), 81.
75 Vgl. *Bates*, William the Conqueror (2016), 304.
76 Vgl. *Kapelle*, Norman Conquest (2016), 98–101.

Dass die Eroberungspolitik Wilhelms höchstens mit der Karls des Großen zu vergleichen sei, hat zuletzt David Bates unterstrichen.[77] Dagegen weist der Widerstand gegen ihn viele Merkmale auf, die man auch andernorts feststellen kann. Die Mischung aus exzessiven Gewaltakten gegen die Repräsentanten und Landsleute des neuen Königs sowie aus Verheerungszügen und militärischen Attacken auf Burgen und Burgbesatzungen war nicht originell. Auch die Stilisierung des Widerstandes zum Freiheitskampf bildete, wie schon angemerkt, kein Alleinstellungsmerkmal. Und das gilt auch für die Feindseligkeit gegenüber den Fremden, die mit dem neuen Herrscher ins Land kamen.

Um die Bedeutung des letzten Aspekts für das Aufbegehren der Eroberten zu verdeutlichen, sei an dieser Stelle auf einen Brief hingewiesen, der als Reaktion auf die Eroberung des Königreichs Sizilien durch Heinrichs VI. entstand.[78] Diesen Brief verfasste möglicherweise ein Franzose, der während der Regentschaft Margaretes von Navarra zwischen den Jahren 1167 und 1169 auf Sizilien gelebt haben dürfte und sich der Insel verpflichtet fühlte. Der Verfasser wird gemeinhin mit dem sogenannten Hugo Falcandus gleichgesetzt, aus dessen Feder eine Geschichte des sizilianischen Hofes zur Zeit Wilhelms I. und der Regentschaft Margaretes stammt. Einige Jahre später soll er dann den Brief abgefasst haben, den er an den Schatzmeister der Kirche von Palermo richtete, den man zuletzt mit dem Thesaurar des königlichen Palastes identifiziert hat.[79] Wer sich hinter dem Namen Hugo Falcandus verbirgt und ob der Briefschreiber mit dem Geschichtsschreiber identisch ist, lässt sich bis heute nicht mit letzter Bestimmtheit klären. Lange erkannte man in dem Autor beider Texte einen Sizilianer.[80] Inzwischen wird diese Ansicht unisono zurückgewiesen und eben ein Franzose, der sich zeitweilig in Sizilien aufhielt, als Verfasser vermutet.[81] Wann der

---

77 Vgl. *Bates*, William the Conqueror (2016), 13, 317.
78 Vgl. Pseudo-Falcandus, Epistola ad Petrum. Ed. *D'Angelo*, 327–349.
79 *D'Angelo*, Introduzione (2014), 378, und zum Inhalt des Geschichtswerkes des Pseudo-Falcandus ebd., 14 f. Zu dem Geschichtswerk des Pseudo-Falcandus vgl. zuletzt *Görich*, Tyrannei (2019).
80 So noch *Reisinger*, Tankred von Lecce (1992), 185–188.
81 Zuletzt *D'Angelo*, Introduzione (2014), 27–31, der die Diskussion noch einmal zusammenfasst und nutzt, um die Argumente für seine These, der Autor sei Wilhelm von Blois, der Bruder Peters von Blois, herauszustellen. Dabei stützt er sich v. a. auf stilistische Anleihen und Zitate. Vgl. kritisch dazu schon *Köhn*, Identität (2011), der sich für Abt Hugo V. von St. Denis stark macht und zugleich die These von *Franke*, Identität (2008), ablehnt, der Peter von Blois als Autor des Geschichtswerkes und des Briefes in Spiel gebracht hat. Rolf Köhn greift in seiner Auseinandersetzung mit den beiden Autoren auf die Überlegungen von *Hood*, Falcandus (1999), zurück, die sich ebenfalls für den Pariser Abt stark gemacht hatte. Für die Identifizierung von Hugo Falcandus mit Peter von Blois spielen v. a. überlieferungsgeschichtliche Überlegungen und die spärlichen Angaben, die der Verfasser des Briefes über sein Leben macht, eine wichtige Rolle. Allerdings sieht auch Köhn die Möglichkeit, dass Peter von Blois den Brief geschrieben haben könnte, auch wenn er das Geschichtswerk seiner Ansicht nach nicht verfasst haben kann, vgl. *Köhn*, Identität (2011), 511.

Brief geschrieben wurde, ist auch nicht so einfach zu sagen, wahrscheinlich im Frühjahr 1090,[82] vielleicht aber auch erst nach dem Tod Tankreds.[83] Wichtig für die Deutung des Briefes, der die Sizilianer zum Widerstand gegen Heinrich VI. aufruft, sind die Datierungs- und Zuschreibungsfragen an dieser Stelle nur insofern, als sie offenbaren, dass man es nicht mit dem Text eines autochthonen Widerstandskämpfers zu tun hat, sondern mit einem Brief, der in blumigem Stil die Vorstellungen evoziert, von denen sein Verfasser glaubte, sie würden die Sizilianer in der damaligen Situation zum bedingungslosen Kampf gegen die Herrschaftsübernahme Heinrichs VI. antreiben.[84]

Das verspricht sich der Autor vor allem von der Diskreditierung der Deutschen als unmenschliche Barbaren,[85] die kommen, um die Sizilianer zu versklaven und um deren Töchter und Frauen zu schänden.[86] Diesen Barbaren wird alle Religion und Vernunft abgesprochen, geleitet würden sie allein von der deutschen Tobsucht, einer angeborenen Raserei.[87] Zerstörungswut, Sittenlosigkeit und Blutgier werden zu Wesensmerkmalen der Deutschen erhoben. Den Konflikt um den Erbanspruch Heinrichs VI. reduziert der Briefschreiber so auf eine Auseinandersetzung zwischen den hässlichen Deutschen und den kultivierten Sizilianern. Damit einhergehend erklärt er den Verzicht auf Widerstand zum Verbrechen, weil das bedeute, die Orte auf der Insel Sizilien „entweder durch den Einfall der Barbaren zu besudeln oder durch den

---

82 Vgl. *D'Angelo*, Introduzione (2014), 31; *Köhn*, Identität (2011), 510 f.; *Reisinger*, Tankred von Lecce (1992), 185 f.
83 Dafür spricht, dass der Verfasser in seinem Brief die Sizilianer zur Wahl eines neuen Königs aufruft, obwohl Tankred schon seit mehreren Monaten gewählt und gekrönt war. Dann stünde der Brief im Zusammenhang mit dem zweiten Sizilienzug Heinrichs VI. Vgl. dazu *Reisinger*, Tankred von Lecce (1992), 186.
84 Zu den Umständen vgl. *Reisinger*, Tankred von Lecce (1992), 131–155; zur Eroberungspolitik Heinrichs VI. zuletzt *Geis*, Folgen (2022), 234–244. Dass der Brief eher literarischer Natur denn politischen Charakters sei, wie es *D'Angelo*, Introduzione (2014), 29, behauptet, kann man nur sagen, wenn man einen Autor, der nur als Dichter hervorgetreten ist, zum Verfasser des Briefes machen möchte. Denn der ganze erste Teil des Briefes ist nichts anderes als ein Appell an die Sizilianer, die Machtübernahme Heinrichs VI. zu verhindern. Erst im zweiten Teil, der das Loblied der sizilianischen Städte singt, überwiegen dann in der Tat literarische Motive, ohne dass das Thema des Widerstands gänzlich verschwindet.
85 Vgl. Pseudo-Falcandus, Epistola ad Petrum. Ed. *D'Angelo*, 330–334, wo auf den ersten Seiten permanent von den Barbaren, die spätestens mit dem zweiten Absatz als Deutsche identifiziert werden, die Rede ist. Da beklagt der Autor die *immanitas barbarorum* (ebd., 330), spricht von den *acies barbarorum* (ebd.), der barbarischen Sprache (*barbarae lingue stridore perterriti*) (ebd., 332) oder allgemein von den Barbaraen (*barbaris*), denen man sich doch entgegenstellen solle (ebd., 334).
86 *Occurrunt hinc ciues aut resistendo gladiis intercepti, aut se dendendo misera seruitute depressi; illinc uirgines in ipsis parentum conspectibus constupratae (...).* Pseudo-Falcandus, Epistola ad Petrum. Ed. D'Angelo, 330.
87 *Nec enim aut rationis ordine regi, aut miseratione deflecti, aut religione terreri teutonica nouit insania quam innatus furor exagitat, et rapacitas stimulat, et libido precipitat.* Pseudo-Falcandus, Epistola ad Petrum. Ed. D'Angelo, 330.

Schrecken der Eindringlinge zu erschüttern (...) oder durch die Barbarei der fremden Gesetze in Verwirrung zu bringen."[88] Und diese Überlegungen münden dann in jener auch bei Ordericus Vitalis überlieferten Aufstandsrhetorik, derzufolge man den Ruhm, die Würde und die Freiheit des Vaterlandes verteidigen solle.[89] Das Bewusstsein der Freiheit, der Stolz auf die eigenen Gesetze und die Abscheu vor dem unmenschlichen Vorgehen des Invasors sowie vor seiner übermäßigen Gewalt – das sind die Antriebskräfte, die den Kampf der Sizilianer gegen den Eroberer anfachen sollen. Allerdings wird der Eroberer nicht als Eroberer an den Pranger gestellt. Vielmehr wird sein Herrschaftsanspruch unterminiert, indem er als barbarischer Eindringling präsentiert wird, der Ordnung und Sitte untergräbt und deshalb bekämpft werden muss.

Auch wenn der Brief kein unmittelbares Zeugnis für das Denken der Eroberten selbst darstellt, liefert er doch wichtige Hinweise auf die Feindseligkeit und Gewaltbereitschaft derjenigen, die sich einem Eroberer und seinen Gefolgsleuten entgegenstellten oder dieses beabsichtigten, und verweist zugleich auf die Vorstellungen, die diese von ihrem eigenen Tun gehabt haben dürften. Insofern scheinen auch die Berichte des Ordericus Vitalis, nach denen die Angelsachsen aus Hass auf die Fremden und aus Liebe zur Freiheit Wilhelm und seine Normannen bekämpften,[90] die Beweggründe der Eroberten durchaus zu treffen, obschon sie nicht aus deren Perspektive geschrieben wurden. Was im Fall des Aufbegehrens gegen Wilhelm den Eroberer und des Widerstandes gegen Heinrich VI. nur indirekt erschlossen werden kann, lässt sich seit der zweiten Hälfte des 13. Jahrhunderts problemlos belegen. Und damit sei nochmals der Blick auf die Sizilianische Vesper geworfen.

3

Wie in England bildete auch auf Sizilien im Jahr 1282 ein Gewaltexzess das Fanal für den Aufstand gegen Karl von Anjou. Doch ging bei der Vesper das Maß an Gewalt schon deshalb über das in den bisher behandelten Fällen hinaus, weil sich hier die Gewalt ganz bewusst gegen alle Franzosen, Männer wie Frauen, richtete

---

88 *Nam interiora Trinacria loca, eamque maxime partem quam nobilissimae ciuitatis fulgor illustrat quae et toti regno singulari meruit priuilegio preminere, nefarium esset et monstro simile vel barbarorum ingressu pollui, uel irrentium terrore percelli, uel predonum rapinis exponi, uel omnino peregrinarum legum barbarie conturbari.* Pseudo-Falcandus, Epistola ad Petrum. Ed. *D'Angelo*, 332.
89 Und dementsprechend fragt dann der Autor am Ende seinen Leser, ob die Sizilianer es wirklich vorziehen wollen, *quodlibet durum seruitutis iugum suscipere quam famae et dignitati suae et patriae libertati consulere?* Pseudo-Falcandus, Epistola ad Petrum. Ed. *D'Angelo*, 332.
90 Vgl. oben das Zitat in Anm. 66. Vgl. dazu auch *Thomas*, English and Normans (2003), 47f., 61f., der ebd., 62, allerdings auch darauf hinweist, dass Wilhelm immer auch von Engländern unterstützt wurde.

und nicht nur gegen die Repräsentanten des neuen Königs und dessen Gefolgs- und Kriegsleute.[91] „Tötet die Franzosen", riefen nach Aussage vieler Quellen die Sizilianer, die von dem Vorort Palermos, wo der Aufstand ausgebrochen war, in die Stadt zogen, um dort ihre Gewalttaten fortzusetzen.[92] Die fremdenfeindlichen Motive sind hier nicht zu übersehen. Noch bemerkenswerter sind die späteren Versuche, die ungehemmte Gewalt gegen die Franzosen zu rechtfertigen.

Das geschah bald nach den Ereignissen in Form dreier öffentlicher Briefe, von denen das neue Stadtregiment von Palermo einen an die Messinesen, einen an die Kurienkardinäle und einen an Papst Martin IV. richtete.[93] Etwas später erschien dann eine Apologie in einem Geschichtswerk, dessen Verfasser Bartolomeo da Neocastro sich aktiv an dem politischen Umsturz in Messina beteiligt hatte.[94] Die Rechtfertigung der Gewalttaten ähnelt sich. Stets zeichnen die Autoren Karl von Anjou als Tyrannen, als Antichristen und Pharao, der das Volk der Sizilianer mit seinen Steuern und Abgaben sowie der Willkür seiner Verwalter verknechtet habe, sodass diesem keine andere Wahl geblieben sei, als sich mit allen Kräften zu wehren, um die verlorene Freiheit wiederzuerlangen.[95]

Darüber hinaus werden in zwei der drei Briefe die Gründe für den Konflikt in der wilden, gewalttätigen und hinterhältigen Natur der Franzosen gesucht und die Erhebung zum Kampf gegen die Franzosen stilisiert. Das klingt zunächst einmal nach der auch sonst anzutreffenden Kriegsrhetorik, doch hier dient der Gedanke auch dazu, die vollständige Ausrottung aller Franzosen samt Frauen und Kindern auf Sizilien zu rechtfertigen. Denn nur auf diesem Wege könne man deren Nachkommenschaft, die ja die Niedertracht weiter in sich trage, ein für alle Mal unschädlich machen.[96]

Bartholomeo da Neocastro bezieht in seiner Geschichte Siziliens eine ähnliche Position. Er bewertet das Blutvergießen durchaus als Verbrechen, ersinnt aber einen nicht belegten Plan des französischen Justitiars, die Sizilianer zu demütigen, um so deren Bluttat als Gottes Rache an den verderbten Franzosen hinzustellen.[97]

---

91 Vgl. zuletzt *Günther*, Sizilien 1282 (2007).
92 Vgl. die Zusammenstellung der entsprechenden Quellenstellen *Günther*, Sizilien 1282 (2007), 168 (Anm. 12).
93 Vgl. Chronicon Siciliae. Ed. *Muratori*, 830–832 (an Messina), 838–842 (an Martin V.). Der Brief an die Kardinäle findet sich in *Amari*, Guerra, Bd. 3 (1843), 308–322, Nr. 10. Vgl. zu den Briefen zuletzt *Günther*, Sizilien 1282 (2007), 164–185.
94 Bartholomeo de Neocastro, Historia. Ed. *Paladino*, vgl. dazu *Kamp*, Exzessive Gewalt (2021), 69–74.
95 Vgl. *Günther*, Sizilien 1282 (2007), 173–175, 178–180.
96 Vgl. *Günther*, Sizilien 1282 (2007), 175–178.
97 Vgl. Bartholomaei de Neocastro, Historia. Ed. Paladino, XIV, 11: *Anno quidem a Christo Domino nostro MCCLXXXII penultimo die martii (...) iterum ineffrenis furor Gallicus in Siculos solvitur, quod dictus Joannes Panormi existens in depraedationes et vires faciendas in Panormitanum populum ministros suos enormiter ordinavit.* Und nach der Schilderung der bewussten Übergriffe auf Sizilianerinnen, die die Franzosen unter der Ägide eines gewissen Jean Drouhet während eines Festes

Man kann es bei diesen Hinweisen belassen, um die Verschränkung von Franzosenhass und Gewalttätigkeit zu illustrieren. Die Franzosenwut wirkte sich indes noch in anderer Weise auf die Identität der Aufständischen aus. Denn mit der Ablehnung der Franzosen ging eine Solidarisierung unter den Inselbewohnern einher, die sich trotz aller Unterschiede in Herkunft und Sprache nunmehr als Sizilianer begriffen.[98] Insofern entstand aus dem Widerstand heraus, aber eben auch aus den vielen gemeinsamen negativen Erfahrungen mit dem Regime, die das Aufbegehren rechtfertigten, ein Zusammengehörigkeitsgefühl, das zunächst in *coniurationes* organisiert, politisch relativ schnell in einem Städtebund, der *communitas Siciliae*, Ausdruck fand.[99] So gesehen waren aus den Eroberten, den Italienern, Griechen und Normannen, nunmehr Sizilianer geworden. Das galt zumindest aus der Sicht derjenigen, die aktiv am Aufstand beteiligt waren.

Was aber bedeutet vor diesem Hintergrund der Umstand, dass die Aufständischen am Ende Peter von Aragon riefen und damit wieder einem neuen fremden Herrscher die Krone aufsetzten? Dieser Schritt war zum einen dem fehlenden Vertrauen in die eigenen Kräfte geschuldet, den Rückeroberungsversuchen Karls Stand zu halten.[100] Zwar gab es früh Stimmen aus dem Adel, Peter einzuladen, aber zunächst setzten sich die Kräfte in den Städten durch, die nach Autonomie strebten und hofften, dafür auch den Papst gewinnen zu können.[101] Erst als sich dies als Illusion herausstellte, fanden sich die meisten Akteure mit Peter ab, der durch seine Frau Konstanze, einer Tochter Manfreds, Ansprüche auf das Königreich Sizilien erhob und an dessen Hof einige sizilianische Adlige im Exil lebten.[102]

Anders als der Papst und auch Karl sah zumindest ein Teil der aufständischen Sizilianer in Peter keinen Eroberer oder Invasor, weil er als Rechtsnachfolger Manfreds und der Staufer galt und auftrat.[103] Insofern überlagerte die Frage nach der Legitimität des Herrscherwechsels das Problem der Eroberung. Sobald die Herrschaft dynastisch legitimiert werden konnte, hatte man offenkundig nichts gegen den Herrschaftswechsel. Man empfand ihn umso weniger als Zwang und Eroberung, als man ihn selbst herbeigeführt hatte und der neue Herrscher von daher

---

begingen, kommt der Autor dann ebd. zu der folgenden Schlussfolgerung: *Necessarium quidem dicti Drohetti peccatum, et tantae audaciae felix culpa, quod Summi providentia Creatoris per Siculorum manus mirabilem et infandam de sanguine Gallicorum eorum culpis ultionem accepit.* Vgl. *Kamp*, Exzessive Gewalt (2021), 71–74.

98 Vgl. *Günther*, Sizilien 1282 (2007), 184f., der damit bewusst die These von *Bresc/Sciascia*, Mort aux Angevins (1993), aufgreift.
99 Zur *communitas Siciliae* vgl. *Schneider*, Sizilianische Vesper (2010).
100 Vgl. *Runciman*, Sizilianische Vesper (1976), 241; *Herde*, Karl I. (1979), 104f.
101 Vgl. *Herde*, Karl I. (1979), 104f., ausführlicher *Cartellieri*, Peter von Aragon (2012), 162–167, 180–185.
102 Vgl. *Runciman*, Sizilianische Vesper (1976), 241f., und zu den Exilanten am Hof Peters ebd., 214–216.
103 Vgl. *Runciman*, Sizilianische Vesper (1976), 241f.; *Cartellieri*, Peter von Aragon (2012) 195–197.

auch gegenüber den Einheimischen keine neue Herrschaftsordnung errichten musste. Denn das galt ja letztlich für alle Eroberer, die hier betrachtet wurden. Am Anfang griffen sie kaum in die überkommene Ordnung ein, sondern erst, wenn es zu größeren Erhebungen kam, weshalb diese Aufstände erst aus den neuen Herrschern Eroberer im engeren Sinne machten.

Der Widerstand auf der Insel Sizilien wurde von verschiedenen Gruppen getragen, die in der Ablehnung der Herrschaft Karls von Anjou vereint waren. Deshalb geht bei der Betrachtung der Vesper schnell ein Aspekt verloren, der letztlich aber von großer Bedeutung ist, wenn man sich mit dem Aufbegehren der Eroberten befasst: der Kampf zwischen den Eroberten, der auch um die Frage ging, ob man überhaupt erobert worden war. Um dies in aller Kürze noch auszuführen, sei auf eine weitere Erhebung hingewiesen, zu der es 1302 in Flandern kam, nachdem der französische König Philipp der Schöne ein Jahr zuvor den dortigen Grafen wegen Felonie ab- und gefangengesetzt und das Land seiner unmittelbaren Herrschaft unterstellt hatte.[104]

Anfänglich hatte Philipp der Schöne kaum Schwierigkeiten, seine Herrschaft in Flandern durchzusetzen. Die Patrizier, die auf seine Unterstützung im Kampf mit dem Grafen schon zuvor immer wieder gesetzt hatten, traten nach der Eroberung weiterhin für ihren König und Lehnsherrn ein.[105] Als es jedoch in den Städten zu Konflikten wegen neuer Steuern kam, in deren Verlauf Handwerkergruppen Ratsleute erschlugen, wurde der französische Statthalter in die innerstädtischen Auseinandersetzungen mit hineingezogen und sah sich gezwungen, gegen die Aufrührer vorzugehen.[106] So entstand eine Gemengelage, in der sich die aktiven Handwerkergruppen mit den Repräsentanten der Grafenfamilie gegen die führenden Familien und den französischen König verbündeten und nunmehr einen Kampf für die Wiedereinsetzung des Grafen und die Vertreibung des französischen Königs führten.[107]

Dabei versuchten Propagandisten, diesen Kampf als Aufstand der Flamen gegen die Franzosen hinzustellen, was auch deshalb möglich war, weil die königsfreundliche Oberschicht weithin Französisch sprach.[108] Dass sich diese Deutung zeitweilig durchsetzen konnte, lag auch in diesem Fall an einem Blutbad, das ein Teil der Brügger Bürger an in der Stadt stationierten französischen Kriegsleuten beging, die in der

---

104 Vgl. zum Verlauf des Konfliktes zuletzt *Hélary*, Courtrai (2002), 63–76; *Nicholas*, Medieval Flanders (1992), 186–191. Zur Einschätzung des Konfliktes vgl. zudem die verschiedenen Beiträge in *Trio/Heirbaut/van den Auweele* (Hrsg.), Omtrent 1302 (2002). Für viele Aspekte ist immer noch von Bedeutung *Funck-Brentano*, Origines (1896).
105 Vgl. *Boone*, Société urbanisée (2002), 67 f.
106 Vgl. *Boone*, Société urbanisée (2002), 66–68.
107 Vgl. *Boone*, Société urbanisée (2002), 67 f. Vgl. auch zum Auftreten eines Protagonisten dieses Aufstandes und zu seinem Nachleben *Kamp*, Franzosenfeind (2020).
108 Das ist genau das Bild, das der Autor der Annales Gandenses. Ed. *Johnstone*, der den Aufstand zu rechtfertigen sucht, in seinem Geschichtswerk vermittelt. Vgl. dazu auch *Kamp*, Exzessive Gewalt (2021), 89.

Nacht in ihren Betten überfallen und zum Teil erschlagen wurden.[109] Die Gewalttat führte zur Flucht des Statthalters und eines Teils des französischen Heeres aus Flandern. Daraufhin nutzten die aufständischen Grafenfreunde die Gunst des Moments und verdrängten in den anderen flandrischen Städten die französisch gesinnten Kräfte von der Macht.[110]

Erst das schuf für die verbündeten Handwerkergruppen und die Dynastie die Möglichkeit, aus den verschiedenen flandrischen Städten – mit der Ausnahme Gents, wo der Machtstreich nicht gelang – Milizen zu mobilisieren. Diese Milizen besiegten dann das französische Heer, das, um die Gewalttat von Brügge zu vergelten, nach Flandern gezogen war, in der berühmten Schlacht der Goldenen Sporen bei Kortrijk, wonach dann auch in Gent die französisch gesinnten Ratsmitglieder klein beigeben mussten.[111] Man sieht, der Kampf gegen den französischen König, gegen den Eroberer, wurde nur von einem Teil der Bevölkerung getragen, während die andere Seite die Herrschaftsübernahme des Königs für vollkommen legitim erachtete. Für sie gab es auch keinen Kampf der Flamen gegen die Franzosen, sondern nur einen Aufstand von Unruhestiftern.[112] Für die Aufständischen gilt indes, dass sie sich erst im Lauf eines längeren Konfliktes als Eroberte begriffen, die ihren Kampf gegen den französischen König und die Franzosen führten.[113]

4

Etwa 500 Jahre liegen zwischen dem Sieg Karls des Großen über die Sachsen und dem Triumph der flandrischen Milizen über Philipp den Schönen. Was sich in der Zwischenzeit mit Blick auf die Eroberten geändert hat, ist nicht einfach zu sagen. Zweifelsohne aber sind die Stimmen derjenigen, die gegen einen Eroberer aufbegehrten, zahlreicher geworden. Das erstaunt angesichts des starken Anstiegs der Schriftlichkeit seit dem 12. Jahrhundert nicht. Er trug offenkundig dazu bei, dass die Eroberten und ihre Anführer seit 1250 häufiger selbst schreiben konnten, Briefe zu ihrer Verteidigung oder zur Mobilisierung weiterer Kräfte aufsetzten und sich nunmehr auch im städtischen Milieu Geschichtsschreiber fanden, die sich der Sache der Eroberten annahmen, wenn sie sich nicht sogar selbst an deren Erhebung beteiligt hatten.

---

109 Zuletzt *Hélary*, Courtrai (2012), 55–57; *Kamp*, Exzessive Gewalt (2021), 84–89.
110 Vgl. *Boone*, Société urbanisée (2002), 69.
111 Vgl. *Boone*, Société urbanisée (2002), 70.
112 Vgl. *Kamp*, Exzessive Gewalt (2002), 88 f.
113 Dieses Selbstbild kann man zumindest den Genter Annalen entnehmen, vgl. Annales Gandenses. Ed. *Johnstone*. Vgl. dazu *Kamp*, Exzessive Gewalt (2002), 88 f., und auch *Hélary*, Courtrai (2012), 91.

Einen Wandel kann man überdies auch in der wachsenden Bedeutung der Städte für den Widerstand erkennen. Dennoch darf man nicht vergessen, dass es auch im 14. Jahrhundert noch immer Ausnahmen gab, wie der Blick auf den vom Adel dominierten schottischen Unabhängigkeitskrieg zeigen würde.[114] Dass die Bürger der Städte und zuweilen sogar die Handwerker nunmehr den Widerstand gegen einen Eroberer prägen konnten, reflektiert vor allem den allgemeinen gesellschaftlichen Wandel im damaligen Europa. Der Umstand weist aber auch auf die wachsende Tiefenwirkung von Eroberungen hin, die nunmehr erhebliche Folgen für das Leben der breiten Bevölkerung nach sich zogen, weil sie von den Herrschern ganz gleich ob als Eroberer oder legitime Herrscher grundsätzlich stärker in Anspruch genommen wurde, etwa durch die Auferlegung von Steuern. Es sollte aber nicht vergessen werden, dass sich bereits an der Erhebung gegen Karl den Großen Sachsen verschiedener Stände beteiligten. Allerdings scheint im frühen Mittelalter der erzwungene Übertritt zum Christentum der entscheidende Faktor für den ständeübergreifenden Widerstand gewesen zu sein. Spielte die Glaubensfrage keine Rolle, blieb das Aufbegehren im frühen Mittelalter primär auf die Oberschicht begrenzt, wie die punktuellen Reaktionen der Langobarden auf die Eroberung durch Karl den Großen nahelegen.

Trotz des unbestreitbaren Wandels dominieren aufs Ganze gesehen eher die Gemeinsamkeiten und Kontinuitäten im Verhalten der Eroberten. Stets war das Aufbegehren eine unter mehreren Optionen derjenigen, die neu unterworfen worden waren. Ein Teil des sächsischen Adels, die sizilianischen Kaufleute oder die flandrische Oberschicht aus Adligen und Großkaufleuten, sie alle zogen es vor, mit dem neuen Herrscher zu kooperieren, wobei schon länger bestehende Gegensätze zu den anderen Gruppen, Schichten oder Ständen die Entscheidung mitbeeinflussten.

Betrachtet man die Erhebungen in ihrem Ablauf, so spielten exzessive Gewalttaten immer wieder eine entscheidende Rolle, angefangen von der Tötung von Amtsträgern bis zur Ermordung einer ganzen Bevölkerungsgruppe. Solche Akte luden die Eroberer zu Vergeltungsschlägen und weitergehenden Eingriffen in die bis dahin bestehende Strukturen ein, was den Widerstand verstärken konnte. Die Gewalttaten dienten aber ebenso der Mobilisierung der eigenen Leute, weil sie Stärke und Handlungsfähigkeit demonstrierten und angesichts zu erwartender Repressalien verlangten, Position zu beziehen. Die Gewalt förderte die Barbarisierung des Gegners. Sie brachte Rechtfertigungen hervor, die dem Freund-Feindschema folgten. Diese verwandelten wiederholt ethnisch-gentile Unterschiede in Gegensätze, die vermeintlich nur mit Gewalt zu überwinden waren. Sowohl der Einsatz exzessiver Gewalt als auch die Entstehung von Feindbildern sind indes nicht an Eroberungen gebunden, sondern entsprechen vielfach der Logik von Aufständen.

---

114 Vgl. dazu zuletzt *Rogge*, Heinrich II. (2022), sowie den Beitrag von dems. in diesem Band.

Aber sie gewinnen im Kontext der Eroberung durch einen fremden Herrscher doch eine besondere Durchschlagskraft.

Da mit einer Eroberung häufig ethnische Unterschiede in den Blick traten, trug der Kampf gegen den fremden Herrscher für die Eroberten in einigen Fällen selbst dazu bei, ihre Identität in und aus der Abgrenzung zum Eroberer und seinen Gefolgsleuten neu zu bestimmen. Das war wahrscheinlich bei den verschiedenen sächsischen Großgruppen, den Westfalen, Ostfalen, Engern und Holsten, der Fall, die zusehends zu Sachsen wurden, wobei hier der Eroberer selbst daran mitwirkte, als er diesen Sachsen gemeinsame Rechte verlieh. Noch deutlicher ist dieser Prozess bei den Normannen, Griechen und Italienern auf Sizilien zu beobachten, die sich im Laufe ihres Kampfes gegen die Franzosen zusehends zu Sizilianern entwickelten.

Dennoch spielte der ethnische Faktor in anderer Hinsicht eine wichtigere Rolle. In den meisten Fällen wurde der Widerstand gegen den Eroberer als Kampf gegen den ungerechten und schlechten Herrscher legitimiert. Indem die Gegner des Eroberers allerdings dessen Herrschaft als Tyrannei delegitimierten und zugleich den ethnischen Unterschied akzentuierten, tendierten sie dazu, die Schlechtigkeit, die Tyrannei oder das Barbarentum des Eroberers auf dessen Volk zu übertragen. Damit aber machten sie aus dem Herrschaftswechsel de facto eine unstatthafte Eroberung, bei der sich das eigene Volk dem anderen zu Unrecht hatte unterwerfen müssen. Folglich musste aus ihrer Überzeugung dieser Vorgang und damit die Eroberung wieder rückgängig gemacht werden. Nur so konnte das alte Recht und die alte Freiheit wiederhergestellt werden. Insofern trug der ethnische Faktor entscheidend dazu bei, dass der Widerstand gegen einen Eroberer auch zu einem Aufbegehren der Eroberten werden konnte.

Quellen und Übersetzungen

Annales Gandenses. Ed. und übers. v. *Hilda Johnstone*. New York 1951.
Annales Laureshamenses. Ed. *Georg Heinrich Pertz*. (MGH SS 1.) Hannover 1826, 22–39.
Annales Petaviani. Ed. *Georg Heinrich Pertz*. (MGH SS 1.) Hannover 1826, 7–19.
Annales regni Francorum inde a. 741 usque ad 829, qui dicuntur Annales Laurissenses maiores et Einhardi. Ed. *Friedrich Kurze*. (MGH SS rer. Germ. 6.) Hannover 1895.
Bartholomaei de Neocastro. Historia Sicula. Ed. *Giuseppe Paladino*. (Rerum Italicarum scriptores, Bd. 13.3.) Bologna 1921.
Briefe des Stadtregiments von Palermo an die Kurienkardinäle, in: *Michele Amari*, La guerra del Vespro Siciliano, Bd. 3. Paris 1843, 308–322.
Capitulatio de partibus Saxoniae. Ed. *Claudius Frhr. von Schwerin*. (MGH Fontes iuris, Bd. 4.) Hannover / Leipzig 1918, 37–44.
Chronicon Siciliae auctore anonymo. Ed. *Ludwig Muratori*. (Rerum Italicarum Scriptores, Bd. 10.) Mailand 1727, 801–912.
Epistola ad Petrum de desolatione Siciliae, in: Pseudo Ugo Falcando. De rebus circa regni Siciliae curiam gestis. Epistola ad Petrum de desolatione Siciliae. Ed. *Edoardo D'Angelo*. (Edizione

nazionale dei testi mediolatini d'Italia, Bd. 36; Rerum Italicarum Scriptorum, Bd. 32.) Florenz 2014, 327–349.
Hermannus Altahensis abbas (Continuationes). Annales: Continuatio Altahensis (1273–1290). Ed. *Georg Heinrich Pertz*. (MGH SS 17.) Hannover 1859, 412–414.
Ordericus Vitalis. The Ecclesiastical History, 6 Bde. Ed. und übers. v. *Marjorie Chibnall*. Oxford 1969–1980.

Literatur

Gerd Althoff, Widukind. Herzog in Sachsen 777–785, in: Babette Ludowici (Hrsg.), Saxones. Ausstellungskatalog. Darmstadt 2019, 300 f.
Michele Amari, La guerra del Vespro Siciliano, Bd. 1. Paris 1843.
David Bates, William the Conqueror. New Haven / London 2016.
Matthias Becher, Der Prediger mit eiserner Zunge. Die Unterwerfung und Christianisierung der Sachsen durch Karl den Großen, in: Hermann Kamp / Martin Kroker (Hsrg.), Schwertmission. Gewalt und Christianisierung im Mittelalter. Paderborn 2013, 23–52.
Matthias Becher, Die Auseinandersetzung Heinrichs IV. mit den Sachsen. Freiheitskampf oder Adelsrevolte?, in: Jörg Jarnut / Matthias Wemhoff (Hrsg.), Vom Umbruch zur Erneuerung? Das 11. und beginnende 12. Jahrhundert. Positionen der Forschung. München 2006, 357–378.
Marc Boone, Une société urbanisée sous tension. Le comté de Flandre vers 1302, in: Raul C. van Caenegem (Hrsg.), 1302. Le désastre de Courtrai. Mythe et réalité de la bataille des Eperons d'Or. Antwerpen 2002, 26–77.
Henri Bresc, La ‚mala signoria' ou l'hypothèque sicilienne, in: L'État Angevin. Pouvoir, culture et société entre XIIIe et XIVe siècle. Actes du colloque international organisé par l'American Academy in Rome (Rom–Neapel, 7.–11. November 1995). Rom 1998, 601–648.
Henri Bresc / Laura Sciascia, Mort aux Angevins!, in: Ders. / Geneviève Bresc-Bautier (Hrsg.), Palerme 1070–1492. Mosaïque de peuples, nation rebelle. La naissance violente de l'identité sicilienne. Paris 1993, 120–135.
Otto Cartellieri, Peter von Aragon und die sizilianische Vesper. Paderborn 1904, ND 2012.
Edoardo D'Angelo, Introduzione, in: Pseudo Ugo Falcando, De rebus circa regni Siciliae curiam gestis. Epistola ad Petrum de desolatione Siciliae. Ed. Edoardo D'Angelo. (Edizione nazionale dei testi mediolatini d'Italia, Bd. 36; Rerum Italicarum Scriptorum, Bd. 32.) Florenz 2014, 3–32.
Jean Dunbabin, Charles I. Anjou. Power. Kingship and State-Making in Thirteenth-Century Europe. London / NewYork 1998.
Caspar Ehlers, Die Integration Sachsens in das fränkische Reich (751–1024). (Veröffentlichungen des Max-Planck-Instituts für Geschichte, Bd. 231.) Göttingen 2007, 260–266.
Robert Flierman, Saxon Identities, AD 150–900. London 2019.
Robert Flierman, Religious Saxons. Paganism, Infidelity and Biblical Punishment in the ‚Capitulatio de partibus Saxoniae', in: Rob Meens u. a. (Hrsg.), Religious Franks. Religion and Power in the Frankish Kingdoms. Studies in Honour of Mayke de Jong. Manchester 2016, 181–201.
Alexander Franke, Zur Identität des ‚Hugo Falcandus', in: Deutsches Archiv für Erforschung des Mittelalters 64, 2008, 1–13.
Frantz Funck-Brentano, Les origines de la Guerre de Cent ans. Philippe le Bel en Flandre. Paris 1896.
Lioba Geis, Tota terra inhorruit? Die Folgen der Eroberung Süditaliens für Klöster und Städte, in: Hermann Kamp (Hrsg.), Herrschaft über fremde Völker und Reiche. Formen, Ziele und Probleme der Eroberungspolitik im Mittelalter. (Vorträge und Forschungen, Bd. 93.) Ostfildern 2022, 215–247.

John Gillingham, An Age of Expansionism: c. 1020–1204, in: Maurice Hugh Keen (Hrsg.), Medieval Warfare. A History. Oxford 1999, 59–88.

Knud Görich, Tyrannei und Barmherzigkeit. Überlegungen zur Konfliktwahrnehmung des Hugo Falcandus, in: Gerhard Lubich / Dirk Jäckel (Hrsg), Ad personam. Festschrift zu Hanna Vollraths 80. Geburtstag. Frankfurt a.M. 2019, 173–192.

Eric J. Goldberg, Popular Revolt, Dynastic Politics, and Aristocratic Factionalism in the Early Middle Ages. The Saxon Stellinga Reconsidered, in: Speculum 70, 1995, 467–501.

Kai-Henrik Günther, Sizilien 1282. Die Abwertung der ‚Anderen' als Geburtsstunde der sizilianischen Identität, in: Maria Luisa Allemeyer / Katharina Behrens / Katharina Mersch (Hrsg.), Eule oder Nachtigall? Tendenzen und Perspektiven kulturwissenschaftlicher Werteforschung. Göttingen 2007, 164–185.

Matthias Hardt, „Totschlag, Raub und Brandstiftung". Karolingische Hausmeier und Könige und die Sachsen östlich des Rheins, in: Babette Ludowici (Hrsg.), Saxones. Ausstellungskatalog. Darmstadt 2019, 276–283.

Wilfried Hartmann, Karl der Große. Stuttgart 2010.

Ernst-Dieter Hehl, Eroberung und Herrschaft im Denken des hohen Mittelalters, in: Markus Meumann / Jörg Rogge (Hrsg.), Die besetzte res publica. Zum Verhältnis von ziviler Obrigkeit und militärischer Herrschaft in besetzten Gebieten vom Spätmittelalter bis zum 18. Jahrhundert. (Herrschaft und soziale Systeme in der Frühen Neuzeit, Bd. 3.) Münster u. a. 2006, 27–49.

Xavier Hélary, Courtrai: 11 juillet 1302. Paris 2012.

Peter Herde, Karl I. von Anjou. Stuttgart u. a. 1979.

Eduard Hlawitschka, Franken, Alemannen, Bayern und Burgunder in Oberitalien 774–962. Zum Verständnis der fränkischen Königsherrschaft in Italien. Freiburg 1960.

Gwendolyn E. Hood, Falcandus and Fulcandus, ‚Epistola ad Petrum, Liber de Regno Sicilie'. Literary Form and Author's Identity, in: Studi medievali Ser. 3.40, 1999, 1–42.

Jörg Jarnut, Die Geschichte der Langobarden. Stuttgart u. a. 1982.

Hermann Kamp, Exzessive Gewalt gegen Fremde. Ihre Darstellung und Bewertung in der Geschichtsschreibung um 1300, in: Claudia Garnier (Hrsg.), Konzepte und Funktionen der Gewalt im Mittelalter. Berlin 2021, 65–97.

Hermann Kamp, Formen, Ziele und Probleme der Eroberungspolitik im Mittelalter. Eine Einführung, in: Ders. (Hrsg.), Herrschaft über fremde Völker und Reiche. Formen, Ziele und Probleme der Eroberungspolitik im Mittelalter. (Vorträge und Forschungen, Bd. 93.) Ostfildern 2022, 9–28.

Hermann Kamp, Vom Franzosenfeind zum Fußballfreund. Jan Breydel im Gedächtnis der Belgier, Flamen und Brügger Bürger, in: Ders. / Sabine Schmitz (Hrsg.), Erinnerungsorte in Belgien. Instrumente lokaler, regionaler und nationaler Sinnstiftung. Bielefeld 2020, 43–64.

Hermann Kamp, Gewalt und Mission. Die Elb- und Ostseeslawen im Fadenkreuz des Reiches und der Sachsen vom 10. bis zum 12. Jahrhundert, in: Credo. Die Christianisierung Europas im Mittelalter, Bd. 1. Essays. Petersberg 2013, 395–404.

William E. Kapelle, The Norman Conquest of the North. The Region and its Transformation. 1000–1135. London 1979.

Andreas Kiesewetter, Die Anfänge der Regierung Karls II. von Anjou (1278–1295). Das Königreich Neapel, die Grafschaft Provence und der Mittelmeerraum am Ausgang des 13. Jahrhunderts Husum 1999.

Rolf Köhn, Noch einmal zur Identität des ‚Hugo Falcandus', in: Deutsches Archiv für Erforschung des Mittelalters 67, 2011, 499–541.

Angelika Lampen, Sachsenkriege, sächsischer Widerstand und Kooperation, in: Christoph Stiegemann / Matthias Wemhoff (Hrsg.), 799 – Kunst und Kultur der Karolingerzeit, Bd. 1. Mainz 1999, 264–272.

Marco Leonardi, L'età del vespro siciliano nella storiografia tedesca. Dal XIX secolo ai nostri giorni. Florenz 2011.
Babette Ludowici, Schwer zu fassen. Die sächsischen Gegner der Karolinger, in: Dies. (Hrsg.), Saxones. Ausstellungskatalog. Darmstadt 2019, 294–299.
Rosamond McKitterick, Karl der Große. Darmstadt 2008.
David Nicholas, Medieval Flanders. London 1992.
Lutz von Padberg, Die Christianisierung Europas im Mittelalter. Stuttgart 2009.
Steffen Patzold, Die Paganisierung frühmittelalterlichen Saxonia durch Karl den Großen, in: Babette Ludowici (Hrsg.), Saxones. Ausstellungskatalog. Darmstadt 2019, 291–293.
Jörg Peltzer, 1066. Der Kampf um Englands Krone. München 2016.
August Potthast, Regesta pontificum Romanorum, Bd. 2: 1243–1394. Berlin 1895.
Christoph Reisinger, Tankred von Lecce. Normannischer König von Sizilien 1190–1194. (Kölner Historische Abhandlungen, Bd. 38.) Köln 1992.
Ingrid Rembold, Conquest and Christianization. Saxony and the Carolingian World 772–888. Cambridge 2018.
Jörg Rogge, Heinrich II. und Eduard I. als Eroberer?, in : Hermann Kamp (Hrsg.), Herrschaft über fremde Völker und Reiche. Formen, Ziele und Probleme der Eroberungspolitik im Mittelalter. (Vorträge und Forschungen, Bd. 93.) Ostfildern 2022, 341–368.
Steven Runciman, Die Sizilianische Vesper. Der Volksaufstand von 1282 und die europäische Geschichte im 13. Jahrhundert. München ²1976.
Jürgen Sarnowsky, Die Eroberung Preußens und Livlands, in: Hermann Kamp (Hrsg.), Herrschaft über fremde Völker und Reiche. Formen, Ziele und Probleme der Eroberungspolitik im Mittelalter. (Vorträge und Forschungen, Bd. 93.) Ostfildern 2022, 401–440.
Maria Schäpers, Lothar I. (795–855) und das Frankenreich. (Rheinisches Archiv, Bd. 159.) Köln 2018.
Rudolf Schieffer, Karl der Große und Otto der Große als Eroberer, in: Hermann Kamp (Hrsg.), Herrschaft über fremde Völker und Reiche. Formen, Ziele und Probleme der Eroberungspolitik im Mittelalter. (Vorträge und Forschungen, Bd. 93.) Ostfildern 2022, 115–137.
Philipp M. Schneider, Die Sizilianische Vesper und die communitas Siciliae von 1282. Über den Versuch eines sizilianischen Städtebundes, in: David Engels / Lioba Geis / Michael Kleu (Hrsg.), Zwischen Ideal und Wirklichkeit. Herrschaft auf Sizilien von der Antike bis zum Spätmittelalter. Stuttgart 2010, 337–350.
Ernst Schubert, Die Capitulatio de partibus Saxoniae, in: Dieter Brosius u. a. (Hrsg.), Geschichte in der Region. Zum 65. Geburtstag von Heinrich Schmidt. Hannover 1993, 3–28.
Matthias Springer, Die Sachsen. Stuttgart 2004.
Hugh M. Thomas, The English and the Normans. Ethnic Hostility, Assimiliation, and Identity. 1066–c. 1220. Oxford 2003.
Heinrich Tiefenbach / Matthias Springer, Widukind, in: Reallexikon der Germanischen Altertumskunde, Bd. 33. Berlin 2016, 577–586.
Salvatore Tramontana, Gli anni del Vespro. L'immaginario, la cronaca, la storia. Bari 1989.
Paul Trio / Dirk Heirbaut / Dirk van den Auweele (Hrsg.), Omtrent 1302. Löwen 2002.
Dominik Waßenhoven, 1066. Englands Eroberung durch die Normannen. München 2016.
Ann Williams, The English and the Norman Conquest. Woodbridge 1995.
Horst Zettel, Karl der Große, Siegfried von Dänemark und Gottfried von Dänemark, in: Zeitschrift der Gesellschaft für Schleswig-Holsteinische Geschichte 110, 1985, 11–26.

Philipp Winterhager

Ganz Italien, seine Teile – und Rom

Der ‚Liber Pontificalis' und die topographische Verortung des Eigenen im Angesicht von Eroberung

Abstract: The paper looks at the ‚Liber Pontificalis' to ask for Roman-papal self-positioning in narratives of conquest, where topographical terms appear prominently. In the late 6th / early 7th century, „the whole of Italy" is in danger, while Rome stands pars pro toto for it. Italy, in contrast, disappears as a label for victims of conquest in the second half of the 7th century. Events are described at a local level, while interior crises prevail, and Italy more often denotes aggressors. In the 8th century, topographical terms address both local and Italian levels. Rome is something different now, with the pope as the shepherd of Italy. The topographical language of conquest narratives therefore reflects the role that papal Rome assigned to itself on the Italian scene and shows the respective adaptations of contemporary Italian events into a Roman-papal ‚identity'.

Die Geschichte Italiens im Frühmittelalter ist seit jeher als eine Geschichte von fortlaufenden Eroberungen und Eroberungsversuchen geschrieben worden: ‚Italy and Her Invaders' nannte Thomas Hodgkin sein Opus Magnum, und darin darf man durchaus einen bewussten Perspektivwechsel vermuten gegenüber dem Titel eines großen Vorgängers, Edward Gibbons ‚History of the Decline and the Fall of the Roman Empire'.[1] Nicht der Niedergang Roms, sondern die Perspektiven seiner Eroberer standen für Hodgkin[2] im Vordergrund:

> Every wandering tribe which crossed the Alps, eager to pierce its way to the discrowned capital of the world, contributed something to the great experiment of the making of the new Italy; [we propose] to deal not only with Italy but also with her invaders.[3]

Bemerkenswert erscheint nicht allein, dass die ‚barbarischen' Eroberer herausgestellt werden, sondern auch der Blick auf ihren Beitrag zur Transformation Italiens

---

[1] *Hodgkin*, Italy (1890–1899); *Gibbon*, History (1776–1789). Gibbon wird freilich gleich in den ersten Zeilen genannt, und zwar als Autorität für die römische Geschichte: *Hodgkin*, Italy, Bd. 1 (1892), V. – Hodgkins Werk erlangte hohes Ansehen; eine Rezension aus berufenem Munde nannte ihn „the best authority in England on the period of the Völkerwanderung": *Bury*, Rez. Hodgkin (1893), 273.
[2] Dass diese Sichtweise nicht zuletzt auf persönlichen Anschauungen Hodgkins beruhte, konstatiert *Martin*, Hodgkin (2004): „Under the Italian sky and sun he understood, [Hodgkin] said, why medieval emperors and princes had readily ventured from their northern territories for the prizes that the peninsula offered."
[3] *Hodgkin*, Italy, Bd. 1 (1892), 2.

in Spätantike und Frühmittelalter. Freilich spricht man heute nicht mehr leichthin von wandernden Stämmen, und auch die strikte Gegenüberstellung von ‚Romanen' und ‚Germanen' hat sich überholt: Migrationen und Invasionen werden heute als Elemente einer komplexen Umbruchsperiode gewertet, die Eroberer und Eroberte gleichermaßen erfasste und veränderte.[4] Dementsprechend ist die „Transformation of the Roman World"[5] in den letzten Jahrzehnten prominent und mit großem Gewinn als Prozess von Akkulturation und Verflechtung untersucht worden, wobei gerade die ‚ethnischen Identitäten' der Eroberer sich als vorläufig, brüchig oder vielschichtig erwiesen haben.[6]

Wenngleich das frühmittelalterliche Italien heute also nicht mehr als bloße Gestaltungsmasse auswärtiger Eroberer gilt, sondern als Raum, in dem gleichsam „die Verflechtung von allem mit jedem"[7] stattfand, so gilt das doch – jedenfalls für die Zeit des 6. bis 8. Jahrhunderts, der sich dieser Beitrag widmet – mit einer bemerkenswerten Ausnahme: der Stadt Rom. Liest man auch neuere Publikationen, gewinnt man den Eindruck, dass die Menschen hinter den Aurelianischen Mauern zwar von allerlei Ärgernissen – von Steuererhöhungen bis Kirchenplünderungen – betroffen waren, dass sich dort aber eine eigene römische ‚Identität' entwickelte, und zwar recht unabhängig von den kriegerischen Stürmen auf der Apenninhalbinsel, gespeist aus den Resten der klassischen Antike, den Traditionen des römischen Staats und der spätantiken Kirche.[8] Die Eroberungen der Goten und Langobarden wären

---

[4] Gleichwohl bleibt ‚Eroberung' ein attraktives Narrativ: *Meier*, Geschichte der Völkerwanderung (2019), 15–37, beginnt seine umfangreiche Gesamtdarstellung mit zwei Episoden versuchter oder geglückter Eroberung (Konstantinopels und Roms) durch ‚Barbaren' – aber wohlgemerkt als Zugang zu Wahrnehmungs- und Identitätsfragen.

[5] So der Titel des wegweisenden europäischen Forschungsprojekts in den 1990er Jahren; vgl. dazu *Wood*, Transformation (2006). Zur Spätantike als Transformationsepoche jetzt *Meier*, Geschichte der Völkerwanderung (2019).

[6] Wichtige Beiträge gelten hier v. a. den Ostrogoten und den Langobarden, vgl. etwa *Amory*, People and Identity (1997), *Pohl*, Gotische Identitäten (2020), *Stickler*, Römische Identität(en) (2020), *Swain*, Goths and Gothic Identity (2016), und *Borgolte*, Migrationen als transkulturelle Verflechtungen (2009), *Ders.*, Langobardenreich (2012), *Ders.*, Langobardische Wanderlawine (2013), *Dunn*, Lombard Religiosities Reconsidered (2013), *Jarnut*, Langobarden im Edictus Rothari (2012), *Majocchi*, Arrianorum abolevit heresem (2014), und *Pohl*, Geschichte und Identität (2005).

[7] Als Signum der Epoche in einem gesamtmediterranen Rahmen benannt bei *Pfeilschifter*, Rez. Meier (2020).

[8] Neuere Studien betonen freilich den vielseitigen und wandelbaren Charakter römischer ‚Identität', die manchmal sogar gentil gefasst wurde; gerade die Wirkung zeitgenössischer Ereignisse in Italien, zumal außerhalb der Stadt, scheint mir dabei aber wenig Beachtung zu finden. Eine gute Übersicht geben *Delogu*, Post-imperial Romanness (2018); *Gantner*, Romana urbs (2014); *McKitterick*, Romanness (2018); *Pohl*, Romanness (2014); *Ders.*, Introduction. Early Medieval Romanness (2018); hervorgehoben sei *Gantner*, Freunde Roms und Völker der Finsternis (2014), der die Wahrnehmung von Anderen (‚Griechen', Langobarden, Muslime) im päpstlichen Rom untersucht; eine eigene römische Identität habe sich dabei aber nicht allein oder nicht zuerst in der Differenz zu diesen Anderen gebildet.

dann eher zu überwindende Hindernisse gewesen auf dem Weg zur „Birth of the Papal State"[9], und von einem byzantinischen Rom könne eigentlich kaum die Rede sein.[10]

Untersucht man aber, wie es dieser Band tut, Aneignungsprozesse von Eroberung und nicht zuletzt, wie drohende und tatsächliche Invasionen auch die Wahrnehmung des Eigenen durch die Unterlegenen prägten, stellt sich die Frage, in welchem Zusammenhang die Eroberungsgeschichte des frühmittelalterlichen Italien und die Repräsentationen der eigenen Seite in römisch-päpstlichen Texten standen. Versteht man zudem Eroberung nicht bloß als Akt der Plünderung und Landnahme, sondern auch als Erzählanlass, dann lassen sich diese Fragen schon für diejenigen stellen, die von Eroberung bedroht waren. Wenn etwa aus frühmittelalterlicher stadtrömischer Sicht oftmals eher von drohender Eroberung die Rede ist, so ist das für die Wahrnehmung der Zeitgenossen und die Konstruktion des Eigenen jedenfalls nicht minder bedeutsam, denn nicht erst das Trauma der Niederlage, sondern schon die drohende Gefahr lässt einen „Rallye 'round the flag"-Effekt vermuten: Im Lichte der Gefahr wird das Eigene als solches umso deutlicher (und wichtiger).[11]

Es geht dementsprechend im Folgenden um die narrative Einordnung von (drohender) Eroberung im ‚Liber Pontificalis' des 6. bis 8. Jahrhunderts. Untersucht werden dabei nicht ethnische Verortungen des Eigenen.[12] Diese werden sinnvollerweise beschrieben als Identifizierungen mit einer Gruppe über solche Kriterien, die in der Gruppe selbst liegen.[13] Stattdessen liegt der Fokus hier auf territorialen beziehungsweise toponymisch gefassten Einordnungen der eigenen Seite angesichts von Eroberungen. Solche auf den Raum bezogenen Selbstverortungen haben bisher für das frühmittelalterliche Italien gegenüber ‚ethnischen Identitäten' wenig Aufmerksamkeit erfahren.[14] Ihre Einordnung liegt aber gerade für Eroberungssituationen nahe: Denn Eroberung scheint – und diese Überlegung soll für das Folgende als

---

9 So der Untertitel der – bis heute unverzichtbaren, weil nach wie vor besten – Geschichte der Päpste im 7. und 8. Jhd. bei *Noble*, Republic of St. Peter (1984). Vgl. auch den Titel bei *McKitterick*, Rome (2020): „Rome and the Invention of the Papacy".
10 *Noble*, Greek Popes (2014); *McKitterick*, Rome (2020), 22, mit dem Fokus auf militärische Führung. Vgl. aber *Osborne*, Rome in the Eighth Century (2020), 2: „Rome in the year 700 was a ‚Byzantine' city in many if not most other respects as well [neben der Kunstgeschichte], from politics and economics to language and culture."; ebd., 16: „The eighth century does not mark an indigenous ‚Roman' revolution against all things ‚Byzantine'."
11 Vgl. für Perspektiven auf potentielle bzw. drohende Eroberung auch den Beitrag von Anne Foerster in diesem Band.
12 Vgl. zu Perspektiven auf ‚Identität' im Kontext von Eroberung auch die Beiträge von Christoph Mauntel und Marcel Bubert in diesem Band.
13 *Pohl*, Introduction – Strategies of Identification (2013), 24–26.
14 Vgl. *Pohl*, Introduction. Early Medieval Romanness (2018), 17: „When the Western Roman Empire dissolved, there was no trace of a particular Italian Roman identity (...)."

Hypothese gelten – in der Wahrnehmung etwas Raumgebundenes, eine territorial verortbare Erfahrung zu sein. Wenn Eroberung aber zugleich als mehr denn allein als Landnahme gelten kann, fragt sich, wer in einem solchen Wahrnehmungsschema die Eroberten oder die von Eroberung Bedrohten sind und welche Bedeutung topographische Einordnungen für die Verortung des Eigenen hatten. Dabei muss man im Falle des frühmittelalterlichen Rom in Betracht ziehen, dass die Stadt von ihren Bewohnern keineswegs notwendigerweise herausgelöst aus ihrem italischen Kontext betrachtet wurde. Deswegen muss danach gefragt werden, wo nicht nur Rom, sondern auch sein Umfeld aufgerufen wurde und welche Rolle Italien als Ganzes für die römische Selbstverortung spielte.

1 Der ‚Liber Pontificalis': Eroberungserzählen und Verortung des Eigenen

Für Fragen nach Eroberungen und Eroberungsversuchen im frühmittelalterlichen Italien bildet der ‚Liber Pontificalis' eine hervorragende Grundlage; neben der ‚Historia Langobardorum' des Paulus Diaconus[15] ist er hierfür die wichtigste narrative Quelle. Unter anderem sind seine Informationen gerade für die wechselvollen Jahrzehnte der „Loslösung Roms von Byzanz"[16] und des beginnenden karolingischen Engagements in Italien unverzichtbar. Dementsprechend haben seine sorgsame Kritik und Interpretationen die Forschung bis in die jüngste Zeit hinein befruchtet.[17] Für Fragen nach einer bewertenden Perspektive auf zeitgenössisches Geschehen, nach kreativer Aneignung der Gegenwart und ‚Identitätskonstruktion' ist er schon seltener genutzt worden.[18] Eine solche ‚Identität' konnte auch gar nicht in geradliniger Entwicklung entstehen, was schon an den Abfassungsumständen des ‚Liber Pontificalis' liegt: Als Sammlung von Tatenberichten der Päpste vor der Mitte des 6. Jahrhunderts angelegt und seit dem 7. Jahrhundert stetig erweitert, bildet er

---

15 Paulus Diaconus, Historia Langobardorum. Ed. *Schwarz*; Paulus berichtet bis zum Jahr 744 und nutzt den ‚Liber Pontificalis' (im Folgenden LP) als Quelle.
16 Vgl. *Hartmann*, Hadrian I. (2006), Untertitel: „Frühmittelalterliches Adelspapsttum und die Lösung Roms vom byzantinischen Kaiser".
17 Vgl. etwa *Brandes*, Schweigen des ‚Liber Pontificalis' (2014); *Ders.*, Byzantinischer Bilderstreit (2018); *Hartmann*, Nochmals zur sogenannten Pippinischen Schenkung (2010); *Scholz*, Pippinische Schenkung (2018).
18 Ganz explizit auf die Konstruktion des Papsttums zielt jetzt die beeindruckende Gesamtdarstellung von *McKitterick*, Rome (2020). Das Augenmerk liegt hier auf dem Bild der Stadt selbst, seiner Bevölkerung und v. a. der päpstlichen Hirtenrolle. Die Verortung Roms im italischen Kontext durch den LP steht nicht im Fokus.

keine Quelle aus einem Guss.[19] Gerade weil die einzelnen ‚Gesta' sukzessive und ab dem 7. Jahrhundert oft aus der Hand von Zeitzeugen entstanden, lässt sich aber jeweils situativ nach Wahrnehmungsmustern in verschiedenen Phasen verdichteten Eroberungserzählens fragen. Dabei soll gar nicht in Abrede gestellt werden, dass die *gesta*, verfasst von nahezu immer unbekannten[20] Mitarbeitern der päpstlichen Verwaltung, eine spezifisch römisch-päpstliche Sicht der Dinge propagierten. Hierin sollte man allerdings ‚Momentaufnahmen' sehen und daher nach anlass- und situationsspezifischen Verortungen des Eigenen fragen.[21] Schon deswegen können einer frühmittelalterlichen ‚Romanness' nicht nur langfristig wirkende antike und spätantike Traditionen, sondern muss auch die Wahrnehmung konkreter zeitgenössischer Ereignisse zu Grunde gelegt werden. Gerade als ‚offiziöse'[22] Geschichtsschreibung der Kirche von Rom als Institution kommt dem ‚Liber Pontificalis' hier besondere Bedeutung zu, berücksichtigt man zumal seine weite Verbreitung[23].

Eroberungs- und Niederlageerfahrungen können als Schlüsselerlebnisse von Gruppenkonstituierung gelten. Das gilt nicht zuletzt für die Aggressoren selbst. So hat Winfried Speitkamp unter dem Begriff der ‚Gewaltgemeinschaften' vertreten, dass kollektiv ausgeübte Gewalt soziale Bindungen schafft, die über den Moment der Gewaltausübung hinaus wirksam bleiben.[24] Speitkamp oder auch Hans-Ulrich Wiemer, der das Konzept gewinnbringend auf das spätantik-frühmittelalterliche Italien übertragen hat,[25] geht es dabei vorrangig um soziale Dynamiken auf einer praktischen (militärischen, ökonomischen, herrschaftlichen) Ebene, weniger um die narrative Verarbeitung und Erinnerung des Gewaltgeschehens.[26] Gleichwohl schlagen sich die gruppenkonstituierenden Impulse kollektiver Gewalterfahrung auch in deren narrativer Verarbeitung nieder.

Mindestens so sehr wie für die Gewalthandelnden, so wird hier argumentiert, gilt das für Eroberte als gewissermaßen passive Gewaltgemeinschaften. Das ist gerade

---

19 Zum LP neuerdings *Herbers/Simperl* (Hrsg.), Buch der Päpste (2020), und grundlegend *McKitterick*, Rome (2020); zur Entstehungsgeschichte der einzelnen Teile ebd., 7–16.
20 Für das spätere 9. Jhd. lassen sich zwei Tatenberichte dem Diakon Johannes Hymmonides zuweisen, vgl. *Bougard*, Composition, diffusion et réception (2009), 132–134; Hinweise auf den Einfluss des *primicerius notariorum* auf den LP um 650 bei *Winterhager*, Migranten und Stadtgesellschaft (2020), 85–91.
21 Zur Kontingenzbewältigung in narrativen Texten des frühmittelalterlichen Italien, u. a. auch in Eroberungssituationen, jetzt *Berndt*, Darstellung von Kontingenz (2021).
22 Zur institutionellen Verankerung des LP und seiner Verfasser in der päpstlichen Verwaltung vgl. zusammenfassend *Herbers*, Frühmittelalterliche Personenbeschreibungen (2003), 172f.
23 Vgl. dazu jetzt die umfangreiche Auswertung der handschriftlichen Überlieferung bei *McKitterick*, Rome (2020), 171–223.
24 *Speitkamp*, Einführung (2013); *Ders.*, Gewaltgemeinschaften (2017).
25 *Wiemer*, Theoderich (2013); *Ders.*, Goten (2013).
26 *Dietl/Knäpper/Ansorge*, Ende fiktiver Gewaltgemeinschaften (2017), 67f., übertragen das Konzept der Gewaltgemeinschaften auf mittelalterliche deutschsprachige Literatur und konstatieren, dass gerade das kollektive Erlebnis erlittener Gewalt dort selten mehr als ephemer erscheint.

dort anzunehmen, wo man es mit ‚institutioneller' Geschichtsschreibung zu tun hat. Mindestens so sehr wie den ‚Gewaltgemeinschaften' der Sieger war im Frühmittelalter den Unterlegenen daran gelegen – und gelang es –, bisweilen traumatische Eroberungserfahrungen in das langfristige Gedächtnis zu überführen. Eroberung ist jedenfalls ein Erinnerungsanlass; Paulus Diaconus kann als ein Beispiel dienen.[27] Es betrifft aber auch die Persistenz des Erinnerten. So hat etwa Stefan Albrecht gezeigt, dass im nordalpinen Reich des 10. Jahrhunderts weniger die ‚Sieggemeinschaft' auf dem Lechfeld in Erinnerung blieb als das Leid einzelner Klostergemeinschaften, die von den Ungarn überfallen worden waren – und zwar gerade auch in der Form lokaler Geschichtsschreibung.[28]

Tatsächlich blieb auch Rom in Spätantike und Frühmittelalter nicht von Eroberung verschont: 410 schockierte die visgotische Plünderung Roms die Ökumene,[29] mehr noch als 455 die vandalische. 546 bemächtigte sich ein ostrogotisches Heer der darniederliegenden Stadt, und während um 750 die Langobardenkönige mehrfach bis an die Mauern vorrückten, gelangte im Jahr 767 der Hasardeur Toto von Nepi mit einer Bauernmiliz sogar in die Stadt. Eine – jedenfalls von den Verfassern des ‚Liber Pontificalis' so beschriebene – längere Besatzung und ‚Fremdherrschaft' hatte all dies aber nicht zur Folge.[30] Invasionen betrafen aber auch die Patrimonia Petri, und überhaupt wurde das kriegerische Geschehen in Nord- und Mittelitalien durchaus bemerkt.

So schildern die *gesta* des ‚Liber Pontificalis' potentielle und tatsächliche Eroberungen durchgehend vom 6. bis zum 9. Jahrhundert, wiewohl nicht in gleichbleibender Intensität: Während manche Tatenberichte, vor allem im 8. Jahrhundert, sich ganz überwiegend der päpstlichen ‚Außenpolitik' widmen, konzentrieren sich andere im Wesentlichen auf das Geschehen in der Stadt und der römischen Kirche – etwa auf umstrittene Wahlen, päpstliche Schenkungen und Weihen. Schon deswegen kann und soll im Folgenden nicht der gesamte Text in den Blick genommen werden,

---

27 Zum Schreibanlass seiner ‚Historia Langobardorum' vgl. *Plassmann*, Mittelalterliche origines gentium (2007). Sie argumentiert, dass es Paulus nicht um langobardische Nostalgie gegangen sei, sondern um einen Brückenschlag zur künftigen Herrschaft der fränkischen Eroberer. Das heißt auch, dass er nicht immer aus Sicht der (später) Unterlegenen deutet; nichtsdestoweniger bleibt die ‚Historia Langobardorum' die Reaktion auf eine Eroberung.
28 *Albrecht*, Schicksalstage (2014). Überzeugend argumentiert Albrecht, dass aber auch die noch schwache Ausprägung adliger genealogischer Geschichtsschreibung ein Grund dafür ist, warum die Erinnerung der Kriegerelite wenig überliefert ist.
29 Bekannt sind die Reaktionen u. a. des Hieronymos und des Augustinus; vgl. zuletzt *Bjornlie*, Sack of Rome (2020); *Meier*, Geschichte der Völkerwanderung (2019), 26–37. Der LP. Ed. *Duchesne*, Bd. 1, 290–292, Innozenz, ignoriert die visigotischen Plünderungen.
30 Im Falle Totos, der seinen Bruder Konstantin als Papst durchsetzte, bedurfte es im Nachhinein sogar einiges Aufwands, um den unkanonischen Pontifikat nachträglich zu korrigieren, denn zwischenzeitlich hatten sich einige im Lateran – ebenso wie König Pippin – offenbar mit Konstantin arrangiert. Vgl. dazu *McKitterick*, Damnatio Memoriae (2018).

sondern drei Phasen, in denen verstärkt von Eroberung erzählt wird und die sich an den Abfassungszeiten der ‚Gesta' orientieren:[31] In der ersten Fortsetzung des ‚Liber Pontificalis' im ersten Viertel des 7. Jahrhunderts stehen die Gotenkriege und die Eroberungen der Langobarden in Nord- und Mittelitalien im Vordergrund. Ab der Mitte des 7. Jahrhunderts ist dann wieder häufiger von militärischen Übergriffen die Rede, die nun aber verstärkt von Usurpatoren und byzantinischen Kommandeuren ausgehen, während schließlich im zweiten Drittel des 8. Jahrhunderts sowohl von langobardischen als auch von byzantinischen und bisweilen auch von päpstlich unterstützten Militäroperationen erzählt wird. Dass spätere Autoren oftmals auf Begriffe, Wendungen und Formulierungen früherer Tatenberichte zurückgriffen, erleichtert den Vergleich zwischen diesen Phasen beziehungsweise macht es möglich, Kontinuität und Wandel in der sprachlichen Darstellung des Geschehens zu verfolgen.

Fragt man also danach, welche Ausdrücke die Verfasser der *gesta* für das von Eroberung Bedrohte fanden, fällt gleich ins Auge, dass hier nur selten Personen (-gruppen) benannt, umso mehr aber Toponyme verwendet werden. Schon der erste Bericht von drohender Eroberung überhaupt im ‚Liber Pontificalis', der noch dem ursprünglichen, in den 530er Jahren angelegten Bestand an päpstlichen Tatenberichten zugehört, berichtet über Leo I.: *Hic propter nomen Romanum suscipiens legationem ambulavit ad regem Unnorum, nomine Atthela, et liberavit totam Italiam a periculo hostium.*[32] Während die Feinde in ethnographischer Manier als eine Gruppe eigenen Namens und repräsentiert durch ihren ‚König' benannt werden, steht auf der Seite der von Eroberung Bedrohten *tota Italia*, und die Gefahr wendet Leo genau genommen nicht im Namen der (Stadt-)Römer, sondern *propter nomen Romanum* ab – also im Sinne eines einigermaßen ungefähren, Stadt und Reich umfassenden Abstractum.

Die Neigung, Eroberungssituationen und darin zumal die eigene Seite nicht personal, sondern toponymisch auszudrücken – *tota Italia* als potentielles Opfer der Hunnen –, kennzeichnet die Tatenberichte des ‚Liber Pontificalis' auch in den darauffolgenden Jahrhunderten. Es soll daher im Folgenden gefragt werden, welche regionalen Bezüge in den genannten Phasen jeweils verwendet wurden, um die eigene als die von Eroberung bedrohte Seite darzustellen, in welches Verhältnis die regionalen Gruppierungsbegriffe zueinander gestellt wurden und welche Position die Autoren dabei dem römisch-päpstlichen Eigenen zumaßen. Im Ergebnis wird damit klarer werden, wie die Verfasser des ‚Liber Pontificalis' Erzählungen über drohende und tatsächliche Eroberungen nutzten, um die Stadt und die römische Kirche zwischen ‚Italy and Her Invaders' zu verorten.

---

31 Die Chronologie im Anschluss an *McKitterick*, Rome (2020), 7–16.
32 LP. Ed. *Duchesne*, Bd. 1, 239, Leo I., Kap. 7.

2 Pars pro toto: Rom und ‚ganz Italien'
im frühen 7. Jahrhundert

Das Zitat über die Bedrohung durch die Hunnen unter Leo I. setzt in gewisser Weise den Ton für die Berichte über weitere Invasionen im 6. und frühen 7. Jahrhundert. Der ursprüngliche, bis etwa 537 reichende ‚Liber Pontificalis' weiß noch von zwei weiteren solchen Situationen, die an den Beginn der Gotenkriege gehören. In den *gesta* Johannes' I. (523–526) wird von der Bedrohung Italiens durch Theoderich berichtet. Dieser regierte zwar schon seit Jahrzehnten in Italien; seine verschärfte Religionspolitik gegenüber nicht-arianischen Christen reflektiert der Verfasser aber, indem er Theoderich gleich zweimal sagen lässt, er werde „ganz Italien dem Schwert anheimgeben" (*voluit totam Italiam ad gladium extinguere*; *omnem Italiam ad gladio* [sic!] *perderet*).[33] Nach einer aus seiner Sicht gescheiterten Gesandtschaft nach Konstantinopel[34] sollen nun Papst und Senatoren wortwörtlich das gleiche Schicksal erleiden wie Italien im Ganzen: *quos etiam gladio voluit interficere*.[35] Am Ergebnis ändert das nichts: *liberata est Italia a rege Theoderico heretico*.[36] Der Verfasser macht hier klar, dass die Gefahr ganz Italien droht; von Rom ist nicht die Rede, aber vom Papst, der gewissermaßen stellvertretend für Italien ans Schwert geliefert wird. Dieses Verhältnis von Rom und *tota Italia* klingt auch noch im darauffolgenden Anfang zu den *gesta* des Silverius an, wenn es heißt, der Feldherr Belisar sei gesandt worden, *ut liberaret omnem Italiam*. Tatsächlich werden dann Belagerungen Neapels und vor allem Roms geschildert, wobei erwähnt wird, dass Belisar *pro nomine Romano erat* und schließlich *Romanos vel civitatem custodia sua* [sc. *Witigis*] *liberavit et nomen Romanum*.[37] Die Belagerung Roms wird in diesem Abschnitt, der zugleich das Ende des ‚alten' ‚Liber Pontificalis' bildet, mit dem Versuch gleichgesetzt, *omnem Italiam* zu befreien, wobei hier wieder das *nomen Romanum* erwähnt wird, das letztlich ausdrückt, dass Rom pars pro toto, nämlich für das Reich, wenn nicht genauer *pro tota Italia* steht.

Dieses Verhältnis von Rom zu ganz Italien wird noch klarer in der ersten Fortsetzung des ‚Liber Pontificalis', die von einem Neuansatz zu den *gesta* des Silverius bis in die 620er Jahre (Bonifaz V.) reicht. Diese rund 100 Jahre werden als

---

[33] LP. Ed. *Duchesne*, Bd. 1, 275, Johannes I., Kap. 2.
[34] Angeblich habe Theoderich erreichen wollen, dass alle Kirchen des östlichen Reichs an Arianer übergeben würden; interessant ist, dass die *partes Orientis* von Italien auch herrschaftlich klar geschieden werden, freut sich doch der Kaiser, die Gesandtschaft (Papst und Senatoren) *in regno suo* begrüßen zu dürfen: LP. Ed. *Duchesne*, Bd. 1, 275, Johannes I., Kap. 4.
[35] LP. Ed. *Duchesne*, Bd. 1, 276, Johannes I., Kap. 6; *etiam* bezieht sich allerdings auf die zuvor getöteten Symmachus und Boethius.
[36] LP. Ed. *Duchesne*, Bd. 1, 275, Johannes I., Kap. 4; die Chronologie des Textes gerät hier durcheinander.
[37] LP. Ed. *Duchesne*, Bd. 1, 291, Silverius, Kap. 4f.

Zeitraum mannigfaltiger Eroberungsbedrohungen beschrieben, umfassen sie doch die Gotenkriege, einzelne Einfälle kleinerer Kriegergruppen und schließlich die Invasion und Landnahme der Langobarden in Norditalien.

Das Muster, nach dem die Tatenberichte diese Gefahren beschreiben, ist erstaunlich gleichförmig: Stets ist es wieder „ganz Italien", das erobert zu werden droht. Die Invasoren werden hingegen als Personengruppen beschrieben, oft zusätzlich die Namen ihrer Anführer genannt. Auch die Abwehr der Gefahr wird immer einem Heerführer persönlich zugesprochen; dabei wird jedoch recht klar, dass dieser – Belisar beziehungsweise sein Nachfolger als byzantinischer ‚Generalbevollmächtigter' in Italien, Narses – von auswärts kommt,[38] gewissermaßen also für Italien, aber nicht als Teil dieser *tota Italia* siegreich ist. Für die Zeit Johannes' III. werden gleich zwei Invasionen vermeldet, deren Schilderung genau diesem Muster folgt: Kurz nacheinander hätten Heruler unter ihrem König Sindual[39] und die fränkischen Heerführer Amingus und Buccillinus (*cunctam*) *Italiam* bedroht. Narses ist siegreich; und darauf heißt es: *Erit enim tota Italia gaudens*.[40] „Ganz Italien" ist also nicht allein das Objekt der Bedrohung, sondern auch der Resonanzraum des Sieges: Wiewohl auch hier regional und nicht personal ausgedrückt, wird doch klar, dass Italien für den römischen Verfasser nicht nur ein passives Opfer von drohender Eroberung ist, sondern eine relevante soziale Bezugsgröße.

Rom selbst wird gelegentlich genannt, und zwar zu den langobardischen Vormärschen, von denen die *gesta* Benedikts I. und Pelagius' II. berichten. In beiden Fällen steht das Leid der Stadt, obwohl besonders hervorgehoben, zugleich für das ganz Italiens. Die narrative Gestaltung der ersten Stelle ist bezeichnend. Unter Benedikt hätten die Langobarden ganz Italien bedroht; dazu habe großer Hunger geherrscht, weswegen sich viele Festungen den Eroberern ergeben hätten. Der Kaiser habe daraufhin Getreide nach Rom schicken lassen, was als göttliche Gnade gegen ganz Italien gewertet wird.[41] Der Blick des Lesers wird also von ganz Italien über ‚zahlreiche Orte' nach Rom gelenkt, wo die Wendung eintritt (übrigens abermals

---

[38] Vgl. auch bei Anm. 32.
[39] Der Zeitgenosse Marius von Avenches berichtet ebenfalls von diesem Einfall, nennt Sindual und Narses als Kontrahenten – aber eben nicht Italien: Marii chronicon. Ed. *Mommsen*, 238, a.a. 566. Der LP gibt dem Geschehen hier also einen spezifischen Rahmen. Ebd., a.a. 568, werden anlässlich der Abberufung Narses' aus Italien noch einmal die von ihm getöteten auswärtigen Heerführer namentlich aufgezählt.
[40] LP. Ed. *Duchesne*, Bd. 1, 305, Johannes III., Kap. 2.
[41] LP. Ed. *Duchesne*, Bd. 1, 308 Benedikt I., Kap. 1: *Eodem tempore gens Langobardorum invaserunt* [sic!] *omnem Italiam, simulque et famis nimia, ut etiam multitudo castrorum se tradidissent Langobardis ut temperare possent inopia famis. Et dum cognovisset Iustinianus piissimus imperator quia Roma periclitaretur fame et mortalitate, misit in Egyptum et oneratas naves frumento transmisit Romae; et sic misertus est Deus terrae Italiae.*

von außen herbeigeführt), die wiederum ganz Italien aufatmen lässt: Im Angesicht der Gefahr zeigt sich in Rom, was *omnis Italia* betrifft.[42]

Neben diesem exemplarischen Verhältnis Roms zu Italien fällt auf, dass die (potentiell) Eroberten an diesen Stellen nicht als Personengruppe bezeichnet werden, sondern eben mit Toponymen. Hingegen werden die kämpfenden Parteien, die Eroberer und auch die byzantinischen Feldherren, personalisiert. Nur einmal treten im hier betrachteten Abschnitt des ‚Liber Pontificalis' ‚die Römer' im Kontext einer Eroberungserzählung auf – aber gerade nicht als Eroberte, nicht als Opfer, sondern wo sie sich den Feinden zu-, und fast ist man versucht zu sagen: vom *nomen Romanum* abzuwenden drohen. Angeblich hätten nämlich, so wollen es die *gesta* Johannes' III., die Römer gedroht, die Seiten zu wechseln, den Goten zu dienen und das Joch des Narses abzuschütteln.[43] Dieser reagiert auf zweifache – scheinbar widersprüchliche – Weise, indem er sich einerseits an den Papst wendet und sagt: *cognoscat omnis Italia quomodo totis viribus laboravi pro eam*,[44] also appelliert, seinen Einsatz für die befreite Leidgemeinschaft *tota Italia* zu berücksichtigen. Andererseits ruft Narses, so berichtet es nicht nur der ‚Liber Pontificalis', die Langobarden ins Land mit der Einladung, es zu besetzen.[45] Während er also an die (von ihm) abgewendeten Eroberungsversuche erinnert, ruft er zugleich die Langobarden genau dazu auf.

Die Einladung des Narses ist in der Forschung bis heute in ihrem Wahrheitsgehalt umstritten.[46] Naheliegend erscheint es, dass Narses die Langobarden (von denen einige schon zuvor in seinem Heer gedient hatten) zur Verteidigung gegen fränkische Überfälle als Föderaten in Norditalien ansiedeln wollte.[47] Das ist aber nicht das, was die Quelle berichtet. Nun finden sich dort oft genug logische Brüche, sodass man annehmen kann, dass hier zwei konkurrierende und unterschiedlich urteilende Erzählungen über die Abberufung des Narses nebeneinander stehengeblieben sind. Im Lichte der Frage nach Eroberten könnte man aber auch anders argumentieren: Gerade wenn Narses auf das glückliche Ende seines Einsatzes für „ganz Italien" hinweist – ein Italien, das der ‚Liber Pontificalis' genau dann aufruft, wenn es um drohende Eroberungen geht –, ist die Nachricht an die Langobarden narrativ durchaus plausibel, denn die Römer drohen ja, aus der letztlich obsiegen-

---
42 Knapp hingegen die Parallelisierung LP. Ed. *Duchesne*, Bd. 1, 309, Pelagius II., Kap. 1: (...) *Langobardi obsederent civitatem Romanam et multa vastatio ab eis in Italia fieret*.
43 LP. Ed. *Duchesne*, Bd. 1, 305, Johannes III., Kap. 3. Gegenübergestellt werden hier *Gothi* und *Greci*.
44 LP. Ed. *Duchesne*, Bd. 1, 305, Johannes III., Kap. 4.
45 LP. Ed. *Duchesne*, Bd. 1, 305, Johannes III., Kap. 3: *scripsit genti Langobardorum ut venirent et possiderent Italiam*. Von der Einladung des Narses berichten verschiedene Quellen, auch unabhängig vom LP, etwa Isidor von Sevilla und das ‚Auctarium Havniense', die nach *Brodka*, Narses (2018), 236f., in diesem Punkt beide auf eine verlorene Chronik aus Italien zurückgehen.
46 *Brodka*, Narses (2018), 234–242; *Meier*, Geschichte der Völkerwanderung (2019), 830.
47 *Christie*, Invasion or Invitation (1991).

den Leidgemeinschaft auszuscheren. Das würde gewiss ein Spiel mit dem Feuer bedeuten und keine Erklärung dafür abgeben, warum auch andere Quellen von der ‚Einladung' berichten. Hier geht es auch nicht um den Wahrheitsgehalt dieser Nachricht. Wohl aber im Sinne des ‚Liber Pontificalis' wäre es, wenn sich in der Folge des Langobardeneinmarschs wieder die glückliche Einheit von Rom, ganz Italien und dem *nomen Romanum* einstellen würde;[48] denn genau diese Einheit demonstrieren die Tatenberichte im frühen 7. Jahrhundert dort, wo es um drohende Eroberungen geht.

Die letzten beiden Tatenberichte dieser Abfassungsphase entsprechen dem Bekannten aber nur noch teilweise. Auch zu Deusdedit wird *pax in tota Italia* vermeldet, deren Erreichen entlang der Stationen Rom – Neapel – Ravenna erzählt wird.[49] Die Gefahr droht hier aber nicht von außen, sondern durch die Usurpation eines lokalen Statthalters. Unter Bonifaz V. rebelliert der vormalige Befreier, der Exarch Eleutherios, dann selbst. Auch sein Schicksal verortet der ‚Liber Pontificalis' topographisch – Italien findet aber keine Erwähnung mehr.[50]

3 Rom und die Regionen: Fragmentierung im späteren 7. Jahrhundert

So mag der Eindruck entstehen, dass gegen Ende der ersten Fortsetzung des ‚Liber Pontificalis' die topographischen Einordnungen des Gewaltgeschehens detaillierter werden, Italien hingegen als Objekt von Eroberungen aus dem Blick gerät. Genau das lässt sich in den folgenden *gesta* verstärkt beobachten. Dahinter stehen freilich historische Entwicklungen: Mit der Etablierung der langobardischen Herrschaften in Nord- und Mittelitalien, der Konsolidierung des Exarchats von Ravenna und dem für weite Teile des 7. Jahrhunderts eher ‚kalten' Krieg zwischen diesen beiden Machtblöcken ist die Zeit der großen äußeren Bedrohungen vorüber. Für die römische Kirche stehen zudem im 7. Jahrhundert oft dogmatische Streitfragen mit Byzanz im Vordergrund.[51] Von gewaltsamen Auseinandersetzungen und militärischer Bedrohung ist

---

48 Genau diese Parallele wird dann auch anlässlich der folgenden langobardischen Invasionen gezogen. Vgl. bei Anm. 40.
49 Der Exarch Eleutherios besucht zuerst den Papst in Rom, besiegt dann den Usurpator Johannes Compsinus in Neapel und entlohnt anschließend seine Soldaten in Ravenna: LP. Ed. *Duchesne*, Bd. 1, 319, Deusdedit, Kap. 2.
50 LP. Ed. *Duchesne*, Bd. 1, 321, Bonifaz V., Kap. 2: *Eleutherius (...) factus intarta adsumpsit regnum. Et veniente eum ad civitatem Romanam, in castrum qui dicitur Luciolis, ibidem a milites Ravennates interfectus est. Cuius caput ductus Constantinopolim ad piissimum principem.*
51 V. a. ging es dabei um den sog. Monotheletismus-Streit und die Differenzen über die Canones des Concilium Quinisextum 692. Zu den militärischen und kirchenpolitischen Entwicklungen der zweiten Hälfte des 7. Jhds. vgl. *Winterhager*, Migranten und Stadtgesellschaft (2020), 44–64, mit

im ‚Liber Pontificalis' der zweiten Hälfte des 7. Jahrhunderts gleichwohl öfter die Rede. Weniger äußere Angriffe (etwa von ‚Sarazenen'[52]) stehen hier im Vordergrund als vielmehr innere Unruhen, Usurpationen und Vergeltungsmaßnahmen der lokalen, unter byzantinischem Kommando stehenden Armeen und Milizen. Italien gerät dabei, wie im Folgenden deutlich wird, in der Sache nicht aus dem Blick; aber schon ein erster Überblick über die Tatenberichte in diesem Zeitraum zeigt, dass die Begrifflichkeit sich ändert: *tota Italia* verliert an Bedeutung, die Orte und Regionen stehen im Mittelpunkt des Erzählens von gewaltsamen Übergriffen. Es stellt sich also die Frage, wie Italien dann dort aufgefasst wird, wo es überhaupt einmal benannt wird. Zudem ist zu fragen, in welchem Verhältnis die Verfasser des ‚Liber Pontificalis' Rom und Italien in diesen Situationen beschreiben.

Zunächst ist festzustellen, dass in den hier relevanten *gesta* der Päpste Severin († 640) bis Johannes VI. († 705)[53] die Opfer und Objekte von gewaltsamen Übergriffen weiterhin topographisch benannt werden. Zwar ist gelegentlich von *captivi* die Rede,[54] im Vordergrund stehen aber etwa *Sicilia*, *Campania* oder auch *Roma* als Ziel der Angriffe. Die Stadt Rom selbst steht im Mittelpunkt des Geschehens in den Tatenberichten über Severin, Theodor und Martin I. Diese drei Erzählungen bilden eine Einheit: Schon länger ist bekannt, dass die Berichte über Theodor und Martin von demselben Verfasser stammen müssen; kürzlich konnte diesem auch der (retrospektiv verfasste) Großteil der *gesta* Papst Severins zugewiesen werden. Alle drei Berichte erzählen von Übergriffen auf die Stadt Rom durch Militärs und Beamte des byzantinischen *exercitus*, und zwar nicht nur durch dieselben Personen, sondern auch in einer Weise, die das Geschehen der drei Episoden miteinander verschränkt und eine narrative Steigerungslogik erkennen lässt.[55]

---

weiterer Literatur; zum Monotheletismus-Streit bes. *Jankowiak*, Essai d'histoire politique (2009); zum Quinisextum *Brunet*, Ricezione del Concilio Quinisesto (2011). Zur Geschichte der römischen Stadtgesellschaft sind hervorzuheben *di Carpegna Falconieri*, Militia a Roma (2012); *Marazzi*, Aristocrazia e società (2001).

52 Der LP. Ed. *Duchesne*, Bd. 1, 366, Johannes V., Kap. 3, erwähnt nur kursorisch einen Friedensschluss des Kaisers mit den Sarazenen und militärische Erfolge in Afrika; zu Sizilien vgl. Anm. 68. Auf den übrigen Inseln und dem italischen Festland sind Attacken muslimischer Nordafrikaner erst im ausgehenden 8. und bes. im 9. Jhd. Gegenstand des LP. Zu diesen Angriffen vgl. *Di Branco/Wolf*, Hindered Passages (2014); zur römischen Wahrnehmung von ‚Sarazenen' *Gantner*, Freunde Roms und Völker der Finsternis (2014), 244–271.

53 Bezeichnend für die Schwerpunktverlagerung von äußeren auf innere Bedrohungen ist auch, dass die *gesta* Johannes' VI. nach Langem die ersten sind, die wieder von einem langobardischen Überfall berichten. Sie sind deswegen hier noch aufgenommen. Berichte über militärische Aktionen in Italien häufen sich sonst aber am Beginn des genannten Zeitraums; die Tatenberichte von Donus bis Sergius I. (676–701) ergeben kaum relevante Textstellen.

54 LP. Ed. *Duchesne*, Bd. 1, 330, Johannes IV., Kap. 1; 383, Johannes VI., Kap. 2.

55 Dazu *Winterhager*, Migranten und Stadtgesellschaft (2020), 84–91. Demnach stammen die Texte aus der Hand des *primicerius notariorum* Theophylakt oder aus seinem unmittelbaren Umfeld.

Was geschieht? Nach der Wahl Severins zum Papst greift der *chartularius* Maurikios mit einer Miliz den Lateranpalast an, offenbar um bei ausbleibenden Zahlungen aus Ravenna mit dem Gold der Kirche seine Männer bezahlen zu können; trotz anfänglichen Widerstands[56] dringen diese nach dreitägiger Belagerung dort ein. Maurikios informiert den Exarchen Isaak, der aus Ravenna nach Rom kommt und sich nicht nur an der Plünderung beteiligt, sondern auch den römischen Klerus vertreibt: *misit omnes primatos ecclesiae singulos per singulas civitates in exilio*.[57] Unter Papst Theodor begegnet der Leser den beiden Missetätern wieder, aber in anderer Konstellation: Jetzt rebelliert Maurikios gegen Isaak, indem er sich ein Heer sammelt: *misit per omnes castras qui* [sic!] *erant sub civitate Romana per circuitum et congregavit eos* (...). Diese auf Maurikios eidlich verpflichtete Miliz wird als *exercitu[s] Italiae* bezeichnet.[58] Isaaks Antwort ist die Entsendung einer eigenen Truppe nach Rom, wo der Konflikt wieder unter Androhung von Gewalt ausgetragen wird. Maurikios wird nach Ravenna abgeführt, aber in einem kleinen Vorort ermordet. Auch Isaak stirbt kurz danach plötzlich. Gegen Martin I. schließlich, der eine große Synode gegen die monotheletische Häresie veranstaltet hat,[59] werden zwei Exarchen gesandt. Als nämlich der erste, Olympios, *armans se cum exercitu virtuti*, letztlich nichts gegen die römische Kirche ausrichten kann beziehungsweise will,[60] folgt ihm der Exarch Theodor, der Papst Martin schließlich nach einem gewaltsamen Übergriff in der Lateranbasilika nach Konstantinopel abführen lässt.[61]

In allen drei Episoden ist Rom der Austragungsort der Aggression. Das Geschehen in der Stadt bekommt hingegen kaum einen italischen Resonanzraum, es steht eben nicht stellvertretend für einen Angriff auf *tota Italia*.[62] Alle drei Episoden handeln von Übergriffen byzantinischer Statthalter auf die Päpste beziehungsweise die römische Kirche; auf den Analogieschluss, damit sei zugleich Italien im Ganzen ange-

---

56 LP. Ed. *Duchesne*, Bd. 1, 328, Severin, Kap. 2: *non potuerunt manu militare introire, quia resisterunt eis qui erant com sanctissimo domno Severino*.
57 LP. Ed. *Duchesne*, Bd. 1, 329, Severin, Kap. 4.
58 LP. Ed. *Duchesne*, Bd. 1, 331, Theodor, Kap. 1f.
59 Concilium Lateranense. Ed. *Riedinger*. Die spektakulären Befunde zur Textgeschichte (die Akten waren zuerst griechisch verfasst, dann ins Lateinische übersetzt worden) sind zusammengefasst bei *Riedinger*, Kleine Schriften (1998); vgl. die Bewertung bei *Winterhager*, Migranten und Stadtgesellschaft (2020), 65–85.
60 Und zwar: *Videns ergo se a sancta Dei catholica et apostolica ecclesia superatum* (...): LP. Ed. *Duchesne*, Bd. 1, 338, Martin I., Kap. 6. Der Aggressor wird hier also einmal zum Besiegten, bevor er dann mit der Kirche Frieden schließt. Tatsächlich konnte das Wirken des Olympios in Rom als zeitweiser Verbündeter Papst Martins nachgewiesen werden: *Rubery*, Conflict or Collusion (2012).
61 Zum Schicksal Martins I. und seiner narrativen Verarbeitung vgl. *Brandes*, Juristische Krisenbewältigung (1998); *Chiesa*, Biografie greche e latine (1992); *Neil*, Commemorating Pope Martin I (2006).
62 Ausnahme ist die kirchliche Einheit Italiens, auf die der Exarch Olympios in Rom stößt: (...) *invenit sanctam Romanam ecclesiam quoadunatam cum omnes episcopos Italiae* (...): LP. Ed. *Duchesne*, Bd. 1, 337, Martin. I., Kap. 5.

griffen, verzichtet der ‚Liber Pontificalis'.⁶³ Im Gegenteil begegnet *Italia* hier – außerhalb der Wendung *exarchus Italiae* – einmal gerade da, wo es um die Aggressoren geht. Auch diese Stelle ist aber von Bedeutung, denn der Usurpator Maurikios habe aus einem Zusammenschluss von Männern aus ‚allen festen Orten des römischen Umlands' einen *exercitus Italiae* geformt. Seine vorübergehenden Erfolgsaussichten verdankt er also einer Zusammensetzung einer italischen Einheit aus kleinen, lokalen Truppen. Interessanterweise wird in den *gesta* Severins umgekehrt der Triumph der Plünderer über die römische Kirche damit beschlossen, dass die Kleriker „einzeln in einzelne Städte" in die Verbannung geschickt werden – die räumliche Zerstreuung ist Begleiterscheinung des Erobert-Seins.⁶⁴ In diesen drei Episoden gewaltsamer Übergriffe auf die Stadt Rom nimmt ‚Italien' also eine ambivalente Stellung ein: Während klar wird, dass dahinter die Einigkeit lokaler oder regionaler Teile steht, ist Italien andererseits nicht selbstverständlich als größerer Resonanzraum des Schicksals Roms zu verstehen.

Überhaupt ist von Italien in diesem Teil des ‚Liber Pontificalis' seltener die Rede als im frühen 7. Jahrhundert; vor allem begegnet die Wendung *tota Italia* beziehungsweise *omnis Italia* nicht. Insbesondere ist aber festzuhalten, dass Italien dort, wo es erwähnt wird, in deutlichem Gegensatz zu den früheren Teilen des Werks nicht das Objekt von Überfällen und Eroberungen ist. Vielmehr wird es – wie im Fall des *chartularius* Maurikios – meist erwähnt, wo es um Milizen geht, die als *exercitus Italiae* bezeichnet werden. Damit dient das Toponym *Italia* jetzt der Bezeichnung von Gewaltakteuren, nicht mehr von Eroberten.

In zwei Fällen tritt ein ‚italisches' Heer dabei selbst als Unruhestifter auf,⁶⁵ einmal hingegen zur Abwehr eines Usurpators: Im Tatenbericht über Papst Adeodatus (672–676) wird von der Rebellion des Mezezios berichtet,⁶⁶ der *in Sicilia cum exercitu orientalis* die Herrschaft an sich gerissen habe, dann aber von schnell herbeigeeilten Heeren aus Italien und dem zur Provinz Africa zählenden Sardinien besiegt worden sei. Dass der Verfasser hier schreibt: *Et perrexit exercitus Italiae per partes Histriae, alii per partes Campaniae, necnon et alii per partes Sardiniae Africae*,⁶⁷ lässt nicht nur offen, inwiefern ihm auch Sardinien als ein Teil Italiens gilt, sondern macht vor allem wieder die Wahrnehmung Italiens als der Summe seiner Regionen deutlich.

---

63 Jedenfalls was die militärische Dimension angeht, vgl. Anm. 60. Dass in den *gesta* Theodors nachgeschoben wird, nach Isaaks Tod sei Theodor als Exarch gesandt worden *ad regendam omnem Italiam*, steht kaum in Verbindung mit dem Überfall auf Rom.
64 Vgl. die Anm. 55f.
65 In den oben behandelten Tatenberichten Theodors sowie im LP. Ed. *Duchesne*, Bd. 1, 383, Johannes VI., Kap. 1: *Cuius [sc. exarchae] adventum cognoscentes militia totius Italiae, tumultuose convenit apud hanc Romanam civitatem, vellens praefatum exarchum tribulare*.
66 Eigentlich schon 668/669 im Anschluss an die Ermordung Kaiser Konstans' II.; vgl. *Lilie/Ludwig/Zielke*, Mizizios (2013).
67 LP. Ed. *Duchesne*, Bd. 1, 346, Adeodatus, Kap. 2.

Das Toponym *Italia* steht also im ‚Liber Pontificalis' der zweiten Hälfte des 7. Jahrhunderts nicht mehr prominent an Stellen, an denen es um Eroberung geht; es bezeichnet zudem nicht mehr eindeutig die Eroberten, sondern – unter dem Eindruck innerer Unruhen beziehungsweise zum (byzantinischen) Italien selbst gehörender Unruhestifter – bisweilen auch die Aggressoren. Zudem fällt auf, wie stark der Text die Aufmerksamkeit auf einzelne Orte und Regionen lenkt, deren Nennung an vielen Stellen einen Bezug auf *Italia* geradezu ersetzt oder zumindest ergänzt.

Dieser Befund lässt sich schließlich ergänzen durch diejenigen Textstellen, die nicht inneritalische Auseinandersetzungen, sondern Interventionen von außen schildern. Gerade diese Situationen waren den Verfassern des ‚Liber Pontificalis' in früheren Abschnitten ja Anlass, „ganz Italien" aufzurufen. Anlässe dazu bieten sich auch in den Erzählungen über diesen Zeitraum: An einigen Stellen berichten sie ebenfalls von Überfällen und drohenden Eroberungen äußerer, das heißt ‚barbarischer' und nicht zum römisch-byzantinischen Italien zählender Aggressoren. Wieder bezeichnen die Verfasser die Opfer mit Toponymen, an keiner dieser Stellen aber ist von ‚Italien' die Rede. Vielmehr sind es einzelne Regionen, die zu Opfern werden: Johannes IV. (640–642) kaufte von slawischen ‚Barbaren' Gefangene frei *per omnem Dalmatiam seu Histriam*,[68] ebenso wie Johannes VI., nachdem *Gisulfus, dux gentis Langobardorum Beneventi, cum omni sua virtute Campaniam veniret*.[69] Auch die Attacken nordafrikanischer Muslime auf Sizilien werden bemerkt und durchaus als Eroberungsversuche wahrgenommen.[70] Sie werden aber ebenfalls als regionale Ereignisse wiedergegeben, denen keine italische Dimension zukommt, ebenso wie übrigens dem Aufenthalt Kaiser Konstans' II. Die Stationen auf dessen Reise werden einzeln benannt,[71] genau wie die Tatsache, dass er die Landbesitzer *provinciarum Calabriae, Siciliae, Africae vel Sardiniae* mit neuen Steuern schwer

---

68 LP. Ed. *Duchesne*, Bd. 1, 330, Johannes IV., Kap. 1. Der Papst stammte selbst aus Dalmatien und ließ von hier aus auch Reliquien nach Rom bringen, denen er am Lateran eine eigene Kapelle errichtete, geweiht dem Hl. Venantius; Venantius soll auch sein Vater geheißen haben. Hier zeigt sich einmal, dass das Regionale auch in der Kultpraxis mit dem (persönlichen) ‚Eigenen' verbunden werden konnte; bei anderen Päpsten dieses Zeitraums finden sich dafür aber kaum Belege. Zur Venantius-Kapelle am Lateran vgl. zuletzt *Maskarinec*, City of Saints (2018), 121–124.
69 LP. Ed. *Duchesne*, Bd. 1, 383, Johannes VI., Kap. 2.
70 LP. Ed. *Duchesne*, Bd. 1, 338, Martin I., Kap. 7: *Olympius exarchus (...) profectus est Siciliam adversus gentem Saracenorum qui ibidem inhabitabant*; ebd., 346, Adeodatus, Kap. 3: *Postmodum venientes Sarraceni Siciliam, obtinuerunt praedictam civitatem* [sc. Syrakus] *et multa occisione in populo qui in castris seu montanis confugerant fecerunt*. Sie hätten von dort zudem Edelmetall mitgenommen, welches zuvor aus Rom gekommen war. Hier deutet der LP an, dass das Geschehen in Syrakus auch mit Rom zu tun hat.
71 LP. Ed. *Duchesne*, Bd. 1, 343, Vitalian, Kap. 2–4, zählt auf: Athen, Tarent, Benevent, Neapel, Rom, wieder Neapel, Reggio Calabria, Sizilien/Syrakus. Diese „spedizione italiana" hat in der Forschung einige Aufmerksamkeit erhalten, vgl. *Corsi*, Spedizione italiana di Costante II (1983); *Mecella*, Brevi note (2011); *Antonopoulos*, Emperor Constans II's Intervention (2012). Für den Verfasser der *gesta* Papst Vitalians war sie aber offensichtlich keine Italien-Expedition.

bedrückt habe. Aber ‚Italien' besuchte der Kaiser dem ‚Liber Pontificalis' zufolge eben nicht.

Dessen ‚Gesta' richten ihren Blick in der zweiten Hälfte des 7. Jahrhunderts vor allem, aber nicht allein auf Bedrohungen und militärische Übergriffe innerhalb des byzantinischen Italien, dessen Teil die Stadt in diesem Zeitraum unbestritten war. Hierbei – aber eben auch, wo es um äußere Aggressoren geht – wird (drohende) Eroberung nicht als etwas wiedergegeben, das *tota Italia* betrifft. Die Seite der Bedrohten und Eroberten, die in manchen Fällen auch die eigene, römisch-päpstliche ist, wird im ‚Liber Pontificalis' weiterhin toponymisch gefasst, und überhaupt werden militärische Auseinandersetzungen und Eroberungsgeschehen oft recht genau entlang topographischer Verortung erzählt. Weder Rom noch die Regionen der Apenninhalbinsel oder die angrenzenden Inseln[72] werden dabei aber akzentuiert als Teil Italiens als übergeordneter Größe des ‚Eigenen', für das die Regionen stellvertretend stünden. Dass ‚Italien' die Summe seiner Teile ist, klingt nur selten an, aber gerade dort (vor allem bei der Rebellion des Maurikios) ist der *exercitus Italiae* Aggressor, nicht Eroberter. Italien ist – im doppelten Sinne – unsicher geworden. Kampanien, Sizilien, Rom – so heißen für den ‚Liber Pontificalis' dieser Jahrzehnte die von Eroberung Bedrohten.

4 ‚Die Stadt und auch Italien': Eine besondere Rolle des päpstlichen Rom im zweiten Drittel des 8. Jahrhunderts

Eine dritte Phase verdichteten Eroberungs-Erzählens im ‚Liber Pontificalis' bilden schließlich die mittleren Jahrzehnte des 8. Jahrhunderts, vor allem in den Tatenberichten von Zacharias (741–752) bis Hadrian I. (772–795)[73]. Erneut sahen sich die Römer und die Bewohner der übrigen mittelitalischen Teile des byzantinischen Italien von Eroberung durch die Langobarden bedroht, die unter den Königen Liutprand, Aistulf und Desiderius eine aggressive Politik verfolgten. Sie führte nicht nur zur endgültigen Eroberung der byzantinischen Provinzhauptstadt Ravenna, sondern letztlich auch zum Eingreifen Pippins und Karls des Großen.[74] Schon vor dem Fall Ravennas (den der

---

[72] Sizilien und Sardinien gehören freilich nicht zur byzantinischen Provinz Italien, für die Verfasser des LP aber eindeutig zum Horizont des eigenen Umfelds, ähnlich auch Dalmatien.

[73] Die *gesta* Hadrians berichten nur bis 774, also bis zum ersten Rombesuch Karls des Großen, historisch-narrativ; für die folgenden Jahre bestehen sie nahezu ausschließlich aus Bau- und Schenkungslisten. Vgl. hierzu zuletzt *Winterhager*, A Pope, a King and Three Apses (2020), 72–79.

[74] Unverzichtbar immer noch die detaillierte Darstellung bei *Noble*, Republic of St. Peter (1984), 61–137. Zu den Interventionen Pippins und Karls und ihrer Verarbeitung im LP vgl. auch *Hartmann*, Nochmals zur sogenannten Pippinischen Schenkung (2010); *Scholz*, Pippinische Schenkung (2018).

‚Liber Pontificalis' bezeichnenderweise nicht erwähnt) war die Kommandostruktur des byzantinischen Heeres, wenn man davon überhaupt noch sprechen will, regional fragmentiert beziehungsweise in die Hände lokaler halbautonomer Befehlshaber übergegangen.[75]

In dieses Bild passt es, dass in den Tatenberichten dieses Zeitraums – auch im Angesicht äußerer Bedrohung durch die Langobarden – wiederum regionale Gruppierungsbegriffe für die von Eroberung Bedrohten im Vordergrund stehen. Dazu zählt ganz zentral (der Dukat von) Rom,[76] aber auch andere Regionen des (post-)byzantinischen Italien drohen laut dem ‚Liber Pontificalis' an die Langobarden zu fallen. Die Aufmerksamkeit der papstnahen Verfasser gilt dabei freilich vor allem Rom. Bisweilen wird die Stadt zusammen mit anderen zum Opfer langobardischer Eroberungsversuche, dann stehen die entsprechenden Regionen aber eher additiv nebeneinander. So wissen die *gesta* Hadrians von der Absicht des Königs Desiderius, *Romanam urbem atque cuncta Italia* [sic!] *sub sui regni Langobardorum potestate subiugare.*[77] Wie in der zweiten Hälfte des 7. Jahrhunderts ist der Blick auf militärische Bedrohungen auch hier ein regionalisierender. Im Unterschied zu den früheren Teilen des ‚Liber Pontificalis' trifft man in diesem Zusammenhang jetzt aber wieder öfter auf *Italia* als Bedrohte vor allem langobardischer Eroberungsversuche. Allerdings steht *tota Italia* hier nie allein, sondern Rom wird immer mitgenannt. Dabei ist das Verhältnis Rom–Italien nun nicht mehr exemplarisch (pars pro toto), sondern analog zu verstehen: Wie Italien, so wird auch Rom bedroht. Beide gehören zusammen, werden aber nebeneinander genannt und also als unterschiedliche Opfer der Eroberungsbedrohung behandelt. Beispielhaft dafür steht die Situation, die Zacharias beim Antritt seines Pontifikats vorfindet: *Hic invenit totam Italiam provinciam valde turbatam, simul et ducatum Romanum persequente Liutprando Langobardorum rege* (...).[78] Seit Zacharias findet sich dieses „und" noch öfter, das sowohl verbindet als auch zwei Einheiten – Italien und Rom – unterscheidet, etwa wenn Stephan II. dem Kaiser in Konstantinopel schreibt, er möge *Romanam hanc urbem vel cunctam Italiam provinciam* von König Aistulf befreien.[79]

Gelegentlich – vor allem in einem Abschnitt der *gesta* des Zacharias – wird die Bevölkerung der entsprechenden Gebiete auch personal benannt. An der genannten Stelle geht es nun gerade nicht um Eroberung, sondern um ihr Gegenteil

---

[75] Daraus sollte man nicht den Schluss ziehen, Byzanz sei für die Römer des 8. Jhds. irrelevant gewesen; vgl. Anm. 10. Eine Orientierung der post-byzantinischen Oberschicht (auch) an Konstantinopel wird noch in den 750er Jahren deutlich, vgl. *Winterhager*, Diaconiae (2019).
[76] Etwa LP. Ed. *Duchesne*, Bd. 1, 426 f., Zacharias, Kap. 4: *Sed dum* (...) *praenominatus rex* [sc. Liutprand] *ad motionem contra ducatum Romanum se praepararet* (...).
[77] LP. Ed. *Duchesne*, Bd. 1, 488, Hadrian I., Kap. 9.
[78] LP. Ed. *Duchesne*, Bd. 1, 426, Zacharias, Kap. 2.
[79] LP. Ed. *Duchesne*, Bd. 1, 442, Stephan II., Kap. 9. Das Vorangehende ist „inintelligible et corrompu" (*Duchesne*, ebd., 457 [Anm. 13]): *Tunc praelatus* [praefatus?] *sanctissimus vir* [sc. Stephan II.] (...) *misit regiam urbem suos missos* (...), *deprecans imperialem clementiam ut iuxta quod ei sepius exercitandis has Italie in partes* [exercitandas has Italiae partes?] *scripserat* (...).

beziehungsweise ihr Ende, nämlich die Befreiung vom Eroberer, als Zacharias eine Einigung mit König Liutprand über territoriale Rückerstattungen erzielt und dieser kurz darauf stirbt. Mehrfach erwähnt der ‚Liber Pontificalis', welche Freude das für die (vormals) Eroberten sei: Schon die Übertragung einiger Gebiete an den Papst befreit den *Ravennantium et Pentapolensium populus*.[80] Nachdem dann der Papst Gott gebeten hat, *misericordiam et consolationem fieri populo Ravennantium et Romano ab insidiatore et persecutore illi Liutprando rege*[81] und der König gestorben ist, herrscht Freude über den Herrscherwechsel nicht allein bei Römern und Ravennaten, sondern auch bei den Langobarden – kurz: *universus Italiae quievit populus*.[82] Die Befreiung der Leidgemeinschaft ist damit ein Anlass, von Personengruppen statt von Toponymen zu schreiben.[83] Damit einher geht die Betonung der persönlichen Verantwortung des Papstes für seine Herde, wie sie im Gebet des Zacharias Ausdruck findet, aber noch deutlicher in den folgenden *gesta* Stephans II.: Denn dieser interveniert vergeblich bei dem Besatzer Aistulf *pro gregibus sibi a Deo commissis et perditis ovibus, scilicet pro universo exarchato Ravennae atque cunctae istius Italiae provinicae populo*.[84] Das persönliche Engagement der Päpste als Hirten der regionalen – und hier auch der gesamten italischen – Bevölkerung ist dem Verfasser dieser Stelle also Anlass, die Eroberten als Personengruppe zu fassen.[85]

Im Vergleich zu vorangegangenen Phasen lassen sich bis hierher zwei Charakteristika feststellen: Italien und Rom als zwei zusammengehörige, aber unterscheidbare Einheiten und eine gelegentliche Nennung von Personengruppen statt Toponymen, zumal da, wo es um die persönliche Verantwortung der Päpste geht. Beides lässt sich auch bei einem abschließenden Blick auf eine andere Form von Bedrohung feststellen – keine militärische, sondern eine dogmatische, nämlich den Ikonoklasmus.[86]

---

80 LP. Ed. *Duchesne*, Bd. 1, 431, Zacharias, Kap. 16: *ab oppressione et calamitate qua detinebantur liberavit*; und der Nachsatz: *et saturati sunt in frumento et vino*.
81 LP. Ed. *Duchesne*, Bd. 1, 431, Zacharias, Kap. 17.
82 LP. Ed. *Duchesne*, Bd. 1, 431, Zacharias, Kap. 17: *factumque est gaudium non solum Romanis et Ravennianis, sed etiam et genti Langobardorum* (...). Denn der Papst schließt Frieden mit dem neuen König Ratchis.
83 Vgl. ähnlich auch schon bei Anm. 35.
84 LP. Ed. *Duchesne*, Bd. 1, 444, Stephan II., Kap. 15. – Zur Formulierung vgl. Anm. 87, dort aber allein auf die Stadt Rom bezogen.
85 Weiter oben ist beobachtet worden, dass im 7. Jhd. an wenigen Stellen von *captivi* als ‚eroberten' Personen die Rede ist, und zwar in solchen Situationen, in denen sich die Päpste für deren Befreiung einsetzen; im Falle Johannes' IV. kommt noch hinzu, dass es sich um Gefangene aus Istrien und Dalmatien handelt, also der Heimatregion des Papstes, wie in dessen Tatenberichten bes. betont wird. Vgl. Anm. 66.
86 Die folgenden Betrachtungen zum LP sind unabhängig von der Frage, ob es einen tatsächlichen ‚Bildersturm' in Byzanz gab, was nach der umfassenden Revision durch *Brubaker/Haldon*, Byzantium in the Iconoclast Era (2011), unwahrscheinlich erscheint, ebenso wie erst recht eine kaiserliche Anordnung gegen die Bilder. Durchaus wird man wohl in Rom von bilderkritischen Tendenzen in der Kirche der byzantinischen Kernlande gewusst und sich dagegen präventiv verwahrt haben;

Die Schilderung der Reaktionen auf (vermeintliche) Bilderfeindlichkeit in Byzanz lässt sich analog zu Berichten über Eroberung lesen; das zeigt sich schon daran, dass in diesem Zusammenhang in den *gesta* Gregors II. (715–731) nach langer Zeit erstmals wieder Italien im ‚Liber Pontificalis' erscheint. Hier wird erzählt, wie zuerst *omnes Pentapolenses atque Venetiarum exercita* aus persönlicher Ergebenheit gegenüber dem Papst Widerstand gegen den byzantinischen Kaiser leisteten. In einem weiteren Schritt heißt es dann: *sibi omnes ubique in Italia duces elegerunt*; der abschließende Plan von *omnis Italia (...) ut sibi eligerent imperatorem*, wird dann aber vom Papst abgelehnt.[87] In diesem Dreischritt lässt sich eine narrative Steigerung des Widerstands erkennen, nicht nur in seinem Ausmaß, sondern auch darin, wie aus den Bevölkerungsgruppen einzelner Regionen zunächst *omnes in Italia* und schließlich *omnis Italia* selbst wird. Im zweiten Drittel des 8. Jahrhunderts und unter dem Eindruck der wachsenden Distanz zu Byzanz erscheint Italien zurück auf der Bühne des ‚Liber Pontificalis'. Der Papst steht hier neben beziehungsweise über dem Geschehen. Das zeigt sich auch in der weiteren Behandlung der Bilderfrage, etwa wenn zunächst Gregor III. (731–741) Briefe nach Konstantinopel schickt, daraufhin auch *cuncta generalitas istius provinciae Italiae similiter* und dann wieder der Papst – die beiden Initiativen verfolgen das gleiche Ziel, werden aber doch als zwei unterschiedliche Gesandtschaften dargestellt.[88]

Das Rom der Päpste und ‚ganz Italien' – ein Ausdruck, der jetzt wieder vermehrt erscheint und eine besondere Form der Gemeinsamkeit einzelner Regionen betont – stehen also im zweiten Drittel des 8. Jahrhunderts oft neben- und zugleich in einem besonderen Verhältnis zueinander: Der Papst ist Identifikationsfigur, aber auch Hirte für die Bevölkerung Italiens und seiner Regionen. Ebenso wie andere Teile Italiens ist auch Rom von militärischer und doktrinärer Bedrohung betroffen. Das – und wie die Stadt aber von den Verfassern des ‚Liber Pontificalis' jeweils

---

nichtsdestoweniger sind die Vergehen, die der LP beklagt, aufgebauscht und möglicherweise gar nachträgliche Änderungen am Text. Vgl. dazu ebd., 84f.; *Thümmel*, Stellung des Westens zum byzantinischen Bilderstreit (1999), 58f. Inwieweit das auch für die im Folgenden behandelten Berichte über die Reaktionen in Rom und Italien gilt, ist unklar. Das geschilderte Geschehen muss jedenfalls keineswegs nachträgliche Fiktion sein.
87 LP. Ed. *Duchesne*, Bd. 1, 404f., Gregor II., Kap. 17.
88 LP. Ed. *Duchesne*, Bd. 1, 416, Gregor III., Kap. 4. Ergänzend zur genannten Literatur vgl. *Thümmel*, Konzilien zur Bilderfrage (2005), 83f. – Unter Stephan III. fand 769 eine große Synode in Rom statt, die sich auch mit der Bilderfrage befasste; als ihre Teilnehmer nennt der LP. Ed. *Duchesne*, Bd. 1, 474, Stephan III., Kap. 17, Bischöfe aus dem Frankenreich, Tuszien, Kampanien *et aliquantos istius Italiae provinciae*, was das ehemalige Exarchat von Ravenna und das langobardische Königreich umfasst – eine signifikante Ausdehnung von *Italia* gegenüber der Beschränkung des Begriffs auf die byzantinischen Territorien, die *Scheffer-Boichorst*, Schenkungsversprechen (1884), 200–204, feststellt; vgl. aber auch schon bei Anm. 80. Zur personellen Zusammensetzung der Synode vgl. *Noble*, Republic of St. Peter (1984), 118f.

auch eigenständig genannt wird – verweist auf einen Führungsanspruch des päpstlichen Rom innerhalb Italiens.[89]

Diese Verschiebung im Verhältnis Roms zu Italien und seinen Regionen nimmt dann eine besondere Volte in den *gesta* Hadrians I. Diese ist bezeichnenderweise zugleich die letzte Stelle, an der der ‚Liber Pontificalis' überhaupt von Italien spricht, und stellt auch insofern einen Abschluss der skizzierten Bedeutungsentwicklung dar. Als nämlich Karl der Große noch während der Belagerung Pavias – die zugleich einen Schlusspunkt unter die spätantik-frühmittelalterliche ‚Eroberungsgeschichte' Nord- und Mittelitaliens setzt – an Ostern 774 Rom besucht, erinnert ihn Hadrian an frühere Versprechungen: Karl solle einhalten, was er selbst und alle Franken unter seinem Vater Pippin versprochen hatten, nämlich die Zusage *pro concedendis diversis civitatibus ac teritoriis istius Italiae provinciae et contradendis beato Petro eiusque omnibus vicariis in perpetuum possidendis*.[90] Die anschließende Grenzbeschreibung macht den vermeintlichen Umfang der Pippinischen Schenkung klar, indem einzelne Städte und Regionen benannt werden.[91] Vor dem Hintergrund dessen, wie die Tatenberichte in den vorigen Jahrzehnten über Rom, Italien und seine Teile im Angesicht von Eroberung sprechen, ist die Stelle bezeichnend[92]: Es geht um nicht weniger als darum, ‚ganz Italien' an Rom zu übertragen. Die Eroberung Karls des Großen und sein besonderes Verhältnis zum Nachfolger Petri machen es möglich einzufordern, was der ‚Liber Pontificalis' schon in den vorangegangenen Jahrzehnten skizziert hatte: Das Rom der Päpste

---

89 Anders fällt das Schreiben über die eigene Seite im Angesicht drohender Eroberung aus in den Papstbriefen des sog. Codex epistolaris Carolinus. Ed. *Hartmann/Orth-Müller*, deren systematische Auswertung auf diese Frage hin hier nicht geleistet werden kann. Eine Durchsicht der Briefe, mit denen Zacharias, Stephan II. und Paul sich immer wieder an Pippin wenden, um ihn gegen Aistulf zu mobilisieren, zeigt topographisch eine fast völlige Konzentration auf die Stadt Rom (deutlich ebd., 46–52, Nr. 4 von 756), v. a. aber eine Bezeichnung der Bedrohten als Bewohner der Stadt, als Kirche von Rom und immer wieder bes. als *familia* des Heiligen Petrus und die ihm Anvertrauten (bes. ebd., 38–44, Nr. 3, im Namen Petri selbst). Geradezu kaskadenartig wiederholt werden Wendungen wie *ad defendum (...) hanc Romanam civitatem et populum mihi a Deo commissum seu et domum*; *pro civitate ista Romana nobis a Deo commissa et ovibus dominicis in ea commorantibus nec non et pro sancta Dei ecclesia mihi a Domino commendata*; *subvenite populo meo Romano* u. Ä.m. Bemerkenswert ist noch die Wendung *in hac Romana provincia* (ebd., 48, Nr. 4 u.ö.), womit ein Begriff, der im LP dem byzantinischen Italien in allen seinen Teilen zukommt, ganz auf die Stadt Rom bezogen wird. *Italia* erscheint, soweit ich sehe, in den Briefen erst nach 774.
90 LP. Ed. *Duchesne*, Bd. 1, 498, Hadrian I., Kap. 41.
91 Die begriffliche Verbindung dieser Gebietsbeschreibung mit ‚Italien' stellt aber eine Neuerung gegenüber den Schilderungen der Pippinischen Schenkung in den 750er Jahren dar; vgl. dazu *Scholz*, Pippinische Schenkung (2018), 648–650; zur Schenkung und den Interessen der Päpste auch *Hartmann*, Nochmals zur sogenannten Pippinischen Schenkung (2010).
92 Nach *Scheffer-Boichorst*, Schenkungsversprechen (1884), 200f., ist dies die letzte Stelle, an der der LP nicht nur von der *provincia Italia*, sondern auch von der *res publica* spricht, einem Begriff, der kennzeichnend ist für die Aneignung der byzantinischen Provinz durch die Päpste. Diese Entwicklung ist ihm zufolge mit der Erneuerung des Schenkungsversprechens durch Karl abgeschlossen.

wird neben, ja über ganz Italien gesetzt und gewinnt hier letztendlich eine Sonderstellung zwischen Eroberern und Eroberten.

5 Schluss

Drohende und tatsächliche Eroberung, militärische Übergriffe und ihr glückliches Ende eröffnen eine eigene Perspektive auf den ‚Liber Pontificalis'. Eroberung wird territorial gedacht und ausgedrückt; so gerät die räumliche Verortung der römisch-päpstlichen eigenen Seite im frühmittelalterlichen Italien in den Blick. Der diachrone Vergleich verschiedener Phasen, die gehäuft von Eroberung berichten, macht klar, dass diese Verortung in verschiedenen Zeiträumen zwischen dem 6. und 8. Jahrhundert durchaus unterschiedlich ausfallen konnte. Dabei wird deutlich, in welchem Verhältnis die Verfasser der Tatenberichte Rom jeweils zu Italien und seinen Regionen sahen.

Im 6. und frühen 7. Jahrhundert ist *tota Italia* von Eroberung bedroht. Von Rom ist öfter die Rede, aber immer ist erkennbar, dass das Schicksal der Stadt mit dem Italiens übereinstimmt – Rom steht exemplarisch für ganz Italien. Anders fällt die Verwendung von Toponymen zur Selbstpositionierung als Eroberte in der zweiten Hälfte des 7. Jahrhunderts aus. Italien ist keine selbstverständliche, ja offenbar keine relevante Bezugsgröße. Geschehen und Opfer von militärischer Gewalt werden stets in ein kleinteiliges topographisches Raster gesetzt. Es sind einzelne Städte und Landstriche, denen Eroberung droht; Italien als übergeordneter Rahmen wird nun eher mit Gewaltakteuren verbunden, geht doch die Aggression oft aus seinem Innern hervor – es ist unsicher geworden. Gleichzeitig mit einer erneuten Zunahme äußerer Bedrohung des romanischen Italien im zweiten Drittel des 8. Jahrhunderts ist auch wieder häufiger von (ganz) Italien die Rede; nur werden Rom und die Päpste stets daneben genannt. Insbesondere die persönliche Verantwortung, aber auch den Führungsanspruch der Päpste macht der ‚Liber Pontificalis' an den Stellen deutlich, wo es um Eroberung geht.

Damit kann gezeigt werden, dass drohende und tatsächliche Eroberungen in einer Weise historiographisch verarbeitet werden, die die jeweilige Rolle Roms in Italien widerspiegelt und, beachtet man die enorme Verbreitung des ‚Liber Pontificalis', auch aktiv propagiert. Dass die Päpste im 7. Jahrhundert mit der Unsicherheit eines fragmentierten Italien haderten und sich im 8. Jahrhundert zu dessen Führungsmacht aufzuschwingen versuchten, ist naheliegend. Beachtenswert sind aber zwei übergreifende Befunde: Erstens waren es gerade Situationen militärischer Gewalt, drohender Niederlagen und tatsächlicher Eroberung, die sich die Verfasser der päpstlichen Tatenberichte dazu aneigneten. Es wäre zu überlegen, ob sich nicht Schilderungen von Eroberung nachgerade dazu anbieten, das Verhältnis des Eigenen zu seiner Umwelt, des Ganzen und seiner Teile in gerade dieser Hinsicht zu beschreiben.

Denn Eroberung als letztlich immer raumbezogenes, topographisch wahrgenommenes Geschehen erlaubt jedenfalls in besonderer Weise eine spatial organisierte Darstellung. Dazu passt, zweitens, dass die Toponyme, die die Verfasser der *gesta* in diesen Situationen einsetzen – also die Namen Italiens, seiner einzelnen Regionen und Distrikte, aber auch vieler Städte (von ‚Rom' einmal abgesehen) –, nahezu immer nur im Eroberungs-Erzählen aufgerufen werden. Weitergehend wäre zu fragen, ob dies beides auch in anderen frühmittelalterlichen Texten anzutreffen ist. Der ‚Liber Pontificalis' verbindet jedenfalls eine toponymische Verortung des Eigenen systematisch mit Erzählungen von drohenden und tatsächlichen Eroberungen. Ob ein solcher Zusammenhang verallgemeinerbar ist, wäre eigens zu untersuchen. Es erscheint einleuchtend, dass militärische Gewalt eine unhintergehbare territoriale Dimension hat, die sich auch in einer regelmäßig verräumlichten Selbstumschreibung der Betroffenen niederschlägt – einer Spatialisierung von ‚Identität'. Das Erzählen von Eroberung befördert dabei nicht zuerst ‚ethnische' Bezeichnungen von Personengruppen, sondern eine regionale Ordnung des Geschehens und der Betroffenen. Es wäre durchaus vorstellbar, dass auch in anderen mittelalterlichen Texten gerade Eroberungen – oder vielmehr: die Perspektive von Eroberten – eine solche topographische Verortung des Eigenen beförderten. Das wäre ein Plädoyer dafür, den Ausgang militärischer Aggressionen nicht allein im Schema von ‚Siegern und Verlierern' zu beschreiben – wenngleich es sie natürlich gab. Sieg und Niederlage wären zugleich, gerade auf Seiten der Eroberten, auch als Anlass zu einer eroberungsspezifischen Neufassung des Eigenen.

Zumindest für den ‚Liber Pontificalis' wird schließlich deutlich, dass seine Tatenberichte bei der römisch-päpstlichen Positionsbestimmung durchaus eine gewisse Offenheit dafür bewiesen, aktuelles Geschehen in Italien zu reflektieren. ‚Romanness', römische ‚Identität' und Selbstverortung speisten sich nicht allein aus antikem Imperium und petrinischer Kirche. In situativ unterschiedlicher Weise positionierten die Verfasser des ‚Liber Pontificalis' Rom auch zwischen ‚Italy and Her Invaders'.

Quellen

Codex epistolaris Carolinus. Frühmittelalterliche Papstbriefe an die Karolingerherrscher. Ed. *Florian Hartmann / Tina B. Orth-Müller*. (Ausgewählte Quellen zur Geschichte des Mittelalters. FSGA 49.) Darmstadt 2017.

Concilium Lateranense a. 649 celebratum. Ed. *Rudolf Riedinger*. (Acta Conciliorum Oecumenicorum, series secunda, Bd. 1.) Berlin 1984.

Le ‚Liber Pontificalis'. Texte, introduction et commentaire, 2 Bde. Ed. *Louis Duchesne*. (Bibliothèque des Écoles francaises d'Athènes et de Rome, 2a série, Bd. 3.) Paris 1886–1892, ND mit Ergänzungsbd. hrsg. v. *Cyrille Vogel*, 1955.

Marii episcopi Aventicensis chronica a. CCCCLV–DLXXXI. Ed. *Theodor Mommsen*, in: MGH Auct. ant. 11. Berlin 1894, 225–239.

Paulus Diaconus, Geschichte der Langobarden. Historia Langobardorum. Ed. *Wolfgang F. Schwarz*. Darmstadt 2009.

Literatur

Stefan Albrecht, Schicksalstage Deutschlands, in: Christine Alexandra Kleinjung / Ders. (Hrsg.), Das lange 10. Jahrhundert. Struktureller Wandel zwischen Zentralisierung und Fragmentierung, äußerem Druck und innerer Krise. Tagung des Römisch-Germanischen Zentralmuseums, des Forschungsschwerpunkts Historische Kulturwissenschaften und des Arbeitsbereichs Mittelalterliche Geschichte der Johannes Gutenberg-Universität Mainz vom 14.–16. März 2011 . (RGZM – Tagungen, Bd. 19.) Mainz 2014, 27–44.

Patrick Amory, People and Identity in Ostrogothic Italy, 489–554. (Cambridge Studies in Medieval Life and Thought, ser. 4, Bd. 33.) Cambridge 1997.

Panagiotis Antonopoulos, Emperor Constans II's Intervention in Italy and its Ideological Significance, in: Johannes Koder / Ioannis Stouraitis (Hrsg.), Byzantine War Ideology between Roman Imperial Concept and Christian Religion. Akten des Internationalen Symposions (Wien, 19.–21. Mai 2011). (Veröffentlichungen zur Byzanzforschung, Bd. 30.) Wien 2012, 27–31.

Guido M. Berndt, Die Darstellung von Kontingenz und ihrer Bewältigung in Quellen zum ostrogoten- und langobardenzeitlichen Italien, in: Matthias Becher / Hendrik Hess (Hrsg.), Kontingenzerfahrungen und ihre Bewältigung zwischen imperium und regna. Beispiele aus Gallien und angrenzenden Gebieten vom 5. bis zum 8. Jahrhundert. Göttingen 2021, 243–290.

Shane Bjornlie, The Sack of Rome in 410. The Anatomy of a Late Antique Debate, in: Young Richard Kim / A.E.T. McLaughlin (Hrsg.), Leadership and Community in Late Antiquity. Essays in Honour of Raymond Van Dam. (Cultural Encounters in Late Antiquity and the Middle Ages, Bd. 26.) Turnhout 2020, 249–279.

Michael Borgolte, Eine langobardische „Wanderlawine" vom Jahr 568? Zur Kritik historiografischer Zeugnisse der Migrationsperiode, in: Zeitschrift für Geschichtswissenschaft 61, 2013, 293–310.

Michael Borgolte, Das Langobardenreich in Italien aus migrationsgeschichtlicher Perspektive. Eine Pilotstudie, in: Ders. / Matthias M. Tischler (Hrsg.), Transkulturelle Verflechtungen im mittelalterlichen Jahrtausend. Europa, Asien, Afrika. Darmstadt 2012, 80–119.

Michael Borgolte, Migrationen als transkulturelle Verflechtungen im mittelalterlichen Jahrtausend, in: Historische Zeitschrift 289, 2009, 261–285.

François Bougard, Composition, diffusion et réception des parties tardives du ‚Liber Pontificalis' romain (VIIIe–IXe siècles), in: Ders. / Michel Sot (Hrsg.), Liber, Gesta, histoire. Écrire l'histoire des évêques et des papes, de l'Antiquité au XXIe siècle. Turnhout 2009, 127–152.

Marco Di Branco / Kordula Wolf, Hindered Passages. The Failed Muslim Conquest of Southern Italy, in: Journal of Transcultural Medieval Studies 1, 2014, 51–73.

Wolfram Brandes, Byzantinischer Bilderstreit, das Papsttum und die Pippinsche Schenkung. Neue Forschungen zum Ost-West-Verhältnis im 8. Jahrhundert, in: Falko Daim u. a. (Hrsg.), Menschen, Bilder, Sprache, Dinge. Wege der Kommunikation zwischen Byzanz und dem Westen. Studien zur Ausstellung „Byzanz & der Westen. 1000 vergessene Jahre", Bd. 2. Menschen und Worte. (Byzanz zwischen Orient und Okzident, Bd. 9.2.) Mainz 2018, 63–79.

Wolfram Brandes, Das Schweigen des ‚Liber Pontificalis'. Die „Enteignung" der päpstlichen Patrimonien Siziliens und Unteritaliens in den 50er Jahren des 8. Jahrhunderts, in: Ders. / Lars M. Hoffmann / Kirill Maksimovič (Hrsg.), Fontes Minores XII. (Forschungen zur byzantinischen Rechtsgeschichte, Bd. 32.) Frankfurt a.M. 2014, 97–203.

Wolfram Brandes, „Juristische" Krisenbewältigung im 7. Jahrhundert? Die Prozesse gegen Papst Martin I. und Maximos Homologetes, in: Fontes minores X. (Forschungen zur byzantinischen Rechtsgeschichte, Bd. 22.) Frankfurt a.M. 1998, 141–212.

Dariusz Brodka, Narses. Politik, Krieg und Historiographie im 6. Jahrhundert n. Chr. (Warsaw Studies in Classical Literature and Culture, Bd. 7.) Berlin 2018.

Leslie Brubaker / John Haldon, Byzantium in the Iconoclast Era, c. 680–850. A History. Cambridge 2011.
Ester Brunet, La ricezione del Concilio Quinisesto (691–692) nelle fonti occidentali (VII–IX sec.). Diritto – arte – teologia. (Autour de Byzance, Bd. 2.) Paris 2011.
John B. Bury, Rez. von: Hodgkin, Italy Thomas Hodgkin, Italy and her Invaders, 4 Bde., Oxford ²1892, in: The Classical Review 7, 1893, 273–275.
Tommaso di Carpegna Falconieri, La militia a Roma. Il formarsi di una nuova aristocrazia (secoli VII–VIII), in: Jean-Marie Martin / Annick Peters-Custot / Vivien Prigent (Hrsg.), L'héritage byzantin en Italie (VIIIe–XIIe siècle), Bd. 2: Les cadres juridiques et sociaux et les institutions publiques. (Collection de l'École Française de Rome, Bd. 461.) Rom 2012, 559–583.
Paolo Chiesa, Le biografie greche e latine di papa Martino I, in: Martino I papa (649–653) e il suo tempo. Atti del XXVIII Convegno storico internazionale, Todi, 13–16 ottobre 1991. (Atti dei Convegni dell'Accademia Tudertina e del Centro di studi sulla spiritualità medievale, N.S., Bd. 5.) Spoleto 1992, 211–242.
Neil Christie, Invasion or Invitation? The Longobard Occupation of Northern Italy, A.D. 568–569, in: Romanobarbarica 11, 1991, 79–108.
Pasquale Corsi, La spedizione italiana di Costante II. (Il mondo medievale, Bd. 5.) Bologna 1983.
Paolo Delogu, The Post-Imperial Romanness of the Romans, in: Walter Pohl u. a. (Hrsg.), Transformations of Romanness. Early Medieval Regions and Identities. (Millennium Studies, Bd. 71.) Berlin / Boston 2018, 157–171.
Cora Dietl / Titus Knäpper / Claudia Ansorge, Das Ende fiktiver Gewaltgemeinschaften. Das Ende eines Erzählens von Gewaltgemeinschaften, in: Winfried Speitkamp (Hrsg.), Gewaltgemeinschaften in der Geschichte. Entstehung, Kohäsionskraft und Zerfall. Göttingen 2017, 67–82.
Marilyn Dunn, Lombard Religiosities Reconsidered. „Arianism", Syncretism and the Transition to Catholic Christianity, in: Andrew P. Roach / James R. Simpson (Hrsg.), Heresy and the Making of European Culture. Medieval and Modern Perspectives. Farnham 2013, 89–109.
Clemens Gantner, Freunde Roms und Völker der Finsternis. Die päpstliche Konstruktion von Anderen im 8. und 9. Jahrhundert. Wien / Köln / Weimar 2014.
Clemens Gantner, Romana urbs. Levels of Roman and Imperial Identity in the City of Rome, in: Early Medieval Europe 22, 2014, 461–475.
Edward Gibbon, The History of the Decline and the Fall of the Roman Empire, 6 Bde. London 1776–1789.
Florian Hartmann, Nochmals zur sogenannten Pippinischen Schenkung und zu ihrer Erneuerung durch Karl den Großen, in: Francia 37, 2010, 25–47.
Florian Hartmann, Hadrian I. (772–795). Frühmittelalterliches Adelspapsttum und die Lösung Roms vom byzantinischen Kaiser. (Päpste und Papsttum, Bd. 34.) Stuttgart 2006.
Klaus Herbers, Zu frühmittelalterlichen Personenbeschreibungen im ‚Liber Pontificalis' und in römischen hagiographischen Texten, in: Johannes Laudage (Hrsg.), Von Fakten und Fiktionen. Mittelalterliche Geschichtsdarstellungen und ihre kritische Aufarbeitung. (Europäische Geschichtsdarstellungen, Bd. 1.) Köln / Weimar / Wien 2003, 165–191.
Klaus Herbers / Matthias Simperl (Hrsg.), Das Buch der Päpste – ‚Liber Pontificalis'. Ein Schlüsseldokument europäischer Geschichte. (Römische Quartalschrift, Supplementbd., Bd. 67.) Freiburg 2020.
Thomas Hodgkin, Italy and Her Invaders, 4 Bde. Oxford ²1890–1899.
Marek Jankowiak, Essai d'histoire politique du monothélisme à partir de la correspondance entre les empereurs byzantins, les patriarchs de Constantinople et les papes de Rome. Phil. Diss. Paris / Warschau 2009.
Jörg Jarnut, Wer waren die Langobarden im Edictus Rothari?, in: Walter Pohl / Bernhard Zeller (Hrsg.), Sprache und Identität im frühen Mittelalter. (Denkschriften. Österreichische Akademie

der Wissenschaften, Philosophisch-Historische Klasse, Bd. 426 / Forschungen zur Geschichte des Mittelalters, Bd. 20.) Wien 2012, 93–98.

Ralph-Johannes Lilie u. a., Mizizios, in: Prosopographie der mittelbyzantinischen Zeit, online: deGruyter, https://www.degruyter.com/database/PMBZ/entry/PMBZ16343/html (Zugriff: 09.08.2022).

Piero Majocchi, Arrianorum abolevit heresem. The Lombards and the Ghost of Arianism, in: Guido M. Berndt / Roland Steinacher (Hrsg.), Arianism. Roman Heresy and Barbarian Creed. Farnham 2014, 231–238.

Federico Marazzi, Aristocrazia e società (secoli VI–XI), in: André Vauchez (Hrsg.), Roma medievale. (Storia di Roma dall'antichità a oggi.) Rom / Bari 2001, 41–69.

G. H. Martin, Art. Hodgkin, Thomas (1831–1913), in: Oxford Dictionary of National Biography. Oxford 2004, online: https://doi.org/10.1093/ref:odnb/33915.

Maya Maskarinec, City of Saints. Rebuilding Rome in the Early Middle Ages. (The Middle Ages Series.) Philadelphia, Pa. 2018.

Rosamond McKitterick, Rome and the Invention of the Papacy. The Liber Pontificalis. (The James Lydon Lectures in Medieval History and Culture.) Cambridge 2020.

Rosamond McKitterick, The Damnatio Memoriae of Pope Constantine II (767–768), in: Ross Balzaretti / Julia S. Barrow / Patricia Skinner (Hrsg.), Italy and Early Medieval Europe. Papers for Chris Wickham. (The Past & Present Book Series.) Oxford 2018, 231–248.

Rosamond McKitterick, „Romanness" and Rome in the Early Middle Ages, in: Walter Pohl u. a. (Hrsg.), Transformations of Romanness. Early Medieval Regions and Identities. (Millennium Studies, Bd. 71.) Berlin / Boston 2018, 143–155.

Laura Mecella, Brevi note sulla spedizione di Costante II in Italia. Il percorso da Taranto a Roma, in: Gianluca Casagrande (Hrsg.), Paesaggi della Via Appia. Morolo / Rom 2011, 27–51.

Mischa Meier, Geschichte der Völkerwanderung. Europa, Asien und Afrika vom 3. bis zum 8. Jahrhundert n. Chr. München 2019.

Bronwen Neil, Commemorating Pope Martin I. His Trial in Constantinople, in: Studia patristica 39, 2006, 77–82.

Thomas F.X. Noble, Greek Popes. Yes or No, and Did It Matter?, in: Andreas Fischer / Ian Wood (Hrsg.), Western Perspectives on the Mediterranean. Cultural Transfer in Late Antiquity and the Early Middle Ages, 400–800 AD. London u. a. 2014, 77–86.

Thomas F.X. Noble, The Republic of St. Peter. The Birth of the Papal State, 680–825. Philadelphia, Pa. 1984.

John Osborne, Rome in the Eighth Century. A History in Art. (British School at Rome Studies.) Cambridge 2020.

Rene Pfeilschifter, Rez. von: Mischa Meier, Geschichte der Völkerwanderung. Europa, Asien und Afrika vom 3. bis zum 8. Jahrhundert n. Chr. (2019), online: H-Soz-Kult, 05.10.2020, www.hsozkult.de/publicationreview/id/reb-28530 (Zugriff: 09.08.2022).

Alheydis Plassmann, Mittelalterliche ‚origines gentium'. Paulus Diaconus als Beispiel, in: Quellen und Forschungen aus italienischen Archiven und Bibliotheken 87, 2007, 1–35.

Walter Pohl, Gotische Identitäten, in: Hans-Ulrich Wiemer (Hrsg.), Theoderich der Große und das gotische Königreich in Italien. (Schriften des Historischen Kollegs. Kolloquien, Bd. 102.) Berlin / Boston 2020, 315–339.

Walter Pohl, Introduction. Early Medieval Romanness – a Multiple Identity, in: Ders. u. a. (Hrsg.), Transformations of Romanness. Early Medieval Regions and Identities. (Millennium Studies, Bd. 71.) Berlin / Boston 2018, 3–39.

Walter Pohl, Romanness. A Multiple Identity and its Changes, in: Early Medieval Europe 22, 2014, 406–418.

Walter Pohl, Introduction – Strategies of Identification. A Methodological Profile, in: Ders. / Gerda Heydemann (Hrsg.), Strategies of Identification. (Cultural Encounters in Late Antiquity and the Middle Ages, Bd. 13.) Turnhout 2013, 1–64.

Walter Pohl, Geschichte und Identität im Langobardenreich, in: Ders. / Peter Erhart (Hrsg.), Die Langobarden. Herrschaft und Identität. (Forschungen zur Geschichte des Mittelalters, Bd. 9.) Wien 2005, 555–566.

Rudolf Riedinger, Kleine Schriften zu den Konzilsakten des 7. Jahrhunderts. (Instrumenta patristica, Bd. 34.) Steenbrugge 1998.

Eileen Rubery, Conflict or Collusion? Pope Martin I (649–654/5) and the Exarch Olympius in Rome after the Lateran Synod of 649, in: Studia Patristica 52, 2012, 339–374.

Paul Scheffer-Boichorst, Pipins und Karls d. G. Schenkungsversprechen. Ein Beitrag zur Kritik der Vita Hadriani, in: Mitteilungen des Österreichischen Instituts für Geschichtsforschung 5, 1884, 193–212.

Sebastian Scholz, Die „Pippinische Schenkung". Neue Lösungsansätze für ein altes Problem, in: Historische Zeitschrift 307, 2018, 635–654.

Winfried Speitkamp, Gewaltgemeinschaften in der Geschichte. Eine Einleitung, in: Ders. (Hrsg.), Gewaltgemeinschaften in der Geschichte. Entstehung, Kohäsionskraft und Zerfall. Göttingen 2017, 11–39.

Winfried Speitkamp, Einführung, in: Ders. (Hrsg.), Gewaltgemeinschaften. Von der Spätantike bis ins 20. Jahrhundert. Göttingen 2013, 7–13.

Timo Stickler, Römische Identität(en) im gotischen Italien, in: Hans-Ulrich Wiemer (Hrsg.), Theoderich der Große und das gotische Königreich in Italien. (Schriften des Historischen Kollegs. Kolloquien, Bd. 102.) Berlin / Boston 2020, 295–314.

Brian Swain, Goths and Gothic Identity in the Ostrogothic Kingdom, in: Jonathan J. Arnold / M. Shane Bjornlie / Kristina Sessa (Hrsg.), A Companion to Ostrogothic Italy. Leiden /Boston 2016, 203–233.

Hans Georg Thümmel, Die Konzilien zur Bilderfrage im 8. und 9. Jh. Das 7. Ökumenische Konzil in Nikaia 787. (Konziliengeschichte. Reihe A. Darstellungen, Bd. 20.) Paderborn 2005.

Hans Georg Thümmel, Die Stellung des Westens zum byzantinischen Bilderstreit des 8./ 9. Jahrhunderts, in: Olivier Christin / Dario Gamboni (Hrsg.), Krisen religiöser Kunst. Vom 2. Nicaenum bis zum 2. Vatikanischen Konzil / Crises de l'image religieuse. De Nicée II à Vatican II. Paris 1999, 55–74.

Hans-Ulrich Wiemer, Die Goten in Italien. Wandlungen und Zerfall einer Gewaltgemeinschaft, in: Historische Zeitschrift 296, 2013, 593–628.

Hans-Ulrich Wiemer, Theoderich und seine Goten. Aufstieg und Niedergang einer Gewaltgemeinschaft, in: Winfried Speitkamp (Hrsg.), Gewaltgemeinschaften. Von der Spätantike bis ins 20. Jahrhundert. Göttingen 2013, 15–38.

Philipp Winterhager, Migranten und Stadtgesellschaft im frühmittelalterlichen Rom. Griechischsprachige Einwanderer und ihre Nachkommen im diachronen Vergleich. (Europa im Mittelalter, Bd. 35.) Berlin / Boston 2020.

Philipp Winterhager, A Pope, a King and Three Apses. Architecture and Prestige in Eighth-Century Rome and Beyond, in: Chiara Bordino / Chiara Croci / Vedran Sulovsky (Hrsg.), Rome on the Borders. Visual Cultures During the Carolingian Transition. (Convivium. Supplementum, Bd. 7.2.) o.O. 2020, 70–85.

Philipp Winterhager, The diaconiae of Early Medieval Rome. From „Greek" to „Roman", from „Private" to „Papal"?, in: Endowment Studies 3, 2019, 90–132.

Ian Wood, Art. Transformation of the Roman World, in: Reallexikon der Germanischen Altertumskunde 31. Berlin / New York 2006, 262–266.

Philipp Frey
Verräterische und verratene Eroberte in Einhards ,Vita Karoli'
Eine exemplarische Untersuchung zur Einflussnahme Eroberter im Reich der Karolinger

Abstract: This article examines discourses of betrayal and conquest and their interactions in the early 9th century Frankish Empire in Einhard's ,Vita Karoli' with a focus on the conquest of Centumcellae in 813. By analysing how Einhard shaped his own discourse of betrayal while deviating from established narrative patterns, it is shown that the author attributed the loss of the city to a probably fictitious betrayal. Therefore, the article contributes to the interrelationship of the contemporary discourse of betrayal and its accentuation through individual – in this case Einhard's – narrative intentions. Furthermore, it discusses the extent to which the conquered actively or passively influenced and co-determined negotiations of conquest.

1 Einleitung

Eroberungen sind in der Geschichte allgegenwärtig. Somit haben diese in der bisherigen Forschung in vielerlei Hinsicht Berücksichtigung erfahren.[1] Auch die Eroberungen in der Regierungszeit Karls des Großen bilden hier keine Ausnahme, ja sie sind als Eroberung eines der ‚großen' Männer der Geschichte sogar besonders intensiv beleuchtet worden.[2] Die Funktion seiner Eroberungen war dabei nicht nur die Machterweiterung, sondern insbesondere auch die Machtsicherung, welche sich stets sowohl gegen äußere Feinde als auch ins Innere des Reichs richtete: Erfolgreich erobernde herrschende Personen hatten einen hohen Rückhalt zu erwarten. Dies bedeutet auch, dass eine erfolglos erobernde herrschende Person vermehrt mit mangelnder Unterstützung aus ihrem Reich rechnen musste. Im Extremfall konnte dies dazu führen, dass ein Umsturz versucht wurde, die herrschende Person also nach eigenem Verständnis verraten wurde.

---

[1] Dies ist u. a. an den zahlreichen Publikationen zu Eroberungen oder der Unterstützung derartiger Forschungsschwerpunkte durch Drittmittel zu erkennen. Vgl. zu diesem Aspekt auch die Einleitung von Rike Szill in diesem Band.
[2] Besondere Aufmerksamkeit haben dabei v. a. die Eroberung der Sächs*innen, z. B. in Kap. 9 „Karl der Große und die Sachsen" von *Springer*, Sachsen (2004), 166–261; *Lammers* (Hrsg.), Eingliederung der Sachsen (1970), und die Eroberungen auf der iberischen Halbinsel, z. B. *Ottewill-Soulsby*, Saracens (2016), erhalten.

Trotz oder vielleicht auch gerade wegen seiner nahezu ausschließlich erfolgreichen Eroberungen war Karl der Große in seiner Regierungszeit vielfach Verrat ausgesetzt. Dabei wurde stets ein zuvor abgeschlossenes Treueverhältnis zu ihm gebrochen, um daraus persönlichen Nutzen zu ziehen. In den Quellen, in denen diese Handlungen berichtet werden, wird jedoch das klassische lateinische Wort für Verrat – *proditio* – nur ein einziges Mal verwendet. Dies deutet darauf hin, dass das Konzept[3] ‚Verrat' zur Regierungszeit Karls des Großen weitestgehend anders besetzt war als das, was unter dem Wort *proditio* verstanden wurde. Den fränkischen Herrschern – insbesondere Karl dem Großen – war nachweisbar daran gelegen, das Verständnis von Treue neu zu verhandeln und zu prägen. Dies ist in der Forschung bereits vielfach behandelt worden.[4] Das Konzept von Verrat – dem deutlichsten Antagonismus von Treue – ist in der Forschung zum Frankenreich hingegen bisher unbeachtet geblieben.[5] Dabei zeigt die Fülle an unterschiedlichen Arten der Darstellung von Verratshandlungen, dass dieses Konzept vielschichtig gewesen sein muss. Den fränkischen Herrschern musste daran gelegen sein, das Verständnis von Verrat in demselben Maße nach ihren Wünschen zu beeinflussen wie das von Treue. Diese Umprägung des Konzepts von Verrat war allerdings kein einseitiger Prozess auf der Herrscherseite, sondern geschah in großem Maße in der gesellschaftlichen diskursiven Verhandlung mit den Eliten des Frankenreichs.

Zur Einflussnahme der Herrscher in dieser Aushandlung dienten insbesondere schriftliche Quellen. Eine herausgehobene Rolle fiel dabei historiographischen Quellen zu, da sie mit der Intention geschaffen wurden, bestimmte Sichtweisen für die Gegenwart und Nachwelt zu transportieren. Unter den Herrscherbiographien, die ebenfalls zu dieser Kategorie zu zählen sind, war wiederum die ‚Vita Karoli' Einhards die bedeutendste ihrer Zeit.[6] Neben der Darstellung von Verratshandlungen von

---

3 Die Verwendung von ‚Konzept' geschieht in Anlehnung an die englische Bezeichnung der Begriffsgeschichte als ‚history of concepts'. Durch die Verwendung von ‚Konzept' wird vermieden, dass ‚Begriff' anders als im Sinne Kosellecks als Indikator und Faktor von Wirklichkeit verstanden wird. Zur Begriffsgeschichte vgl. z. B. *Jordan*, Theorien (2018), 125–130; *Koselleck*, Einleitung (2004), XIX–XXIV.
4 Als Beispiel dafür kann u. a. die Verwendung des Eides als politisches Mittel durch Karl den Großen und Ludwig den Frommen gelten, vgl. *Becher*, Eid (1993), passim; *Brunner*, Oppositionelle Gruppen (1979), 56–59; *Scharff*, Streitschlichtung (2011), 252 f., 262.
5 Dieses Forschungsdesiderat bildet den Kern meines sich derzeit in Bearbeitung befindlichen Promotionsprojekts. Der vorliegende Beitrag bietet einen Einblick in erste Erkenntnisse meiner bisherigen Untersuchungen. Das Promotionsprojekt „Verrat im spätmittelalterlichen England aus sozial- und kulturhistorischer Perspektive" von Matthias Büttner (Universität Göttingen) verfolgt in einem anderen geographischen und zeitlichen Rahmen einen ähnlichen Ansatz. Einen ersten Vorstoß zur Beleuchtung des Konzepts von Verrat im Frankenreich bildet außerdem die Untersuchung zu Tassilo III. von *Schwedler*, Tassilo III. (2019). In seinem Aufsatz wird jedoch nur die Darstellung der ‚Annales Regni Francorum' beleuchtet, ohne dies in den größeren konzeptuellen Rahmen von Verrat im Frankenreich zu setzen.
6 Der ursprüngliche Titel der Vita lautete vermutlich ‚Vita Karoli imperatoris', vgl. *Ganz*, Preface (1997), 299; *Tischler*, Einharts Vita Karoli, Bd. 1 (2001), 113–119. Im Folgenden wird aufgrund dessen das Werk als ‚Vita Karoli' und nicht als ‚Vita Karoli Magni' bezeichnet.

innerhalb des Reichs wurden insbesondere die Darstellungen von Eroberungen und Eroberten in diesen Quellen genutzt, um Aspekte zur Neuverhandlung von Verrat in den Diskurs einzubringen.

Zur angemessenen Untersuchung dieser Art der diskursiven Aushandlung des Konzepts ‚Verrat' werden im folgenden Beitrag zwei Beispiele beleuchtet: zum einen die Eroberung der Sächs*innen und zum anderen die Centumcellaes 813 durch die Mauren in der ‚Vita Karoli' Einhards.[7] Die Betrachtung der ‚Vita Karoli' wird dabei durch andere zeitgenössische Quellen, insbesondere die ‚Annales Regni Francorum'[8], ergänzt. Die ‚Vita Karoli' wurde zwar nicht zu Lebzeiten Karls des Großen verfasst, dennoch eignet sie sich als Quelle aufgrund verschiedener Voraussetzungen sehr gut, um die Einflussnahme von Herrscherseite – insbesondere von Karl dem Großen – auf die Diskurse von Verrat hin zu untersuchen. Zum einen war Einhard als Person des näheren Umfelds der fränkischen Kaiserfamilie eng an Prozessen der Aushandlung von Eroberung und Verrat beteiligt.[9] Zum anderen hat er nicht nur diese Verhandlung begleitet, sondern sogar das von den Herrschern gewünschte Verständnis dieser Konzepte erfahren und in deren Sinne schriftlich transportiert. Nicht zuletzt ist die ‚Vita Karoli' bereits im 9. Jahrhundert für frühmittelalterliche Verhältnisse in beachtlichem Maße verbreitet gewesen und rezipiert worden.[10] Der Einfluss der ‚Vita Karoli' auf bestimmte Denkkonzepte ist dementsprechend hoch einzuschätzen, was wiederum ihre Relevanz für die vorliegende Untersuchung unterstreicht.[11]

In einem ersten Analyseschritt soll anhand der Darstellung der Sächs*innen als Verräter*innen die Formung des Konzepts von Verrat aufgezeigt werden. Außerdem soll veranschaulicht werden, inwiefern Eroberte, die keine eigene Stimme in den Quellen haben, nichtsdestoweniger als Diskursteilnehmer*innen auftraten.

Anhand der Textstelle zu der Eroberung Centumcellaes 813 wird die einzige Verwendung des Wortes *proditio* zur Darstellung von Verrat in der zeitgenössischen

---

7 Einhard, Vita Karoli Magni. Ed. *Holder-Egger*.
8 Annales Regni Francorum. Ed. *Kurze*.
9 Weitere Informationen zu Einhards Leben und seiner Rolle am Hof Karls des Großen in *Patzold*, Ich und Karl der Große (2013), passim, und *Rau*, Einleitung (1955), 157 f.
10 *Hartmann*, Karl der Große (2015), 13; *Rau*, Einleitung (1955), 160; *Tischler*, Einharts Vita Karoli, Bd. 1 (2001), 17–77; *Waitz*, Praefatio (1911), XVIII–XXIV.
11 Trotz der Eignung der ‚Vita Karoli' muss berücksichtigt werden, dass ihre Zielsetzung nicht die Verhandlung von Verrat, sondern Panegyrik war. Einhard drückt dies explizit aus, indem er schreibt, dass er es für besser befunden habe, die Taten Karls des Großen aufzuschreiben, *quam regis excellentissimi et omnium sua aetate maximi clarissimam vitam et egregios atque moderni temporis hominibus vix imitabiles actus pati oblivionis tenebris aboleri.* (Einhard, Vita Karoli Magni. Ed. *Holder-Egger*, 1, prefatio: „als es zuzulassen, dass das überaus strahlende Leben des herausragendsten Königs und größten aller Menschen seiner Zeit sowie die herausragenden und von Menschen der heutigen Zeit kaum nachahmbaren Taten desselben durch die Finsternis des Vergessens zerstört würden." Soweit nicht anders vermerkt, stammen die Übersetzungen und die darin enthaltenen Hervorhebungen, Ergänzungen und Anmerkungen vom Verfasser dieses Beitrags.

Historiographie beleuchtet. Dabei erhält die Intention der Verwendung von *proditio* im Zusammenhang dieser Eroberung intensive Aufmerksamkeit, um die bei der Umdeutung des Konzepts von Verrat prägenden Einflüsse veranschaulichen zu können. Der Umstand, dass es sich bei dieser Textstelle nicht um einen Verrat an Karl dem Großen handelt, zeigt, wie sensibel Verrat und dessen sprachliche Darstellung gehandhabt wurden. Vielmehr nutzt Einhard den Begriff *proditio* gerade dann, wenn er von einer Stadt des fränkischen Reichs berichtet, die von Feinden erobert wurde. Der Autor der ‚Vita Karoli' bedient sich dementsprechend des Wortes *proditio* bewusst aus der Erobertenperspektive heraus und gibt damit Einblick in die Diskursteilnahme Eroberter, die – im Gegensatz zu den Sächs*innen – eine eigene schriftliche Stimme besaßen.[12]

Einhard scheint zunächst ungeeignet, um den Einfluss von Eroberten als Diskursteilnehmer*innen zu untersuchen. So stand jener bekanntlich auf Seiten des Eroberers Karls des Großen und hat damit vermeintlich nur die Perspektive der Erobernden erfahren und dargestellt. Jedoch zeigt sich in der Geschichte des karolingischen Frankenreichs im Allgemeinen und innerhalb der ‚Vita Karoli' im Konkreten an verschiedenen Stellen, dass die fränkischen Herrscher keineswegs in einem kontinuierlichen Siegeszug über Europa fegten und ihr Reich vergrößerten. Hingegen mussten sie auch unter Karl dem Großen immer wieder mit dem Umstand umgehen, dass dem eigenen Gebiet als zugehörig verstandene Regionen von anderen Völkern (zurück-)erobert wurden oder die dortigen Bewohner*innen aus Sicht der Fränk*innen abtrünnig wurden.[13] Daher war Einhard mit dem Wechselspiel von Erobern und Erobert-Werden intensiv vertraut.

Er selbst war zwar nach derzeitigem Forschungsstand nie persönlich Erlebnissen des Erobert-Werdens ausgesetzt, wird jedoch aufgrund seiner herrschernahen Position den gesellschaftlichen Einfluss einzelner Eroberungen erfahren haben. Außerdem fiel Einhard die Aufgabe zu, das Erobert-Werden fränkischer Gebiete stellvertretend für die Fränk*innen historiographisch zu bewältigen, zum Beispiel in Form einer Umdeutung der Eroberungen. Die persönlichen Umstände von Einhards Leben disqualifizieren seine ‚Vita Karoli' daher keineswegs, um die Perspektive der Eroberten zu untersuchen. Stattdessen prädestiniert seine Rolle am Hof Karls des Großen und Ludwigs des Frommen sein Werk geradezu, Bewältigung von Eroberungen aus größerer politischer Perspektive im Frankenreich zu beleuchten.[14]

---

12 Vgl. zu dieser Perspektive auch den Beitrag von Anne Foerster in diesem Band.
13 Inwiefern Abtrünnigkeit sowie Untreue und damit auch bestimmte Formen des Verrats aus Perspektive der ‚Verlierer der Geschichte' als (Rück-)Eroberung verstanden und kommuniziert wurden, ist eine weitere interessante Forschungsfrage, die sich aus dem Ansatz dieses Sammelbandes ergibt. Diese Frage wird im vorliegenden Beitrag nicht untersucht, da hierfür eine andere Herangehensweise und Quellenlage notwendig wären.
14 Zur Verbindung Einhards und Ludwigs des Frommen vgl. *Patzold*, Ich und Karl der Große (2013), 14–17, und *Rau*, Einleitung (1955), 157f.

Die Textstelle der ‚Vita Karoli' zur Eroberung Centumcellaes ist außerdem sehr bedeutend für das Konzept von Verrat, weil sich aus der singulären Verwendung des Worts *proditio* in der zeitgenössischen fränkischen Historiographie zentrale Forschungserkenntnisse ableiten lassen. Sie beziehen sich vorrangig auf die Darstellung von Verrat im Frankenreich des frühen 9. Jahrhunderts im Vergleich zur traditionellen Weise, Verrat zu überliefern, und auf Einhards Prägung dieser Veränderung des Konzepts von Verrat. Schließlich soll anhand Einhards Darstellung der Eroberung Centumcellaes 813 herausgearbeitet werden, wie sich die gesellschaftlichen Diskurse von Verrat und Eroberung gegenseitig beeinflussten.

2 Die eroberten Sächs*innen als passive Diskursteilnehmer*innen

In der Regel werden in der Mediävistik die diskursiven Verhandlungen von Konzepten anhand schriftlicher Quellen untersucht. Jedoch sind schriftliche Quellen eroberter Personen des Frühmittelalters häufig nicht entstanden oder bis in die heutige Zeit tradiert worden. Um deren Stimmen zu erfassen, muss in der Forschung also ein anderer Zugang gewählt werden. Eine Möglichkeit bildet die Untersuchung schriftlicher Quellen der Erobernden, die den Eroberten eine Stimme geben, indem sie beispielsweise deren Argumente in diskursiven Verhandlungen darlegen.[15] In fränkischen Quellen sind Eroberungen in großer Fülle dargestellt: Es wird von Eroberungen von Städten, Völkern und Landstrichen berichtet. Dabei erhalten die von den Franken Eroberten selbst jedoch keine aktive Stimme als Diskursteilnehmer*innen. Diese Stimmlosigkeit ist insbesondere dann zu beobachten, wenn Eroberte vermeintlich als Verräter*innen markiert wurden.

Klar erkennbar ist diese stimmenlose Diskursteilnahme in Einhards ‚Vita Karoli' am Beispiel der Sächs*innen. Die Länge der 33-jährigen Sachsenkriege begründet Einhard folgendermaßen: *Poterat* [bellum] *siquidem citius finiri, si Saxonum hoc perfidia pateretur.*[16] Auffallend ist hierbei, dass Einhard die Sachsenkriege als einen zusammenhängenden Krieg darstellt. Die *perfidia* – Treulosigkeit, Wortbrüchigkeit oder Unredlichkeit[17] – der Sächs*innen ist in der Formulierung Einhards die zent-

---

15 Weitere Zugänge ergeben sich über die Untersuchung nicht-schriftlicher Quellen, vgl. dazu z. B. die Beiträge von Isabelle Schürch und Julia Bühner in diesem Band. Für die in diesem Beitrag untersuchten Eroberungen bietet sich eine derartige Herangehensweise jedoch nicht an.
16 Einhard, Vita Karoli Magni. Ed. *Holder-Egger*, 9 f., Kap. 7: „[Der Krieg] hätte gewiss schneller beendet werden können, wenn dies die *perfidia* der Sächs*innen zugelassen hätte."
17 Art. perfidia, in: Georges (2010), 1589.

rale Eigenschaft, die die Sächs*innen zu Verräter*innen macht.[18] Anschließend präzisiert er, wie sich diese *perfidia* der Sächs*innen äußerte: Unzählige Male hätten sie sich Karl dem Großen unterworfen, geschworen, seinen Befehlen zu gehorchen, Geiseln zu stellen, Legaten aufzunehmen und sogar zum Christentum zu konvertieren. Kurze Zeit später würden diese Versprechen jedoch stets revidiert werden und die Sächs*innen sich von Neuem erheben.[19] Die hohe Wankelmütigkeit oder bewusst wiederholte niederträchtige Täuschung werden hier als zentrale Eigenschaften von Verräter*innen dargestellt. Besonders hervorzuheben ist die Erwähnung der Geiselstellung, die fester Bestandteil eines Treueschwures war[20] und somit einen solchen der eroberten Sächs*innen gegenüber Karl dem Großen nahelegt. Dadurch wurden die Sächs*innen in der Darstellung Einhards bei der nächsten Erhebung Verräter*innen.

Die Einbindung der Religion in den Treueschwur verleiht dieser Anhäufung von Verratshandlungen besondere Schwere, weil sich die Sächs*innen Karl dem Großen nicht nur als weltlichem Herrscher, sondern gleichsam als dem Überbringer der Botschaft Christi widersetzten. Einige Historiker*innen schließen aus ähnlicher Beweisführung, dass sich die Legitimation des Kriegs gegen die Sächs*innen vor allem aus dem Argument der Verteidigung der christlichen Kirche gespeist habe.[21] Diese Darstellung bildet zwar vermehrt die Begründung späterer Quellen vom Ende des 9. und Beginn des 10. Jahrhunderts,[22] scheint aber im frühen 9. Jahrhundert noch keine Bedeutung als gravierende Komponente einer Kriegsrechtfertigung gehabt zu haben. Die Erklärung eines derart lange andauernden Kriegs mit gegenseitigen Verwüstungen, Raubzügen, Ermordungen und der endgültigen Eroberung aller sächsischen Gebiete scheint für Einhard allein auf Basis religiöser Gründe nicht ausreichend schlüssig gewesen zu sein. Stattdessen sah er wohl den sich stetig wiederholenden Verrat als deutlich gewichtigere Begründung für einen 33 Jahre lang andauernden Krieg an. Auch die abschließende Umsiedlung von zehntausend Sächs*innen in fränkische Gebiete[23] spricht dafür, dass Karl der Große die Einheit der Sächs*innen und die damit höhere Wahrscheinlichkeit von Aufstands- beziehungsweise Verratshandlungen brechen wollte. Diese Umsiedlung ist in der Darstellung Einhards auch deshalb notwendig, weil die *perfidia* als dauerhafte Charaktereigenschaft verstanden wird, die sich über

---

18 Wird *per-fidia* möglichst ursprungstreu übersetzt, entspricht es der Bedeutung Gegen-Treue. Die Bedeutung von *per* leitet sich in diesem Fall vom griechischen παρά (pará) ab. *fidia* ist abgeleitet von *fides*. So wird durch *perfidia* ein sehr allgemeines Verständnis von Verrat als dem extremen Gegenteil von Treue ausgedrückt.
19 Einhard, Vita Karoli Magni. Ed. *Holder-Egger*, 10, Kap. 7.
20 Zur Geiselstellung bei Treueschwüren z. B. *Scharff*, Streitschlichtung (2011), 261.
21 Zu einem extremen Punkt der Interpretation hat dies *Hen*, Charlemagne's jihad (2006), ausgeweitet, der den Feldzug gegen die Sächs*innen vom Vorbild eines muslimischen Jihads in Spanien geprägt sieht. *König*, Jihad Revisited (2016), evaluiert Hens These sehr anschaulich.
22 *McKitterick*, Karl der Große (2008), 101.
23 Einhard, Vita Karoli Magni. Ed. *Holder-Egger*, 10, Kap. 7.

die Sachsenkriege hinaus erhält und Verrat immer wieder von Neuem begründet.[24] Obwohl Einhard die spätere Verschmelzung beider Völker anerkennt und ausdrückt – *Francis adunati unus cum eis populus efficerentur*[25] –, bleibt deren *perfidia* als Gefahr bestehen. Bezüglich eines Feldzugs gegen die Slaw*innen 789 betont Einhard, dass die Sächs*innen *ficta et minus devota oboedentia* teilgenommen hätten.[26] Auch hier noch bedeutete die *perfidia* der früher eroberten Sächs*innen eine Schwächung der mit ihnen zusammen kämpfenden Franken. Einhard nutzte also die eroberten Sächs*innen als Beispiel, um das von ihm propagierte Konzept von verräterischem Handeln als dauerhafter Eigenschaft zu etablieren. Die Sächs*innen prägten laut Einhards Darstellung durch ihr beständiges verräterisches Wesen also auch das Verständnis von Verräter*innen allgemein. Er stellt sie durch diese vermeintliche Einflussnahme auf das Konzept von Verrat als Diskursteilnehmer*innen dar. Weil die Sächs*innen jedoch kein Gewicht bei Einhards Überlieferung ihrer Taten hatten,[27] müssen sie als passive Diskursteilnehmer*innen begriffen werden, die er für seine Zwecke funktionalisierte. Dies gilt ebenso für die Verhandlung ihres Erobert-Werdens: Obwohl sie als Eroberte eindeutig agierende Teilnehmer*innen der Eroberung waren, müssen sie aufgrund des fehlenden eigenen Einflusses auf die Überlieferung für ihre Teilnahme am Eroberungsdiskurs als passiv gelten.

Berücksichtigt werden muss bei Einhards Darstellung der Eroberung der Sächs*innen, dass aufgrund ihrer eher dezentralen Herrschaftsstruktur in kleineren Stämmen[28] nicht davon ausgegangen werden sollte, dass sich diese einig Karl dem Großen unterworfen hätten und durch stetiges Wiederaufbegehren einen Verrat an ihm begangen hätten.[29] Auch Einhard wird diese Herrschaftsstruktur bewusst gewesen sein. Für die Legitimierung des Vorgehens Karls des Großen gegen diese Volksgruppe war der fränkischen Geschichtsschreibung jedoch vermutlich nicht daran gelegen, die Herrschaftsstruktur der Sächs*innen so darzustellen, wie sie

---

24 Die *perfidia* als den Sachsen zugeschriebene Charaktereigenschaft nutzt Einhard als Anlass und teilweise als Folie, um Karl den Großen mit positiven Charaktereigenschaften wie *magnanimitas* (Hochherzigkeit), *perpetua constantia* (dauerhafter Beständigkeit) und als Rächer der *perfidia* darzustellen (Einhard, Vita Karoli Magni. Ed. *Holder-Egger*, 10, Kap. 7).
25 Einhard, Vita Karoli Magni. Ed. *Holder-Egger*, 10, Kap. 7: „Nachdem sie mit den Fränk*innen verschmolzen waren, bildeten sie [die Sächs*innen] mit diesen ein Volk."
26 Einhard, Vita Karoli Magni. Ed. *Holder-Egger*, 15, Kap. 12: „mit vorgetäuschtem und weniger ergebenem Gehorsam."
27 Die Partizipation von Eroberten durch Taten ist eine weitere Möglichkeit, Eroberte und ihre Einflussnahme auf Diskurse zu beleuchten. Diese Möglichkeit wird in der Forschung häufig zu ungenau betrachtet. Meist ist der Grund dafür die mangelnde Quellenlage. Dabei ist die Teilnahme durch Taten ein deutlich erkennbarer Einfluss, den die eroberten Personen auf die Aushandlung der Eroberung, der eigenen Integration in das für sie neue Herrschaftsgebiet und -konzept und indirekt auch auf die Aushandlung weiterer Konzepte, wie z. B. auf das Konzept von Verrat, ausüben konnten.
28 Vgl. hierzu *Becher*, Krieg (2011), 37; *Ders.*, Merowinger (2009), 79; *McKitterick*, Karl der Große (2008), 103; *Ubl*, Karolinger (2014), 44.
29 Vgl. dazu auch den Beitrag von Hermann Kamp in diesem Band.

nach heutigem Stand der Wissenschaft gewesen ist.[30] Stattdessen war es zur Schaffung oder Festigung des von Einhard angestrebten Konzepts von Verrat gewinnbringender, die Sächs*innen als einheitliches Volk darzustellen. Dieses Konzept zielte im Sinne der fränkischen Herrscher vor allem darauf ab, Verrat im Sinne eines einseitigen Bruchs eines vorher durch Eid eingegangenen Loyalitätsverhältnisses darzustellen. Abweichend vom früheren Verständnis von Verrat lag dabei der Fokus klar auf dem Treueeid gegenüber dem Herrscher.[31] Auch die Legitimierung des 33-jährigen Kriegs wurde auf Basis dieses Konzepts in der Darstellung Einhards stringenter.

3 Der eroberte Einhard als aktiver Diskursteilnehmer

Im Jahre 813 eroberten Mauren auf einer ihrer fast jährlichen Plünderungsfahrten die italienische Stadt Centumcellae, das heutige Civitavecchia.[32] Diese Eroberung hat in der Geschichtswissenschaft bisher kaum Berücksichtigung erfahren.[33] Deshalb sind auch die Umstände dieser Einnahme unbeleuchtet geblieben.

Einhard berichtet in Kapitel 17 seiner ‚Vita Karoli', dass *Centumcellae civitas Etruriae per proditionem a Mauris capta atque vastata est.*[34] Diese Formulierung gibt Auskunft über den Angreifer, den Ort und das Ergebnis der Eroberung. Aus der Wortwahl Einhards wie auch aus dem Vergleich mit den Berichten anderer Quellen, die in ihrer Erzählung zum Teil deutlich abweichen, ergeben sich vielfältige neue Erkenntnisse zu dem Umgang mit Erobert-Werden und der sinnstiftenden Umdeutung desselben im Frankenreich des frühen 9. Jahrhunderts.

Zunächst scheint die Eroberung einer kleinen Festungsstadt wie Centumcellae unbedeutend und kaum der Erwähnung wert. Das heutige Civitavecchia ist ungefähr 70 Kilometer nordwestlich von Rom und zwischen den Mündungen der beiden Flüsse Marangone und Mignone gelegen. Durch diese Lage war Centumcellae im Mittelalter sowohl für die Sicherung des Tyrrhenischen Meeres als auch für die Sicherung des

---

30 Vgl. *Becher*, Karl (2014), 57 f.
31 Zum früheren Verständnis von Verrat vgl. *Becher*, Merowinger (2009), 96 f.
32 Centumcellae wurde der Überlieferung nach 828 nahezu vollständig zerstört und anschließend als Brückenkopf der Mauren für Plünderungen ins italienische Binnenland genutzt. Am 15. Aug. 889 wurde es schließlich wieder von Einheimischen besiedelt, nachdem die Mauren den Ort verlassen hatten. Für diesen an der Stelle des zerstörten Centumcellae neu aufgebauten und besiedelten Ort etablierte sich der Name Civitavecchia, vgl. *Calisse*, Storia (1898), 86 f.
33 Einzig *Calisse*, Storia (1898), 73, erwähnt diese Eroberung, jedoch ohne diese tiefergehend zu kontextualisieren.
34 Einhard, Vita Karoli Magni. Ed. *Holder-Egger*, 21, Kap. 17: „die Stadt Centumcellae in Etrurien durch einen Verrat von den Mauren erobert und verwüstet worden ist." .

italienischen Binnenlandes und insbesondere Roms, der wichtigsten christlichen Stadt in Europa, von hoher Bedeutung. Auch die Tatsache, dass Centumcellae im 9. Jahrhundert das Ziel weiterer Angriffe der Mauren wurde und ab 828 von dort Angriffe der Mauren auf das italienische Binnenland ausgingen, deutet auf die wichtige strategische Rolle Centumcellaes in Italien hin.[35] Als Militärhafen gewann Centumcellae bereits in der Antike an Bedeutung und behielt diese vermutlich bis 813 und darüber hinaus.[36] In den zeitgenössischen Quellen tritt Centumcellae jedoch nicht explizit in der Funktion als Hafen- oder Marinestandort auf, stattdessen wird es vorrangig als Bischofssitz genannt.[37] Sofern in den Quellen auf die strategische Relevanz Centumcellaes hingewiesen wird, wird sie nur als Angriffsbasis für die Mauren thematisiert; eine strategische Bedeutung bei der Verteidigung der italienischen Halbinsel wird hingegen nicht erwähnt. Trotz dieses Schweigens der Quellen zur Bedeutung Centumcellaes bei der Verteidigung der italienischen Halbinsel war spätestens in den 820er Jahren klar, „che Centocelle era la base di operazione per quanto da Roma o contro Roma si volesse fare per le vie del mare."[38]

Aus der Beschreibung der Eroberung bei Einhard geht hervor, dass die Mauren Centumcellae zwar eingenommen und verwüstet hatten, jedoch vermutlich nicht planten, mit diesem Angriff 813 einen Brückenkopf auf italienischem Boden zu errichten. Zu dem Ausmaß und der Art der Verheerung trifft Einhard keine näheren Aussagen. Wie diese Verwüstung stattgefunden haben könnte, präzisieren hingegen die ‚Annales Sithienses': *Centumcellae civitas Tusciae a Mauris igni data.*[39] Kontexte, Umstände oder eventuelle Motive für die Eroberung Centumcellaes werden weder bei Einhard noch in den ‚Annales Sithienses' thematisiert. Generell gestaltet Einhard die Darstellung der Eroberung sehr kurz. Zum einen lässt sich daran eine typische Vorgehensweise des Verfassers beobachten, der Begebenheiten, die nicht dazu dienen, Karl den Großen in einem strahlenden Licht darzustellen, möglichst wenig ausführt. Zum anderen ist an dieser Stelle auch eine übliche Bewältigungsstrategie von Eroberung erkennbar: die Bewältigung durch weitestgehende Auslassung.

---

35 z. B. Martin von Troppau, Chronicon. Ed. *Weiland*, 427: *Tanta itaque multitudo Sarracenorum per portum Centumcellensem intrans, replevit superficiem terre ut locuste; obsessa Roma, capitur civitas Leonina (...) et non solum civitas sed omnis Tuscia in solitudinem redigitur.* „So füllte eine so große Menge an Sarazenen, die durch den Hafen Centumcellae [ins Binnenland] eindrangen, die Landoberfläche wie Heuschrecken; nachdem sie Rom belagert hatten, wurde die Stadt Leonina eingenommen (...) und nicht nur die Stadt, sondern die komplette Toskana wurde verwaist zurückgelassen." Vgl. dazu auch *Calisse*, Storia (1898), 76–78.
36 Vgl. *Calisse*, Storia (1898), 30, 37 f., 72 f.
37 Vgl. z. B. die Annales Regni Francorum. Ed. *Kurze*, a.a. 821, 155; a.a. 826, 169.
38 *Calisse*, Storia (1898), 75: „dass Centumcellae die Operationsbasis für alle [militärischen] Handlungen war, wenn sie von Rom aus oder gegen Rom über den Seeweg gemacht werden sollten."
39 Annales Sithienses. Ed. *Waitz*, a.a. 813, 37: „Die Stadt Centumcellae in der Toskana ist von den Mauren angezündet worden."

Darüber hinaus bietet diese Textstelle weitere Erkenntnisse für den Umgang Einhards mit partiellen Eroberungen des Frankenreichs. Zuvorderst ist die Eroberung Centumcellaes 813 die einzige Eroberung einer Stadt des fränkischen Einflussbereichs, von der in der ‚Vita Karoli' berichtet wird. Die anderen Eroberungen fränkischen Gebiets sind zumeist als Eroberungen von Landstrichen oder unterworfenen Völkern dargestellt, ohne dass dabei einzelne Städte hervorgehoben werden.[40] Damit einhergehend werden diese Invasionen in der Regel als bloße Überfälle dargestellt, welche keine dauerhafte Übernahme des Gebiets zum Ziel hatten. Auch bei der Eroberung Centumcellaes handelte es sich um eine Einnahme, bei der laut Einhard die Stadt nur verwüstet wurde.

Langfristige Folgen wie eine territoriale Übernahme des Gebiets um Centumcellae gab es 813 wahrscheinlich nicht.[41] Die Darstellung Einhards der Aktion als Überfall suggeriert allenfalls die Motivation auf Beute als Grund für diese Eroberung. Deutlich wird die Motivation für diesen Angriff hingegen in den ‚Annales Regni Francorum': *Mauris de Corsica ad Hispaniam cum multa praeda redeuntibus Irmingarius comes Emporitanus in Maiorica insidias posuit et octo naves eorum cepit, in quibus quingentos et eo amplius Corsos captivos invenit.*[42] Nach deren weiterer Darstellung war das Motiv der Mauren, Centumcellae anzugreifen, eben jenen Hinterhalt und die dabei erlittenen Verluste zu rächen.[43] Der Überfall auf die Mauren bei Mallorca fand möglicherweise als Teil der Maßnahmen Karls des Großen gegen Piraterie statt. Solche Maßnahmen betont Einhard unmittelbar vor der Eroberung Centumcellaes für die Küsten von Germanien und Gallien gegen plündernde Wikinger*innen.[44] Des Weiteren ergänzt Einhard: *Fecit idem a parte meridiana in litore provinciae Narbonensis ac Septimaniae, toto etiam Italiae litore usque Romam contra Mauros nuper pyraticam exercere adgressos.*[45] Die Darstellung, dass die Mauren erst seit kurzem Piraterie betrieben, ist eine Verfälschung der Ereignisse durch eine sehr großzügige Auslegung des Worts *nuper*. Die ‚Annales

---

40 Vgl. z. B. bei den Sächs*innen in Einhard, Vita Karoli Magni. Ed. *Holder-Egger*, 9 f., Kap. 7. Auch bei den Bask*innen werden die Eroberungen von Städten nicht genauer ausgeführt, sondern nur als Teil der Eroberung Spaniens begriffen, vgl. ebd., 12, Kap. 9.
41 Vgl. für einen Fokus auf langfristige Sicherstellung eroberter Gebiete – wenn auch mit einem anderen chronologischen wie geographischen Fokus – den Beitrag von Jörg Rogge in diesem Band.
42 Annales Regni Francorum. Ed. *Kurze*, a.a. 813, 139: „Der Graf Irmingarius von Ampurias legte den Mauren, die von Korsika mit viel Beute nach Spanien zurückkehrten, bei Mallorca einen Hinterhalt und nahm acht Schiffe, in welchen er 500 und mehr korsische Gefangene fand, von ihnen."
43 Annales Regni Francorum. Ed. *Kurze*, a.a. 813, 139: *Hoc Mauri vindicare volentes Centumcellas Tusciae civitatem et Niceam provinciae Narbonensis vastaverunt.* „Weil die Mauren dies [den Hinterhalt des Irmingarius] rächen wollten, verwüsteten sie die Stadt Centumcellae in der Toskana und die Stadt Nizza in der Provinz [Gallia] Narbonensis."
44 Einhard, Vita Karoli Magni. Ed. *Holder-Egger*, 21, Kap. 17.
45 Einhard, Vita Karoli Magni. Ed. *Holder-Egger*, 21, Kap. 17: „Das Gleiche machte er [Karl der Große] im südlichen Teil [seines Reichs] an der Küste der Provinz [Gallia] Narbonensis und Septimaniens wie auch an der gesamten Küste Italiens bis nach Rom gegen die Mauren, die vor kurzem dazu übergegangen waren, Piraterie zu betreiben."

Regni Francorum' berichten von den Überfällen der Mauren im Mittelmeerraum seit 798 fast jährlich.[46] Nach Einhards Darstellung sei es in Folge der Bemühungen Karls des Großen, die Küsten zu sichern, geschehen, dass *nullo gravi damno vel a Mauris Italia vel Gallia atque Germania a Nordmannis diebus suis adfecta est.*[47] Der fränkische Herrscher wird so explizit als Kaiser hervorgehoben, der die Unversehrtheit seiner Untertanen durch gezielte Maßnahmen gewährleistete.

Jedoch muss Einhard an diese Darstellung die Einschränkung, *praeter quod Centumcellae civitas Etruriae per proditionem a Mauris capta atque vastata est, et in Frisia quaedam insulae Germanico litori contiguae a Nordmannis depraedata sunt*[48] anschließen. Die Maßnahmen Karls des Großen haben also laut Einhard sowohl in Italien als auch in Germanien Angriffe nicht komplett verhindern können. Die Frage, weshalb er diese beiden, zunächst unbedeutend erscheinenden Eroberungen am Rande des fränkischen Gebiets nicht verschweigt,[49] drängt sich hier insbesondere deshalb nachdrücklich auf, da die Eroberungen direkt an eine Lobpreisung Karls des Großen angeschlossen werden.

Eine mögliche Erklärung liefern einmal mehr die ‚Annales Regni Francorum', die Einhard sogar vorlagen: Die Mauren, die für den Hinterhalt des Irmingarius Rache nehmen wollten, *Centumtumcellas Tusciae civitatem et Niceam provinciae Narbonensis vastaverunt.*[50] Nicht nur Centumcellae, sondern auch Nizza wurde als Teil der Rache verwüstet. Erwähnt Einhard die Provinz Gallia Narbonensis noch bei der Nennung der Schutzmaßnahmen, die Karl der Große gegen Piraterie betrieben habe, lässt er die Verwüstung Nizzas bei den erfolgreichen Angriffen der Feinde hingegen vollständig aus. Stattdessen steht in der ‚Vita Karoli', dass durch die Maßnahmen Karls des Großen *nullo gravi damno vel a Mauris Italia vel Gallia (...) adfecta est.*[51] Einhard verschweigt also an dieser Stelle nicht nur die Verwüstung Nizzas, er verneint sie implizit sogar. Vor dem Spiegel der panegyrischen Intention der ‚Vita

---

46 Annales Regni Francorum. Ed. *Kurze*, a.a. 798–813, 104, 108, 122, 124, 128, 130, 137, 139. Eine längere Pause lässt sich hierbei in den Jahren 800–805 beobachten, in denen von keinem Angriff auf die Mittelmeerinseln berichtet wird.
47 Einhard, Vita Karoli, *Ed. Holder-Egger*, 21, Kap. 17: „weder Italien von den Mauren noch Gallien oder Germanien von den Normann*innen Zeit seines [Karls des Großen] Lebens ein schwerer Schaden zugefügt worden ist."
48 Einhard, Vita Karoli Magni. *Ed. Holder-Egger*, 21, Kap. 17: „außer dass die Stadt Centumcellae in Etrurien durch Verrat von den Mauren erobert und verwüstet worden ist und in Friesland einige Inseln, die an der germanischen Küste liegen, von den Normann*innen geplündert worden sind".
49 V. a., da ihm bereits mehrfach bewusste Auslassungen nachgewiesen wurden, hierzu *Wolf*, Beispiele (1997), passim.
50 Annales Regni Francorum. Ed. *Kurze*, a.a. 813, 139: „verwüsteten die Stadt Centumcellae in Etrurien und die Stadt Nizza in der Provinz [Gallia] Narbonensis."
51 Einhard, Vita Karoli Magni. *Ed. Holder-Egger*, 21, Kap. 17: „von den Mauren weder Italien noch Gallien (...) ein schwerer Schaden zugefügt worden ist."

Karoli' fügt sich dies deutlich in das Verhalten Einhards ein.[52] Die Behauptung der erfolgreichen Sicherung aller Küsten durch Karl den Großen wäre in hohem Maße unglaubwürdig gemacht worden, wenn neben der Plünderung friesischer Inseln und der Verwüstung Centumcellaes zudem noch die quasi zeitgleiche Verwüstung Nizzas genannt worden wäre.

Die Eroberungen Centumcellaes und Nizzas waren einige der frühesten feindlichen Eroberungen von Städten des direkten fränkischen Herrschaftsbereichs unter Karl dem Großen. Zuvor konnten bedeutendere Städte des fränkischen Reichs in der Regel nicht von Feinden eingenommen werden. Die Eroberungen von Städten in der Spanischen Mark werden im kollektiven Gedächtnis von Einhards Zielgruppe weniger als Verluste eigenen Territoriums wahrgenommen worden sein. Außerdem war die Grenze des Frankenreichs auf der iberischen Halbinsel im frühen 9. Jahrhundert dauerhaft umkämpft, während die Toskana wie auch die Gallia Narbonensis seit längerem befriedete Regionen waren. Die Eroberungen Centumcellaes und Nizzas waren also unerwarteter als beispielsweise die Pamplonas nach 778. Das Bedürfnis der fränkischen Herrscher und Einhards, die Eroberung Centumcellaes und Nizzas zu bewältigen und ihre Darstellung sinnstiftend zu verändern, war dementsprechend sehr hoch.

Der Grund, warum Nizza und Centumcellae als Racheakt für den Hinterhalt bei Mallorca von den Mauren gezielt angegriffen worden sind, liegt vermutlich vor allem darin, dass diese Häfen im Zuge der Küstensicherung durch Karl den Großen als Marinehäfen an Bedeutung gewonnen hatten und für die fast jährlich stattfindenden Plünderungsfahrten der Mauren die größte Gefahr darstellten.[53] Aus der Beobachtung, dass Nizza und Centumcellae in dieser Zeit von ungefähr gleicher militärischer Bedeutung waren, Einhard aber nur von Centumcellae berichtet, ergibt sich die Notwendigkeit zu untersuchen, weshalb Einhard sich entschied, nur von der Eroberung Centumcellaes zu berichten. Denn es wäre ebenso denkbar gewesen, nur von der Eroberung Nizzas zu berichten oder sogar beide Eroberungen auszulassen.[54]

Einige Umstände legen nahe, weshalb Einhard sich bei der Einnahme Centumcellaes nicht der Bewältigung durch Auslassung bedienen konnte. So war Centumcellae, wie bereits gezeigt, essentiell für den Schutz Roms. Diese Stadt war über ihre christliche Strahlkraft hinaus für die Adressat*innen Einhards im frühen 9. Jahrhundert durch die Krönung Karls des Großen im Jahre 800 als Ort der Kaiserkrönung neben der religiösen auch auf politischer Ebene ideell besetzt. Somit verwüsteten die Mauren mit der Eroberung Centumcellaes 813 nicht nur einen militärisch und strategisch bedeutsamen Ort, sondern strahlten gleichsam eine deutlich größere Gefahr

---

[52] Es ist damit ein weiteres deutliches Beispiel für die Beobachtungen von *Wolf*, Beispiele (1997).
[53] In dieser Entwicklung lässt sich das von *Fischer-Kattner*, Leben (im Druck), formulierte Konzept der Festung als Unsicherheitsraum, die durch ihre militärische Funktion Gewalt anzieht und damit ein Unsicherheitsraum ist, obwohl sie als Sicherheitsraum konzipiert worden ist, gut beobachten.
[54] Dass Einhard umfassende Auslassung nutzte, ist bereits anhand einiger Beispiele in diesem Beitrag deutlich geworden. Vgl. hierzu z. B. auch *Wolf*, Beispiele (1997), passim.

für die im christlichen Frankenreich zweifach ideell bedeutende Stadt Rom aus. Nizza hingegen hatte nicht die Funktion, einen politisch oder religiös wichtigen Ort zu sichern.

Die auffallende Erwähnung Centumcellaes gibt außerdem einen möglichen Hinweis auf die Abfassungszeit der ‚Vita Karoli'. Der Umstand, dass die Eroberung Centumcellaes 813 in der ‚Vita Karoli' prominent präsent ist, während diejenige Nizzas ausgelassen ist, dürfte an der endgültigen Zerstörung Centumcellaes 828 liegen, welche einen deutlichen Anknüpfungspunkt an die Gegenwart Einhards und seiner Adressat*innen gibt. Die gleichzeitige Auslassung der Eroberung Nizzas, die ab 828 keinen zeitgenössischen Bezug lieferte, kann als weiteres Argument für eine Abfassungszeit der ‚Vita Karoli' ab frühestens 828 angesehen werden.[55] Auch die Erwähnung der Überfälle auf die friesischen Inseln durch die Wikinger*innen und auf Centumcellae durch die Mauren verstärken die Vermutung einer Abfassung der ‚Vita Karoli' ab 828, da sowohl die Wikinger*innen als auch die Mauren in diesen Jahren als größte Bedrohungen für das Frankenreich auftraten.[56] Daraus ergibt sich die Relevanz, in der ‚Vita Karoli' Eroberungen zu verhandeln: Das Frankenreich war in den Jahren ab 828 vermehrt feindlichen Eroberungen ausgesetzt und somit stieg das Bedürfnis nach sinnstiftender Interpretation dieser Eroberungen.[57]

4 Die Verbindung von Verrat und Eroberung am Beispiel Centumcellaes 813

4.1 *Proditio* als Bewältigungsstrategie für die Eroberung Centumcellaes

Die Bewältigung der Eroberung von Centumcellae geschieht in der ‚Vita Karoli' vorrangig durch die Formulierung *per proditionem*. Einhard ist der einzige Autor, der für die Eroberung Centumcellaes einen Verrat formuliert. Dabei scheint diese Darstellung neben dem alleinigen Vorkommen bei Einhard auch aus weiteren Gründen wenig plausibel: So wurde bereits aufgezeigt, dass die Darstellung Einhards nicht nur von der Darstellung der anderen Quellen abweicht, sondern dieser teilweise deutlich widerspricht. So steht ein vermeintlicher Verrat signifikant dem Motiv der Mauren entgegen, Centumcellae aus Rache für den ebenfalls im Jahre 813 und damit kurz zuvor stattgefundenen Hinterhalt des Irmingarius zu verwüsten. Ein Verrat benötigt in der Regel einen gewissen Vorlauf zur Planung. Dabei muss ein

---
[55] Ebenfalls von einer Veröffentlichung nach 828 gehen z. B. auch *Patzold*, Ich und Karl der Große (2013), 295, *Tischler*, Einharts Vita Karoli, Bd. 1 (2001), 165–239, und *Rau*, Einleitung (1955), 159, aus.
[56] Vgl. dazu z. B. Annales Regni Francorum. Ed. *Kurze*, a.a. 828, 175.
[57] Für eine ähnliche Beobachtung vgl. auch den Beitrag von Anne Foerster in diesem Band.

Kontakt zwischen Verräter*in und Nutznießer*in des Verrats – in diesem Fall den Mauren – hergestellt werden.[58] Zuerst muss bei einer Stadteroberung dafür eine Person gefunden werden, die sich ungehindert in der Stadt bewegen kann, Zugang zu wichtigen Informationen hat und einen gewissen Antrieb hat, diese Informationen preiszugeben und die Stadt so zu verraten. Für diese Motivation ist es in der Regel erforderlich, dass zumindest ein grundlegendes Vertrauensverhältnis zwischen Verräter*in und Nutznießer*in des Verrats besteht. Zum Aufbau eines solchen Vertrauensverhältnisses wird meist ebenfalls einige Zeit benötigt. Zu dem von den ‚Annales Regni Francorum' formulierten Motiv der kurzfristigen Rache passt eine Eroberung Centumcellaes *per proditionem* aufgrund der notwendigen Vorlaufzeit von vermutlich maximal wenigen Wochen also kaum. Der von Einhard implizit genannte maurische Beweggrund der Piraterie bildet hingegen keine plausible Alternative, die den Verrat im Kontext der Eroberung nachvollziehbar erscheinen ließe. Eine längerfristige und für einen Verrat notwendige Kooperation der verratenden Person mit maurischen Piraten ist äußerst spekulativ. Auch der Umstand, dass Centumcellae nur in einem so geringen Maße verwüstet worden zu sein scheint, dass es kurze Zeit später wieder als Marinehafen fungieren konnte, lässt die Erzählung des Verrats höchst diskutabel erscheinen. Bei dem für den Verrat notwendigen Aufwand wäre es vielmehr nachvollziehbarer gewesen, wenn die Mauren Centumcellae 813 vollständig zerstört oder es als Brückenkopf für Angriffe in das italienische Binnenland genutzt hätten. Ein derartiges Interesse der Mauren schien 813 – anders als 15 Jahre später – jedoch nicht bestanden zu haben. Auch dies weist darauf hin, dass es sich 813 nicht um eine lange vorbereitete Eroberung mit der Hoffnung auf einen entsprechend langfristigen Nutzen gehandelt hat, sondern um eine spontane Racheaktion der Mauren.

Einhard vermeidet nicht nur die Nennung eines Motivs für den Angriff der Mauren, sondern auch die Erwähnung der Intention des Verrats oder eine nähere Einordnung der verratenden Person.[59] Dies ist gänzlich unüblich für die Tradierung von Verratshandlungen in fränkischen Quellen des frühen 9. Jahrhunderts: Denn die anderen Verratsmomente in der ‚Vita Karoli' werden stets präziser umschrieben wie zum Beispiel mit den Worten *coniuratio*,[60] *perfidia* oder auch *insidiae*.[61] Diese Passagen geben dabei auch Informationen zum Motiv oder zur Konstellation der Verräter*innen. Des Weiteren nennt Einhard außer bei der Darstellung der Eroberung Centumcellaes immer die

---

58 Diese Terminologie entspringt dem von *Schlink*, Verrat (2007), 14 f., entworfenen Modell, das bisher den einzigen Versuch darstellt, das Konzept ‚Verrat' für historische Untersuchungen zu systematisieren. Vgl. dazu weiter unten in diesem Beitrag.
59 Im Folgenden wird der Lesbarkeit halber immer die Singularform genutzt, wohingegen aus der Formulierung Einhards die Zahl der vermeintlichen Verräter*innen nicht hervorgeht.
60 Einhard, Vita Karoli Magni. Ed. *Holder-Egger*, 25, Kap. 20.
61 Einhard, Vita Karoli Magni. Ed. *Holder-Egger*, 12, Kap. 9. Im Zuge dessen werden die verräterischen Bask*innen ebenfalls mit der Charaktereigenschaft der *perfidia* versehen.

Urheber*innen des Verrats. Dass Einhard bei der Einnahme Centumcellaes von diesem Muster abweicht und gleichzeitig die Intention der vermeintlich verratenden Person verschweigt, könnte vorschnell als besonders starke Form der *damnatio memoriae* gewertet werden. Ebenso könnte die ausbleibende Erwähnung des Verrats in anderen Quellen derartig interpretiert werden. Jedoch scheinen die Eigentümlichkeiten bei diesem Verrat eher darauf hinzudeuten, dass die Erwähnung des Verrats zur Bewältigung der Eroberung und zur Entlastung Karls des Großen dienen sollte.

Dass das Wort *proditio* bei der Eroberung Centumcellaes 813 in Einhards ‚Vita Karoli' das einzige Mal in zeitgenössischen fränkischen Quellen auftaucht, ist ebenfalls ein Hinweis auf die ungewöhnliche Darstellung des Verrats. Dabei ergeben sich verschiedene Möglichkeiten, die Einhard dazu veranlasst haben könnten, das Wort *proditio* zu verwenden. So könnte Einhard besonders gut über die Eroberung Centumcellaes informiert gewesen sein und daher als einzige Quelle von diesem Verrat gewusst haben. Zum einen gibt es jedoch keinerlei Hinweise darauf, dass Einhard besondere Verbindungen nach Italien gehabt habe, die entsprechende Informationen ausschließlich an ihn getragen haben könnten. Zum anderen ist ein Verrat ein nicht unerheblicher Umstand bei der Eroberung einer Stadt und wäre deshalb, wenn er geschehen wäre, vermutlich in größerem Rahmen tradiert und auch von späteren Quellen aufgenommen worden. Trotz der großen Verbreitung der ‚Vita Karoli' findet sich jedoch keine weitere Erwähnung des vermeintlichen Verrats von Centumcellae. Deswegen muss diese Möglichkeit als sehr unwahrscheinlich angesehen werden.

Stattdessen könnte ein besonderes Verständnis des Verratenen, das die gegenständliche Fassbarkeit in den Fokus rückt, der Grund dafür sein, dass Einhard das Wort *proditio* verwendet. Dieses setzt sich aus *pro* und *dare* zusammen, was etymologisch bedeutet, jemanden oder etwas – in der Regel für eine Gegenleistung – zu übergeben. Falls Einhard im Sinne der Wortentstehung unter *proditio* die Übergabe eines gegenständlichen Objekts wie zum Beispiel einer Stadt – und eben nicht einer Person – verstanden hätte, wäre es nachvollziehbar, weshalb er in anderen Verratssituationen, bei denen ausschließlich Personen verraten werden, nicht *proditio* verwendet. Da eine solche Unterscheidung in weiteren Werken zeitgenössischer Autoren jedoch nicht erkennbar ist, muss auch diese Möglichkeit ausgeschlossen werden.

Eine dritte Erklärung wäre, dass Einhard bei der Titulierung von Verrat nach dem Grad seines Erfolgs differenzierte. Während in der ‚Vita Karoli' alle anderen Verratshandlungen und -planungen als letztlich gescheitert geschildert werden, ist die Eroberung Centumcellaes in Einhards Darstellung der einzige erfolgreich beendete Verrat innerhalb des Frankenreichs. Möglicherweise war in Einhards Verständnis nur ein erfolgreicher Verrat als *proditio* zu bezeichnen. War er hingegen nicht erfolgreich, drückt Einhard den Verratsversuch durch andere Wörter – beispielsweise durch *coniuratio* – aus. Einer solchen Differenzierung von Verratserfolg widerspricht hingegen die Darstellung der Bestrafung von erfolgreichen und erfolglosen Verräter*innen in der ‚Vita Karoli'. In der karolingischen Rechtsprechung wurde keineswegs zwischen der Stufe der Planung und der Durchführung von Verratshandlungen unterschieden. Die vorgesehene Strafe lautete in der Regel Tod und wurde in den berichteten Fällen vom Herrscher häufig in Verbannung oder Blendung ‚abgemildert'.[62] Dies wird in allen Quellen einheitlich überliefert. Ein solches Verständnis, das nach Stufe der Verratsdurchführung differenziert, würde somit diametral zu der rechtlichen Handhabe von Verrat und Verratsversuchen stehen. Darüber hinaus widerspräche es deutlich der Darstellung anderer Verratsversuche in Einhards ‚Vita Karoli', wo er in der Überlieferung der Tat und der Strafe keine Unterscheidung nach Fortschritt des Verrats ansetzt. Auch diese Annäherungsmöglichkeit bietet sich für das Erfassen von Einhards Intention, bei der Darstellung der Eroberung Centumcellaes das Wort *proditio* zu verwenden, also kaum an.

Eine vierte Erklärungsmöglichkeit eröffnet das von Bernhard Schlink entwickelte dreiteilige Modell: Als Beteiligte des Verrats legt es die verratene Person, die verratende Person und die nutznießende Person des Verrats, also die Person an die verraten wird, fest. Elementar im Modell Schlinks ist dabei, dass die verratende Person stets aus einer oder mehreren natürlichen oder juristischen Personen bestehen muss. Die verratene Person hingegen muss nicht eine Person sein, sondern kann auch ein Ideal, ein Geheimnis oder etwas anderes Immaterielles sein. Zwischen der verratenden und der verratenen Person macht Schlink ein Verhältnis der Loyalität, deren Bruch den Mittelpunkt des Verrats darstellt, als konstituierende Voraussetzung fest. Dabei hebt er hervor, dass hierfür die Notwendigkeit besteht, dass diese Personen von fasslicher Gestalt seien. Als dritten Bestandteil seiner Verratstriade nennt Schlink die nutznießende Person des Verrats: Diese kann eine natürliche oder juristische Person sein, aber ebenso ein Ideal, indem etwa eine Person an die Revolution verraten wird.[63] Der nutznießenden Person des Verrats schreibt Schlink dabei die größte Variabilität im Erscheinungsbild zu, wenn er schreibt, dass diese „eine Person, eine Sache, eine Idee oder eine Situation sein"[64] könne und somit den amorphsten Punkt des Verratsdreiecks bilde. Anders als beim Verhältnis von verratender und verratener Person sei zwischen der verratenen und der nutznießenden Person kein vorheriges Verhältnis notwendig. Zentral sei hingegen, dass durch den Verrat die nutznießende Person Macht über die verratene gewänne. Das Verhältnis zwischen verratender und nutznießender Person sieht Schlink als variabel an: Ein Loyalitätsverhältnis ist möglich, jedoch nicht notwendig. Gleichermaßen

---

62 Vgl. z. B. Einhard, Vita Karoli Magni. Ed. *Holder-Egger*, 25, Kap. 20. Zur Strafe der Blendung im Reich Karls des Großen vgl. *Bührer-Thierry*, Anger (1998), 79–81.
63 Der Verrat einer Person an die Revolution meint streng genommen den Verrat an die die Revolution durchführenden Personen. Damit zeigt sich auf Seite der Nutznießer*innen ebenfalls der Fokus auf Personen. Schlink begreift derartige Nutznießer*innen allerdings im Sinne einer übergeordneten Sache, die größer als die an ihr beteiligten Personen und somit von immaterieller Natur sei.
64 *Schlink*, Verrat (2007), 14.

könne sich die verratende Person auch spontan, zum Beispiel aufgrund einer versprochenen Belohnung, dazu entscheiden, eine solche zu werden.[65]

Das Vorhandensein einer personellen Triade nach diesem Modell ist im engeren Sinne in Einhards ‚Vita Karoli' nur bei der Darstellung der Eroberung Centumcellaes zu finden: Centumcellae ist die verratene Stadt, die Mauren sind die Nutznießer und die verratende Person ist zwar nicht genauer präzisiert, aber durch die Formulierung *per proditionem* fraglos vorhanden. Die verratende Person selbst kann dabei nicht Teil der Mauren sein, da sie ansonsten die oben skizzierten Möglichkeiten des Zugriffs auf Informationen nicht gehabt hätte. Zudem würde sie als Teil der Mauren eher als Feind*in denn als Verräter*in verstanden worden sein. Bei den anderen in der ‚Vita Karoli' dargestellten Verratsmomenten ist hingegen die verratende Person stets gleichzusetzen mit der nutznießenden des Verrats, da sie immer in irgendeiner Form direkten persönlichen Profit aus dem Verrat zöge. Dieser Profit wird dabei stets implizit oder explizit deutlich gemacht. Bereits hier verdeutlicht sich, dass das von Schlink auf Basis von neuzeitlichen Vorstellungen entwickelte Modell nur sehr bedingt auf das Frühmittelalter angewendet werden kann: Eine Überschneidung von Verräter*in und Nutznießer*in sieht das Modell Schlinks nicht vor. Dies ist jedoch das Verständnis von Verrat, das die Quellen des frühen 9. Jahrhunderts in der Regel transportieren. Auch die gegenständliche Variabilität, die Schlink den Nutznießer*innen zuspricht, ist in der frühmittelalterlichen Darstellung von Verrat nur im religiösen Kontext gegeben. In der ‚Vita Karoli' findet sich hingegen eine klare Konzentration auf die beteiligten Personen. Auch der Umstand, dass die verratende Person bei der Eroberung Centumcellaes 813 nicht näher beschrieben wird, steht der Annahme entgegen, dass die Triade aus Verräter*in, Nutznießer*in und verratener Person für Einhards Verständnis von Verrat anwendbar sei. In den anderen Verratsdarstellungen in der ‚Vita Karoli' werden stets die Verratenden – sei es, dass sie als einzelne Personen oder Personengruppen auftreten – und deren Motive genannt. Dass dies ausgerechnet in der einzigen Textstelle, wo die Triade des Modells auftritt, nicht der Fall ist, konterkariert die Vermutung, dass Einhard Verrat im Sinne des modernen Modells von Schlink verstanden hat. Somit ist auch diese Erklärungsmöglichkeit letztlich nicht plausibel.

Einhards Intention, bei der Eroberung Centumcellaes 813 *proditio* zu verwenden, liegt statt in den vier aufgezeigten Möglichkeiten höchstwahrscheinlich in der Ungenauigkeit des Begriffs: In den Darstellungen anderer Verratssituationen in der fränkischen Historiographie des frühen 9. Jahrhunderts werden deutlich genauere Darstellungen der Zusammensetzung der Verräter und ihrer Motive gegeben. Diese nuanciert dargestellten Verratsmomente erfordern neben der sprachlichen Differenzierung häufig auch nähere Informationen zu der Zusammensetzung der Verräter, da der Fokus der Berichterstattung auf die beteiligten Personen gelegt wird. Bei dem im Zuge der Eroberung Centumcellaes dargestellten Verrat vermeidet Einhard

---

65 *Schlink*, Verrat (2007), 14 f.

hingegen jegliche Präzisierung. *Proditio* in seiner Tradition als Oberbegriff für Verrat erfüllt dabei den von Einhard beabsichtigten Zweck am besten. Bei *coniuratio* oder einer Beschreibung der verratenden Person durch Charaktereigenschaften wären nähere Angaben notwendig, wie zum Beispiel ein Name. Demgegenüber drückt *proditio* pointiert genug aus, was Einhard darstellen möchte, während das Wort gleichzeitig allgemein genug bleibt, um nähere Informationen zu der verratenden Person ohne großen Bruch in der Erzählung auslassen zu können. Aufgrund der für die Historiographie des frühen 9. Jahrhunderts so ungewöhnlichen Handhabung eines Verrats und des Umstands, dass Einhard die einzige Quelle ist, die von einem Verrat im Zuge der Eroberung Centumcellaes 813 berichtet, liegt schlussendlich die Vermutung nahe, dass dieser Verrat konstruiert ist und zur Bewältigung wie auch Umdeutung der Eroberung dienen sollte.

4.2 Einhards Gründe für die Fiktion des Verrats

Die Verwendung der Formulierung *per proditionem* erzeugt im Vergleich zu der üblichen zeitgenössischen Darstellungsweise von Verrat eine Verschiebung des Fokus. Im Zentrum steht bei der Eroberung Centumcellaes 813 die Tat – *proditio* – statt den handelnden Personen und ihren Charaktereigenschaften, wie es im restlichen Werk der Fall ist. Eine Folge dieser Darstellungsstrategie ist, dass Karl der Große bei der Eroberung Centumcellaes ebenfalls nicht als Person auftritt. Daraus ergibt sich, dass er in der ‚Vita Karoli' nur dann unmittelbar greifbar ist, wenn er besondere Leistungen wie etwa die Befestigung der Küsten vollbringt. Sobald etwas Negatives wie beispielsweise die Eroberung Centumcellaes geschieht, steht er nicht mehr im Zentrum des Geschehens. Einhard verfolgt damit die Umdeutung der Eroberung im Sinne der panegyrischen Zielsetzung der ‚Vita Karoli'.

Dabei hilft die Verschiebung des Fokus nicht nur bei der Verschleierung der verratenden Person, sondern auch bei der Entlastung Karls des Großen von dem Vorwurf der unzureichenden Sicherung Centumcellaes: Denn als für die Verteidigung zuständiger Herrscher wäre dies seine Aufgabe gewesen. Verstärkt wird das Potenzial dieses Vorwurfs von der kurz zuvor geäußerten Behauptung Einhards, dass Karl der Große die Küsten durch die Verstärkung von Verteidigungsmaßnahmen vor feindlichen Angriffen hervorragend gesichert habe.[66] Diese Sprengkraft wird deutlich abgemildert, indem der Name Karls des Großen als für die Verteidigung zuständige Person nicht mehr auftaucht. Ebenso wenig sind andere Personen aktiv in dem Satz *Centumcellae civitas Etruriae per proditionem a Mauris capta atque vastata est*[67] auf-

---

[66] Einhard, Vita Karoli Magni. Ed. *Holder-Egger*, 21, Kap. 17.
[67] Einhard, Vita Karoli Magni. Ed. *Holder-Egger*, 21, Kap. 17: „Die Stadt Centumcellae in Etrurien ist durch einen Verrat von den Mauren erobert und verwüstet worden."

findbar: Die Eroberung Centumcellaes wird ausschließlich durch eine Passivkonstruktion dargestellt.[68] Zudem dient die Formulierung *per proditionem* der aktiven Entlastung Karls des Großen: Bei der Eroberung einer Stadt durch Verrat sind die zuvor getroffenen Verteidigungsmaßnahmen nahezu hinfällig, weil sie durch den Verrat aus den eigenen Reihen umgangen werden. Der Widerspruch, der sich aus der vermeintlich hervorragenden Sicherung der italienischen Küste auf der einen Seite und der Eroberung Centumcellaes auf der anderen Seite ergibt, wird von Einhard durch die Formulierung *per proditionem* zugunsten Karls des Großen aufgelöst.

Diese Entlastung des fränkischen Herrschers wird durch die Unschärfe von *proditio* begünstigt. Einhard bindet so die feindliche Eroberung Centumcellaes sinnstiftend in die panegyrische Zielsetzung seines Werkes ein und prägt auf diesem Wege auch das tradierte Bild Karls des Großen nachhaltig: Dieser wird gerade nicht als ein Herrscher dargestellt, der Eroberungen seines Gebiets hinnehmen musste. Stattdessen ist er nicht greifbar und überdies unschuldig daran, dass Centumcellae erobert wurde, da dies *per proditionem* geschah. Somit ist hier ein Verrat – ein Konzept, dessen Darstellung in der Regel als schädlich für eine*n Herrscher*in begriffen wird – ein zentraler Bestandteil, um die Panegyrik Karls des Großen glaubhaft zu gestalten und diesen von möglichen Vorwürfen zu entlasten, die das Bild eines *regis excellentissimi et omnium sua aetate maximi*[69] beschädigt hätten.

5 Die Wechselwirkungen in den Diskursen von Verrat und Eroberung

Am Beispiel der Eroberung Centumcellaes 813 in Einhards ‚Vita Karoli' konnte zudem gezeigt werden, dass im frühen 9. Jahrhundert die Diskurse von Eroberung und Verrat in einer deutlichen Wechselwirkung zueinanderstanden. Die Einbindung eines Verrats in die Erzählung einer Eroberung beeinflusste das Bild und die Verhandlung dieser Eroberung. Karl der Große wurde – wie gezeigt – von möglichen negativen Vorwürfen, die im Zuge der Eroberung hätten aufkommen können, aufgrund der Einbindung des Verrats in die Erzählung freigesprochen. Gleichzeitig erhält auch die Verarbeitung des Erobert-Werdens eine Umdeutung: So nimmt die Konstruktion des Verrats der feindlichen Eroberung viel Schrecken, da sie nur durch den Verrat geschehen konnte und es somit als unwahrscheinlich, wenn nicht gar unmöglich dargestellt wird, dass zukünftig feindliche Eroberungen fränkischen Gebiets die Regel werden könnten. Ein Trauma, das durch Einhards Erzählung in der kollektiven frän-

---

[68] Allein die Mauren sind als Personen identifizierbar, was den Fokus ebenfalls von Karl dem Großen weglenkt.
[69] Einhard, Vita Karoli Magni. Ed. *Holder-Egger*, 1, prefatio: „überaus herausragenden Königs und größten aller Menschen seiner Zeit".

kischen Erinnerung durch die Eroberung Centumcellaes – insbesondere vor dem Hintergrund der erneuten Eroberung 828 – hätte begründet werden können, wird somit durch die Darstellung des vermeintlichen Verrats abgewendet.

Umgekehrt wurde auch der zeitgenössische Diskurs des Verratskonzepts durch Einhards Darstellung der Eroberung Centumcellaes 813 geprägt. Die singuläre Verwendung von *proditio* zeigt die Besonderheit dieses Falls auf und gibt in Verbindung mit der Untersuchung weiterer zeitgenössischer Verratsdarstellungen Auskünfte über dieses Konzept im Frankenreich des frühen 9. Jahrhunderts. So wird anhand anderer Textstellen in der ‚Vita Karoli' und anderer Quellen erkennbar, dass Verrat als sehr variantenreich begriffen wurde und sprachlich äußerst präzise dargestellt werden konnte.[70] Darüber hinaus verdeutlicht die Vielzahl an Verratshandlungen, die in der fränkischen Geschichtsschreibung des frühen 9. Jahrhunderts belegt sind, die Bedeutung der Neuverhandlung von Verratsvorstellungen. Die Verwendung des unpräzisen Oberbegriffs *proditio* fällt dabei aus dem Bild des regulären Konzepts und deutet – wie gezeigt – darauf hin, dass Einhard an dieser Stelle seiner ‚Vita' bewusst die ansonsten begrifflich präzise Darstellung von Verratsmomenten durchbricht. Dies hatte aber zur Folge, dass auch der Diskurs von Verrat sprachlich und konzeptuell erweitert wurde. Das Konzept von Verrat wurde durch Einhards Darstellung der Eroberung Centumcellaes um eine weiter gedachte und unpräzisere Vorstellung von Verrat ausgebaut, nachdem zuvor die personenzentrierte Denk- und Darstellungsweise alleinstand. Die Umdeutung der Eroberung, die Einhard vornimmt, prägte dementsprechend nicht nur den Diskurs der Eroberung, sondern insbesondere auch den des Konzepts von Verrat im Frankenreich des 9. Jahrhunderts.

6 Zusammenfassung der Ergebnisse

Einhard stellte den Widerstand der Sächs*innen gegen die Herrschaft des Frankenreichs verfälscht dar, um diese Eroberten für die Konstruktion seines Konzepts von Verrat zu funktionalisieren. Laut Einhard hätten sich die Sächs*innen immer wieder erhoben, obwohl sie Karl dem Großen Treue – sogar in Verbindung mit einer Konvertierung zum christlichen Glauben – geschworen hätten. Diese verfälschte Darstellung wird genutzt, um die Sächs*innen als Paradebeispiel dafür zu zeichnen, dass verräterische Eigenschaften immerwährend Teil des Charakters von Verräter*innen bleiben.[71] Die Eroberung der Sächs*innen ist dabei ausschließlich aus der Perspektive der

---

70 Dies wurde anhand der Erwähnung von *coniuratio*, *insidiae* und *perfidia* kurz aufgezeigt. Umfassendere Untersuchungen zum Konzept von Verrat im karolingischen Frankenreich nehme ich in meinem Promotionsprojekt vor.
71 Auch bei einzelnen Personen lässt sich die Markierung über Charaktereigenschaften beobachten. Ein Beispiel dafür, das in diesem Beitrag nicht näher beleuchtet wurde, ist die Rachsucht der

Eroberer geschildert. Einen aktiven Einfluss auf die Darstellung und Verhandlung ihrer Eroberung konnten die Sächs*innen so nicht nehmen, da die Ereignisse ausschließlich von fränkischer Seite gedeutet und überliefert wurden. Da die Sächs*innen darüber hinaus keine eigene schriftliche Stimme hatten, die in Einhards Darstellung zu Wort kam, bleiben sie ausschließlich passive und von Einhard funktionalisierte Teilnehmer*innen des Diskurses ihrer eigenen Eroberung.

Bei der Erzählung der Einnahme Centumcellaes 813 berichtet Einhard hingegen aus der Perspektive der Eroberten. Dadurch zeigt sich, dass die Fränk*innen nicht uneingeschränkte Eroberer in Europa waren. Jedoch unterscheidet den eroberten Einhard in seinem Handlungsspielraum viel von den eroberten Sächs*innen: Einhard hatte die Möglichkeit, aktiv Einfluss darauf zu nehmen, wie die Eroberung Centumcellaes 813 in der Geschichtsschreibung dargestellt werden sollte. Durch die Einbindung eines fiktiven Verrats deutete er diese Eroberung, die das Potential hatte, das strahlende Bild von Karl dem Großen einzutrüben, im Sinne seiner Panegyrik um. Dafür wird in der ‚Vita Karoli' das einzige Mal in der zeitgenössischen Historiographie das Wort *proditio* – der lateinische Oberbegriff für Verrat – genutzt. Zweck dieser Verwendung war es, eine bewusste Unschärfe in den Kontext der Eroberung einzubringen. Dadurch sollte die Fiktion des Verrats verschleiert werden. Mit dieser Textstelle wird also von Seiten der eroberten Fränk*innen ein massiver Einfluss auf die Erinnerung der Eroberung Centumcellaes 813 genommen. Außerdem lenkt Einhard den Diskurs über die Eroberung so weit, dass diese nicht als Trauma, welches sie hätte werden können, wahrgenommen wird, sondern als unbedeutende und verzeihliche Lappalie der fränkischen Sicherungsmaßnahmen für den Mittelmeerraum. Einhard ist damit – im deutlichen Kontrast zu den Sächs*innen – ein aktiver und funktionalisierender, weil die Eroberung umdeutender Teilnehmer des Diskurses seiner eigenen Eroberung.

Für die Untersuchung des Konzepts von Verrat zeigte sich insbesondere, dass einzelne Ereignisse und Personen eine hohe Bedeutung haben konnten, um das Konzept zu erweitern bzw. zu verändern. Der Prozess der Konzepterweiterung und -veränderung war dabei im frühen 9. Jahrhundert höchst dynamisch. Wie die Eroberung Centumcellaes 813 zeigt, stand das Konzept von Verrat dabei keineswegs für sich, sondern wurde auch durch andere Konzepte beeinflusst und prägte diese selbst mit.

Inwiefern ‚Verrat' durch weitere Ereignisse und die Verhandlung weiterer Konzepte im karolingischen Frankenreich geformt wurde, ist dabei nur eine von vielen Forschungsfragen, die sich an die Erkenntnisse der aktuellen Untersuchung anschließen. Von besonderem Interesse ist hier beispielsweise die Kaiserkrönung

---

Ehefrau Tassilos III. als negative Charaktereigenschaft, die angeblich den Verrat Tassilos im Jahre 787 begründete, vgl. dazu Einhard, Vita Karlo Magni. Ed. *Holder-Egger*, 14, Kap. 11. Der Verratsvorwurf gegen Tassilo III. und seine historische Konstruktion wurde in der Forschung viel beachtet, vgl. hierzu z. B. *Becher*, Eid (1993); *Ders.*, Macht (2005); *Rob-Santer*, Darstellung des Feindes (2005); *Schwedler*, Tassilo III. (2019).

Karls des Großen im Jahre 800 und sein verstärkter Kontakt mit dem kanonischen Recht. Ebenfalls bedürfen die Ausdrücke, die neben *proditio* in der zeitgenössischen Historiographie zu der sehr differenzierten Darstellung von Verrat verwendet wurden, noch näherer Beleuchtung, um ein umfassendes Bild des Konzepts von Verrat im karolingischen Frankenreich zeichnen zu können.

Des Weiteren wurde ein erster Einblick gegeben in die Wechselwirkungen, die Eroberungen nicht nur auf geographischer oder politischer, sondern auch auf konzeptueller Ebene auslösen konnten. Diese Impulse gehen dabei weit über das Konzept von Verrat hinaus, da eine Eroberung auf verschiedenen Ebenen einen intensiven Kontakt mit anderen Denkmustern und Ansichten provoziert. Anschließend müssen sie neu verhandelt werden, damit die Eroberer*innen und Eroberten eine gemeinsame Grundlage für das Zusammenleben finden können. Hierbei waren und sind die Eroberten intensiv und aktiv involviert. Daher muss zukünftig die Betrachtung von Eroberten in der Forschung viel deutlicher in Richtung der aktiven Einflussnahme Eroberter auf Konzepte und Denkweisen gerichtet werden, um entsprechende gesellschaftliche Prozesse fassbar machen zu können. Ebenfalls interessant wäre es, die Betrachtung der Einflussnahme von Eroberten von der schriftlichen Ebene zu lösen und die Möglichkeiten Eroberter, durch Taten Einfluss zu nehmen, weiterzuverfolgen.

Eine der zentralen Erkenntnisse dieses Beitrags ist, dass – wie auch in der Einleitung des vorliegenden Sammelbandes herausgestellt – ein dichotomes Verständnis von Erobernden und Eroberten keinesfalls der (historischen) Realität entspricht. Einhard berichtet – als Teil der in der Geschichte als erobernd wahrgenommenen Fränk*innen – in seiner ‚Vita Karoli' stellenweise aus der Perspektive der Eroberten. Nicht zuletzt unterstreicht dies die ambivalente Form, in der Eroberte als Diskursteilnehmer*innen auftreten können: Einhard ist bei seiner Einflussnahme ein sehr aktiver und prägender Diskursteilnehmer. Die Sächs*innen hingegen können nur passiv und funktionalisiert an Diskursen im Umfeld ihrer Eroberung teilnehmen. Gerade dieser Kontrast illustriert die verschiedenen Handlungsmöglichkeiten Eroberter, auf die Erinnerung ihrer Eroberung einzuwirken, hervorragend.

Quellen

Annales regni Francorum inde a. 741 usque ad a. 829, qui dicuntur Annales Laurissenses maiores et Einhardi. Ed. *Friedrich Kurze*. (MGH SS rer. Germ. 6.) Hannover 1895.
Annales Sithienses. Ed. *Georg Waitz*, in: MGH SS 13. Hannover 1881, 34–38.
Einhard, Vita Karoli Magni. Ed. *Oswald Holder-Egger* (MGH SS rer. Germ. 25.) Hannover / Leipzig⁶1911.
Martini Oppaviensis Chronicon pontificum et imperatorum. Ed. *Ludwig Weiland*, in: MGH SS 22. Hannover 1872, 377–482.

Literatur

Matthias Becher, Karl der Große. München ⁶2014.
Matthias Becher, Zwischen Krieg und Diplomatie. Die Außenpolitik Karls des Großen, in: Ders. u. a. (Hrsg.), Das Reich Karls des Großen. Darmstadt 2011, 33–46.
Matthias Becher, Merowinger und Karolinger. Darmstadt 2009.
Matthias Becher, Zwischen Macht und Recht. Der Sturz Tassilos III. von Bayern 788, in: Lothar Kolmer / Christian Rohr (Hrsg.), Tassilo III. von Bayern. Großmacht und Ohnmacht im 8. Jahrhundert. Regensburg 2005, 39–55.
Matthias Becher, Eid und Herrschaft. Untersuchungen zum Herrscherethos Karls des Großen. (Vorträge und Forschungen, Bd. 39.) Sigmaringen 1993.
Karl Brunner, Oppositionelle Gruppen im Karolingerreich. (Veröffentlichungen des Instituts für Österreichische Geschichtsforschung, Bd. 25.) Wien / Köln / Graz 1979.
Geneviève Bührer-Thierry, Just Anger or Vengeful Anger? The Punishment of Blinding in the Eraly Medieval West, in: Barbara H. Rosenwein (Hrsg.), Anger's Past. The Social Uses of an Emotion in the Middle Ages, Ithaca, NY 1998, 75–91.
Carlo Calisse, Storia di Civitavecchia. Florenz 1898.
Anke Fischer-Kattner, Leben im (Un-)Sicherheitsraum. Erobertwerden in der Festungsstadt Philippsburg am Rhein, in: Olga Fejtová / Martina Maříková (Hrsg.), Belagerte, eroberte und besetzte Städte. Kontexte und Folgen der erfolglosen Verteidigung von Städten seit dem Mittelalter bis zum 20. Jahrhundert. (Documenta Pragensia, Bd. 41.) (im Druck).
David Ganz, The Preface to Einhard's ‚Vita Karoli', in: Hermann Schefers (Hrsg.), Einhard. Studien zu Leben und Werk. (Arbeiten der Hessischen Historischen Kommission N.F., Bd. 12.) Darmstadt 1997, 299–310.
Wilfried Hartmann, Karl der Große. Stuttgart ²2015.
Yitzhak Hen, Charlemagne's jihad, in: Viator 37, 2006, 33–51.
Stefan Jordan, Theorien und Methoden der Geschichtswissenschaft. Paderborn ⁴2018.
Daniel G. König, Charlemagne's ‚Jihād' Revisited. Debating the Islamic Contribution to an Epochal Change in the History of Christianization, in: Medieval Worlds. Comparative and Interdisciplinary Studies 3, 2016, 3–40.
Reinhart Koselleck, Einleitung, in: Geschichtliche Grundbegriffe. Historisches Lexikon zur politisch-sozialen Sprache in Deutschland, Bd. 1: A–D. Stuttgart 2004, XIII–XXVII.
Walther Lammers (Hrsg.), Die Eingliederung der Sachsen in das Frankenreich. (Wege der Forschung, Bd. 185.) Darmstadt 1970.
Rosamond McKitterick, Karl der Große. Aus dem Englischen übers. v. Susanne Fischer. (Gestalten des Mittelalters und der Renaissance.) Darmstadt 2008.
Samuel Ottewill-Soulsby, ‚Those same cursed Saracens'. Charlemagnes Campaign in the Iberian Peninsula as Religious Warfare, in: Journal of Medieval History 42, 2016, 405–428.
Steffen Patzold, Ich und Karl der Große. Das Leben des Höflings Einhard. Stuttgart 2013.
Art. perfidia. in: Georges, Bd. 2. Hannover / Leipzig ⁸1913. ND Darmstadt 2010, 1589.
Reinhold Rau, Einleitung, in: Ders. (Hrsg.), Quellen zur Karolingischen Reichsgeschichte. Erster Teil. Die Reichsannalen. Einhard Leben Karls des Großen. Zwei ‚Leben' Ludwigs. Nithard Geschichten. (Ausgewählte Quellen zur deutschen Geschichte des Mittelalters, Bd. 5.) Darmstadt 1955, 157–163.
Carmen Rob-Santer, Die Darstellung des Feindes in der karolingischen Geschichtsschreibung. Historie zwischen Tradition und Innovation, in: Lothar Kolmer / Christian Rohr (Hrsg.), Tassilo III. von Bayern. Regensburg 2005, 103–120.
Thomas Scharff, Streitschlichtung am Hof. Versöhnungsrituale, Eide und Historiographie im 9. Jahrhundert, in: Matthias Becher / Alheydis Plassmann (Hrsg.), Streit am Hof im frühen

Mittelalter. (Super alta perennis. Studien zur Wirkung der Klassischen Antike, Bd. 11.) Göttingen 2011, 248–262.

Bernhard Schlink, Der Verrat, in: Michael Schröter (Hrsg.), Der willkommene Verrat. Beiträge zur Denunziationsforschung. Weilerswist 2007, 13–31.

Gerald Schwedler, Tassilo III. als Verräter, in: André Krischer (Hrsg.), Verräter. Geschichte eines Deutungsmusters. Wien / Köln 2019, 57–66.

Matthias Springer, Die Sachsen. Stuttgart 2004.

Matthias M. Tischler, Einharts Vita Karoli. Studien zur Entstehung, Überlieferung und Rezeption, Bd. 1. (MGH Schriften, Bd. 48.) Hannover 2001.

Karl Ubl, Die Karolinger. Herrscher und Reich. München 2014.

Georg Waitz, Praefatio, in: Einhard, Vita Karoli Magni. Ed. Oswald Holder-Egger (MGH SS rer. Germ. 25.) Hannover / Leipzig ^{6}1911, XVI–XXV.

Gunther G. Wolf, Einige Beispiele für Einhards hofhistoriographischen Euphemismus, in: Hermann Schefers (Hrsg.), Einhard. Studien zu Leben und Werk. (Arbeiten der Hessischen Historischen Kommission N.F., Bd. 12.) Darmstadt 1997, 311–321.

Anne Foerster
Die Stimmen der Eroberten bei Ermoldus Nigellus
Eine Mahnung an Ludwig den Frommen und Pippin
von Aquitanien

Abstract: The voices of the people who were conquered by the Carolingians are usually silent. We are lacking contemporary sources to tell us how Saxons, Bretons, and even Langobards felt when they faced the threat of military invasion and foreign rule, how they judged their position and the rights of the opponent to seize authority over them. Bearing in mind the fluidity of attributions such as conquerors and conquered, this paper suggests looking for answers within the abundance of Frankish source material, since even the mighty Franks experienced setbacks and losses and were therefore able to imagine themselves in the place of their adversaries. Using the panegyric poem written by Ermoldus Nigellus for Louis the Pious, this paper shows what ideas the Franks had about being conquered and for what purpose the author evoked these notions.

> König, aus traurigem Herzen hervor dringt eitele Rede,
> Mehr taugt zu schweigen, als was jetzo zu sagen uns bleibt.
> Weithin nehmen die Franken zu Tausenden unsere Flur ein.
> Zahllos stöbern sie durch Wälder und dichtes Gebüsch.
> Selber ihr König, umringt von gewappneten Schaaren gar vornehm,
> Reitet auf offenem Weg sicher in deinem Gebiet.
> Schreckliches Volk, rings dehnt es sich aus weit über den Erdkreis,
> Dessen Befehlen sich muß fügen ein jeglicher Mensch.[1]

Diese Worte soll ein bretonischer Krieger an seinen König Murman gerichtet haben, als er im Jahr 818 mit diesem in die Schlacht gegen das fränkische Heer Ludwigs des Frommen ritt. Er reagierte damit auf Murmans Klage über die angreifenden Franken und die geringe Gegenwehr seines Volks. Der Dialog zwischen Herrscher und Gefolgsmann offenbart aber nur scheinbar die Sicht der Eroberten auf das Erleben einer Eroberung, denn er entstammt nicht der bretonischen Überlieferung, sondern ist fränkischen Ursprungs.

Die Eroberten des frühen Mittelalters haben selten Quellen hinterlassen, die ihre Perspektive auf das Erobert-Werden und das Erobert-Sein zeitgenössisch überliefern

---

1 Ermoldus Nigellus, In Honorem Hludowici. Ed. *Faral*, Buch III, V. 1666–1673: *O rex, vana cadunt tristi de pectore verba: / Plus reticenda valent quam recinenda modo. / Milia multa video Francorum plana tenere, / Innumeri silvae lustra per alta ruunt. / Rex idem vario stipatus milite celsus / Tutus iter tutum per tua rura gerit. / Eheu, gens milium quadrum diffusa per orbem, / Imperiis cujus subditur omnis homo!* Die Übersetzung ist entnommen aus Ermoldus Nigellus, Lobgedicht. Übers. *Pfund*, neu bearb. *Wattenbach*, 63 f.

und es ermöglichen würden, die zeitgenössische Geschichtsschreibung der Sieger direkt zu spiegeln. Die Sicht der Eroberten wurde oft erst mehrere Jahrzehnte später aufgezeichnet, als sie sich bereits ihrem Schicksal gefügt hatten. Dies hat etwa Helmut Beumann für die Sachsen gezeigt, die die Eroberung durch die Franken in hagiografischen Texten verarbeiteten, indem sie diese als christliche Mission deuteten, die in erster Linie durch Überzeugung und nur zweitrangig durch kriegerische Mittel zu ihrem eigenen Wohl vollzogen wurde.[2] Dabei gelang es den sächsischen Autoren, die Christianisierung nicht nur als fremdbestimmten Prozess darzustellen, sondern die Eigeninitiative der Sachsen zu betonen.[3] Lediglich die ‚Vita Lebuini', die möglicherweise älteste überlieferte Auseinandersetzung mit der fränkischen Eroberung aus sächsischer Feder, rückt die negativen Erfahrungen von Krieg, Zwang und Überwältigung in den Vordergrund, fand aber keine Nachahmer.[4]

Zeitlich näher an den Eroberungsprozess heran gelangt man im Frühmittelalter nur über Texte, die im Umfeld der Eroberer entstanden sind. Auch in ihnen werden die Eroberten thematisiert – aber lassen sie Aussagen über deren Perspektive zu? Inwiefern dies möglich ist, soll hier am Beispiel eines karolingischen Epos, dem eingangs zitierten, auf zwischen 826 und Februar 828 datierten Lobgedicht ‚In honorem Hludowici' von Ermoldus Nigellus, gezeigt werden.[5]

Dieses Werk, in dem zwei Eroberungen Ludwigs des Frommen einen großen Stellenwert einnehmen, lässt sein Publikum besonders intensiv in die – freilich imaginierte – Haut der fremden Gegner schlüpfen. Den Perspektivwechsel vollzieht der Autor in der für das epische Genre typischen Mischung von Schilderung, Narration und wörtlicher Rede,[6] einerseits, indem er die Widersacher der Franken selbst zu Wort kommen lässt, andererseits, indem er suggeriert, die Gedanken und Gefühle der Anderen zu kennen. Bemerkenswert ist dabei, dass sich die Gegner, anders als etwa in Angilberts wahrscheinlich 796 verfasstem Gedicht zum Sieg über die Awaren, nicht einsichtig ihrem Schicksal ergeben,[7] sondern sich auch mit Worten und Argumenten gegen die fränkischen Herrschaftsansprüche wehren.

So erlaubt dieses Gedicht einen Blick auf die normativen Grundsätze, die Ermold den Handelnden in den von ihm beschriebenen Eroberungen unterstellt. Diese werden in einem ersten Schritt untersucht, während der zweite sich der Darstellung der

---

[2] Vgl. *Beumann*, Hagiographie (1981). Zum Problem der stimmlosen Verlierer im frühen Mittelalter vgl. auch *Scharff*, Sinn der Niederlage (2009), 457f.; *Scheibelreiter*, Untergang (2009), 172f.
[3] Vgl. *Shuler*, Saxons (2010).
[4] Vgl. *Beumann*, Hagiographie (1981), 157–163.
[5] Zur Datierung vgl. *Faral*, Introduction (1964), viii.
[6] Vgl. *Schaller*, Frühkarolingische Epik (1995), 14. Zur Definition von Epik im Mittelalter vgl. *Cardelle de Hartmann/Stotz*, Epyllion (2012), 496–503.
[7] De Pippinis regi victoria Avarica. Ed. *Dümmler*, 116f. Darin kündigt ein Gefolgsmann dem Kagan das Ende seiner Herrschaft und die militärische Herrschaftsübernahme durch Pippin, den Sohn Karls des Großen, an, woraufhin dieser sich unterwirft; zum Gedicht vgl. *Schaller*, Pippins Heimkehr (1990).

am Eroberungsprozess Beteiligten widmet, denn der Autor fokussiert nicht nur auf die Eroberer, sondern zeichnet auch ein detailliertes Bild von den Eroberten, deren Empfindungen und deren Sicht auf das Geschehen. Der dritte Abschnitt beschäftigt sich dann mit der Frage, welchen Zweck das Gedicht mit diesen Schilderungen verfolgt. Diskutiert wird, ob es darum geht, das Vorgehen der Franken zu legitimieren, die eigene Perspektive zu relativieren, oder ob in dem Werk auch eine Mahnung an die Eroberer steckt. Dabei möchte ich eine Lesart vorschlagen, die es erlaubt, die Perspektive derer zu ergründen, die von Eroberung betroffen oder bedroht waren. Dies wird nicht – das sei vorausgeschickt – die Perspektive der eroberten Bretonen sein. Zunächst sind jedoch einige Vorbemerkungen zu diesem in der Forschung sehr unterschiedlich bewerteten Autor und seinem Werk vonnöten.

Ermold, der nach 824 auf Anweisung Ludwigs des Frommen vom Hof dessen Sohnes Pippin I. von Aquitanien an den Hof des Straßburger Bischofs verbannt worden war, bezweckte mit dem Lobgedicht nach eigenen Aussagen, vom Kaiser Vergebung zu erreichen.[8] Ob er mit seinen Bitten Erfolg hatte und an den aquitanischen Hof zurückkehren konnte, ob er etwa der *Hermoldus* ist, der 838 in Pippins Kanzlei belegt ist, lässt sich nicht mit Sicherheit sagen.[9] Zu seinem Œuvre gehören neben dem in 35 einleitenden Hexametern und 1.307 elegischen Distichen verfassten Lobgedicht ‚In honorem Hludowici' auch zwei Briefgedichte an Pippin, von welchen Ermold das erste wohl kurz vor, das zweite sicher kurz nach dem Lobgedicht für den Kaiser an den aquitanischen König richtete. Sie könnten als Präludium respektive als Kommentar des großen Gedichts gedient haben und müssen insofern bei dessen Interpretation mitberücksichtigt werden.[10] Das zweite Briefgedicht enthält nach Hans Hubert Anton „fast alle Elemente eines Speculum Principis der hochkarolingischen Zeit", weshalb er Ermold einer Gruppe aquitanischer Fürstenspiegel-Autoren zurechnet.[11] Weiterhin wurde Ermold als Autor des ‚Waltharius', einem weiteren lateinischen Epos, vorgeschlagen, eine Zuschreibung, die jedoch keine breite Zustimmung gefunden hat.[12]

Von der geschichtswissenschaftlichen Forschung wurde ‚In honorem Hludowici' lange als „fast unerträgliche Lobhudelei" und als historisch unzuverlässig herabgewürdigt.[13] Neuere Studien zeigen jedoch die hohe Bedeutung des Gedichts als

---

[8] Ermoldus Nigellus, In Honorem Hludowici. Ed. *Faral*, z. B. Widmungsgedicht, V. 21–35; vgl. auch *Faral*, Introduction (1964), v–xii; *Godman*, Louis (1985), 255; Ders., Poets (1987), 108; *Bobrycki*, Nigellus (2010), 161–164.
[9] Recueil des actes de Pépin I. Ed. *Levillain*, Nr. 28–30; vgl. *Collins*, Pippin I (1990), 365 f.; *Faral*, Introduction (1964), x.
[10] *Godman*, Louis (1985), 255 f.; anders *Manitius*, Geschichte, Bd. 1 (2005), 555 f., der beide Briefe als ein zweigeteiltes Werk betrachtet, das nach dem großen Lobgedicht entstanden sei.
[11] *Anton*, Fürstenspiegel (1968), 198.
[12] *Werner*, Hludovicus (1990), 101–123; dagegen *Stone*, Waltharius (2013), 55.
[13] Zitat *Boshof*, Ludwig (1996), 75; vgl. ebd., 9–11; ähnlich *Manitius*, Geschichte, Bd. 1 (2005), 553.

Quelle für die Geschichte von Mentalitäten.[14] Inwiefern Ermolds Denkmuster stellvertretend für seine Zeit und sein Umfeld gelten können, ist allerdings umstritten. Peter Godman macht Ermolds Orientierung an den Vorbildern der guten alten Zeit, dem als ‚Karolus Magnus et Leo Papa' bekannten Epos sowie den Dichtungen Moduins) und Theodulfs von Orléans, dafür verantwortlich, dass dessen Werke keine Nachahmer und wenig Interesse fanden.[15] Dieses Urteil über Ermolds Wirkung dürfte jedoch zu negativ sein: Walahfrid Strabo, einer der bedeutendsten Dichter zur Zeit Ludwigs des Frommen, scheint die Werke Ermolds gelesen und ihn als Konkurrenten betrachtet zu haben.[16] Rezipiert und genutzt wurde ‚In honorem Hludowici' auch vom Autor der ‚Vita beati Leudegarii martyris', wie ein Blick in den kritischen Apparat der Edition von Ludwig Traube zeigt.[17] Ernst Tremp bemerkt „auffällige Ähnlichkeiten im Namengut und in der Erzählstruktur" zwischen Ermolds Werk und dem des Astronomus, ohne jedoch eine direkte Abhängigkeit zu vermuten.[18] Eine Bezugnahme von Lupus von Ferrières auf die zweite Elegie an Pippin in einem Brief an Karl den Kahlen sieht Hans Hubert Anton als erwiesen an.[19] Ihm zufolge sind die in Ermolds Werken zum Vorschein kommenden Ideen zum verchristlichten Herrscherbild in den späten 820er Jahren virulent und wurden in der Pariser Synode von 829 konsequent fortgesetzt.[20] Auch die mit nur zwei Handschriften dünne Überlieferung spricht nicht unbedingt für eine geringe Rezeption, da die Überlieferung der karolingischen Dichtung generell lückenhaft ist.[21] Somit gibt es keinen Grund anzunehmen, dass Ermolds Ansichten zu seiner Zeit grundsätzlich abgelehnt oder ignoriert worden wären.[22]

Die Anfangs- und Endbuchstaben der 35 dem Lobgedicht vorangestellten Widmungsverse ergeben einen Hexameter: *Ermoldus cecinit Hludoici Caesaris arma*, „Ermold besang Kaiser Ludwigs Kriegstaten".[23] Mit diesem doppelten Akrostikon

---

14 Vgl. *Depreux*, Pietas (1998), 202–204; *Bobrycki*, Nigellus (2010), 161.
15 Vgl. *Godman*, Louis (1985), 258 und 271.
16 Vgl. *Herren*, De imagine Tetrici (1991), 119 f.; *Smolak*, Panegyrik (2001), 105–107; *Licht*, Walahfrid Strabo (2020), 70 f.
17 Vgl. *Traube*, Vita (1894), 3 f. (Anm. 1) und passim; *Manitius*, Geschichte, Bd. 1 (2005), 556.
18 *Tremp*, Einleitung (1995), 97 f., Zitat 97.
19 Vgl. *Anton*, Fürstenspiegel (1968), 409, 249 Anm. 524.
20 Vgl. *Anton*, Fürstenspiegel (1968), 210.
21 Auch für Walahfrid Strabos Meisterwerk ‚De imagine Tetrici' oder Moduins Gedichte können wir nur auf eine Handschrift zurückgreifen, vgl. *Herren*, De imagine Tetrici (1991), 120. Negativ dürfte sich auch die in Aquitanien bes. spürbaren Auswirkungen der Däneneinfälle ausgewirkt haben sowie die Tatsache, dass die Person Pippins von Aquitanien keine nennenswerte historische Erinnerung beförderte, da sich sein Sohn nicht als Nachfolger durchsetzen konnte. So stammt dann auch keine der beiden Handschriften aus Aquitanien. Vgl. dazu *Collins*, Pippin I (1990), 368–370, und zu den Handschriften ebd., 366 mit Anm. 16.
22 Walahfrid korrigiert lediglich Ermolds Ansicht zur Bedeutung einer Orgel für Ludwig den Frommen, vgl. *Licht*, Walahfrid Strabo (2020), 71.
23 Ermoldus Nigellus, In Honorem Hludowici. Ed. *Faral*, Widmungsgedicht, V. 1–35.

kündigt Ermold also bereits an, dass er über Kriege schreiben will. Völlig kriegsunkundig war er, von dem wir nicht sicher wissen, ob er dem Klerus angehörte,[24] dabei nach eigener Aussage nicht. Bei der Niederschlagung der bretonischen Rebellion im Jahr 824 will er im Gefolge Pippins von Aquitanien selbst zu den Waffen gegriffen haben, wenn auch vergeblich. Ermold nutzt diese Stelle, um seine Nähe zu Ludwigs Sohn zu demonstrieren. *Cede armis frater; litteram amato magis*, „Leg die Waffen nieder, Bruder; das Schreiben liegt dir mehr", soll Pippin lachend zu ihm gesagt haben.[25] Angesprochen wurden mit seinen Gedichten nicht nur die beiden Herrscher, denn Ermold betrieb regelrechtes ‚name-dropping', wohl auch um prominente Figuren, wie etwa den Abt und Kanzler Ludwigs, Helisachar, sowie die Grafen Matfrid von Orléans, Hugo von Tours und Lambert von Nantes, als Fürsprecher zu gewinnen.[26]

Über die Themenauswahl des Lobgedichts auf Ludwig ist viel gerätselt worden. Von den vier Büchern, in die das Gedicht unterteilt ist, fokussiert das erste die Einnahme Barcelonas durch das Heer des jungen Ludwig, das zweite dessen Wahl und Krönung zum Kaiser, das dritte die Unterwerfung der Bretonen im Jahr 817 und das vierte die Taufe des Dänenkönigs Harald Klak im 826. Zum Lob des Kaisers nutzt der Dichter also in großem Maße dessen militärische Leistungen, die sich jedoch – abhängig von der Datierung des Werks – teils während des Schreibprozesses, teils kurz danach als von geringer Dauer und Beständigkeit erwiesen. 827 erlitten die Franken eine schwere Niederlage in der spanischen Mark und die im Gedicht noch gelobten Heerführer, die genannten Grafen Matfried von Orléans und Hugo von Tours, fielen daraufhin zu Beginn des Folgejahres in Ungnade.[27] Ihre Verurteilung auf dem Aachener Reichstag im Februar 828 markiert den *terminus ante quem* für die Abfassung von Ermolds Lobgedicht auf Ludwig, da die beiden Grafen dort in Buch IV, in der Beschreibung der Prozession zur Kirche anlässlich der Taufe des Dänenkönigs Harald Klak am Johannistag (24. Juni) 826, noch mit Ehrbezeugung erwähnt werden.[28] Den Dänenkönig, dessen Taufe Ermold als Erfolg Ludwigs beschreibt, vertrieben 828 Konkurrenten[29] und die erneute Rebellion der Bretonen 824 ist bereits in Buch IV thematisiert.

Die 820er Jahre waren im Frankenreich geprägt von inneren Konflikten, Seuchen, Hungersnöten und Grenzkriegen.[30] Nach der in dieser Zeit aufkommenden

---

24 Vgl. *Bobrycki*, Nigellus (2010), 162 f.
25 Ermoldus Nigellus, In Honorem Hludowici. Ed. *Faral*, Buch IV, V. 2016–2019, Zitat V. 2019.
26 Vgl. *de Jong*, Penitential State (2009), 90.
27 Ermoldus Nigellus, In Honorem Hludowici. Ed. *Faral*, Buch IV, V. 2010, 2176, 2305; vgl. *de Jong*, Penitential State (2009), 38–40.
28 Ermoldus Nigellus, In Honorem Hludowici. Ed. *Faral*, Buch IV, V. 2304–2306; zur Taufe vgl. *Klapheck*, Ansgar (2008), 146.
29 Er war möglicherweise schon zum Zeitpunkt der Taufe von der Herrschaft und/oder aus dem Herrschaftsraum vertrieben, vgl. *Klapheck*, Ansgar (2008), 146. Zur Stellung Haralds in Dänemark und am karolingischen Hof vgl. *Kamp*, Frieden (2018), 137–144.
30 Vgl. *Ubl*, Karolinger (2015), 75 f.

politischen Konzeption des Herrscheramts, die Ludwig der Fromme 825 in der ‚Admonitio ad omnes regni ordines' formulieren ließ, war die Ursache für solche Heimsuchungen in der Vernachlässigung der herrscherlichen Aufgaben zu suchen.[31] An diesem *ministerium* partizipierten aber auch alle anderen an der Regierung beteiligten Amtsträger, sodass es die Pflicht eines jeden war, die korrekte Ausübung des *ministerium* zu überwachen und falls nötig zu mahnen. Vor dem Hintergrund dieser von den Zeitgenossen als krisenhaft verstandenen Zeit, in der die Mahnung zum Gebot wurde,[32] ist Ermolds Lobgedicht zu lesen.

1 Eroberung und Recht

Im Rahmen der Eroberungserzählungen in den Büchern I und III fällt zunächst der Fokus auf das Themenfeld des Rechts auf. Recht geben und Recht annehmen sind in diesem Gedicht Formeln, die die Integration der Eroberten in die neue Herrschaft ausdrücken.[33] Den Rückgriff auf eine normative Sphäre nutzt Ermold aber auch, wie im Folgenden zu zeigen sein wird, zur Legitimation der Eroberung, indem er den Krieg, der zur Erweiterung und Durchsetzung des Rechts- und Herrschaftsbereichs geführt wird, zu einem an Regeln orientierten und gerechten Krieg stilisiert. Dabei offenbart er Einblicke in seine Vorstellung von den Rechts- und Gerechtigkeitsauffassungen der zu erobernden Gegner.

Auch wenn es kein mittelalterliches Eroberungsrecht gegeben hat[34] und das frühe Mittelalter die *bellum iustum*-Theorien eines Cicero oder Augustinus weniger systematisch rezipierte als spätere Gelehrte wie Thomas von Aquin, Bartolus de Saxoferrato oder Hugo Grotius,[35] scheint eine Auseinandersetzung mit einer rechtlichen Dimension von Krieg und Eroberung nicht nur in den Fürstenspiegeln des späten 9. Jahrhunderts, sondern auch in der Geschichtsschreibung immer wieder auf.[36] Dies

---

31 Vgl. *Suchan*, Mahnen (2015), 240–244; *Meens*, Politics (1998).
32 Vgl. *Depreux*, Gefahrenabwendung (2019), bes. 38–44.
33 Ermoldus Nigellus, In Honorem Hludowici. Ed. *Faral*, Buch I, V. 428 f.; III, 1465, 1744 f., 1750–1753. Formen von *ius* begegnen uns in diesem Gedicht 31-mal. Damit hat der Begriff eine fast so große Bedeutung wie die 34-mal auftauchende *pietas*, die Philippe Depreux als Leitmotiv des Gedichts herausgearbeitet hat: *Depreux*, Pietas (1998), 204. Formen von *pius* übertreffen solche von *iustus* allerdings deutlich.
34 Vgl. *Kannowski*, Recht (2022), 65–70; *Kintzinger*, Bellum (2010), 11; *Grewe*, Völkerrechtsgeschichte (1984), 151 f.
35 Vgl. *Kintzinger*, Bellum (2010), 11–15; *Steiger*, Ordnung (2009), 460; *Haggenmacher*, Grotius (1983), 32–42, der das entsprechende Kapitel mit „Inexistence de la doctrine durant de haut moyen âge" überschreibt; *Russell*, Just War (1975); *Kannowski*, Recht (2022), 65 f.
36 Vgl. *Wynn*, Wars and Warriors (2001), 6–8, 34. *Steiger*, Kriegsrecht (1989), liest in die Äußerungen fränkischer Geschichtsschreiber gar das Vorhandensein eines regelrechten Kriegsrechts hinein.

zeigt sich meist daran, dass die Darstellung des Eroberungskriegs den Anforderungen an ein *bellum iustum* folgt, indem sie etwa explizit von Kriegserklärungen durch einen Herrscher berichtet, militärische Auseinandersetzung als durch die Ungerechtigkeit der Gegner erzwungen auslegt oder sie als Mittel zur Wiedererlangung von Gütern oder zur Abwehr von Feinden kennzeichnet.[37] In seltenen Fällen wird aber auch auf abstrakte Vorstellungen von Recht und Gerechtigkeit abgehoben.[38] Ermold tut dies im Lobgedicht auf Ludwig sogar ausführlich: Die Eroberungen Barcelonas und der Bretonen werden im Rückgriff auf Normen, in denen Elemente der *bellum iustum*-Theorien anklingen wie die Anordnung durch den Herrscher,[39] die Nennung eines legitimen Grunds für den Kriegs- beziehungsweise Eroberungszug[40] sowie die Ankündigung des Kriegs[41] legitimiert und teilweise dialogisch zwischen Franken und ihren sarazenischen respektive bretonischen Gegnern diskutiert.

Ludwigs Entscheidung zur Eroberung Barcelonas erläutert Ermold, indem er den bereits vor den Mauern der Stadt stehenden Herrscher das Wort an sein Heer richten und ihn verkünden lässt, dass

> [w]enn dieses Volk Gott verehrte und Christus gefiele und von der heiligen Taufe durch Salbung benetzt wäre, wäre ein Frieden zu schließen und dieser Frieden zu halten, weil er mit Gott auch durch Religion geknüpft wäre. Doch nun bleibt es verflucht und lehnt unsere Erlösung ab und folgt dem Befehl der Dämonen. Deshalb vermag es das barmherzige Mitleid Gottes, uns diese Dienerin der Knechtschaft zurückzugeben.[42]

---

37 Vgl. für eine Zusammenstellung der Quellen zum gerechten Krieg Fontes Historiae Iuris Gentium. Ed. *Grewe*, 563–566; zum gerechten Krieg im (frühen) Mittelalter vgl. *Kintzinger*, Bellum (2010), 15; *Russell*, Just War (1975), 16–39.
38 Vgl. etwa Gregor von Tours, Libri historiarum X. Ed. *Krusch/Levison*, 104, Buch III, Kap. 7; ebd., 146, Buch IV, Kap. 14; vgl. *Wynn*, Wars and Warriors (2001), 6–8; Einhard, Vita Karoli. Ed. *Holder-Egger*, 16, Kap. 13: *ut merito credi possit, hoc Francos Hunis iuste eripuisse, quod Huni prius aliis gentibus iniuste eripuisset.*
39 Ermoldus Nigellus, In Honorem Hludowici. Ed. *Faral*, Buch I, V. 208–211.
40 Ermoldus Nigellus, In Honorem Hludowici. Ed. *Faral*, Buch I, V. 188 f. (Eroberung Barcelonas als Voraussetzung für Ruhe und Frieden), ebd., V. 205: *Quae tot bella meis laetificata canis* (dem zu erobernden sarazenischen Gegner wird seinerseits Kriegstreiberei vorgeworfen). Das Schicksal des Aquitaniers Datus, dem Sarazenen Hab, Gut und die Mutter geraubt hatten, dient als Beispiel für diese Behauptungen: ebd., V. 242–301; vgl. *Godman*, Louis (1985), 261; der Feldzug gegen die Bretonen wird erstens durch deren Angriffe auf die Grenzen der Franken begründet (Ermoldus Nigellus, In Honorem Hludowici. Ed. *Faral*, Buch III, V. 1282–1285), zweitens mit der mangelnden Ordnung in Recht und Glauben unter der Herrschaft des bretonischen Königs (ebd., V. 1295–1311) und drittens mit dem Ausbleiben von erwarteten Tributleistungen, ebd., V. 1316 f.: *Ut peregrina meum gens gratis incolat arvum, / Atque superba movet inproba bella meis.*
41 Ermoldus Nigellus, In Honorem Hludowici. Ed. *Faral*, Buch III, V. 1370–1379.
42 Ermoldus Nigellus, In Honorem Hludowici. Ed. Faral, Buch I, V. 324–327: *Si gens ita Deum coleret, Christoque placeret, / Baptismique foret unguine tincta sacri, / Pax firmanda esset nobis, pax atque tenenda, / Conjungi ut possit religione Deo. / Nunc vero execranda manet, nostramque salutem / Respuit, et sequitur daemonis imperia. / Idcirco hanc nobis pietas miserata Tonantis / Servitii famulam reddere*

Ermold legt Ludwigs Handeln also eine Norm zugrunde, nach der Christen zwar dazu aufgefordert waren, untereinander Bündnisse zu schließen und zu wahren; sie erlaubte jedoch, sich gegen Untaten mit Gewalt zur Wehr zu setzen, falls vorherige Worte der Mahnung den Frieden und die Ordnung nicht wiederherstellen konnten. Ein Krieg gegen Nicht-Christen bedurfte nach Ermolds Maßstäben eines solchen Vorgehens nicht, da jegliches verhandelte Bündnis, jeder Friede, ohne die gemeinsame Grundlage des christlichen Glaubens von vornherein brüchig wäre. Am zeitgenössischen Mahndiskurs, der das karolingische Herrschaftsprogramm und das Ludwigs des Frommen im Besonderen kennzeichnete, hatten die sarazenischen Gegner keinen Anteil.[43] So kann in Buch I die Entscheidung zur kriegerischen Einnahme Barcelonas unverzüglich fallen. Verhandlungen oder eine Ankündigung des Krieges erwähnt Ermold hier, anders als bei den Bretonen, nicht. Wohl aber zeigt er, dass die Sarazenen die Belagerung durch die Franken als einen Angriffskrieg auf ein frommes Volk delegitimieren.[44]

Im Fall der getauften Bretonen in Buch III folgt auf die Darlegung der Normvorstellungen, dass ein getaufter Gegner zunächst ermahnt und zur Abstellung des Unrechts aufgefordert werden müsse, bevor man zu kriegerischen Mitteln greifen dürfe,[45] eine sehr ausführliche Wiedergabe der Verhandlungen zwischen dem fränkischen Boten Witchar und König Murman, mit der Ermold erweisen will, dass die Mittel der Diplomatie voll ausgeschöpft wurden. Witchar übermittelt Ludwigs Beschwerde: Nicht nur würden Murman und die Seinen Ludwigs Land bebauen, ohne dafür die Abgaben zu leisten, sondern auch noch die Franken mit Krieg bedrohen. Deshalb fordere der Kaiser, Murman möge an den Hof kommen und Frieden erbitten.[46] Der Bote selbst mahnt den Bretonenkönig, Ludwig Folge zu leisten und sich seinem Recht zu unterwerfen, auch, weil er ohnehin nicht im Stande sei, diesen fränkischen Aeneas im Krieg zu besiegen.[47] Murman, schon fast überzeugt, dann aber von seiner Gattin ins Wanken gebracht, erbittet Bedenkzeit bis zum nächsten Morgen.

Noch schlaf- und weintrunken gibt er Witchar die folgende Botschaft an Ludwig mit:

---

namque valet. Die Übersetzung ist angelehnt an Ermoldus Nigellus, Lobgedicht. Übers. *Pfund*, neu bearb. *Wattenbach*, 15.
43 Vgl. *Suchan*, Mahnen (2015), bes. 233–258.
44 Vgl. unten bei Anm. 62.
45 Ermoldus Nigellus, In Honorem Hludowici. Ed. *Faral*, Buch III, V. 1316–1323: *Ut peregrina meum gens gratis incolat arvum, / Atque superba movet inproba bella meis. / En decet, et licitum, facinus hoc Marte revelli, / Ni mare subsidium, quo petiere, ferat. / Praestat ut ad regem missus mittatur eundem, / Qui bene nostra sibi perferat orsa prius. / Est quoque rex idem sacro baptismate tinctus: / Idcirco hunc primo nos monitare decet.*
46 Ermoldus Nigellus, In Honorem Hludowici. Ed. *Faral*, Buch III, V. 1370–1379.
47 Ermoldus Nigellus, In Honorem Hludowici. Ed. *Faral*, Buch III, V. 1380–1413, der Vergleich mit Aeneas ebd., V. 1399.

Weder bebaue ich seine Felder noch will ich sein Recht. Jener habe die Herrschaft über die Franken; Murman halte die Regierung nach dem Brauch der Bretonen und verbitte sich Steuern und Abgaben. Wollen die Franken den Krieg, will ich ihnen den Krieg gleich schaffen.⁴⁸

So beschreibt Ermold das unversöhnliche Aufeinanderprallen zweier unterschiedlicher Auffassungen der herrschaftlichen Verhältnisse. Murman weist nicht nur die Leistung von Abgaben zurück, sondern auch deren Grundlage. Seiner (von Ermold untergeschobenen) Ansicht nach herrscht er eigenständig und rechtmäßig über sein Volk sowie das von ihm besiedelte Gebiet und schuldet dem fränkischen Kaiser daher weder Tribut noch Eid. Ludwig jedoch betrachtet das von den Bretonen bewirtschaftete Land als sein Eigen und erwartet folglich Tributleistungen und die Unterwerfung des Königs unter sein Recht. Im Gegensatz zu anderen zeitgenössischen Quellen wie etwa den Reichsannalen und der ‚Vita Hludowici' des Astronomus, die Murman das Recht, König zu sein, explizit absprechen,⁴⁹ scheint Ermold das bretonische Volk als eigenständig unter ihrem König zu verstehen. So lässt er Ludwig sich explizit nach der Ehre des dortigen Königs erkundigen und bezeichnet diesen in Schilderung und in wörtlicher Rede Ludwigs weiterhin mit diesem Titel.⁵⁰ Zweifel an dessen Königtum sät er allerdings durch die Überlegung des Boten, ob man Murman richtigerweise König nenne, wo er doch nichts regiere.⁵¹ Während die Reichsannalen zu 786 und 799 von Unterwerfungen der Bretonen berichten und die Einhardsannalen zu 786 erwähnen, man habe sie sich tributpflichtig (*tributarius*) gemacht,⁵² leitet

---

48 Ermoldus Nigellus, In Honorem Hludowici. Ed. *Faral*, Buch III, V. 1414–1469, Zitat V. 1465–1468: *Nec sua rura colo, nec sua jura volo / Ille habebat Francos; Brittonica regmina Murman / Rite tenet, censum sive tributa vetat. / Bella cient Franci : confestim bella ciebo, / neve adeo inbellis dextera nostra manet.* Ermold beschreibt ihn schon zu Beginn der Gespräche, ebd., V. 1369, als unsicher: *pectore in ambiguo Murman et aure capit.* Die Übersetzung ist angelehnt an Ermoldus Nigellus, Lobgedicht. Übers. *Pfund*, neu bearb. *Wattenbach*, 56.
49 Annales regni Francorum. Ed. *Kurze*, a.a. 818; Astronomus, Vita Hludowici. Ed. *Tremp*, 384–387, Kap. 30; Thegan, Gesta Hludowici. Ed. *Tremp*, 214, Kap. 25, nennt ihn *dux*.
50 Ermoldus Nigellus, In Honorem Hludowici. Ed. *Faral*, Buch III, V. 1291. Einmalig wird er in wörtlicher Rede Ludwigs ebd., V. 1326, als *tyrannus* bezeichnet.
51 Ermoldus Nigellus, In Honorem Hludowici. Ed. *Faral*, Buch III, V. 1309: *Dici si liceat rex, quia nulla regit.* Damit greift er die auch in den Fürstenspiegeln – u. a. auf der Grundlage von Isidors Definition *rex a regendo* (Isidor von Sevilla, Etymologiarum sive originum, libri XX. Ed. *Lindsay*, Buch IX, Kap. 3f.) im Hinblick auf das *nomen regis* – geforderte Übereinstimmung von Begriff und Sache auf, vgl. *Anton*, Fürstenspiegel (1968), 384–404, bes. 392f. mit Anm. 162; *Vogel*, Nomen regis (2019), bes. 19–22. Seit dem späten 8. Jhd. rechtfertigen die Unterstützer der Karolinger deren Usurpation der merowingischen Herrschaft damit, dass die Merowinger nicht regiert hätten, vgl. *McKitterick*, Political Ideology (2000), 165.
52 Annales regni Francorum. Ed. *Kurze*, a.a. 786, a.a. 799. Deren Beschreibung der Herkunft der Bretonen dürfte Ermold als Vorbild gedient haben. In den Einhardsannalen (Annales q. d. Einhardi. Ed. *Kurze*, a.a. 786) wird auch berichtet, dass die Bretonen das *vectigal* (Steuer) nicht gezahlt hätten und man deshalb erneut eingreifen musste. Die um 806 verfassten älteren Metzer Annalen notieren, dass die Bretonen zu den Völkern zählten, die bereits vor der Zeit Pippins des Mittleren von

Ermold die Tributpflicht aus einer Eigentümerschaft Ludwigs über das Land (*arvum*, *rura*), das die Bretonen bestellen, ab.[53] Bei Ludwigs Appell an Murman steht aber die Forderung nach der formellen Unterwerfung, die seiner Ansicht nach schon längst hätte erfolgen müssen, im Vordergrund, nicht die Leistung der Abgaben.[54]

Nachdem die Verhandlungen also wegen der gegensätzlichen Auffassungen gescheitert waren, berichtet Ermold, wie Ludwig sein Heer mobilisiert und nach Vannes zieht. Noch ein weiteres Mal schickt er einen Boten zu Murman, der ihn nun an die Karl dem Großen geschworenen Eide erinnert[55] und beklagt, dass Murman nicht an den Hof gekommen sei, um sich Ludwigs Oberherrschaft zu unterwerfen. Der Bretone bleibt jedoch bei seiner Sicht der Dinge und, so stellt Ermold es dar, zwingt somit Ludwig geradewegs in den Krieg.[56] Demnach ist das militärische Vorgehen des Kaisers gerechtfertigt. Ebenso werden die Unterwerfung des bretonischen Volks sowie die Unterstellung des Gebiets unter Ludwigs direkte Herrschaft legitimiert, denn so wie Ermold die gegensätzlichen Auffassungen der Rechts- und Herrschaftsverhältnisse in der Bretagne zwischen Bretonen und Franken schildert, stellen sie eine dauerhafte Bedrohung für die Ordnung und den Frieden dar, die nur durch die Ausschaltung der konkurrierenden Herrschaft behoben werden konnte. Legt man die neuzeitliche Definition einer Eroberung als „Gebietserwerb fremden Staatsgebiets mit kriegerischen Mitteln"[57] an, so wäre die auf die Verhandlungen folgende Unternehmung aus fränkischer Sicht nur bedingt als Eroberung anzusprechen, handelte es sich hier doch nicht um den Erwerb fremden Gebiets, sondern lediglich um die gewaltsame Durchsetzung von Ansprüchen, bei welcher indirekte Herrschaft quasi notgedrungen in eine direkte umgewandelt wurde. Es sind auch nicht die gewaltsamen Unterwerfungen früherer Zeiten, aus denen Ermold die fränkischen Ansprüche ableitet, sondern explizit die Treueschwüre, die Murman den Franken geleistet hatte.[58] Aus Murmans Perspektive, hätte Ermold jedoch durchaus von einer so definierten Eroberung sprechen können.

Die der fränkischen widersprechende Ansicht Murmans, nach der die Franken also keine Herrschaftsrechte auf das bretonische Volk und deren Gebiet geltend machen konnten, musste offensichtlich nicht ausführlich widerlegt werden: Der kurze Verweis auf die Eide genügte. Zudem bewiesen der siegreiche Ausgang und der Tod Murmans auf dem Schlachtfeld, dass Gott hinter den Franken stand.[59] Die Darle-

---

den Franken erobert worden waren, vgl. Annales Mettenses priores. Ed. *von Simson*, a.a. 687. Zu den Annalen von Metz vgl. *Hen*, Annals (2000), 176.
53 Ermoldus Nigellus, In Honorem Hludowici. Ed. *Faral*, Buch III, u. a. V. 1314–1316, 1374–1376.
54 Ermoldus Nigellus, In Honorem Hludowici. Ed. *Faral*, Buch III, V. 1328–1339, 1374–1379.
55 Ermoldus Nigellus, In Honorem Hludowici. Ed. *Faral*, Buch III, V. 1566 f.: *Non memorat jurata fides, seu dextera Francis / saepe data, et Carolo servitia exhibita?*.
56 Ermoldus Nigellus, In Honorem Hludowici. Ed. *Faral*, Buch III, V. 1565–1585.
57 *König/Fassbender*, Eroberung (2019).
58 Ermoldus Nigellus, In Honorem Hludowici. Ed. *Faral*, Buch III, V. 1328–1339, 1374–1379, 1566 f.
59 Zur „Schlacht als Gottesurteil" vgl. *Scharff*, Kämpfe (2002), 155–158.

gung der völlig konträren Fremdsicht diente an dieser Stelle weniger der Relativierung der eigenen Ansichten als vielmehr der Legitimation von Ludwigs Vorgehen: Denn so zeigt sich, dass die für die Kriegsführung unter Christen angelegte Norm, vor dem Einsatz militärischer Mittel zunächst zu versuchen, den Konflikt diplomatisch zu lösen, eingehalten wurde.

2 Die Darstellung der Gegner und deren Perspektive

Ermolds Darstellung der Gegner ist ausgesprochen detailreich und geht intensiv auf deren Erleben des Kriegs ein. Dabei ist das Bild, das der Autor zeichnet, nicht als Abbild des tatsächlich Geschehenen zu verstehen, sondern als realistische Fiktion. Es geht also bei der Interpretation nicht um die Gefühle der Eroberten, sondern um die Frage, wie Ermold sich diese Gefühle vorstellt, was er für glaubhaft erachtet und welche Reaktion er mit der Art und Weise der Schilderung hervorzurufen beabsichtigt.

In Ermolds Fokus stehen diejenigen Personen, die als Vertreter des jeweiligen Volkes als Ansprechpartner für die Boten Ludwigs fungieren. Die gegnerischen Figuren zeichnet er dabei keineswegs eindimensional, sondern führt auch Heldenhaftes in den gegnerischen Anführern vor sowie die Bewunderung der Franken für sie. Genauso wenig verschweigt oder beschönigt er die Kriegsgräuel der als legitim bewerteten Eroberungen, sondern demonstriert mit zahlreichen, für Schlachtenschilderungen typischen Motiven,[60] das Leid derer, die erobert werden: das der armen Menschen, die zusammen mit ihrem Vieh geraubt werden, deren Häuser brennen, die es nicht wagen, die Franken offen zu bekämpfen, denen aber auch keine Möglichkeit bleibt, sich zu retten.[61] Er schreibt von Tod und Schrecken,[62] von spritzendem Blut[63] und der Spirale von Gewalt, in der ein Franke namens Coslus den bretonischen König tötet, dann von dessen Getreuen getötet wird, woraufhin der fränkische Knappe den Getreuen tötet.[64]

Ein hervorstechendes Thema des Gedichts sind die verschiedenen Geisteshaltungen und Emotionen, die der Dichter den Gegnern direkt oder vermittelt über sehr plastische Schilderungen von Mimik und Gestik zuschreibt. Der mehrfach bemühte Zorn der Gegner, der diese zu Trotzreaktionen und unüberlegten Handlungen verleitet, soll dem Publikum vermitteln, dass das ungezügelte Ausleben von Emotionen

---

[60] Vgl. etwa die Beschreibung wiederkehrender Motive bei *Prietzel*, Kriegführung (2006), 39–128.
[61] Ermoldus Nigellus, In Honorem Hludowici. Ed. *Faral*, Buch III, V. 1600–1615.
[62] Ermoldus Nigellus, In Honorem Hludowici. Ed. *Faral*, Buch I, V. 549.
[63] Ermoldus Nigellus, In Honorem Hludowici. Ed. *Faral*, Buch I, V. 403.
[64] Ermoldus Nigellus, In Honorem Hludowici. Ed. *Faral*, Buch III, V. 1692–1723.

Herrscher zu falschen Entscheidungen verleiten kann.⁶⁵ Bei Murman kommen noch dessen Gemahlin und der Wein als schlechte Ratgeber hinzu:⁶⁶ Bereits in den Beratungen mit Ludwigs Boten war der bretonische Anführer nicht nüchtern gewesen und hatte sich zudem, nachdem ihn die wohlmeinenden Mahnungen fast zur Einsicht gebracht hatten, von seiner Gattin gegen die Franken aufhetzen lassen, woraufhin ihm der Bote Witchar Wankelmut vorwarf. Der ebenfalls vielbeschworene Hochmut des bretonischen Königs ließ diesen berauscht vom Scheidebecher fröhlich in die Schlacht ziehen und auf Beute hoffen, nachdem Ermold bereits beschrieben hatte, wie die Franken zerstörend und plündernd durch das Land zogen.⁶⁷

Von ihrer Angst und ihrer Trauer lässt Ermold die beiden fremden Herrscher oder deren Gefolgsleute selbst berichten. So etwa bekennt der sarazenische Fürst Zadun vor seinen Leuten, er schaudere beim bloßen Namen der Franken, der sich – hier schiebt Ermold ihm die Kenntnis von Isidors von Sevilla ‚Etymologia' unter – von deren Wildheit (*feritas*) ableite, und er spreche traurigen Herzens zu ihnen.⁶⁸ Auf diese Weise demonstriert Ermold einerseits die Ohnmacht der Anderen im Angesicht der fränkischen Übermacht und nutzt die in fränkischen Herkunftserzählungen als charakteristische Eigenschaft der Franken tradierte Wildheit zu deren Lob.⁶⁹ Andererseits spielt er mit der Vorstellung, die Sarazenen könnten die Franken als ebenso wild wahrnehmen wie die Franken ihre Gegner. So wie Einhard, Alkuin und andere den Sachsen, Awaren oder Normannen eine *natura ferox* oder *antiqua feritas* zugeschrieben hatten oder zuschreiben sollten,⁷⁰ so könnten, gemäß Ermolds Vorstellung, auch die Franken selbst den von ihnen bekriegten Völkern als von Natur aus wild erschienen sein. Und gemäß der von Ermold geschilderten Selbstwahrnehmung der Sarazenen waren sie die Frommen, deren Ruhe von den Franken gestört wurde. So ruft im Gedicht ein Verteidiger namens Durzaz von den Mauern einem der Franken entgegen: „Warum erschüttert ihr diese fromme Stadt und stört die Ruhe der Frommen?"⁷¹ Er-

---

65 Vgl. etwa Ermoldus Nigellus, In Honorem Hludowici. Ed. *Faral*, bes. Buch I, V. 446–449, 468–470, aber auch in Buch III, V. 1414f. Zur Interpretation dieser Mimik und Gestik vgl. ebd., V. 1416f. Zum Zähneknirschen als Drohgebährde vgl. *Prietzel*, Kriegführung (2006), 70.
66 Ermoldus Nigellus, In Honorem Hludowici. Ed. *Faral*, Buch III, V. 1418–1475.
67 Ermoldus Nigellus, In Honorem Hludowici. Ed. *Faral*, Buch III, V. 1600–1647.
68 Ermoldus Nigellus, In Honorem Hludowici. Ed. *Faral*, Buch I, V. 378–380. Auch der Sarazene Durzaz wirft den Frankenvor, *ferox* zu sein, vgl. ebd., V. 398. Vgl. Isidor von Sevilla, Etymologiae. Ed. *Lindsay*, Bd. 1, Buch IX, Kap. 2; vgl. *Plassmann*, Origo gentis (2006), 186–188. Zur Formulierung *horresco referens* vgl. Verg. Aen. Ed. *Conte*, 36, Buch II, V. 204.
69 *Plassmann*, Origo gentis (2006), 187.
70 Einhard. Vita Karoli. Ed. *Holder-Egger*, Kap. 7; Epistolae Karolini aevi. Ed. *Dümmler*, Nr. 110; auch die Datierung der ‚Vita Karoli' ist nicht gesichert. Die Vorschläge reichen von 817 bis 830. *Patzold*, Karl der Große (2013), 193–205, 294f., folgend gehe ich von einer Entstehung der Vita nach der Entstehung des Lobgedichts für Ludwig aus.
71 Ermoldus Nigellus, In Honorem Hludowici. Ed. *Faral*, Buch I, V. 391: *Cur pia castra quatis inquietatisque pios?*

mold zeigt also, dass aus Sicht der Gegner die Franken selbst die Angreifer waren, die einen Krieg vom Zaun brechen.[72]

Diejenigen, die sich gegen die Franken zur Wehr setzen müssen, beklagen ihr Schicksal und verzweifeln. Den sarazenischen Kriegern schwindet der Mut, nachdem Wilhelm von Tolosa in einem Wortgefecht bekundet hatte, lieber sein Pferd zu essen als unverrichteter Dinge abzuziehen. Einer der Sarazenen stürzt daraufhin sogar, bis ins Mark erschrocken, schreiend von den Mauern. Die anderen weichen zurück und drängen ihren Anführer, ob der aussichtslosen Situation die Franken um Frieden zu bitten.[73] Murman betrauert in seiner Ansprache an die mit ihm kämpfenden Jünglinge die Verwüstungen und Plünderungen der Franken und den Verlust der bretonischen Güter.[74] Murmans Hoffnung, Ludwig töten zu können, macht einer von diesen jungen Männern zunichte, indem er zu seinem König spricht:

> Ich sehe viele tausend Franken unseren Boden nehmen (...). Selbiger König ist dicht und vielfältig umringt von ehrwürdigen Kriegern, sicher führt er auf sicherem Weg durch dein Gebiet. (...) Wenn es dir gefällt, Murman, verfolge nur die, die du vereinzelt gehen siehst, aber es gibt keine Hoffnung, zum König zu gelangen.[75]

Was Ermold damit thematisiert, sind aber nicht nur die Schrecken des Krieges, sondern er legt auch die Probleme offen, die zur Wehrlosigkeit der Gegner geführt haben. Während es Zadun zwar zunächst noch gelingt, seine mutlose Kriegerschar dazu zu bewegen, die Stadt nicht aufzugeben, hat Murman offensichtlich keine Kontrolle über sein Volk. Er zieht mit wenigen Jünglingen in die Schlacht gegen Ludwigs aus erfahrenen Kriegern bestehendes Heer.[76] Ludwigs Heer, dessen Ordnung und den Marsch gegen die Bretonen hat Ermold dagegen in mehr als 50 Versen beschrieben.[77] Von Truppen ist auf bretonischer Seite nicht die Rede, sondern von sich versteckenden Menschen. Murman selbst wendet sich klagend an sein Gefolge:

> Seht ihr, wie sich die traurigen Bewohner in den Wäldern verstecken und nicht wagen, den Feinden auf dem Feld mit den Waffen gegenüberzutreten? Nirgends ist die Treue sicher: Wo sind die Versprechen der rechten Hand für das Jahr? Nun will niemand gegen die Franken ziehen.[78]

---

72 Ermoldus Nigellus, In Honorem Hludowici. Ed. *Faral*, Buch I, V. 356–359, 390 f.; Buch III, V. 1468.
73 Ermoldus Nigellus, In Honorem Hludowici. Ed. *Faral*, Buch I, V. 437–451, 466 f.
74 Ermoldus Nigellus, In Honorem Hludowici. Ed. *Faral*, Buch III, V. 1648–1657.
75 Ermoldus Nigellus, In Honorem Hludowici. Ed. *Faral*, Buch III, V. 1666–1675, Zitat V. 1668–1675: *Milia multa video Francorum plana tenere (...). / Rex idem vario stipatus milite celsus / Tutus iter tutum per tua rura gerit. (...) / Si, Murmane, placet, raros, quos cernis euntes, / Persequere, ad regem tendere nulla fides.*
76 Ermoldus Nigellus, In Honorem Hludowici. Ed. *Faral*, Buch III, V. 1624, 1648, 1670 f.
77 Ermoldus Nigellus, In Honorem Hludowici. Ed. *Faral*, Buch III, V. 1506–1559.
78 Ermoldus Nigellus, In Honorem Hludowici. Ed. *Faral*, Buch III, V. 1652–1655: *Cernitis en miseros silvis confidere cives, / Nec campis audent hostibus arma dare. / Nusquam tuta fides: ubi nunc pro-*

Die eigene Fremdsicht, das Bild, das die Gegner in Ermolds Darstellung von den Franken zeichnen, ist das eines wilden, angriffslustigen und mächtigen Eroberervolks.[79] So beschreibt Zadun gegenüber seinen Gefolgsleuten die Franken als stark und waffengewandt, als hart und hitzig. Jeden, mit dem sie, die für den Krieg so berühmten, im Kampf aufeinandergetroffen wären, hätten sie ihrer Herrschaft unterworfen.[80] Mit den Stimmen der Gegner lobt der Dichter also die militärische Stärke der Franken – ein Lob, das er mit eigener Stimme eher verhalten und immer nur begleitet vom Lob der Frömmigkeit äußert.[81]

3 Lob und Mahnung

Auf diese Weise bedient der nach eigenen Aussagen leidlich kriegserfahrene Ermold sein heterogenes Publikum, das aus den Herrschern, aber auch aus den weltlichen wie geistlichen Großen am Hof und somit aus mehr oder weniger Kriegskundigen oder gänzlich -unkundigen bestand und sich teilweise sowohl dem heroischen Kriegertum als auch den christlichen Frömmigkeitsidealen verpflichtet fühlte.[82] Bei allem Lob, das die Geschichtsschreibung für den Herrscher über viele Völker bereithielt,[83] war gemäß christlichen Vorstellungen Herrschaft ohne Eroberungen nicht nur denkbar, sondern geradezu der Idealzustand. Zum Herrscherlob eignen sich für Ermold daher nicht nur Kriege und Eroberungen, sondern auch deren bewusste Vermeidung. Er kommt zwar bei der Schilderung der Verdienste der karolingischen Vorfahren nicht umhin, sie für die erfolgreiche militärische Expansion zu rühmen.[84] Ludwig den From-

---

missa per annum / Dextera ? Nunc Francos nullus adire volet. Für *nusquam tuta fides* vgl. Verg. Aen. Ed. *Conte*, 97, Buch IV, V. 373.

79 Ermoldus Nigellus, In Honorem Hludowici. Ed. *Faral*, Buch I, V. 437–445, V. 378–380, V. 398.

80 Ermoldus Nigellus, In Honorem Hludowici. Ed. *Faral*, Buch I, V. 356–373: *Proelia non miscet Bero princeps ille Gothorum (...) / Sed Hludowicus adest (...) / Fortis et armigera est, duraque sive celer. (...) / Nam quemcumque suo congressa est inclita bello, / Nolens sive volens, servitio subiit.*

81 z. B. durch Witchar, von dem wir nicht wissen, ob er Franke war, über Ludwig: Ermoldus Nigellus, In Honorem Hludowici. Ed. *Faral*, Buch III, V. 1372: *Pace fideque prior, nulli quoque Marte secundus*; über die Franken: V. 1406 f.: *Gens est Francorum nulli virtute secunda / Vincit amore Dei exsuperatque fide. / Pacem semper amat, nolens quoque corripit arma.* Ermold selbst führt Ludwig als *insignis Marte, petensque pius* ein, ebd., V. 79.

82 Zum Adressatenkreis von Kriegserzählungen vgl. *Clauss*, Kriegsniederlagen (2010), 126–131; *Föller*, Unsichtbare Seite (2016), unterscheidet in diesem Zusammenhang in einen *ecclesia*- und einen *guerra*-Diskurs.

83 Einhard, Vita Karoli. Ed. *Holder-Egger*, 17 f., Kap. 15; *Kamp*, Herrschaft (2022), 11.

84 Ermoldus Nigellus, In Honorem Hludowici. Ed. *Faral*, Buch IV, V. 2156–2163; Ermoldus Nigellus, Ad eundem Pippinum. Ed. *Faral*, V. 151–164. In der zweiten Elegie an Pippin liegt der Fokus auf den das Herrschaftsgebiet erweiternden militärischen Leistungen der Vorfahren, wie *Ratkowitsch*, Fresken (1994/1995), 574 f., heraustellt. Daher ist als bedeutendste Leistung Karl Martells nicht die Schlacht von Tours und Poitiers genannt, sondern die Eroberung der Friesen. Karl der

men jedoch, den er im zweiten Brief an Pippin zum einzig wahren Vorbild für seinen Adressaten erklärt, stilisiert er mit der Aussage, „[d]er Kaiser habe nicht aus eigener Kraft Reiche erwerben wollen, sondern halte die Herrschaft so, wie Gott sie ihm gegeben hatte",[85] geradezu zum Anti-Eroberer. Das „Ende der militärischen Expansion der Karolinger", das in Ludwigs Zeit offensichtlich wurde,[86] ist bei Ermold kein Grund zur Klage, sondern wird gleichsam als Höhepunkt einer Entwicklung gefeiert.

Auch im Lobgedicht auf Ludwig, in dem dessen religiös-spirituelle Verdienste mit seinen kriegerischen Taten und der Erweiterung des Einflussbereichs verwoben werden,[87] gipfelt die Ausdehnung des Einflussbereichs nach der Belagerung und Eroberung der Stadt Barcelona mit Waffengewalt gegen einen andersgläubigen Gegner und der gewaltsamen Eroberung der Bretagne gegen einen christlichen, aber den Glauben vernachlässigenden Gegner, im vierten Buch in der nicht-militärischen Unterwerfung der heidnischen Dänen durch die Taufe.[88] Vor dem Hintergrund der ‚Divisio regnorum' von 806 und der ‚Ordinatio imperii' von 817, die den Fokus weg von der Expansion und hin zur Sicherung des Erreichten legten, verhielt Ludwig sich vorbildlich und Ermold stellt genau das heraus.[89] Die karolingischen Fürstenspiegel, unter anderem auch Smaragdus von St. Mihiel, den Hans Hubert Anton zu derselben „aquitanische[n] Fürstenspieglergruppe"[90] zählt, der er auch Ermold zurechnet, betonen zudem, dass nicht der eigene Arm den militärischen Erfolg schenke, sondern der Wille Gottes.[91] Demnach wäre es vermessen und selbstherrlich, die eigene kriegeri-

---

Große wird als Eroberer der Langobarden dargestellt, nicht als Eroberer der Sachsen wie im Lobgedicht auf Ludwig.

85 Ermold, Ad eundem Pippinum. Ed. *Faral*, V. 187 f.: *Hic virtute sua nescivit quaere regna, / Imperiumque modo dante Tonante tenet.*

86 Vgl. *Reuter*, Expansion (2006); *Schieffer*, Platz Ludwigs (2018), 359 f.

87 Die konsequente Verschränkung geistlicher wie säkularer Leistungen im Gedicht betont *Godman*, Poets (1987), 112 f.

88 Ermoldus Nigellus, In Honorem Hludowici. Ed. *Faral*, Buch IV, V. 2464–2467: *Colla iugo Christi en monitans mea vestra subegit / Suasio, et aeternis traxit ab usque focis, / Deque errore malo memetque domumque subactam / Abstulit, et vero pectora fonte replet.* „Siehe, mahnend zwingt euer Rat die Meinen unter das Joch Christi, und zieht uns fortwährend weg von den ewigen Altären und vom schlechten Fehler, und er gewinnt mich und das mir unterworfene Haus, und füllt die Herzen mit der wahren Quelle." Vgl. auch ebd., V. 2482 f.: *Mox manibus junctis regi se tradidit ultro, / et secum regum, quod sibi jure fuit.* „Danach übergab er sich mit verbundenen Händen dem König, zusammen mit seinem Reich, das ihm von Rechts wegen zustand". Die Übersetzungen sind angelehnt an Ermoldus Nigellus, Lobgedicht. Übers. *Pfund*, neu bearb. *Wattenbach*, 92.

89 *Schieffer*, Platz Ludwigs (2018), 360. Der Lesart von *DeJong*, Penitential State (2009), 112, das Gedicht sei eine „expression of nostalgic longing for the bygone days of Charlemagne's brilliant court", widerspricht auch der leise Vorwurf Ermolds zu Beginn des dritten Buchs, man habe aufgrund anderer Feinde das zur Ordnung-Rufen der Bretonen vernachlässigt.

90 *Anton*, Fürstenspiegel (1968), 132.

91 Smaragdus von St.-Mihiel, Via regia. Ed. *Migne*, 968 C: *Haec si diligenter (…)*; 969 C: *Ergo salus non (…)*; Hinkmar von Reims, Capitula. Ed. *Laehr*, 121–123, Kap. V, IX, XVI, wortgleich mit Hinkmar von Reims, De regis persona. Ed. *Migne*, 842–844, Kap. 12–14. Dieser gemäß *Anton*, Fürstenspiegel

sche Macht zu loben. Versteht man das Königtum als ein von Gott übertragenes *ministerium*, ist der Verzicht auf die eigenmächtige Erweiterung des Reichs für einen gottesfürchtigen Herrscher nur folgerichtig.

Doch auch der erfolgreiche Eroberer kommt zu seinem Recht. Den Perspektivwechsel nutzt Ermold nämlich unter anderem dazu, das fränkische Volk trotzdem für seine Stärke und kriegerische Dominanz zu rühmen: Mit den Stimmen der nichtchristlichen Gegner kann er die Franken in episch-heldenhafter Verklärung unumwunden loben und den Mythos der fränkischen Unbesiegbarkeit fortschreiben.[92] Ermolds Zeitgenosse Einhard legt das Lob der fränkischen Macht ebenfalls in fremde Münder, wenn er ein griechisches Sprichwort anführt, das gelautet haben soll: „Den Franken habe zum Freund, aber nicht zum Nachbar."[93] Spricht Ermold hingegen als Erzähler positiv über die Eroberungen unter Ludwigs Führung, verknüpft er dessen militärische Durchsetzungsfähigkeit eng mit der Tugend der *pietas*.[94]

Das Gedicht, für das Ermold das Umfeld Ludwigs und das Pippins von Aquitanien vor Augen hatte, kann aber auch als Mahnung an die Franken und Pippin im Besonderen gelesen werden. Eine solche Lesart unterstützt das zweite an Pippin gerichtete Briefgedicht, in dem Ermold dem Sohn dessen Vater als Vorbild ans Herz legt und dabei auf das Gedicht verweist, das er ihm über dessen Taten gesandt hat.[95] Er mahnt ihn, das Vergnügen nicht über die Pflichten zu stellen, knabenhaftes Verhalten durch das eines Mannes zu ersetzen, gut beraten zu herrschen, die Rechte der Kirche zu wahren und keine Liebe der Liebe zu Gott voranzustellen, denn Gott habe ihm nichts Geringeres als die *publica res* anvertraut.[96] Hier erläutert der Autor abermals die isidorische Herleitung des *rex*-Titels von *regere*, die er im Lobgedicht genutzt

---

(1968), 224, als Teil „einer Materialsammlung zu oder eher einem Extrakt aus einem Konzilstext der Zeit Ludwigs" zu verstehende Text wird Jonas von Orléans zugeschrieben und in die Zeit um 836 datiert, vgl. ebd., 223 f., 229 f.; *Scharff*, Kämpfe (2002), 17–20. Die bereits von *Laehr*, Konzilsbrief (1953), 119, abgelehnte Vermutung, Hinkmar sei der Redaktor gewesen, wird neuerdings von Philipp Wynn, der die Edition des Textes besorgt, vertreten. Er datiert den Text in das Jahr 842, vgl. den Hinweis hierauf bei *Stone*, Introduction (2015), 5 mit Anm. 32.

92 Zur Unbesiegbarkeit vgl. etwa *Nonn*, Franken (2010), 11–15; *Plassmann*, Origo gentis (2006), 186–188.

93 Einhard, Vita Karoli. Ed. *Holder-Egger*, Kap. 16: Unde et illud Grecum extat proverbium: ΤΟΝ ΦΡΑΝΚΟΝ ΦΙΛΟΝ ΕΧΙΣ, ΓΙΤΟΝΑ ΟΥΚ ΕΧΙΣ; die Übersetzung ist entnommen aus Quellen zur karolingischen Reichsgeschichte, 1. Teil. Hrsg. *Rau*, 187.

94 Oft wörtlich, teilweise durch Handlungen, die die *pietas* zum Ausdruck brachten, vgl. Ermoldus Nigellus, In Honorem Hludowici. Ed. *Faral*, Buch I, V. 550, V. 566 f., V. 584–587; Buch III, V. 1738–1740, V. 1752. Vgl. dazu auch Anm. 79.

95 Ermoldus Nigellus, In Honorem Hludowici. Ed. *Faral*, Buch I, V. 139–142. Am Ende dieses Briefs deutet Ermold an, Neider hätten ihm unterstellt, etwas Anderes geraten zu haben, vgl. ebd., V. 199–204. Auch im Lobgedicht auf Ludwig gibt er seiner Hoffnung Ausdruck, Ludwig möge erfahren, dass er der – hier nicht näher spezifizierten – Vergehen nicht schuldig ist, vgl. ebd., Buch IV, V. 2638 f.; vgl. *Godman*, Louis (1985), 255, 266, 270; *Ders.*, Poets (1987), 107 f.

96 Ermoldus Nigellus, In Honorem Hludowici. Ed. *Faral*, Buch I, V. 45–68, V. 107–110.

hatte, um Zweifel an der korrekten Benennung des nicht-regierenden Bretonenkönigs Murman zu streuen.[97]

Der Herrscher war verantwortlich für das Wohl und das Seelenheil seines Volks.[98] Vernachlässigte er jedoch diese ihm von Gott übertragene Aufgabe, hatte das negative Auswirkungen für das ganze Reich, denn Gott strafte in Form von Kriegen, Ernteausfällen, Seuchen und Unwetter.[99] Die Ermahnung des Königs zur korrekten Ausübung seines Amts (*ministerium*) war in dieser Zeit, wie etwa Mayke de Jong zeigt, eine bevorzugte und gängige Form, um sich als Ratgeber zu empfehlen.[100] Versteht man das Lobgedicht als moralisierende Erzählung für Pippin, die durch das fürstenspiegelartige Briefgedicht kommentiert wird, dann führt das Lobgedicht ihm und dem größeren Publikum recht plastisch mit den Sarazenen in Barcelona und den Bretonen vor Augen, welche Folgen die im Briefgedicht eher abstrakt beschriebene schlechte, weil unberatene Regierung haben kann: die Unfähigkeit, das eigene Volk und eigenes Territorium vor äußeren Angriffen zu schützen, den Verlust von Frieden und Ordnung und schließlich den Verlust der Herrschaft.

Ein solches Szenario war für die Franken zur Abfassungszeit des Gedichts nicht gänzlich abstrakt, sondern hatte mit den Grenzkriegen der 820er Jahre durchaus einen aktuellen Bezug. Die viel beschworene Unbesiegbarkeit der Franken, welche fremde Expansionsbestrebungen als wahnwitzige Ideen hochmütiger Herrscher oder Völker erscheinen ließ, bekam Risse. Dass man selbst Objekt fremder Expansionsbestrebungen sein konnte, gibt Ermold zu Beginn des dritten Buches direkt zu verstehen, indem er auf die Bretonen rekurriert, die sich nicht mit dem Gebiet zufriedengeben wollten, das sie besiedelten, und sich Hoffnungen machten, sie könnten Sieger über die Franken sein.[101] Expansionsbestrebungen der Nachbarn zu Lasten der Franken bezeichnet Ermold zwar unisono mit den Reichsannalen und der ‚Vita Karoli magni'[102] als hochmütig, mithin als aussichtslos. Doch schrieb er in einer Situation, in der diese Unbesiegbarkeit in unmittelbarer Nachbarschaft zu Pippins aquitanischem Königreich auf eine harte Probe gestellt wurde und in der es angezeigt scheinen konnte, den Franken durch die intensive Schilderung von Kriegsgräuel bewusst zu machen, welches Leid das Erobert-Werden mit sich brachte.

Denn schon im Sommer 826, der als frühester Zeitpunkt der Abfassung von Ermolds Lobgedicht gilt, berichten die Reichsannalen und ihnen folgend auch der Astro-

---

97 Ermoldus Nigellus, In Honorem Hludowici. Ed. *Faral*, Buch I, V. 111f.; vgl. oben Anm. 51; zur Interpretation des Briefs vgl. auch *Godman*, Louis (1985), 267–270.
98 Capitularia regum Francorum. Ed. *Boretius*, Bd. 1, Nr. 150, Kap. 1–3; vgl. *Suchan*, Mahnen (2015), 240–244.
99 *de Jong*, Penitential State (2009), 174f.; *Meens*, Politics (1998), 345–357; *Ebert*, Starvation (2018), 221. Zur königlichen Herrschaft als *ministerium* vgl. *Anton*, Fürstenspiegel (1968), 410–412.
100 Vgl. *de Jong*, Penitential State (2009), 122–147; *Suchan*, Mahnen (2015), 233–258.
101 Ermoldus Nigellus, In Honorem Hludowici. Ed. *Faral*, Buch I, V. 1282–1285.
102 Einhard, Vita Karoli. Ed. *Holder-Egger*, Kap. 14 (*in vana spe inflatus*); Annales regni Francorum. Ed. *Kurze*, a.a. 808 (*vesanus*).

nomus von einem gewissen Aizo, der plündernd und verheerend durch die spanische Mark zog, Burgen befestigte und sich mit dem umayyadischen Emir Abd-ar-Raman gegen die Franken verbündete.[103] Damit stellte er Ludwigs Herrschaft in dieser Gegend in Frage. Das Heer, das angeführt von Pippin die Grenzen des Reichs schützen sollte, kam zu spät, um zu verhindern, dass das sarazenische Heer das Gebiet um Barcelona und Gerona plündern und verheeren (*vastare*) konnte und anschließend zu allem Übel auch noch ungestraft davonkam.

Folgt man Thomas Scharff, der die *vastatio* in der karolingerzeitlichen Geschichtsschreibung als Symbol für die Besetzung des Raums, als die Negierung anderer Herrschaftsansprüche und als Zeichen der eigenen Ansprüche liest,[104] so beklagen die Reichsannalen hier nichts weniger als die symbolische Besetzung fränkischer Gebiete durch die Sarazenen.[105] Den Ruf des unbesiegbaren, Angst einflößenden Volks, den Ermold im Lobgedicht, aber auch Einhard in der ‚Vita Karoli' betonen,[106] der Angriffspläne gegnerischer Heere entmutigen konnte, hatte man nicht nur aufs Spiel gesetzt, sondern möglicherweise auch verspielt.

Die Verantwortung Pippins für die spanische Mark wird aus den Quellen deutlich. Der Astronomus erklärt sogar explizit, Ludwig habe Pippin im Februar 826 beauftragt, dafür zu sorgen, dass er bereit sei einzuschreiten, falls sich in den spanischen Gebieten neue Unruhen zeigten. Diese Zuweisungen von Verantwortung deuten an, dass man in den Folgejahren die Schuld nicht nur bei den auf dem Aachener Hoftag im Februar 828 bestraften Heerführern Matfrid von Orléans und Hugo von Tours sah, sondern auch bei Pippin.[107]

Nun mag Ermold den Ausgang der Ereignisse nicht gekannt haben, als er sein Werk verfasste, denn die Verurteilung der Grafen Matfrid und Hugo gilt ja als *terminus ante quem* für die Abfassung des Lobgedichts.[108] Dennoch war das Problem vor der aquitanischen Haustür seit Sommer 826 bekannt und dürfte auch zu dem beim Straßburger Bischof befindlichen Exilanten durchgedrungen sein. Und schon das

---

103 Annales regni Francorum. Ed. *Kurze*, a.a. 826, a.a. 827; nach den Reichsannalen leicht verändert auch Astronomus, Vita Hludowici. Ed. *Tremp*, 430–442, Kap. 40f.; vgl. *Collins*, Pippin I (1990), 378; zu Aizo, dessen Identität und Erfolgen vgl. *Chandler*, Carolingian Catalonia (2019), 97–102.
104 Vgl. *Scharff*, Kämpfe (2002), 138–146; *Prietzel*, Kriegführung (2006), 109–118.
105 Dass diese in der Lage waren, völlig ungehindert von den Franken beanspruchtes Land zu verwüsten, demonstrierte den fränkischen Kontrollverlust, selbst wenn Barcelona und Gerona gehalten werden konnten; anders: *Collins*, Pippin I (1990), 379, der darauf abzielt, zu demonstrieren, dass „the degrading of his [Ludwigs] principal lay councillors (...) looks to have been an excessive reaction in the light of what had actually happened."
106 Ermoldus Nigellus, In Honorem Hludowici. Ed. *Faral*, Buch I, etwa V. 68, V. 372–379; Buch III, V. 1278f., V. 1372, V. 1394–1409; Einhard, Vita Karoli. Ed. *Holder-Egger*, Kap. 14, 16.
107 Astronomus, Vita Hludowici. Ed. *Tremp*, 430–437, Kap. 40; Annales regni Francorum. Ed. *Kurze*, a.a. 826, wo die Hüter der spanischen Mark (*Hispanici limitis custodibus*) in den Reichsannalen im Gefolge Pippins zusammen mit dessen Großen genannt werden.
108 Vgl. oben.

Jahr 827 war „[i]n military terms (...) a disastrous year",[109] zumal alle Gegner, gegen die man sich nicht hatte behaupten können, Nicht-Christen waren und als Strafe Gottes gesehen werden konnten.[110]

Vor diesem Hintergrund schrieb Ermold also seine aufeinander bezogenen Werke, von dem eines, der zweite Brief an Pippin, diesen fürstenspiegelartig belehrt und zum guten Regieren mahnt, und das andere, das Lobgedicht auf Ludwig, im Rahmen einer historischen Erzählung nicht nur die Taten des Vorbilds zur Nachahmung empfiehlt, sondern mit seinem Eintauchen in die Haut der Anderen aufzeigt, wie es ist, erobert zu werden. Zu vermeiden waren die geschilderten Mängel und Fehler, die die Gegner der Franken zum Opfer von Eroberung werden ließen. Dies waren auf der Ebene des Herrschers falsche, schlecht beratene und zögerliche Entscheidungen sowie das Unvermögen, Treue und Gefolgschaft in den Untertanen hervorzurufen. Auf der Ebene der Krieger waren es fehlende Treue und fehlender Mut. Zu diesem Zweck zeigt Ermold das Leiden und die Angst der nicht-christlichen Sarazenen und der schlecht-christlichen bretonischen Bevölkerung, die vor den Franken in die Wälder floh. Solche Zögerlichkeit und Mutlosigkeit im Kampf deuten die Fürstenspiegel der Karolingerzeit als Zeichen für mangelndes Gottvertrauen.[111] Den Fehler, Gott nicht zu vertrauen, durften fränkische Krieger keinesfalls begehen.

Bei den Herrschern der Gegenseite unterscheidet Ermold den weitblickenden, aber nicht-christlichen und daher glücklosen Zadun und den schlechten Christen Murman,[112] der auf wohlmeinende Mahnungen nicht reagiert, stattdessen einseitig auf schlechte Ratgeber hört, nämlich nur auf seine Gattin,[113] auf seine Kampfesstärke statt auf Gott vertraut,[114] maßlos trinkt, sich also weder selbst im Griff hat noch sein Volk, auch weil er nicht Recht und Ordnung hält, sodass es für die Bretonen nichts gibt, wofür es sich zu kämpfen lohnt.

Die Darstellung Murmans als leichtsinnigen Trunkenbold könnte auch dazu gedient haben, Pippin von Aquitanien einen Zerrspiegel vorzuhalten. Dieser stand nach seinem Tod nämlich selbst in der Kritik, von dem „angeborenen Charakter" der Aquitanier, die „dem Leichtsinn und anderen Lastern zugeneigt, sich von Besonnenheit und Beständigkeit ganz losgesagt hatten", beeinflusst worden zu sein, wie der Astronomus meint.[115] Auch Regino von Prüm berichtet zum Jahr 853, Pippin habe

---

109 *de Jong*, Pentitential State (2009), 150.
110 Vgl. *de Jong*, Pentitential State (2009), 150; *Depreux*, Gefahrenabwendung (2019), 22.
111 Vgl. Hinkmar von Reims, Capitula. Ed. *Laehr*, Kap XVI, 121; Hinkmar von Reims, De regis persona. Ed. *Migne*, 843f., Kap. 14.
112 Auf diesen Gegensatz geht auch *Stone*, Waltharius (2013), 61, ein.
113 Auch *Boshof*, Ludwig (1996), 101, hatte darüber nachgedacht, die Episode mit Murmans Gemahlin als Mahnung zu lesen, allerdings konkreter als Warnung in Bezug auf seine zweite Gemahlin Judith. *Scharff*, Erzählen (2019), 254, weist eine solche Interpretation als Warnung vor kommendem Unheil zurück.
114 Vgl. etwa Ermoldus Nigellus, In Honorem Hludowici. Ed. *Faral*, Buch III, V. 1468, V. 1622–1647.
115 Astronomus, Vita Hludowici. Ed. *Tremp*, 532–541, Kap. 61.

sich übermäßig der Trunkenheit und Schlemmerei hingegeben und habe am Ende den Verstand verloren.[116] Beide Chronisten unterstützen damit die Ansprüche Karls des Kahlen auf Aquitanien gegen diejenigen von Pippins gleichnamigen Sohn. Falls diese Vorwürfe für die Zeit vor 828 dennoch einen wahren Kern besitzen, ist das Murman-Bild auch als Mahnung zu mehr Bedachtsamkeit und zur Mäßigung beim Wein zu lesen.[117]

In beiden Büchern, im ersten zur Belagerung von Barcelona wie im dritten zum Feldzug gegen die Bretonen, ist der Perspektivwechsel nicht Selbstzweck. Er dient nicht in erster Linie dem Aufzeigen anderer Sichtweisen und damit der Relativierung der eigenen oder dem Hervorrufen von Mitleid gegenüber dem Gegner, sondern veranschaulicht, was geschehen kann, wenn man sich nur für die fromme, gottgefällige Seite hält, es aber nicht ist. Er zeigt die Folgen einer nicht angemessenen Haltung und Handlung sowie eines in den Wind geschlagenen Rats. Dass Ermold in den späten 820er Jahren mit der Eroberung Barcelonas gerade den militärischen Erfolg Ludwigs lobt, der aktuell gefährdet war, ist möglicherweise weniger taktlos gemeint,[118] sondern verdeutlicht vielmehr die Dringlichkeit der Mahnung. Mit dieser Lesart unterscheidet sich Ermold dann doch nicht so sehr von anderen Autoren seiner Zeit wie etwa Agobard von Lyon, von dessen mahnerischer Art Mayke de Jong ihn abgrenzt.[119]

4 Zusammenfassung

Gibt man die Vorstellung einer starren Dichotomie von Eroberten und Eroberern auf, wie Rike Szill dies in der Einleitung dieses Bandes anregt,[120] ist es möglich, auch die Texte der Eroberer für die Fragen nach der Perspektive der Eroberten und nach den Erfahrungen des Erobert-Werdens fruchtbar zu machen. Da selbst die als Volk von Eroberern[121] in die Geschichte eingegangenen Franken vor Gebiets- und Herrschaftsverlusten nicht gefeit waren, also von Eroberern zu Eroberten werden konnten, zeugen auch fränkischen Quellen, die uns in ungleich viel größerer Quantität und Qualität zur Verfügung stehen als Dokumente der durch sie eroberten Völker, von Vorstellungen des Erobert-Werdens, die sich teilweise aus eigenen Erfahrungen, teilweise aus der Beobachtung der Gegner speisen.

---

116 Regino von Prüm, Chronicon cum continuatione Treverensi. Ed. *Kurze*, a.a. 853. Die Kritik an Pippin nutzt er hier, um dessen Sohn in ein schlechtes Licht zu rücken.
117 Vgl. *Collins*, Pippin I (1990), 386; *Kienast*, Studien (1968), 58 f. mit Anm. 54.
118 So *Godman*, Poets (1987), 118, und ihm folgend auch *Stone*, Morality (2012), 56.
119 Vgl. *de Jong*, Penitential State (2009), 145.
120 Vgl. dazu die Einleitung von Rike Szill in diesem Band. Vgl. auch *Bihrer*, Eroberungen (2021), 463.
121 *Geary*, Before France (1988), vii, charakterisiert die Franken als die „conquerors of much of Europe".

Die genretypischen Dialoge und Perspektivwechsel in Ermolds epischem Lobgedicht auf Ludwig den Frommen präsentieren solche Vorstellungen besonders eindrücklich. So scheint in der Szene, in der Ludwigs Bote Witchar auf den bretonischen König Murman trifft, ein Bewusstsein des Autors für den multiperspektivischen Charakter von Eroberungen auf: Was Murman als ungerechtfertigten Angriff auf seine Herrschaft, als Androhung eines nicht durch einen gerechten Grund legitimierten Kriegs mit dem Ziel einer fränkischen Herrschaftsübernahme wertet, ist für den karolingischen Kaiser und dessen Boten lediglich die Durchsetzung ihrer rechtmäßigen Herrschaft. Der zu diesem Zweck zu führende Krieg ist aus fränkischer Perspektive gerechtfertigt, da er nicht nur der Verteidigung der Franken dient, sondern auch der Verteidigung von Ludwigs Ansprüchen. Dass die Murman in den Mund gelegten Äußerungen tatsächlich der Haltung der Bretonen zu dieser Frage entsprachen, ist vorstellbar, aber letztlich nicht zu klären. Die Gegensätzlichkeit der Fremd- und Eigenwahrnehmung, wie Ermold sie unter anderem mit dem Sarazenen, der klagt, die Franken störten ihre fromme Ruhe, demonstriert, hat gerade in diesem Fall beinahe komischen Charakter und mag bei den Zuhörenden auch Belustigung hervorgerufen haben. Diese Passagen zeigen uns jedoch, dass man diesen Perspektivwechsel vollziehen und diese Vorstellungen für die eigenen Zwecke nutzen konnte.

Auch wenn Ermolds Darstellungen der Eroberten sicherlich fiktiv oder wenigstens überzeichnet sind, durfte er sie doch nicht zu weit von dem für sein Publikum Vorstellbaren entfernen, wollte er das mit seinen Werken verfolgtes Ziel erreichen. Die Verteidiger Barcelonas und insbesondere deren Anführer Zadun zeichnet er als weitsichtige und besonnene Kämpfer. Dass sie trotzdem von den Franken erobert werden konnten, lag, so scheint Ermold es sagen zu wollen, nicht an mangelnder Kriegstüchtigkeit, sondern daran, dass sie sich zwar für fromm hielten, aber nicht den aus fränkischer Sicht richtigen, nämlich christlichen Glauben hatten. Murman und die Bretonen hingegen waren Christen, doch ihnen fehlte es an Frömmigkeit und einer an den christlichen Geboten orientierten Lebensweise, zu der die tüchtige und disziplinierte Ausübung ihres Amtes gehört, weshalb auch sie den Franken unterlagen. Mit der Darstellung der Eroberten zeigt Ermold seinem Publikum also auf, welche Fehler zu vermeiden sind, wenn man verhindern möchte, selbst erobert zu werden.

Seine Vorstellungen vom Erobert-Werden schildert er, um seiner Mahnung zu Frömmigkeit und zur richtigen Ausübung des Amts Nachdruck zu verleihen. Die Angst des Volks vor der Eroberung, dem Besiegt-, Beraubt-, Verschleppt- oder Getötet-Werden, die Trauer im Herzen des Sprechers in der eingangs zitierten Passage, der die Übermacht der Franken an deren ungehindertem Vordringen in das eigene Gebiet erkennt und den König auf die Aussichtslosigkeit des Kampfes hinweist,[122]

---

[122] Der ungehinderte Durchzug durch fremdes Gebiet kann die gleiche Bedeutung haben wie eine *vastatio*, vgl. *Scharff*, Kämpfe (2002), 145f.

soll insbesondere die königlichen Adressaten des Gedichts an ihre Aufgabe und Verantwortung erinnern: Sie müssen, anders als Zadun und Murman, die Ihren schützen und zwar durch die korrekte Ausübung ihres *ministerium*. Da es in Ermolds Gedicht die Franken sind, die erobern, kann er nicht von den Schrecken der nach dem Eroberungskrieg eingerichteten fremden Herrschaft berichten. Das hätte die Regierungsweise Ludwigs des Frommen verunglimpft. In Barcelona ließ dieser die Orte, wo man Dämonen angebetet hatte, reinigen.[123] Den unterworfenen Bretonen gab er Recht, Ordnung und Frieden.[124] Ermold führt nicht explizit auf, was geschähe, sollten fränkische Gebiete durch fremde Mächte erobert werden. Da er aber die Zustände in beiden Gebieten vor der Eroberung ausführlich beschrieben hatte, konnten sich die Zuhörenden wohl ausmalen, dass sie im Fall einer fremden Herrschaftsübernahme Recht, Ordnung und Frieden verlieren würden und stattdessen gezwungen werden könnten, etwa die schlechten Sitten der Bretonen anzunehmen oder gar den falschen Glauben der Sarazenen, den diese ja für den richtigen und frommen hielten.

Die Erfahrung, dass das Frankenreich von äußeren Feinden bedrängt wurde, seit 826 insbesondere an den Grenzen, die der besonderen Verantwortung Pippins von Aquitanien, eines der Adressaten Ermolds, unterstanden, mag ihm Impulse geliefert haben, in die Haut der von den Franken Eroberten zu schlüpfen und auf diese Weise über das Erobert-Werden nachzudenken. Insofern kann das Lobgedicht als Stimme von potenziell von Eroberung Bedrohten gelesen werden.

Quellen und Übersetzungen

Annales Mettenses priores. Ed. *Bernhard von Simson*. (MGH SS rer. Germ. 10.) Hannover / Leipzig 1905.
Annales regni Francorum inde a. 741 usque ad 829, qui dicuntur Annales Laurissenses maiores et Einhardi. Ed. *Friedrich Kurze*. (MGH SS rer. Germ. 6.) Hannover 1895.
Astronomus, Vita Hludowici Imperatoris. Ed. *Ernst Tremp*, in: MGH SS rer. Germ. 64. Hannover 1995, 279–555.
Capitularia regum Francorum, Bd. 1. Ed. *Alfred Boretius*. (MGH Capit. 1.) Hannover 1883.
De Pippinis regi victoria Avarica. Ed. *Ernst Dümmler*, in: MGH Poetae Latini aevi Carolini, Bd. 1. Berlin 1881, 116 f.
Einhard, Vita Karoli Magni. Ed. *Oswald Holder-Egger*. (MGH SS rer. Germ. 25.) Hannover / Leipzig [6]1911.
Epistolae Karolini aevi. Ed. *Ernst Dümmler*. (MGH Epp. 4.) Berlin 1895.
Ermoldus Nigellus, Ad eundem Pippinum. Ed. *Edmond Faral*, in: Ermold le Noir. Poème sur Louis le Pieux et èpitres au roi Pépin. (Les classiques de l'histoire de France au Moyen Âge, Bd. 14.) Paris [3]1964, 218–233.
Ermoldus Nigellus, In Honorem Hludowici Christianissimi Caesaris Augusti Ermoldi Nigelli Exulis Elegiacum Carmen. Ed. *Edmond Faral*, in: Ders. (Hrsg.), Ermold le Noir. Poème sur Louis le

---

123 Ermoldus Nigellus, In Honorem Hludowici. Ed. *Faral*, Buch I, V. 568 f.
124 Ermoldus Nigellus, In Honorem Hludowici. Ed. *Faral*, Buch III, V. 1750–1753.

Pieux et èpitres au roi Pépin. (Les classiques de l'histoire de France au Moyen Âge, Bd. 14.) Paris ³1964, 2–201.

Ermoldus Nigellus, Lobgedicht auf Kaiser Ludwig und Elegien an König Pippin, übers. v. *Theodor G.M. Pfund*, neu bearb. v. *Wilhelm Wattenbach*. (Die Geschichtsschreiber der deutschen Vorzeit. Zweite Gesamtausgabe, Bd. 18.) Leipzig ³1940.

Fontes Historiae Iuris Gentium. Quellen zur Geschichte des Völkerrechts. Bd. 1: 1380 v. Chr.–1493. Ed. *Wilhelm G. Grewe*. Berlin / New York 1995.

Gregor von Tours, Libri historiarum X. Ed. *Bruno Krusch / Wilhelm Levison*. (MGH SS rer. Merov. 1.1.) Hannover 1937.

Hinkmar von Reims, Capitula diversarum sententiarum pro negociis rei publice consulendis, in: *Gerhard Laehr*, Ein karolingischer Konzilsbrief und der Fürstenspiegel Hincmars von Reims, in: Neues Archiv 50, 1953, 106–134, hier 120–126.

Hinkmar von Reims, De regis persona et regio ministerio ad Carolum Calvum regem. Ed. *Jacques-Paul Migne*, in: PL 125. Paris 1852, 833–856.

Isidor von Sevilla, Etymologiarum sive originum, libri XX. Bd. 1. Ed. *Wallace M. Lindsay*. Oxford 1911.

Publius Vergilius Maro, Aeneis. Ed. *Gian Biagio Conte*. (Bibliotheca scriptorum Graecorum et Romanorum Teubneriana, Bd. 2040.) Berlin / Boston 2019.

Quellen zur karolingischen Reichsgeschichte, 1. Teil. Ed. *Reinhold Rau*. (Ausgewählte Quellen zur deutschen Geschichte des Mittelalters. FSGA 5.) Darmstadt 1993.

Recueil des actes de Pépin I. Ed. *Léon Levillain*. (Chartes et diplômes relatifs à l'histoire de France, Bd. 8 A.) Paris 1926.

Regino von Prüm, Chronicon cum continuatione Treverensi. Ed. *Friedrich Kurze*. (MGH SS rer. Germ. 50.) Hannover 1890.

Smaragdus von St.-Mihiel, Via regia. Ed. *Jacques-Paul Migne*, in: PL 102. Paris 1851, 931–690.

Thegan, Gesta Hludowici Imperatoris. Ed. *Ernst Tremp*, in: MGH SS rer. Germ. 64. Hannover 1995, 167–277.

Vita beati Laudegarii matyris. Ed. *Ludwig Traube*. (MGH Poetae Latini aevi Carolini, Bd. 3.) Berlin 1894.

Walahfrid Strabo. De imagine Tetrici. Das Standbild des russigen Dietrich. Ed. und übers. v. *Tino Licht*. (Reichenauer Texte und Bilder, Bd. 16.) Heidelberg 2020.

Literatur

Hans Hubert Anton, Fürstenspiegel und Herrscherethos in der Karolingerzeit. (Bonner Historische Forschungen, Bd. 32.) Bonn 1968.

Helmut Beumann, Die Hagiographie „bewältigt". Unterwerfung und Christianisierung der Sachsen durch Karl den Großen, in: Centro italiano di studi sull'alto medioevo Spoleto (Hrsg.), Cristianizzazione ed organizzazione ecclesiastica delle campagne nell'alto medioevo Tl. 1. (Settimane di studio del Centro italiano di studi sull'alto medioevo, Bd. 28.) Spoleto 1981, 129–163.

Andreas Bihrer, Eroberungen im Mittelalter. Gegenstand – Motive – Akteure – Formen – Folgen. Eine Zusammenfassung, in: Hermann Kamp (Hrsg.), Herrschaft über fremde Völker und Reiche. Formen, Ziele und Probleme der Eroberungspolitik im Mittelalter. (Vorträge und Forschungen, Bd. 93.) Ostfildern 2022, 443–465.

Shane Bobrycki, Nigellus, Ausulus. Self-Promotion, Self-Suppression and Carolingian Ideology in the Poetry of Ermold, in: Richard Corradini u. a. (Hrsg.), Ego trouble. Authors and their Identities in the Early Middle Ages. Wien 2010, 161–174.

Egon Boshof, Ludwig der Fromme. Darmstadt 1996.

Carmen Cardelle de Hartmann / Peter Stotz, ‚Epyllion' or ‚Short Epic' in the Latin Literature of the Middle Ages?, in: Manuel Baumbach / Silvio Bär (Hrsg.), Brill's Companion to Greek and Latin ‚Epyllion' and its Reception. Leiden /Boston 2012, 493–518.

Cullen J. Chandler, Carolingian Catalonia. Politics, Culture, and Identity in an Imperial Province, 778–987. (Cambridge Studies in Medieval Life and Thought. 4th Series.) Cambridge 2019.

Martin Clauss, Kriegsniederlagen im Mittelalter. Darstellung – Deutung – Bewältigung. (Krieg in der Geschichte, Bd. 54.) Paderborn u. a. 2010.

Roger Collins, Pippin I and the Kingdom of Aquitaine, in: Peter Godman / Ders. (Hrsg.), Charlemagne's Heir. New Perspectives on the Reign of Louis the Pious (814–840). Oxford 1990, 363–389.

Mayke de Jong, The Penitential State. Authority and Atonement in the Age of Louis the Pious, 814–840. Cambridge u. a. 2009.

Philippe Depreux, Gefahrenabwendung in gefährlicher Zeit. Zur Wahrnehmung der bedrohten Ordnung in der Karolingerzeit, in: Martin Gravel / Sören Kaschke (Hrsg.), Politische Kultur und Textproduktion unter Ludwig dem Frommen / Culture politique et production littéraire sous Louis le Pieux. (Relectio, Bd. 2.) Ostfildern 2019, 15–45.

Philippe Depreux, La pietas comme principe de gouvernement d'après le Poème sur Louis le Pieux d'Ermold, in: Joyce Hill / Mary Swan (Hrsg.), The Community, the Family and the Saint. Patterns of Power in Early Medieval Europe. Selected Proceedings of the International Medieval Congress, University of Leeds, 4–7 July 1994, 10–13 July 1995. Turnhout 1998, 201–224.

Stephan Ebert, Starvation Under Carolingian Rule. The Famine of 779 and the Annales Regni Francorum, in: Dominik Collet / Maximilian Schuh (Hrsg.), Famines During the ‚Little Ice Age' (1300–1800). Socionatural Entanglements in Premodern Societies. Cham 2018, 211–230.

Edmond Faral, Introduction, in: Ders. (Hrsg.), Ermold le Noir. Poème sur Louis le Pieux et èpitres au roi Pépin. (Les classiques de l'histoire de France au Moyen Âge, Bd. 14.) Paris ³1964, III–XXXV.

Daniel Föller, Die unsichtbare Seite der karolingischen Welt. Umrisse einer Kriegergesellschaft im 8. und 9. Jahrhundert, in: Historische Anthropologie. Kultur, Gesellschaft, Alltag 24.1, 2016, 5–26.

Patrick J. Geary, Before France and Germany. The Creation and Transformation of the Merovingian World. New York u. a. 1988.

Peter Godman, Louis ‚the Pious' and his Poets, in: Frühmittelalterliche Studien 19, 1985, 239–289.

Peter Godman, Poets and Emperors. Frankish Politics and Carolingian Poetry. Oxford 1987.

Wilhelm Grewe, Epochen der Völkerrechtsgeschichte. Baden-Baden 1984.

Peter Haggenmacher, Grotius et la doctrine de la guerre juste. Paris 1983.

Yitzhak Hen, The Annals of Metz and the Merowingian Past, in: Ders. / Matthew Innes (Hrsg.), The Uses of the Past in the Early Middle Ages. Cambridge 2000, 175–190.

Michael W. Herren, The ‚De imagine Tetrici' of Walahfrid Strabo. Edition and Translation, in: The Journal of Medieval Latin 1, 1991, 118–139, hier 118–121.

Hermann Kamp, Der Frieden mit den Heiden. Die Karolinger, die dänischen Könige und die Seeräuber aus dem Norden, in: Philippe Depreux / Stefan Esders (Hrsg.), La productivité d'une crise. Le règne de Louis le Pieux (814–840) et la transformation de l'Empire / Produktivität einer Krise. Die Regierungszeit Ludwigs des Frommen (814–840) und die Transformation des karolingischen Imperiums. (Relectio, Bd. 1.) Ostfildern 2018, 129–156.

Hermann Kamp, Herrschaft über fremde Völker und Reiche. Formen, Ziele und Probleme der Eroberungspolitik im Mittelalter. Zur Einführung, in: Ders. (Hrsg.), Herrschaft über fremde Völker und Reiche. Formen, Ziele und Probleme der Eroberungspolitik im Mittelalter. (Vorträge und Forschungen, Bd. 93.) Ostfildern 2022, 9–28.

Bernd Kannowski, Das Recht des Eroberers, in: Hermann Kamp (Hrsg.), Herrschaft über fremde Völker und Reiche. Formen, Ziele und Probleme der Eroberungspolitik im Mittelalter. (Vorträge und Forschungen, Bd. 93.) Ostfildern 2022, 63–91.
Walther Kienast, Studien über die französischen Volksstämme des Frühmittelalters (Pariser historische Studien, Bd. 7.) Stuttgart 1968.
Martin Kintzinger, Bellum iustum – gerechter Krieg oder Recht zum Krieg?, in: Ulrich Lappenküper / Reiner Marcowitz (Hrsg.), Macht und Recht. Völkerrecht in den internationalen Beziehungen. (Otto von Bismarck-Stiftung, Wissenschaftliche Reihe, Bd. 13.) Paderborn u. a. 2010, 3–30.
Thomas Klapheck, Der heilige Ansgar und die karolingische Nordmission. (Veröffentlichungen der historischen Kommission für Niedersachsen und Bremen, Bd. 242.) Hannover 2008.
Hans-Joachim König / Bardo Fassbender, Art. Eroberung, in: Enzyklopädie der Neuzeit Bd. 3, München 2006, 495–504.
Gerhard Laehr, Ein karolingischer Konzilsbrief und der Fürstenspiegel Hincmars von Reims, in: Neues Archiv 50, 1953, 106–134.
Tino Licht, Einleitung, in: Walahfrid Strabo. De imagine Tetrici. Das Standbild des russigen Dietrich. Ed. und übers. v. *Tino Licht*. (Reichenauer Texte und Bilder, Bd. 16.) Heidelberg 2020, 12–76.
Max Manitius, Geschichte der lateinischen Literatur des Mittelalters, Bd. 1: Von Justinian bis zur Mitte des 10. Jahrhunderts. München 1911, ND ^{4}2005.
Rosamond McKitterick, Political Ideology in Carolingian Historiography, in: Yitzhak Hen / Matthew Innes (Hrsg.), The Uses of the Past in the Early Middle Ages. Cambridge 2000, 162–174.
Rob Meens, Politics, Mirrors of Princes and the Bible. Sins, Kings and the Well-Being of the Realm, in: Early medieval Europe 7, 1998, 345–357.
Ulrich Nonn, Die Franken. Stuttgart 2010.
Steffen Patzold, Ich und Karl der Große. Das Leben des Höflings Einhard. Stuttgart 2013.
Alheydis Plassmann, Origo gentis. Identitäts- und Legitimitätsstiftung in früh- und hochmittelalterlichen Herkunftserzählungen. (Vorstellungswelten des Mittelalters, Bd. 7.) Berlin 2006.
Malte Prietzel, Kriegführung im Mittelalter. Handlungen, Erinnerungen, Bedeutungen. (Krieg in der Geschichte, Bd. 32.) Paderborn u. a. 2006.
Christine Ratkowitsch, Die Fresken im Palast Ludwigs des Frommen in Ingelheim (Ermold., Hlud. 4, 181 ff.). Realität oder poetische Fiktion?, in: Wiener Studien 107/108, 1994/1995, 553–581.
Timothy Reuter, The End of Carolingian Military Expansion, in : Ders. / Janet L. Nelson (Hrsg.), Medieval Polities and Modern Mentalities. Cambridge 2006, 251–267.
Frederick H. Russell, The Just War in the Middle Ages. (Cambridge Studies in Medieval Life and Thought, Third Series, Bd. 8.) Cambridge u. a. 1975.
Dieter Schaller, Frühkarolingische Epik und Zeitgeschehen, in: Christoph Cormeau (Hrsg.), Zeitgeschehen und seine Darstellung im Mittelalter / L'actualité et sa représentation au Moyen Âge. (Studium universale, Bd. 20.) Bonn 1995, 9–24.
Dieter Schaller, Pippins Heimkehr vom Avarensieg (Angilbert, carm. 1), in: Ewald Könsgen (Hrsg.), Arbor amoena comis. 25 Jahre Mittellateinisches Seminar in Bonn, 1965–1990. Stuttgart 1990, 61–74.
Thomas Scharff, Erzählen von der Krise. Die Jahre 827/830–835 in Thegans Gesta Hludowici und den Annales Bertiniani, in: Martin Gravel / Sören Kaschke (Hrsg.), Politische Kultur und Textproduktion unter Ludwig dem Frommen / Culture politique et production littéraire sous Louis le Pieux. (Relectio, Bd. 2.) Ostfildern 2019, 251–268.
Thomas Scharff, Die Kämpfe der Herrscher und der Heiligen. Krieg und historische Erinnerung in der Karolingerzeit. (Symbolische Kommunikation in der Vormoderne. Studien zur Geschichte, Literatur und Kunst.) Darmstadt 2002, 155–158.
Thomas Scharff, Der Sinn der Niederlage. Kriegsniederlagen und ihre historiographische Sinngebung am Beispiel der fränkischen Eroberung des Thüringerreiches, in: Helmut

Castritius (Hrsg.), Die Frühzeit der Thüringer. Archäologie, Sprache, Geschichte. (Ergänzungsbände zum Reallexikon der Germanischen Altertumskunde, Bd. 63.) Berlin / New York 2009, 457–474.

Georg Scheibelreiter, Der Untergang des Thüringerreiches. Aus der Sicht des Frühmittelalters, in: Helmut Castritius (Hrsg.), Die Frühzeit der Thüringer. Archäologie, Sprache, Geschichte. (Ergänzungsbände zum Reallexikon der Germanischen Altertumskunde, Bd. 63.) Berlin / New York 2009, 171–199.

Rudolf Schieffer, Der Platz Ludwigs des Frommen in der fränkischen Geschichte, in: Philippe Depreux / Stefan Esders (Hrsg.), La productivité d'une crise. Le règne de Louis le Pieux (814–840) et la transformation de l'Empire / Produktivität einer Krise. Die Regierungszeit Ludwigs des Frommen (814–840) und die Transformation des karolingischen Imperiums. (Relectio, Bd. 1.) Ostfildern 2018, 359–364.

Eric Shuler, The Saxons within Carolingian Christendom. Post-Conquest Identity in the Translationes of Vitus, Pusinna and Liborius, in: Journal of Medieval History 36, 2010, 39–54.

Kurt Smolak, Bescheidene Panegyrik und diskrete Werbung: Walahfrid Strabos Gedicht über das Standbild Theoderichs in Aachen Bescheidene Panegyrik, in: Franz-Reiner Erkens (Hrsg.), Karl der Große und das Erbe der Kulturen. Akten des 8. Symposiums des Mediävistenverbandes, Leipzig 15.–18. März 1999. Berlin 2001, 89–110.

Heinhard Steiger, Zum fränkischen Kriegsrecht des karolingischen Grossreiches, in: Wilfried Fiedler / Georg Ress (Hrsg.), Verfassungsrecht und Völkerrecht. Gedächtnisschrift für Wilhelm Karl Geck. Köln u. a. 1989, 803–829.

Heinhard Steiger, Die Ordnung der Welt. Eine Völkerrechtsgeschichte des karolingischen Zeitalters (741 bis 840). Köln / Weimar / Wien 2009.

Rachel Stone, Introduction. Hincmar's World, in: Dies. (Hrsg.), Hincmar of Rheims. Life and Work. Manchester 2015, 1–43.

Rachel Stone, Morality and Masculinity in the Carolingian Empire. Cambridge u. a. 2012.

Rachel Stone, Waltharius and Carolingian Morality. Satire and Lay Values, in: Early medieval Europe 21, 2013, 50–70.

Monika Suchan, Mahnen und Regieren. Die Metapher des Hirten im früheren Mittelalter. (Millennium-Studien / Millennium Studies, Bd. 56.) Berlin 2015, 240–244.

Ludwig Traube, Vita beati Laudegarii matyris (Einleitung), in: MGH Poetae Latini aevi Carolini, Bd. 3. Berlin 1894, 1–4.

Ernst Tremp, Einleitung. B (Astronomus), in: MGH SS rer. Germ. 64. Hannover 1995, 53–166.

Karl Ubl, Die Karolinger. Herrscher und Reich. München 2015.

Christian Vogel, Nomen regis – Herrschaftstheorie zwischen Definition und Legitimation, in: Matthias Becher / Hendrik Hess (Hrsg.), Machterhalt und Herrschaftssicherung. Namen als Legitimationsinstrument. (Macht und Herrschaft, Bd. 8.) Göttingen 2019, 19–38.

Karl F. Werner, Hludovicus Augustus. Gouverner l'empire chrétien – Idées et réalités, in: Peter Godman / Roger Collins (Hrsg.), Charlemagne's Heir. New Perspectives on the Reign of Louis the Pious (814–840). Oxford 1990, 3–123.

Phillip Wynn, Wars and Warriors in Gregory of Tours' Histories I–IV, in: Francia 28.1, 2001, 1–35.

Christoph Mauntel
Eroberung oder nur Herrschaftswechsel?
Die Normandie unter englischer Herrschaft, 1415–1450

Abstract: In the course of the Hundred Years War, the English King Henry V changed the traditional military tactic of destroying and plundering the enemy's territories to the conquest and occupation of Normandy, which from 1415 to 1450 was under English rule. The paper analyses reactions of the Norman and Parisian chroniclers, Pierre Cochon and Michel Pintoin, as well as of the population of Normandy via exemplary studies of letters of remission. Although most Norman and French sources use a vocabulary of military ‚occupation', most Normans seem to have reacted in a rather pragmatic way to the change in rule: Most of all, they were interested in their own personal safety and wellbeing, no matter which king ensures this. However, as the English promise of safety and peace was not fulfilled, local unrest as well as resistance became rampant.

Die Normandie nahm im Mittelalter eine besondere Rolle zwischen England und Frankreich ein. Es war der Herzog der Normandie, der 1066 mit seinen Kriegern England eroberte und die angelsächsische Königslinie stürzte. Das Königreich England und das Herzogtum Normandie waren seit diesem Zeitpunkt eng verbunden. Dieses anglonormannische Reich ging Mitte des 12. Jahrhunderts im Angevinischen Reich auf, das die Grafen von Anjou durch zwei geschickte Heiratsbündnisse formen konnten und damit die französischen Könige an Landbesitz in Frankreich deutlich übertrumpften. Diese wehrten sich sowohl militärisch als auch juristisch – die Normandie stand hier im Zentrum ihres Bemühens. 1204 gelang es König Philipp II. von Frankreich schließlich, die Normandie in einem Lehensprozess wieder in französischen Besitz zu bringen: rechtmäßig „erobert und zurückgewonnen" aus französischer Sicht, unrechtmäßig einbehalten aus englischer Sicht.[1] Die Normandie gehörte seitdem zur Krondomäne und wurde traditionell als Apanage an Söhne der Könige vergeben.[2]

Als im Hundertjährigen Krieg die Normandie schließlich ins Zentrum des Konflikts rückte, erinnerte man sich auf beiden Seiten des Ärmelkanals an die lange und konfliktreiche Geschichte. Ab 1415 schickte sich der englische König Heinrich V. an,

---
[1] Vgl. zur französischen Sicht Cronicques de Normendie. Ed. *Hellot*, 1: *Aprez que le roy Philippe de France surnommé Auguste eut conquis, réduit, et remis en sa main et soubz la couronne de France la duché de Normendie (...)*. Vgl. ebenso die Chronique du Religieux. Ed. *Bellaguet*, Bd. 5, 532; Bd. 6, 306. Zur englischen Sicht vgl. ebd., 326.
[2] *Contamine*, L'application (2017), 221 f. Vgl. zur Frage normannisch-französischer Identität auch *Jostkleigrewe*, Die Identität (2010).

die Normandie (zurück) zu erobern – was ihm in erstaunlicher Geschwindigkeit gelang: Mit Caen und Rouen fielen 1417 und 1419 wichtige Städte in seine Hand, 1420 wurde er im Vertrag von Troyes sogar als französischer Thronfolger anerkannt und 1422 zogen die Engländer auch in die Hauptstadt Paris ein.

Die Normandie und andere Gebiete standen von 1415–1450 unter englischer Herrschaft – ein Phänomen, das vor allem in der englischen und französischen Forschung breite Aufmerksamkeit fand.[3] Der vorliegende Text kann zu diesen umfassenden Diskussionen nur einen kleinen Beitrag leisten und fokussiert sich – dem Thema des Bandes folgend – auf die Frage, inwiefern die in der Normandie und Frankreich lebenden Zeitgenossen sich ‚erobert' fühlten beziehungsweise, offener formuliert, wie sie den Herrschaftswechsel verarbeiteten und darstellten, dagegen aufbegehrten oder sich arrangierten.

Nach einem knappen historischen Abriss der wichtigsten Ereignisse (1) soll zunächst – vor allem mit Rekurs auf die breite Forschungsliteratur – diskutiert werden, inwiefern der Terminus ‚Eroberung' auf die Normandie unter englischer Herrschaft Anwendung finden kann (2). Dann sollen die Stimmen der Betroffenen gehört werden (3), wobei es sorgsam zwischen sich überlappenden Identitäten und Zugehörigkeitsgefühlen zu unterscheiden gilt: Im Fokus stehen hier die normannischen und französischen Sichtweisen, mussten diese sich doch mit einem neuen Herrscher beziehungsweise mit dem Verlust einer für das Reich elementaren Region arrangieren.[4] Der Blick auf die entsprechenden Reaktionen unterstellt explizit kein passives Erdulden, sondern geht von einer eigenständigen Handlungs- und Deutungsmacht der Akteurinnen und Akteure aus, die sich ihrer Optionen bewusst waren und entsprechend individueller Absichten Entscheidungen fällten. Die Eroberung der Normandie ist demnach als Auslöser für vielfältige Prozesse der Adaption an sich ändernde politische Umstände zu sehen. Vor diesem Hintergrund soll einerseits nach narrativen Bewältigungsstrategien normannischer und französischer Chronisten gefragt werden (3.1) und andererseits durch die Analyse ausgewählter Rechtsquellen die Frage des alltäglichen Umgangs mit der Situation erörtert werden (3.2).

---

3 Zur bisherigen Forschung vgl. Anm. 16.
4 Zur englischen Perspektive vgl. z. B. *Allmand*, Normandie (1970); Ders., Lancastrian Normandy (1986), 241–267.

1 Krieg, Bürgerkrieg und Besatzung – die Normandie und Frankreich im Hundertjährigen Krieg

Seit 1337 befanden sich England und Frankreich im sogenannten Hundertjährigen Krieg – unterbrochen von Waffenstillständen und Friedenszeiten kämpfte man um die französische Krone.[5] Als der französische König Karl IV. 1328 ohne direkte Nachkommen gestorben war, stellte sich das Problem der Thronfolge. In Frankreich setzte sich sein Cousin, der Graf von Valois, durch und bestieg als Philipp VI. den Thron. Gleichzeitig erhob jedoch auch der englische König Eduard III. Ansprüche auf den Thron, war er doch über seine Mutter Isabella ein Enkel Philipps IV. Aus diesem Zwist entwickelte sich ein Krieg, der in dieser Phase klassischerweise durch Verwüstungs- und Plünderungszüge (sog. *chevauchées*) geführt wurde, die Land und Güter des Gegners schädigen und diesen so zum Einlenken zwingen sollten.[6]

Nach vielen sich abwechselnden Kriegs- und Friedenszeiten brach 1415 der Krieg erneut aus, als der englische König Heinrich V. die normannische Stadt Harfleur belagerte und einnahm.[7] Die französische Seite rüstete zur Gegenwehr und musste am 25. Oktober 1415 in der Schlacht von Agincourt eine verheerende Niederlage hinnehmen.[8] Heinrich nutzte den Sieg und brachte ab 1417 binnen kurzem die gesamte Normandie in seine Hand – die Kapitulation der Hauptstadt Rouen am 19. Januar 1419 war hier ein wichtiges Signal.[9]

Frankreich versank zur gleichen Zeit im Chaos. König Karl VI. war aufgrund einer Krankheit, die sich verstärkt seit 1392 manifestierte, die meiste Zeit regierungsunfähig. Das Machtvakuum nutzten die Fürsten für sich, die sich bald in zwei Parteien aufspalteten: die Anhänger Herzogs Ludwig von Orléans auf der einen und die des Herzogs von Burgund auf der anderen Seite.[10] Der politische Streit wurde zum Bürgerkrieg, in dem sich die Fürsten auch gegenseitig nicht schonten: 1407 wurde Ludwig von Orléans in Paris auf offener Straße auf Geheiß des Herzogs von Burgund, Johann Ohnefurcht, ermordet. An seine Stelle als Parteiführer rückte Bernard VII. von Armagnac, weswegen diese Partei (zumindest von den Burgundern) *Armagnacs* genannt wurde. Bernard selbst wurde 1418 bei einem Massaker in Paris

---

5 Die ausführlichste Schilderung des Hundertjährigen Krieges ist die bislang vierbändige Reihe von *Sumption*, Trial (1991); vgl. auch *Ders.*, Trial (1999); *Ders.*, Houses (2009), *Ders.*, Kings (2015). Knapper fasst es z. B. *Curry*, Hundred Years War (1993), um nur eins von Dutzenden Einführungswerken zu nennen.
6 Vgl. dazu *Madden*, Black Prince (2018). Vgl. auch *McGlynn*, Sheer Terror (2013).
7 Vgl. dazu *Curry*, Henry V's Harfleur (2013). Vgl. auch *Rogers*, Henry V's Military Strategy (2005).
8 Vgl. *Curry*, Agincourt (2005).
9 Vgl. *Curry*, Henry V's Conquest (2005); *Newhall*, Conquest (1924). Zur lokalen Gegenwehr vgl. *Schnerb*, À l'encontre (2018).
10 Zum Bürgerkrieg vgl. *Schnerb*, Armagnacs (1988); *Guenée*, Meurtre (1992).

getötet, als die Stadt an die Burgunder fiel – der Sohn des Königs, der Dauphin Karl, konnte nur knapp entkommen und rächte sich kurz danach: Bei einem Treffen zwischen ihm und Johann Ohnefurcht 1419 in Montereau, das die Möglichkeit eines Friedens austesten sollte, ließ er den Herzog von Burgund kurzerhand umbringen.

Philipp der Gute, Johanns Sohn und Nachfolger, verbündete sich daraufhin mit Königin Isabeau und den Engländern: Der Vertrag von Troyes (20. Mai 1420) sah vor, dass der Dauphin enterbt und der englische König Heinrich V. an seiner Stelle zum Thronfolger werden sollte, womit er nach dem Tod Karls VI. König von England und Frankreich werden würde.[11] Der plötzliche Tod Heinrichs im August 1422 machte den Vertrag jedoch zumindest aus Sicht einiger Franzosen zur Makulatur, zumal Karl VI. wenige Monate später ebenfalls verstarb. Der in Bourges residierende Königssohn Karl VII. erhielt vermehrt Zulauf, während die englisch-burgundische Allianz sich in Nordfrankreich und Paris festsetzte und 1428 sogar bis zur Loire vorstieß und Orléans belagerte. Eine junge Frau aus dem lothringischen Domrémy sollte hier die militärische Wende bringen: Jeanne d'Arc ermutigte die französischen Truppen, beendete die Belagerung von Orléans und konnte Reims zurückgewinnen, wo Karl 1429 gekrönt wurde.[12] Zwar ließ sich auch Heinrich VI. 1431 in Paris krönen, aber nach und nach gewannen die Franzosen an Boden. Mit dem Vertrag von Arras schlossen Karl VII. und Burgund schließlich 1435 Frieden und die englisch-burgundische Allianz löste sich auf.[13] Es gelang Karl VII., Gebiete und Städte zurückzuerobern, darunter 1436 Paris; 1443 konnte er sogar in die Normandie vorstoßen, die nach einem längeren Waffenstillstand 1450 endgültig zurück an Frankreich fiel.[14] Der König begnadigte großzügig alle, die sich nun seiner Herrschaft beugten, unbesehen ihrer Taten unter der englischen Herrschaft.[15] Der französische Sieg in der Schlacht von Castillon (7. Juli 1453) im Hinterland von Bordeaux gilt traditionell als Endpunkt des Hundertjährigen Krieges, der allerdings nicht formell in einem Friedensvertrag besiegelt wurde. Als Besitz auf dem Festland blieb England nur die Stadt Calais.

---

11 Zum Vertrag vgl. *Baudin/Toureille* (Hrsg.), Troyes (2020).
12 Zu Jeanne d'Arc vgl. *Beaune*, Jeanne d' Arc (2004); *Krumeich*, Jeanne d'Arc (2021).
13 Zur Vorgeschichte vgl. *Allmand*, Lancastrian Normandy (1986), 38 f. Zum Vertrag vgl. *Dickinson*, Congress (1955).
14 Zum ‚Scheitern' von Heinrich VI. als König von Frankreich trug Georg Jostkleigrewe am 15. Sep. 2020 auf einer Tagung in Leipzig vor, die „Monarchische Herrschaftswechsel des Spätmittelalters im Vergleich" in den Blick nahm. Er hob dabei hervor, dass die Allianz Burgunds mit England in einer Tradition ähnlicher Bündnisse stand – französische Fürsten agierten beileibe nicht immer loyal zur Krone. Tatsächliche Chancen auf das französische Königtum sah Jostkleigrewe für die Engländer nicht.
15 Vgl. *Allmand*, Lancastrian Normandy (1986), 238–240, 284–304. Vgl. auch *Gauvard*, Pardonner (2009). Zur Versöhnung in Rouen vgl. *Wintz*, Charles VII (2016).

2 Eroberung, Besatzung und Widerstand – Perspektiven der Forschung

Die Eroberung der Normandie durch die Engländer hat sowohl die englische als auch die französische Forschung intensiv beschäftigt, wobei vielfach national-patriotische Sichtweisen dominierten.[16] Aus französischer Sicht wurde vor allem im 19. Jahrhundert die Reaktion der normannischen Bevölkerung untersucht, die man durch national motivierten Widerstand geprägt sah.[17] Zentrale Quellen waren und sind hier hunderte von Begnadigungsbriefen des englischen Königs für Bewohner der Normandie, die wertvolle Einblicke in kriminelle oder kriminalisierte Handlungen geben. Wegweisend für die Deutung dieser Handlungen als ‚Widerstand' war die mehrteilige Aufsatz-Reihe, die Germain Lefèvre-Pontalis 1893–1896 in der renommierten ‚Bibliothèque de l'École des chartes' veröffentlichte, um die Dauerhaftigkeit des Widerstands „der letzten Verteidiger der nationalen Idee" in den eroberten Ländern zu zeigen.[18] Edouard le Héricher meldete 1888 Zweifel an dieser Sichtweise an und deutete das, was Lefèvre-Pontalis und andere als ‚Widerstand' ansahen, vielmehr als armutsbedingte Kriminalität, wohingegen sich der Großteil der normannischen Bevölkerung dankbar der überlegenen englischen Administration gebeugt habe.[19] Benedicta Rowe griff dies von englischer Seite aus auf.[20] Tatsächlich dominieren beide – oft selbst national geprägte – Sichtweisen die Forschung bis weit ins 20. Jahrhundert hinein.[21]

Dass Heinrich V. sich spätestens ab 1417 in der Normandie festsetzte, war ein bedeutender Wechsel der Taktik: Er setzte damit nicht mehr auf Verheerung und Zerstörung, sondern auf territoriale Eroberung und Erfassung.[22] Zwar war es keines-

---

[16] Vgl. aus historiographischer Sicht *Contamine*, France anglaise (1988). Einen neueren Überblick über die Forschung bietet *Curry*, Rapport introductif (2018). Vgl. auch *Allmand*, Lancastrian Normandy (1986), 152 f.
[17] Vgl. *Puisieux*, Insurrections (1852); *Luce*, Introduction (1879).
[18] Vgl. *Lefèvre-Pontalis*, Épisodes (1893), 481: „Les recherches qui suivent n'ont, d'ailleurs, d'autre intention que celle d'essayer une ébauche et d'esquisser comment survécut et dura, dans quelques régions du pays conquis, la résistance tenace et désespérée des dernies défenseurs de l'idée nationale." Vgl. auch *Ders.*, Épisodes (1894); *Ders.*, Épisodes (1895); *Ders.*, Épisodes (1896); *Ders.*, Épisodes (1936).
[19] Vgl. *Héricher*, Insurrection (1888).
[20] Vgl. *Rowe*, John Duke of Bedford (1932).
[21] Vgl. zur französischen Sichtweise etwa *Jouet*, Résistance (1969). Für die englische Sicht vgl. *Evans*, Brigandage (1992), 127: „The incidence of brigandage and popular revolt should not be seen primarily as a patriotic resistance movement. While it is true that there was an element of anti-English feeling in the activities of brigands, as in the peasant revolts, this does not appear to have been the major factor."
[22] Vgl. *Kintzinger*, Auftrag, (2006), 71–78; *Curry*, Henry V's Conquest (2005), 237; *Mercer*, Henry V (2004); *Allmand*, Lancastrian Normandy (1986), 8–12; *Ders.*, Henry V (1985), 130 f. aus taktischer Sicht auch *Honig*, Strategie (2010).

wegs neu, lokal Garnisonen zu stationieren (etwa in wichtigen Burgen), um spezifische Gegenden militärisch zu sichern.[23] Das Ausmaß dieser Taktik erreichte jedoch in der Normandie ein neues Maß, zumal die englische Präsenz nicht auf Soldaten begrenzt war: Als die Engländer 1450 die normannischen Städte verlassen mussten, seien sie darüber entsetzt gewesen: Aus Bayeux etwa seien sie mit 300 Frauen und Kindern abgezogen, so der normannische Dichter und Geschichtsschreiber Robert Blondel, der 1415 selbst aus der Normandie vor den Engländern geflohen war. Die Engländer hätten weinend die Normandie verlassen, als sei es ihre Heimat gewesen, und sich wie Exilierte nach England begeben.[24] Tatsächlich lässt sich nachweisen, dass Heinrich recht gezielt Gefolgsleute und ihre Familien in der Normandie ansiedelte.[25] Anne Curry schätzte die Zahl der in der Normandie stationierten englischen und walisischen Soldaten zwischen 1435–1440 auf 5.000–6.000 Mann – was angesichts einer Einwohnerzahl der Normandie von möglicherweise nur 600.000 Menschen enorm wäre.[26] In Paris bestand die Garnison bei einer Einwohnerzahl zwischen 50.000 und 100.000 dagegen lediglich aus 100–200 Engländern. Die Situation in der Normandie, so Philippe Contamine, könne man daher zurecht als ‚Besatzung' bezeichnen.[27]

Die Semantik der Zeitgenossen gibt Contamine recht: Französischsprachige Quellen nutzen in großer Zahl den Begriff *occupation* und meinen damit eine Eroberung beziehungsweise eine ungerechtfertigte militärische Präsenz. Die französische (Rück-)Eroberung um 1450 wird in französischen Quellen entsprechend *recuperacio, recouvrance, reduction à l'obéissance* oder gar *liberatio* genannt – eine Wiederherstellung des ursprünglichen Zustands, eine Befreiung.[28]

Dass Heinrich V. eine territoriale Eroberung von Anfang an geplant hatte, ist eher unwahrscheinlich. Die Eroberung Harfleurs sollte die Stadt zunächst nur als Brückenkopf sichern.[29] Heinrich marschierte von dort aus weiter, siegte in Agincourt, ließ

---

23 Vgl. dazu *Hélary*, L'Armée (2012), 173–195.
24 Robert Blondel, Reductio Normanie. Ed. *Héron*, Bd. 2, 230: (...) *pedes ab urbe recedunt, et plusquam triente mulieres absque parvulis viros explusos comitantur. (...) Anglici patres ex patrimoniis profugorum opulente viventes, ac matres indigene earumque liberi procreati et nutriti, explusi Northmaniam, ut propream patriam, relinquere merore anxio confecti deplorant. In peregrinam Anglie insulam velut exsules ituri* (...). Vgl. *Contamine*, L'application (2017), 614.
25 Vgl. dazu *Green*, Hundred Years Wars (2014), 165–167; Ders., Hundred Years Wars (2013), 246 f. Vgl. ebenfalls *Allmand*, Lancastrian Normandy (1986), 50–80, speziell am Beispiel von Caen, ebd., 81–121.
26 Vgl. *Curry*, First English Standing Army (1979); *Contamine*, L'application (2017), 614 f.
27 Vgl. *Contamine*, L'application (2017), 615, 618. Contamine nennt als Kriterien die gewaltsame Einnahme, den (nicht erfolgreichen) Versuch einer Normalisierung, zunehmend populäre Widerstandsbewegungen sowie ein kollektives Gefühl der Befreiung und Solidarität seitens der ‚Besetzten'.
28 Vgl. *Contamine*, L'application (2017), 611 f. Vgl. dazu abgrenzend *Péquignot/Savy*, Introduction (2016).
29 Vgl. *Curry*, Henry V's Harfleur (2013). Vgl. auch *Allmand*, Lancastrian Normandy (1986), 2 f., zur Bedeutung Harfleurs ebd., 7 f.

Rouen unbeachtet und zog nach Calais – ein Marsch, der anlässlich der Eröffnung des englischen *Parliament* im November 1415 als „durch das Herz Frankreichs" beschrieben wurde.[30] Vermutlich war es der nicht vorhersehbare Erfolg der Schlacht von Agincourt, der Heinrich zum Umdenken brachte und ihn nun auf die Eroberung der Normandie zielen ließ – diese wurde ab nun als alter Besitz Englands hervorgehoben.[31] So lässt etwa die vermutlich vor 1418 verfasste ‚Gesta Henrici Quinti' den König schon 1415 den Bewohnern von Harfleur zurufen, es sei ihre Pflicht, ihm die Stadt als edlen und erblichen Teil seiner Krone Englands und seines Herzogtums Normandie zu übergeben.[32] Auch an anderer Stelle betonen die ‚Gesta', die Normandie sei seit den Zeiten Wilhelms des Eroberers rechtmäßiger Besitz der englischen Könige.[33]

Dies war nicht nur Rhetorik: Tatsächlich war die englische Führung offenbar bemüht, *ihr* Land nicht zu sehr in Mitleidenschaft zu ziehen, und erließ zahlreiche Militärerlasse, die die englischen Soldaten auf eine strenge Disziplin verpflichteten und ihnen Plünderungen und Diebstahl streng verboten.[34] Dies war ein weiteres Element im Wechsel der Kriegstaktik: Statt die Bevölkerung zu terrorisieren, wollte man sie von der Rechtmäßigkeit und Güte der eigenen Herrschaft überzeugen. Aus diesem Grund respektierte Heinrich auch lokale Rechte und Gebräuche, wobei es im Fall von Steuererhebungen mitunter zu Konflikten kam.[35]

Die Engländer richteten sich also in der Normandie ein, die sie als rechtmäßiges Eigentum der englischen Könige betrachteten – und sie konnten dabei durchaus auf die Hilfe einiger Fürsten zählen. Mit Blick auf die englische Präsenz in Paris (1420–1436) wies Favier explizit auf den Rückhalt der Engländer beim lokalen Adel hin, der in der Stadt die Verwaltung organisierte. Paris war in seiner Versorgung

---

30 Rotuli parliamentorum. Ed. *Strachey*, Bd. 4, 62; *Curry*, Lancastrian Normandy (1994), 243.
31 Vgl. *Curry*, Lancastrian Normandy (1994), 236–242.
32 Gesta Henrici Quinti. Ed. *Taylor/Roskell*, 34: *Rex noster (...) poposuit pacem obsessis si sibi aperirent ianuas et villam illam, nobilem porcionem hereditariam corone sue Anglie et ducatus sui Normannie, redderent, ut deberent, libere et sine vi.*
33 Gesta Henrici Quinti. Ed. *Taylor/Roskell*, 16: *transfertare disposuit in Normanniam pro ducatu suo Normannie primitus recuperando, qui est sui iuris plenarie a tempore Willelmi primi conquestoris.* Vgl. *Curry*, Lancastrian Normandy (1994), 143 f. Im Jahr 1435 sollte die Ständeversammlung der Normandie gegenüber Heinrich VI. ganz ähnlich argumentieren und auf die „alte Allianz, und nicht nur Allianz, sondern auch natürliche Vereinigung und Geschlechterfolge der Bewohner Englands und derjenigen der Normandie" verweisen, vgl. Lettres de rois. Ed. *Champollion-Figeac*, Bd. 2, 424: *Comme il soit ainsi que les Normans, considérans l'ancienne aliance et non pas seulement aliance mais aussi la naturelle conjonction et propagation des gens d'Angleterre ouvecques ceulx de Normandie et de ceulx de Normandie avecques ceulx d'Angleterre, comme procreés et procedés les ungs des aultres, et la nouvelle réduction et réunion faite de l'ung païs ouvecques l'autre, par la victorieuse conqueste de deffunt prince de noble mémoire, nostre seigneur le roy Henry (...).* Vgl. dazu auch *Contamine*, L'application (2017), 612.
34 Vgl. *Curry*, Military Ordinances (2008); *Dies.*, Normandie (2018). Vgl. auch *Allmand*, Lancastrian Normandy (1986), 187–210.
35 Vgl. *Jouet*, Résistance (1969), 41 f.; *Jones*, L'imposition (1988).

sowohl von der Normandie als auch von den burgundischen Gebieten abhängig, so dass man sich mit der englischen Herrschaft arrangierte – nationale Erwägungen scheinen hier keine große Rolle gespielt zu haben. Zweifel an der englischen Führung werden erst laut, als sich das Versprechen des Vertrags von Troyes auf ein baldiges Ende des Krieges nicht erfüllte.[36]

Es scheint es also gerechtfertigt, von einer Eroberung der Normandie ab 1417 zu sprechen: Die Engländer hatten ihre Kriegstaktik geändert und setzten auf eine dauerhafte militärische und demographische Präsenz anstatt – wie noch im 14. Jahrhundert – auf die Zerstörung der Lebensgrundlagen der (gegnerischen) Bevölkerung. Flankiert wurde dies in den zeitgenössischen Quellen durch eine entsprechende Semantik, die zudem argumentativ die Bindung der Normandie an das englische Königtum betonte: So gesehen, fand aus englischer Sicht also eine legitime Rückeroberung statt.

3 Die Stimme der ‚Eroberten'

Mit dem Blick auf die englisch beherrschte Normandie stellt sich unweigerlich die Frage, ob sich eine normannische von einer französischen Perspektive unterscheiden lässt. Dies läge durchaus im Rahmen des Möglichen, hatte sich doch über die Jahrhunderte ein normannisches Eigenbewusstsein herausgebildet: Die Normandie verfügte über ein eigenes Gesetz, eigene administrative Praktiken und Gebräuche, eine auf die Normandie bezogene Geschichtsschreibung und pflegte auch sprachlich einen Akzent, der sich von dem in der Île-de-France gesprochenen Französisch abhob.[37] Der Hof in Paris schien das akzeptiert zu haben, da man hier die Normannen seit dem 13. Jahrhundert neben Franzosen, Pikarden und Engländern zu den ‚alten Nationen' zählte.[38] Blicken wir also zuerst auf die aus der Normandie stammende Historiographie, bevor wir diese durch eine Pariser Sichtweise ergänzen.[39] Selbstverständlich ist die zeitgenössische Chronistik vielschichtiger und vielstimmiger, als die beiden im Folgenden analysierten Beispiele es zeigen – diese sind also nicht repräsentativ, sondern als Einblicke in diskursive Möglichkeiten zu verstehen.[40]

---

36 Vgl. *Favier*, Occupation (2000). Zur Verwaltung der Normandie während der englischen Herrschaft vgl. *Allmand*, Lancastrian Normandy (1986), 122–151, zum Rückhalt der Engländer v. a. beim Adel und Klerus vgl. ebd., 218–223.
37 Vgl. *Contamine*, Norman ‚Nation' (2017), vgl. auch *Allmand*, Lancastrian Normandy (1986), 122–125.
38 Vgl. *Contamine*, Norman ‚Nation' (2017), 221.
39 Vgl. dazu allgemein auch *Allmand*, Lancastrian Normandy (1986), 211–240.
40 Erweitern ließe sich das Panorama etwa um eine genauere Analyse des sog. ‚Bourgeois de Paris', einem Pariser Kleriker, der zwischen 1405 und 1449 tagebuchartige Aufzeichnungen über das Leben in und um die Hauptstadt führte. Gefühle (proto)nationaler Zugehörigkeit waren bei diesem Autor zweifellos vorhanden, aber die politisch zugespitzte Lage des Bürgerkriegs überbrückte

3.1 Einordnungen in den Kontext: die Historiographie

Eine der zentralen normannischen Stimmen dieser Zeit ist Pierre Cochon. Er wurde um 1385–1390 in Rouen geboren und durchlief eine klerikale Karriere, die er als apostolischer Notar in seiner Geburtsstadt beendete. Die Ereignisse seiner Zeit hielt er in einer Chronik fest, die vor allem den Raum der Normandie im Blick hat und durch zahlreiche lokale Sprichwörter seine Verwurzelung zeigt.[41]

Den Konflikt sieht Cochon als einen englisch-französischen an: Der englische König, so notierte er zum Jahr 1414/1415, habe „sein Land" verlassen und sei gekommen, um „Land in Frankreich zu erobern."[42] Gemeint ist die hier gar nicht explizit genannte Normandie, die schlicht als Teil Frankreichs gedacht und benannt wird. Dem englischen Argument, dass es um die Rückgewinnung der Normandie geht, folgt Cochon hier also nicht, auch scheint er keinen legitimen Anspruch Heinrichs auf die Region zu sehen – er sieht den englischen Drang zu ‚Eroberung'. Diese letztlich französische Sicht ist auch bei seiner Schilderung des englischen Siegs von Agincourt zu erkennen, den er als die schändlichste und schlimmste Begebenheit beschreibt, die dem Königreich Frankreich seit über 1000 Jahren widerfahren sei.[43]

Bei der Schilderung der englischen Armee hebt der Chronist dabei die zahlreichen nicht-englischen Soldaten hervor, die Heinrich in seine Armee aufgenommen habe – darunter etwa „Iren", die barfuß und ohne Beinkleider, dafür mit Wämsern aus alten Bettlaken angezogen gewesen seien, sowie „eine große Menge anderen Lumpengesindels aus vielen Ländern und in großer Menge".[44] Im Kontext des Hundertjährigen Krieges war es durchaus üblich, über die Fremdheit der Söldnerheere zu klagen, denen man wegen ihrer Herkunft umso üblere und grausamere Taten zu-

---

den Gegensatz zwischen England und Frankreich und ließ die Zersplitterung des französischen Adels für den Bourgeois als um ein Vielfaches schlimmer erscheinen, vgl. dazu die Edition Journal d'un Bourgeois. Ed. *Beaune*.

41 Die Chronik ist in nur einer Handschrift erhalten: Paris, Bibliothèque nationale de France, Ms fr. 5391; vgl. dazu die Edition Pierre Cochon, Chronique normande. Ed. *de Robillard de Beaurepaire*. Vgl. zum Autor knapp *van Hemelryck*, Cochon (2010). Vgl. auch *de Robillard de Beaurepaire*, Introduction (1870).
42 Pierre Cochon, Chronique normande. Ed. *de Robillard de Beaurepaire*, 273: *ledit roy d'engleterre veilla en ses besongnes, et fist toutez aprestes de toutes choses neccessaires à partir de sa terre et venir conquerre terre en Franche (...)*.
43 Pierre Cochon, Chronique normande. Ed. *de Robillard de Beaurepaire*, 275: *et fu la pluz laide besongne et plus malvese que, puis milz anz, avenist au roialme de France.*
44 Pierre Cochon, Chronique normande. Ed. *de Robillard de Beaurepaire*, 277: *et fist si gant allianchez et provisions de tout ce que mestier lui estoit, tant de janes et fors de pluriex pais, Yllandes, tous nus piés, sanz cauches, vestus de meschans pourpoins de viex coustiz de lit, unez poures coyffeites de fer sur leur testez, un arc et une trousse de soyetes en leur main et une espée trenchante en leur costé (et estoit toutes leurs armures) avec très grant quantité d'autres menues merdailles de pluriex pais à grant quantité.*

schrieb.⁴⁵ Tatsächlich bestanden die im Hundertjährigen Krieg kämpfenden Armeen häufig aus Söldnern ganz verschiedener Herkunft, die als professionelle Krieger vom Kampf lebten und oft genug wenig zimperlich waren.⁴⁶

Bei Pierre Cochon verbindet sich diese Klage mit der Erwartungshaltung, der König und sein Hof mögen Hilfe schicken – hier aber liegt für den Chronisten das eigentliche Problem: Es sei nichts passiert!⁴⁷ Der Dauphin Karl sei aus Rouen abgereist und habe den Sohn des Grafen von Harcourt als Verteidiger zurückgelassen – „mit einer großen Zahl Fremder, die die Stadt bewachten"⁴⁸. Dieser habe aber alsbald eine Steuer erhoben „und hier begann das Unglück und alle gingen zum Teufel"⁴⁹, so der Chronist. Die Garnison sei durch eine neue aus Burgund ersetzt worden, die sich aber eher wie Engländer denn Franzosen aufgeführt und die Stadt ausgeplündert habe.⁵⁰ Die theoretische Erwartungshaltung, die Burgunder würden sich anders verhalten, wird enttäuscht – letztlich misst Cochon beide Gruppen am selben Maßstab, der nichts mit der Herkunft der Krieger zu tun hat, sondern sich allein um die Sicherheit und den Wohlstand der Stadt Rouen sorgt. Währenddessen sei Heinrich durch die Normandie gezogen, wohin er wollte, erobernd, ohne dass sich ihm jemand entgegengestellt habe, so Cochon.⁵¹ Caen sei eingenommen und die Abtei Bec „englisch besetzt" (*fu englesquée*)⁵² worden; schließlich sei auch Rouen in englische Hände gefallen. Die Betonung der Bewegungs- und Handlungsfreiheit Heinrichs in der Normandie sowie die Klage über die Untätigkeit der Franzosen ziehen sich als roter Faden durch Cochons Schilderung.⁵³ Handlungsmacht kommt in seiner Darstellung allein Engländern und (zumindest theoretisch, wenn auch nicht praktisch) Franzosen zu; die Normandie wird als Teil Frankreichs gesehen, der allerdings den Engländern schutz- und widerstandslos überlassen wird. Eine Hervorhebung der normannischen Identität findet sich hier jedoch nicht. Das Wortfeld des ‚Eroberns' ist zudem nicht grundsätzlich negativ oder delegitimie-

---

45 Vgl. *Mauntel*, Gewalt (2014), 80–82; *Rüther*, Gewalt (2011). Vgl. auch *Ditcham*, Mutton Guzzlers (1989).
46 Vgl. *France* (Hrsg.), Mercenaries (2018).
47 Vgl. hierzu auch Fragments de la Geste des nobles français. Ed. *Vallet de Viriville*, 176. Vgl. dazu *Schnerb*, À l'encontre (2018), 95 f.
48 Pierre Cochon, Chronique normande. Ed. *de Robillard de Beaurepaire*, 277: (...) *aveuc grant quantité d'estrangiez qui gardoient la ville.*
49 Pierre Cochon, Chronique normande. Ed. *de Robillard de Beaurepaire*, 278: *Et fu commenchement de lavese estrienne. Et puis touz 'sen alerent au dyable.*
50 Pierre Cochon, Chronique normande. Ed. *de Robillard de Beaurepaire*, 278.
51 Pierre Cochon, Chronique normande. Ed. *de Robillard de Beaurepaire*, 278: *Or, est ledit roy deschendu ès parties de Normandie, luy et [sa] forche, et chevauche, sanz qu'i ltreuve qui lui contredie, où il veut, en conquestant, en prenant bonnez villez, chastiax, à sa volenté, tant qu'il vinst devant Caen (...).*
52 Pierre Cochon, Chronique normande. Ed. *de Robillard de Beaurepaire*, 278. Zu Caen vgl. *Allmand*, Lancastrian Normandy (1986), 81–121.
53 Pierre Cochon, Chronique normande. Ed. *de Robillard de Beaurepaire*, 278 f. und passim.

rend – Cochon benutzt dieselben Wörter auch für die französische Seite.[54] ‚Erobern' scheint bei ihm sowohl ein prozesshaftes Element von Kriegsführung zu sein als auch dessen potentielles Ergebnis.[55]

In Cochons Chronik folgt die Schilderung des Vertrags von Troyes (1420), der Heinrich V. zum französischen Thronfolger erhob.[56] Es mag die modernen Leserinnen und Leser überraschen, dass der sonst eher französisch orientierte Chronist den aufsehenerregenden Vertrag weder diskutierte noch kommentierte, sondern ihn schlicht akzeptierte: Er wolle nun dieses Thema – den Vertrag – lassen und wieder von „unserem neuen Prinzen Heinrich" sprechen, der nun „Gouverneur von Frankreich und König von England" gewesen sei.[57] Cochon lehnt den Vertrag von Troyes und seine Regelungen nicht ab, sondern erkennt ihn an, ja nach der dann folgenden Einnahme von Melun, das zuvor der Dauphin hielt, spricht er Heinrich gar als „neuen König"[58] an.

Die große Politik war nicht das primäre Interesse Pierre Cochons, der Fokus seines Werks lag eher auf den lokalen Ereignissen und den Folgen des Krieges, für die er Engländer, Franzosen und Burgunder gleichermaßen verantwortlich machte. Anders als viele vom Rittertum begeisterte Chronisten fand er wenig Ruhmreiches im Krieg: Ob das Land durch französische Ritter, englische Krieger, fremde Söldner oder schlicht durch Banditen ausgeplündert wurde, spielte für ihn kaum eine Rolle.[59] „So ist das eben im Krieg", wie er an anderer Stelle lapidar festhielt.[60]

Dass es im größeren Zusammenhang aber um Eroberungen und Rückeroberungen ging, daran ließ Pierre Cochon keinen Zweifel aufkommen und nutzte das entsprechende Vokabular ausgiebig: Jeanne d'Arc sei, so schrieb er, nach der Meinung einiger von Gott gesandt, um dem Dauphin Karl zu helfen, sein Reich zurückzuer-

---

54 Vgl. z. B. Pierre Cochon, Chronique normande. Ed. *de Robillard de Beaurepaire*, 21 (a.a. 1205), 29 (hier wird Philipp II. *le conquerant* genannt), 38 und passim.
55 Vgl. etwa Pierre Cochon, Chronique normande. Ed. *de Robillard de Beaurepaire*, 334: (…) *après la conqueste du roy englois* (…).
56 Pierre Cochon, Chronique normande. Ed. *de Robillard de Beaurepaire*, 283f.
57 Pierre Cochon, Chronique normande. Ed. *de Robillard de Beaurepaire*, 284: *Et lairon à parler de ceste matere, et retourneron à parler de notre nouveau prinche Henry. Et quant le dit Henry, gouverneur du royalme de France et roy d'Engleterre* (…). Vgl. zum Kontext *Allmand*, Lancastrian Normandy (1986), 213f.
58 Pierre Cochon, Chronique normande. Ed. *de Robillard de Beaurepaire*, 284: *Or, parleron du nouvel roy marié, et qui, à sa bonne venue, avoit conquis Meleun*. Der Hinweis auf die Hochzeit Heinrichs bezieht sich auf die zuvor (ebd., 283) beschriebene Ehe mit Catherine.
59 Vgl. dazu *Le Brusque*, Chronicling (2004), 82f.
60 Pierre Cochon, Chronique normande. Ed. *de Robillard de Beaurepaire*, 310: *Ainsi va de guerre*. Vgl. dazu *Mauntel*, Gewalt (2014), 52. Das Sprichwort findet sich auch bei Jean Froissart, Chroniques. Ed. *Luce*, Bd. 12, 320, sowie bei Jean de Wavrin, Recueil. Ed. *Hardy/Hardy*, Bd. 3, 221. Vgl. dazu *Whiting*, Proverbs (1935), 306 (Nr. 187).

obern, das davor Heinrich, König von England, erobert hatte.[61] Nach seiner Krönung in Reims sei es Karl VII. dann gelungen, in zwei Monaten das zu erobern, was die Engländer in drei Jahren erobert hätten…[62]

Der Erfolg im fortgesetzten Krieg ließ sich für Cochon an den territorialen Gewinnen ablesen. Er unterschied dabei durchaus zwischen auf Königreiche oder Fürstentümer bezogene ‚nationale' Zuordnungen, vermied aber identifikatorische Stellungnahmen. Bei der notwendigen Entscheidung, wen er als legitime Obrigkeit betrachtete, orientierte er sich einerseits am faktisch Herrschenden sowie andererseits an formalen Legitimationsakten: Ab dem Moment der Krönung und Salbung Karls VII. in Reims am 17. Juli 1429 nannte Pierre Cochon diesen „König von Frankreich"[63], worin der Herausgeber der Chronik, Robillard de Beaurepaire, eine Manifestation des französischen Königskults sah.[64] Die Krönung am traditionellen Ort französischer Königserhebungen war zweifellos wichtig, doch obwohl sich Cochon nun deutlicher der französischen Seite und vor allem auch Jeanne d'Arc zuzuneigen schien,[65] war seine politische Parteinahme keineswegs eindeutig: Als im Juli 1430 der gerade achtjährige englische König Heinrich VI. nach Rouen reiste, betitelte Cochon ihn wiederum pflichtschuldig als „König Heinrich von Frankreich und England", der nun „in seinen Ländern, in der Stadt Rouen," angekommen sei.[66]

Tatsächlich schien sich das Kriegsglück noch einmal zu wenden und „so begannen die Engländer tatkräftig zurückzuerobern, was sie verloren hatten, und die Franzosen verloren wieder das, was sie gewonnen hatten."[67] Mit diesen (wiederum lapidaren) Worten bricht Cochon seine Chronik ab – zeitlich in dem Moment, als die im Mai 1430 in Compiègne in Gefangenschaft geratene Jeanne d'Arc für ihren Prozess nach Rouen gebracht wurde. Grund für das abrupte Ende der Chronik ist

---

61 Pierre Cochon, Chronique normande. Ed. *de Robillard de Beaurepaire*, 299: *et disoient plusieurs qu'elle estoit envoié, de par Dieu, pour aidier à Charles, daulphin filz de Charles, roy de France, trespassé, à reconquester so royaume qui avoit conquis ledit Henry, roy d'engleterre.*

62 Pierre Cochon, Chronique normande. Ed. *de Robillard de Beaurepaire*, 301: *Et conquit en .ij. mois ce que les Anglois avoient mis à conquerre plus de .iij. ans.*

63 Pierre Cochon, Chronique normande. Ed. *de Robillard de Beaurepaire*, 302.

64 *De Robillard de Beaurepaire*, Introduction (1870), XXIV.

65 Cochon notiert etwa, dass man sicher auch Paris hätte einnehmen können, wenn man nur Jeanne d'Arc gefolgt wäre; gleichzeitig freut er sich über die englische Niederlage in der Schlacht von Jargeau (11.–12. Juni 1429), vgl. Pierre Cochon, Chronique normande. Ed. *de Robillard de Beaurepaire*, 307 und 300: *Là furent Anglois très bien catrés, plus que onques mès n'avoient esté en France, et s'en vouloient retourner en Angleterre et lessier ainssi le païs, se le régent leur eust souffert. Et estoient adonc Anglois si abolis que ung Franchoius en eust cachié trois.*

66 Pierre Cochon, Chronique normande. Ed. *de Robillard de Beaurepaire*, 312: *Le samedi xxixe jour de juillet, l'an dessus dit, arriva à Rouen le roy Henry de France et d'Angleterre, en ses terres, en la ville de Rouen, agié de .ix. ans ou environ.*

67 Pierre Cochon, Chronique normande. Ed. *de Robillard de Beaurepaire*, 315: *Et recommencherent Anglois très fort a conquester ce qu'ilz avoient perdu, et François à reperdre ce qu'ilz avoient conquesté.*

nicht der Tod Cochons – er starb erst 1456.⁶⁸ Es war vielmehr die politische Lage, die den Chronisten zum Verstummen brachte: Seine Sympathien für Jeanne und Karl VII. waren spätestens seit 1429 deutlich – aber sich positiv über eine Frau zu äußern, der in derselben Stadt wegen Aberglaubens und Majestätsverbrechens der Prozess gemacht wurde, hätte Cochon kompromittiert, zumal er qua Amt eng mit den Klerikern bekannt war, die nun am Prozess gegen Jeanne mitwirkten.⁶⁹ Weiterschreiben wie bisher schien unmöglich, seine pro-französische Gesinnung aber wollte Cochon offenbar nicht verleugnen. Also schwieg er.⁷⁰

Ob Pierre Cochon sich als ‚erobert' verstand, ist schwer zu sagen. Er registriert die Herrschaftswechsel und arrangiert sich mit diesen. Wir finden bei Cochon keine offene Ablehnung der Engländer, als diese ab 1415 die Normandie eroberten – wohl auch, weil mit dem tatkräftig vorgehenden Heinrich die Hoffnung auf Ruhe und Ordnung einherging. Die französischen Fürsten hingegen waren zerstritten und Cochon beklagte wiederholt ihre Untätigkeit. Seine anfänglichen Sympathien für die Burgunder wurden jedoch enttäuscht, als diese 1417 in Rouen die Kontrolle übernahmen, die Situation vor Ort sich aber nicht verbesserte. Auch die mit dem Vertrag von Troyes 1420 einhergehende Hoffnung auf ein baldiges Ende des Krieges erfüllte sich nicht. Das größte Ärgernis für Cochon war nicht die englische Herrschaft über die Normandie, sondern das endlose Fortdauern des Krieges.

Eine solche Sichtweise, die primär mehr an Frieden und Sicherheit interessiert war, ist typisch für Chronisten, die eher dem städtischen als dem adligen Milieu zugehörig waren.⁷¹ Es ist eine gewisse Ironie, dass die wohl treffendste Beschreibung dieser politisch sehr pragmatischen Einstellung nicht von Cochon selbst stammt, sondern von einem anderen Chronisten: Michel Pintoin, Mönch und Kantor in der königsnahen Abtei St. Denis, dessen Chronik die Zeit von 1380 bis 1420 umfasst und der über sehr verlässliche, hofnahe Informationen verfügte.⁷²

Pintoin beschrieb den Vormarsch Heinrichs V. und wies wiederholt auf dessen Intention hin, die Normandie zu erobern beziehungsweise zu besetzen, obwohl diese, wie der Chronist explizit ausführte, den Engländern von Philipp II. rechtmäßig aberkannt worden war.⁷³ Die Frage von Recht und Unrecht war damit geklärt –

---

68 Vgl. *De Robillard de Beaurepaire*, Introduction (1870), XV.
69 Vgl. *De Robillard de Beaurepaire*, Introduction (1870), XXXI.
70 Vgl. dazu *de Robillard de Beaurepaire*, Introduction (1870), XXX f.
71 Vgl. *Mauntel*, Gewalt (2014), 105–134.
72 Vgl. *Oschema*, Pintoin (2010). Vgl. zur Chronik auch *Guenée*, Comment on écrit (2016).
73 Chronique du Religieux. Ed. *Bellaguet*, Bd. 5, 532: *Addebat et quod Auriflorium, Normanie commendabiliorem portum (...) unde longe lateque per regnum muniri consueverat, et ditari, obsidione cingere et viribus capere statuerant, ut liberius temptarent recuperare Normaniam, quamvis minime ignorarent ipsam nuper nec sine causa amisisse. Nam attentis feodalibus legibus ab origine Francorum inviolabiliter observatis, si magnifici Henreici regis Anglie, triumque filiorum eidem succendencium, videlicet (...) et Johannis, inobediencias et rebellionis in dominos suos naturales reges Francie perpetratas, lances appendant equaliter in racionis statera, utique audaces et strenuissimos in*

es gehört jedoch zu den Besonderheiten der Chronik Pintoins, auch die Gegenperspektive (das heißt die englische Sicht) zu schildern. So beschrieb er, dass Heinrich insbesondere den Sieg bei Agincourt als Beleg dafür gesehen habe, dass seine Sache gerecht war und er nun die Gebiete seiner Vorfahren zurückerlangen könne (*recuperare*).[74] Pintoins Bemühen, sich in andere Sichtweisen hineinzuversetzen, gibt uns Einblicke in mögliche Perspektiven der Bevölkerung der Normandie. Nach dem Fall von Caen (1417), so führte er aus, sei die ganze Normandie in Furcht und Mutlosigkeit verfallen und viele hätten ohne Scham bekannt, dass, wenn Heinrich wirklich der Stärkere sei, er ruhig ihr Herr sein solle, solange sie dann in Frieden und Wohlstand leben könnten.[75]

In diesen erstaunlichen Worten spiegelt sich die politische Unaufgeregtheit Pierre Cochons. Tatsächlich dürften für den Großteil der Bevölkerung Sicherheit und Frieden wichtiger gewesen sein als Gefühle nationaler oder regionaler Identifikation. Aus dieser Perspektive war es den Menschen gleichgültig, ob sie durch englische oder französische Truppen ausgeplündert wurden und ob englische oder französische Truppen für sichere Lebensverhältnisse sorgten: Man wollte ein Ende des Kriegs.[76]

Michel Pintoin war sensibel genug für diese Sorgen – er selbst stellte fest, die Krieger des Königs würden ebenso schlimm wüten wie die Engländer,[77] und die Klage über die fehlende Gegenwehr des französischen Adels[78] zieht sich ebenso durch seine Chronik wie die über die Zerstrittenheit der Fürsten.[79] Dennoch, in Paris war man irritiert, als die Bewohner Rouens die königlichen Truppen, die sie schützen sollten, zunächst nicht willkommen hießen, sondern mit dem Verweis, man wolle sich selbst verteidigen, ablehnten. In dem innerstädtischen Streit, ob diese Truppen Hilfe oder Verderben brachten, wurde offenbar sogar der *bailli* Raoul de Gaucourt getötet, als er den König zur Niederschlagung dessen aufrufen wollte,

---

armis Ludovicum Grossum, Ludovicum ejus filium atque Philippum Augustum referent ducatum illum justissime viribus occupasse et perpetuo fisco addidisse regio.
74 Chronique du Religieux. Ed. *Bellaguet*, Bd. 5, 568: *omnesque rei bene geste debere reminiscit, cum esset signum evidentissimum, quod suorum progenitorum dominia injustissime subtracta juste recuperare conabatu.*
75 Chronique du Religieux. Ed. *Bellaguet*, Bd. 6, 160–162: *quamplures, nec immerito, timebant ne Normanie insignis et uberrima patria servitutis subiret jugum odibile ab Anglicis in toto vel parte maxima subjugata. Occasione inimiciciarum predictarum non erant qui hostiles eorum discursus possent reprimere. Ab expugnacione eciam ville de Can rex Anglie Normanis tantum terrorem incusserat, ut, quasi viribus fractis, ejus benivolenciam pocius affectarent quam potentciam experiri, inverecunde sepius inferentes: ‚Si forcior dominetur, placet nobis, dum tamen possimus vivere in pulchritudine pacis et requie temporalium opulenta.'*
76 Vgl. dazu Anm. 71.
77 Chronique du Religieux. Ed. *Bellaguet*, Bd. 5, 536, 546.
78 Chronique du Religieux. Ed. *Bellaguet*, Bd. 5, 532, 534, 538, 542; Bd. 6, 66, 108, 258; bes. eindrucksvoll Bd. 5, 564–566 (nach Agincourt).
79 Chronique du Religieux. Ed. *Bellaguet*, Bd. 6, 62, 160, 162.

was er als beginnende Rebellion ansah. Die Lage beruhigte sich erst, als der Dauphin selbst nach Rouen kam.[80]

Die Eroberung der Normandie beschrieb Pintoin Stück für Stück und kam dabei immer wieder auf die Perspektive Heinrichs zu sprechen: Er sei nicht aufzuhalten gewesen und habe sich schon als Herr der Normandie gesehen[81] – und auf französischer Seite habe man dasselbe kommen sehen.[82] Als Leserin oder Leser Pintoins folgt man dessen Schilderung der Erfolge Heinrichs, die letztlich geradezu zwangsweise auf ein Ziel hinauslaufen: Die Tatenlosigkeit der Franzosen ermöglichte es Heinrich, die Normandie einzunehmen und dann friedlich (*pacifice*) über sie zu herrschen.[83] Anders als Pierre Cochon ließ Pintoin angesichts der englischen Erfolge in zeitüblicher rhetorischer Manier eine Personifikation Rouens die Untätigkeit der französischen Fürsten anklagen und die Bedeutung der Normandie als ‚rechten Arm' Frankreichs hervorheben, der nun verlorenzugehen drohe[84] – an den Tatsachen ändern konnte dies freilich nichts.

Schließlich fiel 1419 Rouen, Heinrich richtete sich dort ein und agierte als König, indem er Münzen schlagen ließ und Gesetze erließ.[85] Erneut schildert Pintoin die Perspektive der Engländer, die sich nun brüsten würden, die Normandie, den Besitz ihrer Vorfahren, zurückerobert zu haben – mit Gottes Hilfe, dem es gefalle, die Herrschaft von einem Volk auf ein anderes Volk zu übertragen.[86] Schließlich soll Heinrich erklärt haben, dass die ganze Normandie sein und seiner Nachkommen Besitz sein soll.[87]

---

80 Chronique du Religieux. Ed. *Bellaguet*, Bd. 6, 92–94.
81 Chronique du Religieux. Ed. *Bellaguet*, Bd. 6, 100: *Aditu libero in Normania regi Anglie sic viribus preparato, inde letus, et quasi arram jam teneret patriam occupandi, cum toto robore militari regni sui et quinquaginti mille arcum educentibus ad famosiorem portum (...)*. Vgl. auch ebd., 202, 258.
82 Chronique du Religieux. Ed. *Bellaguet*, Bd. 6, 160.
83 Chronique du Religieux. Ed. *Bellaguet*, Bd. 6, 258: *in Anglicos, antiquos hostes ejus, quos noverant Normaniam, uberiorem partem Francie, totam jam fere viribus occupasse. (...) et sciebant se occupaturos in brevi totum ducuam pacifice, se prepotens et populosa civitas caput provincie Rothomagum subjugassent*.
84 Chronique du Religieux. Ed. *Bellaguet*, Bd. 6, 304–306.
85 Chronique du Religieux. Ed. *Bellaguet*, Bd. 6, 306–308. Pintoin gibt die Umschrift dieser Münzen hier fälschlicherweise mit *Richard roi de France* an. Vgl. ebd., 360–362: *Ut pacifice et sine impedimento rex Anglorum sujectum sibi vidit ducatum Normanie, ad reformacionem status ejus, suorum illustrium consilio acquiescens (...). Ut autem rex ipse longe lateque per regnum prerogativam potencie sue cupiens dilatare, monetam argentam equalis pnderis et valoris sicut moneta Francie in urbe de Caam statuerat fabricari, que et tunc in commerciis publicis cursum habere incepit, et revera in regis Francie dedecus, quia in circumferencia scriptum erat: ‚Henricus, Dei grati Francorum rex.'*
86 Chronique du Religieux. Ed. *Bellaguet*, Bd. 6, 308: *rex (...) ut videtis, possesionem hanc progenitorem suorum viribus recuperavit, divina cooperante potencia, que libere de gente ad gentem potest transferre dominia*. Auch hier bezieht sich die Sicht der Rückeroberung auf die juristische Einziehung der Normandie durch Philipp II.
87 Chronique du Religieux. Ed. *Bellaguet*, Bd. 6, 312: *ut sic tota Normania nobis nude subjaceat et successoribus nostris*.

Pintoin akzeptierte das ebenso wenig wie die Regelungen des Vertrags von Troyes. Bei aller Kritik am Dauphin[88] hatten Frankreich und England für ihn keineswegs denselben König. Und nach dem Tod Karls VI. sah er den Dauphin als dessen legitimen Nachfolger.[89] Heinrichs Strafgerichte gegen die, die sich ihm entgegenstellten, verurteilte Pintoin als Ungerechtigkeiten, die dieser zwar auf das Recht der Könige zu Strafen gründe, die er letztlich aber nicht seinen eigenen Untertanen zufüge, sondern denen eines anderen Königs.[90] Anders als Pierre Cochon akzeptierte Pintoin die englische Herrschaft über die Normandie nicht.

Bei aller Ablehnung ist die Taktik Heinrichs jedoch deutlich durch die Anklagen des Chronisten zu erkennen: Er bot den angegriffenen Städten eine friedliche Kapitulation an[91] und sprach ihnen, sofern sie sich ihm unterwerfen würden, Steuerfreiheit, Handelsfreiheit und die Wahrung der Gesetze und Rechte zu, wie sie unter Ludwig dem Heiligen gegolten hatten – wenn sie denn das englische Georgskreuz an ihrer Schulter tragen würden. Seine Gegner aber vertrieb er: Jugendliche und Alte, die noch keine Waffen tragen konnten, wurden ebenso exiliert wie Mütter und ihre Kinder.[92]

Aus der Sicht der königsnahen Abtei von St. Denis war die Eroberung und Besetzung der Normandie durch Heinrich V. ein unrechtmäßiger Akt, für den der französische Adel die Schuld und Verantwortung trug. An der Tragweite der Ereignisse ließ Pintoin dabei keinen Zweifel aufkommen: Er schilderte, wie Heinrich versuchte, das Land für sich und seine Nachkommen als Besitz zu gewinnen und als Fürst zu beherrschen. Für ihn war die Normandie (unrechtmäßig) erobert worden und erlebte nun eine (illegitime) Besatzung – er registrierte jedoch auch, dass Heinrich Zustimmung finden würde, wenn er Sicherheit und Wohlstand garantieren könne. Seine Vorstellung von ‚Eroberung' dürfte sich damit vor allem auf das territoriale Gebiet der Normandie bezogen haben, weniger auf die dort lebenden Menschen. Pintoin nahm damit eine deutlich urteilendere Position ein als Pierre Cochon, für

---

88 Chronique du Religieux. Ed. *Bellaguet*, Bd. 6, 384.
89 Chronique du Religieux. Ed. *Bellaguet*, Bd. 6, 408, 496.
90 Chronique du Religieux. Ed. *Bellaguet*, Bd. 6, 164, Textzitat in Anm. 92.
91 Chronique du Religieux. Ed. *Bellaguet*, Bd. 6, 162.
92 Chronique du Religieux. Ed. *Bellaguet*, Bd. 6, 164: *Nam cunctis quibus dedicionem imperabat monium exactionum immunitatem in verbo principis pollicebatur perpetuam, quod secure possent agruculture vacare, negociaciones lucrativas excercere, dum tamen crucem rubeam, signum Sancti georgii, humeris consumtam ferrent, et quod ad usus et consuetudines sancte memorie regis quondam Francie Ludovivi tenerentur. Mente eciam recollens quod regium est inobedientes punire, si respuentes oblata viribus capiebantur, qui arma ferre poterant, ut rei lese majestatis, prius eorum bonis expositis direpcioni et prede, occidebantur gladiis; juniores imbelles cum senibus, diris suppliciis macerati, compellebantur loco cedere; cogebantur et matres cum parvulis sedes quierere alienas, duntaxat illis exceptis que connubiali vinculo eligebant Anglicis copulari, sic certe injustissime, circumspectorum judicio, nion in suos sed alienos subditos tantam crudelitatem excercens.* Vgl. dazu Contamine, L'application (2017), 613.

den persönlich, zumindest seit der englischen Einnahme Rouens, auch mehr auf dem Spiel stand. Während Pintoin den Siegeszug Heinrichs verfolgte und aufgrund der Untätigkeit der Franzosen als unausweichlich, wenn auch illegitim beschrieb, schien sich Cochon mehr oder weniger mit der Situation zu arrangieren.

3.2 Grassierende Unsicherheit und wachsender Widerstand: Befunde aus Rechtsquellen

Möchte man das Panorama von einigen, um Sinnstiftung bemühten Chronisten auf mehrere Stimmen erweitern, bietet sich der Blick in die breite Überlieferung an Rechtsquellen beziehungsweise Texten aus der Rechtspraxis an. Diese zeigen einerseits das englische Bemühen, durch disziplinarische Ordonnanzen ihre eigenen Soldaten davon abzuhalten, in der Normandie zu plündern und Verheerungen anzurichten.[93] Dies wäre die Sicht der ‚Eroberer', die versuchten, die Bevölkerung von sich zu überzeugen, indem sie weitere Schädigungen zu verhindern suchten. Auf der anderen Seite verweisen obrigkeitliche Begnadigungsschreiben deutlich auf das Hauptproblem jener Zeit: die grassierende Unsicherheit, vor allem auf dem Land. Die vom englischen König gewährten Begnadigungen sprechen von ‚Dieben' und ‚Briganten', denen Raub, Lösegelderpressung und mitunter Morde vorgeworfen wurden – dies ist selbstverständlich die semantische Rahmung der Obrigkeit beziehungsweise der Herrschenden. Der älteren französischen Historiographie galten dieselben ‚Diebe' als Partisanen und Widerstandskämpfer, die für die französische Nation gegen die Engländer kämpften.[94]

Tatsächlich ist das Phänomen der ‚Briganten' in seiner Komplexität schwer zu fassen.[95] Der Krieg und seine Auswirkungen trieben offenbar eine nicht unerhebliche Zahl von Menschen in die Wälder – aus Armut und Not, aus Frustration und Wut, aus Perspektiv- und Mutlosigkeit. So geriet etwa Robin Auber, ein normannischer Kleinhändler, in Bedrängnis, als ihm im Frühjahr 1424 eine Ladung Heringe von „Briganten und Gegnern unseres Reiches"[96] gestohlen wurde, wie der im Namen Heinrich VI. ausgestellte Begnadigungsbrief formuliert. Da er seinen Handelspartner nun nicht mehr auszahlen konnte, floh er selbst in die Wälder und schloss sich – unter Zwang, wie er entschuldigend beteuerte – den dortigen Briganten an. Das Beispiel ist wenig spekta-

---

[93] Vgl. *Curry*, Normandie (2018); *Dies.*, Military Ordinances (2008); *Newhall*, Bedford's Ordinance (1935); *Rowe*, Discipline (1931).
[94] Vgl. dazu *Gauvard*, Résistants (1988), und *Allmand*, Lancastrian Normandy (1986), 152–166, der die wirtschaftlichen und sozialen Probleme betont, gleichermaßen aber darauf hinweist, dass diese teils strukturelle Ursachen hatten; zum Phänomen der ‚Briganten' vgl. ebd., 229–240.
[95] Zum Begriff und seinem semantischen Wandel vgl. *Mauntel*, Gewalt (2014), 182. Vgl. auch *Toureille*, Vol (2006); *Kintzinger*, Brigands (2013). Vgl. dazu Thomas Basin, Histoire de Charles VII. Ed. *Samaran/de Surirey Saint Remy*, Bd. 1, 108.
[96] Lettre de rémission für Robin Auber, Rouen, Oktober 1424, Paris, AN, JJ 172, fol. 327^v (Nr. 593). Actes de la chancellerie. Ed. *Le Cacheux*, Bd. 1, 116 f.

kulär, aber instruktiv: Erstens sehen wir, wie die durch den Krieg verursachte Armut sich potenzierte, solange kein Frieden in Sicht war. Wenn wir Robin Auber glauben dürfen, waren daher mitunter auch eigentlich in gefestigten Verhältnissen lebende Menschen gezwungen, sich in die Illegalität zu begeben. Zweitens reagierte die englische Obrigkeit auf dieses Phänomen nicht nur unter dem Aspekt der Kriminalität, sondern sah es auch als Angriff auf ihre Souveränität: Die Diebe und Briganten wurden zugleich als Gegner des Königs dargestellt.[97] Drittens folgen derartige Begnadigungsbriefe einer spezifischen narrativen Logik: Der oder die Beschuldigte gab einerseits die Tat zu, musste aber andererseits argumentieren, wieso ihn oder sie keine größere Schuld traf, weil er oder sie letztlich Opfer der Umstände geworden war.[98] Diese Anlage der Briefe erschwert mitunter ihre Deutung erheblich, da über tatsächliche Motivationen nur gemutmaßt werden kann: Die Petentinnen und Petenten nutzen oft schlicht die Narrative, von denen sie sich Nutzen versprachen. Viertens lässt sich – gerade aufgrund dieser narrativen Bedingtheiten – kaum sagen, inwiefern ein Individuum oder eine Gruppe aus Armut oder aus politischer Opposition heraus agierte.

Die Gemengelage möglicher Motive war auch den Zeitgenossen bewusst, wenn wir dem aus der historischen Rückschau der 1470er Jahre schreibenden Thomas Basin glauben dürfen.[99] Er beschrieb, wie englische und französische Soldaten und solche, die „vorgaben für die Franzosen zu kämpfen", die Bevölkerung terrorisierten und wie im Gegenzug viele verzweifelte und verlorene Menschen sich „aus Niedertracht, aus Hass auf die Engländer, wegen der Gier nach Beute oder um einer Strafe für ihre Verbrechen zu entgehen" aus den Dörfern in die Wälder zurückgezogen hätten und von dort aus zumeist nachts, im Schutz der Dunkelheit, Überfälle auf die im Umkreis wohnenden Bauern begingen.[100] Für die Engländer in der Normandie ergab

---

97 Vgl. etwa *Jouet*, Résistance (1969), 42. Zum Prozessweg vgl. ebd., 49–54.
98 Vgl. dazu *Gauvard*, Grace (1991), 63–75.
99 Thomas Basin stammte aus der Normandie, aus der er 1415 noch als Kind wegen der englischen Invasion fliehen musste. Nach einem Rechtsstudium in Paris, Löwen, Pavia und Bologna machte er ab 1441 an der unter englischer Ägide gegründeten Universität Caen Karriere. Später wurde er zum Bischof von Lisieux ernannt und übergab in dieser Funktion 1449 die Stadt an die Franzosen und schwor Karl VII. die Treue. Nunmehr auf französischer Seite arbeitete er als königlicher Ratgeber und wirkte u. a. 1456 an der Rehabilitation Jeanne d'Arcs mit, vgl. dazu *Blanchard/Collard/de Kisch*, Introduction (2018), 11–38.
100 Thomas Basin, Histoire de Charles VII. Ed. *Samaran/de Surirey Saint Remy*, Bd. 1, 106–108: *Preter eos vero, qui pro Francorum partibus se militare dicebant, et, licet plerumque absque ordine et stipendio, tamen opida vel castra incolebant, que Francis parerent, et sese ac predas suas in eisdem recptabant, erant alii sine numero desperati atque perditi himines, qui seu socordia seu Anglorum odio vel libidine aliena rapiendi seu consciencia criminum stimulati, ut legum evaderent laqueos, relictis agris et domius propriis, non quidem Francorum opida seu castra incolerent aut in eorum exercitibus militarent, sed ferarum more ac luporum dempsissima silvarum et inaccessa loca tenebant, unde, esurie ac famis perugente rabie, exeuntes plerumque noctu et in tenebris, aliquando eciam interdiu, sed rarius, agricultorum irrumpentes domos, bonis eorum direptis, eosdem captivos ad suas in silvis occultisimas latebras abducebant et eos illic variis excruciantes tormentis ac inediis, ad magnas*

sich ein Teufelskreis: Englische Garnisonsmitglieder plünderten trotz Verbot und auch die ‚Briganten' setzen auf Raub und Diebstahl. Die normannische Bevölkerung wehrte sich gegen beide Gruppen, wogegen wiederum die englischen Garnisonen vorgehen mussten. Basin orakelte, dass die Engländer trotz all ihres Eifers und ihrer Fähigkeiten (die er ihnen zugestand) dieses Problem nicht in den Griff bekommen würden, egal wie lange sie über die Normandie herrschen würden.[101]

Die Unsicherheit grassierte und Lösegelderpressung schien ein weitverbreitetes Phänomen geworden zu sein,[102] sodass sicheres Reisen nur mit bewaffneter Eskorte möglich war.[103] Von englischer Seite aus machte man daher ‚Jagd' auf Briganten: Der Vizegraf von Avranches, Guillaume Gautier, ließ zwischen November 1419 und April 1420 20 „Diebe und Briganten"[104] hinrichten, die ihm von einem Getreuen des Grafen von Suffolk und Admiral der Normandie überstellt worden waren. Ein Kopfgeld von sechs *Livres* pro Brigant wurde als Anreiz ausgesetzt, entsprechende Leute zu fangen und auszuliefern.[105] In Rouen zählen wir zwischen Juni 1423 und März 1424 27 Exekutionen, darunter viele Normannen.[106]

Einen Einblick in die Komplexität der Konflikte geben einige Beispiele aus den oben erwähnten Begnadigungsbriefen: So wurde etwa der englische Krieger Jean Sterre im August 1423 wegen der Tötung des Normannen Jean Avicet begnadigt, der ihm zwei Pferde im Wert von 100 Pfund gestohlen hatte.[107] Jean le Courtois wurde im April 1424 dafür belohnt, Thomasse Raoul an den *bailli* von Caen ausgeliefert zu haben, da sie die „Briganten und Feinde (...) des Königs"[108] beraten und unterstützt hatte – wofür sie lebendig begraben wurde. Im Juni 1424 wurde Étienne le Roy, ein sich selbst als armer, verheirateter Arbeiter von 46 Jahren aus der Nähe von Coutances beschreibender Mann, von Heinrich VI. begnadigt. Er war beschuldigt worden, Komplize einiger Briganten gewesen zu sein, die im August 1423 in Montsurvent (bei Coutances) einen Engländer und mehrere seiner normannischen Begleiter gefangen genommen hatten, unter denen auch sein eigener Sohn Perrin war. Die Gefangenen

---

pro sua redempcione et liberacione pecuniarum summas et alia que usui suo necessaria putarent coartabant, ad quem statuissent locum prefinito die deportandas. Vgl. *Contamine*, L'application (2017), 616.
101 Thomas Basin, Histoire de Charles VII. Ed. *Samaran/de Surirey Saint Remy*, Bd. 1, 108: *Nunquam tamen semen illud ulla diligencia vel arte exterminare potuerunt, quamdiu Normanniam incoluerunt ac tenuerunt.* Vgl. *Lewis*, France anglaise (1988), 32.
102 Chronique du Mont-Saint-Michel. Ed. *Luce*, Bd. 1, 179 f. (LI).
103 Zum Jahr 1432 berichtet der Vizegraf von Coutances, er traue sich nur noch mit bewaffneter Eskorte zu reisen, vgl. Chronique du Mont-Saint-Michel. Ed. *Luce*, Bd. 2, 4 f. (CXXIX).
104 Vgl. Chronique du Mont-Saint-Michel. Ed. *Luce*, Bd. 1, 100–102 (VII).
105 Vgl. *Lefèvre-Pontalis*, Épisodes (1893), 484, mit Verweis auf Basin. Vgl. *Jouet*, Résistance (1969), 24 f., 43–49.
106 Vgl. *Lefèvre-Pontalis*, Épisodes (1893), 477.
107 Chronique du Mont-Saint-Michel. Ed. *Luce*, Bd. 1, 128 f. (XXI).
108 Chronique du Mont-Saint-Michel. Ed. *Luce*, Bd. 1, 133 (XXIV).

wurden (ebenso wie zahlreiche englische Pferde) in den Wald von Courbefosse gebracht, wo man für ihre Freilassung ein Lösegeld erpresste. Auch Étiennes Sohn Perrin erlitt dieses Schicksal, wurde aber von den englischen Pferdebesitzern für einen Komplizen der Briganten gehalten, woraufhin diese die ganze Familie ausraubten. Étienne floh daraufhin zunächst und kam einige Zeit später zurück, um sein Eigentum zurückzufordern. Allerdings wurde er wiederum von Briganten gefasst und für einen Tag festgehalten, bevor man ihm eine Stute mit allerlei Besitz übergab und ihn ziehen ließ. Étienne betonte, er habe die Briganten nie wiedergesehen und sei später von einer englischen Garnison als deren Komplize gefangen genommen worden.[109]

Heroische Widerstandskämpfer stellt man sich anders vor. Es lassen sich weitere Beispiele anführen: Der normannische Priester Alexandre Doisnel wurde im Februar 1422 von Briganten gefangen, konnte aber keinerlei Geld zahlen und diente den Briganten daher – gezwungenermaßen, wie er betonte – als Bote.[110] Jacques Fillie verdingte sich, weil er mittellos war, kurzfristig als Pirat und half vor St. Malo dabei, englische Schiffe anzugreifen und auszuplündern.[111] Thomas Morisse wurde begnadigt, weil er 1422 zwei Knappen eines englischen Ritters getötet hatte, die in sein Haus eingedrungen waren und ihn bedroht hatten.[112] Raoul Jouvin wiederum beschwor, zur Komplizenschaft bei der Ermordung eines Engländers und eines Normannen gezwungen worden zu sein. Den Druck übte hier offenbar Colin Maingret aus, der seinerseits königlicher Sergeant von Périers war und es auf zwei Engländer und einen Normannen abgesehen hatte, weil diese in seinem Amtsbereich Übel angerichtet hätten. Einer der Engländer floh jedoch und die Sache kam vor Gericht.[113]

Die Beispiele zeigen, dass die Konflikte oft durch den Krieg und die Präsenz der englischen Garnisonen bedingt waren, aber nicht zwangsläufig entlang einer normannisch-englischen Konfliktlinie verliefen.[114] Elend und Frust, Perspektivlosigkeit und Widerstandswillen mögen in diesen Fällen als Motive eng beieinander gelegen haben und sind für Historikerinnen und Historiker aus der Rückschau kaum zu trennen.[115] Selbst Anschläge auf Steuereintreiber,[116] der Verkauf gestohlenen englischen Guts an die Franzosen[117] oder aber die bewusste Duldung geplanter Mordanschläge

---

109 Chronique du Mont-Saint-Michel. Ed. *Luce*, Bd. 1, 134 f. (XXV).
110 Chronique du Mont-Saint-Michel. Ed. *Luce*, Bd. 1, 206–208 (LXII).
111 Chronique du Mont-Saint-Michel. Ed. *Luce*, Bd. 1, 243 f. (LXXX).
112 Chronique du Mont-Saint-Michel. Ed. *Luce*, Bd. 1, 252 f. (LXXXIV).
113 Chronique du Mont-Saint-Michel. Ed. *Luce*, Bd. 1, 302–305 (CXVIII).
114 Vgl. *Evans*, Brigandage (1992), 124 f.; *Jouet*, Résistance (1969), 113.
115 Vgl. dazu *Mauntel*, Suche (2018).
116 AN JJ 172, fol. 299^r (Nr. 538), Rouen, April 1423. Actes de la chancellerie. Ed. *Le Cacheux*, Bd. 1, 13–15.
117 AN JJ 173, fol. 19^r, (Nr. 36), Paris, Dez. 1424. Actes de la chancellerie. Ed. *Le Cacheux*, Bd. 1, 164–166.

auf englische Krieger[118] wurden der narrativen Logik der Begnadigungsbriefe gemäß mit widrigen Umständen, Armut oder der Angst vor strenger Bestrafung erklärt, könnten in der Tat aber auch politische Hintergründe gehabt haben.

Beschränkt man den Fokus auf Fälle mit einem eindeutig politischen Charakter, ist die Ausbeute eher mager. Zwei Beispiele zeigen, dass es durchaus eine politische Abneigung gegen die Engländer gab, auch wenn diese sich nicht unbedingt in offenem Widerstand zeigte. So gerieten etwa im November 1424 Guillaume Vignon und der englische Sergeant Jean de Vauraburg in einem Wirtshaus in Rugles aneinander, weil Guillaume den Sergeanten wiederholt beschimpfte und schließlich rief, alle Bediensteten des englischen Königs seien Diebe – woraufhin Jean ihn aus Wut erschlug.[119] Alkohol spielte auch im zweiten Fall eine Rolle, als der 55-jährige Jean Donnillet 1431 an einem Montag den Markt in Coutances besuchte. Den Wachen am Tor teilte er – betrunken, wie er zu seiner Verteidigung angab – mit, dass er schon zweimal von den Armagnaken gefangen genommen worden sei und diese dennoch mehr möge als die Engländer, ebenso wie er König Karl mehr möge als Heinrich, den König von England – wofür er zwei Monate in Ketten gelegt wurde.[120]

Wenige Fälle haben eine so deutliche politische Schlagrichtung wie der von Jean Donnillet, was zweifellos an der Argumentationstechnik der Begnadigungsbriefe liegt. Da war etwa der Prior Nicole le Jendre aus Saint-Germain-de-la-Truite, der nach Ivry geflohen war, als die Franzosen diesen Ort im August 1423 überraschend einnahmen. Hier wurde er in der lokalen Abtei zum Abt gewählt und reiste zum zuständigen Ortsbischof nach Évreux, um seine Wahl bestätigen zu lassen. Den dazu nötigen Eid – in diesem Fall auf die englische Obrigkeit – lehnte er jedoch mit dem Verweis ab, dass er sich damit im französischen Ivry in Gefahr begeben würde.[121] Versuchte hier ein geschickter Taktiker, Karriere zwischen den politischen Fronten zu machen, oder wollte Nicole schlicht unter französischer Herrschaft leben und arbeiten?

Aus solchen, nur schwer zu deutenden Fällen zu schließen, es habe keinen politischen Widerstand gegeben, wäre jedoch falsch. Die Frage ist eher, wie politisch der zu fassende Widerstand motiviert war. Wiederholt wurden plündernde Engländer von

---

118 AN JJ 172, fol. 296ᵛ (Nr. 532), Rouen, Mai 1423. Actes de la chancellerie. Ed. *Le Cacheux*, Bd. 1, 21 f. Ähnlich auch ebd., AN JJ 172, fol. 329ᵛ (Nr. 598), Rouen, Nov. 1424, 133–136.
119 AN JJ 173, fol. 39ʳ (Nr. 76), Paris, Feb. 1425, Actes de la chancellerie. Ed. *Le Cacheux*, Bd. 1, 192–195.
120 Chronique du Mont-Saint-Michel. Ed. *Luce*, Bd. 1, 300–302 (CXVII), hier 300 f.: *lui estant ainsi abuvré, dist aux protiers de la dicte prote qu'il avoi testé prisonnier par deux foiz des Armignalz, mais enocre les amoit il miuelx qu'il ne faoist les Anglois et amoit mieulx le roy de France Charles qu'il ne faisoit le roy Henry d'Angleterre*. Später gab Jean an, dies alles nie gesagt zu haben und sich nicht an den Vorfall erinnern zu können.
121 AN JJ 172, fol. 374ʳ (Nr. 675), Paris, Nov. 1424. Actes de la chancellerie. Ed. *Le Cacheux*, Bd. 1, 145–147.

Landbewohnern erschlagen[122] – ob aus Notwehr oder als gezielte Vergeltung, wissen wir nicht. In Louviers schmiedeten einige Bewohner kurz nach der Einnahme der Stadt durch die Engländer im Juni 1418 offenbar ein Komplott, durch das die Stadt an die Burgunder ausgeliefert werden sollte.[123] Auch in Rouen und Dieppe gab es nach der englischen Einnahme ähnliche Verschwörungen, die allerdings beide fehlschlugen, während es den Bewohnern in Saint-Martin-le-Gaillard tatsächlich gelang, die Engländer kurzzeitig zu vertreiben.[124]

Es brauchte offenbar einen äußeren Impuls, um die Bevölkerung zu einer Parteinahme zu motivieren. Welche Wirkung so ein Impuls haben konnte, zeigt das nach der Schlacht von Verneuil am 17. August 1424 kursierende (falsche) Gerücht, die Franzosen hätten über die burgundisch-englische Armee gesiegt. Dies rief im Umfeld des Schlachtfelds allerlei Reaktionen hervor, die nicht immer kohärent zu deuten sind. Die Stadt Verneuil etwa öffnete einigen Franzosen die Tore, als diese behaupteten, die Schlacht gewonnen zu haben – man gab vor, dies wegen deren militärischer Stärke getan zu haben.[125] Aufgrund desselben Gerüchts plünderten einige junge Männer aus Pont-Audemer den Amtssitz des dortigen englischen Kommandanten.[126] Andernorts rebellierten einfache Männer gegen die Engländer,[127] indem sie Krieger angriffen, die aus der Schlacht geflohen waren,[128] oder indem sie sich französischen Kriegern andienten.[129] In den jeweiligen Begnadigungsbriefen entschuldigten sich die Beteiligten mit explizit pro-englischen Motiven: Man habe englische Krieger wegen ihrer feigen Flucht aus der Schlacht getötet oder sei von den Franzosen zur Zusammenarbeit gezwungen worden...

Offener und massiver Widerstand formierte sich ab 1434 vor allem im Osten der Normandie, im Bessin sowie um Caen, 1435 dann im Pays de Caux und schließlich 1436 im Tal der Vire (*Val de Vire*), wurde aber von den Engländern schnell militärisch unterdrückt.[130] Thomas Basin notierte aus der Rückschau, dass der französisch-

---

122 AN JJ 173, fol. 22ᵛ (Nr. 44), Paris, Dez. 1424. Actes de la chancellerie. Ed. *Le Cacheux*, Bd. 1, 68–170.
123 AN JJ 172, fol. 118ʳ (Nr. 230), Rouen, Apr. 1423. Actes de la chancellerie. Ed. *Le Cacheux*, Bd. 1, 17–20.
124 Vgl. *Lefèvre-Pontalis*, Épisodes (1893), 478–480.
125 AN JJ 172, fol. 324ʳ (Nr. 585), Verneuil, 18. Aug. 1424. Actes de la chancellerie. Ed. *Le Cacheux*, Bd. 1, 103 f.
126 AN JJ 172, fol. 324ᵛ (Nr. 586), Aug. 1424. Actes de la chancellerie. Ed. *Le Cacheux*, Bd. 1, 97–99. Ähnlich auch ebd., AN JJ 172, fol. 334ʳ (Nr. 604), Rouen, Jan. 1425, 173–176.
127 AN JJ 172, fol. 317ᵛ (Nr. 570), Rouen, Sep. 1424. Actes de la chancellerie. Ed. *Le Cacheux*, Bd. 1, 104–106.
128 AN JJ 172, fol. 350ᵛ (Nr. 633), Paris, Sep. 1424. Actes de la chancellerie. Ed. *Le Cacheux*, Bd. 1, 113–115.
129 AN JJ 173, fol. 57ʳ (Nr. 115), Paris, März 1425. Actes de la chancellerie. Ed. *Le Cacheux*, Bd. 1, 212–215.
130 Vgl. *Contamine*, L'application (2017), 617. Diese Aufstände sind bisher kaum näher erforscht.

burgundische Friedensschluss von Arras 1435 diejenigen Normannen und Franzosen, die unter englischer Herrschaft lebten, umso mehr gegen die Engländer aufgebracht habe, weil man der Meinung gewesen sei, die Engländer wollten nur ihren Profit aus dem Land ziehen.[131] Letztlich hätten Franzosen und Engländer gegenseitig eine so schlechte Meinung voneinander gehabt, so schlussfolgerte Basin, dass der Hass und das Misstrauen zwischen ihnen immer weiter gewachsen seien.[132]

Tatsächlich mögen die französischen Kriegserfolge zu einer Polarisierung in Bezug auf die englische Präsenz in der Normandie beigetragen haben: Die offenen Rebellionen weisen ebenso auf eine zunehmende Ablehnung hin wie auch die von Robert Blondel zum Jahr 1449 berichtete Angst der Engländer, dass sich diese Aufstände wiederholen könnten und eine Erhebung „aller Städte und Siedlungen der Normandie" sie letztlich aus der Normandie vertreiben könnte.[133]

4 Fazit

Nach formalen (modernen) Kriterien lässt sich die englische Präsenz in der Normandie als ‚Besatzung' qualifizieren, die nach der militärischen Eroberung jahrzehntelang Bestand hatte. Sprachlich scheint sich diese formale Feststellung in den mittelfranzösischen Begriffen der *occupation* und der *conquête* zu spiegeln, die vor allem eine militärische Erfassung und Kontrolle bestimmter Gebiete durch gegnerische Krieger beschreiben.

Der aus Quellen fassbare Umgang mit dieser *occupation* fiel allerdings sehr unterschiedlich aus: Der normannische Chronist Pierre Cochon zum Beispiel arrangierte sich mit der englischen Obrigkeit und schien auch die geänderte Erbfolgeregelung des Vertrags von Troyes akzeptiert zu haben – zumindest so lange, wie die neue politische Ordnung die Chance auf Frieden und Sicherheit bot. Als diese sich nicht erfüllte, wandte er sich der durch Karl VII. personifizierten französischen Seite zu und brach aufgrund dieser Parteinahme seine im englisch regierten Rouen verfasste Chronik ab. Als ‚erobert' dürfte er sich nicht verstanden haben – vielmehr vermittelt sein

---

131 Thomas Basin, Histoire de Charles VII. Ed. *Samaran/de Surirey Saint Remy*, Bd. 1, 196–208, bes. 206.
132 Thomas Basin, Histoire de Charles VII. Ed. *Samaran/de Surirey Saint Remy*, Bd. 1, 206–208: *et utrinque de se invicem Franci et Anglici, pessimam habentes opinionem, mutuis in sese odiis et diffidenciis cotidie magis ac magis accendebantur et inardescebant.* Vgl. dazu auch ebd., Bd. 2, 106.
133 Robert Blondel, Reductio Normanie. Ed. *Héron*, Bd. 2, 62 f.: *Ab expertis quidem et peritis bellorum ductoribus persuasum habuit, si cum Gallis campestere bellum tanti anceps beli fortuna sibi adversari contigeret, universa villarum et Normanie agrorum communitas, ostile ferrum raptans, Anglicos trucidare et expellere conaretur; ac ex uno conflictu adverso totius ducatus irrecuperabilis perditio rueret.* Vgl. Contamine, L'application (2017), 618.

Werk den Eindruck, dass ein Wechsel der politischen Obrigkeit ihn nicht so sehr beschäftigt zu haben scheint wie die Auswirkungen der fortgesetzten Kriegsführung.

Der nördlich von Paris in St. Denis schreibende Chronist Michel Pintoin lehnte die englischen Herrschaftsansprüche dagegen kategorisch ab, was in der königsnahen Abtei auch kaum anders denkbar gewesen wäre: Texte, die gegen die herrschende Obrigkeit argumentierten, sind kaum erhalten und dürften auch keine allzu große Überlieferungschance gehabt haben.[134] Erstaunlich ist allerdings Pintoins Bemühen um eine Perspektiverweiterung: Neben seiner eigenen Sicht auf die Dinge versuchte er, sowohl die pragmatische, vor allem an Friedenssicherung orientierte Perspektive der normannischen Bevölkerung als auch die englische Perspektive in seiner Chronik zu Wort kommen zu lassen. Er legte damit offen, dass es nicht nur eine Wahrheit und politische Einstellung gab, und billigte neben den Fürsten auch der Bevölkerung eine eigene Handlungs- und Deutungsmacht zu – auch wenn er selbst die pragmatische Einstellung vieler Normannen politisch ablehnte.

Die Zuschreibung der ‚Eroberung' trifft aus der Sicht der zwei hier exemplarisch analysierten Chronisten vor allem das Territorium der Normandie. Der Bevölkerung wird dagegen eine aktivere Rolle zugesprochen, mithin auch die Fähigkeit, sich zwischen rivalisierenden politischen Polen für eine Seite zu entscheiden. Ethnische beziehungsweise protonationale Kategorien wie ‚Engländer', ‚Franzosen', ‚Burgunder' und (seltener) ‚Normannen' waren weitverbreitet, hatten aber auf politischer Ebene nicht die Wirkmacht, die ihnen die Geschichtsschreibung des 19. Jahrhunderts zuschrieb.[135]

Die Analyse ausgewählter Begnadigungsbriefe zeigt, wie sehr der Konflikt zwischen Engländern und Franzosen das Leben und den Alltag zahlloser Menschen in der Normandie beeinflusste und prägte. Die Handlungen der Menschen auf nationale oder regionale Zugehörigkeiten zu reduzieren (etwa als ‚Kollaborateure' oder ‚Widerstandskämpfer'), wird allerdings weder der komplexen Anlage der Quellen noch der vermutlich nicht wesentlich einfacheren Lebensumstände der Menschen gerecht. Die Begnadigungsbriefe berichten von Diebstählen und Überfällen, von Schlägereien und Entführungen, von Mordkomplotten und politischen Verschwörungen. Armut und Gier, Trostlosigkeit und Wut, Selbstverteidigung und politischer Widerstand liegen hier als Motive nah beieinander und lassen sich nur selten eindeutig trennen. Insofern würde die Bezeichnung der Normannen als ‚Eroberte' wenig Klarheit bringen; deutlich wird aber, dass der Umstand der Eroberung beziehungsweise der Besatzung Unsicherheit und Kriminalität mit sich brachte, die für die Jahre der englischen Herrschaft über die Normandie prägend sein sollten – von individuellen Akten über Aktionen organisierter Gruppen bis hin zum offenen Aufstand. Dass organisierter Widerstand entweder direkt nach der Einnahme bestimmter Städte zwischen 1416 und 1420 oder aber in

---

134 Vgl. *Esch*, Überlieferungs-Chance (1985).
135 Vgl. dazu *Allmand*, Lancastrian Normandy (1986), 211–213.

den 1430er Jahren aufkam, nachdem sich der Vertrag von Troyes als wirkungslos erwiesen hatte und sich Frankreich und Burgund erneut politisch annäherten, zeigt, dass man eine neue Obrigkeit nicht ohne Weiteres und vor allem nicht angesichts fortdauernder Unsicherheit widerspruchslos anerkannte. Die sich selbst potenzierende Unsicherheit, Kriminalität und Gewalt in der Normandie dürften letztlich wichtige Gründe für das Scheitern der englischen Herrschaft in der Normandie gewesen sein.[136]

Handschriften

Paris, Bibliothèque nationale de France, MS fr. 5391, fol. 22^r–95^r, online: https://gallica.bnf.fr/ark:/12148/btv1b90606624/f24.item.zoom (Zugriff: 15.08.2022).

Edierte Quellen und Übersetzungen

Actes de la chancellerie d'Henri VI concernant la Normandie sous la domination anglaise (1422–1435). Extraits des Registres du Trésor des Chartes aux Archives Nationales. Ed. *Paul le Cacheux*, 2 Bde. Rouen / Paris 1907–1908.
Thomas Basin, Histoire de Charles VII. Ed. *Charles Samaran / Henry de Surirey Saint Remy*, 2 Bde. (Les classiques de l'histoire de France au Moyen Âge, Bde. 15, 21.) Paris 1933–1944.
Robert Blondel, Oeuvres. Historien normand du XVe siècle. Ed. *Alexandre Héron*, 2 Bde. Rouen 1891–1893.
Chroniques de Jean Froissart. Ed. *Siméon Luce*. u. a., 15 Bde. (Société de l'Histoire de France, Bde. 147 f., 154, 159, 164, 169, 180, 188, 237 f., 269, 282, 294, 425, 461, 484.) Paris 1869–1975.
Chronique du Mont-Saint-Michel (1343–1468). Ed. *Siméon Luce*, 2 Bde. Paris 1879–1883.
Les Croniques de Normendie (1223–1453). Ed. *Amedée Hellot*. Rouen 1881.
Chronique normande de Pierre Cochon. Notaire apostolique à Rouen. Ed. *Charles de Robillard de Beaurepaire*. Rouen 1870.
Chronique du Religieux de Saint-Denys. Contenant le règne de Charles VI de 1380 à 1422. Ed. *Louis Bellaguet*, 6 Bde. Paris 1839–1852, ND 1994.
Fragments de la Geste des nobles français, ou Chronique de G.Soucsinot, le Chancelier, in: *Auguste Vallet de Viriville* (Hrsg.), Chronique de la Pucelle. Paris 1859, 105–204.
Gesta Henrici Quinti. The Deeds of Henry the Fifth. Ed. *Frank Taylor / John S. Roskell*. (Oxford Medieval Texts.) Oxford 1975.
Journal d'un bourgeois de Paris. Ed. *Colette Beaune*. (Lettres Gothiques, Bd. 4522.) Paris 1990.
Lettres de rois, reines et autres personnages des cours de France et d'Angleterre (épuisé) depuis Louis VII jusqu'à Henri IV, tirées des Archives de Londres par Bréquigny. Ed. *Jacques-Joseph Champollion-Figeac*, 2 Bde. Paris 1839–1847.

---

[136] Vgl. dazu etwa *Jouet*, Résistance (1969), 85–88. Vgl. auch den Bericht von Thomas Basin, Histoire de Charles VII. Ed. *Samaran/de Surirey Saint Remy*, Bd. 1, 108–110.

Rotuli parliamentorum. Ut et petitiones, et placita in Parliamento. Ed. *John Strachey*, 6 Bde. London 1767–1777.

Jean de Wavrin, Recueil des chroniques et anchiennes istories de la Grant Bretaigne, a présent nommé Engleterre. Ed. *William Hardy / Edward L. Hardy*, 5 Bde. (Rolls Series, Bd. 39.) London 1864–1891.

Literatur

Christopher T. Allmand, Lancastrian Normandy 1415–1450. The History of a Medieval Occupation. Oxford 1986.

Christopher T. Allmand, Henry V the Soldier, and the War in France, in: Gerald Harriss (Hrsg.), Henry V. The Practice of Kingship. Oxford 1985, 117–135.

Christopher T. Allmand, La Normandie devant l'opinion anglaise à la fin de la Guerre de Cent Ans, in: Bibliothèque de l'École des Chartes 127, 1970, 345–368.

Arnaud Baudin / Valérie Toureille (Hrsg.), Troyes 1420. Un roi pour deux couronnes. Troyes / Gent 2020.

Colette Beaune, Jeanne d'Arc. Paris 2004.

Joël Blanchard / Franck Collard / Yves de Kisch, Introduction, in: Dies. (Hrsg.), Thomas Basin. Histoire de Charles VII et Louis XI. Paris 2018, 11–41.

Georges Le Brusque, Chronicling the Hundred Years War in Burgundy and in France in the Fifteenth Century, in: Corinne Saunders / Françoise Le Saux / Neil Thomas (Hrsg.), Writing War. Medieval Literary Responses to Warfare. Cambridge 2004, 77–92.

Philippe Contamine, L'application à la Guerre de Cent Ans du concept d'occupation militaire et politique. L'exemple de la Normandie lancastrienne (1417–1450), in: Jessika Nowak / Gabriele Annas (Hrsg.), Et l'homme dans tout cela? Von Menschen, Mächten und Motiven. Festschrift für Heribert Müller zum 70. Geburtstag. Stuttgart 2017, 607–619.

Philippe Contamine, The Norman ‚Nation' and the French ‚Nation' in the Fourteenth and Fifteenth Centuries, in: David Bates / Anne Curry (Hrsg.), England and Normandy in the Middle Ages. London / Rio Grande, OH 1994, 215–234.

Philippe Contamine, La ‚France anglaise' au XVe siècle. Mythe ou réalité?, in: La ‚France anglaise' au Moyen Âge. Actes du 111e congrès national des sociétés savantes, Poitiers 1986. Paris 1988, 17–29.

Anne Curry, La Normandie au XVe siècle. L'occupation militaire d'Hénri V et le contrôle des garnisons, in: Dies. / Véronique Gazeau (Hrsg.), La guerre en Normandie, XIe–XVe siècle. Colloque international de Cerisy, 30 septembre–3 octobre 2015. Actes. Caen 2018, 179–193.

Anne Curry, Rapport introductif, in: Dies. / Véronique Gazeau (Hrsg.), La guerre en Normandie, XIe–XVe siècle. Colloque international de Cerisy, 30 septembre–3 octobre 2015. Actes. Caen 2018, 7–23.

Anne Curry, Henry V's Harfleur. A Study in Military Administration, 1415–1422, in: Andrew L.J. Villalon / Donald J. Kagay (Hrsg.), The Hundred Years War (Part III). Further Considerations. (History of Warfare, Bd. 85.) Leiden 2013, 259–284.

Anne Curry, The Military Ordinances of Henry V. Texts and Contexts, in: Chris Given-Wilson / Ann Kettle / Len Scales (Hrsg.), War, Government and Aristocracy in the British Isles, c. 1150–1500. Essays in Honour of Michael Prestwich. Woodbridge 2008, 214–249.

Anne Curry, Agincourt. A New History. Stroud 2005.

Anne Curry, Henry V's Conquest of Normandy 1417–1419. The Siege of Rouen in Context, in: Gobierno de Navarra (Hrsg.), Guerra y diplomacia en la Europa Occidental 1280–1480. Estella, 19 a 23 de julio de 2004. (Semana de Estudios Medievales, Bd. 31.) Pamplona 2005, 237–254.

Anne Curry, Lancastrian Normandy. The Jewel in the Crown?, in: David Bates / Dies. (Hrsg.), England and Normandy in the Middle Ages. London / Rio Grande, OH 1994, 235–252.
Anne Curry, The Hundred Years War. New York 1993.
Anne Curry, The First English Standing Army? Military Organisation in Lancastrian Normandie, 1420–1450, in: Charles Derek Ross(Hrsg.), Patronage, Pedigree and Power in Later Medieval England. Gloucester 1979, 193–214.
Brian G.H. Ditcham, ‚Mutton Guzzlers and Wine Bags'. Foreign Soldiers and Native Reaction in Fifteenth-Century France, in: Christopher Allmand (Hrsg.), Power, Culture, and Religion in France c. 1350–c. 1550. Woodbridge 1989, 1–13.
Arnold Esch, Überlieferungs-Chance und Überlieferungszufall als methodisches Problem des Historikers, in: Historische Zeitschrift 240, 1985, 529–570.
Mark R. Evans, Brigandage and Resistance in Lancastrian Normandy. A Study of the Remission Evidence, in: Reading Medieval Studies 17, 1992, 103–134.
Jean Favier, Occupation ou connivence? Les Anglais à Paris (1420–1436), in: Jacques Paviot / Jacques Verger (Hrsg.), Guerre, pouvoir et noblesse au moyen âge. Mélanges en l'honneur de Philippe Contamine. (Cultures et civilisations médiévales, Bd. 22.) Paris 2000, 239–260.
John France (Hrsg.), Mercenaries and Paid Men. The Mercenary Identity in the Middle Ages. Proceedings of a Conference Held in University of Wales, Swansea, 7th–9th July 2005. (History of Warfare, Bd. 47.) London 2008.
Claude Gauvard, Pardonner et oublier après la Guerre de Cent Ans, in: Reiner Marcowitz / Werner Paravicini (Hrsg.), Vergeben und Vergessen? Vergangenheitsdiskurse nach Besatzung, Bürgerkrieg und Revolution / Pardoner et oublier? Les discours sur le passé après l'occupation, la guerre civile et la révolution. (Pariser Historische Studien, Bd. 94.) München 2009, 27–55.
Claude Gauvard, ‚De grace especial'. Crime, état et société en France à la fin du Moyen Age. (Histoire ancienne et médiévale, Bd. 24.) Paris 1991.
Claude Gauvard, Résistants et collaborateurs pendant la Guerre de Cent Ans. Le témoignage des lettres de rémission, in: La ‚France anglaise' au Moyen Âge. Actes du 111e congrès national des sociétés savantes, Poitiers 1986. Paris 1988, 123–138.
Joycelyne Gledhill Dickinson, The Congress of Arras, 1435. A Study in Medieval Diplomacy. Oxford 1955.
David Green, The Hundred Years War. A People's History. New Haven 2014.
David Green, The Hundred Years War, Colonial Policy and the English Lordships, in: Andrew L.J. Villalon / Donald J. Kagay (Hrsg.), The Hundred Years War (part III). Further Considerations. (History of Warfare, Bd. 85.) Leiden 2013, 233–257.
Bernard Guenée, Comment on écrit l'histoire au XIIIe siècle. Primat et le Roman des Roys. Posthum hrsg. v. Jean-Marie Moeglin. Paris 2016.
Bernard Guenée, Un meurtre, une société. L'assassinat du duc d'Orléans, 12 novembre 1407. (Bibliothèque des histoires.) Paris 1992.
Xavier Hélary, L'Armée du roi de France. La guerre de Saint Louis à Philippe le Bel. Paris 2012.
Tania van Hemelryck, Cochon, Pierre, in: Encyclopedia of the Medieval Chronicle, 1. Leiden 2010, 478.
Édouard le Héricher, Une prétendue insurrection populaire en basse-Normandie (XVe siècle), in: Mémoires de la Société d'archéologie, littérature, sciences et arts des arrondissements d'Avranches et de Mortain 9, 1888, 305–342.
Jan Willem Honig, Strategie und ‚Command and Control' in der spätmittelalterlichen Kriegsführung, in: Christoph Kaindel / Andreas Obenaus (Hrsg.), Krieg im mittelalterlichen Abendland. (Krieg und Gesellschaft.) Wien 2010, 232–271.

Michael Kevin Jones, L'imposition illégale de taxes en ‚Normandie anglaise', in: La ‚France anglaise' au Moyen Âge. Actes du 111ᵉ congrès national des sociétés savantes, Poitiers 1986. Paris 1988, 461–468.

Georg Jostkleigrewe, Die Identität der Franzosen und der Standpunkt der Anderen. André de Coutances' ‚Romanz des Franceis' (ca. 1200) und der normannische Blick auf Frankreich, in: Francia 37, 2010, 49–76.

Roger Jouet, La résistance à l'occupation anglaise en Basse-Normandie (1418–1450). (Cahier des Annales de Normandie, Bd. 5.) Caen 1969.

Martin Kintzinger, Brigands. Gewaltformationen im französischen Spätmittelalter, in: Winfried Speitkamp (Hrsg.), Gewaltgemeinschaften. Von der Spätantike bis ins 20. Jahrhundert. Göttingen 2013, 75–102.

Martin Kintzinger, Der Auftrag der Jungfrau. Das besetzte Frankreich im Hundertjährigen Krieg, in: Markus Meumann / Jörg Rogge (Hrsg.), Die besetzte res publica. Zum Verhältnis von ziviler Obrigkeit und militärischer Herrschaft in besetzten Gebieten vom Spätmittelalter bis zum 18. Jahrhundert. (Herrschaft und soziale Systeme in der frühen Neuzeit, Bd. 3.) Münster 2006, 63–88.

Gerd Krumeich, Jeanne d'Arc. Seherin, Kriegerin, Heilige. Eine Biographie. München 2021.

Germain Lefèvre-Pontalis, Épisodes de l'invasion anglaise. La guerre des partisans dans la haute Normandie (1424–1429) – suite et fin, in: Bibliothèque de l'École des chartes 97, 1936, 102–130.

Germain Lefèvre-Pontalis, Épisodes de l'invasion anglaise. La guerre des partisans dans la haute Normandie (1424–1429) – suite, in: Bibliothèque de l'École des chartes 57, 1896, 5–54.

Germain Lefèvre-Pontalis, Épisodes de l'anglaise. La guerre des partisans dans la haute Normandie (1424–1429) – suite, in: Bibliothèque de l'École des chartes 56, 1895, 433–508.

Germain Lefèvre-Pontalis, Épisodes de l'invasion anglaise. La guerre des partisans dans la haute Normandie (1424–1429) – suite, in: Bibliothèque de l'École des chartes 55, 1894, 259–305.

Germain Lefèvre-Pontalis, Épisodes de l'invasion anglaise. La guerre des partisans dans la haute Normandie (1424–1429), in: Bibliothèque de l'école des chartes 54, 1893, 475–521.

Peter S. Lewis, La ‚France anglaise' vue de la France française, in: La ‚France anglaise' au Moyen Âge. Actes du 111ᵉ congrès national des sociétés savantes, Poitiers 1986. Paris 1988, 31–39.

Siméon Luce, Introduction, in: Ders. (Hrsg.), Chronique du Mont-Saint-Michel (1343–1468), Bd. 1. Paris 1879, 7–23.

Mollie M. Madden, The Black Prince and the ‚grande chevauchee' of 1355. (Warfare in History.) Woodbridge / Rochester 2018.

Christoph Mauntel, Auf der Suche nach Motiven. Zur Frage nach Intention und Planung von Gewalt im Spätmittelalter, in: Jan-Hendryk de Boer / Marcel Bubert (Hrsg.), Absichten, Pläne, Strategien. Erkundungen einer historischen Intentionalitätsforschung . (Kontingenzgeschichten, Bd. 5.) Frankfurt a.M. / New York 2018, 259–282.

Christoph Mauntel, Gewalt in Wort und Tat. Praktiken und Narrative im spätmittelalterlichen Frankreich. (Mittelalter-Forschungen, Bd. 46.) Ostfildern 2014.

Sean McGlynn, ‚Sheer Terror' and the Back Prince's Grand chevauchée of 1355, in: L.J. Andrew Villalon / Donald J. Kagay (Hrsg.), The Hundred Years War (part III). Further considerations. (History of Warfare, Bd. 85.) Leiden 2013, 317–331.

Malcolm Mercer, Henry V. The Rebirth of Chivalry. Kew 2004.

Richard Ager Newhall, Bedford's Ordinance on the Watch of September 1428, in: The English Historical Review 50, 1935, 36–60.

Richard Ager Newhall, The English Conquest of Normandy 1416–1424. A Study in Fifteenth Century Warfare. (Yale Historical Publications, Bd. 13.) New Haven / London / Oxford 1924.

Klaus Oschema, Pintoin, Michel [Religieux de St. Denis], in: Encyclopedia of the Medieval Chronicle, 2. Leiden 2010, 1218 f.
Stéphane Péquignot / Pierre Savy, Introduction, in: Dies. (Hrsg.), Annexer? Les déplacements de frontières à la fin du Moyen Âge. Rennes 2016, 7–19.
Philippe-Florent de Puisieux, Les insurrections populaires en Normandie pendant l'occupation anglaise au XVe siècle, in: Mémoires de la Société des antiquaires de Normandie 19, 1852, 138–159.
Charles de Robillard de Beaurepaire, Introduction, in: Ders. (Hrsg.), Chronique normande de Pierre Cochon. Notaire apostolique à Rouen. Rouen 1870, 1–39.
Clifford J. Rogers, Henry V's Military Strategy in 1415, in: Andrew L.J. Villalon / Donald J. Kagay (Hrsg.), The Hundred Years War. A Wider Focus. (History of Warfare, Bd. 25.) Leiden / Boston 2005, 399–428.
Benedicta J.H. Rowe, John Duke of Bedford and the Norman ‚Brigands', in: The English Historical Review 47, 1932, 583–600.
Benedicta J.H. Rowe, Discipline in the Norman Garrisons under Bedford, 1422–35, in: The English Historical Review 46, 1931, 194–208.
Stefanie Rüther, Die Gewalt der Anderen. Zur rhetorischen Verortung von Söldnern in der politisch-religiösen Semantik des Mittelalters, in: Georg Strack / Julia Knödler (Hrsg.), Rhetorik in Mittelalter und Renaissance. Konzepte – Praxis – Diversität. (Münchner Beiträge zur Geschichtswissenschaft, Bd. 6.) München 2011, 191–212.
Bertrand Schnerb, À l'encontre des Anglois. Les défenseurs de la Normandie entre 1417 et 1419, in: Anne Curry / Véronique Gazeau (Hrsg.), La guerre en Normandie, XIe–XVe siècle. Colloque international de Cerisy, 30 septembre–3 octobre 2015. Actes. Caen 2018, 195–215.
Bertrand Schnerb, Armagnacs et Bourguignons. La maudite guerre, 1407–1435. Paris 1988.
Jonathan Sumption, Cursed Kings. The Hundred Years War IV. London 2015.
Jonathan Sumption, Divided Houses. The Hundred Years War III. London 2009.
Jonathan Sumption, Trial by Fire. The Hundred Years War II. London 1999.
Jonathan Sumption, Trial by Battle. The Hundred Years War I. London 1991.
Valérie Toureille, Vol et brigandage au Moyen Âge. (Le Nœud Gordien.) Paris 2006.
Bartlett J. Whiting, Proverbs in the Writings of Jean Froissart, in: Speculum 10.3, 1935, 291–321.
Elise Wintz, Charles VII et le conseil municipal rouennais. Communication, négociations, légitimité. Heidelberg 2016, online: https://books.ub.uni-heidelberg.de/heibooks/catalog/book/178 (Zugriff: 12.08.2022)

II **Eroberung bewältigen**

Michael Grünbart
Strategien zur Bewältigung von Eroberung im griechischen Mittelalter

Abstract: The Byzantine Empire ideologically continued the *Imperium Romanum*. Therefore, the East Roman/Byzantine emperors claimed to rule all regions that former belonged to their Roman predecessors in the Mediterranean basin. Although many parts of the *imperium* got lost through the centuries, the claim remained in force. The Byzantine Empire faced many territorial conquests, but its solid centre Constantinople was captured only twice. In general, invaders were seen as conquerors of Roman territory, any expansion of the Byzantine Emperor was defined as reconquest. How did contemporaries deal and cope with invading hostile powers? A couple of sources focusing on urban centres have been preserved and they shed light on the experiences and cruelties of being conquered. In this paper, an outline of conquest represented in written sources is given, making an attempt to grasp the (collective) suffering of the conquered. Like other conquered ethnic or political groups Byzantines developed coping strategies in order to survive and keep their identity (exchange, interaction and coexistence). Both the history of collective suffering and the rhetorical furnishing of texts that reflect the experiences of being conquered need an intrinsic evaluation.

Im Folgenden soll der Versuch unternommen werden, die Hinführungen zum Konzept des Sammelbandes für den Blick auf das oströmische beziehungsweise byzantinische Imperium fruchtbar zu machen. Die Frage lautet also: Wie gehen Zeitgenossen damit um, wenn eine feindliche Macht in ihr Territorium, die *Romania*, eindringt?[1]

Dabei soll der Begriff ‚Eroberung' anhand mittelgriechischer Quellen fassbar gemacht werden – wenn dieses moderne Konzept überhaupt für das byzantinische Jahrtausend anwendbar ist. Aufgrund der Transformation des Römischen Reiches in ein politisches Gebilde, das sich mit seinem Zentrum (Konstantinopel) neu positionierte, blieb der Anspruch auf die Herrschaft im Mittelmeerraum präsent (und lebte über den Fall der Stadt am Goldenen Horn im Osmanischen Reich fort). Was für den Fall Byzanz auch festzuhalten ist, ist, dass die endgültige Eroberung im Jahre 1453 zugleich Schlusspunkt des byzantinischen Kaisertums ist. Die Einnahme der Stadt Konstantinopel stellte eine notwendige Forderung an jeden Aggressor dar, da sie das Reich verkörperte und die Legitimation zum globalen Machtanspruch bereithielt.

---

[1] Zum Begriff *Romania* vgl. zuletzt *Kaldellis*, Romanland (2019).

Auf den folgenden Seiten wird versucht, die Perspektive der Oströmer, der „Byzantiner" oder der Bewohnerinnen und Bewohner des oströmischen Reiches beziehungsweise der *Romania*, einzunehmen.[2] Diese sind hier in erster Linie die Leidtragenden; dass die, die sie unterworfen hatten, auch leidvolle Erfahrungen machten, soll hier nicht ausgeführt werden.

Oft werden die Begriffe Eroberung und Plünderung(szug) synonym gebraucht, doch werden bei ihnen unterschiedliche Zeitlichkeiten greifbar: Eroberung impliziert etwas Langfristiges, während ‚Plünderung' oder ‚Überfall' bloß auf eine momentane Aktion zielen. Plünderung und Eroberung prägten nicht nur das Erscheinungsbild von städtischen Topographien und Landstrichen, sondern auch die Lebens- und Erinnerungskultur von deren Bewohnerinnen und Bewohnern. Und: Eroberung insinuiert Planung, Organisation sowie logistische Erwägungen. Plünderung ist etwas kurzfristiges, auch Spontanes und dient nur der momentanen Versorgung mit Gütern.[3]

Im Zentrum der Betrachtung steht die mittelbyzantinische Epoche, das ist der Zeitraum vom 8. und 9. Jahrhundert bis etwa zum Beginn des 13. Jahrhunderts; in dieser Zeit gab es ständig die Erfahrung von Bedrohung und Eroberungsgefahr des Reichs, die schlimmsten Befürchtungen bewahrheiteten sich mehrmals als real eintretende Katastrophen. Das Ereignis der zweiten Einnahme Konstantinopels im Jahre 1453, soll hingegen nur am Rande in die Darstellung einfließen.

Um Eroberung und Erobert-Sein im oströmischen Kontext zu verstehen, muss ein wenig auf die Stadt Konstantinopel geblickt werden, welche ab dem 4. Jahrhundert stetig in ihrer Bedeutung wuchs und sich zu *dem* Identifikationspunkt des Kaisertums herauskristallisierte. Die Stadt trat in die Fußstapfen Roms, was über die Jahrhunderte auch ideologisch und propagandistisch verfestigt wurde.[4] Die Ausstrahlung der Metropole Konstantinopel reichte in alle Regionen des Mittelmeerraumes: Man (zum Beispiel die Sassaniden) maß sich mit dem urbanen Zentrum am Goldenen Horn, imitierte Stadt und Kaisertum[5] oder versuchte die Stadt einzunehmen, um die Tradition der Weltherrschaft zu übernehmen und diese fortzusetzen.

Der Gedanke der Weltherrschaft beziehungsweise der globalen Dominanz stellte spätestens seit Alexander dem Großen in den westlichen und den östlichen Welten ein anzustrebendes Ideal dar.[6] Das *imperium Romanum* und das Reich mit seinem neuen Zentrum Konstantinopel übernahmen diese Vorstellung: Von Rom aus wurde

---

2 In der letzten Zeit kochen die Epochendebatte und die Benennung von politischen Gebilden *a posteriore* hoch; ‚Byzanz' ist klarerweise ein Kunstbegriff, beschreibt aber die Zeit von 300–1500 prägnant; in diesem Zeitabschnitt erfolgt sowohl die Transformation als auch die Fortsetzung des Imperium Romanum (vgl. auch die folgende Anm.).
3 Vgl. dazu auch den Beitrag von Hermann Kamp in diesem Band.
4 Zur Stadt vgl. *Müller-Wiener*, Bildlexikon (1977); *Schreiner*, Konstantinopel (2007); *Berger*, Konstantinopel (2011).
5 Nur *en passant* soll auf Karl den Großen und Aachen verwiesen werden; die Sainte-Chapelle in Paris steht ebenfalls in Bezug zu Konstantinopel (bes. mit der Palastkapelle des Hl. Stephanos).
6 Vgl. dazu *Grünbart*, Alexander gegen Konstantin (im Druck).

das Mittelmeer (*mare nostrum*) beherrscht, das christianisierte (Nachfolge-)Imperium konnte über Jahrhunderte hinweg durch militärische Stärke gesichert werden. Ansprüche auf Territorien, die dem Reich entglitten, blieben aufgrund jener Konzeption – der Oikumene, also der christlich beherrschten Welt – im Selbst- und Herrschaftsverständnis der Kaiser präsent. Die Herrschaft über die christlich-zivilisierte Welt war gottgegeben und nicht zu hinterfragen.[7] Dass sich Anspruch und Realität der Herrschaftsgeltung während der 1000-jährigen Geschichte des Reichs nicht immer im Einklang befanden, braucht hier nicht ausgebreitet werden. Eroberungen stellten somit Rück-Eroberungen dar: Wenn man kaiserlich-byzantinischer Logik folgt, dann ist jeder Expansionszug eine Wiederbesetzung von Territorium, die dem Imperium zustand (gegründet auf der Idee des *imperium Romanum*). Sei es Nordafrika oder der Vordere Orient, seien es die spanische und italienische Halbinsel – die einstmals römischen Gebiete blieben auf dem Monitor der byzantinischen Regierung.[8]

Seit dem ausgehenden 4. und 5. Jahrhundert waren Konstantinopel und Thessalonike, die zweite wichtige Stadt im westlichen Teil des oströmischen Reiches, mit starken Mauern umgeben, welche jahrhundertelang Sicherheit schafften.[9] Die Stadtmauern Konstantinopels blieben die mächtigsten bis weit ins europäische Hochmittelalter.[10] Sie gaben Konstantinopel, dem schlagenden Herz des Reichs, einen Panzer, bis es im 15. Jahrhundert den letzten Stich erhielt und seinen Geist zwar aufgab, seine Seele jedoch weiterlebte.[11] Die Rückbesinnung auf Byzanz ist sowohl im 17. Jahrhundert als auch kurz im ausgehenden 18. Jahrhundert zu verzeichnen.[12]

Wie bereits angedeutet wurde mehrmals versucht, die Metropole Konstantinopel einzunehmen und sich einzuverleiben – die Stadt hatte vielleicht noch stärker als Rom in der Spätantike die Rolle des Zentrums in der Vorstellung von Weltherrschaft übernommen.[13] Bis ins 13. Jahrhundert gelang es nicht, die Mauern Konstantinopels mit militärischer Gewalt zu überwinden (und dann auch nur mit Listen beziehungs-

---

7 Vgl. *Schmalzbauer*, Überlegungen (2004); *Grünbart*, Verflechtungen (2019); *Kusabu*, Heresiological Labeling (2016). Diesem Konzept war ein Symposion gewidmet, vgl. *Chrysos* (Hrsg.), Βυζάντιο (2005). Zur Erstreckung des Reiches im Westen vgl. *Signes Codoñer*, Balearen (2007) (bis ins 9. Jhd.).
8 Am einfachsten sichtbar ist dieser Anspruch durch die Exarchate Ravenna (751) und Karthago (698) sowie durch die Münzstätten, die zum Teil bis ins 8. Jhd. aktiv blieben (Rom, Syrakus).
9 Vgl. *Schminck*, Galerius (2001).
10 Vgl. *Asutay-Effenberger*, Landmauer (2005); erst die Kreuzfahrer überwanden die Mauern am Goldenen Horn im Jahre 1204, vgl. die Klage des Niketas Choniates, Kreuzfahrer. Übers. *Grabler*, 170 f.
11 Vgl. das immer wieder aufgelegte Werk von *Iorga*, Byzance (1935), welches aber in vielem überholt ist, und *Vincent*, Byzantium (2017).
12 Vgl. *Kraft*, Griechisches Jahrhundert (1995); *Hösch*, Griechisches Projekt (1964).
13 Zunächst scheint es ein zunehmend gleichberechtigtes Nebeneinander gewesen zu sein, vgl. *Koder*, Folgen (1989), der jedoch die Aktivität Konstantins, was die ‚Errichtung' der Stadt betrifft, überbetont. Neuere Forschungen kommen zu dem Ergebnis, dass die Stadt erst einige Dekaden nach 330 zur Blüte kam, vgl. *Berger*, Konstantinopel (2010), 21 f. Auffällig ist die Darstellung auf der ‚Tabula Peutingeriana'; zur Entwicklung des Reichs nach dem 6. Jhd. vgl. *Lilie*, Reich (1989).

weise mit neuer Militärtechnologie). Thessalonike hingegen erlebte mehrmals Plünderung, Zerstörung und Eroberung. Herausragende Ereignisse in den Stadtgeschichten sind folgende (in Auswahl):

626	Sassaniden vor Konstantinopel
667–669 / 668 bzw. 674–678	Belagerung Konstantinopels durch Araber / Umayyaden[14]
717–718	Belagerung Konstantinopels durch Araber / Umayyaden
813	Belagerung Konstantinopels durch Bulgaren
(904)	Thessalonike durch Leon von Tripolis geplündert
(1185)	Thessalonike durch Normannen geplündert
1204	Lateiner nehmen Konstantinopel ein
1391, 1394–1396, 1397–1402	Belagerung durch den osmanischen Sultan Bayezid I.
1453	Einnahme Konstantinopels durch Mehmed II.

Es gibt einige Momentaufnahmen dieser Ereignisse durch Augenzeugen: Über die Araber in Thessalonike berichtet Ioannes Kaminiates,[15] über die Normannen ebenda (1185) schreibt Eustathios von Thessalonike,[16] Niketas Choniates erlebt die Kreuzfahrer in Konstantinopel (1204) und zum Ende des Reiches durch die osmanische Eroberung (1453) existieren mehrere Berichte.

Sieht man sich die oben angeführte kurze Liste an, dann werden die Aspekte Eroberung und Besetzung deutlich. Die Sassaniden (Perser), Araber, Lateiner und Osmanen hatten auch ein starkes politisches Interesse, Konstantinopel zu besetzen – die Rolle Roms wirkt in der Stadt am Bosporus weiter –, während Thessalonike als zweite Stadt kurzfristige Bedürfnisse befriedigen konnte, für eine mögliche Einnahme Konstantinopels aber jedenfalls eine nützliche Ausgangsbasis bildete.[17]

Die Thessalonike betreffenden Ereignisse sind ohne Bedenken als Plünderungen zu bezeichnen: 904 machte Leon von Tripolis mit seiner Flotte reiche Beute in Thessalonike, 1185 diente die normannische Landung in der Stadt des Heiligen Demetrios der Beschaffung von wertvollen Gütern, wie auch beim Vierten Kreuzzug die wirtschaftliche Komponente nicht zu leugnen ist.[18] Im 15. Jahrhundert war die nicht eingenommene Stadt Konstantinopel für Bayezid und dann Mehmed nur mehr ein Ärgernis, man wollte endlich vom (ost)römischen Zentrum aus regieren und in die alten Kleider schlüpfen.[19]

---

14 Vgl. dazu *Jankowiak*, First Arab Siege (2013).
15 Joannes Kaminiates, Expugnatio. Ed. *Böhlig*. Übers. *Dies.* (deutsch), und *Frendo/Fotiou* (englisch).
16 Eustathios von Thessalonike, Expugnatio. Ed. *Kyriakides*. Übers. *Hunger* (deutsch), und *Melville-Jones* (englisch). Vgl. zudem Chroniques d'une ville prise. Hrsg. *Odorico*.
17 Vgl. *Kindlimann*, Eroberung (1969); *van Tricht*, Renovatio (2011); *Burkhardt*, Mediterranes Kaisertum (2014).
18 Vgl. *Gimbel*, Debatte (2015); vgl. auch *Angold*, Fourth Crusade, 50–74.
19 Vgl. *Koder*, Selektive Erinnerung (2005).

Die Thematik ‚Eroberte' soll in folgende Hinsichten gegliedert werden: Zunächst wird skizziert, wie Eroberung in den schriftlichen Quellen dargestellt wird;[20] in einem zweiten Schritt wird versucht, das (kollektive) Leid der Eroberten zu fassen um dann die Frage zu stellen, was Eroberung überhaupt ausmacht. Konsequenzen der Eroberung werden in einem vierten Teil untersucht, wobei die Aspekte Austausch, Interaktion und Koexistenz im Mittelpunkt stehen.

1 Wie wird Eroberung dargestellt?

Es beginnt eigentlich schon davor: Den Ängsten, erobert zu werden, versuchte man mit diversen Strategien zu begegnen. Sowohl Individuen als auch Kollektive hinterließen Spuren: Das Stoßgebet des einzelnen,[21] das flehende Geschrei einer Personengruppe, Bittprozessionen und Reliquienpräsentation stellen Zeugnisse der Verzweiflung dar und dienen dazu, übernatürlichen Schutz zu erhalten.[22]

Sucht man nach Darstellungen von Eroberung, dann wird der Standpunkt normalerweise von der siegreichen Seite aus bezogen. Militärische Aktionen, Grausamkeiten, taktische Missgeschicke und spektakuläre Verwundungen bereichern historiographische Darstellungen und bedienen sowohl die Neugierde als auch das Entsetzen des Publikums. Man muss beachten, dass ein Schreiber seine Leserschaft treffen muss – und zwar im dreifachen Sinne: Er muss betroffen machen, die Rezipienten packen und den Ausnahmezustand, das Grauen erfahrbar machen.[23] Dazu bedient er sich auch narrativer Strategien.

Die Suche nach Reichtum, das Aufspüren von versteckten Schätzen, Lösegeldzahlungen, Perlustrierungen und die Abgabe kostbarer Kleidung kommen in allen genannten Quellen vor. Ein klares Zeugnis davon, was eine Plünderung ausmachte, zeigt die Deportation von Fachfrauen und -männern aus Theben durch Roger II., dem normannischen König von Sizilien (1147). Roger hatte zuvor das byzantinische Korfu eingenommen, ohne auf Gegenwehr zu stoßen, da sich die dortige Bevölkerung Niketas Choniates zufolge der drückenden Steuerlasten und der Unberechenbarkeit der Fiskalbeamten entziehen wollte:[24]

---

20 Eroberung und Eroberte werden auch gelegentlich in illuminierten historiographischen Handschriften ins Bild gerückt, es bedürfte einer eigenen Untersuchung dieses Quellenmaterials.
21 Vgl. *Noll*, Ziegel (1990).
22 Vgl. z.B. *Brubaker*, Space (2020), und *Dies./Wickham* (Hrsg.), Processions (2021).
23 Vgl. *Goldwyn*, Witness Literature (2021).
24 Niketas Choniates, Krone der Komnenen. Übers. *Grabler*, 108.

> Sie [sc. die Korfioten] kamen (...) vom Regen in die Traufe, sie wollten der Steuer entfliehen und merkten in ihrer Torheit nicht, dass sie dabei in Knechtschaft gerieten und unbedacht die Rhomäer zu einem Krieg reizten, der langwierig und sehr drückend werden sollte (...).[25]

Auf dem Festland schickte sich Roger dann an, wichtige wirtschaftliche Zentren zu plündern:

> Schließlich ließ er [sc. Roger II.] die Heilige Schrift bringen und zwang jeden, dem man seine Wohlhabenheit ansah, in voller Standestracht hinzutreten und seine Vermögenslage unter Eid zu offenbaren; wenn jeder eidlich versichert hatte, er habe nichts mehr, durfte er weggehen. Auf diese Weise wurden alles Gold, alles Silber und die golddurchwirkten Gewänder weggetragen und auf die Schiffe verladen. Aber nicht einmal die Leiber jener, denen er das letzte genommen, schonte Roger, sondern er ließ alle Vornehmsten festnehmen und wählte alle Frauen aus, die schön und ‚tiefgegürtet' waren, die oft im herrlichen Dirkequell gebadet hatten, ihre Haare wohlgeordnet trugen und sich gut auf feine Weberei verstanden. So segelte er von dort ab.[26]

Hier geht es dem normannischen Herrscher um mehr: Zwar ist er interessiert am momentanen Gewinn durch das Einziehen von Vermögen, er plant aber auch längerfristig. Die geraubten Facharbeiterinnen werden in Sizilien ihre Fertigkeiten weiter ausüben, Technologietransfer findet hier also im Wortsinn statt; die geschätzten Stoffe sollen im Reich Rogers hergestellt werden. Die Eroberten bleiben hier allerdings stumm – Niketas berichtet lediglich von dem Ereignis.

Die Folgen einer Eroberung verharren meist diffus, man liest gelegentlich von Versklavung, Umsiedlung, Zerstörung von Gräbern und der damit verbunden Ausradierung von Erinnerung, der Verunreinigung von Kultstätten,[27] Vergewaltigungen und Verstümmelungen; dass Städte wie Thessalonike und Konstantinopel einen großen Bevölkerungsschwund hatten, ist zu konstatieren. Das Leid des Kollektivs ist in den Quellen zu fassen, doch wie soll die Forschung damit umgehen? Dürfen

---

25 Niketas Choniates, Historia. Ed. *van Dieten*, 73: καθ' ἑαυτοὺς δὲ οὐχ οἷοί τε ὄντες αὐτὴν κρατύνασθαι ὡς ἕρμαιον ἁρπάζουσι τὸν καιρὸν καὶ προσιόντες τῷ τοῦ στόλου ἡγεμόνι καὶ τῇ τούτου αἱμύλῳ γλώσσῃ προσεσχηκότες καὶ ἴχνεσι προβάντες ἀλώπεκος ἐπὶ ῥηταῖς ὁμολογίαις εἴσω δέχονται Σικελιωτῶν φρουράν, εἰς χιλίους ἀριθμουμένην φρακτούς. καὶ οἱ μὲν καπνὸν φορολογίας ἀποδιδράσκοντες ἔλαθον ὑπὸ χαυνότητος νοῦ τῷ τῆς δουλείας ἐμπεσόντες πυρὶ καὶ Ῥωμαίοις εἰσενεγκόντες πόλεμον οἱ χαλίφρονες χρόνιον ὁμοῦ καὶ βαρύτατον· Vgl. dazu Niketas Choniates, Krone der Komnenen. Übers. *Grabler*, 109.

26 Niketas Choniates, Historia. Ed. *van Dieten*, 74: τέλος δὲ τὰ ἱερὰ προθεὶς γράμματα ἠνάγκαζεν ἕκαστον, τὴν ὀσφὺν ὑπεζωσμένον εἰσιόντα, τὴν οἰκείαν οὐσίαν οἷς ἐνθεωρεῖται μεθ' ὅρκου διασαφεῖν καὶ ταύτην ἐξομνύμενον ἀπιέναι. καὶ οὕτω πάντα χρυσόν, ἄργυρον πάντα διεκφορήσας καὶ τὰς χρυσοϋφεῖς ὀθόνας ταῖς ναυσὶν ἐνθέμενος οὐδὲ τῶν σωμάτων αὐτῶν τῶν ὑπ' αὐτοῦ καλαμωθέντων ἀπέσχετο, ἀλλὰ καὶ τούτων ἀριστίνδην τὸ προὔχον συλλαβὼν τῶν τε γυναικῶν ἀποκρίνας ὅσαι τὸ εἶδος καλαὶ καὶ βαθύζωνοι καὶ τοῖς νάμασι πολλάκις τῆς καλλικρούνου Δίρκης λουσάμεναι καὶ τὰς κόμας διευθετισάμεναι καὶ τὴν ἱστουργικὴν κομψότητα καλῶς ἐπιστάμεναι οὕτως ἐκεῖθεν ἀνάγεται. Vgl. dazu *Grünbart*, Inszenierung (2015), 110.

27 Vgl. *Grünbart*, Missverständnisse (2019), 25–45, 36–40 (*pollutio*).

wir mit-leiden oder müssen wir distanziert sein? Welche Strategie der Interpretation kann und darf man anlegen?

Wie das Reichszentrum Rückeroberung (wohl plante und) organisierte, zeigen mehrfach belegte Aktionen der Umsiedlung von Bevölkerung. Ein Hinweis zur Praxis und ein Reflex der Stimmung sind bei dem Chronographen Theophanes zu erhaschen: Kaiser Nikephoros I. (reg. 802–811) war bemüht, ehemals römische Reichsteile im Balkanraum wieder unter seine Herrschaft zu bringen. In den Gebieten, die mit Sklavinien bezeichnet werden, war es ab dem 7. Jahrhundert verstärkt zur Landnahme seitens slawischer Ethnien gekommen.[28] Dies kann nun auch durch die archäologische Forschung gut gefasst werden, wie intensive Forschung in Olympia verdeutlichten.[29] Dort wurden zahlreiche slawische Brandgräber gefunden – die sich von christlichen Usancen unterscheiden. Bestattungsbräuche erlauben es also, Veränderungen festzustellen. Diese können sich entweder als die Neubesetzung eines Landstriches erklären lassen oder als Manifestation der Einflüsse neuer Machthaber verstanden werden. Im 13. Jahrhundert lassen sich bezüglich der lateinischen Herrschaft in Konstantinopel aussagekräftige Analysen machen.[30]

Die Veränderung der Besiedlung auf dem griechischen Festland kann auf mehrere Gründe zurückgeführt werden: An erster Stelle stehend ist der Bevölkerungsdruck zu nennen, da Landstriche aufgrund der Pestzüge ab der Mitte des 6. Jahrhunderts verlassen dalagen; dazu kommt die Ausrichtung der kaiserlichen Politik gegen die neuen Gegner im Osten, die Araber. In der Chronographie des Theophanes wird zum Jahre 809/810 eine notwendige Maßnahme geschildert – der Historiker ist negativ gegenüber der Herrschaft des Nikephoros eingestellt, da dieser die Kaiserin Eirene hatte absetzen lassen. Eine der zehn großen Übeltaten des Nikephoros – die alttestamentliche Folie ist deutlich – ist die folgende:

> In diesem Jahr wollte Nikephoros (...) die Heere völlig erniedrigen und ordnete an, dass Christen aus allen Themen [Verwaltungseinheiten] in die Sklavinien umgesiedelt wurden, ihr Besitz aber verkauft wurde. Das war nicht geringer als Gefangenschaft, so dass viele aus Unverstand Gott lästerten und um einen Angriff der Feinde beteten, andere um die Gräber ihrer Eltern klagten und die Toten glücklich priesen. Es gab sogar welche, die sich aufhängten, um sich von dem Unglück zu befreien. Denn sie konnten ihre unbewegliche Habe nicht mitnehmen und sahen den von den Eltern mühselig erworbenen Besitz verlorengehen. Alle ergriff eine

---

28 Vgl. *Koder*, Anmerkungen (2002); *Curta*, Still Waiting (2010).
29 Vgl. *Vida/Völling*, Brandgräberfeld (2000); *Völling*, Olympia (2018).
30 Vgl. *Ivison*, Journey to Heaven (2000); *Ders.*, Byzantine Ceramic Chalices (2001), zeigt das Einsickern westlicher Bestattungssitten im Kontext der Errichtung des lateinischen Kaiserreiches. Dass Massengräber auch Indizien für eine sprunghaft angestiegene Mortalitätsrate im Kontext von Eroberung und Plünderung sein können, zeigt sich in späteren Zeitstellungen. Für das byzantinische Jahrtausend sind die Daten dazu kaum vorhanden.

> große Ratlosigkeit, sowohl die Armen (...) als auch die, die mehr hatten, aber mitlitten und nicht helfen konnten, weil sie noch größeres Unglück erwartete.[31]

Aus dieser Passage wird eine Maßnahme zur Wiederbesiedelung und Eroberung sichtbar. Die Verpflanzung von Bevölkerungsteilen aus Kleinasien nach Westen diente im konkreten Fall der Romanisierung, Sicherung, Re-Christianisierung und Rückeroberung der Territorien. Es handelt sich hierbei um Soldaten, die ihre Wohnorte verlassen mussten und transferiert wurden. Sie hatten ihre Güter selbst zu verkaufen; die Quelle gibt nicht an, ob sie an ihren Zielorten in Griechenland, Makedonien und Westthrakien vom Kaiser wieder sogenannte Soldatengüter übertragen bekamen.[32] Auffällig sind die Folgen für die ‚Verpflanzten': Verlust des Vermögens, der Erinnerungsorte und letztendlich der Heimat machten ihr Schicksal aus.

Die frühmittelalterliche mediterrane Welt war wie alle Epochen gekennzeichnet durch Konnektivität, was sich ein wenig später – etwa 15 Jahre nach den gerade erwähnten Repopulationsmaßnahmen der kaiserlichen Zentrale – zeigt. Es kam zur Besetzung Kretas durch Araber, die aus al-Andalus/Spanien Richtung Osten nach Alexandreia segelten. Wie und wo die Ankunft genau geschah, ist nicht ganz eindeutig geklärt.[33]

Diese Festsetzung war erfolgreich und sollte knapp 150 Jahre andauern. Der byzantinische Historiker Ioannes Skylitzes (12. Jahrhundert) erwähnt die Vorgänge retrospektiv: Apochaps, arabisch Abu Hafs, ein Araber, hatte erfolglos gegen den Emir al-Hakam (I.) von Córdoba einen Aufstand angezettelt, der niedergeschlagen wurde. Es kam in der Folge zu Absiedlungen und Deportationen. Einige machten sich als unabhängige Seefahrer (oder Piraten) aus Spanien auf, um ihre Zukunft zu sichern. Unter der Leitung von Apochaps landeten diese zwischen 824 und 827/28, also während der Regierungszeit von Michael II. (820–829), auf Kreta. Skylitzes berichtet:

> Als er [sc. Apochaps] auf die Höhe Kretas kam, ging er am Kap Charax vor Land. Nachdem ihm weder beim Landen noch beim Aussteigen und Ausladen irgendjemand entgegengetreten war, schlug er ein wohlbefestigtes Lager auf und schickte die entsprechenden Leute um Beute aus;

---

31 Theophanes Confessor, Chronographia. Ed. *de Boor*, Leipzig 1893, I 486, 10–22: Τούτῳ τῷ ἔτει Νικηφόρος μετὰ τὰς ἀθέους ὑπεξελεύσεις τὰ στρατεύματα πάντῃ ταπεινῶσαι σκεψάμενος Χριστιανοὺς ἀποικίσας ἐκ παντὸς θέματος ἐπὶ τὰς Σκλαυινίας γενέσθαι προσέταξεν, τὰς δὲ τούτων ὑποστάσεις πιπράσκεσθαι. καὶ ἦν αἰχμαλωσίας οὐκ ἔλαττον τὸ πρᾶγμα, πολλῶν ἐξ ἀνοίας βλασφημούντων καὶ ἐχθρῶν ἐφόδους αἰτούντων, ἑτέρων δὲ περὶ τοὺς γονικοὺς τάφους θρηνούντων καὶ τοὺς ἀποθανόντας μακαριζόντων· εἰσὶ δὲ οἳ καὶ ἀγχόναις ἐχρήσαντο πρὸς ἀπαλλαγὴν τῶν δεινῶν. τά τε γὰρ προσόντα δυσκίνητα συνεπιφέρεσθαι ἠδυνάτουν καὶ τὴν ἐκ γονικῶν πόνων κτηθεῖσαν ὕπαρξιν ὀλλυμένην ἑώρων· καὶ πᾶσα τοὺς πάντας εἶχεν ἀμηχανία, τῶν μὲν πενήτων ἐν τούτοις καὶ τοῖς ἑξῆς ῥηθησομένοις, τῶν δὲ ὑπερεχόντων συμπασχόντων αὐτοῖς καὶ μὴ δυναμένων βοηθῆσαι ἀπεκδεχομένων τε βαρυτέρας συμφοράς. ταῦτα ἤρχθη μὲν ἀπὸ τοῦ Σεπτεμβρίου μηνός, πρὸς δὲ τὸ ἅγιον πάσχα πεπέρασται. Vgl. dazu die Übers. bei *Rochow*, Rolle der Bevölkerung, 107 f. Vgl. dazu auch *Brubaker/Haldon*, Byzantium (2011), 746 f.
32 Vgl. *Brubaker/Haldon*, Byzantium (2011), 747.
33 Vgl. *Miles*, Byzantium (1964).

er selbst behielt den Rest bei sich, und als gerade ein starker Wind wehte und die anderen sich mehr als zehn oder fünfzehn Stadien entfernt hatten, steckte er die Schiffe an und verbrannte sie allesamt; kein einziges ließ er über. Sein Heer wollte den Grund dafür wissen und wechselte scharfe Worte mit ihm (sie waren nämlich sogleich zurückgekehrt und durch den völlig unerklärbaren Vorfall außer sich). Als sie nun vernahmen, was sie schon vor Langem erhofft hatten – ‚Dafür tragt ihr die Schuld. Ihr habt eine Umsiedlung und guten Boden verlangt. Ich halte keinen Boden besser als den, auf dem wir stehen, so habe ich diesen Weg eingeschlagen, um euer Begehren zu erfüllen und mich von eurem Drängen zu befreien.' –, da mahnten sie ihn an ihre Frauen und Kinder. Apochaps aber erwiderte: ‚Hier gehören euch die gefangenen Frauen und Mädchen, nicht lange wird es dauern, bis ihr von ihnen Kinder bekommt.' Diese Argumentation leuchtete ihnen ein und sie schlossen sich seiner Meinung an. Zunächst errichteten sie einen tiefen Graben und einen Wall (...). Hier erbauten sie eine Stadt [Chandax] und gewissermaßen eine Zwingburg für die ganze Insel. Von hier aus überzogen sie ganz Kreta und die übrigen Inseln mit Plünderungsfahrten. Sie unterwarfen sich die kretische Bevölkerung und die kretischen Städte bis auf eine.[34]

Abu Hafs brachte seine Mitstreiter in eine ausweglose Situation, da er den Plan einer dauerhaften Eroberung hatte und verhindern wollte, dass sich jemand absetzte.[35] Interessant ist hierbei, dass in den Quellen – nicht nur bei Theophanes – die Vorstellung von Einheimischen (Autochthonen) und Hinzugekommenen entwickelt wird.

Als dritte quellenbasierte Vorbemerkung soll abermals eine Passage aus einem Geschichtswerk des 12. Jahrhundert vorgestellt werden; dort werden Erobern und das kaiserliche Selbstverständnis von Herrschaft sichtbar. Während der Regierungszeit von Ioannes II. Komnenos (1118–1143) kam es zu einer erneuten Expansion der

---

34 Joannes Scylitzes, Synopsis historiarum. Ed. *Thurn*, 42 f.: ὡς δ' ὁ χειμὼν ὑπέληγε καὶ τὸ ἔαρ ὑπέλαμπε, τεσσαράκοντα ναῦς πληρώσας ἀνδρῶν μαχίμων καὶ οὔριον ἄνεμον ἐπιτηρήσας πρὸς Κρήτην ἀπέπλει, τὰς ἄλλας τῶν νήσων παρατρέχων ἐπιεικῶς. καταλαβὼν δὲ τὴν νῆσον τῷ ἀκρωτηρίῳ τῷ καλουμένῳ Χάρακι προσορμίζεται. ὡς δ' οὐδὲν αὐτῷ οὔτε κατὰ τὴν ἀπόβασιν οὔτε κατὰ τὴν καταγωγὴν ἐφάνη πολέμιον, παρεμβολὴν ὀχυρὰν πηξάμενος τοὺς μὲν ἐπιτηδείους εἰς προνομὰς ἐξαπέστειλεν, αὐτὸς δὲ τοὺς λοιποὺς ἔχων, ἄρτι δὴ τοῦ πνεύματος ἐπακμάζοντος κἀκείνων πορρωτέρω σταδίων δέκα ἢ καὶ δεκαπέντε γενομένων, πῦρ ἐμβαλὼν ταῖς ναυσὶ τὰς πάσας κατέφλεξε) φεισάμενος τὸ παράπαν οὐδεμιᾶς. ὁ δὲ στρατὸς (καὶ γὰρ ἐπαλινόστουν εὐθέως ἐκδειματωθέντες, τῷ παραδόξῳ τοῦ πράγματος καταπλαγέντες) τὴν αἰτίαν ἐπυνθάνοντο καὶ εἰς λόγους ἦλθον νεωτερικούς. ἐπεὶ δὲ ἤκουον, ἃ πάλαι ὤδινον, ὡς 'αὐτοί τε τούτων ὑμεῖς αἴτιοι, ἀποικίαν ζητοῦντες καὶ γῆν ἀγαθήν, ἐμοὶ δὲ ταύτης οὐδετέρα νενόμισται κρείττων, εἰς ταύτην ἦλθον τὴν ὁδὸν τὰ ὑμῖν τε θυμήρη πράττων καὶ ἐμαυτὸν τῆς ἐξ ὑμῶν ἀπαλλάττων ὀχλήσεως.' ὡς δὲ καὶ γυναικῶν καὶ παίδων ἐμέμνητο, ‚καὶ γυναῖκες', ἔφη ὁ Ἀπόχαψ, ‚ὧδε ὑμέτεραι αἱ αἰχμάλωτοι, καὶ παῖδες οὐ μετὰ μικρὸν ἐξ αὐτῶν.' τούτοις τοῖς λόγοις κατασιγασθέντες καὶ ἀποδοχῆς ἄξια κρίναντες τὰ λεγόμενα, τάφρον μὲν ἤγειραν πρῶτον βαθεῖαν, καὶ χάρακας ἐν ταύτῃ καταπήξαντες, ἔνθα καὶ νῦν λαβὼν τὴν ἐπωνυμίαν ὁ τόπος (...) τοῖς δὲ Σαρακηνοῖς, ἐν ταραχῇ καὶ μερίμνῃ διάγουσιν ἔτι, μοναχός τις ἐκ τῶν ὀρέων τῆς νήσου ἐπικαταβὰς ἁμαρτάνειν ἔφησεν, εἰ ἀσφαλῶς οἴονται ἕξει ἱδρυθέντες ἐν τῷδε τῷ τόπῳ καὶ ἅμα λέγων τὸν Χάνδακα τούτοις ὑπέδειξε, δεξιὸν τόπον καὶ εὐφυῆ πρὸς πᾶσαν εὐετηρίαν. ἐν τούτῳ πόλιν ἱδρύσαντες, καὶ οἷόν τινα πάσης ἀκρόπολιν τῆς νήσου, καὶ ἐκ ταύτης ὁρμώμενοι τὴν ὅλην κατέτρεχον νῆσον καὶ τὰς λοιπάς. ἐδουλώσαντο δὲ τοὺς αὐτόχθονας καὶ τὰς ἐν τῇ Κρήτῃ πόλεις πλὴν μιᾶς.

35 Byzantinische Gegenstrategien diskutiert *Makrypoulias*, Byzantine Expeditions (2000).

byzantinischen Herrschaftsgeltung im kleinasiatischen und syrischen Raum. Die Kreuzfahrerherrschaften hatten sich auf römisch beanspruchtem Gebiet etabliert und waren zu einem ernstzunehmenden Faktor in der Grenzpolitik geworden.[36] Das byzantinische Kaisertum hatte versucht, die westlichen Herren vertraglich zu verpflichten, die Gebietsgewinne demselben zu unterstellen. Das hatte nicht funktioniert, und man ging den Versuch ein, sich die Grafschaften und das Fürstentum einzuverleiben – militärisch gelang dies schwer, man setzte dann auf die heiratspolitische Lösung. Manuel I. hatte schon vor seinem Herrschaftsantritt im Jahre 1143 Bertha von Sulzbach zur Frau versprochen erhalten. Diese Verbindung diente auch dazu, ein Gegengewicht gegen die Normannenherrschaft aufzubauen, was die Verhandlungen während bzw. unmittelbar nach dem sogenannten Zweiten Kreuzzug zeigen. Nach dem Ableben Berthas/Eirenes führte Manuel in zweiter Ehe Maria von Antiocheia heim (1160), was eindeutig die Stoßrichtung der Außenpolitik zum Ausdruck bringt.[37] Zurück zu Kaiser Ioannes II.: Dieser setzte die Politik seines Vaters Alexios fort, nämlich offensiv den ‚Kreuzfahrern' zu begegnen und Regionen zu repatriieren. Auf seinem Marsch durch Kleinasien mit der Zielrichtung Syrien ereignete sich Folgendes:

> Kaiser Joannes zog an Phrygien vorbei und kam in die herrliche Stadt des Attalos [Attalia]. Hier wollte er sich einige Zeit aufhalten, um in den umliegenden Landschaften und Städten Ordnung zu schaffen. Einige Gebiete nämlich waren schon unter das türkische Joch geraten, darunter auch der Pusguse genannte See [der heutige Karalis] (...). Die Bewohner der kleinen, stark befestigten Inseln, die an manchen Orten aus seinem Wasser aufragen, waren zur damaligen Zeit zwar Christen, aber sie unterhielten mit ihren Kähnen einen lebhaften Verkehr mit den Türken von Ikonion. So kam es, dass sich nicht bloß eine feste Freundschaft zwischen ihnen und den Türken entwickelt hatte, sondern dass sie in ihren Lebensgewohnheiten selbst beinahe zu Türken geworden waren. Deshalb stellten sie sich auf die Seite ihrer Grenznachbarn und sahen die Rhomäer als ihre Feinde an; langjährige Gewöhnung ist eben stärker als ethnische Zugehörigkeit und Religion. Sie benahmen sich, als hätten sie den Verstand verloren: Sie verfluchten den Kaiser und trotzten im Vertrauen auf den Wassergürtel, der ihre Inseln umgab, offen seinen Anordnungen. Der Kaiser aber ließ ihnen sagen, der See sei seit alter Zeit rhomäisches Gebiet; sie sollten ihn räumen und offen zu den Türken übergehen, wenn sie das wirklich wollten. Täten sie das aber nicht, so werde er nicht dulden, versicherte er ihnen, daß sie und der See dem rhomäischen Reich, vielleicht sogar auf lange Zeit, verlorengingen. Doch die Worte hatten keinen Erfolg; darum schritt der Kaiser zu Taten. Fischerkähne und Nachen verband er zu Flößen, stellte die Mauerbrecher darauf und führte sie so gegen die Inselfestungen heran. Er konnte sie nun einnehmen, aber auch die Rhomäer blieben nicht vom Unglück verschont.[38]

---

36 Vgl. *Lilie*, Byzantium (1993).
37 Maria wurde stets als Fremde (*xene*) wahrgenommen.
38 Niketas Choniates, Historia. Ed. *van Dieten*, 37: Ἤδη γὰρ καὶ τούτων ἔνιαι τοῖς Τούρκοις ὑπέκυψαν, ἐν αἷς ἦν καὶ ἡ τοῦ Πουσγούση καλουμένη λίμνη. αὕτη γὰρ εἰς ἀχανῆ καὶ μικροῦ θαλασσίαν χύσιν ἐκτεινομένη ἐν πολλοῖς νησῖδας ἀνίσχει προβεβλημένας τείχεσιν ἐρυμνοῖς. ᾤκουν μὲν οὖν ταύτας τηνικάδε καιροῦ Χριστιανῶν ἐσμοί, οἳ καὶ διὰ λέμβων καὶ ἀκατίων τοῖς Ἰκονιεῦσι Τούρκοις ἐπιμιγνύμενοι οὐ

Die Seldschuken hatten ab dem letzten Viertel des 11. Jahrhunderts sukzessive Kleinasien besetzt und – nicht immer mit militärischer Gewalt – besiedelt; es war zu einem arrangierten Nebeneinander gekommen. Der Kaiser trat hier mit seiner Vorstellung und Überzeugung auf, dass es sich bei dem Gebiet (Karalissee) zweifellos um römisches Territorium handelt und er unausgesprochen darauf Anspruch habe. Diese Episode wirft Licht auf die Verhältnisse in Kontaktzonen zwischen dem römischen Reich und seinen Nachbarn. Aus dem ausgehenden 10. Jahrhundert ist bekannt, dass Grenzsoldaten gut behandelt wurden: Sie sollen vor den Übergriffen der Steuereintreiber geschützt werden, da sie die christliche Bevölkerung und ihr Heimatland (*patris*) verteidigten und sich Gefahren für ihren Herren den Kaiser aussetzten. Der Kaiser war auch in diesem Fall der Referenzpunkt, für den man sein Land schützte. Allerdings muss man hierbei vorsichtig sein: Römische ethnisch-kulturelle Identität darf weder als Voraussetzung noch als Zeichen der Akzeptanz der imperialen Politik angesehen werden.[39] Niketas Choniates kennzeichnet die Bewohner am Pusguse-See als Christen, stellt sie aber als Feinde der Römer dar, wenngleich er Gemeinsamkeiten der Zugehörigkeit und Religion hervorstreicht. Der Kaiser handelte also richtig, da er altes römisches Land wieder ins Reich einband. Hier wird eine andere Position eingenommen, welche römisch nicht als grenzüberschreitend sieht, sondern nur so weit reichend definiert, wie weit der Kaiser *realiter* seine Macht ausübte. In einer Parallelquelle, Ioannes Kinnamos, werden die Anwohner des Sees als Römer bezeichnet, obwohl sie außerhalb des rhomäischen Herrschaftsgebietes lebten und keine Anzeichen politischer Loyalität zeigten. Kinnamos wählt hier den Begriff Römertum zur Bezeichnung einer fixierten ethno-kulturellen Identität, der keine politischen Komponenten anhaften.[40] Diese drei Quellenausschnitte zeigen die Bandbreite der Problemstellung ‚erobert': Überlaufen, freiwillig erobert werden, da man sich Verbesserungen der eigenen Situation

---

μόνον τὴν πρὸς ἀλλήλους φιλίαν ἐντεῦθεν ἐκράτυναν, ἀλλὰ καὶ τοῖς ἐπιτηδεύμασιν αὐτῶν ἐν πλείοσι προσεσχήκασιν. ἀμέλει καὶ ὡς ὁμοροῦσιν αὐτοῖς προστιθέμενοι Ῥωμαίους ὡς ἐχθροὺς ὑπεβλέποντο· οὕτω χρόνῳ κρατυνθὲν ἔθος γένους καὶ θρησκείας ἐστὶν ἰσχυρότερον. ὅθεν οἱ μὲν ὡς ἀντίπαλον τὸν βασιλέα κακῶς ἔφασκον, μηδ' ὑποκύψαι ὅλως τοῖς αὐτοθέσμοις ἀπηυθαδιάζοντο τῷ ὑγρῷ φυσῶντες ζωστῆρι τῆς λίμνης καὶ ᾇ οὐκ ἂν ᾠήθησαν φρονοῦντες, ταῦθ' ὡς παραφρονοῦντες διενοοῦμενοι. ὁ δὲ μεθίστασθαι παρῄνει τῆς λίμνης ὡς παλαιοῦ Ῥωμαίων κτήματος καὶ καθαρῶς προσχωρεῖν τοῖς Πέρσαις, εἰ τοῦτο βούλοιντο· εἰ δὲ μὴ οὕτω δρῷεν, οὐκ ἂν ἀνασχέσθαι ὅλως διισχυρίζετο αὐτούς τε καὶ τὴν λίμνην ἀπεξενῶσθαι Ῥωμαίων ἐπὶ μακρόν. μὴ προχωρούντων δὲ τῶν ῥημάτων, ἔργων πολεμίων ἥπτετο· ὅθεν ἁλιάδας καὶ ἀκάτια σχεδιάσας καὶ ζεῦγμα διὰ τούτων ἐργασάμενος τὰς ἑλεπόλεις ἐπέστησεν ἄνωθεν καὶ προσῆγεν οὕτω τοῖς ἐπὶ τῆς λίμνης ἐρύμασιν. αὐτὰ μὲν οὖν ἐξελέσθαι ἴσχυσε, πλὴν οὐχὶ καὶ Ῥωμαῖοι κακῶν ἀπείρατοι διεξέπλευσαν τὸν τότε πόλεμον, ἀλλ' ἐνίοτε τὴν λίμνην ἀνέμου διακυκήσαντος καὶ εἰς φλοῖσβον αὐτὴν ἀνοιδήσαντος τῶν ὁλκαδίων πολλὰ παρηνέχθησαν καὶ τὸν φόρτον ἐπανατραπέντα διαφῆκαν τῷ βυθῷ καὶ τοῖς κύμασιν. Vgl. dazu Niketas Choniates, Krone der Komnenen. Übers. *Grabler*, 70–71.

39 Vgl. *Stouraitis*, Reinventing Roman Ethnicity (2017), 79; *Ders.*, Roman Identity (2014), 201 f. Vgl. auch Joannes Kinnamos, Epitome. Ed. *Meineke*, 23.
40 Vgl. *Stouraitis*, Roman Identity (2014), 202.

erhofft, Muster und Maßnahmen der Eroberungs- und Rückeroberungspraxis sowie nicht *a priori* annehmbare Selbstverständlichkeiten.

2 Das Leid der Eroberten

In der byzantinistischen Forschung wie über weite Teile auch in der mediävistischen Forschung schenkte man der Geschichte der Eroberten und Unterdrückten wenig Aufmerksamkeit. Das Volk oder die *plebs* geraten erst in jüngster Zeit wieder in das Interesse der historischen Disziplinen (möglicherweise auch ausgelöst durch die *postcolonial studies* und die *history of emotions*). In den sozialistischen Geschichtswissenschaften erschien allerdings noch 1991 ein Sammelband unter dem Titel ‚Volk und Herrschaft im frühen Byzanz', wo in Ansätzen eine Geschichte von unten diskutiert wurde.[41] Auch das kollektive Leiden wurde dort am Rand behandelt. Seit damals war es ein wenig still geworden um das Kollektiv.[42] Am Anfang sollen die folgenden Fragen gestellt werden: Was steht überhaupt an Quellen zur Verfügung, um Erfahrungen des Kollektivs wahrzunehmen? Wie ist Grauen, Leid, Entsetzen darstellbar – welche kulturellen Codes muss man beachten und erkennen?

Die Historiographie ist überwiegend eine Kaiser- und Militärgeschichte, die Stimme der Unterdrückten und Eroberten hört man nur selten. Adam Goldwyn nahm sich jüngst dieses Themas an und stellte fest, dass sich die Forschung mit Empathie, Leidbeschreibung und -verarbeitung schwertut und diese oft mit Nonchalance behandelt, die faktenorientierte Auswertung von Augenzeugenberichten aber hoch einschätzt.[43] Nimmt man sich die Übersetzungen und Kommentare der Hauptquellen vor, dann gewinnt man den Eindruck, dass sie rhetorische Stücke sind, die prosopographische, historische und topographische Angaben enthalten. Dass sie Emotionen widerspiegeln, blieb bislang fast unbeachtet oder besser gesagt wenig diskutiert. Sklaven kommen in der byzantinischen Literatur vor und werden etwa in den byzantinischen Romanen thematisiert;[44] Gefangenschaft, Unterwerfung und Schrecken stellen Grundübel der Eroberten-Narrative dar.[45] Klarerweise

---

[41] Vgl. *Winkelmann* (Hrsg.), Volk und Herrschaft (1991); *Manders/Slootjes* (Hrsg.), Leadership (2020); *Slootjes*, Crowd Behavior (2016).
[42] Vgl. zuletzt allerdings *Kefala*, Conquered (2020); dazu *Szill*, Rezension (2022); *Dies.*, Herrschaftszeiten (2020).
[43] Vgl. *Goldwyn*, Witness Literature (2021); der Autor organisierte auch eine Tagung zu dem Thema ‚On Being Conquered in Byzantium' im April 2021.
[44] Vgl. *Bellen/Heinen* (Hrsg.), Bibliographie (2003); *Amitai/Cluse* (Hrsg.), Slavery (2008); *Grieser/Priesching* (Hrsg.), Gefangenenloskauf (2015).
[45] Zur Kriegsgefangenschaft *Patura*, Αἰχμάλωτοι (1993); vgl. auch *Goridis*, Gefangen (2015).

gibt es antike Folien, die man verwendet, um exzeptionelle Ereignisse auf den Punkt zu bringen. Im kollektiven Gedächtnis wirkte lange Troia, *die* Erfahrung der Eroberung, Zerstörung und Exilierung, nach. In ähnlicher Weise prägten sich später Städtenamen ein, die Semantiken des Entsetzens, des Grauens und Ähnliches kompakt enthalten: Stalingrad, Dresden, Coventry oder New York.

Es scheint so zu sein, dass mittelgriechische Quellen früher als ihre mittellateinischen Pendants Erfahrungen von Eroberung bieten.[46] Einige Personen, die von Plünderung und Eroberung betroffen waren, haben ihre Eindrücke schriftlich verarbeitet und der Nachwelt hinterlassen. Wieweit hier auch eine Verarbeitung traumatischer Erlebnisse eine Rolle spielt, soll hier nicht behandelt werden. Einzelschicksale werden greifbar, das kollektive Erfahren und das gemeinsame Leid treten dabei meistens als diffuser Hintergrund auf.

Die Schwierigkeit, vor der ein Augenzeuge stand, war, wie er das Leid verständlich, mitreißend und unerträglich in Worte fassen konnte.[47] Die Wahrnehmung mag selektiv bezeichnet werden, doch bedarf es der Beachtung des sozialen Status und Umfelds eines Schreibers. Zudem sind derartige Berichte auch geprägt von Stereotypen, vom Bild des und der Anderen sowie von Verstärkungen negativer Eindrücke – auch hier gilt es, das *setting* und das adressierte Publikum zu betrachten.[48]

Ioannes Kaminiates beschrieb als Augenzeuge den Überfall Thessalonikes durch arabische Seefahrer unter der Führung des Leon von Tripolis.[49] Dieser stammte aus Attaleia in Kleinasien und geriet in arabische Gefangenschaft. Er trat zum islamischen Glauben über und wurde im Abbasidenkalifat Flottenkommandant. Er war bereits einige Zeit im Ägäisraum aktiv und hatte vor, Konstantinopel anzusteuern. Neben einer genauen Beschreibung der Umgebung Thessalonikes widmet sich Ioannes Kaminiates der Schilderung der sukzessiven Annäherung der Barbaren an die Stadtmauern und dann der Einnahme der Stadt. In Kapitel 39 (von 79 insgesamt – also in der Mitte der Erzählung!) sind die Angreifer endlich in der Stadt, der Erzähler hatte Spannung, Furcht und den nahenden Untergang lange aufgebaut; Einzelschicksale (z.B. Männer

---

46 Eine massive Zunahme an Reflexionen über Eroberung geht mit den Kreuzzügen einher.
47 Um die Jahrtausendwende rückte die Autobiographie verstärkt in das Interesse der byzantinistischen Literaturwissenschaft, vgl. *Angold*, Autobiographical Impulse (1999); *Odorico*, Thessalonique (2005).
48 Vgl. *Hörandner*, Bild der Anderen (1993). Eine nutzbare Quelle, v.a. für den zweiten Kreuzzug, sind die Gedichte des Manganeios Prodromos, vgl. *Jeffreys/Jeffreys*, Wild Beast (2001); *Lilie*, Anna Komnene (1993); *von Waldkirch*, Lateiner und Byzantiner (1973); vgl. auch *Müller*, Ambivalent Image (2017).
49 *Kazhdan*, Some Questions (1978), sucht zahlreiche Argumente für eine Spätdatierung des Textes; bes. auffällig ist, dass die älteste Handschrift dieses Textes aus dem 15. Jhd. stammt (Vat. gr. 172), doch sind die Argumente für eine zeitliche Verlegung des Textes entkräftet worden. Oder ist ein solcher Text gerade um 1430, also zum Zeitpunkt der Einnahme der Stadt durch die Osmanen, bes. aktuell (und wird erst dann aufgeschrieben)?

verabschieden sich von ihren Frauen) und kollektive Angst (Frauen treten als klagende Chöre auf) werden sichtbar, dann aber:

> Sobald die Barbaren einmal eingedrungen waren und sich über die ganze Stadt verteilt hatten, gingen sie sogleich daran, Menschen jeden Alters und Geschlechts zu töten. Bei ihnen gab es kein Mitleid. Schon lange vorher befanden sie sich in der Stimmung der Raserei und dürsteten nach unserem Blut. So wurden Greise, in der vollen Manneskraft Stehende, Jugendliche, überhaupt einfach jeder, der ihnen begegnete, ein Opfer der Henker. Sie führten aber keine Todesstreiche gegen sie, sondern um ihnen lange Schmerzen zu bereiten, hieben sie ihnen Teile des Rückens und die Schenkel ab und ließen sie so auf das Ende warten.[50]

Und weiter:

> Mit ihm, dem Feind, ging auch ein nicht kleiner Haufen von blutbefleckten Soldaten mit hinein. Er sprang sofort auf den heiligen Altar, wo von den Priestern die geheimnisvolle Liturgie zelebriert wird, und saß da, nach Barbarenart die Beine über Kreuz, voll wahnsinnigen Zorns die Menge betrachtend und in seinem boshaften Herzen überlegend, was er tun sollte (…). Dann gab er durch einen Wink seinen Leuten den Befehl, die Menge in der Kirche zu töten. Sie töteten die Unglücklichen so schnell und unbarmherzig wie wilde Wölfe, die eine Beute gefunden haben. (…) Als der Mord an den Unglücklichen vollbracht war, war der Boden ganz übersät mit Leichen, und in der Mitte bildete das Blut einen See, so dass der Blutbefleckte nicht nach draußen gelangen konnte. Er befahl deshalb, die Leichen in dem Umgang zu beiden Seiten der Kirche aufzuhäufen.[51]

Solche drastischen Schilderungen findet man auch später bei Eustathios von Thessalonike, der in seiner Schilderung der Ereignisse von 1185 allerdings in positiver Weise – wenn solch ein Ausdruck überhaupt statthaft ist – vermerkt, dass einige der Normannen die Gläubigen aus der Kirche schleppten und dort töteten, was das Ausmaß ihres Verbrechens, nämlich der Schändung und Befleckung des sakralen Raumes, minderte.[52] Die Verunreinigung der Gotteshäuser schaffte die Notwendigkeit, diese wieder zu weihen und die Folgen zu beseitigen. Solche Erfahrungen machten Zeitgenossen und Rezipienten sprachlos. Jüngst wurde darauf hingewiesen, dass in der Darstellung des Kaminiates genderbedingte Muster des Mit-Fühlens zu beobachten sind: Während die Mütter um ihre Kinder weinen und besorgt sind, erwähnt der Verfasser zwar sein Kind, notiert die Trennung von ihm aber fast emotionslos.[53] Der Erzähler schafft es, sich freizukaufen – gerät dann aber auf ein Sklavenschiff und wird in den östlichen Mittelmeerraum verbracht.[54]

Das Ereignis der Einnahme Thessalonikes 904 ist nach dem Abfahren Leons von Tripolis vorbei, es kommt zu keiner nachhaltigen Eroberung und Befestigung

---

50 Joannes Kaminiates, Expugnatio. Ed. *Böhlig*, 39. Übers. *Dies.*, 60 f.
51 Joannes Kaminiates, Expugnatio. Ed. *Böhlig*, 52. Übers. *Dies.*, 74 f.
52 Eustathios von Thessalonike. Ed. *Kyriakides*, 100.
53 Vgl. *Neville*, Pity and Lamentation (2018).
54 Joannes Kaminiates, Expugnatio. Ed. *Böhlig*, 47.

der Herrschaft durch die Eroberer. Die Reaktion der kaiserlichen Regierung war die Verstärkung der Stadt mit Seemauern. Aus demselben Jahr ist die Inschrift von Reparaturarbeiten an der Seemauer in Thessalonike überliefert, welche unter der Ägide von Leon VI., von dem Mitkaiser Alexander und dem Patriarchen Nikolaos Mystikos durchgeführt wurden. Leon operierte in der Folge weiter in der Ägäis, nachrichtlich greifbar sind Siege gegen die byzantinische Flotte (912, 921/922), nach einer Niederlage bei Lemnos verschwindet er aus den Quellen. Thessalonike erholte sich danach wieder – ob Strategien zur Bewältigung psychischer Verwundungen (und falls ja, welcher?) angewandt wurden, lässt sich nicht nachzeichnen. Im 11. und dann 12. Jahrhundert war Thessalonike jedenfalls eine prosperierende Hafen- und Handelsstadt. In der spätbyzantinischen Zeit bildete Thessalonike öfters die Basis für innenpolitische Aktionen und Machtdemonstrationen.[55] Im Jahre 1430 fiel sie an die Osmanen.

3 Was macht Eroberung aus?

Konstantinopel wurde zwar mehrmals belagert, die Eroberung drohte gelegentlich, doch das erste Mal eingenommen wurde die Stadt erst im Kontext des sogenannten Vierten Kreuzzuges (1202–1204). Wenn man die griechischen und lateinischen Quellen liest, dann wird deutlich, dass zwar an wirtschaftliche und politische Aneignung, nicht aber an Zerstörung gedacht war. Die Vernichtung von Stadtteilen erfolgte eher aufgrund von Unachtsamkeit als von Taktik.[56]

Niketas Choniates, der griechische Leithistoriograph für den Vierten Kreuzzug, gibt eine eindrückliche Schilderung der Eroberung und entwirft – wie bereits kurz angedeutet – erschütternde Bilder der Übernahme der Stadt. Nicht nur die Menschen, die zu Schaden kommen, auch die unersättliche Gier, die vor nichts zurückschreckte, machte den Autor betroffen.[57] Besonders entsetzt ist Niketas über die Zerstörung von Bildwerken, die im Hippodrom der Stadt aufgestellt waren. Die Eroberer treten hierbei als Wüstlinge ohne Geschichtsverständnis auf; dies reflektiert die Sicht des gebildeten Schreibers.[58] Bei ihm wird wie in vergleichbaren Narrativen der Gegensatz von barbarisch und zivilisiert betont.

Bei der Lektüre dieses Historiographen muss man allerdings bedenken, dass er als persönlich Betroffener seine Geschichtsbetrachtungen verfasste, dass er die Zu-

---

55 Vgl. *Matschke*, Bemerkungen (2005).
56 Vgl. *Madden*, Fires of the Fourth Crusade (1992).
57 Bilder von marodierenden Kreuzfahrern (aus Deutschland) in den Konstantinopel vorgelagerten Parkanlagen schildert Ioannes Kinnamos, vgl. *Grünbart*, Inszenierung (2015), 195–198, 202, und *Heher*, Mobiles Kaisertum (2020), 78.
58 Vgl. *Grünbart*, Macht und Präsenz (2021), 7.

stände danach gut kannte (er starb ca. 1218 im sogenannten Exilreich von Nikaia) und dass er seine Schilderung teleologisch anlegte (d. h. die Geschichte der regierenden Komnenendynastie wird als eine Geschichte des Verfalls von Ioannes II. bis Andronikos I. und dann fortgesetzt von der Dynastie der Angeloi präsentiert).[59] Niketas hatte einen großen materiellen Verlust zu verzeichnen, da seine Familie den Stadtpalast verlor. Vor der Einnahme der Stadt war das „unübertreffbar schöne und sehr große Haus auf dem Sphorakiosgrund durch die zweite Feuersbrunst" vernichtet worden.[60] Die Stelle des Großlogotheten (Kanzler) konnte er nicht mehr ausüben. Choniates und die Seinen verließen mit Hilfe von venezianischen Freunden – am fünften Tag nach der Einnahme – die Stadt zunächst Richtung Westen. Die eigenen Bediensteten hatten sie verlassen, Choniates und seine Frau müssen die Kinder, die noch nicht laufen konnten, tragen.[61] Eine Passage zeigt, wie schwierig die Situation für die Vertriebenen aus der eroberten Stadt auch in der vermeintlich sicheren Umgebung war; als sie in der Kleinstadt Selymbria angekommen waren, geschah Folgendes:

> Die Landbevölkerung und die gemeinen Leute verhöhnten uns Byzantiner [Großstädter] eher, als dass sie uns halfen. In ihrer Dummheit nannten sie unsere Armut und Blöße ‚Gleichheit der Bürger', ohne sich durch das Unglück ihrer Nächsten belehren zu lassen. Viele luden auch Unrecht auf sich. ‚Gepriesen sei der Herr, weil wir reich geworden sind!', riefen sie aus, wenn sie für Geringes die Habe ihrer Mitbürger eintauschten. Sie hatten eben noch nicht die ‚rinderfressenden' Lateiner in ihren Häusern gehabt und verstanden nur, unvermischten starken Wein zu saufen, die reinste Galle über uns Byzantiner auszuschütten und uns übermütig und verächtlich zu behandeln.[62]

Niketas und seine Familie erfahren also die erste Demütigung in der Stadt selbst, man darf nur das Notwendigste mitnehmen und muss dankbar dafür sein, dass man mit dem Leben davonkommt. Zu den Strategien des sich Entziehens gehörten,

---

59 Vgl. *Simpson*, Before and After 1204 (2006); *Dies.*, Niketas Choniates (2013).
60 Niketas Choniates, Historia. Ed. *van Dieten*, 587: ὁ γὰρ ἄμαχος τῷ κάλλει καὶ τῷ μεγέθει μέγιστος οἶκος ἡμῶν ἐν τοῖς Σφωρακίου ἱδρυμένος ὑπὸ τοῦ δευτέρου πυρὸς ἠφάνισται. Vgl. dazu Niketas Choniates, Krone der Komnenen. Übers. *Grabler*, 165.
61 Niketas Choniates, Historia. Ed. *van Dieten*, 588. Vgl. dazu Niketas Choniates, Krone der Komnenen. Übers. *Grabler*, 167.
62 Niketas Choniates, Historia. Ed. *van Dieten*, 593 f.: Οἱ δ' ἀγροῖκοι καὶ ἀγελαῖοι ἐπεκερτόμουν μᾶλλον τοῖς ἐκ Βυζαντίου ἡμῖν καὶ τὴν ἐν πτωχείᾳ καὶ γυμνότητι κακουχίαν ἰσοπολιτείαν ἀφρόνως ὠνόμαζον, οὐ τοῖς τῶν πέλας κακοῖς παιδευόμενοι. πολλοὶ δὲ καὶ ἀνομίαν ὑπολαμβάνοντες „εὐλογητὸς Κύριος, ὅτι πεπλουτήκαμεν" ἔλεγον, ὀλίγου τὰς τῶν συμφυλετῶν οὐσίας ἀποδιδομένας ὠνούμενοι. οὐ γὰρ πω βουθοίνας εἰσῳκίσαντο Λατίνους, καὶ εἴδοσαν, ὅπως μὲν τὸν οἶνον ἄκρατον ὁμοῦ καὶ ζωρότερον ὥσπερ καὶ τὸν χόλον ἀκέραστον χέουσιν, ὅπως δὲ Ῥωμαίοις ἐν ὑπερηφανίᾳ καὶ ἐξουδενώσει προσφέρονται. Vgl. dazu Niketas Choniates, Krone der Komnenen. Übers. *Grabler*, 172.

auch sich zu verstellen, sich Schmutz ins Gesicht zu schmieren (Frauen) oder schlechte Kleidung anzuziehen.[63]

Angekommen im vermeintlich schützenden und noch von den Eigenen dominierten Land, wo die Lateiner noch nicht erschienen waren, erfährt man eine weitere Demütigung. Hier findet man auch ein Detail, das den Gegensatz zwischen Stadt und Land ausdrückt. Niketas Choniates wird dann versuchen, im sich etablierenden Exilreich in Nikaia Fuß zu fassen, was ihm aber letztendlich nicht gelungen ist.

Die Lateiner eroberten danach sukzessive weitere Gebiete; Nachrichten aus der Provinz gibt es von Niketas' Bruder Michael Choniates, welcher als Metropolit von Athen wirkte. Nach der Eroberung Athens Ende 1204 verließ er die kleine Stadt und wählte die Insel Keos als Exilort, von wo aus er als Bischof mit seinen Mitteln Widerstand gegen die Eroberer leistete; nach einigen Jahren kehrte er nach Athen zurück (1216), blieb dort aber nur kurz, da er Angst hatte, gefangengenommen zu werden.[64]

Zurück zu Niketas Choniates: Neben den seitenlangen Klagen und dem Entsetzen über Verlust und Grausamkeiten wird in seiner Erzählung auch etwas augenfällig: Aus seiner Sicht wird aus einer Plünderung eine Inbesitznahme bzw. Eroberung. Liest man die Passagen nach der Einnahme, dann wurde das Aneignen systematisch durchgezogen. Man hatte die Stadt Konstantinopel erobert und begann, das Land in Besitz zu nehmen, zu vermessen und die Steuerleistung zu schätzen. Eroberte bleiben ja weiterhin steuerpflichtig. Die oströmischen Reichsteile wurden von den neuen Herren verlost. Es ist interessant, dass hier die Vorstellung der Oikumene (noch immer) greifbar ist:

> Als ob sie schon Könige der Könige wären und die ganze Welt in ihren Händen hielten, schickten sie Leute aus, um das rhomäische Gebiet aufzunehmen, weil sie zuerst einmal die Höhe der jährlichen Abgaben kennenlernen wollten. Dann gedachten sie, dies durch das Los zu verteilen. Die Landstriche und Herrschaftsgebiete, die von anderen Völkern und Königen besetzt waren, verteilten sie jedoch gleich.[65]

---

63 Niketas Choniates, Historia. Ed. *van Dieten*, 588 f.; Vgl. dazu Niketas Choniates, Krone der Komnenen. Übers. *Grabler*, 166 f. – Vgl. *Grünbart*, Handelnde und Opfer (2016); *Ders.*, Missverständnisse (2019).
64 Michael Choniates, Epistulae. Ed. *Kolovou*, ep. 140, mit umfangreicher Biographie.
65 Niketas Choniates, Historia. Ed. *van Dieten*, 595: Ὡς δὲ καὶ κλήρους πόλεων καὶ χωρῶν ἤρξαντο βάλλειν, ἥν ἰδέσθαι καὶ θέσθαι διὰ πλείστου ὅτι τοῦ θαύματος ἀνδρῶν τυφομανῶν μὴ ξυμβλητὴν ἀπόνοιαν, εἴτ' οὖν παράνοιαν εἰπεῖν οἰκειότερον. ὡς γὰρ ξυμβλητὴν ἀπόνοιαν, εἴτ' οὖν παράνοιαν εἰπεῖν οἰκειότερον. ὡς γὰρ βασιλέων ἤδη βασιλεῖς καθεστῶτες καὶ τὸ περίγειον ἅπαν ἐν χερσὶν ἔχοντες τοῖς μὲν Ῥωμαϊκοῖς σχοινίσμασιν ἀπογραφεῖς ἐπέστησαν, γνῶναι πρότερον τὰς ἐπετείους ἀποφορὰς θέλοντες, εἴθ' οὕτω κατὰ πάλους αὐτὰ μερίσασθαι, τὰς δὲ παρ' ἄλλοις ἔθνεσι καὶ βασιλεῦσι καρπουμένας ἀρχὰς καὶ ἐξουσίας ἐκ τοῦ αὐτίκα διείλοντο. ἥ τε οὖν ἐν πόλεσιν εὐδαίμων καὶ πρὸς τῷ Νείλῳ κειμένη Ἀλεξάνδρεια τῷ κλήρῳ ὑπέκειτο καὶ Λιβύη, καὶ Λιβύης τὰ ἐς Νομάδας καὶ Γάδειρα παρατείνοντα, Πάρθοι τε καὶ Πέρσαι, ἔτι δὲ καὶ Ἴβηρες ἐῷοι καὶ Ἀσσυρία γῆ καὶ Ὑρκάνιος, καὶ ὅσα οἱ πρὸς ἔω μέγιστοι ποταμοὶ τοῖς ὕδασι διειλήφασιν. ἀλλ' οὐδὲ τὰ πρὸς βορρᾶν νενευκότα κλίματα εἴαθη ἄκληρωτα, ἀλλὰ κἀκεῖνα οἱ αὐτοὶ διενείμαντο. καὶ ὁ μὲν ὡς ἱπποτρόφους καὶ φόροις περι-

Durch Eroberung erfahren die Zeitgenossen materiellen, aber auch ideellen Verlust, wie der Gewährsmann Niketas Choniates deutlich vor Augen führt.

4 Austausch – Interaktion – Koexistenz

In diesem letzten Abschnitt soll kurz behandelt werden, wie sich Eroberte verhielten und welche Strategien sie entwickelten, mit der neuen Situation umzugehen.[66] Den Folgen einer Eroberung wurde auf unterschiedliche Weise begegnet. Eine ökonomische Variante war, sich mit den neuen Machthabern zu arrangieren. Bei der Behandlung der Ereignisse von 1202 bis 1204 darf zudem nicht außer Acht gelassen werden, dass man sich auf beiden Seiten gut kannte. Die Stadt bedeutete kein Neuland für die Eroberer, da man auf eine jahrhundertelange Präsenz am Goldenen Horn zurückblicken konnte. Die Handelsniederlassungen und Quartiere der italienischen Seerepubliken fungierten als Kontakt- und Interaktionszonen, als Plätze des Austausches von Ideen und Ideologie.[67] Sprachprobleme mag es gegeben haben, doch waren auch Dolmetscher beziehungsweise Basiskenntnisse auf beiden Seiten vorhanden.[68] Doch kam es auch zu Spannungen, die hin und wieder in Gewalttätigkeiten eskalierten (Lateinerpogrom 1171/1182). Mit der Einnahme der Stadt war es nicht getan, es musste nicht nur die ganze Stadt weiterhin verwaltet werden und besiedelt bleiben, sondern auch die von ihr abhängigen Gebiete administriert werden. In der kirchlichen Organisation entwickelte sich ein Nebeneinander, was einen gewissen Austausch zwischen Lateinern und Griechen beförderte.[69] Wie die Angaben bei Niketas Choniates zeigen, konnte es durchaus auch Freundschaften zwischen den ‚Fremden' und den Einheimischen geben. Beim Verlassen der Hauptstadt unterstützte ihn ein venezianischer Freund.[70]

βριθεῖς ἃς ἐκληρώσατο πόλεις δι' ἐπαίνου ἐτίθετο καὶ τοῦ κλήρου ἑαυτὸν ἐμακάριζεν, ὁ δὲ ὡς κομώσας ἄλλοις ἀγαθοῖς θαυμάζων οὐκ ἔληγεν. οἱ δὲ καὶ περὶ κλήρου πόλεων ἤρισαν καὶ ἀντέδοσαν ἄλλοις ἕτεροι καὶ ἀντέλαβον πόλεις καὶ ὅρια. τινὲς δὲ καὶ μάλα δόξαν ἀσπάσιον τὸ Ἰκόνιον εἰς κλῆρον εἰληφέναι διηγωνίσαντο. Καὶ πύλας τῆς πόλεως καὶ τέμαχος τῆς ἁλύσεως, ἣ διατεθεῖσα ξυνεῖχε τὸν ναύσταθμον, τοῖς ἐν Συρίᾳ ὁμογενέσι μετὰ πλοίων πεπόμφασι καὶ διαφῆκαν ἀγγέλους ἁπανταχῇ τὴν τῆς πόλεως διατρανώσοντας ἅλωσιν. Vgl. dazu Niketas Choniates, Krone der Komnenen. Übers. *Grabler*, 174.

66 Vgl. *Rickelt*, David und die Andersstämmigen (2015). Eine Beobachtung soll hier angefügt werden: Der Terminus *Phrangiskoi* (Franken) wird bei Niketas Choniates fast nur im Kontext der Halosis gebraucht (vgl. Niketas Choniates, Historia. Ed. *van Dieten*, 553, 588, 596, 597, 647).
67 Vgl. *Schreiner*, Konstantinopel (2007), 93–97 (mit Karte der Lateinerquartiere).
68 Vgl. *Grünbart*, Missverständnisse (2019), 28–36 (zum Sprachengewirr in Konstantinopel und Sprache als Versteck). Vgl. auch *Garcea/Rosellini/Silvano* (Hrsg.), Latin in Byzantium (2019).
69 Vgl. *Mitsiou*, Netzwerke (2015).
70 Niketas Choniates, Historia. Ed. *van Dieten*, 588; Vgl. dazu Niketas Choniates, Krone der Komnenen. Übers. *Grabler*, 166.

Balduin, der neue lateinische Kaiser von Konstantinopel, der durch Wahl an die Macht gekommen war, wird bei Choniates in differenzierender Weise gezeichnet. Er tritt auch als ein maßvoller Herrscher auf, wobei eine Maßnahme aufhorchen lässt, die im Sinne der Eroberten zu werten ist:

> Balduin war, wie man erzählt, auch sonst ein gottesfürchtiger Mann und voll Selbstzucht. Die ganze Zeit über, solange er von seiner Gattin getrennt war, soll er keiner Frau auch nur einen Blick zugeworfen haben. Er nahm sich Zeit, Gott Lob zu singen, half den Bedrängten, ertrug ruhig Widerspruch, und was das Größte ist: Er ließ zweimal in jeder Woche abends ausrufen, niemand dürfe in seinem Palast bei einer anderen als seiner rechtmäßigen Frau schlafen.[71]

Trotzdem blieb ein Verlassen der lateinisch kontrollierten Zonen der Romania oft alternativlos, da man im Zustand des Erobertseins kaum Rechte hatte. In seinem Geschichtswerk weist Georgios Akropolites auf seine prekäre Situation hin. Georgios hatte die Hauptstadt anno 1233 Richtung Nikaia verlassen. Er schreibt über seine Entscheidung:

> Zu dieser Zeit wurde ich selbst von meinen Eltern aus Konstantinopel zu dem Kaiser geschickt: Damals war ich sechzehn Jahre alt und hatte gerade den allgemeinen Bildungsgang hinter mir, den man allgemein Grammatik nennt. Es war der Wunsch meines Vaters, seinerseits ebenfalls der Gewalt der Lateiner insgeheim zu entkommen; denn er stand stark unter ihrer Knute, einmal mit seinen überaus hohen Steuern und Abgaben, zum anderen wegen der Freundschaftsleistungen an sie; und es erwies sich für ihn als nicht wenig hinderlich, dass er eine große Schar von Bedienten, männliche und weibliche, Aufwartung hatte. Und doch stand ihm damals schon vor Augen, dass er, sowie er die Möglichkeit dazu erhalten würde, im Notfall einen Ausbruch trotz aller Gefahren unternehmen und seinen Plan vollenden müsse. Aus diesen Gründen also hatte er mich vorher schon zu dem Kaiser gesandt (...).[72]

---

71 Niketas Choniates, Historia. Ed. *van Dieten*, 597: Ἦν δὲ καὶ ἄλλως ὁ ἀνὴρ οὗτος εὐλαβὴς τὰ πρὸς θεόν, ὡς ἐλέγετο, καὶ τὴν δίαιταν ἐγκρατής, γυναικὶ δὲ μηδὲ μέχρι βλέμματος προσεσχηκὼς ἐφ' ὅσον χρόνον τῆς οἰκείας γαμετῆς ἀπεφοίτησεν, ἀλλὰ καὶ πρὸς τὸν εἰς θεὸν ὑμνητήριον καὶ πρὸς πᾶσαν ἀνάγκην ἀρέμβαστος. τὸ δὲ μέγιστον, δὶς εἶχεν ἑκάστης ἑβδομάδος τὸν ἑσπέρας ἐπεμβοῶντα μηδένα τῶν ἀρχείων ἐντὸς κατευνάζεσθαι μὴ νομίμῳ γυναικὶ πλησιάζοντα. Vgl. dazu Niketas Choniates, Krone der Komnenen. Übers. *Grabler*, 176.
72 Georgios Akropolites, Opera. Ed. *Heisenberg*, 29: Τότε καὶ αὐτὸς πρὸς τῶν γονέων ἐκ τῆς Κωνσταντίνου ἀπεστάλην τῷ βασιλεῖ, ἑκκαιδεκέτης ὢν καὶ νῦν τῆς ἐγκυκλίου ἀπηλλαγμένος παιδεύσεως, ἣν γραμματικὴν κατονομάζουσιν οἱ πολλοί. ἐβούλετο δέ μοι καὶ ὁ πατὴρ λάθρα τῆς τῶν Λατίνων ἀπολισθῆσαι χειρός· ἰσχυρῶς γὰρ παρ' αὐτῶν ἐκεκράτητο ταῖς τε τῶν ἀναλωμάτων δαψιλείαις καὶ ταῖς σφῶν δεξιώσεσι, καὶ τὸ πολλὴν ἔχειν περὶ αὐτὸν ὑπηρεσίαν τέκνα τε θεράποντάς τε καὶ θεραπαινίδας οὐκ ὀλίγον ἐποίει τούτῳ τὸ ἐμποδών. ἀλλ' ἦν αὐτῷ κατὰ νοῦν τῷ τότε, καθὼς ἂν ἄρα δυνάμεως σχοίη, εἰ δεήσει, παρακινδυνεῦσαι πρὸς τὴν ἐξέλευσιν καὶ ἀποπλῆσαι τὸ σπουδαζόμενον. διά τοι τοῦτο κἀμὲ πρὸς τὸν κρατοῦντα προπέπομφε. κεκώλυκε δὲ τοῦτον νόσος βαρεῖα· ἡμιθνὴς γὰρ σχεδὸν καὶ ἡμίξηρος γεγονώς, περὶ δύο που ἔτη τῇ κλίνῃ προσπεπατταλευμένος, ἀπέλιπε τὸ βιοῦν, αὐτὸς δὲ ἐναπελείφθην τοῖς ἀνακτόροις προμηθείας βασιλικῆς ἀξιούμενος. Vgl. dazu Georgios Akropolites, Chronik. Übers. *Blum*, 97.

Akropolites stammte aus einem begüterten Haus, und sein Vater ermöglichte ihm Bildung. Die Familie besaß ein Herrenhaus mit entsprechendem Personal in der Hauptstadt. Sein Wunsch war es, Konstantinopel Richtung Nikaia zu verlassen. Er schickte seinen Sohn an den nikänischen Kaiserhof voraus, um ihm und sich eine bessere Zukunft zu ermöglichen.

Relativ kurze Zeit später kann Konstantinopel wieder vom römischen Kaiser übernommen werden. Michael VIII. betrat die Stadt im Jahre 1261. Der Historiograph Nikephoros Gregoras berichtet über die Ereignisse davor und gibt Einblicke in den Alltag:

> Die Leute, denen der Kaisar [Strategopulos] begegnete, waren Rhomäer, gebürtige Konstantinopolitaner, und sie hielten sich wegen der Getreideernte außerhalb der Stadt auf. Der Kaisar befragte sie über Umfang und Stärke der lateinischen Streitmacht und alles andere, worum ein Feldherr sich mit langjähriger Erfahrung kümmert. Die Männer ertrugen das lateinische Joch schon lange mit Widerwillen und wollten auch ansonsten lieber mit ihren Stammesbrüdern denn mit Fremden zusammenleben. Sie betrachteten die Begegnung mit dem Kaisar als glücklichen Zufall und gaben ihm über alles genau Bescheid (...).[73]

Hier wird evident, dass zur Versorgung der Stadt regelrecht ein täglicher Pendelverkehr stattfand; die männliche Bevölkerung war zur Versorgung eingesetzt. Geschickt flicht der Historiograph die Stimmungslage ein, die zugunsten der byzantinischen Sache ausschlägt. Gregoras drückt den Gegensatz zwischen den Einheimischen und den Eroberern mit zwei Signalwörtern aus: *Homophylos* (gleicher Abstammung) und *allophylos* (anderer Abstammung).[74]

5 Schluss

Zwischen ‚Eroberten' und ‚Geplünderten' ist zu unterscheiden, was sich auch in den Quellentexten manifestiert. Eine Plünderung provozierte dank ihrer kurzen Dauer und des Wunsches der Eindringlinge, von außen rasch viel Beute zu machen,

---

[73] Nikephoros Gregoras, Byzantina Historia. Ed. *Schopen*. I, 84 f.: Ἐπεὶ γὰρ τοῖς ἀνδράσιν ἐκείνοις ὁ Καῖσαρ ἐνέτυχε, Ῥωμαίοις μὲν οὖσι τὸ γένος, αὐτόχθοσι δὲ Κωνσταντινουπόλεως, κατὰ δὲ χρείαν ἅλωνος καὶ καρπῶν συλλογῆς ἔξω διαιτωμένοις τῆς πόλεως, ἤρετο περί τε τῆς τῶν Λατίνων δυνάμεως ὅση καὶ οἵα, καὶ περὶ ὅσων ἄλλων εἰκὸς ἦν περιεργάζεσθαι στρατηγὸν ἄνδρα καὶ πολλῶν ὀλυμπιάδων τοιούτων μεστόν. οἱ δὲ καὶ τῷ τῶν Λατίνων πάλαι ἀχθόμενοι ζυγῷ καὶ ἄλλως τοῖς ὁμοφύλοις μᾶλλον ἢ τοῖς ἀλλοφύλοις συνδιαιτᾶσθαι ποθοῦντες ἕρμαιον κάλλιστον τὴν τοῦ Καίσαρος ἡγήσαντο ξυντυχίαν καὶ πάντα σαφῶς τε ἀπήγγειλαν καὶ ἐπὶ τούτοις συμφωνίας τῷ Καίσαρι συνετίθεσαν περὶ προδοσίας καὶ δωρεῶν ὑποσχέσεις μεγάλων ῥᾶστα ἐλάμβανον, ὡς ἐφ' ὁμολογουμένῃ τῇ πράξει. οὐ γὰρ μόνον ἀσθενῆ τὴν τῶν Λατίνων δύναμιν ἔφασαν ἤδη τυγχάνειν, ἀλλὰ καὶ ταύτης τὸ πλεῖστον ἀπεῖναι ἐς τὴν τῆς Δαφνουσίας πολιορκίαν. Vgl. dazu Nikephoros Gregoras, Rhomäische Geschichte I. Übers. *van Dieten*, 105.

[74] Vgl. *Rickelt*, David und die Andersstämmigen (2020).

mehr (körperliche) Grausamkeiten.[75] Wollte man eine Aktion nachhaltiger anlegen, war es notwendig, das zukünftige Eigentum und die Ressourcen zu schonen.

Die Erfahrung, erobert zu werden, bedeutet in erster Linie materiellen Verlust, nicht unbedingt das Leben zu lassen; denn die Eroberer müssen auf Bevölkerung bauen (sogar noch im Jahre 1453 war das so – zwar gab es eine mehrtägige Plünderung, dann wurde aber Einhalt geboten). Die Eroberer müssen also auf die Eroberten Rücksicht nehmen, was in dem fragilen Konstrukt des lateinischen Kaisertums von Konstantinopel evident wird. Ohne Stadtbevölkerung war kein Staat zu machen. Evident wird das etwa bei Kaiser Balduin von Konstantinopel: Er ließ Benimmregeln ausrufen. Was aber im Zuge von Eroberung verloren geht, ist Identität, was sich in der Terminologie beziehungsweise in den historiographischen Reflektionen niederschlägt. Der Gegensatz zwischen dem Eigenen und dem Fremden tritt zutage.[76]

Die wenigen angeführten Beispiele mögen zeigen, dass ‚erobert' aus mittelgriechischer Hinsicht multidimensionale Betrachtungen zulässt. Man kann sich dem Thema ‚Eroberte' in zweierlei Weise annähern: Wie ergeht es einerseits den Eroberten und wie werden sie andererseits von ihren Eroberern wahrgenommen? Und wie sind die Quellen dazuzustellen? Die Überlieferungslage erlaubt, punktuell die Erfahrungen und Stimmungen einzufangen, besonders dann, wenn Augen- oder Ohrenzeugenschaft möglich ist. Ergiebig erwiesen sich für die Erfassung des Phänomens ‚erobert' die sogenannte Augenzeugenliteratur, aber auch historiographische Texte, welche mitunter eigene Erfahrungen widerspiegeln. Tod und massenhafte Vernichtung sind omnipräsent – dies geht bei den Schilderungen oft ein wenig unter. Herauszuarbeiten wäre noch, wie Schriftsteller ihre oft markanten Beispiele formen und welche Gefühlslagen des zeitgenössischen Kontextes eingefangen bzw. berührt werden sollen. Solche Schilderungen – und das ist nichts Neues – dienen auch der Bewältigung der eigenen Situation und der Vermittlung dieser außergewöhnlichen, existenzbedrohenden Situation. In einem weiteren Schritt wäre zu untersuchen, wie narrative Strategien dem Umgang mit Traumata dienen:[77] Schreiben sich die zitierten Autoren auch frei von schwer zu verarbeitenden Eindrücken? Strategien des Umgangs mit Eroberung stellen die Akzeptanz und das Arrangieren mit dem neuen Machtsystem dar,[78] dagegen anzukämpfen ist schwieriger als der Versuch, sich zu entfernen.

---

[75] Es gibt noch keine übergreifende Geschichte der Verwundung für die mittelgriechische Zeit.
[76] Das Andere war Thema zahlreicher Studien, vgl. z.B. *Mitsiou*, Byzantines and the Others (2015) (mit reicher Bibliographie); *Hörandner*, Bild der Anderen (1993); *Jeffreys/Jeffreys*, Wild Beast (2001); *Müller*, Ambivalent Image (2017).
[77] Rike Szill widmet sich in ihrer Dissertation ‚Konstantinopel 1453 – Eroberung oder Fall? Geschichtskonstruktionen in den Hauptwerken der spätbyzantinischen Historiographie' diesem Themenkomplex.
[78] Das heißt nicht a priori „Mitläufertum"!

Quellen und Übersetzungen

Die Einnahme Thessalonikes durch die Araber im Jahre 904, übers. v. *Gertrud Böhlig*.
Eustathios of Thessaloniki. The Capture of Thessalonica, übers. v. *John R. Melville-Jones*. (Byzantina Australiensia, Bd. 8.) Leiden 2017.
Eustazio di Le espugnazione di Tessalonica. Ed. *Stilpon P. Kyriakides*. (Istituto Siciliano di Studi Bizantine e Neoellenici, Testi e monumenti, Bd. 5.) Palermo 1961.
Georgii Acropolitae opera. Ed. *August Heisenberg*, corr. cur. *Peter Wirth*. (Bibliotheca scriptorum Graecorum et Romanorum Teubneriana.) Leipzig 1908.
Georgios Akropolites. Die Chronik, übers. v. *Wilhelm Blum*. (Bibliothek der griechischen Literatur, Bd. 28.) Stuttgart 1989.
Ioannis Caminiatae de expugnatione Thessalonicae. Ed. *Gertrud Böhlig*. (Corpus Fontium Historiae Byzantinae. Series Berolinensis, Bd. 4.) Berlin / New York 1973.
Ioannis Cinnami epitome rerum ab Joanne et Alexio Comnenis gestarum. Ed. *August Meineke*. (Corpus Scriptorum Historiae Byzantinae, Bd. 23.) Bonn 1836.
Ioannis Scylitzae synopsis historiarum. Ed. *Ioannes Thurn*. (Corpus Fontium Historiae Byzantinae, Bd. 5.) Berlin / New York 1973.
Jean Caminiatès, Eustathe de Thessalonique, Jean Anagnostès, Thessalonique. Chroniques d'une ville prise, übers. v. *Paolo Odorico*. Toulouse 2005.
Johannes Kaminiates, The Capture of Thessaloniki, übers. v. *David Frendo / Athanasios Fotiou*. (Byzantina Australiensia, Bd. 12.) Perth 2000.
Die Kreuzfahrer erobern Konstantinopel, übers. v. *Franz Grabler*. (Byzantinische Geschichtsschreiber, Bd. 9.) Graz / Wien / Köln ²1971.
Die Krone der Komnenen. Die Regierungszeit der Kaiser Joannes und Manuel Komnenos (1118–1180) aus dem Geschichtswerk des Niketas Choniates, übers. v. *Franz Grabler*. (Byzantinische Geschichtsschreiber, Bd. 7.) Graz / Wien / Köln ²1971.
Michaelis Choniatae epistulae. Ed. *Foteini Kolovou*. (Corpus Fontium Historiae Byzantinae, Bd. 41.) Berlin / New York 2001.
Nicephori Gregorae Byzantina Historia. Ed. *Ludovicus Schopen*. Bde. 1–3. (Corpus Scriptorum Historiae Byzantinae, Bd. 38.) Bonn 1829–1855.
Nicetae Choniatae historia. Ed. *Jan-Louis van Dieten*. (Corpus Fontium Historiae Byzantinae, Bd. 11.) Berlin / New York 1975.
Nikephoros Gregoras. Rhomäische Geschichte I, übers. v. *Jan-Louis van Dieten*. (Bibliothek der griechischen Literatur, Bd. 4.) Stuttgart 1973.
Die Normannen in Thessalonike. Die Eroberung von Thessalonike durch die Normannen (1185 n. Chr.) in der Augenzeugenschilderung des Bischofs Eustathios (1185 n. Chr.), übers. v. *Herbert Hunger*. (Byzantinische Geschichtsschreiber, Bd. 3.) Graz / Wien / Köln ²1967.
Theophanes Confessor. Chronographia (Auszug), übers. in: *Ilse Rochow*, Zur Rolle der Bevölkerung des byzantinischen Reiches vom 7. bis Anfang des 9. Jh. (610–813) in der Chronik des Theophanes, in: Friedhelm Winkelmann (Hrsg.), Volk und Herrschaft im frühen Byzanz. Methodische und quellenkritische Probleme. (Berliner byzantinistische Arbeiten, Bd. 58.) Berlin 1991, 94–108, hier 107f.
Theophanis chronographia. Bd. 1. Ed. *Carolus de Boor*, Leipzig 1893.

Literatur

Reuven Amitai / Christoph Cluse (Hrsg.), Slavery and Slave Trade in the Eastern Mediterranean (c. 1000–1500 CE). (Mediterranean Nexus 110–1700, Bd. 5.) Turnhout 2008.
Michael Angold, The Fourth Crusade. Event and Context. (The Medieval World.) Harlow 2003.
Michael Angold, The Autobiographical Impulse in Byzantium, in: Dumbarton Oaks Papers 52, 1998, 225–257.
Neslihan Asutay-Effenberger, Die Landmauer von Konstantinopel – İstanbul. Historisch-topographische und baugeschichtliche Untersuchungen. (Millennium-Studien, Bd. 18.) Berlin / New York 2005.
Heinz Bellen / Heinz Heinen (Hrsg.), Bibliographie zur antiken Sklaverei. Im Auftrag der Kommission für Geschichte des Altertums der Akademie der Wissenschaften und der Literatur (Mainz). Neubearb. v. Dorothea Schäfer / Johannes Deißler. (Forschungen zur antiken Sklaverei, Beihefte, Bd. 4.1–2.) Stuttgart 2003.
Albrecht Berger, Konstantinopel. Geschichte, Topographie, Religion. (Standorte in Antike und Christentum, Bd. 3.) Stuttgart 2011.
Leslie Brubaker, Space, Place and Culture: Processions across the Mediterranean, in: Angeliki Lymberopoulou (Hrsg.), Cross-Cultural Interaction between Byzantium and the West, 1204–1669. (Society for the Promotion of Byzantine Studies, Bd. 22.) London 2020, 219–235.
Leslie Brubaker / John Haldon (Hrsg.), Byzantium in the Iconoclast Era c. 680–850. A History. Cambridge 2011.
Leslie Brubaker / Chris Wickham (Hrsg.), Processions, Power, and Community Identity. East and West, in: Walter Pohl / Rutger Kramer (Hrsg.), Empires and Communities in the Post-Roman and Islamic World, C. 400–1000 CE. (Oxford Studies in Early Empires.) New York 2021, 121–187.
Stefan Burkhardt, Mediterranes Kaisertum und imperiale Ordnungen. Das lateinische Kaiserreich von Konstantinopel. (Europa im Mittelalter, Bd. 25.) Berlin 2014.
Euangelos K. Chrysos (Hrsg.), Βυζάντιο ως οικουμένη. (Διεθνή συμπόσια, Bd. 16.) Athen 2005.
Florin Curta, Still Waiting for the Barbarians? The Making of the Slavs in „Dark-Age" Greece, in: Ders. (Hrsg.), Neglected Barbarians. (Studies in the Early Middle Ages, Bd. 32.) Turnhout 2010, 403–478.
Alessandro Garcea / Michela Rosellini / Luigi Silvano (Hrsg.), Latin in Byzantium I. Late Antiquity and Beyond. (Corpus Christianorum, Lingua Patrum, Bd. 12.) Turnhout 2019.
Timo Gimbel, Die Debatte über die Ziele des Vierten Kreuzzugs. Ein Beitrag zur Lösung geschichtswissenschaftlich umstrittener Fragen mit Hilfe sozialwissenschaftlicher Instrumente. Mainz 2015, online: https://openscience.ub.uni-mainz.de/bitstream/20.500.12030/1219/1/4113.pdf (Zugriff: 02.08.2022).
Adam Goldwyn, Witness Literature in Byzantium. Narrating Slaves, Prisoners, and Refugees. (New Approaches to Byzantine History and Culture.) Cham 2021.
Philippe Goridis, Gefangen im Heiligen Land. Verarbeitung und Bewältigung christlicher Gefangenschaft zur Zeit der Kreuzzüge. (Vorträge und Forschungen, Sonderbd. 57.) Ostfildern 2015.
Heike Grieser / Nicole Priesching (Hrsg.), Gefangenenloskauf im Mittelmeerraum. Ein interreligiöser Vergleich. Akten der Tagung vom 19. bis 21. September 2013 an der Universität Paderborn. (Sklaverei, Knechtschaft, Zwangsarbeit, Bd. 13.) Hildesheim / New York 2015.
Michael Grünbart, Alexander gegen Konstantin – oder: Konkurrierende Konzepte in byzantinischen Darstellungen von Macht?, in: Marcel Bubert (Hrsg.), Aneignungen der Geschichte(n). Historiographische Legitimationsstrategien des europäischen Mittelalters im transkulturellen Vergleich. (im Druck).

Michael Grünbart, Macht und Präsenz der Buchstaben im byzantinischen Alltag. Zugänge zu den historischen Hilfswissenschaften des östlichen Mittelmeerraumes. (Einführungen – Geschichte, Bd. 3.) Berlin 2021.

Michael Grünbart, Missverständnisse oder Stereotype – Die Wahrnehmung der Kreuzzüge in Byzanz, in: Ders. (Hrsg.), Verflechtungen zwischen Byzanz und dem Orient. Beiträge aus der Sektion „Byzantinistik" im Rahmen des 32. Deutschen Orientalistentages in Münster (23.–27. September 2013). (Byzantinistische Studien und Texte, Bd. 9.) Berlin 2019, 25–45.

Michael Grünbart, Verflechtungen zwischen Byzanz und dem Orient – Einleitung, in: Ders. (Hrsg.), Verflechtungen zwischen Byzanz und dem Orient. Beiträge aus der Sektion „Byzantinistik" im Rahmen des 32. Deutschen Orientalistentages in Münster (23.–27. September 2013). (Byzantinistische Studien und Texte, Bd. 9.) Berlin 2019, XIV–XVIII.

Michael Grünbart, Handelnde und Opfer. Frauen in byzantinischen Quellen der Kreuzfahrerzeit, in: Das Mittelalter 21, 2016, 102–121.

Michael Grünbart, Inszenierung und Repräsentation der byzantinischen Aristokratie vom 10. bis zum 13. Jahrhundert. (Münstersche Mittelalter-Schriften, Bd. 82.) Paderborn 2015.

Dominik Heher, Mobiles Kaisertum. Das Zelt als Ort der Herrschaft und Repräsentation in Byzanz (10.–12. Jahrhundert). (Byzantinistische Studien und Texte, Bd. 13.) Berlin 2020.

Martin Hinterberger, Autobiographische Traditionen in Byzanz. (Wiener byzantinistische Studien, Bd. 22.) Wien 1999.

Wolfram Hörandner, Das Bild der Anderen. Lateiner und Barbaren in der Sicht der byzantinischen Hofpoesie, in: Byzantinoslavica 54, 1993, 162–168.

Edgar Hösch, Das sogenannte „griechische Projekt" Katharinas II. Ideologie und Wirklichkeit der russischen Orientpolitik in der zweiten Hälfte des 18. Jahrhunderts, in: Jahrbücher für Geschichte Osteuropas, N.F. 12, 1964, 168–206.

Nicolae Iorga, Byzance après Byzance. Continuation de l'histoire de la vie byzantine. Bukarest 1935, ND Paris 1992.

Eric Ivison, Byzantine Ceramic Chalices. An Addendum, in: Byzantine and Modern Greek Studies 25, 2001, 216–220.

Eric Ivison, Supplied for the Journey to Heaven. A Moment of West-East Cultural Exchange – Byzantine Funerary Chalices, in: Byzantine and Modern Greek Studies 24, 2000, 147–193.

Marek Jankowiak, The First Arab Siege of Constantinople, in: Travaux et Mémoires 17, 2013, 237–320.

Elizabeth Jeffreys / Michael Jeffreys, „The Wild Beast from the West". Immediate Literary Reactions in Byzantium to the Second Crusade, in: Angeliki E. Laiou / Roy Parvis Mottadeheh (Hrsg.), The Crusades from the Perspective of Byzantium and the Muslim World. Washington D.C. 2001, 101–116.

Anthony Kaldellis, Romanland. Ethnicity and Empire in Byzantium. Cambridge Mass. 2019.

Alexander Kazhdan, Some Questions Addressed to the Scholars, who Believe in the Authenticity of Kaminiates' Capture of Thessalonica, in: Byzantinische Zeitschrift 71, 1978, 301–314.

Eleni Kefala, The Conquered. Byzantium and America on the Cusp of Modernity. (Extravagantes, Bd. 1.) Washington 2020.

Sibyll Kindlimann, Die Eroberung von Konstantinopel als politische Forderung des Westens im Mittelalter. Studien zur Entwicklung der Idee eines lateinischen Kaiserreiches in Byzanz, Zürich 1969.

Johannes Koder, Selektive Erinnerung bei Zeitzeugen. Berichte über die Eroberung Konstantinopels im Jahr 1204, in: Wiener Humanistische Blätter 47, 2005, 28–50.

Johannes Koder, Anmerkungen zum Slawen-Namen in byzantinischen Quellen, in: Travaux et Mémoires 14, 2002, 333–34.

Johannes Koder, Zu den Folgen der Gründung einer zweiten Reichshauptstadt an der „Peripherie"
   des Römischen Reiches am Übergang von der Antike zum Mittelalter, in: Südost-Forschungen
   48, 1989, 1–18.
Ekkehard Kraft, Moskaus griechisches Jahrhundert. Russisch-griechische Beziehungen und
   metabyzantinischer Einfluß 1619–1694. (Quellen und Studien zur Geschichte des östlichen
   Europas, Bd. 43.) Stuttgart 1995.
Hisatsugu Kusabu, Heresiological Labeling in Ecumenical Networking from the Ninth to Thirteenth
   Centuries. The Byzantine Oikoumene Reconsidered, in: Asian Review of World Histories 4.2,
   2016, 207–229.
Ralph-Johannes Lilie, Anna Komnene und die Lateiner, in: Byzantinoslavica 54, 1993, 169–182.
Ralph-Johannes Lilie, Byzantium and the Crusader States: 1096–1204. Transl. v. J.C. Morris /
   Jean E. Ridings. Oxford 1993.
Ralph-Johannes Lilie, Das Reich auf dem Rückzug. Byzanz und Westeuropa in den „Dunklen
   Jahrhunderten", in: Südost-Forschungen 48, 1989, 19–36.
Thomas F. Madden, The Fires of the Fourth Crusade in Constantinople, 1203–1204. A Damage
   Assessment, in: Byzantinische Zeitschrift 84/85, 1992, 72–93.
Christos G. Makrypoulias, Byzantine Expeditions against the Emirate of Crete c. 825–949, in:
   Graeco-Arabica 7–8, 2000, 347–362.
Erika Manders / Daniëlle Slootjes (Hrsg.), Leadership, Ideology and Crowds in the Roman Empire of
   the Fourth Century AD. (Heidelberger althistorische Beiträge und epigraphische Studien,
   Bd. 62.) Stuttgart 2020.
Klaus-Peter Matschke, Bemerkungen zur Stadtgeschichte Thessalonikes in spätbyzantinischer Zeit,
   in: Lars Hoffmann / Anusca Monchizadeh (Hrsg.), Zwischen Polis, Provinz und Peripherie.
   Beiträge zur byzantinischen Geschichte und Kultur. (Mainzer Veröffentlichungen zur
   Byzantinistik, Bd. 7.) Wiesbaden 2005, 433–444.
George D. Miles, Byzantium and the Arabs. Relations in Crete and the Aegean Area, in: Dumbarton
   Oaks Papers 8, 1964, 1–32.
Ekaterini Mitsiou, The Byzantines and the „Others". Between „Transculturality" and Discrimination,
   in: Christian Gastgeber (Hrsg.), Byzantium as Bridge between East and West.
   (Veröffentlichungen zur Byzanzforschung, Bd. 36.) Wien 2015, 65–74.
Ekaterini Mitsiou, Die Netzwerke einer kulturellen Begegnung. Byzantinische und lateinische
   Klöster in Konstantinopel im 13. und 14. Jh., in: Ludger Lieb / Klaus Oschema / Johannes Heil
   (Hrsg.), Abrahams Erbe. Konkurrenz, Konflikt und Koexistenz der Religionen im europäischen
   Mittelalter. (Das Mittelalter. Perspektiven mediävistischer Forschung, Beihefte, Bd. 2.)
   Berlin / München / Boston 2015, 359–374.
Samuel Pablo Müller, The Ambivalent Image of Latins in the Byzantine Roman Historiography of the
   Komnenian Period (ca. 1081–1204). Phil. Diss. Zürich 2017.
Wolfgang Müller-Wiener, Bildlexikon zur Topographie Istanbuls. Byzantion, Konstantinupolis,
   Istanbul bis zum Beginn des 17. Jahrhunderts. Tübingen 1977.
Leonora Alice Neville, Pity and Lamentation in the Authorial Personae of John Kaminiates and Anna
   Komnene, in: Stavroula Constantinou / Mati Meyer (Hrsg.), Emotions and Gender in Byzantine
   Culture. Cham 2018, 65–92.
Rudolf Noll, Ein Ziegel als sprechendes Zeugnis einer historischen Katastrophe (zum Untergang
   Sirmiums 582 n. Chr.), in: Anzeiger der Phil.-Hist. Klasse der Österreichischen Akademie der
   Wissenschaften 126, 1989/1990, 140–154.
Sophia Patura, Οι αιχμάλωτοι ως παράγοντες επικοινωνίας και πληροφόρησης. (Ινστιτούτο
   Βυζαντινών Ερευνών, Μονογραφίες, Bd. [1].) Athen 1993.
Lutz Rickelt, David und die Andersstämmigen (*allophyloi*). Byzantinische Perspektiven auf die
   „Lateiner" im späten 12. und 13. Jahrhundert, in: Ludger Lieb / Klaus Oschema / J. Heil (Hrsg.),

Abrahams Erbe. Konkurrenz, Konflikt und Koexistenz der Religionen im europäischen Mittelalter. (Das Mittelalter. Perspektiven mediävistischer Forschung, Beihefte, Bd. 2.) Berlin / München / Boston 2015, 392–406.

Gudrun Schmalzbauer, Überlegungen zur Idee der Oikumene in Byzanz, in: Johannes Koder / Wolfram Hörandner / Maria A. Stassinopoulou (Hrsg.), Wiener Byzantinistik und Neogräzistik. Beiträge zum Symposion Vierzig Jahre Institut für Byzantinistik und Neogräzistik im Gedenken an Herbert Hunger (Wien, 4.–7. Dezember 2002). (Byzantina et Neograeca Vindobonensia, Bd. 24.) Wien 2004, 408–440.

Andreas Schminck, Galerius und Thessaloniki. Über die Ursprünge Thessalonikis als „deutera polis" des byzantinischen Reiches, in: Charalampos K. Papastathis (Hrsg.), Byzantine Law. (Proceedings of the International Symposium of Jurists, Thessaloniki, 10–13 December 1998.) Thessaloniki 2001, 117–133.

Peter Schreiner, Konstantinopel. Geschichte und Archäologie. München 2007.

Juan Signes Codoñer, Bis wann waren die Balearen byzantinisch?, in: Klaus Belke u. a. (Hrsg.), Byzantina Mediterranea. Festschrift für Johannes Koder zum 65. Geburtstag. Wien 2007, 587–604.

Alicia J. Simpson, Niketas Choniates. A Historiographical Study. Oxford 2013, 247–251.

Alicia J. Simpson, Before and After 1204. The Versions of Niketas Choniates' „Historia", in: Dumbarton Oaks Papers 60, 2006, 189–221.

Daniëlle Slootjes, Crowd Behavior in Late Antique Rome, in: Michele Salzman / Marianne Sághy / Rita Lizzi Testa (Hrsg.), Pagans and Christians in Late Antique Rome. Conflict, Competition, and Coexistence in the Fourth Century. Cambridge 2016, 178–194.

Yannis Stouraitis, Reinventing Roman Ethnicity in High and Late Medieval Byzantium, in: Medieval Worlds 5, 2017, 70–94.

Yannis Stouraitis, Roman Identity in Byzantium. A Critical Approach, in: Byzantinische Zeitschrift 107, 2014, 175–220.

Rike Szill, Rez. von: Eleni Kefala, The Conquered. Byzantium and America on the Cusp of Modernity. (2020), in: The Byzantine Review, 2022, 7–13, online: https://doi.org/10.17879/byzrev-2022-3757 (Zugriff: 27.07.2022).

Rike Szill, Herrschaftszeiten! Endlichkeitsdiskurse im Kontext der Einnahme Konstantinopels 1453, in: Andreas Bihrer / Timo Felber / Julia Weitbrecht (Hrsg.), Die Zeit der letzten Dinge. Deutungsmuster und Erzählformen des Umgangs mit Vergänglichkeit in Mittelalter und früher Neuzeit. (Encomia Deutsch, Bd. 6.) Göttingen 2020, 267–286.

Filip van Tricht, The Latin Renovatio of Byzantium. The Empire of Constantinople (1204–1228). (The Medieval Mediterranean, Bd. 90.) Leiden / Boston 2011.

Tivadar Vida / Thomas Völling, Das slawische Brandgräberfeld von Olympia. (Archäologie in Eurasien, Bd. 9.) Rahden (Westf.) 2000.

Alfred Vincent, Byzantium after Byzantium? Two Greek Writers in Seventeenth-Century Wallachia, in: Amelia Brown / Bronwen Neil (Hrsg.), Byzantine Culture in Translation. (Byzantina Australiensia, Bd. 21.) Leiden 2017, 221–242.

Thomas Völling, Olympia in frühbyzantinischer Zeit. Siedlung, landwirtschaftliches Gerät, Grabfunde, Spolienmauer. (Olympische Forschungen, Bd. 34.) Wiesbaden 2018.

Christina von Waldkirch, Lateiner und Byzantiner. Ihre wechselseitigen Anschauungen in den Chroniken zum ersten Kreuzzug. Phil. Diss. Bern 1973.

Friedhelm Winkelmann (Hrsg.), Volk und Herrschaft im frühen Byzanz. Methodische und quellenkritische Probleme. (Berliner byzantinistische Arbeiten, Bd. 58.) Berlin 1991.

Richard Engl
Muslimische Perspektiven auf christliche Eroberungen in Süditalien
Deutungsspuren vor Ort und im Ayyubidenreich
(7.–8./13.–14. Jahrhundert)

Abstract: This paper discusses two medieval conquest processes of lasting historical significance: the capture of Muslim settlements in Sicily and southern Italy by Christian kings in the 13th and early 14th century CE. These conquests contributed to the separation of a predominantly Christian Europe and an Islamic-dominated North Africa. Before, Muslims had inhabited Sicily for centuries, initially as the dominant population group, and since the 11th century as a tolerated religious minority under Christian rule. In the first half of the 13th century, however, some of the subjugated Muslims rebelled against the Christian king, whereupon he defeated the rebel bases and had most of the Muslims deported to the southern Italian mainland. Here they settled again for several decades until, after a renewed conflict with the ruler in 1300, their main city was conquered and tens of thousands of Muslims were enslaved.

The perspectives of those affected by these conquests have hardly been examined by previous research, which was certainly due to the massive loss of Arab evidence. This paper takes up the methodological challenge of reconstructing the perspectives of a conquered community whose expulsion has marginalised their tradition. It concludes that, at least for some of those affected, the search for explanations and justifications was central, aiming at a revision of the painful consequences of conquest. The respective interpretative patterns in Arab historiography correspond to typical Latin reactions. On the other hand, there were also interpretations that accepted ‚being conquered' more quickly and tried to turn it around positively.

1 Einführung

Eroberungen können globalgeschichtliche Bedeutung annehmen, wenn sie die Vertreibung ganzer Bevölkerungsgruppen nach sich ziehen. Dieser Beitrag behandelt die Deutung zweier solcher Eroberungsprozesse, die zu nicht weniger als zur heutigen Abgrenzung eines überwiegend christlich geprägten Europa vom islamisch dominierten Nordafrika und Nahen Osten beitrugen. Die Grundlagen jener Grenzziehung wurden im Mittelalter gelegt, als an der Levante, in Kleinasien und auf dem Balkan letztlich die Kreuzfahrerherrschaften und die Byzantiner unterlagen, während auf der iberischen Halbinsel das Christentum obsiegte – vieldiskutiert unter dem Stichwort der sogenannten ‚Reconquista'. Hinzu kam noch die Zementierung des Christentums in einer weiteren, oft weniger beachteten Region: Auf Sizilien geriet im 11. Jahrhundert christlicher Zeitrechnung die dort zuvor dominierende muslimische Bevölkerung unter christliche Herrschaft; im 13. Jahrhundert wurden große Teile jener religiösen Minderheit nach Aufständen erneut bekämpft und besiegt, auf das süditalienische Festland deportiert und später auch dort nach einem Konflikt mit dem Königtum militärisch niedergerungen und marginalisiert.[1] Für die zuletzt genannten Verdrängungsprozesse des Islam im Zentrum des Mittelmeerraumes interessiert sich der vorliegende Beitrag.

Insgesamt drei große Eroberungswellen legten die Grundlage für diese Marginalisierungsvorgänge in Sizilien und Süditalien: Erstens gelang zwischen 1061 und 1091 lateinchristlichen Kämpfern vor allem aus der nordfranzösischen Normandie die Einnahme der Insel Sizilien.[2] Im Zuge der islamischen Expansion hatten dort seit 827 Muslime in Nachfolge der Byzantiner gesiedelt und geherrscht. Im 11. Jahrhundert wurde Sizilien dann also von den Normannen erobert. Dabei kam es zur Unterwerfung des Gros' der muslimischen Bevölkerung, ein Teil der Muslime emigrierte. Doch bedeutete dies noch nicht das Ende des Islam auf der größten Mittelmeerinsel, vielmehr verblieb die muslimische Bevölkerungsmehrheit dort für weitere eineinhalb Jahrhunderte als religiöse Minderheit, auch nachdem die Normannen Sizilien und Süditalien 1130 zum sogenannten ‚Königreich Sizilien' geeint hatten. Erst im 13. Jahrhundert, als zahlreiche Muslime in Phasen politischer Unsicherheit wiederholt gegen die christliche Zentralgewalt aufbegehrten und sogar ein rebellisches Herrschaftsgebiet etablierten, wurden sie auf Sizilien erneut bekämpft; ihre Festungen wurden unterworfen, sie selbst vertrieben.[3] Für diesen zweiten Eroberungsprozess, der in mehreren Deportationswellen gipfelte, war der berühmte Stauferherrscher Friedrich II. verantwortlich, der als Nachfolger der Normannenkönige die aufständischen Muslime zwischen 1222 und 1247 niederrang und zu Zehntausenden auf das süditalienische Festland umsiedelte. Dort konnten die Muslime nochmals jahrzehntelang als geschützte Minderheit leben und eine zuvor christliche Bischofsstadt namens Lucera zu ihrem Hauptort machen.[4] Im Jahr 1300 allerdings wurde auch diese Ansiedlung Ziel einer dritten und letzten Eroberung: Ein Nachfolger Friedrichs II. auf dem sizilischen Thron, Karl II. von Anjou aus einer Nebenlinie des französischen Königshauses, ließ den Hauptort der festlandsitalienischen Muslime einnehmen und die Bevölkerung massenweise in die

---

[1] Zu diesen Vorgängen überblickshaft bspw. *Metcalfe*, Italy (2021); *Engl/Jäckh*, Muslims (2022).
[2] Zum Folgenden insbes. *Metcalfe*, Muslims (2009); *Nef*, Conquérir (2011); *Becker*, Roger I. (2008), 48–67; *Loud*, Age of Robert Guiscard (2000), 146–185.
[3] Dazu insbes. *Engl*, Kultur (2020), 78–122, 188–193; in Auseinandersetzung mit *Maurici*, Emirato (1987); *Nef*, Déportation (2009), 455–478.
[4] Zum Folgenden insbes. *Egidi*, Colonia (1911), 597–694; *Ders.*, Colonia (1912), 71–89, 664–696; *Ders.*, Colonia (1913), 115–144, 681–707; *Ders.*, Colonia (1914), 132–171, 697–766; *Taylor*, Muslims (2003); *Engl*, Kultur (2020), 125–163.

Sklaverei verkaufen. So neigte sich auch auf dem süditalienischen Festland die Ära des Islam dem Ende zu.

Dieser Beitrag thematisiert die beiden zuletzt genannten Eroberungen mit den nachfolgenden Vertreibungen. Er führt also ins 13. Jahrhundert christlicher Zeitrechnung (das 7. Jahrhundert der *hiǧra*, der islamischen Ära) und widmet sich den epochalen Vorgängen, die das Ende des Islam im zentralen Mittelmeerraum nach sich zogen. Gegenüber den eingangs genannten Eroberungen auf der iberischen Halbinsel und im Nahen Osten wie auch gegenüber der normannischen Eroberung Siziliens wurden diese Vorgänge des 7./13. Jahrhunderts auf der größten Mittelmeerinsel wie auf dem süditalienischen Festland lange Zeit weniger erforscht.[5] Dies gilt zumal für die hier interessierende Perspektive der Eroberten. Ihr soll im Folgenden nachgespürt werden: Wie gingen die Muslime Süditaliens und Siziliens deutend, empfindend und handelnd mit den Niederlagen um? Über welche Agency verfügten sie noch als Eroberte?

Tatsächlich wurde die Perspektive der muslimischen Selbstdeutungen für das hier angesprochene Jahrhundert der Vertreibungen, eben das 13. Jahrhundert, bislang nie systematisch von der Forschung eingenommen, obwohl die Eroberungen globalgeschichtliche Bedeutung hatten.[6] Die Stimme der Betroffenen ist, etwas emphatisch formuliert, weitgehend stumm geblieben. Das liegt auch entscheidend an der Problematik der Quellen: Die hier interessierenden Eroberungen stellen nämlich einen Sonderfall dar, insofern sie die Vertreibung einer religiösen und linguistischen Minderheit involvierten. Dies verschärfte die ohnehin oft übliche Tendenz, dass die Sieger die Geschichte schreiben, das heißt, die Erinnerung dominieren. Schließlich konnte nach den Vertreibungen kaum mehr jemand Zeugnisse in arabischer Sprache lesen, geschweige denn wertschätzen. So gingen fast alle verloren.[7] Zur Eroberung der Stützpunkte und zur Deportation zehntausender Muslime Siziliens über einen Zeitraum von zweieinhalb Jahrzehnten ist daher nur eine einzige explizite Selbstdeutung überliefert und ähnlich ernüchternd ist die Lage für die spätere Vertreibung und Versklavung der festlandsitalienischen Muslime.[8]

---

5 Vgl. stellvertretend für ganze Bibliographien die Gewichtung in den Überblickswerken *Fierro* (Hrsg.), History of Islam, Bd. 2 (2010); *Tolan* u. a. (Hrsg.), Europe and the Islamic World (2013); *Catlos*, Muslims (2014); *Tottoli* (Hrsg.), Handbook of Islam (2015); *Borgolte*, Christen (2006).
6 Zwei wertvolle Beiträge thematisieren zwar die arabischen Quellen zu den entsprechenden Ereignissen, doch verfolgen sie andere Interessen als die Selbstdeutungen der Betroffenen: Eine arabische Quellenanthologie zum Konflikt Anfang der 1220er Jahre bietet *Johns*, Entella (1993), 83–91; eine eingehende Analyse von Narrativen zu den süditalienischen Muslimen des 13. Jhds., allerdings in Außenperspektiven, leistet *Leder*, Bedeutung (2018).
7 Bezeichnend ist, dass arabische Quellen zu den Muslimen aus Sizilien und Süditalien im 12. und 13. Jhd. fast nur überliefert wurden, wenn sie Relevanz für christliche Institutionen besaßen; vgl. nur *Johns*, Administration (2002), mit Appendix; *Levi Della Vida*, Sottoscrizione (1924).
8 Vgl. dazu unten bei Anm. 20–23 und 62–65.

Immerhin erlauben aber subtile Analysen aus den wenigen Zeugnissen einige interessante Schlussfolgerungen, zum Teil auf indirekte Weise. Dies soll in der folgenden Untersuchung erprobt werden. Dabei sind auch die Erschließungsmethoden selbst zu reflektieren; schließlich eröffnet gerade der Spezialfall des massiven Quellenverlusts angesichts der interreligiösen Eroberungen und Vertreibungen die Chance dazu. Zur Beantwortung der Leitfragen nach der Wahrnehmung und Bewältigung des ‚Erobertseins' seitens der Muslime wird ein grob chronologisches Vorgehen gewählt: Ein erster Untersuchungsteil widmet sich dem Umgang mit den Eroberungen des zweiten Viertels des 13. Jahrhunderts, die – wie erläutert – mit der Vertreibung der Muslime aus Sizilien einhergingen. Ein zweiter Abschnitt analysiert dann Reaktionen auf die finale Niederringung und Zerstreuung der festlandsitalienischen Muslime im Jahr 1300. Nicht untersucht werden hingegen Deutungen und Handlungen von Muslimen außerhalb Süditaliens, die nicht unmittelbar von den Eroberungen betroffen waren. Schließlich ist dieser Band Perspektiven von Eroberten gewidmet.

Vor der Analyse erscheint noch ein Wort zur Begrifflichkeit angebracht: ‚Eroberung' wird hier nicht als Quellenterminus, sondern als der modernen Sprache entstammender Begriff zur Analyse verwendet. In Anlehnung an eine Definition von Meumann und Rogge sei dabei unter ‚Eroberung' die „gewaltsame Besitznahme eines Territoriums oder Gemeinwesens mit militärischen Mitteln" unter voller Herrschaftsübernahme mit intendierter Dauerhaftigkeit verstanden.[9] Die Quellen legen in den hier untersuchten Fällen der Einnahme muslimischer Rückzugsräume den Fokus auf die vorausgehenden Belagerungen sowie die nachfolgenden Vertreibungen beziehungsweise Umsiedlungen der Muslime, zum Teil auch auf die Unterwerfung der Besiegten, den Triumph der Sieger oder deren künftigen Besitz des Landes.[10] Diese begrifflichen Schwerpunktsetzungen könnten zu weitreichenden Interpretationen über unterschiedliche Perspektiven anregen; da allerdings das lateinische wie arabische Quellenmaterial weitgehend übereinstimmt, erscheint der Befund doch weniger spektakulär: Die Quellen benennen offenbar die Eroberungsvorgänge insbesondere anhand der wesentlich folgenreicheren Vertreibungen. Im Ergebnis lässt der hier gewählte Untersuchungsgegenstand zwar keinen spezifischen Umgang der Betroffenen mit dem Konzept ‚Eroberung' beobachten; doch erscheint es legitim, die Vorgänge auf Basis

---

9 Vgl. *Meumann/Rogge*, Besetzung (2006), 19.
10 Vgl. insbes. Richard von San Germano, Chronica. Ed. *Garufi*, 102, 109; Alberich von Trois-Fontaines, Chronica. Ed. *Scheffer-Boichorst*, 894, 916; Die Schriften des Kölner Domscholasters, späteren Bischofs von Paderborn und Kardinalbischofs von S. Sabina Oliverus. Ed. *Hoogeweg*, 315f., 9; Emo, Cronica Floridi Horti. Ed. *Jansen/Janse*, 166, Kap. 64; Ignoti monachi cisterciensis S. Mariae de Ferraria Chronica. Ed. *Gaudenzi*, 38; Ibn Naẓīf al-Ḥamawī, at-Ta'rīḫ al-manṣūrī. Ed. *Dūdū/Darwīš*, 99f., 194f.; Annales Siculi. Ed. *Pontieri*. 19 [1245]; Acta imperii inedita saeculi XIII et XIV. Ed. *Winkelmann*, Bd. 1, 399, Nr. 387; Codice diplomatico dei Saraceni di Lucera. Ed. *Egidi*, 127 f., Nr. 318; 132–136, Nr. 324; 149–153, Nr. 342; 228, Nr. 478°; 228–230, Nr. 480; 241–244, Nr. 492; 255–257, Nr. 519; 269f., Nr. 553; 290–295, Nr. 611; von einer Eroberungskampagne sprechen immerhin die Annales Marbacenses. Ed. *Bloch*, 88.

der obigen Definition mit diesem Begriff anzusprechen und so die Deutungen der Muslime in produktive analytische Beziehung zu jenen anderer Eroberter zu setzen.

2 Muslimische Perspektiven auf die westsizilischen Eroberungen 1222–1246

Begonnen sei die Untersuchung mit den Eroberungen des 13. Jahrhunderts, die zur Deportation der Muslime Siziliens führten. Noch heute sind die Auswirkungen jener Vorgänge im Westen der größten Mittelmeerinsel zu spüren: Das dortige Landesinnere, das im Hochmittelalter hauptsächlich von Muslimen besiedelt gewesen war, ist heute auffallend dünn bevölkert. Dies hat seinen Ursprung in den massiven Deportationen des 13. Jahrhunderts. Die Eskalation, die dazu führte, begann in den Jahren ab 1198.[11] Damals erschütterte eine Krise der Zentralgewalt im sizilischen Königreich das zuvor eingespielte interreligiöse Verhältnis. Dieses hatte auf einer Schutzherrschaft insbesondere des christlichen Königs über die Muslime des Reiches beruht:[12] Die meisten unterworfenen Andersgläubigen konnten bei Sicherheitsgarantie für Leben und Besitz ihre Religion und ihr Recht in internen Angelegenheiten weitgehend frei ausüben; dafür mussten sie die christliche Herrschaft anerkennen und eine Kopfsteuer bezahlen. Dieses System ähnelte der *ḏimma*, dem Schutzbefohlenenstatus von Christen unter islamischer Herrschaft. Zudem waren auf Sizilien viele Muslime Hörige christlicher Grundherren: Beispielsweise unterstand die Landbevölkerung im Westen der Insel neben dem Königtum vor allem dem Erzbischof des nahe Palermos gelegenen Monreale und dem Bischof von Agrigent an der Südküste Siziliens.

Nach 1198 implodierte dieses System, als der frühe Tod des damaligen Herrscherpaares, der Normannenerbin Konstanze und des angeheirateten Staufers Heinrich VI., ein Machtvakuum hinterließ.[13] Als Thronfolger verblieb nur der dreijährige Sohn der beiden, Friedrich II. Dessen lange Minderjährigkeit nutzten viele muslimische Landbewohner Westsiziliens zur Emanzipation von ihrer Hörigkeit: Sie zogen in befestigte Orte auf gut zu verteidigenden Anhöhen des Binnenlandes, wo sie unter sogenannten *quwwād* (Sg. *qāʾid*), weltlichen Anführern, Autonomie errangen. Letztlich begingen die muslimischen Hörigen also Landflucht. Hinzu kamen wohl muslimische Städter, deren Situation ab der zweiten Hälfte des 12. Jahrhunderts unsicherer geworden war: Zweimal waren sie beispielsweise in der Hauptstadt Palermo Ausschreitungen von Christen ausgesetzt gewesen.[14] Demgegenüber boten sich den muslimischen Eliten in den Höhensiedlungen und -festungen ganz neue Machtoptionen; zu diesen

---

11 Zum Folgenden *Engl*, Kultur (2020), 78–92, mit der älteren Literatur.
12 Dazu bspw. *Johns*, Administration (2002), 34–38; *Metcalfe*, Muslims (2009), 102f., 106f.
13 Zum Folgenden wiederum wie Anm. 11.
14 Dazu bspw. *Metcalfe*, Muslims (2009), 184–186, 275–277.

Eliten gehörte neben den *quwwād* auch ein Kadi (*qāḍī*), ein Richter des islamischen Rechts.[15] So entstand alles in allem bis 1206 im Westen Siziliens ein von christlicher Herrschaft weitgehend freies Gebiet. Dabei waren die Muslime mit mächtigen christlichen Gegnern ihrer Grundherren und des minderjährigen Königs Friedrich II. im Bund; aber auch an das Almohadenreich, das damals noch den Maghreb dominierende muslimische Nachbarreich jenseits des Mittelmeeres, suchten die Rebellen im Jahr 607/1210–11 Anlehnung.[16] Aus dem nordafrikanischen al-Mahdīya kam dann auch der Mann, der im zweiten Jahrzehnt des 7./13. Jahrhunderts die Herrschaft über einen Großteil der westsizilischen Muslime übernahm: Muḥammad ibn ʿAbbād, der in offener Zurückweisung von Friedrichs II. Herrscherautorität zum endgültigen Bruch schritt und ein Emirat beanspruchte. Er ließ sogar Silbermünzen prägen, die die Denare des Staufers in Gewicht und Legierung konterkarierten.[17] Die Vorderseite dieser Münzen zierte der Titel *amīr al-muslimīn*, ein offenbar das almohadische Kalifat anerkennender maghrebinischer Herrschertitel.[18]

So war ein Teil des christlichen Königreiches Sizilien dabei, zu einer islamischen Monarchie zu werden. Diese Entwicklung konnten natürlich weder Friedrich II. selbst noch die geistlichen Grundherren hinnehmen. Sobald der Staufer das römisch-deutsche König- und Kaisertum als väterliches Erbe errungen hatte, kehrte er 1220 in sein sizilisches Reich zurück und bekämpfte die Rebellen.[19] Vier Jahre lang belagerte er unter enormer Kraftanstrengung die schier uneinnehmbaren Höhenfestungen und -städte. Zwar gelang ihm schon 1222 die Ausschaltung des Emirs: Wohl aufgrund einer Uneinigkeit in der muslimischen Widerstandsfront konnte der Staufer Ibn ʿAbbād ergreifen und hinrichten lassen; doch leisteten die übrigen Muslime daraufhin so hartnäckigen Widerstand, dass Friedrich 1223 und 1224 zur Maßnahme der Deportation griff: Sobald er Stützpunkte erobert hatte, ließ er die Muslime ins festlandsitalienische Apulien umsiedeln. Im Jahr 1225 unterworfene Muslime mussten zwar nur mehr in die Niederungen Siziliens zurückkehren; 1245 aber flammte nochmals ein Aufstand auf, woraufhin auch die Verbliebenen weitestgehend nach Apulien umgesiedelt wurden. Geschätzt 35.000 Personen wurden so sukzessive deportiert, Westsizilien entvölkert.

Wie deuteten und empfanden die Betroffenen diesen dramatischen Einschnitt? Angesichts des Quellenverlusts im Zuge der Vertreibung ist, wie erläutert, nur eine explizite Stimme überliefert. Sie wurde im Nachgang der ersten beiden Deportationswellen jenseits der Grenzen des sizilischen Reiches aufgezeichnet: Ein muslimischer Scheich (*šayḫ*) von einer der umkämpften Anhöhen der Mittelmeerinsel erstattete

---

15 Zum Folgenden wiederum wie Anm. 11.
16 Vgl. Ibn ʿIḏārī al-Marrākušī, al-Bayān al-muġrib fī aḫbār al-Andalus wa-l-Maġrib. Ed. *al-Kattānī*, 257; mit einer italienischen Übersetzung bei *Alliata*, Epigrafi (1999), 22.
17 Vgl. *D'Angelo*, Monetazione (1975), 150 und Tav. 1; Ders., Monete (1995), 85–87, 91 mit Abb. 21–24.
18 Zu diesem Titel im Maghreb *Van Berchem*, Titres califiens (1907).
19 Zum Folgenden wiederum *Engl*, Kultur (2020), 107–122, 188–193, mit der älteren Literatur.

am Ayyubidenhof in Syrien Bericht, was der dortige Chronist Ibn Naẓīf al-Ḥamawī festhielt. Die entsprechende Passage lautet in englischer Übersetzung:

> During [that year 620/1223–4] the king Emperor [Frederick II] entered the island of Sicily. In the latter (location) there was [Ibn ʿAbbād,] a leader from the Muslims, who was the ruler over it, and the Sultan over its mountains, other areas, and some of its plains. (...) When the Emperor entered [Sicily] from the land of Germany (...) leading 2000 horsemen and 60,000 foot-soldiers, he remained besieging it eight months.
>
> [Thereupon] some of [Ibn ʿAbbād's] supporters and [leaders of his state disagreed with him], so they addressed him via one of them according to what they said to [this spokesman] when they were on the walls during the siege. When [the spokesman] addressed [Ibn ʿAbbād] in a manner that was not befitting, [Ibn ʿAbbād] disapproved of it, and said to him ‚How is it that you come to me with this type of address?' [The spokesman] said ‚I am only speaking on behalf of everyone', but [Ibn ʿAbbād] did not believe him. He summoned [all of] them, and asked them. They said ‚We said it to [the spokesman], but he only related part of what we said!' So [Ibn ʿAbbād] said to them ‚Return to the walls just as you were.' When they departed from him, the spokesman was killed, so this (news) reached those, whereupon they put on their equipment and entered into the Emperor's presence, saying to him ‚Go, take the city' (...).[20]

Dieser teilweise etwas verwickelte Quellenbericht verlangt eine kurze Rekapitulation. Ein erster Abschnitt beschreibt – bis auf eine falsche Jahresangabe – relativ verlässlich, wie Friedrich II. als sizilischer König und römisch-deutscher Kaiser aus dem Norden zurückkehrte und die sizilischen Muslime unter der Herrschaft Ibn ʿAbbāds bekriegte. Ein zweiter Abschnitt schildert dann einen inneren Konflikt der belagerten Muslime: Ein Teil ihrer militärischen und politischen Führungsriege nahm eine von Ibn ʿAbbād abweichende Position ein. Dies ließen die muslimischen Führungspersönlichkeiten zunächst durch einen Beauftragten vorbringen. Als aber sowohl dessen Eingabe wie die Vorsprache der Unzufriedenen selbst von Ibn ʿAbbād brüsk zurückgewiesen und der Wortführer sogar getötet wurde, scherten die unzufriedenen Muslime aus der Widerstandsfront aus und boten Friedrich II. die Übergabe an.

Einige Punkte fallen an der Darstellung dieser Vorgänge auf: Inmitten des sonst sehr verlässlichen Berichts über Friedrichs II. Ankunft auf Sizilien und über den Belagerungsverlauf sind die Zahlenangaben – wie so oft in mittelalterlicher Kriegsberichterstattung – übertrieben: Statt der behaupteten acht Monate belagerte der Staufer nur drei Monate lang Ibn ʿAbbād, wie Friedrichs II. Itinerar beweist.[21] Ebenso erscheint die christliche Truppenstärke von 60.000 Fußsoldaten übersteigert. Mit dieser Dramatisierung sollte offenbar das folgende Agieren der Belagerten

---

20 Ibn Naẓīf al-Ḥamawī, at-Taʾrīḫ al-manṣūrī. Ed. *Dūdū/Darwīš*, 99 f.; übers. nach *Cook*, Ibn Naẓīf's World-History (2021), 147, mit geringfügigen Modifikationen und erläuternden Hinzufügungen meiner selbst; für Einblicke bereits in die Druckfahnen danke ich Prof. David Cook sehr herzlich.
21 Friedrich II. hielt sich maximal von Ende Mai bis zum 10. Sep. 1222 bei der Belagerung des Monte Iato auf, der befestigten Bergstadt der Muslime südwestlich Palermos, die Ibn ʿAbbād damals gehalten haben muss; vgl. RI V,1,1, 1396–1403; RI V,4,6, 232–237A; *Engl*, Kultur (2020), 109 mit Anm. 435.

gerechtfertigt werden: Sie gerieten in inneren Konflikt. Bei der Schilderung dieser Auseinandersetzung fällt dann auf, dass der Bericht den ursprünglichen Streitpunkt im Dunkeln lässt, obwohl der Verlauf der Eskalation detailreich geschildert wird. So erscheint das Auseinanderbrechen der Widerstandsfront eher als kommunikative Panne: Die gegen Ibn ʿAbbād opponierenden *quwwād* und Gefolgsleute sandten einen Vertreter, dessen Redeweise zum Streit führte. Als der Emir daraufhin den Wortführer tötete, wandten sich die unzufriedenen muslimischen Großen Friedrich II. zu. Zu den Konsequenzen daraus berichtet al-Ḥamawī weiter:

> [The son of the qāḍī (…) of Sicily] entered into the presence of Ibn ʿAbbād (…). He said to him ‚The best thing to do is to go out into the obedience of the king.' Within himself, Ibn ʿAbbād was sickened by the fighting and constant need to be alert, so he said ‚By God, I won't do that because of the deep shame (ʿār).' When it was the morning of that night, the [qāḍī] and Ibn ʿAbbād went out together to the Emperor, and were presented in front of him. [The Emperor] upbraided [Ibn ʿAbbād], beat him with his leg – while wearing a spur – cutting his side, and then left him in a tent to one side. Then after seven days he killed him, slit his belly, took his wealth, and tied his children to horses' tails.[22]

Hier wird also die entscheidende Katastrophe der muslimischen Emanzipation auf Sizilien beschrieben: Angesichts des äußeren wie inneren Drucks ging Ibn ʿAbbād nach anfänglichem Zögern auf die Vermittlung des *qāḍīs* von Sizilien und seines Sohnes ein: Gemäß dessen Initiative unterwarf Ibn ʿAbbād sich Friedrich II. Allerdings reagierte der Staufer angeblich mit einem Gewaltausbruch, der den Emir und dessen potenzielle Erben das Leben kostete. Hatte Ibn ʿAbbād damit rechnen können? Zu dieser Frage hält wiederum der weitere Bericht Hinweise bereit:

> The Emperor then ruled the island, but a remnant of the castles remained in the hands of the Muslims, in the hands of some of Ibn ʿAbbād's relatives such as the commander Marzūq, who was his in-law (khatan). He carried out a nice trick, which was that he sent to the Emperor, saying to him ‚You know that Ibn ʿAbbād has departed, and none but you are left for us. Send your trusted one and courtiers so I can hand over the lands and castles to them, and surrender to you. We have no one other than you.' So the Emperor sent his closest courtier to him, with approximately 115 men. All of them were killed, and their mounts taken, together with their male servants. He said ‚These are in exchange for Ibn ʿAbbād, O enemy of God!' This caused an indescribable reaction on the part of the Emperor, but he remained in that self-same situation.[23]

Diesem letzten Abschnitt ist zunächst zu entnehmen, dass Friedrich II. mit dem Triumph über Ibn ʿAbbād weite Teile Inselsiziliens in seine Hand brachte; zugleich setzte aber eine Reihe von Höhenfestungen unter Verwandten des getöteten Emirs den Widerstand fort. Im Zuge dessen sei auch eine listige Racheaktion eines mit Ibn

---

[22] Ibn Naẓīf al-Ḥamawī, at-Taʾrīḫ al-manṣūrī. Ed. *Dūdū/Darwīš*, 100; übers. nach *Cook*, Ibn Naẓīf's World-History (2021), 147.
[23] Ibn Naẓīf al-Ḥamawī, at-Taʾrīḫ al-manṣūrī. Ed. *Dūdū/Darwīš*, 100 f.; übers. nach *Cook*, Ibn Naẓīf's World-History (2021), 147 f.

'Abbād verschwägerten *qā'id* gelungen. Er habe einige Gefolgsleute Friedrichs II. mit vorgetäuschter Bereitschaft zu einer friedlichen Übergabe in eine Falle gelockt. Diese Erzählung ergibt jedoch nur Sinn, wenn Friedrichs II. vorherige Gewalt gegenüber Ibn 'Abbād unerwartet geschehen war. Hätte der Emir sich nämlich tatsächlich ohne Hoffnung auf Begnadigung ausgeliefert, wäre die Gewaltanwendung des Staufers berechtigt und die Rache der Muslime weniger angebracht gewesen. So aber untermauert die Notiz einer Rache, die offensichtlich eine Täuschung Friedrichs II. spiegelte, dass ein Friedensplan am Staufer gescheitert sein muss.[24] Ohnehin ist ja unwahrscheinlich, dass Ibn 'Abbād sich wissentlich auf eine Unterwerfung eingelassen hätte, die sein Leben nicht garantierte. Abschließend ist noch am arabischen Quellenbericht interessant, dass dieser anlässlich der Rache erstmals eine religiöse Deutung bemüht, allerdings nur in erzählter Rede eines Protagonisten.

Was ist der zitierten Quellenstelle zur Leitfrage dieses Beitrags zu entnehmen, zur Deutung von Eroberung aus Sicht der Betroffenen? Sofort fällt auf, dass die Niederlage exkulpierend erklärt wird. Bereits die Übertreibung der gegnerischen Truppenstärke und Belagerungsdauer externalisiert das Scheitern des Widerstandes; so wird die Ehre der Kämpfer in Schutz genommen, deren Misserfolg gegen eine solche Übermacht weniger schmählich erscheint. Die nachfolgende Darstellung des internen Konflikts der Belagerten hat einen ähnlichen Effekt: Nicht an militärischer Unzulänglichkeit oder mangelnder Tapferkeit, sondern an einer Schwächung ihrer Kampfkraft durch ‚Politik' scheiterten die Eroberten. Hier vollführt die Deutung einen kunstvollen Spagat: Einerseits wird der Untergang des Emirs dem Widerstand aus den eigenen Reihen angelastet; andererseits wird dieser Widerstand dennoch nicht als schnöder Verrat oder unentschuldbare Disziplinlosigkeit präsentiert. Vielmehr erscheint auch das Verhalten der Abweichler gerechtfertigt; nicht umsonst wird erwähnt, dass sie noch im Zwist die Mauern verteidigten. Voraussetzung für jenen narrativen Spagat ist das oben konstatierte Verschweigen der eigentlichen, politischen Konfliktursache. Man kann annehmen, dass entweder die Ablehnung des monarchischen Herrschaftsanspruchs Ibn 'Abbāds in seiner spezifischen Ausprägung manche *quwwād* zum Bruch bewog, immerhin hatten Letztere noch bis mindestens 607/1210–11 relativ gleichberechtigt die westsizilischen Muslime geführt;[25] oder die unterschiedliche Bereitschaft zum Kompromiss mit dem christlichen Herrscher könnte ein Streitpunkt gewesen sein. Wahrscheinlich spielten sogar beide Gründe zusammen: Die mit Ibn 'Abbāds Herrschaft Unzufriedenen sahen eine Einigung mit Friedrich II. als akzeptable Alternative. All dies wird aber verschwiegen; keiner der Belagerten erscheint damit als hinterlistiger Verräter an der ‚gemeinsamen Sache' der westsizilischen Muslime. Stattdessen liegt der narrative Fokus des Abschnitts auf

---

24 Parallelquellen diskutieren *Maurici*, Emirato (1987), 41–43; *Engl*, Kultur (2020), 110–112.
25 Vgl. Ibn 'Iḏārī al-Marrākušī, al-Bayān al-muġrib fī aḫbār al-Andalus wa-l-Maġrib. Ed. *al-Kattānī*, 257, mit einer italienischen Übersetzung bei *Alliata*, Epigrafi (1999), 22.

dem komplizierten Hin und Her der Reden mit letztlicher Eskalation. So rückt der innere Konflikt in die Nähe einer Verständigungspanne.

Während die Eroberten also gerechtfertigt erscheinen, wird der Eroberer diskreditiert: Friedrich II. empfängt den übergabewilligen Emir mit unehrenhaftem, gewalttätigem Affekt. Er wird damit jemand, der den Triumph nicht verdient hat. Als abschließendem Deutungselement widmet die Quellenstelle dann der muslimischen Rache viel Raum. Obwohl die Eroberung weiter Teile Siziliens zugegeben wird, behält damit ein ausgiebig erzählter Triumph der Muslime das letzte Wort: Mit Hilfe einer List rächt ein Verwandter des Emirs diesen, was durch einen Gottesbezug positiv konnotiert wird.

All diese Deutungselemente passen bestens zu dem, was insbesondere Martin Clauss zur Deutung und Bewältigung von Kriegsniederlagen in der lateinischen Historiographie des Mittelalters herausgearbeitet hat. In seiner Habilitationsschrift[26] zeigte Clauss für das mittelalterliche Jahrtausend, wie insbesondere die drohende Schmälerung der Ehre angesichts von Niederlagen die Unterlegenen motivierte. So brachten deren Vertreter eher rechtfertigende Entschuldigungen als objektive Analysen hervor. Dabei griffen sie auf ein erstaunlich konstantes Set narrativer Strategien zurück, die Clauss im Wesentlichen in irdische und überirdische Erklärungsmuster untergliedert vorstellt.[27] Zu ersteren zählen unter anderem der Verrat eines Feindes in den eigenen Reihen, die Hinterlist eines unehrenhaften Gegners oder die Unterzahl der eigenen Truppen – alles Erklärungen, die die eigenen Kämpfer ohne persönliche Schuld scheitern lassen. Als überirdische Erklärungen können beispielsweise das Wirken Gottes oder des Schicksals bemüht werden. Auch hier handelt es sich um Erzählmuster, die das Scheitern externalisieren. Alternativ kann die Niederlage auch nur einer Teilgruppe angelastet werden, um den Rest der Kämpfer zu exkulpieren.[28] Neben den „Erklärungen" analysiert Clauss sodann unter dem Schlagwort der „Bewältigung" einige übergeordnete Erzählweisen, die typischerweise die Niederlage mit herrschenden Erwartungen und Ordnungen versöhnen:[29] Entweder wurde dem Fehlschlag durch Stilisierung der Unterlegenen zu Heroen oder Märtyrern Sinn verliehen, oder eine Erzählung nachfolgender Rache kompensierte die Niederlage. Mit zunehmendem zeitlichem Abstand konnte einer Niederlage auch durch Bagatellisierung qua Einbettung in einen größeren Kontext, durch Verschweigen oder gar durch Umdeutung zu einem Sieg der Stachel genommen werden.

Von diesen Strategien verfolgt die Passage zur Eroberung Westsiziliens und damit zur Niederlage der dortigen Muslime eine Sinnstiftung durch eine gewisse Heroisierung der Unterlegenen sowie durch eine Racheerzählung. Hinzu kommt ein Verschweigen zentraler Ursachen, wenn auch nicht des Fehlschlags an sich – wie es in einem zeitna-

---

26 Vgl. *Clauss*, Kriegsniederlagen (2010).
27 Vgl. *Clauss*, Kriegsniederlagen (2010), 153–223.
28 Vgl. *Clauss*, Kriegsniederlagen (2010), 244–247.
29 Vgl. *Clauss*, Kriegsniederlagen (2010), 254–303.

hen Bericht auch schwer möglich gewesen wäre. Viele der von Clauss aufgelisteten Muster der Niederlagenerklärung kommen in al-Ḥamawīs arabischer Passage ebenfalls vor. Auffällig ist dabei nur, dass der Bericht des syrischen Chronisten sehr wenig religiös gefärbt ist. Schließlich hätte der Krieg von Christen und Muslimen erlaubt, Gottes Wirken ins Spiel zu bringen beziehungsweise die Unterlegenen zu Märtyrern des Islam zu stilisieren. Doch priorisiert al-Ḥamawī hier – wie überhaupt –[30] irdische Erklärungsmuster. Die Niederlage wird dementsprechend eher mit weltlicher Heroisierung bewältigt: An sich tapfere Kämpfer scheinen nur an der Zahlenstärke eines unehrenhaft agierenden Gegners sowie an Uneinigkeit in den eigenen Reihen gescheitert zu sein.[31] Insgesamt lässt sich also festhalten, dass die arabische Deutung der christlichen Eroberung im Rahmen einer gewissen Schwerpunktsetzung zahlreiche Elemente enthält, die wir genauso aus lateinischen Niederlagenerzählungen kennen.

Inwiefern aber repräsentiert diese Stimme eine Deutung aller sizilischen Muslime? Die Aufzeichnung stammt ja zunächst von einem syrischen Chronisten. Um ihre Repräsentativität zu klären, ist ein kurzer Blick auf al-Ḥamawī und seine Arbeitsweise zu werfen, dann sollen noch einige parallele Deutungsspuren aus Sizilien betrachtet werden.

Woher al-Ḥamawī seine zitierten Informationen hatte, gibt er selbst zum Jahr 627, d. h. zu 1229–1230, an:[32] Damals sei ein šayḫ der sizilischen Bergfestungen, die noch Widerstand leisteten, ins nordmesopotamische Ḥarrān gekommen. Hier habe er den Ayyubidensultan al-Kāmil um Hilfe gebeten. Diesen Ayyubiden kennt man als Vertragspartner Friedrichs II. vom außergewöhnlichen Kreuzzug des Staufers:[33] 1229 gelang Friedrich II. die Erringung Jerusalems auf dem Verhandlungsweg; um in innerdynastischen Konflikten den Rücken frei zu haben, lieferte al-Kāmil die

---

30 Vgl. *Cook*, Introduction (2021), 2f.
31 Diese Uneinigkeit war wohl die im Sinne der vorliegenden Deutung abgeschwächte Form eines für Heroenerzählungen typischen Verrats.
32 Zum Folgenden al-Ḥamawī, at-Ta'rīḫ al-manṣūrī. Ed. *Johns*, 89, mit einer Übersetzung ebd., 89f.: „In quell'anno [627] giunse da al-Kāmil ad Ḥarrān, uno di nome Aḥmad ibn Abī 'l-Qāsim, soprannominato al-Rummān, dall'isola di Sicilia. Egli era uno degli sceicchi di Gallo nelle montagne di Sicilia, non quella su un promontorio che sovrasta il mare. Tutta l'isola è nelle mani dell'imperatore, tranne queste montagne dove stanno le roccaforti ribellatesi contro di lui, da una di queste venne il predetto uomo. Ed esse sono: Gallo, Cinisi, Iato, ed Entella, ma Gallo è distrutta ed i suoi abitanti sono nelle montagne, mentre le altre sono tutte abitate. Il motivo della sua venuta fu che l'imperatore aveva tradito i signori delle montagne, delle quali ve ne erano undici, comprese le predette roccaforti. Il predetto ḥājj riferì che il numero di quelli che l'imperatore aveva cacciato di casa, privato di beni, e deportato nel continente fu centosettantamila, e che aveva ucciso la metà di quel numero, cosicché le montagne erano vuote. Chiese al sultano al-Kāmil di farli ritornare alle proprie case, ma, qualora l'imperatore non lo accordasse, [di ottenere per loro] il permesso di partire per le terre d'Egitto, e che a nessuno di loro fosse fatto del male. Il Sultano al-Kāmil scrisse una lettera all'imperatore a questo proposito, e poi partì da Ḥarrān."
33 Vgl. dazu bspw. *Stürner*, Friedrich II., Bd. 2 (2003), 145–166; *Hechelhammer*, Kreuzzug und Herrschaft (2004), 276–296; *Atrache*, Politik der Ayyūbiden (1996), 73–149.

Stadt friedlich aus. Diesem Ayyubiden gegenüber behauptete nun der sizilische Bittsteller, Friedrich II. habe die Muslime in den Bergen betrogen; er verlangte, der Staufer solle die Deportierten zurückkehren oder zumindest nach Ägypten auswandern lassen.[34] Angeblich schrieb al-Kāmil daraufhin tatsächlich in dieser Sache an Friedrich II.

Offensichtlich waren es die Angaben jenes sizilischen Bittstellers, auf denen al-Ḥamawīs Bericht fusste. Der im syrischen Ḥamāh geborene Chronist war damals Sekretär von al-Kāmils nachgeordnetem Bruder al-Malik al-Ḥāfiẓ, der Teile Nordmesopotamiens beherrschte.[35] Al-Ḥamawī war damit quasi Auge und Ohr jenes Ayyubiden; er hatte privilegierten Zugang zu Dokumenten des diplomatischen Verkehrs und war mit den politischen Vorgängen vertraut. Dementsprechend bilden diplomatische Verhandlungen auch einen Interessenschwerpunkt seiner als *at-Ta'rīḫ al-manṣūrī* betitelten Weltchronik. Den hier interessierenden Teil verfasste al-Ḥamawī zeitnah. Dabei kompilierte er eher anekdotische Einzelnotizen ohne übergreifende Stilisierung. Gerade diese geringe Überformung dürfte den Sizilien betreffenden Bericht vergleichsweise authentisch widerspiegeln. So wird die Deutung eines von den Eroberungen betroffenen Muslims erkennbar. In der Tat passen dessen Deutungen auch bestens zu dessen Absichten: Schließlich musste der Bittsteller seine Glaubensgenossen auf Sizilien der Hilfe wert erscheinen lassen, wollte er al-Kāmil dafür gewinnen.[36] Bei einem Verrat in den eigenen Reihen, bei mangelnder Tapferkeit oder unrechtmäßigem Verhalten hätte der Ayyubide das Ansuchen der Sizilier mit einem ‚Selber schuld!' zurückweisen können. So aber war der Aufforderungscharakter der Bitte hoch.

Damit wird aber die Frage dringlicher, ob dieses rare Zeugnis nur eine absichtsvolle Einzelstimme ist, oder doch mehr. Wie empfanden die zehntausenden übrigen Betroffenen ihr ‚Erobertsein'? Auf zwei Wegen sollen dazu nun noch Indizienbeweise versucht werden: erstens durch einen Analogieschluss, zweitens durch Folgern von überlieferten Handlungen auf Deutungen.

Zunächst zum Analogieschluss: Die Deportation der eroberten Muslime war nicht die einzige Zwangsumsiedlung im Königreich Sizilien. Schließlich wurde dieses mediterrane Reich im lateineuropäischen Vergleich ungewöhnlich autokratisch regiert: Die sizilische Monarchie verfügte über eine relativ ausgefeilte Verwaltungs- und Justizorganisation und Zwangsgewalt, mit deren Hilfe sie Übeltäter oft hart bestrafte.[37] So ordneten sizilische Herrscher auch wiederholt Umsiedlungsmaßnahmen an.[38] Nur wenige

---

[34] Zum Folgenden wiederum das Zitat in Anm. 32.
[35] Zum Folgenden *Cook*, Introduction (2021), insbes. 1–4, 11, 25; laut Angaben des ‚Ta'rīḫ al-manṣūrī' sprach der sizilische Bittsteller im Herbst–Winter 1229 in Ḥarrān vor; der Sekretärsdienst al-Ḥamawīs bei al-Malik al-Ḥāfiẓ endete am 30. Okt. 1230 (20. Ḏū l-Ḥiǧǧa 627), als al-Ḥamawī in Ungnade fiel; vgl. ebd., 1; *Ders.*, Ibn Naẓīf's World-History (2021), 200.
[36] Vgl. schon *Stürner*, Friedrich II., Bd. 2 (2003), 67 f.
[37] Vgl. *Broekmann*, Rigor iustitiae (2005).
[38] Vgl. *von Falkenhausen*, Il popolamento (1987), 46 f.; *Nef*, Déportation (2009), 462–465; *Taylor*, Muslims (2003), 37 f.

Jahre nach den ersten Deportationen der sizilischen Muslime bestimmte etwa Friedrich II. Einwohner des apulischen Ortes Gravina zum Umzug ins zwölf Kilometer entfernte Altamura.[39] Dazu ist der Bericht eines über achtzigjährigen Augenzeugen überliefert. Vereidigt und befragt erinnerte er sich, dass

> er dort Offizielle sah, (…) die vom Kaiser Friedrich nach Gravina geschickt worden waren und dort öffentlich verlauten ließen, dass all jene, (…) denen befohlen war, sich zum Besiedeln des Gebiets Altamura aufzumachen, unter Strafandrohung innerhalb eines gewissen Termins dort zur Siedlung einzutreffen hätten, woraufhin jener Zeuge viele der Genannten (…) weinen (*plorare*) sah wegen des genannten Rufs.[40]

Auch wenn Analogieschlüsse nicht die sichersten aller Belege sind: Die Annahme erscheint legitim, dass viele muslimische Vertriebene ihr Los ähnlich aufnahmen. Sie mussten sich über 800 Kilometer von ihrer Heimat entfernen; um wieviel schwerer als den Gravinesen mag ihnen der Aufbruch gefallen sein. In diese Richtung weist auch das lateinische Verwaltungsschrifttum Friedrichs II.: Noch 1239, eineinhalb Jahrzehnte nach den ersten Umsiedlungswellen, verbot Friedrich Reisen der festländischen Muslime nach Sizilien – offenbar aus Sorge vor Rückkehrwünschen der Deportierten.[41] All das passt dazu, dass al-Ḥamawīs muslimischer Bittsteller die Rückkehr der vertriebenen Muslime auf die Insel erhoffte; nur falls dies unmöglich sei, sollten sie zumindest nach Ägypten emigrieren dürfen. Ein Teil der Eroberten wird also noch Jahre später entsprechende Deutungsmuster an den Tag gelegt und zuvorderst die sizilische Heimat vermisst haben.

Doch gab es sicher auch andere Perspektiven und Umgangsweisen. Immerhin arrangierten sich andere Muslime schon längst mit ihrem Los als Deportierte, just als der sizilische *šayḫ* bei al-Kāmil vorsprach: Viele der nach Apulien Umgesiedelten unterstützten nämlich Ende der 1220er Jahre bereits ihren einstigen Verfolger Friedrich II.[42] Damals wurde der vom Kreuzzug zurückgekehrte Staufer von päpstlichen Truppen bedrängt, auch eine Reihe christlicher Gemeinwesen Süditaliens rebellierte gegen ihn. Die in Apulien angesiedelten und der Schutzherrschaft und Steuerpflicht des Königs unterworfenen Muslime aber standen treu zu Friedrich II. Das lag sicher daran, dass

---

39 Zu den Hintergründen *Andenna*, Origine (2008).
40 Le carte di Altamura (1232–1502). Ed. *Giannuzzi*, 111, Nr. 89: *Iur[atus] et interr[ogatus]* (…) *dixit quod cum idem testis sit octogenarius et etiam maioris temporis, ut dicebat, recordatur quando in terra Altamure nullus habitabat, (…) et a sexaginta annis parum plus vel parum minus dicta terra posita et fundata fuit de mandato Frederici Imperatoris, et vidit inde officiales, de quorum nominibus non recordatur, missos per predictum Imperatorem apud Gravinam, qui fecerunt banniri publice in eadem terra Gravine, quod omnes illi, qui dicebantur revocati et mandatum erat quod deberent ire ad habitandum in terra Altamure, quod deberent sub certa pena infra certos dies ad habitandum illuc, ita quod idem testis vidit plures de predictis revocatis plorare propter dictam revocationem,* (…); zum Begriff *revocati* in diesem Kontext *Stürner*, Friedrich II., Bd. 2 (2003), 225.
41 Vgl. Il registro della cancelleria di Federico II del 1239–1240. Ed. *Carbonetti Vendittelli*, Bd. 1, 280–286, Nr. 270.
42 Zum Folgenden *Engl*, Kultur (2020), 143–149, mit der älteren Literatur.

der Staufer ihnen die Deportation durch relativ großzügige Freiheiten und seinen Schutz am Zielort versüßt hatte und weitere Privilegien für die Zukunft erwarten ließ. In der Tat lohnte Friedrich den Muslimen ihre Treue insbesondere des Jahres 1229 offenbar mit mehreren Handelsprivilegien und mit besserer militärischer Absicherung: Die entsprechenden Vergünstigungen galten der nordapulischen Stadt Lucera, wo zehntausende sizilische Muslime Aufnahme gefunden hatten; ihnen gewährte der Staufer Anfang der 1230er Jahre eine Reihe von Handelsvorteilen, die sie den Christen des Königreiches gegenüber gleich- oder sogar besserstellten;[43] 1234 wurde Lucera überdies zu einer von sieben Messestädten des Königreiches erhoben, 1233 erhielt die Stadt auf Friedrichs II. Befehl funktionstüchtige Befestigungen.[44] All dies eröffnete den Eroberten neue Handlungsspielräume unter der Schutzherrschaft des Monarchen.

Vielleicht das deutlichste Anzeichen für die erstaunliche Agency der Deportierten ist, dass sie ihren neuen hauptsächlichen Siedlungsort auf dem Festland weitgehend islamisieren konnten:[45] Vor ihrer Ankunft war Lucera eine kleine Bischofsstadt inmitten der fruchtbaren nordapulischen Ebene gewesen; zwei Jahre nach der ersten Deportationswelle, 1225, wurde Lucera hingegen bereits als „Civitas Maura"[46] bezeichnet, als maurische Stadt. Die Muslime konnten zu Tausenden inmitten des Stadtzentrums siedeln, eine Versammlungsmoschee und höchstwahrscheinlich auch weitere Moscheen errichten; sie durften den Gebetsruf ertönen lassen und das Freitagsgebet abhalten, was auf Sizilien im 12. Jahrhundert nicht mehr allgemein möglich gewesen war.[47] Zahlreiche Christen hingegen verließen Lucera, die Kathedrale verfiel und wurde wohl zeitnah durch eine „kleine Kirche an einem weniger schicklichen Ort vor den Mauern"[48] ersetzt. So lebte die verbliebene christliche Bevölkerung plötzlich als Minderheit in ihrer Stadt. Mit Billigung Friedrichs II. war geschehen, was normalerweise nur auf eine Eroberung folgte: Die neu angesiedelte Religionsgruppe hatte den Stadtraum physisch, baulich und akustisch in Besitz genommen. Man vergleiche nur: Das letzte Mal, dass an einem neuen muslimischen Hauptort Süditaliens inklusive Siziliens eine Domkirche aus der Stadt hatte weichen müssen, war nach der muslimischen Eroberung Palermos

---

43 Vgl. Acta imperii inedita saeculi XIII et XIV. Ed. *Winkelmann*, Bd. 1, 606, Nr. 763; 619, Nr. 792.
44 Vgl. Richard von San Germano, Chronica. Ed. *Garufi*, 184, 187.
45 Vgl. *Engl*, Kultur (2020), 131–140.
46 Le Cartulaire de S. Matteo di Sculgola en Capitanate. Ed. *Martin*, Bd. 1, 447–452, Nr. 259, mit Anm. 4; bei der Erstausstellung der Urkunde 1221 kann Lucera noch nicht so bezeichnet worden sein, da die Muslime definitiv erst später deportiert wurden; so wird die Stadtbezeichnung vom Schreiber, der die Urkunde 1225 in das überlieferte Kartular übertrug, aktualisiert worden sein, wie bereits Jean-Marie Martin annahm.
47 Vgl. Ibn Ǧubayr, Riḥla. Ed. *Wright*, bearb. *de Goeje*, 329, 332, mit einer Übersetzung bei *Broadhurst*, Travels (1952), 346, 348; *Metcalfe*, Muslims of Sicily (2002), 297.
48 Vgl. Codice diplomatico dei Saraceni di Lucera. Ed. *Egidi*, 368 f., Nr. 745, anlässlich der Rückverlegung des Doms bei der Rechristianisierung Luceras im beginnenden 14. Jhd.: *Et quia eccl[esia] cathedralis civitatis ipsius [Lucerie] nimis omnino parva et in loco minus decenti extra eiusd[em] civitatis ambitum sita erat (...).*

im 9. Jahrhundert der Fall gewesen.⁴⁹ Im 13. Jahrhundert nun konnten die Muslime Siziliens in Nordapulien wie Eroberer auftreten, obwohl sie eigentlich Eroberte waren. Wenn auch nur dank der Billigung Friedrichs II. verfügten die Deportierten damit über erstaunliche Handlungsspielräume. Dies wird auch entscheidend dazu beigetragen haben, dass sich viele von ihnen überraschend schnell und bereitwillig auf die Seite ihres einstigen Verfolgers schlugen.

Übrigens dürfte die beschriebene Agency der Eroberten nach ihrer Umsiedlung mit ihrer Agency im Moment der Eroberung zusammenhängen. Schließlich hatten die Anführer der Muslime ihrer Unterwerfung und Deportation offenbar – wenn auch widerwillig – zugestimmt: Laut Quellenbelegen endete die muslimische Rebellion in Westsizilien nicht in einem Kampf, sondern in einer Auslieferung der verbliebenen muslimischen Stützpunkte seitens der Unterlegenen.⁵⁰ Diese gaben sich offensichtlich in Form typischer ritueller Unterwerfungen (*deditiones*) in die Hand des Herrschers.⁵¹ Da solche symbolischen Akte vorher üblicherweise genau abgesprochen waren und entsprechende Verhandlungen auch für die Unterwerfung der sizilischen Muslime bezeugt sind,⁵² müssen die muslimischen Anführer auch in die Strafe der Zwangsumsiedlung eingewilligt haben. Zweifelsohne wählten sie diesen Weg, um den Nöten weiterer Belagerung und drohender schlimmerer Strafe an Leib und Leben zu entgehen.⁵³ So unerfreulich die Optionen damit auch waren, bewahrten die Muslime noch im Augenblick der Eroberung ihres Territoriums einen Teil ihrer Agency. Dies wird auch eine entscheidende Voraussetzung der nachfolgenden Zwangsumsiedlungen gewesen sein. Schließlich war die Deportation zehntausender Personen über eine Entfernung von mehr als 800 Kilometern unter hochmittel-

---

49 Vgl. Geoffroi Malaterra, Histoire du Grand Comte Roger et de son frère Robert Guiscard. Ed. *Lucas-Avenel*, Bd. 1, 385–387, Buch II, Kap. 45; dazu *Metcalfe*, Muslims (2009), 13.
50 Vgl. Acta imperii inedita saeculi XIII et XIV. Ed. *Winkelmann*, Bd. 1, 339, Nr. 387: *Sarraceni Sicilie, qui sumptu rebellionis spiritu montana conscenderant, ad pedes excellentie nostre prostrati, planiciem repetentes, precise se nostris iussionibus tradiderunt*; Huillard-Bréholles, Historia diplomatica, Bd. VI.1, 471 f.: *Sarracenos prefatos tanquam timore nostre potentie perterritos, nec fortune Cesaree volentes ulterius, quin potius non valentes obsistere, nuperrime noveris descendisse, solam benignitatis auguste misericordiam implorantes*; explizit von freiwilliger Bereitschaft der Muslime zur Unterwerfung sprechen die Acta imperii inedita saeculi XIII et XIV. Ed. *Winkelmann*, Bd. 1, 237–240, Nr. 261, bzw. *Huillard-Bréholles*, Historia diplomatica, Bd. 2.1, 409–413; zu den Entscheidungsmöglichkeiten auch Richard von San Germano, Chronica. Ed. *Garufi*, 119 [1224]: *Sarracenorum Sicilie, quorum maior pars uenerat ad mandatum suum* [i. e. imperatoris], *maioribus tenentibus se contra illum*.
51 Vgl. explizit Annales Marbacenses. Ed. *Bloch*, 88: *Friderico imperatore remanente in Sycilia (...) Sarracenos (...) multo labore (...) ad deditionem coegit*; dazu klassisch *Althoff*, Deditio (2014).
52 Vgl. entsprechende Angebote der Muslime in Annales S. Pantaleonis. Ed. *Waitz*, 253 [1224], sowie Acta imperii inedita saeculi XIII et XIV. Ed. *Winkelmann*, Bd. 1, 237–240, Nr. 261; ein kaiserliches Angebot in *Huillard-Bréholles*, Historia diplomatica, Bd. 4.1, 456 f.
53 Vgl. auch Ignoti monachi cisterciensis S. Mariae de Ferraria Chronica. Ed. *Gaudenzi*, 38 [1224].

alterlichen Verhältnissen kaum ohne eine gewisse Fügung der Betroffenen in ihr Schicksal organisierbar. Auch wenn die Quellen dazu keine direkten Aussagen machen, wird man sich den Vorgang ähnlich der zitierten Umsiedlung der Gravinesen nach Altamura vorstellen dürfen: Dort hatten die Betroffenen ihren Umzug auf Anweisung und unter Strafandrohung der sizilischen Reichsverwaltung selbst zu organisieren.

So verblieb den Eroberten alles in allem noch im Moment ihrer Niederlage eine – wenn auch begrenzte – Agency. Diese konnten sie offenbar zur Aushandlung günstiger Verhältnisse am Zielort einsetzen. Dementsprechend erwartete die Muslime in Apulien bis ins zweite Drittel des 13. Jahrhunderts vergleichsweise vorteilhafte Bedingungen. Zwar waren sie – wie seinerzeit viele von ihnen auf Sizilien – dem König als steuerpflichtige Schutzbefohlene unterworfen, doch ließ dieser sie – schon im eigenen Interesse – ökonomisch und religiös gewähren. In den eineinhalb Jahrzehnten nach Friedrichs II. Tod, von 1250 bis 1266, konnten die Muslime dann sogar entscheidenden politischen Einfluss auf die Nachfolge im sizilischen Königtum nehmen:[54] Mit dem Staufersohn Manfred verhalfen sie einem Kandidaten zur Durchsetzung, der um ihre Kooperation warb.

3 Muslimische Perspektiven und Reaktionen auf die Eroberung Luceras 1300

Einige Jahrzehnte später jedoch, im Sommer des Jahres 1300, kam es zu einem dramatischen Umschwung der Situation der süditalienischen Muslime:[55] Am 15. August verschaffte sich ein königlicher Vertrauter und hoher Amtsträger, Iohannes Pipinus, mit bewaffneten Gefolgsleuten Zutritt zur Stadt Lucera und initiierte eine zehn Tage lang andauernde Zerstörung mit anschließender Vertreibung der Einwohner „nicht ohne vielfaches Morden jener Ungläubigen".[56] Dank listigen Vorgehens konnte er dies offenbar ohne große Gegenwehr ins Werk setzen. So nahm er im Auftrag des damaligen sizilischen Königs, Karls II. von Anjou, Lucera ein, setzte eine Reihe von Muslimen gefangen und begann mit der Entfernung der übrigen Tausenden aus ihrem Heimatort.[57] Lucera wurde in *Civitas Sancte Marie* – Stadt der Heiligen Maria – umbenannt und bald darauf mit Christen neu besiedelt. Der mobile und immobile Besitz der Muslime fiel an den König, wurde im Zuge langwieriger Nachverfolgungen

---

54 Dazu eingehend *Engl*, Kultur (2020), 197–231.
55 Zum Folgenden *Egidi*, Colonia (1913), 130–144, 681–707; Ders., Colonia (1914), 132–171.
56 Codice diplomatico dei Saraceni di Lucera. Ed. *Egidi*, 132, Nr. 324: *Sane Iohannes Pipinus de Barolo (...) non sine illorum perfidorum strage multiplici (...) terram ipsam (...) depopulavit (...)*.
57 Zum Folgenden wiederum wie Anm. 55.

sichergestellt und teils neu vergeben sowie zum großen Teil zu Geld gemacht. Die eroberten und vertriebenen Muslime mussten zunächst unter strenger Aufsicht königlicher Amtsträger in Orten der Umgebung unterkommen, wenn ihnen nicht die Flucht gelang. Die Rückkehr nach Lucera war den Vertriebenen unbedingt verboten. Drei Monate später, im Dezember 1300, schritt der König dann zu einer noch radikaleren Maßnahme: Er ließ die Muslime zu Tausenden in die Sklaverei verkaufen. So wurden sie, wenn sie sich nicht freibitten, freikaufen oder entfliehen konnten, innerhalb oder außerhalb des Königreiches veräußert. Üblicherweise schützte selbst eine Konversion zum Christentum nicht vor diesem Schicksal. Damit endete die jahrhundertelange religiös und politisch bedeutsame Ansiedlung von Muslimen im zentralen Mittelmeerraum. Zwar verblieben noch Muslime im Königreich Sizilien, doch fehlte fortan eine signifikante gemeinschaftliche Ausübung des Islam.

Viel wurde über die Ursachen und Motive dieser finalen Eroberung der Muslime Süditaliens diskutiert. Insbesondere der Mittelmeerexperte David Abulafia vertrat die Ansicht, religiöse Beweggründe hätten den christlichen König zur Beseitigung der bevölkerungsreichen muslimischen Agglomeration in seinem Reich bewogen.[58] Sizilischer Herrscher war damals Karl II. von Anjou, der zweite auf die Staufer folgende Monarch aus einer Nebenlinie des französischen Königshauses. Dieser Karl II. habe als frommer Verwandter eines 1297 heiliggesprochenen Königs und als Titularkönig des verlorenen Jerusalem in einer Epoche religiöser Verhärtung einen leichten Sieg für das Christentum erringen wollen. Eine entgegengesetzte Meinung vertrat jedoch prominent der Süditalienkenner Pietro Egidi:[59] Da die Anjouherrscher inklusive Karls II. die Muslime trotz gegensätzlicher Absichtserklärungen und Gelegenheiten zuvor stets geduldet hatten, und da die religiösen Motive erst im Nachgang der Eroberung Luceras aufschienen, könnten diese eine Verbrämung gewesen sein. Tatsächlich sei laut Egidi eine finanzielle Notlage Karls II. von Anjou entscheidend gewesen: Nach dem Aufstand der „Sizilianischen Vesper" 1282 hatten Aragonesen die Insel Sizilien besetzt, gegen die die Angiovinen einen enorm ressourcenzehrenden Krieg führten. Vor diesem Hintergrund habe der heillos überschuldete Karl II. die Muslime im Jahr 1300 sozusagen zu Geld gemacht.

Da aber Abulafia diese Erklärung seinerseits als zu materialistisch abgelehnt hatte[60] und da die Versklavung der Muslime realiter erst Monate nach der Eroberung Luceras begann, habe ich zuletzt ein neues Erklärungsmodell vorgeschlagen:[61] Am Anfang der Katastrophe der süditalienischen Muslime stand demnach ein interner Bruch der muslimischen Gemeinschaft, der im August 1300 soweit eskalierte, dass die sizilische Monarchie selbst hineingezogen wurde. Hintergrund

---

58 Vgl. insbes. *Abulafia*, Monarchs and Minorities (1996); *Ders.*, Caduta (1998).
59 Vgl. *Egidi*, Colonia (1911–1914); ebenfalls ein finanzielles Motiv nahm letztlich an *Scheller*, Assimilation (2014).
60 Vgl. oben in Anm. 58.
61 Vgl. *Engl*, Ende (2014); *Ders.*, Kultur (2020), 283–297.

war, dass eine muslimische Elite mit Billigung Karls II. und in unheilvoller Verflechtung mit der christlichen Verwaltung eine zunehmend rücksichtslose indirekte Herrschaft über die breite muslimische Bevölkerung etabliert hatte. Diese soziale Spannung explodierte offenbar im August 1300, als die gewöhnlichen Muslime dem Steuerdruck in Folge des Vesperkrieges nicht mehr gewachsen waren. Jene Muslime begannen, gegen ihre eigenen Führer und gegen das königliche Regime aufzubegehren, das die rücksichtslose muslimische Elite zu lange begünstigt hatte. Zuletzt konnte Karl II. die Lage nur mehr durch Eroberung Luceras in seinem Sinne befrieden. Erst nach dieser Krisenbewältigung traten die finanziellen und religiösen Überlegungen in den Vordergrund: Als die nicht mehr produktiven Vertriebenen die königlichen Finanzen belasteten, statt hohe Steuern und Abgaben einzubringen, fiel der Beschluss zur Versklavung der Muslime.

Wie auch immer diese Diskussion über die vornehmlichen Motive zur Eroberung und Entvölkerung des muslimischen Hauptortes Süditaliens enden wird, ein erneuter interner Konflikt der Muslime im Vorfeld einer Eroberung steht außer Zweifel. Man darf davon ausgehen, dass dieser Konflikt wiederum die Deutungen der Eroberten beeinflusste. Diesmal fällt die Rekonstruktion ihrer Perspektiven allerdings noch schwerer als für die erste Hälfte des 13. Jahrhunderts. Schließlich sind von den Betroffenen des Jahres 1300 keine arabischen Selbstaussagen überliefert: Von Luceras Muslimen kennen wir nur mehr wenige Worte auf einem Grabstein, auf Keramiken oder auf einer ansonsten lateinischen Urkunde in einem Klosterarchiv, die nichts zur Thematik der Eroberung beisteuern.[62]

So bleiben nur indirekte Auskünfte aus den lateinischen Dokumenten der königlichen Verwaltung. Ein erstes aussagekräftiges Mandat stammt vom 10. September 1300, drei Wochen nach dem Ende der Eroberung, als Karl II. aus Sorge vor Rückkehrwünschen der vertriebenen Muslime folgende Anordnungen traf:[63] Den Vertriebenen in der Region um Lucera wurde verboten, zu mehr als zu zehnt die Orte zu verlassen, wo sie verweilen mussten; den in den übrigen Provinzen Verstreuten wurde untersagt, überhaupt in solcher Zahl in die Region zurückzukommen. Zudem sollten die Verteidigungsanlagen Luceras geschleift werden, offenbar um eine wehrhafte Wiederbesetzung auszuschließen. Der explizit genannte Grund für diese Anordnungen gibt wertvolle Hinweise auf die Reaktionen der Eroberten: Es ging darum,

> der Absicht der aus jenem Gebiet vertriebenen Sarazenen [d. h. Muslime] zu begegnen, die sich vielleicht aus Schmerz über eine solche Demütigung oder aus einer anderen vorgefassten Nichtsnutzigkeit darauf richten könnte, dass sie irgendwann durch irgendeine Untat jenes besiedelte Gebiet wiedererlangen.[64]

---

62 Dazu *Di Branco*, Musulmani (2018); *Levi Della Vida*, Sottoscrizione (1924).
63 Vgl. Codice diplomatico dei Saraceni di Lucera. Ed. *Egidi*, 138 f., Nr. 327.
64 Codice diplomatico dei Saraceni di Lucera, Ed. *Egidi*, 139, Nr. 327: *Post hec ad obviandum intencioni Sarracenorum eiectorum de terra predicta, que forsitan pre dolore abiectionis huiusmodi vel ex*

Die Quelle legt also nahe, dass die Eroberten wiederum Schmerz über die Niederlage mit all ihren Konsequenzen empfanden und deren Revision wünschten. Damit werden die gleichen Deutungsmuster wahrscheinlich, die schon für die Eroberten der ersten Fallstudie dieses Beitrags abzuleiten waren. Dies gilt letztlich auch für die erwähnte Demütigung als Grundlage des Schmerzes, den die Eroberten von 1300 empfunden haben dürften: Schließlich passt ein solches Leiden an verletzter Ehre zur offensichtlichen Tendenz des arabischen Berichts al-Ḥamawīs, eine Ehrenrettung der sizilischen Muslime der 1220er Jahre zu betreiben.

Ein zweites Dokument aus den königlichen Registern kann diesen Eindruck erhärten: Eine Rechnungslegung der an Nordapulien grenzenden Provinz *Principatus ultra serras Montorii* für 1300 bis 1302 stellt anlässlich der Bilanz über die Beaufsichtigung und den Verkauf von 421 Muslimen und Musliminnen Luceras fest: Von 30 fehlenden Personen „wurde für wahrscheinlich gehalten, dass sie bei einer so großen Zahl, wie man sagt, misshandelter und trauriger Sarazenen unterwegs gestorben seien".[65] Auch hier wird also von einer schmerzlichen Emotion ausgegangen, die die Eroberten – diesmal sogar mit existenziellen Auswirkungen auf deren Leben – bedrückte.

Auch wenn beide Verwaltungsdokumente nur eine Außenperspektive überliefern, erscheint diese vergleichsweise zuverlässig: Schließlich wurden die Reaktionen der Muslime jeweils selbstverständlich als Grundlage ‚harter' politischer oder finanzieller Vorgänge vorausgesetzt, so dass seitens der Verfasser keine Verfälschungstendenzen anzunehmen sind. Für die so ermittelten Hinweise auf muslimische Reaktionen am Übergang zum 14. Jahrhundert stellt sich nochmals die Frage, inwieweit diese die Haltung der damaligen Eroberten insgesamt repräsentierten. Dass tatsächlich Wünsche von Muslimen zur Rückkehr nach beziehungsweise zur Rückeroberung von Lucera verbreitet waren, legen die noch häufiger wiederholten entsprechenden Besorgnisse und Gegenmaßnahmen der königlichen Verwaltung nahe.[66] Im Oktober 1300 ordnete Karl II. sogar an, zu nahe an ihrem ehemaligen Hauptort verweilende Muslime mit der Amputation eines Fußes zu bedrohen.[67]

Weitere Schlussfolgerungen fallen schwer; immerhin ist die Vielzahl unterschiedlicher Schicksale zu betonen, die die Sichtweisen der Betroffenen sicherlich beeinflussten. Eine solche Vielzahl ergab sich bereits aus der sozialen Schichtung der muslimischen Gesellschaft. Auch nach der Eroberung und Vertreibung bestanden nämlich Unterschiede in den Handlungsspielräumen zwischen gewöhnlichem Volk

---

alia preconcepta nequicia posset forte versari ut quandoque per nefas aliquod terram ispam repeterent (...); zur Übersetzung von *terra* im Königreich Sizilien Martin, Città (1994), 180.

65 Codice diplomatico dei Saraceni di Lucera. Ed. *Egidi*, 379, Nr. 761: [S]*icque videbantur deficere* (...) *Sarraceni triginta, de quibus* (...) *tamen verisimiliter creditur quod in tanto numero Sarracenorum, qui lacerate dicebantur et tristes predicti venditi morirentur in via.*

66 Vgl. teils explizit, teils angedeutet in Codice diplomatico dei Saraceni di Lucera. Ed. *Egidi*, 130–132, Nr. 323; 162, Nr. 352; 168, Nr. 365; 170 f., Nr. 370; 182, Nr. 385.

67 Vgl. Codice diplomatico dei Saraceni di Lucera. Ed. *Egidi*, 182, Nr. 385.

und Elite fort. Die breite Bevölkerung hatte weit weniger Möglichkeiten, die Härte ihres Loses abzumildern. Wir wissen – zum Teil sogar namentlich – von der Versklavung von ungefähr 10.000 Muslimen.[68] Männer, Frauen, Kinder, Alte und sogar Säuglinge wurden teils in Gruppen von über 50 Personen,[69] teils einzeln an Geistliche, adelige Herren, Ritter, Richter, Doktoren und Handwerker verkauft, um nur einige Beispiele zu nennen.[70] Männer und insbesondere Handwerker erbrachten dabei höhere Preise als Frauen, Kinder, Alte und Schwache.[71] Die meisten Verkäufe fanden innerhalb des Königreiches Sizilien statt, aber wir wissen auch von Exporten beispielsweise nach Genua oder an einen Pisaner Bankier, Ritter und päpstlichen Familiaren aus der Verwandtschaft Papst Bonifaz' VIII.[72] Während der Überführungen kam es teilweise zu Übergriffen von Gruppen der christlichen Lokalbevölkerung, die in den Jahren des Vesperkrieges ebenfalls verarmt waren.[73] Aus angiovinischen Verwaltungsdokumenten kennen wir auch das armselige Gepäck, das manche Muslime und Musliminnen nur mehr mitführten: alte Decken und Matratzen, leere Kopfkissen, Matten aus Spreu, verschlissene Doppelsäcke für Lasttiere, im besten Fall ein wenig Geld und einen kleinen Kupferkessel.[74] Üblicherweise gelang diesen gewöhnlichen Muslimen und Musliminnen allenfalls auf zwei Wegen ein Entkommen aus der Sklaverei: durch Flucht oder Freikauf.[75] Eine Konversion zum Christentum hingegen half – wie erwähnt – normalerweise nicht. Wenigen Einzelpersonen glückte es immerhin, für den König nützliches Wissen in eine Begünstigung umzumünzen: So wurde ein Muslim mit seiner Familie von Karl II. in Schutz genommen, weil er Häuser im neuzuordnenden Lucera zuordnen konnte.[76]

In Maßen anders war die Situation für eine Reihe von Vertretern der alten Elite der Muslime. Diese konnten offenbar ihre ehemaligen Netzwerke und Ressourcen auch noch nach der Eroberung nutzen, um das Schlimmste abzuwenden. Zwar wurden auch sie zunächst als potenzielle Exponenten des Widerstandes gegen die Er-

---

68 Vgl. die Zusammenstellung bei *Egidi*, Colonia (1913), 699–703; dazu *Verlinden*, Esclavage, Bd. 2 (1977), 290 (Anm. 688).
69 Vgl. Codice diplomatico dei Saraceni di Lucera. Ed. *Egidi*, 213 f., Nr. 454; 222–224, Nr. 469.
70 Vgl. Codice diplomatico dei Saraceni di Lucera. Ed. *Egidi*, 206, Nr. 440; 222–224, Nr. 469; 203, Nr. 432; 342, Nr. 664; 296, Nr. 613a; 297, Nr. 615.
71 Vgl. Codice diplomatico dei Saraceni di Lucera. Ed. *Egidi*, 215 f., Nr. 456; 214, Nr. 455; 227, Nr. 475.
72 Vgl. *Verlinden*, Esclavage, Bd. 2 (1977), 474 mit Anm. 269; Codice diplomatico dei Saraceni di Lucera. Ed. *Egidi*, Nr. 483, 232; zum dort erwähnten päpstlichen Ritter und Familiaren Jacopo Gaetani aus Pisa *Davidsohn*, Geschichte von Florenz, Bd. 3 (1969), 17 f.
73 Vgl. Codice diplomatico dei Saraceni di Lucera. Ed. *Egidi*, 145 f., Nr. 335; 153 f., Nr. 343 f.; 156, Nr. 346; 159, Nr. 349; 161 f., Nr. 351; 167, Nr. 362; 205, Nr. 437; 211 f., Nr. 450; 226, Nr. 472 f.; 246, Nr. 500; 252, Nr. 512.
74 Vgl. Codice diplomatico dei Saraceni di Lucera. Ed. *Egidi*, 215 f., Nr. 456.
75 Dazu unten bei Anm. 82 f.
76 Vgl. Codice diplomatico dei Saraceni di Lucera. Ed. *Egidi*, 260, Nr. 528; 262, Nr. 536.

oberung gefangengenommen, ihre Güter teils enteignet.[77] Doch konnten sie relativ bald durch Kollaboration mit den Eroberern oder durch Konversion die Freiheit und gewisse Einkünfte zurückerlangen. Der prominente Muslim ʿAbd al-ʿAzīz etwa, vor August 1300 *die* entscheidende Person im sozial konfliktträchtigen indirekten Herrschaftssystem, arbeitete nun wieder gut mit den Christen zusammen: Er half, die Masse seiner Glaubensgenossen – offensichtlich für den Verkauf – zu katalogisieren, und verriet ihre Lebensmittelverstecke in und um Lucera.[78] Dafür durfte er offenbar frei mit seiner – immerhin 40 Männer und 60 Frauen umfassenden – Hausgemeinschaft in Luceras Nachbarstadt Foggia wohnen, gewisse Immobilien verkaufen und eine jährliche Pension genießen.[79] Mit solchen Einkünften, mit einer Befreiung und teilweiser Besitzrestitution wurden auch andere Muslime vergleichbaren Status' für ihre Konversion belohnt.[80] Zum Teil erhielten sie auch versklavte Verwandte vom König ‚geschenkt'.[81]

Für weniger privilegierte Muslime und Musliminnen war die Freiheit hingegen nur mit Glück und teils erst nach Jahren zu erlangen: Entweder konnten sie sich selbst loskaufen, oder sie wurden in besonderen Fällen von ihren Herren freigelassen oder sogar von barmherzigen Glaubensgenossen freigekauft.[82] Anderen glückte die Flucht, sei es in ganzen Gruppen unmittelbar nach der Eroberung, sei es erst eineinhalb Jahrzehnte später bei günstiger Gelegenheit.[83] Vielen anderen Sklaven und Sklavinnen hingegen blieb nur, sich mit ihrem Los abzufinden. Bereits 1302 ließ beispielsweise ein Richter aus Luceras Nachbarstadt Troia die muslimischen Sklaven in seinem Besitz Waffen tragen, mit denen sie sogar Übergriffe begehen konnten[84] – ein Vertrauensbeweis, der sicher eine gewisse Loyalität der Sklaven voraussetzte.

Die befreiten oder frei gebliebenen Muslime und Konvertiten Süditaliens vermochten sich als Händler oder Dienstleister einigermaßen in das christliche Reich zu reintegrieren, wenn auch wiederholte Übergriffe gegen sie bezeugt sind.[85] 200

---

77 Vgl. Codice diplomatico dei Saraceni di Lucera. Ed. *Egidi*, 130, Nr. 322; 130–132, Nr. 323; 138, Nr. 327; 187, Nr. 395; 207, Nr. 443; 260, Nr. 529.
78 Vgl. Codice diplomatico dei Saraceni di Lucera. Ed. *Egidi*, 158–158, Nr. 347; 163–165, Nr. 356; 166f., Nr. 359.
79 Vgl. Codice diplomatico dei Saraceni di Lucera. Ed. *Egidi*, 187, Nr. 394, Nr. 396; 188, Nr. 397; 207, Nr. 443; 347, Nr. 680.
80 Vgl. Codice diplomatico dei Saraceni di Lucera. Ed. *Egidi*, 188, Nr. 398; 197, Nr. 418.
81 Vgl. Codice diplomatico dei Saraceni di Lucera. Ed. *Egidi*, 216, Nr. 459; vgl. auch ebd., 209, Nr. 447.
82 Vgl. Codice diplomatico dei Saraceni di Lucera. Ed. *Egidi*, Nr. 659, 336–339; Nr. 773, 384f.; *Verlinden*, Esclavage, Bd. 2 (1977), 156 mit Anm. 93.
83 Vgl. Codice diplomatico dei Saraceni di Lucera. Ed. *Egidi*, 231, Nr. 482; 262f., Nr. 537; 377–379, Nr. 761; 360, Nr. 716; 365f., Nr. 739; 377, Nr. 760; 388, Nr. 784; 390f., Nr. 788.
84 Vgl. Codice diplomatico dei Saraceni di Lucera. Ed. *Egidi*, 357, Nr. 706; 358, Nr. 710; 360f., Nr. 719; vgl. auch ebd., 348f., Nr. 682.
85 Vgl. bspw. Codice diplomatico dei Saraceni di Lucera. Ed. *Egidi*, 386, Nr. 777; und wohl auch ebd., 404f., Nr. 818.

muslimischen Haushalten wurde sogar die Wiederansiedlung in der Stadt Civitate nördlich Luceras gestattet, wenn auch ohne Moschee und Gebetsruf.[86] Wieder anderen Muslimen gelang es offenbar, in islamische Länder des Orients oder Nordafrikas zu emigrieren.[87] Im Jahr 1336 hatten die in Süditalien weilenden Muslime offenbar nochmals zu einer gewissen gemeinschaftlichen Organisation gefunden, wie das letzte mir bekannte mittelalterliche Zeugnis zu ihnen bezeugt: Damals erbaten sie vom König gemeinsam erfolgreich Schutz vor Verfolgung durch Christen, da sie „dank ihrer Handelsaktivitäten wertvoll für Gemeinwesen und Untertanen" seien.[88]

Insgesamt aber war die Agency der Eroberten im Vergleich zur ersten Hälfte des 13. Jahrhunderts radikal eingeschränkt. Auch wenn einige vornehmere Muslime sich noch einmal der völligen Entrechtung entziehen konnten, geschah dies unter anderem um den Preis der Konversion zum Christentum. Viele Tausende andere Muslime jedoch, die ihre Freiheit, ihren Besitz, ihre Heimat, teilweise sogar ihre Familienangehörigen und ihr Leben verloren, wurden geradezu zu Objekten mit drastisch eingeschränkten Handlungsspielräumen degradiert. Dies scheint wiederum mit ihrer Agency im Moment der Eroberung zu korrelieren: Anders als im früheren 13. Jahrhundert wurden die Muslime durch schiere Gewalt unterdrückt, so dass sie nicht mehr in Übergabeverhandlungen eintreten konnten. So endete das muslimische Lucera in einem Fanal. Dies löschte zwar nicht jegliche Präsenz von Muslimen im mittelalterlichen Königreich Sizilien aus, nahm den Verbliebenen und ihrer islamischen Religion aber die bisherige Rolle als bedeutsamer Faktor Süditaliens.

4 Resümee

Die christlichen Eroberungen muslimischer Siedlungen Siziliens und Süditaliens im Lauf des 13. Jahrhunderts trugen entscheidend zur Zementierung der Grenze zwischen den beiden Großreligionen im zentralen Mittelmeerraum bei. Die Deutungen dieser globalgeschichtlich bedeutsamen Vorgänge durch die Betroffenen wurden allerdings bislang nicht systematisch untersucht. Dafür war sicherlich die problematische Quellenlage mitverantwortlich: Selbstzeugnisse der Muslime sind weitgehend verloren, da die Muslime im Anschluss an die Eroberungen größtenteils vertrieben wurden. So dominierten die christlichen Sieger die Erinnerung. Angesichts dessen erscheint es inhaltlich wie methodisch höchst interessant, eine Rekonstruktion der Perspektiven

---

[86] Vgl. *Bevere*, Ancora (1935), 227.
[87] Vgl. al-Ḥimyarī, Kitāb ar-Rawḍ al-miʿṭār fī ḫabar al-aqṭār. Ed. ʿAbbās, 514; eine Übersetzung in *König*, Phase (2018), 32.
[88] Codice diplomatico dei Saraceni di Lucera. Ed. *Egidi*, 404 f., Nr. 818, mit Zitat: *Sarracenis ipsis (...), quos audimus utiles esse rei publice et subditis nostris Apulie partium mercimonia exercentes (...)*.

jener Eroberten zu versuchen. Der vorliegende Beitrag stellte sich dieser Herausforderung, indem er in zwei Abschnitten Deutungen und Reaktionen der betroffenen Muslime analysierte: zunächst bezüglich der Eroberungen auf Sizilien zwischen 1222 und 1246, die zur Deportation der Muslime auf das süditalienische Festland führten, dann bezüglich der Eroberung des neuen apulischen Hauptortes der Muslime im Jahr 1300, die die Versklavung der meisten Muslime Süditaliens nach sich zog. Auf unterschiedlichen methodischen Wegen wurden dem begrenzten Quellenmaterial dabei Erkenntnisse abgewonnen: Ein Zeugnis syrischer Historiographie, das Sichtweisen eines sizilischen Muslims widerspiegelte, ließ sich mit Hilfe des Wissens um lateinische Kriegsniederlagenerzählungen gut analysieren. Hinzu kamen ein Analogieschluss sowie die Auswertung von Reflexen muslimischer Deutungen im lateinischen Verwaltungsschrifttum Süditaliens. Auch war von überlieferten Handlungen auf zugrundeliegende Deutungen rückzuschließen.

Dabei zeigte sich, dass zumindest für einen Teil der Betroffenen die Suche nach Erklärungen und Rechtfertigungen zentral war, die auf eine Revision der schmerzlichen Einschnitte zielte. Die arabischen Deutungsmuster entsprachen dabei typischen lateinischen Reaktionen und Rechtfertigungen. Die Niederlage der 1220er Jahre wurde durch Ansätze zur Heroisierung der unterlegenen Muslime sowie durch eine Racheerzählung bewältigt: Eine Übertreibung der gegnerischen Truppenstärke und der Belagerungsdauer verlieh den Eroberten etwas Heldisches. Dazu trug auch die Schilderung der Hinterlist des christlichen Gegners sowie einer Uneinigkeit in den Reihen der Muslime bei; schließlich erschien das Scheitern damit nicht einem Mangel an eigener Tapferkeit, sondern ehrlosem Verhalten des Feindes sowie politischen Konstellationen geschuldet. Eine tendenzielle Reduktion der muslimischen Uneinigkeit auf misslungene Kommunikation verstärkte dabei den Eindruck, die muslimische Niederlage sei unverdient gewesen. So erschien die Eroberung mit all ihren Konsequenzen revisionsbedürftig, und eine entsprechende Rückkehr zu früheren Verhältnissen wurde mit einer erzählten Rache muslimischer Rebellen als aussichtsreich präsentiert. Auch aus dem lateinischen Verwaltungsschrifttum ging ein Nicht-Akzeptieren-Wollen seitens der Betroffenen der ersten Hälfte des 13. Jahrhunderts, aber auch des beginnenden 14. Jahrhunderts hervor: Mit Hilfe eines Analogieschlusses von einer ähnlichen Zwangsumsiedlung sowie durch Auswertung von Äußerungen lateinischer Dokumente zu Absichten und Befindlichkeiten der Muslime konnten Trauer und Sehnsucht nach dem Leben vor den Eroberungen plausibel gemacht werden. Solchen Haltungen standen allerdings insbesondere im Fall der weniger harten ersten Niederlagen auch Deutungen gegenüber, die das ‚Erobertsein' schneller hinnahmen und positiv zu wenden versuchten. Die Sichtweisen der muslimischen Minderheit waren also keineswegs homogen. Dazu passt auch, dass je ein Teil der Eroberten versuchte, durch Zusammenarbeit beziehungsweise Kollaboration mit den Eroberern seine Situation zu verbessern.

Mit diesen Reaktionsweisen ist ein weiteres Problemfeld angesprochen, das der Beitrag neben den Deutungen der Eroberungen in den Blick nahm: die Entwicklung der Agency der Muslime im Nachgang ihrer Niederlagen und Vertreibungen. Diesbezüglich war festzustellen, dass die Handlungsspielräume vieler Eroberter gerade in der ersten Hälfte des 13. Jahrhunderts wesentlich umfangreicher waren, als die ältere Forschung für möglich hielt. Immerhin konnten die meisten sizilischen Muslime mit ihrem Bezwinger Friedrich II. Unterwerfungsrituale aushandeln, die ihnen ein noch schlimmeres Los als das der Zwangsumsiedlung ersparten und vermutlich die vergleichsweise günstigen Lebensbedingungen auf dem italienischen Festland grundlegten. Zu beiderseitigem Nutzen gewährte Friedrich II. den Eroberten dort nämlich die Freiheit, sich geradezu wie Eroberer zu verhalten: Die Muslime konnten ihren neuen Hauptort, die christliche Bischofsstadt Lucera, weitgehend islamisieren; der Bischofssitz musste vor die Mauern weichen. Auch wirtschaftlich und militärisch wuchsen den Muslimen Apuliens ab den 1230er Jahren neue Handlungsoptionen zu. Völlig anders jedoch im Jahr 1300: Damals wurde die Agency tausender Muslime in Folge der Eroberung ihres Hauptortes drastisch eingeschränkt. Sie verloren ihre Freiheit, ihren Besitz, ihre Heimat, teilweise sogar ihre Familienangehörigen und ihr Leben. Nur wenige privilegierte Muslime konnten dieses Schicksal dank ihrer Beziehungen und Ressourcen abmildern. Manchen Muslimen gelang auch die Flucht, ein Freikauf oder sogar die Emigration in ein muslimisch beherrschtes Land. Insgesamt aber bedingte die feindliche Übernahme Luceras ohne Verhandlungsoptionen – anders als noch bei der christlichen Eroberung Westsiziliens in der ersten Hälfte des 13. Jahrhunderts – einen dramatischen Verlust muslimischer Agency. So verwundert nochmals weniger, dass die lateinischen Dokumente auf Trauer und Widerstand vieler betroffener Muslime anspielen.

Auf übergeordneter Ebene lassen solche Befunde schließlich erahnen, dass grundlegende mentale Herausforderungen des ‚Erobertseins' durch die Jahrhunderte in Vielem gleich geblieben sein dürften.

Quellen und Übersetzungen

Acta imperii inedita saeculi XIII et XIV. Urkunden und Briefe zur Geschichte des Kaiserreichs und des Königreichs Sizilien. Ed. *Eduard Winkelmann*, 2 Bde., Innsbruck 1880–1885, ND Aalen 1964.

Alberich von Trois-Fontaines, Chronica. Ed. *Paul Scheffer-Boichorst*, in: Chronica aevi Suevici. (MGH SS 23.) Hannover 1874, 631–950.

Vittoria Alliata, Le epigrafi islamiche su pietra da Monte Iato, in: Maria I. Gulletta (Hrsg.), Sicilia Epigraphica. Atti del convegno internazionale. Erice, 15–18 ottobre 1998. (Annali della Scuola Normale Superiore di Pisa. Serie IV, Quaderni, Bd. 1.) Pisa 1999, 15–32.

al-Ḥamawī, at-Ta'rīḫ al-manṣūrī. Ed. *Jeremy Johns*, in: Ders., Entella nelle fonti arabe, in: Giuseppe Nenci (Hrsg.), Alla ricerca di Entella, Pisa 1993, 61–97, hier 89f.

al-Ḥimyarī, Kitāb ar-Rawḍ al-miʿṭār fī ḫabar al-aqṭār. Ed. *Iḥsān ʿAbbās*. Beirut 1975.

al-Ḥimyarī, Kitāb ar-Rawḍ al-miʿṭār fī ḫabar al-aqṭār, übers. in: *Daniel König*, Eine Phase experimenteller Diplomatie? Direkte päpstliche Kontakte mit der arabisch-islamischen Welt (ca. 1169–1251), in: Lukas Clemens / Michael Matheus (Hrsg.), Christen und Muslime in der

Capitanata im 13. Jahrhundert. Archäologie und Geschichte. (Interdisziplinärer Dialog zwischen Archäologie und Geschichte, Bd. 4.) Trier 2018, 15–42, hier 32.

Annales Marbacenses qui dicuntur. Ed. *Hermann Bloch*, in: Annales Marbacenses qui dicuntur (Cronica Hohenburgensis cum continuatione et additamentis Neoburgensibus). (MGH SS rer. Germ. 9.) Hannover / Leipzig 1907, 1–103.

Annales S. Pantaleonis. Ed. *Georg Waitz*, in: Chronica Regia Coloniensis (Annales maximi Colonienses). (MGH SS rer. Germ. 18.) Hannover 1880, 197–299.

Annales Siculi. Ed. *Ernesto Pontieri*, in: Gaufredus Malaterra, De Rebus gestis Rogerii Calabriae et Siciliae Comitis et Roberti Guiscardi Ducis fratris eius. (Rerum Italicarum Scriptores. Nuova edizione, Bd. 5.1.) Bologna 1925–1928, 109–120.

Le carte di Altamura (1232–1502). Ed. *Angelantonio Giannuzzi*. (Codice diplomatico Barese, Bd. 12.) Bari 1935.

Le Cartulaire de S. Matteo di Sculgola en Capitanate (Registro d'Istrumenti di S. Maria del Gualdo), Bd. 1: 1177–1239. Ed. *Jean-Marie Martin*. (Codice Diplomatico Pugliese, Bd. 30.) Bari 1987.

Codice diplomatico dei Saraceni di Lucera. Ed. *Pietro Egidi*. Napoli 1917.

Emo, Cronica Floridi Horti. Ed. *Hubertus P.H. Jansen / Antheun Janse*, in: Kroniek van het klooster Bloemhof te Wittewierum. (Middeleeuwse Studies en Bronnen, Bd. 20.) Hilversum 1991, 2–284.

Geoffroi Malaterra, Histoire du Grand Comte Roger et de son frère Robert Guiscard, Bd. 1, Lib. I–II. Ed. *Marie-Agnés Lucas-Avenel*. (Fontes & Paginae.) Caen 2016.

Historia diplomatica Friderici secundi sive Constitutiones, privilegia, mandata, instrumenta quae supersunt istius imperatoris et filiorum eius. Accedunt epistolae paparum et documenta varia, 7 Bde. in 12 Teilen. Ed. *Jean-Louis-Alphonse Huillard-Bréholles*. Paris 1852–1861.

Ibn Ǧubayr, Riḥla. Ed. *William Wright*, bearb. v. *Michael J. de Goeje*. (E.J.W. Gibb Memorial Series, Bd. 5.) Leyden / London ²1907.

Ibn ʿIḏārī al-Marrākušī, al-Bayān al-muġrib fī aḫbār al-Andalus wa-l-Maġrib. Ed. *Muḥammad I. al-Kattānī* u. a. Beirut 1985.

Ibn Naẓīf al-Ḥamawī, at-Taʾrīḫ al-manṣūrī. Ed. *Abū l-ʿĪd Dūdū / ʿAdnān Darwīš*. Damaskus 1981.

Ibn Naẓīf's World-History. Al-Taʾrīkh al-Manṣūrī, übers. v. *David Cook*, London / New York 2021.

Ignoti monachi cisterciensis S. Mariae de Ferraria Chronica. Ed. *Augusto Gaudenzi*, in: Ignoti monachi cisterciensis S. Mariae de Ferraria Chronica et Ryccardi de Sancto Germano Chronica priora. (Società Napoletana di storia patria. Monumenti storici. Serie prima: Cronache.) Neapel 1888, 1–46.

Il registro della cancelleria di Federico II del 1239–1240. Ed. *Cristina Carbonetti Vendittelli*, 2 Bde. (Fonti per la Storia dell'Italia medievale. Antiquitates, Bd. 19.1 f.) Rom 2002.

Richard von San Germano, Chronica. Ed. *Carlo A. Garufi*. (Rerum Italicarum Scriptores. Nuova edizione, Bd. 7.2.) Bologna 1937–1938.

Die Schriften des Kölner Domscholasters, späteren Bischofs von Paderborn und Kardinalbischofs von S. Sabina Oliverus. Ed. *Hermann Hoogeweg*. (Bibliothek des Literarischen Vereins in Stuttgart, Bd. 202.) Tübingen 1894.

The Travels of Ibn Jubayr, übers. v. *Ronald J.C. Broadhurst*. London 1952.

Literatur

David Abulafia, La caduta di Lucera Saracenorum, in: Per la storia del Mezzogiorno medievale e moderno. Studi in memoria di Jole Mazzoleni. (Pubblicazioni degli archivi di stato, Bd. 48.) Napoli 1998, 171–186.

David Abulafia, Monarchs and Minorities in the Christian Western Mediterranean around 1300. Lucera and its Analogues, in: Scott L. Waugh / Peter D. Diehl (Hrsg.), Christendom and its Discontents. Exclusion, Persecution, and Rebellion 1000–1500. Cambridge 1996, 234–263.

Gerd Althoff, Das Privileg der deditio. Formen gütlicher Konfliktbeendigung in der mittelalterlichen Adelsgesellschaft, in: Ders. (Hrsg.), Spielregeln der Politik im Mittelalter. Kommunikation in Frieden und Fehde. Darmstadt ²2014, 99–125.

Cristina Andenna, ‚De mandato Frederici Imperatoris'. L'origine e il popolamento di Altamura nel XIII secolo, in: Hubert Houben / Georg Vogeler (Hrsg.), Federico II nel Regno di Sicilia. Realtà locali e aspirazioni universali. Atti del Convegno internazionale di studi (Barletta, 19–20 ottobre 2007). (Quaderni del Centro di Studi Normanno-Svevi, Bd. 2.) Bari 2008, 149–172.

Laila Atrache, Die Politik der Ayyūbiden. Die fränkisch-islamischen Beziehungen in der ersten Hälfte des 7./13. Jahrhunderts unter besonderer Berücksichtigung des Feindbildes. (Arabica Rhema, Bd. 1.) Münster 1996.

Julia Becker, Graf Roger I. von Sizilien. Wegbereiter des normannischen Königreichs. (Bibliothek des Deutschen Historischen Instituts in Rom, Bd. 117.) Tübingen 2008.

Max Van Berchem, Titres califiens d'Occident. À propos de quelques monnaies mérinides et ziyanides, in: Journal Asiatique ou recueil des mémoires d'extraits et de notices 10ème sér. 9, 1907, 245–335.

Riccardo Bevere, Ancora sulla causa della distruzione della colonia saracena di Lucera, in: Archivio storico per le provincie Napoletane 60, 1935, 222–228.

Michael Borgolte, Christen, Juden, Muselmanen. Die Erben der Antike und der Aufstieg des Abendlandes 300 bis 1400 n. Chr. München 2006.

Theo Broekmann, Rigor iustitiae. Herrschaft, Recht und Terror im normannisch-staufischen Süden (1050–1250). (Symbolische Kommunikation in der Vormoderne.) Darmstadt 2005.

Brian A. Catlos, Muslims of Medieval Latin Christendom, c. 1050–1614. Cambridge / New York 2014.

Martin Clauss, Kriegsniederlagen im Mittelalter. Darstellung – Deutung – Bewältigung. (Krieg in der Geschichte, Bd. 54.) Paderborn u. a. 2010.

David Cook, Introduction, in: Ders. (Hrsg.), Ibn Naẓīf's World-History. Al-Taʾrīkh al-Manṣūrī. London / New York 2021, 1–25.

Robert Davidsohn, Geschichte von Florenz, Bd. 3: Die letzten Kämpfe gegen die Reichsgewalt, ND Osnabrück 1969.

Franco D'Angelo, Le monete delle rivolte. Circolazione di denari sfregati e di Muḥammad Ibn ʿAbbād, in: Carmela A. Di Stefano / Antonio Cadei (Hrsg.), Federico e la Sicilia. Dalla terra alla corona, Bd. 1: Archeologia e architettura, Palermo 1995, 85–92.

Franco D'Angelo, La monetazione di Muḥammad Ibn ʿAbbād emiro ribelle a Federico II di Sicilia, in: Studi Magrebini 7, 1975, 149–153.

Marco Di Branco, Musulmani in Capitanata dopo il 1300. Il caso dell'iscrizione scomparsa (Répertoire chronologique d'épigraphie arabe, xvi, nr. 6072), in: Lukas Clemens / Michael Matheus (Hrsg.), Christen und Muslime in der Capitanata im 13. Jahrhundert. Archäologie und Geschichte. (Interdisziplinärer Dialog zwischen Archäologie und Geschichte, Bd. 4.) Trier 2018, 251–257.

Pietro Egidi, La colonia saracena di Lucera e la sua distruzione, in: Archivio storico per le provincie Napoletane 39, 1914, 132–171 und 697–766.

Pietro Egidi, La colonia saracena di Lucera e la sua distruzione, in: Archivio storico per le provincie Napoletane 38, 1913, 115–144 und 681–707.
Pietro Egidi, La colonia saracena di Lucera e la sua distruzione, in: Archivio storico per le provincie Napoletane 37, 1912, 71–89 und 664–696.
Pietro Egidi, La colonia saracena di Lucera e la sua distruzione, in: Archivio storico per le provincie Napoletane 36, 1911, 597–694.
Richard Engl, Die verdrängte Kultur. Muslime im Süditalien der Staufer und Anjou (12.–13. Jahrhundert). (Mittelalter-Forschungen, Bd. 59.) Ostfildern 2020.
Richard Engl, Das Ende muslimischen Lebens im mittelalterlichen Süditalien. Netzwerkanalytische Überlegungen zu einer hundertjährigen Forschungsfrage, in: Daniel Bauerfeld / Lukas Clemens (Hrsg.), Gesellschaftliche Umbrüche und religiöse Netzwerke. Analysen von der Antike bis zur Gegenwart. (Sozialtheorie.) Bielefeld 2014, 119–154.
Richard Engl / Theresa Jäckh, Muslims in Medieval Sicily and Southern Italy, in: Roberto Tottoli (Hrsg.), Routledge Handbook of Islam in the West. Second Edition. London u. a. 2022, 36–53.
Vera von Falkenhausen, Il popolamento. Etnìe, fedi, insediamenti, in: Giosuè Musca (Hrsg.), Terra e uomini nel Mezzogiorno normanno-svevo. Atti delle settime giornate normanno-sveve (Bari, 15–17 ottobre 1985). (Centro di studi normanno-svevi. Università degli Studi di Bari, Atti, Bd. 7.) Bari 1987, 39–73.
Maribel Fierro (Hrsg.), The New Cambridge History of Islam, Bd. 2: The Western Islamic World. Eleventh to Eighteenth Centuries. Cambridge u. a. 2010.
Bodo Hechelhammer, Kreuzzug und Herrschaft unter Friedrich II. Handlungsspielräume von Kreuzzugspolitik (1215–1230). (Mittelalter-Forschungen, Bd. 13.) Ostfildern 2004.
Jeremy Johns, Arabic Administration in Norman Sicily. The Royal Dīwān. (Cambridge Studies in Islamic Civilization.) Cambridge u. a. 2002.
Jeremy Johns, Entella nelle fonti arabe, in: Giuseppe Nenci (Hrsg.), Alla ricerca di Entella. Pisa 1993, 61–97.
Stefan Leder, Bedeutung und Ende der Muslime unter christlicher Herrschaft in Italien aus Sicht muslimischer Autoren, in: Lukas Clemens / Michael Matheus (Hrsg.), Christen und Muslime in der Capitanata im 13. Jahrhundert. Archäologie und Geschichte. (Interdisziplinärer Dialog zwischen Archäologie und Geschichte, Bd. 4.) Trier 2018, 141–151.
Giorgio Levi Della Vida, La sottoscrizione araba di Riccardo di Lucera, in: Rivista degli Studi Orientali 10.2, 1924, 284–292.
Graham A. Loud, The Age of Robert Guiscard. Southern Italy and the Norman Conquest, München u. a. 2000.
Jean-Marie Martin, Le città demaniali, in: Pierre Toubert (Hrsg.), Federico II e le città italiane. (Federico II, Bd. 3.) Palermo 1994, 179–195.
Ferdinando Maurici, L'emirato sulle montagne. Note per una storia della resistenza musulmana in Sicilia nell'età di Federico II di Svevia. Palermo 1987.
Alex Metcalfe, Italy, Islam in Premodern, in: Encyclopaedia of Islam, THREE 2021, 56–59.
Alex Metcalfe, The Muslims of Medieval Italy. (The New Edinburgh Islamic Surveys.) Edinburgh 2009.
Alex Metcalfe, The Muslims of Sicily under Christian Rule, in: Graham A. Loud / Ders. (Hrsg.), The Society of Norman Italy. (The Medieval Mediterranean, Bd. 38.) Leiden u. a. 2002, 289–317.
Markus Meumann / Jörg Rogge, Militärische Besetzung vor 1800 – Einführung und Perspektiven, in: Dies. (Hrsg.), Die besetzte res publica. Zum Verhältnis von ziviler Obrigkeit und militärischer Herrschaft in besetzten Gebieten vom Spätmittelalter bis zum 18. Jahrhundert. (Herrschaft und soziale Systeme in der Frühen Neuzeit, Bd. 3.) Berlin 2006, 11–25.
Annliese Nef, Conquérir et gouverner la Sicile islamique aux XIe et XIIe siècles. (Bibliothèque des Écoles française d'Athènes et de Rome, Bd. 346.) Rome 2011.

Annliese Nef, La déportation des musulmans siciliens par Frédéric II. Précédents, modalités, signification et portée de la mesure, in: Claudia Moatti / Wolfgang Kaiser / Christophe Pebarthe (Hrsg.), Le monde de l'itinérance en Méditerranée de l'Antiquité à l'époque moderne. Procédures de contrôle et d'identification. (Études, Bd. 22.) Bordeaux 2009, 455–478.

Benjamin Scheller, Assimilation und Untergang. Das muslimische Lucera in Apulien und sein gewaltsames Ende im Jahr 1300 als Problem der Globalgeschichte, in: Tillmann Lohse / Ders. (Hrsg.), Europa in der Welt des Mittelalters. Ein Colloquium für und mit Michael Borgolte. Berlin / Boston 2014, 141–162.

Wolfgang Stürner, Friedrich II., Bd. 2: Der Kaiser 1220–1250. Darmstadt 2003.

Julie Taylor, Muslims in Medieval Italy. The Colony at Lucera. Lanham u. a. 2003.

John Tolan u. a. (Hrsg.), Europe and the Islamic World. A History. Princeton / Oxford 2013.

Roberto Tottoli (Hrsg.), Routledge Handbook of Islam in the West. London / New York 2015.

Charles Verlinden, L'esclavage dans l'Europe médiévale, Bd. 2. Italie – Colonies italiennes du Levant – Levant latin – Empire byzantin. (Rijksuniversiteit te Gent. Werken uitgegeven door de Faculteit van de Letteren en Wijsbegeerte, Bd. 162.) Gent 1977.

Robert Friedrich
Die zweifache christliche Unterwerfung von Menorca/Manūrqa
Handlungsspielräume der Eroberten und Vereinbarkeit von Rechtstraditionen in den Verträgen von Capdepera (628/1231) und Sent Agayz (685/1287)

Abstract: This article examines the two Christian conquests of the Balearic Island of Menorca in the 13th century and its integration into the Crown of Aragon. In 628/1231, King James I of Aragon and Abū ʿAbd Allāh Muḥammad, qāʾid of Menorca/Manūrqa, signed the treaty of Capdepera that put the Muslims of Manūrqa tributary to the Christian king. The paper explores the agency of the conquered by analysing the treaty and how it represents a combination of Islamic and Christian law. It furthermore highlights one person that particularly profited from the negotiations. The island remained a Muslim land under Christian rule until Alfonso III, grandson of James I, conquered it in 685/1287 and integrated it into the Crown of Aragon. The second part compares the results found concerning the treaty of Capdepera to previous research concerning the capitulation treaty of 1287.

1 Einführung

Nach der muslimischen Niederlage in der Schlacht von Las Navas de Tolosa im Jahr 1212 zerfiel der almohadisch beherrschte Andalus in kleine Teilreiche – sogenannte Taifas – und weder die Ḥafsiden noch die Mariniden schafften es, eine gemeinsame muslimische Einheit gegen christliche Invasoren zu schaffen.[1] Dies traf auch auf die Balearen zu, die seit 1208 vom Herrscher Mallorcas Abū Yaḥyā Muḥammad al-Tinmallī[2] regiert wurden, dem letzten von den Almohaden ernannten *wālī*[3] der Inseln. Die anderen In-

---

1 *Smith*, Restoration (2012); *Burns/Chevedden*, Negotiating Cultures (1999), 4; zur Entstehung der Taifas vgl. *García-Sanjuan*, Replication (2020). Einschlägig zu Las Navas de Tolosa *García Fitz*, Las Navas de Tolosa (2014).
2 Künftig wird die übliche Kurzform Abū Yaḥyā verwendet.
3 In der Region bezeichnet *Wālī* zumeist einen Gouverneur der Almohaden, vgl. *Burns*, Islam (1973), 355; allgemein zum Titel des *Wālī* vgl. *Singer*, Wali (1997), 1969.

Anmerkung: Zu großem Dank verpflichtet bin ich Cornel-Peter Rodenbusch (Barcelona), ohne dessen Unterstützung bei der Beschaffung katalanischer Literatur in Pandemiezeiten dieser Beitrag nicht möglich gewesen wäre. Weiterhin danke ich Eric Böhme (Konstanz), Stéphane Péquignot (Paris) und Sandra Schieweck (München) für ihre hilfreichen Anmerkungen.

seln Menorca, Ibiza und Formentera waren Mallorca tributpflichtig. In den Jahren von 1229 bis 1235 unternahm Jakob I. von Aragón (reg. 1213–1276) die Eroberung der Inselgruppe und integrierte diese als Königreich Mallorca in die Krone Aragón. Jedoch verfuhr er nicht mit allen Inseln gleichermaßen. Nach der langwierigen Eroberung der Hauptinsel vergab er die Rechte an der Eroberung Ibizas an Guillem de Montgrí und schloss mit den Muslimen Menorcas einen Unterwerfungsvertrag. So blieb Menorca als muslimisches Herrschaftsgebiet innerhalb eines christlichen Reiches erhalten und wurde erst 1287 von Jakobs Sohn Alfons erobert und christianisiert. Es ist dieses Schicksal Menorcas, das im Zentrum meines Beitrags steht.

Der erste und größere Abschnitt widmet sich dem Vertrag von Capdepera von 1231, mit dem Jakob der Eroberer und der *qāʾid* von Menorca Abū ʿAbd Allāh Muḥammad b. Aḥmad b. Hišām[4] des letzteren Unterwerfung vereinbarten. Dieser Vertrag wird zunächst in seinen Bestimmungen vorgestellt und im Hinblick auf den Anteil der Vertragsparteien an der Textgestaltung untersucht. Methodisch knüpft der Beitrag dabei an die Forschungen der New Diplomatic History an und verbindet Diplomatiegeschichte und Diplomatik, was in Bezug auf christlich-muslimische Beziehungen einige Besonderheiten mit sich bringt.[5] Denn sowohl die christliche wie die muslimische Vertragsdiplomatik sind stark von religiösen Konzepten geprägt, die erheblichen Einfluss auf die konkrete Rechtspraxis haben.[6] Aus diesem Grund erfolgt die Analyse unter Einbezug der verschiedenen Rechtstraditionen und zeigt auf, inwiefern sich Elemente des islamischen Rechts im lateinischen Dokument wiederfinden. Da die arabische Fassung des Vertrags verloren ist, werden weiterhin die Vertragsentstehung und der Vertragstext mit ähnlichen bilingualen Vertragsdokumenten der Zeit verglichen, vor allem mit dem gut erforschten sogenannten Al-Azraq-Vertrag von 1245, dessen kastilisch-arabisches Original erhalten ist. Im Sinne des zweiten Fragenkomplexes des Sammelbandes sollen so Handlungsspielräume der Eroberten bei der Gestaltung ihrer Unterwerfung aufgezeigt werden. Im Anschluss wird auf die beteiligten muslimischen Akteure und deren Handlungsoptionen eingegangen, insbesondere auf den späteren Herrscher Abū ʿUṯmān Saʿīd b. al-Ḥakam al-Qurašī.[7] Sein Aufstieg nimmt den dritten Fragenkomplex dieses Bandes auf und eröffnet einen Blick auf die Chancen, die ein neues Herrschaftsverhältnis für jene mit sich bringen kann, die zuvor nicht zur Herrscherebene gehörten.

---

4 Künftig wird die übliche Kurzform Abū ʿAbd Allāh Muḥammad verwendet.
5 Wegweisend für die New Diplomatic History in der arabischen Welt vgl. *Bauden/Dekkiche* (Hrsg.), Mamluk Cairo (2019), darin insbes. die ausführlichen Forschungsüberblicke der Herausgeber/innen. Für die iberische Halbinsel, insbes. zum religiösen Formular in der diplomatischen Briefkorrespondenz zwischen Christen und Muslimen im 14. Jhd. grundlegend *Potthast*, Diplomatischer Austausch (2017).
6 Zur Rolle von Religion und religiösen Konzepten in den christlich-muslimischen Beziehungen vgl. *Kedar*, Religion (2008).
7 Künftig wird die übliche Kurzform Abū ʿUṯmān verwendet.

Im zweiten und kürzeren Teil werden die Ergebnisse anschließend in Beziehung zur Kapitulation von Sent Agayz im Jahr 1287 gesetzt, in deren Folge Alfons III. Menorca christianisierte und in sein Reich integrierte. Beide hier behandelten Ereignisse haben schon viel Aufmerksamkeit in der Forschung zur sogenannten ‚Reconquista' und zur Geschichte der Balearen erfahren.[8] In der deutschsprachigen Mediävistik sind die Balearen und insbesondere Menorca allerdings ein weitestgehend unbeschriebenes Blatt.[9] Ein Großteil der umfangreichen katalanischen Forschungen zu den Balearen ist außerhalb Kataloniens meist schwer zugänglich, sodass ich an der einen oder anderen Stelle etwas ausführlicher auf die historischen Hintergründe eingehen werde. Ziel des Beitrags ist, anhand der besonderen Situation der Insel Menorca zu untersuchen, wie ein muslimisches Reich eine christliche Eroberung bewältigte und welche Handlungsspielräume zur Mitgestaltung dieses Prozesses auszumachen sind. Im Vergleich der beiden Eroberungen von 1231 und 1287 wird zudem herausgearbeitet, inwieweit die jeweils spezifischen Ausgangsbedingungen auf beiden Seiten der Eroberung diese Handlungsspielräume beeinflussten.

Die Quellen, die zur Beantwortung dieser Fragen zur Verfügung stehen, sind allerdings nahezu alle christlicher Provenienz und müssen deshalb mit großer Vorsicht analysiert werden. Zentral sind zuvorderst die beiden Vertragsdokumente von Capdepera und Sent Agayz, die beide zwar nicht im Original, doch aber in zuverlässigen und vollständigen Kopien erhalten sind. Diese sollen mithilfe der flankierenden chronikalischen und urkundlichen Überlieferung kontextualisiert werden. Für Capdepera ist der ‚Llibre dels feits', die sogenannte Autobiographie Jakobs I., zentral, der die Eroberung der Balearen lebhaft und detailliert schildert. Die Forschung ist sich weitestgehend einig, dass der Text in seiner Ursprungsfassung von Jakob I. noch selbst diktiert und redigiert wurde, um seine Taten für die Nachwelt zu überliefern. Entsprechend ist der Text in der ersten Person verfasst. Dies bedingt eine sehr durch die Sichtweise des Königs beeinflusste Darstellung der Ereignisse sowie erinnerungsbedingte Ungenauigkeiten in der Chronologie der Ereignisse. Grundsätzlich kann der ‚Llibre dels feits' aber als einigermaßen zuverlässig gelten, zumal sich einige Gegebenheiten auch durch Parallelüberlieferungen belegen lassen.[10] Jaume Aurell sieht die Entstehung des ‚Llibre' im Kontext der zu Beginn des 13. Jahrhunderts aufkom-

---

8 Zum Begriff, seinen Implikationen und Problematiken vgl. *Jaspert*, Reconquista (2019), 14–17; in englischer Sprache vgl. *García-Sanjuan*, Conquest (2021), 191–194.
9 Für Mallorca sind die wichtigsten Ausnahmen die Arbeiten von Ludwig Vones zum unabhängigen Königreich Mallorca, z.B. *Vones*, Krone (2005); außerdem der interdisziplinäre Sammelband *Drossbach/Kerscher* (Hrsg.), Utilidad (2013), zum mallorquinischen Hofzeremoniell. Weiterhin zu erwähnen sind die an ein breiteres Publikum gerichteten Bände von *Freller*, Geschichte (2013), und *Wozniak*, Kleine Geschichte (2021).
10 Vgl. zum ‚Llibre dels feits' auch den Beitrag von Eric Böhme in diesem Band. Alle Zitate stammen aus der maßgeblichen Ausgabe Llibre dels feits. Ed. *Soldevila*. Während der Arbeit an diesem Beitrag ist zudem erfreulicherweise eine wissenschaftliche deutsche Übersetzung erschienen, vgl. Buch der Taten. Übers. *Stöber*. Zu Ungenauigkeiten in der Chronologie bezüglich der Eroberung

menden Kreuzzugsberichte an der Grenze zwischen Historiographie und Literatur und damit abgesetzt von der zuvor in Katalonien üblichen annalistischen oder genealogischen Geschichtsschreibung. Zentral für den Text seien die Darstellung militärischer Heldentaten und tiefer Religiosität in Verbindung mit alltäglichen Szenen aus dem Leben des Königs.[11] Vor diesem Hintergrund müssen die Ausführungen zur Eroberung Menorcas gelesen werden. Für die Eroberung der Balearen war zudem die Entdeckung des ‚Kitāb Tārīḫ Mayūrqa' des Historiographen Ibn ʿAmīra al-Maḫzūmī im Jahr 2001 eine echte Sensation. Das aus Nennungen bei Aḥmad ibn Muḥammad al-Maqqarī al-Tilmisānī bekannte Werk galt als verloren und bietet nun – ediert und auch ins Katalanische übersetzt – eine arabische Sicht auf die Eroberung von Mallorca und bestätigt in einigen Punkten den ‚Llibre dels feits'.[12] Für Menorca ist die Quelle allerdings weniger aufschlussreich. Auf die flankierende Überlieferung zum Vertrag von Sent Agayz wird zu Beginn des zweiten Teils gesondert eingegangen.

2 Der Vertrag von Capdepera: eine muslimische Perspektive

2.1 Ausgangsbedingungen

Die Eroberung der Balearen war das erste größere Eroberungsunternehmen der Krone Aragón im 13. Jahrhundert und legte den Grundstein für den Beinamen des später als Eroberer bekannten jungen Königs.[13] Nur wenige Jahre später brachte er auch den künftig als Königreich València bekannten Teil des Šarq al-Andalus unter seine Kontrolle.[14]

Die Planungen des Feldzugs begannen im Jahr 1228 mit einer Versammlung in Tarragona, wo Jakob sich mit einigen Adligen und dem Bürger Pere Martell aus Bar-

---

der Balearen vgl. *Mas i Forners*, Conquestes (2013), 405–408. Zum Aufbau und zur Überlieferung des ‚Llibre' vgl. z. B. *Hauf Valls* (Hrsg.), Llibre dels feits (2013).
11 Vgl. *Aurell*, Authoring the Past (2012), 39–55.
12 Zum ‚Kitāb Tārīḫ Mayūrqa' vgl. Ibn ʿAmīra al-Maḫzūmī, Kitāb Tārīḫ Mayūrqa. Ed. *Roser/Rosselló Bordoy*; *Mas i Forners*, Conquestes (2013), 404; *Roser Nebot*, Declive (2018).
13 Ausführlich zur Eroberung Mallorcas und Ibizas vgl. *Mas i Forners*, Conquestes (2013), 403–439; zu weiteren Aspekten der Herrschaft Jakobs vgl. die weiteren Beiträge dieses zweibändigen Sammelwerks bzw. die Biographie von *Cingolani*, Jaume I (2007), in deutscher Sprache v.a. *Engels*, Jakob I. (1991), 281 f.
14 Zur Eroberung Valèncias vgl. den Beitrag von Eric Böhme in diesem Band. Die zeitgenössische arabische Bezeichnung Šarq al-Andalus bezieht sich – vereinfacht ausgedrückt – auf den festländischen Osten der Iberischen Halbinsel mit den Siedlungszentren Balansiya/València, Šāṭiba/Xàtiva und Mursiya/Múrcia, schließt aber auch die Balearen mit ein; vgl. grundlegend dazu *Guichard*, Shark al-Andalus (online), 351 f.

celona traf, anscheinend ein Experte für Seefahrt, der auch die Balearen gesehen hatte und dem König über deren Beschaffenheit berichtete. Über Menorca wusste er nur, dass die Bewohner dieser Insel dem „König von Mallorca"[15] untertan seien. Die Adligen sprachen sich beim König dafür aus, die Insel Mallorca zu erobern, um einerseits ihren und des Königs Wohlstand zu mehren und andererseits Prestige für den König zu erlangen, indem alle sahen, dass er ein *regne dins en la mar* – „ein Reich im Meer" – erobert habe.[16] Für den noch jungen König Jakob, der in seinen ersten Jahren als Kindkönig immer wieder Probleme mit der Herrschaftsorganisation der Krone hatte, sollte ein solches Unternehmen außerdem effektiv die königliche Macht festigen.[17] Auf einer weiteren Versammlung, den Corts von Barcelona im Jahr 1228, wurde die Eroberung schließlich zwischen Jakob und den Adligen nach langwierigen Diskussionen zugleich mit der Aufteilung von Land- und Beutegewinnen beschlossen.[18]

Im Herbst 1229 begann der Feldzug und Jakobs Flotte stach in See.[19] Am 31. Dezember wurde Mādina Mayūrqa eingenommen und der König zog in die Almudaina, den Palast, ein. Die völlige Kontrolle über die Insel gestaltete sich allerdings schwierig und gerade in den bergigeren Regionen hatten es die Katalanen immer wieder mit Aufständen zu tun. Nun stellte sich die Frage des Umgangs mit den anderen Inseln. Mallorca war die prestigeträchtigste der drei großen Inseln und als einer der wichtigsten Handelsplätze im westlichen Mittelmeerraum sowohl symbolisch wie auch wirtschaftlich eine bedeutende Eroberung.[20] Ein solcher Effekt war weder für Ibiza noch für Menorca zu erwarten. Auch andere Probleme bei der Eroberung Mallorcas bewogen den König dazu, seine Strategie in Bezug auf die anderen Inseln anzupassen. Dazu gehörten zum einen der massive Materialaufwand, ein neues Heer und die Ausrüstung einer neuen Flotte, zum anderen erwartbare demographische Probleme, wie etwa genügend christliche Siedler zu finden, die die Insel bewirtschaften und Einnahmen generieren würden. Dieser Prozess hatte für Mallorca gerade erst begonnen und offenbarte bereits die genannten Probleme. Wichtigster Grund war jedoch sicherlich die geplante Eroberung von València, die bereits am Horizont aufschien und vor allem bei den Adligen eine deutlich höhere Priorität genoss.[21] Und ohne die Unter-

---

15 Zur Verwendung des Königsbegriffs für muslimische Reiche im ‚Llibre dels feits' vgl. *Burns*, Islam (1973), 357.
16 Llibre dels feits. Ed. *Soldevila*, 128 f., Kap. 47.
17 Vgl. zur Vormundschaft und zu Jakobs früher Herrschaft immer noch grundlegend *Soldevila*, Primers temps (1968).
18 Llibre dels feits. Ed. *Soldevila*, 129–139, Kap. 48–55.
19 Zum detaillierten Ablauf des Feldzugs vgl. *Mas i Forners*, Conquestes (2013), 408–423.
20 *Abulafia*, Emporium (1994), 106–118; zu früheren Eroberungsversuchen und zur wirtschaftlichen Bedeutung vgl. *Catlos*, Muslims (2014), 58.
21 Vgl. dazu *Ensenyat Pujol*, Tractat (2009).

stützung der Adligen war für Jakob ein solches Unternehmen nicht zu realisieren.[22] So wurden für Ibiza und Menorca andere Lösungen gesucht. Die Rechte an der Eroberung Ibizas und Formenteras übertrug er schließlich an Guillem de Montgrí, den Erzbischofelekten von Tarragona, den Infanten Peter von Portugal sowie Nunyo Sanç, den Grafen von Roussillon, die die Insel 1235 gemeinsam eroberten und in das neu geschaffene Teilkönigreich Mallorca und damit in die Krone Aragón integrierten.[23] Menorca nahm eine Sonderstellung ein, da es nicht erobert, sondern durch einen Vertrag an Jakob I. gebunden wurde und noch ein halbes Jahrhundert als muslimisches Reich unter christlicher Oberherrschaft existierte, bevor es 1287 von Alfons III. erobert und christianisiert wurde.

2.2 Zustandekommen des Vertrags

Als Jakob zu seiner dritten Reise[24] nach Mallorca aufbrach, war die Situation auf der Insel noch immer nicht vollständig unter Kontrolle. Der ‚Llibre dels feits' schildert die Entwicklungen in Bezug auf Menorca folgendermaßen: Der Templer Ramon de Serra, wichtiger Berater des Königs, wünschte, den König privat zu sprechen. Er schlug vor, die Muslime Menorcas durch einen Vertrag zu unterwerfen, indem er ihnen mit seiner Flotte Angst einjagte und sie so zur Einwilligung zu seinen Bedingungen brachte. Der König fragte dann drei weitere Berater, die dies für eine gute Idee hielten und dem Vorschlag zustimmten.[25] So sandte Jakob drei Gesandte nach Menorca, die den dortigen Muslimen einen Verhandlungsvorschlag unterbreiten sollten. Ausgestattet waren sie mit Kredenzschreiben in arabischer Sprache, die von Salamó Alconstantini, einem jüdischen *ḥakīm* (katalanisch *alfaquim*) in Diensten des Königs, ausgestellt worden waren.[26] Hier ist die Mediatorenrolle jüdischer Experten in den christlich-

---

[22] Grundsätzlich ist zu betonen, dass Jakob ohnehin nur für kurze Feldzüge mit Unterstützung rechnen konnte, da seine Vasallen nur zu geringer Unterstützung verpflichtet waren und sich eher ungern auf größere Unternehmen mit ungewisser Länge einließen. Dies gilt umso mehr, als dass Jakob noch am Anfang seiner Regierung stand und sein Status alles andere als gefestigt war. Vgl. dazu *Burns*, Islam (1973), 16.
[23] Zur Eroberung Ibizas und Formenteras vgl. *Mas i Forners*, Conquestes (2013), 435–439.
[24] Im ‚Llibre dels feits' wird die Unterwerfung fälschlicherweise mit der zweiten Mallorcareise Jakobs in Verbindung gebracht. Aufgrund der Datierung des Vertrags von Capdepera kommt allerdings nur die dritte Reise infrage. Vgl. dazu *Ensenyat Pujol*, Tractat (2009), 109.
[25] Llibre dels feits. Ed. *Soldevila*, 210 f., Kap. 117.
[26] Zur Rolle von Gesandtschaften in der Darstellung des ‚Llibre dels feits' vgl. *Jaspert*, Interreligiöse Diplomatie (2008), 158–164.

muslimischen Beziehungen einmal besonders deutlich greifbar.[27] Außerdem teilte Jakob den Gesandten mit, dass sie ihn in Capdepera, ca. 30 Seemeilen von der menorquinischen Küste entfernt, finden würden, wenn sie eine Antwort hätten.[28] Als die Gesandten die Insel erreichten und sich zu erkennen gaben, versammelten sich die menorquinischen Würdenträger und hörten sich das Unterwerfungsangebot König Jakobs an. Der ‚Llibre dels feits' nennt nur einige dieser Akteure namentlich: den *qā'id* Abū 'Abd Allāh Muḥammad[29] und dessen Bruder 'Alī b. Hišām sowie den *mušrif*, einen Steuerbeamten[30] namens Abū 'Uṯmān, der später noch eine wichtige Rolle spielen würde. Außerdem nahmen weitere *vells*[31] an den Besprechungen teil. Sie baten die Gesandten, bis zum nächsten Tag zu warten, damit sie weitere *vells* in die Stadt bringen konnten, um sich zu beraten.[32] Die Gesandten willigten ein. In der Nacht griff Jakob zu einer List und ließ an der mallorquinischen Küste unzählige Feuer in Sichtweite Menorcas entzünden, um den Menorquinern vorzugaukeln, dass eine riesige Flotte vor Anker liege. Als jene dies sahen, fragten sie die Gesandten, was dieses Leuchten sei. Sie erhielten die Auskunft, dass dies die Flotte des Königs von Aragón sei, der eine Antwort von ihnen erwarte.[33] Am nächsten Morgen (13. Juni 1231) sprachen die Muslime ihr Gebet, dann gingen der *qā'id*, sein Bruder, der *mušrif*, die *vells* und ca. 300 weitere Muslime hinaus, akzeptierten die Bedingungen der Gesandten und zählten auf, was sie dem König zu geben bereit wären. Die Gesandten verlangten zudem die Kontrolle über Ciutadella und die größte Festung des Landes. Die Muslime stimmten allen Forderungen zu. Noch vor Ort wurden vorläufige Dokumente ausgehandelt und verschriftlicht, was drei Tage lang dauerte. Der König entzündete derweil jeden Abend dieselben Feuer.[34] Am 17. Juni schließlich erreichten die aragonesischen Gesandten Capdepera gemeinsam mit dem *qā'id*, dessen Bruder, dem *mušrif* und fünf

---

27 Zu Salamó (im ‚Llibre dels feits' Don Salomo genannt) vgl. *Assis*, Diplomàtics (1997), 15; *Romano Ventura*, Judíos (1978), 81. Sein Bruder agierte als Diplomat Jakobs I. im festländischen Šarq al-Andalus, z. B. bei der Eroberung Valèncias, vgl. dazu ebd., 79 f., sowie den Beitrag von Eric Böhme in diesem Band (Anm. 36). Zum Titel des *ḥakīm* (alfaquim) für die beiden Brüder vgl. *Burns/Chevedden*, Negotiating Cultures (1999), 138. Zu Juden und ihrer Rolle am Hof der Krone Aragón vgl. *Jaspert*, Mendicants (2013), 125–133.
28 Llibre dels feits. Ed. *Soldevila*, 211, Kap. 118.
29 Zu ihm vgl. *Moll Mercadal*, Qadi (2005).
30 Zum Begriff des Mušrif vgl. *Bosworth/Burton-Page*, Mushrif (online); zum konkreten Fall vgl. auch *Burns*, Islam (1973), 367 f., und allgemein zu diesem Amt in der Region *Ders.*, Medieval Colonialism (1975), 255–260.
31 Das katalanische *vells* bedeutet „Alte". In diesem Kontext sind damit aber in der Regel die *šuyūḫ/mašāyiḫ* (Einzahl *šaiḫ*) der Gemeinde gemeint, die in einer Art Gemeindeversammlung an der Entscheidungsfindung beteiligt wurden. Der Begriff bezieht sich also nicht unbedingt auf das Alter, sondern auf eine herausgehobene Position. Vgl. dazu spezifisch für die Region *Burns*, Islam (1973), 391; *Kirchner Granell*, Paper polític (1987); allgemeiner *Geoffroy*, Shaykh (online).
32 Llibre dels feits. Ed. *Soldevila*, 211 f., Kap. 119.
33 Llibre dels feits. Ed. *Soldevila*, 212 f., Kap. 120.
34 Llibre dels feits. Ed. *Soldevila*, 213–215, Kap. 121.

der würdevollsten *vells*.[35] Die Unterwerfung war beschlossene Sache und ein Vertragsdokument wurde ausgefertigt, auf das nun genauer eingegangen werden soll.[36]

2.3 Das Vertragsdokument

Das Original des Vertrags ist nicht erhalten, doch glücklicherweise ist der Text in einer beglaubigten und vollständigen Abschrift auf uns gekommen. Es handelt sich um ein Transsumpt aus dem Jahr 1282, das im Auftrag des Königs von Mallorca auf Latein ausgefertigt wurde.[37] Der Entstehungskontext dieser Kopie ist unklar, es kann aber vermutet werden, dass sie im Kontext des Herrschaftswechsels auf Menorca von Abū ʿUṯmān zu dessen Sohn Abū ʿUmar b. Saʿīd[38] entstanden ist, da zu diesem Zeitpunkt die Unterwerfung unter den König von Mallorca wahrscheinlich neu bestätigt werden musste. Die Bedingungen des Vertrages schreiben fest, dass Menorca ein muslimisches Gebiet bleibe, aber dem König von Aragón und Mallorca, also Jakob I. und dessen Nachkommen, tributpflichtig werde. Jakob würde sich nicht in die inneren Angelegenheiten einmischen und keinem Nicht-Muslim solle es erlaubt sein, auf Menorca zu wohnen. Es wird deutlich, dass es sich nicht um einen Kapitulationsvertrag handelt, auch nicht um eine einseitige Entscheidung Jakobs I., sondern um einen Vertrag, an dem beide Seiten ihren Anteil hatten.

Sehen wir uns den Inhalt genau an, fällt sofort auf, dass der Text zweigeteilt ist und die beiden Teile sich inhaltlich wie formal unterscheiden. In dieser Form erinnert er beispielsweise an den Vertrag, den Jakob 1245 mit dem muslimischen Regionalherrscher Al-Azraq schloss und auf den später noch eingegangen wird.[39] Der erste Teil stellt eine Art Urkunde von muslimischer Seite dar und ist im Namen von Abū ʿAbd Allāh Muḥammad ausgestellt, während der zweite Teil einer Urkunde Jakobs I. gleicht. Der muslimische Teil beginnt mit der Intitulatio des *qāʾids*: *Ego alfaqui Aboabdille Ma-*

---

35 Llibre dels feits. Ed. *Soldevila*, 215, Kap. 122.
36 Llibre dels feits. Ed. *Soldevila*, 215 f., Kap. 123.
37 Das Dokument liegt heute in der Bibliothèque Nationale in Paris und ist möglicherweise mit dem Archiv des unabhängigen Königreichs Mallorca nach dessen Wiedereingliederung in die Krone Aragón in der Mitte des 14. Jhds. dorthin gelangt. Vgl. zu dieser Archivodyssee *Bernard*, Conservation (2017), 13. Es gibt verschiedene Editionen dieses Vertrags, hier wird die neue Edition in Tractat de Capedepera. Ed. *Mut Calafell*, verwendet, in der sich auch eine katalanische Übersetzung befindet. Für eine Online-Edition vgl. http://www.jaumeprimer.uji.es/cgi-bin/arxiu.php?noriginal=000986 (Zugriff: 18.08.22). Zentral ist auch der Beitrag von *Barceló*, Tractat (1981).
38 Künftig wird die übliche Kurzform Abū ʿUmar verwendet. Die Machtübernahme Abū ʿUṯmāns im Jahr 1234 und seine Ernennung zum *raʾīs* werden weiter unten ausführlich diskutiert.
39 Es scheint der Normalfall zweisprachiger Verträge gewesen zu sein, dass die Textteile sich inhaltlich unterscheiden, vgl. auch den Vertrag von Xàtiva 1244, dazu *Burns/Chevedden*, Negotiating Cultures (1999), 123–194.

fomet, filius de alfaqui Abolança Aly Abineixem, alcady et alcaid insule Minoricarum.[40] Er tritt zunächst als alfaqui (arab. *faqīh*) auf, was einen islamischen Rechtsgelehrten bezeichnet, in der christlichen Verwaltungssprache aber gelegentlich auch ein etwas vageres Bedeutungsspektrum hatte.[41] Im Anschluss an den Namen seines Vaters führt er die Titel als *qāḍī* (Richter) und *qāʾid* von Menorca an. Es folgt ein Einblick in die Entscheidungsprozesse auf muslimischer Seite, wobei die Rolle der vielfach genannten *senes et sapientes*[42] besonders deutlich wird, was mit der oben erwähnten Betonung des Ältestenrats im ‚Llibre dels feits' korrespondiert. Der Herrscher bestätigt, dass Jakob als *dominum naturalem et proprium* akzeptiert sei und dies in seinem Namen und in dem aller *senes et sapientes* sowie der Einwohner Menorcas tue, nachdem er sich beraten und Meinungen eingeholt habe. Künftig sei der christliche König von Mallorca ihr Herr, nicht mehr der muslimische *wālī* von Mallorca. Es folgt die Aufzählung von 16 Würdenträgern.[43] Alle gemeinsam schwören sie die Einhaltung des Vertrags auf den Koran, was bei solchen Verhandlungen wohl ein formaler Standard war.[44] Im Anschluss daran erklärt Abū ʿAbd Allāh Muḥammad jegliche bisherigen Verträge und Treueschwüre, die seine Insel in Abhängigkeit zu anderen Herrschern gesetzt hatten, für beendet und überträgt Jakob die von den Gesandten geforderte Festung von Menorca.[45] Dies wird durch einen jährlich zu wiederholenden Akt symbolischer Inbesitznahme bestärkt, bei dem auf der Burg die Fahne Jakobs gehisst und sein Name ausgerufen wird. Der Eroberer ließ der unterlegenen Seite also weitgehende Freiheiten in Bezug auf die Gestaltung ihres Gemeinwesens, erinnerte aber auch regelmäßig daran, wem sie nun untertan waren. Während die christlichen Herrschaftsträger sonst nur wenig auf der Insel präsent waren, war diese Form symbolischer Kommunikation ein wichtiger Aspekt der Machtdemonstration und -sicherung. Ein weiterer Aspekt, diesmal materieller Natur, war der jährliche Tribut in Getreide und Vieh, der [a]d *mayorem etiam recognicionem vestre dominationis* gezahlt werden sollte.[46] Weiterhin

---

[40] „Ich, *alfaqui* Aboabdille Mafomet, Sohn des *alfaqui* Abolança Aly Abineixem, *qāḍī* und *qāʾid* der Insel Menorca." [Übers. d. Verf.]

[41] Zum *faqīh*-Begriff vgl. *Barros*, Muslims (2020), 547.

[42] Wie oben bereits zu den *vells* ausgeführt, sind hier wohl die *šuyūḫ* (*senes*) und *fuqahāʾ* (*sapientes*) gemeint, wobei letzterer Begriff auch allgemein Weisheit und Erfahrung beinhalten kann und nicht nur auf die Gruppe der *fuqahāʾ*, also der Rechtsgelehrten, beschränkt sein muss, vgl. *Burns*, Islam (1973), 391.

[43] Zur Identifikation dieser Personen vgl. *Barceló*, Tractat (1981), 248 f.

[44] *Burns*, Islam (1973), 179.

[45] Die Frage, welche Festung hier gemeint ist, hat in der Forschung für Kontroversen gesorgt. Während *Barceló*, Tractat (1981), 235, der Überzeugung ist, dass Ciutadella gemeint ist, tritt *Sastre Portella*, Conquista (1990), 139 f., für Sent Agayz ein, die damals die bedeutendste Festung der Insel war.

[46] Die Frage der religiösen Rechtmäßigkeit eines Tributs an christliche Herrscher beschäftigt muslimische Rechtsgelehrte seit frühislamischer Zeit in Reaktion auf konkrete Probleme der Rechtspraxis, vgl. dazu rechts- und ideengeschichtlich *Lower*, Tribute (2018), 232–239.

sollten die Rechte Jakobs auf der Insel geachtet und verteidigt werden, was Regelungen zum Umgang mit Piraten, entflohenen Sklaven sowie zum Strandrecht beinhaltete. Damit endet der arabische Teil des Vertrags ohne weiteres Eschatokoll.

Es folgt direkt die Intitulatio Jakobs. Dieser nimmt die Muslime unter seinen Schutz und erklärt, dass kein Christ oder Jude dauerhaft auf Menorca wohnen dürfe, es sei denn, die Muslime wünschten es. Abū ʿAbd Allāh Muḥammad wird seine Position als Herrscher Menorcas auf Lebenszeit bestätigt. Nach seinem Tod sollen die Muslime Menorcas aus ihrer Mitte die Ämter *faqīh*, *qāʾid*, *qāḍī* und *mušrif*[47] wählen dürfen, Jakob würde sie dann bestätigen. Weiterhin sei es den Muslimen erlaubt, sich in seinem Reich zum Zweck des Handels frei zu bewegen und sich auch in muslimischen Herrschaftsgebieten aufzuhalten. Jakob erklärt außerdem, dass er sie gegen ihre Feinde verteidigen werde. Das transsumierte Dokument schließt mit dem üblichen Eschatokoll bestehend aus 14 Zeugen, dem königlichen Signum und der Ankündigung des königlichen Siegels.

Formal haben wir es also mit einem Vertragsdokument zu tun, das sich an den Gepflogenheiten der christlich-lateinischen Diplomatik orientiert. Dies bedeutet aber nicht, dass die muslimische Seite keinen Anteil am Zustandekommen des Vertrags gehabt hat, wie die folgenden Ausführungen verdeutlichen.

2.4 Vereinbarkeit von Rechtstraditionen im Vertrag von Capdepera

Verschiedene religiöse Rechtstraditionen miteinander in Einklang zu bringen, war eine Notwendigkeit in der interreligiösen Diplomatie des Mittelalters. Der Vertrag von Capdepera bildete hier keine Ausnahme. Um den Vertrag von muslimischer Seite einzuordnen, ist das rechtliche Konzept des *ʿahd* (Pakt/Vertrag) notwendig. Laut Mikel de Epalza liegt den muslimischen Kapitulationsverträgen ab dem 13. Jahrhundert die gleiche politische Doktrin zugrunde wie jenen Verträgen, die die Christen während der muslimischen Eroberung im 8. Jahrhundert unterwarfen. So erwarteten die Muslime nun von den christlichen Eroberern eine ähnliche Behandlung, wie sie den christlichen Gemeinschaften unter muslimischer Herrschaft zugestanden hatten, sofern sie sich ohne Kampf und freiwillig ergaben. Üblicherweise wurde im Islam die

---

47 Bei der Aufzählung der zu wählenden Ämter scheint ein Problem aufzutauchen, mit dem die Geschichtswissenschaft im Umgang mit der Geschichte des Šarq al-Andalus regelmäßig konfrontiert ist. Die meisten Quellen sind christlicher Provenienz, diese jedoch sind sehr unzuverlässig bei der genauen Zuordnung muslimischer Ämterbezeichnungen, vgl. Burns, Islam (1973), 370. So werden die *fuqahāʾ* (vgl. Anm. 42) eigentlich nicht gewählt oder ernannt – im Gegensatz zu den anderen drei Ämtern. *De Epalza*, Precisiones (1987), 81, wird deutlich: „En realidad esos títulos no son funciones públicas sino títulos personales que acreditan ciencia religiosa en quien los posee." Es muss also unklar bleiben, was im Vertrag mit der Wahl des *faqīh* gemeint ist.

Welt in das *dār al-Islām*, das Haus des Islam, das alle muslimischen Gebiete beinhaltet und das *dār al-ḥarb*, das Haus des Krieges, das alle von Ungläubigen beherrschten Gebiete umfasst, eingeteilt. Einige muslimische Rechtsschulen, vor allem die šāfiʿitische, benennen zudem einen dritten Raum, der auf dem Weg zur Weltherrschaft des Islams übergangsweise eingerichtet werden könne, bis die nötigen Mittel für eine vollständige Eroberung zur Verfügung stünden. Dieses Konzept wird *dār al-ʿahd* oder *dār al-ṣulḥ*, Haus des Vertrags oder der Allianz, genannt und kann Gebiete bezeichnen, in denen Muslime durch ein Vertragsverhältnis ein Auskommen mit christlichen Machthabern gefunden haben.[48] Es handelt sich also um ein Instrument zur Gestaltung von Eroberung im islamischen Recht, das einen dritten Weg zwischen Krieg und Eroberung ermöglicht. Dies gilt zwar nur temporär, doch kann diese transitorische Phase so lange wie nötig andauern. Der Fall des muslimischen Menorcas unter christlicher Oberherrschaft ist ein solches Beispiel. Die Muslime der Baleareninsel bedienten sich des Konzepts des *dār al-ʿahd*, um sich eine Möglichkeit an der Gestaltung ihrer künftigen Lebensweise zu bewahren. Sie unterwarfen sich der christlichen Oberherrschaft, nutzten aber die Möglichkeiten des Vertrags, um Elemente des islamischen Rechts in das Vasallitätsverhältnis einzubringen und dieses für sich rechtlich gültig, aber auch sinnvoll zu gestalten.

Dies wird zunächst formal deutlich: So beginnt der Vertrag mit den Worten *In nomine Creatoris*, einer Invocatio-Formel, die in lateinischen Urkunden in dieser Form kaum begegnet und als gemeinsame, vielleicht religionsneutrale Invocatio diente.[49] Auch mit Blick auf die Beglaubigungsmittel als wichtigem Instrument in der lateinchristlichen Diplomatik sind Unterschiede feststellbar. Im christlichen Teil findet sich wie üblich die Zeugenliste, eingeleitet mit *Testes huius rei sunt*, sowie das Signum des Königs. Außerdem findet sich im Vermerk des Bischofs von Mallorca, der die Kopie von 1282 beglaubigte, ein Hinweis auf ein Siegel Jakobs am Original.[50] Im menorquinischen Teil steht nach der einleitenden Nennung der verantwortlichen Personen – die man als ein Äquivalent zur Zeugenliste sehen kann – nichts dergleichen. Dies hängt wohl auch damit zusammen, dass im islamischen

---

48 Zur Begriffsgeschichte und Verwendung des ʿahd-Begriffs vgl. *De Epalza*, ʿAhd (1999), 195–201. Zum Konzept des *dār al-ʿahd* als ‚third space' in den christlich-muslimischen Beziehungen vgl. *Albrecht*, Dār al-Islām and dār al-ḥarb (online); *Jaspert/Kolditz*, Außenbeziehungen (2017), 21; mit Analyse konkreter Beispiele *De Epalza*, ʿAhd (1999), 201–205. Zur Ideengeschichte des Konzepts im Kontext frühislamischer Theologie und Rechtsgeschichte vgl. *Dekkiche*, Mamluk Diplomacy (2019), 113–117.
49 Vgl. zum Vorrang allgemein monotheistischer Elemente im religiösen Formular der christlich-muslimischen Briefkorrespondenz *Potthast*, Diplomatischer Austausch (2017), 449, 457.
50 *Nos Poncius, Dei gratia Maioricensis episcopus, notum facimus universis hoc presens transcriptum sive transsumptum fuisse sumptum per manum Iacobi Mercerii, publici Maioricarum notarii, de quodam instrumento sigillato sigilli dependenti bone memorie domini Iacobi, Dei gratia regis Aragonum (…).* Tractat de Capedepera. Ed. *Mut Calafell*, 24.

Recht „Niederschrift, Unterschrift, Datierung und Bezeugung [...] keine rechtlichen Erfordernisse"[51] sind. Dass die muslimischen Vertragspartner Anteil an der Gestaltung des Textes hatten, wird auch im Signum des Notars deutlich, der explizit im Auftrag des Königs und der vorgenannten Muslime schrieb: *Signum Guillelmi Scribe, qui mandato domini regis et predictorum sarracenorum hanc cartam scribi fecit loco die et anno prefixis.*[52]

Ein weiterer Punkt der Einbindung islamischer Rechtstraditionen im Vertrag ist die große Anzahl an beteiligten Personen. Im Unterschied zur Zeugenliste des christlichen Teils stehen diese Personen im Vertrag direkt am Anfang und gehören zu jenen, in deren Namen die Abmachungen getroffen werden. Zum einen ist dies von Bedeutung, da sich darunter Rechtsgelehrte wie der unten diskutierte Abū 'Uṯmān befanden, zum anderen liegt diese hohe Anzahl in einer weiteren Differenz des islamischen Rechts zum christlichen begründet. In jenem kann nur ein Individuum eine juristische Person sein. Stellvertretend durchgeführte Treueschwüre können also nicht legal bindend sein. Zwar kann ein Vertragschließender die Loyalität seiner Anhänger erwarten, juristisch bindend ist sie aber nicht.[53] Durch die Einbindung einer möglichst großen Anzahl an Personen aus verschiedenen Gruppen soll diese Loyalität sichergestellt werden. Darauf bezieht sich auch die Formulierung *senes et sapientes*, die sowohl im Vertragstext als auch im ‚Llibre dels feits' vorkommt. Wie Barceló betont, handelt es sich dabei nicht um eine spontane Versammlung, sondern um ein Gremium mit realer Entscheidungskompetenz in muslimischen Gesellschaften der Zeit, was auch dadurch untermauert wird, dass sich die Menorquiner im ‚Llibre dels feits' Zeit erbitten, um wichtige Personen aus anderen Teilen der Insel zu holen.[54]

Vor diesem Hintergrund ist außerdem stark zu vermuten, dass es ein arabisches Pendant zum lateinischen Vertragstext gegeben hat, das allerdings verloren gegangen ist. In diesem Zusammenhang sind verschiedene Möglichkeiten denkbar. Es kann sich um ein interlinear zweisprachiges Dokument gehandelt haben, in dem der arabische und der lateinische Text abwechselnd geschrieben wurden, oder aber um eine Ausfertigung auf zwei Blättern. Für das 13. Jahrhundert sind zahlreiche bilinguale Verträge bekannt, deren Zahl im 14. und 15. Jahrhundert noch massiv zunahm.[55] Allerdings sind nur zwei Exemplare aus dem 13. Jahrhundert in zweisprachiger Form erhalten. Vor allem mit einem der beiden, dem sogenannten Al-Azraq-Vertrag, den Jakob I. 1245

---

51 *Lohlker*, Vertragsrecht (2006), 91; vgl. auch *Potthast*, Diplomatischer Austausch (2017), 449.
52 Eventuell handelt es sich hier um denselben Notar Guillelmus, der auch den Vertrag von Xàtiva geschrieben hat, vgl. *Burns/Chevedden*, Negotiating Cultures (1999), 151, und der damit – mit aller Vorsicht – als Spezialist für bilinguale Verträge angesehen werden könnte.
53 *Burns/Chevedden*, Negotiating Cultures (1999), 185.
54 *Barceló*, Tractat (1981), 237 f.
55 *Burns/Chevedden*, Negotiating Cultures (1999), XIII f.

mit dem muslimischen Regionalherrscher Al-Azraq schloss, lohnt sich ein kurzer Vergleich.[56] Der Vertrag ist in seinem Original erhalten, in dem der kastilische und der arabische Vertragstext interlinear aufgeschrieben wurden. Interessant ist dabei, dass die beiden Texte keine getreue Übersetzung des jeweils anderen sind, sondern den jeweiligen Vertragsgewohnheiten folgen und sich zum Teil sogar inhaltlich unterscheiden. Der zweigeteilte Aufbau des kastilischen Textes ähnelt sehr stark jenem des oben untersuchten Vertrags von Capdepera. Im ersten Teil bekundet der muslimische Herrscher seine Unterwerfung und zählt auf, welche Zugeständnisse er macht und welche Zahlungen er leistet. Der zweite Teil präsentiert sich dann als eine Art Antwort des christlichen Herrschers, der die Muslime in sein Reich und unter seine Vasallen aufnimmt. An dieser Stelle scheint es sinnvoll, eine Diskussion der Forschung bezüglich des Charakters des Vertrags von Capdepera aufzugreifen. Handelt es sich um einen Vasallenvertrag oder lediglich um ein Schutzabkommen? Sastre Portella kommt nach Analyse der Klauseln des lateinischen Textes zu dem Ergebnis, dass dieser alle Elemente eines Vasallenverhältnisses enthält und geht entsprechend von einer Vasallität aus.[57] Dem ist zwar zuzustimmen, zieht man jedoch die Erkenntnisse des zweisprachig erhaltenen Al-Azraq-Vertrags hinzu, wird diese Deutung unsicher. Burns und Chevedden bescheinigen der arabischen Interlinear-„Übersetzung" einen anderen Geist. So enthalte sie eben keinerlei Nennungen von „vassalage, fidelity, personal obligation, or even Islamic allegiance (bay'ah), or obedience."[58] Der einzige Hinweis auf den Beziehungscharakter sei ein Satz zu Beginn, der besagt, dass das Abkommen als „edler Erlass des erhabenen Prinzen" (gemeint ist Jakobs Sohn Alfons) geschlossen wird und Tributzahlungen beinhaltet.[59] Außerdem wird kein Fokus auf eine eventuelle Dauerhaftigkeit des Arrangements gelegt.[60] Schlussendlich wandelt der arabische Text Al-Azraqs Unterwerfung in eine temporäre Allianz um – eine Abmachung, die Al-Azraq später als Begründung für seinen Aufstand nutzte.[61]

Hinweise auf einen geplanten Aufstand gegen Jakob haben wir auf Menorca nicht und es ist nicht sicher, ob das arabische Pendant des Vertrags von Capdepera in ähnlicher Form verfasst wurde. Jedoch ist dies nicht unwahrscheinlich, wenn man die Übereinstimmungen der Abmachungen im lateinischen beziehungsweise kastilischen Teil betrachtet. Zudem sind Unterschiede in bilingualen Verträgen keine Seltenheit gewesen, selbst wenn – wie im Falle Al-Azraqs und auch Capdeperas – beide Textteile

---

[56] *Burns/Chevedden*, Negotiating Cultures (1999), 3–62.
[57] *Sastre Portella*, Conquista (1990), 138 f. Zum Vergleich bietet sich eine Untersuchung der Vasallitätsfrage im Königreich València bei *Burns*, Islam (1973), 273–288, an.
[58] *Burns/Chevedden*, Negotiating Cultures (1999), 26.
[59] *Burns/Chevedden*, Negotiating Cultures (1999), 26.
[60] *Burns/Chevedden*, Negotiating Cultures (1999), 26.
[61] *Burns/Chevedden*, Negotiating Cultures (1999), 27.

von der christlichen Seite verschriftlicht worden sind.[62] Diese Beobachtung ermöglicht eine neue Interpretation der Vasallitätsfrage. Burns und Chevedden vermuten, dass die beiden Textteile für unterschiedliche Zielgruppen geschrieben wurden und das jeweilige Verständnis der beiden Seiten darstellten. Bringt man dies in Verbindung mit dem oben diskutierten ʿahd-Konzept, würde dies auch heißen, dass für eine Vereinbarkeit mit den jeweiligen Rechtstraditionen eben verschiedene Texte notwendig waren und offensichtlich auch nicht als Problem angesehen wurden.

In seiner Analyse von Übersetzungen christlich-muslimischer Briefkorrespondenzen im 14. Jahrhundert stellte Potthast fest, dass monotheistische Formeln erhalten blieben, während sonstige offenkundige Hinweise auf den Islam aus dem Formular verschwanden. Er spricht in dieser Hinsicht von Vorformen eines säkularen Völkerrechts, in dem muslimische Herrscher sich an europäische Rechtssysteme anpassten.[63] Im Falle des Vertrags von Capdepera sind Ansätze davon ebenfalls zu beobachten. Hinzuzufügen ist aber, dass auch die christliche Seite sich der Gepflogenheiten der Muslime bewusst war und Sprache und Ausfertigung des Vertrags entsprechend anpasste, was sich wohl durch den – im Vergleich zu Briefen – beiderseitigen Charakter eines Vertragsdokuments erklären lässt. Dies spricht für ein hohes Maß an Pragmatismus und Ambiguitätstoleranz, das zumindest im Falle Menorcas nicht zu späteren Schwierigkeiten geführt hat. Denn, wie der ‚Llibre dels feits' uns mitteilt, haben die Muslime Menorcas immer ihre Abgaben gezahlt, ohne dass man sie daran erinnern musste.[64]

2.5 Abū ʿUṯmān als Kopf hinter dem Vertrag und dessen Profiteur

Von den 16 Personen, die auf muslimischer Seite im Vertrag von Capdepera genannt werden, tritt in der Folge der dritte in der Liste besonders hervor und soll deshalb hier im Hinblick auf seinen Umgang mit den Handlungsspielräumen untersucht werden. Es handelt sich um Aboaçmen Abenhacam, den Barceló mit dem oben bereits genannten Abū ʿUṯmān identifiziert.[65] Dieser ist schon allein durch seine Nachwirkungen in der arabischen Historiographie bemerkenswert: Allein neun Biographien oder biographische Skizzen über ihn sind erhalten und stellen neben seinem Leben vor allem sein über 50-jähriges Wirken in Menorca in den Mittelpunkt.[66] Geboren wurde er in Tavira im heutigen Portugal und ging dann jung nach Sevilla, dem damaligen Zentrum almohadischer Verwaltung und Gelehrsam-

---

62 Vgl. Anm. 39 zum Vertrag von Xàtiva. In Bezug auf Kanzleiübersetzungen diplomatischer Korrespondenz vgl. *Potthast*, Translations (2015), und *Buresi*, Traduttore (2008).
63 *Potthast*, Diplomatischer Austausch (2017), 464.
64 Llibre dels feits. Ed. *Soldevila*, 215 f., Kap. 123.
65 *Barceló*, Tractat (1981), 249.
66 *Marin Niño*, Saʾid b. Hakam (2006), 95 f.

keit, zum Studium des islamischen Rechts und der Kultur.[67] Anschließend arbeitete er in der Verwaltung des Almohadenreichs und ging dafür unter anderem nach Tunis und Bejaia in Nordafrika. In dieser Zeit baute er auch ein gewisses Vermögen auf.[68] Im Alter von 22 Jahren gelangte er nach Mallorca, wo der Herrscher Abū Yaḥyā von seinen Fähigkeiten so überzeugt war, dass er ihn zu seinem *mušrif* auf Menorca machte.[69]

In dieser Situation wurde nun der Vertrag von Capdepera geschlossen. Im ‚Llibre dels feits' schreibt Jakob bei der Aufzählung der beteiligten Muslime in Bezug auf Abū 'Uṯmān *lo qual nós puis faem raiz de Menorca*[70], denjenigen, den wir zum *ra'īs* von Menorca machten.[71] Dies bezieht sich auf die Machtübernahme im Jahr 1234, als Abū 'Uṯmān den bisherigen Herrscher Abū 'Abd Allāh Muḥammad stürzte und Jakob den Herrschaftswechsel anscheinend ohne Probleme anerkannte. Moll Mercadal sieht in dieser Bestätigung eine Belohnung für Abū 'Uṯmāns großen Anteil am Zustandekommen des Vertrags von Capdepera und dafür, dass er die menorquinische Bevölkerung von der Notwendigkeit der Unterwerfung überzeugt habe.[72] Dies lässt sich jedoch nicht belegen. Es ist auch möglich, dass Jakob schlicht die neue politische Realität anerkannte, nachdem er den Muslimen Menorcas zugesagt hatte, dass sie innenpolitisch unabhängig seien und ihre Amtsträger selbst wählen könnten. Richtig ist allerdings, dass die meisten arabischen Historiographen in ihm den Kopf hinter den Verhandlungen sahen, allen voran al-Marrākušī.[73] Dies ist vor dem Hintergrund seiner umfangreichen politischen Erfahrung im Dienst der Almohaden auch durchaus möglich. Es ist allerdings auch denkbar, dass die Chronisten aus seiner späteren Machtübernahme rückwirkend einen lange gehegten Plan machen wollten. In jedem Fall hat Abū 'Uṯmān die ihm zur Verfügung stehenden Möglichkeiten effizient genutzt. Feststeht ebenso, dass er auf der Insel über starke Netzwerke innerhalb der Eliten verfügte und diese zu nutzen und mit seinen beträchtlichen finanziellen Mitteln auszubauen wusste.[74] Auch dadurch konnte er sich seine Herrschaftsübernahme 1234 scheinbar ohne Probleme sichern. Auch der Zustimmung Jakobs schien er wohl sicher und handelte mit ihm einen heute wohl verlorenen neuen Vertrag aus, der die Regelungen von Capdepera bekräftigte und ihn selbst zum Herrscher Menorcas unter Oberherrschaft der Krone Aragón machte. Wahrscheinlich handelte es sich nur um eine Bestätigung, dass Abū 'Uṯmān als Nachfolger Abū 'Abd Allāh Muḥammads

---

67 Zu seinem Studium vgl. *Marin Niño*, Saʻid b. Hakam (2006), 98.
68 *Marin Niño*, Saʻid b. Hakam (2006), 101f.
69 *Marin Niño*, Saʻid b. Hakam (2006), 102. Zum Amt des *mušrif* vgl. Anm. 30.
70 Llibre dels feits. Ed. *Soldevila*, 212, Kap. 119.
71 Zum Titel des *ra'īs* vgl. *Havemann*, Ra'īs (online).
72 *Moll Mercadal*, Abū 'Uṯmān (1999), 13f.
73 *Moll Mercadal*, Abū 'Uṯmān (1999), 14. Über den genauen Ablauf der Revolte von 1234 und die beteiligten Personen schweigen auch arabische Quellen, vgl. *Benmammar*, Caiguda (2009), 276.
74 *Marin Niño*, Saʻid b. Hakam (2006), 106.

anerkannt wurde. Hätte es einen komplett neuen Vertrag gegeben, so wäre wohl eher dieser 1282 transsumiert worden und nicht der Vertrag von Capdepera. Damit wurde Menorca zu einem im Rahmen des Vertrags von der Almohadendynastie unabhängigen islamischen Staatswesen. Abū 'Uṯmān regierte so die Insel fast 50 Jahre bis zu seinem Tod. Die Herrschaftsübergabe an seinen Sohn erfolgte scheinbar ohne weitere Verhandlungen, was auf eine gesicherte Herrschaft des *ra'īs* hindeutet. Diese Herrschaft zeugt zudem davon, wie Abū 'Uṯmān die Handlungsspielräume, die ihm der Vertrag gab, nutzte. Er machte aus Menorca ein kulturelles Zentrum des westlichen Islam, das als Refugium für exilierte islamische Gelehrte aus eroberten Gebieten bis in den muslimischen Nahen Osten strahlte.[75] Durch seine finanzpolitische Erfahrung schaffte er es außerdem, seine Politik wirtschaftlich erfolgreich für sich zu gestalten, was ihm wiederum Spielräume auf kultureller Ebene, wie den Ankauf einer bedeutenden Bibliothek verschaffte; er sei sogar so bedeutend gewesen, dass ihm viele arabische Autoren Exemplare ihrer Bücher schickten.[76] Der Chronist Ibn Šarīfa unterstreicht die bedeutende Rolle des muslimischen Menorca innerhalb der muslimischen Reiche und führt diese auch auf Abū 'Uṯmāns gute Beziehungen zu den Christen zurück. Allerdings weist er auch daraufhin, dass diese nur durch die finanzielle Kompensation, also Tributzahlungen, möglich war.[77] Der aus rechtlicher Sicht potenziell problematische Kompromiss, der die Schaffung eines muslimischen Menorca unter christlicher Oberherrschaft ermöglichte, wurde also nicht vergessen, aber nichtsdestoweniger akzeptiert.

Auch wenn unsicher ist, wie groß Abū 'Uṯmāns Anteil an den Verhandlungen war, kann man doch festhalten, dass hier ein Akteur versuchte – im Vokabular des Sammelbandes – präventiv Eroberung zu gestalten, indem er die Möglichkeiten des islamischen Vertragsrechts zu seinem Vorteil ausnutzte. So schaffte er es, ein muslimisches Herrschaftsgebilde nicht nur zu erhalten, sondern auch zu kultureller Blüte zu führen, und dies in einer Zeit, da überall anders auf der iberischen Halbinsel muslimische Gebiete christlich wurden. Die Insel wurde zum Teil sogar zu einem Refugium für muslimische Gelehrte, die aus anderen Gebieten fliehen mussten und am Hof Abū 'Uṯmāns Aufnahme fanden. Dies wäre allerdings nicht möglich gewesen, wenn nicht auch Jakob I. als potenzieller Eroberer ein Interesse an einer Aufrechterhaltung dieses Status gehabt hätte. Dass dem so war, unterstreicht eine Bestätigung von 1275, mit der Jakob dem *ra'īs* und seinem Sohn Abū 'Umar die Abmachungen von Capdepera noch einmal bekräftigte.[78]

---

[75] *Marin Niño*, Sa'id b. Hakam (2006), 106. Zum kulturellen Leben vgl. auch *Rubiera de Epalza*, Corte (1984); *Urvoy*, Vie (1972), 124–126.
[76] *Rubiera de Epalza*, Corte (1984); *Molina López*, Sa'id Ibn Hakam (2009), 223.
[77] *Rubiera de Epalza*, Corte (1984), 106.
[78] *Moll Mercadal*, Abū 'Uṯmān (1999), 15. Evtl. kann diese nicht exakt datierte Bestätigung im Kontext der Schwierigkeiten Jakobs im Königreich València gesehen werden, wo im Jahr 1275 der zweite Mudejáren-Aufstand ausbrach. Es erscheint möglich, dass Jakob zumindest auf den Balearen für Ruhe sorgen wollte.

3 Vergleich: Die christliche Eroberung Menorcas durch Alfons III.

Die beschriebene Situation Menorcas veränderte sich in den folgenden Jahrzehnten nur wenig.[79] Mit dem Tod Jakobs des Eroberers 1276 entstand allerdings testamentarisch ein weitestgehend unabhängiges Königreich Mallorca, das aus den Balearen, den Grafschaften Roussillon und Cerdagne sowie der Herrschaft über Montpellier bestand und von Jakobs zweitem Sohn regiert wurde.[80] Menorca unterstand nun also Jakob II. von Mallorca. Auf die vertragsrechtlichen Grundlagen von Capdepera hatte dies allerdings keinen Einfluss, da auch dieser dem *Rex Maioricarum* die Hoheit über die Insel zusprach. Dies sollte sich in den 1280er Jahren ändern. Im Jahr 1282 wurden die Balearen in die Ereignisse rund um die Sizilianische Vesper hineingezogen, deren Kontext hier kurz skizziert werden soll.[81]

Nach einem Aufstand der sizilianischen Bevölkerung gegen die Herrschaft Karls von Anjou eroberte Peter III. von Aragón die Insel und integrierte sie in sein Reich. Papst Martin IV. exkommunizierte Peter und verbündete sich mit dem französischen König, dessen Bruder er die aragonesische Krone versprach, unter der Voraussetzung, dass Frankreich diese erobert. Im Jahr 1283 begannen die Planungen für diesen sogenannten Katalonien-Kreuzzug. Um von Frankreich in die Krone Aragón zu gelangen, musste Philipp III. von Frankreich durch die Gebiete des Königreichs Mallorca im heutigen Süden Frankreichs ziehen und schloss einen Pakt mit dem König von Mallorca.[82] Dieser sicherte ihm Unterstützung sowie einen ungehinderten Durchzug durch sein Territorium zu. Der gemeinsame Feldzug scheiterte jedoch und König Philipp III. starb noch währenddessen.[83] Der Konflikt der beteiligten europäischen Großmächte Papsttum, Frankreich, Königreich Sizilien/Neapel und Krone Aragón dauerte allerdings noch lange Zeit an und machte das kleine Königreich Mallorca zur Verhandlungsmasse, gleichsam zu einem im Zentrum des westlichen Mittelmeers liegenden Spielball. Vor allem die beteiligten Könige von Aragón drangen auf eine Wiedergutmachung für das mallorquinische Bündnis mit Frankreich und verlangten eine vollständige Eingliederung des Königreichs in die Krone.[84] In den Jahren 1285/1286 eroberte Alfons von Aragón – der Sohn Peters III. – Mallorca und Ibiza und im

---
79 Zum muslimischen Menorca zwischen 1231 und 1287 vgl. *Cateura Benàsser*, Menorca (2006).
80 Zum unabhängigen Königreich Mallorca vgl. die beiden Aufsätze *Vones*, Krone (2005), und *Ders.*, Weg in den Untergang (2013). Außerdem *Abulafia*, Emporium (1994).
81 Zur Rolle Mallorcas in den Kriegen der Sizilianischen Vesper vgl. *Friedrich*, Carcassonne (2020). Zur Ereignisgeschichte des Konflikts vgl. *Kiesewetter*, Anfänge (1999), 76–92, 200–297; zur Periodisierung des Konflikts vgl. ebd., 91 f., sowie den Beitrag von Hermann Kamp in diesem Band.
82 Zu diesem Vertrag von Carcassonne vgl. *Friedrich*, Carcassonne (2020), 41–43.
83 Zu diesem Feldzug vgl. *Vinas/Vinas*, Croisade (2015), 102–113.
84 Vgl. *Friedrich*, Carcassonne (2020), 44.

Januar 1287 auch die muslimische Insel Menorca und integrierte sie in die Krone.[85] Die genauen Abläufe der Eroberung sind an dieser Stelle weniger von Interesse, sodass zunächst ein Blick auf deren Ende geworfen werden soll. Im Januar 1287 hatte sich Abū ʿUmar, der *raʾīs* von Menorca und Sohn des oben ausführlich diskutierten Abū ʿUṯmān, mit seinem Gefolge in die Burg von Sent Agayz[86] zurückgezogen, während die Truppen Alfons' bereits weite Teile der Insel kontrollierten. Dort ergab sich Abū ʿUmar schließlich und die beiden handelten einen Kapitulationsvertrag aus, der am 21. Januar unterzeichnet wurde und in der Folge analysiert werden soll.[87]

Zunächst ist auffällig, dass das Vertragsdokument anders gestaltet ist als jenes von Capdepera. Formal handelt es sich um ein von König Alfons allein ausgestelltes Dokument und hat somit eher die Form eines Privilegs denn eines Vertrags. Es ist in katalanischer Sprache verfasst und beginnt mit den Worten *Sapien tots*, der katalanischen Variante des lateinischen *Noverint universi*, der typischen Anfangsformel eines solchen Dokuments. Das heißt jedoch nicht, dass das Dokument nicht das Ergebnis von Verhandlungen war. Die Ausgangsbedingungen waren allerdings andere als im Jahr 1231, da die militärische Niederlage bereits vollzogen war und somit die Verhandlungsmasse der unterlegenen Seite entsprechend geringer ausfiel. Auch die Interessen und Ziele Alfons' unterschieden sich maßgeblich von jenen Jakobs ein halbes Jahrhundert zuvor. Seine Gründe für die Eroberung waren strategischer und wirtschaftlicher Natur.[88] Zunächst hatte Alfons nach der Eroberung Mallorcas Sorge, dass seine Feinde sich mit den Menorquinern verbünden würden und die Insel als Ausgangspunkt für Angriffe auf Katalonien nutzen könnten.[89] Weiterhin benötigte er Land, um seine Adligen zufriedenzustellen,[90] sowie

---

85 Zur Eroberung Mallorcas 1285/1286 vgl. *Ferrer Florez*, Conquista (1948). Zur Eroberung Menorcas vgl. *Sastre Portella*, Conquista (1990), 137–161; älter, aber detaillierter *Parpal y Marqués*, Conquista (1901). Zur Einordnung der Eroberungen in den Gesamtkonflikt vgl. *Friedrich*, Carcassonne (2020), 44–46.
86 Über die Identifizierung des Ortsnamens Sent Agayz, der auch im Vertragsdokument als Ort der Kapitulation genannt wird, mit der Burg Santa Àgueda, wurde in der Forschung kontrovers diskutiert. Ich folge hier der gut begründeten Argumentation von *Sastre Portella*, Conquista (1990), 150–152.
87 Im Kronarchiv in Barcelona befindet sich ein Kanzleiregisterband mit dem Titel *Super Capcione Minoricae*, der Dokumente zur Eroberung und Integration Menorcas beinhaltet. Dort ist auch eine Kopie des Vertragsdokuments überliefert: Barcelona, ACA, Cancilleria Reial, Reg. 70, fol. 51^{rv}. Ediert ist es bei Pactos de rendición de la Isla de Menorca. Ed. *Parpal y Marqués*, XIII f., Nr. XV. Als Ausstellungsort ist nur allgemein die Insel Menorca angegeben, sodass nicht endgültig zu klären ist, wo genau der Vertrag unterzeichnet wurde. Es ist allerdings wahrscheinlich, dass es sich dabei um die Burg von Sent Agayz handelte, wo auch die Kapitulation stattfand.
88 Eine Übersicht zu den Gründen bei *Sastre Portella*, Conquista (1990), 143–145.
89 *Sastre Portella*, Conquista (1990), 144, der darin den Hauptgrund für die Eroberung in der für Seenavigation ungünstigsten Jahreszeit sieht.
90 Dies wird deutlich in den von *Sastre Moll*, Salida (1990), analysierten Dokumenten.

Einnahmen für die Fortsetzung des kostspieligen Krieges.[91] Außerdem wird häufig angeführt, dass Alfons in der Eroberung eine Strafaktion für die Muslime sah, da diese angeblich die Muslime Nordafrikas gewarnt hätten, als sein Vater Peter einen Feldzug dorthin plante.[92] Im Zusammenspiel dieser Gründe wird deutlich, dass Alfons an einer Fortführung der von seinem Großvater im Vertrag von Capdepera gefundenen Lösung kein Interesse hatte.

Der Vertrag sah zunächst eine vollständige Kapitulation und Übergabe der Burg von Sent Agayz vor. In Bezug auf die eroberten Muslime ist entscheidend, dass der Vertrag festlegt, dass auf der Insel keiner von ihnen verbleiben dürfe. Doch was geschah mit ihnen? Zunächst können sie in drei Gruppen eingeteilt werden: der *ra'īs* Abū 'Umar und seine Vertrauten, alle anderen, die sich in der Burg von Sent Agayz befanden, sowie der Rest der Inselbevölkerung. Der *ra'īs* verhandelte für sich und 200 Vertraute einen freien Abzug aus Menorca, inklusive seiner Bibliothek.[93] Alle anderen, die in der Burg waren, durften sich nach Zahlung einer bestimmten Summe im Laufe der folgenden sechs Monate freikaufen. Mit den Gefangenen und den restlichen Bewohnern der Insel – also der großen Mehrheit – durfte Alfons verfahren, wie er wollte.[94]

Was geschah mit dieser dritten Gruppe? Für ihr Schicksal stehen uns erstaunlich detaillierte Quellen zur Verfügung. Kurz nach der Eroberung wurde in Menorca das Plündergut zur Aufbesserung der Kriegskasse versteigert. Neben Kunst- und Kulturgütern sowie Alltagsgegenständen wurden auch die verbliebenen Bewohner der Insel als Sklaven verkauft. Über diese sind wir durch die sogenannten *albarans*, Ausfuhrgenehmigungen für bei den Versteigerungen erworbene Güter, außerordentlich gut unterrichtet. Jedes Schiff, das den Hafen verließ, musste eine solche Bescheinigung mit einer Liste aller Güter vorweisen.[95] Demnach verließen allein im Februar 1287 778 muslimische Sklaven Menorca.[96] Die Dokumente erfassen nur den Februar, es ist aber davon auszugehen, dass weiterhin Menschen als Sklaven verkauft worden sind. Insgesamt konnte Sastre Moll das Schicksal von 2200 Personen – inklusive jener, die die Insel als Freie verließen – nachweisen, was ca. der Hälfte bis zu einem Drittel der Inselbevölkerung entsprach.

Abū 'Umar erscheint hier in keinem besonders guten Licht. Er rettete sich und sein Gefolge, überließ den Rest der Bevölkerung aber ihrem Schicksal: entweder

---

91 Dieser Punkt wird von *Abulafia*, Emporium (1994), 71, stark gemacht, der v. a. den Verkauf von Muslimen in die Sklaverei als wirksames Mittel für finanziellen Gewinn sieht.
92 *Sastre Moll*, Salida (1990), 373.
93 Die Bibliothek des *ra'īs* von Manūrqa wurde wohl unter seinem Vater Abū 'Utmān aufgebaut, der auf der Insel einen Kreis von Gelehrten unterhielt, sodass sein Hof bereits als „corte literaria" bezeichnet wurde, vgl. dazu *Rubiera de Epalza*, Corte (1984).
94 Pactos de rendición de la Isla de Menorca. Ed. *Parpal y Marqués*, XIII f., Nr. XV.
95 Zahlreich überliefert in Barcelona, ACA, Cancilleria Reial, Reg. 70.
96 *Sastre Moll*, Salida (1990), 378; *Ders.*, Notas (1987).

dazu, eine hohe Geldsumme zu zahlen, um die Freiheit zu erlangen, oder dem wahrscheinlicheren Verkauf in die Sklaverei. Der *ra'īs* schaffte es auf diese Weise, seine Handlungsspielräume für seine eigene Rettung zu nutzen. Nachdem er die Insel verlassen hatte, vergaß er jedoch nicht die Verantwortung gegenüber einem Teil seiner ehemaligen Untertanen. Vielmehr widmete er sich einer Form von „Eroberung bewältigen" und wachte über die Einhaltung des Vertrags, ein Mittel, das auch der unterlegenen Partei zur Verfügung stand. Er registrierte in seinem Exil all jene seiner ehemaligen Untertanen, die den Preis für die Freilassung bezahlt hatten. Er sandte Botschafter zu Alfons, um sich nach ihnen zu erkundigen, und offensichtlich schien seine Vorsicht nicht unbegründet. Unter Alfons wurden wohl auch solche, die die Auslösung bezahlt hatten, in die Sklaverei verkauft. Er musste reagieren und so gab Alfons Befehle aus, die diese Anschuldigungen prüfen und berichtigen sollten.[97] Nichtsdestoweniger schien Abū ʿUmar, der eventuell noch auf eine Rückeroberung mit Unterstützung anderer muslimischer Verbände gehofft hatte, 1288 das Kapitel Menorca zu schließen, indem er seine Boten mit der Ausfuhr der Knochen seines Vaters beauftragte, die er bei seiner eigenen Ausreise noch auf der Insel gelassen hatte.[98]

Damit endete die muslimische Herrschaft auf den Balearen nach über drei Jahrhunderten. Dies bedeutete jedoch nicht das Ende der dauerhaften muslimischen Präsenz auf der Insel. Es scheint, als habe Alfons ähnliche demographische Probleme gehabt wie sein Großvater ein halbes Jahrhundert zuvor nach der Eroberung von Mallorca. Es fehlten qualifizierte Siedler, die das Land bestellen und Abgaben für den König generieren konnten. Somit gab es offenbar eine weitere Möglichkeit für die Muslime Menorcas: die Siedlung und damit der Verbleib auf der Insel.[99]

4 Zusammenfassung

Die Eingliederung Menorcas in die Krone Aragón durch Jakob I. ohne vorherige militärische Eroberung lässt sich mit anderen Unternehmen der Zeit vergleichen. Als im 12. Jahrhundert die ersten Verträge für Muslime unter christlicher Herrschaft ausgestellt wurden, erhielten die Muslime weitgehende Autonomie für ihre Gebiete, die auch die Ausübung des islamischen Rechts nicht einschränkten. Später wurden die Gesetze dann eher den territorialen und demographischen Bedürfnissen der christlichen Herrscher angepasst, wie zum Beispiel die Ordnung Murcias zeigt.[100] Im Königreich València, das kurz nach den Balearen erobert wurde, blieb bis ins 14./15. Jahrhundert eine

---

97 *Lourie*, Colonización (1980/1981), 135.
98 *Lourie*, Colonización (1980/1981), 135.
99 *Lourie*, Muslims (1970), 632 f.; vgl. detailliert zur christlichen Besiedlung Menorcas nach 1287 *Lourie*, Colonización (1980/1981).
100 *Barros*, Muslims (2020), 537.

muslimische Bevölkerungsmehrheit bestehen, die vor allem durch die Aljamas strukturiert und durch diese in die Krone Aragón integriert wurde. So blieben auf der gesamten iberischen Halbinsel muslimische Gebiete und Gemeinden mit verschiedenen Autonomiegraden erhalten. Das Zusammenleben war allerdings keineswegs konfliktfrei und es gab immer wieder muslimische Aufstände sowie erneute militärische Unternehmungen seitens der Christen. Ein wichtiger Faktor bei all diesen Varianten war die Bedeutung der Landwirtschaft, für die eine große Menge an erfahrenem Personal benötigt wurde. Muslime, die bereits lange in der Region sesshaft waren, eigneten sich dazu am besten, sodass die Eroberer meist nur geringes Interesse hatten, sie zu vertreiben.

Dies galt auch für Menorca, das ansonsten eine Zwischenposition inmitten dieser Varianten einnahm. Der Struktur des muslimischen Menorcas unter christlicher Herrschaft am ähnlichsten war sicherlich das kleine Gebiet des *ra'īs* de Crevillente in Murcia, das bis ins 14. Jahrhundert Bestand hatte, als es kaum noch quasi-autonome muslimische Gebiete auf der iberischen Halbinsel jenseits von Granada gab.[101] Vergleicht man die Eroberungen Jakobs I. (Mallorca, Menorca, Ibiza, València) untereinander, so sieht man eine jeweils an seine eigenen Bedürfnisse angepasste Strategie im Umgang mit den eroberten Muslimen. Mallorca hatte eine wichtige symbolische und wirtschaftliche beziehungsweise handelsstrategische Bedeutung, sodass eine vollständige Eroberung und Kontrolle sowie eine christliche Besiedlung notwendig erschien. Außerdem war die Insel ein wichtiges Instrument zur Belohnung der katalanischen Adligen, die in der Hoffnung auf Landgewinn an der Eroberung mitgewirkt hatten. Diese Bedürfnisse waren offensichtlich nach der Einnahme Mallorcas befriedigt und die Kapazitäten für eine aufwändige militärische Eroberung Menorcas und Ibizas begrenzt. Dazu trugen sicherlich auch die Erfahrungen bei, die Jakob mit dem langanhaltenden guerillaartigen Widerstand der Mallorquiner gemacht hatte. So hielt er es für angebracht, die Menorquiner mit einer List zu einem Vertrag zu bewegen, der ihm Einnahmen aus der Insel, aber ansonsten keinerlei Aufwand bescheren würde. Die Rechte zur Eroberung Ibizas übertrug er gleich ganz auf andere Akteure, in València waren aufgrund der Festlandslage und der allgemein größeren Fläche ohnehin differente Maßnahmen notwendig.[102]

Der zweite Fragenkomplex dieses Sammelbandes fragt unter anderem nach Handlungsspielräumen der vermeintlich Eroberten und deren Teilhabe an der Gestaltung des Unterwerfungsprozesses. In diesem Beitrag wurden dazu verschiedene Elemente, die zur Beantwortung dieser Frage beitragen, herausgearbeitet: Zunächst muss auf die Möglichkeiten des islamischen Rechts, insbesondere in Bezug auf die generelle Möglichkeit einer Unterwerfung unter Nicht-Muslime sowie die Zahlung eines Tributs, eingegangen werden. Dabei mussten sie nicht bei null anfangen, waren dies doch Fragen, die muslimische Rechtsgelehrte seit frühislamischer Zeit beschäftigten. Die Situation,

---

101 Vgl. dazu ausführlich *Guichard*, Seigneur (1973).
102 Vgl. dazu den Beitrag von Eric Böhme in diesem Band.

dass eine christliche Unterwerfung die einzige Alternative zu einer militärischen Niederlage darstellte, war nicht spezifisch für Menorca, sondern hatte sich auch schon bedeutend früher und an anderen Orten ergeben. So mussten die Gelehrten auf Umsetzungsprobleme des Rechts in der Praxis reagieren und Lösungen für einen Umgang mit dieser finden. Einige muslimische Rechtsschulen schufen infolgedessen die neue Rechtsnorm des *dār al-ʿahd*, die die Muslime Menorcas im Vertrag von Capdepera aufgriffen und die Tribut und Unterwerfung möglich machte. Beide Elemente bedienen sich dabei einer Umkehr der Konzepte, mit denen im Islam die Herrschaft über Nicht-Muslime geregelt wurde: dem Konzept der *ḏimma*, also dem Rechtsstatus von Nicht-Muslimen unter muslimischer Herrschaft, und dem der *ǧizya*, die jene Nicht-Muslime als Steuer an ihre muslimischen Herren zahlen mussten. Hätten die Menorquiner sich an der Einteilung der Welt in *dār al-Islām* und *dār al-ḥarb* orientiert, wäre ihnen bloß die Option des Kampfes geblieben. Im Hinblick auf die Fragenkomplexe des Sammelbandes bedeutet dies, dass hier eine unterlegene Partei versuchte, eine militärische Eroberung zu verhindern, indem sie zunächst die eigenen Rechtsnormen nach der Rechtmäßigkeit eines solchen Vorgehens auslotete und schließlich auch einen Weg fand, diesen potenziellen Vertrag für alle Seiten verbindlich zu gestalten.

Dies zeigt sich sowohl während der im ‚Llibre dels feits' beschriebenen Verhandlungen im Vorfeld als auch im Vertragsdokument von Capdepera. Auch wenn der arabische Text des Vertrags nicht erhalten ist, konnte doch verdeutlicht werden, dass sich Elemente des islamischen Vertragsrechts im lateinischen Vertragstext von Capdepera und auch in den vorangegangenen Verhandlungen wiederfinden. Auf formaler Ebene offenbart dies zunächst die Verwendung einer religionsneutralen Invocatio sowie der Vermerk des Schreibers, der das Dokument dezidiert im Auftrag der christlichen *und* muslimischen Autoritäten ausstellte. Auf der Ebene der beteiligten Personen war die Einbindung der *šuyūḫ* (lat. *senes*) und *fuqahāʾ* (lat. *sapientes*) aussagekräftig, die als entscheidungsbefugtes Gremium sowohl in der Beschreibung der Verhandlungen im ‚Llibre dels feits' wie auch im Vertragsdokument auftauchen. In letzterem sind sie Teil jener Gruppe von Personen, in deren Namen der muslimische Teil des Vertrags ausgestellt wurde.

Aus dieser Gruppe stach wiederum Abū ʿUṯmān heraus, der es schaffte, nicht nur gegenüber dem Eroberer, sondern auch gegenüber seinen Glaubensbrüdern eine für sich vorteilhafte Position herauszuarbeiten. Dies ist insbesondere für den dritten Fragekomplex des Sammelbandes von Interesse, da hier ein Akteur erfolgreich versuchte, die neue Situation persönlich zu nutzen, indem er sich selbst zum Herrscher machen und diese Position mit der späteren Übergabe an seinen Sohn sogar dynastisch zementieren wollte. Mit dem Vertrag von Capdepera war die Unterwerfung demnach nicht abgeschlossen, sondern wurde immer neu verhandelt, innerhalb der Gruppe der Eroberten – wie im Falle des neuen Herrschers Abū ʿUṯmān – wie auch im Verhältnis zum Eroberer, wie Bestätigungen des Vertrags und die jährlich zu wiederholende symbolische Inbesitznahme der Festungen unterstreichen.

In Bezug auf die spezifische Situation der Unterwerfung Menorcas von 1231 lässt sich zusammenfassend die von Brian Catlos allgemein über Muslime unter christlicher Herrschaft gemachte Aussage bestätigen:

> Nevertheless, Muslim communities – in the many areas where these persisted – were not passive victims of Christian colonization, but participants in a process of social formation that they were able to influence thanks to their value to their royal, ecclesiastical, and seigniorial overlords, and their capacity to renegotiate the terms of their submission on an ongoing basis.[103]

Die Handlungsspielräume der Muslime waren jedoch ebenso abhängig von den jeweiligen Bedürfnissen des christlichen Eroberers. Dies wird besonders deutlich im Vergleich der Unterwerfung von 1231 und der Eroberung von 1287: Der Vertrag von Capdepera ist so eher das Ergebnis von Verhandlungen, die eine eigentliche Eroberung im militärischen Sinne verhindert haben. Dass diese Einigung zustande kam, lag auch daran, dass dem militärisch Überlegenen mehr an einer diplomatischen Lösung gelegen war. Bei der Eroberung von 1287 waren die Ausgangssituation und die Interessenlage des Eroberers ganz andere, vor allem da sie in einen größeren, mehrere Großmächte umfassenden Konflikt eingebettet waren. Entsprechend unterschiedlich fiel auch das Verhandlungsergebnis aus.

Diese Unterschiede haben sich auch auf der Ebene der Vertragsdokumente gezeigt, die dem jeweils unterschiedlich großen Anteil der Eroberten am Aushandlungsprozess formal Rechnung tragen. Handelte es sich 1231 um einen Vertrag, an dessen Ausfertigung beide Seiten gleichwertig beteiligt waren, ist das Dokument von 1287 eine einseitig ausgestellte Urkunde des Eroberers, die die Kapitulation des Eroberten festschreibt. Nichtsdestotrotz konnte auch in diesem Fall deutlich gemacht werden, dass dem Eroberten bestimmte Mechanismen – Aushandlung von Kapitulationsbedingungen und späterer Kontrolle von deren Einhaltung – offenstanden, die es ihm ermöglichten, auch hier Eroberung bis zu einem gewissen Grad mitzugestalten.

Handschriften

Barcelona, Arxiu de la Corona d'Aragó, Cancilleria Reial, Reg. 70.

Edierte Quellen und Übersetzungen

El document del tractat de Capedepera. Ed. *Antoni Mut Calafell*, in: Actes de les jornades d'estudi i debat. „El Tractat de Capdepera de 1231 i la independència de Menorca". Capdepera 2009, 17–78.

---

[103] *Catlos*, Muslims (2014), 49.

Ibn ʿAmīra al-Maḫzūmī, Kitāb Tārīḫ Mayūrqa (Crònica àrab de la conquista de Mallorca). Ed. und übers. v. *Nicolás N. Roser / G. Rosselló Bordoy*. Mallorca 2008.

Jakob I. Buch der Taten. Aus dem Katalanischen übers. und eingel. v. *Karen Stöber*. (Katalanische Literatur des Mittelalters, Bd. 11.) Münster 2021.

Les quatre grans cròniques. I. Llibre dels feits del rei En Jaume. Ed. *Ferran Soldevila*, überarb. v. *Jordi Bruguera / Maria Teresa Ferrer i Mallol*. (Institut d'Estudis Catalans. Memòries de la Secció Històrico-Arqueològica, Bd. 73.) Barcelona 2008.

Pactos de rendición de la Isla de Menorca, in: La Conquista de Menorca en 1287 por Alfonso III de Aragón. Estudio Histórico-crítico con un apéndice de documentos. Ed. *Cosme Parpal y Marqués*. Barcelona 1901, XIII f.

Tractat de Capdepera signat entre Jaume I i els musulmans de Menorca, que el reconeixen com a senyor, online: Arxiu virtual Jaume I. Documents d'època medieval relatius a la Corona d'Aragó, http://www.jaumeprimer.uji.es/cgi-bin/arxiu.php?noriginal=000986.

Literatur

David Abulafia, A Mediterranean Emporium. The Catalan Kingdom of Majorca. Cambridge 1994.

Sarah Albrecht, Art. Dār al-Islām and dār al-ḥarb, in: Encyclopaedia of Islam, THREE, online: http://dx.doi.org/10.1163/1573-3912_ei3_COM_25867.

Yom Tov Assis, Diplomàtics jueus de la Corona catalanoaragonesa en terres musulmanes (1213–1327), in: Tamid. Revista Catalana Anual d'Estudis Hebraics 1, 1997, 7–40.

Jaume Aurell, Authoring the Past. History, Autobiography, and Politics in Medieval Catalonia. Chicago / London 2012.

Miquel Barceló, El tractat de Capdepera de 17 de juny de 1231 entre Jaume I i Abu Abd Allah B. Muhammad de Manurqa. Sobre la funció social i política deis Fuqaha, in: Bolletí de la Societat Arqueològica Lulliana 38, 1981, 233–249.

Filomena Barros, Living as Muslims under Christian Rule. The Mudejars, in: Maribel Fierro (Hrsg.), The Routledge Handbook to Muslim Iberia. Abingdon / New York 2020, 535–551.

Frédéric Bauden / Malika Dekkiche (Hrsg.), Mamluk Cairo. A Crossroads of Embassies. Studies in Diplomacy and Diplomatics. Leiden / Boston 2019.

Mohammed Benmammar, La caiguda de Mallorca i les seves repercussions sobre la presencia musulmana a Menorca entre el 1229 i el 1287, segons les fonts àrabs, in: Actes de les jornades d'estudi i debat: „El Tractat de Capdepera de 1231 i la independència de Menorca". Capdepera 2009, 265–283.

Pierre-Joan Bernard, La conservation des archives des seigneurs de Montpellier. Guilhem de Montpellier, rois d'Aragon, rois de Majorque, in: Lucie Galano / Lucie Laumonier (Hrsg.), Montpellier au Moyen Âge. Bilan et approches nouvelles. Turnhout 2017, 3–14.

Clifford E. Bosworth / John Burton-Page, Art. Mushrif, in: Encyclopaedia of Islam, Second Edition, online: http://dx.doi.org/10.1163/1573-3912_islam_COM_0810.

Pascal Buresi, Traduttore, traditore. À propos d'une correspondance arabe-latine entre l'Empire almohade et la cité de Pise (début XIIIe siècle), in: Oriente Moderno 88.2, 2008, 297–309.

Robert I. Burns, Islam under the Crusaders. Colonial Survival in the Thirteenth Century Kingdom of Valencia. Princeton 1973.

Robert I. Burns, Medieval Colonialism. Postcrusade Exploitation of Islamic Valencia. Princeton, NJ 1975.

Robert I. Burns / Paul E. Chevedden, Negotiating Cultures. Bilingual Surrender Treaties in Muslim-Crusader Spain under James the Conqueror. (The Medieval Mediterranean, Bd. 22.) Leiden / Boston / Köln 1999.

Pau Cateura Benàsser, La Menorca musulmana, en temps dels cristians (1230–1287), in: Publicacions des Born 15/16, 2006, 29–47.

Brian Catlos, Muslims of Medieval Latin Christendom, c. 1040–1614. Cambridge 2014.

Stefano M. Cingolani, Jaume I, Història i mite d'un rei. Barcelona 2007.

Malika Dekkiche, Mamluk Diplomacy. The Present State of Research, in: Frédéric Bauden / Dies. (Hrsg.), Mamluk Cairo. A Crossroads of Embassies. Studies in Diplomacy and Diplomatics. Leiden / Boston 2019, 105–182.

Gisela Drossbach / Gottfried Kerscher (Hrsg.), Utilitad y decoro. Zeremoniell und symbolische Kommunikation in den „Leges Palatinae" König Jacobs III. von Mallorca (1337). (Trierer Beiträge zu den historischen Kulturwissenschaften, Bd. 6.) Wiesbaden 2013.

Odilo Engels, Art. Jakob I. „der Eroberer", König der Krone Aragón (1208–1276), in: LexMA 5. München / Zürich 1991, 281f.

Gabriel Ensenyat Pujol, El tractat de Capdepera segons el relat del Llibre dels Feits i altres textos cronístics medievals, in: Actes de les jornades d'estudi i debat: „El Tractat de Capdepera de 1231 i la independència de Menorca". Capdepera 2009, 109–128.

Mikel de Epalza, 'Ahd: Muslim / Mudejar / Morisco Communities and Spanish-Christian Authorities, in: Robert I. Burns / Paul E. Chevedden (Hrsg.), Negotiating Cultures. Bilingual Surrender Treaties in Muslim-Crusader Spain under James the Conqueror. (The Medieval Mediterranean, Bd. 22.) Leiden / Boston / Köln 1999, 195–212.

Mikel de Epalza, Precisiones sobre instituciones musulmanes de las Baleares, in: Guillermo Roselló Bordoy (Hrsg.), 5. Jornades d'Estudis Historics Locals (28–30 novembre 1985). Illes Orientals d'al-Andalus i les seves relacions amb sharq al-Andalus, Magrib i Europa Cristiana (ss. 8.–13.). Palma de Mallorca 1987, 73–87.

Miguel Ferrer Florez, La conquista de Mallorca por Alfonso III, in: Boletí de la Societat arqueologica lulliana 30, 1948, 274–288.

Thomas Freller, Geschichte Mallorcas. Ostfildern 2013.

Robert Friedrich, From Carcassonne to Argelès. The Agency of the Kingdom of Mallorca in the Wars of the Sicilian Vespers, in: Francia 47, 2020, 37–58.

Francisco García Fitz, Las Navas de Tolosa y el paradigma bélico medieval, in: Carlos Estepa Díez / María Antonio Carmon Ruiz (Hrsg.), La Peninsula Ibérica en tiempo de las Navas de Tolosa. Madrid 2014, 17–52.

Alejandro García-Sanjuan, From Islamic to Christian Conquest. Fatḥ, Invasion and Reconquista in Medieval Iberia, in: E. Michael Gerli / Ryan D. Giles (Hrsg.), The Routledge Hispanic Studies Companion to Medieval Iberia. Unity in Diversity. (Routledge Companions to Hispanic and Latin American Studies.) London / New York 2021, 185–196.

Alejandro García-Sanjuan, Replication and Fragmentation. The Taifa Kingdoms, in: Maribel Fierro (Hrsg.), The Routledge Handbook to Muslim Iberia. Abingdon / New York 2020, 64–88.

Éric Geoffroy, Art. Shaykh, in: Encyclopaedia of Islam, Second Edition, online: http://dx.doi.org/10.1163/1573-3912_islam_SIM_6890.

Pierre Guichard, Art. Sharḳ al-Andalus, in: Encyclopaedia of Islam, Second Edition, online: http://dx.doi.org/10.1163/1573-3912_islam_SIM_6852.

Pierre Guichard, Un Seigneur Musulman dans l'Espagne chrétienne. Le Ra'is de Crevillente (1243–1318), in: Mélanges de la Casa de Velázquez 9, 1973, 283–334.

Albert Guillem Hauf Valls (Hrsg.), El Llibre dels feits. Aproximació crítica. (Actes, Bd. 10.) València 2013.

Axel Havemann, Art. Ra'īs. 1. In the sense of „mayor" in the central Arab lands, in: Encyclopaedia of Islam, Second Edition, online: http://dx.doi.org/10.1163/1573-3912_islam_COM_0904.

Sven Jaros u. a. (Hrsg.), Monarchische Herrschaftswechsel im Spätmittelalter im Vergleich. Aushandlungen – Akteure – Ambivalenzen / Changes of Monarchical Rule in Late Medieval Societies in Comparison. Negotiations – Actors – Ambivalences. (Europa im Mittelalter.) (in Vorbereitung).

Nikolas Jaspert, Die Reconquista. Christen und Muslime auf der Iberischen Halbinsel, 711–1492. München 2019.

Nikolas Jaspert, Mendicants, Jews, and Muslims at Court in the Crown of Aragon. Social Practice and Inter-Religious Communication, in: Marc von der Höh / Ders. / Jenny Rahel Oesterle (Hrsg.), Cultural Brokers at Mediterranean Courts in the Middle Ages. (Mittelmeerstudien, Bd. 1.) Paderborn 2013, 107–148.

Nikolas Jaspert, Interreligiöse Diplomatie im Mittelmeerraum. Die Krone Aragon und die islamische Welt im 13. und 14. Jahrhundert, in: Claudia Zey / Claudia Märtl (Hrsg.), Aus der Frühzeit europäischer Diplomatie. Zum geistlichen und weltlichen Gesandtschaftswesen vom 12. bis zum 15. Jahrhundert. Zürich 2008, 151–190.

Nikolas Jaspert / Sebastian Kolditz, Christlich-muslimische Außenbeziehungen im Mittelmeerraum. Zur räumlichen und religiösen Dimension mittelalterlicher Diplomatie, in: Zeitschrift für Historische Forschung 41, 2017, 1–88.

Benjamin Z. Kedar, Religion in Catholic-Muslim Correspondence and Treaties, in: Alexander Beihammer / Maria G. Parani / Christopher D. Schnabel (Hrsg.), Diplomatics in the Eastern Mediterranean 1000–1500. Aspects of Cross-Cultural Communication. (The Medieval Mediterranean, Bd. 74.) Leiden / Boston 2008, 407–422.

Andreas Kiesewetter, Die Anfänge der Regierung König Karls II. von Anjou (1278–1295). Das Königreich Neapel, die Grafschaft Provence und der Mittelmeerraum zu Ausgang des 13. Jahrhunderts. (Historische Studien, Bd. 451.) Husum 1999.

Helena Kirchner Granell, El paper polític i social dels vells a les illes i regne de València en la crónica de Jaume I, in: Guillermo Roselló Bordoy (Hrsg.), 5. Jornades d'Estudis Historics Locals (28–30 novembre 1985). Illes Orientals d'al-Andalus i les seves relacions amb sharq al-Andalus, Magrib i Europa Cristiana (ss. 8.–13.). Palma de Mallorca 1987, 103–114.

Rüdiger Lohlker, Islamisches Vertragsrecht. Studien am Beispiel Granada. Bremen 2006.

Elena Lourie, La colonización cristiana de Menorca durante el reinado de Alfonso III „El Liberal", Rey de Aragón, in: Analecta Sacra Tarraconensia 53/54, 1980/1981, 135–186.

Elena Lourie, Free Moslems in the Balearics under Christian Rule in the Thirteenth Century, in: Speculum 45, 1970, 624–649.

Michael Lower, Tribute, Islamic Law, and Diplomacy. The Legal Background to the Tunis Crusade of 1270, in: Jessalyn Bird (Hrsg.), Papacy, Crusade, and Christian-Muslim Relations. (Pope Church, Faith and Culture in the Medieval West.) Amsterdam 2018, 225–245.

Manuela Marin Niño, Sa'id b. Hakam (601–680/1205–1282). Una reconsideración biográfica, in: Publicacions des Born 15/16, 2006, 95–113.

Antoni Mas i Forners, Les conquestes de Mallorca i d'Eivissa, in: Maria Teresa Ferrer i Mallol (Hrsg.), Jaume I. Commemoració del VIII centenari del naixement de Jaume I, Bd. 2. Barcelona 2013, 403–439.

Emilio Molina López, Sa'id Ibn Hakam al través del Kitab Lubab Albab, in: Actes de les jornades d'estudi i debat: „El Tractat de Capdepera de 1231 i la independència de Menorca". Capdepera 2009, 219–230.

Bernat Moll Mercadal, El qadi Abū ʿAbd Allāh Muḥammad i els altres savis de Manurqa, in: Publicacions des Born 15/16, 2005, 197–214.

Bernat Moll Mercadal, Abū ʿUṯmān Saʾid ibn Hakam, Raʿis de Manūrqa (631/1234–680/1282), in: Publicacions des Born 5, 1999, 13 f.
Cosme Parpal y Marqués, Estudio Histórico-crítico con un apéndice de documentos, in: La Conquista de Menorca en 1287 por Alfonso III de Aragón. Estudio Histórico-crítico con un apéndice de documentos. Ed. Cosme Parpal y Marqués. Barcelona 1901, 11–80.
Daniel Potthast, Diplomatischer Austausch zwischen Muslimen und Christen. Religiöses Formular in mittelalterlichen Briefen arabischer Herrscher, in: Peter Hoeres / Anuschka Tischer (Hrsg.), Medien der Außenbeziehungen von der Antike bis zur Gegenwart. Köln 2017, 445–467.
Daniel Potthast, Translations of Arabic Diplomatic Letters in the Aragonese Chancery, in: Peter Schrijver / Peter-Arnold Mumm (Hrsg.), Dasselbe mit anderen Worten? Sprache, Übersetzung und Sprachwissenschaft. (Münchner Forschungen zur historischen Sprachwissenschaft, Bd. 16.) Bremen 2015, 166–186.
David Romano Ventura, Judíos escribanos y trujamanes de árabe en la corona de Aragón (reinados de Jaime I a Jaime II), in: Sefarad 38.1, 1978, 71–105.
Nicolás Roser Nebot, El declive del poder almohade en al-Andalus y la pérdida de Mallorca según la obra Tāʾrīj Mayūrqa de Ibn ʿAmīra al-Maḥzūmī de Alcira (582–658 H/1186–1260 M), in: Anaquel de estudios árabes 29, 2018, 241–261.
Maria Jesus Rubiera de Epalza, La Corte Literaria de Ibn Saʿid de Menorca (s. XIII), in: Revista de Menorca 75, 1984, 105–138.
Jaume Sastre Moll, La salida de los musulmanes menorquines tras la conquista de la isla por Alfonso III (1287), in: XIII Congrés d'Història de la Corona d'Aragó. Palma de Mallorca, 27 setembre–1 octubre 1987, Tl. 3. Palma de Mallorca 1989, 373–382.
Jaume Sastre Moll, Notas sobre la población musulmana de Menorca (1287), in: Guillermo Roselló Bordoy (Hrsg.), 5. Jornades d'Estudis Historics Locals (28–30 novembre 1985). Illes Orientals d'al-Andalus i les seves relacions amb sharq al-Andalus, Magrib i Europa Cristiana (ss. 8.–13.). Palma de Mallorca 1987, 145–161.
Florenci Sastre Portella, La conquista de Menorca 1287. Estado de la cuestión y perspectivas de futuro, in: XIII Congrés d'història de la Corona d'Aragó (Palma de Mallorca, 27 setembre–1 octubre 1987). Ponències. Palma de Mallorca 1990, 137–161.
Hans-Rudolf Singer, Art. Wali, in: LexMA. 8, München / Zürich 1997, 1969.
Damian J. Smith, Las Navas and the Restoration of Spain, in: Journal of Medieval Iberian Studies 4, 2012, 39–43.
Ferran Soldevila, Els primers temps de Jaume I. (Institut d'Estudis Catalans. Memòries de la Secció Històrico-Arqueològica, Bd. 27.) Barcelona 1968.
Joseph R. Strayer, The Crusade against Aragon, in: Speculum 28.1, 1953, 101–113.
Dominique Urvoy, La vie intellectuelle et spirituelle dans les Baléares musulmanes, in: Al-Andalus 37.1, 1972, 87–132.
Agnès Vinas / Robert Vinas, La croisade de 1285 en Roussillon et Catalogne. Pollestres 2015.
Ludwig Vones, Auf dem Weg in den Untergang. Das Königreich Mallorca und die Krone Aragón, in: Gisela Drossbach / Gottfried Kerscher (Hrsg.), Utilidad y decoro. Zeremoniell und symbolische Kommunikation in den „Leges Palatinae" König Jacobs III. von Mallorca (1337). (Trierer Beiträge zu den historischen Kulturwissenschaften, Bd. 6.) Wiesbaden 2013, 9–28.
Ludwig Vones, Krone und Königreich. Die staatsrechtlichen Beziehungen der Krone Aragón zum Königreich Mallorca zwischen Emanzipation, Inkorporation und Integration, in: Werner Maleczek (Hrsg.), Fragen der politischen Integration im mittelalterlichen Europa. (Vorträge und Forschungen, Bd. 63.) Ostfildern 2005, 185–209.
Thomas Wozniak, Kleine Geschichte Mallorcas. Regensburg 2021.

Eric Böhme
Vom Šarq al-Andalus in die Krone Aragón?
Die Errichtung des Königreiches València aus der Perspektive der muslimischen Aljamas

Abstract: The contribution aims at examining central aspects of the Catalan-Aragonese conquest of the Sharq al-Andalus in the first half of the 13th century from the perspective of the Muslim communities (aljamas). On the basis of two main sources, the ‚Llibre dels feits' of King James I of Aragon and the ‚Cartes de Poblament', the following main questions will be addressed: Which scopes of action opened up for the communities and their respective leaders in the course of the events? Were they in the position to make demands towards their future overlords in the newly formed Christian Kingdom of Valencia? If so, which means did the Muslims employ in order to assert these demands? Were their efforts successful or were they eventually forced to fully submit to the conquerors' will?

> [U]nd an diesem Tag trat Abū Ǧumayl Zayyān b. Mudāfiʿ b. Yūsuf b. Saʿd al-Ǧuḏāmī vor die Stadt, deren Befehlshaber er damals war, an der Spitze der Angehörigen seines Hauses sowie der Notabeln der zivilen Administration und des Heeres. Der Tyrann, gekleidet in bester Tracht, inmitten der außerordentlichsten der seinen, näherte sich von al-Ruṣāfa, wo er sich seit Beginn der Belagerung aufgehalten hatte. Beide [Seiten] trafen sich an der Walaǧa [südöstlich der Stadt] und einigten sich darauf, dass der Tyrann das Gebiet binnen zwanzig Tagen kampflos übernehmen würde, während deren die Bevölkerung mit ihren Besitztümern und dem Lebensnotwendigen würde ausziehen können. Ich erlebte all dies mit und fertigte den [Kapitulations-] Vertrag für Abū Ǧumayl aus.[1]

Mit diesen Worten verschriftlichte der im Exil in Biǧāya weilende Ibn al-Abbār (* 1199; † 1260) in den Jahren 1248/1249 seine Erinnerungen an die rund eine Dekade zurückliegende Kapitulation der muslimischen Verteidiger von Balansiya/València vor dem Heer des „Tyrannen", König Jakob I. von Aragón. Als Sekretär (*kātib*) des letzten muslimischen Herrschers der Stadt hatte er nicht nur deren Belagerung,

---

1 Ibn al-Abbār, Ḥullat al-siyarā'. Ed. *Muʾnis*, Bd. 2, 127, Kap. 130: (...) *wa-fī haḏā al-yawm ḫaraǧa Abū Ǧumayl Zayyān ibn Mudāfiʿ bin Yūsuf bin Saʿd al-Ǧuḏāmī min al-madīna – wa-huwa yawmaʾiḏ amīruhā – fī ahl baytihi wa-wuǧūh al-ṭulba wa-l-ǧund, wa-aqbala al-ṭāġiya wa-qad tazayyayi bi-aḥsan ziyy fī ʿuẓamāʾ qawmihi, min ḥayṯu nazala bi-l-ruṣāfa awwal haḏihi al-munāzala, fa-talāqiyā bi-l-walaǧa, wa-ittafaqā ʿalā an yatasallama al-ṭāġiya al-balad sallaman li-ʿišrīn yawman, intaqala ahluhu aṯnāʾahā bi-amwālihim wa-asbābihim. Wa-ḥaddaṯtu ḏālika kullahu, wa-tawallaytu al-ʿaqd ʿan Abī Ǧumayl fī ḏālika.* Vgl. auch die etwas freiere spanische Übersetzung bei *Guichard*, Al-Andalus (2001), 180.

https://doi.org/10.1515/9783110739923-010

sondern auch die Kapitulationsverhandlungen sowie den Vollzug der Einigung zwischen den Kriegsparteien aus nächster Nähe miterlebt.[2] Die Einnahme dieses bedeutenden kulturellen Zentrums im Herbst 1238 markierte den vorläufigen Höhepunkt der von Jakob I. intensiv betriebenen Feldzüge gegen den *Šarq al-Andalus*, den bis dato unter islamischer Herrschaft stehenden Südosten der Iberischen Halbinsel. Gewaltsam herbeigeführte Herrschaftswechsel mit all ihren Grausamkeiten waren für die Bewohner dieser Region keine unbekannte Erfahrung. Seit dem sukzessiven Zusammenbruch der almohadischen Oberherrschaft in den 1220er Jahren konkurrierten verschiedene muslimische Regionalherrscher mit diplomatischen und militärischen Mitteln um die Ausweitung ihres Herrschafts- und Einflussgebietes. Die politische Zersplitterung der Region blieb auch den christlichen Herrschaftskomplexen Kastilien und Aragón nicht verborgen, die gleichsam in ihren Expansionsbestrebungen miteinander rivalisierten und sich nicht selten über eine aggressive Bündnispolitik in die Rangkämpfe der opportunistischen Regionalherrscher einmischten. Gerade König Jakob I. von Aragón unternahm, bestärkt durch ein ungleiches Bündnis mit Abū Zayd, dem an den Königshof geflüchteten, ehemaligen Statthalter (*wālī*) von Balansiya/València, immer wieder Feldzüge zur Unterwerfung einzelner Siedlungszentren in den nördlichen Grenzregionen des Šarq al-Andalus. Motiviert durch Erfolge wie die Einnahme Mallorcas 1229 und gestärkt durch päpstliche Unterstützung intensivierten der König und seine Berater ihre militärischen Anstrengungen immer weiter, um die eroberten Gebiete des östlichen Andalus letztendlich als christliches Königreich València der Krone Aragón einzuverleiben. Die rasch voranschreitende Expansion dieses mit der Übernahme von Balansiya/València realiter konstituierten Herrschaftskomplexes erfasste in den folgenden Jahren weite Landstriche, bis 1245 mit der Einnahme Biars an der Grenze des anerkannten kastilischen Einflussbereiches die „Rückeroberung" des östlichen Andalus für die Christenheit formal für vollendet erklärt wurde.[3]

Einen wichtigen Faktor für die schnell aufeinanderfolgenden militärischen Erfolge der katalanisch-aragonesischen Truppen stellte der Umstand dar, dass sich ihnen kein einheitlich geführtes muslimisches Heer entgegenzustellen vermochte. Die zur Zeit der almohadischen Oberherrschaft etablierten administrativen Organisationsstrukturen im Šarq waren im Zuge der zahlreichen disruptiven Umbrüche wohl weitestgehend auseinandergebrochen. Zahlreiche kleinere Festungen oder Siedlungen, die einst als Zentren eines Steuerbezirk (*ʿamal*) zum Einzugsbereich (*mamlaka*) der großen Siedlungszentren gehört hatten, sahen sich nun in teils rascher Folge mit den

---

[2] Zu Leben und Werk Ibn al-Abbārs vgl. bereits *de Epalza/Huguet* (Hrsg.), Ibn al-Abbar (1990).
[3] Die Literatur zu diesen Entwicklungen ist überbordend; gute Synthesen bieten etwa *Ubieto Arteta*, Orígenes, Bd. 1 (1981), 27–50, 62–116, 137–166, 240–248, ebd., Bd. 2 (1981), 245–258, *Guichard*, Al-Andalus (2001), 158–190, 537–574, und *Torró*, Naixement (2006), 46–60. Ausführlich zu zwei erhaltenen christlich-muslimischen Abkommen und deren Kontexten vgl. zudem *Burns/Chevedden*, Negotiating Cultures (1999).

konkurrierenden Oberherrschaftsansprüchen der Regionalherrscher konfrontiert.⁴ In dieser hochgradig unsicheren Situation scheinen die muslimischen Gemeinden (Katalan. *Aljama* von Arab. *al-ǧamāʿa*) in den einzelnen Siedlungszentren ihrerseits ein mehr oder weniger hohes Maß an administrativer und politischer Unabhängigkeit erlangt zu haben. Ihre religiöse und politische Führung wurde häufig von Vertretern der lokalen Eliten übernommen, etwa dem Kommandeur (*qāʾid*) einer Festung oder dem *qāḍī* als oberstem Rechtsgelehrten der Gemeinde, wohingegen sich andernorts bereits regierende Dynastien von Lokalherrschern wie die Banū ʿĪsā in Šāṭiba/Xàtiva halten konnten. Vielerorts wurden politische Entscheidungen zusätzlich von einem Rat der *šuyūḫ*, den angesehenen und einflussreichen Vertretern der Gemeinschaft, abgesegnet. Solche Gemeindeversammlungen übernahmen in einigen Aljamas gar vollständig die Autorität.⁵

Wie im Folgenden noch zu behandeln sein wird, waren die einzelnen muslimischen Gemeinden im Angesicht des Anmarsches der christlichen Übermacht fast immer auf sich allein gestellt. In diesem Verständnis verhandelten ihre jeweiligen Führungsgruppen eigenverantwortlich mit den Eroberern über die Bedingungen ihrer Kapitulation und damit auch über die zukünftigen Lebensbedingungen aller Gemeindemitglieder unter christlicher Oberherrschaft. Welche Handlungsspielräume boten sich den Führungen dieser Gemeinden in solchen Spannungssituationen? Waren sie in der Lage, ihrerseits Ansprüche an die künftigen Landesherren zu stellen? Wenn ja, mit welchen Mitteln versuchten sie, diese durchzusetzen? Führten ihre Bemühungen zum Erfolg oder mussten sie sich letztendlich doch uneingeschränkt dem Willen der Eroberer beugen? Diese und andere Fragen sollen im Zentrum des folgenden Beitrags stehen, in dessen Rahmen einige Aspekte der Unterwerfung des Šarq al-Andalus unter christliche Oberherrschaft aus der Perspektive der muslimischen Aljamas nachvollzogen werden sollen.

Im Zuge einer solchen Betrachtungsweise ergibt sich allerdings ein zentrales, überlieferungsbedingtes Problem, denn zur Auswertung stehen fast ausschließlich Schriftzeugnisse aus der Produktion der christlichen Eroberer zur Verfügung, wohingegen Augenzeugenberichte wie die eingangs zitierte Schilderung Ibn al-Abbārs nur in sehr seltenen Ausnahmefällen überliefert sind. Trotz ihrer eingeschränkten Blickrichtung kann die auf uns gekommene Überlieferung – eine quellenkritische

---

4 Auf die Administrationsstrukturen unter almohadischer Oberherrschaft können nur vage Rückschlüsse aus der späteren diplomatischen Überlieferung unter christlicher Herrschaft sowie aus den Schriften Ibn al-Abbārs gezogen werden, vgl. dazu überblickend *de Epalza*, L'ordenació (1988), und *Ders.*, Islamic Social Structures (1996); ausführlicher zudem *Guichard*, Al-Andalus (2001), 237–317.
5 Zur gesellschaftlichen Stratifizierung der Aljamas vgl. (wenngleich ebenfalls retrospektiv auf Grundlage der späteren christlichen Überlieferung) *Burns*, L'Islam, Bd. 1 (1990), 346–361; ebd., Bd. 2 (1990), 43–61, 109–183; ihm in einigen Aspekten widersprechend *Guichard*, Al-Andalus (2001), 419–495, 522–529, 587–596. Insbes. zu Šāṭiba/Xàtiva vgl. bereits ausführlicher *Rubiera/de Epalza*, Xàtiva musulmana (1987).

Herangehensweise vorausgesetzt – aber durchaus für einen Wechsel auf die Perspektive der Aljamas nutzbar gemacht werden. Dies soll im Folgenden an repräsentativen Fallbeispielen aus zwei Quellen(gruppen) gezeigt werden, die für die hier zu behandelnden Fragestellungen am aussagekräftigsten sind: der sogenannte ‚Llibre dels feits del rei En Jaume' sowie die ‚Cartes de Poblament'. Bei ersterem handelt es sich um den berühmten autobiographisch angelegten Tatenbericht König Jakobs I. Der Monarch diktierte und redigierte die Inhalte der Ursprungsfassung wohl maßgeblich selbst, um auf diese Weise seine *feits* (Taten) für die Nachwelt festhalten zu lassen. Es kann daher kaum verwundern, dass sich seine Schilderungen – wenngleich sie sich häufig durch Parallelüberlieferung validieren lassen – bisweilen sehr subjektiv und selektiv präsentieren. Ihre unmittelbare Nähe zu den Ereignissen sowie die bemerkenswerte Detailfülle, in der die Verhandlungen mit den Aljamas beschrieben werden, machen den königlichen Tatenbericht jedoch nicht nur zur wichtigsten historiographischen Quelle für seine Regierungszeit, sondern auch in unserem Kontext zu einer wichtigen Informationsressource.[6] Bei den ‚Cartes de Poblament' handelt es sich um Dokumente, in denen der König oder ein anderer Landesherr den Mitgliedern einer oder mehrerer christlicher, muslimischer oder jüdischer Gemeinden das Siedlungsrecht in seinem Herrschaftsgebiet unter bestimmten Bedingungen gewährte. Obwohl diese Schriftstücke formal vonseiten des oder der Herrschenden ausgestellt wurden, sollten sie keinesfalls als einseitige Gunsterweise, sondern vielmehr als das beurkundete Endergebnis oft langwieriger und hart geführter Verhandlungen betrachtet werden, an denen, wie noch zu zeigen sein wird, alle beteiligten Parteien ihren Anteil hatten.[7]

1 Eroberung als Aushandlungsprozess? Die Aljamas als Verhandlungspartner im Spiegel des ‚Llibre dels feits'

Im Folgenden sollen einige zentrale Aspekte der im ‚Llibre dels feits' beschriebenen Kapitulationsverhandlungen anhand repräsentativer Fallbeispiele vergleichend untersucht werden. Dabei soll es um folgende Fragen gehen: (1) Welche Seite initiierte den Verhandlungsauftakt? (2) Welche Vertreter der Gemeinde lassen sich als Akteure

---

[6] Zitiert wird hier die maßgebliche Edition: Llibre dels feits. Ed. *Soldevila*. Zu verschiedenen Aspekten des Aufbaus und der Überlieferung des Textes vgl. etwa die Beiträge in *Hauf Valls* (Hrsg.), El Llibre dels feits (2013).
[7] Fast alle für den hier behandelten Zeitraum relevanten Dokumente sind ediert; hier zitiert wird: Cartes de poblament. Ed. *Guinot Rodríguez*, wohingegen Cartas pueblas. Ed. *Febrer Romaguera*, im Folgenden nicht gesondert mit angegeben wird.

oder Akteursgruppen in den Verhandlungen nachweisen? (3) Welchen Verlauf konnten die Aushandlungsprozesse nehmen? (4) Auf welche Weise kamen die beteiligten Seiten zu einer Einigung? (5) Wie wurde diese Einigung öffentlich präsentiert?

Schon bei der Untersuchung der ersten Frage wird deutlich, wie sehr sich das Vorgehen der einzelnen Aljamas in den durch die drohende Eroberung konstituierten Krisensituationen unterscheiden konnte. Während einige Gemeinden erst im Eingeständnis der kaum noch abzuwendenden militärischen Niederlage Verhandlungen zuließen, nahmen zahlreiche Aljamas aus eigener Initiative Kontakt zum Feldlager des Königs auf. Zu ersterer Gruppe zählt etwa Buriyāna/Burriana, deren nicht konkret zu benennende Anführer im Juli 1233 dennoch selbstbewusst in die Verhandlungen mit den fast durchgebrochenen Belagerern eintraten. Das von Ihnen geforderte vierwöchige Moratorium zur Kapitulation vermochten sie zwar nicht durchzusetzen, konnten sich aber immerhin eine Frist von einigen Tagen sichern. Auch für die Christen barg die diplomatische Lösung viele Vorteile, schonte sie doch in jeglicher Hinsicht Ressourcen und bot eine Vorlage für zukünftige Kapitulationsverhandlungen.[8] Die Muslime von Murbaiṭar/Sagunt genossen dieses Privileg nicht. Nachdem sie sich im Juli 1235 den erfolgreichen Belagerern ergeben hatten, mussten sie nicht nur ihre Wertgüter, sondern auch 100 Gemeindemitglieder als Sklaven ausliefern, bei deren Auswahl König Jakob I. auf das Urteil muslimischer Überläufer aus Balansiya/València vertraute.[9]

Gleichwohl sie sich sicher nicht von vornerein als „bereits erobert" betrachteten, konnten diejenigen Gemeinden, die schon vor den Kampfhandlungen die diplomatische Verständigung suchten, zumeist aus einer besseren Verhandlungsposition heraus agieren. Dies traf etwa auf die Führung von Baniškula/Peníscola zu, die im Spätsommer 1233 aus eigener Initiative über den königlichen Statthalter in Buriyāna/Burriana Kontakt mit dem in Teruel weilenden König aufnahm. Zwar hatte die Stadt 1225 schon einmal dessen Belagerung standhalten können, doch gestaltete sich die militärische Lage nun wesentlich schlechter, zumal sich bereits zahlreiche Aljamas der Region den Eroberern ergeben hatten.[10] Die Kapitulation des Regionalzentrums al-Mināra/Almenara im Frühjahr 1238 brachte auch die Führungen der nahen Gemeinden Šūn/Uixó, Nules und Castro dazu, jeweils eigene Botschafter zum König zu schicken, die nahezu zeitgleich in seinem Feldlager eintrafen; wenig später folgten Baṭarna/Paterna, Bétera und Bufilla.[11] Auch Zayyān, der Befehlshaber der Metropole

---

8 Llibre dels feits. Ed. *Soldevila*, 260, Kap. 177.
9 Llibre dels feits. Ed. *Soldevila*, 280, Kap. 202, wo die Größe der Aljama mit etwa 1550 Personen angegeben wird. Obgleich die Glaubwürdigkeit dieser Schätzung nicht zu verifizieren ist, wäre die Zahl der in die Sklaverei auszuliefernden Gemeindemitglieder damit sehr hoch gewesen.
10 Llibre dels feits. Ed. *Soldevila*, 263 f., Kap. 182. Zu ersten Belagerung der Stadt vgl. etwa *Ubieto Arteta*, Orígenes, Bd. 1 (1981), 32–39, 240–242; ebd., Bd. 2 (1981), 246 f., *Guichard*, Al-Andalus (2001), 538, und *Torró*, Naixement (2006), 26, 43.
11 Llibre dels feits. Ed. *Soldevila*, 318, Kap. 249; 320 f., Kap. 254.

Balansiya/València, bot dem König bereits im Winter 1237/1238 die Kontrolle über sämtliche Festungen im Norden des Šarq al-Andalus an, konnte ihn aber auch damit nicht von der Belagerung seines Hauptziels abbringen.[12] Im Frühjahr 1242 signalisierte der Rat der šuyūḫ (senyoriu) von Ǧazīrat Šuqr / Alzira dem König seine Verhandlungsbereitschaft, wohl nachdem sich zuvor der Anführer (ra'īs) der Stadt nach Mursiya/Múrcia abgesetzt hatte.[13] Als eine der letzten Aljamas nahmen Muslime aus Biar im Sommer 1244 ebenfalls Verhandlungen mit den neuen christlichen Herrschern des östlichen Andalus auf, doch musste die Stadt nach dem Scheitern der Gespräche trotzdem belagert werden.[14]

Abseits dieser relativ gut belegten Beispiele lässt die Überlieferung im Falle etlicher weiterer Aljamas keine Rückschlüsse darüber zu, von welcher Seite die Initiative zur Kontaktaufnahme ausging. Ein Beispiel dafür wäre etwa die Verständigung der Krone mit dem Regionalherrscher Muḥammad b. Huḏayl al-Azraq, über die wir nur durch ihr Endergebnis, den berühmten arabisch-romanischen Vertrag vom April 1245, unterrichtet sind.[15]

Welche Vertreter der Gemeinden lassen sich nun als Akteure oder Akteursgruppen in den Verhandlungen nachweisen? Auch hier divergieren die Beobachtungen in den einzelnen Fällen deutlich, gleichwohl wir die Identität der Teilnehmer meist nicht kennen, da der König sie nicht für wichtig genug hielt, namentlich in seinem Tatenbericht erwähnt zu werden. Häufig bezeichnete er sie verallgemeinernd als Gesandte bzw. Boten (missatge)[16], in anderen Fällen als „Älteste" (vells), wobei er mit letzterem Ausdruck nicht zwingend auf das Alter der Personen Bezug nahm, sondern sie vielmehr als šuyūḫ, Vertreter der lokalen Führungsschicht, identifizierte.[17] In Baniškula/Peníscola ließ diese Gruppe als Ausdruck ihres Verhandlungswillens Lebensmittel ins könig-

---

12 Llibre dels feits. Ed. *Soldevila*, 313 f., Kap. 242.
13 Llibre dels feits. Ed. *Soldevila*, 367, Kap. 329. Die Behauptung des Königs, der ra'īs (Abū Zakariyā b. Abī Sulṭān b. Yūsuf b. Mardanīš, ein Cousin Zayyāns) habe die Stadt *per paor que havia de nós* verlassen, kann nicht pauschal akzeptiert werden; genauso gut wären – gerade im Angesicht der drohenden christlichen Eroberung – Machtkämpfe innerhalb der städtischen Führungsschicht denkbar. Zu seiner familiären Herkunft weiterführend vgl. *Guichard*, Al-Andalus (2001), 175–177, 182 f., 196, 559 f.
14 Llibre dels feits. Ed. *Soldevila*, 384 f., Kap. 355.
15 Zu Neuedition und Kontext vgl. *Burns/Chevedden*, Negotiating Cultures (1999), 3–59.
16 So etwa im Falle von Ǧazīrat Šuqr/Alzira: Llibre dels feits. Ed. *Soldevila*, 367, Kap. 329.
17 Die Gesandten Biars blieben dem König dagegen tatsächlich als Männer fortgeschrittenen Alters im Gedächtnis, was aber nicht ausschließt, dass auch sie zu den šuyūḫ gehört haben könnten. Llibre dels feits. Ed. *Soldevila*, 384, Kap. 355: (...), *vengren-nos dos sarraïns de Biar, qui eren antics hòmens, que cascú havia plus de cinquanta anys*, (...). Zur oft enigmatischen Gruppe der šuyūḫ vgl. *Guichard*, Al-Andalus (2001), 292–294, und *Kirchner i Granell*, El paper polític (1987).

liche Feldlager bringen.¹⁸ In Šūn/Uixó und Nules traten zehn der „hervorragendsten und mächtigsten" *šuyūḫ* als Verhandlungsführer vor den König, in Castro immerhin fünf.¹⁹ Den *senyoriu* von Ǧazīrat Šuqr/Alzira vertraten bei den Verhandlungen in Balansiya/València vier seiner „hervorragendsten" Mitglieder.²⁰ In Bairān/Bairén spielte diese Gruppe Mitte 1239 neben dem *qā'id* eine so bedeutende Rolle, dass zwanzig von ihnen das Kapitulationsabkommen mit ihm gemeinsam beschworen und jeweils eigene Abkommen mit dem König eingingen, in denen sie die zuvor vereinbarten Bedingungen zum Teil noch nachverhandelten.²¹ Selbst bedeutende dynastisch orientierte Regionalherrscher wie Abū Bakr b. ʿĪsā, der *qā'id* von Šāṭiba/Xàtiva, mussten sich in den Verhandlungen 1243/1244 mit dieser wohl als kontrollierende Instanz fungierenden Gruppe abstimmen, was auch dem König und seinen Beratern bewusst war.²²

Es lässt sich folglich konstatieren, dass die Gesandtschaften häufig in kleinen Gruppen auftraten, wobei sich die Identität der einzelnen Akteure nicht näher fassen lässt. Detaillierte Informationen haben wir dagegen über ranghohe Gesandte, die allein in den Dialog mit dem Herrscher traten und in diesem Zuge auch namentliche Erwähnung in seinem Tatenbericht fanden. Ein besonders bemerkenswertes Beispiel dafür bieten die Kapitulationsverhandlungen der belagerten Metropole Balansiya/València: Ein Bote Zayyāns bat zunächst um freies Geleit für den schon mit dem König bekannten Gesandten ʿAlī al-Baqā/al-Baqā' (*Alí Albaca*), dem allerdings nur die Aufgabe zufiel, die Ankunft des eigentlichen Unterhändlers anzukündigen. Der *ra'īs* Abū l-Ḥamlāt (*Abulfamalet*), ein Neffe Zayyāns und „nach ihm der mächtigste Mann in València und dem Königreich sowie der Mann, dem er am meisten vertraue", erbat sich eine Eskorte von zwei Adligen (*rics hòmens*) aus dem königlichen Lager und ließ sich zusätzlich von einer Entourage aus elf vollausgerüsteten *cavallers* begleiten, die die Bewunde-

---

18 Llibre dels feits. Ed. *Soldevila*, 265, Kap. 184: (…) *de present que ens enviaven los vells qui aquí eren.*
19 Llibre dels feits. Ed. *Soldevila*, 318 f., Kap. 249: (…); *e que hi eixissen de cada de les aljames deu vells dels mellors e dels pus poderoses que hi fossen.*
20 Llibre dels feits. Ed. *Soldevila*, 368, Kap. 330: *E vengren al tercer dia a nós, a València, dels vells de la vila, dels mellors que hi eren; e foren quatre per tots los altres.*
21 Llibre dels feits. Ed. *Soldevila*, 355, Kap. 309; 358, Kap. 314: (…), *mas que juraria* [scil. der *qā'id*] *ab los mellors vint vells dels sarraïns qui eren en aquell castell* (…). (…), *ell venc bé ab vint sarraïns, los pus honrats que eren en lo castell ni en la vall, e féu ses cartes ab nós, segons les demandes que ells nos faïen; e atorgam-les-li, segons que raonables eren, e algunes plus, per tal que poguéssem passar a tan bon lloc con aquell era. E, quan foren feites les cartes, faem-les-llur donar e empresem ab ells que al matí nos rendessen lo castell.* Von den damals entstandenen Dokumenten scheint, zumindest nach dem aktuellen Stand der Forschung, heute nichts mehr erhalten zu sein.
22 Llibre dels feits. Ed. *Soldevila*, 370, Kap. 335: (…); *e no volem que ens responats aquí, mas que tornets lla e que hajats vostre acord ab los vells e ab aquells que us semblarà. E, quan haurets haüt vostre acord, o vós venits a nós o enviats-nos vostra resposta,* (…). Die Passage zeigt deutlich, dass man auf christlicher Seite durchaus über grundlegende Kenntnisse hinsichtlich der üblichen Prozesse zur Entscheidungsfindung innerhalb der Aljamas verfügte.

rung des Königs auf sich zogen. Ganz offensichtlich ging es der bedrängten Stadtführung darum, dem Verhandlungspartner ihre Ebenbürtigkeit zu demonstrieren.[23]

Auch die Banū ʿĪsā in Šāṭiba/Xàtiva bedienten sich verschiedener hochrangiger Gesandter, die wir vor allem kennen, weil ihre Namen dem König offensichtlich im Gedächtnis blieben. Im Frühjahr 1240 führten die Verhandlungen der möglicherweise mit einem bekannten Gelehrten der Stadt verwandte Ibn Fīrruh (*Abenferri*) aus Lirya/Llíria[24] sowie al-Šaǧasī (*Setxi*), ein Vertreter des Rates der *šuyūḫ*, der dem *qāʾid* als Beratergremium zur Seite stand.[25] Bisweilen agierten beide auch gemeinsam.[26] Die ergebnislos abgebrochenen Verhandlungen im Spätsommer 1243 führte der Rechtsgelehrte (*faqīh*) Abū l-Ḥusayn ʿAbd al-Malik b. Mufawwiz (*Almofois*), dessen Gelehrsamkeit der König besonders hervorhob.[27] Angesichts des steigenden Drucks der Belagerung sollte im Frühsommer 1244 Abū l-Qāsim Aḥmad b. Muḥammad b. Naǧaut al-Ḥaǧrī, genannt „Ibn Yāmīn" (*Abolcàsim*), der *kātib* (*escrivà major*) des *qāʾid* noch einmal versuchen, eine diplomatische Lösung zu finden.[28] Im Endspurt der Verhandlungen in jenen Wo-

---

23 Llibre dels feits. Ed. *Soldevila*, 332–334, Kap. 272, 274: *E ell* [scil. ʿAlī al-Baqāʾ/al-Baqāʾ] *dix-nos que les paraules eren grans e d'aut llogar – E no són per a nós de parlar; mas Zaèn, rei de València, vos envia a dir per mi que ens trametria Rais Abulfamalet, qui és son nebot, fill de sa sor, e d'ell enjós és lo més poderós hom qui sia en València ni en el regne e en què ell més se fia. (...), eixi Rais Abulfamalet (...) be ab deu cavallers d'altres, ben guarnits e ben vestits e en bons cavalls e bones selles noves, que podien entrar en tota bona cort con hòmens bé aparellats*. Bei den bewaffneten Reitern handelte es sich möglicherweise um *fursān*, vgl. dazu *Guichard*, Al-Andalus (2001), 587–596; zu Abū l-Ḥamlāt selbst ebd., 550, sowie *Burns*, L'Islam, Bd. 2 (1990), 49 f.
24 Llibre dels feits. Ed. *Soldevila*, 361, Kap. 318. Die aufgrund seines Patronyms (*nasab*) denkbare Verbindung zu Ibn Fīrruh al-Šāṭibī († 1194) haben schon *Burns/Chevedden*, Negotiating Cultures (1999), 83 (Anm. 9), gezogen.
25 Llibre dels feits. Ed. *Soldevila*, 363, Kap. 322: *E l'alcaid envià'ns un moro, per nom Setxi, qui era molt poderós en la vila e era de consell de l'alcaid*. Zu ihm vgl. bereits *Burns*, L'Islam, Bd. 2 (1990), 181 f., und *Ders./Chevedden*, Negotiating Cultures (1999), 84, 98 (Anm. 39).
26 Llibre dels feits. Ed. *Soldevila*, 365 f., Kap. 325. Die ansonsten klar zu trennenden (vgl. ebd., 365 [Anm. 1725]) Unterhändler erscheinen hier einmalig fehlerhaft als eine Person (*Setxi Abenferri*), was etwa *Guichard*, Al-Andalus (2001), 468 (Anm. 66), 510, 564, 594 f., übernommen hat.
27 Llibre dels feits. Ed. *Soldevila*, 371, Kap. 336: (...) *ell* [scil. Abū Bakr b. ʿĪsā] *nos envià un savi moro que havia nom Almofois e era el pus savi de Xàtiva e dels mellors hòmens; e venc un altre ab ell*. Er stammte aus der bekannten Familie der Banū Mufawwaz/Mufawwiz, deren Mitglieder in und um Šāṭiba/Xàtiva als Richter (*quḍāt*) und Rechtsgelehrte (*fuqahāʾ*) nachweisbar sind. Ob Ibn Mufawwiz selbst als *qāḍī* der Stadt amtierte, ist denkbar, aber nicht zu belegen; nach ihrer endgültigen Kapitulation ging er ins Exil nach Minūrqa/Menorca. Vgl. zu ihm weiterführend etwa *Rubiera de Epalza*, Corte (1984), 115, 138, *Burns*, L'Islam, Bd. 1 (1990), 274 f., ebd., Bd. 2 (1990), 177 f., 185 f., *Guichard*, Al-Andalus (2001), 468, 494, 563, und *O'Connor*, Forgotten Community (2003), 62 f., 69 (Anm. 66).
28 Llibre dels feits. Ed. *Soldevila*, 381 f., Kap. 350 f. Der aus Ǧazīrat Šuqr/Alzira stammende Ibn Yāmīn bekleidete im Laufe seiner Karriere mehrere hochrangige Ämter, wurde nach der endgültigen Kapitulation von Šāṭiba/Xàtiva *kātib* des *raʾīs* von Minūrqa/Menorca, war an dessen Hof auch als Dichter tätig und siedelte um 1251/1252 schließlich nach Tunis über, wo er 1261 starb; vgl. dazu Ibn ʿAbd al-Malik al-Marrākušī, al-Ḏayl wa-l-takmila li-kitābay al-mawṣūl wa-l-ṣila. Ed. *ʿAbbās/Šarīfa/Maʿrūf*, 697–700, n° 770, sowie weiterführend *Rubiera de Epalza*, Corte (1984), 126–130,

chen bildete er zusammen mit b. Mufawwiz, al-Šaǧasī und dem aragonesischen Ritter Eximén de Tovía, den Abū Bakr b. ʿĪsā aus unbekannten Gründen als seinen Vertrauten (*privat*) betrachtete, eine Vermittlergruppe, die in Rücksprache mit allen beteiligten Parteien den Weg zu einer diplomatischen Einigung ebnete.[29] Aus dem erhaltenen arabisch-romanischen Vertragsdokument vom Juni 1244 kennen wir zudem die Namen weiterer Berater des *qāʾid*, die auch an der Konzeptionierung des arabischen Textteils mitgewirkt hatten.[30]

Den Vermittlern kam auch deswegen eine große Rolle zu, weil gerade einflussreiche Regionalherrscher nur dann in persona vor den König traten, wenn es unbedingt erforderlich war. Als Jakob I. die Anwesenheit des angeblich vertragsbrüchigen Abū Bakr b. ʿĪsā im Spätsommer 1243 explizit einforderte, tat dieser das zwar mit einer ansehnlichen Entourage (*ab bona companya*), fürchtete jedoch, in Gefangenschaft des Christenkönigs zu geraten.[31] Auch Zayyān ließ sich dazu erst herab, als er die Kontrolle über Balansiya/València längst verloren hatte und den schon im Feldlager vor Bairān/Bairén weilenden Monarchen erfolglos ersuchte, ihm die Insel Minūrqa/Menorca als Kronlehen im Austausch gegen al-Laqant/Alicante zu übertragen.[32] Die Anführer kleinerer Aljamas scheinen dagegen nicht selten selbst ihre Gesandtschaften geleitet zu haben, wie etwa das Beispiel des *qāʾid* Ibn Sīdrāy (*Avencedrel*) von Bairān/Bairén zeigt.[33]

136–138; *Burns*, L'Islam, Bd. 2 (1990), 165; *Guichard*, Al-Andalus (2001), 416f., 432 (Anm. 51), 468, 493f., 564; *Burns/Chevedden*, Negotiating Cultures (1999), 96f. (hier falsch als Bruder des *qāʾid*) und *O'Connor*, Forgotten Community (2003), 37, 62f., 120.

29 Llibre dels feits. Ed. *Soldevila*, 382, Kap. 352: *E ell* [scil. Abū Bakr durch seinen Gesandten Ibn Yāmīn] *pregàʾns que li enviàssem N'Eixemèn de Tovia, qui era son privat, e fiavaʾs molt en ell*; (…). Unter welchen Umständen de Tovía zum Vertrauten des Oberhauptes der Banū ʿĪsā werden konnte, ist nicht bekannt, doch war er sicher der arabischen Umgangssprache mächtig. Zu ihm vgl. zusammenfassend ebd. (Anm. 1811); zudem *Burns/Chevedden*, Negotiating Cultures (1999), 138, 145f. Die Nennung der Vermittlergruppe im Llibre dels feits. Ed. *Soldevila*, 383, Kap. 353.

30 Vgl. die Edition in *Burns/Chevedden*, Negotiating Cultures (1999), 148–153 (lateinischer Text), 158–167 (arabischer Text). In der arabischen Zeugenliste (ebd., 161, 164, Z. 17f.) erschweren Lücken im Text die Rekonstruktion aller Namen, von denen ein fünfter gänzlich unleserlich ist. Eindeutig zu identifizieren sind der Onkel des *qāʾid*, Muḥammad b. Aḥmad b. Muḥammad b. ʿĪsā al-Anṣārī, sowie die anderweitig nicht bekannten Funktionäre oder Notabeln (*wuǧūh*) Muḥammad b. ʿAbd Allāh b. Yaʿqūb, Muḥammad b. Ṭalḥa b. Yaʿqūb b. Ṭalḥa (?) und ʿAbd al-Salām b. Yūsuf. Über sie erfahren wir ebd., 161, 163f., Z. 11: (…) *wa-kull man ḥaḍara wa-kataba al-qaʿidān aʿazzahumā Allāh wa-sāʾ[i]r man ḥaḍara asmāʾuhum asfala* [*ustuṣdira*] (…). Es ist allerdings anzumerken, dass Zeugenlisten im klassischen islamischen Rechtsverständnis keine herausragende Bedeutung zukam, da die Beglaubigung vor allem auf Grundlage zu leistender Eide erfolgte; vgl. dazu ebd., 186, 188.

31 Jedenfalls wenn man der königlichen Schilderung glauben will: Llibre dels feits. Ed. *Soldevila*, 369–371, Kap. 334f.

32 Llibre dels feits. Ed. *Soldevila*, 354, Kap. 307.

33 Llibre dels feits. Ed. *Soldevila*, 354–358, Kap. 307–314. Zur Person Ibn Sīdrāys ist fast nichts bekannt; er begegnet nur in der christlichen Überlieferung. Seinem regional recht seltenen *nasab* nach könnte er aber aus der Familie der Banū Wazīr stammen, deren Mitglieder während der spä-

Es ist davon auszugehen, dass neben den mehr oder weniger konkret nachweisbaren Akteuren auf beiden Seiten auch weitere Personen beteiligt waren, deren Aktivitäten in der spärlichen Überlieferung keinen Niederschlag gefunden haben. Hervorzuheben ist hier vor allem die Gruppe der Sprachmittler, die trotz des Umstandes, dass beide Seiten seit langem im diplomatischen Umgang miteinander vertraut waren, immer wieder von ihnen zu den Verhandlungen hinzugezogen wurden. Die Führung Banīškulas/Peníscolas kontaktierte den König 1233 mit einem arabischen Schreiben; ihre Vermittler sprachen offenbar nur kastilisch.[34] Ein Bote Zayyāns fungierte 1238 gleichzeitig als Übersetzer (*trujamà*) gegenüber dem König, der auch in den Geheimunterredungen mit Abū l-Ḥamlāt nicht auf einen Sprachmittler verzichten konnte.[35] In den 1240 unternommenen Verhandlungen mit Ibn Fīrruh verließ sich Jakob I. auf seinen Unterhändler, den *ḥakīm* (*alfaquim*) Bahya (*En Bahiel*), über den ausnahmsweise mehr Informationen vorliegen.[36] Umgekehrt bediente sich 1239 auch Ibn Sīdrāy *un sarraí qui sabia nostre llatí* in der Kommunikation mit der Krone und ihren Stellvertretern.[37]

Der Verlauf der Kapitulationsverhandlungen hing nicht nur maßgeblich vom Verhandlungsgeschick der beteiligten Akteure, sondern auch von zahlreichen anderen Faktoren ab, sodass die Beobachtungen in den einzelnen Fällen sich auch in diesem Aspekt deutlich unterscheiden. Die häufig sehr detaillierten Schilderungen im ‚Llibre dels feits' vermitteln den Eindruck, dass die Verhandlungen selbst inmitten erbitterter Belagerungskämpfe zumeist von einem hohen Maß an Respekt und höflichen Umgangsformen geprägt waren, auf deren Implikationen beide Seiten genau achteten. Seinen Verhandlungspartnern in al-Mināra/Almenara ließ der König, der sich wohl nicht selten mit seinem Verständnis der islamisch-arabischen Kultur brüstete, einen bei der Jagd gefangen genommenen Kranich noch lebend schicken, wohl wissend, dass die Muslime ihn erst nach einer in religiöser Hinsicht korrekt ausgeführten Schächtung

---

ten Almoraviden- und der Almohadenzeit vielfach militärische Ämter im Šarq al-Andalus übernommen hatten. Vgl. u. a. zu dieser Hypothese *Guichard*, Al-Andalus (2001), 186, 293f., 508, 521, 556f., der mit Recht die Feststellung bei *Burns*, L'Islam, Bd. 2 (1990), 128, er habe sich wie ein „príncep sobirà" verhalten, kritisiert hat.

34 Zum arabischen Schreiben vgl. Llibre dels feits. Ed. *Soldevila*, 264, Kap. 182. Die wörtliche Rede ebd., 266, Kap. 184, legt den Vermittlern der Aljama anschließend kastilische Sätze in den Mund; vgl. auch ebd. (Anm. 1192).

35 Llibre dels feits. Ed. *Soldevila*, 332, Kap. 271; 334, Kap. 274: (...) *el misstage, que era trujamà.* (...) *E faem-los tots eixier de casa sinó nós e ell e el trujamà.*

36 Llibre dels feits. Ed. *Soldevila*, 365f., Kap. 325f. Der Rabbi (*ráv*) war das Oberhaupt der einflussreichen jüdischen Familie der Alconstantini und hatte bereits während den Kapitulationsverhandlungen auf Mallorca als Vermittler agiert, während sein Bruder Salamó ähnliche Tätigkeiten auf Minūrqa/Menorca ausgeübt hatte. Beide führten den Titel eines arabischen Gelehrten (*ḥakīm*), vgl. dazu weiterführend *Ventura*, Judíos escribanos (1978), 79–81; *Burns*, Muslims, Christians, and Jews (1984), 160f.; *Ders./Chevedden*, Negotiating Cultures (1999), 138; *Assis*, Diplomàtics jueus (1997), 15, 19.

37 Llibre dels feits. Ed. *Soldevila*, 356, Kap. 312; vgl. dazu auch ebd. (Anm. 1678). Generell zu den Rollen von Sprachmittlern vgl. weiterführend *Echevarría*, Trujamanes and Scribes (2013).

verzehren würden.³⁸ Auch gemeinsame Festmahle stellten ein vom König und seinen Beratern häufig genutztes Mittel dar, das Vertrauen der Gesprächspartner zu gewinnen.³⁹ Der valèncianische Unterhändler Abū l-Ḥamlāt lehnte die Einladung zum Essen allerdings höflich mit dem Hinweis ab, sein Herr habe ihm ein Mahl außerhalb der Stadt verboten. Auch innerhalb ihrer Mauern könne er keine Speisen des Königs annehmen, obgleich eine dafür passende Gelegenheit kommen werde. Solche Angelegenheiten waren keinesfalls trivialer Natur, denn natürlich war nicht nur ihm, sondern auch Jakob I. voll bewusst, dass das gemeinsame Speisen in der Kultur der Andalusī-Muslime den Beginn einer freundschaftlichen Beziehung implizierte und so einen Schritt zur Kapitulation von Balansiya/València bedeutet hätte.⁴⁰ Ein gleichsam gutes Beispiel für die Wahrung höflicher Umgangsformen stellt das persönliche Treffen zwischen dem König und dem angeblich vertragsbrüchigen *qāʾid* von Šāṭiba/Xàtiva dar. Glaubt man der Schilderung des Monarchen, dann leisteten Abū Bakr b. ʿĪsā und seine Entourage, erleichtert darüber, dass der König sie nicht als Gefangene betrachtete, den zeremoniellen Handkuss, bevor sie ihre Abreise vorbereiteten.⁴¹

In vielen Fällen schritten die Verhandlungen nur langsam voran, was vor allem daran lag, dass die muslimischen Unterhändler unabhängig von ihrem Status zumeist nur über eng begrenzte Verhandlungsbefugnisse verfügten. Immer wieder erbaten sie sich vom König eine teils mehrtägige Unterbrechung der Verhandlungen, um mit der politischen Führung ihrer Aljama Rücksprache halten zu können.⁴² Innerhalb der Eliten der Gemeinde herrschte dabei keineswegs immer Einmütigkeit über den Verlauf der diplomatischen Verständigung mit den Christen. Hinter dem Verhandlungsvorschlag der Muslime von al-Mināra/Almenara stand nur ein Teil der Führungselite, der um Geheimhaltung bemüht war. Der von Zayyān eingesetzte *qāʾid*, der mit zwanzig nicht aus der Gemeinde stammenden Kämpfern in der Festung ausharrte, konnte hingegen erst zum Aufgeben bewegt werden, als die Christen bereits in die restliche Stadt eingezogen waren.⁴³ Auch in Almaçora/Almassora

---

38 Llibre dels feits. Ed. *Soldevila*, 316, Kap. 244: (…), *per ço quan sabíem llur costuma*, (…). Vgl. dazu auch *Burns*, L'Islam, Bd. 1 (1990), 272f.; *Jaspert*, Interreligiöse Diplomatie (2008), 162f.; *Smith*, Dinner (2015), 88–91; quellenkritisch aber auch *Sánchez*, Els musulmans i l'Islam (2013).
39 So etwa in den Verhandlungen mit Šūn/Uixó und Nules, Llibre dels feits. Ed. *Soldevila*, 319f., Kap. 250, 252.
40 Llibre dels feits. Ed. *Soldevila*, 334, Kap. 274; 336, Kap. 277. Vgl. dazu *Burns*, L'Islam, Bd. 1 (1990), 272f.; *Jaspert*, Interreligiöse Diplomatie (2008), 162; *Smith*, Dinner (2015), 90.
41 Llibre dels feits. Ed. *Soldevila*, 370f., Kap. 335.
42 Bes. deutlich wird das bei Kapitulationsverhandlungen bedeutender Regionalzentren wie Balansiya/València und Šāṭiba/Xàtiva, vgl. Llibre dels feits. Ed. *Soldevila*, 331–339, Kap. 271–283; 369–372, Kap. 334–338; 381–384, Kap. 350–354.
43 Llibre dels feits. Ed. *Soldevila*, 315–318, Kap. 243–247, wo (ebd., 315, Kap. 243) als Initiatoren ein *ḥakīm* (*alfaquim*) sowie *un altre sarraí que hi era molt poderós* genannt werden. Bei dem *qāʾid* handelte es sich wohl um einen eher rangniedrigen Kommandeur; dazu schon *Guichard*, Al-Andalus (2001), 558 (Anm. 130).

liefen die Verhandlungen 1234 zunächst über inoffizielle Kanäle; ein arabisch sprechender Knappe des Adeligen Pedro Cornel verständigte sich mit ehemaligen muslimischen Kriegsgefangenen aus der Aljama, die eine Vorhut von zwanzig Rittern in die Stadt lotsen sollten. Die Situation stellte sich jedoch – ob mit oder ohne Wissen der Informanten – als Hinterhalt heraus, sodass die vor der Stadt wartenden restlichen Truppen der Vorhut im Kampf gegen die muslimischen Verteidiger zu Hilfe kommen mussten und die Festung gewaltsam erobert wurde.[44] Auch in Biar stellte die Aufnahme der Kapitulationsverhandlungen ganz offensichtlich keine einmütige Entscheidung innerhalb der Aljama dar. Zunächst gaben die beiden Gesandten an, zur Führungsgruppe der Gemeinde zu gehören und sich mit einem Unterstützerkreis darüber verständigt zu haben, die Festung an die Christen auszuliefern.[45] Zum nächsten Treffen erschien nur noch einer der Gesandten, der nichtsdestotrotz versicherte, dass alle Muslime der Stadt der Kapitulation zugestimmt hätten.[46] Bei seiner Ankunft bot sich dem königlichen Heer allerdings ein anderes Bild, denn der örtliche *qāʾid* Mūsā al-Murābiṭ ließ dem zurückkehrenden Gesandten nun mitteilen, dass man lieber kämpfen als sich ergeben wolle. In der Folge musste die Stadt mehrere Monate belagert werden, bis sie im Februar zur Kapitulation gebracht werden konnte. Wie in den vorher genannten Fällen ist allerdings auch hier völlig unklar, welche Diskurse innerhalb der Führungsschicht der Aljama letztendlich zu diesen Entwicklungen geführt hatten.[47] Solche Erfahrungen stellten auch für die christliche Seite eine Belastung dar; schon 1239 waren die Belagerer so nervös, dass sie hinter Ibn Sīdrāys Herauszögern der Übergabe von Bairān/Bairén einen Hinterhalt vermuteten und schon für den Kampf rüsteten.[48] Tatsächlich versuchten auch die Führungen der Aljamas immer wieder, die Geschehnisse durch Listen zu ihren Gunsten zu wenden. So unterrichteten etwa während der Belagerung von Šāṭiba/Xàtiva 1240 die Unterhändler der Banū ʿĪsā den König über geheime Unterredungen, die ein Adliger, der Jakob I. erst kurz zuvor wegen einer anderen Angelegenheit brüskiert hatte, angeblich mit dem *qāʾid* führte. Der König zeigte sich von den Enthüllungen vorgeblich unbeeindruckt, wurde letztendlich aber – wie von muslimischer Seite wohl intendiert – an den Verhandlungstisch zurückgezwungen.[49]

---

44 Llibre dels feits. Ed. *Soldevila*, 270 f., Kap. 189–191.
45 Llibre dels feits. Ed. *Soldevila*, 385, Kap. 355: *E ells resposeren que ells eren dels pus aparentats hòmens d'aquella vila e que havien parlat ab alguns de la vila, ab tals que la'ns porien bé retre, e que sabien per cert que, si a nós veïen, que es faria.*
46 Llibre dels feits. Ed. *Soldevila*, 385, Kap. 356: *(…) e fo-hi lla un d'aquells dos sarraïns; e nós dixem-li què havia feit son companyó, e ell dix que el feit atorgaven tots los moros de Biar, e que son companyó era romàs per ço que els amenàs tots denant nós, e que vinguessen a nostra mercè quan nós nos acostàssem al castell.*
47 Llibre dels feits. Ed. *Soldevila*, 385–387, Kap. 356–359. Über die Identität des *qāʾid* ist außer den Vermutungen bei *Burns*, L'Islam, Bd. 2 (1990), 51, nichts bekannt.
48 Llibre dels feits. Ed. *Soldevila*, 356–358, Kap. 311–314.
49 Llibre dels feits. Ed. *Soldevila*, 363–366, Kap. 323–325.

Zur Ausdehnung der Verhandlungsdauer trug auch bei, dass die beteiligten Seiten nicht selten hart darüber verhandelten, zu welchen Bedingungen die Einigung erfolgen sollte. Im Mittelpunkt stand dabei die Frage, wie die künftige Fortexistenz der Aljama unter christlicher Oberherrschaft aussehen sollte. Daneben ging es aber auch darum, welchen Gegenwert die Führungsschicht im Ausgleich für die Kapitulation erhalten sollte. In beiden Fragen vermochte die muslimische Seite ihre Forderungen mitunter sehr selbstbewusst durchzusetzen und ihrerseits Bedingungen der Gegenseite abzuweisen. In fast allen Fällen verlangten die muslimischen Verhandlungsführer, wie im folgenden Abschnitt noch näher zu behandeln sein wird, die beurkundete Zusicherung der neuen Landesherren, dass die Aljama unter Wahrung islamischer Rechtstraditionen sowie weitgehender Autonomie in der Regelung von Angelegenheiten innerhalb der Gemeinde zukünftig weiterexistieren würde.[50] Für sich selbst und die anderen Mitglieder der Führungselite bestanden die Gesandten nicht selten auf die Bestätigung oder Übertragung umfangreichen Landbesitzes sowie die Übergabe von Besitztümern wie Pferden, Nutzvieh und Luxustextilien.[51]

Nicht immer stand ausreichend Handlungsspielraum für die Durchsetzung solcher Forderungen zu Verfügung, vor allem dann, wenn es zuvor heftige Kampfhandlungen gegeben hatte. In Buriyāna/Burriana ebenso wie in der bedeutenden Stadt Balansiya/València vermochten es die Vermittler lediglich, für ihre Aljama freien Abzug in noch unter muslimischer Herrschaft stehendes Gebiet auszuhandeln[52] und auch im Falle von Almaçora/Almassora und Murbaiṭar/Sagunt scheinen die Bedingungen der Kapitulation vorrangig von den Siegern bestimmt worden zu sein.[53] Alle Städte wiesen jedoch auch Jahrzehnte später noch muslimische Bevölkerungsanteile auf, deren Lebensbedingungen in späteren Vereinbarungen geregelt wurden.[54]

---

50 Auch der Augenzeugenbericht des Königs nahm häufig darauf Bezug, vgl. Llibre dels feits. Ed. *Soldevila*, 266, Kap. 184: *E nós atorgam-los llur llei e aquelles franquees que solien haver en temps de sarraïns; (...)* (Banīškula/Peníscola); 319, Kap. 249: *E atorgam-los llur llei e llurs franquees, així con en llur temps ho solien haver de sarraïns; (...)* (Castro); 319, Kap. 250: *E faem-los cartes e la llur llei, que la tinguessen, e de totes llurs costumes, així con les solien haver en temps de sarraïns, e que ens donassen dretura així con faïen al rei llur.* (Šūn/Uixó); 321, Kap. 254: *(...), e que els observaríem llur llei e totes les costumes que havien en temps de sarraïns (...).* (Baṭarna/Paterna); 368, Kap. 330: *E faeren ses cartes ab nós con romasessen en Algezira ab aquells furs e costumes que eren en temps de los almohades; e que poguessen fer llur ofici en les mesquites així con solien; (...)* (Ǧazīrat Šuqr/Alzira); 387, Kap. 359: *(...) faem les cartes de llurs sunnes, e que romanguessen tots temps ab nós e ab los nostres.* (Biar).
51 Vgl. etwa Llibre dels feits. Ed. *Soldevila*, 315–320, Kap. 243–247, 249–252; 355, Kap. 310.
52 Im Falle von Buriyāna/Burriana nach Nules, im Falle Balansiyas/Valèncias nach Qulaira/Cullera, vgl. Llibre dels feits. Ed. *Soldevila*, 260, Kap. 177 f.; 336 f., Kap. 278 f.; 339, Kap. 283.
53 Llibre dels feits. Ed. *Soldevila*, 271, Kap. 191; 280, Kap. 202.
54 Vgl. zur weiteren Entwicklung in diesen Siedlungszentren etwa *Mesado Oliver* (Hrsg.), Burriana en su historia, 2 Bde. (1987–1991); *Soriano* (Hrsg.), Els orígens (2019).

Andererseits waren gerade die *quwwād* bedeutender Regionalzentren kaum dazu bereit, ihre Festungen unverzüglich einem christlichen Kastellan und seiner Garnison auszuliefern. In mehreren Fällen ließen sich der König und seine Berater auf Moratorien unterschiedlicher Länge ein, wobei sie das strategische Risiko der fortgesetzten muslimischen Kontrolle gegen die Kosten und Erfolgschancen einer gewaltsamen Eroberung aufwiegen mussten. Vor diesem Hintergrund scheint es verständlich, dass etwa Ibn Sīdrāy 1239 gegenüber dem neuen Herrscher València's selbstbewusst argumentieren konnte, eine „so schöne Festung" (*tan bon castell*) wie Bairān/Bairén nicht ohne Umschweife aufgeben zu können. Auch über die bis zur zukünftigen Übergabe zu leistenden Sicherheiten wurden harte Verhandlungen geführt, wobei der *qā'id* die Forderung des Königs ablehnte, seinen ältesten Sohn und zwei seiner Neffen als Geiseln zu stellen. Man einigte sich schließlich darauf, dass den Christen bis zur endgültigen Übergabe der Festung nach sieben Monaten zunächst ein Turm ausgeliefert werden sollte, von dem aus eine Garnison die Geschehnisse in der Stadt überwachen konnte.[55] Die Banū 'Īsā konnten 1244 sogar ein Moratorium von zwei Jahren durchsetzen, innerhalb derer Eximén de Tovía, gleichsam als Statthalter der Krone und als Vertrauter des *qā'id* zunächst die kleinere der beiden Festungen Šāṭibas/Xàtivas besetzen sollte. Nach der vollständigen Übergabe der Stadt sollte sich Abū Bakr b. 'Īsā dann auf die ihm vom König zu übertragenden nahegelegenen Festungen Mantīša/Montesa und Vallada zurückziehen.[56] Auch in dem im April des folgenden Jahres geschlossenen Abkommen mit al-Azraq vermochte der Regionalherrscher gegenüber seinem christlichen Verhandlungspartner immerhin durchzusetzen, dass von den acht Festungen in seinem Herrschaftsgebiet nur zwei unmittelbar, vier dagegen erst nach drei Jahren an die Krone ausgeliefert werden sollten, wohingegen zwei weitere dauerhaft in seinem Besitz verbleiben sollten.[57]

Beim Vollzug der Kapitulation waren die Führungen der Aljamas gleichsam bemüht, sich selbst im Moment ihrer Unterwerfung unter die Eroberer nicht als unterwürfige Besiegte, sondern mit einem Mindestmaß an Würde und Selbstbewusstsein zu präsentieren. In Baniškula/Peníscola wurden die Christen angeblich von fast zweihundert Gemeindemitgliedern begrüßt; nach der Niederschrift der Vereinbarungen führten der *ḥakīm* (*alfaquim*) und ein Begleiter einen Teil der königlichen Entourage auf die Festungsmauern, wo sie das Banner der Krone hissten.[58] Die Kapitulationen von Šūn/

---

55 Llibre dels feits. Ed. *Soldevila*, 354f., Kap. 308–310.
56 Llibre dels feits. Ed. *Soldevila*, 383f., Kap. 353f.: *E ells pregaren-nos de part de l'alcaid e dels vells que nós que volguéssem que Don Eixemèn de Tovia tingués lo castell, per ço car l'alcaid se fiava en ell molt, e nós atretal qui ens hi fiàvem*. Zu diesem Prozess künftig auch *Böhme*, Banū 'Īsā (im Druck).
57 Vgl. dazu erneut *Burns/Chevedden*, Negotiating Cultures (1999), 3–59, zum Wortlaut insbes. 35–37, 48–50.
58 Llibre dels feits. Ed. *Soldevila*, 266f., Kap. 184.

Uixó und Baṭarna/Paterna gestalteten sich ganz ähnlich.[59] Die Verteidiger von Balansiya/València ließen sich auf die Forderung des Königs ein, die Standarte der Krone auf einem Turm der Stadtmauer zu hissen, um das Ergebnis der bis dahin geheim gehaltenen Kapitulationsverhandlungen für alle sichtbar zu verkünden. Auch die eigentliche Übergabe der Stadt verlief vergleichsweise respektvoll und friedlich, wie neben der Schilderung des Königs auch der eingangs zitierte Augenzeugenbericht Ibn al-Abbārs vermittelt.[60] Für die Kapitulation von Bairān/Bairén ließ der *qāʾid* Ibn Sīdrāy zwanzig *šuyūḫ* aus der Stadt und den umliegenden Ortschaften zusammenrufen, die, wie bereits erwähnt, jeweils eigene Abkommen mit dem König unterzeichneten. Die Übergabe der Festung erfolgte am folgenden Tag in Anwesenheit der Familie b. Sīdrāys *en bé e en pau*; auch hier wurde das Banner der Krone von einer Vorhut des königlichen Heeres auf den Festungsmauern gehisst.[61] In Ǧazīrat Šuqr/Alzira traten auf Aufforderung des Königs die *šuyūḫ* vor die Stadt, um ihre Loyalität gegenüber der Krone und ihren Stellvertretern auf den Koran zu schwören.[62] Auch die Aljama von Šāṭiba/Xàtiva wurde bei den Einigungszeremonien nicht allein durch ihre einflussreiche Herrscherfamilie vertreten; die Anerkennung der christlichen Oberherrschaft unter den vereinbarten Bedingungen beschworen 1240 auf Forderung des Königs neben Abū Bakr persönlich einhundert weitere männliche Gemeindemitglieder.[63]

Über den zeremoniellen Vollzug der zweiten Einigung 1244 ist nichts Konkretes bekannt,[64] doch zeigt der Text des erhaltenen Vertrags, dass sowohl die Herrscherfamilie als auch alle anderen herausragenden Männer und Notabeln (*ḫawāṣṣ al-nās wa-wuǧūh?*) der Stadt und ihres Umlandes sich erneut durch einen Eid an die Klauseln der Übereinkunft binden mussten. Ihnen oblag es zudem, diese auch für die Männer niederen Ranges (*man warāʾahum min ṭabaqāt al-nās*) verbindlich zu machen. Wie schon vier Jahre zuvor vollzogen die muslimischen Eliten hier eine zeremonielle Bekundung ihrer Loyalität ähnlich der islamischen *bayʿa/mubāyaʿa*, mittels

---

59 Llibre dels feits. Ed. *Soldevila*, 319–321, Kap. 250 f., 254.
60 Vgl. Llibre dels feits. Ed. *Soldevila*, 339, Kap. 282 f., mit Ibn al-Abbār, Ḥullat al-siyarāʾ. Ed. *Muʾnis*, Bd. 2, 127, Kap. 130.
61 Llibre dels feits. Ed. *Soldevila*, 358, Kap. 314; vgl. zudem nochmals Anm. 21 oben.
62 Llibre dels feits. Ed. *Soldevila*, 368, Kap. 330 f.: (...); *e eixiren a nós tos los vells e juraren sobre el llibre de l'Alcorà que ens serien bons e lleials e que guardarien nostre cors e nostres membres e els nostres hòmens que hi metríem, que tinguessen nostre lloc*.
63 Llibre dels feits. Ed. *Soldevila*, 366, Kap. 327: *E dixem-los que l'alcaid isqués ab nós defora ab los mellors cent hòmens de la vila e que ens rebés; e que aquell lloc no lliuràs a null hom, pus se'n desisqués, si a nós no, per negun temps. E foren tots a aquell sagrament*; (...).
64 Im Llibre dels feits. Ed. *Soldevila*, 384, Kap. 354, heißt es nur: *E nós atorgam-los-ho* [scil. die Übertragung der Burg an Eximén de Tovía] *e presem lo castell menor. E així partim nostra host e establim lo castell fort bé de vianda e d'hòmens e tornam-nos-en en València*. Vgl. dazu die Vermutungen bei *Burns/Chevedden*, Negotiating Cultures (1999), 102.

derer sie sich effektiv zu Bindegliedern zwischen der Krone und der muslimischen Bevölkerung erklärten.[65]

Eine wichtige Rolle im Vollzug der Kapitulation spielten zudem die Verschriftlichung der Einigung und die Übergabe der Dokumente an die Vertreter der Aljama, was vielfach im königlichen Augenzeugenbericht vermerkt wurde.[66] In Banīškula/Peníscola fertigten die Vertreter der Aljama auf Aufforderung des Königs behelfsmäßige Niederschriften der gewünschten Urkunden an, da sich aufgrund des raschen Voranschreitens der Verhandlungen keine Notare in der Entourage Jakobs I. befanden. Zwei Tage nach der Übergabe der Festung kehrte der Monarch persönlich in Begleitung dieser *escrivans* zurück, um die zeremonielle Ausstellung der Dokumente nachzuholen.[67] Auch in Balansiya/València war die muslimische Seite maßgeblich an der Ausfertigung der Dokumente beteiligt.[68] Die 1240 mit Šāṭiba/Xàtiva getroffene Vereinbarung wurde als Chirograph ausgefertigt und diente dem König als Argumentationsgrundlage, als er Abū Bakr b. ʿĪsā drei Jahre später vorwarf, die Bestimmungen des Abkommens gebrochen zu haben.[69] Möglicherweise waren beide Kopien bilingual auf Arabisch und Latein bzw. einer romanischen Sprache abgefasst, wie wir es von den beiden erhaltenen Abkommen von 1244/1245 kennen. Darüber ist jedoch nichts Sicheres bekannt, da beide Hälften des Chirographs als Deperdita anzusehen sind.[70]

---

65 Burns/Chevedden, Negotiating Cultures (1999), 161, 163, Z. 10: [(...) *wa-lazima al-qāʾidayn aʿazzahumā Allāh hāḏihi al-muʿāhada ʿalā šurūṭihā wa-lazima ḏālika ayḍan man kāna min ḫawāṣṣ al-nās wa-wuǧūh? Š]āṭiba wa-mā [?ilay?]hā wa-alzamūhā man warāʾahum min ṭabaqāt al-nās wa-ḥalafū ʿalā al-wafāʾ bihā* (...). Zum Konzept der *bayʿa/mubāyaʿa* vgl. im Kontext hier ebd., 178f., 183–186, und schon Burns, L'Islam, Bd. 1 (1990), 282f.; ebd., Bd. 2 (1990), 25–30. Weiterführend zur Entwicklung der Aljama unter christlicher Oberherrschaft vgl. etwa O'Connor, Forgotten Community (2003), und Aparisi Romero/Rangel López/Royo Pérez, Xàtiva (2008).
66 Vgl. etwa nochmals die Angaben in Anm. 21, 50 oben.
67 Llibre dels feits. Ed. *Soldevila*, 265–267, Kap. 184: *E nós dixem-los que els escrivans nostres no eren aquí, per ço con nós veniem tan cuitosament; mas que escrivissen aquelles coses que ens demanarien, e nós que ens avenriem ab ells; e, quan nós fóssem avenguts ab ells, que els prometríem que els ho compliríem e els ho atendríem. (...), sí que en l'altre dia nos en tornam a Peníscola; e foren venguts los escrivans, e faem-los les cartes*. Die erwähnten Dokumente müssen ebenfalls als Deperdita gelten. Zur mit Sicherheit mehrstufigen Verschriftlichung der Übereinkünfte, die in der Rückschau des Königs oft zu einer Stufe zusammengefasst wird, vgl. schon die Beobachtungen bei Burns, L'Islam, Bd. 1 (1990), 275f.
68 Vgl. nochmals Ibn al-Abbār, Ḥullat al-siyarāʾ. Ed. *Muʾnis*, 127, Kap. 130: (...), *wa-tawallaytu al-ʿaqd ʿan Abī Ǧumayl fī ḏālika*.
69 Llibre dels feits. Ed. *Soldevila*, 370, Kap. 334: *E vós* [scil. Abū Bakr] *sabets bé que la covinença que havets ab nós, que les cartes partides són per a, b, c, que nós ne tenim les unes e vós ne tenits les altres; e segons que en aquelles és contengut havets-nos trencades les covinences que havíets ab nós*.
70 Vgl. auch die Vermutungen bei Burns/Chevedden, Negotiating Cultures (1999), 85f.

2 Zäsur oder Kontinutität? Die ‚Cartes de Poblament' als Ergebnis der Aushandlungsprozesse

Im folgenden Abschnitt des Beitrages sollen nun die Inhalte dieser verschriftlichen Endergebnisse der Kapitulationsverhandlungen im Mittelpunkt stehen, wobei exemplarisch drei Beispiele aus der Zeit der katalanisch-aragonesischen Eroberung des Šarq al-Andalus in der ersten Hälfte des 13. Jahrhunderts vergleichend nacheinander betrachtet werden sollen. Dabei soll es nicht um eine vollständige Inhaltsangabe der bisweilen sehr ausführlich formulierten Dokumente, sondern vielmehr um folgende Fragen gehen: (1) In welcher Form und von welchen Akteuren wurden die jeweiligen Aljamas in den ‚Cartes de Poblament' repräsentiert? (2) Welche Bestimmungen wurden hinsichtlich zukünftiger Interaktionsprozesse zwischen der Gemeinde bzw. ihren Stellvertretern sowie den neuen Landesherren stipuliert? Inwieweit betreffen diese Bestimmungen den Umgang mit künftig anzunehmenden Problemen und den Ausgleich konkurrierender Interessenlagen im Kontext des zukünftigen Auskommens miteinander? (3) In welchen zentralen Bereichen und in welchem Maße vermochten es die Vertreter der Aljamas, die Autonomie ihrer Gemeinde gegenüber den christlichen Oberherren zu behaupten? In welchen Bereichen mussten sie Konzessionen an die Eroberer machen?

Bei der Betrachtung dieser Fragen sind wir – neben der schon erwähnten Tatsache, dass die Dokumente zumindest formal die Perspektive der Eroberer widerspiegeln – mit einem weiteren grundlegenden Problem konfrontiert: Für die hier im Mittelpunkt stehende Zeitspanne ist nur eine sehr geringe Zahl von Siedlungsurkunden überliefert, die wir zudem ausschließlich über Abschriften aus späteren Jahrhunderten greifen können. Sie liegen meist in lateinischer Sprache vor, während wir über den Inhalt der anzunehmenden, heute aber als Deperdita anzusehenden Gegenstücke in arabischer Sprache nahezu nichts wissen. Greifbar sind letztere nur in wenigen Fällen in Form von Übersetzungen in iberoromanische Sprachen, die von sprachkundigem Personal des Verwaltungsapparates späterer Herrscher besorgt wurden.[71] Dennoch lassen sich aus den überlieferten Texten durchaus interessante Rückschlüsse ziehen.

So war etwa die Siedlungsurkunde, die den Muslimen von Ǧarbaira/Cervera Ende November 1233 von Hug de Fullalquer, Meister des Johanniterordens in Katalonien und Aragón und ihr neuer Landesherr, ausgestellt wurde, einst bilingual verfasst,

---

[71] Eine Einführung in diese Quellengruppe bietet die jüngere Synthese von *Guinot Rodríguez*, Cartes de poblament (2019).

wobei sich der lateinische und arabische Text in jeder Zeile abwechselten.[72] Zumindest im lateinischen Text wurde explizit aufgenommen, dass sich der Orden mit dem *faqīh* und *qāḍī* Ibn Fawwār (*Abinfaur*) sowie fünf ebenfalls namentlich genannten Notabeln (*propris hominibus*) in Vertretung der gesamten muslimischen Gemeinde auf die Übergabe der Festung geeinigt habe.[73] Den Muslimen wurde die fortwährende Beibehaltung ihrer traditionellen Rechtsprechung unter Vorsitz des *qāḍī* eingeräumt, der mit dem Gebetsleiter (*ṣāḥib al-ṣalā*) die abgabenfreie Kontrolle über die (Haupt-)Moschee innehaben und das religiöse Leben organisieren sollte, wofür beide Funktionäre vom Arbeitsdienst (kat. *sofra*, arab. *suḫra*)[74] für den Landesherren ausgenommen sein würden.[75] Christen und Juden sollten im muslimischen Teil (*raval*) der Stadt kein Ansiedlungsrecht haben, was die Muslime durch die Ernennung eines Pförtners (*porterius*) durchsetzen dürften. Käme es dennoch zu Zwistigkeiten zwischen Christen und Muslimen, solle der *qāḍī* über die Muslime nach ihrem (islamischen) Recht (*secundum suam legem*) urteilen, während ein christlicher Richter gleiches für die christliche Partei tun solle. Klage ein Muslim oder Christ einen Muslim eines Verbrechens an, müsse er seine Vorwürfe durch Aussagen geeigneter Zeugen (*per idoneos testes*) untermauern, woraufhin der *qāḍī* den Schuldigen nach islamischem Recht verurteilen solle.

---

72 Das auf 1233 Nov. 22 datierte Dokument ist nur als neuzeitliche Abschrift erhalten, doch bemerkte ein Notar bei einer früheren Abschrift 1316: *Salvo tamen quod predictum originalium est quasi totum similiter scriptum sive interlineatum de primea linea usque ad ultimam cum literis morisquis quas ego dictus notarius nescivi translatare neque inteligere.* Vgl. dazu den Abdruck in *García Edo*, Actitud (1990), 316, App. n° 1, wohingegen die Stelle in der nachfolgend zitierten maßgeblichen Edition: Cartes de Poblament. Ed. *Guinot Rodríguez*, n° 7, nicht mit aufgenommen wurde. Vgl. zu den folgenden Ausführungen auch die ausführlichere Analyse des Dokuments in *Böhme*, Johanniterorden (im Druck).
73 Cartes de Poblament. Ed. *Guinot Rodríguez*, 95f., n° 7: (...) *locuti essemus cum propris hominibus de Cervaria et fuimus ibi et locuti fuimus cum alfachi Abinfaur, cum Azmet Abinbale, Abdella, filio Abzemet, Araymio, filio Azmet Nigro, et cum Faça filio Abinfazne et Abinfarez et cum omnibus mauris de Cervaria, de facto scilicet ut reterent nobis castrum de Cervaria*. Die kampflose Übergabe der Festung nach dem Fall von Baniškula/Peníscola erwähnt auch der Llibre dels feits. Ed. *Soldevila*, 267, Kap. 185; vgl. im weiteren Kontext *Ferreres Nos*, Estudi (1988). Zum Ordensmeister vgl. weiterführend *Conca/Guia*, Hug de Forcalquer (2016).
74 Ausführlicher dazu vgl. bereits *Guichard*, Problème (1979), *de Epalza/Rubiera*, Sofra (1986), und *López Elum*, Carácter plurifunctional (1987).
75 Cartes de Poblament. Ed. *Guinot Rodríguez*, 96, n° 7: (...), *quod maneatis et sitis in vestra lege et in vestra una et in vestris consuetudinibus in arrabal de Cervaria, sub iuditio vestri Alcaydi et suum iuditis et suorum successorum, et sitis heredes post alium sicut in vestra lege et una continetur. Item, volumus et concedimus quod mesquida vestra sit in pose unius Alcaidi et Çabalçalani sicut in vestra lege invenitur, scilicet, servitio totius algame in priovonar et in orationibus et in vestro ieiunio, et domus et hortos predicte mezquide sint franca sine aliqua servitudine nostra. Item, Alcaidus et çabaçala semper sint liberi de çofris et de aliis usaticis,* (...). Zur sozialen Bedeutung von Moscheen vgl. in unserem Kontext bereits *Burns*, L'Islam, Bd. 1 (1990), 310–317, zum *ṣāḥib al-ṣalā* insbes. ebd., 296–298, 307f.; ebd., Bd. 2 (1990), 151; zudem *de Epalza*, Islamic Social Structures (1996), 189, und *Guichard*, Al-Andalus (2001), 293, 322, 375, 451f., 459, 475f.

Auch Fragen über die rechtmäßige Verpfändung muslimischen Besitzes sollten durch diesen Funktionär entschieden werden. Zwei weitere Beamte, der *amīn* und der *saig/saio*, sollten allerdings vom Orden ernannt werden, um die Abstimmung der Aljama mit der restlichen Stadtgemeinde zu leiten und ihre Geschicke generell zu führen.[76]

Am Schluss des Textes wurden die dargelegten Bestimmungen von beiden Seiten erneut bestätigt.[77] Im Namen aller Gemeindemitglieder leisteten sie nach islamischem Recht Schwüre auf die Einhaltung der stipulierten Vereinbarungen[78] und beglaubigten das Dokument zusätzlich durch ihre Unterschrift.[79] Tatsächlich scheinen die guten Beziehungen zwischen dem Orden und der Aljama in den folgenden Jahren gehalten zu haben.[80]

Eine gute Vergleichsfolie für dieses Dokument bietet die Siedlungsurkunde, die sich die Muslime von Ḥiṣn Šubrut/Xivert Ende April 1234 von Ramon de Patot, Meister des Templerordens, ausstellen ließen.[81] Die Übergabe der Festung und ihres Umlandes

---

[76] Cartes de Poblament. Ed. *Guinot Rodríguez*, 98, n° 7: *Item, dabimus omnibus mauris scilicet toti aljama, unum Aluminum et unum Saionem de sua lege pro negotiis que inter vos et ipsos fuerint faciendi et pro gubernandum mauros*. Das Amt des *amīn* umfasste in almohadischer Zeit vorrangig Aufgaben aus dem Bereich der Finanzverwaltung, so etwa die Eintreibung von Steuern innerhalb der Gemeinde; erst unter christlicher Herrschaft und vollends im 14./15. Jhd. entwickelte es sich zu einer hohen Führungsposition innerhalb der valèncianischen Aljamas. Zu den Befugnissen des *saig/saio* gehörte dagegen wohl hauptsächlich die Durchsetzung von Strafbefehlen in Vertretung des Landesherrn. Vgl. zu beiden Amtsträgern in unserem Kontext Burns, Colonialism (1975), 248–254; Ders., L'Islam Bd. 1 (1990), 353, ebd., Bd. 2 (1990), 140–146, und Guichard, Al-Andalus (2001), 341f. (Anm. 2).

[77] Cartes de Poblament. Ed. *Guinot Rodríguez*, 98, n° 7: *Et nos, Alfaqui, Alcaydus et Abdel, filius Azmeti Nigri, et Faza, filius Abinfazine, et Abil Abinferir, et Azmet Abinabale, nos omnes supradicti, concilio et certa voluntate totius aljama de Cervaria, (…)*.

[78] Cartes de Poblament. Ed. *Guinot Rodríguez*, 98, n° 7: *(…), et ut hoc melius et firmius a nobis et ab omnibus mauris habitatoribus de Cervaria compleatur et atendatur, iuramus per Deum verbum omnipotentem et per profetam nostrum Mahomet et per omnem legem et unam nostram sicut melius et plenius posumus hoc iurare ullo modo ad bonum et proprium intelectum omnium fratrum Hospitalii*.

[79] Cartes de Poblament. Ed. *Guinot Rodríguez*, 98, n° 7: *Sig + num Alfachi Alchayde. Sig + num Abdel Abdezamet. Sig + num Azmeti, filii Moimoni Nigri. Sig + num Faza, filii Abinfazne. Sig + num Abil Abinfarez. Sig + num Azmet Abil Abinabale, nos qui hoc totum quod superius prediciitur, per nos et omnes mauros habitatores Cervarie presentes et futuros, firmamus et concedimus et ratum et firmum habebimus et observabimus et nunquam contraveniemus ullomodo*. Es ist zu bemerken, dass sich die drei Aufzählungen der Notabeln im Text nicht gleichen, sondern immer nur eine Auswahl aus einem offensichtlich größeren Personenverband genannt wird.

[80] Das lässt zumindest eine einige Jahre später beurkundete Übertragung von Ländereien im Umland der Siedlung durch den Ordensmeister an den *alfachim de Cervaria* vermuten: García Edo, Actitud (1990), App. n° 2 (1237 Juni 8). Da er nicht namentlich genannt wird, muss eine Identifizierung mit dem 1233 amtierenden *faqīh-qāḍī* Abinfaur/Ibn Fawwār hypothetisch bleiben.

[81] Cartes de Poblament. Ed. *Guinot Rodríguez*, n° 10 (1234 Apr. 28), die ebenfalls nur als spätmittelalterliche Abschrift des lateinischen Textes erhalten ist, während man über den Verbleib des anzunehmenden arabischen Gegenstückes nichts weiß; vgl. dazu auch Burns, L'Islam, Bd. 1 (1990), 208f. und Guichard, Al-Andalus (2001), 268. Zur kampflosen Kapitulation der Festung im selben Kon-

vollzogen, stellvertretend für die gesamte Aljama (*voluntate omnium aliorum proborum hominum*), auch hier ihre ranghöchsten Amtsträger zusammen mit einer kleinen Gruppe anderer Notabeln. Neben dem zuerst genannten *faqīh* bzw. *qāḍī* ʿAbd Allāh b. Yūsuf b. ʿAbd al-ʿAlī /Aʿlā, dem *qāʾid* Wāqid b. Ṭūbā (?) und dem *ṣāḥib al-ṣalā* Sulaymān ʿAbd al-Ǧabbār ließen sich zwölf andere Gemeindemitglieder namentlich verewigen, unter denen sich nicht nur ʿAlī, der Sohn des *faqīh*, sondern auch Repräsentanten der angesehensten Familien der Siedlung, darunter der al-Ǧāzī, b. Ḥabīb und b. Šarīf, befanden.[82] Im Rahmen der Verhandlungen über den Inhalt der Siedlungsurkunde regelten sie in Abstimmung mit dem Orden auch die Vergabe verlassener Grundstücke an andere Muslime. Diese Vorgänge wurden offenbar nicht gesondert beurkundet, sondern fanden direkten Eingang in die Siedlungsurkunde.[83]

Gemäß den generellen Bestimmungen des Dokuments überließen die neuen Landesherren dem *faqīh*/*qāḍī* und dem *qāʾid* sowie ihren jeweiligen Nachfolgern zusammen mit der Kontrolle und Aufsicht (*comanda et custodia*) über die von allen Abgaben befreite Hauptmoschee (*mesquita maior*) sowie dem Hauptteil der weiterhin vorrangig von Muslimen bewohnten Stadt auch den Vorsitz über die gemäß den bisherigen islamischen Traditionen aufrecht zu erhaltende Gerichtsbarkeit (*iuditium*) innerhalb ihrer Aljama.[84] Ebenso wie die *aṣḥāb al-ṣalā* spielten beide Funktionäre damit eine außerordentlich bedeutende Rolle in der Gemeindeverwaltung sowie der Organisation der auch in Ḥiṣn Šubrut/Xivert und seinem Umland ausdrücklich erlaubten, öffentlichen Religionsausübung der Muslime. Sie und ihre Familien waren daher auch hier von der *sofra/suḥra* ausgenommen.[85] Entstünden trotz der auch hier forcierten räumlichen Trennung des muslimischen, jüdischen und christlichen Siedlungsraumes Streitigkei-

---

text wie Ǧarbaira/Cervera vgl. Llibre dels feits. Ed. *Soldevila*, 267, Kap. 185; zudem *Böhme*, Johanniterorden (im Druck).

82 Cartes de Poblament. Ed. *Guinot Rodríguez*, 101, n° 10: (...), *alfachino nomine Abdallà, filio de Iuceff Abdelale, et de alcaydo Aucat, filio de Viutuper, et Çabaçalano nomine Çoloymen Abdelgobar, et Defecan, filio de Aliagazi, et Ali, filio alfachini Abdelale, iuvenis, et Façan, filio de Iuceff Algazi, iuvenem, et Abdelam Avinxariff et Ali Arunxaxit, et Mofferich, filio Çale, et Ubaquer Alguarbi et Abdeluafit Avinçamege, Çoleymen Axaquot et Maffomet Abinfabib, et Ali Abinfabib et Ubaquer Abdelfeure,* (...). Vgl. auch die Überlegungen zu dieser Namensliste bei *Burns*, L'Islam, Bd. 1 (1990), 209; ebd., Bd. 2 (1990), 146, 179 f., und *Guichard*, Al-Andalus (2001), 292 f., 475 f., 480.

83 Cartes de Poblament. Ed. *Guinot Rodríguez*, 104, n° 10.

84 Cartes de Poblament. Ed. *Guinot Rodríguez*, 102, n° 10: *Insuper, comendare Alfachino, Alcaydo sarracenorum qui nunc est et suis successoribus suam legem et çunam in eodem castro, in suis hereditamentis in vita videlicet et in morte secundum forum, iuditium suasque consuetudines iuxta quod facere consueverunt in tempore sarracenorum.* (...) *Totum hunc sit in comanda et custodia Alfachini Alcadi secundum que debent fieri ad legem et çunam suam, sine aliqua contrarietate* (...). Zur Problematik des Wortes Alcadi im zweiten Zitat vgl. schon *Burns*, L'Islam, Bd. 2 (1990), 129–131.

85 Cartes de Poblament. Ed. *Guinot Rodríguez*, 102, n° 10: (...) *alfachinus alcaydus cum suis successoribus et çabaçalanis eisudem castra et suorum terminorum presentibus et futuris sint semper franchi ab omnibus açoffris in suis personis et filiorum et uxorum,* (...). Vgl. auch *Burns*, Colonialism (1975), 164.

ten zwischen den Religionsgruppen, sollte der *faqīh/qāḍī* die Angelegenheiten der Muslime nach islamischem Recht entscheiden, während ein christlicher *baiulus* des Ordens über Christen und Juden urteilen würde. Hinsichtlich der Entscheidungsfindung wurde auch hier die Notwendigkeit muslimischer Zeugen bei der Prüfung von Klagen gegen Muslime betont, wobei letztere in Gefängnissen innerhalb des muslimischen Siedlungsgebietes festgehalten werden sollten.[86] Neben den bereits genannten Amtsträgern sollten drei weitere mit Funktionen in der Aljama hingegen durch die Ordensleitung ernannt werden: der *amīn* als Steuereintreiber, der *saig/saio* sowie der Torwächter ihrer durch eine Mauer einzugrenzenden Wohnviertel. Alle drei Ämter mussten gleichwohl mit Muslimen aus der Stadt oder von außerhalb besetzt werden.[87]

Im letzten Teil des Dokuments wurden die Namen derjenigen Ordensbrüder aufgeführt, die einen Schwur auf die Einhaltung der Vereinbarungen zu leisten hatten. Für den Fall dennoch auftretender Zuwiderhandlungen vonseiten des Ordens sicherte sich die Aljama das Recht, sich mit der Siedlungsurkunde zukünftig an einen als Vermittler bestimmten Ordenspräzeptor und in nächsthöherer Instanz an den Meister selbst zu wenden. Letzterer solle sich schließlich *sapientum consilio* um die Wiederherstellung des Friedens zwischen den Parteien bemühen.[88]

Dass auch in jenen Siedlungsurkunden, die direkt im Namen der Krone ausgestellt wurden, durchaus ähnliches stipuliert wurde, zeigt das Beispiel der Serra d'Eslida im südlichen Bergland der heutigen Provinz Castelló. In dem Ende Mai 1242 ausgestellten, ehemals ebenfalls bilingual verfassten Dokument, das eine wohl bald nach der Kapitulation 1238/1239 verschriftlichte und damit frühere Übereinkunft ersetzte,[89] gewährte der König der aus den Ortschaften 'Ayn/Aïn, Veo, Senguer, Palmes und Sueras be-

---

86 Cartes de Poblament. Ed. *Guinot Rodríguez*, 103, n° 10: *Alfachinus Alcaydus iudicet sarracenos secundum legum suam, et christianus baiulus Templi iudicet christianos et iudeos. (...), nullum inde sustineat dampnum sine bonis et legitimis testibus sarracenis, verum nullus christianus vel iudeus possit facere testimonium contra sarracenum*. Zu Gefängnissen innerhalb der muslimischen Morería ebd., 104: *Insuper, habeant dicti mauri carcerem in suo arravallo in quo malefactores, debitores et alii mali homines distringantur*. Vgl. zu beiden Aspekten auch Burns, L'Islam, Bd. 1 (1990), 382 f., 388 f.
87 Cartes de Poblament. Ed. *Guinot Rodríguez*, 103 f., n° 10: *Ceterum, sarraceni predicti habeant Aliaminum ad incautandum et accipiendum iura dominorum fratrum, et saionem et ianitorem sive portarium in suo arravallo et isti tres sint mauri aut de castro Exiverti aut de loco alio, sicut ad officium istud poterint inveniri*. Zur Ernennung der Funktionäre durch den Orden vgl. Burns, Colonialism (1975), 252, 265 (Anm. 46); Ders., L'Islam, Bd. 1 (1990), 362; ebd., Bd. 2 (1990), 144.
88 Cartes de Poblament. Ed. *Guinot Rodríguez*, 105, n° 10: *Si vero, que Deus avertat, aliquo tempore super hiis premissis superius vel in aliquo eo perdem inter fratres et mauros aliqua contentio oretur, mauri illi hec demostrent preceptorie Risperie qui pro tempore fuerit, et nisi per ipsum hec posse pacifficari vel pausarii, demostrent Magistro qui pro tempore fuerit, et ipsi, sapientum consilio, hec pacificet et concordit studet terminare.*
89 Cartes de Poblament. Ed. *Guinot Rodríguez*, n° 45, datiert auf 1242 Mai 29 und mithin die früheste überlieferte Siedlungsurkunde der Krone für eine Aljama im Königreich València. Erhalten sind auch hier nur Abschriften des 15. Jhds., die auf eine 1343 durch Peter IV. veranlasste Bestäti-

stehenden Aljama Schutz und Siedlungsrecht im Gegenzug für ihre Unterstellung unter die Oberherrschaft der Krone, die von christlichen Statthaltern aufrecht erhalten wurde.[90] Die in diesem Fall leider nicht namentlich genannten muslimischen Vermittler bemühten sich offensichtlich auch hier darum, ihre Aljama möglichst vor fremden Einflüssen zu bewahren, indem sie ein Verbot für die eigenverantwortliche Ansiedlung von Christen und Juden durchsetzten.[91] Hinsichtlich der freien Ausübung des Glaubens wurde die Vermittlung des Islam durch Koran- und ḥadīṯ-Gelehrte sowie die Aufrechterhaltung bestehender Stiftungen (ḥubūs) für Moscheen hervorgehoben.[92] Die Führung der Aljama übernahm hier ein bereits amtierender qāḍī, unter dessen Vorsitz die Muslime über Eheverbindungen, Landaufteilung und -veräußerung sowie alle anderen Angelegenheiten gemäß den islamischen Rechtstraditionen entscheiden sollten.[93] In interreligiösen Streitfällen spielten muslimische Zeugen ebenfalls eine große Rolle.[94] Über die Einsetzung und den Wirkungsraum weiterer Funktionäre, die die Aljama nach innen und außen vertraten, wurden allerdings keine expliziten Festlegungen verschriftlicht, sodass davon auszugehen ist, dass auch diese Angelegenheiten von den Muslimen eigenverantwortlich zu regulieren waren.[95]

---

gung des lateinischen Textes zurückgehen, in welcher der Notar vermerkte: (...) *quiquidem carta scripta erat latinis diccionibus, et interlineata litteris arabicis vel sarracenicis, idem quod ipse dicciones latine signifficantibus in effectu*, (...). Vgl. den Abdruck in *García Edo*, Actitud (1990), 320, App. n° 5, wohingegen die Stelle in Cartes de Poblament. Ed. *Guinot Rodríguez*, n° 45, ebenfalls nicht mitediert wurde. Zur vermuteten Existenz früherer Absprachen vgl. *Burns*, L'Islam, Bd. 1 (1990), 211, und *Guichard*, Al-Andalus (2001), 562.

90 Im Text werden *Alcaidi* (*castrorum*) und *Baiuli* als Bevollmächtigte und Steuereintreiber genannt; vgl. dazu auch *Burns*, L'Islam, Bd. 2 (1990), 131, 147.

91 Cartes de Poblament. Ed. *Guinot Rodríguez*, 158, n° 45: (...) *et non mittant christianos nec aliquem de alia lege in terminis suis, causa habitandi, sine voluntate ipsorum*. (...) *Et christiani non hospitentur in domibus suis et hereditatibus nisi sarraceni voluerint*.

92 Cartes de Poblament. Ed. *Guinot Rodríguez*, 158, n° 45: (...) *et possint docere scolares Alcor et libros omnes de Alhadet secundum legem suam, et Alcopzi sint de mesquitis suis*. Zum problematischen Begriff *Alcopzi* vgl. Burns, L'Islam, Bd. 1 (1990), 299 (Anm. 31), 307 f. (Anm. 52), 323–325, sowie im weiteren Kontext *García Sanjuán*, Islamic Pious Endowments (2007).

93 Cartes de Poblament. Ed. *Guinot Rodríguez*, 158, n° 45: *Et iudicent causas suas in posse Alcaydi eorum sarraceni illius qui erit in Eslida in casamentis, et divisionibus, et emptionibus, et venditionibus et aliis omnibus causis secundum eorum legem*. Hinsichtlich der Identifizierung des Amtsträgers als qāḍī vgl. *Burns*, L'Islam, Bd. 1 (1990), 338, 340 f., 348; ebd., Bd. 2 (1990), 131, 147, und *Guichard*, Al-Andalus (2001), 481.

94 Cartes de Poblament. Ed. *Guinot Rodríguez*, 158, n° 45: *Et christiani non probent contra sarracenos nisi cum sarraceno legali*.

95 Eine 641/1243 ursprünglich in arabischer Sprache ausgefertigte Liste von 50 muslimischen Familien im Umland von Eslida, die ihre Zugehörigkeit zum Steuerbezirk dieses Regionalzentrums erklärten, bietet einen Einblick in die Siedlungsstrukturen der Region: Barcelona, Arxiu de la Corona d'Aragó, Real Cancillería, Reg. 874, fol. 30^{rv}, bei dem es sich jedoch um eine romanische Übersetzung von 1342 handelt; dazu schon *Guichard*, Al-Andalus (2001), 294 f., 297.

3 Zusammenfassung: Vom Šarq al-Andalus in die Krone Aragón?

Der vorliegende Beitrag hatte sich das Ziel gesetzt, die katalanisch-aragonesische Eroberung des Šarq al-Andalus und die Errichtung des Königreiches València aus der Sicht der unmittelbar in die Ereignisse involvierten muslimischen Aljamas zu betrachten. Da sich von muslimischer Seite keine nennenswerte Überlieferung erhalten hat, musste diese Perspektive aus der christlichen Dokumentation herausgearbeitet werden, wobei mit dem ‚Llibre dels feits' und den ‚Cartes de Poblament' zwei Quellen(-gruppen) von vorrangigem Interesse waren.

Im ersten Abschnitt des Beitrages wurde gezeigt, dass der königliche Augenzeugenbericht trotz der aus seiner perspektivischen Enge und Darstellungsabsicht notwendigerweise resultierenden quellenkritischen Probleme ein vielschichtiges und bisweilen sehr detailliertes Bild der Kapitulationsverhandlungen zwischen den muslimischen Gemeinden und den christlichen Eroberern präsentiert. Im Zuge des sukzessiven Zusammenbruchs überregionaler Herrschaftsstrukturen seit den 1220er Jahren hatten die Aljamas des Šarq ein mehr oder weniger hohes Maß an administrativer Unabhängigkeit erlangt, waren in diplomatischer und militärischer Hinsicht jedoch weitestgehend auf sich gestellt. Nach innen und außen wurden die Geschicke der Gemeinden jeweils von einer relativ kleinen Führungselite geleitet, deren personelle Zusammensetzung wir zumeist nur schlaglichtartig in der christlichen Überlieferung greifen können. Häufig lässt sich beobachten, dass ein *qāʾid* oder *qāḍī* formal als Vorsteher der Aljama agierte, sich in allen wichtigen Entscheidungsfindungsprozessen aber immer wieder mit den *šuyūḫ* der Gemeinde abstimmen musste.

Im Angesicht der abzusehenden oder unmittelbar drohenden Eroberung setzten diese Eliten auf unterschiedliche Strategien, um einen bestmöglichen Weg aus der Bedrohungslage zu finden. Während sie sich in einigen Fällen erst im Angesicht der nicht mehr abzuwendenden militärischen Niederlage auf die Aufnahme von Kapitulationsverhandlungen einließen, suchten die Führungen zahlreicher anderer Gemeinden bereits vor dem Kommen des Invasionsheeres den diplomatischen Austausch mit dem König oder seinen Stellvertretern. In den Verhandlungen ließen sich die Aljamas jeweils durch verschiedene Gesandte und Unterhändler vertreten, deren Identität wir zumeist dann näher fassen können, wenn ihr Erscheinungsbild oder ihre Verhandlungsführung dem König derart im Gedächtnis blieb, dass er seine Beobachtungen in seinem Tatenbericht verewigte. In fast allen Fällen scheint es sich um Vertreter der lokalen Eliten gehandelt zu haben, die sich – zusätzlich zu ihrem Rang und Ansehen innerhalb der Gemeinde – nicht selten auch durch diplomatische Vorerfahrungen, Wortgewandtheit oder Fertigkeiten in der Anwendung romanischer Sprachen für die verantwortungsvolle Vermittlertätigkeit qualifiziert haben mögen. Sie verstanden es zumeist, ihre Gemeinde selbstbewusst zu vertreten, wobei die Verhandlungen üblicherweise durch ein hohes Maß an Respekt auf beiden Seiten geprägt waren. Die Befugnisse der muslimischen Gesandten waren aber meistens eng begrenzt und machten es immer wieder notwendig, dass sie die Verhandlungen mit dem König oder seinen Unterhändlern unterbrechen und sich für weitere Abstimmungen mit der Gemeindeführung zurückziehen mussten. Dabei galt es, innerhalb der Führungsschicht weitgehenden Konsens über die zu bevorzugende Strategie im Umgang mit den Invasoren zu erreichen. Dass das längst nicht immer gelang, wissen wir aus denjenigen Fällen, in denen der auch für die christliche Seite offenkundige Dissens über das weitere Vorgehen den Verlauf der Ereignisse bisweilen empfindlich störte.

Im Zuge der Kapitulationsverhandlungen vermochten es die Führungseliten mitunter sehr selbstbewusst, sich selbst und ihrer Gemeinde möglichst viele Privilegien zu sichern, die Zugeständnisse an die zukünftigen Landesherren hingegen so gering wie möglich zu halten oder sich zumindest einen Zeitaufschub für weitere Verhandlungen zu erkaufen. Von besonderer Bedeutung für die gesamte Gemeinde war dabei die beurkundete Zusicherung, dass die Aljama unter Wahrung ihrer islamischen Rechtstraditionen sowie weitgehender Autonomie in innergemeindlichen Angelegenheiten auch unter christlicher Oberherrschaft weiterexistieren würde. Das Selbstverständnis der Führungseliten als Verhandlungspartner auf Augenhöhe fand seine Widerspiegelung auch in der Ausgestaltung der Kapitulationszeremonien, in denen sich nicht nur die lokalen Befehlshaber, sondern vielfach auch die šuyūḫ als Vertreter der gesamten Gemeinde präsentierten.

Ein zentrales Element der Zeremonie war zudem die Ausfertigung und Übergabe jener Dokumente, mit denen die Einigung zwischen christlicher und muslimischer Seite schriftlich fixiert wurde. Die im zweiten Abschnitt des vorliegenden Beitrags anhand von drei Beispielen vorgestellten ‚Cartes de Poblament' sind heute fast ausschließlich abschriftlich oder in Übersetzung erhalten, wurden aber einst wohl in weitaus größerer Anzahl für die zahlreichen Aljamas auf dem Gebiet des neuen Königreiches València ausgestellt. Gleichwohl sie den Muslimen formal vom König oder Landesherren verliehen wurden, stellten sie realiter die verschriftlichten Endergebnisse zumeist hart geführter Aushandlungsprozesse dar und wurden in ihren Inhalten maßgeblich durch die Forderungen und Ansprüche der muslimischen Seite geprägt. Obwohl die in diesen Dokumenten stipulierten Bedingungen für die zukünftige Existenz der Gemeinde unter christlicher Oberherrschaft sich in ihren jeweiligen konkreten Ausprägungen natürlich unterschieden, stellten Vorrechte wie die Besetzung bestimmter Ämter mit Befugnissen innerhalb der Gemeinde, die ungehinderte öffentliche Religionsausübung ihrer Bewohner, eine selbstverantwortliche islamische Rechtsprechung in innergemeindlichen Angelegenheiten sowie Ansiedlungsbeschränkungen für Nichtmuslime einige der am häufigsten thematisierten Aspekte dar. Das Hauptanliegen der bisweilen auch namentlich repräsentierten muslimischen Führungseliten war es dabei, das Recht zur eigenverantwortlichen Administration ihrer Aljama nach den etablierten islamischen Traditionen soweit wie möglich zu bewahren und den neuen Landesherren nur gerade soviel Konzessionen einzuräumen, wie diese als Mindestmaß einforderten. Obwohl letztere die verbrieften Rechte der muslimischen Gemeinden in späteren Jahren nicht selten über urkundliche Erlasse, neu zusammengestellte Rechtskodifikationen oder neu ausgehandelte Siedlungsurkunden aushöhlten oder anderweitig übergingen, stellten diese Dokumente über viele Jahrzehnte die rechtliche Basis für die Lebensbedingungen der Muslime in den verschiedenen Gemeinden dar.

Vor dem Hintergrund dieser Zusammenschau lässt sich folglich konstatieren, dass sich den muslimischen Gemeinden und ihren Führungseliten im Angesicht der abzusehenden oder unmittelbar drohenden Eroberung durch die Krone Aragón durchaus vielfältige Handlungsspielräume boten, innerhalb derer sie den Verlauf der Ereignisse aktiv beeinflussen konnten. Diese Handlungsspielräume wurden maßgeblich auch durch die mehr auf diplomatische Verständigung denn auf militärische Konfrontation ausgerichteten Expansionsstrategien der Krone Aragón unter Jakob I. eröffnet. Die Führungen der Aljamas vermochten sie vielfach dafür zu nutzen, selbstbewusst und als nahezu ebenbürtige Verhandlungspartner mit denjenigen Ansprüchen und Forderungen an die Eroberer heranzutreten, auf die sie im Gegenzug für ihre Unterstellung unter christliche Oberherrschaft bestanden. Dafür wählten sie jeweils eigene und immer wieder an die Entwicklung der Lage angepasste Vorgehensweisen, die letztendlich dazu beitrugen, dass die Bedingungen der Kapitulation nicht nur von den „Eroberern", sondern gleichsam auch von den „Eroberten" mitbestimmt wurden. Insofern erscheint es durchaus gerechtfertigt, die katalanisch-aragonesische Unterwerfung des Šarq al-Andalus als Abfolge von Aushandlungsprozessen zu begreifen, im Zuge derer sich beide Seiten auf die Rahmenbedingungen des zukünftigen Zusammenlebens unter christlicher Oberherrschaft einigten.

Fraglich muss hingegen bleiben, ob die Unterstellung der Aljamas des Šarq al-Andalus unter die Oberherrschaft der Krone Aragón als Teil des neugegründeten Königreiches València für die Muslime eine deutliche Zäsur darstellte, oder ob die Kontinuität der Lebensumstände ihre Erfahrungen stärker prägte. Für letzteres spricht vor allem die Beobachtung, dass die Gemeindeführungen fast immer beanspruchten, ihre etablierte islamisch geprägte Lebensweise selbstbestimmt und soweit wie möglich abgeschirmt vom Einfluss der neuen Oberherren und nichtmuslimischer Neusiedler aus anderen Teilbereichen der Krone Aragón fortführen zu können. Gerade in den südlichen Gebieten des neuen Königreiches, wo nennenswerte christliche oder jüdische Migrationsbewegungen zum Teil erst Jahrzehnte nach der christlichen Eroberung zu verzeichnen waren, mag das alltägliche Leben in den Aljamas daher zunächst fast unverändert so weitergegangen sein, wie es schon unter islamischer Herrschaft gewesen war. Für die überwältigende Mehrzahl der Muslime in diesen Regionen stellte das „christliche" Königreich València wohl kaum mehr als ein abstraktes Konstrukt dar, dessen zunächst nur sehr oberflächlich installierte Herrschafts- und Verwaltungsstrukturen ihre Lebenswelt nur selten tangierten. Welche Erfahrungen die Bewohner des Šarq al-Andalus tatsächlich mit der christlichen Eroberung verbanden, ob sie sich selbst als „erobert" und die Christen als „Eroberer" (und nicht als bloße

Besatzer) betrachteten, muss angesichts der für solche Fragestellungen unzureichenden Überlieferungslage allerdings Gegenstand vager Vermutungen bleiben.

In jedem Falle waren die Anführer vieler muslimischer Gemeinden trotz der Einigung mit den Invasoren ganz offensichtlich nicht bereit, sich dauerhaft mit einem Leben unter christlicher Oberherrschaft abzufinden. Bereits 1247, kaum zwei Jahre nachdem mit der Einnahme Biars und dem Abkommen mit al-Azraq die jüngste Expansion der Krone Aragón vorerst formal abgeschlossen worden war[96], schwang sich der genannte Regionalherrscher zur Führungsfigur des ersten großen muslimischen Aufstandes im jungen Königreich València auf. Den Rebellen schlossen sich in rascher Folge zahlreiche Aljamas an, um die Oberherrschaft der Christen so schnell wieder abzuschütteln, wie sie dem Šarq al-Andalus aufgezwungen worden war. Viele der aufständischen Gemeinden ließen sich erst durch diplomatischen und militärischen Druck zu erneuten Kapitulationsverhandlungen mit der Krone und ihren Stellvertretern bewegen, infolge derer die zukünftigen Lebensbedingungen der Muslime erneut ausgehandelt und in neuen ‚Cartes de Poblament' verschriftlicht wurden. Obwohl auf diese Weise bis 1250 ein Großteil der Gemeinden ein weiteres Mal unter christliche Oberherrschaft gezwungen werden konnte, vermochten die letzten Rebellen um al-Azraq noch bis 1258, ihr unabhängiges Herrschaftsgebiet im südlichen Bergland bei Dāniya/Dénia zu behaupten.[97]

Vor dem Hintergrund dieser abschließenden Bemerkungen kann schließlich resümiert werden, dass die Eroberung des östlichen Andalus durch die Krone Aragón in der ersten Hälfte des 13. Jahrhunderts ein außerordentlich aussagekräftiges Untersuchungsfeld für eine Reihe von Fragestellungen zu den vielschichtigen Beziehungen zwischen „Eroberern" und „Eroberten" im mittelalterlichen Jahrtausend darstellt. Für weiterführende Forschungsvorhaben auf diesem Gebiet wäre es lohnenswert, Unterschiede und Gemeinsamkeiten im Vergleich mit anderen vormals unter islamischer Herrschaft stehenden Regionen des Mittelmeerraums,[98] aber auch mit Fallstudien aus anderen Teilen der Welt[99] herauszuarbeiten, da hier teils ähnliche, teils ganz andere Rahmenbedingungen und Einflussfaktoren die jeweiligen Entwicklungen prägten.

---

96 Zusätzlich zu den Literaturangaben in Anm. 3 vgl. auch die Bemerkung des Königs selbst, Llibre dels feits. Ed. *Soldevila*, 387 f., Kap. 360: *E, quan viren que nós havíem Xàtiva e Biar, rendé's a nós tot l'altre regne que era de Xúquer tro en terra de Múrcia, ab covinença que nós los havíem feita que els retinguéssem el regne. E així haguem-ho tot.*
97 Zu diesen Ereignissen weiterführend vgl. etwa *Guichard*, Al-Andalus (2001), 571–586; *Torró*, Naixement (2006), 53–72; Ders., Guerra (2007); Ders., Expellere Sarracenos (2019), 78–83; *Burns*, Guerra de Al-Azraq (2013); Ders., Crusade against al-Azraq (2013); Ders., Lost Crusade (2013).
98 Vgl. im vorliegenden Band etwa die Beiträge von Robert Friedrich zu Minūrqa/Menorca sowie von Richard Engl zu Süditalien.
99 So wären etwa Vergleiche mit den kastilischen Eroberungen auf den kanarischen Inseln sowie in Mittelamerika gleichsam lohnenswert; vgl. dazu die Beiträge von Julia Bühner und Isabelle Schürch in diesem Band.

Handschriften

Barcelona, Arxiu de la Corona d'Aragó, Real Cancillería, Reg. 874.

Edierte Quellen

Cartas pueblas de las morerías valencianas y documentación complementaria, Bd. 1: 1234–1372. Ed. *Manuel Vicente Febrer Romaguera*. (Textos medievales, Bd. 83.) Zaragoza 1991.
Cartes de poblament medievals valencianes. Ed. *Enric Guinot Rodríguez*. València 1991.
Ibn al-Abbār, Ḥullat al-siyarā'. Ed. *Ḥusain Mu'nis*, Bd. 2. (Daḫā'ir al-'arab, Bd. 58.) Kairo ²1985.
Ibn 'Abd al-Malik al-Marrākušī, al-Ḏayl wa-l-takmila li-kitābay al-mawṣūl wa-l-ṣila. Ed. *Iḥsān 'Abbās / Muḥammad b. Šarīfa / Baššār 'Awwād Ma'rūf*, Bd. 1. (Silsila al-tarāǧim al-andalusiyya, Bd. 9.) Tunis 2012.
Les quatre grans cròniques. I. Llibre dels feits del rei En Jaume. Ed. *Ferran Soldevila*, überarb. v. *Jordi Bruguera / Maria Teresa Ferrer i Mallol*. (Institut d'Estudis Catalans. Memòries de la Secció Històrico-Arqueològica, Bd. 73.) Barcelona 2008.

Literatur

Frederic Aparisi Romero / Noèlia Rangel López / Vicent Royo Pérez, Xàtiva en temps de Jaume I. Expansió i colonització feudal. Xàtiva 2008.
Yom Tov Assis, Diplomàtics jueus de la Corona catalanoaragonesa en terres musulmanes (1213–1327), in: Tamid. Revista Catalana Anual d'Estudis Hebraics 1, 1997, 7–40.
Eric Böhme, 1233: Der Johanniterorden in der Krone Aragón garantiert den Muslimen von Cervera ihr Siedlungsrecht, in: Transmediterrane Geschichte 3.2 (2021) (im Druck).
Eric Böhme, ‚Wa-ḥalafū 'alā al-wafā' bihā'. The Banū 'Īsā and the Christian Conquest of Šāṭiba/Xàtiva, in: Sven Jaros u. a. (Hrsg.), Monarchische Herrschaftswechsel des Spätmittelalters im Vergleich. Aushandlungen – Akteure – Ambivalenzen / Changes of Monarchical Rule in Late Medieval Societies in Comparison. Negotiations – Actors – Ambivalences. (Europa im Mittelalter.) (im Druck).
Robert Ignatius Burns, The Crusade against al-Azraq: A Thirteenth-Century Mudejar Revolt in International Perspective, in: Ders. / Mary Elizabeth Perry (Hrsg.), Warrior Neighbours. Crusader Valencia in its International Context. Collected Essays of Father Robert I. Burns, S.J. (Brepols Collected Essays in European Culture, Bd. 2.) Turnhout 2013, 219–254.
Robert Ignatius Burns, La guerra de Al-Azraq de 1249, in: Ders. / Mary Elizabeth Perry (Hrsg.), Warrior Neighbours. Crusader Valencia in its International Context. Collected Essays of Father Robert I. Burns, S.J. (Brepols Collected Essays in European Culture, Bd. 2.) Turnhout 2013, 267–270.
Robert Ignatius Burns, A Lost Crusade. Unpublished Bulls of Innocent IV on Al-Azraq's Revolt in Thirteenth-Century Spain, in: Ders. / Mary Elizabeth Perry (Hrsg.), Warrior Neighbours. Crusader Valencia in its International Context. Collected Essays of Father Robert I. Burns, S.J. (Brepols Collected Essays in European Culture, Bd. 2.) Turnhout 2013, 255–266.

Robert Ignatius Burns, L'Islam sota els Croats. Supervivència colonial en el segle XIII al Regne de València, übers. v. Enric Casasses Figueres, 2 Bde. (Biblioteca d'estudis i documentació, Bd. 15 f.) València 1990.

Robert Ignatius Burns, Muslims, Christians, and Jews in the Crusader Kingdom of Valencia. Societies in Symbiosis. Cambridge 1984.

Robert Ignatius Burns, Medieval Colonialism. Postcrusade Exploitation of Islamic Valencia. Princeton 1975.

Robert Ignatius Burns / Paul Chevedden, Negotiating Cultures. Bilingual Surrender Treaties in Muslim-Crusader Spain under James the Conqueror. (The Medieval Mediterranean, Bd. 22.) Leiden / Boston / Köln 1999.

Maria Conca / Josep Guia, Hug de Forcalquer, mestre dels Hospitalers a Catalunya i Aragó, in: Revista de Festes del Camp de Mirra, 2016, 116–129.

Ana Echevarría, Trujamanes and Scribes: Interpreting Mediation in Iberian Royal Courts, in: Marc von der Höh / Nikolas Jaspert / Jenny Rahel Oesterle (Hrsg.), Cultural Brokers at Mediterranean Courts in the Middle Ages. (Mittelmeerstudien, Bd. 1.) Paderborn 2013, 73–93.

Mikel de Epalza, Islamic Social Structures in Muslim and Christian Valencia, in: Paul E. Chevedden / Donald J. Kagay / Paul G. Padilla (Hrsg.), Iberia and the Mediterranean World of the Middle Ages. Studies in Honor of Robert I. Burns, S.J. Bd. 2 (The Medieval Mediterranean, Bd. 8.) Leiden / New York / Köln 1996, 179–190.

Mikel de Epalza, L'ordenació del territori del País Valencià abans de la conquesta, segons Ibn-Al-Abbar (segle XIII), in: Sharq al-Andalus. Estudios mudéjares y moriscos 5, 1988, 41–67.

Míkel de Epalza / Jesús Huguet (Hrsg.), Ibn al-Abbar. Polític i escriptor àrab valencià (1199–1260). València 1990.

Míkel de Epalza / María Jesús Rubiera, La sofra (sujra) en el Sharq Al-Andalus antes de la conquista catalano-aragonesa, in: Sharq al-Andalus. Estudios mudéjares y moriscos 3, 1986, 33–37.

Joan Ferreres Nos, Estudi de les capitulacions dels moros de Cervera, in: Boletín del Centro de Estudios del Maestrazgo 22, 1988, 41–48.

Francisco Franco Sánchez, Els musulmans i l'Islam vistos com a alteritat en el ‚Llibre dels feits', in: Albert Guillem Hauf Valls (Hrsg.), El Llibre dels feits. Aproximació crítica. (Actes, Bd. 10.) València 2013, 273–282.

Vicente García Edo, Actitud de Jaime I en relación con los musulmanes del reino de Valencia durante los años de conquista (1232–1245) (Notas para su estudio), in: Míkel de Epalza / Jesús Huguet (Hrsg.), Ibn al-Abbar. Polític i escriptor àrab valencià (1199–1260). València 1990, 289–321.

Alejandro García Sanjuán, Till God Inherits the Earth. Islamic Pious Endowments in al-Andalus (9–15th Centuries). (The Medieval and Early Modern Iberian World, Bd. 31.) Leiden / Boston 2007.

Pierre Guichard, Al-Andalus frente a la conquista cristiana. Los musulmanes de Valencia (siglos XI–XIII), übers. v. Josep Torró. (Historia Biblioteca Nueva. Universitat de València, Bd. 53.) Madrid 2001.

Pierre Guichard, Le problème de la sofra dans le royaume de Valence au XIIIe siècle, in: Awrāq. Estudios sobre el mundo árabe e islámico contemporáneo 2, 1979, 64–71.

Enric Guinot Rodríguez, Les cartes de poblament valencianes. Context històric i tipologies documentals, in: Javier Soriano (Hrsg.), Els orígens de la vila d'Almassora. Nous documents, noves visions. (Humanitats, Bd. 58.) Castelló de la Plana 2019, 15–48.

Albert Guillem Hauf Valls (Hrsg.), El Llibre dels feits. Aproximació crítica. (Actes, Bd. 10.) València 2013.

José Ramon Hinojosa Montalvo (Hrsg.), De Murbiter a Morvedre, València 2006.

Nikolas Jaspert, Interreligiöse Diplomatie im Mittelmeerraum. Die Krone Aragón und die islamische Welt im 13. und 14. Jahrhundert, in: Claudia Märtel / Claudia Zey (Hrsg.), Aus der Frühzeit europäischer Diplomatie. Zum geistlichen und weltlichen Gesandtschaftswesen vom 12. bis zum 15. Jahrhundert. Zürich 2008, 151–189.

Helena Kirchner i Granell, El paper polític i social dels vells a les illes i Regne de València en la crònica de Jaume I, in: Guillermo Rosselló Bordoy (Hrsg.), Illes Orientals d'al-Andalus i les seves relacions amb Sharq al-Andalus, Magrib i Europa Cristiana (ss. 8.–13.). Palma de Mallorca 1987, 103–113.

Pedro López Elum, Carácter plurifunctional de la „sofra", in: Anuario de estudios medievales. Instituto de historia medievale de España 17, 1987, 193–206.

Norberto Mesado Oliver (Hrsg.), Burriana en su historia, 2 Bde. Burriana 1987–1991.

Isabel A. O'Connor, A Forgotten Community. The Mudejar Aljama of Xàtiva, 1240–1327. (The Medieval Mediterranean, Bd. 44.) Leiden / Boston 2003.

David Romano Ventura, Judíos escribanos y trujamanes de árabe en la corona de Aragón (reinados de Jaime I a Jaime II), in: Sefarad 38.1, 1978, 71–105.

Maria Jesús Rubiera de Epalza, La corte literaria de Saʿīd de Menorca (s. XIII), in: Revista de Menorca 75, 1984, 105–138.

Maria Jesús Rubiera / Míkel de Epalza, Xàtiva musulmana (segles VIII–XIII). Xàtiva 1987.

Damian J. Smith, Dinner and Diplomacy in the Deeds of the Conqueror, in: eHumanista IVITRA 7, 2015, 86–92.

Javier Soriano (Hrsg.), Els orígens de la vila d'Almassora. Nous documents, noves visions. (Humanitats, Bd. 58.) Castelló de la Plana 2019.

Josep Torró, Expellere Sarracenos. Expulsions, reassentaments i emigració dels musulmans del regne de València després de la conquesta cristiana (1233–1348), in: Flocel Sabaté Curull (Hrsg.), Poblacions rebutjades, poblacions desplaçades. (Aurembiaix d'Urgell, Bd. 22.) Lleida 2019, 71–103.

Josep Torró, Guerra, repartiment i colonització al regne de València (1248–1249), in: Ders. / Enric Guinot Rodríguez (Hrsg.), Repartiments medievals a la Corona d'Aragó (Segles XII–XIII). València 2007, 201–276.

Josep Torró, El naixement d'una colònia. Dominació i resistència a la frontera valenciana (1238–1276). València ²2006.

Antonio Ubieto Arteta, Orígenes del reino de Valencia. Cuestiones cronológicas sobre su Reconquista, 2 Bde. Valéncia / Zaragoza ⁴1981.

Julia Bühner
Furchtlos vor der Macht des Schicksals
Die Wiederentdeckung der ‚Insulae Fortunatae' im Spätmittelalter

Abstract: The late-medieval conquest of the Canary Islands (1402–1496), the first imperial submission of indigenous peoples in the Atlantic sphere, is a fascinating context for analyzing the agency of the conquered. Not only victims of colonial war the indigenous population tried in various ways, as survival guides, translators, mediators, and allies of the Europeans, to master their own destiny. Living tormented, deported, and enslaved in alien regions, the Canarians expressed their sorrow in moaning chants that give us the unique opportunity to grasp the experience of the conquered. In the aftermath of the conquest, the remaining indigenous and mestizos tried to come to term with the tragic history of their peoples. In contrast to European historiography, they celebrated their cultural roots, glorified indigenous heroes, and therefore ascribed their misfortune not to cultural or human inferiority, but to Fortuna and her nasty temper.

1 Einleitung

> Meine Zeit läuft ab, dachte Tanausú, das spüre ich deutlich. Doch ich will nicht klagen und jammern, sondern meinem Ende entgegensehen. Ich habe alles versucht, die Freiheit unseres Volkes zu retten, doch ich bin im Kampf unterlegen, ein Gefangener der fremden Herren. Lieber will ich sterben, als ihnen zu dienen und ein Leben ohne Ehre fristen zu müssen. Benahoare ist verloren, und ich bin es auch (...).[1]

Mit diesen Gedanken Tanausús lässt Harald Braem seinen Roman über die Eroberung der Kanareninsel La Palma enden. An den Mast eines spanischen Schiffes gefesselt, sieht der letzte „König der Guanchen"[2], wie er hier genannt wird, seine Heimatinsel am Horizont verschwinden mit der Gewissheit, niemals dorthin zurückzukehren. Um einer Hinrichtung oder Versklavung durch die Spanier zu entgehen und auch noch in

---

[1] *Braem*, Tanausú (2008), 304f. Mit „Benahoare", was so viel wie „Heimat" bedeute, bezeichnete die kanarische Urbevölkerung dem italienischen Bauingenieur Leonardo Torriani zufolge die Insel La Palma. Torriani besuchte Ende des 16. Jhds. die Kanaren und verfasste ein Werk, in dem er Vorschläge zur Befestigung des Archipels mit einer historischen Darstellung der Eroberung verband. Vgl. Leonardo Torriani, Descripción. Ed. *Cioranescu*, 221.
[2] Die Bezeichnung „Guanchen", obwohl populärwissenschaftlich noch immer als Gesamtbezeichnung für die indigene Bevölkerung des Archipels im Gebrauch, ist irreführend, denn die sieben Hauptinseln des Archipels waren von unterschiedlichen Bevölkerungsgruppen bewohnt, die sich unterschiedlich nannten. „Guanchen" waren nur die Bewohner Teneriffas. Vgl. *Tejera Gaspar*, Tenerife (1992), 27.

dieser Situation selbst über sein Schicksal zu bestimmen, verweigert Tanausú jedwede Nahrungsaufnahme und macht seinen letzten Atemzug, bevor das spanische Schiff die Iberische Halbinsel erreicht.

Mit der Darstellung der Gefühlswelt des indigenen Anführers Tanausú gestaltet Braem in seinem Roman etwas aus, das uns historische Zeugnisse selten offenbaren. Zumeist von Siegern geschrieben finden Gefühle und Gedanken von Gescheiterten, Verlierern und Eroberten in den Quellen kaum Erwähnung. Selbstzeugnisse von Verlierern sind rar, vor allem dann, wenn es sich bei den Besiegten um Kulturen handelt, die ihre eigene Geschichte nicht schriftlich festhielten, sondern von Generation zu Generation weitererzählten. So ist etwa die zeitgenössische Historiographie zu den Sachsenkriegen, wie unter anderen Matthias Becher gezeigt hat, von den siegreichen Franken verfasst worden. Die besiegten Sachsen konnten erst in einem großen zeitlichen Abstand zum Eroberungskrieg ihre Perspektive auf die Ereignisse für die Nachwelt festhalten. Darüber hinaus waren die sächsischen Geschichtsschreiber dann ebenso wie die fränkischen, mehrheitlich geistlichen Historiographen in der „christlich-lateinisch-fränkischen Bildungstradition" erzogen worden.[3] Dasselbe gilt für die Eroberungsgeschichte des kanarischen Archipels, deren Überlieferung von den siegreichen Europäern – Franco-Normannen, Spaniern und Portugiesen – dominiert wird. Wie im Falle der Sachsen hinterließen die Kanarier nur späte Selbstzeugnisse, in denen eine kulturelle Assimilation spürbar ist.[4]

Wenn man die Siegerhistorie den Geschichten der Besiegten gegenüberstelle, so behauptete Carl Schmitt kurz nach Ende des Zweiten Weltkriegs, entpuppten sich die Besiegten durchweg als die besseren Historiker.[5] Denn die Verlierer sähen sich, so Reinhart Koselleck, der das „Besiegten-Theorem" zu einem Ansatz der Historischen Methode weiterentwickelte, mit einer Sinnstiftungsaufgabe konfrontiert, die den Kern einer kritischen Methodologie bilde und ihren analytischen Blick schärfen würde.[6] Doch wer sind die „Besiegten" in einer Geschichte, die sich durch ein stetiges Wechselspiel von Siegen und Niederlagen auszeichnet? Auch die Eroberungsgeschichte der Kanaren, die sich über ein Jahrhundert erstreckt (1402–1496), ist keine reine europäische Erfolgsgeschichte, in der die Rollen von „Siegern" und „Besiegten" klar verteilt sind. Dasselbe gilt für die Unterscheidung zwischen „Eroberern" und „Eroberten", die die Komplexität eines Geschichtsverlaufs verschleiert, den die „Eroberten" als Akteure mit eigenen Interessen und Handlungsspielräumen ebenso mitgestalteten wie die „Eroberer". Dabei liefert der Blick auf das Schicksal und die Sinnstiftungsversuche

---

[3] Vgl. *Becher*, Prediger (2013), 52, 27 f. Zu den Sachsenkriegen vgl. auch den Beitrag von Hermann Kamp in diesem Band.

[4] Die kanarischen Kulturen tradierten ihre Geschichte vornehmlich mündlich. Die einzigen schriftlichen Zeugnisse der Kanarier, die Rückschlüsse auf die Besiedlungsgeschichte des Archipels erlauben, sind epigraphischer Natur. Vgl. dazu *Farrujia de la Rosa/Pichler/Rodrigue*, Colonization (2009), 83–100.

[5] Vgl. *Mehring*, Lachen (2012), 32.

[6] Vgl. *Koselleck*, Arbeit am Besiegten (2012), 5; *Lepper*, Nachdenken (2012), 12.

der über lange Zeit vernachlässigten „Besiegten", „Verlierer" und „Eroberten" vielleicht kein besseres, aber gewiss ein alternatives Deutungsangebot der historischen Ereignisse.[7]

Das Erleben der „Eroberten", der indigenen Völker der Kanarischen Inseln, die im Spätmittelalter gewaltsam unter spanische Herrschaft gebracht und als Erste durch den „modernen Imperialismus"[8] an den Rand der Ausrottung getrieben wurden, steht im Zentrum der hier zu entfaltenden Überlegungen. Inwieweit der Begriff der „Eroberung" und die Unterscheidung zwischen „Eroberern" und „Eroberten" in Bezug auf die Kanarischen Inseln sinnvoll oder hinfällig sind und inwieweit die Kanarier ihr Schicksal selbst in die Hand nahmen, wird in einem ersten Schritt untersucht. Anschließend wird danach gefragt, welche Rollen die europäischen Historiographen den Indigenen zuwiesen und ob ihre Leiderfahrung in europäischen Bild- und Schriftzeugnissen fassbar wird. Narrative Strategien und Topoi in den Zeugnissen von Indigenen und Mestizen rücken abschließend das Erleben der Eroberten und ihre Bewältigungsstrategien in den Fokus.

2 ‚Eroberung', ‚Eroberer' und ‚Eroberte': Alles eine Frage der Perspektive?

Bereits seit der Antike trugen die Kanaren die Bezeichnung derjenigen Figur in ihrem Namen, die auch im Mittelalter die unberechenbaren Wendungen des Schicksals verkörperte: Plinius der Ältere (* 23/24; † 79 n. Chr.) bezeichnete den Archipel in seiner ‚Historia Naturalis' als *Insulae Fortunatae*, als *Glückselige Inseln*, und sorgte damit im Mittelalter zumindest für seine theoretische Kenntnis.[9] Mit den Elysischen Feldern oder dem Garten der Hesperiden assoziiert trugen sich die antike Bezeichnung und die damit verbundenen idyllischen Vorstellungen bis in die Zeit der Eroberung der Kanaren fort. So führte der spanische Geschichtsschreiber Alonso de Palencia (* 1424; † 1492) als Erklärung für seine Bezeichnung der Kanaren als *Islas Afortunadas* an, dass ihre Bewohner ein hohes Alter erreichen und sich bester Gesundheit erfreuen würden.[10]

Doch weniger paradiesische Vorstellungen als wirtschaftliche Interessen lockten die ersten Europäer in die Gewässer der Kanarischen Inseln. Das 14. Jahrhundert, das

---

7 Vgl. dazu auch die Einleitung von Rike Szill in diesem Band.
8 Vgl. *Tejera Gaspar*, Canarios (2004), 826.
9 Vgl. Plin. nat. Ed. *Brodersen*, 138–141, Buch VI, Kap. 37, 202–205a.
10 Vgl. La conquista de Gran Canaria en las décadas de Alonso de Palencia. Ed. *Morales Padrón*, 473.

in der Forschung als Phase der Wiederentdeckung (*redescubrimiento*) der Kanaren gilt,[11] war geprägt von Erkundungsfahrten, ersten Streitigkeiten um Besitzansprüche zwischen den Päpsten und verschiedenen europäischen Mächten, friedlichen Missionierungsversuchen und Handel mit kanarischen Sklaven. So brach etwa der Genueser Niccoloso da Recco im Jahr 1341 zu einer Fahrt zu den Kanarischen Inseln auf, bei der das Auskundschaften von Land und Leuten im Vordergrund stand (*et primam ex compertis insulis*), wie es uns in dem von Giovanni Boccaccio übersetzten Brief der Kaufleute überliefert ist.[12] Einen friedlichen Evangelisierungsversuch unternahmen mallorquinische Missionare auf Gran Canaria (*doctrina verbi pariter et exempli*),[13] der zu einer jahrzehntelangen Präsenz von Franziskanern auf der Insel führen sollte. 1344 ernannte Papst Clemens VI. Luis de la Cerda zum „Fürst von Fortuna",[14] der seinen Herrschaftsanspruch durch seinen frühen Tod jedoch nicht geltend machen konnte. Die einzigen gewaltsamen Auseinandersetzungen zwischen Europäern und Indigenen im 14. Jahrhundert hatten keine Landnahmen zum Ziel, sondern den Raub kanarischer Indigener, die auf den europäischen Mittelmeermärkten als Sklaven gehandelt wurden.[15]

In der ersten Phase der gewaltsamen Unterwerfung des Archipels, der *conquista señorial*, überwiegen gescheiterte Eroberungsversuche gegenüber erfolgreichen Inbesitznahmen.[16] Den ersten Europäern, den Franco-Normannen Jean de Béthencourt und Gadifer de la Salle, die 1402 zu einer Eroberungsfahrt aufbrachen, gelang lediglich die Unterwerfung der dünnbesiedelten Inseln Lanzarote, Fuerteventura und El Hierro. Die Chronik ‚Le Canarien', die während der Eroberung von zwei Kaplänen verfasst wurde, inszeniert die Unternehmung als ritterliche Âventiurefahrt (*cheualier, grans aduentures*)[17], die auf die Unterwerfung und Bekehrung von Heiden zielte: „Reisen und Eroberungen gegen Ungläubige unternehmen in der Erwartung, sie zum christlichen Glauben zu bekehren",[18] heißt es im ersten Absatz.

---

11 Vgl. *Serra Ráfols*, El redescubrimiento (1961).
12 Giovanni Boccaccio, De Canaria et insulis reliquis. Ed. *Pastore Stocchi*, 970.
13 Privileg Clemens' VI. an die mallorquinischen Bürger (1351). Ed. *Serra Ráfols*, 282.
14 Vgl. Thomas Walsingham, Historia Anglicana I. Ed. *Riley*, 256.
15 Vgl. *Rumeu de Armas*, Expedición militar mallorquina (1981), 16.
16 Die Einteilung in eine *conquista señorial* und eine *conquista realenga* ist nicht zeitgenössisch, sondern geht auf den kanarischen Historiker Buenaventura Bonnet y Reverón zurück und wird, bis auf wenige kritische Stimmen, in den meisten wissenschaftlichen Arbeiten zur Eroberungsgeschichte des Archipels so übernommen, vgl. *García de Gabiola*, Conquista (2019), 158.
17 Le Canarien, Texto G. Ed. *Pico/Aznar/Corbella*, 5 (1ᵛ).
18 Wenn nicht direkt aus einer deutschen Übersetzung zitiert, wie im Falle der von Klaus Herbers herausgegebenen Reisebeschreibung des Hieronymus Münzer, stammen die Übersetzungen aus dem mittelalterlichen oder modernen Spanisch und dem Mittelfranzösischen von der Verfasserin. Das Originalzitat lautet: *Faire les voyages et les conquestes sur mescreans en esperance de les tourner et conuertir ala foy crestienne*. Das Manuskript ist in dieser Passage leicht beschädigt. Die Hinweiszeichen aus der Edition wurden zur Erleichterung der Lesbarkeit nicht übernommen.

Nachdem in dieser Phase um die Jahrhundertmitte noch die Insel La Gomera unter spanische Herrschaft gebracht wurde, werden die verbleibenden Inseln zwischen 1477 und 1496 unter direktem Regiment der Katholischen Könige, Isabella I. von Kastilien (1451–1504) und Ferdinand II. von Aragón (1452–1516), in Besitz genommen (*conquista realenga*).[19] Auch diese Unternehmungen firmieren in den Überlieferungen unter *conquista*, bei der es gilt, die noch unter der Herrschaft Indigener befindlichen Inseln Gran Canaria, La Palma und Teneriffa einzunehmen (*ganar*).[20]

Die „Eroberer" werden von den Chronisten der *conquista realenga* als Abenteurer (*cavalleros ventureros*), Eroberer (*conquistadores*) und Kämpfer unterschiedlichen militärischen Ranges (*capitanes, oficiales y jente de guerra*) vorgestellt.[21] Zu Beginn der gewaltsamen Invasion stammen die Konquistadoren vornehmlich aus der Normandie und vom Golf von Biscaya. Im Verlauf des 15. Jahrhunderts waren jedoch immer mehr Spanier und Portugiesen in die kriegerischen Auseinandersetzungen involviert, deren Monarchen bis zum Vertrag von Alcáçovas im Jahr 1479 um die Besitzrechte an den Kanarischen Inseln konkurrierten.

Während die Unternehmungen der Europäer ab 1402 klar auf eine Eroberung des Archipels zielten, ihre Hauptakteure in den europäischen Quellen als Ritter und Konquistadoren inszeniert werden und auch als solche agierten, sind die „Eroberten" nicht so leicht zu fassen und von den „Eroberern" zu trennen. Mit Blick auf die *conquista* Lateinamerikas hat Stefan Rinke jüngst moniert, dass die Eigenständigkeit und Souveränität indigener Akteure viel stärker berücksichtigt werden müsse: „Gerade die indigenen Quellen zeigen, dass das, was die spanischen Chroniken als glorreiche Eroberung darstellten, ein komplexer Prozess von Bündnissen und Verhandlungen war."[22] Obwohl es im kanarischen Kontext an einem vergleichbaren Fundus indigener Quellen fehlt, lassen sich doch zahlreiche Belege dafür anführen, dass die Hilfestellungen der Insulaner als Übersetzer, Ortskundige, Vermittler, Bündnispartner und Krieger zu einer zunehmenden Verwischung der Kategorien „Eroberer" und „Eroberte" führten. Obschon die Indigenen in den europäischen Quellen oftmals als Unterworfene inszeniert werden, indem sie vor Altären oder ihren neuen Herren knien,[23]

---

19 Vgl. Anm. 15.
20 Vgl. u. a. Crónica Matritense. Ed. *Morales Padrón*, 231–233. *Ganar* taucht in den Quellen häufig auf, wurde als Synonym für erobern, eindringen und einnehmen (*conquerir, conquistar, envadir, requestar, tomar*) gebraucht und impliziert zugleich einen siegreichen Ausgang des Vorhabens (*triunfar, vencer*). Vgl. den Eintrag ‚ganar' im Diccionario del castellano.
21 Vgl. Crónica Ovetense. Ed. *Morales Padrón*, 137.
22 *Rinke*, Conquistadoren (2019), 21. In gleicher Weise merkt Vitus Huber in seiner im selben Jahr erschienen Monografie zu den Konquistadoren Lateinamerikas an, dass das Bild der *Conquista* samt ihren Akteuren lange Zeit zu eurozentrisch gewesen sei. Darüber hinaus stellt er fest, dass bei den Auseinandersetzungen mehrheitlich nicht blutige Kämpfe, sondern friedliche Verhandlungen zum Ziel führten. Vgl. *Huber*, Konquistadoren (2019), 117.
23 Vgl. Le Canarien, Texto B. Ed. *Pico/Aznar/Corbella*, 389 (61^r), 385 (60^r).

erscheinen sie bei genauerem Hinsehen doch als die eigentlichen Schlüsselfiguren, die den Erfolg der europäischen Operationen ermöglichten.

Denn bei der gewaltsamen Einnahme der Inseln sahen sich die Konquistadoren mit einer besonderen Herausforderung konfrontiert, die durch die kulturelle Vielfalt der autochthonen Völker der Kanaren bedingt war: „Diese sieben Inseln haben sieben Sprachen, jede ihre eigene, die sich gegenseitig nicht ähneln und eine Verständigung zwischen ihnen unmöglich machen",[24] so der Historiograph der Katholischen Könige, Andrés Bernáldez (* ca. 1450; † 1513). Obschon, wie uns der Spanienreisende Hieronymus Münzer (* 1437 oder 1447; † 1508) verdeutlicht, es sich wohl eher um unterschiedliche Dialekte als um völlig andere Sprachen handelte,[25] bedurfte es für jede der sieben Inseln, die einige Jahrhunderte zuvor von Afrika aus besiedelt und sich zu „Miniaturkontinenten"[26] entwickelt hatten, indigener Spezialisten, die den Europäern mit ihrem Expertenwissen als Übersetzer von Sprache und kulturellen Praktiken der Einheimischen dienten und damit Verhandlungen zwischen Indigenen und Europäern ermöglichten. So sei es beispielsweise im Rahmen der franco-normannischen Eroberung durch die Vermittlung einiger Insulaner gelungen, El Hierro ohne Widerstand in Besitz zu nehmen (*sin encontrar ninguna resistencia, tomó posesión de la isla, por los buenos oficios que le hicieron los isleños herreños que había llevado consigo.*)[27]

Darüber hinaus nutzten die Konquistadoren die landeskundlichen und geographischen Kenntnisse der Indigenen, wenn es um die Frage nach der Stationierung der Truppen, einem geeigneten Lagerplatz oder einem Bauplatz für die Errichtung eines Wehrturms ging. Bei seiner Landung auf Gran Canaria im Jahre 1478 folgte der Konquistador Juan Rejón etwa dem Rat eines alten Kanariers und stationierte seine Truppen an einem Ort, an dem später die Stadt Real entstehen und die Kirche San Antonio erbaut werden sollte.[28] Überdies waren die Konquistadoren ihre Versorgung betreffend stark von indigenen Helfern abhängig. Nicht selten zogen sich die Eroberungszüge lange hin und angekündigte Schiffe mit Nachschub an Waffen und Lebensmitteln trafen nicht ein, sodass die Konquistadoren zu hungern begannen und zum Auffinden von Wasser und Nahrung auf die Einheimischen angewiesen waren. Dies galt beispielsweise für die Franco-Normannen, die Jean de Béthencourt auf Lanzarote zurückgelassen hatte. Während dieser sich im Jahr 1403 beim kastilischen König Heinrich III. um eine Belehnung der Kanaren bemühte und seinen *socius* Gadifer de la Salle dabei um seinen Anteil brachte, saßen seine Truppen auf der kargen Insel fest. Dabei hing das Überleben der Franco-Normannen von ihrer indigenen

---

24 *Estas siete islas tienen siete lenguajes, cada una el suyo, que no se entendían ni parecían unos a otros.* Andrés Bernáldez, Memorias del reinado de los Reyes Católicos. Ed. *Morales Padrón*, 509.
25 [Die Kanarier] *verstehen sich kaum untereinander, so wie es auch mit dem Ober- und Niederdeutschen ist.* Hieronymus Münzer, Itinerarium Hispanicum. Ed. *Herbers*, 58.
26 Vgl. *Abulafia*, Discovery (2008), 33.
27 Leonardo Torriani, Descripción. Ed. *Cioranescu*, 220.
28 Vgl. Leonardo Torriani, Descripción. Ed. *Cioranescu*, 131.

Begleiterin Isabel ab, die als Einzige mit den Inselbewohnern zu kommunizieren vermochte.[29]

Im weiteren Verlauf der gewaltsamen Unterwerfung der Kanaren bewirkten schließlich Bündnisse und Inbesitznahmen, dass die „Eroberten" selbst zu „Eroberern" wurden. Dieser Prozess einer zunehmenden Beteiligung indigener Krieger an den Kriegszügen der Europäer lässt sich anhand zahlreicher Stellen aus den Chroniken zur Eroberung der Inseln belegen: Nach der Unterwerfung Lanzarotes begleiteten Béthencourt einige seiner neuen, getauften Vasallen (*nuevos basallos*), um Fuerteventura unter christliche Herrschaft zu bringen.[30] Nachdem Béthencourt Lanzarote, Fuerteventura und El Hierro unterworfen hatte, unterstützten die indigenen Krieger dieser Inseln Béthencourt wiederum bei dem Versuch, Gran Canaria zu erobern.[31] Die *Gomeros*, die angeblich Schuld am Tod Juan Rejóns auf La Gomera trugen, büßten anstelle einer Hinrichtung ihre Strafe als Kämpfer im Heer von Pedro de Vera ab und waren damit zunächst an der Eroberung Gran Canarias und vermutlich auch an der Unterwerfung Teneriffas beteiligt.[32] Nachdem Tenesor Semidan, einer der Herrscher Gran Canarias, den Katholischen Königen als Gefangener vorgeführt worden war, unterstützte er, nun als Don Fernando Guanarteme getauft und Vasall des spanischen Königspaares, die Konquistadoren bei der Zerschlagung des Widerstands auf seiner Heimatinsel.[33]

Zunächst scheiterten die Versuche Don Fernando Guanartemes, seine noch rebellierenden Landsleute im Auftrag der Konquistadoren von einer friedlichen Kapitulation zu überzeugen und ihnen im Gegenzug zur freiwilligen Unterwerfung und Annahme des Christentums Freiheit und gute Behandlung zu versprechen. Die Konquistadoren mussten sich aus einem blutigen Gefecht zurückziehen und hatten hohe Verluste zu beklagen: „Danach starben der gute Miguel de Moxica und die meisten seiner Leute vom Golf von Biscaya und viele weitere ritterliche Eroberer, was den Gouverneur Vera zutiefst bewegte: Und er bat Don Fernando, die Verstorbenen zu begraben, und er tat es."[34] Im Wissen der Gebräuche der *Canarios*, der autochthonen Bevölkerung Gran Canarias, fügte Pedro de Vera Don Fernando Guanarteme die größte öffentliche Demütigung zu. Denn das Berühren und Bestatten von Leichen galt als schmutzige Arbeit, die ein adeliger *Canario* normalerweise niemals verrichtete.[35] Diese Schmach

---

29 Le Canarien, Texto G. Ed. *Pico/Aznar/Corbella*, 46 (12r).
30 Vgl. Crónica Matritense. Ed. *Morales Padrón*, 231.
31 Vgl. López de Ulloa, Historia. Ed. *García Pulido/Sörgel de la Rosa*, 65.
32 Vgl. Crónica Matritense. Ed. *Morales Padrón*, 247.
33 Vgl. Crónica Lacunense. Ed. *Morales Padrón*, 219 f.
34 *Murió después el buen Miguel de Moxica y la mayor parte de sus vizcaínos, y luego muchos caballeros Conquistadores, que le causó gran sentimiento a el Gob.r Vera; pidióle a Don Fernando que hiciese enterrar a los difuntos y así lo hizo.* Pedro Gómez Escudero. Relación de la Conquista de la Gran Canaria. Ed. *Acevedo*, 113.
35 Vgl. zum *tabú de sangre* der *Canarios* und *Guanchen*: *Tejera Gaspar*, Tenerife (1992), 64.

in Kauf nehmend verblieb der ehemalige Herrscher von Gáldar bei den Konquistadoren, überzeugte schließlich seine Landsleute davon, sich den Spaniern zu unterwerfen und beteiligte sich an der Eroberung Teneriffas. Als Vermittler und als Anführer von über hundert kanarischen Kriegern leistete er einen entscheidenden Beitrag zum Sieg der Spanier über die Völker des Archipels.[36] Zur Belohnung seiner Dienste als Eroberer erhielten er und ein Großteil seiner Familie ebenso wie die spanischen Konquistadoren Landparzellen (*repartimientos*) auf Teneriffa.[37]

Auch im Falle der Eroberung der Kanaren lässt sich also eine „dichotome Differenzierung in retrospektive Bewertungskategorien wie ‚Eroberer' und ‚Eroberte'"[38] als Masternarrativ entlarven. Ein genauerer Blick auf die indigenen Akteure verdeutlicht, dass die Kanarier nicht nur passive Opfer in Anbetracht europäischer Übermacht waren, sondern versuchten, sich entweder dem Prozess des Herrschaftsumbruchs zu erwehren oder ihn als Übersetzer, Ortskundige, Vermittler, Bündnispartner und Eroberer aktiv mitzugestalten. Im Ergebnis standen auf Seiten der Sieger sowohl Franzosen und Spanier als auch indigene Bündnispartner.[39]

3 Helfer, Helden und Geliebte: das Schicksal der Eroberten in Bild- und Schriftquellen der Eroberer

Die hier betonte Eigenständigkeit indigener Akteure sollte jedoch nicht über die Eroberung als kollektive und individuelle Leiderfahrung hinwegtäuschen. Denn ein so glimpfliches Schicksal wie das des Don Fernando Guanarteme ereilte nur eine Minderheit der Indigenen der Kanarischen Inseln. Die Mehrheit der Bevölkerung des Archipels starb im Kampf, siechte durch eingeschleppte Krankheiten dahin, wurde unterjocht oder in die Sklaverei verkauft.[40] Das daraus resultierende Trauma der Eroberten, so Jonathan Allen, hätte in den Bildzeugnissen zur Conquista jedoch zu keiner realistischen Darstellung gefunden.[41]

---

36 Vgl. Mosén Diego de Valera, Crónica. Ed. *Morales Padrón*, 504.
37 Vgl. *Lobo Cabrera*, La conquista (2012), 161.
38 Vgl. dazu die Einleitung von Rike Szill in diesem Band.
39 Die Dissertation der Verfasserin zu den völkerrechtlichen Aspekten der Eroberung der Kanarischen Inseln mit Ausblicken auf die Schule von Salamanca und die Diskussionen um die Legitimität der Eroberung Amerikas beschäftigt sich in einem Kapitel ausführlich mit den indigenen Akteuren, insbes. den Übersetzern, Vermittlern und Gesandten und ihrem Einfluss auf den Verlauf der Eroberung und das Schicksal ihrer Landsleute.
40 Vgl. *Tejera Gaspar/González Antón*, Las culturas aborígenes (1987), 183. Das Buch geht auch darauf ein, welche Faktoren entscheidend für das Schicksal der Indigenen waren (sozialer Status, Herkunftsinsel, Eroberungsstrategie der Konquistadoren etc.).
41 Vgl. *Allen*, Iconos (1995).

Abb. 1: Ausschnitt aus Le Canarien, Bibliothèque municipale de Rouen (Ms mm-129, fol. 43ʳ): „Wie der Herr Béthencourt auf der Insel Erbania [Fuerteventura] war, wo er eine lange und einträgliche Expedition durchführte, da er sich in ihr mehr einsetzen musste als jemals zuvor".[42]

Ein Blick in die spätere Version von ‚Le Canarien' (Texto B), die im Auftrag eines Nachfahren des Eroberers Béthencourt Ende des 15. Jahrhunderts verfasst und illustriert wurde, bestätigt diese These.[43] Anstatt die Verzweiflung der Indigenen Lanzarotes zu inszenieren, die gewaltsam auf ein Sklavenschiff verfrachtet wurden, zeigt eine Abbildung der Chronik nur, wie der indigene Herrscher der Insel, *Guadarfía*, den Fängen der Sklavenhändler entrinnt.[44] Am Ende der Eroberung Lanzarotes und Fuerteventuras wirken die Inseln befriedet; die Indigenen knien demütig vor einem Becken, um die christliche Taufe zu empfangen (Abb. 2).[45] Die einzigen Gewaltszenen in der Chronik sind Schlachten, bei denen niederliegende Körper und abgeschlagene

---

42 *Comment monr de bethencourt sen / ala en lill derbanye et la fit vng fort / grant voyage et bon Car il lui besongna / plus que onque mes.*
43 Vgl. *Fernández González/Galván Freile*, La ilustración (2006), 191.
44 Vgl. Le Canarien, Texto B. Ed. *Pico/Aznar/Corbella*, 190 (11ᵛ).
45 Vgl. Le Canarien, Texto B. Ed. *Pico/Aznar/Corbella*, 389 (61ʳ).

Köpfe Indigener auf die Brutalität der Auseinandersetzungen verweisen (Abb. 1).⁴⁶ Insgesamt lassen nur vier der insgesamt über achtzig Abbildungen eine gewaltsame Durchsetzung des Herrschaftsanspruchs der Franco-Normannen erahnen. Alles andere wäre auch verwunderlich, denn Jean de Béthencourt V. (1432–1506) beabsichtigte keinesfalls, seinen Vorfahren als Anführer einer gewaltsamen militärischen Aktion zu inszenieren, sondern als Herrscher über die Kanaren in ein gutes Licht zu rücken.⁴⁷ In der eher fantastischen bildlichen Darstellung des Geschehens in der frühsten Chronik zur Eroberung des Archipels fand das Leid der Kanarier also keinen Platz.

Abb. 2: Ausschnitt aus Le Canarien, Bibliothèque municipale de Rouen (Ms mm-129, fol. 61ᵛ): „Wie der sarazenische König der Insel Lanzarote kam und sich zum Christen taufen ließ".⁴⁸

---

46 Vgl. Le Canarien, Texto B. Ed. *Pico/Aznar/Corbella*, 253 (27ʳ), 317 (43ʳ).
47 Vgl. *Turner*, Paratext (2019), 237.
48 *Comme le Roy sarazin de lille lancelot vint et se fit crestien*. Hier wird der Kampf gegen die indigenen Kanarier als Kreuzzug oder als Teil der ‚Reconquista' inszeniert.

Dasselbe gilt für die von Leonardo Torriani (1560–1628) am Ende des 16. Jahrhunderts verfasste Geschichte der Kanarischen Inseln, die sich in eine Beschreibung der Befestigungsanlagen des Archipels fügt. Unter den zahlreichen Zeichnungen von Wehranlagen, für deren Dokumentation und Verbesserung der spanische Monarch den Italiener auf die Kanaren entsandt hatte, zeigen immerhin vier Abbildungen die Ureinwohner der Inseln. Diese dienen aber lediglich dazu, die traditionelle Kleidung und die Duellkultur der Kanarier zu illustrieren.[49] Obwohl Torriani die Eroberung des Archipels ausführlich schildert, verzichtete er auf ihre bildliche Darstellung als gewaltsames Umbruchsereignis. Ganz im Gegensatz also zur Eroberung Amerikas, wo die Gräueltaten der Konquistadoren und das Leid der indigenen Bevölkerung beispielsweise in den Kupferstichen des Theodor De Bry in der ‚Brevísima relación de la destrucción de las Indias' des Bartolomé de Las Casas (* 1484 oder 1485; † 1566) bildgewaltig in Szene gesetzt wurden und zu Empörungsschreien in ganz Europa führten, blieb die Auslöschung eines Großteils der indigenen Kanarier bilderlos.[50]

Auch für die aus europäischer Perspektive verfassten schriftlichen Berichte stellt sich die Frage, inwieweit die Conquista als individuelle Leiderfahrung für die Kanarier überhaupt thematisiert wurde. Wie oben bereits angedeutet, treten die Indigenen der Kanarischen Inseln vor allem dann als Individuen aus den europäischen Schriftzeugnissen hervor, wenn sie den Konquistadoren als Übersetzer, Vermittler oder Bündnispartner bei der Eroberung behilflich waren. Darüber hinaus sind Liebes- und Heldengeschichten beliebte Themen der Chroniken, in denen den Indigenen als schöne Frauen oder starke Krieger eine zentrale Rolle zukommt.

Der *Canario* Doramas gehört zu eben jener Gruppe gefallener Krieger, der die Chroniken längere Passagen widmen.[51] Zwar nicht von adeligem Geblüt stieg Doramas aber im Verlauf der Eroberung aufgrund seiner kriegerischen Fähigkeiten zum Anführer der Indigenen auf (*se había hecho Capitán sin licencia del rey*[52]). In der Schlacht von Arucas auf Gran Canaria, bei der sich die indigenen Stammesgruppen gegen die Truppen Pedro de Veras verteidigten, fand Doramas den Tod. Der Konquistador spießte seinen Kopf auf eine Lanze, um seinen Triumph über den feindlichen Kriegshelden feierlich zu demonstrieren: „Sie töteten Doramas, der ein sehr tapferer Kanarier war, und Pedro de Vera zeigte hier seinen Mut und ließ den Kopf

---

49 Vgl. Leonardo Torriani, Descripción. Ed. *Cioranescu*, 200, 111. Wer sich einen Eindruck von den Illustrationen in Torrianis Beschreibung der Wehranlagen der Kanaren verschaffen möchte, kann das Manuskript, bereitgestellt durch die Biblioteca Geral da Universidade de Coimbra, online einsehen: https://proyectotarha.org/tarha/bibliografia/159 (Zugriff: 05.08.2022).
50 Vgl. Bartolomé de Las Casas, Werkauswahl. Ed. *Delgado*. Vgl. zu bildlichen Darstellungen der Eroberung Amerikas auch den Beitrag von Isabelle Schürch in diesem Band.
51 Der kanarische Historiker Dacio Darias hat zu Beginn des 20. Jhds. eine Übersicht über indigene Persönlichkeiten der Kanarischen Inseln und berühmte Kanarier späterer Jhde. erstellt: *Darias*, Suscinta relación (2009); vgl. speziell zu Doramas *Álvarez Delgado*, Doramas (1970).
52 López de Ulloa, Historia. Ed. *García Pulido/Sörgel de la Rosa*, 84.

von Doramas auf einer Lanze zum Real tragen."⁵³ Diese grausame Szene vom Tod des kanarischen Kriegers wird als Schlüsselmoment in den europäischen Chroniken inszeniert, in dem die Indigenen Gran Canarias ihr Scheitern erkannt und sich das Blatt zugunsten der Konquistadoren gewendet hätte.⁵⁴

In seiner Untersuchung zu Kriegsniederlagen unterstrich Martin Clauss, dass die Geschichten von Helden, die ihre letzte Vollendung im Heldentod finden, im Mittelalter vor allem eine beliebte Erzählstrategie der Verlierer war, um mit ihrer Unterlegenheit umzugehen.⁵⁵ Doch finden sich im Falle der Eroberung der Kanaren diese Heldengeschichten der Verlierer in den Erzählungen der siegreichen Konquistadoren, was die Frage nach der Funktion dieser Passagen aufwirft. Ein Blick in vergangene Jahrhunderte zeigt, dass die Kanarier natürlich nicht die einzigen nichtchristlichen Gegner waren, denen europäische Quellen Anerkennung für kriegerische Tapferkeit und Mut zollen. Die ‚Gesta Francorum', ein anonymer Bericht über den Ersten Kreuzzug (1095–1099) etwa, so Niels Brandt, lobe die Türken als die besten Ritter nach den Franken. Zwar aufgrund ihrer Ablehnung der christlichen Religion ewige Feinde des wahren Glaubens werden die Türken doch zumindest in militärischer Hinsicht – beritten, schwer bewaffnet und voller Kampfeslust – als ebenbürtige Gegner dargestellt.⁵⁶ Doch während die Kreuzfahrer mit den Türken auf einen erbitterten Feind trafen, dessen Ausrüstung und Waffen denen europäischer Elitekämpfer gleichkamen, mussten die Chroniken zur Eroberung des Archipels die sich nur mit Händen und Holz wehrenden Kanarier erst zu solchen erheben: Doramas, nur mit einem Holzschwert bewaffnet (*con su espada de madera*), habe Beine und Arme der Spanier abgehackt, als sei seine Waffe aus Eisen (*cortaba braso o pierno como si fuera de hierro*), so der Wortlaut der Chroniken.⁵⁷ Somit nicht für die sinnstiftende Verarbeitung der Ereignisse durch die Verlierer gedacht wird hier, ganz im Gegenteil, die Darstellung der Stärke und des Muts der indigenen Krieger und ihres Heldentods dazu genutzt, die Kanarier überhaupt erst als ebenbürtige Gegner zu inszenieren und damit die Siege der Konquistadoren noch glanzvoller erscheinen zu lassen.

1482 musste sich Hernán Peraza der Jüngere (* 1450; † 1488), Konquistador und Territorialfürst der Inseln El Hierro und La Gomera, vor Isabella von Kastilien und Ferdinand von Aragón für den Tod eines Eroberers auf seinem Herrschaftsgebiet verantworten. Seine Missetat sanktionierte das Königspaar unter anderem damit, dass er eine reizende Dame namens Beatriz de Bobadilla zur Frau nehmen sollte. Diese kuriose

---

53 *Mataron a Doramas, que era mui esforçado canario, y el Pedro de Uera se mostró allí esforçado y hizo traer la cabeça en vna lança hasta el Real.* Crónica Matritense. Ed. *Moral Padrón*, 244.
54 Vgl. López de Ulloa, Historia. Ed. *García Pulido/Sörgel de la Rosa*, 122, und Crónica Ovetense. Ed. *Morales Padrón*, 145. Die Beschreibung eines solch tragischen Moments ist typisch für die Darstellung von Niederlagen, vgl. *Morgenroth*, Losses (2016), 41.
55 Vgl. *Clauss*, Kriegsniederlagen (2010), 305, 310.
56 Vgl. *Brandt*, Gute Ritter (2016), 143–160.
57 Crónica Ovetense. Ed. *Morales Padrón*, 145.

Strafe für ein schweres Verbrechen war insbesondere auf Initiative Isabellas hin verhängt worden. Denn bei der Dame handelte es sich um eine lästige Gespielin Ferdinands, die die Königin auf diesem Wege nur zu gern in den entlegensten Winkel des wachsenden spanischen Imperiums verfrachtet habe.[58] Peraza jedoch, der in den Quellen als unersättlicher Lustmolch dargestellt wird (*el apetito vmano sensitibo fue causa que no / se contentase con ella sola*),[59] habe sich nicht mit seiner schönen Gemahlin zufriedengegeben, sondern nach seiner Rückkehr nach La Gomera eine Beziehung mit einer ebenso attraktiven indigenen Frau (*vna hermosa gomera*) namens Yballa begonnen, über die wir keine weiteren Details in den Quellen erfahren.[60] Die Romanze fand ein abruptes Ende, indem Peraza in der Höhle, die den Ort der nächtlichen Zusammenkünfte bildete, von indigenen Kriegern überwältigt und getötet wurde.[61] Beatriz de Bobadilla sei daraufhin von Schmerz erfüllt, da sie und ihr Ehemann sich sehr geliebt hätten, in einem unerbittlichen Rachefeldzug gegen die Delinquenten vorgegangen.[62] Doch was passierte mit Yballa? Wurde auch sie von ihren Stammesangehörigen getötet oder fiel sie der Rache der betrogenen Witwe zum Opfer? Ebenso wie über ihre Person schweigen die Quellen auch über das Schicksal der indigenen Geliebten Perazas.

Die Historiographen kommentieren die Erzählung von der Liebschaft wie ein moralisches Exempel von der Verführungskraft der Schönheit der Frauen, der selbst die Weisesten und Vernünftigsten verfallen würden, und den fatalen Folgen unersättlicher Wollust.[63] Unter Bezugnahme auf die Forschung zur Eroberung Lateinamerikas bietet sich für die Liebschaften und Ehen der Konquistadoren mit Indigenen und die Übergabe von adeligen Frauen im Kontext der Kapitulationen (detailreich insbesondere für Gran Canaria überliefert)[64] noch eine weitere Deutung an: „Seit den frühen Tagen der Eroberung gehörten indigene Frauen zum Plünderungsgut der spanischen Männer", so Andrew Canessa.[65] Ebenso sei die Inbesitznahme der indigenen Frau mit derjenigen der indigenen Reiche von Anfang an allegorisch verknüpft gewesen.[66] Die Eroberung der indigenen Frau wurde so zum Sinnbild für die Eroberung eines

---

58 Vgl. Crónica Ovetense. Ed. *Morales Padrón*, 151f.
59 Crónica Ovetense. Ed. *Morales Padrón*, 172.
60 Vgl. Crónica Ovetense. Ed. *Morales Padrón*, 172; Juan Álvarez Delgado vermutet, dass Yballa der Stammesgruppe der Ipalan angehörte, da die Siedlungen dieser Stammesgruppe der Residenz Perazas auf La Gomera am nächsten lagen. Darüber hinaus vermutet er, dass sie dem indigenen Adel angehörte. Vgl. *Álvarez Delgado*, Episodio de Iballa (1959), 344–354.
61 Vgl. Crónica Ovetense. Ed. *Morales Padrón*, 172; ähnlich bei López de Ulloa, Historia. Ed. *García Pulido/Sörgel de la Rosa*, 179.
62 Vgl. Crónica Ovetense. Ed. *Morales Padrón*, 173.
63 *Y como la hermosura de las mujeres es caso en que caen los más querdos y auisados y aun los muy grandes sabios*, vgl. Crónica Ovetense. Ed. *Morales Padrón*, 172.
64 Zu den Eheschließungen zwischen indigenen Frauen und Konquistadoren und ihrer symbolischen Bedeutung für die kanarischen Stammesgruppen vgl. *Bühner*, Menceyes (im Druck).
65 *Canessa*, Geschlecht (2013), 72.
66 Vgl. *Canessa*, Geschlecht (2013), 71f.

ganzen Kontinents. Die Reduktion der Personenbeschreibung der Yballa auf ihre Schönheit im kanarischen Beispiel macht auch sie zu einem Objekt der Begierde und Eroberung für den Konquistador.

Insgesamt wurde die Darstellung von Heldentaten indigener Krieger und Liebesgeschichten zwischen den europäischen Eroberern und indigenen Frauen dazu instrumentalisiert, die Conquista der Kanaren als eine Geschichte ruhmreicher Siege der Konquistadoren zu schreiben. Die Schrift- und Bildzeugnisse zur Unterwerfung der Kanarischen Inseln zeigen deutlich, dass das Schicksal und das Erleben der Eroberten für die europäischen Historiographen eine untergeordnete Rolle spielte. Indigene treten allenfalls als Akteure in den Quellen hervor, wenn sie dem Vorhaben der Konquistadoren als Übersetzer, Ortskundige, Vermittler, Bündnispartner und Eroberer nützlich waren. Ihr wahrhaftiges Erleben der Eroberung als radikales Umbruchsereignis bleibt uns über diesen Zugang jedoch verschlossen.

4 Der traurige Gesang der Kanarier: das Schicksal der Eroberten in Selbstzeugnissen

„Die Eroberung Gran Canarias, wie alle Eroberungen, war die Geschichte eines Dramas, in der eine der Parteien von der Bildfläche verschwand und seine Geschichte von denjenigen erzählt wurde, die siegten",[67] so Manuel Lobo Cabrera. Obwohl die europäischen Zeugnisse einseitig sind, so erlauben sie doch, wie wir gesehen haben, Rückschlüsse auf die diversen Rollen, die die Kanarier bei der Eroberung ihrer Inseln spielten. Die Erwähnungen indigener Herrscher, starker Krieger, schöner Frauen und geschickter Vermittler in den europäischen Quellen verliehen einigen Indigenen des 15. Jahrhunderts sogar eine Prominenz, die bis in die Gegenwart reicht. So kann der Kanarenreisende heute Bronzestatuen der indigenen Herrscher Guize und Ayoze auf Fuerteventura, des Exekutoren Hautacuperche auf La Gomera oder des Kriegshelden Doramas auf Gran Canaria bestaunen. Aber wurde die Geschichte der Eroberung der Kanarischen Inseln tatsächlich nur durch die Sieger geschrieben, wie es Manuel Lobo Cabrera andeutet?

Obschon die Kanarier im Gegensatz zu den nahuatl-sprechenden Indigenen Lateinamerikas keine eigene Geschichtsschreibung hinterließen,[68] so lassen sich doch aus musikalisch-literarischen Zeugnissen der Indigenen und ihrer Nachfahren Einblicke in ihr Schicksal und ihre Gefühlswelt gewinnen. Während die angeblich glorreiche *conquista* des Hernán Cortés in den Annalen der Indigenen Lateinamerikas mit

---

67 „La conquista de Gran Canaria, como toda conquista, significa la historia de un drama, en el cual uno de los contendientes desaparece de la escena, y su historia es contada por los que vencen." *Lobo Cabrera*, La conquista (2012), 69.
68 Vgl. dazu den Beitrag von Isabelle Schürch in diesem Band.

keiner Silbe erwähnt und somit offenkundig nicht als fundamentales Transformations- und Umbruchsereignis empfunden wurde, war die Eroberung des Archipels für die Kanarier ein einschneidendes Erlebnis, dem sie im Gesang Sinn zu verleihen suchten.[69]

Zahlreiche Chroniken verweisen auf eben jene traurigen Gesänge der Kanarier, die sie zu Anlässen wie dem Tod von Anverwandten anstimmten.[70] So heißt es etwa über die *Bimbachos* von El Hierro: „Es waren liebliche Leute und ihre Gesänge waren sehr traurig, kurz, in der Form eines Klageliedes, sehr gefühlvoll und jetzt singen sie in romantisch spanischem Stil, der das Mitgefühl der Zuhörer bewegt."[71] Ebenso berichtet Torriani über die Bewohner La Gomeras: „Sie sangen Verse des Wehklagens von acht, neun oder zehn Silben und mit einer solchen Traurigkeit, dass sie selbst dabei weinten, und man sieht die Nachfahren der letzten Bewohner dies heute immer noch tun."[72]

Zur Frage nach der Entstehung dieser sogenannten Klagelieder (*endechas*) kam die Forschung zu dem einstimmigen Ergebnis, dass es sich um ein „Mestizenprodukt"[73] handle, das aus der Begegnung und Verschmelzung beider Kulturen hervorgegangen sei. Indigenen Ursprungs und in den meisten Fällen in indigener Sprache gesungen hätten die Klagelieder im Zuge der spanischen Invasion eine in Europa gängige strophische Form erhalten.[74] Als ‚Endechas de Canarias' verbreiteten sie sich im 16. Jahrhundert auf der Iberischen Halbinsel und erfreuten sich dort großer Beliebtheit.[75]

Durch wiederholte Aufführung und schließlich in Form einer nachträglichen schriftlichen Materialisation können diese mündlichen Selbstzeugnisse dem Historiker noch heute Einblicke in das Erleben der Eroberung durch die indigenen Kanarier gewähren.[76] Denn 1974 gelang Margit Frenk Alatorre der Fund von insgesamt

---

69 Vgl. *Rinke*, Conquistadoren (2019), 20.
70 Zusammengetragen etwa bei *Reyes García*, Dos endechas (2002), 2277 f.
71 *Hera gente afable y sus cantares muy lastimeros, cortos, a manera de endechas, y muy sentidos, y aora los cantan en rromançe castellano, que mueven a compasión a los oyentes* Crónica Ovetense. Ed. Morales Padrón, 232.
72 *Cantaban versos de lamentación, de ocho, nueve y diez sílabas, y con tanta tristeza, que lloraban ellos mismos, como se ve que todavía lo hacen hoy día los que descienden de los últimos habitantes.* Leonardo Torriani, Descripción. Ed. Cioranescu, 201 f.
73 Historisch ist die Bezeichnung „Mestize" negativ besetzt. Heute sieht man entgegen der Idee einer kulturellen Vermischung und damit Verfälschung in der kanarischen Mestizenkultur eine bereichernde Durchmischung verschiedenster Einflüsse. *María Balcells*, Literatura (2001), 230.
74 Vgl. *de Lama*, Dos endechas (1993), 110 f.; *Reyes García*, Dos endechas (2002), 2281; *Artiles/Quintana*, Historia (1978), 11 f.; *Trapero*, Endechas (2000).
75 Vgl. *Artiles/Quintana*, Historia (1978), 12.
76 Vgl. *Schmolinsky*, Sich schreiben (2012), 74.

142 der düsteren Klagelieder, die das Leid der Indigenen während der Eroberung behandeln.⁷⁷ Sie rufen auf zum Widerstand, berichten vom Eindringen der Europäer und vor allem vom Leben in der Fremde. Dabei entwickelte sich die *tierra ajena*, die „fremde Erde", zu einem gängigen Topos, welcher mit der Sehnsucht nach dem Meer, dem Sinnbild für Freiheit, kontrastiert wurde, was die folgenden zwei Beispiele verdeutlichen sollen:⁷⁸

> Als ich mich auf offener See befand, / hob ich meinen Blick, sah mein Land / und dachte, dass ich dorthin niemals zurückkehren werde.⁷⁹

> Obwohl du mich in der Fremde siehst, / als ich noch auf Gran Canaria war, hatte ich einen Schatz: / Ich werde ihn, bis ich sterbe, niemals vergessen.⁸⁰

Nach der Eroberung des Archipels lebten die meisten Kanarier entweder als Sklaven auf der Iberischen Halbinsel, im Zuge von Zwangsumsiedlungen auf einer anderen Kanareninsel oder auf Madeira, fernab von ihrem Herkunftsort und getrennt von Geliebten und Verwandten.⁸¹ Die Deportation in eine andere Region war eine typische Unterwerfungstaktik, die möglichen Widerständen und Rebellionen gegen die neue Herrschaft entgegenwirken sollten.⁸² Der Nürnberger Arzt Hieronymus Münzer, der in den Jahren 1494 und 1495 große Teile der Iberischen Halbinsel bereiste, berichtet in seiner Reisebeschreibung vom Handel mit kanarischen Sklaven im Kaufhaus von Valencia und ihrer misslichen Lage: „Ich sah viele Gefangene in Eisenketten und hinter Gittern, die zu sehr harten Arbeiten gezwungen wurden wie zum Beispiel Balken durchzusägen und andere Dinge."⁸³

Die Klagelieder, die sich mit Sabine Schmolinsky als retrospektive Selbstzeugnisse kategorisieren lassen,⁸⁴ sind selbstredend kein Ausdruck individueller Gefühle und Gedanken. Das ‚Ich' ist hier als ein lyrisches Ich zu verstehen. Die Themen und Inhalte sind so breit angelegt, dass sich die in der Fremde lebenden Kanarier vermutlich als Kollektiv mit ihnen zu identifizieren vermochten. Das gemeinsame Singen in indigener Sprache diente dabei gewiss, ähnlich wie später bei den afrikanischen Sklaven in der Neuen Welt, der kollektiven Verarbeitung ihres Schicksals und der Erinnerung an die verlorene Kultur ihrer Heimat.

---

77 Endechas. Hrsg. *Frenk Alatorre*.
78 Vgl. *Trapero*, Las endechas (2000).
79 *Desque me vi la mar afuera, alzé mis ojos, miré a mi tierra, pensando no bolver más a ella.* Endechas. Hrsg. *Frenk Alatorre*, 254, Nr. 5.
80 *Aunque me veys en tierra agena, allá en Canaria tengo una prenda: no la olvidaré hasta que muera.* Hrsg. *Frenk Alatorre*, 254, Nr. 1. Weitere *Endechas*, die von dem Leben in der Fremde handeln, finden sich ebd., 254, Nr. 3; 255, Nr. 10; 258, Nr. 43.
81 Vgl. *Lobo Cabrera*, La conquista (2012), 174; *Abulafia*, Boundless Sea (2020), 488.
82 Vgl. dazu auch den Beitrag von von Michael Grünbart in diesem Band.
83 Hieronymus Münzer, Itinerarium Hispanicum. Ed. *Herbers*, 58.
84 Vgl. *Schmolinsky*, Sich schreiben (2012), 15f.

5 Furchtlos vor der Macht des Schicksals: narrative Strategien zum Umgang mit der Eroberung

Im Folgenden wollen wir noch einen Blick auf die literarische Wiederauferstehung des kanarischen Kriegshelden Doramas werfen. Natürlich ist Doramas nicht die einzige indigene Figur, die als Protagonist in den ersten kanarischen Literaturwerken des 16. Jahrhunderts auftaucht. Antonio de Vianas (* ca. 1578; † 1650) Stück ‚Conquista de Tenerife' erzählt etwa die Liebesgeschichte zwischen der Guanchenprinzessin Dácil und dem spanischen Hauptmann Castillo. Dabei wird die Beziehung des Paares als das Zusammentreffen einer idyllischen, autochthonen Welt mit derjenigen des zivilisierten, europäischen Fremden inszeniert.[85] Doch während Prinzessin Dácil ein rein fiktiver Charakter ist, so war Doramas, wie wir gesehen haben, auch eine historische Figur. Seine Auferstehung erlebt der Krieger als Hauptfigur einer Komödie des kanarischen Musikers und Literaten Bartolomé Cairasco de Figueroa (* 1538; † 1610), der neben Viana zu den bekanntesten kanarischen Renaissanceliteraten zählte.[86]

Ebenso stolz auf seine italienischen Wurzeln wie auf seine Abstammung von einer indigenen Kanarierin zeichnen sich Cairascos Werke durch eine besondere Liebe zu seiner Heimatinsel Gran Canaria aus,[87] die er mitunter als Prinzessin der Atlantischen Inseln bezeichnet (*esta es la Fortunada y Gran Canaria, de las islas atlánticas princesa*).[88] Die Komödie mit dem Titel ‚Comedia del recibimiento al obispo Fernando Rueda', in der Doramas die Hauptrolle spielt, handelt vom Empfang eines neuen Bischofs auf Gran Canaria. Sie wurde im Jahr 1581 von Cairasco verfasst und gehört zu einer Gruppe von dramatischen Texten, die allesamt vom feierlichen Empfang eines Bischofs auf den Kanarischen Inseln handeln.[89]

In der ersten von insgesamt drei kurzen Szenen des Stücks diskutieren die allegorischen Figuren Weisheit (*Sabiduría*), Neugier (*Curiosidad*) und Erfindungsreichtum (*Invención*), allesamt mit der Göttin des Schicksals, der *Fortuna*, assoziiert, wer die geeignetste Person sei, um den neuen Bischof bei seiner Ankunft auf Gran Canaria zu

---

85 *María Balcells*, Literatura Canaria (2001), 231, 234.
86 Vgl. *Artiles/Quintana*, Historia (1978), 25.
87 Vgl. *Artiles/Quintana*, Historia (1978), 26; *Rosa Alonso*, La obra literaria (1952), 334, 362. Obschon sich eine indigene Herkunft der Mutter Cairascos nicht mit Gewissheit behaupten ließe, so Rosa Alonso zufolge, sei Cairascos Liebe ein typisches Beispiel für die Psychologie der Insulaner. Durch die Geburt auf den Inseln empfand man zugleich, ob blutsverwandt oder nicht, die Kultur und Geschichte der Indigenen als Teil der eigenen.
88 Torcquato Tasso, Jerusalén Libertada. Ed. *Cioranescu*, 329. Dieses Werk übersetzte Cairasco aus dem Italienischen ins Spanische. Darüber hinaus – und hier wird wiederum seine Begeisterung für seine Herkunft spürbar – ergänzte er das Gedicht Tassos um ein Lied (*canto XV*), das die Geschichte der Kanarischen Inseln behandelt. Vgl. *Cioranescu*, Introducción (1967), 9, 13.
89 Es handelt sich insgesamt um vier Komödien, zwei davon sind verschollen. Vgl. *Díaz Armas*, Cairasco (2010), 73.

empfangen. Die Wahl fällt auf Doramas, der zunächst in indigener Sprache spricht, dann jedoch ein Elixier trinkt, das ihm die Fähigkeit verleiht, den Bischof auf Spanisch zu begrüßen.

Die zweite Szene ist ein Streitgespräch zwischen den personifizierten Städten Guía und Gáldar. Während die eine ihre Jugend und ihren Reichtum rühmt, betont die andere ihre Nobilität und ihre Altehrwürdigkeit. Als Interpretation auszuschließen ist, dass die Städte repräsentativ für den kanarischen und den spanischen Bevölkerungsteil der Kolonialgesellschaft Gran Canarias stehen und Cairasco damit auf ethnische Auseinandersetzungen verweist.[90] Wahrscheinlicher ist, dass die literarische Verarbeitung Cairascos auf einer tatsächlichen, von ethnischen Konflikten jedoch freien Städtekonkurrenz beruht, von der in anderen Quellen die Rede ist: So führte die Ernennung Guías zum Verwaltungssitz im Jahr 1525 zu massiven Protesten der Bewohner der Stadt Gáldar.[91] Darüber hinaus verweist Francisco López de Ulloa in seiner ‚Historia' aus dem Jahr 1646, die am Ende einer Reihe von historiographischen Texten steht, die vor allem über die Eroberung Gran Canarias berichten,[92] auf Konflikte zwischen den Bürgern. So hätten die Stadtbewohner von Guía und Gáldar bei Festivitäten um die meisten Besucher gewetteifert; eine sehr passende historische Begebenheit, die erklärt, warum Cairasco den Disput zwischen Guía und Gáldar in seiner Komödie über die Begrüßungsfestivitäten des Bischofs einarbeitete.[93]

In der dritten Szene tritt dann der Held Doramas mit einem langen Monolog auf, in dem er sich und sein Leben beschreibt. Der Inhalt des Monologs, der im Folgenden noch näher beleuchtet wird, steht in starkem Kontrast zur Charakterisierung Doramas' durch die *Curiosidad* zu Beginn der Komödie, als sie ihr Unbehagen zu dem Vorschlag äußert, Doramas solle den Bischof bei seiner Ankunft in Empfang nehmen:

> NEUGIER: Einem so rohen Barbaren / ohne Eleganz und rhetorische Fähigkeiten, / ohne Buchstaben und ohne Begriffe, / willst du so schwierige Aufgaben anvertrauen?[94]

So stellt die *Curiosidad* Doramas zu Beginn des Stückes als sprachunfähigen Barbaren hin. Zum klassischen, aristotelischen Verständnis eines Barbaren, das sich bis ins 16. Jahrhundert fortgetragen hat, gehörte die hier erwähnte Sprachunfähigkeit,

---

[90] Es lässt sich nämlich nicht nachweisen, dass eine der Städte mehrheitlich von Indigenen bewohnt war. In Anbetracht der der großangelegten Deportation der *Canarios* nach der Conquista, im Rahmen derer es nur Don Fernando Guanarteme und 40 seiner Verwandten erlaubt war, auf der Insel zu bleiben, scheint dies auch nicht plausibel. Vgl. Crónica Ovetense. Ed. *Morales Padrón*, 165.
[91] Vgl. *Díaz Armas*, Cairasco (2010), 85–87.
[92] *García Pulido/Sörgel de la Rosa*, Introducción (2010), 19.
[93] Vgl. López de Ulloa, Historia. Ed. *García Pulido/Sörgel de la Rosa*, 163.
[94] CURIOSIDAD / ¿A un bárbaro tan rústico / ajeno de elegancia y de retórica, / sin letras y sin término, / quieres encomendar cosas difíciles? Cairasco de Figueroa, Comedia del recibimiento. Ed. *Guerra Sánchez*, 31.

die sich vor allem auf eine schriftliche Ausdrucksfähigkeit bezog, wie die Begriffserklärung in der ‚Apologética Historia Sumaria' des Las Casas verdeutlicht.[95] Das Fehlen von „Buchstaben und Begriffen" impliziert zugleich eine Geschichtslosigkeit, die Unfähigkeit seine eigenen Erlebnisse zu Papier zu bringen, die zu den typischen Eigenschaften eines „Barbaren" im 15. und 16. Jahrhundert zählten.[96]

Darüber hinaus qualifiziert die *Curiosidad* Doramas als *rústico*, was in diesem Kontext mit „roh" oder „wild" zu übersetzen ist, sonst aber eher als Beschreibung für etwas „Ländliches" gebräuchlich war. Francesco Petrarca (* 1304; † 1374) hatte bereits Mitte des 14. Jahrhunderts das Leben der Kanarier in gleicher Weise beschrieben, ohne jedoch den Begriff *rustico* zu verwenden. In seinem Werk ‚De vita solitaria' verherrlicht Petrarca die frei gewählte Einsamkeit, in der er sich zur literarischen Betätigung oftmals selbst begab, und führt zahlreiche Beispiele für die positiven Effekte einer solchen Lebensweise an.[97] Doch obschon die Kanarier in absoluter Isolation vom Rest der Welt lebten, sieht er in ihnen kein Vorbild für eine Lebensweise in Abgeschiedenheit: „Petrarch identifies their solitude as that of solitary places rather than solitary lives", so David Abulafia.[98] Ihre Einsamkeit sei Petrarca zufolge rein geographischer Natur und ginge nicht mit einer kontemplativen Geistesverfassung einher, denn sie handelten eher aus Instinkt denn aus freiem Willen heraus und würden wie wilde Tiere in Herden leben.[99]

Während sich bei Petrarca also eine erste Verbindung von einem Leben in Abgeschiedenheit mit einer barbarischen Lebensweise am Beispiel der Kanarier findet, nimmt die Häufigkeit der Verwendung des Wortes *rustico* im Kastilischen, das Petrarcas Vorstellung begrifflich fasst, im Verlauf des 15. Jahrhunderts zu. So behauptet der spanische Gelehrte Enrique de Villena (* 1384; † 1434) in seinem frühhumanistisch-didaktischen Werk ‚Los doze trabajos de Hércules', dass sich der König von Libyen durch eine gewisse geistige Schlichtheit auszeichne; eine Qualität, die er mit *rusticidad* beschreibt.[100] Antonio de Nebrija (* 1441 oder 1444; † 1522), der eine erste Grammatik kastilischer Sprache verfasste, verzeichnet unter dem Terminus *rusticus*: *por aquello mesmo [cosa de campo]*. Neben der adjektivischen Bedeutung für die Eigenschaften von Dingen des Feldes und Menschen, die auf dem Land leben, konnte sich das Wort nun aber auch auf eine Person beziehen, der es an Kultur und Zivilisiertheit mangelte: *[Persona] que carece de cultura o de civilización*. Auch Belege

---

95 Vgl. Fray Bartolomé de las Casas, Apologética Historia Sumaria. Ed. *O'Gorman*, Bd. 1, 637, Kap. 264.
96 Vgl. dazu z. B. Juan Ginés de Sepúlveda. Democrates secundus. Ed. *Lletget*, 65 f.
97 Vgl. *Hoffmeister*, Petrarca (1997), 37–40.
98 *Abulafia*, Neolithic meets Medieval (2009), 311.
99 *Caeterum gentem illam, prae cunctis ferm è mortalibus solitudine gaudere, moribus tamé incultam, adeó que non absimilem bellius, vt naturae magis instinctu, quàm electione sic agentem, non tam solitariè viuere, quàm insolitudinibus errerae, seu cum feris seu cum gregibus suis dicas.* Francesco Petrarca, De vita solitaria. Ed. *Le Preux*, Buch II, 224.
100 Vgl. für den gesamten Absatz den Eintrag ‚rusticidad' im Diccionario del castellano.

einer Verbindung des *rustico*-Begriffs mit dem des Barbaren sind bereits vor 1500 zu finden, so etwa in der ‚Crónica de Aragón' (1499) des Gauberto Fabrizio de Vagad.

Die negative Assoziation, die viele Zeitgenossen mit dem innereuropäischen ländlichen Leben verbanden, wurde mit dem Begriff des *rustico* nun also auf außereuropäische Kulturen wie Kanarier, Libyer, Türken und schließlich zu Beginn des 16. Jahrhunderts auf die neu entdeckten Völker des amerikanischen Kontinents übertragen.[101] Der Moraltheologe Francisco de Vitoria (* 1483; † 1546), gemeinhin als Begründer der Schule von Salamanca und Vater des Völkerrechts bekannt, verwendet den Begriff *rustico* ebenfalls in seinen Vorlesungen, in denen er die Frage nach der Legitimität der Unterwerfung der indigenen Völker Lateinamerikas zu beantworten suchte. Mit der Bezeichnung *rustico* meinte Vitoria eben diesen neuen Typus des Barbaren, der sich durch ein Leben auf dem Land, fernab von der Stadt als Hort der Zivilisation, auszeichnete.[102] Der auf dem Land lebende *rustico* war wie bei Petrarca kein „edler Wilder", sondern von roher Erziehung, eher dem Tier als dem zivilisierten Menschen ähnlich.[103] Die Erweiterung der Wortbedeutung des Begriffs *rustico*, gerade auch in seiner substantivischen Verwendung, die konzeptionell schon zuvor existierte, sich begrifflich aber erst am Ende des 15. Jahrhunderts manifestierte, erscheint somit als Ausdruck einer Suche nach neuen Kategorien für die Beschreibung fremder Völker in Außereuropa und ihrer Einordnung in das christlich-abendländische Weltbild.

Nach diesem kleinen begriffsgeschichtlichen Exkurs wollen wir uns nun wieder dem Werk Cairascos und der Rolle des Doramas zuwenden. Im Kontrast zur Einschätzung der *Curiosidad* zu Beginn der Komödie zeigt der als Held des kanarischen Freiheitskampfes gefeierte Doramas in seinem Monolog, dass er keinesfalls ein *rustico* ist und ebenso kunstvoll mit Worten wie mit Waffen umzugehen vermag. Dabei erscheint Doramas nicht wie ein in der Einöde der Berge lebender Wilder von rohen Manieren, sondern wie ein Philosoph, ein gewandter Rhetoriker, der erst in der Einsamkeit und der Idylle der Natur zu seiner wirklichen Entfaltung findet:[104]

> DORAMAS: Wenn wir sehen, dass der große Herr der gesamten Schöpfung / bei schwierigen und schweren Aufgaben / in manchen Fällen Wildtiere, Fische, Vögel / zu seinem Instrument gemacht hat / und aus ungebildeten Geistern berühmte und geschmeidige Redner machen konnte, / dann kann er auch dafür sorgen, dass ein barbarischer Kanarier / heute seine gewöhnlichen Grenzen überschreiten kann.[105]

---

101 Vgl. den Eintrag ‚rusticidad' im Diccionario del castellano.
102 Vgl. Francisco de Vitoria, De eo, ad quod tenetur homo. Ed. *Horst/Justenhoven/Stüben*, 120.
103 Vgl. Francisco de Vitoria. De Indis. Ed. *Horst/Justenhoven/Stüben*, 403.
104 Vgl. *Díaz Armas*, Cairasco (2010), 73, 90; *Alonso*, La obra (1952), 364.
105 DORAMAS / *Si el gran Señor de todo lo criado / en negocios difíciles y graves / Vemos que algunas veces ha tomado / por instrumento fieras, peces, aves, / Y de incultos ingenios ha formado retóricos famosos y suaves, / bien pudo hacer que un rústico canario / hoy salga de su límite ordinario.* Cairasco de Figueroa, Comedia del recibimiento. Ed. *Guerra Sánchez*, 46.

Diese Darstellung steht repräsentativ für eine generelle Tendenz, die Ereignisse der Eroberung der Kanaren im Nachgang zu mythologisieren und die kanarischen Indigenen, ihre Lebensweise und Tugenden in humanistischer Manier zu idealisieren.[106] Als Ausdruck eines „espíritu del mestizaje"[107] ging es vor allem darum, die alte kanarische Lebensweise als der neuen europäischen Kultur ebenbürtig darzustellen. Bei der Beschreibung des berühmten Waldes auf Gran Canaria, dem sogenannten *Selva de Doramas*,[108] heißt es in der Komödie etwa, dass die dort wachsenden Palmen sogar noch höher und erhabener seien als die ägyptischen Pyramiden (*las palmas altísmias, mucho más que de Egipto las pirámides*).[109] Folglich entwickelte sich der Wald des Doramas auf Gran Canaria von einem Hort wilder Barbaren hin zu einem positiv konnotierten literarischen Topos, zum Inbegriff eines *locus amoenus*.[110]

Diese Überhöhung der „alten" kanarischen Kulturen steht in Verbindung mit einer weiteren Strategie, Verlust und Untergang des Eigenen und dessen Überschreibung durch das Fremde narrativ zu verarbeiten. So heißt es ebenso in Doramas' Monolog:

> DORAMAS: Ich bin der berühmte Doramas, / der zwischen schattenspendenden Bergen lebt, / dort herrscht eine angenehme Ruhe, / in einer ansprechenden Behausung, in einer aufblühenden Hütte, / erfreue ich mich der Früchte und Haine ohne Furcht vor dem Rad der Fortuna.[111]

Bei seiner Untersuchung mittelalterlicher Kriegsniederlagen hat Martin Clauss auf unterschiedliche narrative Strategien und Topoi verwiesen, derer sich Sieger und Besiegte zur Deutung von Ereignissen bedienten.[112] So interpretierten die Gewinner einer Schlacht den für sie günstigen Ausgang zumeist als gerechtes Gottesurteil, wofür sich auch in den spanischen Chroniken zur Conquista der Kanarischen Inseln zahlreiche Beispiele finden. Nachdem die Guanchen Teneriffas den Konquistadoren zunächst unbesiegbar schienen, wären sie von einer Seuche heimgesucht und geschwächt worden, die die Eroberer als Wunder des Herrn interpretierten (*por milagro y merçed de Nuestro Senor*).[113] Auch der Tod des Doramas auf dem Schlachtfeld von Arucas wurde als göttliche Hilfestellung für das Kriegsgeschick der Spanier ver-

---

106 Vgl. *Trapero*, Las endechas (2000), 51–113; *Guerra Sánchez*, Cairasco de Figueroa (2013), 187.
107 *Guerra Sánchez*, Cairasco de Figueroa (2013), 184.
108 Vgl. dazu *Sánchez Robayna*, Cairasco de Figueroa (1991).
109 Cairasco de Figueroa, Comedia del recibimiento. Ed. Guerra Sánchez, 30. Vgl. dazu auch *Gutiérrez*, Comedia (2003), 126.
110 *María Balcells*, Literatura Canaria (2001), 231.
111 DORAMAS / *Yo soy aquel Doramas, tan famoso, / que (...) aún vive entre umbrífera montaña; / en ella tuve ay dulce reposo, / albergue ameno, próspera cabaña, / gozando de sus frutas y arboleda, sin temor de Fortuna y de su rueda*. Cairasco de Figueroa, Comedia del recibimiento. Ed. Guerra Sánchez, 46.
112 Vgl. *Clauss*, Kriegsniederlagen (2010), 305, 310.
113 Crónica Ovetense. Ed. Morales Padrón, 170.

standen (*fuera Dios servido que el gran Doramas muriese*).[114] Demgegenüber begegnet uns mit der Fortuna in Cairascos Komödie ein sehr gängiges und wirkmächtiges Erzählmotiv für Verlierer kriegerischer Auseinandersetzungen: „So wie sich das Gottesurteil für die Sieger anbietet", schreibt Clauss, „hat die Fortuna für die Verlierer großes erzählerisches Potenzial: [Denn] das Schicksal trifft einen unverhofft und unabhängig von den eigenen Leistungen."[115] Wie sich am göttlichen Eingriff ein vermeintlich klares Wohlwollen des Herrn für die eigenen Handlungen ablesen ließe, so weise die etwa bei Isidor von Sevilla (* 560; † 636) als blind dargestellte Schicksalsgöttin das Glück nicht zwingend den Verdienstvollen und das Unglück den Ehrlosen zu. Ganz im Gegenteil glich die Verteilung von Glück und Unglück einem Glücksspiel, bei dem das Fallen der Würfel schier dem Zufall überlassen war.[116] Und genau das scheint auch eine der Kernaussagen von Cairascos Komödie zu sein: Die Kanarier waren keine Barbaren, die von zivilisierteren Völkern unterworfen wurden, sondern sie hatten schlicht das Pech, dass sich das Rad des Schicksals nicht zu ihren Gunsten wendete; einem Schicksal, dem sie furchtlos und erhobenen Hauptes begegneten.

Von derselben Furchtlosigkeiten gegenüber der Wankelmütigkeit der Fortuna zeugen auch die kanarischen Klagelieder, in denen neben verliebten Delfinen, einsamen Phönixen und im Inneren gebrochenen Pelikanen auch die Fortuna und ihr Rad eine Rolle spielen.[117] In insgesamt neun der von Frenk Alatorre gesammelten *endechas* kommt die Schicksalsgöttin vor, der sich das lyrische Ich mutig entgegenstellt. Fortuna solle mit ihm machen, was sie wolle, heißt es in zwei der Lieder.[118] In einem anderen Lied fordert das lyrische Ich die Fortuna sogar heraus, indem es behauptet, sich weder vor Krieg noch vor dem Tod zu fürchten – die Schicksalsgöttin solle ihm so viel Schlechtes antun, wie es ihr beliebe.[119]

Alles in allem zeugen sowohl die Klagelieder als auch Cairascos Komödie von einer nachträglichen Umdeutung der Ereignisse der Eroberung des Archipels. Im 16. Jahrhundert erscheinen die Indigenen nicht mehr nur als Eroberte, deren Stimme ausgelöscht und deren Kultur von einer anderen überschrieben wurde. Insgesamt spricht aus den Quellen ein wieder gewachsenes, kulturelles Selbstbewusstsein, was hier am Beispiel der Verehrung des Doramas gezeigt worden ist. Das prominente Fortuna-Motiv lässt überdies ein starkes Bedürfnis danach erkennen, den Ereignissen des vergangenen Jahrhunderts einen sinnvollen Platz in der eigenen Geschichte zuzuweisen.

---

114 Crónica Ovetense. Ed. *Morales Padrón*, 145.
115 *Clauss*, Kriegsniederlagen (210), 314 f.
116 Vgl. *Goetz*, Fortuna (1996), 75, 77 f.
117 Endechas. Hrsg. *Frenk Alatorre*, 247.
118 Endechas. Hrsg. *Frenk Alatorre*, 257, Nr. 31 f.
119 Endechas. Hrsg. *Frenk Alatorre*, 259, Nr. 50.

6 Zusammenfassung

> Wenn auch die Wärme meines Körpers allmählich flieht und die Hülle vergeht, wie der Untergang der Menschen von Benahoare unaufhaltsam naht, das stolze Volk der Guanchen wie eine welke Blume erlischt, so wird doch unser Geist und die Kraft unserer Gedanken für immer bleiben.[120]

Ebenso wie Harald Braem es hier mit den Gedanken des Tanausú beschreibt, blieb die Geschichte des Untergangs der Kanarier als Mythos im Geiste der neuen Mestizenkultur erhalten. Dieser Untergang war nicht nur durch die europäischen Eroberer, sondern in Teilen auch durch die kriegerische und diplomatische Unterstützung der Indigenen herbeigeführt worden. Vergleichbar mit der Conquista Lateinamerikas war die Inbesitznahme der Kanaren also ebenfalls kein einseitiges Einnehmen, sondern ein komplexes Geflecht aus grausamen Schlachten und Genoziden auf der einen und Einvernehmen und Zusammenarbeit zwischen ‚Eroberern' und ‚Eroberten' auf der anderen Seite, wie insbesondere am Beispiel des Indigenen *Canario* Don Fernando Guanarteme gezeigt werden konnte. Damit ist die spätmittelalterliche Unterwerfung der Kanarischen Inseln ein eindrückliches Beispiel dafür, dass die historische Realität von Eroberungen deutlich vielfältiger war als traditionelle Kategorisierungen wie „Sieger" und „Besiegte", „Eroberer" und „Eroberte" annehmen lassen. Darüber hinaus waren die Kanarier nicht nur passive Opfer einer Eroberung, sondern verfolgten als Akteure eigene Ziele und Absichten. Als Übersetzer, Ortskundige, Vermittler und Bündnispartner erscheinen sie zudem als die eigentlichen Schlüsselfiguren, die den Erfolg der europäischen Operationen erst ermöglichen.

In den historiographischen Quellen zur Eroberung der Kanaren treten die Indigenen jedoch nicht nur als Helfer der Konquistadoren hervor, sondern auch als Heldenfiguren und Geliebte. Am Beispiel des indigenen Kriegers Doramas und der Gomeranerin Yballa wurde der Analysefokus von historischen Begebenheiten hin zur Darstellungsintention der europäischen Historiographen verschoben. Während die Inszenierung des Doramas und anderer indigener Helden dazu diente, die Siege der Konquistadoren über diesen vermeintlich mächtigen Feind noch glorreicher darzustellen, stand die Inbesitznahme des Körpers indigener Frauen wie Yballa wie auch im Falle Lateinamerikas als Sinnbild für die Eroberung des gesamten Archipels durch den europäischen Mann.

Ebenso mannigfaltig wie ihre Rollen war auch das Schicksal der „Eroberten". Während das Leid der Kanarier in Bild- und Schriftzeugnissen der Konquistadoren keinen Ausdruck fand, ließen die Eroberten ihre Stimmen in Klageliedern erklingen, in denen sie das Eindringen der Europäer und das Leben als Sklaven in der Fremde musikalisch verarbeiteten. Diese Selbstzeugnisse über die Sehnsucht nach der Heimat und verlorenen Geliebten waren jedoch kein Ausdruck individuellen Erlebens, sondern boten lediglich Identifikation für eine kollektive Bewältigung ihres Schick-

---

120 *Braem*, Tanausú, (2008), 306.

sals. Die zumeist in indigener Sprache gesungenen Lieder, die sich im 16. Jahrhundert einer großen Popularität erfreuten, sind darüber hinaus ein Beispiel dafür, dass über die Eroberung der Kanarischen Inseln ebenso keine „Erfolgsgeschichte im Sinne einer Etablierung von kultureller Homogenität"[121] geschrieben werden kann. Dasselbe belegt die im 16. Jahrhundert entstehende Literatur zur Eroberung der Kanarischen Inseln, die passagenweise auch in indigener Sprache verfasst wurde. Die Inszenierung des Doramas in Cairascos Komödie als Repräsentant der kanarischen Kultur lässt sich in diesem Kontext als Anliegen der Mestizen interpretieren, die eigene Kultur zu erhalten und als der europäischen ebenbürtig darzustellen.

Während die Eroberten zuvor lediglich als Fremdzuschreibung in der Historiographie der Eroberer auftauchen, entwickelte sich diese Kategorie im Folgejahrhundert zu einer selbstbewussten Selbstzuschreibung von Indigenen und Mestizen. Davon zeugt auch die Aneignung und kreative Ausgestaltung der Rolle der Eroberten in der kanarischen Renaissanceliteratur. Diese veränderte das Bild des indigenen Kriegers Doramas und machte aus dem vermeintlich sprachunfähigen *rustico* einen redegewandten Protagonisten der Conquista. Als Akteur, Repräsentant der kanarischen Kultur und Stimme der Eroberten steht die Figur des Doramas in der Komödie beispielhaft für ein wiedererstarktes Selbstbewusstsein der Indigenen und Mestizen im Nachgang der Conquista.

Zur Bewältigung ihres Schicksals bedienten sich die Kanarier sowohl in den Klageliedern als auch in der Komödie Cairascos dem Motiv der wankelmütigen Fortuna. Während die Sieger in der Historiographie das Motiv des Gottesurteils für sich reklamierten, mit dessen Wohlwollen sie die wilden Barbaren zu bezwingen vermocht hätten, erhoben die Verlierer ihre Vorfahren im Nachgang der Eroberung zu furchtlosen Philosophen, die gänzlich schuldlos Opfer der Launen der Fortuna geworden waren.

Handschriften

Rouen, Bibliothèque municipale, Ms mm-129.

Edierte Quellen und Übersetzungen

Andrés Bernáldez, Memorias del reinado de los Reyes Católicos. Ed. *Francisco Morales Padrón*, in: Canarias: Crónicas de su Conquista. Las Palmas de Gran Canaria ³2008, 505–520.
Bartolomé Cairasco de Figueroa, Comedia del recibimiento. Ed. *Oswaldo Guerra Sánchez*. (Textos Canarios Fundamentales, Bd. 1.) Las Palmas de Gran Canaria 2005.

---

121 Vgl. die Einleitung von Rike Szill in diesem Band.

Bartolomé de las Casas. Apologética Historia Sumaria. Ed. *Edmundo O'Gorman*, 2 Bde. (Serie de historiadores y cronistas de Indias, Bd. 1.) México 1967.
Bartolomé de las Casas. Werkauswahl, Bd. 2: Historische und ethnographische Schriften. Ed. *Mariano Delgado*. Paderborn u. a. 1995.
Clemente VI concede privilegios espirituales a los ciudadanos de Mallorca Juan Doria, Jaime Sagarra y otros que les acompañen in le prepósito de evangelizar las Islas con auxilio de esclavos canarios redimidos (1351), in: *Elías Serra Ráfols*, Los mallorquines en Canarias: documentos, in: Revista de historia 55, 1941, 281–287, hier 282.
Le Canarien, Texto B. Ed. *Berta Pico / Eduardo Aznar / Dolores Corbella*. (Fontes Rerum Canarium, Bd. 41.), La Laguna 2003, 147–480.
Le Canarien, Texto G. Ed. *Berta Pico / Eduardo Aznar / Dolores Corbella*. (Fontes Rerum Canarium, Bd. 41.), La Laguna 2003, 3–146.
La conquista de Gran Canaria en las décadas de Alonso de Palencia. Ed. *Francisco Morales Padrón*, in: Canarias: Crónicas de su Conquista. Las Palmas de Gran Canaria ³2008, 471–498.
Conquista de la isla de Gran Canaria (Lacunense). Ed. *Francisco Morales Padrón*, in: Canarias: Crónicas de su Conquista. Las Palmas de Gran Canaria ³2008, 186–228.
Conquista de las siete islas de Canarias (Matritense). Ed. *Francisco Morales Padrón*, in: Canarias: Crónicas de su Conquista. Las Palmas de Gran Canaria ³2008, 229–259.
Endechas anónimas del siglo XVI. Ed. *Margit Frenk Alatorre*, in: Dies., Endechas anónimas del siglo XVI, in: Studia Hispanica in honorem R. Lapesa 2, 1974, 245–268.
Francesco Petrarca, De vita solitaria, Liber II. Ed. *Ioannes Le Preux*, Bern 1600.
Francisco López de Ulloa, Historia de la Conquista de las siete Islas de Canarias. Ed. *Daniel García Pulido / Jorge Sörgel de la Rosa*. Santa Cruz de Tenerife / Las Palmas de Gran Canaria 2010.
Francisco de Vitoria, De eo, ad quod tenetur homo, cum primum venit ad usum rationis, in: *Ulrich Horst / Heinz-Gerhard Justenhoven / Joachim Stüben* (Hrsg.), Vorlesungen II (Relectiones). Völkerrecht, Politik, Kirche. (Theologie und Frieden, Bd. 8.) Stuttgart / Berlin / Köln 1997, 92–187.
Francisco de Vitoria, De Indis, in: *Ulrich Horst / Heinz-Gerhard Justenhoven / Joachim Stüben* (Hrsg.), Vorlesungen II (Relectiones). Völkerrecht, Politik, Kirche. (Theologie und Frieden, Bd. 8.) Stuttgart / Berlin / Köln 1997, 370–541.
Giovanni Boccaccio, De Canaria et insulis reliquis ultra Ispaniam in Oceano noviter repertis. Ed. *Manlio Pastore Stocchi*, in: Ders., Tutte le opere di Giovanni Boccaccio. (A cura di Vittore Branca 5, Bd. 1.) Mailand 1992, 970–986.
Hieronymus Münzer, Itinerarium Hispanicum. Ed. *Klaus Herbers*, in: Ders., Der Reisebericht des Hieronymus Münzer. Ein Nürnberger Arzt auf der „Suche nach der Wahrheit" in Westeuropa (1494/1495). Tübingen 2020, 12–276.
Juan Ginés de Sepúlveda, Democrates secundus, sive de iustis belli causis. Ed. *Alejandro Coroleu Lletget*, in: Ders. (Hrsg.), Obras completas III. Pozoblanco 1997, 39–134.
Leonardo Torriani. Descripción de las Islas Canarias. Ed. *Alejandro Cioranescu*. Santa Cruz de Tenerife 1959.
Libro de la conquista de la ysla de Gran Canaria y de las demas yslas (Ovetense). Ed. *Francisco Morales Padrón*, in: Canarias: Crónicas de su Conquista. Las Palmas de Gran Canaria ³2008, 107–183.
Mosén Diego de Valera. Crónica de los Reyes Católicos. Ed. *Francisco Morales Padrón*, in: Canarias: Crónicas de su Conquista. Las Palmas de Gran Canaria ³2008, 497–504.
Pedro Gómez Escudero, Relación de la Conquista de la Gran Canaria. Ed. *Francisco Osorio Acevedo*. Las Palmas de Gran Canaria 2009.
Plinius Secundus der Ältere, Naturkunde Lateinisch-deutsch Buch VI. Geographie: Asien. Ed. *Kai Brodersen*. Zürich / Düsseldorf 1996.

Thomae Walsingham. Quondam monachi S. Albani, Historia Anglicana Bd. 1 (A.D. 1272–1381). Ed. Henry T. Riley, London ND 1965.
Torcuato Tasso, Jerusalén Libertada, übers. v. Bartolomé Cairasco de Figueroa. Ed. *Alejandro Cioranescu*. Aula de Cultura de Tenerife 1967.

Literatur

David Abulafia, The Boundless Sea. A Human History of the Oceans. o.O. 2020.
David Abulafia, The Discovery of Mankind. Atlantic Encounters in the Age of Columbus. New Haven 2008.
David Abulafia, Neolithic meets Medieval. First Encounters in the Canary Islands, in: Joan-Pau Rubiés (Hrsg.), Medieval Ethnographies. European Perceptions of the World Beyond. (The Expansion of Latin Europe 1000–1500, Bd. 9.) Cornwall 2009, 291–314.
Jonathan Allen, Iconos de guerra y paz en la pintura Canaria, in: Espejo de paciencia 0, 1995, 69–71.
Maria Rosa Alonso, La obra literaria de Bartolomé Cairasco de Figueroa, in: Revista de historia 18.100, 1952, 334–389.
Juan Álvarez Delgado, Doramas: Su verdadera historia, in: Anuario de Estudios Atlánticos 16, 1970, 395–414.
Juan Álvarez Delgado, El Episodio de Iballa, in: Anuario de Estudios Atlánticos 5, 1959, 255–374.
Joaquin Artiles / Ignacio Quintana, Historia de la Literatura Canaria. Las Palmas 1978.
José María Balcells, Literatura Canaria del Siglo de Oro, in: Estudios humanísticos. Filología 23, 2001, 227–236.
Matthias Becher, Der Prediger mit eiserner Zunge. Die Unterwerfung und Christianisierung der Sachsen durch Karl den Großen, in: Hermann Kamp / Martin Kroker (Hrsg.), Schwertmission. Gewalt und Christianisierung im Mittelalter. Paderborn 2013, 23–52.
Andrés Bernáldez, Memorias del reinado de los Reyes Católicos, in: Francisco Morales Padrón (Hrsg.), Crónicas de su Conquista. Las Palmas de Gran Canaria ³2008, 505–520.
Harald Braem, Tanausú. König der Guanchen. Roman. Santa Úrsula (Santa Cruz de Tenerife) 2008.
Niels Brandt, Gute Ritter, böse Heiden. Das Türkenbild auf den Kreuzzügen (1095–1291). Köln u. a. 2016.
Julia Bühner, Menceyes und Guanartemes. Zur Rolle indigener Eliten bei der Eroberung des Kanarischen Archipels (1402–1496), in: Sven Jaros u. a. (Hrsg.), Monarchische Herrschaftswechsel im Spätmittelalter im Vergleich. Aushandlungen – Akteure – Ambivalenzen / Changes of Monarchical Rule in Late Medieval Societies in Comparison. Negotiations – Actors – Ambivalences. (Europa im Mittelalter.) (im Druck).
Andrew Canessa, Geschlecht, Sexualität und politische Kraft in (post-)kolonialer Perspektive, in: Hans-Jürgen Burchardt / Rainer Öhlschläger / Elisabeth Tuider (Hrsg.): Frauen (und) Macht in Lateinamerika. (Studien zu Lateinamerika, Bd. 25.) Baden-Baden 2013, 71–86.
Alejandro Cioranescu, Introducción, in: Ders. (Hrsg.), Torcuato Tasso, Jerusalén Libertada, übers. v. Bartolomé Cairasco de Figueroa. Aula de Cultura de Tenerife 1967, 9–39.
Martin Clauss, Kriegsniederlagen im Mittelalter. Darstellung – Deutung – Bewältigung. (Krieg der Geschichte, Bd. 54.) Paderborn u. a. 2010.
Dacio Darias, Suscinta relación de hijos ilustres de Canarias y de indígena notables (Notas del prologuista), in: Francisco Osorio Acevedo (Hrsg.), Las Relaciones de Gáldar [1484–1500]. Conquista de la isla de Gran Canaria. Santa Cruz de Tenerife / Las Palmas de Gran Canaria 2009, 159–270.

Jesús Díaz Armas, Cairasco a la luz de la Emblemática: la Comedia del recibimiento al obispo Fernando Rueda, in: Rafael Padrón Fernández (Hrsg.), Entre las dos orillas: María Rosa Alonso y los estudios Canarios. La Laguna 2010, 71–102.

Diccionario del castellano del siglo XV en la Corona de Aragón, online: (http://ghcl.ub.edu/dic caxv/dictionary/SearchAllLemas (Zugriff: 05.08.2022).

José A. Farrujia de la Rosa / Werner Pichler / Alain Rodrigue, The Colonization of the Canary Islands and the Libyco-Berber and Latino-Canarian scripts, in: Sahara 20, 2009, 83–100.

Etelvina Fernández González / Fernando Galván Freile, La ilustración de los manuscritos de Le Canarien, in: Eduardo Aznar u. a. (Hrsg.), Le Canarien. Retrato de dos mundos. II. Contextos. (Fontes Rerum Canarium, Bd. 42.) La Laguna 2006, 179–208.

„ganar", in: Diccionario del castellano del siglo XV en la Corona de Aragón (http://ghcl.ub.edu/dic caxv/dictionary/SearchAllLemas (Zugriff: 05.08.2022).

Javier García de Gabiola, La conquista de las Canarias: un ensayo bélico para América (1402–1501), in: Medievalia 51, 2019, 155–179.

Daniel García Pulido / Jorge Sörgel de la Rosa, Introducción, in: Dies. (Hrsg.), Historia de la conquista de las siete Islas de Canarias. Francisco López de Ulloa. Santa Cruz de Tenerife 2010, 11–56.

Hans-Werner Goetz, Fortuna in der hochmittelalterlichen Geschichtsschreibung, in: Das Mittelalter 1, 1996, 75–89.

Oswaldo Guerra Sánchez, Bartolomé Cairasco de Figueroa en los orígenes del imaginario cultural atlántico, in: Ders. / Zenaida Suárez (Hrsg.), Insularidad e imaginario Intercultural Canarias-Chiloé. (Ecos de un Encuentro.) Concepción 2013, 184–198.

José Ismael Gutiérrez, Comedia del Recebimiento de Bartolomé Cairasco de Figueroa: texto y espectáculo, in: ConNotas. Revista de crítica y teoría literarias 1.1, 2003, 119–140.

Gerhart Hoffmeister, Petrarca. Stuttgart u. a. 1997.

Vitus Huber, Die Konquistadoren. Cortés, Pizarro und die Eroberung Amerikas. München 2019.

José Juan Jiménez González, Gran Canaria y los Canarios. (La prehistoria de Canarias, Bd. 2.) Las Palmas de Gran Canaria 1992.

Reinhart Koselleck, Arbeit am Besiegten, in: Zeitschrift für Ideengeschichte 6.1, 2012, 5–10.

Victor de Lama, Dos endechas canarias indígenas: Estado de la cuestión, in: Estudios de literatura 18, 1993, 109–122.

Marcel Lepper, Nachdenken für Herrenreiter. Ein Kommentar, in: Zeitschrift für Ideengeschichte 6.1, 2012, 11–16.

Manuel Lobo Cabrera, La conquista de Gran Canaria (1478–1483). Las Palmas de Gran Canaria 2012.

Reinhard Mehring, Das Lachen der Besiegten. Carl Schmitt und Gelimer, in: Zeitschrift für Ideengeschichte 6.1, 2012, 32–45.

Olaf Morgenroth, Losses loom larger than gains. Wie nützlich sind psychologische Theorien für historische Analysen zum Umgang mit Niederlagen?, in: Zeitschrift für historische Forschung, Beiheft 53, 2016, 37–53.

Ignacio Reyes García, Dos endechas en el amazighe insular del siglo XVI, in: Coloquio de historia canario-americana 15, 2002, 2276–2296.

Stefan Rinke, Conquistadoren und Azteken. Cortés und die Eroberung Mexikos. München 2019.

Antonio Rumeu de Armas, La expedición militar mallorquina de 1366 a las islas Canarias, in: Anuario de Estudios Atlánticos 27, 1981, 15–23.

Andrés Sánchez Robayna, Cairasco de Figueroa y el mito de la selva de Doramas, in: Anuario de estudios atlánticos 37, 1991, 239–321.

Sabine Schmolinsky, Sich schreiben in der Welt des Mittelalters. (Selbstzeugnisse des Mittelalters und der beginnenden Neuzeit, Bd. 4.) Bochum 2012.

Elias Serra Ráfols, El redescubrimiento de las Islas Canarias en el siglo XIV, in: Revista de Historia Canaria 135/136, 1961, 219–234.
Antonio Tejera Gaspar, Canarios, taínos y europeos en los siglos XIV y XV. (Un modelo de contacto interétnico), in: Anuario de estudios atlánticos 50.2, 2004, 809–836.
Antonio Tejera Gaspar / Rafael González Antón, Las culturas aborígenes canarias. Santa Cruz de Tenerife 1987.
Antonio Tejera Gaspar, Tenerife y los Guanches. (La prehistoria de Canarias, Bd. 1.) Santa Cruz de Tenerife 1992.
Maximiano Trapero, Las endechas „De Canarias", in: Crítica de la Literatura Canaria 1, 2000, 51–113.
Victoria Turner, Paratext and the Politics of Conquest: Questing Knights and Colonial Rule in *Le Canarien*, in: Rosalind Brown-Grant u. a. (Hrsg.), Inscribing Knowledge in the Medieval Book. The Power of Paratexts. Berlin / Boston 2019, 224–246.

Isabelle Schürch

‚Reconquistas' in Las Americas
Eine etwas andere Conquistageschichte zu Pferd

Abstract: This article takes the so-called ‚Lienzo de Quauhquechollan' as a starting point to reflect on forms of reference of conquest agency. The aim is first to trace the presence of horses in Mesoamerican pictorial narratives of conquest campaigns. This change of perspective will contribute to an entangled history of the Iberian expansion in the 16th century by not only re-evaluating Spanish and ‚indigenous' actors, but also including non-human actors and their integration into conquest narratives. In a second step, it will be asked what consequences this transatlantic history of entanglements had for the contemporary interpretation of the high and late medieval so-called ‚reconquista'. Only against the backdrop of this interpretive foil can it become clear how the self-fashioning of conquistadors – again with the inclusion of their equine conquest companions – is to be reclassified.

1 Einleitung

Die bis heute unter dem Schlagwort ‚Conquista' bekannte spanische Eroberung der vermeintlich ‚Neuen Welt' sowie die Epochenzäsur ‚1492' gehören zum Grundstock des europäischen Geschichtsdiskurs. Obwohl in den letzten gut dreißig Jahren ein Problembewusstsein geweckt worden ist, das die europäische Eroberungsperspektive nicht nur relativiert, sondern tatsächlich dezentriert und problematisiert hat, dominiert die Rede von *der* Conquista bis heute.[1] Das Beispiel der iberischen territorialen und politischen Expansion über den Atlantik steht nicht nur sinnbildlich, sondern wohl auch symptomatisch für die Tendenz zur Vereinheitlichung von Eroberungserzählungen, zur Vereinfachung komplexer Aggressionsdynamiken und zur Verstetigung von klaren aktiven respektive passiven Akteurschaften in Kategorien wie Eroberer und Eroberte. Das in der Einleitung dieses Bandes formulierte Anliegen,[2] die oft einseitige Erzählung von ‚Eroberung' zugunsten einer differenzierteren Perspektivierung von Akteurschaften in Hinblick auf ‚die Eroberten' aufzubrechen und deren narrative Be- und Verarbeitungsstrategien ernst zu nehmen, ohne in Gesten der Verantwortungs- oder gar Schuldrelativierung auszuweichen, wird in diesem Beitrag aufgenommen und um eine mensch-tierliche Perspektive angereichert. Der Blick auf Eroberungsakteurschaf-

---
1 Für eine kritische Einordnung dieser Diskussion vgl. etwa *Rinke*, Conquistadores (2019), 13–30, *Huber*, Konquistadoren (2018), sowie den Schwerpunkt zu postkolonialer Vormoderneforschung in *Rathmann-Lutz/Gillabert/Schürch*, Vormoderne Postkolonial (2022).
2 Vgl. dazu die Einleitung von Rike Szill in diesem Band.

https://doi.org/10.1515/9783110739923-012

ten, so die These, soll gleich einem Brennglas die komplexen und dynamischen Allianzen, sei es zwischen spanischen und tlaxcaltekischen Bündnispartnern, aber auch zwischen menschlichen und tierlichen „conquest companions"[3] sichtbar machen und nach wie vor wirksame Narrative der klaren Dichotomie von spanischen Eroberern und indigenen Eroberten als erstaunlich ‚erfolgreiche' Komplexitätsreduktionen aufschlüsseln.

Die Forschung zur sogenannten ‚Conquista' hat schon seit einiger Zeit die Bedeutung von „Black Conquistadors"[4] und „Indigenous Conquistadors"[5] im Zuge der spanischen Eroberungs- und Beutezüge im heutigen Meso- und Südamerika herausgestellt. Damit rückten komplexe Eroberungsakteurschaften, aber auch Formen der koersiven Beteiligung bestimmter Gruppen an Eroberungszügen in den Blick. Darüber hinaus haben spätestens seit Virginia deJohn Andersons Studie zur Bedeutung kolonialer Tiere für die europäische Eroberung und Besiedlung des amerikanischen Kontinents gleich mehrere Arbeiten aufgezeigt, dass Tiere aus der Conquista-Forschung nicht ausgeschlossen werden können.[6] Denn Tiere trugen in unterschiedlichen Kontexten maßgeblich Praktiken der Eroberung mit (etwa Hunde für Hetz- und Aufspürjagden) oder erfuhren Praktiken des Erobert-Werdens (als Zielscheiben von Zermürbungs-, Zerstörungs oder Beutekampagnen).[7]

Der vorliegende Beitrag steigt somit bewusst weder mit Cristóbal Colóns ‚Entdeckung' von *Las Indias* noch mit Hernán Cortés' ‚Eroberung' der mächtigen Triple-Allianz-Kapitale Tenochtitlán ein. Diese klassischen protagonistenzentrierten Geschichten schlagen in tiefe Kerben der Historiographie des 19. und 20. Jahrhunderts, die ihre Erzählmuster in den stilisierten Selbsterzählungen der conquistadorischen Meritendarstellungen bereits vorgezeichnet gefunden hatte.[8] Den für den vorliegenden Beitrag gewählte Ausgangspunkt bildet vielmehr der sogenannte ‚Lienzo de Quauhquechollan'. Diese auf einem Baumwolltuch festgehaltene Eroberungsgeschichte eignet sich bestens, um über komplexe und wechselseitige Bezugsformen von Eroberungsakteurschaften nachzudenken. Dabei geht es im Folgenden zunächst darum, die Präsenz von Pferden in mesoamerikanischen Erzählperspektiven der Eroberungszüge zu verfolgen. Diese Perspektivenverschiebung soll zu einer dezidierteren Verflechtungsgeschichte der iberischen Expansion in der ersten Hälfte des 16. Jahrhunderts beitragen,[9] indem

---

[3] Für weitere Informationen zum Habilitationsprojekt ‚Conquest Companions. A Social History of Riding in Late Medieval Spain and the Early Modern Americas' der Autorin vgl. https://www.hist.unibe.ch/ueber_uns/personen/schuerch_isabelle/index_ger.html (Zugriff: 04.08.2022).
[4] *Restall*, Black Conquistadors (2000).
[5] *Oudijk/Restall*, Indian Conquistadors (2007).
[6] Vgl dazu v. a. *deJohn Anderson*, Creatures of Empire (2004). Für die Bedeutung von Pferden für die spanische Kolonialisierung der Philippen vgl. auch *Bankoff/Swart*, Breeds of Empire (2007).
[7] Vgl. dazu bereits in den 1980er Jahren *Varner/Johnson Varner*, Dogs of the Conquest (1983). Weiterführend vgl. auch *Schürch*, Liminal Lives (2018), sowie *Dies.*, Spectacular Horses (2020).
[8] Zu den sog. relaciónes de méritos y servicios vgl. *Folger*, Writing (2011).
[9] Vgl. dazu auch den Beitrag von Julia Bühner in diesem Band.

nicht einfach spanische und sogenannte ‚indigene' Akteure einander gegenübergestellt werden, sondern auch nach humanen und nichthumanen Akteursformen – respektive deren narrativen Ausgestaltung – gefragt wird. In einem zweiten Schritt wird die Perspektive gewechselt. Nun soll danach gefragt werden, welche Konsequenzen diese transatlantische Verflechtungsgeschichte wiederum auf die zeitgenössische Deutung der hoch- und spätmittelalterlichen sogenannten ‚Reconquista' hatte. Erst vor dem Hintergrund dieser Deutungsfolie kann deutlich werden, wie die Selbstdarstellungen und Selbststilisierungen von Conquistadoren – wiederum unter Einbezug der equinen Eroberungsbegleiter – im späteren 16. und frühen 17. Jahrhundert neu einzuordnen sind. Hierzu werden zunächst der Tatenbericht des Bernardino Vázquez de Tapia von 1540 und dann die Reittraktate des um 1557 geborenen Bernardo de Vargas Machuca als Beispiele hinzugezogen, wie die militärischen Erfahrungen in *Las Americas* und die equestrischen Neuevaluierungen in einer direkt an die ‚Reconquista' anschließenden Traditionskonstruktion verarbeitet wurden, die auf die Reaktualisierung eines Dienst- und Verdienstadels der Conquistadoren abzielte.

2 Der ‚Lienzo de Quauhquechollan'

Der ‚Lienzo de Quauhquechollan' gilt als eines der wichtigsten Dokumente zur Eroberung Guatemalas.[10] Und er entzieht sich – zumindest auf den ersten Blick – einer direkt zugänglichen Lesart (Abb. 1).[11]

Es handelt sich um ein ca. 3,25 m x 2,45 m großes Baumwolltuch aus 16 zusammengenähten, mit natürlichen Pigmenten bemalten Einzeltüchern.[12] Wie die meisten piktorialen Erzählungen, die im mesoamerikanischen Raum im 15. und 16. Jahrhundert entstanden sind, ist auch dieser Lienzo nicht vollständig erhalten geblieben.[13] Nach

---

[10] Der Originallienzo befindet sich heute im Museo Casa de Alfeñique Puebla, México. 2007 hat die Universidad Francisco Marroquín in Guatemala den handgewobenen Baumwolllienzo digitalisiert und restauriert, vgl. dazu https://lienzo.ufm.edu/en/restoration/why-a-digital-restoration/ (Zugriff: 04.08.2022).
[11] Vgl. dazu einschlägig die Arbeiten von Florine Asselbergs, die den Lienzo erstmals systematisch analysiert und kontextualisiert hat: *Asselbergs*, Conquista (2002), *Dies.*, Conquered Conquistadors (2004), sowie *Dies./Restall*, Invading (2007).
[12] Asselbergs zählt 16 Einzeltücher, während in früheren Beschreibungen des Dokuments meist 15 angegeben wurden. Zur Geschichte und Überlieferung des Lienzos als Dokument vgl. *Asselbergs*, Conquered Conquistadors (2004), 72–80.
[13] Im Zuge der Zerstörungs- und Nichtaufbewahrungspolitik der spanischen Kolonialherrschaft wurden die meisten sog. ‚vorkolumbischen' Textdokumente vernichtet. Nach heutigen Schätzungen existieren noch 20 Dokumente aus der Zeit vor der spanischen Invasion. Aus der frühen Kolonialzeit sind ca. 500 Dokumente überliefert, die mit indigenen Elementen der Darstellung, Erzählstruktur und Medienform hergestellt wurden, vgl. *Batalla Rosado*, Handbook (2017), 29–40. Für eine systematische Übersicht vgl. *Munita*, Importancia (2011).

Abb. 1: Digitale Restaurierung des ‚Lienzo de Quauhquechollan' (2007), Universidad Francisco Marroquín, Guatemala.

neusten Befunden wird der Lienzo in die 1530er Jahre datiert, was bedeutet, dass eine große zeitliche Nähe zur Eroberungskampagne in das Gebiet des heutigen Guatemalas unter spanischer Führung gegeben sein dürfte.[14] Nachdem bereits 1523 ein erster Beute- und Eroberungszug unter dem Kommando von Pedro de Alvarado unternommen worden war, übernahm dessen Bruder Jorge de Alvarado ab 1527 die Invasionskampagne.[15] Jorge de Alvarados Zug bestand mehrheitlich aus quauhquecholtekischen und tlaxcaltekischen Truppenverbänden, die sich als Nahua[16]-Verbündete mit den Spaniern zu Eroberungszügen zusammengeschlossen hatten.[17] Die spanischen Bündnispartner aus Quauhquechollan siedelten sich im Anschluss an die erfolgreiche Eroberung guatemaltekischer Gebiete vor Ort an und begannen, die erfolgreiche Eroberungskooperation mit den Spaniern in ihren piktorialen Aufzeichnungen zu dokumentieren. Bei dem Lienzo handelt es sich also um eine baumwollene Eroberungsgeschichte von Bündnispartnern der Spanier, die diese Bündniszusammenarbeit nicht aus der Sicht von Besiegten aufzeichneten. Vielmehr ließ sich diese im quauhquecholtekischen Verständnis mit einer Eroberungs- und Erinnerungskultur verweben, wie sie auch vor der Ankunft der Spanier praktiziert worden war.[18]

Wie lässt sich nun aber dieser Lienzo als Wimmelbild der kollaborativen Eroberungszüge ins guatemaltekische Hochland lesen und deuten? Der Lienzo ist nicht als linearer Text angelegt, sondern als Karte, in deren Topographie sich die Geschichte der Eroberung entlang von Fuß- und Hufspuren verfolgen lässt.[19] Damit stellt der Lienzo eine räumlich verortete Kartographie der zeitlichen Chronologie der Eroberung dar. Die Ordnung des Lienzos ergibt sich in erster Linie aus der Verfolgung der Geschichtspfade, deren Inhalte wiederum situativ und oral-performativ

---

14 Vgl. dazu *Asselbergs*, Conquest (2002), 51–53.
15 Zur Eroberung Guatemalas vgl. *Restall/Asselbergs*, Invading (2007).
16 Der Begriff „Nahua" bezieht sich nicht auf eine politische Einheit, sondern auf ein Gruppenkollektiv mit einer gemeinsamen kulturellen Vorstellungswelt und Sprache (Nahuatl), vgl. dazu das Standardwerk *Lockhart*, Nahuas (1992).
17 Zur in der Forschung lange unterschätzten Bedeutung von indigenen militärischen Truppenverbänden und deren Wissen vgl. *Oudijk/Restall*, Mesoamerican Conquistadors (2007). Im Fall Quauhquechollans sind die Verhältnisse nicht eindeutig zu bestimmen, da Jorge de Alvarado ab 1524 ebenfalls als *encomendera* von Quauhquechollan eingetragen ist. Die *encomienda* übernahm er jedoch erst nach der spanisch-quauhquecholtekischen Bündnisschließung, an der Hernán Cortés beteiligt war. Da einige der quauhquecholtekischen Kampagnienteilnehmer im guatemaltekischen Hochland eine Kolonie gründeten und damit die Bündnispartnerschaft weiter stärkten, scheint es zumindest nicht unplausibel, dass ihr Militärdienst als Alliierte und nicht als Encomiendadienst geleistet wurde, vgl. *Asselbergs*, Conquered Conquistadros (2004), 70 f.
18 Vgl. dazu *Asselbergs*, Conquered Conquistadors (2004). Zur Darstellung und Aneignung von spanischen Conquistadorenfiguren in Nahua-Darstellungen vgl. zudem *Schreffler*, Cortés (2009).
19 Zu den Fußspuren in Nahuatl-Dokumenten und ihrer Bedeutung als Weg-Glyphen vgl. *Whittaker*, Deciphering (2021), 100 f.

ausformuliert werden konnten. Die Fuß- und Hufspuren leisten dabei zweierlei: Sie stellen die Wege dar, gleichzeitig stehen sie jedoch auch für die Migrationsbewegung, die sich nicht nur durch den Weg, sondern auch die Erfahrung und Wahrnehmung der Eroberung konstituierte.[20]

Um die Funktionsweise der Monumente und Dokumente mesoamerikanischer Herrschaften zu beschreiben, hat Federico Navarrete Linares 2011 den in den Literaturwissenschaften geprägten Begriff des Chronotopos eingeführt. Damit versucht er, sich den komplexen medialen Konstellationen anzunähern, in denen Dokumente wie die Lienzos ihre kulturelle Wirkung entfalteten. Das Geschichtsbewusstsein, so Navarrete Linares, bestand aus „highly complex, multidimensional constellations of words, images, performances and oral traditions."[21] Die Lienzos, so legen es Referenzen aus anderen Dokumentbeständen nahe, waren integraler Bestandteil performativer Settings, in denen Geschichten von professionellen Wissensexperten, den *tlacuiloque*, aufgezeichnet und erzählt wurden.[22] Das Geschichtsbild, das sich aus den intermedialen Verflechtungen von Kartographie, Bild, Glyphen und oraler Erzählung ergab, war ein Chronotopos, von dem auch der vorliegende Lienzo noch zeugt: ein räumlich-zeitliches In-eins-Fallen von Vergangenheit und Gegenwart. Zyklische Zeit/Raum-Vorstellungen, wie wir sie in der Weltordnung der Nahuatl-sprachigen Herrschaften finden, erlauben eine Form der Identifikation von Gegenwart und Vergangenheit: Es war die Aufgabe der Gegenwart, die Vergangenheit immer wieder herzustellen. So konnten die spanischen Verbündeten in wiederkehrende Muster von Eroberung und Erobertwerden integriert werden, ohne dass dabei eine Zeitenwende hätte formuliert werden müssen.

Ein für europäisch geschulte Leser:innen besonders einprägsames Beispiel einer solchen Aktualisierung stellt die Hybridisierung des vermeintlichen habsburgischen Doppeladlers in der Ortsglyphe Quauhquechollans dar (Abb. 2).

Typisch für eine Ortsglyphe sind die glocken- respektive pilzförmigen Erhebungen, die auf eine Ortschaft verweist, und deren Markierung mit (etymologischen) Charakteristika des jeweiligen Ortes. So nimmt die Ortsglyphe für Quauhquechollan zwar deutliche Anleihen bei der Doppeladlersymbolik, gleichzeitig jedoch wurzelt die Gestaltung der Glyphe in der Nahuatl-Bezeichnung des Ortes, die so viel bedeutet wie „Ort des Adlers und des Rosalöfflers".[23] Die aus europäischer Perspektive eindeutige

---

[20] Zur Bedeutung der Darstellung von Wegen und Zeiten in mesoamerikanischen Eroberungs- und Migrationserfahrungen, die in unterschiedlichen Codices verarbeitet und dokumentiert wurden, vgl. *Navarette Linares*, Path (2000), 33–36.

[21] *Navarrete Linares*, Way (2011), 176. Ausführlich zum literaturwissenschaftlichen Konzept des Chronotopos vgl. auch *Ders.*, Pasado (2004), 40–47.

[22] Zur Bedeutung der *tlacuiloque* und der problematischen Gleichsetzung von europäischer Schriftkultur mit mesoamerikanischen Dokumentations- und Wissenskulturen vgl. *Mignolo*, Signs (1994), 239–241, sowie *Hill Boone*, Writing (1994).

[23] Für die Analyse und Interpretation der hybriden Ortsglyphe Quauhquechollans vgl. *Asselbergs*, Conquered Conquistadors (2004), 139.

Abb. 2: Ausschnitt aus der digitalen Restaurierung des ‚Lienzo de Quauhquechollan' (2007), Universidad Francisco Marroquín, Guatemala.

Habsburg-Symbolik wurde also nicht einfach abgezeichnet und übernommen, sondern wohl ganz bewusst in die bestehende Ortsglyphensystematik integriert. Die besondere Herausstellung des Ortes im Lienzo ergibt sich aus seiner Bedeutung für das quauhquecholtekische Eroberungsnarrativ: An diesem Ort nimmt die Geschichte ihren Ausgang – und zwar in der Bündnisschließung von spanischen und quauhquecholtekischen Conquistadoren.[24] Florine Asselbergs deutet die zentrale quauhquecholtekische Figur bei der Bündnisschließung als *cacique* des Herrschaftsbereichs (*altepetl*) und die spanische Figur als Hernán Cortés. Cortés war nachweislich in Quauquechollan und hat sich dort um Alliierte für weitere spanische Eroberungskampagnen bemüht.[25] Besonders aufschlussreich am Lienzo ist jedoch das Arrangement der Figuren. Obwohl Asselbergs sich dezidiert mit den menschlichen Figuren der Eroberungsallianz auseinandergesetzt hat, kommentierte sie die herausragende Positionierung des nicht-humanen Gefolges kaum.[26] Die Allianz wird nämlich von humanen wie nicht-humanen Figuren sekundiert: Auf quauhquecholtekischer Seite von einem prächtig gekleideten adligen *cacique*-Gefolgsmann, auf spanischer Seite jedoch von einem Gefolge mit Pferd. Diese prominente Positionierung des equinen Akteursgefolge bereits in der Eingangsszene der Eroberungsgeschichte ist insofern erstaunlich,

---

[24] Das historische Quauhquechollan entspricht ungefähr dem heutigen Huaquechulan im mexikanischen Bundesstaat Puebla.
[25] Vgl. *Asselbergs*, Conquered Conquistadors (2004), 46.
[26] Vgl. *Asselbergs*, Conquered Conquistadors (2004), 141.

als die Conquistadoren gerade nicht *zu* Pferd dargestellt werden, womit ihnen eine visuelle Überhöhung zugestanden worden wäre, sondern *neben* den Pferden. Damit werden die Pferde weder als Transporttiere an den Rand der Erzählung gerückt noch als Element der vermeintlich kentaurenhaften Erscheinung der Conquistadoren gedeutet, sondern als ‚conquest companions' in unmittelbarer Präsenz (und Zeugenschaft) wichtiger Stationen der Eroberungskooperation positioniert.

Verfolgen wir die Geschichte weiter, macht sich der Eroberungszug in der Folge auf den buchstäblichen Eroberungsweg, nun angeführt vom Conquistadorenpaar Jorge de Alvarado und seinem Schimmel (Abb. 1). Zur räumlichen Verortung des Eroberungswegs helfen Glyphen, die die eroberten Dörfer und Städte verzeichnen, sowie ideogrammatische Hinweise auf den Ozean, Flüsse, den Vulkan Fuego und andere Landmarken. Neben Ortsglyphen spielen auch Ereignisglyphen eine wichtige narrative Rolle. Der folgende Bildausschnitt (Abb. 3) zeigt die Vielschichtigkeit von räumlicher Verortung, Ereignissen und Erzählstruktur in besonders eindrücklicher Weise. So traf die Conquistadorenallianz etwa auf Rebellionen, die besonders sinnbildlich mit Straßenblockierungen dargestellt wurden.[27] Indem der Lienzo die Spurenlogik der Eroberung vor Augen führt, ermöglicht er nicht nur eine visuelle, sondern auch eine taktile Verfolgbarkeit der zu erzählenden Geschichte.

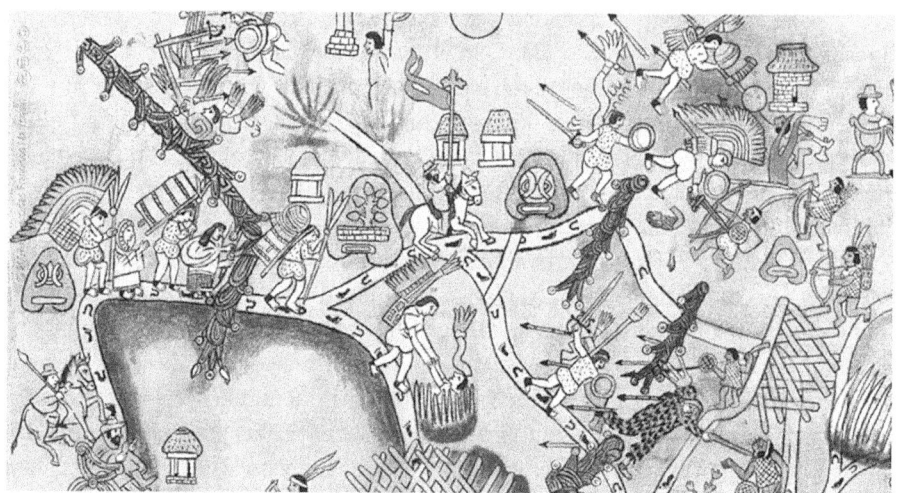

Abb. 3: Ausschnitt aus der digitalen Restaurierung des ‚Lienzo de Quauhquechollan' (2007), Universidad Francisco Marroquín, Guatemala.

---

27 Rebellionen wurden i. d. R. mit einem Piktogramm dargestellt, das eine Straßenblockade zeigt. Im gewählten Ausschnitt (Abb. 3) lassen sich zwei gartenzaunartige Rebellion-Glyphen ausmachen (unten Mitte und unten rechts).

Dieser intermedialen Komplexität kann kaum Rechnung getragen werden und vieles entgeht unseren heutigen Seh- und Interpretationsweisen, jedoch sollen im Folgenden kurz die wichtigsten Elemente hervorgehoben werden, die für unser Interesse an der human-equinen Eroberungsakteurschaft zentral sind.

Neben den bereits erwähnten glockenförmigen Ortsglyphen und typisierten Erzählfiguren lässt sich die Abfolge von Fuß- und Hufabdruck deutlich erkennen. Ebenfalls zeigt sich hier im Detail die Bedeutung der Laufrichtung, um die verschiedenen Eroberungszüge und Scharmützel in eine narrative Struktur zu bringen. Die Spurenfolge verläuft jedoch nicht einfach linear. Die Kreuzungen und Abzweige erlauben es, Gleichzeitigkeiten darstellbar zu machen, aber eben auch unterschiedliche Erzählrouten einzuschlagen.

Die auch nach einem Durchritt oder einem Kampf noch sichtbaren Abdrücke der Conquistadorenpferde prägten zusammen mit denen der humanen Conquistadoren die tradierten Eroberungsgeschichten des mesoamerikanischen Raumes.

Dies bestätigt auch ein Vergleich mit anderen Lienzos wie etwa mit dem weit bekannteren ‚Lienzo de Tlaxcala' (Abb. 4) oder dem in den Geschichtswissenschaften bislang kaum rezipierten ‚Lienzo de Analco'[28], die beide ebenfalls von Bündnispartnern der Spanier angefertigt wurden.

Auch im ‚Lienzo de Tlaxcala' wird die Bündnisschließung zwischen dem obersten *cacique* von Tlaxcala und Hernán Cortés zentral ins Bild gesetzt. Besonders augenfällig am tlaxcaltekischen Lienzo ist die noch prominentere Positionierung von Cortés' Pferd als im quauhquecholtekischen Beispiel. Während der tlaxcaltekische Würdenträger von weiteren adligen *caciques* flankiert wird, steht Cortés einzig sein Rappe zur Seite. Selbst Malintzin, Cortés' Übersetzerin und Vermittlerin, die in der Regel direkt mit ihm ins Bild gesetzt wird, ist außerhalb der Bündnisschließung am unteren Rand positioniert. Aus tlaxcaltekischer Sicht gehörte Cortés' Rappe, der sogar noch durch sein Brandzeichen individualisiert wird, konstitutiv zur Akteursgruppe der Bündnisschließung.

Diese Positionierung der Pferde in unterschiedlichen Lienzos sollte also weder als lediglich dekorative Ausschmückung noch als überhöhte göttliche Deutung missverstanden werden. Dennoch verdienen sie geschichtswissenschaftliche Aufmerksamkeit. Gerade die Beispiele des ‚Lienzo von Quauhquechollan' und des ‚Lienzo von Tlaxcala' zeugen davon, dass die Pferde der Conquistadoren sehr wohl als Gefährten verstanden wurden, die sich durch das Reiten in engster Nähe der führenden Conquistadorenpersönlichkeiten befanden. Die nach wie vor relativ geringe Anzahl Pferde während den ersten Jahrzehnten der Beute- und Eroberungskampagnen führte dazu, dass sie sogar individuell unterscheidbar als ‚conquest companions' der jeweiligen Besitzer anerkannt waren.

---

28 Der ‚Lienzo de Analco' ist frei einsehbar in der digitalen Sammlung des Instituto Nacional de Antropología e Historia de México: https://mediateca.inah.gob.mx/islandora_74/islandora/object/codice:601 (Zugriff: 04.08.2022).

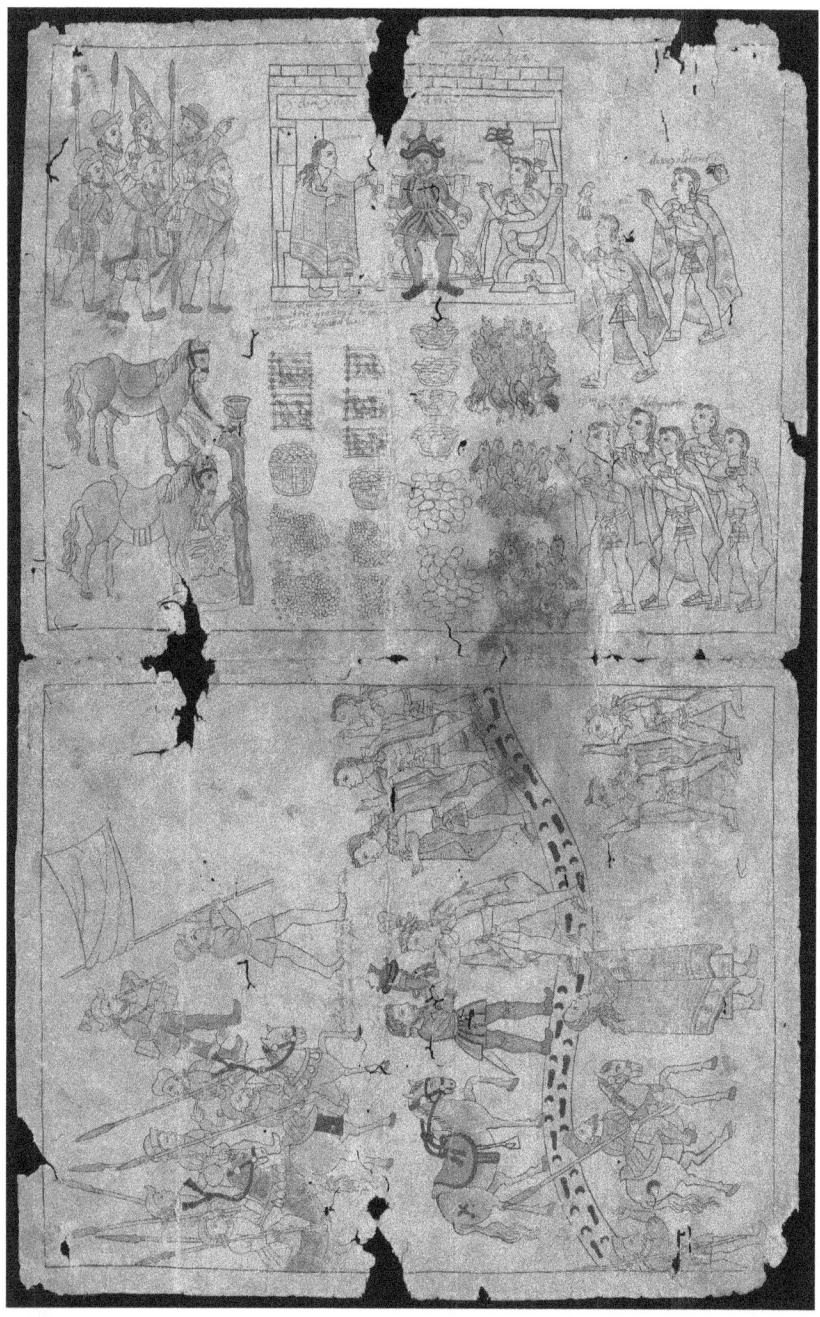

Abb. 4: Ausschnitt aus dem ‚Lienzo de Tlaxcala', Texas Fragmente, (ca. 1540er Jahre), Ex-Stendahl Collection, Benson Latin American Collection, LLILAS Benson Latin American Studies and Collections, The University of Texas, Austin.

3 Eroberungsakteurschaften

Wie uns sowohl das Beispiel des ‚Lienzo de Quauhquechollan' wie auch des ‚Lienzo de Tlaxcala' bereits vor Augen geführt haben, hinterließen die Reitpferde der Conquistadoren buchstäblich Ab- und Eindruck. Dabei soll nun jedoch nicht die längst widerlegte These von einem angeblichen indigenen Stupor angesichts der spanischen Götter auf Wunderwesen zur Deutung wiederholt werden.[29] Zwar waren weder den Taínos auf den karibischen Inseln noch den Quauhquecholteken, Tlaxcalteken oder anderen Gesellschaften der Mexica der berittene Einsatz von Quadrupeden bekannt. Erst mit den Spaniern erreichten Pferde nach ihrem Aussterben rund 10.000 Jahre zuvor zum ersten Mal den amerikanischen Kontinent.[30]

Das Konzept des Reittieres war damit aus Sicht der verschiedenen mesoamerikanischen Gesellschaften durchaus neu, jedoch weder ein tiefer Schock noch eine verstörende Kentaurenillusion. Es steht im vorliegenden Beitrag auch nicht der Befund einer tierlichen *agency* der spanischen Pferde qua ihrer physischen Präsenz und wortwörtlichen Einprägung in ihrer neuen Umwelt zur Debatte. Es ist dagegen von größerer Relevanz, dass zeitgenössische Formen des Umgangs mit Pferden gesucht wurden, um deren engen Bezug zu den spanischen Eliten zu bearbeiten. Die Integration des equinen Eindrucks in die piktorial-narrative Tradition der Nahua-Eroberungserzählung zeugt davon, dass die Pferde zwar als ‚conquest companions' gedeutet wurden, jedoch in klarer Unterscheidung zu ihren Reitern und Besitzern.

Zwar gab es Domestikationspraktiken in den in diesem Beitrag erwähnten mesoamerikanischen Herrschaften – ganz prominent etwa mit *huexolotl*, dem Truthahn.[31] Aber keine Form der Mensch-Tier-Beziehung ließ sich mit der gemeinsamen Fortbewegungs- und Kampfeinheit der Reiter-Reitpferd-Konfiguration vergleichen.[32] Diese spezifische Konstellation der human-animalen ‚conquest companions' führte zu unterschiedlichen Formen der Bearbeitung seitens der mesoamerikanischen Zeitgenossen, aber übrigens auch in der spanischen Wahrnehmung und Deutung.

Auch in der nicht-piktorialen aufgezeichneten Überlieferung der Nahua sind die Impressionen, die Pferde hinterlassen haben, fassbar, so etwa prominent im sogenannten ‚Codex Florentinus'. Beim in der Mitte des 16. Jahrhunderts kollaborativ erstellten ‚Codex Florentinus' handelt es sich ebenfalls um ein hybrides Erzählwerk, jedoch im Medium des alteuropäischen Codex. Die auf Initiative Fray Bernardino de Sahagún hin kompilierte ‚Historia General de las Cosas de la Nueva España' ver-

---

29 *Restall*, Myths (2003), 113.
30 Vgl. hierzu *Guthrie*, Carbon Dates (2006).
31 Zur Domestikation des mesoamerikanischen *huexolotls* vgl. *Heyden/Velasco*, Aves (2003), 238–245.
32 Zur historischen Bedeutung von Tieren im Kontext der Kolonialisierung Mittel- und Nordamerikas vgl. *Anderson*, Creatures (2004), sowie die nach wie vor prägende Synthese von *Crosby*, Columbian Exchange (1972), 80 f.

knüpft Textteile in Spanisch und Nahuatl mit Bildelementen, um präkolumbianische Wissensbestände und die spanische Eroberung enzyklopädisch in der medialen Form der Chronik festzuhalten. Im zwölften Buch findet sich eine eingängige Beschreibung der Erscheinung der equinen ‚conquest companions' aus Sicht der Nahua:

> Die Pferde, die Hirsche, wieherten. Es wurde gar viel gewiehert und die Pferde kamen arg ins Schwitzen. Der Schweiss strömte wie Wasser an ihnen herab. Und ihre Schaumfetzen flogen zu Boden wie Tropfen aus Seifenschaum. Während sie gingen, machten sie ein Klopfen, Pochen und Hufgeklapper wie beim Steinewerfen. Ihre Hufe machten Löcher, sie gruben Löcher in den Boden, wo immer sie sie platzierten. Separate Löcher bildeten sich überall dort, wo sie ihre Vorder- und Hinterbeine platzierten.[33]

Die detaillierte Beschreibung der Pferde fokussiert dabei auf die Klangkulisse des Hufgetrappels und die nachhaltige Umformung der Landschaft durch die Hufe (Abb. 5). So ist die Rede von Löchern, die die Hufe in den Boden stampfen, wobei die Detailgenauigkeit bis hin zur Unterscheidung von Vorder- und Hinterhufen reicht. Die conquistadorialen Reitpferde hinterließen also nicht nur einen piktoralen, sondern auch narrativen Eindruck. Bevor das Reiten und Besitzen von Pferden für die nun *indios* genannten unterschiedlichen indigenen Akteure grundsätzlich verboten wurde, genossen die spanischen Allianzpartner das Privileg, selber Pferde zu besitzen.[34]

Die Frage, die sich uns bei der Analyse dieser Dokumente stellen muss, ist, welcher Status den equinen Akteuren der Eroberung zugesprochen wurde. Die Lienzos geben uns darauf eine ganz bestimmte Antwort, nämlich die konsequente Integration der Pferde in den Spurenverlauf der Eroberungsgeschichten. Während wir in den gängigen Überblicksdarstellungen zur kolonialen Geschichte Amerikas immer wieder lesen, dass Pferde neben Schusswaffen, Bakterien und Viren einen wichtigen Faktor spielten und damit vorbehaltlos als Erklärungsansatz dienen, warum die zahlenmäßig unterlegenen Spanier letztlich erfolgreich eroberten, verwischen die hybriden Dokumente der frühen Conquistaphase diese faktorielle Zuweisung. Zugleich heben sie die Bedeutung der Pferde als ‚conquest companions' ungemein prominenter hervor als andere Elemente der Eroberung wie etwa die Bluthunde, Schusswaffen oder Eisenschwerter. Für die *tlacuiloque*, die die Lienzos anfertigten, gehörten die Spuren, denen entlang eine visuell angelegte Geschichte narrativ vorgetragen und nachvollzogen werden konnte, zu einem etablierten chronotopischen Darstellungsmodus. Die Führungselite der spanischen Conquistadoren trat in aller Regel zu Pferd in Erscheinung. Somit gestaltete sich der spanische Ein*tritt* in den Wahrnehmungshorizont der tlaxcaltekischen, guatemaltekischen oder Nahua-Zeitgenossen meist als buchstäblicher Ein*ritt*. Die eigene Geschichte der Eroberungsbündnisse gegen un-

---

[33] Übersetzung der Autorin, nach der Vorlage in Nahuatl und Englisch in Bernardino de Sahagún, Historia XII. Übers. *Lockhart/Blee*, 110.
[34] Díaz del Castillo, Historia. Ed. *Serés*, 968. Zum privilegierten Zugang chichimekischer Truppenführer zu Pferden vgl. *Powell*, Guerra (1977), 172.

Abb. 5: Auszug aus: Bernardino de Sahagún, Historia General de las Cosas de la Nueva España, Florenz, Biblioteca Medicea Laurenziana, MS Med. Palat. 220, Bd. 3, fol. 22^v, World Digital Library.

liebsame Konkurrenten verflocht sich nicht nur mit den humanen Akteuren, sondern eben auch mit den equinen Co-Akteuren.

4 ‚Reconquistas' in Las Americas?

Es steht nun die Frage im Raum, ob die transatlantische Verflechtungsgeschichte wiederum Konsequenzen für die zeitgenössische Deutung dieser hoch- und spätmittelalterlichen Eroberungs- und Grenzkriege gegen die muslimischen Herrschaften auf der iberischen Halbinsel hatte. Das heißt, dass für den zweiten Teil des Beitrags die Perspektive umgedreht werden muss. Dabei wird der These nachgegangen, dass die Eroberungserfahrungen der Nahua auch aus iberischer Sicht eben gerade nicht nur die uns bekanntere Zäsur-Deutung der Conquista beförderten, sondern sich durchaus auch als adaptionsfähig für bestehende Deutungstraditionen wie etwa die sogenannte ‚reconquista' erwiesen.

Die Forschung dazu hat sich in den letzten Jahren vor allem mit der Adaption des Kreuzzuggedankens auf die transatlantischen iberischen Eroberungskriege beschäftigt und dabei insbesondere die Bedeutung der Figur Santiagos, also des Apostels Jakobus, untersucht.[35] Als Santiago Matamoros („Mohrentöter") war der Heilige Jakobus zwischen dem 11. und 15. Jahrhundert zu einer bedeutenden Figur der populärreligiösen Frömmigkeit aufgestiegen, die der Rückeroberung der vormals christlichen Gebiete nicht nur Legitimität, sondern eine konkrete Gestalt verlieh. Diese Gestalt beinhaltete jedoch nicht einfach den Kämpfer Jakobus, sondern dessen Erscheinung inmitten des Kampfgeschehens auf seinem Schimmel. Immer wieder taucht Santiago auf dem weißen Pferd in iberischen Schlachtdarstellungen des späteren Mittelalters auf, meist narrativ-dramatisch gerade nach seiner Anrufung durch den kollektiven Ruf „Santiago!" und in prekären Schlachtsituationen, in denen die reitende Erscheinung dann auf wundersame Weise den christlichen Kämpfern zum Schlachtenglück verhilft.[36] Es mag daher nicht erstaunen, dass Santiago und sein Schimmel im 16. Jahrhundert den Sprung auf das mesoamerikanische Festland ebenfalls mitmachten.

Nimmt man wiederum den historischen Kontext der spanischen Eroberungszüge in der ersten Hälfte des 16. Jahrhunderts in den Blick, so taucht dieses heilige Reiter-Schlachtross-Duo prompt inmitten von Schlachtengetümmel auf. In seinem Rechenschaft ablegenden Tatenbericht, der sogenannten ‚Relación de méritos y servicios', schildert der Conquistador Bernardino Vázquez de Tapia folgende Kampfszene in Tabasco:

> Und dass hier ein großes Wunder gesehen wurde, nämlich dass, inmitten großer Kampfgefahr, einer auf einem weißen Pferd kämpfen gesehen wurde, woraufhin sich die Indios in die Flucht schlagen ließen. Dieses Pferd gehörte nicht zu denen, die wir mitgebracht hatten.[37]

Die Erscheinung inmitten der Schlacht scheint so mirakulös, dass de Tapia Santiago nicht weiter benennen musste. Er ließ sich als heiliger Reiter in der narrativen Struktur der Erzählung zu einem bloßen „uno" kondensieren. Das unbekannte weiße Pferd erscheint dadurch wiederum selbst umso wundersamer, gehörte es doch laut de Tapia nicht zu den zahlenmäßig überschaubaren und teils namentlich bekannten Pferden der anderen Conquistadoren. Die Erscheinung auf dem weißen Pferd wendete das

---

35 Vgl. *García*, Santiago (2006). Zur Rezeptionsgeschichte der ‚reconquista' im Zuge des 15. und 16. Jhds. vgl. etwa *Gschwendtner*, Reconquista (2001), und *Edwards*, Reconquista (2004).
36 *Restall/Lane*, Latin America (2011), 25.
37 Übersetzung der Autorin, nach dem spanischen Originaltext in Relación. Ed. *Gurría Lacroix* (1972), 29: *y que aquí se vió un gran milagro, que, estando en gran peligro en la batalla, se vió andar peleando uno de un caballo blanco, a cuya causa se desbarataron los indios, el cual caballo no había entre los que traíamos.*

Schlachtenglück, und die Spanier errangen einen Etappensieg auf ihrem Vormarsch ins Innenland des heutigen Mexikos. Dieser Auszug zeigt eindrücklich, wie die Figurenkonstellation von Santiago Matamoros und seinem Schimmel, kristallisiert in der mirakulösen Erscheinung des weißen Schlachtrosses, gleichsam als figuratives Scharnier zwischen spanischen Eroberungserzählungen aus der vermeintlich ‚Neuen Welt' und re-aktualisierten Vorstellungen einer ‚reconquista' fungieren konnte.

Die Deutung, dass es sich bei dieser narrativen Refiguration um eine Verschiebung von Santiagos Eingreifen hin zu einer Akteurschaft des Pferdes handele, würde wohl den Bogen überspannen. Interessanterweise deutet sie jedoch auf eine besondere Wahrnehmung der Akteurschaft von Pferden im Eroberungskontext hin, die sich in ähnlicher Weise auch bei den Lienzos zeigt. Die Pferde werden als eigenständige Erscheinungen beobachtet und dargestellt. Ihr unmittelbarer Bezug zu den herausragenden Conquistadorenpersönlichkeiten wird dabei nicht verneint, aber dennoch zeigt sich eine Beschäftigung mit den Pferden *per se*. Dies lässt sich mit Berichten spanischer Conquistadoren kontrastieren, die im Reiten, also der Erscheinung der Spanier zu Pferd, den entscheidenden Eindruck sahen, den sie hinterließen. So hielt bereits Bernal Díaz del Castillo, der Jahrzehnte nach der Invasion Mexikos als Teilnehmer der Conquistadorentruppe von Hernán Cortés die Taten der Spanier praxisnah, jedoch äußerst heldenhaft zu Papier brachte, fest, dass „die *indios* glaubten, das Pferd und der Reiter wären eins."[38] Im Nachgang der Eroberung Mexikos scheint sich die Vorstellung der Spanier, sie müssten den indigenen gegnerischen Truppen wie fabelhafte mensch-tierliche Wesen erschienen sein, mehr und mehr zu verdichten. Besonders eingängig findet sich diese Eroberungserzählung, dass die spanischen Reiter mit ihren Reitpferden als Kentauren angesehen worden seien, im neunten Buch der ‚Comentarios Reales de los Incas' von Inca Garcilaso de la Vega: „Zu Beginn der Eroberungen in der Neuen Welt glaubten die *indios*, dass das Pferd und der Reiter aus einem Stück gemacht seien, wie die Kentauren der Dichter."[39] Der als Sohn des Conquistadors Sebastián Garcilaso de la Vega y Vargas und der adligen Inca Isabel Suárez Yupanqui geborene Chronist der peruanischen Eroberung spannte fast ein Jahrhundert nach der Landung der humanen und equinen Spanier auf dem amerikanischen Festland den narrativen Bogen zu den frühen spanischen Eroberungen. Auch er nimmt die Erzählung auf, dass die hier ebenfalls generisch als *indios* bezeichneten Bewohner:innen des Landes geglaubt hätten, dass es sich bei den Spaniern und ihren Pferden um *centauros* gehandelt habe, wie sie die (antiken) Dichter beschrieben hatten.

---

38 Bernal Díaz del Castillo, Historia. Ed. *Serés*, 105: [a]*quí creyeron los indios que el caballo y el caballero eran todo uno.*
39 Übersetzung der Autorin, nach dem spanischen Originaltext in Garcilaso de la Vega, Comentarios, Bd. 2, 243: [A] *los principios, de las conquistas en todo el Nuevo Mundo, tuvieron los indios que el caballo y el caballero era todo de una pieza, como los centauros de los poetas.*

Diese spanischen Selbsterzählungen ihrer vermeintlich kentaurenhaften Erscheinung scheinen kaum eine Entsprechung in den Wahrnehmungsbeschreibungen der quauhquecholtekischen oder tlaxcaltekischen zu haben, vielmehr führten sie zu Reflexionen über das eigene Reiten. Weit weg von der Integration der Pferde in das piktoriale Eroberungsnarrativ der Quauhquecholteken wurden die transatlantischen Grenzkämpfe gegen die nunmehr ‚neuen' Nicht-Christen auf spanischer Seite auch als equestrisches Phänomen diskutiert. Von einem Versuch der Re-Evaluierung der ‚reconquista' im Kontext der zeitgenössischen Eroberungskampagnen zeugen etwa die Kampf- und Reittraktate des Conquistadors Bernardo de Vargas Machuca.

Bernardo de Vargas Machuca gehört zu einer Generation von Conquistadoren, die in der Mitte des 16. Jahrhunderts in Spanien in eine Welt geboren wurde, für die die atlantiküberspannende Weltordnung des spanischen Imperiums und Herrschaften wie das Vizekönigreich Neuspanien ganz selbstverständlich war.[40] Der 1557 in Simancas geborene Machuca durchlief eine mäßig erfolgreiche Militärlaufbahn in Italien und *Las Indias*, bevor er als Autor mehrerer Werke über militärische Eroberungspraktiken und die *caballería*, die Reitkunst, in Erscheinung trat.[41] Seine ausführlichen Darstellungen und praxisnahen Erläuterungen wurden zu regelrechten Bestsellern auf dem damaligen Buchmarkt.[42] Er schrieb sich in die florierende hippologische Literatur der Zeit ein, indem er die spezifisch spanische Reitweise, die *gineta*, mit seinen persönlichen Erfahrungen in den transatlantischen Grenzkämpfen zu einer veritablen *gineta indiana* weiterentwickelte.[43] Während nämlich die älteren Gineta-Deutungen diese Reitkunst direkt mit der iberischen ‚reconquista' in Verbindung setzten, die der alte Dienstadel in den Grenzkämpfen zum Einsatz gebracht hatte, betonte de Vargas Machuca, dass diese Reitweise zwar tatsächlich in alten Zeiten von Nordafrika nach Spanien gekommen, jedoch erst *a las Indias* perfektioniert worden sei.[44]

Der entscheidende Unterschied zu anderen Reitmanualen lässt sich daran festmachen, dass de Vargas Machuca die Reitkunst *a la gineta* direkt mit der Erlangung und der Erhaltung des Adelsstatus verknüpfte und im aktuellen Kontext der Eroberungskämpfe in den Amerikas situierte. In seinem ‚Libro de exercicios de la gineta' von 1600 versuchte er explizit, eine neue Theorie und Praxis des Reitens zu begründen, die auf die Herausforderungen der neuen Grenzkämpfe ausgerichtet waren.

---

40 Zu Bernardo de Vargas Machuca vgl. auch *Lane*, Introduction (2010).
41 Als Bernardo de Vargas Machucas Hauptwerk zählt die 1599 gedruckte ‚Milicia y descripción de las Indias'. Zusätzlich verfasste er zwei Werke zur Praxis und Theorie des Reitens: den ‚Libro de exercicios de la gineta' (1600) und die ‚Teorica y Exercicios de La Gineta' (1619).
42 *Flores Hernández*, Jineta (1997), 641f.
43 Bernardo De Vargas Machuca, Libro.
44 Übersetzung der Autorin, nach dem spanischen Originaltext in Bernardo De Vargas Machuca, Libro, fol. 35ʳ: *que aunque es verdad que Berbería dio a España principio della de la caballería de la jineta, y España a las Indias, en esta parte se ha perfeccionado más que en otra.*

Nur durch das Praktizieren und die theoretische Reflexion der *perfecta y verdadera gineta*, so schreibt de Vargas Machuca 1619 in einer Neuauflage seiner ‚teorica', könne der wahre, da durch Verdienste im heldenhaften Kampf geadelte Edelmann sich als solcher (wieder) beweisen – und zwar als wahrhafter ‚caballero'.[45]

5 Fazit: Conquistaerzählungen zu(m) Pferd

Anhand von Persönlichkeiten wie Bernardo de Vargas Machuca, deren conquistadoriale Erfahrungsberichte um 1600 entstanden sind, lassen sich Bemühungen erkennen, wie sich im mesoamerikanischen Kontext die langanhaltenden, wenig kohärenten und unabgeschlossenen iberischen Expansionsbewegungen mit dem Versuch, sich – sowohl als Individuum wie auch als Conquistador – in einen vereinheitlichenden, klar strukturierten ‚reconquista'-Diskurs einzuschreiben, kurzschließen ließen. Sowohl die selbststilisierenden Erfahrungs- und Meritenerzählungen der Conquistadoren wie die kollektive Bearbeitung von Eroberungspraktiken als Tradition in Nahuatl-sprachigen Gesellschaften zeugen davon, dass die sogenannte ‚Conquista' in ihrer zeitgenössischen Deutung kaum eine Zeitenzäsur markierte.

Die Perspektivenverschiebung, die sich aus der Erzählweise der Lienzos ergibt, hat uns zudem eine chronotopische Deutung der Eroberungszüge eröffnet, die die wechselnden Allianzbündnisse zeitlich wie räumlich verorten kann und damit über eine einfache Dichotomie von Eroberern und Eroberten hinausgeht. Im Medium der Lienzos werden komplexe Aggressionsdynamiken in einem dynamischen Darstellungsmodus verarbeitet. Diese ist jedoch – gerade im Hinblick auf die bereits lange vor Ankunft der Spanier verbreitete praktizierte Politik wechselnder Bündnis- und Allianzpartnerschaften – weniger problematisch, als die Forschung es lange Zeit dargestellt hat. Der ‚Lienzo de Quauhquechollan' zeugt nicht von einer als Zäsur gewerteten ‚Conquista', sondern von einer Adaption durchaus ‚traditioneller' Eroberungspraktiken im Hinblick auf neue Bündnispartner, die ihre ganz eigenen Fuß-und Hufabdrücke hinterließen.

Sowohl die Wahl des Mediums, der Einsatz der Glyphen wie auch die narrative Topik der Eroberung zeugen vielmehr von einer Integrationsleistung in die eigene Vorstellungswelt. Dies darf jedoch nicht darüber hinwegtäuschen, dass die Anfertigung der Lienzos durchaus mit dem Anspruch einherging, als Bündnispartner der siegreichen Conquistadoren anerkannt und belohnt zu werden. Grundsätzlich soll jedoch auch deutlich werden, dass weniger die Entscheidungsfrage, was allenfalls als ‚prä-' oder ‚postkolumbisch', ‚spanisch' oder ‚indigen' charakterisiert werden kann, die Wahrnehmungs- und Darstellungsmodi der lienzovermittelten Eroberungen erhellt, sondern die konsequent zeitgenössische, durchaus homogenisierend wirkende Sinngenerierung im Modus des adaptierten Traditionellen. Zu diesem

---

[45] Bernardo De Vargas Machuca, Teorica, fol. 9ʳ.

Zeitpunkt war wohl für keine der verschiedenen Akteursgruppen klar, wie sich die bündnispartnerschaftlichen Eroberungszüge auf lange Dauer in eine neue Form der frühneuzeitlichen Kolonialherrschaft und rassistisch-grundierten Unterdrückung entwickeln würde.

Darüber hinaus erhellen beide Erzählperspektiven die Bedeutung nicht-humaner Akteure im Kontext der mesoamerikanischen Eroberungskämpfe. Auch dies lässt sich als Erweiterung der akteurialen Dynamiken verstehen, die über das einfache Deutungsschema von Eroberern und Eroberten hinausgeht. Pferde hinterließen buchstäblich einen nachhaltigen ‚Eindruck', der nicht nur Eingang in die piktorial-chronotopische Erzählstruktur in Nahuatl-sprachigen Gesellschaften fand, sondern auch in die Meritenberichte der spanischen Conquistadoren. Sowohl Bernardino Vázquez de Tapias ‚relación' wie Bernardo de Vargas Machucas zum theoretischen Traktat herausgearbeiteter Entwurf zum neuen Verdienstadel an der christlichen Front zeugen davon, welch intensive Reflexionsarbeit der Import von Pferden in das ‚Neue Spanien' bei den iberischen Akteuren auslöste. Darüber soll jedoch nicht vergessen werden, dass Reiten nicht nur repräsentativ als Dominanz- und Superioritätsdemonstration eingesetzt werden konnte, sondern im Eroberungskontext tatsächlich eine konkrete Praxis war und blieb. Das heben die allermeisten Conquistadorenberichte in aller Deutlichkeit hervor. Was Bernardo de Vargas Machuca so treffend als *gineta de las indias* bezeichnet, kann als mensch-tierliche Praxis verstanden werden, die von einer expansionsgetriebenen Verflechtungsgeschichte berberischer Reittaktiken, spanischer Grenzkriegsadaptionen und mesoamerikanischer Re-Evaluierungsbemühungen zeugt, deren eigener Historizität auf den Geschichtspfaden der Eroberungserzählungen Rechnung getragen wurde – hüben wie drüben.

Ungedruckte Quellen

Bernal Díaz del Castillo. Historia verdadera de la conquista de la Nueva España (Codex Florentinus): Florenz, Biblioteca Medicea Laurenziana, MS. Med. Palat. 22, Bd. 3, fol. 22ᵛ, online: https://www.loc.gov/resource/gdcwdl.wdl_10096_003/?sp=870 (Zugriff: 04.08.2022).

Lienzo de Analco (16. Jhd.): Mexiko-Stadt, Biblioteca Nacional de Antropología e Historia, online: https://mediateca.inah.gob.mx/islandora_74/islandora/object/codice:601 (Zugriff: 04.08.2022).

Lienzo de Quauhquechollan (ca. 1540): Puebla, Museo Casa del Alfeñique, digitalisiert v. Universidad Francisco Marroquín, Guatemala, online: https://lienzo.ufm.edu/recorrido-virtual/restauracion-digital/ (Zugriff 04.08.2022).

Lienzo de Tlaxcala, Texas Fragment (ca. 1550): University of Texas, Austin, Benson Latin American Collection, online: http://bdmx.mx/documento/galeria/lienzo-tlaxcala-fragmentos-texas (Zugriff: 04.08.2022).

Drucke

Bernardo de Vargas Machuca. Milicia y descripción de las Indias. Madrid: Pedro Madrigal 1599, online: https://archive.org/details/ARes74410/page/n5/mode/2up (Zugriff: 04.08.2022).
Bernardo de Vargas Machuca. Libro de exercicios de la gineta. Madrid: Pedro Madrigal 1600, online: https://bvpb.mcu.es/es/consulta/registro.do?control=BVPB20160000559 (Zugriff: 04.08.2022).
Bernardo de Vargas Machuca. Teorica y Exercicios de La Gineta: Primores, Secretos y Aduertencias Della, Con Las Señales Y Enfrentamientos de Los Cauallos, Su Curacion y Beneficio. Madrid: Diego Flamenco 1619, online: https://bvpb.mcu.es/es/consulta/registro.do?control=BVPB20160001839 (Zugriff: 04.08.2022).

Edierte Quellen und Übersetzungen

Bernal Díaz del Castillo, Historia verdadera de la Conquista de la Nueva España. Ed. *Guillermo Serés*. Madrid 2011.
Bernardino de Sahagún, Book Twelve of the Florentine Codex, in: Historia de la Conquista de México, übers. v. *James Lockhart / Kathleen M. Blee*, Berkeley 1993, 48–254.
Garcilaso de la Vega, Comentarios Reales de los Incas. 2 Bde. Caracas ²1985.
Relación de méritos y servicios del conquistador Bernardino Vázquez de Tapia. Ed. *Jorge Gurría Lacroix*. México 1972.

Literatur

Florine Asselbergs, The Conquest in Images. Stories of Tlaxcalteca and Quauhquecholteca Conquistadors, in: Laura Matthew / Michel R. Oudijk (Hrsg.), Indian Conquistadors. Indigenous Allies in the Conquest of Mesoamerica. Norman 2007, 65–101.
Florine Asselbergs, Conquered Conquistadors. The Lienzo de Quauhquechollan, A Nahua Vision of the Conquest of Guatemala. Boulder 2004.
Florine Asselbergs, La conquista de Guatemala. Nuevas perspectivas del Lienzo de Quauhquechollan en Puebla, México, in: Mesoamérica 44, 2002, 1–53.
Greg Bankoff / Sandra Swart, Breeds of Empire. The Invention of the Horse in Southeast Asia and Southern Africa, 1500–1950. Kopenhagen 2007.
Juan José Batalla Rosado, Art. The Historical Sources. Codices and Chronicles, in: The Oxford Handbook of the Aztecs. Oxford 2017, 29–40.
Elizabeth Hill Boone, Writing and Recording Knowledge, in: Dies. / Walter Mignolo (Hrsg.), Writing Without Words. Alternative Literacies in Mesoamerica and the Andes. Durham 1994, 3–26.
Alfred W. Crosby, The Columbian Exchange. Biological and Cultural Consequences of 1492. Westport 1972.
John Edwards, „Reconquista" and Fifteenth-Century Spain, in: Norman Housley (Hrsg.), Crusading in the Fifteenth Century. Message and Impact. Basingstoke 2004, 163–181.
Benjamín Flores Hernández, La jineta indiana en los textos de Juan Suárez de Peralta y Bernardo de Vargas Machuca, in: Estudios Americanos 54.2, 1997, 639–664.

Robert Folger, Writing as Poaching. Interpellation and Self-Fashioning in Colonial relaciones de méritos y servicios. Leiden 2011.
Javier Domínguez García, Santiago mataindios. La continuación de un discurso medieval en la Nueva España, in: Nueva Revista de Filología Hispánica 54.1, 2006, 33–56.
Ferdinand Gschwendtner, Reconquista und Conquista. Kastilien und der Ausgriff nach Amerika, in: Peter Feldbauer / Gottfried Liedl / John Morrissey (Hrsg.), Vom Mittelmeer zum Atlantik. Die mittelalterlichen Anfänge der europäischen Expansion. (Querschnitte. Einführungstexte zur Wirtschafts- und Sozialgeschichte, Bd. 6.) München 2001, 189–210.
Dale R. Guthrie, New Carbon Dates Link Climatic Change with Human Colonization and Pleistocene Extinctions, in: Nature 441, 2006, 207–209, online: https://doi.org/10.1038/nature04604 (Zugriff: 14. 06.2021).
Doris Heyden / Ana Maria L. Velasco, Aves van, Aves vienen. El guajolote, la gallina y el pato, in: Janet Long (Hrsg.), Conquista y comida. Consecuencias del encuentro de dos mundos. México 2003, 237–253.
Vitus Huber, Die Konquistadoren. Cortés, Pizarro und die Eroberung Amerikas. (Beck'sche Reihe, Bd. 2890.) München 2019.
Vitus Huber, Beute und Conquista. Die politische Ökonomie der Eroberung Neuspaniens. (Campus Historische Studien, Bd. 76.) Frankfurt a.M. / New York 2018.
Virginia deJohn Anderson, Creatures of Empire. How Domestic Animals Transformed Early America. Oxford 2004.
Adam J. Kosto, Reconquest, Renaissance, and the Histories of Iberia (ca. 1000–1200), in: Thomas F.X. Noble / John H. van Engen (Hrsg.), European Transformations. The Long Twelfth Century. Notre Dame 2012, 93–116.
Kris Lane, Introduction to Bernardo de Vargas Machuca's Defense and Discourse of the Western Conquest, in: Ders. (Hrsg.), Defending the Conquest. Bernardo de Vargas Machuca's Defense and Discourse of the Western Conquest, übers. v. Timothy F. Johnson. Philadelphia 2010, 3–26.
James Lockhart, The Nahuas After the Conquest. A Social and Cultural History of the Indians of Central Mexico, Sixteenth Through Eighteenth Centuries. Stanford 1992.
Laura Matthew / Michel R. Oudijk (Hrsg.), Indian Conquistadors. Indigenous Allies in the Conquest of Mesoamerica. Norman 2007.
Walter D. Mignolo, Signs and Their Transmission. The Question of the Book in the New World, in: Elizabeth Hill Boone / Ders. (Hrsg.), Writing Without Words. Alternative Literacies in Mesoamerica & the Andes. Durham 1994, 220–270.
José Antonio Munita, La importancia de la escritura en Mesoamérica. Los códices o libros pintados. Bilbao 2011.
Federico Navarette Linares, Writing, Images, and Time-Space in Aztec Monuments and Books, in: Elizabeth Hill Boone / Gary Urton (Hrsg.), Their Way of Writing. Scripts, Signs and Pictographies in Pre-Columbian America. Cambridge 2011, 175–196.
Federico Navarette Linares, Dónde queda el pasado? Reflexiones sobre los cronotopos históricos, in: Virginia Guedea (Hrsg.), El historiador frente a la historia. El Tiempo en Mesoamérica. México 2004, 29–52.
Federico Navarrete Linares, The Path from Aztlan to Mexico. On Visual Narration in Mesoamerican Codices, in: RES. Anthropology and Aesthetics 37, 2000, 31–48.
Michel R. Oudijk / Matthew Restall, Mesoamerican Conquistadors in the Sixteenth Century, in: Dies. (Hrsg.), Indian Conquistadors. Indigenous Allies in the Conquest of Mesoamerica. Norman 2007, 28–64.
Philipp W. Powell, La Guerra Chichimeca, 1550–1600. México 1977.
Matthew Restall, Seven Myths of the Spanish Conquest, New York 2003.

Matthew Restall, Black Conquistadors. Armed Africans in Early Spanish America, in: The Americas 57.2, 2000, 171–205.
Matthew Restall / Kris Lane, Latin America in Colonial Times. New York 2011.
Matthew Restall / Florine Asselbergs, Invading Guatemala. Spanish, Nahua, and Maya Accounts of the Conquest Wars. University Park 2007.
Stefan Rinke, Conquistadoren und Azteken. Cortés und die Eroberung Mexikos. München 2019.
Michael Schreffler, Their Cortés and Our Cortés. Spanish Colonialism and Aztec Representation, in: The Art Bulletin 91.4, 2009, 407–425.
Isabelle Schürch, Spectacular Spanish Horses in New Spain, in: Sinclair Bell / Christian Jaser / Christian Mann (Hrsg.), Racing in the Horse Age. Transcultural and Transepochal Perspectives. Special Issue. International Journal of Sport History 4.37, 2020, 288–303.
Isabelle Schürch, Liminal Lives in the New World – Spanish Horses in New Spain, in: Phil Howell / Aline Steinbrecher / Clemens Wischermann (Hrsg.), Liminal Animal Lives. Animal History and the Modern City. New York / London 2018, 25–40.
John Grier Varner / Jeannette Johnson Varner, Dogs of the Conquest. Norman 1983.

III **Eroberung gestalten**

Stephan Bruhn

Büßen, Versöhnen, Einigen
Deutung und Bewältigung von Eroberung im Kontext der dänischen Herrschaft über England (1013–1042)

Abstract: This article develops a new perspective on the period of Anglo-Danish rule in England (1013–1042) by questioning the supposed antagonism between conquerors and conquered. Focusing on two homilies written by Archbishop Wulfstan of York († 1023) and the anonymous ‚Encomium Emmae reginae' commissioned by Queen Emma († 1052), the study explores how boundaries were bridged or transcended to facilitate reconciliation between the English and their new Scandinavian rulers. Especially shared values and common interpretative patterns helped to overcome differences and to convey meaning to the transition of power which was acceptable to both sides. Thus the article not only emphasizes the traditionalism of the Anglo-Danish kings, but, first and foremost, the agency of the defeated English.

1 Apokalypse ... abgewendet! Die dänische Eroberung Englands als Herausforderung für Zeitgenossen und Nachwelt

> Teuerste Mitmenschen, wisset, was wahr ist: Diese Welt ist in Eile und sie nähert sich ihrem Ende. Und da es in dieser Welt ja so ist, dass es desto schlimmer wird, je länger sie besteht, müssen die Dinge notwendigerweise wegen der [täglichen] Sünden des Volkes noch viel schlimmer vor der Ankunft des Antichristen werden. Und dann wird es in der Tat bedrohlich und schrecklich in der ganzen Welt.[1]

Mit diesen eindrücklichen Worten adressierte Erzbischof Wulfstan von York († 1023) möglicherweise Mitte Februar 1014 eine Versammlung weltlicher und geistlicher Magnaten, welche in seiner Kathedralstadt zusammengekommen war, um über das weitere Vorgehen nach dem überraschenden Tod Sven Gabelbarts († 1014) wenige Tage zuvor zu beratschlagen.[2] Der dänische König Sven hatte das englische Reich erst we-

---

1 *Leofan men, ȝecnapað þæt soð is: ðeos porold is on ofste, 7 hit nealæcð þam ende, 7 þy hit is on porolde áá spa lenʒ spá pyrse, 7 spa hit sceal nyde for folces synnan [fram dæge to dæge] ær Antecristes tocyme yfelian spyþe, 7 huru hit pyrð þænne eʒeslic 7 ʒrimlic þide on porolde.* Sermo Lupi ad Anglos. Ed. *Whitelock*, 47, Z. 4–8. Der Zusatz *fram dæge to dæge* findet sich nur in der in Handschrift E überlieferten Version. Zur komplexen Überlieferungslage der Predigt vgl. die folgende Anm.
2 Der ‚Sermo Lupi ad Anglos' ist in drei unterschiedlichen Versionen überliefert, die von *Keynes*, Abbot (2007), 206, zutreffend als „‚short', ‚medium' and ‚long'" charakterisiert werden. Diese drei Ver-

nige Monate zuvor militärisch eingenommen und sich zum neuen Herrscher ausrufen lassen, sodass das *Witenagemot*, so der *terminus technicus* für die angelsächsischen

---

sionen liegen wiederum in fünf Handschriften vor: Cambridge, Corpus Christi College, MS 419 (= B) und Oxford, Bodleian Library, MS 343 (= H) überliefern jeweils die kurze Fassung der Predigt. Cambridge, Corpus Christi College, MS 201 (= C) enthält die mittelange Textversion. Die Langfassung lässt sich in Oxford, Bodleian Library, MS Hatton 113 (= E) und London, British Library, Nero A.i (= I) finden. Neben diesen fünf Hauptüberlieferungssträngen liegen zwei weitere, stark gekürzte Versionen vor, die nur selten berücksichtigt werden. Vgl. hierzu *Wilcox*, Performance (2004), 392 f.; *Lionarons*, Writings (2010), 149. – Dieses komplexe Bild, welches allerdings durchaus typisch für die durch Revision und Überarbeitung gekennzeichnete Arbeitsweise Wulfstans ist, hat in der Forschung zu Diskussionen über die Datierung und Entstehung des Textes geführt. Während *Bethurum*, Introduction (1957), 22–24, 104, *Whitelock*, Introduction (1976), 1–6, und *Godden*, Apocalypse (1994), 144, jeweils die Kurzversion als älteste Fassung ansahen und von einer sukzessiven Erweiterung der Predigt ausgingen, haben *Dien*, Sermo (1975), *Hollis*, Structure (2002), und *Wilcox*, Performance (2004), 388–392, für die entgegengesetzte Lesart plädiert. Einigkeit bestand hingegen bezüglich der Datierung in das Jahr 1014, bevor sich *Keynes*, Abbot (2007), 203–213, und *Roach*, Æthelred (2016), 279–281, für die Abfassung einer ersten Version im Kontext der Raubzüge unter Thorkell 1009 aussprachen. Diese Frühdatierung wurde von *Lionarons*, Writings (2010), 155 f., aufgenommen, wobei sie die mittlere Version als älteste überlieferte Textfassung wertete. Vgl. für einen guten Überblick über die vorgebrachten Argumente *Cubitt*, Tribulation (2018), 217–220, und *Lionarons*, Writings (2010), 152–155, zur Arbeitsweise Wulfstans ferner *Keynes*, Abbot (2007), 210, und *Lionarons*, Writings (2010), 11 f. Die Diskussion um die zeitliche Verortung mag dabei zunächst verwundern, wird der ‚Sermo' doch als einzige Predigt Wulfstans in der handschriftlichen Überlieferung explizit datiert. Die zu findenden Jahreszahlen sind allerdings – ebenso wie die textimmanenten Hinweise auf den Abfassungszeitpunkt – widersprüchlich, sodass sie nur bedingt zur Klärung beitragen. Vgl. zu den Rubrizierungen ausführlich Anm. 9. – Ein abschließendes Urteil lässt sich in der Frage der Textentstehung hingegen schon allein deshalb nicht fällen, als die Originalversion des Textes wohl nicht erhalten ist bzw. einzelne Überlieferungsstadien verloren sind. Vgl. hierzu *Wilcox*, Performance (2004), 389, *Keynes*, Abbot (2007), 206–215, *Cubitt*, Tribulation (2018), 219, sowie die Stemmata bei *Whitelock*, Introduction (1976), 4, und *Bethurum*, Introduction (1957), 22. Zudem scheint es im Falle einer Predigt nicht sinnvoll, von einem Archetyp auszugehen, da sich diese Textgattung gerade durch ihre Wiederverwertung und somit ihre kontinuierliche Adaption an unterschiedliche Kontexte auszeichnet. Vgl. zum Argument der wiederholten Nutzung *Keynes*, Abbot (2007), 172; *Wormald*, State-Builder (2004), 14; zur fraglichen Suche nach dem Archetyp die berechtigte Kritik an Bethurums Edition von Wulfstans Predigten bei *Lionarons*, Writings (2010), 6, 23–27. Lionarons Kritik ist allerdings mit Blick auf den ‚Sermo' insofern einzuschränken, als bei Bethurum alle drei Versionen abgedruckt sind. – Den sichersten Anhaltspunkt zur Datierung der Predigt bildet der Hinweis auf die Vertreibung Æthelreds, die sich in unterschiedlicher Deutlichkeit in allen drei Versionen finden lässt und somit auf eine gemeinsame Vorlage zurückzuführen ist. Demnach fungiert der Winter 1013 als *terminus post quem* für die erhaltenen Textfassungen, was wiederum nicht gegen die Abfassung einer früheren Version – etwa im Kontext der Däneneinfälle von 1009, wie von Keynes und Roach vorgeschlagen – spricht. Auf Basis der unterschiedlichen Indizien scheint es am plausibelsten, von der Erstellung eines ersten Entwurfes für die Predigt im Krisenjahr 1009 auszugehen, der dann kontinuierlich weiterentwickelt worden ist und 1013/1014 in die Abfassung der drei Versionen mündete, die ihrerseits im Anschluss weitere Funktionalisierungen und Anpassungen erfahren haben mögen. Vor diesem Hintergrund erscheint die bei *Wilcox*, Performance (2004), vorgeschlagene Verortung der Predigt im Rahmen der genannten Reichsversammlung durchaus denkbar, auch wenn sie in letzter Konsequenz hypothetisch bleiben muss, wie *Cubitt*, Tribulation (2018), 220, richtigerweise herausstellt. Die nachfolgenden Aus-

Reichsversammlungen, ursprünglich zur Krönung des Eroberers anberaumt gewesen sein mag.³ Motivierte also der unvermittelte Verlust der Reichsspitze die apokalyptische Gegenwartsdiagnostik Wulfstans?

Bereits ein kursorischer Blick auf die vom Erzbischof entfaltete Argumentation zeigt, dass dies mitnichten der Fall war. So wertete Wulfstan den Rückzug von Svens Vorgänger Æthelred dem Un- oder Schlechtberatenen⁴ († 1016) ins normannische Exil im Zuge der Ausrufung des Dänen zum neuen Herrscher explizit als Verrat der angelsächsischen Großen an ihrem rechtmäßigen König, welcher die Zwietracht im Reich widerspiegele.⁵ Aufgrund seiner zahlreichen Sünden, zu denen Wulfstan in einem topischen Katalog etwa Mord, Meineid, Ehebruch und Diebstahl zählte, trug das angelsächsische Volk die alleinige Schuld an der sich zuspitzenden Lage.⁶ Die Dänen wertete der Erzbischof im Fahrwasser etablierter Deutungsmuster hingegen als Strafe Gottes, die der Züchtigung dienten.⁷ Mahnend führte er den Engländern im Rekurs auf den Geschichtsschreiber Gildas die Umstände ihrer eigenen Landnahme vor Augen, die letztlich auf die unchristliche Lebensführung der keltischen Briten zurückzuführen sei, deren Vergehen aber weniger tiefgreifend als die zeitgenössischen Missstände gewesen seien.⁸ Wie tief diese Deutung der Däneneïn-

---

führungen stützen sich vornehmlich auf die Langfassung der Predigt, da die Argumente Wulfstans in dieser am prononciertesten ausformuliert sind. Die einzige Ausnahme von dieser Regel bildet die Passage über die Verstoßung Æthelreds, die sich in der langen Version zwar nicht explizit finden lässt, wohl aber implizit thematisiert wird. Vgl. hierzu Anm. 5.

3 Vgl. zur Geschichte des Terminus *Witenagemot*, der zwar quellentechnisch nicht vor dem 11. Jhd. nachweisbar ist, aber einen guten Sammelbegriff für Versammlungen von reichsweiter Bedeutung bildet, *Roach*, Kingship (2013), 20–26. Zur ursprünglichen Anberaumung der Versammlung zur Krönung Svens *Wilcox*, Performance (2004), 381, sowie *Bolton*, Cnut (2017), 66f., welcher der Deutung von Wilcox folgt, zugleich aber auf den ungewöhnlichen Ort der Versammlung hinweist, die einen Traditionsbruch mit etablierten Wessex'schen Praktiken bedeutet haben dürfte. Dass Sven eher selten als englischer König anerkannt wurde, betont *Insley*, Politics (2020), 4.
4 Vgl. zur Betitelung des Königs als „Unready", die wohl nicht zeitgenössisch ist und ein diskreditierendes Wortspiel mit dessen Vornamen („Edelrat") bildet, *Roach*, Æthelred (2016), 6f.
5 Vgl. hierzu Anm. 75 sowie die ausführliche Deutung im Fließtext ebd. Wenngleich Æthelred nur in der Kurzversion explizit genannt wird, gehen alle drei überlieferten Versionen auf eine Vorlage zurück, in der die Vertreibung des Königs thematisiert worden ist. Denn auch in der mittleren und in der langen Fassung werden dem Publikum zwei Beispiele in Aussicht gestellt, wobei Wulfstan im Folgenden jeweils nur das erste – die Ermordung Eduards des Märtyrers – inseriert. Vgl. hierzu *Keynes*, Abbot (2007), 208.
6 Vgl. Sermo Lupi ad Anglos. Ed. *Whitelock*, 63–65, Z. 166–176. Dieser Abschnitt ist nur in der Langfassung des ‚Sermo' enthalten.
7 Vgl. Sermo Lupi ad Anglos. Ed. *Whitelock*, 58–60, Z. 102–132. Diese Passage lässt sich sowohl in der mittleren als auch in der langen Version der Predigt finden.
8 Vgl. Sermo Lupi ad Anglos. Ed. *Whitelock*, 65f., Z. 184–199. Diese Passage lässt sich nur in der Langversion des ‚Sermo' finden und bildet im Wesentlichen eine altenglische Übersetzung jener Warnung, die Alkuin anlässlich der Zerstörung Lindisfarnes 793 an Erzbischof Æthelheard richtete. Vgl. *Keynes*, Abbot (2007), 207f. Der Gildasexkurs ist in der Forschung v. a. mit Blick auf Thorkells

fälle als Strafe Gottes für die eigene Sündhaftigkeit der Mahnrede eingeschrieben ist, wird gar aus dem Titel ersichtlich, mit welcher der Text in einer vom Erzbischof wohl persönlich redigierten Handschrift überschrieben worden ist: „Predigt des Wolfes an die Engländer, als die Dänen diese am stärksten verfolgten, was im Jahr 1014 seit der Fleischwerdung unseres Herrn Jesu Christi gewesen ist"[9]. Wulfstan wertete den Tod Svens also nicht als weiteres Krisensymptom, sondern als Chance, das englische Volk in Gottesfürchtigkeit zu einen und so die von den skandinavischen Eroberern ausgehende Gefahr dauerhaft zu überwinden.[10] Dies zeigt sich

---

Unternehmungen 1009 bis 1012 interpretiert worden. Vgl. hierzu *Roach*, Æthelred (2016), 281 (Anm. 80). Demgegenüber gilt es aber zu beachten, dass die Passage vor dem Hintergrund der explizit auf eine Eroberung abzielenden Maßnahmen Svens mindestens ebenso sinnvoll erscheint und Wulfstan hier eventuell gar die Rückeroberung durch Knut antizipierte.

9 *Sermo Lupi ad Anglos quando Dani maxime persecuti sunt eos, quod fuit anno millesimo .XIIII. ab incarnatione Domini Nostri Iesu Christi.* London, British Library, Cotton Nero A.i, fol. 110ʳ (http://www.bl.uk/manuscripts/Viewer.aspx?ref=cotton_ms_nero_a_i_f070r; Zugriff: 04.08.2022). Vgl. zur Verortung der Handschrift in Wulfstans Umfeld *Roach*, Æthelred (2016), 280 f., *Keynes*, Abbot (2007), 209, und *Godden*, Apocalypse (1994), 151. Ebenso wie die Textfassungen variiert auch die Betitelung der Predigt in der handschriftlichen Überlieferung. In der anderen Abschrift der Langversion findet sich anstelle der konkreten Jahreszahl die Formel *in dies Æþelredi regis*, wobei eine wohl frühneuzeitliche Hand *Anno Christi 1009* ergänzt hat. Vgl. Oxford, Bodleian Library, MS Hatton 113, fol. 84ᵛ (https://digital.bodleian.ox.ac.uk/objects/a36fbb27-5ba6-4e72-8aa3-b01bfdd45ba8/surfaces/9622f3a3-4ee5-45b8-8e20-19c7dc753ee4/; Zugriff: 04.08.2022). Die Datierung von späterer Hand in das Jahr 1009 deckt sich wiederum mit der Rubrizierung in der mittellangen Version, die anstelle .XIIII. die Zahl .VIIII. überliefert. Vgl. Cambridge, Corpus Christi College, MS 201, p. 82 (https://parker.stanford.edu/parker/catalog/cr485km1781; Zugriff: 04.08.2022). Die zeitliche Verortung innerhalb der mittleren Fassung ist allerdings nicht in sich stimmig. Denn nach den in Anm. 1 zitierten Worten lässt sich dort ein Einschub finden, der die Abfassung vier Jahre vor Æthelreds Tod und somit in das Jahr 1012 datiert: *Þis wæs on Æþelredes cyninges dagum gediht, feower geara fæce ær he forðferde*. Gänzlich ohne Datierung kommt die Rubrizierung in den Abschriften der Kurzversion aus, wo der Sermon lediglich mit *Larspell* (Cambridge, Corpus Christi College, MS 419, p. 95; https://parker.stanford.edu/parker/catalog/sb541hg4710; Zugriff: 04.08.2022) bzw. *Sermo* überschrieben ist. Vgl. für letzteres *Lionarons*, Writings (2010), 149. Die Forschung hat lange Zeit die oben zitierte Datierung in das Jahr 1014 absolut gesetzt und die abweichenden Lesarten als Kopierfehler gewertet, bevor *Keynes*, Abbot (2007), 211–213, und *Roach*, Æthelred (2016), 279–281, im Rekurs auf weitere inhaltliche Indizien den Zeitraum zwischen 1009 und 1012 als Abfassungsintervall rehabilitiert haben. Vgl. zur älteren Forschung *Wilcox*, Performance (2004), 376 f. Gestützt wird diese Lesart auch durch den Umstand, dass die Angabe in Cotton Nero A.i wohl auf einer Rasur steht, die Predigt mithin in diesem Manuskript zunächst ebenfalls anders datiert gewesen ist. Vor dem Hintergrund der durch Anpassung und Aktualisierung gekennzeichneten Arbeitsweise Wulfstans scheint es am plausibelsten, der von Keynes und Roach vorgeschlagenen Interpretation zu folgen und die unterschiedlichen Datierungen als Spiegel des mehrstufigen Entstehungsprozesses der Predigt zu werten. Dabei kommt der Datierung in Cotton Nero A.i allerdings aufgrund ihrer Nahbeziehung zu Wulfstan und seinem Umfeld gleichwohl eine Schlüsselstellung zu: In der Rückschau assoziierten der Erzbischof und sein Zirkel die Predigt offensichtlich am stärksten mit dem Jahr 1014, sodass es zu einer Aktualisierung des Titels kam.

10 *Godden*, Apocalypse (1994), 142–162, sowie *Molyneaux*, Elect (2014), 732–734, haben darauf hingewiesen, dass die in Anm. 7 f. genannten Passagen mit der göttlichen Bestrafung des sündigen Volkes ein alttestamentarisches Deutungsmuster evozieren, welches nicht vereinbar mit einer apo-

deutlich im Abschluss der Predigt, in welchem der Prälat das englische Volk zur Buße aufforderte, ihm die Erfüllung des Taufversprechens durch eine gewissenhafte Befolgung der Gesetze Gottes einschärfte und ein einträchtiges Miteinander gemäß der bestehenden Sozialhierarchie vorschrieb.[11]

Wulfstan hatte mit seinem ambitionierten Vorhaben offensichtlich Erfolg. Denn vier Jahre später war der Erzbischof erneut in die Abfassung einer programmatischen Verlautbarung gegenüber dem englischen Volk involviert, die als gemeinsamer Beschluss des neuen Königs und seiner Ratgeber sogar Gesetzeskraft besaß.[12] In Gottesfurcht geeint habe die wohl in Oxford zusammengekommene Reichsversammlung dem neuen Herrscher Treue gelobt und die strikte Befolgung der Gesetze von Æthelreds Vater, König Edgar, angeordnet.[13] Die weiteren Anweisungen bilden dementsprechend einen Neuerlass älterer Bestimmungen, die neben der rigorosen Ahndung von Verbrechen vor allem die Wahrung kirchlicher Rechte sowie die religiöse Moral der Bevölkerung betrafen.[14] Zudem sollte von nun an dauerhaft und umfassend reflektiert werden, was zum Gemeinwohl, zur Förderung des christlichen Glaubens sowie zur Abwendung von Fehlverhalten anzuordnen sei, da diesseitiger Erfolg auf der Unterdrückung von Unrecht und gottgefälliger Rechtschaffenheit basiere.[15] Der

---

kalyptischen Lesart der Ereignisse sei. Denn während das Weltenende singulär, unabwendbar und universell zu denken sei, zeichne sich das Strafmotiv durch Wiederholbarkeit, Abwendbarkeit sowie eine regionale Engführung (zumeist auf ein spezifisches Volk) aus. Godden nahm diese prinzipielle Unvereinbarkeit gar als Beleg für die phasenweise Ausformulierung und Ergänzung des Predigttextes, die ihrerseits eine sich ändernde Grundhaltung Wulfstans artikulierten: Während die Kurzfassung von der Erwartung des Weltenendes im Angesicht der konkreten Bedrohungssituation geprägt gewesen sei, spiegle die Langfassung eine Historisierung der Däneneinfälle vor dem Hintergrund der Eroberung wider. *Lionarons*, Writings (2010), 158 f., schwächt den Gegensatz zwischen den Deutungsmodellen hingegen deutlich ab und sieht gerade in der Ambiguität der Predigt einen Hinweis auf Wulfstans Reformagenda – eine Interpretation, die mit Blick auf neuere Forschungen zu Endzeiterwartungen und Reformen wesentlich überzeugender ist. Vgl. zu letzterem Anm. 23.

11 Vgl. Sermo Lupi ad Anglos. Ed. *Whitelock*, 66 f., Z. 199–211.
12 Vgl. zum Erlass von 1018 *Kennedy*, Law Code (1983), die ebd., 71–81, eine Edition und englische Übersetzung der Bestimmungen bietet, sowie die konzise Übersicht bei *Wormald*, Law (2001), 346 f. Der Wortlaut entspricht bis auf eine kürzere Passage, die eventuell auf einem Krönungserlass Knuts 1016 oder 1017 basiert, der Diktion Wulfstans. Vgl. hierzu *Bolton*, Cnut (2017), 94, sowie *Stafford*, Laws (1981). Dass der Erlass konkret im Kontext des Eheschlusses zwischen Emma und Knut zu verorten ist, wie von *Stafford*, Emma (2004), 227 f., vorgeschlagen, ist zwar möglich, lässt sich aber nicht belegen.
13 [1] *Þonne is þæt ærest þæt witan geræddan . þæt hi ofer ealle oðre þingc ænne god æfre wurðodon . 7 ænne cristendom anrædlice healdan . 7 cnut cyngc . lufian . mid rihtan . 7 mid trywðan . 7 eadgares lagan . geornlice folgian .* Cn. 1018. Ed. *Kennedy*, 72.
14 So die Einschätzung bei *Wormald*, Law (2001), 346: „[T]he 1018 code represents a provisional statement of the aspects of the previous regime that the archbishop considered fundamental (those, that is to say, which directly affected its relationship with God), while foreshadowing the infinitely fuller promulgation that these and everything else would be given a couple of years later."
15 [24] *And smeage man symle on ælce wisan . hu man firmest mæg ræd aredian þeode to þearfe . and rihtne cristendom swiðost aræran . 7 æghwilce unlaga geornost afillan . forðam þurh þæt hit*

Erlass resultierte gar explizit aus dem Frieden und der Freundschaft, die der König zwischen Dänen und Engländern gestiftet habe und die jegliche frühere Feindseligkeit zwischen den Konfliktparteien beendet hätten.[16] Die Ordnung war 1018 also wiederhergestellt worden und das englische Volk durch den königlichen Rechtserlass auf einem guten Weg, zur gottesfürchtigen Eintracht zurückzukehren: Apokalypse abgewendet.[17]

Dieses gradlinige Erfolgsnarrativ hat nur einen Makel. Bei dem hinter der Gesetzessammlung von 1018 stehenden Herrscher handelte es sich nicht etwa um einen Vertreter des angelsächsischen Königshauses, sondern vielmehr um einen jener 1014 noch als Aggressoren und göttliches Strafinstrument gegeißelten Dänen. Zwar wurde Æthelred wohl noch im Frühjahr 1014 – eventuell als direkte Folge der Reichsversammlung im Februar – aus dem normannischen Exil zurückgerufen. Zudem gelang es der Partei um den wiedereingesetzten König noch im selben Jahr, Svens Sohn und Erben in England, Knut († 1035), zum Rückzug nach Dänemark zu zwingen, wo dessen älterer Bruder Harald dem Vater nachgefolgt war. Knut kehrte allerdings 1015 mit einem neuen Aufgebot nach England zurück, wo der Sohn Æthelreds, Edmund Eisenseite († 1016), anstelle seines mittlerweile erkrankten Vaters die Verteidigung organisierte und nach dessen Tod im April 1016 selbst Ansprüche auf die Nachfolge im Königtum erhob. Die kriegerischen Auseinandersetzungen zwischen den rivalisierenden Parteien gipfelten schließlich am 18. Oktober in der Schlacht von Ashingdon/*Assandun*, die Knut für sich entscheiden konnte und die Edmund wohl zum Einlenken zwang. Die Prätendenten einigten sich im Anschluss auf eine Teilung des englischen Reiches, die allerdings schon am 30. November desselben Jahres mit dem Tode Edmunds hinfällig wurde. Als letzter in England verbliebener Thronanwärter berief Knut ein *Witenagemot* ein und ließ sich zum König des gesamten Reiches wählen.[18]

---

sceal on earde godian to ahte . þæt man unriht alecge . 7 rihtwisnesse lufige . for gode . 7 for worlde. Cn. 1018. Ed. *Kennedy*, 79.

16 *And þæt wæs geworden sona swa cnút cyngc . mid his witena geþeahte . frið 7 freondscipe . betweox denum 7 englum . fullice gefæstnode . 7 heora ærran saca . ealle getwæmde.* Cn. 1018. Ed. *Kennedy*, 72.

17 Vgl. zur stabilisierenden Funktion der Beschlüsse von 1018, welche v. a. ein Ausgleichsangebot des Königs gegenüber den unterlegenen Engländern gebildet haben dürften, die Einschätzungen bei *Bolton*, Cnut (2017), 95; *Keynes*, Æthelings, (1990), 173.

18 Vgl. zum ereignisgeschichtlichen Kontext und den personalen Netzwerken, die den Herrschaftswechsel bedingten, die Überblicke bei *Stafford*, Unification (1989), 65–68; *Roach*, Æthelred (2016), 287–311; *Bolton*, Cnut (2017), 53–92. Letztlich handelt es sich bei der dänischen Sicherung des englischen Throns um eine zweifache Eroberung – 1013 durch Sven Gabelbart und 1016 durch Knut –, wie etwa *Insley*, Politics (2020), 4, betont. Die Eroberungen Knuts und Svens sind durchaus in eine längerfristige Perspektive zu stellen, da sich die Einfälle der Dänen seit dem ausgehenden 10. Jhd. erneut intensiviert und 1009 unter Thorkell einen ersten Höhepunkt erreicht hatten, vgl. *Keynes*, Abbot (2007); *Roach*, Æthelred (2016), 252–267. Allerdings gewannen die Einfälle unter Sven eine neue Qualität, da es dem König nicht mehr um Raubfahrten, sondern um eine Herrschaftsübernahme ging. Vgl. ebd., 289 f.

Folglich war es der dänische Eroberer Knut, dem Wulfstan 1018 die Wahrung der gottgefälligen Eintracht in England anvertraute.

Ich habe diese zwei Schriften Wulfstans an den Beginn meines Beitrages gestellt, weil sie gleich in vierfacher Weise ebenjene Themen und Fragestellungen berühren, die Rike Szill in ihrer programmatischen Einleitung aufgeworfen hat – und die dementsprechend auch den folgenden Beitrag anleiten sollen.[19] Erstens warnt der Wandel Wulfstans von einem ausgesprochenen Gegner zu einem zentralen Unterstützer der dänischen Herrscher vor einer teleologischen Interpretation der Ereignisse. Der Erzbischof konnte 1014 keineswegs vorhersehen, dass sich das seit dem 9. Jahrhundert tradierte Deutungsmuster der skandinavischen Raubfahrer als Geißel Gottes mit der Etablierung Knuts als Herrscher 1016 dauerhaft als hinfällig erweisen und die ostentative Frömmigkeit des Königs – sei sie Ausdruck der persönlichen Überzeugung oder einer politischen Integrationsstrategie – neue Chancen eröffnen würde.[20]

Zweitens verdeutlicht das hiermit einhergehende ‚Obenbleiben' Wulfstans, dass der Erzbischof den Veränderungen seiner Zeit keinesfalls ohnmächtig ausgeliefert gewesen ist.[21] Obwohl er den vermeintlich eroberten Angelsachsen zuzurechnen ist,

---

19 Vgl. hierzu die Einleitung von Rike Szill in diesem Band.
20 Der politische Charakter von Knuts Frömmigkeit ist in der Forschung immer wieder betont worden, so etwa mit Blick auf die Gedenküberlieferung bei *Gerchow*, Prayers (1992); in Bezug auf die Handschriftenproduktion *Heslop*, Production (1990), bes. 156–162, 178–181; hinsichtlich der Förderung von Heiligenkulten *Foot*, Kings (2020); in Bezug auf das Verhältnis zur englischen Kirche allgemein *Bolton*, Empire (2009), 77–106, und *Lawson*, Cnut (1993), 133–160. Bolton hat seine Position teilweise revidiert, vgl. *Bolton*, Cnut (2017), 182f. Darüber hinaus ist die Frömmigkeit Knuts immer wieder auf den Einfluss Wulfstans sowie – zu einem geringeren Grad – Emmas und Lyfings von Canterbury zurückgeführt worden, die den Dänen gleichsam zivilisiert hätten. Ein Beispiel hierfür bietet in Bezug auf Wulfstan *Keynes*, Earls (1994), 87. Vgl. zu diesem Deutungsmuster ferner die zu Recht kritische Bestandsaufnahme bei *Bolton*, Cnut (2017), 3f., und *Dems.*, Empire (2009), 77, mit jeweils weiterführender Literatur. *Tyler*, Talking (2005), 372, stellt wiederum die vermittelnde Funktion Wulfstans und Emmas für englische Königsvorstellungen heraus. Zum Verhältnis Knuts zur englischen Kirche vgl. generell *Bolton*, Cnut (2017), 107–113, 121f., 182–185.
21 Wulfstan wurde nicht aus seinem Amt entfernt, sondern konnte – im Gegenteil – seine Position als zentraler Berater des Königs behaupten, wie v. a. seine kontinuierliche Involvierung in die Gesetzgebung Æthelreds und Knuts zeigt. Vgl. hierzu *Wormald*, Law (2001), 330–366. Dementsprechend hat die Forschung dem Erzbischof eine hohe Bedeutung für die Konsolidierung des anglo-dänischen Herrschaftsanspruches zugesprochen. *Wilcox*, Performance (2004), 396, bezeichnet ihn als „something of a pillar of stability", *Godden*, Relations (2004), 353, nennt ihn „the Cardinal Richelieu of his day". *Insley*, Politics (2020), 6, geht gar so weit, Wulfstan als wesentlichen Garanten für das Fortleben englischer Königsvorstellungen unter Knut zu sehen: „Indeed, if one wanted to be provocative, one might argue that the impression of continuity with the tenth-century past was to a significant extent an artefact constructed by Wulfstan." Auch der vermeintlich zivilisierende Einfluss des Erzbischofs auf Knut ist in diesem Zusammenhang zu nennen. Vgl. hierzu Anm. 20. Wenngleich an einer besonderen Bedeutung Wulfstans nicht zu zweifeln ist, sollte seine Stellung gleichwohl nicht überbewertet werden. So weist etwa *Roach*, Æthelred (2016), 13, in Bezug auf die Rolle Wulfstans unter Æthelred zu Recht darauf hin, den Erzbischof als Vertrauensmann zu sehen, der in

verfügte er offensichtlich über *agency*. Diese Handlungsmacht erschöpfte sich wiederum nicht in einem bloßen Reagieren auf kriegerische Gewalt und politischen Umbruch. Vielmehr zeigt insbesondere die Mahnpredigt von 1014, dass Wulfstan selbst Wandel anstoßen wollte.

Dieser Wille zur Veränderung äußert sich, drittens, in der weitgefassten Agenda des Erzbischofs. Wie der Wechsel in das Lager Knuts unterstreicht, ging es Wulfstan nicht um eine bloße Wiederherstellung des politischen Status quo über eine Restauration der angelsächsischen Dynastie. Sein Anliegen war grundlegender und umfassender. Bereits unter Æthelred gehörte der Erzbischof einem Kreis von Reformern an, die sich in adaptierender Anlehnung an karolingische Ideen für eine gottgefällige Erneuerung der Gesamtgesellschaft einsetzten.[22] Diese Zielsetzung spiegelt sich sowohl in der Predigt von 1014 als auch im königlichen Erlass von 1018 wider.[23] Das durch den Reformgedanken aufgeworfene Handeln folgt somit nicht der politisch-militärischen Logik des Eroberungsprozesses. Es zwingt vielmehr zu einer Perspektiverweiterung, die über diesen ereignisgeschichtlichen Rahmen hinausgeht.

---

dessen Sinne handelte. Eine ähnliche Konstellation dürfte für die Herrschaft Knuts zu konstatieren sein. Zudem bildet Wulfstan mit seiner Behauptung im Amt keine Ausnahme, bemerkt *Stafford*, Unification (1989), 69, doch, dass „[n]o changes in ecclesiastical office or organization followed 1016".

22 Zur Rolle Wulfstans als Reformer vgl. bes. *Hill*, Wulfstan (2004); *Wormald*, Society (2000). Der reformerische Impetus des Erzbischofs spiegelt sich nicht zuletzt im engen Wechselverhältnis zwischen Predigt und Recht wider. Vgl. hierzu ferner *Wormald*, State-Builder (2004), 16 f., *Ders.*, Law, 449–465 (2001), und *Lionarons*, Eschatology (2004), 413. Zum Wirken Wulfstans speziell im Umfeld der Däneneinfälle *Keynes*, Abbot (2007), 170–189, und *Cubitt*, Tribulation (2018).

23 Vgl. zum Zusammenhang von Reformen und eschatologischem Denken, den die Predigt grundsätzlich widerspiegelt, die instruktiven Beobachtungen bei *Palmer/Gabriele*, Introduction (2019), sowie – speziell zu Wulfstan – *Palmer*, Apocalypse (2014), 208–214. Wulfstans Vorstellungen vom Antichristen sind v. a. durch Adsos von Montier-en-Der ‚De ortu et tempore Antichristi' geprägt worden. Vgl. ebd., 214, sowie zum Werk Adsos ebd., 194–198. Das drohende Weltende konnte als Argument funktionalisiert werden, um gesellschaftlichen Wandel und Erneuerung anzustoßen. Problematisch ist hingegen die Interpretation bei *Dien*, Sermo (1975), 568 (Anm. 2), und *Hollis*, Structure (2002), bes. 185, welche in der Reform eine Möglichkeit zur Abwendung bzw. Hinauszögerung der Apokalypse sieht, wie *Lionarons*, Writings (2010), 159, richtigerweise anmerkt: „Hollis is right that the Sermo Lupi is the most optimistic of Wulfstan's eschatological homilies, but the optimism comes not in the possibility of delaying the advent of Antichrist, but rather in the hope that his time has not yet come, that there is still time for the English to transform themselves into a holy society before the final days come at last." Wulfstan stand mit dieser kommunikativen Nutzung eschatologischer Bezüge für die eigenen reformerischen Anliegen keineswegs allein da, wie das Beispiel Ælfrics zeigt, mit dem der Erzbischof auch nachweislich in Kontakt stand. Zum Zusammenhang von Endzeitvorstellungen und Reformen bei Ælfric vgl. *Foxhall Forbes*, Apocalypse (2019), zur Beziehung der beiden zueinander *Godden*, Relations (2004). In der älteren Forschung ist der ‚Sermo' als eine der zentralen Quellen zur Herrschaftszeit Æthelreds hingegen lange Zeit weniger als programmatisches Stimmungsbild, sondern v. a. als Spiegel realer Missstände gelesen worden, vgl. die kritische Stellungnahme bei *Roach*, Æthelred (2016), 282 f.

Viertens verweisen die Leitthemen Wulfstans – Büßen, Versöhnen, Einigen – auf zentrale *modi* des Ausgleichs zwischen Eroberten und Eroberern, die insbesondere in Kontexten wie dem hier beleuchteten anglo-dänischen Fall von zentraler Bedeutung gewesen sein dürften. Denn wenngleich Wulfstan zunächst das Stereotyp des plündernden und damit implizit heidnischen Wikingers bemühte, handelte es sich zumindest bei den Anführern dieser Kontingente mittlerweile um Christen.[24] Das Gestalten von Eroberungsprozessen, so zumindest die Ausgangshypothese, lässt sich im Mittelalter gerade dann nuanciert greifen, wenn kulturelle oder religiöse Gegensätze zwischen Erobernden und Eroberten schwach oder kaum mehr ausgeprägt sind, da sie einem besonderen Legitimationsbedürfnis unterliegen. Denn diese Gemeinsamkeiten fordern gewissermaßen zu einer Stellungnahme heraus.[25] Dies möchte ich im Folgenden anhand einer Quelle verdeutlichen, welche die Chancen wie auch Herausforderungen eines solchen Gestaltungsprozesses anschaulich widerspiegelt und in der neueren Forschung gemeinhin als Gegenentwurf zur eschatologischen Deutung Wulfstans gilt: das ‚Encomium Emmae reginae'.[26] Denn entgegen der Annahme eines vermeintlichen Antagonismus zwischen altem und neuem, zwischen insularem und kontinentalem Deutungsrahmen, welcher zu ganz unterschiedlichen Bewertungen und Verarbeitungen des Geschehens geführt habe, lassen sich in der Lobrede bei genauerer Betrachtung bemerkenswerte Reflexe auf die in der Predigt verhandelten Vorstellungen finden. Hierbei werde ich folgendermaßen vorgehen: Nach einer kurzen Vorstellung des ‚Encomium', die auch auf die ambivalente Stellung des Textes in der bisherigen Forschung kritisch eingeht, soll anhand der Darstellung Eadric Streonas als geradezu exemplarischen Verräter die Ausgleichsangebote des Textes untersucht werden.[27] Im Fokus werden dabei einerseits die titelgebenden Schlagworte des Büßens, Versöhnens und

---

[24] Während in Dänemark insgesamt von einem Nebeneinander von neuen und alten religiösen Überzeugungen auszugehen ist, dürfte die Königsfamilie und ihr Hof fest im christlichen Glauben verwurzelt gewesen sein, wie *Bolton*, Cnut (2017), 35–40, herausstellt. Die Wahrnehmung der Dänen als heidnische Raufahrer könnte durch die Ermordung Ælfheahs im Zuge der Raubzüge Thorkells 1012 gar eine Renaissance erlebt haben, wie *Roach*, Æthelred (2016), 265, mit Blick auf die große Resonanz des Ereignisses bemerkt. Einen exemplarischen Überblick über das Deutungsmuster der Dänen als Strafe Gottes, welcher auch dessen Langlebigkeit über die normannische Eroberung hinaus thematisiert, bietet *Page*, People (1987).

[25] Die dynamisierende Komponente kultureller Angleichung bzw. Nähe zwischen Eroberern und Eroberten spricht bspw. auch *Bolton*, Cnut (2017), 58, in Bezug auf den christlichen Status von Sven Gabelbart an, dürfte der Däne doch erst hierdurch als ernstzunehmender neuer Herrscher für die Engländer in Betracht gekommen sein.

[26] Vgl. zu dieser These eines vermeintlichen Gegensatzes zwischen angelsächsischen und anglo-dänischen Deutungsmustern, auf den im Fazit noch zurückzukommen ist, *Insley*, Politics (2020), bes. 20–22, sowie – in expliziter Bezugnahme auf das ‚Encomium' – *Ders.*, Charters (2001), 123–126, und *Ashe*, Conquest (2017), 60–63.

[27] Vgl. zum Konzept des Verrats im Kontext von Eroberungen auch den Beitrag von Philipp Frey in diesem Band.

Einigens und andererseits die Eroberten stehen. Abschließend werde ich die Befunde bündeln und in einem erneuten Rekurs auf Wulfstan einige weiterführende Perspektiven für die Forschung formulieren.

2 Wer zu spät kommt, den bestraft das Leben? Das ‚Encomium Emmae reginae'

Das ‚Encomium Emmae reginae'[28], die „Lobrede auf die Königin Emma", bildet eine zentrale Quelle für die Zeit des anglo-dänischen Königtums in England, die Historiker*innen bezüglich ihrer kritischen Einordnung allerdings vor einige Herausforderungen stellt. Gemeinhin wird angenommen, dass das ‚Encomium' zwischen 1040 und 1042 von einem vermutlich flandrischen Mönch oder Kanoniker für die englische Königin Emma verfasst worden ist und sowohl der Legitimation der anglo-dänischen Dynastie als auch der panegyrischen Überhöhung der Auftraggeberin innerhalb dieses familiären Kontextes diente.[29]

Diese doppelte Stoßrichtung erklärt sich aus den wechselnden und unübersichtlichen Herrschaftskonstellationen der Zeit. Die ursprünglich aus dem normannischen Herzogshaus stammende Emma war in erster Ehe mit dem letzten angelsächsischen

---

28 Der Titel ist nicht zeitgenössisch, sondern geht auf den ersten Editor des Textes, André Duchesne, zurück, vgl. hierzu *John*, Riddle (1980/81), 58; *Lifshitz*, Encomium (1989), 39.
29 So etwa die Einschätzungen bei *Tyler*, Talking (2005), 360, *Dies.*, Fictions (2005), 149, *Stafford*, Emma (2004), 37 f., und *Bihrer*, Begegnungen (2012), 117. Die Frage nach dem ‚biographischen Subjekt' des Textes ist in der Forschung diskutiert worden. Angesichts der ausführlichen Beleuchtung der anglo-dänischen Dynastie ist das ‚Encomium' teilweise auch als Panegyricus auf die Taten Knuts gelesen worden, vgl. hierzu etwa *Stenton*, Anglo-Saxon England (1971), 697. Eine solche Lesart kann sich durchaus auf mittelalterliche Wahrnehmungen des Werkes stützen, wie die Abschrift des Textes aus dem 14. Jhd. zeigt. Dort wird das ‚Encomium' mit den Worten beschlossen: *Explicit tractatus de gestis regis chnutonis*. Vgl. Kopenhagen, Dänische Königliche Bibliothek, Acc. 2011/5, 209 (http://www5.kb.dk/manus/vmanus/2011/dec/ha/object78526/en/#kbOSD-0=page:223; Zugriff: 04.08.2022). Allerdings muss offenbleiben, ob diese Einordnung auf den Schreiber selbst zurückzuführen oder ihrerseits aus einer älteren Vorlage übernommen worden ist. Schon *John*, Riddle (1980/81), 58 f., hat demgegenüber angemerkt, dass man den Autor beim Wort nehmen und Emma selbst als Referenzpunkt der Erzählung sehen sollte. Vgl. zu Überlieferung und Charakter des Werkes die knappen Überblicke bei *Bolton*, Cnut (2017), 11 f., *Tyler*, Fictions (2005), 149, sowie ausführlicher *Keynes*, Introduction (1998), xxxix–li, mit jeweils weiterführender Literatur, zum Entstehungskontext und den Absichten die in Anm. 33–36 genannte Literatur sowie *Tyler*, Conquests (2011), 176–183, zur Herkunft des Autors, der bes. durch das intellektuelle Milieu der nordfranzösischen Kathedralschulen geprägt gewesen ist, und dessen Sprachkenntnissen ferner *Dies.*, England (2017), 53 f., 110 f., 117–121. Nach der Thronbesteigung Eduards des Bekenners ist das ‚Encomium' mit einem neuen Ende versehen worden, welches lange Zeit nur über ein späteres Exzerpt bekannt gewesen ist. Vgl. zu dieser „Edwardian recension" Anm. 49. Gute Abrisse zum Inhalt des Werkes bieten *Dies.*, England (2017), 51 f., *Stafford*, Emma (2004), 29–38, sowie *Keynes*, Introduction (1998), lii f.

Herrscher, Æthelred, verheiratet, und ehelichte nach dessen Tod und der Einnahme Englands durch Knut eben jenen König dänischer Herkunft. Aus beiden Verbindungen entstammten Nachkommen: Mit Æthelred hatte sie neben einer Tochter zwei Söhne, Alfred und Eduard; aus der Ehe mit Knut gingen Gunhild, die spätere Gemahlin des Saliers Heinrich III.,[30] und Hartaknut hervor, der seinem Vater 1040 auf den Thron folgen sollte. Die unmittelbare Nachfolge Knuts gestaltete sich allerdings als konfliktbehaftet. Denn der Eroberer hatte aus einer früheren Verbindung mit Ælfgifu von Northampton zwei weitere Söhne, von denen der jüngere, Harold Hasenfuß, sich nach dem Tod des Vaters 1035 zunächst als Herrscher in England etablierte.[31] Die Folge bildete ein erneuter Thronstreit zwischen den Brüdern und ihren Parteigängern, in dem sich Hartaknut erst nach dem unvermittelten Tod Harolds 1040 behaupten konnte.[32]

Angesichts dieser verworrenen Verwandtschaftsverhältnisse und politischen Unruhen gestaltete sich die Aufgabe des Enkomiasten nicht gerade einfach.[33] Gleich auf drei Ebenen ergaben sich Interessenkonflikte, auf welche das Werk als Panegyricus reagieren musste: In Bezug auf die gewaltvolle Herrschaftsübernahme der Dänen in England bedurfte es einer Begründung, welche diesen Prozess als legitime Etablierung einer neuen Dynastie wertete.[34] Hinsichtlich der umstrittenen Nachfolge Knuts musste ferner die Position Hartaknuts als rechtmäßiger Erbe seines Vaters profiliert werden.[35] Mit Blick auf Emmas wechselhaften Lebensweg als Ehefrau

---

30 *Bolton*, Cnut (2017), 170 f., geht von einer hohen politischen Bedeutung des Eheschlusses aus, die sich in den Quellen indes kaum widerspiegelt. Demgegenüber scheint die Deutung bei *Bihrer*, Begegnungen (2012), 306–310, überzeugender, der den Eheschluss v. a. durch Prestigegründe motiviert sieht: Beiden Parteien dürfte es um den Rang der jeweils anderen Familie gegangen sein, um die eigene Sonderstellung im Adelsgefüge zu betonen.
31 Vgl. zur Verbindung Knuts mit Ælfgifu von Northampton, die entgegen mittelalterlicher wie auch neuzeitlicher Diskreditierungen von den Zeitgenossen als legitim betrachtet worden sein dürfte, *Bolton*, Cnut (2017), 67–71; *Rüdiger*, König (2015), 214–216. Sie dürfte v. a. der Absicherung von Svens Position in England gedient haben und bald nach dessen Tod, spätestens mit der Thronbesteigung Knuts, an Bedeutung verloren haben. Vgl. ebd., 99.
32 Vgl. zu diesen Ereignissen die Überblicke bei *Bolton*, Cnut (2017), 196–200, *Keynes*, Introduction (1998), xxix–xxxviii, sowie speziell zur verwandtschaftlichen Situation *Tyler*, Fictions (2005), 152 f.
33 Noch komplexer gestaltet sich das Bild hingegen durch einen Einbezug der Situation in Skandinavien, die angesichts der starken Rückbindung des ‚Encomium' und seiner Auftraggeberin an den englischen Königshof im Folgenden bewusst ausgespart wird. Vgl. zur Herrschaftsetablierung Knuts in Dänemark und Norwegen *Bolton*, Cnut (2017), 129–157, zur ebendortigen Situation nach dem Tod des Königs ebd., 196–208.
34 So etwa pointiert *Tyler*, England (2017), 55: „The Aeneid, like the Encomium, is a text that provides an account of the origins of a dynasty in order to forward current claims."
35 Die politische Stoßrichtung des Textes ist erstmals von *Körner*, Battle (1964), 47–74, herausgestellt worden und bildet seitdem einen zentralen Diskussionsgegenstand der historischen Forschung zum ‚Encomium', wie *Lifshitz*, Encomium (1989), 40, richtigerweise herausstellt. Dabei ist die Forschung lange Zeit durchaus einhellig von einer Herrschaftslegitimation *ex negativo* ausgegangen, die v. a. auf eine Diskreditierung von Hartaknuts potenziellen Konkurrenten – und damit

wie Mutter unterschiedlicher Thronprätendenten stellte sich schließlich die Aufgabe, die von ihr jeweils eingenommene Position als folgerichtig und berechtigt zu erweisen.[36] Es ging mithin um eine Überbrückung der vielfältigen Gegensätze, die das direkte Umfeld Emmas prägen.

In der Forschung ist zu Recht der Hof Hartaknuts als primär intendierter Rezipierendenkreis der Lobrede hervorgehoben worden, an dem all diese unterschiedlichen Parteinahmen zumindest im Gedächtnis der Versammelten noch präsent gewesen sein dürften.[37] Neben Gefolgsleuten Knuts skandinavischer wie englischer

---

implizit Emmas Gegnern – abgezielt habe. Unterschiedliche Meinungen bestanden hingegen in Bezug auf die Frage, gegen wen sich das ‚Encomium' konkret gerichtet habe. Diskutiert wurden dabei Eduard der Bekenner (so *Körner*, Battle [1964], 67–73, sowie in direkter Anlehnung an Körner und in Revision seiner eigenen früheren Ansichten *Barlow*, Edward [1979], 47–49), der dänische König Sven Estridsson (so *Campbell*, Encomium [1979], 34–36, 43–45) sowie Harold Hasenfuß (so *Lifshitz*, Encomium [1989], bes. 47). Einen guten Überblick über die Positionen bieten die kursorischen Aufstellungen bei *Stafford*, Emma (2004), 29 (Anm. 4), und *Keynes*, Æthelings (1990), 183 (Anm. 54), sowie der Überblick bei *Dems.*, Introduction (1998), lxvii. Stafford und Keynes haben demgegenüber die legitimatorische Vielschichtigkeit des ‚Encomium' betont und v. a. die Person Emmas wieder stärker in das Zentrum der Betrachtung gerückt. Vgl. hierzu *Stafford*, Emma (2004), 28–40, sowie *Keynes*, Introduction (1998), lxviii. Denn die herrschaftslegitimatorische Lesart ist in der älteren Forschung häufig absolut gesetzt worden, wie etwa die Frühdatierung des Werkes bei *Lifshitz*, Encomium (1989), 47, zeigt, habe das ‚Encomium' doch nur vor dem Hintergrund einer noch offenen Nachfolgesituation Sinn ergeben. Lediglich *John*, Encomium (1979), hatte die politische Stoßrichtung des Textes mit der Person Emmas verbunden, die vom Enkomiasten gleichsam in das Zentrum dynastischer Ansprüche auf den englischen Thron gerückt worden sei. Einen neuen Impetus hat die Diskussion schließlich durch die Arbeiten Elizabeth M. Tylers erhalten, die durch eine konsequente Berücksichtigung der im Werk greifbaren literarischen Anleihen und Traditionen die Auseinandersetzung mit dem ‚Encomium' auf ein neues Fundament gestellt hat. Vgl. hierzu die in Anm. 46 genannten Arbeiten. Zur literaturwissenschaftlichen Forschung zum ‚Encomium', die seit der grundlegenden Erschließung von Alistair Campbell im Rahmen seiner Textedition lange brach lag, vgl. etwa *Tyler*, Treasure (1999), 247 f.

36 Dies zeigt sich bes. deutlich in der Exkulpierung Emmas für den gewaltsamen Tod ihres Sohnes Alfred durch den Enkomiasten. Vgl. hierzu Encomium Emmae Reginae. Ed. *Campbell*, 40–48, Buch III, Kap. 2–7. Zur Bedeutung der Rechtfertigung *Tyler*, Talking (2005), 362, *Dies.*, Trojans (2013), 11, 13, *Dies.*, Fictions (2005), 167, *John*, Riddle (1980/1981), 78, *Keynes*, Introduction (1998), lxii–lxv, *Stafford*, Emma (2004), 36, *Keynes*, Æthelings (1990), 195 f., sowie *Marafioti*, Body (2014), 127–143. Auch die Darstellung des Exils der zweifachen Königinnenwitwe in Brügge ist vor dem Hintergrund dieser Legitimation ihres Handelns zu lesen, wie *Bihrer*, Begegnungen (2012), 117–120, aufzeigt. Die enge Verbindung des Texts zu Emma, der im Kern die Sichtweise der Auftraggeberin auf die verhandelten Ereignisse widerspiegeln dürfte, betonen *Tyler*, Conquests (2011), 176–179, und *Stafford*, Emma (2004), 38 f., *Searle*, Emma (1989), 286 f., und *Neuman de Vegvar*, Paean (2000), 319 f., heben ferner die Inszenierung Emmas als Friedenswahrerin hervor.

37 Vgl. zum Hof als Ort der Textproduktion und -rezeption *Tyler*, England (2017), 52, 102–134, *Dies.*, Talking (2005), *Dies.*, Conquests (2011), 177, *Dies.*, Fictions (2005), 150, und *Keynes*, Introduction (1998), lxviii–lxxi, mit jeweils weiterführender Literatur. Die Annahme von *Lifshitz*, Encomium (1989), 47, dass das Werk bereits während Emmas Exil als Untermauerung von Hartaknuts Thronanspruch konzipiert worden sei, ist denkbar, aber letztlich hypothetisch, da die vorliegenden Textversionen ein-

Herkunft bildeten auch ehemalige Parteigänger Harolds die Entourage des jungen Königs, der darüber hinaus die Unterstützer seines Halbbruders Eduard integrieren musste.[38] Eventuell sind diese Bruchlinien gar mehr als bloße Erinnerung gewesen. Denn Hartaknut ist als unbeliebter Herrscher in die zeitgenössische Geschichtsschreibung eingegangen, weshalb die Berufung Eduards, eines Halbbruders aus Emmas erster Ehe mit Æthelred, als Mitregenten in der Forschung als Konzession gegenüber der Reichselite zur Festigung der eigenen Position gewertet worden ist.[39] Diese Annahme lässt sich zwar nicht letztgültig belegen, sie weist aber nochmals auf die Spannungen hin, welche die Lagerwechsel im personalen Beziehungsgeflecht hervorgerufen haben dürften.[40]

Wie also eine Erzählung schreiben, die allen Rechnung trägt? Der Enkomiast wählte einen unkonventionellen Zugang, indem er nicht die zeitgenössischen Geschehnisse, sondern eine antike Vorlage als konzeptionellen Leitrahmen für seine

---

deutig auf die Zeit nach dessen Herrschaftsantritt zu datieren sind. Als überholt gilt hingegen die auf Basis der kontinentalen Züge der Leithandschrift getätigte Annahme, dass das Werk in St. Omer abgefasst worden sei. Zu finden ist diese These etwa bei *Gameson*, Angleterre (2002).

38 Zur spannungsgeladenen Zusammensetzung von Hartaknuts Hof vgl. etwa *Tyler*, England (2017), 102 f., *Dies.* Trojans (2013), 11, oder *Campbell*, Encomium (1979), 32 f. Die personelle Kontinuität speziell im Übergang von Harold zu Hartaknut stellt *Bolton*, Cnut (2017), 200–202, heraus, der sie indes nicht als spannungsgenerierendes Moment wertet. Neben der skandinavischen Elite setzten die anglodänischen Könige in ihrer Herrschaftspraxis auch auf englische Funktionsträger, die vielfach erst im Zuge der Eroberung in Führungspositionen aufrückten. Vgl. hierzu *Bolton*, Empire (2009), 13–42, *Mack*, Thegns (1984), sowie die Prosopographie bei *Keynes*, Earls (1994), 54–78. Inwiefern dieser Aufstieg als bewusste Politik Knuts zu deuten ist, die mit älteren Sozialstrukturen brach, ist in der Forschung durchaus umstritten. Keynes betont etwa ebd., 88, dass es bereits unter Æthelred zu starken Verschiebungen in der englischen Elite kam, der Herrschaftswechsel mithin nur bereits bestehende Prozesse verstärkte. Demgegenüber sieht *Bolton*, Empire (2009), 35, in den neuen Funktionsträgern v. a. „collaborators", die ihren Aufstieg dem frühen Wechsel in das dänische Lager zu verdanken hatten. Generell betont *Ders.*, Cnut (2017), 173, die Integrationskraft von Knuts Hof sehr stark, wohingegen *Keynes/Love*, Ship (2009), 191, auf Spannungen hinweisen, die sich maßgeblich aus dem Gegensatz zwischen den Earls Godwin und Leofric gespeist haben dürften. Zudem unterlag die Zusammensetzung der Herrschaftselite auch unter Knut erheblichen Veränderungen, die teils von Konflikten begleitet wurden. Vgl. hierzu *Keynes*, Earls (1994), 79; *Ders.* Æthelings (1990), 174; *Mack*, Thegns (1984), 377–380. Die unter Harthaknut greifbaren Spannungen mögen somit kein gänzlich neues Phänomen gewesen sein, wie auch die mit der Herrschaft Æthelreds assoziierten Verwerfungen innerhalb der englischen Elite mit dem Herrschaftsantritt Knuts nicht vollständig aufgehoben wurden.

39 Vgl. hierzu *Tyler*, Talking (2005), bes. 361; *Keynes*, Æthelings (1990), 198. Zur Unbeliebtheit Hartaknuts, die sich v. a. aus einer Abgabenerhebung zu Herrschaftsbeginn gespeist haben dürfte, vgl. ferner *Bolton*, Cnut (2017), 200; *Keynes*, Introduction (1998), xxxvii f.

40 Die Absicherung der Position Emmas am Hofe Hartaknuts stellen etwa *Tyler*, Conquests (2011), 176–179, *Dies.*, Talking (2005), *Dies.*, Trojans (2013), 11, *Keynes*, Introduction (1998), lxx f., oder *Stafford*, Emma (2004), 37 f., heraus.

Lobrede definierte: die *Aeneis* des Vergil.⁴¹ Wenngleich die Lektüre dieses Epos als fester Bestandteil mittelalterlicher Schulcurricula gelten kann und der Rekurs somit zunächst kaum überraschen mag, so sticht doch der Grad der Orientierung und vor allem dessen Diskursivierung hervor. Denn in einem konzeptionellen Einschub, in welchem der Autor den Aufbau seines Werkes reflektiert, werden die strukturellen Bezüge explizit angesprochen. So wie die *Aeneis* des Vergil durch die als Familiengeschichte interpretierte Darlegung von Aeneas' Taten ganz der Preisung Octavians verschrieben sei, so diene auch die nachfolgende Beschreibung der Taten Svens, Knuts und Hartaknuts ganz der panegyrischen Überhöhung Emmas.⁴² Diesem Selbstverständnis folgend rekurriert der Enkomiast in seiner Schilderung der Ereignisse immer wieder auf Vergilzitate, um typologische Bezüge zwischen zeitgenössischen Akteur/innen und antiken Figuren herzustellen. Vor allem Knut avanciert in der Darstellung zu einem zweiten Aeneas. Die mythischen Gründungsumstände Roms werden so zu einem Modell für die Landnahme der Dänen in England stilisiert.⁴³

Die bewusste Anlehnung an die Erzählkonventionen eines antiken Epos eröffnete dem Enkomiasten aber auch Perspektiven jenseits einer legitimierenden Präfiguration. Denn der unmittelbare Umgang mit dem zeitgenössischen Geschehen ist durch fiktive Elemente geprägt, wie insbesondere die Darstellung der komplexen Familienverhältnisse verdeutlicht.⁴⁴ So verschweigt der Enkomiast die Ehe Emmas mit Æthelred und bezeichnet die Söhne aus dieser ersten Verbindung, Alfred und

---

41 Die konzeptionellen Anleihen an Vergil, aber auch andere antike Autoren wie etwa Lukan sind umfassend von *Tyler*, England (2017), 51–100; *Dies.*, Fictions (2005), 158–171, untersucht worden.
42 *Aeneida conscriptam a Uirgilio quis poterit infitiari ubique laudibus respondere Octouiani, cum pene nihil aut plane parum eius mentio uideatur nominatim interseri? Animaduerte igitur laudem suo generi asscriptam ipsius decori claritudinis claritatisque in omnibus nobilitare gloriam. Quis autem hoc neget, laudibus reginae hunc per omnia respondere codicem, cum non modo ad eius gloriam scribatur, uerum etiam eius maximam uideatur optinere partem?* Encomium Emmae Reginae. Ed. *Campbell*, Argumentum, 6. Die vom Enkomiasten im *argumentum* entfaltete Beweisführung erschöpft sich indes nicht in diesem allgemeinen Vergleich. Vgl. für eine detaillierte Untersuchung der vielschichtigen Bedeutung der Vorreden und ihres programmatischen Charakters die in der vorherigen Anm. zitierte Literatur.
43 So etwa die Deutung bei *Tyler*, Talking (2005), 362f. Dabei gilt es allerdings zu beachten, dass explizit keine trojanische Abstammung für die anglo-dänische Dynastie reklamiert wird, was mit differierenden Traditionsbildungen zusammenhängen könnte. Während die Normannen über ihre dänischen Vorfahren durchaus trojanische Ursprünge für sich reklamierten, lassen sich diese Bezugnahmen bei den Angelsachsen und Dänen nicht finden. Hier überwiegen die ‚eigenen' Genealogien bzw. biblische Bezüge. Vgl. ebd., 377f., sowie – unter stärkerer Berücksichtigung der angelsächsischen Traditionsbildung – *Dies.*, Trojans (2013), bes. 10–14.
44 Vgl. dazu *Tyler*, England (2017), 57; *Dies.*, Talking (2005), 360f.; *Dies.*, Fictions (2005), bes. 153. Die hohe Bedeutung von familiären Bezügen für Emmas (Selbst-)Inszenierung im ‚Encomium' betont ferner *Stafford*, Emma (2004), 39f.

Eduard, als „anerkannte Söhne" Knuts.⁴⁵ Harold Hasenfuß wird wiederum aus dem Familienverband exkludiert, indem seine Abkunft vom dänischen Eroberer offen infrage gestellt wird.⁴⁶ Der Enkomiast legte durch diese komplexitätsreduzierenden Eingriffe eine nahtlose Sukzession im anglo-dänischen Königtum nahe, wodurch das Bild einer in sich geschlossenen Dynastie überhaupt erst generiert wird.

In der Forschung hat dieses vermeintlich schamlose Changieren zwischen Fakt und Fiktion gegenüber einem Publikum, das es aufgrund seiner persönlichen Erfahrungen besser wissen müsse, zumeist zu einer negativen Wahrnehmung des ‚Encomium' geführt. Wenngleich insbesondere die wegweisenden Arbeiten von Elizabeth Tyler den Ertrag einer unvoreingenommenen Perspektive auf den Text aufgezeigt haben, gilt der Enkomiast mit seinem eigenwilligen Entwurf gemeinhin als gescheitert.⁴⁷ Gerade weil die Erzählung Emmas Position so stark über ihre anglo-dänischen

---

45 *Cuius cum uterque parens* [Knut und Emma] *intima atque ut ita dicam singulari gauderet dilectione, alios uero liberales filios educandos direxerunt Normanniae, istum hunc retinentes sibi, utpote futurum heredem regni* [Hartaknut]. Encomium Emmae Reginae. Ed. *Campbell*, 34, Buch II, Kap. 18. Zwar werden Alfred und Eduard in der Passage, die ganz auf den Thronerben Hartaknut zugeschnitten ist, nicht namentlich genannt. Der Enkomiast gestaltet seinen Bericht hier also offensichtlich ambigue. Insbes. die Bezugnahme auf die Normandie verweist aber auf Emmas Söhne aus erster Ehe. Vgl. zu deren Aufenthalt auf dem Kontinent *Keynes*, Æthelings (1990).

46 Der Enkomiast exkludiert Harold dabei gleich in zweifacher Weise aus dem anglo-dänischen Familienverband, indem er nicht nur die Vaterschaft Knuts, sondern auch die Mutterschaft der lediglich als *concubina* bezeichneten Ælfgifu von Northampton bezweifelt. Vielmehr sei der irrigerweise zum König gewählte Harold das Kind einer Bediensteten gewesen: *Unde factum est, ut quidam Anglorum pietatem regis* [Knut] *sui iam defuncti obliti mallent regnum suum dedecorare quam ornare, relinquentes nobiles filios insignis reginae Emmae et eligentes sibi in regem quendam Haroldum, quem esse filium falsa aestimatione asseritur cuiusdam eiusdem regis Cnutonis conubinae; plurimorum uero assertio eundem Haroldum perhibet furtim fuisse subreptum parturienti ancillae, inpositum autem camerae languentis con(n)cubinae, quod ueratius credi potest*. Encomium Emmae Reginae. Ed. *Campbell*, 38–40, Buch III, Kap. 2.

47 Vgl. hierzu *Tyler*, England (2017); *Dies.*, Trojans (2013); *Dies.*, Conquests (2011); *Dies.*, Fictions (2005); *Dies.*, Talking (2005); *Dies.*, Treasure (1999). Tyler rekurriert dabei u. a. auf den Begriff der „complicity", um die zu erwartende Akzeptanz gegenüber der verschleiernden Erzählstrategie beim intendierten Publikum zu erklären: Da die Rezipierenden um die faktualen Abweichungen in der Darstellung wussten, können die Aussagen des Enkomiasten nicht einfach als Lüge definiert werden. Vielmehr handelt es sich um eine bewusst ambigue gehaltene Version der Ereignisse, die gerade aufgrund ihrer Uneindeutigkeit auf Zustimmung hoffen konnte. Vgl. hierzu bes. *Dies.*, Fictions (2005), 151 f.; *Dies.*, England (2017), 55–59. Demgegenüber ist die negative Wahrnehmung des Textes in der älteren Forschung häufig auf ein allzu positivistisches Geschichtsverständnis zurückzuführen, welches auf den Wahrheitsgehalt der präsentierten Ereignisgeschichte fokussiert ist. *Stenton*, Anglo-Saxon England (1971), 697, bemerkt etwa nur kurz, dass das ‚Encomium' „completely unreliable on points of fact" sei. *Lawson*, Cnut (1993), 55 f., hält in Bezug auf die Herrschaft Knuts fest, dass das Werk „of little value" sei und sich lediglich in einer Aneinanderreihung von Topoi erschöpfe. *Körner*, Battle (1964), 48, attestiert dem Autor stellenweise „an amazing ignorance on important and easily-checked points". Einen guten Überblick über diese und weitere negative Forschungsurteile bietet *Tyler*, Fictions (2005), 150 (Anm. 4), 154 (Anm. 22).

Bezüge legitimierte, habe das Werk nach dem plötzlichen und erbenlosen Tod Hartaknuts 1042 keinerlei Anknüpfungspunkte mehr geboten.[48] Denn die Erhebung Eduards zum König bildete trotz seiner vorherigen Herrschaftsbeteiligung de facto eine „Restauration"[49] der angelsächsischen Königslinie. Das Auffinden einer weiteren Abschrift vor wenigen Jahren, in welcher die Lobrede mit einem neuen Ende versehen worden ist, schien diese Lesart gar zu affirmieren.[50] Denn in dieser Version endet das Werk nicht mehr mit einem Lob auf die Herrschaft Hartaknuts, der in Eintracht mit seiner Mutter und seinem Bruder Eduard die Geschicke des Reiches lenkt, sondern mit der Thronbesteigung Eduards des Bekenners, die eindeutig als Anknüpfen an das Erbe seines explizit genannten Vaters Æthelred beschrieben wird.[51] Stilistisch lässt sich

---

48 *Keynes*, Introduction (1998), lxx, bezeichnet das ‚Encomium' als „product of circumstances which proved to be short-lived". *Lifshitz*, Encomium (1989), 49, konstatiert in Bezug auf das aktualisierte Ende: „It was too little, too late. Edward was understandably not inclined to accept Emma's deceptive portrait of his own life, as an adopted son of Cnut rather than as a refugee from him, even if she was publishing it ‚for his own good.'" *Körner*, Battle (1964), 74, schreibt die Aktualisierung gar fälschlicherweise einem späteren Schreiber zu: „The Encomium did not get the chance of fulfilling the purpose for which it was intended. A transcriber of the Encomium, who was probably already at work during Edward's reign, no longer realised the intention of the manuscript. He innocently added to the end of his transcript that after Hardacnut's death the rightful heir, Edward, succeeded to the throne. Nothing would have been more foreign to the Encomiast than to call Edward ‚heres scilicet legitimus'." Selbst *Tyler*, England (2017), 100, sieht das neue Ende aus der Not heraus geboren, das den Text nicht zu retten vermocht habe: „An Anglo-Danish dynasty with an illustrious future no longer made any sense, and his polemical text was effectively in tatters. The flagrant contradictions between the new ending of the Encomium and the rest of the text meanwhile suggest that in the fast-moving political environment of 1042 there was no time for a radical reorientation and rewriting of the text, though he and Emma remained committed to using the text to protect and forward her own even more precarious position." Die überwiegend negative Wertung des ‚Encomium' hängt ferner mit dem Umstand zusammen, dass ein Großteil der Forschung – vielfach in Unkenntnis des aktualisierten Endes – die Legitimierung Hartaknuts durch die Diskreditierung unterschiedlicher potenzieller Konkurrenten als Kernelement des Werkes identifiziert hat. Vgl. hierzu Anm. 34.
49 So etwa die Formulierung bei *Tyler*, Trojans (2013), 2, oder *Keynes/Love*, Ship (2009), 193.
50 Die sog. ‚Edwardian recension' des Werkes galt lange als verloren und war nur über ein Exzerpt aus dem 16. Jhd. bekannt, bevor im Jahr 2008 eine Handschrift aus dem 14. Jhd. – das sog. ‚Courtenay Compendium' – auf dem Auktionsmarkt erschien, welche das aktualisierte Ende enthält. Das Manuskript befindet sich heute in der Dänischen Königlichen Bibliothek in Kopenhagen (unter der Signatur Acc. 2011/5) und ist als Volldigitalisat frei zugänglich: http://www5.kb.dk/manus/vmanus/2011/dec/ha/object78526/en/ (Zugriff: 04.08.2022). Vgl. hierzu ferner *Keynes/Love*, Ship (2009), 193–198, mit einer Edition und englischer Übersetzung des aktualisierten Endes ebd., 195–197.
51 *Alradus* [sc. Æthelred II.] *autem primus rex – primus autem quia omnium sui temporis prestantissimus – ei praefuit monarchie. Huic itaque nature persoluenti ultima, dum tenera etas successorem non paterentur filium* [sc. Eduard der Bekenner], *ineffabilis prouidencia dei eius prouidit posteriati et licet post aliquot lustra ei tum cui debebantur restitut. Mortuo siquidem Hardechnutone in regnum successit Edwardus heres scilicet legitimus uir uirium eminentia conspicuus uitute animi consiliique atque etiam ingenii uiuacitate preditus et, ut omnia breuiter concludam, omnium expetendorum summa insignitus.* Edwardian Recension. Ed. *Keynes/Love*, 196.

diese Überarbeitung eindeutig auf den Autor selbst zurückführen, der hier mit seinen dynastischen Fiktionen brach und Eduard in eine angelsächsische Tradition einordnete.[52] Die Geschichte, so könnte man überspitzt festhalten, hatte den Enkomiasten also nicht lediglich eingeholt. Vielmehr kapitulierte der Autor vor dem rapiden Ereignisverlauf, indem er sich nicht mehr um den von ihm so minutiös entfalteten Geschichtsentwurf scherte.[53]

Gewiss mögen einige Elemente des Textes nach dem Ende der anglo-dänischen Dynastie obsolet geworden sein. Zudem spricht der bereits 1043 erfolgte Bruch Eduards mit seiner Mutter, welcher in der Angelsächsischen Chronik etwas verklausuliert mit ihrer mangelnden Unterstützung vor dem Herrschaftsantritt begründet wird, gegen eine langfristige Wirkung.[54] Dennoch greift diese Wertung zu kurz, da sie sich wesentlich aus der Retrospektive und der Fokussierung auf ein einzelnes Ereignis speist. Der Enkomiast konnte weder den Tod Hartaknuts noch das Zerwürfnis zwischen Emma und Eduard vorhersehen. Ja das erstgenannte Ereignis scheint für den Enkomiasten keine unüberbrückbare Zäsur gebildet zu haben, wie der Vorgang der Aktualisierung selbst schon eindeutig aufzeigt. Denn offensichtlich gingen der Autor und seine Auftraggeberin davon aus, dass der Text auch unter den ver-

---

52 Vgl. zur Abfassung des aktualisierten Endes durch den ursprünglichen Autor *Tyler*, England (2017), 67 (Anm. 53), sowie *Keynes/Love*, Ship (2009), 197 f.

53 Vgl. hierzu auch die Einschätzung bei *Tyler*, Fictions (2005), 160: „This rewriting reminds us just how rooted in the present this text is and underscores the difficulties that contemporary history poses when the participants comprise your audience." In nahezu gleichem Wortlaut *Dies.*, England (2017), 67. Ebd., 52, heißt es wiederum, dass das aktualisierte Ende „stands at odds with the whole of the text preceeding it." Deutlich positiver fällt dagegen die Deutung der Aktualisierung bei *Hobson*, Narratives (2014), 287 f., aus. Vgl. hierzu auch Anm. 105.

54 So etwa die Einschätzung bei *Tyler*, England (2017), 100: „Remembering the subsequently difficult relationship between Edward and Emma, we strongly suspect that Edward was not receptive of his mother's efforts to persuade him that his and England's future lay with the Anglo-Danish dynasty in which she featured centrally." In den Handschriften der Angelsächsischen Chronik lassen sich durchaus unterschiedliche Begründungen für die Enteignung Emmas finden. Während die Version in Handschrift D der Königin allgemein mangelnde Unterstützung für ihren Sohn vorwirft (*for þan þe heo wæs æror þam cynge hire suna swiðe heard, þæt heo him læsse dyde þonne he wolde, ær þam þe he cyng wære 7 eac syððan*; ASC C. Ed. O'Brien O'Keeffe, 67), scheint der Bericht in Manuskript C Emma spezifisch Geiz gegenüber ihrem Sohn zu unterstellen (*forðam heo hit heold ær to fæste wið hine*; ASC D. Ed. Cubbin, 108). Vgl. hierzu *Foerster*, Witwe (2018), 217. *Keynes*, Æthelings (1990), 198, sieht in dem Bruch die Eskalation eines bereits länger schwelenden Mutter-Sohn-Konfliktes. Ähnlich argumentiert auch *Lifshitz*, Encomium (1989), 49 f., die in durchaus psychologisierender Perspektive Eduard ein starkes Zurückweisungsgefühl gegenüber Emma unterstellt. *Campbell*, Encomium (1979), 44 f., sieht das Ehebündnis zwischen Godwin und Eduard sowie die hiermit angeblich einhergehende Anerkennung Sven Estridssons als potenziellem Nachfolger im Königtum als Ursache des Zerwürfnisses. Wahrscheinlich resultierte die Herabsetzung weniger aus einem persönlichen Konflikt denn aus einer generellen Verschiebung im Hofgefüge bzw. dem Bedürfnis Eduards, die ökonomischen Handlungsräume seiner Mutter einzuschränken. Vgl. für letzteres *Foerster*, Witwe (2018), 233 f., 262.

änderten Bedingungen die ihm angedachte Funktion erfüllen konnte.[55] Darüber hinaus scheint es bereits 1044 zu einer Aussöhnung zwischen Mutter und Sohn gekommen zu sein, wenngleich Emma die zuvor eingenommene Position dauerhaft einbüßte.[56]

Der Schlüssel scheint mir dabei in einem weiteren Perspektivwechsel zu liegen, der in der Forschung bislang nur in Ansätzen[57] verfolgt worden ist und das Herzstück dieses Bandes bildet: der Wechsel von den Eroberern zu den Eroberten beziehungsweise die bewusste Hinterfragung dieser Dichotomie. Die Wahrnehmung des aktualisierten Endes als „bizarr"[58] ergibt sich allein aus einer Engführung des Werkes auf die anglo-dänische Dynastie und somit die Interessen der Herrschenden. Sowohl Emma als auch ihr Lobredner entziehen sich aber nicht zuletzt aufgrund ihrer kontinentalen Bezüge einer solch eindeutigen Zuordnung zu Siegern oder Besiegten.[59] Im Folgenden möchte ich den Blick daher bewusst von den anglo-dänischen Königen lösen und vielmehr danach fragen, welche Angebote der Text anderen Gruppen bereitstellen konnte, um die aus der militärischen Eroberung resultierenden Umbrüche zu akzeptieren und zu verarbeiten.

---

55 Dieser Umstand revidiert auch ältere Forschungsannahmen, die dem Werk vornehmlich eine gegen Eduard gerichtete Tendenz unterstellt haben. Vgl. die entsprechenden Verweise in Anm. 34.
56 Vgl. hierzu *Foerster*, Witwe (2018), 151; *Keynes*, Introduction (1998), lxxi–lxxviii.
57 *Keynes*, Introduction (1998), lxviii, hinterfragt die Eindeutigkeit der Lobrede zwar, hält aber letztlich an dem anglo-dänischen Fokus des Werkes fest.
58 So die Formulierung bei *Tyler*, England (2017), 100, in Anlehnung an *Keynes/Love*, Ship (2009), bei denen sich diese Bezeichnung indes nicht finden lässt.
59 Die Forschung hat auf Basis von Abfassungsumständen und inhaltlichen Aspekten immer wieder die vermeintliche Nähe des ‚Encomium' zur normannischen Hofkultur und Herrscherpanegyrik der Zeit herausgestellt. Vgl. hierzu *Searle*, Emma (1989); *Ashe*, Conquest (2017), 61–63; *Tyler*, Conquests (2011), 178 f.; *Dies.*, England (2017), 121–124; *Hobson*, Narratives (2014), 287. Während die vermeintlich starke Orientierung an den Idealen der normannisch-dänischen Kriegerkultur dabei diskutabel erscheint, ist der Hinweis auf ähnliche Parameter der Literaturproduktion in Form weiblicher Patronage durchaus überzeugend. In jedem Fall werden im ‚Encomium' ganz unterschiedliche kulturelle Einflüsse und Hintergründe der Zeit fassbar, die sich – im Gegensatz zur Deutung von Hobson in ebd., 282–289 – nicht trennscharf voneinander abgrenzen lassen. Dies betont etwa auch *Bihrer*, Begegnungen (2012), 154, mit Blick auf Emmas Exil: „Dabei entwirft der Autor einen Raum, in dem alle Unterschiede zwischen Handelnden und Publikum in England und auf dem Kontinent aufgehoben wurden."

3 Ausgleich durch Schuldauslagerung, oder: Eadric Streona als Sündenbock

Fragt man nach möglichen Interaktionsformen, welche das Verhältnis zwischen Eroberten und Eroberern innerhalb der *christianitas* gestalten konnten, bildet das Prinzip der Buße einen wesentlichen Referenzpunkt. Denn die Gewaltanwendung unter Christen war im kirchlichen Rechtshorizont zumindest *idealiter* strikt reglementiert, sodass Sühneleistungen einerseits einen wichtigen Legitimitätsgrund *ex post* für das eigene Handeln bilden konnten. Andererseits leisteten sie einem Ausgleich zwischen den Konfliktparteien Vorschub, indem die siegreiche der unterlegenen Seite durch ebendiese Klassifikation des Agierens als zu sühnendes Vergehen Entgegenkommen signalisierte, welches seinerseits auf Anerkennung hoffen durfte. Denn Buße schloss Rekonziliation immer mit ein.[60]

Es verwundert daher nicht, dass die Forschung mit Blick auf Knut bereits mehrfach den Gestus eines büßenden Herrschers herausgearbeitet hat.[61] Wie die eingangs thematisierte Mahnpredigt Wulfstans zeigt, konnte das Deutungsmuster der Dänen als Strafe Gottes auch nach deren Christianisierung und vor allem im direkten Umfeld der Eroberungszüge Knuts noch abgerufen werden, wenngleich das Narrativ hier stärker nach innen – als Kritik an den Angelsachsen – denn nach außen gerichtet gewesen ist. Akte wie die Kirchenstiftung auf dem Schlachtfeld von Ashingdon/*Assandun* 1020, die massive Förderung geistlicher Einrichtungen sowie die Translation Ælfheahs, des von den Dänen 1012 bei London gemarterten Erzbischofs von Canterbury, an seinen Bischofssitz legen es in der Tat nahe, dem anglo-dänischen König ein besonderes Verantwortungsbewusstsein für die Vergehen seiner Vorfahren als heidnische Raubfahrer zuzuschreiben.[62]

---

[60] Vgl. hierzu *Hamilton*, Practice (2001), 173–206, bes. 194–196, zu den Bußbestimmungen der normannischen Bischöfe nach dem Sieg Wilhelms des Eroberers bei Hastings 1066, sowie *Meens*, Penance (2014), 10 f., 180–189, mit weiterführender Literatur. Meens betont dabei in Abgrenzung zur älteren Forschung explizit den religiösen Charakter der von ihm diskutierten Beispielfälle, die in der älteren Forschung zumeist rein weltlich als *deditio* gedeutet worden sind.

[61] So etwa *Gerchow*, Prayers (1992), 236, 238; *Lawson*, Cnut (1993), 146, 158–160; *Foot*, Kings (2020), 144, 155 f., 158–162.

[62] Vgl. für eine solche Deutung der genannten Akte etwa *Stafford*, Emma (2004), 8; *Lawson*, Cnut (1993), 140–146; *Foot*, Kings (2020), 158–162. Gänzlich unbegründet sind solche Einschätzungen nicht. Dies zeigt zum einen die Ermordung Ælfheahs, die in zeitgenössischer Perspektive einem Tabubruch gleichgekommen sein dürfte, den es entsprechend zu sühnen galt. Vgl. hierzu *Roach*, Æthelred (2016), 263–266. Zum anderen ist Knuts Verhältnis zur Kirche in den Quellen vergleichsweise reich bezeugt, was auf eine bes. Intensität schließen lässt. Vgl. *Lawson*, Cnut (1993), 117; *Bolton*, Empire (2009), 77.

Wirft man indes einen Blick in das ‚Encomium', so fällt der Befund bezüglich dieses büßenden Gestus ernüchternd aus.[63] Zwar hebt auch der Enkomiast die Frömmigkeit Knuts ostentativ hervor, indem er im Fahrwasser zeitgenössischer Königsideale dessen Nahbeziehung zum Klerus und den Mönchen seines Reiches schildert.[64] Die Stiftungspraxis des Eroberers wird aber bezeichnenderweise anhand eines kontinentalen Beispiels – Knuts Gunsterweise für das Kloster St. Omer in Flandern – verdeutlicht, welches der Autor aus eigener Anschauung kennen will.[65] Über die Memorialgründung bei Ashingdon/*Assandun* oder die Translation Ælfheahs erfahren wir indes nichts. Büßen muss im ‚Encomium' hingegen jemand anderes: Eadric Streona († 1017), Ealdorman von Mercia.

Eadric Streona verkörpert in seinem Handeln wie kaum ein anderer Akteur die hohe situative Dynamik der dänischen Eroberung Englands, wechselte der angelsächsische Ealdorman doch gleich mehrfach die Seiten.[66] Diese Schaukelpolitik bescherte dem Magnaten nach seinem Ableben eine äußerst negative Reputation, die ihre fragwürdige Kulmination 2005 in der Wahl zum „schlechtesten Briten des 11. Jahrhunderts" durch eine von der BBC beauftragte Historiker*innenkommission fand.[67]

---

63 Das Handeln Knuts wird im ‚Encomium' gar so prominent beleuchtet, dass die ältere Forschung die Lobrede als ‚res gestae' des anglo-dänischen Eroberer angesehen hat. Vgl. hierzu Anm. 28.

64 *Amicus uero et familiaris factus est uiris ecclesiasticis, adeo ut episcopis uideretur coepiscopus pro exibitione totius religionis, monachis quoque non secularis sed caenobialis pro continentia humilimae deuotionis.* Encomium Emmae Reginae. Ed. *Campbell*, 34–36, Buch II, Kap. 19. Diese werteorientierte Aufhebung von Standesgrenzen schließt eindeutig an angelsächsische Idealvorstellungen an, wie sie im ausgehenden 10. und beginnenden 11. Jhd. von den sog. ‚benediktinischen' Reformern vertreten worden sind. Vgl. hierzu *Bruhn*, Reformer (2022), 450–463. Somit ist der These von *Ashe*, Conquest (2017), 61–63, durchaus zu widersprechen, die im ‚Encomium' vornehmlich eine Renaissance laikal-kriegerischer Werte und somit einen vermeintlichen Gegenentwurf zu den Reformvorstellungen sieht.

65 Vgl. Encomium Emmae Reginae. Ed. *Campbell*, 36, Buch II, Kap. 20f. Vgl. hierzu *Tyler*, Treasure (1999), 250–252. Inwiefern diese Schwerpunktverlagerung als Konzession gegenüber einer skandinavisch geprägten Elite zu werten ist, wie ebd. angenommen, erscheint mit Blick auf die Anleihen an angelsächsische Ideale in der Passage zuvor hingegen diskussionswürdig. Vgl. die vorherige Anm.

66 Vgl. zum Aufstieg Eadrics und den wenigen Informationen, die zu seiner Person vorliegen, die Überblicke bei *Gates*, Achievement (2012), 58–60, *Ders.*, Historians (2014), 165, *Keynes*, Earls (1994), 67, *Roach*, Æthelred (2016), 286f., sowie speziell zu den Kontexten seines Handelns *Insley*, Conflict (2000). *Bolton*, Cnut (2017), 82, bezeichnet den Ealdorman aufgrund seiner Seitenwechsel gar als „serial traitor, swinging between political opposites whenever each or other side seemed in the ascendant".

67 Vgl. hierzu http://news.bbc.co.uk/1/hi/uk/4561624.stm (Zugriff: 04.08.2022). Vgl. zur dezidiert negativen Wahrnehmung des Ealdorman, *Gates*, Achievement (2012), 55f. Eine positive, wenngleich indirekte Ausnahme von dieser Regel bildet das tausendjährige Jubiläum von Gloustershire und Oxfordshire im Jahr 2007, welches deren Einrichtung implizit auf die Einsetzung Eadrics in Mercia zurückführt. Vgl. *Keynes*, Abbot (2007), 152.

Die Zeichnung Eadrics im ‚Encomium' dürfte dieser anhaltenden Wahrnehmung als opportunistischer Verräter wesentlichen Vorschub geleistet haben.[68] Schon bei seiner Einführung als Hauptunterstützer Edmund Eisenseites charakterisiert ihn der Autor als „für seine Ratschläge geachtet, aber durch seine Listigkeit verschlagen". Zudem ist es der Rückzug seines Kontingents bei der Schlacht von Ashingdon/*Assandun*, welchen er gerüchteweise auf Basis einer Vorabsprache mit den Dänen zum eigenen Vorteil unternommen habe, der das Blatt zuungunsten der Angelsachsen wendete.[69] Nach der Niederlage habe er wiederum das Gehör Edmunds und seiner Unterstützer gefunden und ihnen in einer längeren, als wörtliche Rede wiedergegebenen Ansprache zur Einigung mit der Gegenseite in Form einer Reichsteilung geraten.[70] Schließlich habe er Knut nach dem Tod Edmunds um eine Gunstbezeugung für eben jenen Rückzug bei Ashingdon/*Assandun* ersucht, worauf der explizit als weise gekennzeichnete Herrscher allerdings nicht eingegangen sei. Vielmehr habe er Eadric für seine Untreue durch seinen Earl Erik enthaupten lassen.[71]

Eadric ist in der Darstellung des ‚Encomium' also an allen wesentlichen Umbruchsmomenten während des Thronkonflikts zwischen Edmund und Knut beteiligt

---

[68] Das ‚Encomium' bildet mit dieser abwertenden Darstellung keineswegs einen Sonderfall, wie die ebenso tendenziöse Darstellung in der Angelsächsischen Chronik zeigt, die in etwa zeitgleich entstanden sein dürfte. Vgl. *Gates*, Achievement (2012), 60–65. Mindestens ebenso bedeutsam für die nachhaltige Diskreditierung des Ealdorman sind zudem die entsprechenden Darstellungen in den Chroniken des 12. Jhds. gewesen. Vgl. hierzu die detaillierte Untersuchung bei *Dems.*, Justice (2013). Auch der Beiname ‚Streona', der sich etwas frei mit „der Habgierige" übersetzen ließe und sich auf die angebliche Enteignung geistlicher Gemeinschaften durch Eadric bezieht, ist als Teil dieser Diffamierungskampagne erst in normannischer Zeit – im Chartular Hemmings – bezeugt. Vgl. hierzu ebd., 126, sowie speziell zur Traditionsbildung in Worcester, der Hemming zuzuordnen ist, *Ders.*, Historians (2014). Zur wahrnehmungsprägenden Bedeutung der Historiographie des 12. Jhds. für die angelsächsische Zeit allgemein vgl. die Studien in *Brett/Woodman*, View (2015).

[69] Zum Status Eadrics als zentralem Ratgeber Edmunds: *Erat quoque eius partis comes primus Edricus, consiliis pollens sed tamen dolositate uersipell[is], quem sibi ad aurem posuerat Aedmund in omni[bus] negotiis.* Encomium Emmae Reginae. Ed. *Campbell*, 24, Buch II, Kap. 8. Zur Flucht bei Ashingdon/*Assandun*: *Et uelato uexillo, quod dextra gestabat [sc. Eadric], dans tergum hostibus magnam partem militum bello fraudabat. Et ut quidam aiunt hoc (non) causa egit timoris sed dolositatis, ut postea claruit; quia hoc eum clam Danis promisisse, nescio quo pro beneficio, assertio multorum dicit.* Ebd., 26, Buch II, Kap. 9.

[70] *Iam etiam Edric, qui antea a bello recessit profugus, ad dominum suum et ad socios rediit, et susceptus est, quia uir boni consilii fuit. Is surgens in medio agmine omnes tali alloquutus est sermone: ‚(...) Omnes enim qui adsumus proh dolor fugimus; sed ne hic casus uobis eueniat ulterius, dextras Danis demus, up ipsos faederatos habentes fugam periculumque bellorum sic saltem declinemus. Attamen hoc aliter nequit fieri nisi diuisione regni nostri. Et melius esse iudicio, ut medietatem regni rex noster cum pace habebat, quam totum pariter inuitus amittat.'* Encomium Emmae Reginae. Ed. *Campbell*, 28, Buch II, Kap. 12.

[71] In der Historiographie werden die Todesumstände sehr unterschiedlich dargestellt. Eine Übersicht hierzu bietet *Gates*, Justice (2013), 125. Bei der vom Enkomiasten genannten Enthauptung dürfte es sich somit um eine bewusste Akzentsetzung handeln. Vgl. hierzu ausführlich Anm. 74.

und bestimmt letztlich über das Vorgehen der angelsächsischen Seite.[72] Die hohe Wertschätzung, welche ihm vom unerfahrenen Edmund und seinem Gefolge als Ratgeber entgegengebracht wird, steht dabei in einem merklichen Kontrast zur Agenda des Ealdorman, die nicht am Reichswohl, sondern allein am Eigeninteresse orientiert ist.[73] Auf den ersten Blick erscheint die Hinrichtung des Ealdorman somit als folgerichtige Handlung, die ihrerseits die Grenze zwischen besiegten Angelsachsen und siegreichen Dänen festschreibt. Edmund verliert den Thronstreit zu Recht, da er auf den falschen Ratgeber setzt, wohingegen Knut das falsche Spiel Eadrics durchschaut und ihn bewusst aus seiner einflussreichen Position entfernt.

Dieser erste Eindruck ändert sich aber, wenn man den weiteren Kontext der Verurteilung Eadrics und somit die eigentliche Begründung für dessen Hinrichtung miteinbezieht. Der Ealdorman dient dem Enkomiasten hier lediglich als Fallbeispiel, um Knuts grundsätzliche Haltung gegenüber den Gefolgsleuten seines Gegenspielers Edmund zu thematisieren. So habe der Herrscher all jene, von denen er gehört habe, dass sie treu und ohne Täuschung für Edmund gekämpft hätten, wertgeschätzt. Diejenigen aber, von denen er gewusst habe, dass sie während des Krieges unter betrügerischer Ausflucht die Parteien gegeneinander abgewogen hätten, habe er gehasst und die Hinrichtung vieler dieser Magnaten an einem gewissen Tag aufgrund dieser Hinterlist befohlen.[74] Dementsprechend ist es der Verrat gegenüber Edmund, den Knut in seinem Urteilsspruch über Eadric als Begründung für dessen Hinrichtung anführt.

Die Episode ist in der bisherigen Forschung vor allem hinsichtlich ihrer herrschaftslegitimatorischen Potenziale für die anglo-dänische Dynastie ausgewertet worden, indem die Stilisierung Knuts zu einem weisen und gerechten Richter, welcher die gottgewollte Ordnung in England wiederherstellt, betont worden ist.[75]

---

[72] Umso mehr verwundert es, dass die Figur Eadrics in Untersuchungen zum ‚Encomium' bislang kaum eine Rolle gespielt hat. *John*, Riddle (1980/81), 65, zählt neben den Thronprätendenten etwa Emma und Thorkell zu den zentralen Figuren des Werkes. *Keynes*, Introduction (1998), lvii, schließt Eadric zwar in seine Aufzählung zentraler Charaktere mit ein und betont auch dessen „central role in the fall of the English" (ebd., lix), geht indes aber kaum näher auf ebendiese Rolle ein. Lediglich Jay Paul Gates hat sich in mehreren Studien intensiv mit der Person Eadrics auseinandergesetzt, wobei allerdings nur eine der Arbeiten näher auf die Darstellung im ‚Encomium' eingeht. Vgl. Anm. 74.
[73] Dies zeigt etwa auch das Votum Eadrics für eine Reichsteilung, die ihn entgegen der ihm zugeschriebenen Aussagen in den Einzugsbereich Knuts gebracht hätte, was den Opportunismus des Ealdroman noch weiter herausstreicht, wie *Gates*, Achievement (2012), 60, betont.
[74] *Unde contigit, ut eos quos antea Aedmundo sine dolo fideliter militare audierat diligeret, et eos quos subdolos scierat atque tempore belli in utraque parte fraudulenta tergiuersatione pedentes odio haberet, adeo ut multos principum quadam die occidere pro huiusmodi dolo iuberit.* Encomium Emmae Reginae. Ed. *Campbell*, 30, Buch II, Kap. 15.
[75] So v. a. die Deutung bei *Gates*, Justice (2013), 137, sowie *Dems.*, Achievement (2012), 66–72. Die erstmals im ‚Encomium' zu findende Tötung durch Enthauptung ist dabei laut Gates als Exekution und somit formelle Todesstrafe zu werten, die trotz der Spontaneität und Ironie der Szene Knuts Autorität als Herrscher untermauern soll: „The narrative – more than the fact – of Eadric's execution

Begreift man Herrschaft allerdings als reziprokes Verhältnis, welches sich wesentlich aus der Anerkennung der Beherrschten speist, so greift diese Lesart zu kurz. Gerade durch die Anerkennung und explizite Wertschätzung der früheren Gefolgschaft gegenüber Edmund inseriert der Enkomiast ein Identifikationsangebot für die vermeintlich Besiegten. Denn wer sich im Thronfolgekonflikt aufrichtig verhalten hat, hat von Knut selbst dann nichts zu befürchten, wenn er auf der Gegenseite stand. Ob Angelsachse oder Däne, Eroberer oder Eroberter, dies spielt hier keine Rolle. Entscheidend ist vielmehr, ob das individuelle Handeln christlichen Werten entspricht oder nicht, wie ein Vergleich mit dem bei Wulfstan entfalteten Bußnarrativ aufzeigt.

Zu den vielen Vergehen, die der Erzbischof seinen Landsleuten in der Mahnpredigt von 1014 vorwarf, gehörte auch dasjenige der Untreue. Den Kulminationspunkt der zahlreichen Folgsamkeitsbrüche im weltlichen wie kirchlichen Bereich bildet dabei der Verrat am rechtmäßigen Herrn, der sich einerseits gegen die Seele und somit den jenseitigen Status, andererseits durch Ermordung und Vertreibung gegen die diesseitige Stellung richten konnte. Für die letztgenannten Akte führt Wulfstan mit dem eingangs schon thematisierten Schicksal Æthelreds sowie der Tötung Eduards des Märtyrers zwei Beispiele aus der jüngeren Vergangenheit an und unterstreicht so die Bedeutung, welche der Folgsamkeit gegenüber Königen für die Aufrechterhaltung einer gottgewollten Gesellschaftsordnung zuzusprechen ist.[76] Die Schonung der ehemaligen Unterstützer Edmunds im ‚Encomium' spiegelt diese werteorientierte Perspek-

---

becomes a spectacle that, taking Cnut's accession to the English throne as its foundation, makes claims regarding legitimate kingship and succession, the sacrality of kingship, and the importance of loyalty to the king." (Ebd., 56). Auch *Stafford*, Emma (2004), 33, fokussiert die Aussagekraft der Passage für die Königsherrschaft: „In this royalist work, there was to be no doubt about the fate of traitors, and particularly traitors to kings." Gleiches gilt für *Keynes*, Introduction (1998), lx: „The point was not to explain why the English lost, but to remind the Anglo-Danish audience (perhaps including Earl Godwine himself) of the fate in store for those who deserted their rightful lord in order to take up service with another."

76 *Forþam her syn on lande unʒetryppa micle for ʒode 7 for porolde, 7 eac her syn on earde on mistlice pisan hlafordspican maneʒe. 7 ealra mæst hlafordspice se bið on porolde þæt man his hlafordes saule bespice; 7 ful micel hlafordspice eac bið on porolde þæt man his hlaford of life forræde, oððon of lande lifiendne drife; 7 æʒþer is ʒeporden on þysan earde: Eadpeard man forræde 7 syððan acpealde 7 æfter þam forbærnde, [and Æþelred man dræfde ut of his earde].* Sermo Lupi ad Anglos. Ed. Whitelock, 55–57, Z. 71–80. Der knappe Verweis auf den spirituellen Verrat an der Seele könnte sich ebenfalls auf Eduard den Märtyrer beziehen, da Wulfstan mit der Verbrennung des Leichnams auch auf das postmortale Schicksal des Königs eingeht, das als Versuch der damnatio memoriae gewertet werden könnte. Vgl. zur erinnerungskulturellen Bedeutung und politischen Aufladung von Eduards Leichnam *Marafioti*, Body (2014), 161–191, die ebd., 167f., auch auf die Passage im ‚Sermo' eingeht, allerdings keine Bezüge zum zuvor genannten Verrat an der Seele herstellt. Der Hinweis auf die Verbrennung verdient insofern besondere Beachtung, als er sich allein im ‚Sermo' finden lässt. Zudem setzte sich der Erzbischof unter Æthelred und Knut maßgeblich für eine Förderung des Kultes um den ermordeten Herrscher ein. Vgl. hierzu *Lawson*, Cnut (1993), 139, *Keynes*, Abbot (2007), 178, und *Roach*, Æthelred (2016), 173f.

tive insofern wider, als die ordnungswahrende Funktion von Gehorsam gerade durch die Negierung von Parteigrenzen als universaler Verhaltenswert propagiert wird: Auch Knuts Gegenspieler hatte ein Anrecht auf die ihm gegenüber gelobte Treue.[77] Andererseits wird das Handeln Knuts explizit nicht auf die Milde, sondern auf die Weisheit des Königs und die hiermit verbundene Wertschätzung für die gezeigte Folgsamkeit zurückgeführt. Während die gehorsamen Parteigegner Edmunds in eine werteorientierte Bindung zum neuen Herrscher eintreten, verhindert der Normenbruch des ungehorsamen Eadrics eine solche Aussöhnung mit Knut. Obwohl der Ealdorman durch seine Gefolgschaftsaufkündigung faktisch im Interesse des Eroberers gehandelt hatte, bleibt ihm die Anerkennung hierfür verwehrt, da der weise Knut die Verkommenheit und ordnungsgefährdende Sprengkraft seines Verhaltens erkennt.[78]

Berührungspunkte zwischen der Lobrede und dem Œuvre des Erzbischofs bestehen allerdings nicht nur in Bezug auf die werteorientierte Bedeutung von Verrat, sondern auch bezüglich dessen Ahndung als Verbrechen. Wenngleich Wulfstan Buße und weltliches Strafgericht in eine komplementäre Beziehung setzte, die Mitwirkung von Bischöfen in der Rechtsprechung befürwortete und der Todesstrafe somit generell zurückhaltend gegenüberstand, sah auch der Erzbischof der englischen Rechtstradition folgend die Exekution als gerechte Strafe für Verräter an. Ja, Verrat scheint einer der wenigen Tatbestände gewesen zu sein, bei welchem die Todesstrafe explizit verhängt werden sollte.[79] Mit seiner Anordnung der Enthauptung Eadrics entsprach Knut im ‚Encomium' also gleich in mehrfacher Hinsicht jenen Erwartungshaltungen, die in England um das Jahr 1000 von geistlichen Reformakteuren an das Königtum herangetragen wurden.[80] Paradoxerweise fungiert der Herrscher dänischer Herkunft

---

[77] Die explizite Anerkennung früherer Gefolgschaftsverhältnisse im ‚Encomium' lässt dabei an einer geläufigen Forschungsannahme zweifeln, der zufolge der Verweis auf Æthelred im ‚Sermo Lupi ad Anglos' in Rücksichtnahme auf die neuen politischen Verhältnisse nach dem Herrschaftswechsel getilgt worden sei. Vgl. hierzu etwa die äußerst zugespitzte Einschätzung bei *Godden*, Apocalypse (1994), 148: „There is something perverse in citing the expulsion of Ethelred as an example of lord-betrayal without even hinting at the Viking invasions." Denn unabhängig von ihrem ereignisgeschichtlichen Kontext konnte die Vertreibung Æthelreds weiterhin als mahnendes Exempel fungieren.
[78] Angesichts dieser werteorientierten Bezüge ist meine frühere Einschätzung zum ‚Encomium' zu revidieren, der zufolge das Werk kaum durch den zeitgenössischen Reformdiskurs in England geprägt worden sei. Vgl. *Bruhn*, Reformer (2022), 342.
[79] Vgl. zu Wulfstans Auffassungen sowie den Rechtstraditionen, in denen diese zu verorten sind, die detaillierte Untersuchung bei *Foxhall Forbes*, Heaven (2013), 129–200. Das starke Verdikt über Verrat scheint sich dabei auch aus dem hohen Stellenwert abzuleiten, den der Erzbischof der Vertrauenswürdigkeit von Personen für den gesellschaftlichen Zusammenhalt zusprach. Die Bestimmungen in den Gesetzen Æthelreds zu Eiden und Gottesurteilen zeigen dies deutlich auf, wie Foxhall Forbes ebd., 189, herausstellt: „Wulfstan therefore re-divided the population into those who are trustworthy, those who were untrustworthy, and those who were extremely untrustworthy, and only stipulated that ordeals be required of this last, extremely untrustworthy, group of people."
[80] Vgl. zu diesen Reformidealen ferner umfassend *Bruhn*, Reformer (2022), 345–498.

somit auch beim Enkomiasten immer noch als Strafinstrument Gottes, ist in dieser Position aber anerkannt.[81] Zudem trifft der Vorwurf der Sünde nicht mehr die *gens Anglorum* an sich, sondern nur noch fehlgeleitete Individuen.

Betrachtet man vor diesem Hintergrund nochmals die Eadric im ‚Encomium' allgemein zugeschriebene Rolle, so wird ersichtlich, dass der Ealdorman im Wortsinne als Sündenbock[82] fungiert. Die Reichsteilung, welche vom Enkomiasten – ähnlich wie der christliche Einheitsgedanke bei Wulfstan – als wider den göttlichen Willen gewertet wird, ist weder auf Knut noch auf Edmund, sondern auf das betrügerische Wirken Eadrics zurückzuführen. Der frühzeitige Tod Edmunds wird nicht als gerechte Strafe für das von ihm herbeigeführte Zerwürfnis, sondern vielmehr als Gnadenerweis Gottes gegenüber dem englischen Volk gewertet, damit die *concordia* unter Knut wiederhergestellt werden kann.[83] Ganz ähnlich argumentiert der Autor auch in Bezug auf den Tod Æthelreds einige Kapitel zuvor, durch den Gott der unter dem Krieg leidenden Londoner Stadtbevölkerung die Möglichkeit eröffnet habe, Frieden mit den Dänen zu suchen.[84] Sowohl die angelsächsischen Herrscher als auch die Verpflichtung der englischen Bevölkerung ihnen gegenüber

---

81 Vgl. zur sakralen Aufladung von Knuts Königtum und Handeln im ‚Encomium' *Gates*, Achievement (2012), 72.
82 Vgl. für einen konzisen Überblick zum anthropologischen Konzept des Sündenbocks, welches durch Delegation und Auslagerung von Schuld gesellschaftsstabilisierend wirkt, sowie seinen religiösen Grundlagen *Mierke*, Sündenbock (2015), 113 f., mit weiterführender Literatur. Die Instrumentalisierung Eadrics als „scape-goat for many of the sins both of other individuals and of the whole nation" ist schon von *Freeman*, Conquest, Bd. 1 (1867), 459 f., angesprochen worden, der allerdings kaum näher auf die tieferen Implikationen und v. a. den Versöhnungsaspekt dieser von ihm eher am Rande getroffenen Bemerkung eingeht. Gleiches gilt für *Gates*, Achievement (2012), 58, 60, der in Anlehnung an Freeman ebenfalls nur konstatiert, dass „it is easy enough to see how he became a synecdochic figure for the English nation that had fallen to foreign invasion" bzw. dass „Eadric is treated as a synecdoche, standing in as an explanatory example for the failure of the English nation."
83 *Uerumtamen Deus memor suae antiquae doctrinae, scilicet omne regnum in se ipsum diuisum diu permanere non posse, non longo post tempore Aedmundum eduxit e corpore Anglorum misertus imperii, ne forte si uterque superuiueret neuter regnaret secure, et regnum diatim adnihila(re)tur renouata contentione.* Encomium Emmae Reginae. Ed. *Campbell*, 30, Buch II, Kap. 14. Die Wahl Knuts zum König des ganzen Reichs wird dementsprechend als Offenbarung dieser göttlichen Vorsehung gewertet: *Cuius rei gratia eum Deus iusserit obire, mox deinde patuit (...)*. Ebd. *Hobson*, Narratives (2014), 285, bemerkt daher treffend, dass „[t]he removal of Edmund in order to promulgate internal peace further makes it seem as though he and Cnut are involved in a succession struggle, not an invasion."
84 *Deus itaque, qui omnes homines uult magis saluare quam perdere, intuens has gentes tanto periculo laor(ar)e, eum principem* [sc. Æthelred]*, qui interius ciuitati* [sc. London] *presidebat, educens e corpore iunxit quieti sempiternae, ut eo defuncto liber Cnutoni ingressus pateret, et utrique populo confecta pace paulisper respirare copia esset*. Encomium Emmae Reginae. Ed. *Campbell*, 22, Buch II, Kap. 7.

werden also als rechtmäßig anerkannt.⁸⁵ Der Tod der Prätendenten dient einem höheren Zweck – der Wiederherstellung der Reichseinheit unter einem neuen König – und ist somit nicht Ausdruck göttlichen Strafgerichts. Die aus der Eroberung Knuts resultierenden Spannungen werden, so sie nicht direkt durch göttliche Intervention beseitigt werden, auf den exemplarischen Verräter Eadric übertragen, sodass sie durch dessen Hinrichtung schlussendlich aufgehoben werden können.⁸⁶ Nach dem Tod des Ealdorman steht einer gesichtswahrenden Versöhnung zwischen Eroberten und Eroberern nichts mehr im Wege.

Dass es sich bei diesem Ausgleich um eine bewusste narrative Gestaltung des Enkomiasten handelt, wird schließlich durch einen Vergleich mit der Darstellung von Eadrics Schicksal in der Angelsächsischen Chronik ersichtlich. Zwar wird der Ealdorman dort ebenfalls als Verräter gebrandmarkt, dessen Hinrichtung verdientermaßen erfolgt.⁸⁷ Die zeitliche Ordnung des Geschehens ist aber eine andere: Während die Enthauptung Eadrics im ‚Encomium' unmittelbar nach dem Herrschaftsantritt Knuts erfolgt, halten die volkssprachlichen Annalen zunächst die Wiedereinsetzung Eadrics in Mercia fest, bevor sie dessen Tötung verzeichnen.⁸⁸ Der anglo-dänische König scheint den Ealdorman also zunächst in seiner Position anerkannt zu haben, was vermuten lässt, dass der eigentliche Grund für das Zerwürfnis nicht in dessen Verrat ge-

---

85 Dies spiegelt sich auch in der knappen Darstellung von Edmunds Begräbnis im ‚Encomium' wider, stellt der Autor doch die Trauer heraus, mit welcher das Volk den Herrscher zu Grabe getragen habe. Die Beschreibung wird ferner mit einem interzessorischen Zwischenruf für das Seelenheil des Verstorbenen verbunden: *Defunctus autem regius iuuenis* [sc. Edmund] *regio tumulatur sepulchro, defletus diu multumque a patriensi populo; cui Deus omne gaudium tribuat in celesti solio.* Encomium Emmae Reginae. Ed. *Campbell*, 30, Buch II, Kap. 14.
86 Eine ganz ähnliche Deutung entwirft *Gates*, Justice (2013), 133 f., in Bezug auf die Darstellung bei Wilhelm von Malmesbury, wobei allerdings gerade die Gegenwartsgebundenheit des Entwurfs betont wird, denn Wilhelm verhandelt hier die Folgen der normannischen, nicht der dänischen Eroberung.
87 So wird etwa in der zeitnahen Handschrift C der Angelsächsischen Chronik im Eintrag zu 1009 von einer Intervention Eadrics berichtet, mittels deren der Ealdorman einen militärischen Gegenschlag gegen die Dänen verhindert habe. Dieses Einschreiten zugunsten der Feinde wird dabei als gewohnheitsmäßig klassifiziert: *Þa sume siðe hæfde se cyning hi forne mid ealre fyrde þa hi to scypon woldan, 7 eal folc gearu wæs hom on to fonne. Ac hit wæs þa ðuruh Eadric ealdorman gelet swa hit gyt æfre wæs.* ASC C. Ed. *O'Brien O'Keeffe*, [1009], 94 f. Vgl. hierzu auch die Deutung der Annaleneinträge zu Eadric bei *Gates*, Achievement (2012), 59–65, sowie die Einschätzung bei *Insley*, Conflict (2000), 30. In der verhältnismäßig späten Handschrift F der Angelsächsischen Chronik wird die Hinrichtung Eadrics als „äußerst gerecht" (*swyðe rihlice* bzw. *iustissime*) bezeichnet. Vgl. zu letzterem ASC F. Ed. *Baker* [1017], 110 f., sowie *Bolton*, Cnut (2017), 96 (Anm. 8).
88 *Her on þissum geare feng Cnut kyning to eallon Angelcynnes ryce 7 hit totælde on feower, him sylfan Westsexan 7 Þurkylle Eastenglan 7 Eadrice Myrcan 7 Irke Norðhymbran. 7 on þissum geare wæs Eadric ealdorman ofslagen 7 Norðman Leofwines sunu ealdormannes 7 Æþelweard Æþelmæres sunu greatan 7 Brihtric Ælfehes sunu on Defenascire.* ASC C. Ed. *O'Brien O'Keeffe* [1017], 103. Die Handschriften D und E weichen leicht ab, stimmen im Ereignisverlauf aber mit der hier zitierten Version überein. Vgl. zur Datierung der Einträge *Gates*, Achievement (2012), 60–62.

genüber Edmund zu sehen ist.⁸⁹ Wie schon im Falle der familiären Verbindungen verschleierte der Enkomiast wohl auch mit Blick auf die Person Eadrics die Verhältnisse, um sie im Sinne der eigenen Aussageinteressen eindeutiger zu gestalten, als sie es letztlich waren.

4 Apokalypse ... erwartet! Undoing Conquest und die Grenzen der Perspektive

Über eine weitere Schrift Wulfstans von York lässt sich zum Abschluss des Beitrages noch einmal der Bogen zum eingangs diskutierten ‚Sermo Lupi ad Anglos' schlagen. Nach der Thronbesteigung Knuts verfasste der Erzbischof eine weitere Predigt, die sich an den neuen Herrscher, seine Funktionsträger sowie den Klerus richtete und folglich ebenfalls im Kontext einer Reichsversammlung zu verorten ist. Der lediglich als *Larspell* betitelte Text weist mit Blick auf die verhandelten Inhalte und genutzten Vorlagen große Schnittmengen zum Gesetzeserlass von 1018 auf, schärfte Wulfstan der versammelten Elite doch eine Lebensführung und Herrschaftsausübung im Zeichen Gottes ein. Denn der Thron des Reiches, welcher gleichermaßen von *oratores*, *bellatores* und *laboratores* getragen werde, ließe sich nur bewahren, wenn jede der Funktionsgruppen durch Gottes weise Gesetze wie auch gerechtes weltliches Recht entsprechend gestärkt werde.⁹⁰ Die Forschung hat die Predigt dementsprechend häufig in einem direkten Zusammenhang mit eben jenem 1018 in Oxford abgehaltenen *Witenagemot* gesehen, im Zuge dessen die oben diskutierte Gesetzessammlung Knuts erlassen worden ist.⁹¹ Der Text liest sich nicht zuletzt durch seine Bezugnahme auf

---

89 Letztlich spekulativ bleibt hingegen die Einschätzung bei *Keynes*, Earls (1994), 81, dass „[t]he appointment of Eadric was doubtless forced on Cnut, who can have had little choice but to accept the reality of his control of Mercia, pending an opportunity to remove him for good." Ähnlich äußern sich *Gates*, Achievement (2012), 65, und *Bolton*, Cnut (2017), 96. Die Wiedereinsetzung scheint hier allein vor dem Hintergrund der späteren Eskalation zwischen dem König und seinem Herrschaftsträger gedeutet zu werden.
90 *Æle riht cynestol stent on þrym stapelum, þe fulice ariht stent: an is* oratores, *and oðer is* laboratores, *and þrydde is* bellatores. oratores *syndon gebedmen, þe gode sceolon þeowjan dæges and nihtes for þæne cyngc and for ealne þeodscipe þingjan georne.* laboratores *syndon weorcmen, þe tiljan sceolon þæs, þe eall þeodscipe big sceal lybban.* bellatores *syndon wigmen, þe eard sculon werjan wîglice mid wæpnon. on þysum þrym stapelum sceal ælc cynestôl standan mid rihte; and, awacyge heora ænig, sona se stôl scylfð; and, fulberste heora ænig, þonne hyrst se stôl nyðer, and þæt wyrð þære þeode eall to unþearfe. ac stalge man and strangje and trymme hi georne mid wislicre godes lage and mid rihtlicre woroldlage; þæt wyrð þam þeodscipe to langsuman ræde. and sod is, þæt we secgað, awacyge se cristendom, sona scylfð se cynedom.* [Wulfstan von York,] Larspell. Ed. *Napier*, 267.
91 Vgl. hierzu *Lionarons*, Writings (2010), 170–175, *Dies.*, Eschatology (2004), *Wormald*, Law (2001), 335, sowie grundlegend *Kennedy*, Law Code (1983), 62–66. *Stafford*, Laws (1981), 187, vermutet hin-

die Missstände „zuvor"⁹² fast schon wie eine Blaupause für die Oxforder Beschlüsse und wäre damit als weiterer Beleg für den Erfolg des erzbischöflichen Erneuerungsprogramms⁹³ zu werten: Die durch Herrscherwechsel und Friedensschluss herbeigeführte Stabilität ließ die gottgefällige Neuausrichtung der Gesamtgesellschaft in greifbare Nähe treten.

Umso mehr überrascht vor dem Hintergrund dieses antizipierten Neuanfangs zunächst das Ende der Predigt. Denn Wulfstan ließ seine Ausführungen in einer mahnenden Erinnerung an das bevorstehende Weltenende und die hiermit verbundenen Tage des Antichristen gipfeln – ein Umstand, den die Menschen durch die Täuschungen des Teufels allzu leicht vergessen würden.⁹⁴ Dass die Apokalypse indes in naher Zukunft zu erwarten stünde, dafür bestand für den Erzbischof angesichts des sich weiterhin täglich verschlechternden Zustands der Welt keinerlei Zweifel.⁹⁵ Somit sei es die Pflicht der Prediger Gottes, die Menschen kontinuierlich vor dem drohenden Unheil in Person des Antichristen zu warnen, damit sie nicht unvorbereitet ihrem Ende gegenüberstünden und dem Teufel anheimfielen. Nur wer diese Warnungen ernstnehme, sich in seiner Lebensführung ganz Gott unterwerfe und der Sünde entsage, könne auf das himmlische Königreich hoffen.⁹⁶ Damit weist die Predigt nicht allein Bezüge zur Gesetzessammlung von 1018 auf, sondern enthält auch deutliche Reminiszenzen an die Mahnrede von 1014. Trotz

---

gegen, dass die Predigt anlässlich von Knuts Weihe und Krönung gehalten worden sein könnte, was sich allerdings nicht belegen lässt.

92 Ausgedrückt wird diese durch die Formulierungen *ær þysan* bzw. *ær þysum*. Vgl. hierzu Lionarons, Writings (2010), 173 f.

93 Inwiefern dieses Erneuerungsprogramm allein auf die politische Einflussnahme Wulfstans zurückzuführen ist, erscheint diskussionswürdig. Während Keynes, Æthelings (1990), 173, dem Erzbischof hier die maßgebliche Rolle zuschreibt, kritisieren Roach, Æthelred (2016), 227–235, und Bolton, Cnut (2017), 106 f., diese Engführung zu Recht: Statt Wulfstan als ‚graue Eminenz' oder ‚spin-doctor' des englischen Königtums zu verklären, sollten die Beschlüsse als Interessenkonvergenz zwischen dem jeweiligen König und seinen Beratern gelesen werden. Dies gilt umso mehr, als Wulfstan nur ein Repräsentant einer reformorientierten Gruppe gewesen ist. Vgl. hierzu Bruhn, Reformer (2022), 291–302, mit weiterführender Literatur.

94 *and utan geþencean, þæt hit is nyr þisse worulde ende, þonne hwa gelyfan wylle, and þæs deofles timan Antecristes. ac deofol dwelað manna geþohtas, þæt hig to lyt þærymbe þenceað.* [Wulfstan von York,] Larspell. Ed. *Napier*, 272 f.

95 *and, gelyfe se, þe wylle, we witan to sôðe, þæt hit þærto georne genealæcð, forþam þeos worold is sorhful and fram dæge to dæge â swa leng, swa wyrse.* [Wulfstan von York,] Larspell. Ed. *Napier*, 273.

96 *ðy us is mycel þearf, þe to godes bydelum gesette syn, þæt we godes folc warnjan gelome wið þone egsan, þe mannum is towyrd, þæt is se þeodfeond Antichrist, þe læs þe hig unwære wurðan aredode and þonne to hrædlice þurh deofol beswicene. (...) on godes naman we biddað, þæt cristenra manna gehwilc hine sylfne georne beþence and warnige wið þone egsan and geornlice to gode beguge and fram synnum gecirre, swa he geornost mæge, and geearnige, þæt he gemânan habban môte on hefena rice, þær is êce blis and æfre bið mid þam, þe leofað and rixað â butan ende. amen.* [Wulfstan von York,] Larspell. Ed. *Napier*, 273 f.

der unter Knut eingetretenen Befriedung stand die Apokalypse weiterhin unmittelbar zu erwarten.[97]

Der überraschende Charakter des Predigtendes speist sich weniger aus dem Text selbst, wie Joyce Lionarons luzide anhand des Inhalts und der handschriftlichen Überlieferung aufgezeigt hat.[98] Denn ein Christ muss immer wachsam sein, sodass der Ruf nach religiöser Erneuerung schlechterdings nicht verstummen kann.[99] Die Irritation ergibt sich vielmehr aus eben jener Meistererzählung, welcher die Erforschung der englischen Geschichte zwischen 1013 und 1042 im Allgemeinen unterliegt und die durch Gegensatzpaare strukturiert ist: Kontinuität und Wandel, Sieger und Besiegte, Angelsachsen und Dänen, Eroberer und Eroberte.[100] Die Tatsache, dass Wulfstan im Herrscherwechsel von Æthelred beziehungsweise Edmund Eisenseite zu Knut offensichtlich nur bedingt eine Zäsur für seine reformorientierte Agenda sah, sollte davor warnen, den durch die politischen und militärischen Ereignisse evozierten Deutungsrahmen absolut zu setzen.

Dieses Postulat einer unvoreingenommenen Offenheit ist auch auf jene Quellen anzuwenden, in denen der konfliktreiche Übergang vom angelsächsischen zum dänischen Königtum explizit den narrativen Leitrahmen bildet und deren Autor*innen sich auf den ersten Blick eindeutig einem der beiden konkurrierenden Lager zuordnen lassen, wie die vorstehende Analyse des ‚Encomium Emmae reginae' gezeigt hat. Auch wenn der Text sicherlich der Legitimation der neuen anglo-dänischen Machthaber dienen sollte, so kann er allein schon aufgrund der grenzüberschreitenden Stellung seiner Auftraggeberin nicht auf diesen Aspekt reduziert werden. Gerade weil dem Enkomiasten an einem Ausgleich zwischen Siegern und Besiegten gelegen gewesen ist, trägt die Lobrede den Interessen und Ansichten der Parteigänger Æthelreds und Edmunds Rechnung.[101] Zu eindimensional sind dementsprechend Forschungsurteile, die das ‚Encomium' in eine inhaltlich zwar ergänzende, zugleich aber hinsichtlich der Intentionen diametral gegenübergestellte Relation zum Bericht der Angelsächsischen Chronik setzen oder die Lobrede aufgrund ihrer

---

97 So auch die pointierte Einschätzung bei *Lionarons*, Writings (2010), 74: „Although the body of the homily contains his hopes for the societal reconstruction of England governed by the laws that he had written, its conclusion expresses his unshakable conviction of that society's end."
98 Vgl. hierzu *Lionarons*, Writings (2010), 170–175; *Dies.*, Eschatology (2004).
99 Diesem Grundgedanken folgend ist *Lionarons*, Writings (2010), 4f., zuzustimmen, dass die eschatologischen Predigten Wulfstans – bei aller Kontextgebundenheit – stärker zusammen betrachtet werden müssen.
100 Ein aktuelles Beispiel für das Fortwirken ethnisch-politischer Gegensätze bildet die Untersuchung literarischer Knutbilder bei *Hobson*, Narratives (2014), der trotz eines grundsätzlich konstruktivistisch und hybrid angelegten Identitätsverständnisses klar zwischen englischen, dänischen und kontinentaleuropäischen (v. a. normannischen) Elementen unterscheidet. Gleiches gilt für *Insley*, Politics (2020), oder *Ashe*, Conquest (2017), 11–63.
101 Folglich ist v. a. der Wertung bei *Lifshitz*, Encomium (1989), 44f., zu widersprechen, die dem Text jegliches Ausgleichangebot abspricht.

Reminiszenzen an eine skandinavische Kriegerkultur oder ein normannisches Protorittertum scharf von einem vermeintlich anti-laikalen englischen Reformdiskurs abgrenzen.[102]

Um der Forschung Perspektiven über das konkrete Fallbeispiel hinaus zu eröffnen, seien die Befunde abschließend in vier kurzen Thesen gebündelt. Erstens lässt sich der einseitige Fokus auf die Eroberer und (vermeintlichen) Sieger nur bedingt über die Überlieferungssituation erklären. Die *agency* der Eroberten wird auch in den eroberernahen Quellen greifbar, sofern man bewusst nach ihr sucht. Begreift man Eroberung, wie von den Herausgeber/innen vorgeschlagen, als langfristigen und reziproken Aushandlungsprozess, so überrascht dieser Befund nicht. Denn Akzeptanz und Anerkennung seitens der vermeintlich Unterlegenen bildeten wichtige Eckpfeiler der Interaktion.

Zweitens regt die Herkunft des Enkomiasten – er war weder Angelsachse noch Däne, sondern sehr wahrscheinlich flandrischer Herkunft – dazu an, die von Rike Szill vorgeschlagene Triade aus Eroberern, Eroberten und Streitgrund um eine vierte Dimension zu ergänzen: die der Nutznießer oder mittelbar Beteiligten. Einerseits kann der anonyme Lobredner über seine Assoziation mit Emma wie auch seine Parteinahme für Knut und Hartaknut dem anglo-dänischen Lager zugeschlagen werden. Andererseits ist er von den Umbrüchen nicht unmittelbar betroffen gewesen, da seine geistliche Heimatgemeinschaft sich außerhalb des umstrittenen Gebiets befand. Ja, die Auswahl des Geistlichen scheint weniger durch eine eindeutige Gruppenzugehörigkeit als vielmehr durch sein rhetorisches Talent bedingt gewesen zu sein, wie der anspruchsvolle Geschichtsentwurf seines Werkes zeigt. Es wäre gar zu überlegen, dieses Konzept einer Intervention von außen auch auf Emma zu übertragen, die qua ihrer Position als Ehefrau, Witwe und Mutter und ihrer normannischen Herkunft ebenfalls eine gewisse Distanz zu den Kategorien ‚Eroberer', ‚Eroberte' und ‚Streitgrund' aufweist. Der Enkomiast

---

102 *Keynes*, Introduction (1998), lv: „The Encomiast's account (...) is of interest in part because it is independent of and therefore complements the annals in the Anglo-Saxon Chronicle (written probably by a Londoner, c. 1020), and in part because it represents what is effectively a ‚Danish' as opposed to an ‚English' point of view." *Ashe*, Conquest (2017), 63: „Her Encomium is a virtuosic piece of political propaganda and courtly apologia; but at an unexpected moment, it provides a sudden coalescence of martial, national, and patriotic ideology, that had been missing from the Anglo-Saxon Chronicle, missing from the Battle of Maldon, and missing from the sermons and homiletic charters and lawcodes of English Church and government (...). The patriotic words of Edmund's battle speech in the Encomium take a form that would echo for centuries to come." *Searle*, Emma (1989), 283: „In Emma's case we can see the most striking evidence of a woman having internalised the ethos of her family and class, intensely masculine as that ethos was. Not yet was it decked out in the accoutrements of knighthood, much less in the pretty trappings of courtliness."

verfasste die Lobrede schließlich, um Emma in ein sich stetig wandelndes Gruppengefüge (neu) einzuschreiben.[103]

Drittens zeigt gerade der punktuelle Vergleich zwischen dem ‚Encomium' und dem Œuvre Wulfstans den produktiven Umgang mit etablierten Deutungsmustern auf. Das Motiv der Dänen als gerechte Strafe Gottes verlor durch den Sieg des Christen Knut nicht einfach seine Berechtigung. In Verbindung mit dem Ideal des Herrschers als Richter, der den Willen Gottes auf Erden vollstreckt, blieb es in adaptierter Form weiterhin präsent. Auch die Hinrichtung Eadrics als gebrandmarkter Verräter entsprach einerseits reformorientierten Gesellschaftsentwürfen in England. Andererseits eröffnete die Rückbindung des Zerwürfnisses an ein konkretes Individuum die Möglichkeit, die aus dem Herrschaftswechsel resultierenden Spannungen für die beiden Parteien geschichtswahrend aufzuheben. Darüber hinaus speiste der Enkomiast durch seinen unverhältnismäßig starken Rekurs auf die antike Dichtung neue Sinngebungsmuster in den Bewältigungsprozess mit ein, die ihm durch Emma und seine kontinentale Sozialisation vermittelt worden sein dürften.[104]

Viertens stellt sich angesichts der auf Einheit bedachten Stoßrichtung des ‚Encomium' die Frage, inwiefern Konstellationen wie „Dänen versus Angelsachsen", wie sie für moderne Auseinandersetzungen mit der Eroberung noch immer kennzeichnend sind, die Bewältigung des Geschehens durch die Zeitgenossen anleiteten. Der Enkomiast sah offensichtlich kein Problem darin, sein Werk über das Ende der anglo-dänischen Dynastie hinaus zu aktualisieren – auch wenn diese Fort- beziehungsweise Umschreibung die zentrale Stellung Emmas im Werk unterminierte.[105] Denn die Nachfolge Eduards wurde hierdurch in eine doppelte Traditionslinie eingeordnet, indem sie sich nicht allein aus dessen Wessex'scher Abkunft, sondern auch aus der Herrschaftsbeteiligung unter dem Halbbruder speiste.[106] Ebenso scheinen die Predigten Wulfstans weniger durch den politischen Umbruch, als durch das Wechselverhältnis von Endzeiterwartung und Reform gekennzeichnet, in denen die Däneneinfälle zwar ein wichtiges Argument und zentralen Angelpunkt bildeten, aber eben in einen umfassenderen Kontext eingeordnet wurden. Vielleicht ist es an der Zeit für ein doppeltes „Undoing Conquest"[107] in der Forschung: zum einen in Bezug auf die Quellen, indem man bewusst nach Ausgleichsmomenten zwischen den Parteien

---

103 Vgl. *Stafford*, Emma (2004), 38–40; *Foerster*, Witwe (2018), 230.
104 Vgl. zu diesen kontinentalen Einflüssen die Anm. 28 und 58.
105 Die für die Hervorhebung Emmas so zentrale Kreismetapher verweist nun nicht mehr auf die Auftraggeberin, sondern auf Eduard, was einen deutlichen konzeptionellen Bruch markiert, wie *Tyler*, England (2017), 100, richtigerweise anmerkt.
106 Vgl. hierzu die Quellenstelle in Anm. 50. Ganz ähnlich äußert sich auch *Hobson*, Narratives (2014), 288. Inwiefern „English" dann allerdings – wie ebd. vorgeschlagen – eine treffende Charakterisierung von Eduards Königtum bildet, erscheint hingegen diskussionswürdig.
107 Die Formulierung ist angelehnt an das Konzept des „Undoing Gender", welches von Stefan Hirschauer im Rahmen der soziologischen Geschlechterforschung entwickelt worden ist. Vgl. hierzu etwa *Hirschauer*, Fortpflanzung (1994).

fragt; zum anderen mit Blick auf die eigenen epistemischen Prinzipien, indem man sich vom Eroberungsbegriff und seinen voraussetzungsreichen Implikationen löst.

Handschriften

Cambridge, Corpus Christi College, MS 201, online: https://parker.stanford.edu/parker/catalog/cr485km1781 (Zugriff: 03.08.2022).
Cambridge, Corpus Christi College, MS 419, online: https://parker.stanford.edu/parker/catalog/sb541hg4710 (Zugriff: 03.08.2022).
Kopenhagen, Dänische Königliche Bibliothek, Acc. 2011/5, online: http://www5.kb.dk/manus/vmanus/2011/dec/ha/object78526/en/#kbOSD-0=page:223 (Zugriff: 03.08.2022).
London, British Library, Cotton Nero A.i., online: https://www.bl.uk/manuscripts/Viewer.aspx?ref=cotton_ms_nero_a_i_f070r (Zugriff: 03.08.2022).
Oxford, Bodleian Library, MS Hatton 113, online: https://digital.bodleian.ox.ac.uk/objects/a36fbb27-5ba6-4e72-8aa3-b01bfdd45ba8/surfaces/9622f3a3-4ee5-45b8-8e20-19c7dc753ee4/ (Zugriff: 03.08.2022).

Edierte Quellen

The Anglo-Saxon Chronicle. A Collaborative Edition, Bd. 5: MS C. A Semi-Diplomatic Edition with Introduction and Indices. Ed. *Katherine O'Brien O'Keeffe*. Cambridge 2001.
The Anglo-Saxon Chronicle. A Collaborative Edition, Bd. 6: MS D. A Semi-Diplomatic Edition with Introduction and Indices. Ed. *G.P. Cubbin*. Cambridge 1996.
The Anglo-Saxon Chronicle. A Collaborative Edition, Bd. 8: MS F. A Semi-Diplomatic Edition with Introduction and Indices. Ed. *Peter S. Baker*. Cambridge 2000.
Encomium Emmae Reginae. Ed. *Alistair Campbell* with a Supplementary Introduction by *Simon Keynes*. (Camden Classic Reprints, Bd. 4.) Cambridge u. a. 1998, 1–55.
Anonymus. Edwardian Recension des Encomium Emmae Reginae. Ed. *Simon Keynes / Rosalind Love*, 195–197 (= Earl Godwine's Ship, in: Anglo-Saxon England 38, 2009, 185–224).
Sermo Lupi ad Anglos. Ed. *Dorothy Whitelock*. (Exeter Medieval English Texts.) Exeter ³1976, 46–67.
[Wulfstan von York.] Gesetzessammlung Knuts von 1018. Ed. *Alan G. Kennedy*, 71–81 (= Ders., Cnut's Law Code of 1018, in: Anglo-Saxon England 11, 1983, 57–81).
[Wulfstan von York.] Larspell, in: Wulfstan. Sammlung der ihm zugeschriebenen Homilien nebst Untersuchungen über ihre Echtheit. Abteilung 1: Text und Varianten. Ed. *Arthur Napier*. (Sammlung englischer Denkmäler in kritischen Ausgaben, Bd. 4.1.) Berlin 1883, 266–274.

Literatur

Laura Ashe, Conquest and Transformation. (The Oxford English Literary History, Bd. 1: 1000–1300.) Oxford u. a. 2017.
Frank Barlow, Edward the Confessor. (Yale English Monarchs Series.) London 1970, ND 1979.

Dorothy Bethurum, Introduction, in: Dies. (Hrsg.), The Homilies of Wulfstan. Oxford u. a. 1957, 1–112.
Andreas Bihrer, Begegnungen zwischen dem ostfränkisch-deutschen Reich und England (850–1100). Kontakte – Konstellationen – Funktionalisierungen – Wirkungen. (Mittelalter-Forschungen, Bd. 39.) Ostfildern 2012.
Timothy Bolton, Cnut the Great. (Yale English Monarchs Series.) New Haven / London 2017.
Timothy Bolton, The Empire of Cnut the Great. Conquest and the Consolidation of Power in Northern Europe in the Early Eleventh Century. (The Northern World, Bd. 40.) Leiden / Boston 2009.
Martin Brett / David A. Woodman (Hrsg.), The Long Twelfth-Century View of the Anglo-Saxon Past. (Studies in Early Medieval Britain and Ireland.) Farnham / Burlington 2015.
Stephan Bruhn, Reformer als Wertegemeinschaften. Zur diskursiven Formierung einer sozialen Gruppe im spätangelsächsischen England (ca. 850–1050). (Mittelalter-Forschungen, Bd. 68.) Ostfildern 2022.
Miles W. Campbell, The Encomium Emmae Reginae: Personal Panegyric or Political Propaganda?, in: Annuale Mediaevale 19, 1979, 27–45.
Catherine Cubitt, On Living in the Time of Tribulation: Archbishop Wulfstan's Sermo Lupi ad Anglos and Its Eschatological Context, in: Rory Naismith / David A. Woodman (Hrsg.), Writing, Kingship and Power in Anglo-Saxon England. Cambridge u. a. 2018, 202–233.
Stephanie Dien, Sermo Lupi ad Anglos. The Order and Date of the Three Versions, in: Neuphilologische Mitteilungen 76.4, 1975, 561–570.
Anne Foerster, Die Witwe des Königs. Zu Vorstellung, Anspruch und Performanz im englischen und deutschen Hochmittelalter. (Mittelalter-Forschungen, Bd. 57.) Ostfildern 2018.
Sarah Foot, Kings, Saints and Conquests, in: Laura Ashe / Emily Joan Ward (Hrsg.), Conquests in Eleventh-Century England 1016, 1066. Woodbridge 2020, 140–164.
Helen Foxhall Forbes, Apocalypse, Eschatology and the Interim in England and Byzantium in the Tenth and Eleventh Centuries, in: Matthew Gabriele / James T. Palmer (Hrsg.), Apocalypse and Reform from Late Antiquity to the Middle Ages. London / New York 2019, 139–166.
Helen Foxhall Forbes, Heaven and Earth in Anglo-Saxon England: Theology and Society in an Age of Faith. (Studies in Early Medieval Britain and Ireland.) Farnham / Burlington 2013.
Edward A. Freeman, The History of the Norman Conquest of England, its Causes and its Results. Volume I: The Preliminary History to the Election of Edward the Confessor. Oxford 1867.
Matthew Gabriele / James T. Palmer, Introduction: Reform and the Beginning of the End, in: Dies. (Hrsg.), Apocalypse and Reform from Late Antiquity to the Middle Ages. London / New York 2019, 1–11.
Richard Gameson, L'Angleterre et la Flandre aux Xe et XIe siècles. Le témoignage des manuscrits, in: Les Echanges Culturels au Moyen Âge. XXXIIe. Congrès de la SHMES (Université du Littoral Côte d'Opale, juin 2001). (Histoire ancienne et médiévale, Bd. 70.) Paris 2002, 165–206.
Jay Paul Gates, The ‚Worcester' Historians and Eadric Streona's Execution, in: Ders. / Nicole Marafioti (Hrsg.), Capital and Corporal Punishment in Anglo-Saxon England. (Anglo-Saxon Studies, Bd. 23.) Woodbridge 2014, 165–180.
Jay Paul Gates, Imagining Justice in the Anglo-Saxon Past. Eadric Streona, Kingship, and the Search for Community, in: The Haskins Society Journal 25, 2013, 125–146.
Jay Paul Gates, A Crowning Achievement. The Royal Execution and Damnation of Eadric Streona, in: Larissa Tracy / Jeff Massey (Hrsg.), Heads Will Roll. Decapitation in the Medieval and Early Modern Imagination. (Medieval and Renaissance Authors and Texts, Bd. 7.) Leiden / Boston 2012, 53–72.
Jan Gerchow, Prayers for King Cnut. The Liturgical Commemoration of a Conqueror, in: Carola Hicks (Hrsg.), England in the Eleventh Century. Proceedings of the 1990 Harlaxton Symposium. (Harlaxton Medieval Studies, Bd. 2 / Paul Watkins Medieval Studies, Bd. 12.) Stamford 1992, 219–238.

Malcolm Godden, The Relations of Wulfstan and Ælfric. A Reassessment, in: Matthew Townend (Hrsg.), Wulfstan, Archbishop of York. The Proceedings of the Second Alcuin Conference. (Studies in the Early Middle Ages, Bd. 10.) Turnhout 2004, 353–374.

Malcolm Godden, Apocalypse and Invasion in Late Anglo-Saxon England, in: Ders. / Douglas Gray / Terry Hoad (Hrsg.), From Anglo-Saxon English to Early Middle English. Studies Presented to E.G. Stanley. Oxford u. a. 1994, 130–162.

Sarah M. Hamilton, The Practice of Penance. (Royal Historical Society Studies in History. New Series.) London 2001.

Thomas Alexander Heslop, The Production of De Luxe Manuscripts and the Patronage of King Cnut and Queen Emma, in: Anglo-Saxon England 19, 1990, 151–195.

Joyce Hill, Archbishop Wulfstan: Reformer?, in: Matthew Townend (Hrsg.), Wulfstan, Archbishop of York. The Proceedings of the Second Alcuin Conference. (Studies in the Early Middle Ages, Bd. 10.) Turnhout 2004, 309–324.

Stefan Hirschauer, Die soziale Fortpflanzung der Zweigeschlechtlichkeit, in: Kölner Zeitschrift für Soziologie und Sozialpsychologie 46.4, 1994, 668–692.

Jacob Hobson, National-Ethnic Narratives in Eleventh-Century Literary Representations of Cnut, in: Anglo-Saxon England 43, 2014, 267–295.

Stephanie Hollis, The Thematic Structure of the Sermo Lupi, in: Roy M. Liuzza (Hrsg.), Old English Literature. Critical Essays. New Haven / London 2002, 182–203.

Charles Insley, Why 1016 Matters; or, The Politics of Memory and Identity in Cnut's Kingdom, in: Laura Ashe / Emily Joan Ward (Hrsg.), Conquests in Eleventh-Century England 1016, 1066. Woodbridge 2020, 3–22.

Charles Insley, Where Did All the Charters Go? Anglo-Saxon Charters and the New Politics of the Eleventh Century, in: Anglo-Norman Studies 24, 2001, 109–127.

Eric John, The Encomium Emmae Reginae: A Riddle and a Solution, in: Bulletin of the John Rylands University Library 63, 1980/1981, 58–94.

Alan G. Kennedy, Cnut's Law Code of 1018, in: Anglo-Saxon England 11, 1983, 57–81.

Simon Keynes, An Abbot, an Archbishop, and the Viking Raids of 1006–7 and 1009–12, in: Anglo-Saxon England 36, 2007, 151–220.

Simon Keynes, Introduction to the 1998 Reprint, in: Encomium Emmae Reginae. Ed. Alistair Campbell. With a Supplementary Introduction by Simon Keynes. (Camden Classic Reprints, Bd. 4.) Cambridge u. a. 1998, xiii–lxxxvii.

Simon Keynes, Cnut's Earls, in: Alexander R. Rumble (Hrsg.), The Reign of Cnut: King of England, Denmark and Norway. (Studies in the Early History of Britain.) London 1994, 43–88.

Simon Keynes, The Æthelings in Normandy, in: Anglo-Norman Studies 13, 1990, 173–205.

Simon Keynes / Rosalind Love, Earl Godwine's Ship, in: Anglo-Saxon England 38, 2009, 185–224.

Sten Körner, The Battle of Hastings, England, and Europe 1035–1066. (Bibliotheca Historica Lundensis, Bd. 14.) Lund 1964.

Michael K. Lawson, Cnut: The Danes in England in the Early Eleventh Century. (The Medieval World.) London u. a. 1993.

Felice Lifhsitz, The Encomium Emmae Reginae: A ‚Political Pamphlet' of the Eleventh Century, in: The Haskins Society Journal 1, 1989, 39–50.

Joyce Tally Lionarons, The Homiletic Writings of Archbishop Wulfstan. A Critical Study. (Anglo-Saxon Studies.) Woodbridge / Rochester 2010.

Joyce Tally Lionarons, Napier Homily L: Wulfstan's Eschatology at the Close of his Career, in: Matthew Townend (Hrsg.), Wulfstan, Archbishop of York. The Proceedings of the Second Alcuin Conference. (Studies in the Early Middle Ages, Bd. 10.) Turnhout 2004, 413–428.

Katharin Mack, Changing Thegns: Cnut's Conquest and the English Aristocracy, in: Albion 16.4, 1984, 375–387.

Nicole Marafioti, The King's Body. Burial and Succession in Late Anglo-Saxon England. (Toronto Anglo-Saxon Series.) Toronto u. a. 2014.

Rob Meens, Penance in Medieval Europe, 600–1200. Cambridge u. a. 2014.

Gesine Mierke, Der Sündenbock und andere Stellvertreter. Überlegungen zum Theorem der Interpassivität am Beispiel der Crescentia-Erzählung, der Sionpilger und der Fabel Vom Wolffe, Fuchß und Esel, in: Silvan Wagner (Hrsg.), Interpassives Mittelalter? Interpassivität in mediävistischer Diskussion. (Bayreuther Beiträge zur Literaturwissenschaft, Bd. 34.) Frankfurt a.M. 2015, 113–136.

George Molyneaux, Did the English Really Think they Were God's Elect in the Anglo-Saxon Period?, in: The Journal of Ecclesiastical History 65, 2014, 721–737.

Carol Neuman de Vegvar, A Paean for a Queen: The Frontispiece to the Encomium Emmae Reginae, in: David A. Pelteret (Hrsg.), Anglo-Saxon History: Basic Readings. (Basic Readings in Anglo-Saxon England, Bd. 6.) New York / London 2000, 317–321.

Raymond I. Page, ‚A Most Vile People': Early English Historians on the Vikings. (The Dorothea Coke Memorial Lecture in Northern Studies Delivered at University College London, 19 March 1986.) London 1987.

James T. Palmer, The Apocalypse in the Early Middle Ages. Cambridge u. a. 2014.

Levi Roach, Æthelred the Unready. (Yale English Monarchs Series.) New Haven / London 2016.

Levi Roach, Kingship and Consent in Anglo-Saxon England, 871–978. Assemblies and the State in the Early Middle Ages. (Cambridge Studies in Medieval Life and Thought, Fourth Series, Bd. 92.) Cambridge / New York 2013.

Jan Rüdiger, Der König und seine Frauen. Polygynie und politische Kultur in Europa (9.–13. Jahrhundert). (Europa im Mittelalter, Bd. 21.) Berlin / Boston 2015.

Eleanor Searle, Emma the Conqueror, in: Christopher Harper-Bill / Christopher J. Holdsworth / Janet L. Nelson (Hrsg.), Studies in Medieval History Presented to R. Allen Brown. Woodbridge 1989, 281–288.

Pauline Stafford, Queen Emma and Queen Edith. Queenship and Women's Power in Eleventh-Century England. Oxford / Malden (MA) 2004.

Pauline Stafford, Unification and Conquest. A Political and Social History of England in the Tenth and Eleventh Centuries. London u. a. 1989.

Pauline Stafford, The Laws of Cnut and the History of Anglo-Saxon Royal Promises, in: Anglo-Saxon England 10, 1982, 173–190.

Frank M. Stenton, Anglo-Saxon England. (The Oxford History of England, Bd. 2.) Oxford ³1971.

Elizabeth M. Tyler, England in Europe. English Royal Women and Literary Patronage, c. 1000–c. 1150. (Toronto Anglo-Saxon Series, Bd. 23.) Toronto u. a. 2017.

Elizabeth M. Tyler, Trojans in Anglo-Saxon England. Precedent Without Descent, in: The Review of English Studies 64, 2013, 1–20.

Elizabeth M. Tyler, Crossing Conquests: Polyglot Royal Women and Literary Culture in Eleventh-Century England, in: Dies. (Hrsg.), Conceptualizing Multilingualism in Medieval England, c. 800–c. 1250. (Studies in the Early Middle Ages, Bd. 27.) Turnhout 2011, 171–196.

Elizabeth M. Tyler, Fictions of Family. The Encomium Emmae Reginae and Virgil's Aeneid, in: Viator 36, 2005, 149–180.

Elizabeth M. Tyler, Talking About History in Eleventh-Century England. The Encomium Emmae Reginae and the Court of Harthacnut, in: Early Medieval Europe 13, 2005, 359–384.

Elizabeth M. Tyler, ‚The Eyes of the Beholder Were Dazzled': Treasure and Artifice in the Encomium Emmae Reginae, in: Early Medieval Europe 8, 1999, 247–270.

Dorothy Whitelock, Introduction, in: Dies. (Hrsg.) Sermo Lupi ad Anglos. (Exeter Medieval English Texts.) Exeter ³1976, 1–45.

Jonathan Wilcox, Wulfstan's Sermo Lupi ad Anglos as Political Performance: 16 February 1014 and Beyond, in: Matthew Townend (Hrsg.), Wulfstan, Archbishop of York. The Proceedings of the Second Alcuin Conference. (Studies in the Early Middle Ages, Bd. 10.) Turnhout 2004, 375–396.

Patrick Wormald, Archbishop Wulfstan: Eleventh-Century State Builder, in: Matthew Townend (Hrsg.), Wulfstan, Archbishop of York. The Proceedings of the Second Alcuin Conference. (Studies in the Early Middle Ages, Bd. 10.) Turnhout 2004, 9–27.

Patrick Wormald, The Making of English Law: King Alfred to the Twelfth Century, Volume I: Legislation and its Limits. Oxford / Malden, MA 2001.

Patrick Wormald, Archbishop Wulfstan and the Holiness of Society, in: David A.E. Pelteret (Hrsg.), Anglo-Saxon History. Basic Readings. (Basic Readings in Anglo-Saxon England, Bd. 6.) New York 2000, 191–224. [= Ders. (Hrsg.), Legal Culture in the Early Medieval West. Law as Text, Image and Experience, London u. a. 1999, 225–251.]

Maximilian Nix
Die Geschichte schreibt den Sieger
Gefährliches Wissen und der Kampf um das Narrativ in den Kontroversschriften um 1100

Abstract: This article examines how participants tried to gain or establish interpretive sovereignty in the conflicts that unravelled around 1100 in the course of the so-called ‚Investiture Controversy'. In doing so, it examines how the ‚Streitschriften' dealt with a central document of the disputes: the legitimization of the second anathema of King Henry IV by Gregory VII in his letter to Bishop Herman of Metz dated on March 15th, 1081. Using two treatises, the ‚Liber de unitate' and the ‚Tractatus de regia potestate', it is exemplarily shown how writers around 1100 could operate in order to fight ‚false knowledge' and to gain interpretive sovereignty over knowledge and authorities themselves.

Es ist eine nachvollziehbare Vorstellung, dass es der Sieger sei, der Geschichte schreibe. Gleichwohl sind derartige Annahmen problematisch, da sie bereits von vornherein den Blick auf Konfliktsituationen verengen: Geht man davon aus, dass sich am Ende eines Konfliktes allein eine einzige Gruppe durchsetzt, versperrt dies die Wahrnehmung aller Aushandlungs- und Austauschprozesse, zu denen es während Auseinandersetzungen ebenfalls kommt. Meist jedoch sind Konflikte zu vielschichtig, ‚Gruppen' zu diffus, mithin historische Wirklichkeiten zu komplex, um derart simplifiziert abgebildet werden zu können.

Es ist auch solchen Vereinfachungen geschuldet, dass die Kontroversen, die sich um 1100 im Kontext des sogenannten Investiturstreits[1] entzündeten, lange Zeit als einzelner, großer Konflikt zweier unversöhnlicher Seiten verstanden wurden. Wenngleich Kritik an dieser Vorstellung seit Jahrzehnten formuliert wurde, gibt es vor allem im Hinblick auf die enorme Menge an Schrifttum, die die Kontroversen hervorbrachten, noch Nachholbedarf; nur langsam werden die Kontroversschriften[2] nicht nur mehr als bloße Parteischriften verstanden, sondern auf ihre spezifischen Bedingungen und Absichten hin untersucht.[3]

---

1 Vgl. zur Problematik grundlegend *Schieffer*, Entstehung (1981), sowie zu den verschiedenen Deutungsspektren der Konflikte *Ders.*, Deutungen (2016); vgl. ferner Anm. 7 bezüglich eines aktuellen Vorschlags für eine alternative Bezeichnung.
2 Aufgrund der mit dem Begriff ‚Streitschrift' verbundenen Problematik wird im Folgenden der Begriff ‚Kontroversschrift' verwendet. Vgl. dazu *Heinrich*, Streitschrift (2016).
3 Vgl. zu diesen Bedingungen und Absichten beispielhaft die Überblicke bei *Kohl*, Streit (2019), 32 mit Anm. 72–77, sowie *Zey*, Investiturstreit (2020), 29 mit Anm. 61.

Die Frage danach, wie Akteure in den Konflikten um 1100 versuchten, Deutungshoheiten zu erlangen oder auf ihre Situation Einfluss zu nehmen, stellt folglich sowohl generell als auch im Hinblick auf die bisherige Forschungstradition eine ertragreiche Perspektive dar; selbst in Anbetracht der Tatsache, dass die Kontroversschriften bereits gut erforscht sind.[4] Bei den unter den ‚Libelli de lite' versammelten Schriften handelt es sich um mehr als bloße Streitschriften zweier unversöhnlicher Seiten, die sich alle auf den ‚großen' Konflikt zwischen Kaiser und Papst bezogen. Es handelt sich um vielgestaltige, polyphone und individuelle Versuche der Lösung und Einflussnahme in ganz verschiedene lokale Probleme, die sich im Zuge der ‚großen' Kontroversen entfalteten. Die Texte entstanden in Momenten besonderer Konflikte, als der Ausgang der Kontroversen nicht absehbar war; sie sind daher nicht nur, wie häufig suggeriert, Ergebnis, sondern eben auch essenzieller Teil der Konfliktführung.[5] Sie bieten folglich kein institutionalisiertes Narrativ, sondern bilden den Kampf um selbiges ab; Inszenierung, Sinnstiftung und Anspruch auf Deutungshoheit fallen in den Kontroversschriften ineinander. Die Kontroversschriften erlauben daher einen speziellen Blick auf die Geschehnisse, die sich im Nachklang der sogenannten Kirchenreform entfalteten: Man könnte sagen, dass sich – in unterschiedlichen graduellen Abstufungen – in diesen Texten diejenigen zu Wort melden, die sich in die Ecke gedrängt, angegriffen, übervorteilt oder nicht verstanden fühlen. In den Kontroversschriften kulminieren die verschiedenen Perspektiven derjenigen, die sich selbst der Situation eines drohenden Verlustes gegenübergestellt sahen und sich daher intellektuell mit dieser Bedrohungssituation auseinandersetzen (mussten).

Dass in diesem Beitrag Konflikte um 1100 in den Fokus gerückt werden, die üblicherweise nicht mit dem Begriff ‚Eroberung' in Verbindung gebracht werden, und die im Folgenden untersuchten Kontroversschriften sich überdies mit kriegerischen Auseinandersetzungen allenfalls am Rande auseinandersetzen, erscheint im Kontext dieses Bandes nur auf den ersten Blick irritierend. Denn wie ich zeigen möchte, bieten für die Fragestellungen des Sammelbandes auch, wenn nicht gar insbesondere die Kontroversschriften eine lohnende Perspektive: Gerade hier zeigt sich, wie Diskursteilnehmer daran arbeiteten, die Etablierung von Wissensbeständen zu vereiteln, der neben kriegerischen Auseinandersetzungen eine zentrale Bedeutung in Umbruchsphasen zukommt.[6] Der Bezug der Quellen auf jeweils vorausgegangene Schriften wird zeigen, dass die Verfasser selbst die schriftlichen Einflussnahmen auf die öffentliche Wahrnehmung als intellektuelle Eroberungsversuche verstanden. Der Antwortcharakter, der den ausgewählten Kontroversschriften inhärent ist, diente somit letztlich dazu, selbst zu bestimmen, wer aus den noch laufenden Konflikten als ‚Sieger' hervorgehen sollte. Die Kontroversschriften fungierten dadurch sowohl als Angriffs- wie

---

4 Vgl. dazu beispielhaft *Hartmann*, Brief (2016).
5 Vgl. *Kohl*, Streit (2019), 91.
6 Vgl. dazu die Einleitung von Rike Szill in diesem Band.

auch als Verteidigungsversuch, indem sie Narrative zu etablieren beziehungsweise zu destabilisieren versuchten.

Wie die Verfasser der Kontroversschriften in ihren Texten daran arbeiteten, Deutungshoheit in diesen Konflikten zu erhalten, soll im Folgenden an zwei Beispielen dargestellt werden. Anhand des sogenannten ‚Liber de unitate' eines unbekannten Mönches aus dem Kloster Hersfeld und des ‚Tractatus de regia potestate' Hugos von Fleury wird gezeigt, wie sich die von den Reformprozessen ausgehende Dislokation von Denkmustern und Wissensbeständen in den Kontroversschriften um 1100 niederschlug, wie die Verfasser vor diesem Hintergrund agierten und welche Strategien ihnen zur Verfügung standen, um aktiv Einfluss auf den Ausgang des Konfliktgeschehens zu nehmen. Hierfür soll der Umgang mit einer zentralen Schrift der Kontroversen um 1100 in den Fokus gerückt werden, dem Brief Gregors VII. an Bischof Herman von Metz vom 15. März 1081 (Reg. VIII, 21).

1 Der Brief Gregors VII. an Bischof Hermann von Metz vom 15. März 1081

Als Gregor VII. mit seinem berühmt gewordenen Brief vom 15. März des Jahres 1081 auf eine nicht erhaltene Anfrage Hermanns von Metz antwortete, hatte sich die konfliktreiche Lage jener Kontroversen des schismatischen Zeitalters[7] bereits deutlich zugespitzt. Die Auseinandersetzungen zwischen Papst Gregor VII. und König Heinrich IV., die sich zunächst an der Besetzung des Erzbistums Mailand entzündeten und daraufhin in Phasen geringerer und größerer Anspannung verliefen, kulminierten in der zweiten Bannung Heinrichs durch den Papst auf der Fastensynode im März 1080.[8] Gregor setzte den König erneut ab, erklärte, dass Heinrich nach seiner ersten Exkommunikation sein Königtum keineswegs zurückerhalten habe und die Untertanen weiterhin von ihrem Treueeid entbunden seien,[9] und sagte den baldi-

---

[7] Thomas Kohl argumentierte jüngst für eine Neubezeichnung jener Konflikte, die trotz aller Begriffskritik als sog. Investiturstreit bezeichnet werden. Frühestens um 1100 beginnt eine Phase, die 1111 ihren Höhepunkt hat und in der die Laieninvestitur im Zentrum der Auseinandersetzungen stand. Nur für die Zeit von 1100/1111 kann folglich der Begriff „Investiturstreit" korrekterweise gebraucht werden, zuvor sollte – so Kohls Vorschlag – vom „schismatischen Zeitalter" gesprochen werden. Vgl. *Kohl*, Erfindung (2021).
[8] Vgl. zum Konflikt zwischen Heinrich und Gregor grundsätzlich *Struve*, Gregor VII. (1991).
[9] Vgl. *Quem ego videns humiliatum multis ab eo promissionibus acceptis de suę vitę emendatione solam ei communionem reddidi, non tamen in regno, a quo eum in Romana synodo deposueram, instauravi nec fidelitatem omnium, qui sibi iuraverant vel erant iuraturi, a qua omnes absolvi in eadem synodo, ut sibi servaretur, precepi.* – Das Register Gregors VII. II. Ed. *Caspar*, 484.

gen Untergang Heinrichs voraus.[10] Anders als von Gregor erwartet, konnte sich Heinrich trotz seiner Exkommunikation als König an der Macht halten, stattdessen spürte der Papst in der Folge insbesondere von deutschen und italienischen Bischöfen deutlichen Gegenwind.[11] Die Handlungen des Papstes wirkten erschütternd auf seine Zeitgenossen, nicht nur auf jene, die den König schon länger unterstützt hatten.

Dass die Grenzen zwischen ‚königlicher' und ‚päpstlicher' Seite beileibe nicht so strikt waren, wie sie die Geschichtsschreibung seit dem 19. Jahrhundert zu ziehen pflegte, demonstrieren die Reaktionen auf die Geschehnisse des Jahres 1080, denn die Zeitgenossen setzten sich intensiv damit auseinander, was ihrer Ansicht nach rechtens war. Dies zeigt nicht zuletzt der Brief Gregors VII. an Hermann von Metz. Der Metzer Bischof könnte mit einigem Recht als Parteigänger des Papstes bezeichnet werden: Er hatte Gregors Kurs stets unterstützt und wurde wegen just jener Unterstützung bereits 1078 aus seiner Diözese vertrieben.[12] Doch schien er nun bezüglich der zweiten Bannung Heinrichs IV. im Jahr 1080 Zweifel am päpstlichen Vorgehen zu hegen, weshalb er den Salzburger Erzbischof Gebhard und Papst Gregor VII. darum bat, ihm die Rechtmäßigkeit der Bannung darzulegen. Mit Datum vom 15. März 1081 antwortete der Papst auf diese Anfrage Hermanns. Der Brief entfaltete eine außerordentliche Wirkung und wurde hinsichtlich seines Inhalts und dessen Bedeutung mit dem sogenannten ‚Dictatus papae' verglichen; doch anders als der ‚Dictatus' wurde der Brief einer großen Menge an Menschen bekannt: Das Schreiben wurde zielgerichtet publiziert, es dürfte sich um den meistrezipierten Brief Gregors VII. handeln.[13] Es war Gregors Ziel, mit seinem Brief auf die Kontroversen um Heinrichs Bannung Einfluss zu nehmen,[14] und dies geschah so wirksam, dass seine Schrift nicht nur bald in Kanonessammlungen[15] oder historiographische Werke[16] aufgenommen, sondern selbst intensiv diskutiert wurde. Der Papst hatte mit seiner Äußerung offensichtlich einen Nerv bei Anhängern und Kritikern getroffen: Seine ‚Anhänger' fühlten sich bestärkt, die ‚Gegner' übervorteilt und entsetzt, da Gregor etablierte Wahrnehmungs- und Erklärungsmuster neu wendete, die das Verhältnis weltlicher Herrschaft und geistlicher Macht berührten.

---

10 Überliefert von Bonizo von Sutri, Liber ad amicum. Ed. *Francke*, 616; Beno, Gesta Romanae ecclesiae. Ed. *Dümmler*, 371 f.; Sigebert von Gembloux, Chronica. Ed. *Pertz*, 364. Vgl. dazu *Meyer von Knonau*, Jahrbücher (1900), 257 f.; *Vogel*, Gregor VII. (1983), 195 f.
11 Vgl. *Zey*, Investiturstreit (2017), 67.
12 Vgl. *Beulertz*, Gregor VII. (1994), 9.
13 Vgl. *Beulertz*, Gregor VII. (1994), 7 f.
14 Vgl. *Beulertz*, Gregor VII. (1994), 8 sowie 14.
15 Vgl. den Überblick bei *Gilchrist*, Reception (1973), 78–82.
16 Vgl. z. B. Hugo von Flavigny, Chronicon. Ed. *Pertz*, 453–458, oder Bruno, Saxonicum bellum. Ed. *Lohmann*, 66–76.

2 Die Reaktion des ‚Liber de unitate'

Wie wirkmächtig der Brief Gregors war, zeigt nicht nur die schiere Menge an Reaktionen, sondern auch die zeitliche Dimension, über die sie sich erstreckten: Anfang der 1090er-Jahre und somit wohl über ein Jahrzehnt nach der Abfassung des Briefes sowie mehr als fünf Jahre nach dem Tod Gregors entstand im Kloster Hersfeld mit dem sogenannten ‚Liber de unitate ecclesiae conservanda'[17] ein Traktat, der intensiv Bezug auf den päpstlichen Brief nimmt. Der Traktat, der vermutlich zwischen 1091 und 1093 entstand[18] und dessen einzige Handschrift inzwischen verschollen ist,[19] stammt von einem unbekannten Hersfelder Mönch und gilt als eine der wichtigsten und besterforschten Kontroversschriften aus dem Reich.[20] Im Folgenden ist nur das erste der drei Bücher des ‚Liber de unitate' von Interesse: Es stellt eine explizite Replik auf den päpstlichen Brief dar, weshalb sich die Schrift des Anonymus aus Hersfeld in besonderer Weise zur Beantwortung der Frage eignet, wie Zeitgenossen mit dem päpstlichen Brief an Hermann von Metz umgingen.

Der Anonymus rückt im ersten Buch seines Traktates insbesondere jene Stelle in den Fokus, die in Gregors Brief das argumentative Zentrum darstellt: Die Neuinterpretation der petrinischen Schlüsselgewalt als Allgewalt.[21] Der Papst fasst die Möglichkeit des Bindens und Lösens neu, die zunächst Petrus und damit in Folge den Päpsten als seinen Nachfolgern gegeben wurde, und deutlich weiter als seine Vorgänger. Hierfür legt er die biblische Grundlage, Mt 16,18–19, neu aus:

> Und ich sage dir, dass du Petrus bist, und auf diesen Felsen werde ich meine Gemeinde erbauen. Und die Tore der Unterwelt werden nichts vermögen gegen sie. | Und ich werde dir die Schlüssel zum Königreich der Himmel geben. Und was du auf der Erde verbindest, wird in den Himmeln verbunden sein, und was du auf der Erde löst, wird in den Himmeln gelöst sein.[22]

Aus diesem Herrenwort folgert Gregor eine so umfassende Binde- und Lösegewalt, dass sich durch diese gleichermaßen die Absetzung Heinrichs IV. als auch die

---

17 Der Titel stammt vom ersten Herausgeber Ulrich von Hutten, da der Traktat selbst ohne Titel überliefert wurde. *Pellens*, Unitas (1963/1964), 16, schlug vor, den Traktat ‚De statu huius temporis ecclesiae' zu nennen, da dies der Titel sei, der vom Anonymus selbst formuliert worden sei; sein Vorschlag konnte sich nicht durchsetzen.
18 Vgl. dazu *Schütte*, Studien (1936), 50–76, die die von *Ewald*, Walram (1874), 35, vorgeschlagene frühere Datierung auf die Jahre 1084/1085 mit guten Gründen ablehnt.
19 In Anbetracht der insgesamt dürftigen Überlieferungslage der Kontroversschriften ist dies keine Seltenheit. Dass der ‚Liber de unitate' so schlecht überliefert wurde, wurde unterschiedlich zu erklären versucht: Beatrix Schütte vermutete, dass Inhalt und Argumentation ihrer Zeit voraus gewesen seien, vgl. *Schütte*, Studien (1936), 10. Karl Pellens hingegen erklärte, dass die Grundstimmung des Traktats zu „reaktionär" gewesen sei, vgl. *Pellens*, Unitas (1963/1964), 17.
20 Vgl. *Schmale-Ott*, Einleitung (1984), 28.
21 Vgl. *Ubl*, Mehrwert (2007), 209.
22 Die Übersetzungen der Vulgata sind hier, wie im Folgenden, angelehnt an bzw. entnommen aus Hieronymus, Biblia. Übers. *Berger/Ehlers/Fieger*.

damit verbundene Eideslösung der Untertanen begründen lassen.²³ „Sind etwa", so fragt Gregor in seinem Brief,

> die Könige davon ausgenommen oder gehören sie nicht zu den Schafen, die der Sohn Gottes dem heiligen Petrus anvertraute? Wer, frage ich, glaubt sich bei dieser allgemeinen Bewilligung des Bindens und Lösens von der Gewalt Petri ausgenommen, außer vielleicht jenem Unglücklichen, der das Joch des Herrn nicht tragen will, sich der Bürde des Teufels unterwirft und sich weigert, den Schafen Christi zugezählt zu werden?²⁴

Seine Aus- beziehungsweise Neudeutung bekräftigt der Papst in der Folge mit einem historischen Beispiel: Bereits 751, als Pippin der Jüngere die Krone des Frankenreiches erhalten habe, hätten die Päpste Zacharias und Stephan II. dafür einen König, nämlich Childerich III., abgesetzt und die Untertanen von ihrem Treueeid gelöst; dies sei, wie Gregor betont, nicht aufgrund der Sünden Childerichs geschehen, sondern einzig, weil er sich als untauglich für die Königsmacht erwiesen habe.²⁵ Gregor erklärt somit, dass es dem Apostolischen Stuhl qua göttlicher Erlaubnis möglich sei, nicht nur über geistliche, sondern auch über weltliche Angelegenheiten ein Urteil zu fällen.²⁶

Der Anonymus empfindet Gregors Äußerungen als gefährlich und schreibt gegen diese an. Obschon der Kontext, in dem der ‚Liber de unitate' entstand, sich schwerlich rekonstruieren lässt,²⁷ ist anzunehmen, dass den Hersfelder Mönch sehr konkret die Sorge umtrieb, dass das gefährliche Wissen aus Gregors Brief zu umwälzenden und langfristigen Veränderungen oder Unruhen führen könnte; es handelt sich bei seinem Werk sehr wahrscheinlich um mehr als eine theoretische Auseinan-

---

23 Vgl. *Ubl*, Mehrwert (2007), 208.
24 Vgl. *Nunquid sunt hic reges excepti, aut non sunt de ovibus, quas filius Die beato Petro commisit? Quis, rogo, in hac universali concessione ligandi atque solvendi a potestate Petri se exclusum esse existimat, nisi forte infaelix ille, qui iugum Domini portare nolens diaboli se subicit honeri, et in numero ovium Christi esse recusat?* – Das Register Gregors VII. II. Ed. Caspar, 548. Übers. Schmale, 299.
25 Vgl. *Alius item Romanus pontifex regem Francorum non tam pro suis iniquitatibus quam pro eo, quod tantę potestati non erat utilis, a regno deposuit et Pipinum Caroli Magni inperatoris patrem in eius loco subsituit omnesque Francigenas a iuramento fidelitatis, quam illi fecerant, absolvit.* – Das Register Gregors VII. II. Ed. *Caspar*, 554.
26 In einem früheren Brief an Hermann von Metz vom 25. August 1076 formulierte Gregor VII. dies auch explizit: *Cur non adtendunt vel potius erubescendo confitentur, quia, ubi Deus beato Petro principaliter dedit potestatem ligandi et colvendi in cęlo et in terra, nullum except, nichil ab eius potestate subtraxit.* – Das Register Gregors VII. I. Ed. *Caspar*, 295.
27 Dieser Umstand liegt neben der Anonymität des Verfassers und der schwierigen Datierung darin begründet, dass der Traktat in nur einer (inzwischen verschollenen) Handschrift überliefert war und kaum Einfluss auf die Zeitgenossen nahm, vgl. *Leyser*, Polemics (1965), 46; *Affeldt*, Königserhebung (1969), 314 f.

dersetzung mit der päpstlichen Position.[28] Der Anonymus verwehrt sich der päpstlichen Ausdeutung biblischer und historischer Belege und wirft dem mittlerweile verstorbenen Gregor vor, dass er mit seiner Entscheidung, die Untertanen vom Treueeid zu lösen, nicht weniger als die Einheit der Kirche zerstört habe, indem er Parteiungen unter den Menschen angezettelt habe;[29] eine Tatsache, für die er sich gegebenenfalls im Jenseits zu rechtfertigen habe.[30] Es ist diese Treueeidlösung, die der Hersfelder Mönch als den Grund bezeichnet, der ihn zur Abfassung des ‚Liber de unitate' veranlasst habe,[31] da die Handlungen des Papstes eine Auflehnung gegen die Anordnung Gottes darstellten: Habe nicht der heilige Papst Leo I. geschrieben, dass nichts sicher sein könne, was zum Glauben an Gott gehöre, wenn nicht die königliche und priesterliche Autorität es schützten? Und auch Papst Gelasius I. habe erklärt, dass Christus in wunderbarer Anordnung die Welt derart geregelt habe, dass Kaiser und Bischöfe zusammenarbeiten würden und aufeinander angewiesen seien, um die Untertanen zum Heil zu führen.[32] „Weil Gott es aber so angeordnet hat,", so schlussfolgert der Hersfelder

---

28 Dies lässt sich aufgrund der Tatsache vermuten, dass der ‚Liber de unitate' insgesamt ein reges Interesse an der Diskussionskultur seiner Zeit zeigt: Nicht nur im ersten Buch ist ein Schriftstück der ‚Anhänger' Gregors VII. zentral, auch das zweite Buch setzt sich mit einer (nicht überlieferten) Schrift auseinander, die dem Kloster Hirsau entstammt. Ferner ist er eine zentrale Quelle für den sog. Zitatenkampf von Gerstungen, also jenem Aufeinandertreffen von päpstlichen und kaiserlichen Vertretern, bei dem man mit Autoritäten die Streitigkeiten der Zeit beizulegen versuchte, vgl. zu diesem Aufeinandertreffen grundsätzlich *Fuhrmann*, Pseudoisidor (2016).
29 Vgl. *Utinam voluerint hoc attendere, qui partes in hominibus fecerunt, ut faciunt scindentes unitatem ecclesiae, quale flagitium scismatis constat gravius esse quam scelus idolatriae, quoniam legitur in veteri testamento idolatria gladio punita esse, scisma autem hiatu terrae.* – De unitate ecclesiae conservanda. Ed. *Schwenkenbecher*, 185.
30 Vgl. *Sed huius discordiae fomes et nutrimentum fuisse Gregorius papa, qui et Hildibrant, videtur aliquibus, quod nos nec affirmamus nec renuimus, sed huius rei secretum divino iudicio relinquimus, quia nunc ibi constitutus est post corporis huius depositionem, ubi sub iudice Deo recepit iuxta meriti sui qualitatem.* – De unitate ecclesiae conservanda. Ed. *Schwenkenbecher*, 185.
31 Vgl. *Quapropter necessarium duximus scribere aliqua de statu huius temporis ecclesiae, quia, quisquis senserit se esse intra materna viscera ipsius ecclesiae, non poterit ei, quando doluerit, non condolere. Diu enim est, quod in regno Romani imperii bella ubique et seditiones aguntur, quod filii a matris ecclesiae gremio distrahuntur; et cum superet in plurimis discordia, vix in paucis remansit concordia, per quam unitur et consistit Christi ecclesia (...).* – De unitate ecclesiae conservanda. Ed. *Schwenkenbecher*, 185.
32 Vgl. *Haec verba si caritas quae aedificat temperaret, discessio illorum, per quos regendus est mundus, iam facta non fuisset, quoniam, sicut scribit sanctus Leo papa: Omnes res tutae esse non possunt, nisi quae ad divinam confessionem pertinent et regia et sacerdotalis defenderet auctoritas. Unde et Gelasius papa: Christus, inquit, memor fragilitatis humanae, quod suorum saluti congrueret, dispensatione magnifica temperaret; sic actionibus propriis dignitatibusque distinctis officia potestatis utriusque discrevit, ut et christiani imperatores pro aeterna vita pontificibus indigerent et pontifices pro temporalium cursu rerum imperialibus dispositionibus uterentur ac sic modestia utriusque ordinis curaretur, ne utroque suffultus extolleretur.* – De unitate ecclesiae conservanda. Ed. *Schwenkenbecher*, 186 f.

Mönch, „widersetzt sich jeder, der dagegen angeht, gegen die göttliche Anordnung."[33] Um gegen die päpstliche Neudeutung und die Auflösung des Treueeides vorzugehen, die mit dieser legitimiert wird, stellt der Anonymus das päpstliche Handeln folglich als eine Form von Widerstand gegen eine Anordnung Gottes dar, die illegitim sein muss. Allein Untertänigkeit, so lässt es der Anonymus an dieser Stelle durchscheinen, ist der Schlüssel zum Heil – Widerstand hingegen eine heilverwehrende Sünde.

Der Anonymus versucht nicht nur, das Handeln Gregors durch die Beschreibung als illegitimen Widerstand zu diskreditieren, sondern auch den angestoßenen Institutionalisierungsprozess der verwendeten Argumente zu unterlaufen. Dies dürfte der zentrale Impetus seines Schreibens sein, hatte sich doch die prekäre Situation, in der sich Heinrichs Herrschaft aufgrund der päpstlichen Handlungen befand, vor dem Tod Gregors VII. entschärft: Die Stimmung in Rom gegenüber dem Papst kippte, sodass Heinrich IV. 1084 aufgerufen wurde, über Gregor VII. zu richten; dabei fielen nicht nur die Bevölkerung, sondern auch 13 Kardinäle vom Papst ab.[34] Gregor wurde noch im selben Frühjahr abgesetzt und exkommuniziert, Heinrich dagegen von Gregors Nachfolger, Clemens III., zum Kaiser gekrönt. Der ‚Liber de unitate' entstand somit in einer Zeit, in der die politische Realität die im Brief an Herman von Metz vermittelte Gefahr eigentlich bereits hinfällig gemacht hatte. Die wahre Gefahr ging zu dieser Zeit somit nicht mehr von einer faktischen Lösung der Untertanen vom Treueeid aus, sondern von der Verbreitung jenes gefährlichen Wissens, mithin der Neufassung der Handlungs- und Denkmuster, die im Brief an Hermann von Metz formuliert worden waren und in der Folge argumentative Verbreitung fanden. Dieses Wissen stellte eine Bedrohung dar, die eine dauerhafte Änderung der Verhältnisse zu veranlassen drohte und die vor allem über den Tod des Papstes hinaus bestand.

Der Anonymus schickt sich folglich an, die Argumente nachhaltig zu entkräften. Dafür legt er dar, dass das sündhafte Handeln, der Widerstand Gregors, aus seinem mangelhaften Verständnis der Geschichte wie auch der heiligen Schriften erwuchs. Bereits die historischen Fakten habe Gregor falsch wiedergegeben: Gregor habe in seinem Brief den Päpsten Zacharias und Stephan also völlig zu Unrecht unterstellt, sie hätten aus eigener Machtvollkommenheit Childerich abgesetzt und alle Franken vom Treueeid gelöst.[35] Im Gegensatz zu Gregor betont der Anonymus die

---

33 Vgl. *Quae cum ita sint a Deo disposita et scriptis atque exemplis comprobata, nonne Dei ordinationi resistit, qui potestatibus resistit?* – De unitate ecclesiae conservanda. Ed. *Schwenkenbecher*, 188.
34 Vgl. *Zey*, Investiturstreit (2017), 70.
35 Vgl. *Ex his certe omnibus manifestum est supradictum papam Hildebrandum iniuste pariter et indigne imposuisse hanc notam vel Zachariae vel Stephano, religiosis utique pontificibus Romanae ecclesiae, ut alicuius horum exemplo vel ullius sacrae scripturae testimonio posset absolvere a iuramento, quo fidem iuraverant regi suo, vel principes vel milites rei publicae.* – De unitate ecclesiae conservanda. Ed. *Schwenkenbecher*, 190.

Übereinstimmung von fränkischen Fürsten und römischen Bischof bei der Übergabe des Königstitels und vor allem die Tatsache, dass Childerich nur noch ein Scheinkönig gewesen sei – er habe nur noch den Namen getragen, wohingegen die Verfügungsgewalt schon längst bei Pippin gelegen habe.[36] Folglich erklärt der Anonymus, dass die Fürsten einem Scheinkönig gar keinen Eid geleistet hätten.[37] Gleichwohl ist die Argumentation des Papstes im Brief an Hermann von Metz zuvorderst eine theologische, weniger eine historische.[38] Gregor nutzt das Beispiel Childerichs, das der Anonymus an dieser Stelle aufnimmt, als historisches *exemplum* einer bereits zuvor durchgeführten Auslegung theologischer Autoritäten.[39] Der Anonymus kann sich folglich nicht damit begnügen, Gregor allein auf der historischen Ebene zu widerlegen, da dies den eigentlichen Kern des Argumentes verfehlt hätte. Folglich zeigt der Hersfelder Mönch, dass die päpstliche Interpretation nicht nur den ‚Fakten' widerspricht, sondern auch einer Haltung entspricht, die aus dem Missverständnis der Heiligen Schrift und der religiösen Autoritäten erwächst.

Entgegen der Behauptung Gregors, dass Jesus den Nachfolgern Petri die Macht verliehen hätte, auch Eide zu lösen, erklärt der Anonymus, dass doch der Apostel Paulus gelehrt habe, jedem zu geben, was man ihm schuldig sei (Röm 13,7–8).[40]

---

36 Vgl. *Missus est enim ad eum venerabilis vitae Burchardus Wirziburgensis ecclesiae episcopus cum aliis ad hanc legationem idoneis nuntiis, qui ex mandatis principum interrogarent eius sententiae oraculum et acciperent responsum, quomodo possent reformare regnum Francorum in pristinae dignitatis statum, quod multo iam tempore non haberet regii honoris privilegium, illum vero, qui rex diceretur, nihil amplius habere nisi quoddam vani nominis simulacrum, cum nec opes nec potentia nec aliqua dispositio regni apud illum esset, sed apud maiorem domus, quicumque palatio praeesset; proinde iustum et idoneum sibi videri, ut ab Hilderico totius regiae dignitatis et potentiae iam ex hereditaria successione privato transferretur regium nomen ad Pippinum, tunc temporis praefectum palatii, qui pro nobilitate sua atque virtute dignus fuisset, quatinus ipse, qui domi et militiae regni gubernacula fortiter procuraret, cum labore pariter et officio nomen regis convenienter susciperet. Quorum postulationem cum aequam atque utilem Zacharias papa iudicasset, ad ea quae postulabant consensit (...).* – De unitate ecclesiae conservanda. Ed. *Schwenkenbecher*, 186.
37 Vgl. *(...) cum fortasse ei, qui huiusmodi erat iuxta quod supra dictum est, principes regni aliquod iuramentum dare indignum duxissent.* – De unitate ecclesiae conservanda. Ed. *Schwenkenbecher*, 186.
38 Vgl. zu den historischen Ausführungen *Affeldt*, Königserhebung (1969), und *Goetz*, Geschichte (1987).
39 Vgl. dazu auch *Goetz*, Geschichte (1987), 67, der betont, dass sich die Verwendung historischer Beispiele in jenes Vertrauen auf Traditionen einfügt, das den Rückgriff auf biblische, patristische und kanonische Autoritäten höchste argumentative Kraft zuweist.
40 Vgl. *Hoc ergo providens dicit apostolus, immo per apostolum sic ordinat Christus: Reddite omnibus debitum: cui tributum, tributum; cui vectigal, vectigal; cui timorem, timorem; cui honorem, honorem; nemini quicquam debeatis, nisi ut invicem diligatis.* – De unitate ecclesiae conservanda. Ed. *Schwenkenbecher*, 188.

Ferner habe Christus selbst angeordnet, dem Kaiser zu geben, was diesem zustehe (Mt 22,21).[41] Der Anonymus verbindet an dieser Stelle geschickt zwei biblische Aussagen miteinander, um deren Bedeutung leicht zu verändern: Durch die Parallelisierung suggeriert er, dass die allgemeiner formulierte Aussage Paulus' inhaltlich mit der Aussage Jesu übereinstimmt, obwohl der biblische Kontext der Matthäusstelle sehr konkret auf die Zahlung der Steuer zu beziehen ist. Der Anonymus bekräftigt dies sogar, indem er Gal 1,8 zitiert und erklärt, der Apostel habe geboten, sogar einem Engel, der ein anderes Evangelium predige als er, keinen Gehorsam zu leisten.[42] Seine eigene Interpretation, so legt der Anonymus nahe, entspricht folglich der einzig richtigen Interpretation, nämlich derjenigen, die auch der Apostel Paulus vertreten habe.

Der Hersfelder Mönch postuliert damit eine Wahrheit, die sich direkt aus der Bibel ableiten lässt und die niemand – kein Engel und erst recht kein römischer Bischof – anders auslegen dürfe. Dies entspricht einem Vorgehen, das der Anonymus im gesamten ersten Buch des ‚Liber de unitate' zeigt: Seine Argumentation baut darauf auf, Missverständnisse Gregors hinsichtlich historischer, biblischer und theologischer Autoritäten herauszuarbeiten. Diese Missverständnisse, so suggeriert es der Anonymus, hätten letztlich zur Auflehnung des Papstes gegen die göttliche Ordnung geführt. Konsequenterweise wird jede Autorität, die Gregor in seinem Brief ins Feld führt, vom Anonymus überprüft und ihre Verwendung im päpstlichen Brief neu beurteilt. So erklärt er bezüglich der im Brief an Hermann von Metz angeführten Bannung Kaiser Arkadius' durch Papst Innozenz I., dass er einen Beleg für diese trotz intensiver Suche nirgends habe finden können.[43] Die Prüfung der päpstlichen Argumente stellt dabei mehr als nur eine Behauptung des Anonymus dar, es lässt sich nachweisen, dass sich der Mönch mithilfe systematischer und chronologischer Rechtstextsammlungen an den Autoritäten abarbeitete,[44] die der Papst im Brief an Hermann von Metz verwendete. Der Anonymus tritt in einen Kampf um Deutungshoheit mit Gregors Brief, indem er

---

41 Vgl. *Et ipse rex regum et dominus dominantium Iesus Christus, dignatus secundum carnis dispensationem describi civis Romanus, regulam quam constituit super his, dicens: Reddite quae sunt caesaris caesari (...).* – De unitate ecclesiae conservanda. Ed. *Schwenkenbecher*, 188.
42 Vgl. *Quae cum ita sint a Deo disposita et scriptis atque exemplis comprobata, nonne Dei ordinationi resistit, qui potestatibus resistit? quali nec obaudiendum apostolus praecipit, etiamsi angelus de caelo aliter quam euangelizatum est praedicaverit.* – De unitate ecclesiae conservanda. Ed. *Schwenkenbecher*, 188.
43 Vgl. *Scriptum est enim, quod Innocentius papa Arcadium imperatorem excommunicaverit, eo quod in depositione sancti Iohannis episcopi consenserit; sed unde hoc assumptum sit, nos quidem adhuc incertum tenemus, sed hoc pro certo novimus, quod nec in Gestis Romanorum pontificum invenitur, ubi gesta pariter eiusdem Innocentii describuntur, nec in libro decretorum eius reperitur, nec in Tripertita historia, ubi plus quam alibi legimus de illius depositionis sententia.* – De unitate ecclesiae conservanda. Ed. *Schwenkenbecher*, 196; vgl. dazu Das Register Gregors VII. I. Ed. *Caspar*, 553 f.
44 Vgl. zu den verwendeten Rechtstextsammlungen bspw. *Schultz*, Liber (1932); *Zafarana*, Ricerche (1966); *Gilchrist*, Collection (1980), 44 f.

sich intensiv mit den Wissensbeständen der päpstlichen Schrift auseinandersetzt: Er widerlegt falsche Auslegungen oder rückt die von Gregor aufgerufenen Autoritäten in ein neues Licht; wo immer Gregor seine Autoritäten von der weltlichen Macht abgrenzt, betont der Anonymus die Unterordnung oder Zusammenarbeit.[45]

3 Die Reaktion im ‚Tractatus de regia potestate'

Noch einige Zeit nach dem ‚Liber de unitate' entstand im französischen Kloster Saint-Benoît-sur-Loire in Fleury ein Traktat, der ebenfalls auf Gregors Brief Bezug nimmt. Der Verfasser, ein Benediktinermönch namens Hugo, schrieb – laut Ernst Sackur – zwischen 1102 und 1105[46] das Werk mit dem Titel ‚Tractatus de regia potestate (et sacerdotali dignitate)'. Die genaue Zielrichtung des Werkes zu bestimmen, fällt schwer: Zwar widmete Hugo von Fleury sein Werk König Heinrich I. von England,[47] doch ist der Inhalt nicht immer passgenau zu den zeitgenössischen englischen Verhältnissen[48] und lässt weder Reaktionen noch Verbreitung in England erkennen.[49] Aufgrund dieser Tatsache ist der Einfluss des ‚Tractatus de regia potestate' nur schwer einzuschätzen: Die Annahme, er habe das sogenannte Londoner Konkordat vorweggenommen,[50] das die Einigung im englischen Investiturstreit gebracht habe, wird inzwischen mit guten Gründen abgelehnt.[51] Wenngleich die genaue Zielrichtung der Schrift nicht zu bestimmen ist, erlaubt der ‚Tractatus de regia potestate' einen weiteren lohnenden Blick für die Frage danach, wie Akteure in den Kontroversen um 1100 mit Gregors Brief umgingen.

---

45 So bspw. bezüglich der Päpste Gelasius I. (Das Register Gregors VII. II. Ed. *Caspar*, 553; vgl. dazu De unitate ecclesiae conservanda. Ed. *Schwenkenbecher*, 187) oder Gregor I. (Das Register Gregors VII. II. Ed. *Caspar*, 553; vgl. dazu De unitate ecclesiae conservanda. Ed. *Schwenkenbecher*, 196). Vgl. zu dieser Arbeitsweise künftig ausführlich *Nix*, Wissen (im Druck).
46 Vgl. dazu *Sackur*, Streitschriften (1891), 385. Die Datierung ergibt sich aus den Präliminarverhandlungen im Jahr 1105 des sog. Londoner Konkordats und der Abfassung des Chronicons Hugos von Flavigny 1102, das im ‚Tractatus de regia potestate' intensiv verwendet worden sein soll. V. a. der Bezug zu Hugo von Flavignys Chronik erscheint, zumindest für das erste Buch des Traktats, brüchig, da die vermeintlichen Übernahmen anderweitig plausibler zu erklären sind. Vgl. hierzu künftig *Nix*, Wissen (im Druck).
47 Vgl. *Healy*, Chronicle (2006), 97; *Cantor*, Church (1985), 227. *Kölmel*, Regimen (1970), 123, vermutete hinter dem ‚Tractatus de regia potestate' sogar eine von Heinrich erbetene Auftragsarbeit.
48 Vgl. *Sackur*, Streitschriften (1891), 375.
49 Vgl. *Cantor*, Church (1985), 234, insbes. auch Anm. 80, sowie die beiden einzigen erhaltenen Handschriften in Paris (Bibliothèque nationale de France lat. 1977, die vielleicht das Autograph sein könnte,) und in Avranches (Bibliothèque municipale Ms. 17, die eine direkte Abschrift des Pariser Exemplars aus dem 13. Jhd. sein dürfte).
50 Vgl. bspw. *Fliche*, Réforme (1950), 384.
51 Vgl. *Cantor*, Church (1985), 230.

Der ‚Tractatus de regia potestate' stellt, anders als der ‚Liber de unitate', beileibe keine umfängliche Replik auf den Brief Gregors dar. Es sind nur zwei Stellen, die (indirekt) auf Gregors Brief Bezug nehmen. Hieraus ist keineswegs zu folgern, dass die Aussagen, die der Papst im Brief an Hermann von Metz verbreiten ließ, für Hugo von Fleury von geringerer Relevanz gewesen wären; auch im ‚Tractatus de regia potestate' werden die Aussagen Gregors direkt mit der Abfassung der Schrift in Verbindung gebracht. Zwar sieht der französische Mönch, anders als der Anonymus aus Hersfeld, die Kirche noch nicht gespalten, aber doch der Gefahr der Uneinigkeit ausgesetzt, der er mit seinem Buch beikommen wolle.[52] Als Grund für die drohende Spaltung macht auch der Anonymus fehlerhaftes, gefährliches Wissen aus, als dessen Urheber Gregor VII. zu gelten hat, wenngleich er ihn – in seinem gesamten Werk – nie direkt nennt. Anders als der Anonymus von Hersfeld fokussiert Hugo von Fleury jedoch nicht die Eideslösung, sondern Gregors Behauptung, dass die Könige nicht von Gott, sondern vom Teufel ihren Ursprung nähmen: Es sei ein Fehler, priesterliche und königliche Würde zu trennen; diejenigen, die dies täten, brächten die von Gott eingesetzte Ordnung durcheinander und glaubten zu verstehen, was sie eigentlich jedoch nicht verstünden – sie glaubten sogar, dass die Königreiche nicht von Gott, sondern von den Menschen eingerichtet worden seien.[53] Hugo geht noch im Prolog mit den päpstlichen Worten ähnlich ins Gericht wie der Anonymus, ebenso wie der Hersfelder Mönch stellt er die Handlungen als Auflehnung gegen Glaubenswahrheiten und als eine Haltung dar, die Wahrheit und Vernunft widerspricht.[54] Auch der französische Mönch markiert somit Gregors Aussagen als Zuwiderhandlung gegen die von Gott eingesetzte Ordnung.

Im Prolog des ‚Tractatus de regia potestate' ist der Bezug zu Gregors Brief mit dem Hinweis auf Menschen, die den Irrtum der menschengemachten Königreiche teilten, nur angedeutet.[55] Dies entspricht grundsätzlich der Arbeitsweise des französischen Mönches, der seine Quellen – wenn es sich nicht um die Bibel handelt – nur in wenigen Ausnahmen offenbart; auch in seinen anderen Werken geht er ähnlich vor.[56] Hugo zitiert im ‚Tractatus de regia potestate' seine Vorlagen meist wörtlich,

---

52 Vgl. *Considerans, domine rex, discrimen discordiae, in quo sancta versatur aecclesia de potestate regia et sacerdotali dignitate, quas quidem ab invicem secernunt et dividunt, libellulum istum pia cura et fraterno compunctus amore condere statui, quo contentio haec aliquatenus sopiatur et error, qui longe lateque diffunditur, pariter mitigetur (…).* – Hugo von Fleury, Tractatus. Ed. *Sackur*, 466.
53 *(…) error, inquam, illorum, qui sacerdotalem dignitatem a regia dignitate temere secernentes ordinem a Deo dispositum evertunt, dum opinantur se scire quod nesciunt.* – Hugo von Fleury, Tractatus. Ed. *Sackur*, 466. Vgl. für den Beginn des Zitats die vorherige Anm.
54 Vgl. *Error quippe non tantum in maioribus, sed etiam in rebus minoribus est vitandus. Error autem nichil aliud est quam putare falsum quod verum est, et verum quod falsum est, vel pro incerto verum habere seu a rationis tramite deviare.* – Hugo von Fleury, Tractatus. Ed. *Sackur*, 466.
55 Vgl. *Putant enim, quod terreni regni dispositio non a Deo, sed ab hominibus sit ordinata sive disposita.* – Hugo von Fleury, Tractatus. Ed. *Sackur*, 466.
56 Vgl. bspw. *de Ruiter*, Hugo (2016), XLVII; *Mégier*, Hugh (2011), 344.

gleichwohl verflicht er diese so geschickt in den Text, dass sie schwer zu erkennen sind, zumal Hugo nicht nur auf Nennungen, sondern auch auf Andeutungen einer Übernahme verzichtet. Es ist daher nicht verwunderlich, dass ein Großteil der Quellen, die Hugo von Fleury verwendet, bisher unbekannt war.[57] Jedoch macht er ebenfalls gleich zu Beginn den Bezug zum päpstlichen Brief noch einmal deutlicher und zitiert direkt aus Gregors Schrift, wenngleich er erneut nur indirekt auf diese verweist. Manche seiner Zeitgenossen urteilten, so erklärt er, dass die Könige nicht von Gott, sondern vom Teufel ihren Ursprung genommen hätten.[58] Dies sei jedoch eine armselige Behauptung, wie er unter Verweis auf Röm 13,1 erklärt; schließlich heiße es dort: „Es gibt keine Macht außer von Gott. Wo es sie aber gibt, ist sie von Gott eingesetzt."[59] Der Verbindung des Königs zu Gott widmet Hugo einen großen Teil seines ‚Tractatus de regia potestate', so erklärt er, dass der König in seinem Königreich wie das Haupt eines Menschen sei oder dass der König Abbild Gottvaters sei.[60] Doch belässt es auch Hugo nicht dabei, allein eine einzelne Aussage Gregors zu entkräften oder Argumente zu bieten, die den Ausführungen des Papstes entgegenstehen, um die Grenzen jener Behauptungen zu markieren. Ebenso wie der Anonymus aus Hersfeld versucht Hugo den argumentativen Kern der Aussagen im Brief an Hermann von Metz zu widerlegen. So nimmt es nicht wunder, dass es Hugo gar nicht in Abrede stellt, dass es auch schlechte Herrscher geben könnte. Gleichwohl müsse man auch einem schlechten König gehorchen, da dieser eine Strafe Gottes für das sündige Volk sein könnte.[61] Auch hier wird somit der Behauptung Gregors VII., dass es schlechte

---

[57] Erste Ergänzungen bot *Sassier*, Chapitres (2012), doch sind die Übernahmen noch höher zu beziffern. Insgesamt verwendete Hugo mindestens 31 Vorlagen (abseits der Bibel), sein Text besteht dabei zu mehr als 40% aus Zitaten und Paraphrasen; siehe dazu künftig das Kapitel zum ‚Tractatus de regia potestate' in *Nix*, Wissen (im Druck).

[58] Vgl. dazu die entsprechende Stelle in Gregors Brief: *Quis nesciat reges et duces ab iis habuisse principium, qui Deum ignorantes superbia rapinis perfidia homicidiis postremo universis pene sceleribus mundi principe diabolo videlicet agitante super pares, scilicet homines, dominari cęca cupidine et intollerabili presumtione affectaverunt?* – Das Register Gregors VII. II. Ed. *Caspar*, 552.

[59] Vgl. *Scio quosdam nostris temporibus qui reges autumant non a Deo, sed ab his habuisse principium qui Deum ignorantes, superbia, rapinis, perfidia, homicidiis et postremo universis pene sceleribus in mundi principio diabolo agitante supra pares homines dominari caeca cupidate et inenarrabili affectaverunt praesumptione vel temeritate. Quorum sententia quam sit frivola liquet apostolico documento, qui ait: Non est potestas nisi a Deo. Quae enim sunt a Deo ordinatae sunt.* – Hugo von Fleury, Tractatus. Ed. *Sackur*, 467.

[60] Vgl. jeweils die (nachträglich der Handschrift hinzugefügten) Kapitelüberschriften, die die jeweiligen Ausführungen zusammenfassen: *Quod sicut caput in corpore, ita rex in regno suo principatum debeat optinere.* – Hugo von Fleury, Tractatus. Ed. *Sackur*, 468; *Quod rex Die patris imaginem optineat, et episcopus Christi.* – ebd.

[61] *Quapropter tolerandi sunt a subditis quique reges ac principes, nec est eis a quoquam temere resistendum, ne dum eorum iniusticia reprehenditur, ipsa magistra rectitudinis humilitas amittatur.* – Hugo von Fleury, Tractatus. Ed. *Sackur*, 469. Vgl. für die dem Zitat vorausgehenden Sätze die folgende Anm.

Könige gäbe, eine alternative Begründung gegeben: Der gnädige Gott gebe den Menschen gute Könige, der zornige Gott gebe ihnen hingegen schlechte Könige. Dies habe er auch dem israelitischen Volk gegenüber bezeugt: „Ich werde dir einen König in meiner Wut geben und ⟨ihn⟩ in meiner Empörung wegnehmen." (Hos 13,11).[62]

Die Art und Weise, wie Hugo Gregors Behauptung angreift, ist dabei mehr als reine Rhetorik, sie entspricht seiner grundsätzlichen Ansicht über die Defizienz menschlicher Erkenntnisfähigkeit. Der französische Mönch wird nicht müde, zu jeder Zeit in seinem Text die arkanen Entscheidungen Gottes zu betonen, die hinter den wahrnehmbaren Phänomenen der Welt liegen. Den Menschen jedoch fehle die Gabe der göttlichen Einsicht und Voraussicht, weshalb man dem Herrn in seinem Beispiel folgen und sich in demütiger Geduld üben solle, da man – im Gegensatz zum Herrn, dem nichts Zukünftiges verborgen sei – nicht wissen könne, was die Zukunft bringen werde.[63] Sollte man sich dieser Einsicht nicht fügen, sondern durch Überheblichkeit und fehlerhafte Eigeninitiative handeln, so sei dies eine Form der Halsstarrigkeit; auch im ‚Tractatus de regia potestate' wird eine Auflehnung gegen den König folglich als illegitimer Widerstand bezeichnet, an dessen Ende den Widerständigen sogar die Verdammnis drohe: Sollte man bei einer devianten Aktion sterben, so sei man keineswegs ein Märtyrer, sondern zur Strafe verurteilt.[64]

Wenngleich Hugo und der Anonymus also im Grundsatz ähnlich vorgehen, nicht allein Gegenbeispiele zu Gregors Ausführungen zu liefern, sondern die Behauptungen in ihrem Kern anzugreifen, zeigt Hugo doch eine andere Form, wie er diese Entkräftung umsetzt: Wo der Anonymus die absolute Wahrheit betont, die den Gläubigen offensteht, wenn sie nur die Autoritäten und die Bibel richtig interpretierten, demonstriert Hugo einen deutlichen und grundsätzlichen Skeptizismus gegenüber der menschlichen Erkenntnisfähigkeit, die dem Angriff des französischen Mönches gegen das gefährliche Wissen Gregors zugrunde liegt. Es ist daher auch nicht überraschend, dass im ‚Tractatus de regia potestate' bis auf wenige Ausnahmen nur die Bibel als explizit genannte Autorität herangezogen wird. Zwar ist Hugos Werk durchzogen von (meist) wortwörtlichen Zitaten aus einer Vielzahl au-

---

62 *Itaque rex bonus hominibus datur Deo propicio, et pravus Deo irato, sicut ipse per prophetam testatur Israhelitico populo dicens: Dabo, inquit, tibi regem in furore meo. Et in alio loco: Regnare permittit, inquit, Deus hypocritam propter peccata populi.* – Hugo von Fleury, Tractatus. Ed. *Sackur*, 469.

63 *Paciente etiam nos Dominus quotidie peccantes expectat dans nobis spacium penitendi, ut nostram pacientiam exerceat et informet suo exemplo, quo noverimus quantum nos oportet tolerare malos, cum ignoremus quales futuri sunt, quando illis parcit et sinit eos vivere quem nichil futurorum latet.* – Hugo von Fleury, Tractatus. Ed. *Sackur*, 471.

64 *Unde, si contigerit rebelles pro hac contumatia mori, nequaquam de martyrii nomine glorientur, qui furum more merito supplicio condempnantur.* – Hugo von Fleury, Tractatus. Ed. *Sackur*, 471.

toritativer Schriften,[65] doch weist er allein der Bibel – ganz in Übereinstimmung mit seinem Skeptizismus gegenüber der menschlichen Erkenntnisfähigkeit – offen argumentativ-belegende Autorität zu.

4 Zusammenfassung

Anhand zweier Kontroversschriften wurde ein Blick darauf geworfen, wie Akteure in den Konflikten um 1100 versuchten, Deutungshoheit zu erlangen. Wenngleich die beiden Kontroversschriften nur einen punktuellen Blick auf die Konfliktführung um 1100 erlauben, ermöglichen sie abschließend einige thesenhafte Zuspitzungen, die von einem Teil jener Fragen geleitet werden, die in der Einleitung des Bandes aufgeworfen werden.

(1) Die Frage danach, wie jene Diskursteilnehmer um 1100 ihre eigene Lage und die Geschehnisse um sich herum deuteten, kann knapp beantwortet werden. Die Verfasser der Kontroversschriften ordneten ihr argumentatives Agieren nicht in einen Kontext von Sieg oder Niederlage, von Eroberung und Verteidigung ein, sondern legten ihr Handeln als Durchsetzung (vermeintlich) allgemein bekannter, anerkannter christlicher Wahrheit dar. Für die Zeitgenossen ging es somit (vordergründig) nicht um einen Konflikt, in dem sich eine ‚Partei' siegreich durchsetzen könnte, sondern in der es galt, der Wahrheit zum Sieg zu verhelfen. Entsprechend trennscharf zogen die Konfliktteilnehmer die Linie zwischen der eigenen Ansicht, der Wahrheit, und anderen Ansichten, den Irrtümern, gegen die sie ankämpften.

Folglich stellen beide Texte, sowohl der ‚Liber de unitate' als auch der ‚Tractatus de regia potestate', ihre eigenen Ausdeutungen mit einem Anspruch auf Allgemeingültigkeit dar, obschon mit sehr unterschiedlichen Perspektivierungen: Während der Anonymus aus Hersfeld eine offensichtliche, beinahe notwendig erscheinende Interpretation von Wissensbeständen suggerierte, gab sich Hugo von Fleury skeptisch gegenüber der grundsätzlichen Erkenntnisfähigkeit des Menschen – für ihn sprach die Wahrheit direkt aus dem in der Bibel überlieferten Wort Gottes. Einig waren sich die beiden Mönche darin, dass Gregors Argumente defizient und fehlerhaft seien, sein Handeln wurde in beiden Texten als illegitime Auflehnung gegen die göttliche Ordnung dargestellt. Damit verbunden sind Perspektivierungen von Heilserwerb und Heilsverlust, die angedeutet oder auch explizit ausgeführt wurden und für die potentiellen Rezipienten – je nachdem, ob sie Gregors gefährlichem Wissen Glauben schenkten – mahnend beziehungsweise ermutigend erwähnt wurden.

---

[65] Hugos erstes Buch besteht zu mehr als 40% aus Fremdübernahmen aus mind. 31 verschiedenen Quellen.

(2) Mit dieser allgemeinen Deutung der Situation sind konsequenterweise jene Möglichkeiten verknüpft, die sich den Verfassern zur Einflussnahme ergaben: Sowohl der Anonymus aus Hersfeld als auch Hugo von Fleury sahen die Herausforderungen der Zeit eben nicht allein in physischen, sondern vor allem auch in kommunikativen Handlungen, in einer Etablierung von Wissen. Der Brief Gregors VII. stellte für die Zeitgenossen weit mehr dar als ‚nur' eine Antwort auf die Frage danach, ob die zweite Bannung Heinrichs IV. auf der Fastensynode des Jahres 1080 in Brixen rechtens gewesen ist. Bereits der Papst selbst verstand seine Antwort weniger als Rechtfertigung, sondern als Information darüber, dass seine Handlungen nicht nur theologisch begründbar waren, sondern sich auch in Einklang mit der historischen Tradition befanden. Die Gültigkeit und Zulässigkeit seiner Handlungen betonte Gregor auch dadurch, dass er den Brief zielgerichtet und breit publik machen ließ. Die Anhänger seiner Linie nahmen seine Darstellung auf, verbreiteten sie weiter und setzten sie insbesondere durch die Einbindung in kanonistische Kontexte als allgemeingültigen Maßstab. Dieses Selbstverständnis sowie der Versuch der Verstetigung des päpstlichen Narrativs erklären auch, warum noch Jahrzehnte nach seiner Veröffentlichung beziehungsweise nach dem Tod Gregors VII. über die Ausführungen gestritten wurde.

Aus Sicht derjenigen Diskursteilnehmer, die die päpstliche Sicht nicht teilten, ergaben sich daraus massive Probleme, deren Wurzel bereits in den Konflikten der dem Brief vorausgehenden Jahre offenkundig wurde: Die von Gregor durchgeführten Handlungen, wie die Bannung des Königs und die Lösung der Untertanen vom Treueeid, führten zu uneindeutigen Machtverhältnissen, wodurch Handlungsmöglichkeiten (zum Beispiel Widerstandsmöglichkeiten) und -notwendigkeiten (zum Beispiel Gehorsam) unklar wurden. Darüber hinaus führten sie zu zweifelhaften Zuständigkeiten, da beispielsweise neue Geistliche eingesetzt oder Weihen für ungültig erklärt wurden, was wiederum für die Menschen vor Ort gegebenenfalls ungültige Sakramente bedeuten konnte. Dies forderte nachgerade eine intellektuelle Auseinandersetzung mit den zeitgenössischen Ereignissen auch auf einer theoretischen Ebene.[66] Für den Anonymus aus Hersfeld, Hugo von Fleury und andere Verfasser, die die Rechtmäßigkeit von Gregors Handlungen bezweifelten, war es folglich notwendig, das Narrativ, das Gregor in seinem Brief bot, zu widerlegen oder zumindest zu den eigenen Gunsten zu beeinflussen.

Vor dem Hintergrund dieser Notwendigkeit ist es nachvollziehbar, dass die Verfasser dem Papst jeweils ein tiefes Missverstehen der Autoritäten unterstellten. Hierfür arbeiteten sich die Texte folglich an den päpstlichen Ausführungen ab, wenngleich mit eigenem Fokus auf jeweils unterschiedliche Aspekte des Briefes. Man wird in diesen Unterschieden auch lokale Bedürfnisse und Gegebenheiten ver-

---

[66] Dass eine solche intellektuelle Auseinandersetzung notwendig war, zeigt nicht zuletzt die Tatsche, dass Bischof Hermann von Metz sowohl den Papst als auch den Salzburger Erzbischof um Erklärung bat.

muten können: Dass der Anonymus vor allem die Eideslösung der Untertanen in den Blick nahm, wohingegen sich Hugo von Fleury insbesondere am vermeintlich teuflischen Ursprung weltlicher Herrschaft störte, dürfte zuvorderst den Diskussionskontexten geschuldet sein, für die die Texte konzipiert wurden. Wenngleich wir diese Kontexte bei den Kontroversschriften allgemein selten und bei den beiden Traktaten im Speziellen kaum fassen können, gibt diese unterschiedliche Ausrichtung doch einen Hinweis darauf, dass die Verfasser sehr konkrete Ziele im Kopf hatten und mithin das lokale Narrativ beeinflussen wollten. Folglich war auch der Umgang mit Gregors Brief deutlich unterschiedlich, sei es als intensive Umdeutung und Abarbeitung an den vorgebrachten Argumenten oder als ‚Stichwortgeber' einer zentralen Behauptung. Es sind genau diese Spuren, die Gregors Brief (sowie andere Texte) hinterlassen haben, die letztlich auch dazu führten, dass es zu jener enormen Explosion von Schriftlichkeit und Meinungen kam, die sich in den Kontroversschriften fassen lassen und die zu immer weiteren Reaktionen führen (mussten). Jede Reaktion erforderte wiederum eine geistige Auseinandersetzung mit entsprechender Gegenreaktion.[67]

(3) Der Blick auf die Kontroversschriften bestätigt folglich jene thesenhafte Zuspitzung in der Einleitung des Sammelbands: In Umbruchsszenarien kam nicht nur der kriegerischen Auseinandersetzung, sondern auch der Aushandlung von Wissen eine zentrale Position zu. Die Konflikte der Zeit wurden vor allem auch mithilfe einer Aushandlung von Wissensbeständen geführt, wie sich in den untersuchten Texten offenbart. Dabei war die Vorstellung, dass die Streitigkeiten durch einen ‚Blick in die Bücher' zu lösen seien, bei allen Konfliktparteien weit verbreitet. Erobert-Sein, wie es sich in den Kontroversschriften wahrnehmen lässt, war somit zuvorderst kein von außen herangetragener Zustand, auch kein Zustand, der sich selbst auferlegt wurde. Erobert-Sein kann sich in jenen Momenten erkennen lassen, in denen die Kontroversschriften Bezug auf jenes gefährliche Wissen nahmen, das die je intendierte Gegenseite verbreiten wollte – es war somit auch keinesfalls auf die ‚königlich-kaiserliche Seite' beschränkt. Es ging in den Kontroversen um 1100 eben nicht zuletzt um eine Durchsetzung von Narrativen beziehungsweise eine Etablierung intellektueller Denk- und Erklärungsmuster, die für die eigenen Ansichten günstig waren.

Davon auszugehen, dass der Sieger die Geschichte der Besiegten schriebe, wäre eine zu eingeengte Perspektive im Hinblick auf die Kontroversschriften. Trotz aller Dualismen, die die Akteure nach außen hin propagierten – wenngleich unter Begriffen wie beispielsweise ‚Wahrheit' und ‚Irrtum' –, lassen sich doch (kämpferi-

---

[67] Sie zeigt sich bspw. in der Klage Wenrichs von Trier darüber, dass er trotz mehrfacher Versprechen keine guten Argumente seiner ‚Gegner' bekäme (vgl. Wenrich von Trier, Epistola. Ed. *Francke*, 287), oder im Zitatenkampf von Gerstungen, bei dem sich kaiserliche und päpstliche Vertreter einen argumentativen Kampf mit Autoritäten lieferten (vgl. De unitate ecclesiae conservanda. Ed. *Schwenkenbecher*, 234).

sche) Austauschprozesse wahrnehmen. Wer ‚Sieger', wer ‚Besiegter' war, wurde in den Kontroversschriften noch ausgehandelt. Gleichwohl teilten die Verfasser aller Unabgeschlossenheit dieser Prozesse zum Trotz dasselbe Bild eines ‚Sieges', um den sie in ihren Texten rangen: Die Geschichte, die sich durchsetzen sollte, das Narrativ, das den größten Anklang finden würde, würde den Sieger küren. Und vor dem Hintergrund dieser drohenden Übervorteilung, angetrieben vom Wunsch, die (eigene) Wahrheit durchzusetzen, schrieben die Akteure.

Handschriften

Avranches, Bibliothèque municipal, MS. 17.
Paris, Bibliotèque nationale de France, lat. 1977.

Edierte Quellen und Übersetzungen

Beno, Gesta romanae aecclesiae contra Hildebrandum. Ed. *Kuno Francke*, in: MGH Ldl 2. Hannover 1892, 369–380.
Bonizo von Sutri, Liber ad amicum. Ed. *Ernst Dümmler*, in: MGH Ldl 1. Hannover 1891, 568–620.
Bruno, Saxonicum bellum. Ed. *Hans-Eberhard Lohmann*. (MGH Dt. MA 2.) Leipzig 1937.
De unitate ecclesiae conservanda, übers. v. *Irene Schmale-Ott*, in: Dies. (Hrsg.): Quellen zum Investiturstreit. Teil 2. Schriften über den Streit zwischen Regnum und Sacerdotium. (Ausgewählte Quellen zur deutschen Geschichte des Mittelalters. FSGA 12b.) Darmstadt 1984, 272–579.
Hieronymus, Biblia sacra vulgata, übers. v. *Andreas Beriger / Widu-Wolfgang Ehlers / Michael Fieger*. (Sammlung Tusculum.) Berlin / Boston 2018.
Hugo von Flavigny, Chronicon Hugonis monachi virdunensis et divionensis abbatis flaviacensis. Ed. *Georg Heinrich Pertz*, in: MGH SS 8. Hannover 1848, 280–503.
Hugo von Fleury, Tractatus de regia potestate et sacerdotali dignitate. Ed. *Ernst Sackur*, in: MGH Ldl 2. Hannover 1892, 465–494.
Liber de unitate ecclesiae conservanda. Ed. *Wilhelm Schwenkenbecher*, in: MGH Ldl 2. Hannover 1892, 173–284.
Quellen zur Geschichte Kaiser Heinrichs IV., übers. v. *Franz-Josef Schmale*. (Ausgewählte Quellen zur deutschen Geschichte des Mittelalters. FSGA 12.) Darmstadt 1963.
Das Register Gregors VII. I. Buch I–IV. Ed. *Erich Caspar*. (MGH Epp. Sel. 2.1.) Berlin 1920.
Das Register Gregors VII. II. Buch V–IX. Ed. *Erich Caspar*. (MGH Epp. Sel. 2.2.) Berlin 1923.
Sigebert von Gembloux, Chronica domini Sigeberti gemblacensis monachi. Ed. *Georg Heinrich Pertz*, in: MGH SS 6. Hannover 1844, 300–375.
Wenrich von Trier, Epistola sub Theoderici episcopi virdunensis nomine composita. Ed. *Kuno Francke*, in: MGH Ldl 1. Hannover 1891, 280–299.

Literatur

Werner Affeldt, Königserhebung Pippins und Unlösbarkeit des Eides im Liber de unitate ecclesiae conservanda, in: Deutsches Archiv für Erforschung des Mittelalters 25, 1969, 313–346.
Stefan Beulertz, Gregor VII. als „Publizist". Zur Wirkung des Schreibens Reg. VIII, 21, in: Archivum Historiae Pontificiae 31, 1994, 7–29.
Norman Frank Cantor, Church, Kingship, and Lay Investiture in England, 1089–1135. (Princeton Studies in History, Bd. 10.) Princeton 1985.
Paul Ewald, Walram von Naumburg. Zur Geschichte der publicistischen Literatur des XI. Jahrhunderts. Bonn 1874.
Augustin Fliche, La Réforme grégorienne et la reconquête chrétienne (1057–1123). (Histoire de l'église depuis les origines jusqu'à nos jours, Bd. 8.) Paris 1950.
Horst Fuhrmann, Pseudoisidor, Otto von Ostia (Urban II.) und der Zitatenkampf von Gerstungen (1085), in: Martina Hartmann (Hrsg.), Papst Gregor VII. und das Zeitalter der Reform. Annäherungen an eine europäische Wende. Ausgewählte Aufsätze. (MGH Schriften, Bd. 72.) Wiesbaden 2016, 209–225.
John Gilchrist, The Collection in Seventy-Four Titles. A Canon Law Manual of the Gregorian Reform. Toronto 1980.
John Gilchrist, The Reception of Pope Gregory VII into the Canon Law (1073–1141), in: Zeitschrift der Savigny-Stiftung für Rechtsgeschichte. Kanonistische Abteilung 59, 1973, 35–82.
Hans-Werner Goetz, Geschichte als Argument. Historische Beweisführung und Geschichtsbewußtsein in den Streitschriften des Investiturstreits, in: Historische Zeitschrift 245, 1987, 31–70.
Florian Hartmann (Hrsg.), Brief und Kommunikation im Wandel. Medien, Autoren und Kontexte in den Debatten des Investiturstreits. (Papsttum im mittelalterlichen Europa, Bd. 5.) Köln / Weimar / Wien 2016.
Patrick Healy, The Chronicle of Hugh of Flavigny. Reform and the Investiture Contest in the Late Eleventh Century. (Church, Faith and Culture in the Medieval West.) Aldershot 2006.
Christian Heinrich, Was versteht man unter einer Streitschrift? Vorschlag einer Neudefinition, in: Florian Hartmann (Hrsg.), Brief und Kommunikation im Wandel. Medien, Autoren und Kontexte in den Debatten des Investiturstreits. (Papsttum im mittelalterlichen Europa, Bd. 5.) Köln / Weimar / Wien 2016, 91–102.
Wilhelm Kölmel, Regimen christianum. Weg und Ergebnisse des Gewaltenverhältnisses und des Gewaltenverständnisses (8. bis 14. Jahrhundert). Berlin 1970.
Thomas Kohl, Die Erfindung des Investiturstreits, in: Historische Zeitschrift 312, 2021, 34–61.
Thomas Kohl, Streit, Erzählung und Epoche. Deutschland und Frankreich um 1100. (Monographien zur Geschichte des Mittelalters, Bd. 67.) Stuttgart 2019.
Karl Joseph Leyser, The Polemics of the Papal Revolution, in: Beryl Smalley (Hrsg.), Trends in Medieval Political Thought. Oxford 1965, 42–64.
Elisabeth Mégier, Hugh of Fleury, in: David Thomas (Hrsg.), Christian-Muslim Relations. Volume 3 (1050–1200). Leiden 2011, 341–348.
Gerold Meyer von Knonau, Jahrbücher des Deutschen Reiches unter Heinrich IV. und Heinrich V. Dritter Band: 1077 (Schluß) bis 1084. Leipzig 1900.
Maximilian Nix, Widerständiges Wissen. Widerstandskonzeption und Wissensproduktion in den theoretischen Kontroversschriften um 1100. (Historische Studien, Bd. 517.) (im Druck).
Karl Pellens, „Unitas Ecclesiae" im sog. Liber de unitate ecclesiae conservanda, in: Freiburger Geschichtsblätter 52, 1963/1964, 14–37.

Leendert Martin De Ruiter, Hugo van Fleury. Historia Ecclesiastica, editio altera. Kritische teksteditie. Phil. Diss. Groningen 2016, online: Rijksuniversiteit Groningen, https://www.rug.nl/research/portal/files/31809337/Complete_thesis.pdf (Zugriff: 28.07.2022).

Ernst Sackur, Zu den Streitschriften des Deusdedit und Hugo von Fleury, in: Neues Archiv der Gesellschaft für ältere deutsche Geschichtskunde 16, 1891, 347–386.

Yves Sassier, Les premiers chapitres du De regia potestate et sacerdotali dignitate d'Hugues de Fleury (1102–1107), ou l'art de s'approprier un vieux discours théologico-politique, in: Osamu Kano (Hrsg.), Conférence internationale sur la configuration du texte medieval. Nagoya 2012, 123–135.

Rudolf Schieffer, Deutungen des Investiturstreits, in: Florian Hartmann (Hrsg.), Brief und Kommunikation im Wandel. Medien, Autoren und Kontexte in den Debatten des Investiturstreits. (Papsttum im mittelalterlichen Europa, Bd. 5.) Köln / Weimar / Wien 2016, 23–41.

Rudolf Schieffer, Die Entstehung des päpstlichen Investiturverbots für den deutschen König. (MGH Schriften, Bd. 28.) Stuttgart 1981.

Irene Schmale-Ott, Einleitung, in: Dies. (Hrsg.): Quellen zum Investiturstreit. Teil 2. Schriften über den Streit zwischen Regnum und Sacerdotium. (Ausgewählte Quellen zur deutschen Geschichte des Mittelalters. FSGA 12b.) Darmstadt 1984, 1–45.

Beatrix Schütte, Studien zum Liber de unitate ecclesiae conservanda. Berlin 1936.

Ursula Schultz, Zum „Liber de unitate ecclesiae conservanda", in: Neues Archiv der Gesellschaft für ältere deutsche Geschichtskunde 49, 1932, 188–192.

Tilman Struve, Gregor VII. und Heinrich IV. Stationen einer Auseinandersetzung, in: Alphons Maria Stickler u. a. (Hrsg.), La riforma Gregoriana e l'Europa. II. Comunicazioni. (Studi gregoriani, Bd. 14.) Rom 1991, 29–60.

Karl Ubl, Der Mehrwert der päpstlichen Schlüsselgewalt und die Tradition des heiligen Clemens, in: Andreas Pečar / Kai Trampedach (Hrsg.), Die Bibel als politisches Argument. Voraussetzungen und Folgen biblizistischer Herrschaftslegitimation in der Vormoderne. (Historische Zeitschrift. Beiheft, Bd. 43.) München 2007, 189–217.

Jörgen Vogel, Gregor VII. und Heinrich IV. nach Canossa. Zeugnisse ihres Selbstverständnisses. (Arbeiten zur Frühmittelalterforschung, Bd. 9.) Berlin / New York 1983.

Zelina Zafarana, Ricerche sul „Liber de unitate ecclesiae conservanda", in: Studi medievali 3, 1966, 617–700.

Claudia Zey, Der Investiturstreit – Neuere Perspektiven der Forschung, in: Thomas Kohl (Hrsg.), Konflikt und Wandel um 1100. Europa im Zeitalter von Feudalgesellschaft und Investiturstreit. (Europa im Mittelalter, Bd. 36.) Berlin / Boston 2020, 13–31.

Claudia Zey, Der Investiturstreit. München 2017.

Marcel Bubert
Fremdes Blut, heilige Rache und die Invasion im Schafspelz
Die anglonormannische ‚Eroberung' Irlands und die Strategien ihrer Delegitimation

Abstract: This article intends to analyse the specific strategies which were pursued in later medieval Ireland for the purpose of delegitimising the Anglo-Norman conquest of Ireland. After a brief sketch of the conquest in the 12th century, it will be argued that this process cannot be accurately captured in terms of a dichotomy of the ‚conquerors' and the ‚conquered', insofar as political conflicts and alliances are concerned. Nevertheless, the Irish sources strictly distinguished between the ‚English' and the ‚Irish' in their description of group identities in colonial Ireland. As will be shown, it was this construction of identities which played a key role in strategies that emphatically referred to the fundamental differences between the groups in order to delegitimise English presence in Ireland. The article examines the heterogeneous elements which were used and combined in these strategies. Firstly, it illustrates how the Irish Annals claimed a punishment of the Anglo-Normans by Irish Saints and relied on the tradition of Irish High Kingship in order to justify Irish opposition. Secondly, special attention is given to the ‚Remonstrance of the Irish Princes' of 1317, thereby demonstrating how the ‚Remonstrance' adapted different concepts of contemporary discourses, like the concepts of natural law and hypocrisy, for the purpose of producing evidence for the illegitimacy of the Anglo-Norman conquest of Ireland. By doing so, the ‚Remonstrance' will be reinterpreted against the background of political and religious discourses of the early 14th century.

In einer Petition an König Edward I. von England aus dem Jahr 1278 bemühte sich der Erzbischof von Armagh, Nicholas Mac Maol Íosa (amt. 1272–1303), die Freiheiten der irischen Kirche, für die er eintrat, historisch zu begründen.[1] Dabei machte der Vorsteher der seit 1152 bestehenden Erzdiözese die Grenze zwischen der Zeit vor und nach der „Ankunft der Engländer in Irland" (*introitum Anglicorum in Hibernia*) zu einem zentralen Referenzpunkt seines Arguments. Nicht nur lange zuvor, sondern auch nach dem Eintreffen der Engländer habe die Kirche von Armagh bis zum heutigen Tag das Recht gehabt, die Temporalien vakanter Bistümer zu behalten.[2]

---

[1] Zu Nicholas und dem Erzbistum Armagh vgl. *Watt*, Church (1970), 160–172; *Jefferies*, Armagh (2005).
[2] *Item, cum ante introitum Anglicorum in Hibernia ecclesia Ardmachana fuerit in possessione recipiendi temporalia tempore vacationis omnium episcopatuum provincie Ardmachane, et licet processu*

Die Legitimation der „Ankunft" wird hier keinesfalls in Zweifel gezogen, vielmehr dient die Referenz dazu, die Ansprüche Armaghs in eine Kontinuität einzuschreiben, die sich von Beginn der englischen Präsenz in Irland an bis in die eigene Gegenwart (*usque in hunc diem*) erstreckt. Indem sich der Erzbischof einer derartigen Strategie der Kontinuitätskonstruktion bedient,[3] wird der *ingressus Anglicorum* selbst zu einem legitimationsstiftenden Bezugspunkt und damit in den Dienst eigener Interessen gestellt.[4]

Die Passage zeigt nicht nur die Relevanz des ‚Ereignisses' von 1169/1171 für die Selbstbeobachtung der Akteur:innen im Irland des 13. Jahrhunderts. Sie verweist auch auf ein grundsätzliches Merkmal des Umgangs der Zeitgenossen mit den veränderten Machtverhältnissen und politischen Strukturen der Folgezeit. Nicholas Mac Maol Iosa erscheint nicht als vehementer Gegner englischer Herrschaft, sondern als Pragmatiker, der unter den bestehenden Bedingungen zum Vorteil seiner Diözese agierte. Dieser Pragmatismus kennzeichnet das Vorgehen vieler Akteur:innen im hoch- und spätmittelalterlichen Irland, für die zunächst die Interessen der eigenen Institution oder Gruppe im Vordergrund standen. Deren Realisierung konnte situative Bündnisse und Kompromisse erforderlich machen, die sich nicht entlang einer strikten Dichotomie von Eroberern und Eroberten, sondern in einem komplexen Beziehungsgeflecht bewegten, das diese vermeintlich stabilen Kategorien transzendierte.[5]

---

temporis per incuriam et negligentiam quorundam archiepiscoporum ballivi vestri possessionem temporalium quorundam episcopatuum sic vacantium in preiudicium ecclesie nostre sint ingressi: Adhuc tamen ecclesia nostra Ardmachana est in possessione temporalium quorundam episcopatuum vacantium, in quorum possessione fuit dicta ecclesia, non solum ante ingressum Anglicorum, sed post ingressum ipsorum usque in hunc diem. Nicholas Mac Maol Iosa, Petition an Edward I. Ed. *Gwynn*, 10.

3 Vgl. die Parallelen in der kontinentalen Ordenshistoriographie bei *Jäkel*, Kontinuitätskonstruktionen (2013); die Phrase „usque in praesentem diem" dient etwa Bernard Gui dazu, die Inquisition in Toulouse in eine Kontinuität mit den historischen Anfängen des Dominikanerordens zu stellen (ebd., 45).

4 Wie bei diesem Beispiel lautet die Bezeichnung für die französischsprachigen Gruppen, die im 12. Jhd. aus England und Wales nach Irland kamen, in den Quellen meist „Engländer" (*anglici*); wenn die Perspektive der Quellen eingenommen wird, ist im Folgenden daher i.d.R. von Engländern oder englischer Herrschaft in Irland die Rede, daneben wird jedoch die in der Literatur nach wie vor geläufige und differenziertere Bezeichnung „Anglonormannen" ebenfalls verwendet, um die Eroberer zu beschreiben; zu den Kategorien der Zeitgenossen vgl. ausführlich Kap. 2.

5 Vgl. die methodischen Überlegungen in der Einleitung von Rike Szill in diesem Band; charakteristisch ist etwa der kirchenpolitische Streit zwischen den Diözesen Armagh und Clogher im 12. und 13. Jhd., in dessen Verlauf sich immer wieder neue Konfliktlinien und Gegnerschaften formierten, vgl. dazu *Smith*, Armagh-Clogher Dispute (1991).

1 Invasor:innen im Netzwerk: Skizze einer ‚dezentralen Eroberung'

Dieser Umstand betrifft nicht nur die fortbestehenden politischen und kirchenpolitischen Konflikte zwischen lokalen Herrschern und Dynastien, Klöstern und Diözesen in Irland; auch die anglonormannischen ‚Eroberer' gingen immer wieder Allianzen mit einheimischen irischen Herrschern und Familien ein, um ihre territorialen Interessen (mitunter gegeneinander) durchzusetzen.[6] William de Burgh († 1206), der 1185 nach Irland kam, unterstützte den König von Connacht, Cathal Crobdearg Ua Conchobair, gegen dessen Konkurrenten Cathal Carragh, bevor er selbst die Herrschaft über Connacht beanspruchte. Der irische Herrscher Áed Ua Neill († 1230) aus der Dynastie der Cenél nEógain konnte sich hingegen als ein dominanter politischer Akteur im Norden Irlands behaupten, indem er die Rivalität zwischen den Eroberern John de Courcy und Hugh de Lacy, seit 1205 Earl von Ulster, sowie den anschließenden Konflikt des letzteren mit König Johann Ohneland zu seinen Gunsten nutzte.[7] Nachdem John de Courcy, der zuvor große Gebiete in Ulster erobert hatte[8], vor Hugh de Lacy zu den irischen Cenél nEógain geflohen war, hatte Áed Ua Néill im Jahre 1210 zunächst auf Seiten König Johanns gegen Hugh de Lacy gekämpft, der die königliche Gunst verloren hatte, bevor er diesen im Jahre 1224 wiederum gegen die englische Krone unterstützte, die inzwischen Heinrich III. trug, und ein Bündnis mit dem zurückgekehrten Earl von Ulster einging.[9]

Die komplexen Konstellationen und wechselnden Beziehungen, die sich in diesen knappen Beispielen abzeichnen, machen bereits deutlich, dass es verfehlt wäre, die politischen Verhältnisse in Irland nach 1169/1171 mit festen Konzepten von Eroberern und Eroberten erfassen zu wollen. Dies hängt mit den spezifischen Bedingungen und gesellschaftlichen Strukturen in Irland zusammen, welche den Verlauf und die Folgen der anglonormannischen Eroberung von Beginn an prägten. Irland verfügte im 12. Jahrhundert zwar in der Theorie über einen ‚Oberherrscher' (*ard-rí*, *rí Érenn* oder *rex totius Hibernie*), doch fand faktisch keiner der Könige, die diesen Titel beanspruchten, allgemeine Anerkennung.[10] Irland blieb dezentral, in Kleinkönigreichen (*tuatha*) und übergeordneten Provinzialkönigtümern organisiert, die häufig wechselnde Bündnisse eingingen, was eine zentrale Eroberung der Insel grundsätzlich unmöglich machte. Es war auch dieser Umstand, der maßgeblich die Bedingungen konstituierte,

---

6 Vgl. *Frame*, Colonial Ireland (2012); *Ders.*, War and Peace (1998); *Barry/Ders./Simms*, Colony and Frontier (1995); *Flanagan*, Interactions (1989); *Simms*, The King's Friend (1981).
7 Vgl. *Simms*, Late Medieval Tír nEógain (2000); *Brown*, Hugh de Lacy (2016).
8 Vgl. *Duffy*, First Ulster Planation (1995), 1–27.
9 Vgl. *Brown*, Hugh de Lacy (2016), 165–202; Áed Ua Neill und Hugh de Lacy kämpften daraufhin gemeinsam gegen den königlich Justiziar William Marshal († 1219), der seinerseits von den irischen Königen von Connacht, Thomond und Desmond, unterstützt wurde: *Simms*, O Hanlons (1978), 76.
10 Vgl. *Hemprich*, Rí Érenn (2015); *Byrne*, Irish Kings (2001); *Flanagan*, High-Kings (2005).

unter denen die „Ankunft" der Anglonormannen überhaupt herbeigeführt worden war: Diese war keineswegs Resultat einer geplanten Invasion von Seiten Englands, sondern erfolgte auf Betreiben des irischen Königs von Leinster, Diarmait mac Murchada († 1171), der um Unterstützung gegen seine Feinde in Irland gebeten hatte.[11]

Nachdem er die Tochter des irischen Oberherrschers Ruaidrí Ua Conchobair entführt hatte und deswegen von diesem und dessen Schwiegersohn aus Leinster vertrieben worden war, hatte sich Diarmait zu Heinrich II. von England begeben, der ihm zwar keine eigene Hilfe zusagte, aber die Erlaubnis erteilte, in England um Unterstützung zu werben. Diese sollte er vor allem in Wales finden: zunächst bei Maurice FitzGerald und Robert FitzStephen, die ihm 1169 nach Irland folgten, schließlich bei Richard de Clare, besser bekannt als ‚Strongbow', der im Jahre 1170 in Irland eintraf.[12] Nach der Eroberung von Dublin und Waterford durch das anglonormannische Heer gelang es Richard de Clare, seine Macht im Osten Irlands rasch auszubauen. Aufgrund der Hochzeit mit Aoife, der Tochter von Diarmait mac Murchada, konnte er nach dessen Tod 1171 seine Nachfolge als Herrscher in Leinster beanspruchen.[13] Als sich Heinrich II. von England am 17. Oktober 1171 nach Irland begab, um einem übermäßigen Machtgewinn Strongbows entgegenzuwirken und dessen irische Gebiete als Lehen an ihn zu vergeben, waren wesentliche Schritte der ‚Eroberung' demnach bereits durch andere Akteur:innen geleistet, die vor dem König auf der Insel aktiv geworden waren. Weitere anglonormannische Invasoren, wie die schon genannten William de Burgh, John de Courcy oder Hugh de Lacy (sowie dessen gleichnamiger Vater), sollten dieses Werk in den kommenden Jahrzehnten fortsetzen und bis zur Mitte des 13. Jahrhunderts große Gebiete im Osten, Süden und Westen Irlands erobern.[14]

Freilich gab es von königlicher Seite starke Bestrebungen, die Herrschaft über Irland zu ‚zentralisieren'. Im Vertrag von Windsor von 1175 kam es zu einer vorübergehenden Einigung zwischen Heinrich II. und Ruaidrí Ua Conchobair, der in seiner (von ihm beanspruchten) Rolle als ‚Hochkönig' Irlands in den nicht-eroberten Territorien bestätigt wurde, aber im Gegenzug die Oberhoheit des englischen Königs anerkennen musste.[15] Ferner verlieh Heinrich II. seinem Sohn Johann den Titel eines *dominus Hiberniae*, den die englischen Könige als Herrscher über die ‚Lordschaft Irland' bis 1542 führen sollten.[16] Doch diese Ansprüche sollten nicht darüber hinwegtäuschen, dass die ‚Eroberung' der Insel tatsächlich weder planmäßig und zentral koordiniert erfolgte noch langfristig eine stabile und umfassende Herrschaft in Irland begründen konnte,

---

11 Vgl. *Martin*, Diarmait Mac Murchada (2008); *Flanagan*, Anglo-Norman Invasion (2003); *Dies.*, Interactions (1989); *Richter*, Irland (2003), 133–138.
12 Vgl. *Flanagan*, Strongbow (2009); *Martin*, Diarmait Mac Murchada (2008).
13 Vgl. *Flanagan*, Negotiating (2019).
14 Vgl. *Lydon*, Expansion (2008); *Duffy*, First Ulster Planation (1995); *Smith*, Colonisation and Conquest (1999).
15 Vgl. *Martin*, Overlord (2008); *Babcock*, Clients (2007).
16 Vgl. *Martin*, John (2008).

die sich in Form einer einseitigen Dominanz der Eroberer über die Eroberten beschreiben ließe. In der politischen Praxis agierten die Anglonormannen in Irland in einem vielschichten Netzwerk von Gruppen und Akteur:innen, das wechselnde Konstellationen von Bündnissen und Oppositionen zuließ.

2 Komplexe Wirklichkeit ordnen: ‚irisch' und ‚englisch'

Die geschilderte Lage in Irland nach 1169/1171 war das Ergebnis einer Eroberung, die nicht intentional gesteuert, sondern gewissermaßen einfach ‚passiert' war. Gleichwohl stellte sie die Zeitgenossen vor die Herausforderung, sich in den neuen Verhältnissen zu positionieren und unter veränderten Bedingungen strategisch zu agieren, wie dies bereits am Vorgehen des Erzbischofs von Armagh im 13. Jahrhundert deutlich wurde. Dessen Bezugnahme auf den *introitus Anglicorum* rund 100 Jahre zuvor zeigte aber auch, dass das Eintreffen der anglonormannischen Invasor:innen sehr wohl als einschneidendes Ereignis in Irland wahrgenommen und gedeutet wurde. Die Präsenz der Invasor:innen auf der Insel verlangte nach Deutungsmustern und Kategorien, in denen sich die veränderte Lage interpretieren ließ. Dieser Umstand lenkt den Blick von der politischen Praxis, wie sie im Vorausgehenden aus heutiger Sicht skizziert wurde, auf die Beobachtungsperspektive der Zeitgenossen, mithin auf die Frage, wie zeitgenössische Akteur:innen die gesellschaftlichen Verhältnisse in Irland nach der ‚Eroberung' deuteten und beschrieben.

Auch wenn es richtig ist, dass in der sozialen Praxis keine strikte Dichotomie von Eroberern und Eroberten auszumachen ist, die das politische Handeln der Individuen (etwa im Hinblick auf die Bildung von Allianzen) bestimmt hätte, so bedeutet dies nicht, dass die Zeitgenossen in ihrer Beobachtung und Interpretation der gesellschaftlichen Wirklichkeit keine Unterscheidung zwischen den Gruppen vornahmen und keine entsprechenden Kategorien produzierten, in denen sie die Akteur:innen jeweils verorteten. In der *Wahrnehmung* der sozialen Realität fanden Prozesse der Selbst- und Fremdkategorisierung statt, die mit kollektiven Identitäten operierten, durch welche sich das komplexe Beziehungsgeflecht der politischen Praxis ordnen ließ. Mit anderen Worten: Ungeachtet der Frage, wer mit wem zu welchem Zweck kollaborierte oder verfeindet war, trafen die Zeitgenossen in ihrer Beobachtung des Geschehens eine präzise Unterscheidung zwischen den *hibernici* und den *anglici* in Irland, die als soziale Kategorien gegeneinander profiliert wurden.[17] Mit ersteren waren

---

[17] Es geht folglich um die Konstruktion kultureller Identitäten, die in der Perzeption der Zeitgenossen in eine dichotome Relation traten, ohne dass die politische Praxis der damit kategorisierten Akteur:innen einem binären Schema von Eroberern und Eroberten folgte; eine entsprechende

die einheimischen, gälischsprachigen Familien, mit letzteren die Anglonormannen gemeint, die als „Fremde" (*Gaill*), so die häufige Bezeichnung in irischen Quellen, nach Irland gekommen waren.[18] In den Jahrzehnten nach der ‚Eroberung' wurde diese kategoriale Unterscheidung diskursiv objektiviert und nachhaltig in die Ordnung der sozialen Wirklichkeit implementiert, was schließlich auch im Rechtsstatus der Gruppen verstetigt wurde: Englisches Recht genossen in den anglonormannisch beherrschten Gebieten Irlands, von einigen Ausnahmen abgesehen, nur die *anglici*, nicht die einheimischen *hibernici*, die dort lebten.[19]

Dass diese Differenz für die soziale Praxis der Akteur:innen in vielen anderen Hinsichten jedoch keine Entsprechung hatte, wird auf Seiten der „Engländer" in Irland besonders deutlich. Obwohl diese selbst darum bemüht waren, gegenüber ihrer Umwelt, und nicht zuletzt der englischen Krone, ihre ‚Englishness' zu betonen und sich dezidiert als „gentz Engleis Dirlande"[20] auszuweisen, die sich von den irischen ‚Feinden' der Umgebung abgrenzten,[21] konnte diese plakative Selbstbeschreibung nicht darüber hinwegtäuschen, dass sich die Anglonormannen, die in Irland lebten, in ihren kulturellen Praktiken bereits nach kurzer Zeit weitgehend an ihre gälischen Nachbarn assimiliert hatten. Dies betrifft sowohl die Übernahme der irischen Sprache oder Heiratsverbindungen mit einheimischen Familien[22] als auch die Beauftragung irischer Schreiber und Dichter, die im Dienst ihrer angloirischen Patrone Werke in gälischer Sprache verfassten, die aus dem traditionellen Repertoire der irischen Bardenschulen schöpften.[23] Ein großer Teil der irischsprachigen Überlieferung an Geschichtsschreibung, Dichtung, Hagiographie, Rechtstexten und Übersetzungsliteratur des Spätmittelalters ist in Sammelhandschriften enthalten, die, wie etwa das ‚Book of Fermoy', im Auftrag anglonormannischer Familien entstanden und sich inhaltlich nicht von denjenigen unterschieden, die für einheimische gälische Patrone kompiliert wurden.[24] Dass diese ‚Diskrepanz' auch von den Zeitgenossen als solche wahrgenommen wurde, zeigen am deutlichsten die Statuten von Kilkenny, die noch im 14. Jahrhundert die Verwendung der irischen Sprache und die Beschäftigung von gälischen Barden durch die ‚Engländer' in Irland untersagten.[25]

Differenzperzeption hätte sich auch ohne eine Eroberung, etwa durch Kontakte im Kontext von Handel und Migration herausbilden können.
18 Vgl. *Booker*, Cultural Exchange (2018); *Campbell/FitzPatrick/Horning*, Becoming (2018); *Muldoon*, Identity (2003); *Quinn*, Irish Ireland (2008); *Lydon*, Nation and Race (1995); *Watt*, Two Nations (1970); vgl. auch *Heng*, Invention of Race (2018), 36–41.
19 Vgl. *Frame*, Colonial Ireland (2012); *Hand*, English Law in Ireland (1967); *Ders.*, Status of the Native Irish (1966); *Otway-Ruthven*, Native Irish (1951).
20 Acts of the Parliament of Ireland. Ed. *Berry*, 342.
21 Vgl. *Frame*, Engleys (1993); *Ellis*, Tudor Ireland (1999).
22 Vgl. *Booker*, Intermarriage (2013).
23 Vgl. *Simms*, Bards and Barons (1989).
24 Vgl. *Hambro*, Book of Fermoy (2015).
25 Vgl. Acts of the Parliament of Ireland. Ed. *Berry*, 435, 447.

Von einer kulturellen Dominanz der Eroberer über die Eroberten kann im Fall Irlands demnach keine Rede sein. Vor allem aber wird daran deutlich, dass die Selbstkategorisierung der Zeitgenossen als ‚irisch' oder ‚englisch' nicht ohne Weiteres mit den kulturellen Praktiken der Akteur:innen korreliert werden kann. Diese Kategorien waren diskursive Konstruktionen, die gleichwohl dazu dienten, die soziale Realität nach der anglonormannischen Eroberung durch die Abgrenzung kollektiver Identitäten zu sortieren und zu deuten.[26] Als Elemente eines derartigen ‚Deutungsschemas' waren sie jedoch höchst relevant. Dies gilt umso mehr für diejenigen Gruppen in Irland, die der Präsenz der Eroberer auf der Insel dezidiert ablehnend gegenüberstanden und nicht bereit waren, sich mit den Verhältnissen pragmatisch zu arrangieren. Aus deren Perspektive war das Verhältnis der *hibernici* und *anglici* durch unüberwindliche Feindschaft bestimmt, die auf fundamentalen Gegensätzen zwischen diesen Gruppen beruhte. Die ‚Engländer' in Irland ließen sich damit als Fremdkörper begreifen, der die natürliche Ordnung auf der Insel zerstört hatte. Es ist kein Zufall, dass in Kontexten des Widerstands gegen die Anwesenheit und Herrschaft der Anglonormannen in Irland die postulierten Differenzen zwischen den Kollektiven in besonderer Weise akzentuiert wurden. Wie später gezeigt werden soll, bezogen sich die Strategien zur Delegitimierung der anglonormannischen Eroberung Irlands nachdrücklich auf die substantiellen Unterschiede zwischen ‚Iren' und ‚Engländern', mithin auf eine konstruierte Dichotomie, um ihre Argumentation zu begründen.

3 Heilige Rache und narrative Strategien

Dass die begriffliche Unterscheidung genutzt werden konnte, um eine prinzipielle Gegnerschaft zum Ausdruck zu bringen, zeigt bereits der Umstand, dass die Anglonormannen, trotz aller Akkulturation, in irischen Quellen konsequent als „Fremde" (*Gaill*) bezeichnet und damit in eine Opposition zu einheimischen Gruppen gestellt werden. Die irischen Annalen, die das Geschehen in der Folgezeit der Eroberung schilderten und kommentierten, machen großenteils keinen Hehl aus ihrer negativen Sicht auf die Fremden im Land. Dabei lassen sich bereits konkrete Strategien identifizieren, mit denen die Verfasser ihr Urteil über die unerwünschten Eindringlinge plausibilisierten und mit Evidenz versahen.[27]

---

[26] Frühere Forschungsdebatten um die Identität der ‚Anglo-Iren' im spätmittelalterlichen Irland haben diese beiden Aspekte mitunter nicht adäquat auseinandergehalten, indem sie die kulturellen Praktiken der Akteur:innen gegen ihre diskursive Selbstkategorisierung ausspielten. Es ist nicht notwendig ein Widerspruch, dass sich die anglonormannischen Siedler:innen in Irland kulturell an ihre gälische Umwelt assimilierten, aber gleichwohl als ‚englisch' kategorisierten und bezeichneten; zur Forschungskontroverse vgl. *Nicholls*, Worlds Apart (1999); *Ellis*, Tudor Ireland (1999).
[27] Zu Strategien der Evidenzherstellung im europäischen Mittelalter vgl. *Bubert*, Fakten (2021).

Zu diesen Evidenzstrategien zählt etwa der Rekurs auf das angebliche Eingreifen überirdischer Mächte, die die anglonormannischen Invasoren für ihre bösen Taten bestraften. Dieses Vorgehen ist im europäischen Mittelalter nicht ungewöhnlich und findet sich auf dem Festland in zahlreichen Kontexten, in denen eine vermeintliche Strafe Gottes dazu diente, das Handeln gegnerischer Parteien zu delegitimieren.[28] Spezifisch für die irischen Quellen ist hingegen die Behauptung, dass es lokale irische Heilige, allen voran Colum Cille, Brigid und Patrick, gewesen seien, die aktiv die Bestrafung der Übeltäter vornahmen. Den Tod von Richard de Clare im Jahre 1176 deuten die ‚Annalen des Tigernach' als Werk der heiligen Brigid von Kildare, die dem zerstörerischen Treiben ‚Strongbows' ein Ende setzte:

> Richard, der Earl von Dublin, starb. Niemals war nach Turgesius ein Verbrecher nach Irland gekommen, der größere Zerstörung anrichtete als er. Er zerstörte Conmaicne und Meath und die Südhälfte Irland (*Leath Mogha*), sowohl die Kirche als auch die Bevölkerung. Doch Brigid tötete ihn. Und er selbst sah sie vor sich, als sie ihn tötete (...).[29]

Die ‚Annalen von Ulster' präsentieren die Tötung Richards hingegen als Gemeinschaftstat von Brigid und Collum Cille, die „den sächsischen Earl" (*In t-Iarla Saxanach*) damit für die Zerstörung bestraften, die er angerichtet hatte.[30] Dass diese Eingriffe der irischen Heiligen durchaus darauf abzielten, nicht nur die Fehltritte einzelner Invasor:innen zu rächen, sondern deren Präsenz in Irland und die Eroberung insgesamt als unrechtmäßig zu erweisen, zeigt sich am Schicksal Diarmaits mac Murchada, der seinerseits von den Heiligen dafür gestraft wird, dass er die Fremden ins Land geholt hatte:

> Diarmait mac Murchada, König von Leinster und der Fremden, der Umstürzler von Banba und Zerstörer von Irland, nachdem er die Fremden versammelt und den Gälen dauerhaften Schaden zugefügt hat, nachdem er Kirchen und Gebiete geplündert und zerstört hat, starb er nach einem Jahr unerträglicher Krankheit durch die Wunder von Finnén und Colum Cille und der anderen Heiligen, die er beraubt hat (...).[31]

Wenn Diarmait mac Murachada als „Zerstörer Irlands" von den Heiligen getötet wurde, weil er „die Fremden versammelt" und so großes Übel verursacht hatte, konnte die Anwesenheit der *Gaill* in Irland nicht Gottes Wille sein. Während die Anglonormannen hier gleichsam mit heiliger Hilfe als brutale Kirchenfeinde aus-

---

[28] Vgl. *Althoff*, Belohnungen (2022).
[29] *Riccard íarla Atha cliath do ég. In nech nach tanic a n-Erinn taréis Tuirgeís dibergach as mo ro mill anáss. Uair ro mill Conmaicne 7 Midi 7 Leath Mogha, itir chill & tuaith, cor' marb Brighid esin, co faicedh fen ina fiadhnaise í oca marbadh.* Annalen des Tigernach. Ed. *Stokes*, 294.
[30] *In t-Iarla Saxanach do éc i n-Ath-cliath do bainne aillsi rogab ar a chois tria mírbuilibh Brighti 7 Coluim-cille 7 na noemh archena, isa cella romhill.* Annalen von Ulster. Ed. *Mac Carthy*, 184.
[31] *Diarmuid Mac Murchada, rí Laigen 7 Gall, 7 fer buaidhirtha na Banba 7 aidhmillti Erenn, iar toichestal Gall 7 iar n-gnath-milled Gaedel, iar n-argain 7 iar ndianscailedh chell 7 coicrich, do ég iar cínd bliadne do galar etualaing tria mirbuile Findén 7 Cholaim chille 7 na naem aile ro airg.* Annalen des Tigernach. Ed. *Stokes*, 281.

gewiesen werden, die Gewalt und Verwüstung über die Insel brachten, konnten die irischen Annalisten, die in Klöstern wie Clonmacnoise ihre Umwelt beobachteten, den Gegensatz zwischen den Großgruppen jedoch mitunter auch in Stellung bringen, um das Gegenstück der *Gaill*, also die „Gälen" (*Gaedil*), als Kollektiv zu konstruieren, das einen rechtmäßigen Kampf gegen die Feinde führte. Ein Anlass dazu bestand etwa, als sich zwischen 1258 und 1260 eine der wenigen größeren Rebellionen gegen die Herrschaft der Anglonormannen in Irland formierte.[32] Tatsächlich kam unter Führung von Brian Ua Néill, des Königs der Cenél nEógain im Norden Irlands, eine Koalition irischer Herrscher zustande, die mit einem vereinten Heer gegen die Anglonormannen in Ulster vorrückten, wo es im Jahre 1260 zur Schlacht bei Drumderg im heutigen County Down kam. Nach den Berichten der Annalen hatte im Vorfeld 1258 ein Treffen zwischen Brian Ua Neill und Áed mac Feidlimid Ua Conchobair, dem mitregierenden Sohn des Königs von Connacht,[33] sowie Tadhg Ua Briain, Sohn des Königs von Thomond, bei Cael Uisce stattgefunden. Dort hätten die Edlen Brian Ua Néill zu ihrem Anführer (*ardchennus*) bestimmt, wie die ‚Annalen von Ulster' vermerken, und Geiseln untereinander ausgetauscht.[34]

In der Erzählung der ‚Annalen von Loch Cé' gestaltete sich diese Zusammenkunft gleichwohl deutlich spektakulärer: Ihr zufolge war in Cael Uisce nicht einfach ein Bündnis der beteiligten Herrscher geschlossen, sondern vielmehr das „Königtum über die Gälen von Irland" insgesamt auf Brian Ua Néill übertragen worden (*righe do thabairt do Briain h-Ua Neill for Ghaoidelaibh Erenn*).[35] Als legitimer Oberherrscher von Irland, so suggerieren es die Annalen, sei Brian mit seinen Verbündeten in den Kampf gegen die Fremden gezogen, den er im Namen der durch ihn in der Tradition der irischen Oberherrschaft vereinten Gälen führte. Es ist diese Tradition, das Konzept des irischen ‚Hochkönigtums', das hier adaptiert wurde, um den Feldzug des

---

32 Vgl. *Orpen*, Ireland (1920), 273–277.
33 Áed war der Sohn von Feidlim Ua Conchobair († 1265), dem Sohn des oben erwähnten Cathal Crobdearg Ua Conchobair, den William de Burgh im Kampf um das Königtum Connacht unterstützt hatte. Auch Feidlim Ua Conchobair erlangte das Königtum in den 1230er Jahren mit Hilfe von Richard Mór de Burgh. Feidlim pflegte gute Beziehungen zu Heinrich III. von England, den er in Wales gegen Dafydd ap Llywelyn († 1246), den Herrscher von Gwynedd, unterstützte. Indem sich sein Sohn Áed 1258 mit Brian Ua Néill verbündete, schlug dieser einen anderen politischen Kurs ein, vgl. dazu *Verstraten*, King and Vassal (2003), und den Beitrag von Jörg Rogge in diesem Band.
34 *Sluagh mór la h-Aedh, mac Feidhlimthe 7 la Tadhg h-Ua m-Briain i coínne Briain h-Ui Néill co Cael-uisce (idon, ag leicc hUi Maeildoraigh). Ocus tucadur na maithi sin uile ardchennus do Brian hUa Neill: idon, braighdi mic Fheidhlimthe dóson 7 braighdi Mhuinnteri Raighillaigh d'Aedh hUa Conchobuir 7 braighdi hUa-m-Briuin uile o Chenannus co Druím-chliabh.* Annalen von Ulster. Ed. *Mac Carthy*, 324.
35 *Coinne mhór ag Aodh .H. Conchobair, .i. mac Fédhlim mic Cathail croibhderg, ocus ag Tadhg .H. Bríain maille fris, a Caol uisce, re Brian .H. Néill, ocus sith do dhenum dhoibh re chele, ocus righe do thabairt do Briain .H. Neill for Ghaoidelaibh Erenn; ocus tuc mac Fédhlim braighde do Briain .H. Neill, ocus braighdi Mhuinteri Raighilligh ocus .H. mBriuin uile, ó Chenannus go Druim chliabh, dAodh .H. Chonchobair annsin.* Annalen von Loch Cé. Ed. *Hennessy*, 428.

„Königs der Gälen von Irland" (*rí Gaoidel Erenn*),[36] wie Brian bezeichnet wird, als Erhebung des rechtmäßigen Herrschers über Irland zu legitimieren. Mit diesem Anspruch fand Brian Ua Néill in der Schlacht bei Drumderg im Jahre 1260 den Tod, als die ‚Fremden' den König der Gälen und seine Verbündeten vernichtend schlugen.[37]

Wie wenig dieses Bild offenbar der politischen Realität entsprach, wird deutlich, wenn man die Darstellung der ‚Annalen von Loch Cé' mit anderen Schilderungen vergleicht, die von der irischen Koalition und der Schlacht bei Drumderg berichten. Anders als die Formulierung des „Königs der Gälen von Irland" suggeriert, war der Anspruch des Königs der Cenél nEógain auf die irische Oberherrschaft keinesfalls auf allgemeine Akzeptanz gestoßen. Nicht nur Tadhg Ua Briain, der am Treffen in Cael Uisce teilnahm, auch der nordirische König Domnall Óg Ó Domnall († 1281), Herrscher der mit den Cenél nEógain rivalisierenden Cenél Conaill, hatte das Hochkönigtum Brians entschieden abgelehnt. Dem Bericht der ‚Annalen der Vier Meister' zufolge soll er auf die Aufforderung Brians, ihm als Oberherrscher Tribut zu zahlen, geantwortet haben, dass „jeder Mann seine eigene Welt" haben sollte.[38] Für den Historiker Goddard Henry Orpen, der in der ersten Hälfte des 20. Jahrhunderts darum bemüht war, den fortwährenden ‚Tribalismus' der irischen Königtümer nachzuweisen, war dieser Ausspruch der einschlägigste Beleg für die grundsätzliche Zerstrittenheit der Iren, die einen geschlossenen Widerstand gegen die Anglonormannen unmöglich machte.[39] Glaubt man schließlich der Schilderung der ‚Annalen von Inisfallen', so bestand das Heer, das sich dem vermeintlichen Hochkönig bei Drumderg 1260 entgegenstellte, wiederum aus einer Koalition von Gälen und ‚Fremden'.[40]

4 Legitime Herrschaft begründen: komplexe Strategien

Die Strategie Brians Ua Néill, den irischen Widerstand gegen die Fremden unter seiner Führung als König der Gälen zu vereinen, war nicht von Erfolg gekrönt. Der

---

36 Annalen von Loch Cé. Ed. *Hennessy*, 432.
37 *Aodh .H. Conchobair do dhul isin tuaiscert docum Briain hI Neill, ocus morán do mhaithibh Connacht maille fris. Ua Neill ocus Cenél Eogain ocus Aod .H. Conchobair dho dul dibhlínaibh go Dún dá lethghlas, a coinne Ghall. Maidhm adhbail do thabairt do Ghalloibh Dúin forra, ocus Brían .H. Neill, .i. rí Gaoidel Erenn, do mharbad a gcath Druma derg ag Dún dá lethghlas*. Annalen von Loch Cé. Ed. *Hennessy*, 432.
38 *Conadh ann do raidh an tseinbriathar airdhirc tria san ngaoidhilcc nalbanaigh boí occa acc agallaimh na ttechtadh .i. go mbiadh a domhan fein ag gach fer*. Annalen der Vier Meister. Ed. *O'Donovan*, 366.
39 Vgl. *Orpen*, Ireland (1920), 274 f.; *Ders*., Effects (1914), 248.
40 *Brien O Neyll, rí Kenal Eógin, da tugsat Gédil bragdi, 7 na tug kýs na káyn do ríg Sagsan, do marbad da Gédelib fen 7 do ní de Gallib ac Dun da Leathlass*. Annalen von Inisfallen. Ed. *Mac Airt*, 360.

Grund dafür hängt mit dem Umstand zusammen, dass das Deutungsschema der sozialen Wirklichkeit, welches *Gaedil* und *Gaill*, *hibernici* und *anglici* in eine binäre Opposition stellte, nicht den partikularen Interessen der verschiedenen Gruppen und Akteur:innen entsprach, die in diesen Kategorien jeweils verortet wurden. Der binäre Gegensatz zwischen Iren und Anglonormannen bestand in dieser Strenge nur im Diskurs, nicht in der politischen Praxis. Die ‚eroberten' Iren waren, ebenso wie ihre ‚Eroberer', keine einheitliche Gruppe mit gemeinsamen Zielen.

Es scheint ganz so, als hätte der Sohn von Brian Ua Néill, der diesem einige Jahrzehnte später als Herrscher der Cenél nEógain in Ulster folgte,[41] aus den Erfahrungen seines als Hochkönig gescheiterten Vaters gelernt. Domnall Ua Néill († 1325) sollte sich ebenfalls entschieden gegen die anglonormannische Herrschaft in Irland wenden. Anders als sein Vater setzte er dabei jedoch nicht allein auf militärischen Widerstand. Seine Strategie war differenzierter. Keinesfalls gab er den Anspruch auf, als rechtmäßiger Oberherrscher Irlands die kollektiven Interessen der ‚Iren' gegen die Fremden zu vertreten. Doch im Gegensatz zu Brian Ua Néill, der damit in Irland schmachvoll gescheitert war, suchte sich Domnall einen anderen *Adressaten*, um diesen Anspruch zu artikulieren. Das Schreiben, das im Jahre 1317 in Domnalls Auftrag an Papst Johannes XXII. geschickt wurde, kann in dieser Hinsicht als Strategiewechsel betrachtet werden, der offenbar auf den Einfluss gelehrter Berater im Umfeld des Königs zurückgeht. Die Opposition von ‚Iren' und ‚Fremden', die auch für die Logik dieser Strategie konstitutiv war, erfuhr dabei gleichwohl erneut eine Verschärfung.

Das unter dem Titel ‚Remonstrance of the Irish Princes' bekannte Dokument präsentiert sich als kollektive Stellungnahme der irischen Herrscher, die sich unter der ‚Federführung' von Domnall Ua Néill an den Papst in Avignon wenden, um die Unrechtmäßigkeit der anglonormannischen Herrschaft sowie das eklatante Fehlverhalten der ‚Engländer' in Irland anzuklagen.[42] Dabei strebt die Argumentation des Protestschreibens nicht nur danach, die ‚Eroberung' Irlands durch Heinrich II. insgesamt als illegitim zu erweisen, sondern zielt schließlich darauf ab, auf der Grundlage dieses Nachweises die Notwendigkeit eines Herrschaftswechsels zu begründen. Doch anders als bei der Rebellion Brians Ua Néill von 1258/1260 sollte die Macht diesmal nicht auf einen einheimischen Hochkönig übergehen. Als seinem Anspruch nach rechtmäßiger Erbe der irischen Oberherrschaft verzichtet Domnall Ua Néill darauf, diese für sich selbst zu reklamieren; stattdessen kündigt die ‚Remonstrance' an, das Königtum von Irland auf Edward Bruce († 1318), den Bruder des schottischen Königs Robert Bruce († 1329), zu übertragen, der im Jahre 1315 mit einem Heer aus Schottland in Ulster gelandet war.[43] Die Allianz zwischen Iren und Schotten, die das Schreiben nachdrücklich

---

[41] Vgl. *Hogan*, Irish Law (1931/1932), 225.
[42] Vgl. zur ‚Remonstrance' *Callen*, Making Monsters (2019); *Phillips*, Remonstrance revisited (1993); *Duffy*, Remonstrance (2002).
[43] Vgl. *Duffy*, Bruce Brothers (2002), *Lydon*, Impact (2002), und den Beitrag von Jörg Rogge in diesem Band.

propagiert, um die Übertragung des Königtums auf Edward Bruce zu rechtfertigen, macht allerdings deutlich, dass die Initiative auch diesmal, entgegen ihrem Anspruch, keineswegs die kollektiven Interessen der ‚Iren' vertrat. Während Edward Bruce von Domnall Ua Néill im Norden unterstützt wurde, war seine Ankunft in Irland bei den meisten Königen außerhalb Ulsters auf Ablehnung gestoßen, während sie bezeichnenderweise wiederum von einigen Anglonormannen begrüßt wurde.

Die Art und Weise, in der die ‚Remonstrance' danach strebt, die anglonormannische Eroberung Irlands gegenüber Papst Johannes XXII. zu delegitimieren und die Herrschaft von Edward Bruce in Irland als rechtmäßig zu begründen, kann als eine komplexe, an eine individuelle Situation in spezifischer Weise angepasste Strategie bezeichnet werden, die sich aus sehr verschiedenen Elementen zusammensetzte.[44] Diese aufwendige und mit unterschiedlichen Diskursen der Jahrzehnte um 1300 verflochtene Strategie ist von der Forschung noch nicht in allen ihren Facetten erkannt worden. Im Folgenden wird der Versuch unternommen, die Vielschichtigkeit dieser speziellen Delegitimationsstrategie herauszuarbeiten und damit die bisherigen Deutungen des Dokuments um weitere Gesichtspunkte zu ergänzen.

In einem Artikel von 1978 hat James Muldoon bereits darauf hingewiesen, dass sich die ‚Remonstrance of the Irish Princes' dezidert auf kanonistische Debatten des 13. Jahrhunderts über die Theorie des ‚gerechten Krieges' bezieht.[45] Dieser Bezug steht jedoch, wie zu zeigen sein wird, in einem funktionalen Zusammenhang mit anderen Komponenten der übergreifenden Strategie der ‚Remonstrance'. Der bedeutende Kanonist Sinibaldo Fieschi († 1254), seit 1243 Papst Innozenz IV., hatte im Kontext der Kreuzzüge das Problem diskutiert, unter welchen Bedingungen die Eroberung nichtchristlicher Herrschaftsgebiete durch Christen legitim sei.[46] Er beantwortete dies im Hinblick auf seine Begriffe des Naturrechts und des Rechtes auf Eigentum: Als ursprünglich alle Dinge nur im Besitz Gottes, nicht aber Eigentum einzelner Personen waren, war es allen gestattet, sie frei an sich zu nehmen. War eine Sache jedoch bereits im Besitz eines anderen, so wäre es gegen das Naturrecht (*contra legem naturae*), sich ihrer zu bemächtigen.[47] Das gleiche Recht gelte aber, so Innozenz, auch für das Eigentum und die politische Herrschaft von Ungläubigen. Gemäß dem *ius gentium* verfügten Heiden, die in Frieden leben, über ein eigenständiges *dominium* und das Recht,

---

44 Zum Strategiebegriff vgl. *de Boer/Bubert*, Absichten (2018).
45 Vgl. *Muldoon*, Remonstrance (1978).
46 Vgl. *Brundage*, Hierarchy (1995); *Muldoon*, Popes (1979), 29–48; ebenso klassisch *Russel*, Just War (1975), 127–212.
47 (…) *et haec a principio seculi fuit communis, quousque usibus priorum parentum introductum est, quod aliqui aliqua et alii alia sibi appropriant, nec fuit hoc malum, immo bonum, quia naturale est res communes negligi et etiam communio discordiam pari. Et fuerunt a principio cuiuscumque, qui occupavit, quia in nullius bonis erant nisi dei. Et ideo licebat cuilibet occupare, quod occupatum non erat, sed ab aliis occupatum, occupare non licebat, quia fiebat contra legem naturae, qua cuilibet inditum est, vt alij non faciat, quod sibi non vult fieri.* Innozenz IV., Super libros quinque Decretalium, III, XXXIV, Kap. VIII, 430.

ihre eigenen Anführer zu wählen und selbständig zu herrschen.[48] Ohne guten Grund dürfe dieses Recht nicht angetastet werden. Christen dürften ausschließlich dann intervenieren, wenn es einen Anlass gibt, der einen ‚gerechten Krieg' rechtfertigt.[49] Nach Innozenz IV. kommt es dem Papst zu, ein Volk zu bestrafen, das gegen das Naturrecht verstößt, und sein *dominium* aufzuheben, sofern eine *magna causa* vorliegt, die dieses Vorgehen erfordert.[50] Auch wenn sich diese Argumentation, die in Auseinandersetzung mit den Problemen, die aus der Situation im Heiligen Land resultierten, entwickelt wurde, auf die Legitimität von Eingriffen in nicht-christliche Herrschaften bezog, so waren damit gleichwohl grundsätzliche Fragen der Rechtmäßigkeit von Eroberungen aufgeworfen, die sich auf andere Kontexte übertragen ließen.

Seymour Phillips hat den Franziskaner Michael Mac Lochlainn († 1349) als Autor der ‚Remonstrance' plausibel gemacht. Dieser war Lektor im franziskanischen Konvent von Armagh und hatte wahrscheinlich an der Universität Paris studiert, bevor er seine Lehrtätigkeit in Irland aufnahm.[51] Es wäre demnach denkbar, wenn Phillips richtig liegt, dass der Verfasser des Schreibens Kenntnisse der zeitgenössischen Kanonistik und politischen Theorie in Paris erworben hat. Zudem konnte er davon ausgehen, dass sein Adressat, der studierte Jurist Johannes XXII., entsprechende Referenzen leicht identifizieren würde. Ein Bezug auf kanonistische Diskussionen und insbesondere auf die Positionen Innozenz' IV. ist für das Anliegen der ‚Remonstrance' schließlich auch deshalb sehr naheliegend, weil es Parallelen für dieses Vorgehen in anderen Schriften der Zeit gibt. Der schottische ‚Processus Baldredi contra figmenta regis Angliae' von 1301, in dem der Jurist Baldred Bisset die englischen Ansprüche auf Schottland gegenüber Bonifaz VIII. zurückwies, bezog sich ganz explizit auf Innozenz IV. (*sicut notat Dominus Innocencius quartus*), um zu begründen, dass es gegen das Naturrecht sei (*contra jus naturale*), wenn jemand, der nach eigenem Recht existiert, von einer fremden Macht unterworfen würde.[52]

---

48 *Item per electionem poterunt habere principes (...). Dominia, possessiones et iurisdictiones licite sine peccato possunt esse apud infideles; haec enim non tantum pro fideli, sed pro omni rationabili ceatura facta sunt, ut est predictum.* Innozenz IV., Super libros quinque Decretalium, III, XXXIV, Kap. VIII, 431.
49 Dazu auch mit Bezug auf die Stellen bei Innozenz: *Miethke*, Heiliger Heidenkrieg (2008), 120; *Beestermöller*, Thomas (1990); Perspektiven auf den ‚gerechten Krieg' entwirft auch der Beitrag von Anne Foerster in diesem Band.
50 *Imo si male tractarent Christianos, posset eos priuare per sentenciam iurisdictione & dominio, quod super eos habent, tamen magna causa debet esse, quod ad hoc veniat, debet enim Papa eos quantum potest sustinere, dummodo periculum non sit Christianis, nec graue scandalum generetur.* Innozenz IV., Super libros quinque Decretalium, III, XXXIV, Kap. VIII, 431.
51 Vgl. *Phillips*, Remonstrance Revisited (1993); *Ders.*, Michael Mac Lochlainn.
52 *Pro parte regis et regni Scocie facit imprimis jus commune, quia nec consulatus consulatui, nec episcopatus episcopatui, nec regnum regno, aut rex regi, subjicitur de jure communi. Et, sicut notat Dominus Innocencius quartus, quasi contra jus naturale est et miraculosum, quid qui sui juris est, aliene subjuciatur potestati. Unde talia ab alio, quam a Principe Papa uel Imperatore, nequeunt im-*

Tatsächlich lässt die ‚Remonstrance' in mehrfacher Hinsicht den Versuch erkennen, die Eroberung Irlands durch Heinrich II. vor dem Hintergrund der Theorien des Naturrechts und des gerechten Krieges als unrechtmäßig erscheinen zu lassen. Setzt man dieses Ziel voraus, musste es freilich zunächst darum gehen, die Herrschaft der Iren selbst in Irland als legitim zu deklarieren. Denn würde sich herausstellen, dass diese ihrerseits naturrechtswidrig zustande gekommen war, dann hätte sich auch die Intervention Englands im Hinblick auf die skizzierte Theorie als gerechtfertigt interpretieren lassen. Noch bevor sich die ‚Remonstrance' daran machte, die offizielle Begründung, die von Seiten Englands für die Eroberung seit dem 12. Jahrhundert angeführt worden war, in ihrer Substanz anzugreifen, bestand der erste Schritt der Argumentation deshalb darin, das Zustandekommen der gälischen Herrschaft auf der Insel in Übereinstimmung mit der Lehre des Naturrechts und des legitimen Eigentums zu schildern.

4.1 Naturrecht, *Origo gentis* und ‚fremdes Blut'

Gleichwohl stand der Verfasser, der sich dieser Aufgabe stellte, dabei vor einem gewichtigen Problem: Denn nach der etablierten irischen Ursprungserzählung, die von der Ankunft der Gälen in Irland berichtete, hatten diese die Insel keinesfalls unbewohnt vorgefunden. Vielmehr erzählte die auch im Spätmittelalter verbreitete Überlieferung des ‚Lebor Gabála Érenn', in deren Tradition sich die gälischen Dynastien historisch verorteten, von der kriegerischen Einnahme Irlands, welche die Herrschaft der Túatha Dé Danann beendete, die dadurch gezwungen waren, sich in die Hügel Irlands (*síde*) zurückzuziehen. Die Eroberung, die als letzte einer Reihe von sechs Einnahmen der Insel geschildert wird, begründete die Herrschaft der ‚Goidelen', die fortan auf den Inseln regierten.[53] Eine *magna causa*, welche die Intervention in das bereits im Besitz einer anderen Gruppe befindliche Territorium begründen könnte, liefert die Geschichte des ‚Lebor Gabála' allerdings nicht. Die Gälen hatten ihre Herrschaft schlicht auf einen militärischen Sieg gestützt.

Wie schon James Muldoon nahegelegt hatte,[54] war es offensichtlich das Bestreben, die gälische Präsenz auf der Insel als naturrechtlich legitime Herrschaft auszuweisen, das im Hintergrund des Umstands steht, dass der Bericht über die Herkunft der Iren, mit dem die ‚Remonstrance' ansetzt, kurzerhand – und zweifellos bewusst – manipuliert wurde. Kein Wort verliert der Autor, der sich ansonsten an den Bericht des ‚Lebor Gabála' hält, über die Existenz der Túatha Dé Danann und über eine

---

petrari. Tale aliquod indultum non ostendit ipse rex, unde et cetera. Processus Baldredi. Ed. *Forbes Skene*, 271.
53 Vgl. *Carey*, Lebor Gabála Érenn (2009); *Ders.*, Introduction (1993); *Scowcroft*, Leabhar Gabhála (1988).
54 Vgl. *Muldoon*, Remonstrance (1978), 319.

durch die Goidelen betriebene gewaltsame Eroberung. In seiner Version der Geschichte fanden die Goidelen ihren Weg über Spanien in ein unbewohntes Irland, das sie fortan besiedelten.[55] Da die anderslautende Tradition des ‚Lebor Gabála' dem Verfasser offensichtlich bekannt war und die Abweichung demnach absichtlich erfolgte, darf also davon ausgegangen werden, dass hier eine spezifische ‚Aneignung' der irischen Herkunftserzählung stattfand, die gezielt auf eine Weise aktualisiert wurde, die der Legitimationsstrategie der ‚Remonstrance' diente.[56]

Darüber hinaus ist es allerdings bezeichnend, wie diese historische Begründung legitimer Herrschaft der Gälen in Irland wiederum in eine Kontinuität zur eigenen Gegenwart gesetzt wird. Die Gewährleistung dieser Kontinuität wird nämlich durch ein weiteres Funktionselement der Gesamtstrategie bewerkstelligt, das hier in mehreren Hinsichten signifikant ist. Die ‚Remonstrance' betont nachdrücklich, dass die gälische Herrschaft seit der legitimen Inbesitznahme der Insel bis zum Jahr 1170 „ohne Vermischung mit fremdem Blut" (*sine admixtione sanguinis alieni*) kontinuierlich fortbestanden habe. Mehrfach wird dieser Aspekt in der Erzählung von der Ankunft der Gälen und ihrer späteren Regierung in christlicher Zeit hervorgehoben. Das Königtum über Irland wird dabei stets als unangefochtene Oberherrschaft geschildert:

> Und aus diesen [Nachfahren] haben, ohne Vermischung mit fremdem Blut, 136 Könige die Herrschaft über ganz Irland (*totius Hiberniae monarchiam*) ausgeübt, bis zu König Legarius, von dem ich, besagter Domnall, in direkter Linie meinen leiblichen Ursprung bezogen habe. (...) Und nach der Predigt und dem Empfangen des Glaubens, in demütiger Ergebenheit gegenüber der römischen Kirche, haben 61 Könige desselben Blutes (*reges de eodem sanguine*), ohne Einmischung fremden Blutes (*sine interpositione sanguinis alieni*), im christlichen Glauben höchst gelehrt und voller Werke der Barmherzigkeit, bis zum Jahr 1170 kontinuierlich dort regiert, wobei sie in weltlichen Dingen niemanden über sich anerkannten (...).[57]

Nachdem die Herrschaft der Gälen zunächst historisch als ‚ursprünglich' und naturrechtlich legitim ausgewiesen wurde, konstruiert die postulierte Blutkontinuität eine ‚ethnische' Abgrenzung der einheimischen Iren, deren fortwährende Herrschaft durch das Fernbleiben von ‚fremden' Einflüssen gerechtfertigt wird. Offenbar dient diese durch Abgrenzung bewerkstelligte Kontinuitätskonstruktion dazu, die Ursprünglichkeit und Authentizität der gälischen Präsenz in Irland bis in die jüngere Zeit aufrecht

---

55 Remonstrance. Ed. *Goodall*, 260.
56 Zum Begriff der Aneignung vgl. auch *Bubert* (Hrsg.), Aneignungen (2023), sowie den Beitrag von Kordula Wolf in diesem Band.
57 *Et ex ipisis, sine admixtione sanguinis alieni, totius Hiberniae monarchiam ceperunt reges centum triginta sex usque Legarium regem, a quo ego Dovenaldus praedictus in linea recta carnalem traxi originem. (...) Et post praedicationem et fidei susceptionem, sub humili Romanae ecclesiae obedientia, reges de eodem sanguine, sine interpositione sanguinis alieni, in fide Christi excellenter educti, et caritatis operibus pleni, nullum in temporalibus recognoscentes superiorem, reges sexaginta unus usque ad millesimum centesimum septuagesimum annum Domini ibidem continue regnaverunt.* Remonstrance. Ed. *Goodall*, 260.

zu erhalten und gleichzeitig das Eindringen ‚fremder' Elemente als Zerstörung dieser durch Ursprünglichkeit legitimierten Herrschaft erscheinen zu lassen.

Im selben Zug wird auf dieser Grundlage jedoch wiederum ein zentrales Motiv der zeitgenössischen politischen Theorie für die eigene Strategie adaptiert. Die natürliche Herrschaft der irischen Könige berechtigt sie, in „weltlichen Dingen" (*in temporalibus*)[58] keine übergeordnete Macht zu akzeptieren. Dieses Prinzip einer Autonomie weltlicher Herrschaft war vor allem in Frankreich seit dem 13. Jahrhundert aus verschiedenen Anlässen theoretisiert worden: im Kontext der Abgrenzung des französischen Königs gegenüber dem römischen Kaiser (*rex imperator in regno suo*)[59] sowie im Rahmen des Konflikts Philipps IV. mit dem Papsttum, in dessen Verlauf der Philosoph Johannes Quidort die Theorie der ‚Gleichursprünglichkeit' geistlicher und weltlicher Herrschaft und damit die Autonomie der letzteren konzipierte, die den König berechtigen sollte, „in weltlichen Dingen" (*in temporalibus*) keinen Oberherrn anzuerkennen.[60] Die Formulierung des irischen Autors legt nahe, dass er mit diesen Konzepten vertraut war und sie für sein spezifisches Anliegen in Beschlag nahm.

Allerdings erfüllt die Differenz von ‚fremdem' und ‚eigenem' Blut im Rahmen der Argumentation der ‚Remonstrance' noch eine weitere Funktion: Das Schreiben, das im Auftrag Domnalls Ua Néill an die Kurie geschickt wurde, zielte ja nicht nur darauf ab, die Anwesenheit der ‚Fremden' in Irland als widernatürlich zu präsentieren, sondern wollte auch der propagierten Übertragung des irischen Königtums auf Edward Bruce Legitimität verleihen. Dieser Schritt musste zunächst problematisch erscheinen, wenn die rechtmäßige Herrschaft über die Insel auf der ungebrochenen Linie einheimischer Könige und der Kontinuität ‚irischen' Blutes beruhen sollte. Es war folglich nötig, nicht nur eine strikte Grenze zu den englischen ‚Fremden' zu ziehen, um diese als legitime Herrscher auszuschließen, sondern auch eine gemeinsame Identität mit den Schotten zu konstruieren, um diese der eigenen Gruppe zuordnen zu können. Nachdem die Schrift zu Beginn vehement betont hatte, dass über Jahrhunderte kein fremdes Blut in das irische Königtum eingedrungen sei, so macht sie sich zum Abschluss daran, die kulturelle und ‚biologische' Verbindung zwischen Iren und Schotten herauszustellen. So wird Edward zunächst als Nachfahre „unserer edelsten Vorfahren" eingeführt:

> Und damit wir unser Ziel schneller und angemessener erreichen können, rufen wir Edward Bruce, den berühmten Earl von Carrick und Bruder des berühmtesten Königs der Schotten von Gottes Gnaden Robert, zu Hilfe und Beistand, der von den edelsten unserer Vorfahren abstammt.[61]

---

[58] Remonstrance. Ed. *Goodall*, 260.
[59] Vgl. *Jostkleigrewe*, Ideology (2018).
[60] Vgl. *Bubert*, Kreative Gegensätze (2019), 222–231; Johannes Quidort, De regia potestate et papali. Ed. *Bleienstein*, 83.
[61] *Et, ut nostrum propositum celerius et congruentius obtinere valeamus in hac parte, Eadwardum de Bruce, illustrem comitem de Carrik, fratrem germanum domini Roberti Dei gratia illustrissimi regis*

Was mit dieser Formulierung bereits nahegelegt wird, expliziert die ‚Remonstrance' in ihrer Schlussbemerkung noch einmal in aller Deutlichkeit. Die Könige von Irland und Schottland – hier bezeichnet als *Scotia major* und *Scotia minor* – teilen dasselbe Blut und gleichen einander in Sprache und Bräuchen:

> Wisset jedoch, ehrwürdiger Vater, dass neben den Königen von Schottland, die allesamt den Ursprung ihres Blutes aus unserem Irland [*de nostra majori Scotia sanguinis originem*] genommen haben und die unsere Sprache und Bräuche im Grunde beibehielten, 197 Könige aus unserem Blut auf der ganzen Insel Irlands geherrscht haben.[62]

Auch dieser ‚Schachzug' der ‚Remonstrance', der Irland und Schottland als zwei Teile eines homogenen Ganzen präsentiert, erfolgt offensichtlich (auch) mit Blick auf naturrechtliche Erwägungen. Die konstruierte Differenz von eigenem und fremdem Blut in Bezug auf das Verhältnis von Iren, Engländern und Schotten, welche die ‚Remonstrance' im Rahmen ihrer Argumentation in Stellung bringt, lässt sich, wie die Aneignung der *Origo gentis*, ebenfalls mit dem naturrechtlichen Subtext der Darstellung in Verbindung bringen und damit funktional in der Gesamtstrategie des Dokuments verorten. Die Blutdifferenz zu England und die Verwandtschaft mit Schottland müssen deshalb so emphatisch betont werden, weil es nur so möglich wird, Edward Bruce und die Schotten nicht als Usurpatoren erscheinen zu lassen, die sich eines Territoriums bemächtigen, das von Natur aus unter der Herrschaft eines anderen Volkes steht. Die Frage nach der Legitimität von Eigentum wirft die Frage nach Zugehörigkeit und Abgrenzung auf: Handelt es sich bei Iren und Schotten um zwei Teile eines Ganzen, so findet mit der Übertragung des Königtums auf Edward Bruce auch kein Besitzwechsel und kein Bruch mit der natürlichen Herrschaft in Irland statt.

4.2 Spezifik der Strategien: Geschichte, Territorium und Blut

Die Argumentation, die auf diese Weise fabriziert wurde, kann sowohl im Hinblick auf die spezifische Rolle des Blutes als auch hinsichtlich des Umgangs mit früheren Eroberungen des eigenen Territoriums als durchaus spezifisch betrachtet werden. Sie unterscheidet sich diesbezüglich nämlich beträchtlich von der Vorgehensweise in Schottland. Obwohl der bereits zitierte ‚Processus' von 1301 ebenfalls auf die Naturrechtslehre Innozenz' IV. rekurrierte, die ein analoges Beweisziel in Bezug auf

---

Scotorum, ac de nobilioribus progenitoribus nostris ortum, vocamus in auxilium nostrum et juvamen. Remonstrance. Ed. *Goodall*, 266.
62 *Sciat etiam paternitas vestra reverenda, quod praeter reges minoris Scotiae, qui omnes de nostra majori Scotia sanguinis originem sumpserunt, linguam nostrum et conditions quodammodo retinentes, reges de sanguine nostro centum nonaginta septem in tota Hiberniae insula regnaverunt.* Remonstrance. Ed. *Goodall*, 267.

die Geschichte Schottlands nahegelegt hätte, geht die historische Argumentation, mit der Baldred Bisset gegenüber Bonifaz VIII. aufwartete, gleichwohl in eine gänzlich andere Richtung: Während die irische ‚Remonstrance' die Existenz früherer Bevölkerungsgruppen in Irland unter den Tisch fallen ließ, macht der Anwalt der Schotten keinen Hehl daraus, dass diese in Schottland nur herrschten, weil sie die zuvor dort siedelnden Pikten unterworfen hatten. Statt diesen Umstand zu leugnen, rechtfertigt Bisset die schottische Herrschaft als Resultat einer natürlichen Abfolge von Eroberungen in der Geschichte, die er wiederum in Analogie zur ‚normannischen' Eroberung Englands stellt: So wie die Normannen nach einer Reihe von Herrschaften der Briten, Sachsen und Dänen das *regnum Anglie* erobert hätten (in dem Schottland, wie betont wird, jedoch nicht enthalten war), so sei Schottland nach der Zeit der Briten und Pikten rechtmäßig unter die Herrschaft der Schotten gelangt.[63] Deren Königtum war demnach weder ursprünglich noch konnte es sich auf eine Linie unvermischten Blutes seit der Besiedlung Schottlands beziehen. Der fundamentale Unterschied dieser Sichtweise zur irischen Geschichtskonstruktion scheint indes nicht darin begründet zu sein, dass der naturrechtliche Hintergrund hier weniger relevant gewesen wäre; er erschließt sich daraus, dass die spezifische Situation in Schottland ein anderes Vorgehen erforderlich machte als in Irland.

Der ‚Trick' der Argumentation des ‚Processus' besteht nicht nur darin, dass mit der historischen Begründung der normannischen Eroberung Englands, die dadurch implizit als rechtmäßig erscheint, gleichzeitig die schottische Einnahme Schottlands legitimiert wird. Die von der irischen ‚Remonstrance' abweichende Strategie der Betonung eines stetigen historischen Wandels von Herrschaften ist auch damit zu erklären, dass sie der bei Geoffrey von Monmouth überlieferten Erzählung des Trojaners Brutus und seiner drei Söhne Rechnung tragen musste, die von der Präsenz früherer Gruppen in Britannien zeugte und, da man sich in England und Wales ebenfalls darauf bezog, nicht einfach übergangen werden konnte.[64] In Irland war die Situation demgegenüber ganz anders: Die Bevölkerungsgruppen, die nach der Tradition des ‚Lebor Gabála Érenn' vor den Goidelen in Irland gesiedelt haben sollen, hatten für die Geschichte anderer politischer Herrschaften der Gegenwart keine Relevanz. Keine zeitgenössische Gruppe außerhalb Irlands führte sich etwa auf die Túatha Dé Danann zurück oder bezog diese in ihr Herkunftsnarrativ ein.

---

63 (...) *tunc temporis omnes incole regni Anglie fuerunt Britones, qui dejecti erant postmodum per Saxones, Saxones per Dacos, et iterum Daci per Saxones, et ipsi Saxones per Normannos, scilicet, per Willelmum Bastard et suos complices, a quibus, non a Britonibus, iste rex dinoscitur descendisse. Teneat igitur, quod iste Willelmus conquisiuit regnum Anglie, in quo regnum Scocie, uel aliqua pars ipsius, non reperitur contineri. Nichil autem ex persona Locrini, seu Britonum aliorum, potest in regno Scocie, uel etiam Anglie, vendicare. Similiter in Scocia, cum vocaretur Albania, omnes fuerunt Britones, sed ipsos dejecerunt Picti, et postea Pictos Scoti.* Processus Baldredi. Ed. *Forbes Skene*, 281.
64 Vgl. *Ferell Thomas*, Geoffrey of Monmouth (2020); *Shirley*, Scottish Reception (2020); *Gillingham*, Context (2000).

Diese Tradition konnte daher in Irland deutlich freier angeeignet und umgestaltet werden.

Bisset musste hingegen einen anderen Weg finden, um die auf Eroberung beruhende, aber rechtmäßige und von England unabhängige Herrschaft der Schotten zu begründen. Königreiche waren nach dem *jus gentium* als politische Entitäten eigenständig, so hielt er fest, doch würde ihre Herrschaft in der Geschichte aus verschiedenen Gründen immer wieder von einem Volk auf ein anderes übertragen.[65] Mit dieser Argumentation, die den Wandel ins Zentrum rückte, erübrigt sich jedoch auch die Konstruktion einer mit dem Territorium verbundenen Blutkontinuität, die, wie im irischen Fall, die Authentizität einer natürlichen Herrschaft von historisch fernen Anfängen bis in die jüngste Zeit transportierte und die Einmischung fremden Blutes in dieses Territorium als widernatürlich deklarierte. Dies war ein Aspekt, der sich aus der spezifischen Strategie der irischen ‚Remonstrance' ergab: Für deren Autor war es nur konsequent, die Gälen an den Beginn der Besiedlung Irlands zu setzen und die zeitliche Permanenz ihrer Ursprünglichkeit durch die Kontinuität unvermischten Blutes zu gewährleisten.[66]

5 Ein frommes und lobenswertes Anliegen: Eroberer im Schafspelz

In der Perspektive des gelehrten (vermutlich franziskanischen) Verfassers der ‚Remonstrance' waren die Iren rechtmäßig in den Besitz ihres Gebietes gelangt, indem sie – vor mehr als 3 500 Jahren (*tres mille quingenti et amplius fluxerant anni*)[67] – eine natürliche Herrschaft begründet hatten, die bis zur Eroberung Irlands durch die ‚Frem-

---

[65] *Preterea dominia rerum et regnorum de jure gentium sunt distincta, et de populo in populum, et de gente in gentem, ex variis titulis et racionibus frequenter transferuntur.* Processus Baldredi. Ed. *Forbes Skene*, 281.
[66] Gleichwohl ist Blut in anderen Begründungszusammenhängen auch in Schottland als Differenzmarker relevant geworden. Bisset spricht etwa davon, der englische König sei *ad finalem et puram confusionem, et tocius sanguinis et gentis et nominis Scotorum perpetuam delecionem* nach Schottland gekommen (Processus Baldredi. Ed. *Forbes Skene*, 284); vgl. ferner zu Blind Hary's Dichtung ‚The Wallace' (ca. 1477): *Goldstein*, Blind Hary's Myth (1990); *Moll*, National Identity (2002); mit Bezug auf Blind Hary's ‚The Wallace' hat *Heng*, Invention of Race (2018), 52, von „racialism" gesprochen: „The Wallace may perhaps be seen as offering an example of medieval ‚racialism', a species of race-making by the victimized that enables the victimized to define and racialize themselves positively against powerful oppressors wielding negative racial discourses against them (i. e. ‚racism' in the familiar sense)." Obwohl dies für den irischen Fall der ‚Remonstrance' grundsätzlich ebenfalls gelten dürfte, steht die Rolle des Blutes hier dennoch in einem anderen diskursiven Kontext, insofern sie eine spezifische Funktionsstelle in einer komplexen Delegitimationsstrategie ausfüllt, um deren Analyse es in diesem Beitrag geht.
[67] Remonstrance. Ed. *Goodall*, 260.

den' an Reinheit nichts eingebüßt hatte und noch ihren legitimen Erben der Gegenwart, Domnall Ua Néill, in einer „direkten Linie" des „leiblichen Ursprungs" mit seinen gälischen Blutsverwandten der Vergangenheit verband.[68] Im Hinblick auf die weiter oben skizzierte Theorie der natürlichen Herrschaft und des Rechts auf Eigentum wäre es vor diesem Hintergrund illegitim, in das Territorium der irischen Könige, das diese selbst niemandem weggenommen hatten, einzudringen – es sei denn, so hatte Innozenz IV. argumentiert, es gäbe einen guten Grund für eine solche Intervention.

Tatsächlich hatte man von englischer Seite aus bereits seit dem 12. Jahrhundert stets einen gewichtigen Grund ins Feld geführt, der die Eroberung und nachfolgende Herrschaft in Irland rechtfertigen sollte. Wenngleich die anglonormannische Präsenz in Irland ab 1169 mehr oder weniger zufällig zustande gekommen war und obwohl der kurzfristige Entschluss Heinrichs II., im Jahre 1171 nach Irland zu ziehen, primär dadurch motiviert wurde, die drohende Machtakkumulation Strongbows zu begrenzen, so hatte Irland sehr wohl schon zuvor die Aufmerksamkeit des englischen Königs erweckt. Aus dem Jahr 1155 datiert die Bulle ‚Laudabiliter', in der Papst Hadrian IV. den König von England autorisierte, in Irland zu intervenieren, um die irische Kirche zu reformieren. Diese Forderung nach einer Reform der irischen Kirche war jedoch keinesfalls eine spontan vorgeschobene Begründung des Papstes, um den Einfluss der römischen Kirche auf Irland auszudehnen (auch wenn sie ihm gelegen gekommen sein mag), sondern wurde bereits deutlich früher von Seiten der irischen Kirchenreformer propagiert, die damit der Intention der Bulle gewissermaßen Vorschub leisteten. Wie Donnchadh Ó Corráin gezeigt hat, waren es nicht zuletzt die von den irischen Reformern selbst konstruierten Stereotype über die Zustände von Kirche und Gesellschaft in Irland, die Hadrian IV. die Argumente lieferten, mit denen dieser in der Bulle ‚Laudabiliter' ein Eingreifen von englischer Seite legitimierte.[69]

Die Bulle von 1155 ist im Original nicht erhalten, allerdings wurde sie 1172 von Papst Alexander III. gegenüber Heinrich II. bestätigt.[70] Überliefert ist sie zudem bei Giraldus Cambrensis († 1223), der in seinen beiden zentralen Werken über Irland, der ‚Topographia Hibernica' und der ‚Expugnatio Hibernica' von 1188, die Eroberung aus anglonormannischer Sicht erzählte und ihr damit seinerseits eine ideologische Begründung gab, die noch Jahrhunderte später für die ‚Engländer in Irland'

---

68 Remonstrance. Ed. *Goodall*, 260.
69 Vgl. *Ó Corráin*, Irish Church (2017); einher ging der Reformdiskurs innerhalb Irlands während der ersten Hälfte des 12. Jhds. mit einer Reihe von Reformsynoden, von Cashel 1101 bis zur Synode von Kells im Jahre 1152, die aufgrund der (vermeintlich) bestehenden Mängel weitreichende Reformmaßnahmen in der irischen Kirche propagierten: neben der Durchsetzung des Zölibats v. a. die Etablierung einer Bischofskirche nach kontinentalem Muster sowie die Einführung der neuen Orden der Zisterzienser und Augustiner Chorherren.
70 Vgl. *Sheehy*, Bull (1961).

identitätsstiftend war.[71] Noch im 15. Jahrhundert schöpfte der Dubliner Autor James Yonge seine Rechtfertigung der Herrschaft des englischen Königs in Irland aus Giraldus Cambrensis, dessen ‚Expugnatio Hibernica' im Spätmittelalter weit verbreitet und auch in die irische Sprache übersetzt worden war.[72] In diesem Werk hatte Giraldus, der Neffe eines Kolonisten der ersten Stunde namens Robert FitzStephen, nicht nur detailreich von der Eroberung der Insel und der Unterwerfung der irischen Könige unter Heinrich II. von England berichtet,[73] sondern auch den Text der Bulle ‚Laudabiliter' inseriert, die über die Gründe und Ziele der Intervention eine klare Auskunft gab. Diese sollte erfolgen, „um die Grenzen der Kirche zu erweitern und die Verbreitung von Lastern einzudämmen, um die Sitten zu verbessern und die Tugenden zu fördern, um den christlichen Glauben zu vergrößern". Dafür sollte Heinrich II. nach Irland gehen und dort alles tun, was „zur Ehre Gottes und zum Wohlergehen dieses Landes" (*ad honorem Dei et salutem illius terrae*) beiträgt.[74]

Vor dem Hintergrund dermaßen edler Motive und frommer Ziele konnte das ganze Unternehmen eines militärischen Eingriffs in Irland freilich in einem anderen Licht erscheinen. Wenn sie mit der Absicht erfolgt war, die Laster der Iren, die deren Reformer selbst beklagt hatten, zu beseitigen sowie die Tugenden und den Glauben in Irland zu fördern, dann schien es nicht mehr so abwegig, die Eroberung der Insel als gerechtfertigt zu betrachten. Die Reform der irischen Kirche, die Heinrich II. mit päpstlicher Billigung zu seinem „frommen und lobenswerten Anliegen" (*pium et laudabile desiderium*)[75] gemacht hatte, war angesichts der im 12. Jahrhundert allseits bekannten Zustände in Irland doch bitter nötig. Durch die Brille von Giraldus Cambrensis und der Bulle ‚Laudabiliter' betrachtet, gab es für die Intervention der Anglonormannen in Irland einen guten Grund.

---

71 Vgl. *Bartlett*, Gerald of Wales (2013); *Duggan*, Making of a Myth (2007).
72 Vgl. *Whelan*, Transmission (2018); *Stokes*, Irish Abridgement (1905).
73 *Sic et in singulari [Rotherico scilicet Connactiae principe, et tanquam Hiberniensium capite et insulae monarcha,] subditi redduntur universi. Nec alicujus fere in insula vel nominis erat velo minis, qui regiae majestati vel sui praesentiam, vel debitam domino reverentiam non exhiberet.* Giraldus Cambrensis, Expugnatio Hibernica. Ed. *Dimock*, 279, Buch I, Kap. XXXII; Giraldus legt demnach Wert darauf zu betonen, dass sich auch Ruaidrí Ua Conchobair als Hochkönig der Insel unterworfen hatte (, wobei dieser Zusatz nicht in allen Handschriften enthalten ist).
74 *Significasti siquidem nobis, fili in Christo carissime, te Hiberniae insulam, ad subdendum illum populum legibus, et vitiorum plantaria inde exstirpanda, velle intrare; et de singulis domibus annuam unius denarii beato Petro velle solvere pensionem; et jura ecclesiarum illius terrae illibata et integra conservare. Nos itaque, pium et laudabile desiderium tuum cum favore congruo prosequentes, et petitioni tuae benignum impendentes assensum, gratum et acceptum habemus, ut pro dilatandis ecclesiae terminis, pro vitiorum restringendo decursu, pro corrigendis moribus et virtutibus inserendis, pro Christianae religionis augmento, insulam illam ingrediaris, et quae ad honorem Dei et salutem illius terrae spectaverint exequaris.* Giraldus Cambrensis, Expugnatio Hibernica. Ed. *Dimock*, 317 f., Buch II, Kap. V.
75 Giraldus Cambrensis, Expugnatio Hibernica. Ed. *Dimock*, 317, Buch II, Kap. V.

Der Autor der ‚Remonstrance' von 1317, der mit dieser Legitimationsstrategie der Gegenseite bestens vertraut war, konnte sich folglich nicht darauf zurückziehen, das Zustandekommen der gälischen Herrschaft in Irland vor mehr als 3 500 Jahren für legitim zu erklären. Er musste sich unweigerlich mit dem Umstand auseinandersetzen, dass aus Sicht der englischen (und päpstlichen) Partei sehr wohl ein guter Grund dafür vorgelegen hatte, um das Jahr 1170 in die irischen Verhältnisse einzugreifen. Im Rahmen seiner Delegitimationsstrategie musste es für den Verfasser folglich darum gehen, dieser offiziellen Erklärung und Motivation zur Eroberung Irlands ihre Grundlage zu entziehen. Doch wie könnte dies geschehen?

Eine Möglichkeit bestand darin, die damalige Reformbedürftigkeit Irlands in Abrede zu stellen. Offenbar deshalb betont der Autor, dass die irischen Könige nach der Christianisierung „in demütiger Ergebenheit gegenüber der römischen Kirche" und „voller Werke der Barmherzigkeit" geherrscht hätten.[76] Doch die Überzeugungskraft dieses Arguments gegenüber Papst Johannes XXII. schien gering. Um die Eroberung der Insel durch die Anglonormannen in ihrer Substanz zu delegitimieren, war es vielmehr nötig, am anderen Ende der gegnerischen Begründung, nämlich bei der *Intention* der Eroberer anzusetzen. Der Eingriff Heinrichs II. in Irland war der offiziellen Version zufolge mit frommen Motiven und besten Absichten erfolgt. Um dieser (für das Narrativ der Gegenseite entscheidenden) Prämisse ihr Fundament zu entziehen, machte sich der Verfasser daran, ein weiteres Element aus den Diskursen seiner Zeit zu adaptieren und in die Gesamtstrategie der ‚Remonstrance' zu integrieren.

5.1 Schein und Sein einer Eroberung

Der Diskurs um religiöse und politische Heuchelei hatte im europäischen Mittelalter seit dem 12. Jahrhundert eine rapide Intensivierung erfahren.[77] Die Figur des Höflings, der an den Fürstenhöfen Europas sein Unwesen trieb, indem er „täuscht und sich verstellt und dabei den hinterlistigen Fuchs im Herzen trägt"[78], wurde bei Kritikern wie Johannes von Salisbury, Walter Map, Hugo Falcandus oder Guibert von Tournai († 1284) zum Inbegriff eines durchtriebenen Hypokriten. Auch am englischen Königshof des 14. Jahrhunderts zog dieser Diskurs seine Kreise, wo etwa Piers Gaveston, der Günstling König Edwards II. († 1327), als Täuscher, Intrigant und Verräter ins Visier geriet.[79] Darüber hinaus waren es aber vor allem der Häresie-Diskurs und die

---

[76] Remonstrance. Ed. *Goodall*, 260.
[77] Vgl. dazu ausführlich *Bubert*, Konspirationismus (2021).
[78] *Simulat et dissimulat et astutam gerit sub pectore vulpem.* Johannes von Salisbury, Policraticus. Ed. *Webb*, 191.
[79] Vita Edwardi secundi. Ed. *Childs*, 34–36.

Konfrontation mit neuen religiösen Strömungen, die seit dem Hochmittelalter als Motoren dieser intensivierten Virulenz der Heuchelei fungierten.[80] Aus der Perspektive ihrer Kritiker:innen verfolgten die ketzerischen Gruppen eine perfide Strategie, mit der sie sich gegenüber ihrer Umwelt als fromm inszenierten und „äußerlich Religion simulierten" (*exterius simulant religionem*), während sie im Inneren ihre Boshaftigkeit verbargen.[81] Rhetorische Vorlagen für dieses Deutungsmuster lieferten einschlägige Bibelstellen, wie jene des Matthäus-Evangeliums, die das Kommen der Heuchler ankündigt: „Hütet euch vor den falschen Propheten, die in Schafskleidern zu euch kommen, inwendig aber reißende Wölfe sind" (Matth 7,15).[82] In Kombination mit der griffigen Formulierung aus dem zweiten Paulus-Brief an Timotheus über den „Schein der Frömmigkeit" (*speciem quidem pietatis*) (2 Tim 3,5), mit dem die Hypokriten der Endzeit auftreten würden, hat Bernhard von Clairvaux die Essenz dieser Denkfigur, die Differenz von ‚Schein' und ‚Sein', prägnant auf den Punkt gebracht:

> (…) falsche Christen, die nicht danach streben, wirklich das zu sein, als was sie gesehen werden möchten, die nach außen einen Schein der Heiligkeit vorspielen (*exterius praetendunt speciem sanctitatis*), unter dem Schafspelz aber reißende Wölfe sind (…).[83]

Liest man die ‚Remonstrance of the Irish Princes' von 1317 vor diesem Hintergrund, so kann man sich indes des Eindrucks nicht erwehren, dass die Sprachregelungen des spätmittelalterlichen Diskurses über politische und religiöse Heuchelei maßgeblich auch die Art und Weise konditionierten, in welcher der Verfasser die Motive Heinrichs II. von England für die Eroberung Irlands sowie die Legitimation dieses Eingriffs als fromme Unternehmung durch die Bulle Papst Hadrians IV. präsentiert. Die ‚Remonstrance' kommt explizit auf ‚Laudabiliter' zu sprechen und schildert, wie die Iren mit Hilfe der päpstlichen Bulle ihres Königreichs beraubt worden waren. Einfach durch eine gewisse Form von Worten (*sub quadam certa verborum forma*) sei mit diesem Dokument die Herrschaft über das irische Königreich (*dominium regni nostri*) auf Heinrich übertragen worden. Doch diese Übertragung, so macht der Autor deutlich, war unter falschen Voraussetzungen erfolgt. Denn die Bulle Papst Hadrians aus dem Jahr 1155 sei nur aufgrund der falschen und unlauteren Suggestion (*ad falsam et plenam iniquitate suggestionem*) König Heinrichs ausgestellt worden, dessen Glaubwürdigkeit und moralische Integrität gleich im Anschluss durch einen Verweis auf

---

80 Vgl. dazu *Steckel*, Falsche Heilige (2012); *Dies.*, Hypocrites (2022).
81 So etwa der Theologe Radulphus Ardens im 12. Jhd.: *Qui cum exterius simulant religionem, interius celant haereticam rapacitatem, per quam animas simplicium iugulare festinant*. Radulphus Ardens, Homilia II. Ed. *Migne*, XIX, 2010.
82 *Attendite a falsis prophetis, qui veniunt ad vos in vestimentis ovium, intrinsecus autem sunt lupi rapaces*. Radulphus Ardens, Homilia II. Ed. *Migne*, XIX, 2010.
83 *Tertia est hypocrisis vana. Hoc vitio laborant ficti christiani, qui non appetunt esse quod videri desiderant, qui exterius praetendunt speciem sanctitatis, sub pelle ovina lupi rapaces*. Bernhard von Clairvaux, Sententiae. Ed. *Leclercq/Rochais*, 183.

den Mord an Thomas Becket diskreditiert wird. Unter Heinrich, und womöglich durch ihn (*sub quo, et fortasse per quem*), habe der heilige Thomas von Canterbury den Tod erlitten, weshalb es doch eigentlich Heinrich sei, dem man ob dieser Schuld sein Königreich entziehen müsste (*quem potius ob dictam culpam proprio debuit privasse regno*).[84] Stattdessen war es ihm unter falschem Vorwand gelungen, die päpstliche Erlaubnis zu erhalten, sich auch des Königsreichs Irland zu bemächtigen.

Im Hinblick auf die Adaptation von Motiven des Heuchelei-Diskurses ist nun allerdings bezeichnend, wie die ‚Remonstrance' diesen ‚falschen Vorwand' für die Eroberung Irlands im Folgenden ausbuchstabiert. Denn mit der erwirkten päpstlichen Erlaubnis in der Tasche, so führt der Autor weiter aus, seien die Engländer (*anglici*) daraufhin „unter dem äußeren Schein der Heiligkeit und der Religion" (*sub quadam exteriori sanctitatis ac religionis specie*) in das irische Königreich eingedrungen, wo sie jedoch in Wirklichkeit nichts anderes erstrebt hätten, als mit allen perfiden Mitteln, die sie finden konnten, das irische Volk zu vernichten und vollständig auszurotten (*gentem nostram delere penitus et exstirpare radicitus sunt conati*).[85]

Die wahre Absicht hinter der Invasion war demnach in der Perspektive der ‚Remonstrance' alles andere als „fromm und lobenswert", wie die Bulle ‚Laudabiliter' behauptet hatte. Die eigentliche Intention der Eroberer, die sie unter dem äußerlichen „Schein der Religion" (*religionis specie*) verbargen, war durch und durch bösartig, indem sie auf die Vernichtung des irischen Volkes abzielte. Es ist signifikant, in welchem Vokabular der Autor das nur nach außen fromme, in Wirklichkeit aber feindselige und zerstörerische Handeln der Engländer in Irland beschreibt. Diese seien nicht nur mit „betrügerischen Listigkeiten" (*fraudulentas astutias*) gegen die Iren vorgegangen, sondern agierten in der Gestalt von „listigen Füchsen" und „gefräßigen Wölfen", vor deren reißerischen Zähnen sich die Iren kaum retten konnten.[86] Die Bedeutung der beiden Tiere war in diesem Diskursrahmen unmissverständlich.

---

84 (...) *tandem Adrianus Papa, praedecessor vester, non tantum origine, quantum affectione et conditione, Anglicus, A.D. millesimo centesimo septuagesimo, ad falsam et plenam iniquitate suggestionem Henrici regis Angliae, sub quo, et fortasse per quem, Sanctus Thomas Cantuariensis eodem anno, pro justitia et defensione ecclesiae, mortem sustinuit, sicut scitis, dominium regni nostri sub quadam certa verborum forma eidem, quem potius ob dictam culpam proprio debuit privasse regno, de facto contulit indebite, ordine juris omisso omnino, Anglicana affectione, proh dolor! excaecante tanti pontificis tuitionem.* Remonstrance. Ed. *Goodall*, 260.

85 *Ab illo enim tempore quo Anglici, occasione collationis praedictae, sub quadam exteriori sanctitatis ac religionis specie, regni nostri fines nequiter intraverunt, totis viribus, omnique perfida, qua poterant, arte, gentem nostram delere penitus et exstirpare radicitus sunt conati.* Remonstrance. Ed. *Goodall*, 261.

86 *Et qui ex nobis, dolosarum vulpinum et gulosorum luporum excoriate dentes mortiferos infeliciter semivivi evaserant, dolorosae servitutis violenter descenderunt in abyssum.* Remonstrance. Ed. *Goodall*, 261.

Statt im Sinne ihres offiziellen Anliegens *ad salutem illius terrae*[87] zu handeln, hatten die listigen Füchse aus England nach dem Bericht der ‚Remonstrance' tatsächlich nichts unversucht gelassen, Irland zu ruinieren. Mit allem, was sie aufbringen konnten, strebten sie danach, die Iren aus ihren Wohnsitzen zu vertreiben (*quantum possunt, nituntur nos ejicere de eisdem*).[88] Daraus seien unerbittliche Feindschaften und andauernde Kriege entstanden, die gegenseitige Tötung, Raub, Plünderung und Betrug zur Folge hatten.[89] Aus dieser Perspektive betrachtet, musste sich jedoch die offizielle Begründung, die seit dem 12. Jahrhundert von englischer Seite für die Intervention angeführt worden war, als leere Fassade erweisen. Die Gelegenheit, die falschen Versprechungen der Bulle ‚Laudabiliter' Stück für Stück vorzuführen und dabei die Verlogenheit des englischen Königs nachzuweisen, ließ sich die ‚Remonstrance' nicht entgehen:

> Besagter Heinrich hat nämlich versprochen, wie in jener Bulle enthalten, dass er die Grenzen der irischen Kirche erweitert, ihre Rechte unvermindert und vollständig bewahrt, das Volk Gesetzen unterstellt, gute Sitten verbreitet, die Tugenden fördert, die Laster ausmerzt und von jedem Haus jährlich einen Pfennig dem gesegneten Apostel Petrus zahlt.[90]

Bei dieser Demonstration geht es dem Autor jedoch nicht nur darum zu erweisen, dass diese Versprechungen aus ‚Laudabiliter' allesamt nicht gehalten worden waren; um das Vorgehen des englischen Königs und seiner „bösen und hinterlistigen englischen Minister" (*ministri iniqui et subdoli Anglici*) als Heuchelei im strengen Sinne zu brandmarken, war es entscheidend, dass der Betrug mit den falschen Beteuerungen aus der päpstlichen Bulle *planmäßig* erfolgt war, dass die Versprechen also mit „Absicht" (*intentio*) nicht gehalten worden waren:

> Dieses Versprechen über Irland haben jedoch weder er selbst [Heinrich] noch seine besagten Nachfolger mit ihren bösen und hinterlistigen englischen Ministern in irgendeiner Weise eingehalten, sondern sie sind von den Vorgaben der Erlaubnis vollständig abgewichen. Sie haben gezielt und mit Absicht [*studiose et ex intentione*] das genaue Gegenteil aller dieser Versprechungen umgesetzt.[91]

---

87 Giraldus Cambrensis, Expugnatio Hibernica. Ed. *Dimock*, 318, Buch II, Kap. V.
88 Remonstrance. Ed. *Goodall*, 261.
89 *Unde, propter haec et multa alia similia, inter nos et illos implacabiles inimicitiae et guerrae perpetuae sunt exortae. Ex quibus secutae sunt occisiones mutuae, depraedationes assiduae, rapinae continuae, frauds et perfidiae detestabiles et nimis crebrae*. Remonstrance. Ed. *Goodall*, 261.
90 *Promisit enim dictus Henricus, prout in dicta bulla continetur, quod ecclesiae Hibernicae terminus dilataret, ejusque jura illibata et integra conservaret, populum legibus subderet, ac bonis moribus informaret, virtutes inferret, et plantaria vitiorum exstirpet, et de singulis domibus unius denarii annuatim beato Petro Apostolo solveret pensionem*. Remonstrance. Ed. *Goodall*, 261f.
91 *Hanc siquidem promissionem tam ipse quam praedicti sui successors, eorumque ministri iniqui et subdoli Anglici, de Hibernia in nullo tenentes, et a concessionis forma penitus recedentes, studiose et ex intentione horum omnium praemissorum opposite opere compleverunt*. Remonstrance. Ed. *Goodall*, 262.

Der Vorwurf, hinter vorgeblich frommen Beweggründen und edlen Zielen tatsächlich eine feindselige Intention oder eigennützige Agenda zu verbergen, war ein zentrales Motiv des zeitgenössischen Heuchelei-Diskurses und konnte in unterschiedlichen Kontexten als strategisches Mittel dienen, um politische Gegner zu diffamieren. Für den Autor der ‚Remonstrance' bot sich damit eine Gelegenheit, die Legitimation der englischen Herrschaft in Irland in ihrem Kern zu attackieren, indem er sich Sprachregelungen um Täuschung, Heuchelei und Verstellung zu eigen machte, die zu größeren diskursiven Formationen seiner Zeit gehörten. Es ist daher auch nicht verwunderlich, ganz ähnliche Argumente in anderen Zusammenhängen zu finden, in denen es darum ging, Eroberungen zu delegitimieren oder Herrschaftsansprüche zurückzuweisen. Als Baldred Bisset im schottischen ‚Processus' von 1301 auf die Ambitionen Edwards I. von England gegenüber Schottland zu sprechen kommt, schildert er dessen Vorgehen ebenfalls als paradigmatischen Fall von politischer Heuchelei. Mit scheinheiligen Absichten sei der englische König – in der Wolle eines Lamms – nach Schottland gekommen, indem er so tat, als wollte er nur einen Konflikt schlichten (*fingens se ea velle tractare que pacis essent inter Scotos, sub agnino vellere*). In Wirklichkeit aber habe er schließlich das Königreich usurpiert und durch Unterdrückung, Gewalt und Furcht die Herrschaft an sich gerissen.[92]

Vor diesem Hintergrund war es aus irischer Sicht durchaus naheliegend, die anglonormannische Eroberung Irlands um 1170 als scheinheiliges Unternehmen zu betrachten, das hinter einer religiösen Fassade initiiert worden war, um die wirklichen Machtinteressen des englischen Königs zu kaschieren. Tatsächlich war dieser grundsätzliche Verdacht auch bereits vor der ‚Remonstrance' aus dem Jahr 1317 von irischer Seite artikuliert worden. Die Gesandtschaft, die auf dem Konzil von Vienne im Jahre 1312 die Anliegen und Beschwerden der irischen Kirche vortrug, hatte im Rahmen ihrer Klage über die mangelnden Freiheiten der Kirche ebenfalls den Vorwurf geäußert, dass der König von England unter dem „Vorwand" der päpstlichen Lizenz nach Irland gekommen war und das Land erobert hatte (*pretextu cuius licentie idem rex dictam terram intravit et aliquam partem sibi subiugavit*). In den eroberten Gebieten hätten er und seine Nachfolger dann sukzessive auch den Besitz und die Rechte der Kirche entfremdet.[93] Die Details dieser Anschuldigung wurden hier

---

[92] Post cujus mortem, audita sic suscitata discordia inter Scotos, idem rex Anglie, fingens se ea velle tractare que pacis essent inter Scotos, sub agnino vellere, se ingerens, non vocatus, quicquid scribat, allecta sibi callide ejusdem regni procerum Scocie una parte, parti jus in regno Scocie non habenti tunc temporis adherencium, et sic reliqua sibi resistere non valente, de facto regni ejusdem sibi usurpauit custodiam primo, et postea superius dominium, per oppressionem tam notoriam, per vim et metum, qui cadere poterant in constantes. Processus Baldredi. Ed. *Forbes Skene*, 277.

[93] Quidam vero rex Anglie impetravit licentiam a domino papa intrandi dictam terram et eandem sibi subiugandi, salvo tamen iure ecclesie Romane et Ibernicane; pretextu cuius licentie idem rex dictam terram intravit et aliquam partem sibi subiugavit; et in parte subiugata, tam ipse quam successores sui loca, res, iura, iurisdictiones ecclesie partis illius paulatim et successive sibi usurpaverunt, appropriaverunt et occupaverunt. Akten des Konzils von Vienne. Ed. *Ehrle*, 370.

freilich nicht weiter ausgeführt, aber der prinzipielle Verdacht, dass ein falscher Vorwand zur Begründung der Invasion gedient hatte, lag im Irland des frühen 14. Jahrhunderts bereits in der Luft.

Die ‚Remonstrance of the Irish Princes' griff diesen Verdacht auf und strickte daraus ein elaboriertes Betrugsnarrativ, das im Hinblick auf naturrechtliche Erwägungen konzipiert und in eine komplexe Gesamtstrategie zur Delegitimation englischer Herrschaft integriert wurde. In ihrer Erzählung hatten sich die gefräßigen Wölfe unter dem Schein der Religion nach Irland begeben, um dann „gezielt und mit Absicht"[94] das Gegenteil von dem zu tun, was sie dem Papst versprochen hatten, den man durch „falsche Suggestion"[95] dazu gebracht hatte, die ganze Aktion auch noch offiziell abzusegnen.

5.2 Diskurse umgestalten: *extremae perfidiae natio*

Wie grundlegend die Adaption des Heucheleivorwurfs für die gesamte Argumentation der ‚Remonstrance' ist, zeigt sich schließlich in den letzten Abschnitten des Dokuments, in dem dieses Leitmotiv noch einmal zum Einsatz kommt, um die Verlogenheit der Eroberer endgültig bloßzustellen. Für den Umstand, dass dort, wo eigentlich Tugenden hätten verbreitet und Laster beseitigt werden sollen, in Wirklichkeit Laster gepflanzt und die Tugenden mit der Wurzel ausgerissen worden seien,[96] weiß der Autor konkrete Beispiele aus der jüngsten Geschichte Irlands zu benennen. Dabei waren es nicht nur die englischen Könige, die der Scheinheiligkeit beschuldigt wurden; perfide und durchtrieben waren aus Sicht der ‚Remonstrance' vor allem auch die „Engländer in Irland", jene „*gentz Engleis Dirlande*"[97], die als Nachfahren der frühen Kolonisten in den eroberten Territorien herrschten. Auch in diesem Fall konnte die ‚Remonstrance' an einen bereits bestehenden Diskurs anknüpfen, dessen Motive sich im irischen Interesse aneignen ließen. Denn die weitgehend akkulturierten ‚Anglo-Iren', die großenteils die irische Sprache übernommen hatten und mit den einheimischen gälischen Familien versippt waren, hatten aus Sicht der Krone mitunter den Verdacht erweckt, ihre ‚Englishness' und damit auch ihre Loyalität eingebüßt zu haben. Im Hinblick auf die Allianzen zwischen Anglonormannen und gälischen Herrschern in Irland war dieser Verdacht nicht einmal aus der Luft gegriffen. Tatsächlich wurden im 14. Jahrhundert mehrfach *anglici* aus Irland verdächtigt, Komplizen der *hibernici inimici domini regis*

---

94 Remonstrance. Ed. *Goodall*, 262.
95 Remonstrance. Ed. *Goodall*, 260.
96 *Item, ubi virtutes inferere, ac plantaria vitiorum debuerant exstirpare, vitiis infuses per Ipsos insertis, virtutes radicitus amputarunt.* Remonstrance. Ed. *Goodall*, 263.
97 Acts of the Parliament of Ireland. Ed. *Berry*, 342.

zu sein. Im Kontext irischer Rebellionen konnte es daher vorkommen, dass auch ein *anglicus proditor* angeklagt wurde.[98]

Dieses latente Misstrauen gegenüber der Vertrauenswürdigkeit der Anglo-Iren sowie der Authentizität ihrer ‚englischen Identität' ließ sich jedoch von Seiten der ‚Remonstrance' produktiv aneignen und gegen die unliebsame Gruppe im Land wenden. Der Autor knüpft unmittelbar an diesen Diskurs an, wenn er die Anglonormannen in Irland kurzerhand als „mittlere Nation" (*media natio*) tituliert und damit ihre Doppelgesichtigkeit plakativ vorführt. Die Engländer, die in Irland lebten (*Anglici enim nostram inhabitantes terram*), die sich „mittlere Nation" nennen würden (*qui se vocant mediae nationis*), seien nämlich eine ‚Nation' von äußerster Verlogenheit, weshalb sie noch treffender als *extremae perfidiae natio* zu bezeichnen wären.[99] Diese Durchtriebenheit zeige sich besonders an einem Brauch, den die verschlagenen Grenzgänger seit langem in Irland pflegten: Hinterhältig würden sie die Edlen Irlands zu einem Festmahl einladen (*invitant ad convivium aliquos nobiles nationis nostrae*), doch nur zu dem Zweck, ihre Gäste, die nichts Böses ahnten, schließlich erbarmungslos umzubringen und ihre Köpfe an deren Feinde zu verkaufen.[100] So machte es etwa Peter von Bermingham, ein notorischer Verräter (*proditor nominatus*), der zum Fest der heiligen Dreifaltigkeit angesehene Iren zu einem vermeintlichen Gastmahl einlud, um sie dann brutal abzuschlachten. Als er aber dafür beim König von England angeklagt wurde, habe der Verräter keinerlei Strafe bekommen.[101]

Das Selbstverständnis der Anglonormannen im spätmittelalterlichen Irland war lange Zeit Gegenstand heftiger Forschungskontroversen. Manches spricht dafür, dass sich einige von ihnen tatsächlich als eine ‚mittlere Nation' betrachteten.[102] Giraldus Cambrensis hatte Maurice FitzGerald im 12. Jahrhundert bereits die Worte in den Mund gelegt, dass sie „für die Iren Engländer, doch für die Engländer Iren" seien.[103] Demgegenüber haben jüngere Forschungsstimmen die dezidiert ‚englische Identität'

---

[98] William Gerrard, Notes. Ed. *McNeill*, 245.
[99] *Anglici enim nostram inhabitantes terram, qui se vocant mediae nationis, (...) extremae perfidae natio propriissime possint appellari.* Remonstrance. Ed. *Goodall*, 263.
[100] *(...) videlicet, quando invitant ad convivium aliquos nobiles nationis nostrae, inter ipsas epulas, vel dormitionis tempore, invivatorum hospitum, nil mali suspicantium, sine misericordia effuderunt sanguinem, suum detestabile convivium hoc modo terminantes. Quo taliter facto, interfectorum amputate capita, eorum inimicis pro pecunia vendiderunt.* Remonstrance. Ed. *Goodall*, 263.
[101] *Sicut fecit Petrus Brunychehame baro, proditor nominates, et nimis solemnis, Mauritio de S. compatrino suo et Calnach fratri suo, viris valde ingenuis et valde apud nos nominatus, invitas ipsos ad convivium in festo Sanctissimae Trinitatis. Ipso die, refectione complete, statim cum surrexerunt de mensa, cum viginti quatuor hominibus de sequela sua, crudeliter jugulavit, ipsorum capita care vendens eorum inimicis. Et cum pro isto scelere regi Angliae, patri scilicet istius regis, accusatus fuisset, nullam de tam nefando proditore fecit correctionem.* Remonstrance. Ed. *Goodall*, 263.
[102] Vgl. *Frame*, Exporting State (2005); *Muldoon*, Identity (2003).
[103] *Ea jam lege tenemur, ut sicut Hibernicis Angli, sic et Anglis Hibernici simus.* Giraldus Cambrensis, Expugnatio Hibernica. Ed. *Dimock*, 267, Buch I, Kap. XXIII.

betont, welche die Anglo-Iren für sich reklamierten.[104] Aus der Perspektive der hier vorgeschlagenen Interpretation kann das Zeugnis der ‚Remonstrance' für diese Diskussion um die *Selbstwahrnehmung* der Anglonormannen allerdings nicht in Beschlag genommen werden. Die ‚mittlere Nation' ist hier vielmehr als Konstruktion zu begreifen, die eine Funktion in einer Delegitimationsstrategie erfüllt, indem sie die Anglo-Iren als bösartige Mischwesen und Heuchler präsentiert, deren äußerer Fassade nicht zu trauen ist. Die Rede von der *natio media* steht im Kontext eines Diskurses über die Differenz von Schein und Sein, die hier strategisch adaptiert wurde, um die Engländer in Irland als doppelgesichtige Falschspieler zu markieren. Sie ist damit kein Abbild anglonormannischer Selbstbeschreibung, sondern das Produkt einer Aneignung des zeitgenössischen Heuchelei-Diskurses.

6 *Sine rationabili causa*: die illegitime Invasion

Worauf diese Strategie abzielte, war aber offenbar nichts anderes als die Zerstörung der Grundlage, auf welche die Eroberer seit dem 12 Jahrhundert die Legitimation ihrer Herrschaft in Irland stützten. Denn diese war ja, vermittelt unter anderem durch die Rezeption von Giraldus Cambrensis und der Bulle ‚Laudabiliter', mit der Erzählung begründet worden, dass die Invasor:innen nach Irland gekommen waren, um die Kirche zu reformieren, den Glauben zu fördern, Laster zu beseitigen, Tugenden zu pflanzen, Gesetze einzurichten und damit ein barbarisches Volk zu zivilisieren. Dieses Narrativ war auch im 14. Jahrhundert präsent und bildete nach wie vor den Kern der Legitimierung anglonormannischer Präsenz in Irland. Indem die ‚Remonstrance' sich anschickte, diese angeblich edle und fromme Zielsetzung als scheinheilig zu deklarieren und die vermeintlichen Heilsbringer als Täuscher, Betrüger und Heuchler zu entlarven, die insgeheim ganz andere Absichten verfolgten, als sie nach außen vorgaben, attackierte sie folglich die Rechtfertigung englischer Herrschaft in ihrer Substanz.

Dass dieser substantielle Angriff dabei in zentraler Hinsicht darauf abzielte, die vorgeblichen *Intentionen* der Eroberer als falsche Fassade auszuweisen, muss im Kontext der Gesamtstrategie der ‚Remonstrance' gesehen werden, die verschiedene Elemente funktional aufeinander bezog. Wenn das „fromme und lobenswerte Anliegen" (*pium et laudabile desiderium*),[105] das der Bulle ‚Laudabiliter' zufolge der Intervention in Irland zugrunde gelegen hatte, tatsächlich nur ein heuchlerischer Vorwand war, der den Umstand kaschieren sollte, dass die Invasoren in Wirklichkeit „gezielt und mit Absicht" (*studiose et ex intentione*)[106] das genaue Gegenteil von dem erstrebten, was in der Bulle versprochen worden war, dann bedeutete

---
[104] Vgl. *Frame*, Engleys (1993).
[105] Giraldus Cambrensis, Expugnatio Hibernica. Ed. *Dimock*, 317, Buch II, Kap. V.
[106] Remonstrance. Ed. *Goodall*, 262.

dies, dass es für den Eingriff in eine – ihrerseits legitim zustande gekommene – Herrschaft de facto keinen ‚guten Grund' gegeben hatte, der eine solche Maßnahme rechtfertigen könnte. Es ist offensichtlich nicht zuletzt eben dieser Punkt, dass der englische König und seine Anhänger in Wirklichkeit nämlich keinen guten Grund für die Einmischung in die irischen Verhältnisse geltend machen konnten, sondern einen solchen nur vorgespielt hatten, auf den der Autor der ‚Remonstrance' hinausmöchte. Wohl kaum zufällig betont er gerade im Kontext der englischen Hypokrisie, als er von den „listigen Füchsen" und „gefräßigen Wölfen" sowie von der „falschen Suggestion" Heinrichs II. berichtet, durch welche die Bulle ‚Laudabiliter' überhaupt zustande gekommen war, dass der Entzug des irischen Königtums „ohne rationalen Grund" (*sine rationabili causa*) erfolgt sei.[107]

Der Heucheleivorwurf, so sollte damit gezeigt werden, steht ebenfalls in Zusammenhang mit der Naturrechtslehre und der Theorie des gerechten Krieges. Wenn keine *magna causa* vorlag, war die Intervention in Irland naturrechtlich illegitim. Die fromme und lobenswerte *causa*, die von englischer Seite vorgebracht worden war, konnte mithilfe der Heucheleiunterstellung entkräftet werden. Diese wurde wiederum durch Belege über das Verhalten der Anglonormannen in Irland plausibilisiert. Die verlogenen Einladungen, die nur dazu dienten, die Iren hinterhältig zu ermorden, zeugten von der zutiefst zwiespältigen Natur der Eroberer, die statt Tugenden nur Laster auf der Insel gepflanzt hatten. Dies aber war kein Versagen, sondern volle Absicht: In Wirklichkeit nämlich strebten die Anglonormannen, mit den Worten Bernhards von Clairvaux gesprochen, nicht danach, das zu sein, als was sie gesehen wurden. Sie waren Invasoren im Schafspelz, die als reißende Wölfe herrschen wollten.

In Verbindung mit einer gezielten ‚Aneignung' der Geschichte, die das Herkunftsnarrativ der Iren auf die situativen Bedürfnisse zuschnitt, einer produktiven Rezeption von Konzepten der zeitgenössischen politischen Theorie, die etwa das Prinzip einer Autonomie weltlicher Herrschaft der eigenen Argumentation einverleibte, sowie der Konstruktion einer Kontinuität ‚unvermischten Blutes' in Irland entwickelte die ‚Remonstrance of the Irish Princes' eine höchst komplexe, aber für das spezifische Anliegen ihres Auftraggebers ‚maßgeschneiderte' Strategie. Sie realisierte damit eine kreative Aneignung heterogener Diskurselemente, deren Kombination nicht einfach auf etablierten Routinen beruhte, sondern aus einer individuellen Problemlage erwuchs und sich gerade deshalb in einigen zentralen Punkten von vergleichbaren Initiativen wie in Schottland unterschied.

Der Verfasser des Schreibens an Papst Johannes XXII., bei dem es sich möglicherweise um den irischen Franziskaner Michael Mac Lochlainn handelt, erscheint damit als sehr aktiver Diskursteilnehmer in der Zeit nach der anglonormannischen Eroberung Irlands. Er steht damit in einer Reihe mit zahlreichen anderen Akteur:innen, die ebenfalls unter den veränderten Machtverhältnissen strategisch agierten. Während Annalis-

---

107 Remonstrance. Ed. *Goodall*, 261.

ten den strafenden Eingriff irischer Heiliger wie Brigid oder Colum Cille evozierten, um die Invasor:innen zu delegitimieren, oder den Kampf der vereinten Gälen gegen die ‚Fremden' in Begriffen des rechtmäßigen Hochkönigtums über Irland modellierten, so wählten manche ihrer Zeitgenossen ganz andere Wege der Bewältigung. Ein Erzbischof wie Nicholas Mac Maol Íosa, der um die Position und die Rechte seiner Diözese besorgt war, suchte vielmehr die Kooperation mit den *anglici* oder *Gaill*, die ihrerseits nicht selten darum bemüht waren, die Unterstützung der *hibernici* oder *Gaedil* zu finden. Die spezifischen Situationen und Anliegen der höchst unterschiedlichen Gruppen und Akteur:innen, die sich hinter diesen sozialen Kategorien verbergen, konnten ebenso individuell sein wie die Strategien, die dabei jeweils gewählt wurden.

Drucke

Innozenz IV. Super libros quinque Decretalium, Frankfurt a.M. 1570.

Edierte Quellen und Übersetzungen

Akten des Konzils von Vienne (Auszug), in: *Franz Ehrle*, Ein Bruchstück der Akten des Konzils von Vienne, in: Archiv für Literatur und Kirchengeschichte 4, 1888, 361–470.
Annala Uladh. Annals of Ulster otherwise Annala Senait, Annals of Senat. A Chronicle of Irish Affairs from A.D. 431 to A.D. 1540. Bd. 1. Ed. *Bartholomew Mac Carthy*. Dublin 1895.
Annala Rioghachta Eireann. Annals of the Kingdom of Ireland, by the Four Masters, from the Earliest Period to the Year 1616, Bd. 3. Ed. *John O'Donovan*. Dublin 1856.
The Annals of Inisfallen. Ed. *Seán Mac Airt*. Dublin 1944.
The Annals of Loch Cé. A Chronicle of Irish Affairs from A.D 1014 to A.D 1590. Bd. 1. Ed. *William M. Hennessy*. London 1871.
The Annals of Tigernach. 2 Bde. Ed. *Whitley Stokes*. Felinfach 1993.
Bernhard von Clairvaux, Sententiae. Ed. *Jean Leclercq / Henri M. Rochais*. (Sancti Bernardi Opera, Bd. 6.2: Sermones III.) Rom 1972.
Giraldus Cambrensis, Expugnatio Hibernica. Ed. *James F. Dimock*. (Giraldi Cambrensis Opera, Bd. 5.) London 1867, ND 1964.
Johannes von Salisbury, Policraticus, Bd. 1. Ed. *Clemens Webb*. London 1909.
Johannes Quidort, De regia potestate et papali. Ed. *Fritz Bleienstein*, Stuttgart 1969.
William Gerrard, Notes of the Report on Ireland, in: *Chalres McNeill*, Lord Chancellor Gerrard's Notes of His Report on Ireland, in: Analecta Hibernica 2, 1931, 93–291.
Nicholas Mac Maol Iosa, Petition an Edward I, in: *Aubrey Gwynn*, Documents Relating to the Medieval Diocese of Armagh, in: Archivium Hibernicum 13, 1947, 1–26.
Processus Baldredi contra figmenta regis Angliae. Ed. *William Forbes Skene*, in: Ders. (Hrsg.), Chronicle of the Picts. Chronicle of the Scots, and Other Early Memorials. Edinburgh 1867, 271–284.
Radulphus Ardens, Homiliae in epistolas et evangelia sanctorum et de tempore. Ed. *Jacques-Paul Migne* (Patrologia cursus completus, series Latina, Bd. 155.) Paris 1880, 1299–2118.

Remonstrance of the Irish Princes, in: Joannis de Fordun Scotichronicon, cum Supplementis ac Continuitatione Walteri Boweri. Bd. 2. Ed. *Walter Goodall*. Edinburgh 1759, 259–267.

Statutes and Ordinances and Acts of the Parliament of Ireland. Bd. 1: King John to Henry V. Ed. *Henry F. Berry*. Dublin 1907.

Vita Edwardi secundi. Ed. *Wendy R. Childs*. Oxford 2005.

Literatur

Gerd Althoff, Gott belohnt, Gott straft. Religiöse Kategorien der Geschichtsdeutung im Frühen und Hohen Mittelalter. (Kirchengeschichte und Religionsgeschichte.) Darmstadt 2022.

Robert S. Babcock, Clients of the Angevin King. Rhys ap Gruffudd and Ruaidrí Ua Conchobair compared, in: Karen Jankulak / Jonathan M. Wooding (Hrsg.), Ireland and Wales in the Middle Ages. Dublin 2007, 229–245.

Robert Bartlett, Gerald of Wales and the Ethnographic Imagination. Cambridge 2013.

Gerhard Beestermöller, Thomas von Aquin und der gerechte Krieg. Friedensethik im theologischen Kontext der „Summa Theologiae". (Theologie und Frieden, Bd. 4.) Köln 1990.

Terence Bernard Barry / Robin Frame / Katharine Simms (Hrsg.), Colony and Frontier in Medieval Ireland. Essays Presented to J.F. Lydon. London 1995.

Jan-Hendryk de Boer / Marcel Bubert, Absichten, Pläne und Strategien erforschen. Einleitung, in: Dies. (Hrsg.), Absichten, Pläne und Strategien. Erkundungen einer historischen Intentionalitätsforschung. (Kontingenzgeschichten, Bd. 5.), Frankfurt a.M. 2018, 9–38.

Sparky Booker, Cultural Exchange and Identity in Late Medieval Ireland. The English and Irish of the Four Obedient Shires. Cambridge 2018.

Sparky Booker, Intermarriage in Fifteenth-Century Ireland. The English and Irish in the ‚Four Obedient Shires', in: Proceedings of the Royal Irish Academy 113, 2013, 219–250.

Daniel Brown, Hugh de Lacy, First Earl of Ulster. Rising and Falling in Angevin Ireland. (Irish Historical Monographs, Bd. 17.) Woodbridge 2016.

James A. Brundage, The Hierarchy of Violence in Twelfth- and Thirteenth-Century Canonists, in: International Historical Review 17, 1995, 670–692.

Marcel Bubert (Hrsg.), Aneignungen der Geschichte. Narrative Evidenzstrategien und politische Legitimation im europäischen Mittelalter. Köln 2023.

Marcel Bubert, Fakten, maßgeschneidert? Unsicherheit und die Herstellung von Evidenz in Deutungskonflikten des späten Mittelalters, in: Frühmittelalterliche Studien 55, 2021, 219–254.

Marcel Bubert, Omnium inventor et seminator. Die Geburt des Konspirationismus im späten Mittelalter, in: Historische Zeitschrift 313, 2021, 331–362.

Marcel Bubert, Kreative Gegensätze. Der Streit um den Nutzen der Philosophie an der mittelalterlichen Pariser Universität (Education and Society in the Middle Ages and Renaissance, Bd. 55.) Leiden 2019.

Francis John Byrne, Irish Kings and High-Kings. Dublin 2001.

Maeve B. Callen, Making Monsters out of one Another in the Early Fourteenth-Century British Isles. The Irish Remonstrance, the Declaration of Arbroath, and the Anglo-Irish Counter-Remonstrance, in: Eolas 12, 2019, 43–63.

Cathinka Dahl Hambro, ‚Hiberniores ipsis hibernis'. The Book of Fermoy as Text-Carrier of Anglo-Irish Identity, in: Nordic Irish Studies 14, 2015, 95–110.

Eve Campbell / Elizabeth FitzPatrick / Audrey Horning (Hrsg.), Becoming and Belonging in Ireland, AD ca. 1200–1600. Essays on Identity and Cultural Practice. Cork 2018.

John Carey, A New Introduction to Lebor Gabála Érenn. The Book of the Taking of Ireland. (Irish Text Society. Subsidiary Series, Bd. 1.) London 1993.

John Carey (Hrsg.), Lebor Gabála Érenn. Textual History and Pseudohistory. (Irish Text Society. Subsidiary Series, Bd. 20.) London 2009.

Seán Duffy, The Bruce Brothers and the Irish Sea World, 1306–29, in: Ders. (Hrsg.), Robert the Bruce's Irish Wars. Stroud 2002, 45–70.

Seán Duffy, The Remonstrance of the Irish Princes to Pope John XXII, 1317, in: Ders. (Hrsg.), Robert the Bruce's Irish Wars. Stroud 2002, 179–186.

Seán Duffy, The First Ulster Planation. John de Courcy and the Men of Cumbria, in: Terence Bernard Barry / Robin Frame / Katharine Simms (Hrsg.), Colony and Frontier in Medieval Ireland. Essays Presented to J.F. Lydon. London 1995, 1–27.

Anne J. Duggan, The Making of a Myth. Giraldus Cambrensis, Laudabiliter, and Henry II's Lordship of Ireland, in: Studies in Medieval and Renaissance History 4, 2007, 249–312.

Stephen Ellis, ‚More Irish than the Irish themselves'? The ‚Anglo-Irish' in Tudor Ireland, in: History Ireland 7, 1999, 22–26.

Rebecca Ferell Thomas, Geoffrey of Monmouth and the English Past, in: Joshua Byron Smith / Georgia Henley (Hrsg.), A Companion to Geoffrey of Monmouth. Leiden 2020, 105–128.

Marie-Thérèse Flanagan, Negotiating Across Legal and Cultural Borders. Aífe, Daughter of Diarmait Mac Murchada, King of Leinster, and Marriage, Motherhood and Widowhood in Twelfth-Century Ireland and England, in: Peritia 30, 2019, 71–95.

Marie-Thérèse Flanagan, Strongbow, Henry II and Anglo-Norman Intervention in Ireland, in: James Muldoon (Hrsg.), The North Atlantic Frontier of Medieval Europe. Vikings and Celts. Farnham 2009, 195–210.

Marie-Thérèse Flanagan, Art. Anglo-Norman Invasion, in: Medieval Ireland. An Encyclopedia. (Routledge encyclopedias of the Middle Ages, Bd. 10.) New York u. a. 2005, 17–19.

Marie-Thérèse Flanagan, High-Kings with Opposition, 1072–1166, in: Dáibhí Ó Cróinín (Hrsg.), A New History of Ireland, Bd. 1: Prehistoric and Early Ireland, Oxford 2005, 899–933.

Marie-Thérèse Flanagan, Irish Society, Anglo Norman Settlers, Angevin Kingship. Interactions in Ireland in the Late Twelfth Century. Oxford 1989.

Robin Frame, Colonial Ireland, 1169–1369. Dublin 2012.

Robin Frame, Exporting State and Nation. Being English in Medieval Ireland, in: Len Scales / Oliver Zimmer (Hrsg.), Power and the Nation in European History. Cambridge 2005, 143–165.

Robin Frame, War and Peace in the Medieval Lordship of Ireland, in: Ders. (Hrsg.), Ireland and Britain 1170–1450. London 1998, 221–239.

Robin Frame, ‚Les Engleys Nées en Irlande': The English Political Identity on Medieval Ireland, in: Transactions of the Royal Historical Society 3, 1993, 83–103.

John B. Gillingham, The Context and Purpose of Geoffrey of Monmouth's History of the Kings of Britain, in: Ders. (Hrsg.), The English in the Twelfth Century. Imperialism, National Identity and Political Values. Woodbridge 2000, 19–39.

R. James Goldstein, Blind Hary's Myth of Blood. The Ideological Closure of the Wallace, in: Studies in Scottish Literature 25, 1990, 70–82.

Geoffrey Joseph Hand, English Law in Ireland, 1290–1324. Cambridge 1967.

Geoffrey Joseph Hand, The Status of the Native Irish in the Lordship of Ireland, 1272–1331, in: The Irish Jurist 1, 1966, 93–115.

Gisbert Hemprich, Rí Érenn – „König von Irland". Fiktion und Wirklichkeit, Bd. 1. (Bonner Beiträge zur Keltologie, Bd. 2.) Berlin 2015.

Geraldine Heng, The Invention of Race in the European Middle Ages. Cambridge 2018.

James Hogan, The Irish Law of Kingship, with Special Reference to Ailech and Cenél Eoghain, in: Proceedings of the Royal Irish Academy 40, 1931/1932, 186–254.

Gerd Jäkel, ... usque in praesentem diem. Kontinuitätskonstruktionen in der Eigengeschichtsschreibung religiöser Orden des Hoch- und Spätmittelalters. (Vita Regularis, Bd. 52.) Berlin 2013.

Henry A. Jefferies, Art. Armagh, in: Medieval Ireland. An Encyclopedia. (Routledge Encyclopedias of the Middle Ages, Bd. 10.) New York 2005, 28–30.

Georg Jostkleigrewe, ‚Rex imperator in regno suo' – An Ideology of Frenchness? Late Medieval France, Its Political Elite and Juridical Discourse, in: Andrzej Pleszczynski u. a. (Hrsg.), Constructing Collective Identities in Medieval Europe. (Explorations in Medieval Culture, Bd. 8.) Leiden 2018, 46–83.

James Francis Lydon, The Expansion and Consolidation of the Colony, 1215–54, in: Art Cosgrove (Hrsg.), A New History of Ireland, Bd. 2: Medieval Ireland, 1169–1534, Oxford 2008, 156–178.

James Francis Lydon, The Impact of the Bruce Invasion, 1315–27, in: Sean Duffy (Hrsg.), Robert the Bruce's Irish Wars. Stroud 2002, 119–152.

James Francis Lydon, Nation and Race in Medieval Ireland, in: Simon N. Forde / Leslie Peter Johnson / Alan V. Murray (Hrsg.), Concepts of National Identity in the Middle Ages. Leeds 1995, 103–124.

Francis Xavier Martin, Diarmait Mac Murchada and the Coming of the Anglo-Normans in: Art Cosgrove (Hrsg.), A New History of Ireland, Bd. 2: Medieval Ireland, 1169–1534, Oxford 2008, 43–66.

Francis Xavier Martin, John, Lord of Ireland, 1185–1216, in: Art Cosgrove (Hrsg.), A New History of Ireland, Bd. 2: Medieval Ireland, 1169–1534, Oxford 2008, 127–155.

Francis Xavier Martin, Overlord Becomes Feudal Lord, 1172–85, in: Art Cosgrove (Hrsg.), A New History of Ireland, Bd. 2: Medieval Ireland, 1169–1534, Oxford 2008, 98–126.

Jürgen Miethke, Heiliger Heidenkrieg? Theoretische Kontroversen zwischen Deutschem Orden und dem Königreich Polen vor und auf dem Konstanzer Konzil, in: Klaus Schreiner (Hrsg.), Heilige Kriege. Religiöse Begründungen militärischer Gewaltanwendung. Judentum, Christentum und Islam im Vergleich. (Schriften des Historischen Kollegs, Bd. 78.) München 2008, 109–125.

Richard J. Moll, Off quhat nacioun art thow? National Identity in Blind Hary's Wallace, in: R. Andrew McDonald (Hrsg.), History, Literature and Music in Scotland, 700–1560. Toronto 2002, 120–143.

James Muldoon, Popes, Lawyers, and Infidels. The Church and the non-Christian World, 1250–1550. Liverpool 1979.

James Muldoon, Identity on the Medieval Irish Frontier. Degenerate Englishmen, Wild Irishmen, Middle Nations. Gainesville 2003.

James Muldoon, The Remonstrance of the Irish Princes and the Canon Law Tradition of the Just War, in: The American Journal of Legal History 22, 1978, 309–325.

Kenneth Nicholls, Worlds apart? The Ellis Two-Nation Theory on Late Medieval Ireland, in: History Ireland 7, 1999, 22–26.

Donnchadh Ó Corráin, The Irish Church, Its Reform, and the English Invasion. Dublin 2017.

Goddard Henry Orpen, Ireland under the Normans, Bd. 3. Oxford 1920.

Goddard Henry Orpen, The Effects of Norman Rule, 1169–1333, in: The American Historical Review 19, 1914, 245–256.

Annette Joycelyn Otway-Ruthven, The Native Irish and English Law in Medieval Ireland, in: Irish Historical Studies 7, 1951, 1–16.

J.R. Seymour Phillips, Michael Mac Lochlainn, in: Dictionary of Irish Biography, online: https://www.dib.ie/biography/mac-lochlainn-michael-mauricius-a9599 (Zugriff: 05.08.2022).

J.R. Seymour Phillips, The Remonstrance Revisited. England and Ireland in the Early Fourteenth Century, in: Thomas G. Fraser / Keith Jeffery (Hrsg.), Men, Women and War. Papers Read Before the XXth Irish Conference of Historians. Dublin 1993, 13–27.

David Beers Quinn, ‚Irish' Ireland and ‚English' Ireland, in: Art Cosgrove (Hrsg.), A New History of Ireland, Bd. 2: Medieval Ireland, 1169–1534, Oxford 2008, 619–637.

Michael Richter, Irland im Mittelalter. Kultur und Geschichte. Münster 2003.

Frederick H. Russel, The Just War in the Middle Ages. Cambridge 1975.

R. Mark Scowcroft, Leabhar Gabhála Part II: The Growth of the Tradition, in: Ériu 39, 1988, 1–66.

Maurice P. Sheehy, The Bull ‚Laudabiliter'. A Problem in Medieval Diplomatics and History, in: Journal of the Galway Archeological and Historical Society 29, 1961, 45–70.

Vicoria Shirley, The Scottish Reception of Geoffrey of Monmouth, in: Joshua Byron Smith / Georgia Henley (Hrsg.), Companion to Geoffrey of Monmouth. (Brill's Companion to European History, Bd. 22.) Leiden u. a. 2020, 487–491.

Katharine Simms, Late Medieval Tír nEógain. The Kingdom of ‚the Great Ua Néill', in: Charles Dillon / Henry A. Jefferies (Hrsg.), Tyrone. History and Society. Dublin 2000, 127–162.

Katharine Simms, Bards and Barons. The Anglo-Irish Aristocracy and the Native Culture, in: Robert J. Bartlett / Angus MacKay (Hrsg.), Medieval Frontier Societies. Oxford 1989, 177–197.

Katharine Simms, ‚The King's Friend'. O'Neill, the Crown and the Earldom of Ulster, in: James Lydon (Hrsg.), England and Ireland in the Later Middle Ages. Dublin 1981, 214–236.

Katharine Simms, The O Hanlons, the O Neills and the Anglo-Normans in Thirteenth Century Armagh, in: Seanchas Ardmhacha. Journal of the Armagh Diocesan Historical Society 9, 1978, 70–94.

Brendan Smith, Colonisation and Conquest in Medieval Ireland. The English in Louth, 1170–1330. Cambridge 1999.

Brendan Smith, The Armagh-Clogher Dispute and the ‚Mellifont Conspiracy'. Diocesan Politics and Monastic Reform in Early Thirteenth Century Ireland, in: Seanchas Ardmhacha. Journal of the Armagh Diocesan Historical Society 14, 1991, 26–38.

Sita Steckel, Hypocrites! Critiques of Religious Movements and Criticisms of the Church, 1050–1300, in: Jennifer Kolpakoff Deane / Anne E. Lester (Hrsg.), Between Orders and Heresy: Rethinking Medieval Religious Movements. Toronto 2022, 79–126.

Sita Steckel, Falsche Heilige. Das Feindbild des ‚Ketzers' in religiösen Debatten der lateinischen Kirche des Hoch- und Spätmittelalters, in: Alfons Fürst (Hrsg.), Von Ketzern und Terroristen. Interdisziplinäre Studien zur Konstruktion und Rezeption von Feindbildern. Münster 2012, 17–44.

Whitley Stokes, The Irish Abridgement of the ‚Expugnatio Hibernica', in: The English Historical Review 20, 1905, 77–115.

Freya Verstraten, Both King and Vassal. Feidlim Ua Conchobair of Connacht, 1230–65, in: Journal of the Galway Archeological & Historical Society 55, 2003, 13–37.

John A. Watt, The Church and the Two Nations in Medieval Ireland. Cambridge 1970.

Caoimhe Whelan, The Transmission of the Expugnatio Hibernica in Fifteenth-Century Ireland, in: George Henley / A. Joseph McMullen (Hrsg.), Gerald of Wales. New Perspectives on a Medieval Writer and Critic. Cardiff 2018, 243–258.

Helen Wiedmaier
Die Darstellung der Besiegten in der Historiografie des 14. Jahrhunderts
Begegnungen von Siegern und Besiegten am Beispiel der Schlacht bei Mühldorf

Abstract: This paper contributes to the question how the defeated were portrayed in 14th century historiographical narratives. Specifically, the author analyses four sources that describe the meeting of the two kings Ludwig IV and Frederick the Fair after the battle of Mühldorf in 1322. The encounter of the two rulers is depicted very differently in each source: the two Bavarian chronicles depict Ludwig as the victor and Friedrich as the unequivocally defeated, whereas Mathias von Neuenburg takes a more ambivalent position. The last source tries to reframe the depiction of the battle by focusing on both the ongoing fights after the end of this battle as well as on the treaty that established a dual kingship in 1325. This narrative strategy helped the defeated party not only to process the events, but also to reinterpret them positively.

In der ‚Vita Ludovici' kann man lesen, dass Friedrich der Schöne, Unterlegener der Schlacht bei Mühldorf, *qui iam sedebat in solio, iam iacet in sterquilinio (...)*.[1] Diese Beschreibung eines Herrschers, der nicht mehr auf dem Thron sitzt, sondern im Mist liegt, ist ein eindrucksvolles Beispiel für die Darstellung von Kämpfern in spätmittelalterlichen Chroniken. In diesen überwog die Schilderung heldenhafter Siege aus der Eroberer- oder Siegerperspektive, da Kriege in der adligen Welt des Mittelalters großen Raum einnahmen und die Rezipierenden an derartigen Erzählungen Interesse zeigten.[2] Umso aufschlussreicher sind die historiografischen Schilderungen von Niederlagen, weil sie den Verfasser in Erklärungsnot brachten, wenn er auf Seiten der Besiegten oder Eroberten stand: Er konnte die Existenz der Niederlage nicht einfach ignorieren, sondern musste mit dieser umgehen. Dazu konnte eine Niederlage geleugnet, akzeptiert oder umgedeutet werden – abhängig von den Intentionen des Autors und den Erwartungen der Adressaten.[3] Wie bereits in der Einleitung dieses Sammelbandes angesprochen ist somit die Zuordnung einer Person oder Gruppe gerade im Kontext kriegerischer Auseinandersetzungen zu der Seite der Eroberten oder Eroberern, der Besiegten oder Siegenden in vielen historiografischen Texten Aushandlungssache. Eine Niederlage kann von den Chronisten

---
[1] Chronica Ludovici. Ed. *Leidinger*, 126 f.
[2] Vgl. *Clauss*, Kriegsniederlagen (2010), 38.
[3] Vgl. *Carl/Kortüm/Langewiesche*, Krieg (2004), 2.

so umgedeutet werden, dass einzelne Kämpfer Sieger werden, und häufig stellt sich die Frage, ob überhaupt klar zwischen den oben aufgeworfenen Kategorien unterschieden werden kann beziehungsweise ob sich diese Unterscheidungen in den Texten des Spätmittelalters finden lassen.[4]

Anhand der Schlacht bei Mühldorf im Jahr 1322 soll untersucht werden, wie die persönliche Begegnung zwischen Siegern und Besiegten in der Historiografie dargestellt und verarbeitet werden konnte und welche Funktionen die unterschiedlichen Darstellungen erfüllten.[5] Derartige Begegnungen sind von besonderem Interesse, da diese eine Zuspitzung der Gesamtsituation darstellen: Nach dem Treffen der Heere begegnen sich im Falle der Schlacht bei Mühldorf zusätzlich die beiden Anführer von Angesicht zu Angesicht. In diesem Moment scheint die Positionierung im ersten Moment klar zu sein – auf der einen Seite der Sieger, auf der anderen der Verlierer. Wie zu zeigen sein wird, entzieht sich die Darstellung innerhalb der Historiografie des 14. Jahrhunderts jedoch derartig eindeutigen Zuschreibungen. Historiografie wird im Folgenden als Erzählung verstanden, da die Chronisten in ihren Werken nicht sämtliche Details einer Schlacht aufnehmen, sondern sich auf einzelne Ereignisse, Personen oder Handlungen fokussierten, die in einen zeitlichen sowie kausalen Zusammenhang gebracht wurden.[6] Durch dieses Vorgehen erfolgten sowohl eine Reduktion der Ereignisse auf ein überschaubares Maß als auch die Konstruktion einer stringenten Erzählung.[7] Diese kann wiederum mit narratologischen Analyseangeboten untersucht werden, um einen Einblick in die Vorstellungswelten spätmittelalterlicher Autoren, ihre Intentionen und ihr Vorgehen bei der Konstruktion von Schlachten sowie den beteiligten Akteuren zu erhalten. Die Schlacht bei Mühldorf im Jahr 1322 ist dabei besonders geeignet, da zahlreiche Quellen überliefert sind, die sowohl die Perspektive der Sieger als auch der Besiegten wiedergeben. Nachfolgend werden jene Quellen untersucht und miteinander verglichen, die die Begegnung beider Könige nach der Schlacht schildern.

Die Schlacht bei Mühldorf gehört zu den zentralen Ereignissen des frühen 14. Jahrhunderts und hat entsprechend viel Beachtung gefunden. Mit der Schlacht selbst befasste sich vor allem Wilhelm Erben, dessen zwei Monografien bis heute als unverzichtbar gelten.[8] Da Erbens Werke lange als abschließende Standardwerke galten, erschienen kaum weitere Monografien zu dieser Schlacht.[9] Eine Ausnahme ist der Sammelband ‚Die Schlacht bei Mühldorf 1322' des Heimatbunds Mühldorf. In

---

4 Vgl. dazu die Einleitung von Rike Szill in diesem Band.
5 Die Schlacht bei Mühldorf wurde auch in dem kürzlich abgeschlossenen Dissertationsprojekt „Kämpfer auf dem Schlachtfeld – Kämpfer in den Texten" der Autorin an der Universität Mainz untersucht.
6 Vgl. *Hachgenei*, Narratologie (2019), 55.
7 Vgl. *Rogge*, Narratologie (2016), 18.
8 Vgl. *Erben*, Schlacht (1923); *Ders.*, Berichte (1917).
9 *Erben*, Berichte (1917), 236–242, liefert auch einen Überblick zur älteren Literatur.

diesem wurden jedoch in erster Linie populärwissenschaftliche Beiträge veröffentlicht.[10] Auch Arbeiten, die sich mit den Hauptprotagonisten Ludwig[11] und Friedrich[12] beschäftigen, widmen der Schlacht viel Raum. Besonders hervorzuheben ist dabei der 2017 erschienene Sammelband ‚Die Königserhebung Friedrichs des Schönen im Jahr 1314. Krönung, Krieg und Kompromiss.'[13] Neben diesem Sammelband existieren weitere kulturgeschichtliche oder narratologische Ansätze zu ausgewählten Quellen über die Schlacht bei Mühldorf,[14] aber bislang noch keine entsprechende Studie, die sich mit allen Quellen über die Schlacht auseinandersetzt oder sich exklusiv auf Mühldorf fokusiert.

Nachdem bei der Königswahl im Jahr 1314 sowohl Ludwig IV. als auch Friedrich der Schöne zum König gewählt und schließlich auch gekrönt wurden, kam es zu langwierigen bewaffneten Auseinandersetzungen zwischen den beiden Herrschern.[15] Eine Verzichtserklärung kam für beide Seiten nicht in Frage, gerade weil sich früh abzeichnete, dass beide Parteien ähnlich stark waren und ein längerer militärischer Konflikt unausweichlich erschien.[16] Nach häufigen Verwüstungen der gegnerischen Ländereien und mehreren Aufmärschen der Heere, bei denen zumeist Ludwig IV. der Konfrontation auswich, kam es am 28. September 1322 zur Entscheidungsschlacht.[17] Obwohl mit Friedrichs Bruder Leopold I., Herzog von Österreich und der Steiermark, und dessen Einheiten ein wichtiger Unterstützungsfaktor fehlte, nahm Friedrich die Schlacht an.[18] Der genaue Schlachtenverlauf soll hier nicht diskutiert werden; wichtig

---

10 Vgl. *Steinbichler*, Schlacht (1993).
11 Vgl. *Benker*, Ludwig (1997); *Nehlsen*, Kaiser (2002); *Seibert*, Ludwig (2014); *Thomas*, Ludwig (1993); *Wolf*, Ludwig (2014); *Hundt*, Ludwig (1989); *Pauler*, Könige (1997); *Holzfurtner*, Wittelsbacher (2005); *Clauss*, Ludwig (2014).
12 Vgl. *Reifenscheid*, Habsburger (1982); *Niederstätter*, Herrschaft (2001); *Krieger*, Habsburger (2004).
13 So der Titel von *Becher/Knesebeck*, Königserhebung (2017).
14 Vgl. *Clauss*, Kriegsniederlagen (2010); *Rogge*, Attentate (2016); *Clauss/Weller/Stieldorf* (Hrsg.), König (2015); *Heckmann*, Doppelkönigtum (2001).
15 Vgl. *Niederstätter*, Herrschaft (2001), 118.
16 Vgl. *Niederstätter*, Herrschaft (2001), 122 f.
17 Vgl. *Rogge*, Attentate (2016), 36 f.; für einen Überblick zu den verschiedenen Überfällen, Truppenbewegungen und Kämpfen vgl. *Schrohe*, Kampf (1905), 49–171.
18 Diese Entscheidung wurde in der Forschung rege diskutiert, da Leopolds Truppen die Schlacht möglicherweise für Friedrich hätten entscheiden können. Am plausibelsten erscheint hierbei die Annahme, dass Friedrich eine erneute Flucht Ludwigs fürchtete und deshalb rasch handeln wollte. Bereits 1319 hatten sich beide Heere bei Mühldorf gegenübergestanden und Ludwig hatte sich zurückgezogen, vgl. *Niederstätter*, Herrschaft (2001), 124. In den hier untersuchten Quellen werden die Ursachen für den Rückzug unterschiedlich präsentiert: Der habsburgerfreundliche Streit zu Mühldorf erklärt das Verhalten nicht näher, stellt es aber so dar, dass der Eindruck entsteht, Ludwig sei vor einer sich abzeichnenden Niederlage geflohen; Streit von Mühldorf. Ed. *Erben*, I, 479: *Und wert das wol sechs jar, das sy offt und dick grozzew herschrafft auf dem velde prachten und doch hertzog Ludweich von Payern (...) daz velde fluchtig rawmen musten.* Ebd., II, 479: *Und wert daz wol in daz sechst jare, daz sie ofte und dike grozzeu herschraft ouf daz velt prahten und daz chunig Ludweig ze allen zeiten daz velt fluchtiger roumen*

ist für die folgende Analyse vor allem das Ergebnis: Friedrich wurde im Verlauf der Schlacht besiegt, gefangen genommen und zu Ludwig gebracht.[19] Dieser ließ Friedrich zunächst inhaftieren, während Leopold weiterhin versuchte, die Situation militärisch zu Gunsten seines Bruders zu entscheiden.[20] Im Jahr 1325 wurden die Verträge von Trausnitz und München geschlossen, in deren endgültiger Form ein Doppelkönigtum festgelegt wurde.[21] Diese Übereinkunft stellte ein Novum dar; Friedrichs Tod im Jahr 1330 machte jedoch eine längerfristige, praktische Umsetzung dieses Vertrags überflüssig.[22]

Die Gefangennahme Friedrichs sowie die Begegnung beider Könige nach der Schlacht wurde von den Chronisten als wichtiger Wendepunkt im Thronstreit wahrgenommen und entsprechend thematisiert. Während einige Autoren die Begegnung lediglich allgemein und ohne weitere Details erwähnen,[23] erzählen andere mit gro-

---

must (...). Die Schlacht, bei der sich Friedrich zurückzog, wird hingegen nicht thematisiert. Die ‚Chronica de gestis principum', deren Autor Ludwig unterstützte, erklärt Friedrichs Rückzug mit dessen Furcht vor Ludwigs Heer, das durch Gottes Hilfe einen unerwarteten Zuwachs an Kämpfern erhalten habe und durch diese zahlenmäßige Überlegenheit in der Lage gewesen sei, Friedrichs Truppen zu besiegen, vgl. Chronica de gestis principum. Ed. *Leidinger*, 83f. Ludwigs Rückzüge erklärt der Chronist durch externe Faktoren: Verrat, unangemessenes Verhalten oder Furcht der Truppen Ludwigs werden genutzt, um die Verantwortung für den Rückzug von Ludwig abzulenken, vgl. Chronica de gestis principum. Ed. *Leidinger*, 84–92. Zu Verrat im Kontext von Eroberung vgl. auch den Beitrag von Philipp Frey in diesem Band. Es existiert nur eine bemerkenswerte Ausnahme, in der der Chronist Ludwigs Charakter kritisiert, vgl. Chronica de gestis principum. Ed. *Leidinger*, 83: *Sed ecce, repente nunciatur regi hostes suos procul non esse et, nisi cicius interceperit, Bawariam celerius intraturos. Qui mox sicut dormiens expergefactus de sompno, perterritus, sicut semper, segnius egit. Movens se de loco cum paucis recepit se in Fridberch.* Die ‚Vita Ludovici', deren Autor ebenfalls auf Seiten Ludwigs stand, schildert die früheren Kämpfe hingegen nicht ausführlich und nennt deshalb auch keine Gründe für den Rückzug. Stattdessen stehen Ludwigs vorbildliches Verhalten und seine Legitimation im Kontext der Wahl im Vordergrund; Chronica Ludovici. Ed. *Leidinger*, 124–126. In der tendenziell habsburgerfreundlichen Chronik des Mathias von Neuenburg erscheinen Ludwigs Truppen als diejenigen, die dem Kampf ausweichen wollen, Friedrichs Rückzug wird nicht thematisiert; Mathias von Neuenburg, Chronica. Ed. *Hofmeister*, 109–112, 116 f.
19 Vgl. *Rogge*, Attentate (2016), 37 f.
20 *Schwedler*, Familienmodelle (2017), 120, verweist auf das Funktionieren der Zusammenarbeit zwischen den Brüdern Friedrich, Heinrich und Leopold, die auch nach der Gefangennahme der ersten beiden weiter Bestand hatte. Durch Leopold blieb der Familienverband der Habsburger weiter handlungsfähig und erreichte letztendlich die Freilassung und Mitregentschaft Friedrichs.
21 Die genaue Form des Doppelkönigtums ist umstritten: War es lediglich ein Symbol der Versöhnung ohne praktische Umsetzung oder tatsächlich eine geteilte Regentschaft? Dieser Frage geht *Heckmann*, Doppelkönigtum (2001), 53–81, nach.
22 Vgl. *Niederstätter*, Herrschaft (2001), 128 f.
23 Chronica S. Petri Erfordensis moderna. Ed. *Holder-Egger*, 353: *Itaque capto Friderico duce per quendam Franckonem nomine Eberhardum de Masbach presentatoque nobili viro de Norenberc, ab eodemque defensato et in presenciam ducis Bawarie perducto salva viat eius.* Chronicon Aulae Regiae. Ed. *Loserth*, 420, Kap. 11: *Sed et ipse Fridericus Australis per Fridericum purcgravium de Nurenberch captus et per eum Ludovico regi praesentatus* (...). Chronica minor auctore Minorita Erphordensi Continuatio VI. Ed. *Holder-Egger*, 700: *Sed tandem Fridericus a purgravio de Nurenberch est detentus, qui presentavit eum*

ßer Detailfülle von diesem Treffen. Dazu gehören neben Mathias von Neuenburg die anonymen Autoren der ‚Chronica Ludovici', der ‚Chronica de gestis principum' und des ‚Streits von Mühldorf'.

Die ‚Chronica de gestis principum' und die ‚Chronica Ludovici' wurden beide im bayerischen Raum verfasst und ergreifen eindeutig Partei für Ludwig. Da die erste Chronik im Hauskloster der Wittelsbacher, der Zisterzienserabtei Fürstenfeld, abgefasst wurde, verwundert das Lob auf Ludwig nicht. Während diese Quelle vor dem Jahr 1335 niedergeschrieben wurde,[24] entstand die zweite im Umkreis des Chorherrenstifts Ranshofen kurz nach 1340 und wurde im Todesjahr Ludwigs 1347 um einen neuen Schluss ergänzt.[25] Dabei kombiniert das Werk Herrscherlob mit Elementen einer Rechtfertigungsschrift für Ludwigs Regentschaft und ergänzt beides mit biblischen Motiven. Neben dem Lob auf das Haus Wittelsbach spielt die Diffamierung der Habsburger – insbesondere Friedrichs – eine große Rolle, die exemplarisch anhand der Schlacht von Mühldorf deutlich wird. Problematische Handlungen Ludwigs, wie dessen Streit mit dem Papst, lässt der Autor aus, um das glorreiche Bild nicht zu beeinträchtigen.[26]

Im Gegensatz zu diesen Werken ergreift der habsburgerfreundliche Autor des ‚Streits von Mühldorf' für Friedrich Partei. Diese deutschsprachige Quelle ist in zwei unterschiedlich langen Versionen überliefert, die beide wohl auf eine gemeinsame Vorlage zurückgehen. Die kürzere Fassung entstand zwischen 1327 und 1329 und berichtet bis zur Freilassung Friedrichs aus der Gefangenschaft im Jahr 1325, während die längere ausführlicher den Konflikt thematisiert und den Zeitraum bis 1327/1328 abdeckt.[27] Nur wenige Jahre später verfasste Mathias von Neuenburg auf Geheiß Bertholds von Buchegg, Bischof von Straßburg, seine Chronik, die die Jahre 1245 bis 1350 umfasst.[28] Mathias legt darin den Fokus auf politische Ereignisse, über die er gut informiert war, und schreibt gleichermaßen über Hochadel, Geistlichkeit und Bürgertum, da er mit allen drei Gruppen verbunden war.[29] Innerhalb der Chronik stellt er

---

Ludwico (...). Iohannes Victoriensis, Liber certarum historiarum II. Ed. *Schneider*, 120: *Fridericus postea repertus Friderico burchgravio, deinde Ludewico presentatur.*
24 Vgl. *Leidinger*, Einleitung. Chronica de gestis principum (1918), 4f.
25 Vgl. *Schnith*, Geschichtsschreibung (1980), 365.
26 Vgl. *Schnith*, Geschichtsschreibung (1980), 365.
27 Vgl. *Stelzer*, Streit (1995), 394f. Die ältere Forschung ging noch davon aus, dass die kürzere Fassung eine Überarbeitung der längeren darstelle, um Friedrich in einem noch positiveren Licht und die Ereignisse pointierter zu präsentieren, vgl. dazu *Erben*, Berichte (1917), 284–292; *Wilhelm*, Verhandlungen (1927), 23f.
28 Es existieren zwei Fassungen, wobei die Berichte über die Schlacht bei Mühldorf nahezu deckungsgleich sind, vgl. dazu *Lhotsky*, Quellenkunde (1963), 279.
29 Vgl. *Grabmayer*, Diesseits (1999), 24f.

besonders Rudolf von Habsburg positiv dar[30] – auch, weil Mathias durch seine Ehe mit Elisabeth Münch zum agnatischen Verwandten Rudolfs wurde.[31] Die Einstellung der genannten Chronisten spiegelt sich auch in ihrer Bewertung der Schlacht bei Mühldorf sowie der anschließenden Begegnung der beiden Könige wider: Bei den zwei bayerischen Autoren erscheint Ludwig als strahlender Sieger, während der habsburgerfreundliche Chronist die Partei Friedrichs ergreift. Mathias von Neuenburg dagegen stellt den Besiegten ambivalent dar.

1 Das Aufeinandertreffen der Könige in der bayerischen Chronistik

Zunächst zu den Chroniken, die Ludwig als Sieger und Friedrich als eindeutig Besiegten darstellen: Sowohl die ‚Chronica Ludovici' als auch die ‚Chronica de gestis principum' berichten, wie Friedrich sich durch symbolisch aufgeladene Gesten Ludwig unterwirft. Ludwig spricht ihn daraufhin mit der Bitte an, sich zu erheben. In der ‚Chronica de gestis principum' des Fürstenfelder Mönchs gibt Friedrich keine Worte, sondern nur Laute des Klagens und Weinens von sich und lässt sich zu Boden fallen. Ludwig zeigt hingegen Stärke und königliche Milde, indem er Friedrich auffordert, sich zu erheben, und daraufhin dessen Leben schont.[32] Diese Erzählung erlaubt es dem Chronisten nicht nur, die Herrscherqualitäten beider Könige zu verdeutlichen,[33] sondern auch die Beendigung der militärischen Auseinandersetzung in Szene zu setzen.[34] Das Verhalten beider Könige gehört zu den üblichen Ritualen im Kontext einer Unterwerfungserklärung[35] und lässt sich in ähnlicher Form auch in anderen Quellen finden. Derartige Unterwerfungsgesten und -rituale waren bei Brüchen innerhalb der Herrschaftsweitergabe besonders wichtig, wie es auch bei der Doppelwahl von 1314 der Fall war.[36] Dazu gehört immer die Bitte um Gnade,[37] wie sie auch in der ‚Chronica de gestis principum' des Fürstenfelder Mönchs geschil-

---

30 Vgl. *Leuschner*, Chronistik (2003), 17 f.
31 Vgl. *Grabmayer*, Diesseits (1999), 24.
32 Chronica de gestis principum. Ed. *Leidinger*, 95: *Qui cum venissent coram rege, flentes et eiulantes corruerunt coram eo in faciem super terram, timentes se occisuros. Rex vero erga eos regia clemencia utebatur, quia clemencia decet regem. ‚Surgite', inquit, ‚confidite, non moriemini ista vice, sed vos reservabo, quousque mihi de vobis satisfiet'.*
33 Vgl. *Schwedler*, Herrschertreffen (2008), 231.
34 Vgl. *Stollberg-Rilinger*, Rituale (2019), 89 f.
35 Vgl. *Althoff*, Spielregeln (1997), 238.
36 Die mittelalterlichen Rituale, die Herrschaftswechsel begleiteten, haben in der Geschichtswissenschaft einige Aufmerksamkeit erfahren; mit einem Überblick zur Forschungsliteratur: *Stollberg-Rilinger*, Rituale (2019), 88 f.
37 Vgl. *Garnier*, Zeichen (2017), 240.

dert wird: Während sich Friedrich weinend und jammernd unterwirft, reagiert Ludwig gnädig und bittet Friedrich, sich zu erheben. Dadurch wird den Rezipierenden der Chronik vermittelt, dass der militärische Konflikt an dieser Stelle beigelegt wurde. Die starke Emotionsäußerung Friedrichs unterstreicht seine Reue und ehrliche Absicht, sich zu ergeben und auf die Regentschaft zu verzichten.[38] Betont werden muss an dieser Stelle allerdings, dass die Schlacht bei Mühldorf zwar in der Theorie den Konflikt beendete, die Kämpfe aber in der Realität weitergeführt wurden, da Leopold sein Heer nicht zerstreute, sondern für den gefangenen Bruder ins Feld zog.[39] Der Chronist inszeniert somit die Begegnung der beiden Herrscher als Endpunkt des Konflikts, um so Ludwig als unumstrittenen Herrscher und Sieger präsentieren zu können. Deutlich wird hier auch das Idealbild eines guten Siegers, das der Chronist zeichnet: Ludwig handelt gnädig, indem er Friedrichs Leben verschont.

Dieselbe Szene schildert auch die ‚Chronica Ludovici', allerdings wesentlich ausführlicher: Während Ludwig ebenfalls als milder Herrscher auftritt, der Friedrichs Leben schont, unterwirft sich Friedrich zusätzlich durch eine Rede, in der er verkündet, dass er als mächtiger König und Herr der Welt zum Schlachtfeld gekommen sei und es nicht nur als Besiegter, sondern als Sklave und Diener Ludwigs verlassen habe. Als solcher werde er sich Ludwig unterwerfen und diesen als seinen Herrn und König anerkennen.[40] Wie in der ganzen Schlachtenerzählung wird hier ein Fokus auf gegensätzliche Begriffe wie *rex* und *servus* oder *mundi dominus* und *illorum minimus* beziehungsweise *miseri* oder *famuli* gelegt. Diese deutlich zur Schau gestellten Gegensätze sollen den tiefen Fall Friedrichs anzeigen, der hier vom König zum Diener degradiert wird.[41] Auch die Eroberung beziehungsweise Übergabe der Beute, die in der ‚Vita' ausführlich thematisiert wird,[42] kann als Teil eines rituellen Verhaltens zur Konfliktbehebung verstanden werden. Solche Rituale waren neben dem Aushandeln praktischer Dinge wie einem Vertrag obligatorisch,

---

38 Vgl. *Althoff*, Spielregeln (1997), 268 f.
39 Vgl. *Thomas*, Ludwig (1993), 117 f.
40 Chronica Ludovici. Ed. *Leidinger*, 128: ‚Iam eram rex et dominus, nunc, ecce, iam sum servus. Veni vallatus militibus, ut eram mundi dominus; veni equitans cum X militibus, nunc sum illorum minimus. Orbatus iam sum mundo et regno, Romano imperio, hereditate propria et fratre meo Heinrico. O Ludwice domine, rex Romanorum inclyte, recipite nos miseros exnunc in vestros famulos; accipiter et capite et permittatis vivere! Dimitto vobis mundum, resigno vobis regnum; insuper et fateor vos esse meum dominum. Perdidi colores, amisi res et honores'.
41 In der gesamten Schlachtenerzählung werden häufig Gegensatzpaare gebildet, um signifikante Zustandsveränderungen abzubilden; Chronica Ludovici. Ed. *Leidinger*, 126 f.: *Nam qui venerant cum magnis equis et falleratis cum gloria, iacebant in maxima miseria; qui iam sedebat in solio, iam iacet in sterquilinio* (...). Die bildliche Beschreibung Friedrichs, der nicht mehr auf einem Thron sitzt, sondern im Mist liegt, exponiert ebenfalls dessen Niederlage und zieht sie ins Lächerliche.
42 Chronica Ludovici. Ed. *Leidinger*, 127: *Arma cum camisia, equi et utensilia, currus cum expensis recepti sunt immensis. Qui venerant equitando cum turmis, vexillis, cum clypeis et armillis, cum lanceis, balistis, nil illorum istis, quin hostibus se darent* (...).

um einen rechtmäßigen Frieden wiederherzustellen.[43] Zudem erforderten sie eine Öffentlichkeit, da sie erst durch diese tragfähig und Teil eines größeren Kommunikationsprozesses wurden.[44]

Deutlich wird die Einbettung der Unterwerfung Friedrichs in eine Öffentlichkeit in der ‚Chronica Ludovici' durch die Einbindung der Gefolgsleute Friedrichs. Dessen Unterwerfung wird von dem Chronisten unterstrichen, indem er Friedrichs Kämpfern die Aussage zuschreibt, sie verdienten den Ausgang der Schlacht, da sie gegen ihren wahren Herrn gekämpft hätten.[45] Damit verdeutlicht der unbekannte Autor, dass nicht nur Friedrich einsieht, sich Ludwig unterordnen zu müssen, sondern auch dessen gesamtes Heer. Da ein König nicht ohne die Zustimmung seiner Untertanen herrschen konnte, nutzt der Chronist hier die Ausrufe der Kämpfer, um eine breite Unterstützung Ludwigs zu suggerieren. Verstärkt wird diese Passage mit einem Zitat aus dem Alten Testament, das die Reue der Brüder Josefs über ihr Verhalten gegenüber jenem zum Ausdruck bringt.[46] Das Zitat verleiht der Aussage eine weitere Ebene: So wie Josefs Brüder ihr Vergehen einsehen und sich später dem mächtigen, gottverbundenen Josef unterwerfen und zu dessen Knechten erklären,[47] so erkennen Friedrichs Kämpfer ihre Fehler und Ludwig als ihren Herrscher an. Ihre Opposition wandelt sich nicht nur in eine stillschweigende Akzeptanz der neuen Verhältnisse, sondern in eine Gefolgschaft. Durch dieses Zitat aus dem Alten Testament wird Ludwig in Josefs Nähe gerückt, der nicht nur weise als Vizepharao herrschte, sondern sich auch durch eine besondere Gottverbundenheit auszeichnete.[48] Von Interesse ist in diesem Kontext auch, dass Josef in der biblischen Erzählung seine Herrschaft durch Gottes Erwählung findet – eine Deutung, die mit jener mittelalterlichen des Gottesgnadentums korrespondiert. Auch Ludwigs Haltung gegenüber Friedrich ist deckungsgleich zu Josefs Verhalten gegenüber seinen Brüdern: Beide nehmen die Unterwerfungserklärung an und strafen nicht, sondern zeigen sich versöhnlich, indem sie die Bereitschaft zur Vergebung demonstrieren. Diese Thematik war zu Lebzeiten Ludwigs und somit auch während des Abfassungszeitraums der Chronik von

---

43 Vgl. *Stollberg-Rilinger*, Rituale (2019), 140 f.
44 Vgl. *Althoff*, Macht (2013), 19 f.
45 Vgl. Chronica Ludovici. Ed. *Leidinger*, 128: *Ad invicem dicentes se mutuo videntes: ‚Merito hec patimur, quia peccavimus in nostrm verum dominum, Ludwicum inclytum'.*
46 Gen 42,21: [E]*t locuti sunt ad invicem merito haec patimur quia peccavimus in fratrem nostrum videntes angustiam animae illius cum deprecaretur nos et non audivimus idcirco venit super nos ista tribulatio.*
47 Gen 50,18: [V]*eneruntque ad eum fratres sui et proni in terram dixerunt servi tui sumus (...).*
48 Für die Gottverbundenheit u. a. Gen 39,2–6, 21–23; für Josefs hervorragende Regentschaft, die sich laut Bibeltext v. a. durch die guten Vorbereitungen auf die Hungersjahre auszeichnete, Gen 41,40–56. Dazu passt die Feststellung bei *Leidinger*, Einleitung. Chronica Ludovici (1918), 110, dass die ‚Vita Ludovici' Züge religiöser Erbauungsliteratur trägt.

besonderer Bedeutung,⁴⁹ da Ludwigs Herrschaft nicht unumstritten war. Der ständige Konflikt zwischen Ludwig und der Kurie überschattete beinahe seine gesamte Regierungszeit; nicht zuletzt da Ludwig von 1323/1324 bis zu seinem Tod im Jahr 1347 exkommuniziert war.⁵⁰ Auch wenn die in der Begegnung der beiden Kämpfer betonten Eigenschaften zu den allgemein gültigen, toposhaften Anforderungen an einen christlichen Herrscher gehörten, ist es doch auffallend, wie sehr Ludwig als solcher innerhalb der Quelle inszeniert wird. Ein möglicher Zusammenhang mit seinem konfliktreichen Verhältnis zur Kurie sowie seiner Exkommunikation erscheint naheliegend und erklärt, weshalb die Betonung von Ludwigs Fähigkeiten besonders wichtig für seine Unterstützer war.⁵¹

Zusammengefasst lässt sich sagen, dass Friedrich in der bayerischen Chronistik eindeutig als Besiegter dargestellt wird. Dies gelingt den Chronisten unter anderem durch die Verwendung von Redeszenen, die einen besonderen Fokus auf den Moment der Begegnung beider Herrscher legen. Dabei wird Friedrich ein Verhalten zugeschrieben, das es ermöglicht, Ludwig als guten Herrscher darzustellen, der die Tugenden eines idealen christlichen Königs besitzt und entsprechend handelt. Anhand der Chronistik zur Schlacht bei Mühldorf lässt sich exemplarisch herausarbeiten, wie Chronisten Eroberte und Eroberer, Besiegte und Sieger im Spätmittelalter verstehen und dies durch Verwendung spezieller Stilmittel den Adressaten zu verstehen geben. Die Frage nach Eroberern, Eroberten, Siegern und Besiegten entscheidet sich nicht zuletzt in den Texten.

---

49 Der Abschnitt über die Schlacht bei Mühldorf wurde zu Lebzeiten Ludwigs verfasst und somit vor dem Jahr 1347. Da die zeitlich fortlaufende Schilderung die Ereignisse bis zu Beginn des Jahres 1341 umfasst, geht *Leidinger*, Einleitung. Chronica Ludovici (1918), 108, davon aus, dass der bis zu diesem Zeitpunkt reichende Teil um das Jahr 1341 niedergeschrieben wurde.
50 Vgl. *Seibert*, Ludwig (2014), 12.
51 In anderen Abschnitten der Quelle wird die Betonung Ludwigs als gottgefälliger und frommer Herrscher bes. prominent in den Vordergrund gerückt, z. B. wenn der Chronist schildert, wie Ludwig nach der Schlacht triumphal in Regensburg eingezogen sei und ihm die Stadtbevölkerung zugejubelt habe; Chronica Ludovici. Ed. *Leidinger*, 128 f.: ‚Ecce, advenit hic vere mundi dominus'. Alii clamabant: ‚Gloria et honore hunc coronasti, Domine!' Tercii dicebant: ‚Ecce, in manu eius potestas et imperium!' Quarti dicebant: ‚Hunc Dominus amavit, quem sic potenter exaltavit; nam hostes suos subiecit Dominus omnes sub pedibus eius. O quale nobis gaudium per universum mundum! Nunc facta est pax et concordia per universa secula.' Durch die Verwendung zahlreicher Bibelzitate als Vorlagen für diese Lobpreisung wird dieser Aspekt weiter unterstrichen: So ist *Gloria et honore hunc coronasti, Domine* ein beinahe wörtliches Zitat aus dem achten Psalm, der David zugeschrieben wurde, wodurch Ludwig mit diesem in einen Zusammenhang gebracht wird; Ps 8,6: [G]*loria et honore coronasti eum*. Der Ausruf *Ecce, in manu eius potestas et imperium* ist hingegen ein abgewandeltes Zitat aus dem alttestamentlichen Buch Jesus Sirach, in dem betont wird, dass alle Herrschaft zum einen von Gott gewährt und zum anderen, dass Gott zur rechten Zeit einen rechten Mann senden werde; Sir 10,4: *In manu Dei potestas terrae et exclamabilis omnis iniquitas gentium et utilem rectorem in tempus suscitabit super illam*. Ludwig erscheint somit nicht nur als ein durch den Sieg von Gott legitimierter Herrscher, sondern regelrecht als ein von ihm gesandter König, der folglich als rechtmäßiger und gottgewollter Regent anzusehen ist.

2 Das Aufeinandertreffen der Könige in der österreichischen Chronistik

Ganz anders gestaltet sich die Szene in der österreichischen Chronistik: Während die Bitte um Gnade von den bayerischen Chronisten ausführlich beschrieben wird, überliefert die österreichische Geschichtsschreibung diese nicht.[52] Friedrich reagiert auf Ludwigs Verspottung *Her öhäm, ich sach euch nye so gern* eben nicht mit einer Unterwerfung, einem Kniefall oder Tränen, sondern mit der Erwiderung, er habe Ludwig *nye als ungern* gesehen.[53] Diese „stolze Entgegnung Friedrichs"[54] mag zwar nicht sehr glaubwürdig sein, ist aber hervorragend geeignet, um Friedrich positiv darzustellen und die in den anderen Quellen als erniedrigend beschriebene Situation auszublenden. Dass die österreichischen Autoren nicht über den Kniefall berichten, ist somit nicht mit einer Unkenntnis der Autoren über die Symbolik zu begründen,[55] sondern vielmehr damit, dass eine solche Darstellung Friedrichs nicht wünschenswert war. Die Beschreibung Friedrichs als schlagfertigen Herrscher korrespondiert im wahrsten Sinne des Wortes mit den ihm zugeschriebenen Handlungen im ‚Streit von Mühldorf'. Friedrich wird als überlegener Kämpfer präsentiert, der 500 Männer mit eigener Hand besiegt und die Schlacht gewonnen hätte, wenn er nicht von den eigenen Männern im Stich gelassen worden wäre.[56]

Aufschlussreich ist auch, dass Friedrich weiterhin als König bezeichnet wird, während Ludwig nur als „Bayer" tituliert wird. Hier wird besonders der Unterschied zur ‚Chronica Ludovici' deutlich, wo Friedrich, wie zuvor erwähnt, seinen Titel als König ablegt und sich stattdessen als Diener und Sklave Ludwigs bezeichnet. Auch

---

52 Vgl. *Garnier*, Zeichen (2017), 241.
53 Streit von Mühldorf. Ed. *Erben*, I, 485: [D]*o furt man den kunig Ffridreichen zu dem von Payern under ainen pawn. Do enphie er in und sprach: ‚Her öhäm, ich sach euch nye so gern.' Do sprach der kunig: ‚Ich sach aber euch nye als ungern.'* Die zweite Fassung des ‚Streits von Mühldorf' erwähnt diese Begebenheit nicht – möglicherweise, um Ludwigs in anderen Berichten als unterhaltsam oder positiv dargestellte Aussage nicht überliefern zu müssen.
54 *Schwedler*, Herrschertreffen (2008), 230.
55 Vgl. *Garnier*, Zeichen (2017), 241f.
56 Streit von Mühldorf. Ed. *Erben*, I, 484: *Do behabt chunig Friderich den streit allerdinge untz auff essenszeit, das sy wol funffhundert der pesten auff die erde setzten, die alle gesichert heten.* Ebd., II, 484: *Do het er den streit allerdinge auf frueczzenszeit behabt, daz sie wol fiunfhundert der pesten auf die erde gesetztet heten, dennoch mer, die alle gesichert heten.* Weiterhin wird Friedrich zugeschrieben, dass er als bester Kämpfer ausgezeichnet worden sei; ein weiteres Argument, das ihn als herausragenden Kämpfer – vergleichbar mit jenen der höfischen Epen – darstellen soll; ebd., I, 483: *Do die her zeeinander prachen, do hub sich jamer und not, do vochten die herrn etlich von Osterreich menlich und strayt auch chunig Fridreich so ritterlich, das man im gab den preiz, daz in allem dem streit nye pesser ritter gewesen wer (…)*. Ebd., II, 483: *Do deu her do zu einander prasten, do sach man heldewerch, do streit chunig Fridreich so reiterlich, daz man im gab den preyse, daz in allem dem streite nie pezzer reiter gewesen were, der vaht so menlich, das nie dhein man chunaern man in streit choum je gesehen het.*

wird Ludwig nicht als milder Herrscher gezeigt, sondern vielmehr als hochmütig charakterisiert, da er seinen Gefangenen verspottet.[57] Gerade im Gegensatz zu den bayerischen Quellen ist bemerkenswert, dass hier ein Narrativ geschaffen wird, das Friedrich als fähigen Herrscher präsentiert und – durch die fehlende Unterwerfung – zwar als Unterlegenen aber nicht als endgültigen Besiegten.

Diese Erkenntnis deckt sich mit weiteren, im Laufe der Tagung gewonnenen Ergebnissen und zeigt, dass es sich bei der Kreierung derartiger Narrative nicht um Einzelfälle handelte und dass die Auffassung als Besiegter/Eroberter trotz erfolgter Niederlage durchaus quellenabhängig sein kann. Der Autor negiert die Unterwerfung und relativiert sie anschließend weiter, indem er neben der Gefangennahme Friedrichs auf Leopolds fortgeführten Kampf gegen Ludwig sowie die spätere gemeinsame Regierung verweist.[58] Friedrich bleibt folglich trotz seiner Gefangennahme handlungsfähig und trägt aktiv zur Auflösung des Konfliktes bei. Die Niederlage bei Mühldorf erscheint somit nicht als Endpunkt des Konfliktes, sondern lediglich als Intermezzo. Deutlich wird dies vor allem in der ersten Fassung des ‚Streits', die den Konflikt erst nach der Versöhnung Ludwigs und Friedrichs für beendet erklärt.[59] Da der ‚Streit' noch zu Lebzeiten Friedrichs abgefasst wurde, ist die Darstellung Friedrichs als guter Herrscher von besonderer Bedeutung.[60] Auch die Frage nach Sieg oder Niederlage erscheint nach der Betrachtung dieser Quelle nicht mehr so eindeutig wie in den zwei bayerischen Chroniken.

3 Ambivalente Darstellung

Die vierte Quelle, die sich mit der Begegnung beider Herrscher befasst, entzieht sich derartig eindeutigen Bewertungen. Mathias von Neuenburg erzählt zwar ebenfalls, wie Ludwig zu Friedrich gesagt habe, er habe diesen nie so gern gesehen. Im Gegen-

---

[57] Die Wahl des Wortes *enphie* drückt diese Verspottung eindeutig aus; *Lexer*, Art. phîen, 243.
[58] Vgl. Streit von Mühldorf. Ed. *Erben*, I, 485–489; ebd., II, 485–487.
[59] Vgl. Streit von Mühldorf. Ed. *Erben*, I, 487–489.
[60] Die Einbettung des ‚Streits' und dessen Bedeutung für die zeitgenössische Politik zeigt sich auch an anderen Stellen. So benennt der Autor nur in einer Fassung das Verhalten der Adligen als einen Faktor, der zur Niederlage geführt habe; Streit von Mühldorf. Ed. *Erben*, I, 482: *Desselben nachts rait kunig Ffridreich (…) under sein her von hütten zu hütten, zu allen seinen herrn und mont se an ir trew und jach: ‚Ir herrn, ich traw euch wol, daz yederman margen mit den seinen ein piderman sey, als ich und mein pruder, hertzog Hainreich, des getrawn und ir uns des gepunden seit.' Dy jahen alle, sy wolten es alle gern tuen, das laider nicht geschach.* Hervorzuheben ist dabei der Umstand, dass diese Szene in der zweiten Fassung des ‚Streits' nicht erwähnt wird. Möglicherweise wollte der Autor vermeiden, die österreichischen Adligen allzu negativ darzustellen, da der Text noch zu Lebzeiten Friedrichs verfasst wurde und dieser während seiner Regentschaft ab dem Jahr 1327 auf deren Unterstützung angewiesen war. Zur Entstehung und Datierung der Quelle vgl. *Stelzer*, Streit (1995), 395.

satz zum ‚Streit' lässt Mathias jedoch Friedrich daraufhin nicht antworten, sondern schweigen.[61] Auf den ersten Blick scheint Mathias hiermit eine generell habsburgerfreundliche Gesinnung zum Ausdruck zu bringen und die Protagonisten entsprechend eindeutig verorten zu wollen – eine Interpretation, die in der bisherigen Forschung überwiegt.[62] Dafür spricht vor allem Friedrichs Darstellung während der Schlacht: Er kämpft mutig, versteckt sich nicht hinter einer Verkleidung wie Ludwig und wird als König bezeichnet, während Ludwig nur als *Bavarus* tituliert wird.[63] Auch die Szene, in der Friedrich verlangt, dem Burggrafen selbst überstellt und nicht von einem rangniedrigen Knappen zu Ludwig geführt zu werden,[64] kann als Versuch des Autors gewertet werden, Friedrich ein souveränes und königswürdiges Auftreten im Moment der Niederlage zuzuschreiben.[65] Auch das Aufeinandertreffen beider Könige sowie das Schweigen Friedrichs wurden bislang so interpretiert.[66] Dagegen spricht, dass für einen eigentlich habsburgerfreundlichen Chronisten Friedrichs Reaktion unerwartet demütig ausfällt und er eben nicht wie im ‚Streit' mit einer schlagfertigen Antwort kontert, sondern Bestürzung und Angst zeigt.[67] Hier sind laut Lichtenberger zwei Deutungen möglich: Entweder impliziert der Chronist damit, dass Friedrich im umgekehrten Fall keine Gnade gezeigt und Ludwig getötet hätte, oder die Bestürzung resultiert aus Ludwigs Entscheidung, Friedrich nicht zu töten und vor allem sein Leben nicht aus rechtlichen Verpflichtungen heraus, sondern gerne und mit Bezug auf ihr verwandtschaftliches Verhältnis zu schonen.[68] Genauer betrachtet, könnte die Beschreibung folglich auch auf eine bewusst ambivalente Darstellung Friedrichs hindeuten. Obwohl Mathias von Neuenburg in seinem Werk tendenziell den Habsburgern und vor allem Rudolf wohlgesinnt ist,[69] lässt sich diese

---

61 Mathias von Neuenburg, Chronica. Ed. *Hofmeister*, 121: ‚*Salutante eum Bavaro et dicente: Avuncule, libenter videmus vos hic'*, *ille consternatus animo non respondit.*
62 Vgl. *Clauss*, Kriegsniederlagen (2010), 260–262.
63 Mathias von Neuenburg, Chronica. Ed. *Hofmeister*, 120f. Zur Deutung dieser Stellen *Clauss*, Kriegsniederlagen (2010), 260–262.
64 Mathias von Neuenburg, Chronica. Ed. *Hofmeister*, 121: *Fridericum desolatum a suis equo eciam eius perforato eoque se dimittente ad terram capere volens nec eum cognoscens quesitus fuit ab illo, cuius esset servitor. Quo respondente, quod burcgravii, Fridericus fecit burggravium advocari, cui gladium exhibens eius gracie se commisit.* (...) *Salutante eum Bavaro et dicente:* ‚*Avuncule, libenter videmus vos hic'*, *ille consternatus animo non respondit.*
65 Vgl. *Clauss*, Kriegsniederlagen (2010), 261f.
66 *Clauss*, Kriegsniederlagen (2010), 262, konstatiert, dass Friedrich von Mathias durch die Verwendung des Makkabäerzitats „selbst in seiner wortlosen Niedergeschlagenheit (...) noch in ein heldisches Umfeld gerückt" wird.
67 Vgl. *Schwedler*, Herrschertreffen (2008), 231.
68 Vgl. *Lichtenberger*, Mathias (2017), 268f.
69 Vgl. *Joos*, Matthias (2010), 1096. Diese Einstellung zieht sich jedoch nicht durch das ganze Werk: Neben der ambivalenten Darstellung Friedrichs zeigt auch seine Erzählung über die Ermordung König Albrechts deutliche Züge einer Parteinahme für die Basler Bischöfe und nicht für die Habsburger. Stattdessen stellt Mathias durch seine Erzählung König Albrecht negativ dar und verdeutlicht,

Bewertung nicht ohne weiteres auf die Darstellung Friedrichs übertragen.[70] Friedrich wird zwar im Vergleich zu Ludwig als mutiger Kämpfer beschrieben, aber auch als ein Herrscher, der zwar moralisch richtig handelt, taktisch jedoch nicht.[71] Zudem zeigt sich im Gesamtwerk des Chronisten, dass dieser die Kampfesstärke nicht als den einzigen ausschlaggebenden Faktor bei der Bewertung von Kämpfern ansieht.[72] Seine Reaktion auf die Gefangennahme und die Begegnung mit Ludwig wird zudem durch ein Bibelzitat aus dem ersten Buch der Makkabäer untermalt, das Lysias' Reaktion auf eine Niederlage seiner Kämpfer gegen Judas Makkabäus beschreibt.[73] Lysias ist keine positive Figur in der Bibel, sondern der seleukidische Gegenspieler des Judas Makkabäus,[74] weshalb die Verwendung des Zitates im Kontext der Gefangennahme Friedrichs nicht zu einer uneingeschränkt positiven Darstellung desselben passt. Einen weiteren Hinweis liefert ein Vergleich der Ursachen ihrer Niederlagen: Lysias wird zugeschrieben, den Kampf verloren zu haben, da er nicht die Macht Gottes bedacht, sondern sich auf seine eigene Stärke verlassen habe[75] – vergleichbar mit Friedrich, der laut Mathias *animosus nimis* kämpfte und somit die eigene Stärke überschätzte.[76] Auch könnte hier möglicherweise eine Rolle spielen, dass Lysias und Judas Makka-

---

dass erst dessen Tod eine Aussöhnung mit den Basler Bischöfen möglich machte; *Bihrer*, Mord (2015), 309 f. Einen Überblick zur Darstellung Rudolfs in Mathias' Werk bietet *Kleinschmidt*, Herrscherdarstellung (1974), 179–184.

70 So legt sich Mathias auch in seinem Bericht über das Doppelkönigtum nach 1325 nicht fest, wem die Königsherrschaft zusteht, sondern umgeht das Problem; vgl. *Heckmann*, Doppelkönigtum (2001), 76.

71 Auch die These Erbens, Mathias habe die Erzählung des Fürstenfelder Mönchs mit jener des ‚Streit' kombiniert, lässt auf eine tendenziell ambivalente Darstellung Friedrich schließen. Dies ist der Fall, da Mathias aus den konträren Ausrichtungen dieser Texte einen neuen schuf, der beide kombinierte und nicht einfach die Ausrichtung des ‚Streits' übernahm, der Friedrich wesentlich positiver darstellt; *Erben*, Berichte (1917), 375.

72 Vgl. *Lichtenberger*, Mathias (2017), 269.

73 1 Makk 4,27: [Q]*uibus auditis ille consternatus est animo deficiebat quod non qualia voluit talia contigerunt in Israhel et qualia mandavit rex.*

74 Judas erhielt den Beinamen Makkabäus, um seinen Kampfgeist zu ehren, da er im Jahr 164 v. Chr. Israel von der Herrschaft des Seleukiden Antiochos IV. Epiphanes befreit hatte. Judas Makkabäus wurde das ganze Mittelalter hindurch als Schlachtenhelfer geehrt und zu den Neun Guten Helden gezählt; vgl. *Schreiner*, Märtyrer (2000), 1 f. Lysias befahl hingegen die Schleifung der Stadtmauern von Jerusalem, vgl. 1 Makk 6,62.

75 2 Makk 11,4: [N]*usquam recogitans Dei potestatem sed mente effrenatus in multitudine peditum et in milibus equitum et in octoginta elefantis confidebat.*

76 Mathias von Neuenburg, Chronica. Ed. *Hofmeister*, 120: *Intellecto autem, quod Bawari transivissent, et consulentibus pluribus, quod Fridericus paulatim discederet versus iter declinando Lúpoldi, ipse Fridericus animosus nimis omnino se desposuit ad conflictum in armis regiis contra suorum consilium procedendo.* Übermäßige Tapferkeit galt zwar grundsätzlich als positiv (wenn sie nicht mit Hochmut einherging), konnte aber negative Folgen wie eben die Niederlage nach sich ziehen; *Clauss*, Kriegsniederlagen (2010), 260 f.

bäus nach der Schlacht einen gemeinsamen Vertrag aufsetzen,[77] ganz ähnlich wie es Ludwig und Friedrich bei der Trausnitzer Sühne vereinbarten. Eindeutig ist hingegen die ambivalente Darstellung Friedrichs: Auch wenn sein Kampf insgesamt positiv dargestellt wird, ändert sich dies bei der Beschreibung des Treffens beider Herrscher durch die Verwendung des Makkabäerzitats. Daraus resultiert eine eher abwägende und nicht uneingeschränkt positive Darstellung. Es erscheint schlüssig, dass Mathias Friedrich als denjenigen sieht, mit dem die Phase der einflussreichen Habsburger ihr Ende findet und ihn deshalb im Gegensatz zu anderen Herrschern der Dynastie nicht ausschließlich positiv beschreibt. Dafür spricht auch die Datierung der Schlacht, die Mathias mit der Wahl König Rudolfs verknüpft und so das Geschehen bei Mühldorf historisch einordnet.[78] Für ihn beginnt somit die Hochzeit der Habsburger mit der Wahl Rudolfs als erstem König aus dieser Dynastie und endet mit der Niederlage Friedrichs bei Mühldorf, die seinen Worten nach die von diesem Zeitpunkt an beginnende Machtabnahme der Habsburger einleitet. Auch wenn Friedrichs Kampf – wie bereits Clauss zeigte – positiv dargestellt wird, kann dies nicht auf die Schilderung des Aufeinandertreffens mit Ludwig übertragen werden. Hier lassen sich vielmehr Gründe für eine ambivalente Darstellung finden.

4 Fazit

Bei der Gegenüberstellung der hier ausgewählten Quellen wurde deutlich, dass sich zwar alle Chronisten mit der Beschreibung von Redeszenen eines ähnlichen stilistischen Repertoires bedienen, die jeweilige individuelle Umsetzung jedoch von der Darstellungsabsicht der Autoren geprägt ist.

Die Sieger konnten sich darauf fokussieren, die Schlacht und die Begegnung der konkurrierenden Könige zu nutzen, um Ludwigs Herrschaft positiv darzustellen – ein Unterfangen, das zu Ludwigs Lebzeiten von besonderer Bedeutung war, da er von 1323/1324 bis zu seinem Tod im Jahr 1347 exkommuniziert war.[79] Die Präsentation Ludwigs als christlicher König, der dem unterlegenen Friedrich mit Milde und Gnade begegnet, fügt sich somit in dieses Konzept – ebenso wie die Reaktion der Gefolgsleute in der ‚Chronica Ludovici'. Die Einbeziehung der Öffentlichkeit er-

---

77 2 Makk 11,13–15: [E]*t quia non insensatus erat secum ipse reputans factam erga se diminutionem et intellegens invictos esse Hebraeos Dei auxilio nitentes misit ad eos promisitque consensurum se omnibus quae iusta sunt et regem conpulsurum amicum fieri annuit autem Macchabeus precibus Lysiae in omnibus utilitati consulens et quaecumque Macchabeus scripsit Lysiae de Iudaeis ea rex concessit.*
78 Mathias von Neuenburg, Chronica. Ed. *Hofmeister*, 121: *Et factus est conflicus in die Beati Michahelis, quo L anni fuerant, quod avus amborum Růdolfus de Habsburg in regem electus est Romanorum; et post hec Australes in potencia decreverunt.*
79 Vgl. *Seibert*, Ludwig (2014), 12.

möglichte es, Ludwig narrativ als Regenten zu präsentieren, der nicht nur von seinen Parteigängern, sondern auch von Gott und den Anhängern seines früheren Gegners unterstützt wird.

Der unbekannte Autor des ‚Streits von Mühldorf', der sich der Seite der Besiegten zugehörig fühlte, versucht hingegen, die Niederlage umzudeuten und abzuschwächen, indem Friedrich als herausragender Kämpfer dargestellt und eine Unterwerfung verschwiegen wird. Zudem erhält der besiegte Friedrich durch den diplomatischen Austausch Handlungsspielräume. Weiter unterstützt wird diese Darstellung durch die Fokussierung auf die fortdauernden Kämpfe unter Leopold, den Vertrag von Trausnitz sowie die damit einhergehende Etablierung des Doppelkönigtums. Die Schlacht von Mühldorf erscheint folglich nicht als Endpunkt eines Konflikts, sondern lediglich als Intermezzo in dem Kampf Friedrichs um die Krone. Diese narrative Strategie hilft der Partei der unterlegenen Habsburger, das Geschehen nicht nur in ihrem Sinn zu verarbeiten, sondern auch für sich einzuordnen und positiv(er) umzudeuten.

Dahingegen erfolgt die Darstellung Friedrichs bei Mathias von Neuenburg deutlich ambivalenter und er wird nicht abschließend als Besiegter dargestellt. Auch wenn Friedrich zugeschrieben wird, gut gekämpft und sich durch Tapferkeit ausgezeichnet zu haben, verliert er die Schlacht und beendet damit in der Darstellung der Chronica die Hochzeit der Habsburger. Die Verwendung des Zitats aus dem ersten Buch der Makkabäer drückt ebenfalls diese Ambivalenz zwischen einer Hinwendung zu den Habsburgern einerseits und zu einer Darstellung Friedrichs als Besiegten andererseits aus.

Es wurde deutlich, dass die Bewertung eines historischen Ereignisses wie einer Schlacht in der Historiografie Aushandlungssache ist und durchaus verschieden interpretiert, gedeutet und in den Texten transportiert werden kann. Sowohl Eroberte als auch Besiegte entwickelten narrative Strukturen, um das Geschehene zu verarbeiten und mit Sinn zu versehen. Wer Sieger und wer Besiegter ist, wer auf dem Thron sitzt und wer im Mist liegt, ist nicht zuletzt eine Frage nach der Perspektive der Chronisten und ihrer Darstellungsabsichten.

Quellen und Übersetzungen

Biblia sacra vulgata. Genesis – Exodus – Leviticus – Numeri – Deuteronomium. Ed. *Andreas Beriger / Widu-Wolfgang Ehlers / Michael Fieger*. (Sammlung Tusculum, Bd. 1.) Berlin 2018.

Biblia sacra vulgata. Isaias – Hieremias – Baruch – Hiezechiel – Danihel – XII Prophetae – Maccabeorum. Ed. *Andreas Beriger / Widu-Wolfgang Ehlers / Michael Fieger*. (Sammlung Tusculum, Bd. 4.) Berlin / Boston 2018.

Biblia sacra vulgata. Psalmi – Proverbia – Ecclesiastes – Canticum canticorum – Sapientia – Iesus Sirach. Ed. *Andreas Beriger / Widu-Wolfgang Ehlers / Michael Fieger*. (Sammlung Tusculum, Bd. 3.) Berlin / Boston 2018.

Chronica minor auctore Minorita Erphordensi Continuatio VI. Ed. *Oswald Holder-Egger*, in: Monumenta Erphesfurtensia. (MGH SS rer. Germ. 42.) Hannover / Leipzig 1899, 692–701.

Chronica de gestis principum a tempore Rudolfi regis usque ad tempora Ludovici imperatoris. Ed. *Georg Leidinger*, in: Bayerische Chroniken des XIV. Jahrhunderts (Chronicae Bavaricae saec. XIV). (MGH SS rer. Germ. 19.) Hannover / Leipzig 1918, 27–104.

Chronica Ludovici imperatoris quarti. Ed. *Georg Leidinger*, in: Bayerische Chroniken des XIV. Jahrhunderts (Chronicae Bavaricae saec. XIV). (MGH SS rer. Germ. 19.) Hannover / Leipzig 1918, 119–138.

Cronica S. Petri Erfordensis moderna. Ed. *Oswald Holder-Egger*, in: Monumenta Erphesfurtensia. (MGH SS rer. Germ. 42.) Hannover / Leipzig 1899, 150–398.

Chronicon Aulae Regiae. Ed. *Johann Loserth*, in: Die Königsaaler Geschichtsquellen. Mit den Zusätzen und der Fortsetzung des Domherrn Franz von Prag. (Fontes rerum Austriacarum, Bd. 8, Abt. 1: Scriptores.) Wien 1875, 29–606.

Die österreichische Erzählung über den Streit von Mühldorf. Ed. *Wilhelm Erben*, in: Ders., Die Berichte der erzählenden Quellen über die Schlacht von Mühldorf, in: Archiv für österreichische Geschichte 105, 1917, 229–514, hier 476–488.

Iohannes Victoriensis, Liber certarum historiarum, lib. IV–VI. Ed. *Fedor Schneider*. (MGH SS rer. Germ. 36.2.) Hannover / Leipzig 1910, 1–248.

Matthias de Nuwenburg, Chronica. Ed. *Adolf Hofmeister*, in: Die Chronik des Mathias von Neuenburg (MGH SS rer. Germ. N.S. 4.) Berlin 1940, 1–501.

Literatur

Gerd Althoff, Die Macht der Rituale. Symbolik und Herrschaft im Mittelalter. Darmstadt ²2013.

Gerd Althoff, Spielregeln der Politik im Mittelalter. Kommunikation in Frieden und Fehde. Darmstadt 1997.

Matthias Becher / Harald Wolter-von dem Knesebeck (Hrsg.), Die Königserhebung Friedrichs des Schönen im Jahr 1314. Krönung, Krieg und Kompromiss. Köln / Weimar / Wien 2017.

Gertrud Benker, Ludwig der Bayer. Ein Wittelsbacher auf dem Kaiserthron. 1282–1347. München 1997.

Andreas Bihrer, Mord als Argument. Zum Umgang mit der Ermordung König Albrechts I. in der spätmittelalterlichen Chronistik, in: Martin Kintzinger / Frank Rexroth / Jörg Rogge (Hrsg.), Gewalt und Widerstand in der politischen Kultur des späten Mittelalters. (Vorträge und Forschungen, Bd. 80.) Ostfildern 2015, 291–317.

Horst Carl u. a., Krieg und Kriegsniederlage – historische Erfahrungen und Erinnerungen, in: Ders. u. a. (Hrsg.), Kriegsniederlagen. Erfahrung und Erinnerung. Berlin 2004, 1–11.

Martin Clauss, Ludwig IV. der Bayer. Herzog, König, Kaiser. (Kleine bayerische Biografien.) Regensburg ²2014.

Martin Clauss, Kriegsniederlagen im Mittelalter. Darstellung – Deutung – Bewältigung. (Krieg in der Geschichte, Bd. 54.) Paderborn 2010.

Martin Clauss / Tobias Weller / Andrea Stieldorf (Hrsg.), Der König als Krieger. Zum Verhältnis von Königtum und Krieg im Mittelalter. (Bamberger interdisziplinäre Mittelalterstudien. Vorlesungen & Vorträge, Bd. 5.) Bamberg 2015.

Wilhelm Erben, Die Schlacht bei Mühldorf. 28. September 1322. Historisch-geographisch und rechtsgeschichtlich untersucht. (Veröffentlichungen des Historischen Seminars der Universität Graz, Bd. 1.) Graz 1923.

Wilhelm Erben, Die Berichte der erzählenden Quellen über die Schlacht von Mühldorf, in: Archiv für österreichische Geschichte 105, 1917, 229–514.
Claudia Garnier, Im Zeichen von Krieg und Kompromiss. Formen der symbolischen Kommunikation im frühen 14. Jahrhundert, in: Matthias Becher / Harald Wolter-von dem Knesebeck (Hrsg.), Die Königserhebung Friedrichs des Schönen im Jahr 1314. Krönung, Krieg und Kompromiss. Köln / Weimar / Wien 2017, 229–253.
Johannes Grabmayer, Zwischen Diesseits und Jenseits. Oberrheinische Kulturgeschichte des späten Mittelalters. Köln / Weimar / Wien 1999.
Davina Hachgenei, Narratologie und Geschichte. Eine Analyse schottischer Historiografie am Beispiel des „Scotichronicon" und des „Bruce". (Mainzer historische Kulturwissenschaften, Bd. 44.) Bielefeld 2019.
Marie-Luise Heckmann, Das Doppelkönigtum Friedrichs des Schönen und Ludwigs des Bayern (1325–1327). Vertrag, Vollzug und Deutung im 14. Jahrhundert, in: Mitteilungen des Instituts für Österreichische Geschichtsforschung 109, 2001, 53–81.
Ludwig Holzfurtner, Die Wittelsbacher. Staat und Dynastie in acht Jahrhunderten. Stuttgart 2005.
Barbara Hundt, Ludwig der Bayer. Der Kaiser aus dem Hause Wittelsbach 1282–1347. Esslingen 1989.
Clemens Joos, Matthias von Neuenburg, in: Encyclopedia of the Medieval Chronicle 2. Leiden u. a. 2010, 1096.
Erich Kleinschmidt, Herrscherdarstellung. Zur Disposition mittelalterlichen Aussageverhaltens, untersucht an Texten über Rudolf I. von Habsburg. (Bibliotheca Germanica, Bd. 17.) Bern / München 1974.
Karl-Friedrich Krieger, Die Habsburger im Mittelalter. Von Rudolf I. bis Friedrich III. Stuttgart ²2004.
Georg Leidinger, Einleitung. Chronica de gestis principum, in: Ders. (Hrsg.), Bayerische Chroniken des XIV. Jahrhunderts. (MGH SS rer. Germ. 19.) Hannover / Leipzig 1918, 1–118.
Johannes C. Leuschner, Chronistik der Krisenbewältigung im Spätmittelalter. Eine Zeugenanhörung im 14. Jahrhundert. (Politik im Mittelalter, Bd. 12.) Neuried 2003.
Matthias Lexer, Art. Phîen, in: Mittelhochdeutsches Handwörterbuch, Bd. 2. Leipzig 1876, ND Stuttgart 1992, 234.
Alphons Lhotsky, Quellenkunde zur mittelalterlichen Geschichte Österreichs. (Mitteilungen des Instituts für österreichische Geschichtsforschung, Ergänzungsbd. 19.) Graz / Köln 1963.
Katharina Lichtenberger, Mathias von Neuenburg und die Gegenwartschronistik des 14. Jahrhunderts im deutschen Südwesten. (Historische Studien, Bd. 515.) Husum 2021.
Hermann Nehlsen (Hrsg.), Kaiser Ludwig der Bayer. Konflikte, Weichenstellungen und Wahrnehmung seiner Herrschaft. Paderborn 2002.
Alois Niederstätter, Die Herrschaft Österreich. Fürst und Land im Spätmittelalter. (Österreichische Geschichte 1278–1411, Bd. 4.) Wien 2001.
Roland Pauler, Die deutschen Könige und Italien im 14. Jahrhundert. Von Heinrich VII. bis Karl IV. Darmstadt 1997.
Richard Reifenscheid, Die Habsburger in Lebensbildern. Von Rudolf I. bis Karl I. Graz 1982.
Jörg Rogge, Attentate und Schlachten. Beobachtungen zum Verhältnis von Königtum und Gewalt im deutschen Reich während des 13. und 14. Jahrhunderts, in: Martin Kintzinger / Ders. (Hrsg.), Königliche Gewalt – Gewalt gegen Könige. Macht und Mord im spätmittelalterlichen Europa. (Zeitschrift für Historische Forschung. Beihefte, Bd. 33.) Berlin 2016, 7–50.
Jörg Rogge, Narratologie interdisziplinär. Überlegungen zur Methode und Heuristik des historischen Erzählens, in: Lars Oberhaus / Melanie Unseld (Hrsg.), Musikpädagogik der Musikgeschichte. Schnittstellen und Wechselverhältnisse zwischen Historischer Musikwissenschaft und Musikpädagogik. Münster / New York 2016, 15–27.

Karl Schnith, Die Geschichtsschreibung im Herzogtum Bayern unter den ersten Wittelsbachern (1180–1347), in: Hubert Glaser (Hrsg.), Die Zeit der frühen Herzöge. Von Otto I. zu Ludwig dem Bayern. Beiträge zur Bayerischen Geschichte und Kunst 1180–1350. (Wittelsbach und Bayern, Bd. 1.1.) München / Zürich 1980, 359–368.

Klaus Schreiner, Märtyrer Schlachtenhelfer Friedenstifter. Krieg und Frieden im Spiegel mittelalterlicher und frühneuzeitlicher Heiligenverehrung. (Otto-von-Freising-Vorlesungen der Katholischen Universität Eichstätt, Bd. 18.) Wiesbaden 2000.

Heinrich Schrohe, Der Kampf der Gegenkönige Ludwig und Friedrich um das Reich bis zur Entscheidungsschlacht bei Mühldorf. (Historische Studien, Bd. 29.) Vaduz 1902, ND 1905.

Gerald Schwedler, Familienmodelle im Wandel. Zu korporativen und dynastischen Vorstellungen der Habsburger zur Zeit Friedrichs des Schönen, in: Matthias Becher / Harald Wolter-von dem Knesebeck (Hrsg.), Die Königserhebung Friedrichs des Schönen im Jahr 1314. Krönung, Krieg und Kompromiss. Köln / Weimar / Wien 2017, 119–147.

Gerald Schwedler, Herrschertreffen des Spätmittelalters. Formen – Rituale – Wirkungen. (Mittelalter-Forschungen, Bd. 21.) Ostfildern 2008.

Hubertus Seibert, Ludwig der Bayer (1314–1347). Reich und Herrschaft im Wandel – eine Einführung, in: Ders. (Hrsg.), Ludwig der Bayer (1314–1347). Reich und Herrschaft im Wandel. Regensburg 2014, 11–26.

Josef Steinbichler (Hrsg.), Die Schlacht bei Mühldorf. 28. September 1322. Ursachen – Ablauf – Folgen. Mühldorf am Inn 1993.

Winfried Stelzer, Der Streit zu Mühldorf. (richtiger: Der Streit König Friedrichs), in: Verfasserlexikon. Die deutsche Literatur des Mittelalters, Bd. 9. Berlin / New York ²1995, 394–396.

Barbara Stollberg-Rilinger, Rituale. (Historische Einführungen, Bd. 16.) Frankfurt ²2019.

Heinz Thomas, Ludwig der Bayer. (1282–1347) Kaiser und Ketzer. Regensburg / Graz 1993.

Bruno Wilhelm, Die Verhandlungen Ludwigs des Baiern mit Friedrich von Österreich in den Jahren 1325–26 und die deutsche Erzählung über den „Streit zu Mühldorf", in: Mitteilungen des Instituts für Österreichische Geschichtsforschung 42, 1927, 23–63.

Peter Wolf (Hrsg.), Ludwig der Bayer – Wir sind Kaiser! Katalog zur Bayerischen Landesausstellung 2014. Regensburg 2014.

Jörg Rogge
Nach dem Sieg oder: Welchen Wert hatte militärischer Erfolg im späten Mittelalter?
Beobachtungen zum militärischen und politischen Handeln König Edwards I. von England in Wales und Schottland

Abstract: After a military victory, it was important to win (at least) the acceptance not only of the conquered people as such but especially of the nobility to void rebellion and resistance. The English king Edward I conquered Wales in 1284 and Scotland in 1305. The study of the English administration in both countries after the end of these wars shows the limits of medieval occupation as well as the possibilities of the defeated English adversaries to pursue their interests under foreign administration. The argument is here that the practice of administration and the consideration of specific requests of the subjected are an important factor for their appreciation of the new regime.

Edward I. (reg. 1272–1307) war zweifellos ein Kriegerkönig, der auf zahlreichen Feldzügen seine Truppen persönlich angeführt hat. Seine Feldzüge dienten auch dazu, den Herrschaftsbereich der englischen Krone auf den Britischen Inseln – in Irland, Schottland und Wales – zu erweitern. Edward I. war jedoch kein simpler ‚Haudrauf', dessen Politik sich auf Schlachten, Feldzügen und Plünderungen beschränkte. Er war ein gewiefter Verhandler und Diplomat, ein erfolgreicher Feldherr und Politiker. Er galt schon den Zeitgenossen als Verkörperung des idealen Königs.[1]

Allerdings gab es Phasen während seiner Regierungszeit, in denen ihm seine Grenzen aufgezeigt wurden beziehungsweise er seine Ziele erst nach der Überwindung großer Hindernisse und Probleme erreichte. Das waren Phasen, in denen er versuchte, nach einem militärischen Sieg die unterlegenen Gegner als zukünftig loyale Untertanen zu gewinnen. Die Behandlung der Besiegten durch den englischen König beziehungsweise dessen militärische und zivile Amtsträger war wesentlich dafür verantwortlich, dass sich diese mit der neuen Herrschaft arrangierten. Um zu überprüfen, welche Herrschaftsmittel dazu eingesetzt wurden und wie erfolgreich diese Mittel waren, wird im Folgenden die Politik des englischen Königs Edwards I., seiner Berater und Amtsträger in den militärisch unterworfenen und (wenigstens zeitweise) besetzten Regionen in Wales sowie in Schottland Ende des 13. und zu Beginn des 14. Jahrhunderts vorgestellt und analysiert. Nach der Eroberung mussten die neuen

---

[1] Vgl. für eine ausführliche Würdigung der Persönlichkeit und der Herrschaft Edwards I. *Prestwich*, Edward I (1997), 556f.; einen aktuellen Forschungsüberblick und eine (neue) Bewertung des Königs bieten *King/Spencer*, Introduction (2020), 1–8. Vgl. für Perspektiven zur Eroberung Irlands auch den Beitrag von Marcel Bubert in diesem Band.

Herrschaftsgebiete verwaltet werden. Der Auf- beziehungsweise Umbau der Verwaltung von Wales und Schottland durch die englischen Amtsträger schuf den Spielraum für die Interaktion von Eroberten und Eroberern. Sowohl in Wales als auch in Schottland ermöglicht die Untersuchung der verwaltungstechnischen Umsetzung der Eroberung – beziehungsweise Besetzung sowie der Reaktion der Eroberten darauf – Einblick in die Praxis des Umgangs miteinander.

Zunächst wird die politische Konstellation in Wales beziehungsweise in Schottland vor und während des militärischen Eingreifens der Engländer betrachtet und gezeigt, wie und warum die englischen Truppen erfolgreich waren. Dann ist zu klären, mit welchen Mitteln Edward I. versuchte, die Loyalität seiner neuen Untertanen zu gewinnen, denn allein durch eine militärische Besetzung konnten die Siege nicht in politische Erfolge verwandelt werden. Ein politischer Erfolg ist in diesem Zusammenhang die Anerkennung der Herrschaft durch die Eroberten, was sich zum Beispiel daran erkennen lässt, wenn keine Aufstände oder Rebellionen gegen den englischen König unternommen wurden. Schließlich ist zu fragen, inwieweit die englischen Bemühungen zur Befriedung der eroberten Untertanen erfolgreich gewesen sind und ob man aus der hier vorgestellten englischen Praxis allgemeine Erkenntnisse über die Bedingungen erfolgreicher Einvernahme gewinnen kann.

1 Wales in den 1280er Jahren

Im Sommer 1277 hatte Edward I. mit einem Heer von circa 15.000 Soldaten einen erfolgreichen Feldzug gegen Llywelyn ap Gruffudd, den Fürsten von Gwynedd, unternommen. Die Bedingungen für das zukünftige Verhältnis des Fürsten zur englischen Krone wurden in dem im November 1277 abgeschlossenen Vertrag von Aberconwy skizziert. Llywelyn musste erhebliche Teile seines Herrschaftsgebietes abtreten, eine enorme Summe Strafgeld zahlen und Geiseln stellen. Er behielt aber den Fürstentitel und die Herrschaftsrechte in seinem Restfürstentum. Dafür sollte Llywelyn dem englischen König im Dezember in London huldigen. Diese Huldigung war allerdings für den walisischen Fürsten ein Problem, denn damit hätte er anerkannt, dass seine Herrschaft von der englischen Krone und nicht aus eigenem Recht legitimiert wurde.[2]

In den Jahren nach dem Vertragsabschluss von 1277 gewannen die von Edwards Amtsträgern verwalteten Waliser den Eindruck, faktisch unter direkter englischer Herrschaft leben zu müssen. Die Engländer nahmen auf die walisischen Rechtsgewohnheiten und kulturellen Traditionen keine Rücksicht. Aus der Perspektive einiger walisischer Fürsten ging es deshalb darum, die Grundlagen der walisischen Identität (Sprache, Recht, soziale Gewohnheiten) und politische Freiheit gegen den zuneh-

---

[2] Vgl. *Davis*, Conquest (1987), 335 f.; dazu auch *Rogge*, Heinrich II. (2022), 354 f. Dieser Aufsatz ergänzt die Argumentation im vorliegenden Artikel aus einer anderen Perspektive.

menden englischen Einfluss (auch durch den Zuzug von englischen Siedlern) zu verteidigen. Seit dem Sieg im Jahr 1277 waren die Bemühungen von König Edward I. und den Baronen in den Marken deutlich zu erkennen, die noch unter walisischer Herrschaft stehenden Regionen den englischen Rechts- und Verwaltungsstandards anzupassen. Dabei agierten englische Amtsträger wie Roger Clifford in Moldsdale oder Roger Lestrange in Oswestry so überheblich, dass die Waliser sich darüber massiv beim König beschwerten. Doch vor allem die Amtsführung von Reginald de Grey, dem seit November 1281 in Chester amtierenden Justiziar, provozierte und verstörte die Waliser; sie waren verärgert – in einigen Regionen (Rhos, Englefield) begann es zu gären und Widerstand regte sich.[3] Doch Edward I. ließ seinen Beamten weiterhin weitgehend freie Hand. Insbesondere erboste die Einheimischen, dass, entgegen der ihnen nach der Niederlage von 1277 gegebenen Zusage, englisches Recht in Wales durchgesetzt werden sollte.[4] Es ging unter anderem darum, das englische Gerichtsverfahren (*trial by jury*) gegen die walisische Rechtspraxis durchzusetzen, in der Richter für die Entscheidungsfindung zuständig waren. Zudem wurde immer wieder darüber gestritten, ob in einem konkreten Gerichtsverfahren das englische *common law* oder das walisische Recht angewendet werden sollte.[5]

Das widerständige Verhalten war auch Ausdruck eines seit Ende der 1260er Jahre fassbaren politischen Bewusstseins in Wales, unter der Führung des Fürsten von Gwynedd das politisch zersplitterte Land möglicherweise in absehbarer Zeit in ein geeintes Wales umwandeln zu können.[6] In der ‚Brut y Tywysogyon' wurde zum Jahr 1264 notiert: „That year Wales enjoyed peace from the English, with Llywelyn ap Gruffudd prince over all Wales".[7] Llywelyn wurde von Zeitgenossen auch als „true king of Wales" angesprochen oder als „the man who was for Wales".[8] Das waren Indizien dafür, dass sich die Beziehungen und politischen Ambitionen in Wales und zwischen Wales und England nicht zwangsläufig zu einer englischen Hegemonie entwickeln mussten, zumal 1267 im Vertrag von Montgomery König Heinrich III. Llywelyn als Fürst von Wales anerkannt hatte und dieser die Treueeide von allen walisischen

---

3 Vgl. *Davis*, Conquest (1987), 380.
4 Vgl. *Prestwich*, Edward I (1997), 187–189; *Davis*, Conquest (1987), 346, betont, dass sich Llywelyn in seinem Status angegriffen fühlte, weil Eduard I. ihm nicht, wie im Vertrag von Aberconwy festgeschrieben, die freie Anwendung des walisischen Rechts in *pura wallia* gestattet habe.
5 Über die Frage, welches Recht zur Grundlage von Entscheidungen der Gerichte und des englischen Parlamentes bei Konflikten zwischen walisischen Fürsten zur Anwendung kommen sollte, haben sich Llywelyn und Edward I. z. B. im Jahr 1280 in Briefen auseinandergesetzt, vgl. *Neal*, Words as Weapons (2013).
6 Zu den Faktoren, die zur Ausbildung einer „Welsh identity" beigetragen haben, sowie den Trägergruppen vgl. *Williams*, Religion (1979), 16–20.
7 Chronicle of the Princes. Ed. *Jones*, 254 f. Die Chronik (682–1332) ist eine der wichtigsten erzählenden Quellen für die Walisische Geschichte.
8 Vgl. *Davies*, Eduard I. (1988), 4.

Baronen entgegennehmen durfte.[9] Damit hatte er die formale Anerkennung seiner Position als Oberlehensherr aller einheimischen Herrscher in Wales erreicht. Sein Ziel war es, die Einheit seines Herrschaftsgebietes zu stärken und weitere walisische Adelige seiner Herrschaft zu unterwerfen. Er ahnte wohl, dass man nur so den englischen Expansionsambitionen erfolgreich begegnen konnte. Er mahnte immer wieder an, einen Frieden aufzurichten und zu halten; es sollte einen Rat, eine Hilfe und einen Krieg geben – nämlich den gegen die Invasoren.[10] Es gelang ihm aber nicht, diese Zentralisierung der Herrschaft auszubauen. Llywelyn scheiterte schließlich 1276/1277 an der schon erwähnten militärischen Überlegenheit des englischen Königs und dem Umstand, dass er nicht alle walisischen Fürsten hinter sich versammeln konnte. Die traditionelle politische Fragmentierung war stärker und blieb im Prinzip handlungsleitend für den Adel. Die Adeligen verfolgten ihre eigenen politischen Interessen, die sich nicht unbedingt mit Llywelyns Bemühen um Einheit deckten, denn das hätte ja auch ihre Unterordnung unter Llywelyns Oberherrschaft bedeutet. Sie entschieden sich für die politischen Akteure, mit denen sie ihre Interessen am besten durchsetzen konnten – wenn notwendig auch als Gefolgsleute der Marcher Lords und des englischen Königs.[11]

Der aufgestaute Unmut der Waliser entlud sich schließlich in einer Rebellion im März 1282.[12] Im Norden des Landes versuchten ihre Truppen – unter anderem angeführt von Llywelyns Bruder Dafydd – mittels Waffengewalt einerseits ihre kulturellen und rechtlichen Traditionen zu verteidigen, sich andererseits aber auch für die erlittenen Demütigungen durch englische Amtsträger zu rächen.[13] In der Weltdeutung dieser Waliser war die Art und Weise Edwards I., die Durchsetzung königlicher Herrschaftsrechte zu forcieren, eine Bedrohung ihrer sozialen, politischen und gesellschaftlichen Grundlagen. Im Vergleich zu 1277, als Llywelyn um seine Vormacht und seinen politischen Einfluss kämpfte, ging es aus Sicht der Waliser im Jahr 1282 um ihre Rechte und Freiheiten. Für Edward I. allerdings waren die Angriffe der Waliser auf die Burgen der Barone in den Marken und auf königliche Stellungen das Verhalten von rückfälligen Rebellen und untreuen Lehensmännern, die entsprechend bestraft werden mussten. In den Jahren 1282/1283 gewann der englische König aufgrund seiner militärischen Überlegenheit den Krieg gegen die Fürs-

---

9 Chronicle of the Princes. Ed. *Jones*, 257f.
10 Vgl. *Davis*, Conquest (1987), 320.
11 Vgl. *Carr*, Aristocracy in Decline (1970), 106: Walisische Fürsten – Gruffydd ap Gwenwynwyn of Powys und sein Bruder Dafydd – kämpften zeitweise mit Edward I. gegen Llywelyn, weil sie hofften, nach der Niederlage des Fürsten wieder in ihre alten Rechte von vor 1267 eingesetzt zu werden.
12 Vgl. für die Darstellung der Ereignisse und Kampfhandlungen u. a. *Davis*, Conquest (1987), 348–354, und *Prestwich*, Edward I (1997), 188–196.
13 *Carr*, Dafydd ap Gruffydd (1999), beschreibt das schwierige Verhältnis der Brüder Llywelyn und Dafydd in den 1260er und 1270er Jahren. Dafydds Entschluss, im Frühjahr die Kampfhandlungen zu eröffnen, war sehr wahrscheinlich eine direkte Reaktion auf die von ihm als ungerecht und demütigend bewerteten Aktionen der englischen Amtsträger in seinem Herrschaftsbereich Perfeddwald.

ten Llywelyn und Dafydd ap Gruffudd. Llywelyn wurde im Dezember 1282 auf nicht geklärte Weise bei einem Zusammenstoß mit englischen Truppen getötet, sein Bruder im Juni 1283 gefangen genommen und als Hochverräter hingerichtet. Mit den beiden Fürsten starb auch die Idee eines freien und geeinten Wales.

Im März 1284 erklärt Edward I. in dem berühmten ‚Statut für Wales', dass durch Gottes Vorsehung das Land Wales mit seinen Einwohnern völlig und ganz seiner Herrschaft unterworfen worden sei.[14] Bis dahin seien die Fürsten und Bewohner seine Untertanen nach Feudalrecht gewesen, aber jetzt sei Wales Teil der englischen Krone geworden. Er wollte, so seine Worte, damit die walisische Angelegenheit beenden und die Bösartigkeit der Waliser zügeln und bestrafen.[15] Die Waliser mussten in der folgenden Zeit mitansehen, wie der englische König große Burgen bauen ließ, an die sich die hauptsächlich von englischen Zuwanderern bewohnten zivilen Siedlungen (*bouroghs*) anschlossen. In diesen Burgen und Städten wurden Soldaten stationiert und englische Adelige bauten eine Verwaltung auf, in der Waliser in der Regel nicht aufsteigen konnten. Edward I. galt als der ‚Conqueror of Wales' und wurde auch so erinnert.[16]

2 Schottland in den 1290er Jahren

Ende der 1280er Jahre hatte Edward I. einen großen Teil von Wales erobert und der direkten Herrschaft der Krone unterworfen. Er verfügte über die militärischen Möglichkeiten, seine Expansionsabsichten auf der Insel durchzusetzen. Dass er die Absicht hatte, die Herrschaft der englischen Krone über die Nachbarreiche auszuweiten, ist sicher. Er legitimierte seine Absicht unter anderem auch damit, dass der Trojaner Brutus, der die Insel von Riesen erobert hatte, die Herrschaft zwischen seinen drei Söhnen aufgeteilt habe, wobei der Älteste – Locraine – mit England auch die Oberherrschaft über Wales (Camber) und Schottland (Albanact) bekommen habe.[17]

In Schottland bot sich nach dem Tod von König Alexander III. im Jahr 1286 die Gelegenheit, da die schottischen Bischöfe Edward I. baten, als Schiedsrichter im Thronstreit zwischen den Familien Bruce und Balliol/Comyn zu agieren. Doch Edward I. knüpfte seine Mitwirkung an die Bedingung, dass der von ihm ernannte König seine Oberherrschaft anerkennen und ihm einen Treueid schwören müsste.[18] John Balliol war – wie auch die anderen Thronanwärter – dazu bereit. Mit seiner

---

14 Statutes of Wales. Ed. *Bowen*, 2.
15 Vgl. *Duffy*, Irish and Welsh Responses (2016), 158.
16 So etwa von der *community* der Stadt Rhuddlan im Jahr 1345 in einem Brief an den Prinzen von Wales; vgl. Calendar of Ancient Correspondence. Ed. *Edwards*, 232.
17 Vgl. *Rogge*, Freiheit (2021), 18 f.
18 Vgl. *Rogge*, Erbe (2018), 175–189.

nahen Verwandtschaft zu Alexander III. wurde seine Erhebung zum schottischen König 1292 begründet; er wurde aber zugleich Vasall des englischen Königs. In den folgenden Jahren verlangte Edward I. von John dann auch Lehensdienste (Kriegsdienst in der Gascogne, Erscheinen vor seinem Gericht in London). Vor allem die Forderung, Kriegsdienst auf dem Kontinent zu leisten, erboste den schottischen Adel und war der Anlass für den Abschluss eines Beistandsvertrags im Jahr 1295 zwischen dem schottischen König und König Philipp IV. von Frankreich. Für Edward I. war das Verhalten John Balliols Felonie. Er marschierte 1296 in Schottland ein und setze König Balliol ab. Es dauerte jedoch bis 1305, bevor er seinen Anspruch auf die direkte Herrschaft in Schottland durchsetzen konnte. Lange verteidigten widerständige Schotten – 1297/1298 angeführt von William Wallace und dann von weiteren Guardians, die für die Rückkehr von John Balliol gekämpft haben – erfolgreich große Teile ihres Königreiches. Doch im Jahr 1304 mussten sich die letzten Widerständigen unterwerfen.[19] Wie 1284 in Wales, so erließ Edward I. im September 1305 ein Statut zur Verwaltung des Landes (*terra*) Schottland – das Königreich sollte ebenfalls Teil der englischen Krone sein.[20] In Wales ließ der englische König neue Burgen bauen, um das eroberte Land zu beherrschen, in Schottland hingegen konnte er auf vorhandene Burgen zurückgreifen und ließ Garnisonen unter anderem in Edinburgh, Stirling, Linlithgow und Roxburgh anlegen.

Man kann in dem Vorgehen von König Edward I. gegen seine Widersacher in Wales und Schottland ein Muster erkennen:

1. Er besiegte alle Gegner, die sich seinem Herrschaftsanspruch widersetzten. Danach setzte er jeweils einen Fürsten respektive König ein, der ihm einen Treue- und Lehenseid leisten musste. In Wales war das 1277 Llywelyn ap Gruffudd und in Schottland 1292 John Balliol.
2. Doch in beiden Fällen wurde daraus keine dauerhafte, friedliche Herrschaft. Vielmehr waren die Forderungen (Abgaben, Truppen stellen, englisches Recht, Lehensgericht) so hoch beziehungsweise wurden als so ungerecht empfunden, dass sich dagegen Widerstand formierte: In Wales in Form eines militärischen Aufstands 1282/1283 gegen die englische Herrschaft, in Schottland 1295/1296 die Weigerung, Soldaten für den Feldzug in der Gascogne zu stellen. Für den englischen König war das in beiden Fällen der Bruch der ihm geleisteten Treueeide und somit Felonie.
3. Edward I. schlug mit seiner überlegenen Armee den Widerstand nieder; die Anführer starben (Llywelyn) oder kamen in Haft (Balliol). Die Herrschaft in Wales wie in Schottland wurde danach direkt von der englischen Krone aus organi-

---

19 Zu den Ereignissen vgl. u. a. *Barrow*, Robert Bruce (2005), und bei *Prestwich*, Edward I (1997), das Kapitel „The Scottish Wars".
20 Anglo-Scottish Relations. Ed. *Stones*, Nr. 33.

siert, indem Edward I. seine Amtsträger einsetzte, um die neu gewonnenen Herrschaftsgebiete zu verwalten.
4. Auf die militärischen Siege folgten die militärische Besetzung und schließlich die Okkupation mit dem Versuch der dauerhaften Inbesitznahme (Annexion) der zunächst besetzten Gebiete.

Nach der Skizze der militärischen Abläufe und Edwards Eroberungspraxis wird im Folgenden untersucht, wie der König und seine Amtsträger agiert haben, um die Loyalität ihrer neu eroberten Untertanen zu gewinnen. Wie wollten die Sieger aus dem militärischen Erfolg einen dauerhaften politischen Erfolg machen? Dabei spielten die Kommunikation und die konkrete Behandlung der Besiegten eine wesentliche Rolle. Wenn die Besiegten den Eindruck hatten, dass sie unter der neuen Herrschaft wenigstens so gut wie bisher oder gar besser leben konnten, dann waren der Frieden und die Ordnung wenig gefährdet – damit konnte faktisch Einvernehmen hergestellt werden. Widerstand bis hin zu offener Rebellion war unwahrscheinlich, wenn der Eroberer auf die regionalen politischen und gesellschaftlichen Strukturen sowie die kulturellen Gewohnheiten und Traditionen Rücksicht nahm.

3 Wales

Wie oben dargestellt, waren die Waliser den Truppen des englischen Königs militärisch unterlegen und mussten die englische Herrschaft akzeptieren. Allerdings gaben sie ihre walisische Identität wohl nicht auf; der Rekurs auf Mythen und Geschichten war dafür wichtig. Die Gegenwart mit der Erfahrung von Besetzung und systematischer Benachteiligung wurde eingeordnet in eine glorreiche Vergangenheit und eine ebenso glorreiche Zukunft. Ein Held würde die Waliser einen und zum Sieg über die Engländer führen, sodass Freiheit und Unabhängigkeit wiederhergestellt werden könnten. Diese politischen Prophezeiungen – vermittelt von Barden – spielten eine wichtige Rolle und haben dazu beigetragen, dass Aufstände gegen die englische Herrschaft versucht wurden.[21]

Der Alltag der Waliser wie auch jener der eingewanderten Engländer wurde jedoch nicht von den politischen Prophetien bestimmt, sondern von den englischen Soldaten und Verwaltern. Deshalb ist es notwendig, die Verwaltungsstrukturen zu verdeutlichen. Nach den Ereignissen der Jahre 1282 bis 1284 war Wales ein politischer Flickenteppich. Nur ein kleines Gebiet – Powys – das *pura Wallia* (*Welsh Wales*) genannt wurde, blieb in den Händen von walisischen Adeligen. Im Norden und Osten herrschten die Herren der Marken (*Lordships of the March*) praktisch autonom, der englische König hatte darin keine Befugnisse. Im Westen wurden die Shires Carmar-

---

[21] Vgl. unten bei Anm. 24.

then und Cardigan von dem königlichen Justiziar von Südwales verwaltet. Im Norden regierte ebenfalls ein Justiziar die drei Shires Anglesey, Caernarvon und Merioneth. Die nördlichen und südlichen Shires wurden 1301 zur Principality of Wales zusammengefasst und als Apanage an den Prinzen Edward (ab 1307 König Edward II.) übergeben. Die Principality gehörte zur englischen Krone und unterstand nicht der Gesetzgebung durch das Parlament.[22] Zum Zweck der Herrschaftsausübung wurden einige der wichtigsten Ämter und Verwaltungspraktiken der englischen Regierung in einem Zug transferiert: die Sheriffs, die Coroners, der Exchequer, die Grafschaftsorganisation, die Hundrets sowie die Rechtsvergabe per *writs*.

In jedem Shire beziehungsweise County gab es einen Sheriff; von den 16 unter Edward I. amtierenden Sheriffs waren nur fünf Waliser. Die Shires waren unterteilt in commotes. In jeder commote gab es einen *rhaglaw* (Vizekönig, Leutnant) und einen *rhingyll* (bailiff); sie waren Vertreter des walisischen Fürsten vor 1280 und danach Vertreter der englischen Krone. Diese Ämter wurden in der Regel mit Walisern besetzt, ihr Amt war erblich.[23] Auf der lokalen Ebene waren also vor allem die walisischen Adeligen weiter verantwortlich. Ihre Autorität beruhte auf Traditionen und Vorrechten, die weit vor die Eroberung zurückreichten. Ohne diese Personen war eine geordnete Verwaltung kaum möglich. Gleichzeitig aber bewahren sich diese Kreise die Hoffnung oder den Traum von einer zukünftigen Befreiung von englischer Herrschaft. Genährt wurde dieser Traum von Prophezeiungen, besonders populär war Merlin, der vorausgesagt haben soll, dass die Waliser eines Tages wieder ganz England erobern werden.[24]

Der Umgang der englischen Verwaltung mit den Walisern und deren Behandlung nach dem Sieg war gekennzeichnet durch englische Vorurteile gegen die vermeintlich bösen und niederträchtigen Einwohner.[25] Sowohl die Gesetzgebung als auch die Rechts- und Herrschaftspraxis kann man als kolonialistisch bezeichnen.[26]

---

22 In Nordwales wurden 1284 vier neue Countys (Caernarvon, Flint, Anglesey, Merioneth) geschaffen, die alle von einem Sheriff verwaltet wurden; vgl. dazu *Smith*, Governance (1988), 75. Zudem wurden neue Marcherlordschaften (Denbigh, Dyffryn, Bromfield, Chirk) aufgeteilt; vgl. dazu *Given*, Economic Consequences (1989), 17.
23 Vgl. *Carr*, Crown and Communities (1988), 123; *Stevens*, Economy (2019), 13–15.
24 Vgl. *Williams*, Religion (1979), 10 f., und Geoffrey von Monmouth, Historia. Ed. *Faletra*, 134 [Anm. d. Verf.]. Merlin prophezeite: „Cadwallader [Cadwalladader, der König der Briten und Waliser in der zweiten Hälfte des 7. Jhds.] shall summon Conan [Namen der vier Herzöge der Bretagne bis 1171] and make an alliance with Alban [Scotland]. Then there will be a great slaughter of the foreign-born and the rivers will flow with blood. Then the hills of Armorica [Brittany] will crumble and he will be crowned with the diadem of Brutus. Wales will be filled with joy and the oaks of Cornwall will flourish. The isle will be called by the name of Brutus and the occupation of foreigners will pass away." Vgl. dazu auch *Flood*, Prophecy (2016).
25 Vgl. *Rogge*, Heinrich II. (2022), 361–364.
26 Nach den Kriterien von *Conrad*, Deutsche Kolonialgeschichte (2019), 15: Der koloniale Charakter von Interaktionen wird dadurch bestimmt, „dass 1. imperiale und kolonisierte Gesellschaften unterschiedliche sozio-politische Ordnungen aufweisen, 2. auf eine unterschiedliche Geschichte zurückbli-

Insbesondere die Annahme der Eroberer, sie seien ‚zivilisierter' und lebten in einer den Eroberten überlegenen Kultur, wird in der Verwaltungs- und Herrschaftspraxis der Engländer deutlich. Allerdings befeuerte die administrative Überheblichkeit der Eroberer sowohl in Wales als auch in Schottland den Widerstand der Eroberten und führte – wie im Weiteren gezeigt wird – zu einer fallweisen Berücksichtigung der Interessen der Eroberten durch die englische Verwaltung.

Doch zunächst war die Beziehung von privilegierten Eroberern zu den benachteiligten Einheimischen ein wesentliches Kennzeichen der Geschichte in Wales nach der englischen Eroberung 1284. Sie begann mit der Einführung der englischen Institutionen und Normen und wurde durch die Gesetzgebung weiter forciert. Ein erheblicher Einschnitt in die Rechtspraxis war dabei die Einführung des englischen Common Law (und vor allem des Strafrechts) in der Principality. In den Shires wurden Gerichte (*County Courts*) installiert, deren Urteile von einer Jury gefällt wurden. Damit wurde nach und nach die walisische Rechtspraxis der Reinigung von Beschuldigungen durch Eid und Eidhelfer (aus seiner Verwandtschaft, 2/3 väterlich, 1/3 mütterlich) abgelöst. Nur in den wenigen Regionen ohne englischen Einfluss blieb diese Praxis erhalten.[27] Die schweren Verbrechen wie Mord, Diebstahl und Raub waren jetzt ein Bruch des Königsfriedens und konnten nicht mehr – wie bis dahin – als Privatangelegenheit der Beteiligten behandelt werden. Deshalb konnte eine schwere Straftat wie Totschlag oder Mord nicht mehr durch die Zahlung von Wergeld (*galanas*) gesühnt werden.[28]

Die eroberte Bevölkerung in dem Fürstentum konnte oder musste zudem direkt mit den Vertretern der Krone verhandeln. Wenn – was nicht selten war – die lokalen Amtsinhaber ihre schon weit gesteckten Kompetenzen überschritten, konnten die Betroffenen direkt an die Krone (König, Prinz, Großer Rat) appellieren und Petitionen einreichen. Diese Petitionen und die Reaktionen darauf geben einen Einblick in den Umgang mit den Besiegten.[29] Die Justiziare des Königs in Nord- und Südwales hielten in Caernarvon beziehungsweise Carmarthen Appellationsgerichte ab.[30] An sie konnte man gegen die Urteile der commotes und Grafschaften (*Shires*) appellieren und Petitionen einreichen, die zum Teil an den König weitergeleitet wurden.

---

cken und 3. seitens der Kolonisatoren auch die Vorstellung eines unterschiedlichen Entwicklungsstandes voneinander getrennt sein. Hingegen werden die territoriale Herrschaft, die geographische Distanz und die rechtliche Fixierung des kolonialen Status nicht vorausgesetzt". Eine ausführliche Diskussion des kolonialen Charakters der Herrschaft Edwards I. findet sich bei *Rogge*, Heinrich II. (2022), 364–367.
27 *Jones Pierce*, Laws of Wales (1972), 308.
28 *Jones Pierce*, Laws (1972), 296–299; *Davis*, Conquest (1987), 368.
29 Calendar of Ancient Petitions. Ed. *Rees*.
30 In den Burgen waren auch die Kanzleien und die Schatzmeister installiert, vgl. Calendar of Ancient Petitions. Ed. *Rees*, 17.

Allerdings haben walisische Adelige nicht immer versucht, ihre Ansprüche ausschließlich mittels Petitionen durchzusetzen: Bis 1300 griffen einige auch zu den Waffen. So rebellierte im Sommer 1287 beispielsweise Rhys ap Maredudd im Südwesten von Wales, weil er sich von der englischen Verwaltung missachtet und beleidigt fühlte. Der englische König hatte seine Treue während des Kriegs 1282/1283 seiner Meinung nach nicht ausreichend belohnt. Er fühlte sich vom Robert Tibetot, Justiziar von West Wales, unrechtmäßig behandelt und musste mitansehen, wie englische Adelige sich Anteile an seinem Herrschaftsgebiet sicherten. Er griff zu den Waffen, um seine Herrschaft und Ehre zu verteidigen. Doch: Seine Vorstellungen von einem walisischen Fürsten passten nicht in die neuen englischen Herrschaftsstrukturen. Darin gab es keinen Platz für selbstbewusste walisische Adelige. Bis Januar 1288 war sein Widerstand gebrochen; er konnte sich jedoch bis April 1292 der Festnahme entziehen. Dann aber wurde er gefangen genommen und noch im selben Jahr in York hingerichtet.[31]

Die Rebellion 1287 war ein Indiz dafür, dass der englische Herrschaftsanspruch noch nicht gegen allen Widerstand durchgesetzt war. Bis Mitte der 1290er Jahre beruhte die Verteidigung des neuen Regimes auf dem Band von Burgen, die zwar sehr groß, aber nur mit wenigen Truppen besetzt waren. Als im Herbst 1294 ein organisierter Aufstand unter der Führung von Madog ap Llywelyn ausbrach, war die Aufgabe der Burgen (Beaumaris, Rhuddlan, Flint, Aberystwyth, Builth), als Inseln der englischen Herrschaft in dem Meer der Rebellen zu überleben bis Ersatz kam.[32] Madog wurde im Süden (Glanmorgen) von Morgan ap Maredud und im Südwesten von Maelgan ap Rhys unterstützt. Sie verbanden ihren Kampf für die Freiheit von englischer Herrschaft mit den Versuchen, ihr Erbe beziehungsweise die Herrschaftsbereiche wiederzuerlangen, die ihnen von der englischen Verwaltung entzogen worden waren. Der konkrete Anlass war die Forderung einer Steuer 1294 und die Rekrutierung von Walisern (gegen deren Willen) für den Kampf des englischen Königs in der Gascogne.[33] Man hat ihren Kampf zurecht als eine „classic anti-colonial revolt" bewertet;[34] diese wurde jedoch schon 1295 militärisch niedergeschlagen und im Jahr 1300 mussten die Waliser wieder eine hohe Steuer zahlen.[35] Aber sie war nicht nur der koordinierte Protest des walisischen Adels, sie war – vor allem im Norden – ein Protest der community.[36] Die finanziellen Belastungen unter dem Fürsten Llywelyn waren wegen

---

31 Vgl. *Prestwich*, Edward I (1997), 218 f.; *Davis*, Conquest (1987), 380 f.; *Duffy*, Responses (2016), 160 f.
32 Vgl. *Duffy*, Responses (2016), 162.
33 Vgl. *Prestwich*, Edward I (1997), 219.
34 Vgl. *Davis*, Conquest (1987), 383; Burgen wurden angegriffen, englische Amtsträger getötet, Dokumente vernichtet.
35 Vgl. *Prestwich*, Edward I (1997), 226.
36 Vgl. *Carr*, Crown and Communities, 124: Individuen konnten gleichzeitig mehreren Gemeinschaften angehören – einer Nachbarschaft, einer commote, einer Grafschaft und der Principality.

der Kriegführung gegen die Engländer hoch und es ist möglich, dass die englischen Verwalter die Steuern weiter gefordert haben, weil sie diese für üblich hielten.[37]

Edward I. schlug die Revolte nieder, aber erkannte, dass es bei der Verwaltung in der Principality grundsätzliche Probleme gab. Er ließ die Beschwerden der community durch John de Havering, den Justiziar von Nordwales, und William Sycun (oder Sicon), den Hauptmann von Conway Castle, untersuchen. Beklagt haben sich die Waliser vor allem über ihre ungerechte Behandlung durch Sheriffs und andere englische Amtsträger. Der König befahl, den Einwohnern Gerechtigkeit zukommen zu lassen. Der König beziehungsweise dessen Vertreter an der Spitze der Verwaltung nahmen die Beschwerden ernst und konnten so die Lage beruhigen. Jedenfalls scheint nach 1295/1296 die Administration die Interessen und Vorstellungen der Waliser stärker berücksichtigt zu haben. Dazu beigetragen hat die Kontrolle durch König Edward und – seit Februar 1301 – den Prinzen von Wales, die auf die Petitionen aus der Principality reagierten und wenn nötig, die Entscheidungen und Handlungen der Amtsträger vor Ort korrigierten. Das sollen einige Beispiele illustrieren.

Immer wieder beklagten Waliser, dass ihnen ihre Posten als Bailiffs genommen worden waren. So Gwyn ap Grownow für die Ballie Rhaglawry (in Flintshire): Er betont seine Dienste im Krieg für den König, für die er die Ballie (*rhingyll*) erhalten habe. Nun sei sie ihm entzogen und einem anderen gegeben worden; er bitte um Rückgabe. Der König wies den Justiziar an, er solle diese Angelegenheit prüfen und, falls die Angaben stimmen, der Bitte entsprechen.[38] Ein David ap Lewelin aus der commote von Talybont bat den König, ihm eine Ballie zurückzugeben, die er seit 28 Jahren verwaltet habe. Der Justiziar von Nordwales habe ihn aber daraus vertrieben. Der König befahl zu ergründen, warum David die Ballie entzogen worden war. Wenn es dafür keinen hinreichenden Grund gab, sollte David in das Amt restituiert werden.[39] Howel ap David beklagte sich 1306/1307 beim König und Rat darüber, dass der damalige Justiziar von Wales von seinem Vater David Land in der Grafschaft Caernarvon ohne ein formales Verfahren eingezogen habe. Weil aber der König keinen Besitztitel an dem Land habe, bitte er darum, dieses Unrecht zu korrigieren. Der amtierende Justiziar erhält den Auftrag, den Anspruch anhand der Aufzeichnungen und – falls notwendig – durch Eidhelfer zu überprüfen und danach Gerechtigkeit walten zu lassen.[40] In diesen, wie auch in den meisten anderen Fällen, kann nicht überprüft werden, ob und wie die Aufträge von König und Rat vor Ort ausgeführt wurden.

Gemeint sind immer die Menschen, nicht die territorialen Einheiten. Zudem: „the term was also applied to the leaders of those people, who spoke for them and acted on their behalf".
37 Zu den Forderungen von Llywelyn an seine weltlichen und geistlichen Fürsten *Pryce*, Native Law (1993), 244 f.
38 Calendar of Ancient Petitions. Ed. *Rees*, 64, datiert zwischen 1283 und 1307.
39 Calendar of Ancient Petitions. Ed. *Rees*, 58, datiert zwischen 1308 und 1320.
40 Calendar of Ancient Petitions. Ed. *Rees*, 272.

Klagen betrafen weiter ungerechtfertigte Eingriffe von Amtsträgern in die Rechte der Städte und geistlichen Institutionen. Die Bürger von Llandeilo Fawr (einer Stadt des Bischofs von St. Davids) beklagten sich beim König im Jahr 1318, dass seine Bailiffs von ihnen für jeden Brauvorgang sieben Pence verlangen, obwohl sie keine Pächter des Königs seien. Der Justiziar von Südwales wurde beauftragt, dafür zu sorgen, dass die Bürger nur die eigentlichen Leistungen erbringen müssen.[41] Der Abt von Cymer (Zisterzienser) beschwerte sich zusammen mit seinem Konvent darüber, dass der Leutnant von Nordwales ihre freien Pächter gezwungen habe, eine Brücke zu bauen. Dazu seien sie jedoch nicht verpflichtet. Der Justiziar beziehungsweise sein Leutnant sollen ermahnt werden, den Abt und das Kloster nur mit den gewohnten Forderungen zu belasten.[42]

Aber auch von den nach Wales zugezogenen Engländern erreichten Bitten den englischen Königshof beziehungsweise die für Wales zuständigen Justiziare. Im Jahr 1305 beklagten sich englische Händler und Bürger aus Beaumaris darüber, dass die Einwohner der drei umliegenden commotes nicht – wie von Prinz Edward angeordnet – auf die Märkte ihrer Stadt kamen und sie deshalb finanzielle Einbußen (Ausfall von Zolleinnahmen) hatten. Die Waliser gingen nämlich lieber zum Handeln nach Newborough, weil die Einwohner dort überwiegend ebenfalls Waliser seien und sie lieber mit denen Geschäfte machten. Der Justiziar wurde aufgefordert, die Verordnung durchzusetzen.[43]

Das Zusammenleben von Walisern mit den Zugezogenen aus England war auch deshalb spannungsreich, weil die Zugezogenen rechtlich und wirtschaftlich privilegiert wurden. Auch gegen diese privilegierten Gruppen richte sich die Wut der Aufständischen im Jahr 1295. Die englischen Einwohner von Llanmaes in Anglesey wurden von den Aufständischen bedrängt und ausgeraubt. Das schrieben sie an den König und drängten ihn, ihnen Sicherheit zu garantieren, bevor er Wales verließ.[44] Die Bürger von Carmarthen baten den König 1312 sowie 1315 und wieder 1327 um die Erlaubnis, eine Mauersteuer erheben zu dürfen, um die Mauern der Stadt auszubessern und zu verstärken. So sollte die Verteidigung der Stadt gegen die „Welsh who threaten them from day to day to take the town" verbessert werden.[45] Auch diese Petitionen sind ein Indiz dafür, dass der englische Neuankömmling auch noch Jahrzehnte nach der Eroberung durch Edward I. nicht von allen Walisern als Nachbarn akzeptiert worden waren.

---

41 Calendar of Ancient Petitions. Ed. *Rees*, 57.
42 Calendar of Ancient Petitions. Ed. *Rees*, 76, datiert ca. 1316.
43 Vgl. *Carr*, Crown and Communities, 137, mit der Quelle ebd., 16.
44 Calendar of Ancient Petitions. Ed. *Rees*, 82. Sie beklagen auch, dass sie, weil sie in Wales unter Walisern leben, von der englischen Verwaltung als Waliser angesehen würden. Deshalb würden sie wenig begünstigt bzw. unterstützt. Sie hätten nicht den Status von Engländern, noch nicht einmal den von Walisern. Doch sie hätten alle damit verbundenen Nachteile erfahren.
45 Calendar of Ancient Petitions. Ed. *Rees*, 75–77, 80.

Indem der König diese Maßnahmen zur Durchsetzung von Recht, der Gewährung von Restitutionen oder zur Widergutmachung von – von den Petenten beklagten – Ungerechtigkeiten anordnete, sorgte er nicht nur für Rechtshilfe. Er demonstrierte damit zugleich seine königliche Autorität und die Herrschaft der englischen Krone, die von den Petenten durch ihre Bitten anerkannt wurde.

4 Schottland

Edward I. wollte in Schottland – wie in Wales – nach der Absetzung von John Balliol eine direkte Herrschaft ausüben. Dazu ernannte er im August und September 1296 in Berwick eine neue Regierung.[46] An ihrer Spitze stand als Vertreter der Krone (Lieutenant) John de Warenne, der Graf von Surrey. Die Aufgaben der Regierung umfassten: Rechtsprechung, Besetzung von Stellen in den Pfarrkirchen, Militärverwaltung, Einziehen von Abgaben, Frieden aufrechterhalten. Doch Warenne tat nur das Allernötigste als oberster Repräsentant der englischen Krone (und für 2.000 Mark im Jahr); er war eine Fehlbesetzung.[47] Zum Kanzler und damit Verwaltungschef wurde Walter Amersham ernannt, ein Mann mit Schottlanderfahrung; seine Aufgabe war die Kontrolle der königlichen Schreiben. William Bevercotes war zuständig für das Siegel des Königs, das dieser in Schottland benutzte, und für die Rechnungslegung beim Exchequer in Berwick. Schatzmeister wurde Hugh Cressingham;[48] das war eine Neuerung, denn bis zum Ende der Regierung von Alexander III. beziehungsweise John Balliol war immer der Hofmeister für die Einnahmen zuständig gewesen. Doch dieses Amt wurde nach englischem Vorbild installiert. Wie in Wales wurden Justiziare eingesetzt; alle drei waren Engländer, die keine Erfahrung in Schottland und mit den schottischen Gesetzen hatten: William of Ormesby (Lothian), William Mortimer (North of the Forth), Roger Skoter (Galloway). Zwei weitere Engländer wurden *escheators*, die das Erbe von verstorbenen Lehensmännern zu überprüfen hatten. Etwa 30 neue Scheriffs repräsentierten die neue Regierung vor Ort. Im Gegensatz zu Wales wurden fast alle Posten an Engländer vergeben. Vor allem auf der Ebene der lokalen Verwaltung, bei den Sheriffs, hatte das fatale Folgen, denn die lokalen Gesellschaften mussten mit Männern auskommen, die in jeder Hinsicht fremd waren: „strangers to both country and kingdom and perhaps not even able to speak the local language".[49]

Im Unterschied zur Principality in Wales musste in Schottland keine völlig neue Verwaltungsstruktur geschaffen werden. Die Engländer nutzten die vorhande-

---

46 Vgl. *Barrow*, Robert Bruce (2005), 99.
47 *Barrow*, Robert Bruce (2005), 102, urteilt, Warenne „disliked Scotland".
48 Calendar of Documents II. Ed. *Bain*, Nr. 853.
49 *Watson*, Edward I (1998), 35. Sie konnten sehr wahrscheinlich kein Gälisch.

nen Strukturen, um Geld und Soldaten für König Edwards I. Unternehmen auf dem Kontinent aus dem Land zu ziehen. Im Mai 1297 begann die Rekrutierung von Schotten, die in Flandern für Edward I. kämpfen sollten. Der Bischof von Glasgow und weitere Adelige befürchteten, dass die Schotten im Krieg vernichtet werden sollten,[50] um so die Herrschaft in Schottland leichter ausüben zu können.

Edwards I. Amtsträger und Repräsentanten vor Ort nahmen auf die schottischen Gewohnheiten keine Rücksicht. So verhinderte der Sheriff von Fife im April 1297, dass John und Gilbert de Inche – die zuvor die entsprechende Gebühr gezahlt hatten – ihre vom König erworbenen Fischereirechte in Crail ausüben konnten. Und nicht nur das! Als sie sich deshalb beim Ballie und Constable beschwert hätten, wurden sie von denen in Haft genommen. Dafür baten sie den König um Wiedergutmachung.[51] Dieses Vorgehen war kein Einzelfall und erwies sich als kontraproduktiv: Viele Gemeinden in Schottland weigerten sich, die geforderten Abgaben zu leisten. Aus der englischen Perspektive war das ein Bruch des Friedens und im Juni 1297 befahl der König Henry Percy und Robert Clifford, alle ‚Friedensstörer' festzunehmen und zu verurteilen.[52]

Ähnlich wie in Wales wuchs der Wille zum Widerstand, weil die neue Verwaltung übermäßig Geld forderte. Der Schatzmeister Cressingham wurde als Räuber angesehen, der die Schotten aus (persönlicher) Gier ausgeplündert habe. Im Juli 1297 teilte Cressingham dem König mit, dass in Schottland kein Penny mehr eingenommen werden konnte, weil die englischen Sheriffs vertrieben oder getötet worden waren.[53] Als weiteres Problem stellte sich heraus, dass weder Warenne noch Henry Percy, sein Nachfolger als Leutnant des Königs in Schottland, ihre Aufgaben als attraktiv ansahen, denn sie waren Soldaten und keine Verwaltungsmänner. Deshalb zeigte Warenne sich selten in Schottland, um Recht zu sprechen und die Autorität des Königs zu demonstrieren.

Die Ermordung des Sheriffs von Lanark durch William Wallace war ein Signal dafür, dass sich die Niederadeligen und freien Bauern die Behandlung durch die fremden Agenten eines fremden Königs nicht länger gefallen lassen wollten. Im Sommer 1297 entwickelte sich in großen Teilen Schottlands der Widerstand erheblich und erlebte seinen Höhepunkt mit dem Sieg übe die englischen Truppen an der Stirling Bridge (bei Stirling) im September.[54] Der Schatzmeister Cressingham ist wie viele weitere englische Kämpfer gefallen. Danach gab es keine effektive englische Verwaltung

---

50 Vgl. *Prestwich*, Edward I (1997), 476 f.; tatsächlich dienten nur einige Schotten als Gegenleistung für ihre Freilassung aus englischer Gefangenschaft in Flandern.
51 Calendar of Documents II. Ed. *Bain*, Nr. 880.
52 Calendar of Documents II. Ed. *Bain*, Nr. 887. Edward bedankte sich auch bei den Getreuen, die geholfen haben, in ihrem Land Missetäter zu fassen und Burgen zurückzugewinnen; vgl. ebd., Nr. 894.
53 Calendar of Documents II. Ed. *Bain*, Nr. 916; vgl. *Barrow*, Robert Bruce (2005), 111.
54 Vgl. *Brown*, Wars of Scotland (2014), 184 f.

mehr, sondern nur noch eine punktuelle militärische Besetzung durch englische Truppen, die jedoch eher defensiv war. Es folgen Jahre mit Feldzügen, Belagerungen, schottischen Angriffen auf englische Garnisonen et cetera. Edward I. war nicht in der Lage, einen entscheidenden militärischen Sieg zu erkämpfen, auch wenn der offene schottische militärische Widerstand nach dem Sieg der englischen Truppen über ein schottisches Heer unter dem Guardian William Wallace bei Falkirk 1298 gebrochen war.[55] Erst 1304 kapitulierte John Comyn, der letzte Guardian, im Namen aller Schotten. Damit war der Weg für den Aufbau einer englischen Verwaltung und Regierung Schottlands frei. Den Rahmen dafür bildete die Anfang 1305 erlassene Ordonanz für die Veraltung der *terra* Schottland. Bei der Erarbeitung und dem Inhalt der Ordonanz ist schottischer Einfluss erkennbar. Der englische König gestand zu, dass zehn Abgesandte der Schotten an der Ausarbeitung teilnehmen konnten.[56] Der Chronist der Lanercost Priory (bei Carlisle in Cumbria) feierte indes den Sieg: „The noble race of Englishmen most worthy is of praise, by whom the Scottish people have been conquered in all ways".[57] Aber die Probleme für Edward I. und die englische Verwaltung von Schottland waren nicht gelöst.

Am schottischen Beispiel lässt sich sehr gut zeigen, dass ein Sieg über die gegnerischen Truppen wie 1298 bei Falkirk, als die schottische Armee unter der Führung von William Wallace geschlagen wurde, den Konflikt nicht befriedete geschweige denn beendete, wenn die Verwaltung der eroberten Länder ohne Berücksichtigung der Rechte und Gewohnheiten der Besiegten agierte. Widerstand in Schottland entzündete sich allerdings nicht vor allem an der Idee von Freiheit und Unabhängigkeit – das wurde im 14. Jahrhundert von der Propaganda der Könige aus den Häusern Bruce und Stewart behauptet[58] –, sondern daran, dass sich die Menschen aller sozialer Schichten von der englischen Verwaltung ausgebeutet fühlten. Die Bauern und Händler mussten übermäßige Abgaben zahlen; Adelige verloren ihren Besitz, weil sie gegen den englischen König und/oder schon gegen John Balliol gekämpft hatten. Diese Motivation wird geradezu personifiziert von James Douglas, dem engsten Mitstreiter von Robert Bruce. Er schloss sich Robert Bruce an, weil Edward I. seinem Vater die Lehen und somit ihm sein Erbe entzogen hatte. Auch Bruce selber war nicht rein intrinsisch zum Freiheitskampf motiviert – ihm ging es um die schottische Krone, die er nur dann dauerhaft erlangen konnte, wenn er zuvor Schottland von englischer Herrschaft befreit hatte.[59]

Die Belastungen der Einwohner (Abgaben, Steuern, Kriegsdienst) durch die englische Verwaltung hatten zur Folge, dass schottische Adelige ihre Pflicht, ihre

---

55 Vgl. *Brown*, Wars of Scotland (2014), 186f.
56 Vgl. *Barrow*, Robert Bruce (2005), 175.
57 Chronicle of Lanercost. Übers. *Maxwell*, 167.
58 Vgl. *Boardman*, Chronicle Propaganda (1997), 23–43.
59 Vgl. *Rogge*, Freiheit (2021), 20–23, zu den Ambitionen von Robert Bruce; vgl. *Brown*, Black Douglases (1998), zu James Douglas.

Bauern und Pächter zu schützen, erfüllen wollten. Diese Verpflichtung war ein weiterer Grund dafür, dass schottische Adelige wie James, der Stewart, John, Graf von Carrick oder John Comyn ihre dem englischen König 1296 oder 1297 gegebenen Treueeide widerrufen haben. Edward I. erkannte nicht, dass er die Interessen und Bedürfnisse des regionalen Adels anerkennen musste, um sich dessen Loyalität langfristig zu sichern.[60]

Wie in Wales versuchte Edward I. nach dem zweiten militärischen Sieg über die Schotten 1304, die einheimische politische Elite stärker in die Verwaltung des Landes einzubeziehen. Laut der Ordonanz für das ‚Land' Schottland aus dem Jahr 1305 wurde die Verwaltung auf der lokalen Ebene hauptsächlich einheimischen Sheriffs übertragen – immerhin waren 18 der 22 neuen Sheriffs Schotten.[61] Das Amt der Justiziare wurde paritätisch besetzt. Zudem sollte ein Gremium von erfahrenen schottischen Politikern (22 Personen) die englische Verwaltung unter der Leitung (als Leutnant des Königs) von John of Brittany beraten. Doch das wog nicht auf, dass die zentralen und entscheidenden Ämter Engländer innehatten. Neben John of Brittany wurden William Bevercotes Kanzler und John of Sandale Chamberlain. Diese Männer regierten für den englischen König das ‚Land'. Aufgehoben wurde wie auch für Wales offiziell die Praxis der Kompensation für schwere Verbrechen durch die Zahlung von Wehrgeld.[62]

Im Jahr 1305 war Edward I. auf dem Höhepunkt seiner Herrschaftsausdehnung über die Britischen Inseln. Dafür bieten die 135 Petitionen aus Schottland, die 70 aus Wales und die 40 aus Irland, die im Parlament und in den zuständigen Ausschüssen beraten und bearbeitet wurden, klare Indizien.[63] Die Inseln wurden von England dominiert und die politischen Entscheidungswege waren auf den englischen König und seinen politischen Apparat ausgerichtet. Die Prüfung der in den Petitionen enthaltenen Anliegen und Forderungen nach Land oder die Bitten um Wiedereinsetzung in ein Amt (zum Beispiel Sheriff) erfolgte unter Anwendung königlicher Rechte und diente zur Demonstration der Abhängigkeit Schottlands von der englischen Krone. Bei den Entscheidungen über die schottischen Eingaben war die Gewinnung von adeliger Loyalität nicht Edwards I. Hauptziel; es ging ihm ausschließlich um Gehorsam und die Anerkennung seiner Herrschaft. Sein Umgang mit den schottischen Petitionen im Jahr 1305/1306 waren – so die These von Mi-

---

[60] *Brown*, Hearts and Bodies (2020), 106, stellte fest: „In both 1296–7 and after 1304 Edward clearly failed to build sufficiently firm relationships with a wide group within the Scottish political class and, in particular, with the group of Scottish magnates and prelates who, in absence of a king, provided the natural, if not only, source of leadership in the land".
[61] Vgl. *Brown*, Wars of Scotland (2014), 196.
[62] Vgl. *Prestwich*, Edward I (1997), 504, der die Ordonanz nicht mit dem Statut für Wales von 1284 für vergleichbar hält, denn es fehle die Einführung der „benefits of English legal procedure to Scotland" (ebd., 505).
[63] Vgl. *Davis*, First English Empire (2002), 172.

chael Brown – von seinem Misstrauen gegenüber dem einheimischen Hochadel geprägt.[64]

In Wales war die englische Verwaltung im Großen und Ganzen erfolgreich, die eroberten Gebiete blieben bei der Krone. In Schottland ist es dagegen nicht gelungen, die militärischen Erfolge in eine dauerhafte politische Einvernahme – also die Akzeptanz der Eroberten – umzuwandeln. Deshalb stellt sich die Frage, wie sich Schottland von Wales um 1300 unterschieden hat. Warum konnte Edward I. das Land nur kurzfristig 1305/1307 an die Krone ziehen beziehungsweise warum konnte sein Nachfolger Edward II. diesen Zustand nicht auf Dauer stellen? Für die Antwort muss man zum einen auf die Kommunikation hinweisen und zum anderen strukturelle Unterschied betonen.

1. Anders als in Wales war in Schottland im 13. Jahrhundert eine politische Gemeinschaft mit einer eigenen Identität entstanden („community of the realm").[65] Zwar gab es auch in Wales eine „community": Sie bezeichnete die Menschen in einer Verwaltungseinheit (shire, bourogh, commote) sowie die Sprecher, die in ihrem Auftrag/Namen agierten.[66] Aber es gab keine übergreifende politische Gemeinschaft mit einer überregionalen Identität wie in Schottland.

2. Anders als in Wales gab es mit John Balliol einen König in Schottland, der auch nach seiner Absetzung und Inhaftierung von vielen Schotten als rechtmäßiger Herrscher angesehen wurde. William Wallace verstand sich als Regent für König Balliol.[67] Nachdem er seinen Posten nach der Niederlage im Juli 1298 abgegeben hatte, wurden Robert Bruce und John Comyn die neuen Guardians des Königreiches.[68] Auch sie regierten im Namen von König John Balliol.

3. Anders als in Wales gab es mit Robert Bruce und John Comyn aus der Familie der Balliol/Comyn auch nach der Eroberung 1304/1305 Kandidaten/Bewerber für die schottische Krone, die die Idee des schottischen Königtums verkörperten und gegen die Engländer wieder zum Leben erwecken konnten.

4. Anders als in Wales waren große Teile von Schottland von 1298 bis 1303 nicht unter englischer Besetzung (eine Ausnahme war der Südosten). In den nicht besetzten Zonen blieb die Verwaltung in schottischer Hand; es ist belegt, dass sogar zwei Parlamente abgehalten wurden. Im Januar 1301 wurde mit Nicholas Balmyle sogar ein Kanzler ernannt, der gemeinsam mit dem Guardian (John des Soules) die schottischen Aktivitäten gegen Edward I. geleitet hat.[69]

---

64 Vgl. *Brown*, Hearts and Bodies (2020), 121–123.
65 Vgl. *Wormald*, National Pride (2004), 187f.
66 Vgl. *Carr*, Crown and Communities (1988), 124.
67 Vgl. *Barrow*, Robert Bruce (2005), 121.
68 Vgl. *Barrow*, Robert Bruce (2005), 137.
69 Vgl. *Barrow*, Robert Bruce (2005), 156f.

5. Anders als in Wales ist es Edward I. letztlich nicht gelungen, einen entscheidenden, finalen militärischen Erfolg zu erzielen; das Land war zu groß, um es vollständig zu besetzen beziehungsweise zu erobern.

Ein weiterer Grund war Edwards Kommunikation mit dem Adel, vor allem mit den Schotten, die ihm loyal ergeben waren. Diese Loyalität wurde auch genährt durch die damit verbundene Erwartung einer Gegenleistung – und das war Land. Der Chronist Langtoft kritisierte, dass der König nicht großzügig war, und meinte, hätte er Schottland unter seinen Gefolgsleuten aufgeteilt, wäre es auch leichter zu regieren gewesen. Geld war für die Magnaten nicht sonderlich interessant, weil unsicher war, ob es überhaupt ankam beziehungsweise Edward I. genug hatte. Sie wollten als Belohnung für ihre Dienste Land – möglichst große Herrschaftsgebiete. Der englische König versprach ihnen auch Land. Nur lag das in Schottland und war oft zum Zeitpunkt der Zusage noch nicht erobert. So war das an John St. John in Galloway übertragene Land die längste Zeit in feindlicher Hand[70] und Aymer de Valance erhielt die Burg Bothwell schon einen Monat, bevor sie tatsächlich erobert wurde.[71] Bis zum Sommer 1302 erhielten 51 Engländer und loyale Schotten nominell Land in Schottland. Dazu kam noch ein weiteres Problem: Edward I. wollte ja, dass sich schottische Adelige in seinen Dienst begaben. Dafür wollte er sie mit Herrschaftsbereichen belohnen, die widerspenstigen schottischen Adeligen entzogen wurden beziehungsweise werden sollten. Doch was passierte mit den an seine loyalen Anhänger gegebenen Herrschaftsbereichen, wenn der schottische Vorbesitzer in Edwards I. Loyalität wechselte? So ein Fall trat ein, als sich Robert Bruce im Winter 1301/1302 dem englischen König anschloss. Edward I. zahlte ihm keine Kompensation für sein jetzt nicht mehr verfügbares Land (wie in anderen Fällen) und übertrug ihm auch keine andere Herrschaft. Michael Prestwich urteilte zu Recht: „His [Edwards] lack of generosity to Bruce must surely have contributed to the future king's decision to rise against the English yoke".[72]

Nachdem John Comyn im Namen aller Schotten im Februar 1304 kapituliert hatte, verfügte Edward I. nicht über genügend Land, um seine wichtigen Magnaten und Heerführer zu belohnen, denn Comyn hatte zur Bedingung gemacht, dass die schottischen Adeligen nach der Kapitulation ihre Ländereien behalten – und Edward I. hatte zugestimmt. So musste er sogar Land an die früheren Besitzer zurück-

---

70 Calendar of Documents II. Ed. *Bain*, Nr. 1153: Der seit langem im Dienst des Königs bewährte John de St. John erhielt Land im Wert von 1000 Mark in Galloway. Allerdings konnte er diese Einnahmen wegen des Konfliktes nicht realisieren. Deshalb erhielt er im September 1300 als Ausgleich diese Summe aus Besitz in England.
71 Calendar of Documents II. Ed. *Bain*, Nr. 1214: Am 10. Aug. 1301 übertrug Edward I. seinem lieben Vetter und Gefolgsmann die Baronie mit der Burg Bothwell. Sie gehörte dem schottischen Rebellen William von Moray. Erobert wurde die Baronie Anfang Oktober 1301; vgl. auch ebd., Nr. 1235.
72 Vgl. *Prestwich*, Colonial Scotland (1987), 9, und *Barrow*, Robert Bruce (2005), 159–162.

geben. Eine Lösung wurde im Herbst 1305 gefunden. Die Schotten mussten ein Auslösungsgeld für ihr zurückgegebenes Land zahlen. Der Betrag richtete sich nach dem Umfang ihrer Beteiligung am Widerstand. Im Schnitt mussten sie die Einnahmen aus dem Land für fünf Jahre zahlen. Der Graf von Lincoln hatte vom König Edward I. Land von James Stewart übertragen bekommen. James erhielt dieses Land im Herbst 1305 zurück. Dafür sollte er dem Grafen 4.000 Pfund als Entschädigung zahlen. Doch alles in allem ist es Edward I. nicht gelungen, die Interessen seiner Adeligen und die der ihm loyal ergebenen Schotten auszugleichen. Auch wenn Robert Bruce im Jahr 1306 nicht rebelliert hätte, das Problem der Landverteilung und der Kompensation für eingezogenes Land wäre ein großes Problem geblieben und hätte durchaus eine dauerhafte Befriedung Schottlands verhindern können.

5 Schluss

Die Behandlung der Besiegten durch die englische Verwaltung unterschied sich in Wales und Schottland nicht wesentlich. In beiden besetzten Gebieten wurden das *common law* (Königsfriedensbruch bei Mord, Diebstahl et cetera) eingeführt und die Praxis der Wehrgeldzahlungen abgeschafft. In beiden Gebieten reagierte Edward I. erst auf Forderungen von Beherrschten, als er mit Aufständen konfrontiert wurde (1294/1295 Wales, 1298/1304 Schottland). Danach gab es Zugeständnisse im Hinblick auf die Besetzung von lokalen und regionalen Ämtern durch Einheimische; allerdings waren die Justiziare, die Leutnants und der Kanzler immer Engländer. Die Ordonanz für Schottland von 1305 macht deutlich, dass Edward I. den dortigen Adel stärker (wenn vielleicht auch nur formal) in die Verwaltung einbinden wollte beziehungsweise musste. Anhand der überlieferten Petitionen aus Wales lässt sich belegen, dass Edward I. versuchte, die schwersten Fehler seiner Amtsträger zu korrigieren. Das trug vermutlich zu der ab 1300 relativ geordneten und stabilen Herrschaft in Wales (der Principality) bei. In Schottland dagegen verhinderten Edwards I. Amtsträger nach der Absetzung von John Balliol 1296 durch Desinteresse an der Sprache und Kultur sowie den finanziellen Forderungen, dass in Schottland bis 1304/1305 eine stabile – und von den Schotten akzeptierte – englische Verwaltung aufgebaut werden konnte. Abgeprallt sind die englischen Bemühungen um die dauerhafte Einvernahme Schottlands jedoch auch an den dort vorhandenen politischen Strukturen, die im Gegensatz zu Wales von der Idee der Gemeinschaft eines geeinten Königreichs unter der Führung eines Königs gespeist wurden.

Welche Folgerungen ergeben sich aus diesen Beispielen für unsere Fragestellung? Was waren die Voraussetzungen für die Akzeptanz einer neuen Herrschaft nach der militärischen Unterwerfung in Wales und Schottland? Um Einvernehmen zwischen den Eroberten und den Eroberern zu erreichen, sollten grundsätzlich –

und nicht nur in Schottland und Wales – die folgenden Maßnahmen umgesetzt werden:[73]

1. Die Sieger sollten nach dem Ende der Kampfhandlungen die neuen Herrschaftsbedingungen nicht gänzlich ohne die Beteiligung der Verlierer aufsetzen. Die Aussicht auf die Akzeptanz der neuen Herrschaft war besser, wenn auf die militärische Niederlage keine politische Demütigung folgte.
2. Die neuen Herrscher und deren Amtsträger vor Ort sollten die Rechte, Sprache und Gewohnheiten der einheimischen Gesellschaften und Kulturen respektieren. Die Herrschaft sollte ohne übermäßige Gewaltanwendung und unter Berücksichtigung der lokalen Besonderheiten praktiziert werden. Widerstand entstand auch dadurch, dass die Amtsträger eines Königs (wie hier diejenigen Edwards I.) überheblich und quasi als Kolonisatoren agiert haben.
3. Die Forderung von Abgaben (Steuern, Zölle), Arbeitsleistungen und Kriegsdienst sollten angemessen sein und nicht übertrieben werden. Ein entscheidender Faktor für die Bereitschaft, gegen Edward I. Widerstand zu leisten, war in Wales wie in Schottland dessen Forderung, Soldaten für seine Militäraktionen in der Gascogne zu stellen.
4. Die einheimische politische Führungsschicht auf der lokalen und regionalen Ebene sollte in die neue Verwaltung eingebunden werden und angemessene (hohe und einflussreiche) Positionen bekleiden können.
5. Nach dem Ende der Kampfhandlungen sollten die Amtsträger der neuen Herrschaft dafür sorgen, dass alle Untertanen – insbesondere der Adel – die Chance zum Leben in Frieden und zur Verfolgung ihrer wirtschaftlichen Aktivitäten beziehungsweise Ziele erhielten.

Quellen und Übersetzungen

Anglo-Scottish Relations, 1174–1328. Ed. *Edward L.G. Stones*. Oxford 1970.
Brut y Tywysogyon or The Chronicle of the Princes. Ed. *Thomas Jones*. Cardiff 1955.
Calendar of Ancient Correspondence Concerning Wales. Ed. *J. Goronwy Edwards*. Cardiff 1935.
Calendar of Ancient Petitions relating to Wales (Thirteenth to Sixteenth Century). Ed. *William Rees*. Cardiff 1975.
Calendar of Documents relating to Scotland, Bd. 2. Ed. *Joseph Bain*. Edinburgh 1884.
Chronicle of Lanercost 1272–1346, übers. v. *Herbert Maxwell*. Edinburgh 1913.
Geoffrey of Monmouth. History of the Kings of Britain. Ed. *Michael Faletra*. Peterborough 2007, 134.
The Statutes of Wales. Ed. *Ivor Bowen*. London 1908.

---

[73] Vgl. dazu *Rogge*, Theorie (2006).

Literatur

Geoffrey W.S. Barrow, Robert Bruce and the Community of the Realm of Scotland. Edinburgh 2005.
Llinos Bererley Smith, The Governance of Edwardian Wales, in: Trevor Herbert / Gareth Elwyn Jones (Hrsg.), Eduard I and Wales. Cardiff 1988, 73–95.
Stephan Boardman, Chronicle Propaganda in Fourteenth-Century Scotland. Robert the Steward, John of Fordun and the ‚Anonymous Chronicle', in: Scottish Historical Review 76, 1997, 23–43.
Michael Brown, Hearts and Bodies. Edward I and the Scottish Magnates, 1296–1307, in: Andy King / Andrew M. Spencer (Hrsg.), Edward I. New Interpretations. Suffolk 2020, 105–124.
Michael Brown, The Wars of Scotland, 1214–1371. Edinburgh 2014.
Michael Brown, The Black Douglases. War and Lordship in Late Medieval Scotland, 1300–1455. East Linton 1998.
Anthony D. Carr, ‚The Last and Weakest of his Line'. Dafydd ap Gruffydd, the Last Prince of Wales, in: Welsh History Review 19, 1999, 375–399.
Anthony D. Carr, Crown and Communities. Collaboration and Conflict, in: Trevor Herbert / Gareth Elwyn Jones (Hrsg.), Eduard I and Wales. Cardiff 1988, 123–144.
Anthony D. Carr, An Aristocracy in Decline. The Native Welsh Lords after the Edwardian Conquest, in: Welsh History Review 5, 1970, 103–123.
Sebastian Conrad, Deutsche Kolonialgeschichte. München ^{4}2019.
Seán Duffy, Irish and Welsh Responses to the Plantagenet Empire in the Reign of Edward I, in: Peter Crooks / David Green / W. Mark Ormrod (Hrsg.), The Plantagenet Empire, 1259–1453. Donington 2016, 148–166.
Victoria Flood, Prophecy, Politics and Place in Medieval England. From Geoffrey of Monmouth to Thomas of Erceldoune. Cambridge 2016.
James Given, The Economic Consequences of the English Conquest of Gwynedd, in: Speculum 64, 1989, 11–45.
Andy King / Andrew M. Spencer, Introduction, in: Dies. (Hrsg.), Edward I. New Interpretations. Suffolk 2020, 1–8.
Kathleen Neal, Words as Weapons in the Correspondence of Edward I with Llywelyn ap Gruffydd, in: Parergon 30, 2013, 51–71.
Thomas Jones Pierce, The Laws of Wales – the Kindred and the Bloodfeud, in: Ders. (Hrsg.), Medieval Welsh Society. Selected Essays. Cardiff 1972, 289–308.
Michael Prestwich, Edward I. New Haven / London 1997.
Michael Prestwich, Colonial Scotland. The English in Scotland under Edward I, in: Roger A. Mason (Hrsg.), Scotland and England, 1286–1815. Edinburgh 1987, 6–17.
Huw Pryce, Native Law and the Church in Medieval Wales. Oxford 1993.
Robert Rees Davis, Eduard I. and Wales, in: Trevor Herbert / Gartch Elwyn Jones (Hrsg.), Edward I and Wales. (Welsh History and Its Sources.) Cardiff 1988, 1–10.
Robert Rees Davis, Conquest, Coexistance, and Change. Wales 1063–1415. Oxford 1987.
Jörg Rogge, Für die Freiheit. Eine Geschichte Schottlands im späten Mittelalter. Stuttgart 2021.
Jörg Rogge, Heinrich II. und Edward I. von England als Eroberer?, in: Hermann Kamp (Hrsg.), Herrschaft über fremde Völker und Reiche. Formen, Ziele und Probleme der Eroberungspolitik im Mittelalter. (Vorträge und Forschungen, Bd. 93.) Ostfildern 2022, 341–368.
Jörg Rogge, Was tun, wenn ein (männlicher) Erbe fehlt? Das Ringen um den schottischen Thron nach dem Tod König Alexanders III. 1286, in: Ellen Widder / Iris Holzwart-Schäfer / Christian Heinemeyer (Hrsg.), Geboren, um zu herrschen? Gefährdete Dynastien in historisch-interdisziplinärer Perspektive. (Bedrohte Ordnungen, Bd. 10.) Tübingen 2018, 175–189.

Jörg Rogge, Zur Theorie, Praxis und Erfahrung von militärischer Besetzung (Okkupation) im späten Mittelalter, in: Markus Meumann / Ders. (Hrsg.), Die besetzte ‚res publica'. Zum Verhältnis von ziviler Obrigkeit und militärischer Herrschaft in besetzten Gebieten vom Spätmittelalter bis zum 18. Jahrhundert. (Herrschaft und soziale Systeme in der frühen Neuzeit, Bd. 3.) Berlin u. a. 2006, 119–128.
Matthew Frank Stevens, The Economy of Medieval Wales, 1067–1536. Cardiff 2019.
Fionna Watson, Under the Hammer. Edward I and Scotland, 1286–1306. East Linton 1998.
Glanmor Williams, Religion, Language, and Nationality in Wales. Cardiff 1979.
Jenny Wormald, National Pride, Decentralised Nation. The Political Culture of Fifteenth-Century Scotland, in: Linda Clark / Christine Carpenter (Hrsg.), Political Culture in Late Medieval Britain. Woodbridge 2004, 181–194.

Andreas Bihrer
Den Eroberer überreden

Persuasive Kommunikation in Jacopo Sannazaros Elegie I,8 ‚Ad Petrum de Roccaforti'

Abstract: Encounters between conquerors and the conquered confirmed, specified or newly established norms and values, as the story of the ‚Women of Weinsberg' in the ‚Royal Chronicle of Cologne' at the beginning of this paper shows. The article then examines the negotiation of rules and virtues in the face of conquest using the example of Elegy I,8 by the Neapolitan poet Jacopo Sannazaro (1458–1530) written in 1501/1503. The poet lived in exile in France after the conquest of Naples in 1501 by the troops of King Louis XII and addressed his elegy to Guy de Rochefort, the chancellor of the French king. With Sannazaro, a conquered man used his persuasive power as a poet educated in Renaissance humanism, on the one hand, to determine norms and values for the conqueror and, on the other hand, as an inferior, to formulate an attitude towards the conqueror. In doing so, the conquered may have tried to cope with his experience, but first and foremost he shaped conquest himself – through poetry.

1 Einleitung: ‚Die Weiber von Weinsberg'

Der Staufer Konrad III. hatte mehrere Wochen die Burg Weinsberg bei Heilbronn belagern und am 21. Dezember 1140 seinen Gegner Welf VI. erst in einer Schlacht besiegen müssen, bis sich die Burg endlich ergab. Bei den Kapitulationsverhandlungen – so die ‚Kölner Königschronik' – erhielten die Eroberten vom Staufer aus königlicher Freigebigkeit die Zusicherung, dass die Frauen unter freiem Geleit die Burg verlassen und so viel mitnehmen durften, wie sie auf ihren Schultern tragen konnten. Aus Treue zu ihren Männern ließen die Weinsbergerinnen aber ihren Besitz zurück und trugen stattdessen ihre Männer auf den Schultern den Burgberg hinunter. Konrad III. erkannte, so die Chronik weiter, dass er einer List der Frauen aufgesessen war, allerdings brach er sein königliches Wort nicht und ließ die Eroberten abziehen. Am Ende dieser Passage wendet die ‚Kölner Königschronik' den Fall ins Allgemeine: Als sein jüngerer Bruder, Herzog Friedrich (II.) der Einäugige, dagegen einschreiten wollte, habe Konrad III. geantwortet, dass das Wort eines Königs nicht verändert werden solle.[1]

---

1 Vgl. Chronica regia Coloniensis. Ed. *Waitz*, 77: *Anno Domini 1140. Rex urbem Welponis ducis Baioariorum Winesberg dictam obsedit et in deditionem accepit, matronis ac ceteris feminis ibi repertis hac regali liberalitate licentia concessa, ut quaeque humeris valerent deportarent. Quae tam fidei maritorum quam sospitati ceterorum consulentes, obmissa suppellectili descendebant viros humeris*

Die Geschichte der ‚Weiber von Weinsberg', die man ab dem 16. Jahrhundert immer häufiger erzählte und über deren Glaubwürdigkeit die Mediävistik bis heute diskutierte,[2] wurde insbesondere im 19. und 20. Jahrhundert in zahlreichen visuellen Darstellungen, Gedichten und Dramen, aber auch im Roman, in der Oper und im 21. Jahrhundert in einem spanisch-australischen Zeichentrickfilm weiter popularisiert.[3] Ebenso zahllos wie die Verherrlichungen der ‚Weiber von Weinsberg' sind im 19. und 20. Jahrhundert gleichwohl ihre Parodien.[4] Die Burg über der Stadt Weinsberg, die heute den Namen ‚Weibertreu' trägt, wurde 1525 von aufrührerischen Bauern erobert und ist seitdem eine Ruine. Sie war vor allem im 19. Jahrhundert ein viel besuchtes Ziel von Dichtern und sollte als weibliches Gegenstück zur Walhalla bei Regensburg zur ‚Weiber-Walhalla' umgestaltet werden – doch der Plan für eine solche ‚Ruhmeshalle' blieb ein ‚Luftschloss'.[5]

Auf den ersten Blick geht es in der Erzählung von den ‚Weibern von Weinsberg' überhaupt nicht um Eroberte, ja die mittelalterliche Sinnstiftung nimmt vielmehr den Eroberer in den Blick: In der eingangs zitierten ‚Kölner Königschronik' aus dem späten 12. Jahrhundert ist der Fokus ausschließlich auf den Herrscher gerichtet, allerdings nicht nur in der Passage zur Schlacht von Weinsberg 1140, sondern in der gesamten prostaufischen, fast ausschließlich die Geschichte der staufischen Könige

---

portantes. Duce vero Friderico ne talia fierent contradicente, rex favens subdolositati feminarum dixit, regium verbum non decere immutare. Vgl. auch die Quellennachweise zur Belagerung von Weinsberg vom 15. Nov. bis zum 21. Dez. 1140 bei *Bernhardi*, Konrad III. (1883), 187–192, und RI IV,1,2, Nr. 193 (Zugriff: 04.08.2022), sowie zu Schlacht und Kapitulation am 21. Dez. RI IV,1,2, Nr. 197–199 (Zugriff 04.08.2022), außerdem knapp *Schuler*, Weinsberg (1997), 2134.
2 Die Geschichte der ‚Weiber von Weinsberg' wird vom größten Teil auch der jüngeren Forschung als glaubhaft eingeschätzt, vgl. die Belege aus der Forschungsliteratur in RI IV,1,2, Nr. 199 (Zugriff: 04.08.2022), dazu außerdem *Israel*, Fakten (2004), 598–605.
3 Bei *Heinzel*, Lexikon (1956), 397, sind nachgewiesen: Moritz von Schwind, Szenen zu den Weibern von Weinsberg, Holzgravur, 1856; Adelbert von Chamisso, Die Weiber von Winsperg, Ballade, 1831; Ernst Edler von der Planitz, Die Weiber von Weinsberg, Epos, 1897; Theodor Apel, Die Weiber von Weinsberg, Oper, 1856; Ludwig Joseph Pianta, Die Weiber von Weinsberg, Drama, 1901; Hermann Essig, Die Weiber von Weinsberg, Drama, 1909; Friedrich Barthels, Burg Weibertreu, Drama, 1912; Gert von Klaß, Die Weiber von Weinsberg, Drama, 1935; Hildegunde Fritzi Anders, Der König reitet, Drama, 1936; Heinrich Rogge, König Konrad, Drama, 1936 [fälschlich]; zudem zu nennen wären an den bekanntesten unter den nicht mehr überschaubaren Popularisierungen dieses Stoffs: Gottfried August Bürger, Die Weiber von Weinsberg, Gedicht, 1774; Heinrich August Müller, Burg Weinsberg, oder deutsche Frauenliebe und Männertreue. Rittergeschichte aus Kaiser Konrads III. Zeiten, Roman, 1827; Gustav Schmidt, Weibertreue oder Kaiser Konrad vor Weinsberg, Oper, 1858, sowie der Zeichentrickkurzfilm von 2008 ‚Die Weiber von Weinsberg' (Sagenhaft. Märchen aus aller Welt, Folge 79), deutsche Erstausstrahlung 2012. Vgl. dazu *Wildermuth*, Traum (1990), und *Israel*, Fakten (2004).
4 Vgl. z. B. Robert Oechsler (1854–1920), Heine auf der Weibertreu, Gedicht, 1890, und weitere Beispiele bei *Wildermuth*, Traum (1990), 30, 89.
5 Zu diesen Plänen vgl. *Wildermuth*, Traum (1990), 65f.

behandelnden Chronik.⁶ Der Historiograph stellt die Herrschertugend der Verlässlichkeit in das Zentrum, denn der knappe Bericht zielt darauf ab, dass König Konrad III. sein Wort gehalten habe, ganz gleich unter welchen Umständen er es zuvor gegeben hatte.⁷ In den Popularisierungen späterer Jahrhunderte rücken dagegen die Treue der Frauen, welche die Männer als ihren wertvollsten Besitz retteten, und damit die Eroberten in den Fokus. Zudem wurden und werden in immer neuen Erzählungen von den ‚Weibern von Weinsberg' Geschlechterrollen persifliert, umcodiert und je nach Zeitgeist unterschiedlich ausgehandelt.

Doch auch für die Fragestellungen dieses Sammelbandes ist die Geschichte von den ‚Weibern von Weinsberg' aussagekräftig, denn sie rückt nicht nur die Eroberten in das Blickfeld, sondern sie macht am Ende sogar aus den Besiegten die Sieger, die zum einen den Eroberer überlisten und zum anderen ungeschoren abziehen konnten. Diese Umkehrung findet sich desgleichen in denjenigen Narrativen, die Konrad III. in das Zentrum stellen, denn aus dem Einnehmen der Stadt wird Einvernehmen darüber, welche Tugenden Herrscher und Eroberer auch gegenüber den Unterworfenen walten lassen sollen. Die Eroberten von Weinsberg sind in dieser Erzählung also „nicht nur passive Opfer, sondern aktive Akteure, die Strategien verfolgten, Entscheidungen trafen und Neues erschufen"⁸. Und möglicherweise könnte man die Geschichte der ‚Weiber von Weinsberg' sogar in allen drei Sektionen des Sammelbandes – ‚Eroberung erleben', ‚Eroberung bewältigen' und ‚Eroberung gestalten' – behandeln, denn in der Erzählung werden erstens die *agency* der sogenannten ‚Eroberten' ebenso wie zweitens Bewältigungsstrategien und drittens die Aushandlung von Herrschaftsverhältnissen, Koexistenz und Konsens verhandelt.⁹

Doch nicht nur in der ‚Kölner Königschronik', welche die Tugend der Vertrauenswürdigkeit des königlichen Worts gegen die Untugend des Wortbruchs stellte, sondern auch in den späteren Erzählungen der ‚Weiber von Weinsberg', in welchen das Verhältnis von Treue und Untreue behandelt wurde, bot die Begegnung von Eroberern und Eroberten eine Situation, in welcher Normen und Werte bestätigt, prä-

---

6 Dieser Abschnitt der ‚Kölner Königschronik' ist entweder in Köln oder im Kloster Siegburg entstanden; die Quellen oder sogar eine direkte Vorlage für diese älteste Geschichte der ‚Weiber von Weinsberg' sind unbekannt, vgl. zu dieser Chronik *Lückerath*, Kölner Königschronik (1991), 1268 f., *Deutinger*, Weltchronistik (2016), 88, und immer noch am umfassendsten zur Darstellungsabsicht der ‚Kölner Königschronik' *Breuer*, Geschichtsbild (1966), insbes. 163–174, gleichwohl mit zum Teil überholten Kriterien.
7 Nach *Keupp*, Interaktion (2005), 312, soll die Passage in der ‚Kölner Königschronik' die „Verläßlichkeit im Handeln des Reichsoberhauptes" demonstrieren. In anderen jüngeren Publikationen zu Konrad III. wird die Schlacht bei Weinsberg nicht behandelt, vgl. z. B. Konrad III. (2011), und auch in der umfassenden neuen Monographie zu Hof, Urkunden und Politik unter Konrad III. wird lediglich die personelle Zusammensetzung des königlichen Heers vor Weinsberg rekonstruiert und nur kurz zum Wahrheitsgehalt der Erwähnung in der ‚Kölner Königschronik' Stellung bezogen, vgl. *Ziegler*, Konrad III. (2008), 351.
8 *Bihrer*, Eroberungen (2022), 463.
9 Zu dieser Forschungsperspektive vgl. die Einleitung von Rike Szill in diesem Band.

ziser definiert oder neu aufgestellt wurden.¹⁰ Diese Aushandlung von Regeln und Tugenden im Angesicht der Eroberung soll im Folgenden an einem weiteren Beispiel untersucht werden, in welchem ein solcher Verhandlungsprozess nicht wie im Fall der ‚Weiber von Weinsberg' von an der Eroberung unbeteiligten Dritten wie dem Kölner Chronisten zur Propagierung seiner Werte verwendet wurde. Vielmehr nutzte ein Eroberter selber seine persuasive Kraft, um zum einen Normen und Werte für den Eroberer zu bestimmen und zum anderen als Unterlegener eine Haltung gegenüber dem Sieger zu formulieren. Hierbei mag der Eroberte sein Erleben zu bewältigen versucht haben, in erster Linie jedoch gestaltete er Eroberung.

2 Jacopo Sannazaro, Guy de Rochefort und die Eroberung Neapels 1501

Der französische König Karl VIII. (reg. 1483–1498) hatte 1495 nur für kurze Zeit die Stadt Neapel einnehmen können. Erst den Truppen seines Nachfolgers Ludwig XII. (reg. 1498–1515) gelang es im Sommer 1501, die Regentschaft der Könige aus dem Hause Trastámara-Aragón-Neapel zu beenden. Doch schon nach kurzer Zeit waren die Teilungspläne des Königreichs Neapel, wie sie vor dem Kriegszug zwischen Ludwig und den ‚Katholischen Königen' von Kastilien und Aragón beschlossen worden waren, hinfällig, und mit der Einnahme der Stadt Neapel durch die Spanier am 16. Mai 1503 endete die französische Herrschaft.¹¹

Bei der ersten Eroberung Neapels war der Dichter, Humanist und Höfling Jacopo Sannazaro (* 1458; † 1530) von Ende Februar bis Anfang Juli 1495 König Ferdinand II. (reg. 1495–1496) nach Ischia gefolgt. Bei der zweiten Einnahme flüchtete König Friedrich (reg. 1496–1501; † 1504) vom 4. August bis zum 2. Oktober 1501 ebenfalls auf diese Insel, doch danach musste er nach Frankreich ins Exil gehen, wohin ihm Teile seines Hofes, des neapolitanischen Adels und auch Sannazaro folgten. Dort erhielt der abgesetzte König Friedrich von Ludwig XII. als Abfindung einen Herzogstitel, eine Pension und ein Gut. Während die meisten der Anhänger Friedrichs wieder zurück nach Neapel gingen, blieb Sannazaro in Frankreich, unterstützte weiterhin Friedrich, bereiste das Land, schloss Kontakt mit Humanisten, trieb Handschriftenstudien und dichtete. Erst nach dem Tod Friedrichs am 9. November

---

10 Vgl. zu den Perspektivierungen von Herrschertugenden, (Un-)Treue und den Aushandlungen von Normen und Werten u. a. die Beiträge von Helen Wiedmaier, Philipp Frey und Stephan Bruhn in diesem Band.
11 Zum französischen Italienfeldzug vgl. *Baumgartner*, Louis XII (1994), 119–123, und zu den Eroberungen der Krone Aragón die Beiträge von Eric Böhme und Robert Friedrich, sowie insbes. die Beiträge von Julia Bühner und Isabelle Schürch in diesem Band.

1504 kehrte der Dichter im Frühjahr 1505 wieder in das inzwischen spanische Neapel zurück.¹²

Auch wenn die ältere Forschung Jacopo Sannazaros Elegie I,8 ‚Ad Petrum de Roccaforti' in das Jahr 1495 und damit in den Zeitraum der ersten Einnahme Neapels datiert hatte, so darf es inzwischen als gesichert gelten, dass die Dichtung während des französischen Exils 1501–1505 Sannazaros verfasst worden ist.¹³ Während die Verse selbst keine definitiven Hinweise geben, welche der beiden Eroberungen Neapels behandelt wird, verweist die Adressierung der Elegie an den französischen Kanzler Guy de Rochefort eindeutig auf den zweiten Zeitraum, denn dieser fungierte erst ab Juli 1497 als Kanzler.¹⁴ Auch wenn die Elegie erst nach dem Tod des Dichters 1535 gedruckt wurde,¹⁵ der Titel der Elegie ‚Ad Petrum de Roccaforti' unter Umständen ein späterer Zusatz eines Herausgebers sein könnte und die Dichtung nach Abfassung – wie bei Sannazaro üblich – möglicherweise mehrere spätere Überarbeitungen erfahren hatte, so lassen es die Namensetymologie zu Beginn der Elegie (V. 1 f.) und die zahlreichen auf den Patron von Wissenschaft und Künsten gemünzten humanistischen Bezüge unwahrscheinlich erscheinen, dass die Verse ursprünglich jemand anderem gewidmet waren.¹⁶ Da Rochefort nicht an den französischen Eroberungszügen in Süditalien teilgenommen hatte, wird das Gedicht in Frankreich entstanden sein. Für ein persönliches Zusammentreffen von Dichter und Kanzler fehlen jegliche Belege, somit kann die Situation der Übergabe oder des Vortrags der Elegie nicht rekonstruiert werden. Weil sich Sannazaro aber regelmäßig im Umfeld König Friedrichs und damit zeitweise auch am französischen Hof aufhielt, ist ein direkter Kontakt zwischen Dichter und Adressat durchaus im Bereich des Wahrscheinlichen.

---

12 Vgl. an Biographien Jacopo Sannazaros neben der in Teilen problematischen Rekonstruktion von *Kidwell*, Sannazaro (1993) zuletzt *Villani*, Sannazaro (1996), 766–769, oder *Enenkel*, Erfindung (2008), 520–524. Zum Exil Sannazaros in Frankreich vgl. umfassend *Vecce*, Sannazaro (1988), 35–62, 178–186, und *Kidwell*, Sannazaro (1993), 78–111, sowie mit einem Fokus auf die Dichtungen *Bihrer*, Sannazaro (2006).
13 Vgl. die Datierung der Elegie I,8 fälschlicherweise in das Jahr 1495 bspw. in *Pércopo*, Vita (1931), 130, *Altamura*, Sannazaro (1951), 174, *Tremoli*, Saggio (1951), 43, und *Kidwell*, Sannazaro (1993), 76, sowie noch bei *Bihrer*, Sannazaro (2006), 186.
14 Zur Datierung der Ernennung Guy de Rocheforts zum Kanzler vgl. *Mangin*, Chanceliers (1935), 154 f., *Ders.*, Guillaume de Rochefort (1936), 122 f., *Baumgartner*, Louis XII (1994), 89, und *Schnerb*, Rochefort (1995), 923. Im Jahr 1495 saß Guy de Rochefort mehrere Monate in burgundischer Gefangenschaft, konnte sich somit nicht in Italien aufhalten, vgl. ebd.
15 Zum Erstdruck aus dem Jahr 1535 vgl. *Arnaud*, Voix (2014), 279.
16 Auch der Bruder Guy de Rocheforts, Guillaume (* 1433; † 1492), amtierte als französischer Kanzler und hatte humanistische Interessen, zudem könnte auf den ersten Blick ebenfalls auf ihn die Namensetymologie zu Beginn der Elegie bezogen werden, doch Guillaume de Rochefort starb bereits am 12. Aug. 1492 und damit noch vor der ersten Eroberung Neapels 1495, vgl. *Contamine*, Rochefort (1995), 923.

Als *terminus post quem* für die Entstehung der Elegie I,8 darf die Ankunft König Friedrichs und Sannazaros im Oktober 1501 in Frankreich gelten.[17] Will man die Klage über die Enteignung neapolitanischer Adeliger (V. 23–25) biographisch lesen und auch auf Besitzungen Sannazaros beziehen, die ihm zwischen 13. November 1501 und 7. Mai 1502 entzogen worden waren, dann ließe sich die Abfassung der Elegie zeitlich noch weiter eingrenzen.[18] Da eine Klage über das Verhalten französischer Eroberer an einen französischen Kanzler nach der spanischen Einnahme der Stadt Neapel am 16. Mai 1503 und spätestens mit der Eroberung des gesamten Königsreichs Neapel bis Ende 1503 gewiss nicht mehr zielführend war, dürfte Sannazaros Elegie I,8 sicher zwischen Ende 1501 und Sommer 1503 und damit im französischen Exil entstanden sein.

Der Humanist und Politiker Jacopo Sannazaro adressierte Guy de Rochefort als Humanisten und Politiker.[19] Der Kanzler stammte aus einer burgundischen Adelsfamilie,[20] hatte in Dole studiert und den Doktor beider Rechte erworben. Zunächst als Jurist, Diplomat und Ratgeber am burgundischen Hof tätig, unterstützte er schon ab 1477 den französischen König. Wie bereits sein Bruder Guillaume wurde auch Guy Kanzler, als welcher er zunächst Karl VIII. und dann Ludwig XII. diente. Der Kanzler hielt sich beständig im Umfeld des Königs auf, war Mitglied im geheimen Rat und wurde an wichtigen Entscheidungen beteiligt, aber sein tatsächlicher politischer Einfluss wird von der modernen Forschung unterschiedlich bewertet.[21] Entscheidend für das Verständnis der Elegie I,8 ist jedoch, dass Sannazaro dem Kanzler einen großen Einfluss am Königshof beimaß. Zudem war Sannazaro mit den intensiven und breiten humanistischen Interessen am französischen Königshof vertraut und dürfte Guy de Rochefort als Patron oder Adressaten von Humanisten wie Robert Gaguin (* 1453; † 1501), Guillaume Budé (* 1467; † 1540), Girolamo Balbi (* um 1450; † um 1535) oder Publio Fausto Andrelini (* 1450; † 1518) kennengelernt haben, die den Kanzler als Förderer der Wissenschaften

---

17 Vgl. das Itinerar Sannazaros in Frankreich in *Vecce*, Sannazaro (1988), 178–186.

18 Diese These hatte *Nash*, Poems (1996), 113 f., aufgestellt, ablehnend hingegen, ohne allerdings Nash als Urheber dieser These zu zitieren, *Arnaud*, Voix (2014), 280, die zu Recht darauf hinweist, dass es in der Elegie keine eindeutigen Bezüge zu den Besitzverhältnissen und zur persönlichen Situation Sannazaros gibt.

19 Von einer unveröffentlichten Dissertation zu Guillaume und Guy de Rochefort sind lediglich zwei kurze Zusammenfassungen publiziert worden, vgl. *Mangin*, Chanceliers (1935); *Ders.*, Guillaume de Rochefort (1936). Zur Biographie Guy de Rocheforts vgl. *Ders.*, Chanceliers (1935), 154 f., *Ders.*, Guillaume de Rochefort (1936), 122 f., sowie *Baumgartner*, Louis XII (1994), 89–94, *Schnerb*, Rochefort (1995), und *Arnaud*, Voix (2014), 280 f.

20 Zur Familiengeschichte der Rochefort aus Burgund vgl. *Mangin*, Chanceliers (1935), 153 f., 157 f., sowie *Ders.*, Guillaume de Rochefort (1936), 117 f.

21 Während die Biographen Guy de Rocheforts diesem eher einen großen politischen Einfluss zumessen, vgl. bspw. *Mangin*, Guillaume de Rochefort (1936), 122, ist die Forschung zu König Ludwig XII. verhaltener: So sieht *Baumgartner*, Louis XII (1994), 89, in dem Kanzler eher einen erfahrenen Beamten, der aber kaum persönlichen Einfluss auf den König besessen habe.

priesen.²² Michele Riccio (* 1445; † 1515), der gemeinsam mit Jacopo Sannazaro zunächst am Hof in Neapel, dann am französischen Königshof wirkte, widmete Guy de Rochefort seine Herrschergeschichte, die unterem anderen auch die Regenten in Neapel und Frankreich behandelt.²³ Ob aber Sannazaro über Riccio Zugang zu Rochefort erhielt, liegt im Bereich des Möglichen, ist jedoch nicht überliefert. Guy de Rochefort starb im Januar 1507/1508 und wurde in Cîteaux begraben.²⁴

3 Die Elegie I,8 ‚Ad Petrum de Roccaforti'

Sannazaros Elegie I,8 fand in der Forschung lange kein oder nur ein geringes Interesse,²⁵ so diskutierten ältere Studien lediglich die Datierung der Dichtung.²⁶ Erst in jüngerer Zeit erhielt die Elegie größere Aufmerksamkeit und wurde als politisches Gedicht gedeutet, mit welchem Sannazaro angeblich seine eigenen verlorenen Besitzungen wiedererlangen wollte oder als Dokument eines engagierten Politikers, der im Exil zum Wohl Neapels handele, oder als panegyrische Dichtung und Tugendlehre.²⁷ Auch die Anspielungen auf Elemente der literarischen Tradition in der Elegie und auf zeitgenössische humanistische Diskurse wurden bereits untersucht.²⁸ Allerdings fehlt

---

22 Die humanistischen Interessen Guy de Rocheforts werden nur kurz erwähnt bei *Mangin*, Chanceliers (1935), 158, *Dems.*, Guillaume de Rochefort (1936), 122 f., *Baumgartner*, Louis XII (1994), 157 f., *Nash*, Poems (1996), 112, und *Putnam*, Notes (2009), 466. Dieser Aspekt der Biographie Rocheforts bedarf der weiteren Erforschung.
23 Vgl. Michele Riccio, De regibus Francoru[m] lib. III, De regibus Hispaniae lib. III, De regibus Hierosolymorum lib. I, De regibus Neapolis & Siciliae lib. IIII., De regibus Vngariae lib. II, Basel: Froben, 1517; ältere kürzere Fassungen wurden bereits ab 1505 gedruckt, vgl. VD16 R 2173.
24 Die Angaben des Todesjahres variieren in der Sekundärliteratur, denn Guy de Rochefort starb im Jan. 1507 nach dem julianischen Kalender bzw. im Jan. 1508 nach dem gregorianischen Kalender.
25 V. a. auf Tagungen und in Sammelwerken wurde die Elegie I,8 nicht behandelt, vgl. bspw. das voluminöse jüngere Kompendium von *Sabbatino* (Hrsg.), Sannazaro (2009). Auch bei der Erforschung von Sannazaros Exilzeit wurde die Elegie lange nicht herangezogen, so z. B. in der umfassenden Untersuchung von *Vecce*, Sannazaro (1988).
26 Vgl. insbes. die Gesamtdarstellungen *Pèrcopo*, Vita (1931), 130, *Altamura*, Sannazaro (1951), 174, *Tremoli*, Saggio (1951), 43, und *Kidwell*, Sannazaro (1993), 76.
27 Politische Dichtung: *Nash*, Poems (1996), 112, zustimmend *Bihrer*, Sannazaro (2006), 186, und *Arnaud*, Voix (2014), 279. Bezogen auf eigene Besitzungen: vorsichtig *Nash*, Poems (1996), 113 f., ablehnend *Bihrer*, Sannazaro (2006), 186, und *Arnaud*, Voix (2014), 280. Engagierter Politiker: *Bihrer*, Sannazaro (2006), 186. Panegyrik und Tugendlehre: *Arnaud*, Voix (2014), 281, 284, 298. Arnaud zitiert in ihrem Beitrag nicht die anderen Studien, muss aber zumindest den Kommentar von Nash gekannt haben, mit dessen Thesen sie sich an mehreren Stellen auseinandersetzt.
28 Vgl. die Nachweise bei *Nash*, Poems (1996), 113, und *Putnam*, Notes (2009), 467, wobei allerdings, abgesehen von den Vergilbezügen, keine der von Nash mit Vorsicht genannten Parallelen zu den Klageliedern im Alten Testament überzeugt. Zu den Berührungen mit antiken und humanistischen Diskursen vgl. umfassend *Arnaud*, Voix (2014).

bislang ein Blick auf die Argumentationsstruktur der Elegie und damit auf die konkrete Form, wie der Eroberte Jacopo Sannazaro bei dem Eroberer Guy de Rochefort seine Ziele verfolgte und damit die Eroberung mitzugestalten versuchte. In der folgenden Fallstudie kann mit der Elegie I,8 nur eine einzige Äußerung im Umfeld der mehrfachen Eroberungen Neapels um 1500 und überdies lediglich eine Dichtung Jacopo Sannazaros in den Blick genommen werden; die Elegie markiert somit nur eine einzelne Haltung innerhalb eines sehr viel größeren Spektrums des Erlebens, der Bewältigung und der Gestaltung der Eroberung im Jahr 1501.[29]

In Jacopo Sannazaros Elegie I,8 ‚Ad Petrum de Roccaforti' spricht als Persona Astraea, Göttin der Gerechtigkeit, den französischen Kanzler Guy de Rochefort an. Inhaltlich ist die 27 Distichen umfassende Elegie dreigeteilt: Zunächst deutet Astraea Rocheforts Namen, erinnert ihn an seine Kindheit und lobt seine Tugenden (V. 1–14). Im zweiten Teil bewertet die Persona ungerechtes und gerechtes Handeln im Angesicht der Eroberung Neapels (V. 15–40). Abschließend fordert Astraea den französischen Kanzler auf, Gerechtigkeit wiederherzustellen und einen gemeinsamen Kreuzzug zu initiieren (V. 41–54).[30]

Den Eroberer überreden – bereits in den ersten beiden Distichen der Elegie wird eine Argumentationskette aufgebaut, deren Begründungen man nicht widersprechen kann: Das Wort *quod* eröffnet das Gedicht und wird gefolgt von vier weiteren Verwendungen von *quod* in nur vier Versen (V. 1–4), um den Namen des Adressaten auszudeuten,[31] der zum einen für Stärke und Festigkeit (V. 1f.) und zum anderen für die Verbindung von Tugenden (*virtutes*) und Gerechtigkeit (*leges*) (V. 3f.) steht: der Leitgedanke der Elegie. Zwar wird in diesen ersten Versen die Eroberungssituation nicht explizit erwähnt, doch mit der Kriegsmetaphorik (*forte, ardua arx, forti*; V. 1f.) bereits evoziert. Auch werden die Rollen von Eroberer und Eroberten eingangs noch nicht bestimmt, doch weisen die Eigenschaften von Stärke und Festigkeit schon darauf hin, wer hier der Sieger ist.

---

29 Zur auch widersprüchlichen Vielfalt der poetisch formulierten Haltungen zum Exil Sannazaros in Frankreich 1501–1505 vgl. auf einer breiteren Untersuchungsbasis *Bihrer*, Sannazaro (2006).
30 Ältere Textabdrucke der Elegie I,8 (*Quod pectus tibi forte, quod ardua pectoris arx est*) finden sich bei *Pércopo*, Vita (1931), 130f., und *Tremoli*, Saggio (1951), 43. Im Folgenden wird aus der neuesten Edition zitiert: Sannazaro, Poetry. Ed. *Putnam*, 176–180. Englische Übersetzungen und jeweils einen knappen Kommentar bieten *Nash*, Poems (1996), 114f. (Übersetzung) und 112–114 (Kommentar v. a. zur Datierung und zu Similien), sowie Sannazaro, Poetry. Ed. *Putnam*, 176–181 (Übersetzung), und *Putnam*, Notes (2009), 112–114 (kurzer Stellenkommentar).
31 Die Elegie trägt den Titel ‚Ad Petrum de Roccaforti', sodass Guy de Rochefort somit als Pierre de Rochefort angesprochen wird; zu Beginn werde dieser Name mit Bezug auf die Worte *petra* und *rocca* ausgedeutet (V. 1f.), so *Putnam*, Notes (2009), 467. Die Forschung hat bereits herausgearbeitet, dass unter den Vornamen des französischen Kanzlers der Name Pierre nicht nachgewiesen werden kann und der Titel der Elegie eine Ergänzung eines späteren Herausgebers sein könnte, vgl. *Nash*, Poems (1996), 112, und *Arnaud*, Voix (2014), 284. Da die Namensetymologie auch allein in Bezug auf das Wort *rocca* funktioniert, ist diese Einschätzung durchaus plausibel.

Dem Eroberer tritt im Folgenden jedoch nicht der Eroberte gegenüber, sondern eine beiden übergeordnete Instanz: die Gerechtigkeit, verkörpert durch die mythologische Figur der Astraea (V. 5f.).³² Die Göttin steht aber nicht nur für die Gerechtigkeit und hebt den Adressaten und die verhandelte Angelegenheit in eine göttliche Sphäre, sondern sie fungiert zugleich durch den Bezug zu Vergils vierter Ekloge und der mit ihr verbundenen Erzählung, dass sie die Welt aufgrund der Ungerechtigkeit der Menschen verlassen habe, am Beginn des goldenen Zeitalters jedoch wieder zurückkehre, als Botschafterin für eine neue Zeit: eine weitere Ehrung wie Verpflichtung für den Adressaten, in dessen Haus (*lares*, V. 6) Astraea eintritt. Eine Göttin kommt nach Frankreich und läutet ein goldenes Zeitalter ein, dem sich der angesprochene französische Kanzler in seinem Handeln aber als würdig erweisen muss.

Diese Verpflichtung wird in den folgenden Distichen noch weiter gesteigert, denn die Besucherin erinnert den Adressaten – demonstrativ eingeleitet durch die Worte *ego te* (V. 7) – an eine frühere und sehr enge Beziehung: Sie sei die Amme und Lehrerin Guy de Rocheforts gewesen (V. 7–12). Astraea hatte das Kind (*noster alumne*, V. 6) in der Wiege genährt, ihm zärtliche Zuneigung zukommen lassen und es erzogen, nämlich allumfassend in Bezug auf Charakter (*mores*), Intelligenz (*animumque*) und Fähigkeiten (*manusque*), sodass Guy de Rochefort sich nun durch Klugheit (*ingeniumque*) und – ganz nach dem Vorbild seiner Lehrerin – Gerechtigkeit (*iudiciumque*) auszeichnet (V. 9–10). Der Erfolg der Erziehung wird abschließend durch ein zweifaches *hinc* eingeleitet, und seine Verehrung für die Gerechtigkeit und seine Klugheit, die nochmals aufgenommen werden, gipfeln in der für Sannazaro zentralen Tugend der *fides* (V. 11f.).³³

Das folgende Distichon bringt das Anliegen der Göttin auf den Punkt – und damit das Anliegen der Elegie (V. 13f.): In einer plastisch gezeichneten Demutsgeste bittet die Amme und Göttin auf Knien und mit erhobenen Armen Guy de Rochefort um Hilfe wegen ungewohnten Übels (*insuetis malis*, V. 14). In den ersten sechs Distichen wurde der Eroberer Guy de Rochefort ja mit einem wahren Tugendkatalog (*fortitudo, iustitia, virtus, gloria*, V. 1–6; *mores, animus, manus, ingenium, sagacitas*,

---

32 Zur mythologischen Figur der Astraea vgl. kurz Nash, Poems (1996), 113, und Putnam, Notes (2009), 467, sowie umfassend Arnaud, Voix (2014), 279–281; Arnaud hat als Kern ihres Aufsatzes die literarische Tradition um Astraea und das goldene Zeitalter von der griechischen Antike bis zum Humanismus an den Königshöfen in Neapel und Frankreich, in welche Sannazaro sich einschreibt, aufgearbeitet, sodass diese Bezüge hier nicht nochmals ausgefaltet werden müssen, vgl. Arnaud, Voix (2014), 282–294. Die Interpretation von Arnaud der Elegie I,8 ist deswegen auch stärker auf eine Guy de Rochefort vorgeblich zugeschriebene göttliche Natur fokussiert, vgl. Arnaud, Voix (2014), 287, und nimmt weniger die Tugenden und das Verhältnis von Eroberern und Eroberten in den Blick. Daneben hat sich die Forschung vor dem Hintergrund des großen Interesses an Astrologie im Humanismus mit der Deutung der in der Elegie dargestellten Sternkonstellationen befasst, vgl. Nash, Poems (1996), 113, und Arnaud, Voix (2014), 287f.
33 Zur *fides* als dem „bestimmenden Thema in der Exildichtung Sannazaros" mit Beispielen Bihrer, Sannazaro (2006), 165.

iudicium, iustitia, cognitio, fides, V. 9–12) verherrlicht. Diese Werte verpflichten nicht nur an sich schon ihren Träger, gerecht zu handeln, sondern der Umstand, dass Astraea Rochefort aufgezogen und ihm diese Tugenden anerzogen hatte und er ihr somit den gesellschaftlich erwarteten Gehorsam zu leisten hat, legen schon jetzt fest, dass der französische Kanzler als Gegengabe die Bitte der Göttin zu erfüllen hat. Die Unterwerfung der Göttin Astraea erfordert eine entsprechende Gegenleistung, die als Hilfe Rocheforts (*auxilio tuo*, V. 16) nochmals explizit eingefordert wird. Eine Widerrede ist schon jetzt nicht mehr möglich.

Erst im zweiten Teil der Elegie wird expliziert, in welcher Situation Guy de Rochefort als Adressat handeln soll: im Rahmen der französischen Eroberung Italiens (*Latium*, V. 15; *Ausonia*, V. 26). Ausführlich werden im Folgenden die Leiden der Eroberten und die Ungerechtigkeiten der Eroberer thematisiert (V. 15–40) und dabei stets eine klare Grenze zwischen Sieger und Besiegten (*victis*, V. 25; *gentibus a victis*, V. 34) gezogen. Es gibt keine Übergänge und keinen Graubereich, sondern nur ein Entweder-Oder: Sieger oder Besiegte, Eroberer oder Eroberte, falsches Handeln oder richtiges Handeln, Untugenden oder Tugenden, Unrecht oder Recht.

Behandelt werden im Folgenden nicht der Eroberungszug und die konkreten Kriegshandlungen, sondern allein die Folgen der Eroberung; die Elegie richtet sich nicht an einen Heerführer oder an einen Soldaten, sondern an den Staatsmann, der die Folgen der Eroberung politisch gestaltet. Behandelt werden politische Fragen wie das Territorium oder die Staatskasse. Die Rolle des Adressaten als Politiker wird in der Elegie sogar expliziert, denn das von Guy nicht verantwortete Kriegsgeschehen ereignete sich außerhalb des Gesichtskreises des französischen Kanzlers (V. 21 f.), der jetzt aber für die Zeit nach der Eroberung vor allem aufgrund seines Einflusses auf den König die Verantwortung trägt.

Es werden in diesem zweiten Teil der Elegie in erster Linie die Ungerechtigkeiten der Eroberer aufgeführt mit dem argumentativen Ziel, dass Guy de Rochefort nun für Gerechtigkeit zu sorgen hat. Da Astraea als Göttin der Gerechtigkeit die Rechtsbrüche vorbringt, kann kein Zweifel darüber bestehen, dass es allesamt Ungerechtigkeiten sind, die in drei Aufstellungen gebündelt werden (V. 15–20, 23–25, 27–32): Verlust von politischem Einfluss, Ehre und rechtmäßigem Besitz des Adels, Vertreibung der Eliten, Verleumdung der Bürger, Verschleuderung von öffentlichen Geldern, Rechtlosigkeit und – zuletzt – Kriminalisierung (*crimen*) der Treue (*fides*) zum vorherigen Herrscher (V. 27–32).[34] Schon allein die Aufzählung verdeutlicht die Ungerechtigkeiten, die zudem durch eine dreifache rhetorische Frage eindeutig als Vergehen markiert werden (V. 23–26): So behandelt man, so Astraea weiter, als Sieger nicht die Besiegten, was in Vers 25 überdies durch den Anklang des wohl bekanntesten Verses aus Vergils ‚Aeneis' (*parcere subiectis et debellare superbos*, Verg. Aen. 6,853) noch-

---

34 Vgl. *Bihrer*, Sannazaro (2006), 186, und *Arnaud*, Voix (2014), 280.

mals drastisch unterstrichen wird (*hoc est, heu, parcere victis*, V. 25).[35] Auf die Geißelung der Ungerechtigkeiten (V. 15–32) folgt das Lob auf gerechtes Handeln gegenüber Eroberten (V. 33–40), das als Abkehr von Hochmut und Habgier nicht dem Tyrannen, sondern dem gnädigen Herrscher wahren Ruhm und ewiges Andenken bringt (*gloria*, V. 36; *fama*, V. 39), was in dieser Passage möglicherweise nochmals mit einem Vergilbezug herausgestellt wird.[36] Alle negativen und alle positiven Beispiele für die Behandlung von Eroberten sind eindeutig gezeichnet und werden durch die Autorität Vergils unterstützt – wer könnte hier noch widersprechen?

Im abschließenden dritten Teil der Elegie I,8 wird die Bitte an Guy de Rochefort abermals ausdrücklich formuliert (V. 41–54), und bereits die beiden einleitenden Worte *Ergo tu* (V. 41) betonen nochmals, dass der Adressat folglich gar nicht anders kann, als der Bitte der Göttin und seiner Amme zu folgen: Als Ratgeber des Königs hat er den Herrscher milde zu stimmen (V. 41) und das Anliegen Astraeas zu erfüllen (V. 42) – explizit als Gegenleistung für seine Amme und Erzieherin (*altricem tuam*, V. 44), der gegenüber er sich würdig zu erweisen hat. Die Handlungsaufforderung wird nun präzisiert: Guy de Rochefort habe die Ehre der Iustitia wiederherzustellen (*honores iustitiae*, V. 43), zugleich aber auch deren Schwester Clementia (*soror Clementia*, V. 45) die Ehre zu erweisen, denn Gnade und Gerechtigkeit gehören zusammen, sie sind Eines (V. 45 f.):[37] Die Eroberten sind zu schonen, und ihnen müsse Gerechtigkeit widerfahren.

Ein dreimal mit *O* eingeleitetes abermaliges Lob auf Guy de Rochefort als Inbegriff von Tugend (*o decus*, V. 47), als Hoffnung (*o spes*, V. 47) und als Held (*o vir fortuna fortior ipse tua*, V. 48) scheint den Abschluss der Elegie zu bilden, nach welchem die Tugend des Adressaten die Hoffnung gibt, dass der Held zum Wohl der Eroberten handeln werde. Vielmehr wird jedoch in den letzten Distichen der zuvor stets durchgehaltene Gegensatz zwischen Eroberer und Eroberten in einem neuen ,Wir' aufgehoben, eingeleitet durch ein doppeltes *sic* (V. 49–52): Ein gemeinsamer Kreuzzug, der jetzt schon als Sieg und Triumph gezeichnet wird, soll initiiert werden und zwar mit Guy de Rochefort als Anführer, der explizit angesprochen (*tibi*, V. 49) und auf dessen Heimat mit der Erwähnung der Saône (*Arar*, V. 52), die Burgund durchfließt und in Lyon in die Rhone (*Rhodanus*, V. 51) mündet, angespielt wird: Nicht die Reiche christlicher Herrscher sollen das Ziel von Eroberungen sein, sondern

---

35 Nachweis des Vergilzitats bereits bei *Nash*, Poems (1996), 113, *Putnam*, Notes (2009), 467, und *Arnaud*, Voix (2014), 296.
36 Vgl. V. 39 f., mit Verweis auf Verg. Aen. 8,315 *Nash*, Poems (1996), 113, und – allerdings mit falscher Versangabe – *Putnam*, Notes (2009), 467.
37 Zum *clementia*-Diskurs im Humanismus, der oft mit der Bewertung eines guten oder schlechten Herrschers verbunden wurde, vgl. *Arnaud*, Voix (2014), 296–298.

der gemeinsame Kampf müsse sich gegen die Ungläubigen richten: Wer konnte an den Höfen christlicher Regenten um 1500 hier noch widersprechen?[38]

Im letzten Distichon wird noch einmal die verpflichtende Bitte der Göttin angesprochen, die wiederum ausdrücklich an den Adressaten Guy de Rochefort gerichtet ist und mit den Worten *Hoc ego te* eingeleitet wird (V. 53). Doch zum Abschluss der Elegie wird das Gesuch nicht allein von Astraea formuliert, sondern sogar von zahlreichen weiteren Akteuren erbeten: von Apoll als Gott der Wissenschaften und Künste, von den Musen, die ebenfalls für die Wissenschaften und Künste stehen, sowie von den drei zentralen Tugenden *pietas, ius* und *nobilitas* (V. 53f.). Nachdem der französische Kanzler als tugendhafter Mensch und Politiker angesprochen wurde, wird er am Ende der Elegie als Gelehrter und Förderer der Wissenschaften und Künste adressiert: Gegen dieses letzte Argument, mit dem der Eroberer überredet wird, kann es nun überhaupt keine Widerrede mehr geben.

4 Fazit: Den Eroberer überreden, um Eroberung zu gestalten

Jacopo Sannazaros Elegie I,8 ‚Ad Petrum de Roccaforti' ist – trotz der Vorhaltungen im zweiten Teil – kein Klagegesang, sondern eine Rede an den Eroberer. Ganz dem Vorbild der antiken Rede folgend wird eine Argumentationskette aufgebaut, die an den für die Überredung jeweils entscheidenden Stellen deutliche Signalworte setzt, so zu Beginn das fünfmalige *quod* (V. 1–4), dann als Folgerung aus der Auf- und Erziehung Guy de Rocheforts das zweimalige *hinc* (V. 11f.), danach als Einleitung der Bitte Astraeas *igitur* (V. 13), anschließend als Einleitung für die Abschlussbitte *ergo* (V. 41) und am Ende für den Aufruf zum Kreuzzug das zweimalige *sic* (V. 49–52); von *igitur* (V. 13) abgesehen stehen diese Signalworte stets als das jeweils erste Wort am Beginn eines Distichons. Eine Gegenrede gegen diese – wie bei der Einzelinterpretation gezeigt – formal und inhaltlich in jeder Hinsicht überzeugende Argumentation ist nicht möglich, ein Austausch weiterer Argumente überflüssig.

Als Persona fungiert in der Elegie I,8 nicht der Eroberte, sondern mit der Göttin Astraea eine übergeordnete mythologische Instanz, die nicht nur durch ihr Kommen ein goldenes Zeitalter einläuten möchte, sondern aufgrund ihrer sozialen Beziehung als Amme und Erzieherin des Adressaten für ihren Hilferuf eine unumgängliche, da sozial geforderte Gegenleistung erwarten darf. Die zahlreichen Tugenden, die aus der Erziehung Guy de Rocheforts resultieren, sind deswegen nicht nur ein Lob auf den Adressaten, sondern in erster Linie Verpflichtung: Als Eroberer ist er verantwortlich,

---

[38] Zu Kreuzzugsgedanken und -vorhaben um 1500 vgl. die Hinweise bei *Nash*, Poems (1996), 113, und *Arnaud*, Voix (2014), 293f.

dass die Eroberten geschont werden und den Besiegten Gerechtigkeit widerfährt. Den Leitgedanken der Elegie bildet die Verbindung von Tugenden des Einzelnen mit der Herstellung von Gerechtigkeit im politischen Handeln für alle. Die gesamte Elegie folgt dem seit der Antike etablierten Schema des verpflichtenden Herrscherlobs mit dem Ziel, dass das verpflichtende Lob für den Eroberer die Lage zugunsten der Eroberten verbessern möge: den Eroberer überreden, um Eroberung zu gestalten.

Das individuelle Erleben der Eroberung Neapels 1501 und die persönliche Bewältigung durch Jacopo Sannazaro sind in der Elegie I,8 aber wohl kaum zu fassen, denn weder lassen sich im konkreten Detail eigene Erlebnisse des Dichters als Besiegter oder persönliche Belange als Eroberter fassen noch diente humanistische Lyrik dazu, ein solches Erleben und Bewältigen zu literarisieren, insbesondere nicht bei Sannazaro.[39] Auch wird in der Elegie nicht in Frage gestellt, wer der Sieger und wer der Besiegte ist, sondern die Situation erst nach der Eroberung in den Blick genommen, die gleichwohl eine Situation der Aushandlung von Werten und Rollen darstellt. Hierbei wird in der Elegie eine Haltung der Unterlegenen gegenüber dem Sieger formuliert, um als Eroberte anhand der für den Eroberer verpflichtenden Bestimmung von Normen und Werten Gestaltungsräume für Eroberte zu schaffen – weniger durch Selbstinszenierung als durch Sinnstiftung.

Sannazaros Elegie I,8 kreiert diese Gestaltungsräume vor allem durch eine persuasive Kommunikation, die keine Gegenrede duldet, denn wer könnte der Ausdeutung des eigenen Namens, einer Göttin, der eigenen (Pflege-)Mutter, der Verpflichtung von Tugenden, der Autorität Vergils oder einer lückenlosen Argumentationskette widersprechen. Und am Ende der Elegie wird sogar der anfangs klar gezogene Gegensatz von Eroberern und Eroberten aufgehoben, wenn das ‚Wir' der christlichen Königreiche aufgerufen wird, die in einem gemeinsamen Kreuzzug gegen die Ungläubigen als den gemeinsamen Feind kämpfen sollen: Die Eroberten prägen die Aushandlung der Eroberung, lösen den Unterschied zwischen Siegern und Besiegten auf – und können letztlich sogar selbst zu Eroberern werden.

Ein ‚Wir' besteht in Sannazaros Elegie I,8 jedoch von Anbeginn stets auf einer anderen Ebene, die allerdings ebenfalls erst am Ende, ja im letzten Distichon expliziert wird: die Gemeinschaft der Humanisten. Und an den humanistisch gebildeten Adressaten um 1500 richtet sich die Elegie schon formal dadurch, dass sie in Latein verfasst wurde, ein antikes Vermaß aufweist, antike Sprache, Wortschatz, Bilder, Allegorien und Figuren verwendet, mehrfach Vergil-Bezüge herstellt (V. 5f., 25, 39f.) sowie an der antiken Rhetorik geschulte Argumentationsmuster benützt: Die Poesie mit ihrer metrischen Gestalt, ihrer Sprache und ihren Stilmitteln mögen den Adressaten erfreuen (*delectare*). An mehreren Stellen sollen sprachliche Mittel wie Bilder (z. B. V. 13 f.), Passiva (z. B. V. 23, 27, 29), emotionale Ausrufe (z. B. V. 25, 47 f.), gehäufte Imperative als Bitten (z. B. V. 42 f.) oder Sarkasmus (z. B. V. 31 f.)

---

39 Vgl. *Bihrer*, Sannazaro (2006), 160.

Mitleid, Bedauern und Empören auslösen (*movere*). Die rationale Argumentation (z. B. V. 1–4, 21 f.) sowie die Mitteilung von Fakten (z. B. V. 13 f., 19 f., 23 f.) und allgemeingültiger Erkenntnisse (z. B. V. 33–40) belehren den Adressaten (*docere*). Inhaltlich rekurriert Sannazaro auf das antike Wertesystem (z. B. *virtus*, *gloria*) und insbesondere auf Herrschertugenden (z. B. *iustitia*, *clementia*) oder auf klassische Gegenüberstellungen (z. B. *tyrannus* vs. *magnanimus rex*; V. 35 f.; *dominus* vs. *servus*; V. 20), die im Mittelalter übernommen und in der Renaissance weiter ausgeprägt wurden sowie zum Grundkonsens aller Humanisten um 1500 gehörten – auch am Hof des französischen Königs.

Trotz aller Bezüge zur Gerichtsrede und zur zeitgenössischen Politik soll in der Elegie I,8 der promovierte Jurist, Kanzler und Politiker Guy de Rochefort nicht mit einer rechtskundlichen Schrift überzeugt und überredet werden, sondern Rochefort als der humanistisch geprägte Patron der Wissenschaften und Künste, denn die Dichtung eröffnet anhand der Göttin als Sprecherin, mit Bezügen zur literarischen Tradition, durch die rhetorisch-poetischen Mittel und über die metrische Gestalt sehr viel größere Möglichkeiten persuasiver Kommunikation als ein juristischer Text. Verstehen kann dies alles zwar nur der humanistisch Gebildete, der das Anliegen des Eroberten jedoch nicht wie bei einer vertraulichen politischen Eingabe oder einer persönlichen Zweierkommunikation einfach abtun kann, sondern der vor der humanistischen Öffentlichkeit Stellung beziehen muss: zur öffentlichen Herausforderung durch den gebildeten Eroberten.

5 Epilog

Eine Reaktion des französischen Kanzlers auf die Elegie Sannazaros ist nicht überliefert, ja es kann nicht einmal geklärt werden, ob die Dichtung Guy de Rochefort erreicht und ob er sie überhaupt zur Kenntnis genommen hat. Somit muss offen bleiben, ob die Elegie Sannazaro als dem Eroberten überhaupt einen Gestaltungsraum verschaffte oder ob die Dichtung lediglich den Anspruch oder den Versuch eines Eroberten widerspiegelt, einen solchen Raum zu kreieren. Auf den ersten Blick erschuf Sannazaro nur Dichtung, nicht aber politische Wirklichkeit. Das Beispiel könnte somit auch illustrieren, wie erfolglos letztlich die Möglichkeiten der Eroberten waren, selbst für einen so berühmten Dichter wie Jacopo Sannazaro um das Jahr 1500. Die eigentliche Ironie ist jedoch, dass die Elegie möglicherweise nicht wegen ihrer Form oder ihres Inhalts wirkungslos war, sondern weil der Dichter schlichtweg den falschen Adressaten angesprochen hatte: Als nur kurze Zeit später die Spanier die Stadt Neapel einnahmen, wurden die französischen Eroberer selbst zu Eroberten.

Aber während inzwischen der spanische Eroberer von Neapel, Gonzalo Fernández de Córdoba (* 1453; † 1515), und der französische Kanzler Guy de Rochefort fast völlig vergessen sind, hat die Dichtung Jacopo Sannazaros weiter Bestand: Sie wurde und wird aufgrund der Qualität der Dichtung immer wieder neu gedruckt und gelesen. Auch wenn Sannazaro mit der Elegie wohl nicht seine Gegenwart gestalten konnte, so hat er doch für seine Zukunft die Deutungshoheit erlangt: Der Prozess der Aushandlung von Eroberung dauert Jahrhunderte und endet nie. Die Geschichte der ‚Weiber von Weinsberg' besitzt gewiss nicht die poetische Qualität einer humanistischen Dichtung, aber die Überzeugungskraft des Bildes der Frauen, die ihre Männer auf den Schultern den Burgberg hinabtrugen, siegte am Ende über den Eroberer, dessen Namen die Wenigsten heute noch kennen. Die ‚Weiber von Weinsberg' überlisteten den Eroberer, Jacopo Sannazaro überredete den Eroberer – beide auf ihre Weise am Ende erfolgreich.

Drucke

Michele Riccio, De regibus Francoru[m] lib. III, De regibus Hispaniae lib. III, De regibus Hierosolymorum lib. I, De regibus Neapolis & Siciliae lib. IIII., De regibus Vngariae lib. II, Basel: Froben, 1517, online: https://www.deutsche-digitale-bibliothek.de/item/GMNSA4T ZY3OTRZ43TV2H6WPP6S2HO7G2 (Zugriff: 04.08.2022).

Edierte Quellen

Chronica regia Coloniensis (Annales maximi Colonienses). Ed. *Georg Waitz*. (MGH SS rer. Germ. 18.) Hannover 1880.
Jacopo Sannazaro, Latin Poetry. Ed. und übers. v. *Michael C.J. Putnam*. (The I Tatti Renaissance Library, Bd. 38.) Cambridge / London 2009.

Literatur

Antonio Altamura, Jacopo Sannazaro. Con appendici di documenti e testi inediti. (Studi e testi umanistici, Bd. 10.) Neapel 1951.
Marion Arnaud, La voix d'Astrée dans l'élégie Ad Petrum de Roccaforti de Jacopo Sannazaro, in: Aurélie Delattre / Adeline Lionetto (Hrsg.), La Muse de l'éphémère. Formes de la poésie de circonstance de l'Antiquité à la Renaissance. (Lectures de la Renaissance latine, Bd. 5.) Paris 2014, 279–299.
Frederic J. Baumgartner, Louis XII. New York 1994.
Wilhelm Bernhardi, Konrad III. (Jahrbücher der Deutschen Geschichte.) Berlin 1883.
Andreas Bihrer, Eroberungen im Mittelalter: Gegenstand – Motive – Akteure – Formen – Folgen. Eine Zusammenfassung, in: Hermann Kamp (Hrsg.), Herrschaft über fremde Völker und Reiche. Formen, Ziele und Probleme der Eroberungspolitik im Mittelalter. (Vorträge und Forschungen, Bd. 93.) Ostfildern 2022, 443–465.

Andreas Bihrer, Sannazaro im Exil. Zur Literarisierung von Exilerfahrungen im Humanismus, in: Eckart Schäfer (Hrsg.), Sannazaro und die Augusteische Dichtung. (NeoLatina, Bd. 10.) Tübingen 2006, 157–176.
Norbert Breuer, Geschichtsbild und politische Vorstellungswelt in der Kölner Königschronik sowie der‚Chronica S. Pantaleonis'. Phil. Diss. Düsseldorf 1966.
Philippe Contamine, Art. Rochefort, Guillaume de, in: LexMA 7, München / Zürich 1995, 923.
Roman Deutinger, Lateinische Weltchronistik des Hochmittelalters, in: Gerhard Wolf / Norbert H. Ott (Hrsg.), Handbuch Chroniken des Mittelalters. Berlin / Boston 2016, 77–103.
Karl A.E. Enenkel, Die Erfindung des Menschen. Die Autobiographik des frühneuzeitlichen Humanismus von Petrarca bis Lipsius. Berlin 2008.
Erwin Heinzel, Lexikon historischer Ereignisse und Personen in Kunst, Literatur und Musik. Wien 1956.
Uwe Israel, Von Fakten und Fiktionen in der Historie. Das neuzeitliche Leben der‚Weiber von Weinsberg', in: Zeitschrift für Geschichtswissenschaft 52, 2004, 589–607.
Jan Keupp, Interaktion als Investition. Überlegungen zum Sozialkapital König Konrads III., in: Hubertus Seibert / Jürgen Dendorfer (Hrsg.), Grafen, Herzöge, Könige. Der Aufstieg der frühen Staufer und das Reich (1079–1152). (Mittelalter-Forschungen, Bd. 18.) Ostfildern 2005, 299–322.
Carol Kidwell, Sannazaro and Arcadia. London 1993.
Konrad III. (1138–1152). Herrscher und Reich. (Schriften zur staufischen Geschichte und Kunst, Bd. 30.) Göppingen 2011.
Carl August Lückerath, Art. Kölner Königschronik, in: LexMA 5, München / Zürich 1991, 1268 f.
Joseph Mangin, Guillaume de Rochefort, conseiller de Charles le Téméraire et chancelier de France. Étude biographique suivie d'une notice sur Guy de Rochefort, in: Positions des thèses soutenues par les élèves de la promotion de 1936 pour obtenir le diplôme d'archiviste paléographe. Paris 1936, 117–123.
Joseph Mangin, Les chanceliers Guillaume et Guy de Rochefort, in: Positions des thèses soutenues par les élèves de la promotion de 1935 pour obtenir le diplôme d'archiviste paléographe. Paris 1935, 153–158.
Ralph Nash, The Major Latin Poems of Jacopo Sannazaro. Detroit 1996.
Erasmo Pércopo, Vita di Jacobo Sannazaro, in: Archivio storico per le province napoletane N.S. 17, 1931, 87–198.
Michael C.J. Putnam, Notes, in: Jacopo Sannazaro, Latin Poetry. Ed. und übers. v. dems. (The I Tatti Renaissance Library, Bd. 38.) Cambridge / London 2009, 379–522.
Regesta Imperii Online. Bd. IV 1.2, online: http://www.regesta-imperii.de (Zugriff: 04.08.2022).
Pasquale Sabbatino (Hrsg.), Iacopo Sannazaro. La cultura napoletana dell'Europa del Rinascimento. (Convegno internazionale di studi Napoli, 27–28 Marzo 2006.) Florenz 2009.
Bertrand Schnerb, Art. Rochefort, Guy de, in: LexMA 7, München / Zürich 1995, 923.
Peter-Johannes Schuler, Art. Weinsberg, Schlacht bei, in: LexMA 8, München / Zürich 1997, 2134.
Paolo Tremoli, Saggio sulle Elegiae del Sannazaro. Triest 1951.
Carlo Vecce, Iacopo Sannazaro in Francia. Scoperte di codici all'inizio del XVI secolo. (Bibliothèque d'Humanisme et Renaissance. Travaux et Documents. Medioevo e umanesimo, Bd. 69.) Padua 1988.
Gianni Villani, Iacopo Sannazaro, in: Enrico Malato (Hrsg.), Il Quattrocento. (Storia della letteratura italiana, Bd. 3.) Rom 1996, 763–803.
Rosemarie Wildermuth, „Zweimal ist kein Traum zu träumen". Die Weiber von Weinsberg und die Weibertreu. (Marbacher Magazin, Bd. 53.) Marbach 1990.
Wolfram Ziegler, König Konrad III. (1138–1152). Hof, Urkunden und Politik. (Forschungen zur Kaiser- und Papstgeschichte des Mittelalters, Bd. 26.) Wien u. a. 2008.

Kordula Wolf
Eroberte im Mittelalter, oder: Wer schreibt die Geschichte?
Ein Resümee

Abstract: Starting from the common dictum „The victor writes the history" and Reinhart Koselleck's statement „The vanquished writes the history", this paper reflects about the case studies on conquered people and conquests during the medieval millennium dealt with in this volume. It addresses not only the terms ‚conquest' and ‚the conquered', the ambiguity of the categories conqueror-conquered, and the wide range of phenomena mentioned by the authors. But it also attempts to systematise the written sources mentioned, with the result that, although no genre specifics can be derived from this typology, certain narrative patterns can be discerned which help to raise our awareness of the specifics of the sources. Finally, it is argued that the victors, both literally and figuratively, would not have written history without the vanquished.

„Der Sieger schreibt die Geschichte", heißt es in einem verbreiteten Diktum unbekannten Ursprungs. Allumfassende Gültigkeit hat es bekanntermaßen nicht. Aber es verweist auf die Problematik der Parteilichkeit von Geschichtsschreibung. Und es berührt das – erst seit der ‚Moderne' systematisch betrachtete und geschichtstheoretisch reflektierte – Verhältnis zwischen Siegern und Besiegten in der Geschichte sowie das des Historikers (und der Historikerin) zu beiden Gruppenkategorien.[1] Gerade im Zusammenhang der neuesten Geschichte geht es dabei letztendlich auch um virulente Fragen der Geschichtspolitik, des Geschichtsbewusstseins, der Sinnstiftung. Als die beiden Pole, zwischen denen sich die Debatte bewegt, benennt Marian Nebelin einerseits den Versuch einer alternativen Geschichtsschreibung, die den Besiegten mehr Gehör verschafft (Walter Benjamin), und andererseits die Ansicht, dass gerade die Besiegten das Geschichtsbewusstsein mittel- und langfristig prägen (Reinhart Koselleck).[2]

---

1 *Nebelin*, Sieger (2012), bes. 52 f., 55.
2 *Nebelin*, Sieger (2012), 53, 60–69 (zu Benjamin), 69–76 (zu Koselleck); *Nebelin*, Walter Benjamin (2007), 85–88; *Nebelin*, Versuche (2008); *Graul/Nebelin*, Umrisse (2008), 99; *Koselleck*, Erfahrungs-

Anmerkung: Dieses Resümees basiert im Wesentlichen auf den während der Tagung „Ein(ver)nehmen? ‚Eroberte' als Diskursteilnehmer zwischen Selbstinszenierung und Sinnstiftung in der Vormoderne" (12.–14. Nov. 2022) vorgetragenen Schlussbemerkungen. Diese waren nicht als eine Zusammenfassung der Tagungsergebnisse im eigentlichen Sinne konzipiert, da letztere dem Tagungsbericht von Sarah-Christin Schröder vorbehalten blieb; vgl. *Schröder*, Tagungsbericht (2021). Der Text wurde für den Druck überarbeitet und um Bezüge auf die nachträglich in den Sammelband aufgenommenen Beiträge erweitert.

https://doi.org/10.1515/9783110739923-019

Wenn der vorliegende Band Eroberte als Diskursteilnehmer zwischen Selbstinszenierung und Sinnstiftung in den Blick nimmt, geht es nicht darum, eine neue Geschichte der Besiegten zu schreiben und diese neben die der Sieger zu stellen. Auch gilt das Interesse nicht allein dem Bereich der Geschichtsschreibung, auf dem in der theoretischen Diskussion das Hauptaugenmerk liegt. Vielmehr werden Besiegte als „zentrale Deutungsinstanz" aufgefasst und „gezielt (…) Aspekte der *agency* von Eroberten, ihre Bewältigungskonzepte und -strategien sowie [die] Anerkennung von Herrschaftsansprüchen im Austausch mit ihren Eroberern"[3] in den Blick genommen. Im Mittelpunkt stehen diejenigen, die im Rahmen von Eroberungen[4] als Verlierer[5] in Erscheinung treten, wobei die Analysen sowohl auf die (Eigen-)Wahrnehmung, Beschreibung und Deutung des Erobert-Seins fokussieren als auch auf die daraus resultierenden Handlungsoptionen sowie den Umgang mit der Situation, bei Eroberungen nicht auf der Gewinnerseite zu stehen.[6] Mit Schwerpunkt auf dem mittelalterlichen Jahrtausend werden in Disziplinen überschreitender Perspektive Fallbeispiele aus dem euro-mediterranen und euro-transatlantischen Raum behandelt. Dabei sind besonders zwei Aspekte intensiv thematisiert: zum einen die Quellen- und Überlieferungsproblematik und eng damit verbunden ein Nachdenken über die Möglichkeiten, Eroberte als Diskursteilnehmer in der Vormoderne überhaupt greifen zu können; zum anderen die facettenreiche Grauzone zwischen Eroberern und Eroberten,[7] die vereinheitlichende Lesarten und stereotype Zuschreibungen infrage stellt sowie der historischen Vielfalt und Uneindeutigkeit mehr Geltung verschafft. Beide Aspekte sind eng miteinander verschränkt und bilden daher den roten Faden im Hintergrund der nachstehenden Betrachtungen, die (ohne dass damit Position innerhalb der eingangs erwähnten Debatte bezogen wird) bei Reinhart Kosellek ihren Ausgang nehmen, um dann über die Vielfalt der im Band zur Sprache gebrachten Phänomene zu reflektieren und diese auch ein Stück weit zu systematisieren.

---

wandel (1988); *Koselleck*, Arbeit (2012). Zum Denkmodell, wonach die Besiegten die Geschichte schreiben, bei Kosellecks Lehrer Carl Schmitt vgl. *Mehring*, Lachen (2012).
3 Vgl. dazu in der Einleitung von Rike Szill in diesem Band.
4 Zum Phänomen der Eroberungen im Mittelalter vgl. u. a. den jüngst erschienenen Sammelband *Kamp* (Hrsg.), Herrschaft (2022), und darin bes. die Beiträge von *Kamp*, Formen (2022), und *Bihrer*, Eroberungen (2022).
5 Vgl. allgemein *Graul/Nebelin*, Verlierer (2008); *Bihrer/Schiersner*, Reformen (2016), bes. 14 f., 22 f.
6 Vgl. hierzu ausführlicher in der Einleitung von Rike Szill in diesem Band.
7 Jüngst auch *Bihrer*, Eroberungen (2022), 463: „Trotz aller Fremd- und Feindbilder (…) waren die Grenzziehungen zwischen Eroberern und Eroberten vielfach gar nicht so eindeutig, es kam zu Mischformen und Übergängen, zu Ver- und Entfremdungsprozessen, um nicht den bereits etwas ausdiskutierten Begriff der ‚Hybridität' verwenden zu müssen, mit dem schon länger die wechselseitige Durchdringung von Herrschenden und Unterdrückten beschrieben wird".

1 Terminologische Reflexionen

Vorab einige Bemerkungen zu den Begrifflichkeiten. Im Folgenden wird bewusst diffus mal von Siegern und Besiegten bzw. Verlierern, mal von Eroberern und Eroberten gesprochen (die weiblichen Formen jeweils inbegriffen). Kein Zweifel: Eroberer sind – zumindest wenn sie ihre Unternehmungen erfolgreich zu Ende bringen – zunächst auch immer Sieger, aber nicht jeder Sieger ist zugleich ein Eroberer. Dasselbe gilt für Besiegte bzw. Verlierer: Nicht alle sind Eroberte, aber jeder Eroberte steht – wenigstens zeitweise und hinsichtlich der durch die Eroberung veränderten Machtverhältnisse – auf der Verliererseite. Die Wahl der Termini hängt natürlich auch davon ab, was als Eroberung definiert wird, zumal es weder in den Quellen noch im aktuellen Sprachgebrauch klar voneinander abgegrenzte Begriffe gibt[8] – ein Aspekt, der noch komplexer wird durch abweichende terminologische Bedeutungsspektren in anderen Sprachen. Etwas zu eng gefasst erscheint Hermann Kamps für den mittelalterlichen Kontext bewusst eingegrenzte, doch zugleich auch offen gedachte Definition von Eroberung als „militärisch erzwungene[r] Übernahme der Herrschaft über ein fremdes Volk oder ein fremdes Reich".[9] Zwar kommen in praktisch allen Beiträgen des vorliegenden Bandes im Eroberungskontext physische Gewalt und Machtwechsel zur Sprache. Grundsätzlich jedoch stellen fremde Völker und Reiche nicht die alleinigen Bezugsgrößen im Zusammenhang mit Eroberungen dar, konnten diese doch beispielsweise auch auf der Ebene von Fürsten- und Herzogtümern stattfinden oder einzelne Orte und Regionen betreffen, ohne dass damit ein grundsätzlicher Machtwechsel auf Reichsebene einherging. Zudem hat es immer wieder kurzlebige oder nicht abgeschlossene Eroberungen gegeben, die sich in kleineren Dimensionen abspielten, trotzdem aber Aufschlüsse über die Rolle der Eroberten in der Geschichte ermöglichen. Kamp geht in seinem Beitrag in diesem Band über „großräumige Eroberungen" hinaus und fängt durch seine revidierte Definition von Eroberung als „militärisch erzwungene[r] Aneignung eines Herrschaftsgebiets" die genannten Einwände weitgehend auf.

Doch was unterscheidet Eroberungen von Expansionen? Kamp zufolge sei eine Abgrenzung vom Begriff der Expansion dadurch möglich, dass letztere „eben nicht zwangsläufig auf Gewalt gründen muss".[10] Sofern Expansionen nicht in herrschaftsfernen Räumen stattfanden, sind sie allerdings ohne Gewaltanwendung kaum denkbar. Vielmehr liegt der Akzent beim Expansionsbegriff auf der räumlichen Dimension im Sinne der Vergrößerung eines bestimmten Herrschaftsbereichs, was phänomenologisch gesehen die Unterscheidung zu einem als langfristigen und rezi-

---

8 Zum Eroberungsbegriff vgl. *Kamp*, Formen (2022), 18–23; *Bihrer*, Eroberungen (2022), 444 f., 451–453.
9 *Kamp*, Formen (2022), 18, 24.
10 *Kamp*, Formen (2022), 18.

proken Aushandlungsprozess verstandenen Eroberungsbegriff[11] erschwert. Abgrenzungsschwierigkeiten bereiten auch andere Begriffe: Sollte man beim Phänomen der ‚freiwilligen' Eroberung oder der ‚friedlichen Kapitulation' lieber von ‚Übergabe' sprechen? Egal, für welchen der beiden Termini man sich entscheidet: Das Gefühl oder die Gewissheit, ein drohender Krieg werde die aktuellen Machtverhältnisse kippen, spielt eine wesentliche Rolle,[12] unabhängig davon, welche Motive sonst noch ausschlaggebend sein mochten. Auch ‚freiwillige' Eroberung steht immer im weiteren Kontext gewaltsamer Auseinandersetzungen. Von Revolten oder Dynastiewechseln wiederum, die ebenfalls mit physischer Gewalt einhergehen können, lassen sich Eroberungen insofern abgrenzen, als sie nicht auf einen Wechsel der Oberherrschaft beziehungsweise der regierenden Eliten innerhalb der Grenzen eines bestehenden Herrschaftsraums, sondern auf die Veränderung der Grenzen selbst abzielen. Gewalt, Grenzverschiebungen und Herrschaftswechsel können daher als konstitutiv für Eroberungen gelten.[13]

Vor diesem Hintergrund sei ausgehend von Kamps griffiger Eingrenzung von Eroberung als „militärisch erzwungene[r] Aneignung eines Herrschaftsgebiets" eine etwas erweiterte Begriffsbestimmung vorgenommen. Im Sinne einer heuristischen, nicht aus zeitgenössischen Perspektiven gespeisten Definition können Eroberungen als durch Einsatz oder Androhung von physischer bzw. militärischer Gewalt erwirkte, sich aber nur selten geradlinig vollziehende Umbrüche und Transformationen gefasst werden, die mit Formen politischer und wirtschaftlicher Aneignung von kurzer Dauer oder mit der Herausbildung längerfristig tragender Herrschaftsstrukturen einhergingen und dabei zu räumlichen Verschiebungen bestehender Herrschaftsgrenzen führten. Ähnlich verstanden bereits Markus Meumann und Jörg Rogge Eroberung als „gewaltsame Besitznahme eines Territoriums oder Gemeinwesens mit militärischen Mitteln unter voller Herrschaftsübernahme mit intendierter Dauerhaftigkeit", setzten damit jedoch Planmäßigkeit seitens der Eroberer voraus und zogen das Phänomen ‚freiwilliger' (zum Beispiel durch Kapitulationsverhandlungen erreichter) Eroberung nicht in Betracht.[14] Der stattdessen hier vorgeschlagene, relativ breite und pluridimensionale Eroberungsbegriff schließt alle in den Beiträgen dieses Bandes behandelten Eroberungsphänomene ein. Ebenfalls dürfte mit ihm ein Großteil des Spektrums erfasst sein, das im Deutschen situativ durch

---

11 Vgl. dazu in der Einleitung von Rike Szill in diesem Band. Als „kultureller Wandlungsprozess" wurden Eroberungen bereits verstanden von *Bartlett*, Geburt (1996), bes. 326; vgl. hierzu – mit Verweis auf Bartletts okzidentale Sichtweise – auch *Bihrer*, Eroberungen (2022), 447.
12 Vgl. für diesen Aspekt u. a. die Beiträge von Eric Böhme, Robert Friedrich und Philipp Winterhager in diesem Band.
13 Ähnlich formulierte dies bereits *Bihrer*, Eroberungen (2020), 453: „Zwei Elemente waren gleichwohl unstrittig, die Anwendung von Gewalt und die über den militärischen Sieg hinaus reichende, nachhaltige Folge der Aneignung von Gebiet (...)".
14 *Meumann/Rogge*, Besetzung (2006), 19. Auf diesen Eroberungsbegriff bezieht sich auch Richard Engl in diesem Band.

Begriffe wie Expansion, Okkupation, Landnahme, Einmarsch, Einfall, Einzug, Erstürmung, Einnahme, Invasion, Überfall, Annexion, Annektierung, Angliederung, Besitznahme, Bemächtigung, Beherrschung, Bezwingung, Überwältigung oder Unterwerfung, aber auch Usurpation, Herrscherwechsel, Staatsstreich oder Putsch abgedeckt wird.[15]

Da eine Differenzierung in Eroberer und Eroberte in der Vormoderne durchaus als Denkfigur existierte und auch im Rahmen einer analytischen Reflexion weiterhin sinnvoll erscheint,[16] sei an dieser Stelle zur Überwindung einer möglichen terminologischen Aporie der Versuch einer begrifflichen Operationalisierung unternommen: Entsprechend der oben aufgestellten Definition des Begriffs Eroberung sind im Folgenden mit Eroberten diejenigen gemeint, die sich im Prozess eines durch Gewaltanwendung oder -androhung herbeigeführten und mit Grenzverschiebungen einhergehenden Herrscherwechsels einer von den Siegern bestimmten Ordnung unterstellen und anpassen müssen. Von einer homogenen Gruppe kann hierbei freilich ebenso wenig ausgegangen werden wie von einem dauerhaften Zustand. Dieses Problembewusstsein ermöglicht es, komplexe Dynamiken präziser zu fassen, Zuordnungen involvierter Akteure zu bestimmten ‚Seiten' zu hinterfragen und als „fluide Konstrukte zu verstehen, die durch Diskurse geformt und kontextbedingt verändert werden konnten und wurden".[17]

2 Eroberte in den Quellen – Versuch einer Typologie

Je nach Umstand konnte ein durch Eroberung herbeigeführter politischer Umbruch im Alltagsleben für alle gesellschaftlichen Schichten einschneidende Konsequenzen haben. Machtverlust und damit einhergehend Ansehens- und Statusminderung sowie möglicherweise eine Verschlechterung der eigenen ökonomischen Position betrafen indessen vornehmlich Angehörige der Eliten. Letztere wiederum hatten im Unterschied zu den weniger oder nicht privilegierten Bevölkerungsgruppen prinzipiell größeren (Ver-)Handlungsspielraum und konnten Eroberungsprozesse vielfach aktiv mitgestalten. In der Regel waren die Sieger zur dauerhaften Sicherung ihrer Herrschaft darauf angewiesen, „die unterlegenen Gegner als zukünftig loyale Untertanen zu gewinnen".[18] Es kam aber auch vor, dass die Eroberten erst durch Widerstand eine stärkere Berücksichtigung ihrer Interessen zu erwirken vermochten.[19] Manche Eroberte traten als aktive Diskursteilnehmer wiederum erst Jahre

---
15 Vgl. *Bihrer*, Eroberungen (2022), bes. 452–454.
16 Vgl. hierzu auch die Einleitung von Rike Szill in diesem Band.
17 So in der Einleitung von Rike Szill.
18 Zitiert aus dem Beitrag von Jörg Rogge in diesem Band.
19 Vgl. für diesen Aspekt den Beitrag von Jörg Rogge.

oder Jahrzehnte nach Abschluss der Kampfhandlungen in Erscheinung, um die eigene Position unter den nunmehr veränderten Machtverhältnissen neu zu definieren und zu justieren.[20]

In Verkehrung des eingangs zitierten Diktums konstatierte Reinhart Koselleck 1988: „Der Besiegte schreibt die Geschichte". Denn die Sieger hätten einen selektiven und teleologischen Blick auf die Vergangenheit. Dieser konzentriere sich auf „jene Ereignisfolgen, die ihnen, kraft eigener Leistung, den Sieg eingebracht haben", versuche also, den Sieg zu legitimieren, was dann „leicht zu Deformationen der Vergangenheitssicht" führe. „Anders die Besiegten.", so Kosellek weiter: „Deren Primärerfahrung ist zunächst, daß alles anders gekommen ist als geplant oder erhofft. Sie geraten, wenn sie überhaupt methodisch reflektieren, in eine größere Beweisnot". Erfahrungen der Niederlage stellen aus dieser Perspektive also eine intellektuelle Herausforderung dar, einen Quell neuer Einsichten, denen größere Erklärungskraft zukomme als den Siegernarrativen. Deshalb folgert Kosellek: „Mag die Geschichte – kurzfristig – von Siegern gemacht werden, die historischen Erkenntnisgewinne stammen – langfristig – von den Besiegten".[21]

Für die Zeit der Vormoderne und für den spezifischen Kontext dieses Sammelbandes mag die Frage, wer die bessere, methodisch reflektiertere Geschichte schreibt, weniger drängend sein. Inwieweit Sieg oder Niederlage Movens für Geschichtsschreibung sind, ist indessen auch in Bezug auf die im Zentrum dieses Bandes stehenden mittelalterlichen Akteure bedeutsam. Denn angesprochen ist hier die Problematik der Intentionen und narrativen Strategien im Zusammenhang mit der Kommunikation und Bewältigung von Eroberungen. Wie oft verarbeiteten die über das Geschehen Berichtenden selbst erlebte Krisensituationen und versuchten, unter Rekurs auf bestimmte Deutungsschemata das Erfahrene produktiv und pragmatisch in übergeordnete Erzählkontexte einzuordnen! Für die Historiographie gilt das ganz besonders, ob aus Sieger- oder Verliererperspektive. Es gibt aber auch viele Zeugnisse, die sich anderen Quellengattungen zuordnen lassen und eine Untersuchung lohnend machen, weil sie wichtige Aufschlüsse ermöglichen.

Führten unter Einsatz von physischer Gewalt herbeigeführte Umbrüche zu einem kurzfristigen Herrschaftswechsel oder zur Herausbildung längerfristig tragender Herrschaftsstrukturen, standen den Unterlegenen prinzipiell sechs Optionen offen: 1) der Versuch, das ‚Alte', das heißt: maximale Eigenständigkeit, zu bewahren; 2) die Anpassung an die veränderten Rahmenbedingungen durch Assimilation und ggf. Konversion; 3) Widerstand; 4) Flucht; 5) Freikauf (im Fall von Gefangenschaft oder Ver-

---

20 Vgl. hierzu beispielsweise den Beitrag von Marcel Bubert in diesem Band.
21 *Kosellek*, Erfahrungswandel (1988), 51–61 („5. Die Geschichte der Sieger – eine Historie der Besiegten"). Zur Thematik vgl. auch die Tagung „Geschichte wird von den Besiegten geschrieben. Darstellung und Deutung militärischer Niederlage in Antike und Mittelalter" (Bericht in: H-Soz-Kult, 09.11.2021, www.hsozkult.de/conferencereport/id/fdkn-127684; Zugriff: 29.11.2022) und den in Vorbereitung befindlichen Tagungsband.

sklavung); 6) Tod/Selbstmord. Verbunden damit waren je nach Situation und Gesellschaftsschicht der Verlust, die Beibehaltung oder der Zuwachs an Status und sozialem Prestige, an Besitz und Macht, an ökonomischen Ressourcen und Handlungsspielräumen. Auch Fragen von Identität und Ehre spielten eine Rolle.

Geht es allgemein darum, die Eroberten bzw. die Besiegten „nicht nur [als] passive Opfer, sondern [als] aktive Akteure [zu greifen], die Strategien verfolgten, Entscheidungen trafen und Neues erschufen",[22] sind wir für die Zeit des mittelalterlichen Jahrtausends zuallererst mit der – nicht überall auf Quellenverluste zurückführbaren – Schwierigkeit konfrontiert, dass uns die Stimmen der Eroberten nur selten direkt erreichen. In den meisten Fällen müssen sie daher indirekt und auf subtile Weise erschlossen werden.

Gerade Formen des Aufbegehrens, des Widerstandes, die von den Zeitgenossen aus ganz unterschiedlichen Gründen des Aufschreibens für wert befunden wurden, geben ein Stück weit den Blick auf die uns interessierenden Akteure frei. Offenbar waren der Grad an herrschaftlicher Durchdringung und der Aspekt, inwieweit diese sich aus Sicht der Betroffenen negativ auf die eigenen Lebens- und Partizipationsbedingungen auswirkte, nicht unrelevant: Wurden den Eroberten weitreichende Autonomien gelassen, wurden sie in die neue Herrschaft durch politische Ämter und wichtige Funktionen integriert, war Widerstand in der Regel zunächst weniger häufig anzutreffen, als wenn eine neue Herrschaft mit drückenden Steuerlasten, Repressalien, Marginalisierung, Vertreibung, Umsiedelung, Gräueltaten oder Versklavung einherging. In anderen Fällen wiederum wirkte das Zugeständnis weitgehender Autonomie mittel- oder langfristig destabilisierend, wenn Eroberte trotz weitgehender Integration postum Strategien zur Delegitimierung der Eroberung entwickelten, schließlich nach gänzlicher Loslösung von den aktuellen Herrschaftsträgern strebten und Gewaltspiralen, bisweilen auch Rückeroberungen in Gang setzten.[23] Wie im Fall der Normandie konnte es infolge der Eroberung auch zu sich selbst potenzierender Unsicherheit, Kriminalität und Gewalt kommen, die einen erfolgreichen Herrschaftswechsel auf Dauer verhinderten.[24] Andererseits galt die Idee der ‚Reconquista' auch als Rechtfertigung für Kriegszüge, ohne dass (aus heutiger Sicht) ein direkter Zusammenhang mit vorangegangenen Eroberungen herstellbar ist.[25]

Nicht-Akzeptanz bestehender politischer Konstellationen mündete also in manchen Fällen in eine Umkehrung der Sieger-Verlierer-Konstellation. Dieses Phänomen der Eroberten, die zu Eroberern werden, reicht von der Partizipation bis zur Reversion: Für die erste Facette, die Partizipation, steht die zunehmende Beteiligung kanarischer Krieger an den Kriegszügen der ‚Europäer', ohne die deren Erfolg

---

22 *Bihrer*, Eroberungen (2022), 463, ebenso in seinem Beitrag in diesem Band.
23 Einige Fallbeispiele finden sich in den Beiträgen von Marcel Bubert, Eric Böhme, Richard Engl, Hermann Kamp und Christoph Mauntel in diesem Band.
24 Vgl. den Beitrag von Christoph Mauntel in diesem Band.
25 Vgl. hierzu im Beitrag von Isabelle Schürch in diesem Band.

nicht denkbar ist;[26] die zweite Facette, die Reversion, repräsentiert der Muslim Muḥammad ibn ʿAbbād, der in offener Konfrontation mit Friedrich II. die Etablierung eines selbständigen Emirats in Sizilien einschließlich eigener Münzprägung anstrebte.[27] Inwieweit die nach Nordapulien zwangsumgesiedelten Muslime Siziliens in der durch sie islamisierten Stadt Lucera tatsächlich „wie Eroberer auftreten [konnten], obwohl sie eigentlich Eroberte waren", bleibt indes fraglich, denn trotz ihrer „erstaunlichen Handlungsspielräume"[28] verblieb die Entscheidungs- und Verfügungsgewalt letztendlich bei den christlichen Herrschern.

„Begreift man Herrschaft (...) als reziprokes Verhältnis, welches sich wesentlich aus der Anerkennung der Beherrschten speist",[29] können Eroberungen nur dann von längerer Dauer sein, wenn sie als legitim wahrgenommen werden.[30] Auf der perzeptiven Ebene ließe sich fragen, inwieweit möglicherweise erst die Wahrnehmung der mittelalterlichen Zeitgenossen, dass ein gewaltsam herbeigeführter Herrscherwechsel unrechtgemäß stattgefunden habe, aus neuen Herrschern illegitime Sieger machte – und entsprechend aus denen, die aus welchen Gründen auch immer zur alten Herrschaftsordnung zurückkehren wollten, zu Aufbegehrenden, die wir dann als Eroberte in den Quellen greifen können. Zu Recht konstatiert Hermann Kamp in diesem Zusammenhang, dass „nicht in jeder Erhebung, die sich gegen die Herrschaft eines Eroberers richtet, ein Aufbegehren der Eroberten [steckt]",[31] und zwar insofern, als sich der Widerstand gegen einen bestimmten Herrscher nicht unbedingt gegen dessen Eroberung richten muss, sondern gänzlich andere Hintergründe haben kann. Aufgrund der lückenhaften Quellenlage lässt sich in den meisten Fällen jedenfalls nur spekulieren, ob das Aufbegehren gegen den Machtwechsel und gegen die mit ihm einhergehende Herrschaftsweise ein Indiz für die Selbstwahrnehmung als Eroberte ist, in die möglicherweise auch das Gefühl der Unterlegenheit oder verletzten Ehre hineinspielte.

Was wir an Sichtweisen und Handlungsoptionen seitens der Besiegten bzw. Eroberten greifen können, hängt auch von anderen Faktoren ab: der Erzählperspektive und davon, wie sehr, wie oft und unter welchen Vorzeichen die auf uns gekommenen Informationen gebrochen sind. Der folgende Versuch einer Systematisierung macht zugleich deutlich, dass sich daraus, wenn überhaupt, nur bedingt Gattungsspezifika ableiten lassen. Zu erkennen sind aber gewisse Erzählmuster. Grundsätzlich kann eine Typologie bestehend aus vier Kategorien erstellt werden: 1) Texte von Eroberern; 2) Texte von Eroberten; 3) kollaborative Texte, die bis zu einem gewissen Grad gemeinsam von Eroberern und Eroberten verfasst wurden; 4) externe Texte, geschrie-

---

26 Vgl. den Beitrag von Julia Bühner in diesem Band.
27 Vgl. hierzu im Beitrag von Richard Engl in diesem Band.
28 So im Beitrag von Richard Engl.
29 Vgl. dazu im Beitrag von Stephan Bruhn in diesem Band.
30 Zur Frage der Legitimität und Legitimierung von Eroberungen vgl. den Beitrag von Hermann Kamp in diesem Band sowie *Kamp*, Formen (2022), 26 f.
31 Vgl. dazu im Beitrag von Hermann Kamp in diesem Band.

ben von Akteuren, die nicht zu den Konfliktseiten gehörten bzw. nicht unmittelbar am Konflikt beteiligt waren (vgl. Abb. 1). Hinsichtlich der im Folgenden aufgelisteten Merkmale geht es weder um Vollständigkeit noch sind diese überall gleichzeitig fassbar.

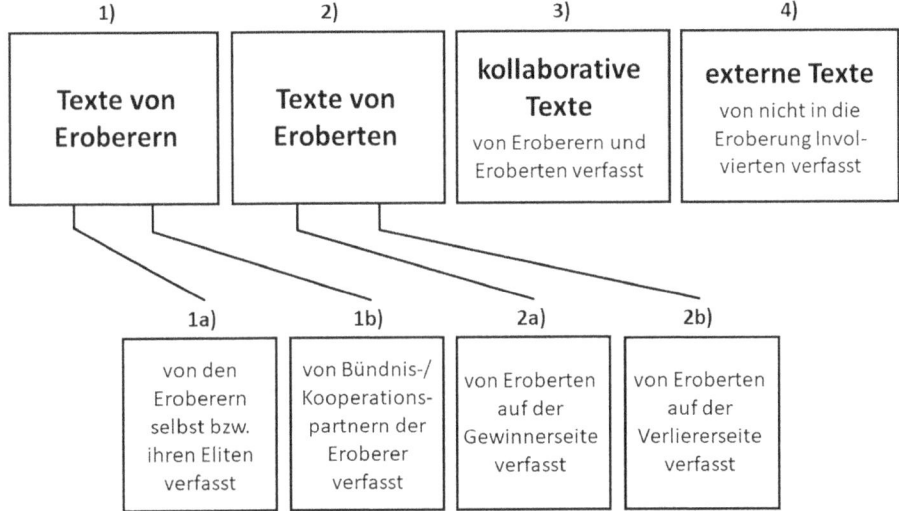

Abb. 1: Eroberte in den Quellen – eine Typologie.

Die erste Kategorie lässt sich in zwei Unterkategorien aufgliedern. Zur ersten 1a), den von den Eroberern oder in ihrem Auftrag geschriebenen Texten, zählen viele Beispiele: historiographische Texte (einschließlich autobiografischer Zeugnisse, Augenzeugenberichte, Tatenberichte und Illustrationen),[32] normative Texte,[33] Begnadigungsbriefe,[34] Lobgedichte[35] oder literarische Werke.[36] Die Fülle und Genauigkeit der in diesen Texten enthaltenen Details hängen sowohl von der zeitlichen Nähe der Niederschrift zu den erzählten Ereignissen und der Beteiligung der Autoren an ihnen ab

---

[32] Beispiele finden sich in den Beiträgen von Eric Böhme, Julia Bühner, Philipp Frey, Robert Friedrich, Hermann Kamp, Christoph Mauntel, Isabelle Schürch und Helen Wiedmaier in diesem Band. Zur byzantinischen Geschichtsschreibung vgl. ebd. den Beitrag von Michael Grünbart.
[33] Dazu gehören u. a. lateinische Dokumente der königlichen Kanzlei, die indirekt Aufschlüsse über die ‚eroberten' Muslime gewähren, oder Ordinanzen im englisch-normannischen Kontext; vgl. dazu in den Beiträgen von Richard Engl bzw. Christoph Mauntel in diesem Band.
[34] Wie die des englischen Königs für Bewohner der Normandie; vgl. den Beitrag von Christoph Mauntel in diesem Band.
[35] So das im Beitrag von Anne Foerster analysierte Lobgedicht ‚In honorem Hludowici' des Ermoldus Nigellus in diesem Band.
[36] Genannt werden können hier die mit großem zeitlichem Abstand zu den Eroberungen entstandenen Werke des Bartolomé Cairasco de Figueroas und die ‚Conquista de Tenerife' des Antonio de Viana; vgl. hierzu den Beitrag von Julia Bühner in diesem Band.

als auch von den zum Zeitpunkt der Abfassung verfügbaren mündlichen Berichten und Schriftquellen. Gemeinsam ist den Texten der Unterkategorie 1a), neben einer subjektiven und selektiven Darstellung, eine Tendenz zur Diskreditierung der Zu-Unterwerfenden und der Eroberten, um die Aktionen der Eroberer zu legitimieren; die Hervorhebung der Stärken und Tugenden der siegenden Herrscher und/oder der mit ihnen zusammenarbeitenden Eliten, auch in Form von Liebes- und Heldengeschichten; die Minderung oder das Verschweigen des Anteils der Kooperationspartner am Erfolg. Ebenfalls konnten Komplexitätsreduzierung, das Übergehen oder die Umdeutung eigener Niederlagen sowie der Rückgriff auf antike Vorbilder kennzeichnend sein. Bisweilen wird auch, wie in Ermoldus Nigellus' Lobgedicht, der Blick auf normative Grundsätze frei, die den Eroberten aus Sicht der Eroberer unterstellt wurden.[37]

Zur zweiten Unterkategorie 1b), den von Bündnis- und Kooperationspartnern der Eroberer verfassten Texten, lassen sich beispielsweise die Lienzos als piktografische Erzählungen rechnen.[38] Sie verfolgen ähnliche narrative Strategien wie die Texte, die der Kategorie 1a) zugeordnet sind, nur dass sie den Anteil des Kooperationspartners stärker betonen, aus dessen Perspektive der Autor – schreibend oder visuell – die Ereignisse festzuhalten versuchte.

Auch die zweite Hauptkategorie kann in zwei Unterkategorien unterteilt werden. Zur ersten 2a) gehören Texte, die durch Eroberte verfasst wurden, die von Anfang an, ab einem bestimmten Zeitpunkt oder für eine gewisse Zeitspanne auf der Gewinnerseite standen. Es kann sich dabei unter anderem um historiographische Werke oder Lobreden[39] handeln. Als typische Elemente erscheinen hier: Legitimation und Lobpreisung der Sieger sowie Rechtfertigungen im Sinne der Siegerperspektive; das Bemühen um Ausgleich zwischen oder die gleichberechtigte Darstellung von Eroberten und Eroberern; das Anknüpfen an die eigene Erinnerungskultur; *damnatio memoriae*; narrative Strategien, um das Ausmaß von Niederlagen (wenn sie denn überhaupt erwähnt werden) kleinzureden; der Rückgriff auf antike Vorbilder mit legitimierender Funktion[40] – all dies komplexitätsreduzierende Elemente.

---

37 Vgl. dazu im Beitrag von Anne Foerster in diesem Band.
38 Vgl. den ‚Lienzo de Quaquechollan', den ‚Lienzo de Tlaxcala' und den ‚Lienzo de Analco', die als „baumwollene Eroberungsgeschichte[n]" im Beitrag von Isabelle Schürch in diesem Band behandelt werden.
39 So das ‚Encomium Emmae reginae' des Erzbischofs Wulfstan von York im Beitrag von Stephan Bruhn in diesem Band, der das aktualisierte Ende dieses Textes in der ‚Edwardian recension' mit dem Wechsel des Autors auf die Erobertenseite in Zusammenhang bringt. Auch wenn Wulfstan „von den Umbrüchen nicht unmittelbar betroffen gewesen [sein mag], da seine geistliche Heimatgemeinschaft sich außerhalb des umstrittenen Gebiets befand" (so Stephan Bruhn), steht außer Frage, dass der Erzbischof sich mit den neuen Herrschern arrangierte und dass sein „Obenbleiben" (ebd.) nicht aus einer Partizipation an den zum Herrscherwechsel führenden kriegerischen Auseinandersetzungen auf der Siegerseite resultierte. Aus diesem Grund scheint eine Zuordnung zur Kategorie 2) gerechtfertigt.
40 So im ‚Encomium' von Wulfstan, dessen konzeptionellen Leitrahmen Vergils ‚Aeneis' bildete; vgl. den Beitrag von Stephan Bruhn in diesem Band.

Die zweite Unterkategorie 2b) umfasst Zeugnisse von Eroberten auf der Verliererseite, denen im Band die meiste Aufmerksamkeit gewidmet wird. Entsprechend groß ist die Spannweite, die von Briefen bzw. Schreiben,[41] historiografischen Werken[42] oder in diese eingefügten (Augenzeugen-)Berichten[43] über Petitionen[44] und Predigten[45] bis hin zu musikalisch-literarischen Zeugnissen,[46] Dichtungen[47] sowie eingeritzten Stoßgebeten und emotionalen Äußerungen bei Prozessionen[48] reicht. Als Erzählstrategien lassen sich hier ausmachen: Diskreditierung der Eroberer und Unterminierung ihres Herrschaftsanspruchs;[49] Anprangerung der verübten Grausamkeiten; Heroisierung der Unterlegenen; exkulpierende Tendenzen durch Übertreibung (Truppenstärken, Belagerungsdauer) und Externalisierung des Scheiterns; Verschweigen von Konfliktursachen, wenn sie für die eigene Darstellung unpässlich waren; Rechtfertigung von Gewalttaten als Racheakt oder im Rahmen des Widerstands zur Wiedererlangung ‚verlorerer Freiheit'. Sie können aber auch auf eine gezielte Aneignung der Geschichte hinauslaufen,[50] der unmittelbaren Betroffenheit

---

[41] Als Beispiel lässt sich das als ‚Remonstrance of the Irish Princes' bekannte Dokument nennen, das im Beitrag von Marcel Bubert in diesem Band behandelt wird.

[42] So die im Beitrag von Marcel Bubert in diesem Band untersuchten irischen Annalen, die Briefe und die ‚Historia' des Metropoliten von Athen, Michael Choniates, sowie das Geschichtswerk des Georgios Akropolites, die im Beitrag von Michael Grünbart thematisiert werden, der normannische Autor Robert Blondel oder die ‚Chronique du Mont-Saint-Michel', auf die Christoph Mauntel in seinem Beitrag zu sprechen kommt, der ‚Kitāb Tārīḫ Mayūrqa' des Historiographen Ibn ʿAmīra al-Maḫzūmī, der im Beitrag von Robert Friedrich Erwähnung findet. Weitere Beispiele auch im Beitrag von Helen Wiedmaier in diesem Band.

[43] Vgl. den Bericht eines sizilianischen šayḫ an den ayyubidischen Hof, der in die Chronik des Ibn Naẓif al-Ḥamawī eingegangen ist, sowie die Augenzeugenberichte von Ioannes Kaminiates, Eustathios von Thessalonike und Niketas Choniates in den Beiträgen von Richard Engl bzw. Michael Grünbart in diesem Band.

[44] Vgl. zur Thematisierung dieses Aspektes im Beitrag von Jörg Rogge in diesem Band.

[45] So der ‚Sermo Lupi ad Anglos' und die als ‚Larspell' betitelte Schrift des Erzbischofs Wulfstan von York, die im Beitrag von Stephan Bruhn in diesem Band betrachtet werden. Wulfstan hatte sich „von einem ausgesprochenen Gegner zu einem zentralen Unterstützer der dänischen Herrscher" gewandelt; der von ihm mitgestaltete Erlass von 1018 lässt sich der Kategorie 3) zuordnen (s. u.).

[46] So die im Beitrag von Julia Bühner analysierten Klagelieder (*endechas*) kanarischer Indigener in diesem Band.

[47] Beispielsweise die im Beitrag von Andreas Bihrer behandelte Elegie I,8 ‚Ad Petrum de Roccaforti' des Jacopo Sannazaro in diesem Band.

[48] Vgl. oben die Hinweise im Beitrag von Michael Grünbart (dort in Anm. 20 f.) in diesem Band.

[49] Dies konnte auch durch den Vorwurf der Heuchelei oder den Rekurs auf das angebliche Eingreifen überirdischer Mächte geschehen, wie Marcel Bubert anhand der Rolle von Heiligen in irischen Quellen in seinem Beitrag zeigt.

[50] Beispielsweise wurde in der ‚Remonstrance of the Irish Princes', einer an Papst Johannes XXII. gerichteten kollektiven Stellungnahme der irischen Herrscher, das Herkunftsnarrativ der Iren auf die situativen Bedürfnisse zugeschnitten, indem die zeitgenössische Vorstellung von der Autonomie weltlicher Herrschaft mit der Konstruktion einer Kontinuität kombiniert wurde; vgl. den Beitrag von Marcel Bubert in diesem Band. Mit Einschränkung ließe sie hierzu auch der im Beitrag von

und drastischen Schilderungen Raum geben, die Niederlage auf das Lenken Gottes zurückführen beziehungsweise als Strafe Gottes deuten[51] oder religiöse Momente wie die Schändung heiliger Stätten und Aktionen der Verunreinigung erwähnen. Weiterhin können sie von Sprachlosigkeit, Trauer, Sehnsucht und dem Wunsch zur Rückkehr in die Heimat zeugen oder aber zum Widerstand aufrufen.[52] Auch in den Texten dieser Kategorie kommt der Rückgriff auf Topoi und antike Vorlagen vor, um Leid fass- und erfahrbar zu machen. Nicht zuletzt existieren aber auch Texte aus Erobertenperspektive, in denen die Hervorhebung bestimmter Herrschertugenden Teil einer Strategie ist, den Eroberer zu bestimmten Handlungen und Entscheidungen zu bewegen und damit Eroberung aktiv mitzugestalten.[53] Angesichts der „kreative[n] Aneignung heterogener Diskurselemente"[54] bei der Ausformulierung eigener Anliegen gegenüber spezifischen Adressaten ließe sich das aufgelistete Spektrum sicherlich noch erweitern.

Zur Kategorie 3), den kollaborativ von Eroberern und Eroberten gestalteten Texten, können Siedlungsurkunden,[55] Kapitulations- und Friedensverträge[56] sowie Gesetzeswerke[57] gerechnet werden. Viele Eroberungen waren von Verhandlungen begleitet, an denen unterschiedliche Akteure beteiligt waren. Weitestmögliche Autonomie war dabei eine zentrale Forderung derjenigen, für die es darum ging, sich einer neuen Herrschaft zu unterstellen. Worauf sich schließlich Eroberer und Eroberte in diesen Dokumenten im Detail einigten, hing von vielen Faktoren ab. Offenbar bestand größerer Verhandlungsspielraum für Noch-nicht-Eroberte, wenn sie bereits vor Beginn der Kampfhandlungen oder relativ früh im Verlauf der bewaffneten Auseinandersetzungen Kontakt zu den künftigen Eroberern aufnahmen und

---

Julia Bühner thematisierte „Mythos im Geiste der Mestizenkultur" in der kanarischen Literatur und Geschichtsschreibung zählen. Allgemein zum Aspekt der Aneignung jüngst auch *Bubert* (Hrsg.), Aneignungen.

51 Vgl. die Mahnpredigt ‚Sermo Lupi ad Anglos' des Erzbischofs Wulfstan von York; das Motiv kehrt auch im ‚Encomium Emmae Reginae' wieder; dazu im Beitrag von Stephan Bruhn in diesem Band.

52 Vgl. die im Beitrag von Julia Bühner analysierten kanarischen *endechas*. Indirekt lässt sich der Wunsch der Vertriebenen nach Rückkehr auch für sizilische Muslime erschließen; vgl. dazu ebenfalls den Beitrag von Richard Engl in diesem Band.

53 Jacopo Sannazaros Elegie I,8 ‚Ad Petrum de Roccaforti' ist hierfür ein Beispiel; vgl. dazu im Beitrag von Andreas Bihrer in diesem Band.

54 Dazu im Beitrag von Marcel Bubert in diesem Band.

55 Ein Beispiel sind die im Zuge der Eroberung des Šarq al-Andalus durch die Krone Aragón ausgestellten ‚Cartes de Poblement' im Beitrag von Eric Böhme in diesem Band.

56 Hierzu einige Beispiele in den Beiträgen von Eric Böhme, Robert Friedrich und Jörg Rogge in diesem Band.

57 Wie der von Erzbischof Wulfstan von York mitgestaltete Erlass von 1018, den Stephan Bruhn in seinem Beitrag analysiert, oder die im Beitrag von Hermann Kamp thematisierte ‚Capitulatio de partibus Saxoniae'.

eine gewaltlose Übergabe in Aussicht stellten.[58] Voraussetzung für Partizipationsmöglichkeiten seitens der Eroberten war natürlich die Kompromiss- und Verhandlungsbereitschaft seitens der Eroberer.

Zur Kategorie 4), den externen Texten, die nicht von denen verfasst wurden, die in irgendeiner Weise auf der Sieger- oder Verliererseite in eine Eroberung involviert waren, können Urkunden und Verwaltungsschriftgut,[59] historiografische Werke[60] oder enzyklopädische Texte[61] gezählt werden. Für die Zeitgenossen und/oder die Nachwelt festgehalten werden hier rechtsrelevante Details oder als überlieferungswert erachtete Wissensbestände, Ideen und Werte, für die bisweilen Reminiszenzen (vermeintlich) historischer Geschehnisse als Hintergrundfolie fungieren. Eine gewisse Sonderstellung nimmt in dieser vierten Kategorie der ‚Liber pontificalis' ein. Er enthält Erzählungen von drohenden und tatsächlichen Eroberungen, ohne dass die papstnahen Verfasser, die Päpste selbst oder die in der Stadt und Diözese Rom Weilenden konkret als Eroberer oder Eroberte greifbar werden. Vielmehr lassen sich, wie Philipp Winterhager zeigt, in diesen Erzählungen zeitspezifische „toponymische Verortung[en] des Eigenen" fassen[62] – eine Beobachtung, die die Analyse von Eroberungsprozessen um eine neue Perspektive ergänzt.

Für die Quellenanalyse kann die hier vorgeschlagene Typologisierung insofern relevant sein, als sie verstärkt ins Bewusstsein ruft, welch unterschiedliche Perspektiven und Erzählstrategien zu berücksichtigen sind und bis zu welchem Grad wir überhaupt zum ‚Schicksal' und zur Perspektive der Eroberten vorzudringen vermögen.

---

[58] Diesen Schluss legen die Beobachtungen im Beitrag von Robert Friedrich in diesem Band nahe: Während der Unterwerfungsvertrag von Capdepera die Kompromissbereitschaft und das Verhandlungsgeschick Abū ʿUṯmāns widerspiegelt, unter dem das formal der Krone Aragón unterstellte Menorca zu einem kulturellen Zentrum des westlichen Islam werden konnte, war einige Jahrzehnte später, nach bereits erlittener militärischer Niederlage, der Spielraum für Autonomieforderungen weitaus geringer.

[59] Beispiele finden sich in den Beiträgen von Hermann Kamp (Bulle Papst Martins IV.) und Richard Engl in diesem Band.

[60] So die Chronik des Ibn Naẓīf al-Ḥamawī im Beitrag von Richard Engl (vgl. dazu auch Anm. 43 in diesem Beitrag) sowie die ‚Kölner Königschronik' und spätere Popularisierungen der Erzählung von den ‚Weibern von Weinsberg' im Beitrag von Andreas Bihrer in diesem Band. In diese Kategorie ließe sich mit Einschränkung auch Einhards Erzählung über der Zerstörung von Centumcellae einordnen, die im Beitrag von Philipp Frey analysiert wird (in diesem Zusammenhang vom „eroberten Einhard" oder von „seiner eigenen Eroberung" zu sprechen, überzeugt allerdings nicht, weil der profränkische Einhard nicht vor Ort in das Geschehen involviert war und auch die Konsequenzen der Zerstörung nicht zu spüren bekam).

[61] Trotz ihres Titels als enzyklopädisches Wissenskompendium verfasst war die auf Initiative Fray Bernardinos de Sahagún kompilierte ‚Historia General de las Cosas de la Nueva España'; vgl. dazu den Beitrag von Isabelle Schürch in diesem Band.

[62] Vgl. dazu im Beitrag Philipp Winterhager in diesem Band.

3 Erobern und Erobert-Sein – Perspektiven auf komplexe Phänomene

Prinzipiell scheint die Verarbeitung *von* und der Umgang *mit* einschneidenden Umbruchsituationen, zumal wenn sie mit Gewalt einhergehen, nur bedingt von religiösen bzw. kulturellen Prägungen oder zeitlichen Faktoren abzuhängen.[63] Andererseits zeigt sich ein deutliches Bewusstsein religiöser und kultureller Alterität in Bezug auf die *agency* der Eroberten. Je nach Kontext konnten sie ihre kulturellen und religiösen Praktiken entweder weitgehend ungehindert oder nur sehr eingeschränkt fortführen. Während die Conquista für die Bewohner der Kanarischen Inseln vielfach Konversion, Sklaverei oder Tod bedeutete,[64] setzten die christlichen Eroberer islamisch dominierter Gebiete in Süditalien und auf der Iberischen Halbinsel zunächst nicht nur repressive Maßnahmen wie Umsiedlungen und Enteignungen um, sondern konzedierten den auf der Verliererseite stehenden Muslimen – wohl aus pragmatischen Gründen – auch bestimmte Privilegien und eine weitgehende Autonomie in Bezug auf rechtliche und religiöse Praktiken.[65] Mittel- und langfristige Garantien waren damit indes nicht verbunden, besonders dann nicht, wenn sich die Einstellung der Mehrheitsgesellschaft gegenüber Minderheiten mit anderer religiöser Prägung radikalisierte und schließlich zu deren völligen Entrechtung führte.[66] Interessant und noch weiter zu verifizieren ist andererseits die von Stephan Bruhn formulierte Hypothese, wonach sich in mittelalterlichen Quellen besonders dann Informationen zur Gestaltung von Eroberungsprozessen greifen lassen, „wenn kulturelle oder religiöse Gegensätze zwischen Erobernden und Eroberten schwach oder kaum mehr ausgeprägt" waren und aus diesem Grund einem besonderen Legitimationsbedürfnis unterlagen.[67]

Im Zusammenhang mit Eroberungsprozessen kommen im Band auch Phänomene wie Dekontextualisierung, Adaption und Umkodierung zur Sprache. Mit Blick auf die Lienzos und die Deutungstradition der Reconquista spricht Isabelle Schürch treffend von „homogenisierend wirkende[r] Sinngenerierung im Modus des adaptierten Traditionellen". Verflechtungs- und Hybriditätsmomente sind aber auch anderswo greifbar, so bei der Übernahme und Verbreitung der Praktik des Reitens in „Las Indias",[68] im Friedensvertrag von Capdepera, in den ‚lateinische' und islamische Rechtstraditionen eingeflossen sind,[69] oder in den kanarischen Klageliedern,

---

[63] Richard Engl betont in seinem Beitrag, dass die „arabischen Deutungsmuster" den „typischen lateinischen Reaktionen und Rechtfertigungen" entsprachen.
[64] Vgl. den Beitrag von Julia Bühner in diesem Band.
[65] Vgl. hierzu in den Beiträgen von Richard Engl und Eric Böhme in diesem Band.
[66] So im Fall Siziliens und Unteritaliens; vgl. den Beitrag von Richard Engl in diesem Band.
[67] Vgl. dazu im Beitrag Stephan Bruhn in diesem Band.
[68] Vgl. den Beitrag von Isabelle Schürch in diesem Band.
[69] Vgl. hierzu im Beitrag von Robert Friedrich in diesem Band.

in denen sich indigene und spanische Elemente vermischen.[70] Zu denken wäre auch an gänzlich andere Phänomene wie Palimpseste, Spolien, Übersetzungen, die Umfunktionierung von Gebäuden und religiösen Stätten oder die Übernahme und Amalgierung religiöser und künstlerischer Praktiken – die Liste der Beispiele ließe sich beliebig verlängern.

Von den Autorinnen und Autoren dieses Bandes ist die Dichotomie zwischen Eroberern und Eroberten konsequent in Frage gestellt worden. Dass antagonistische Bezeichnungen wie Sieger – Besiegte oder Eroberer – Eroberte ambivalent sind und verschiedene Facetten haben, machen ebenfalls die oben erwähnten hybriden Text-Kategorien 1b), 2a) und 3) deutlich. Wie schwierig im Einzelfall die Zuordnung sein kann, sei anhand eines Beispiels gezeigt, das gewissermaßen am Übergang zwischen Kategorie 2a) und 2b) steht: Alexander von Teleses ‚Ystoria', die 1135/1136 mit dem Ziel geschrieben wurde, den Wechsel von der Verlierer- zur Gewinnerseite zu ermöglichen. Dieses Geschichtswerk ist ein Exempel dafür, dass es in manchen Fällen gerade nicht Sieger waren, die Werke in Auftrag gaben, sondern dass Autoren auf der Seite der Unterlegenen ihre Werke den neuen Machthabern zum Geschenk machten, um ihren Platz in der neuen Ordnung zu finden. Alexander, Abt des 30 km nordwestlich von Benevent gelegenen Klosters von Telese, ergänzte dabei einen Schreibauftrag, sodass er nicht die alleinige Verantwortung für das Geschriebene zu tragen hatte und vom Vorwurf der Anmaßung befreit war. Seine ‚Ystoria' entstand in einer Phase des Umbruchs. Denn mit der Niederlage des Grafen Rainulf von Caiazzo, dessen Familie das Kloster gefördert hatte, war die Kontrolle über die Region in den 1130er Jahren an König Roger II. übergegangen. Der Konvent stand damit auf der Verliererseite, war aber dringend auf materielle Zuwendungen angewiesen, die er nicht mehr von seinen einstigen Förderern erwarten konnte. Deshalb versuchte der Abt, die Beziehung zum König durch das Schreiben und Übergeben seines Geschichtswerks zu konsolidieren.[71]

Dieses Beispiel wird hier aus noch aus einem anderen Grund erwähnt: Denn es verkehrt Kosellecks eingangs zitiertes Statement zwar nicht ins Gegenteil, fügt ihm aber eine weitere Dimension hinzu: Nicht nur der Sieger, sondern auch so mancher auf der Verliererseite stehende Autor konzentrierte sich auf die für die aktuelle Gegenwart und die *causa scribendi* relevanten Ereignisse und Informationen der jüngeren Vergangenheit und ordnete Erzähldetails teleologisch an. So scheint die ‚Ystoria' des Alexander von Telese auf den ersten Blick ganz aus der Perspektive der Sieger geschrieben zu sein. Aber: Bei einer eingehenden Textanalyse zeigt sich, dass zugleich erstaunlich viel Raum für eigene Sichtweisen des Autors und für Aktivitäten der Gegnerseite blieb, die als gleichberechtigte Player in Erscheinung treten.

---

[70] Thematisiert im Beitrag von Julia Bühner in diesem Band.
[71] Diese Aspekte sind jüngst eingehend von Markus Krumm untersucht worden, vgl. *Krumm*, Herrschaftsumbruch (2021).

Erinnert sei hier des Weiteren, um ein Beispiel aus diesem Band aufzugreifen, an den in Ungnade gefallenen Höfling Ermoldus Nigellus, der durch sein Lobgedicht die Gnade Ludwigs des Frommen wiederzuerlangen versuchte und dabei unter anderem über die Rechtmäßigkeit kriegerischer Herrschaftsübernahme reflektierte und den Franken eine „eigene Fremdsicht" präsentierte.[72]

Auf das spannende und viel beforschte Feld der pragmatischen Schriftlichkeit soll an dieser Stelle nicht weiter eingegangen werden.[73] Stattdessen sei eine weitere Überlegung angefügt, und zwar: Erst der angesichts tiefgreifender politischer Transformationen an den Tag gelegte Pragmatismus eines Autors wie Alexander von Telese hatte eine Beteiligung am Diskurs durch die Abfassung eines Geschichtswerkes bedingt – und viel mehr noch: diesem Text überhaupt eine Chance gegeben, den für den Abt und seine Klostergemeinschaft so einschneidenden politischen Umbruch und spätere Zeiten zu überdauern. Tangiert ist hier die Frage der Überlieferungschance und des Überlieferungszufalls, die von Arnold Esch bereits Mitte der 1980er Jahre eingehend behandelt worden ist.[74]

Ebenso ist der Aspekt der Temporalität essentiell. Gemeint ist damit einerseits der zeitliche Abstand vom Geschehen, ohne dass an dieser Stelle auf das weite und viel diskutierte Feld der historischen Memorik und des kulturellen Gedächtnisses eingegangen werden kann.[75] Andererseits ist mit der zeitlichen Komponente die Differenzierung in ein Davor und ein Danach in Bezug auf Eroberungen angesprochen. Denn, so Kosellek, „[d]aß die Geschichte kurzfristig von den Siegern gemacht, mittelfristig vielleicht durchgehalten, langfristig niemals beherrscht wird, das ist ein Erfahrungssatz (...)". Will heißen: Irgendwann im Verlauf der Geschichte werden aus Siegern wieder Besiegte. Dieses Bewusstsein lässt sich auch im Lobgedicht des Ermoldus Nigellus für den fränkischen Herrscher Ludwig den Frommen greifen, das Anne Foerster als „Stimme von potentiell von Eroberung Bedrohten" charakterisiert.[76]

Gerade mit Blick auf eine möglichst breite historische Kontextualisierung sollten aber auch solche Texte, die gewissermaßen prozessbegleitend entstanden sind und in denen noch nicht auszumachen ist, wer die Sieger und wer die Verlierer sind, in den Blick genommen werden. Instruktiv ist in diesem Sinne die intellektuelle Auseinandersetzung mit die aktuelle Ordnung gefährdenden und theologischen Argumenten, die Maximilian Nix anhand von Traktaten und Kontroversschriften be-

---

[72] Vgl. den Beitrag von Anne Foerster in diesem Band.
[73] Vgl. insbes. *Keller/Grubmüller/Staubach* (Hrsg.), Pragmatische Schriftlichkeit (1992), sowie die auf der Webseite des Münsteraner SFB 231 „Träger, Felder, Formen pragmatischer Schriftlichkeit im Mittelalter" angegebene Literatur (https://www.uni-muenster.de/Geschichte/MittelalterSchriftlichkeit/; Zugriff: 29.11.2022).
[74] *Esch*, Überlieferungschance (1985).
[75] Verwiesen sei hier lediglich auf die wegweisenden Arbeiten von *Fried*, Schleier (2004); *Assmann*, Erinnerungsräume (2006); *Assmann*, Das kulturelle Gedächtnis (2013).
[76] Vgl. dazu im Beitrag von Anne Foerster in diesem Band.

handelt. Konsequent zu Ende gedacht heißt das: Wenn wir uns den Eroberten annähern wollen, dürfen die schriftlichen, materiellen und bildlichen Zeugnisse von einst dominanten Gesellschaften oder Herrschaftsträgern nicht ganz aus dem Blick verloren werden, sind über sie als spätere Verlierer doch sicherlich mehr Informationen überliefert als dann, wenn neue Eroberer erst aus dem Dunkel der Geschichte treten. Denn ob überhaupt und wie detailliert wir die *agency* der Eroberten rekonstruieren können, hängt vornehmlich vom Grad der Schriftlichkeit ab. Nicht zufällig datieren die von den Autorinnen und Autoren dieses Bandes behandelten Fallbeispiele überwiegend in die Zeit ab dem Hochmittelalter.[77]

Da die Aktivitäten, Sichtweisen und Handlungsoptionen der Eroberten, zumal wenn sie nicht auf die Gewinnerseite wechselten, größtenteils nur indirekt überliefert sind und sich nur mühsam erschließen lassen, können wir kaum die Vorstellungen *der* Eroberten, wohl aber Vorstellungen *über* Eroberte greifen. Zuweilen war es auch perspektivenabhängig, wie bestimmte historische Ereignisse in narrativen Quellen bewertet wurden, sodass zeitgenössische Autoren unterschiedliche Zuordnungen zur Seite der Sieger und der Gewinner vornehmen konnten.[78] Neben wiederkehrenden Topoi wie Verrat, Auslassung von Details oder Verschweigen von Niederlagen lassen sich auf dieser Wahrnehmungs- bzw. Perzeptionsebene unabhängig von der oben vorgenommenen Typologisierung der Texte stereotype Gruppencharakterisierungen bis hin zu Feindbildern greifen, die auf unterschiedlichen Kriterien basierten und ebenfalls durch Komplexitätsreduzierung Eindeutigkeit zu schaffen versuchten. Im Einzelfall ist dabei schwer zu entscheiden, inwieweit sich die Projektion eines Autors oder einer zu Wort kommenden Stimme aus eigenem Erfahrungs- und Informationsschatz speiste, weil die genauen Kontexte im Detail nicht mehr rekonstruierbar sind.

Die von Kosellek angesprochene Primärerfahrung der Besiegten, ihr Sich-Arrangieren mit Kontingenz, mit Gewaltsituationen, mit Wandel auf verschiedensten Ebenen – ihre Resilienz sozusagen –, ist auch eng verknüpft mit der Prozesshaftigkeit von Eroberungen. Hermann Kamp hat in diesem Zusammenhang betont, dass Eroberungen ohne Herrschaftsbildung nach dem kriegerischen Eroberungsereignis nicht vorstellbar sind und deshalb militärisches Vorgehen *und* herrschaftliche Erfassung als „Kernstück jedweder Eroberungspolitik" bezeichnet.[79] Mit anderen Worten: Die Prozesshaftigkeit von Eroberungen gilt nicht nur für die Phase der Kämpfe, sondern auch für die der Konsolidierung des Eroberten. Eroberungen gehen also immer mit Umbruchs- und Transformationsphasen einher, während derer Herrschaftsverhältnisse neu ausgehandelt werden. Dass diese Veränderungen keineswegs linear vonstattengingen, dass es ein Hin und Her von Eroberung und Rückeroberung geben

---

77 Auf diesen Aspekt der zunehmenden Schriftlichkeit ab dem 12. Jhd. verweist auch Hermann Kamp in seinem Beitrag in diesem Band.
78 Vgl. hierzu den Beitrag von Helen Wiedmaier in diesem Band.
79 *Kamp*, Formen (2022), 14.

konnte, dass Widerstand gewissermaßen konstitutiv ist für Eroberungen, dass diese raum- und zeitabhängig mit einem unterschiedlichen Grad an Herrschaftsdurchdringung einhergehen, aber auch, dass sie kurz- oder langfristig nicht erfolgreich, nicht abgeschlossen sein können, ist von mehreren Autorinnen und Autoren des Bandes thematisiert worden. Ex post jedoch wurden die wenig kohärenten, oft unabgeschlossenen und auch von kontingenten Geschehnissen geprägten Eroberungen vor allem in den narrativen Quellen einem vereinheitlichenden, klar strukturierten Diskurs eingeschrieben – oder dem Vergessen überlassen, wenn für eine explizite Erwähnung kein Anlass mehr bestand.

Während der mal mehr, mal weniger lange dauernden Eroberungsprozesse haben Rollenwechsel und politische Gewichtsverschiebungen, für die auch immer eine ökonomische Komponente mitzudenken ist, eine entscheidende Rolle gespielt – sowohl während bewaffneter Auseinandersetzungen als auch während der Konsolidierungsphase, so sie denn glückte. Gerade Kollaborationen und Bündnisse mit dem oder einem der Gegner, teils auch mehrfaches Hin- und Herwechseln zwischen den Seiten der Konfliktparteien und die zeitweise Involvierung weiterer Partner erschweren immer wieder eindeutige Zuordnungen. Dasselbe gilt für die freiwillige (im Fall von Söldnern) und unfreiwillige (im Fall von Sklaven und Kriegsgefangenen) Partizipation an militärischen Unternehmungen.

Häufig standen lokale Spannungen und politische Fragmentierungen im Hintergrund von Eroberungen – entsprechend oft gehörten Vermittlertätigkeiten und die Zusammenarbeit von Vertretern der lokalen Eliten mit den Angreifern oder Siegern zum Alltag. Im Band werden solche komplexen Konstellationen mehrfach thematisiert. Genannt seien hier die Allianzen einheimischer irischer Herrscher und Familien mit den anglonormannischen Eroberern,[80] die Hilfestellungen einiger Fürsten der Normandie für die englischen Könige,[81] die wichtige Rolle Nahua-Verbündeter für die spanischen Conquistadores und indigener Spezialisten bei der Eroberung der Kanarischen Inseln,[82] christlich-muslimische Kollaborationen in Süditalien, auf der iberischen Halbinsel und Menorca[83] oder die Kooperation eines Teils des sächsischen Adels im Kontext der karolingischen Eroberung Sachsens.[84] Unerlässlich waren hierbei Ortskundige, Übersetzer und Vermittler.[85] Vielleicht kann man sogar so weit gehen zu behaupten, dass die meisten großen politischen Verschiebungen auf dem überregionalen Schachbrett erst durch Kollaborationen mit den Akteuren vor Ort zustande gekommen sind?

---

80 Vgl. den Beitrag von Marcel Bubert in diesem Band.
81 Vgl. den Beitrag von Christoph Mauntel in diesem Band.
82 Vgl. die Beiträge von Julia Bühner und Isabelle Schürch in diesem Band.
83 Vgl. dazu die Details in den Beiträgen von Richard Engl, Eric Böhme und Robert Friedrich in diesem Band.
84 Vgl. den Beitrag von Hermann Kamp in diesem Band.
85 Vgl. hierzu im Beitrag von Julia Bühner in diesem Band.

Diese Frage führt aus einem sehr anderen Blickwinkel zurück zu Kosellecks eingangs zitierter Aussage „Der Besiegte schreibt Geschichte". Angesichts des großen Spektrums zwischen Einnehmen und Einvernehmen, das in den Beiträgen dieses Bandes nuancenreich thematisiert wird, aber auch bezugnehmend auf den Titel des Beitrags von Maximilian Nix „Die Geschichte schreibt den Sieger" sei abschließend noch einmal umformuliert: „Ohne Besiegte hätten die Sieger – und zwar nicht nur im wörtlichen, sondern auch im übertragenen Sinne – keine Geschichte geschrieben" – sei es durch deren aktive Partizipation während der Kampfeshandlungen in Form der Bereitstellung von Wissen, Erfahrung, Manpower, Proviant, militärischem Equipment; sei es während unterschiedlicher Phasen der Eroberungsprozesse als Verhandlungspartner, als Berater, als Wissen Generierende, als Widerstand Leistende, als diejenigen, die schreibend, beratend, Dienste und Abgaben leistend, aber auch Grenzen und Hierarchien in Frage stellend oder um Deutungshoheit kämpfend ihren Platz in der Gesellschaft suchten und eine für die jeweils Involvierten akzeptable neue Ordnung etablieren und stabilisieren halfen.

Literatur

Aleida Assmann, Erinnerungsräume. Formen und Wandlungen des kulturellen Gedächtnisses. München ³2006.

Jan Assmann, Das kulturelle Gedächtnis. Schrift, Erinnerung und politische Identität in frühen Hochkulturen. München ⁷2013.

Robert J. Bartlett, Die Geburt Europas aus dem Geist der Gewalt. Eroberung, Kolonisierung und kultureller Wandel von 950 bis 1350. München 1996.

Andreas Bihrer, Eroberungen im Mittelalter. Gegenstand – Motive – Akteure – Formen – Folgen. Eine Zusammenfassung, in: Hermann Kamp (Hrsg.), Herrschaft über fremde Völker und Reiche. Formen, Ziele und Probleme der Eroberungspolitik im Mittelalter. (Vorträge und Forschungen, Bd. 93.) Ostfildern 2022, 443–465, online: https://docplayer.org/222664723-Herrschaft-ueber-fremde-voelker-und-reiche-formen-ziele-und-probleme-der-eroberungspolitik-im-mittelalter.html (Zugriff: 29.11.2022).

Andreas Bihrer / Dietmar Schiersner, Reformen – Verlierer. Forschungsfragen zu einem besonderen Verhältnis, in: Dies. (Hrsg.), Reformverlierer 1000–1800. Zum Umgang mit Niederlagen in der europäischen Vormoderne. (Zeitschrift für Historische Forschung. Beihefte, Bd. 53.) Berlin 2016, 11–35.

Marcel Bubert (Hrsg.), Aneignungen der Geschichte. Narrative Evidenzstrategien und politische Legitimation im europäischen Mittelalter. Köln 2023.

Arnold Esch, Überlieferungschance und Überlieferungszufall als methodisches Problem des Historikers, in: Historische Zeitschrift 240, 1985, 529–570.

Johannes Fried, Der Schleier der Erinnerung. Grundzüge einer historischen Memorik. München 2004.

Sabine Graul / Marian Nebelin, Umrisse einer allgemeinen Theorie des Verlierertums, in: Dies. (Hrsg.), Verlierer der Geschichte. Von der Antike bis zur Moderne. (Chemnitzer Beiträge zur Politik und Geschichte, Bd. 4.) Berlin 2008, 63–100.

Sabine Graul / Marian Nebelin (Hrsg.), Verlierer der Geschichte. Von der Antike bis zur Moderne. (Chemnitzer Beiträge zur Politik und Geschichte, Bd. 4.) Berlin 2008.

Hermann Kamp, Formen, Ziele und Probleme der Eroberungspolitik im Mittelalter. Eine Einführung, in: Ders. (Hrsg.), Herrschaft über fremde Völker und Reiche. Formen, Ziele und Probleme der Eroberungspolitik im Mittelalter. (Vorträge und Forschungen, Bd. 93.) Ostfildern 2022, 9–28, online: https://docplayer.org/222664723-Herrschaft-ueber-fremde-voelker-und-reiche-formen-ziele-und-probleme-der-eroberungspolitik-im-mittelalter.html (Zugriff: 29.11.2022).

Hermann Kamp (Hrsg.), Herrschaft über fremde Völker und Reiche. Formen, Ziele und Probleme der Eroberungspolitik im Mittelalter. (Vorträge und Forschungen, Bd. 93.) Ostfildern 2022, online: https://docplayer.org/222664723-Herrschaft-ueber-fremde-voelker-und-reiche-formen-ziele-und-probleme-der-eroberungspolitik-im-mittelalter.html (Zugriff: 29.11.2022).

Hagen Keller / Klaus Grubmüller / Nikolaus Staubach (Hrsg.), Pragmatische Schriftlichkeit im Mittelalter. Erscheinungsformen und Entwicklungsstufen. (Münstersche Mittelalter-Schriften, Bd. 65.) München 1992, online: https://digi20.digitale-sammlungen.de/de/fs1/object/display/bsb00042697_00001.html (Zugriff 29.11.2022).

Reinhart Koselleck, Arbeit am Besiegten, in: Zeitschrift für Ideengeschichte VI/1, 2012, 5–10, online: https://www.wiko-berlin.de/fileadmin/user_upload/ZIG_1_2012.pdf (Zugriff: 29.11.2022).

Reinhart Koselleck, Erfahrungswandel und Methodenwechsel. Eine historisch-anthropologische Skizze, in: Christian Meier / Jörn Rüsen (Hrsg.), Historische Methode. München 1988, 13–61.

Markus Krumm, Herrschaftsumbruch und Historiographie. Zeitgeschichtsschreibung als Krisenbewältigung bei Alexander von Telese und Falco von Benevent. (Bibliothek des Deutschen Historischen Instituts in Rom, Bd. 141.) Berlin / Boston 2021.

Reinhard Mehring, Das Lachen der Besiegten. Carl Schmitt und Gelimer, in: Zeitschrift für Ideengeschichte VI/1, 2012, 32–45, online: https://www.wiko-berlin.de/fileadmin/user_upload/ZIG_1_2012.pdf (Zugriff: 29.11.2022).

Markus Meumann / Jörg Rogge, Militärische Besetzung vor 1800 – Einführung und Perspektiven, in: Dies. (Hrsg.), Die besetzte res publica. Zum Verhältnis von ziviler Obrigkeit und militärischer Herrschaft in besetzten Gebieten vom Spätmittelalter bis zum 18. Jahrhundert. (Herrschaft und soziale Systeme in der Frühen Neuzeit, Bd. 3.) Berlin 2006, 11–25.

Marian Nebelin, Sieger, Besiegte und Historiker, in: Michael Meißner / Katarina Nebelin / Ders. (Hrsg.), Eliten nach dem Machtverlust? Fallstudien zur Transformation von Eliten in Krisenzeiten. (Impulse. Studien zu Geschichte, Politik und Gesellschaft, Bd. 3.) Berlin 2012, 49–87.

Marian Nebelin, Versuche, „die Geschichte gegen den Strich zu bürsten". Walter Benjamin und die Besiegten, in: Sabine Graul / Ders. (Hrsg.), Verlierer der Geschichte. Von der Antike bis zur Moderne. (Chemnitzer Beiträge zur Politik und Geschichte, Bd. 4.) Berlin 2008, 29–62.

Marian Nebelin, Walter Benjamin und die Besiegten. Theologie – Verlust – Geschichte. (POETICA. Schriften zur Literaturwissenschaft, Bd. 96.) Hamburg 2007, 85–88.

Sarah-Christin Schröder, Tagungsbericht: Ein(ver)nehmen? Eroberte als Diskursteilnehmer zwischen Selbstinszenierung und Sinnstiftung in der Vormoderne, 12. 11.2020–14.11.2020 digital (Kiel), online: H-Soz-Kult, 16.03.2021, www.hsozkult.de/conferencereport/id/tagungsberichte-8895 (Zugriff: 29.11.2022).

Nina Straub / Bianca Baum, Tagungsbericht: Geschichte wird von den Besiegten geschrieben. Darstellung und Deutung militärischer Niederlage in Antike und Mittelalter, 10.06.2021–12.06.2021 digital (Bochum), online: H-Soz-Kult, 09.11.2021, www.hsozkult.de/conferencereport/id/tagungsberichte-9122 (Zugriff: 29.11.2022).

Verzeichnis der Beitragenden

Andreas Bihrer ist Professor für die Geschichte des frühen und hohen Mittelalters sowie für Historische Grundwissenschaften an der Universität Kiel. Seine Forschungsinteressen liegen im Bereich der Kulturtransferforschung, der Kommunikationsgeschichte sowie der religiösen und höfischen Kultur des Mittelalters.

Eric Böhme ist Wissenschaftlicher Mitarbeiter am Lehrstuhl für Geschichte der Religionen an der Universität Konstanz. Er forscht zu Interaktionsprozessen zwischen Muslimen, Juden und Christen auf der Iberischen Halbinsel, in Süditalien sowie im Nahen Osten (11.–13. Jahrhundert). Seine Dissertation ist im Jahr 2019 unter dem Titel „Die Außenbeziehungen des Königreiches Jerusalem im 12. Jahrhundert. Kontinuität und Wandel im Herrscherwechsel zwischen König Amalrich und Balduin IV." in der Reihe „Europa im Mittelalter" erschienen.

Stephan Bruhn ist wissenschaftlicher Mitarbeiter am Deutschen Historischen Institut in London. Chronologisch arbeitet er vornehmlich zum Früh- und Hochmittelalter, geographisch zu England und der fränkischen Welt. 2018 wurde er mit einer Studie über Reformgruppen im England der ausgehenden Angelsachsenzeit an der Universität Kiel promoviert, die 2022 in der Reihe „Mittelalter-Forschungen" erschienen ist. Sein aktuelles Projekt widmet sich der Neuaushandlung von sozialer Ungleichheit im Übergang von der Antike zum Mittelalter.

Marcel Bubert ist Wissenschaftlicher Mitarbeiter am Historischen Seminar der Universität Münster sowie Mitglied des Exzellenzclusters „Religion und Politik". Seine Forschungsschwerpunkte umfassen Wissensgeschichte, Expertenkulturen, Mediengeschichte und Kulturtheorie. Er wurde 2016 an der Universität Göttingen in Mittlerer und Neuerer Geschichte promoviert. Seine Dissertation erschien 2019 unter dem Titel „Kreative Gegensätze. Der Streit um den Nutzen der Philosophie an der mittelalterliche Pariser Universität". In seiner aktuellen Forschung widmet er sich u. a. Verschwörungsnarrativen, Evidenzpraktiken und Kulturtransferprozessen im europäischen Mittelalter.

Julia Bühner ist Wissenschaftliche Mitarbeiterin am Lehrstuhl für Hoch- und Spätmittelalter/ Westeuropäische Geschichte an der WWU Münster. Sie hat Germanistik und Geschichte studiert und war von 2018 bis 2022 Promotionsstipendiatin der Studienstiftung des deutschen Volkes. Ihr abgeschlossenes Dissertationsprojekt befasst sich mit Praktiken und Theorien des Völkerrechts und Internationalen Beziehungen im Kontext der Eroberung der Kanarischen Inseln (1402–1496) und ihrer Weiterentwicklung bis hin zur Schule von Salamanca.

Richard Engl ist Akademischer Rat a.Z. für Geschichte des Früh- und Hochmittelalters an der Universität München. 2014 wurde er mit einer Arbeit zu den Beziehungen von Muslimen und Christen im Süditalien der Staufer und Anjou promoviert, die unter dem Titel „Die verdrängte Kultur. Muslime im Süditalien der Staufer und Anjou (12.–13. Jahrhundert)" in der Reihe „Mittelalter-Forschungen" erschien. Seine Forschungsschwerpunkte umfassen die Geschichte der Staufer, italienischer Geschichtsschreibung, interreligiöser Beziehungen im Mittelmeerraum sowie von Emotionen in der mittelalterlichen Politik.

Anne Foerster studierte Mittelalterliche Geschichte, Soziologie und Historische Hilfswissenschaften in Freiburg und Dublin. Als Stipendiatin der International Max-Planck-Research-School for European Legal History (2012–2014) und Wissenschaftliche Mitarbeiterin an der Universität Kassel (2014–2017) erarbeitete sie eine Studie zu den Königswitwen des Hochmittelalters, mit der sie 2016 promoviert wurde. Seit 2017 ist sie Wissenschaftliche Mitarbeiterin an der Universität Paderborn. Ihr aktuelles Forschungsprojekt untersucht die Darstellung von Eroberungen in Quellen aus der Merowinger- bis zur Ottonenzeit.

Philipp Frey arbeitet seit 2022 als Wissenschaftlicher Mitarbeiter am Historischen Seminar der Universität Kiel. Er forscht zu Verratskonzepten im Frühmittelalter mit besonderem Fokus auf dem Frankenreich. Zuvor absolvierte er ein Lehramtsstudium für die Fächer Geschichte, Lateinische Philologie und Spanisch und schloss sein Referendariat in Kiel ab.

Robert Friedrich hat Geschichte und Französisch in Leipzig und Montpellier studiert. Von 2018 bis 2020 war er Wissenschaftlicher Mitarbeiter am Deutschen Historischen Institut Paris und ist seit 2020 am Lehrstuhl für Allgemeine Geschichte des Mittelalters an der Universität Greifswald tätig. Er forscht zu den Interaktionen zwischen Bettelorden und Herrschern in der Krone Aragón und im Königreich Mallorca im 13. und 14. Jahrhundert sowie zu interreligiösen Interaktionsprozessen auf der Iberischen Halbinsel.

Michael Grünbart ist seit 2008 Professor für Byzantinistik an der Universität Münster. Er ist u. a. Vorsitzender der Deutschen Arbeitsgemeinschaft für byzantinische Studien (DAFBS), Mitglied des Konstanzer Arbeitskreises für mittelalterliche Geschichte e.V. sowie seit 2022 Convener des „Medieval History Seminar" (MHS) der Deutschen Historischen Institute in Washington D.C. und London. Seine Arbeitsschwerpunkte liegen in der Kultur- und Literaturgeschichte von Byzanz.

Hermann Kamp lehrt als Professor mittelalterliche Geschichte an der Universität Paderborn. Seine Interessen gelten neben der Eroberungspolitik der mittelalterlichen Konfliktführung und Friedensstiftung, den Formen der politischen Kommunikation und der Geschichte des spätmittelalterlichen Burgunds.

Christoph Mauntel wurde 2013 mit einer Arbeit über Praktiken und Narrative der Gewalt im spätmittelalterlichen Frankreich an der Universität Heidelberg promoviert. Von 2013 bis 2015 war er Mitarbeiter am Heidelberger Exzellenzcluster „Asia and Europe in a Global Context", bevor er 2015 an die Universität Tübingen wechselte, wo er 2021 seine Habilitation über das Konzept der Erdteile in der Weltordnung des Mittelalters abschloss.

Maximilian Nix war von 2017 bis 2020 Wissenschaftlicher Mitarbeiter am Graduiertenkolleg 1662 „Religiöses Wissen im Vormodernen Europa (800–1800)" an der Universität Tübingen. Er arbeitete dort an seiner Dissertation über Wissen und Widerstand in den Kontroversschriften um 1100, die er 2020 verteidigte. Zuvor absolvierte er ein Lehramtsstudium für die Fächer Geschichte, Deutsch und Darstellendes Spiel an der Universität Erlangen-Nürnberg, das er mit einer Arbeit zur mittelalterlichen Visio Tnugdali abschloss. Inzwischen arbeitet er als Lehrer in Bayern.

Jörg Rogge ist Akademischer Direktor und apl. Professor an der Universität Mainz. Zu seinen Arbeitsfeldern gehören die spätmittelalterliche Geschichte der Britischen Inseln (mit einem Schwerpunkt auf Schottland), die Stadtgeschichte des Mittelalters sowie Methoden und Theorien der Kulturgeschichte. Er ist u. a. Mitglied des Trägerkreises des GRK „Byzanz und die euromediterranen Kriegskulturen. Austausch, Abgrenzung und Rezeption" an der Universität Mainz.

Isabelle Schürch ist seit 2018 Assistentin (Postdoc) für mittelalterliche Geschichte an der Universität Bern. Nach der Promotion im Rahmen des „NCCR Mediality" in Zürich war sie von 2015 bis 2018 Wissenschaftliche Mitarbeiterin im Reinhart-Koselleck-Projekt „Vergesellschaftung unter Anwesenden" von Rudolf Schlögl in Konstanz. Von 2020 bis 2021 war sie als Marie Skłodowska Curie Postdoctoral Fellow an der Universität Sheffield. Ihre Forschungsschwerpunkte sind Medialitätsgeschichte, spätmittelalterliche Herrschaftspraxis sowie die Geschichte von Mensch-Tier-Beziehungen und die Grenzen sozialer Akteurschaft.

Rike Szill ist Wissenschaftliche Mitarbeiterin an der Professur für die Geschichte des frühen und hohen Mittelalters sowie für Historische Grundwissenschaften an der Universität Kiel. Ihre Forschungsinteressen liegen in der Kultur(transfer)- und Kommunikationsgeschichte, der Geschichte des (Spät-)Byzantinischen Reiches, der Jenseitsreiseliteratur und der mittelalterlichen Kartographie.

Helen Wiedmaier studierte an der Universität Heidelberg sowie der Universität Oslo Geschichte mit den Schwerpunkten Mittelalter und Frühe Neuzeit, bevor sie 2019 ihre Promotion im Graduiertenkolleg 2304 „Byzanz und die euromediterranen Kriegskulturen" an der Universität Mainz begann. Darin untersuchte sie die Darstellungen von Kämpfern in den historiografischen Quellen des 14. Jahrhunderts über die Schlachten am Morgarten, bei Gammelsdorf, Mühldorf und Sempach. Die Arbeit wurde 2022 eingereicht und verteidigt; eine Publikation ist für 2023 geplant.

Philipp Winterhager ist Wissenschaftlicher Mitarbeiter an der Humboldt-Universität zu Berlin. 2020 erschien seine Dissertation, die griechischsprachige Einwanderer und ihre Nachkommen im frühmittelalterlichen Rom zwischen dem 7. und 9. Jahrhundert behandelt. Zu seinen Forschungsinteressen zählen neben der Migrationsgeschichte die Hagiographie, frühmittelalterliche Wirtschaftsgeschichte und historische Semantik. Aktuelle Forschungen behandeln die Semantisierung materieller Transaktionen im Umfeld von Bischöfen des 11. Jahrhunderts.

Kordula Wolf ist Wissenschaftliche Mitarbeiterin am Deutschen Historischen Institut in Rom. Sie forscht aktuell über das früh- und hochmittelalterliche Süditalien. Zu ihren thematischen Schwerpunkten gehören u. a. christlich-muslimische Beziehungen, transkulturelle Verflechtungen und Border Studies.

Abbildungsverzeichnis

Beitrag von Julia Bühner

Abb. 1　Ausschnitt aus Le Canarien, Bibliothèque municipale de Rouen (Ms mm-129, fol. 43ʳ). © Bibliothèque municipale de Rouen —— **275**
Abb. 2　Ausschnitt aus Le Canarien, Bibliothèque municipale de Rouen (Ms mm-129, fol. 61ᵛ). © Bibliothèque municipale de Rouen —— **276**

Beitrag von Isabelle Schürch

Abb. 1　Digitale Restaurierung des ‚Lienzo de Quauhquechollan' (2007), Universidad Francisco Marroquín, Guatemala. © Universidad Francisco Marroquín, Lizenz CC BY-NC-ND 3.0, mit freundlicher Genehmigung durch die UFM —— **298**
Abb. 2　Ausschnitt aus der digitalen Restaurierung des ‚Lienzo de Quauhquechollan' (2007), Universidad Francisco Marroquín, Guatemala. © Universidad Francisco Marroquín, Lizenz CC BY-NC-ND 3.0, mit freundlicher Genehmigung durch die UFM —— **301**
Abb. 3　Ausschnitt aus der digitalen Restaurierung des ‚Lienzo de Quauhquechollan' (2007), Universidad Francisco Marroquín, Guatemala. © Universidad Francisco Marroquín, Lizenz CC BY-NC-ND 3.0, mit freundlicher Genehmigung durch die UFM —— **302**
Abb. 4　Ausschnitt aus dem ‚Lienzo de Tlaxcala', Texas Fragmente (ca. 1540er Jahre), Ex-Stendahl Collection, Benson Latin American Collection, LLILAS Benson Latin American Studies and Collections, The University of Texas, Austin. © University of Texas, Lizenz CC BY-NC-ND 3.0 —— **304**
Abb. 5　Auszug aus: Bernardino de Sahagún, Historia General de las Cosas de la Nueva España, Florenz, Biblioteca Medicea Laurenziana, MS Med. Palat. 220, Bd. 3, fol. 22ᵛ, World Digital Library. © Biblioteca Medicea Laurenziana, mit freundlicher Genehmigung von MiBACT —— **307**

Beitrag von Kordula Wolf

Abb. 1　Eroberte in den Quellen – eine Typologie. © Kordula Wolf —— **475**

Personen- und Ortsregister

Sarah-Christin Schröder, Lea Tanha, Alexandra Thomsen,
Tabea Wittorf, Hendrik Kühn und Ole Marten

Die Namen von Orten und Personen(gruppen) sind im Register alphabetisch geordnet. Personen sind unter ihrem Vornamen, ab 1500 unter ihrem Nachnamen aufgeführt. Gleichnamige Personen werden hierarchisch absteigend zuerst nach kirchlichen, dann nach weltlichen Amtsfunktionen angeführt (zum Beispiel Papst, Erzbischof, Bischof, Abt; Kaiser, König, Herzog). Bei gleichnamigen Personen in gleicher Amtsfunktion erfolgt die Anordnung nach Lebenszeit chronologisch absteigend. Kursivierte Seitenzahlen kennzeichnen Einträge in den Fußnoten.

Abkürzungen:

andal.	andalusisch	kappadok.	kappadokisch
arab.	arabisch	kast.	kastilisch
aragon.	aragonesisch	Kg.	König
Bf.	Bischof	Kgn.	Königin
byz.	byzantinisch	Ks.	Kaiser
dän.	dänisch	Ksn.	Kaiserin
dt.	deutsch	lat.	lateinisch
Ebf.	Erzbischof	musl.	muslimisch
engl.	englisch	neapol.	neapolitanisch
frk.	fränkisch	norm.	normannisch
frz.	französisch	österr.	österreichisch
gen.	genannt	osman.	osmanisch
genues.	genuesisch	Patr.	Patriarch
griech.	griechisch	peruan.	peruanisch
Hl.	Heilige/r	röm.	römisch
ir.	irisch	röm.-dt.	römisch-deutsch
ital.	italienisch	sächs.	sächsisch
Jh.	Jahrhundert	schott.	schottisch
Jhs.	Jahrhunderts	span.	spanisch
kanar.	kanarisch	wal.	walisisch

Aachen 101, *156*
Aargau *6*
ʿAbd al-ʿAzīz v. Lucera († 1301), musl. Ritter 201
ʿAbd Allāh b. Yūsuf b. ʿAbd al-ʿAlī, Rechtsgelehrter 256
ʿAbd al-Wāḥid al-Marrākušī (* 1185, † 1250), arab. Geschichtsschreiber 223
Aberconwy, Vertrag v. (1277) 430, *431*
Aberystwyth 438
Abinfaur → Ibn Fawwār
Aboaçmen Abenhacam → Abū ʿUṯmān Saʿīd b. al-Ḥakam al-Qurašī 222 f.
Abodriten 27
Abolcàsim → Abū l-Qāsim Aḥmad b. Muḥammad b. Naǧaut al-Ḥaǧrī
Abū ʿAbd Allāh Muḥammad b. Aḥmad b. Hišām, *qāʾid* v. Menorca 209 f., 215–218, 223 f.
Abū ʿAbd Allāh Muḥammad b. Huḏayl (* 1208, † 1276), gen. al-Azraq, musl. Regionalherrscher 216, 221
Abū Bakr b. ʿĪsā, *qāʾid* v. Xàtiva 243, 245, 247, 250–252
Abū Ǧumayl Zayyān b. Mudāfiʿ b. Yūsuf b. Saʿd al-Ǧudāmī, Befehlshaber v. València 237, 241, 243, 245–247
Abu Hafs → Apochaps
Abulfamalet → Abū l-Ḥamlāt
Abū l-Ḥamlāt, Neffe v. → Abū Ǧumayl Zayyān b. Mudāfiʿ b. Yūsuf b. Saʿd al-Ǧudāmī 243, *244*, 246 f.
Abū l-Ḥusayn ʿAbd al-Malik b. Mufawwiz, Rechtsgelehrter 244 f.
Abū l-Qāsim Aḥmad b. Muḥammad b. Naǧaut al-Ḥaǧrī, gen. Ibn Yāmīn, Schreiber 244
Abū ʿUmar b. Saʿīd = Abū ʿUmar († 1287), Sohn v. → Abū ʿUṯmān, *raʾīs* v. Menorca (ab 1282) 216, 224, 226–228, 230
Abū ʿUṯmān Saʿīd b. al-Ḥakam al-Qurašī (* 1204, † 1282), *mušrif*, *raʾīs* v. Menorca (ab 1234) 210, 215 f., 220, 222–224, 226, *227*, 229 f., *479*
Abū Yaḥyā Muḥammad al-Tinmallī = Abū Yaḥyā, *wālī* auf → Mallorca (1208–1229) 209, 223
Abū Zayd (* 1195, † 1265/70), Statthalter v. València 238
Adeodatus II. → Deusdedit

Áed mac Feidlimid Ua Conchobair († 1274), Kg. v. Connacht (ab 1265) 383
Áed Ua Néill († 1230), ir. Herrscher aus der Dynastie der → Cenél nEógain 377
Ælfgifu v. Northampton (* ca. 990, † 1040), Mutter v. → Harald I., Frau v. → Knut dem Großen 329
Ælfheah I. († 951), Bf. v. Winchester (ab 934) *327*, 337 f.
Aeneas, mythischer Stammvater der Römer 104, 332
Æthelred (* ca. 968, † 1016), Kg. v. England (978–1013, ab 1014) 321, 323 f., *325*, 326, 329, 331 f., 334, 340, *342*, 343, 347
Africa, röm. Provinz 60 f.
Afrika *58*, 272
– Nordafrika 61, 157, 181, 202, 310
Ägäis 169
Agincourt = Azincourt, Schlacht v. (1415) 125, 129, 131, 135
Agrigent, Bistum 185
Ägypten 192
Aḥmad b. Muḥammad al-Maqqarī al-Tilmisānī († 1632), arab. Geschichtsschreiber 212
Aistulf († 756), Kg. der → Langobarden (ab 749) 62–64, *66*
al-Andalus 162
al-Azraq → Abū ʿAbd Allāh Muḥammad b. Huḏayl
Alban → Schottland
Albanactus, Sohn des legendären → Brutus v. Troja, Herrscher v. Schottland 433
Albrecht I. (* 1255, † 1308), röm.-dt. Kg. (ab 1298) *422*
Alcáçovas, Vertrag v. (1479) 271
Alexander III. († 1181), Papst (ab 1159) 394
Alexander († vor 1143), Abt im Kloster v. Telese, Chronist 481 f.
Alexander (* 870, † 913), byz. Mitks. (ab 912) v. → Leo VI. 169
Alexander (* 356 v. Chr., † 323 v. Chr.), gen. der Große, Kg. v. Makedonien (ab 336 v. Chr.) 156
Alexander III. (* 1241, † 1286), Kg. v. Schottland (ab 1249) 433 f.
Alexandre Doisnel, norm. Priester 142
Alexandreia 162
Alexios I. Komnenos (* 1057, † 1118), byz. Ks. (ab 1081) 164

Alfons III. (* 1265, † 1291), Sohn v. Peter III., Kg.
   v. Aragón (ab 1285) 209, 211, 214,
   225–228
Alfons (* 1228, † 1260), Sohn v. Jakob I.
   v. Aragón 210, 221
Alfred Ætheling (* 1012, † 1036), Sohn v. →
   Æthelred 329, *330*, 332, *333*
al-Hakam I. (* 770, † 822), Emir v. Córdoba
   (ab 796) 162
ʿAlī al-Baqā/al-Baqāʾ = Alí Albaca,
   Gesandter 243
ʿAlī b. Hišām, Bruder v. → Abū ʿAbd Allāh
   Muḥammad 215
Alicante 245
Aljamas 228, 237, 239–242, *243*, 245, *246*,
   247–253, 255–262
al-Kāmil (* ca. 1176/80, † 1238), Sultan
   v. Ägypten (ab 1218) 191–193
al-Laqant → Alicante
Almaçora = Almassora 247, 249
al-Mahdīya 186
al-Malik al-Ḥāfiẓ, Bruder v. → al-Kāmil,
   mesopotamischer Herrscher 192
al-Maqqarī → Abū l-ʿAbbās Aḥmad al-Maqqarī
al-Marrākušī → ʿAbd al-Wāḥid al-Marrākušī
Almassora → Almaçora
al-Mināra = Almenara 241, 246 f.
Almofois → Abū l-Ḥusayn ʿAbd al-Malik
   b. Mufawwiz
Almohaden, Almohadenreich 209, 224, *246*
Alonso de Palencia (* 1424, † 1492), span.
   Geschichtsschreiber 269
Alpen 48
al-Ruṣāfa 237
al-Šaǧasī = Setxi, Gesandter 244
Altamura 193, 196
de Alvarado, Jorge (* ca. 1480, † 1540/41),
   Bruder v. → Pedro, span.
   Konquistador 299, 302
de Alvarado, Pedro (* um 1486, † 1541), Bruder
   v. → Jorge, span. Konquistador 299
Alzira = Ǧazīra Šuqr 242 f., *244*, 251
Amerika *262*, 271, *274*, 277, 279 f., 286, 289,
   295–297, 303, 305 f., 308–310
Amingus (* 539, † 554), frk. Heerführer,
   Alamannenherzog 55
Analco, Lienzo de 303
Andrelini, Publio Fausto (* 1451, † 1501),
   Humanist 456

Andrés Bernáldez (* um 1450, † 1513),
   Geschichtsschreiber 272
Andronikos I. (* um 1122, † 1185), byz. Ks.
   (ab 1183) 170
Angeldänen 33
Angeloi, byz. Adels- und Kaiserdynastie 170
Angelsachsen 29 f., 31–33, 36, 325, *332*, 337,
   340 f., 347–349
Angevinisches Reich 123
Angilbert (* um 750, † 814), Kaplan am Hof v. →
   Karl dem Großen 98
Anglesey
– Insel 440
– Shire, County (ab 1284) 436, 440
Anglo-Iren *381*, 401–403
Anglonormannen, Anglonormannisches
   Reich 123, *376*, 377–386, 394–396,
   401–404, 484
Anicius Manlius Severinus Boethius (* 480/5,
   † 524–526), spätantiker Gelehrter 54
Anonymus, Mönch aus dem Kloster →
   Hersfeld 357, 359–364, 366
Antiochos IV. Epiphanes (* um 215 v. Chr.,
   † 164 v. Chr.), Seleukidenkg 423
Aoife (* 1145, † 1188), Tochter v. → Diarmait mac
   Murchada 378
Apennin-Halbinsel 48, 62
Apochaps († 855), Emir v. → Kreta
   162 f.
Apulien 186, 193, 204, 474
Araber 158
Aragón 225, 253, 454
– Krone 210, 212, 214 f., 223, 225 f., 228 f.,
   237 f., 242, 257–259, 261 f., 478, *479*
Arianer *54*
Arkadius (* um 377, † 408), oström. Ks.
   (ab 395) 364
Armagh
– Erzdiözese *375* f., 379
– Kirche 385
– Franziskanerkonvent 387
Armagnaken 143
Ärmelkanal 123
Armorica *436*
Arras, Vertrag v. (1435) 126, 145
Ashingdon, Schlacht v. (1020) 324, 337–339
Astraea, röm. Göttin 458–462
Athen *61*, 171, 477
Atlantik 267, 295

Attaleia 167
Attila († 453), Hunnenkg. 53
Augustinus v. Hippo (* 354, † 430),
　　Kirchenvater *52*, 102
Augustus (* 63 v. Chr., † 19 n. Chr.), röm.
　　Ks 332
Avencedrel → Ibn Sīdrāy
Avignon 385
Awaren 98, 108
Aymer de Valence (* 1272–75, † 1324), engl.
　　Magnat 446
ʿAyn/Aïn 257
Ayoze, indigener Herrscher auf →
　　Fuerteventura 280
Ayyubiden 187, 191 f., 477
Azincourt → Agincourt

Baḥya, ḥakīm, Unterhändler v. → Jakob I. 246
Bairén = Bairān 243, 245, 248, 250 f.
Balansiya → València
Balbi, Girolamo (* um 1450, † um 1535),
　　Humanist 456
Baldred Bisset (* um 1260, † nach 1311),
　　Jurist 387, 392 f., 400
Balduin (* 1171, † nach 1205), lat. Ks. v. →
　　Konstantinopel (ab 1204) 173, 175
Balearen 209, 211–213, 219, 224 f., 228
Balkan 16, 181
Balliol, schott. Adelsfamilie 433
Baltikum 30
Banba, mythische ir. Kgn. 382
Banіškula → Peníscola
Banū ʿĪsā, Dynastie in → Xàtiva 239, 244 f.,
　　248, 250
Barbaren 35, 42, *48*, 61, 167 f., 284–288, 290
Barcelona
– Corts v. (1228) 213
– Stadt 101, 103 f., 111, 113 f., 116–118, 226
Baṭarna → Paterna
Bayeux 128
Bayezid I. (* 1360, † 1403), osman. Sultan
　　(1389–1402) 158
Beaumaris 438, 440
Bec, Abtei 132
Bejaia 223, 237
Belisar (* um 500, † 565), oström. General 54 f.
Benahoare → La Palma
Benedikt I. († 579), Papst (ab 575) 55
Benevent *61*

Bernard VII. (* um 1360, † 1418), Graf
　　v. Armagnac, Connétable v. Frankreich 125
Bernhard v. Clairvaux (* um 1090, † 1153), Abt
　　v. Clairvaux, Theologe, Hl. 397, 404
Bertha v. Sulzbach → Eirene
Berthold II. v. Buchegg (* vor 1279, † 1353), Bf.
　　v. Straßburg (ab 1328) 415 f.
Berwick → Schottland
Bessin → Normandie
Bétera 241
Biar 242, 248, 262
Biğāya → Bejaia
Bimbachos, Indigene v. → El Hierro 281
Biscaya, Golf v. 271, 273
de Bobadilla, Beatriz († 1504), Hofdame v. →
　　Isabella I., Frau v. → Peraza, Hernán 278 f.
Boethius → Anicius Manlius Severinus
Bologna *140*
Bonifaz V. († 625), Papst (ab 619) 54, 56
Bonifaz VIII. (* um 1235, † 1303), Papst
　　(ab 1294) 200, 387, 392
Bordeaux 126
Bosporus 158
Bothwell (Burg) 446
Bourges 126
‚Bourgeois de Paris', Kleriker, Autor des 15.
　　Jhs. *130* f.
Bretagne, Bretonen 97, 99, 101, 103–106, 109,
　　111, 113, 115, 117 f., *436*
Brian Ua Néill († 1260), Kg. der → Cenél
　　nEógain 383–385
Brigid v. Kildare (* um 451, † 523), Hl. 382, 405
Britannien, Briten 329, 429
Brixen, Fastensynode v. (1080) 357, 370
Bromfield, Marcherlordschaft in Wales *436*
Bruce, schott. Adelsfamilie 433, 443
Brügge 40, *330*
Brutus v. Troja, legendärer Gründerkg.
　　v. Britannien 392, 433
De Bry, Theodor (* 1528, † 1598),
　　Kupferstecher 277
Buccillinus, Heerführer der → Franken 55
Budé, Guillaume (* 1467, † 1540),
　　Humanist 456
Bufilla 241
Builth 438
Bulgaren 158
Burgund, Burgunder 125 f., 129, 132 f., 135,
　　144, 146 f., 461

Buriyāna = Burriana 241, 249
Byzanz, Byzantiner 7, 11, 14, 22, 30, 50, 57, *63*–65, 155–157, 166, 170 f., 173, 181 f., 474

Cadwaladr ap Cadwallon, Kg. v. Gwyneed in Wales (655–682) *436*
Cael Uisce → Irland
Caen 124, 132, 136, *140*, 141, 144
Caernarvon
– Shire, County (ab 1284) in Wales 436 f., 439
– Stadt 437
Calais 126, 129
Camber, Sohn des legendären → Brutus v. Troja, Herrscher v. Wales 433
Canarios → Kanarier
Capdepera
– Stadt 211, 215
– Vertrag v. (1231) 209 f., 212, 214, 218, 221–227, 230 f., *479*, 480
Cairasco de Figueroa, Bartolomé (* 1538, † 1610), kanar. Literat 283 f., 286, 288, 290, *475*
Carcassonne, Vertrag v. (1283) 225
Cardigan, Shire 436
Carlisle, Cumbria
– Lanercost Priorei 443
Carmarthen
– Shire 435–437
– Stadt 440
Cashel, Reformsynode v. (1101) *394*
Castillon, Schlacht v. (1453) 126
Castro 241, 243
Cathal Carragh, Kg. v. Connacht (1189–1202) 377
Cathal Crobdearg Ua Conchobair († 1224), Kg. v. Connacht 377, *383*
Cenél Conaill, nordir. Dynastie 384
Cenél nEógain, nordir. Dynastie 377, 383–385
Centumcellae 73, 75, 77, 80–93, *479*
Cerdagne, Grafschaft 225
Cervera = Ǧarbaira 253
Chandax 163
Charax, Kap 162
Chester 431
Childerich III. (* um 720-37, † um 755), Merowingerkg. (743–751) 360, 362 f.
Chirk, Marcherlordschaft in Wales *436*
Cîteaux 457

Ciutadella 215, *217*
Clemens III. (* 1020–30, † 1100), (Gegen-)Papst (ab 1084) 362
Clemens VI. (* um 1290, † 1352), Papst (ab 1342) 270
Clementia, röm. Göttin 461
Clogher, Diözese *376*
Clonmacnoise, ir. Kloster 383
Colin Maingret, Sergeant v. Périers 142
Colum Cille → Columba
Columba = Colum Cille (* 520/22, † 597), Abt v. Iona, Hl. 382, 405
Compiègne 134
Comyn, schott. Adelsfamilie 433
Conmaicne, ir. Volk 382
Connacht 377, 383
Constans II. (* 630, † 668), oström. Ks. (ab 641) *60*, 61
Cornwall *436*
Cortés, Hernán (* 1485, † 1547), span. Konquistador 280, 296, *299*, 301, 303, 309
Courbefosse, Wald v. 142
Coutances 141, 143
Coventry 167
Crail 442
Cristóbal Colón → Kolumbus, Christoph
Cullera = Qulaira *249*
Cymer 440

Dafydd ap Gruffudd (* 1235, † 1283), Bruder v. → Llywelyn ap Gruffudd, Fürst v. Wales (ab 1282) 432–434
Dafydd ap Llywelyn → David ap Lewelin
Dalmatien *61* f., *64*
Dänemark, Dänen 33, 111, 321 f., 324, *327*, 329, 332, 337, 339–341, 343, 347–349, 392, 477
Dāniya = Dénia 262
David ap Lewelin (* um 1215, † 1246), wal. Adliger, Herrscher v. Gwynedd *383*, 439
David, biblische Figur *419*
Demetrios v. Thessalonike († um 306), Hl. 158
Denbigh, Marcherlordschaft in Wales *436*
Desiderius († nach 786), Kg. der → Langobarden (757–774), 62 f.
Deusdedit († 676), Papst (ab 672) 57, 60
Deutscher Orden 30
Deutschland, Deutsche 1, 22, 35

Diarmait mac Murchada (* 1110, † 1171), Kg. v. Leinster 378, 382
Díaz del Castillo, Bernal (* 1495/6, † 1584), span. Konquistador, Chronist 309
Dieppe 144
Dole 456
Dominikaner *376*
Domnall Óg Ó Domnall († 1281), nordir. Kg., Herrscher der → Cenél Conaill 384
Domnall Ua Néill († 1325), Sohn v. → Brian Ua Néill, Herrscher der → Cenél nEógain in → Ulster 385 f., 390, 394
Domrémy 126
Donus († 678), Papst (ab 676) 58
Doramas, kanar. Krieger 277 f., 280, 283–290
Down, County 383
Dresden 167
Drumderg, Schlacht bei (1260) 383 f.
Dublin 378, 395
Durham 31
Dyffryn, Marcherlordschaft in Wales *436*

Eadric Streona († 1017), Ealdorman v. Mercia (ab 1007) 327, 337–340, 342–345, 349
Edgar († 975), Kg. v. Mercia, Northumbria (957–959) und England (ab 959) 323
Edgar Ætheling (* 1051, † 1125), angelsächs. Thronprätendent 31
Edinburgh 434
Edmund II. (* ca. 989, † 1016), gen. Eisenseite, Kg. v. England (1016) 324, 339–343, *344*, 345, 347
Eduard I. = Edward I. (* 1239, † 1307), Kg. v. England (ab 1272) 375, 400, 429–436, 438–448
Eduard II. = Edward II. (* 1284, † 1327), Prinz v. Wales (ab 1301), Kg. v. England (ab 1307) 396, 436, 439 f., 445
Eduard III. (* 1312, † 1377), Kg. v. England (ab 1327) 125
Eduard (* ca. 1004, † 1066), gen. der Bekenner, Kg. v. England (ab 1042) 328, 329, *330*, 331, 333–336, 340, 349
Edward Bruce (* um 1280, † 1318), Bruder v. → Robert Bruce, Earl v. Carrick 385 f., 390 f.
Edwin († 1071), Bruder v. → Morcar, Earl v. Mercia *32*

Einhard (* ca. 770, † 840), Geschichtsschreiber am Hof v. → Karl dem Großen 73–94, 108, 112, 114, 479
Eirene (* 752, † 803), byz. Ksn (797–802) 161
Eirene (* um 1110, † 1158/60), erste Frau v. → Manuel I. Komnenos 164
El Hierro 270, 272 f., 278, 281
Elbe 26 f., 29
Eleutherios († 620), Exarch v. Ravenna (616–619) *57*
Elisabeth Münch, Frau v. → Mathias v. Neuenburg 416
Emma (* ca. 984, † 1052), Kgn. v. England (1002–1035) 319, *323*, *325*, 328–333, 335–349
En Bahiel → Baḥya
Enger 26, 40
England, Engländer 14, 23, 30–33, 36, *47*, 123–146, 319, 321–325, 328 f., 332, 338, 340, 349, 365, 375–378, 380 f., 385, 388, 391–404, 429–431, 433, 435–437, 439–441, 443–447
Englefield 431
Enrique de Villena (* 1384, † 1434), span. Gelehrter 285
Erbania → Fuerteventura
Eresburg 26
Erik Håkonsson (* um 964, † 1024), Earl v. Northumbria (1016–1023) 339
Ermoldus Nigellus (* 817, † 838), frk. Kleriker, Dichter 97–115, 117 f., 476, 482
Étienne le Roy, Arbeiter aus der Nähe v. → Coutances 141 f.
Eustathios v. Thessalonike (* um 1110, † 1195), byz. Gelehrter 158, 168, 477
Évreux 143
Eximén de Tovía, aragon. Ritter 245, 250, *251*

Falkirk, Schlacht v. (1298) 443
Fabrizio de Vagad, Gauberto, aragon. Chronist (15. Jh.) 286
Feidlim Ua Conchobair († 1265), Sohn v. → Cathal Crobdearg Ua Conchobair, Vater v. → Áed mac Feidlimid Ua Conchobair, Kg. v. Connacht (ab 1233) 383
Ferdinand II. (* 1452, † 1516), Kg. v. Sizilien (ab 1468), → Aragón (ab 1479), → Neapel (ab 1505) und → Kastilien (ab 1506) 271, 278 f.

Ferdinand II. (* 1467, † 1496), Kg. v. Neapel (ab 1495) 454
Férnandez de Córdoba, Gonzalo (* 1453, † 1515), span. General 464
Fernando Guanarteme → Semidan, Tenesor
Fife 442
Finnén, Hl. 382
Flamen 39 f.
Flandern 39–41, 338, 348, 442
– Flandrinischer Aufstand (1302) 21, 25
Fleury, Kloster Saint-Benoît-sur-Loire 365
Flint
– engl. Burg 438
– County *436*
Foggia 201
Formentera 214
Fortuna
– Fürstentum auf den → Kanaren 270
– röm. Göttin 267, 283, 287 f., 290
Francesco Petrarca (* 1304, † 1374), ital. Dichter 285 f.
Franco-Normannen 268, 270, 272, 276
Franken, Frankenreich 21, 25–27, 29, *52*, 65, 74, 76 f., 80, 82, 84 f., 87, 92–94, 97–99, 101, 103 f., 106–110, 112–118, 268, 278, 360, 362, 482
Frankreich, Franzosen 21 f., 24, 34, 36–40, 42, *65*, 123–126, 129–134, 137–140, 143–147, 225, 274, 390, 451, 454–457, *458* f.
Franziskaner 270
Friaul 29
Friedrich I. (* 1452, † 1504), Kg. v. Neapel (1496–1501) 454–456
Friedrich II. (* 1194, † 1250), Kg. v. Sizilien (ab 1198), röm.-dt. Kg. (ab 1212) und Ks. (ab 1220), Kg. v. Jerusalem (ab 1225) 182, 185–196, 204, 474
Friedrich (* 1289, † 1330), gen. der Schöne, röm.-dt. Kg. (ab 1314) 411–425
Friedrich (* 1090, † 1147), gen. der Einäugige, Herzog v. Schwaben (ab 1105) 451
Friesland 27, *83*, 84 f.
Fuego, Vulkan in → Guatemala 302
Fuerteventura 270, 273, 275, 280
Fürstenfeld, Abtei der → Zisterzienser 415

Gadifer de la Salle (* um 1355, † 1422), frz. Adliger 270, 272
Gaguin, Robert (* 1453, † 1501), Humanist 456

Gáldar 274, 284
Gälen 382–384, 388 f., 393, 401, 405
Gallia Narbonensis *82*, 83 f.
Galloway 446
Ǧarbaira → Cervera
Garcilaso de la Vega, Inca (* 1539, † 1616), Sohn v. → Sebastián Garcilaso de la Vega y Vargas und → Isabel Suárez Yupanqui, peruan. Chronist 309
Garcilaso de la Vega y Vargas, Sebastián (* ca. 1500, † 1559), span. Konquistador, Vater v. → Inca Garcilaso de la Vega 309
Gascogne 434, 438, 448
Ǧazīrat Šuqr → Alzira
Gebhard (* um 1010, † 1088), Ebf. v. Salzburg (ab 1060) 358, *370*
Gelasius I. († 496), Papst (ab 492) 361, *365*
Gent 40
Genua 200
Geoffrey v. Monmouth (* um 1100, † um 1154), engl. Geschichtsschreiber 392
Georgios Akropolites (* 1217, † 1282), byz. Diplomat, Geschichtsschreiber 173, 477
Gerstungen, Thüringen *361*, *371*
Gilbert de Inche, Fischer in → Crail 442
Giovanni Boccaccio (* 1313, † 1375), ital. Dichter und Humanist 270
Giraldus Cambrensis (* 1146, † 1223), Neffe v. → Robert FitzStephen, Geschichtsschreiber 394 f., 402 f.
Gisulfus II. (* um 720, † 751), langobardischer Herzog v. Benevent (732, ab 742) 61
Glanmorgen = Glamorgan 438
Glasgow 442
Goidelen 388 f., 392
Goldenes Horn 155 f., *157*, 172
Gomeros 273
Goten 48, 53–56
Gran Canaria
– Arucas, Schlacht v. (1481) 277, 287
– Insel 270–273, 278–280, 282–284, 287
Granada 229
Gravina 193
Gregor I. (* um 540, † 604), gen. der Große, Papst (579–590), Kirchenvater 365
Gregor II. († 731), Papst (ab 715) 65
Gregor III. († 741), Papst (ab 731) 65
Gregor VII. (* 1025–1030, † 1085), Papst (ab 1073) 355, 357–371

Griechen, Griechenland 38, 42, *48*, 161 f., 172
Guadarfía, indig. Herrscher v. →
  Fuerteventura 275
Guanchen 267, 287, 289
Guatemala, Guatemalteken 297, 299
Guía 284
Guibert v. Tournai († 1284), Theologe 396
Guillaume Gautier, Vizegraf v. Avranches 141
Guillaume Vignon 143
Guillem de Montgrí, Ebf.elekt v. Tarragona
  210, 214
Guillelmus = *Guillelmi*, Notar des Vertrags v. →
  Capdepera, evtl. = Guillelmus, Notar und
  Schreiber des Vertrags v. → Xàtiva *220*
Guize, indigener Herrscher auf →
  Fuerteventura 280
Gwyn ap Grownow, Waliser 439

Habsburger *414*, 415, 422, 424 f.
Hadrian I. († 795), Papst (ab 772) 62 f., 66
Hadrian IV. (* 1110/20, † 1159), Papst (ab 1154)
  394, 397
Ḥafsiden 209
Harald I. → Harold I.
Harald II. (* ca. 995, † 1018), Kg. v. Dänemark
  (ab 1014) 324
Harald Klak (* um 785, † 846), dän. Kg.
  (812–826) 101
Harcourt 132
Harfleur 125, 128 f.
Harold I. (* ca. 1016, † 1040), gen. Hasenfuß,
  Kg. v. England (ab 1035) 329, *330*, 331, 333
Ḥarrān *192*
Hartaknut (* ca. 1020, † 1042), Kg. v. Dänemark
  (ab 1035) und England (ab 1040) 329–332,
  333, 334 f., 348
Hautacuperche, Exekutor auf → La Gomera 280
Heiden 270, 386
Heilbronn 451
Heiliges Land 30
Heinrich I. (* um 1068, † 1135), Kg. v. England
  (ab 1100) 365
Heinrich II. (* 1133, † 1189), Kg. v. England
  (ab 1154) 378, 385, 388, 394–397,
  399, 404
Heinrich III. (* 1379, † 1406), Kg. v. Kastilien
  und León (ab 1390) 272
Heinrich III. (* 1207, † 1272), Kg. v. England
  (ab 1216) 377, *383*, 431

Heinrich III. (* 1017, † 1056), röm.-dt. Kg.
  (ab 1039) und Ks. (ab 1046) 329
Heinrich IV. (* 1050, † 1106), röm.-dt. Kg.
  (1056–1105) und Ks. (1084–1105) 32, 355,
  357–359, 362, 370
Heinrich V. (* 1368, † 1422), Kg. v. England
  (ab 1413) 123, 125–129, 131–139
Heinrich VI. (* 1421, † 1471), Kg. v. England
  (1422–1461, ab 1470) 126, 134, 139–141,
  143, 185
Heinrich VI. (* 1165, † 1197), röm.-dt. Kg.
  (ab 1169), Kg. v. Sizilien (ab 1194) und Ks.
  (ab 1191) 34–36
Heinrich (* 1299, † 1327), gen. der Sanftmütige,
  Bruder v. → Friedrich dem Schönen,
  Herzog v. Österreich *414*
Hellweg, Westfalen 25 f.
Henry Percy (* 1273, † 1314), engl. Magnat 442
Hermann (* vor 1049, † 1090), Bf. v. Metz
  (ab 1073) 355, 357–359, *360*, 362–364,
  366 f., *370*
Hersfeld, Kloster 357, 359–371
Heruler 55
Hieronymus (* 347, † 420), Kirchenvater *52*
Hirsau, Kloster *361*
Ḥiṣn Šubrut → Xivert
Holsten 40
Howel ap David, wal. Adliger 439
Huaquechulan *301*
Hug de Fullalquer, katalonisch-aragon. Meister
  des Johanniterordens (13. Jh.) 253 f.
Hugh Cressingham († 1297), Geistlicher,
  Beamter, schott. Schatzmeister (ab
  1296) 441 f.
Hugh de Lacy († 1242), Sohn v. → Hugh de Lacy
  († 1186), Earl v. Ulster (ab 1205) 377 f.
Hugh de Lacy († 1186), Vater v. → Hugh
  de Lacy († 1242), Lord of → Meath (ab
  1171) 378
Hugo Falcandus, süditaĺ. Briefschreiber
  34, 396
Hugo v. Fleury († nach 1118),
  Benediktinermönch, Chronist 357,
  365–371
Hugo v. Flavigny (* 1065, † 1111),
  Benediktinermönch,
  Geschichtsschreiber 365
Hugo (* um 780, † 837), Graf v. Tours 101, 114
Hunnen 53 f.

Iberische Halbinsel 7, 84, 181, 183, *210*, *212*, 224, 229, 238, 268, 281 f., 307, 480, 484
Ibiza 210, *211*, 214, 229
Ibn al-Abbār (* 1199, † 1260), Sekretär (*kātib*), Historiker 237, *238*, 239, 251
Ibn ʿAmīra al-Maḫzūmī, Geschichtsschreiber 212, 477
Ibn Fawwār, Rechtsgelehrter 254
Ibn Fīrruh al-Šāṭibī (* 1144, † 1194), Gelehrter 244, 246
Ibn Naẓīf al-Ḥamawī, Chronist 187 f., 191–193, 199, 477, 479
Ibn Šarīfa, Chronist 224
Ibn Sīdrāy, Kommandeur v. → Bairén 245 f., 248, 250 f.
Ikonion 164
Île-de-France 130
Imperium Romanum → Römisches Reich
Inisfallen, Annalen v. 384
Innozenz I. († 417), Papst (ab 401) *52*, 364
Innozenz IV. (* um 1195, † 1254), Papst (ab 1243) 386 f., 391, 394
Insulae Fortunatae → Kanaren
Ioannes Kaminiates (9./10. Jh.), byz. Geschichtsschreiber 158, 167, 477
Ioannes Kinnamos (* nach 1143, † nach 1185), byz. Geschichtsschreiber 165, 169
Ioannes II. Komnenos (* 1087, † 1143), byz. Ks. (ab 1118) 163 f., 170
Ioannes Skylitzes (11./12. Jh.), byz. Geschichtsschreiber 162
Iohannes Pipinus, Amtsträger und Vertrauter v. → Karl II. v. Anjou 196
Irland, Iren 131, 375–381, 383–386, 388–405, 429, 444, *477*, 483
Irmingarius, Graf v. Ampurias *82*, 85
Isaak († 634/44), Exarch v. Ravenna (ab 625) 59 f.
Isabeau de Bavière (* um 1370, † 1435), Kgn. v. Frankreich (ab 1385) 126
Isabel, indigene Begleiterin der → Franco-Normannen auf → Lanzarote 273
Isabella I. (* 1451, † 1504), Kgn. v. Kastilien und Léon (ab 1474), Frau v. → Ferdinand II. 271, 278 f.
Isabella v. Frankreich (* um 1295, † 1358), Kgn. v. England (ab 1327) 125
Ischia 454

Isidor (* um 560, † 636), Ebf. v. Sevilla (ab 600), Enzyklopädist 56, 108, 288
Islas Afortunadas → Kanaren
Israel *423*
Istrien *64*
Italien, Italiener 14, 21 f., 24, 29, 38, 42, 47–68, 81, 83, 86 f., 91, 157, 182–184, 193 f., 198, 202–204, *262*, 277, 310, 480, 484
Iustitia, röm. Göttin 461
Ivry 143

Jacques Fillie, frz. Pirat 142
Jakob I. (* 1208, † 1276), gen. der Eroberer, Kg. v. Aragón (ab 1213), Verfasser des ‚Llibre dels feits' 7, 209–218, *212–215*, 220 f., 223–225, 228 f., 237 f., 240 f., 245–248, *249*, 250, 252, 259–261
Jakob II. (* 1243, † 1311), Kg. v. Mallorca (ab 1276) 225
Jakobus, Hl. 308 f.
James Douglas (* vor 1289, † 1330), Lord v. Douglas, Mitstreiter v. → Robert Bruce 443
James Stewart (* um 1260, † 1309), schott. Adliger 444, 447
James Yonge, ir. Autor (15. Jh.) 395
Jean Avicet, Normanne 141
Jean de Béthencourt IV. (* 1362, † 1425), frz. Adliger, Entdecker 270, 272 f., 275
Jean de Béthencourt V. (* 1432, † 1506), kanar. Herrscher 276
Jean le Courtois (15. Jh.), begnadigt durch → Heinrich VI. 141
Jean Donnillet (15. Jh.), begnadigt durch → Heinrich VI. 143
Jean Sterre, engl. Krieger 141
Jean de Vauraburg, engl. Sergeant 143
Jeanne d'Arc (* 1412, † 1431), frz. Nationalheldin 126, 133–135, *140*
Jerusalem 191, 197, *423*
Johann Ohnefurcht (* 1371, † 1419), Herzog v. Burgund (ab 1404) 125 f.
Johann Ohneland (* 1167, † 1216), Kg. v. England (ab 1199) 377 f.
Johannes I. († 526), Papst (ab 523) 54
Johannes III. († 574), Papst (ab 561) 55 f.
Johannes IV. († 642), Papst (ab 640) 61, *64*
Johannes VI. († 705), Papst (ab 701) 58, 61

Johannes XXII. (* ca. 1244, † 1334), Papst (ab 1316) 385–387, 396, 404, *477*
Johannes Compsinus († 617), südital. Rebell 57
Johannes Hymmonides (* um 825, † 880–882), Geistlicher, Biograph v. → Gregor dem Großen *51*
Johannes Quidort († 1306), Philosoph 390
Johannes v. Salisbury (* ca. 1115/20, † 1180), Philosoph 396
John Balliol (* vor 1208, † 1268), schott. Magnat 433 f., 441, 443, 445, 447
John Brittany (* 1266, † 1334), engl. Magnat 444
John Carrick († ca. 1380), schott. Adliger 444
John Comyn († 1306), schott. Magnat 443–446
John de Courcy, anglonorm. Invasor in → Irland 377 f.
John de Havering († um 1309), Justiziar v. Nordwales (1284–1287) 439
John de Inche, Fischer in → Crail 442
John Sandale (* um 1274, † 1319), schott. Chamberlain (1297–1307) 444
John de Soules († vor 1310), schott. Ritter, Guardian v. Schottland (ab 1301) 445
John de St. John († 1302), engl. Adliger im Dienst von → Eduard I. 446
John de Warenne (* 1231, † um 1304), engl. Magnat, Graf v. Surrey 441 f.
Josef, biblische Figur 418
Juan Rejón (* um 1440, † 1481), span. Konquistador 272 f.
Judas Makkabäus, biblische Figur 423 f.

Kalabrien 61
Kampanien 58, 60 f., *65*
Kanaren, Kanarier 267–290, 473, 477 f., 480, 484
Karalissee 164 f.
Karl I. (* 747/48, † 814), gen. der Große, frk. Kg. (ab 768) und Ks. (ab 800) 25–30, 33 f., 40 f., 62, 66, 73–76, 78 f., 81–84, 87, 90–94, 106, 156, 360
Karl I. v. Anjou (* 1227, † 1285), Kg. v. Sizilien (ab 1266) 21–24, 36–39, 225
Karl II. v. Anjou (* 1254, † 1309), gen. der Lahme, Kg. v. Sizilien (ab 1285) 182, 196–200
Karl IV. (* 1294, † 1328), Kg. v. Frankreich (ab 1322) 125

Karl VI. (* 1368, † 1422), Kg. v. Frankreich (ab 1380) 125 f., 138
Karl VII. (* 1403, † 1461), Kg. v. Frankreich (ab 1422) 126, 132–135, 137 f., *140*, 143, 145
Karl VIII. (* 1470, † 1498), Kg. v. Frankreich (ab 1483) 454, 456
Karlsburg 26
Karthago, Exarchat *157*
Kastilien 238, 454
Katalonien, Katalanen
– Katalonien-Kreuzzug 225
– Region 211–213, 226, 253
Kells, Synode v. (1152) *394*
Keos, Insel 171
Kilkenny, Statuten v. (1366) 380
Kleinasien 162, 164 f., 167, 181
Knut, gen. der Große (* um 955, † 1035), Kg. v. England (ab 1016), Dänemark (ab 1019) und Norwegen (ab 1028) 30, *322* f., 324–326, *328*, 329 f., *331*, 332 f., *334*, 337–349
Koblenz 26
Köln
– Kölner Königschronik 451–453, 479
– Stadt 453
Kolumbus, Christoph (* um 1451, † 1506), ital. Seefahrer, Entdecker 296
Komnenoi, byz. Dynastie 170
Konrad III. (* 1093/94, † 1152), röm.-dt. Kg. (ab 1138) 451, 453
Konradin (* 1252, † 1268), Herzog v. Schwaben, Kg. v. Jerusalem und Sizilien (ab 1254) 24
Konstans II. → Constans II.
Konstantin I. († 715), Papst (ab 708) 52
Konstantin I., gen. der Große (* 270–288, † 337), röm. Ks. (ab 306) *157*
Konstantinopel 30, 48, 54, 59, 63, 65, 155, *156*, 157 f., 160 f., 167, *169*, 171–175
Konstanze (* 154, † 1198), Tochter v. → Roger II., Frau v. → Heinrich VI. 185
Konstanze (* um 1249, † 1302), Tochter v. → Manfred, Frau v. → Peter III. 38
Korfioten 160
Korfu 159
Kortrijk, Schlacht der Goldenen Sporen 40
Kreta 162 f.

La Gomera 271, 273, 278–281
La Palma 267, 271

Lambert († 836/37), Graf v. Nantes 101
Langobarden, Langobardenreich 29 f., 41, 48, 52 f., 55–57, 62–64, 97, *111*
Lanzarote 270, 272 f., 275 f.
Las Americas → Amerika
de Las Casas, Bartolomé (* 1484/5, † 1566), span. Theologe, Chronist 277, 285
Las Indias → Neuspanien
Las Navas de Tolosa, Schlacht v. (1212) 209
Lateinamerika → Amerika
Lateiner
– Pogrome (1171/82) 172
– Volk 158, 170–173
Lechfeld, Schlacht auf dem (955) 52
Legarius, Kg. v. Tara 389
Leinster 378, 382
Lemnos 169
Leo I. (* um 400, † 461), gen. der Große, Papst (ab 440) 53 f., 361
Leon VI. (*866, † 912), byz. Ks. (ab 886) 169
Leon v. Tripolis, griech. Renegat und Pirat 158, 167 f.
Leopold I. (* 1290, † 1326), Bruder v. → Friedrich dem Schönen, Herzog v. Österreich und der Steiermark 413 f., 417, 421, 425
Levante 181
Libyen, Libyer 285 f.
Lincoln, engl. Grafschaft 447
Linlithgow 434
Lippe, Fluss 26
Lirya = Llíria 244
Liutprand († 744), Kg. der Langobarden (ab 712) 62–64
Llandeilo Fawr 440
Llanmaes 440
Llywelyn ap Gruffudd (* um 1223, † 1282), wal. Herrscher (ab 1246) 430–433
Loch Cé, Annalen v. 383 f.
Locraine, Sohn des legendären → Brutus v. Troja, Herrscher v. England 433
Loire 126
London
– Konkordat v. (1107) 365
– Stadt 337, 430, 434, 343
López de Ulloa, Francisco, Geschichtsschreiber 284
Lothar I. (* 795, † 855), frk. Kg. (ab 840) und Ks. (ab 817) 28
Louviers 144

Löwen *140*
Lucera 182, 194, 196–202, 204, 474
Ludwig I. (* 778, † 840), gen. der Fromme, frk. Kg. und Ks. (ab 813) *74*, 76, 97–118, 482
Ludwig II. (* um 806, † 876), gen. der Deutsche, ostfrk. Kg. (ab 843) 28, 101
Ludwig IV. (* 1282 oder 1286, † 1347), gen. der Bayer, röm.-dt. Kg. (ab 1315) und Ks. (ab 1328) 411–425
Ludwig IX. (* 1214, † 1270), gen. der Heilige, Kg. v. Frankreich (ab 1226) 138
Ludwig XII. (* 1462, † 1515), Kg. v. Frankreich (ab 1498) 451, 454, 456
Ludwig v. Valois (* 1372, † 1407), Herzog v. → Orléans 125
Luis de la Cerda (* 1291, † 1348), Fürst v. Fortuna 270
Lyon 461
Lysias († 162 v. Chr.), seleukidischer Reichsverweser 423 f.

Madeira 282
Mādina Mayūrqa 213
Madog ap Llywelyn († nach 1295), Lord v. Meirionydd, wal. Aufständischer 438
Maelgan ap Rhys († 1295), wal. Aufständischer 438
Mailand 357
Makedonien 162
Malintzin = Malinche (* um 1505, † um 1529), Dolmetscherin und Geliebte des → Hernán Cortés 303
Mallorca, Mallorquiner
– Almudaina-Palast 213
– Insel 82, 84, 213, 223, 226, 238, *246*
– Königreich 82–84, 209 f., *211*, 212, 214, 216 f., 219, 225 f., 228 f., 238
Manfred (* 1232, † 1266), Sohn v. → Friedrich II., Kg. v. Sizilien (ab 1258) 23 f., 38, 196
Mantīša → Montesa
Manuel I. Komnenos (* 1118, † 1180), byz. Ks. (ab 1143) 164
Margarete (* 1492, † 1549), Kgn. v. Navarra, Schriftstellerin 34
Maria v. Antiocheia (* 1145, † 1182), zweite Frau v. → Manuel I. Komnenos 164
Mariniden 209
Marius (* um 530/31, † 594), Bf. v. Avenches (ab 574) *55*

Martin I. (* um 600, † 655), Papst (649–653) 58 f.
Martin IV. († 1285), Papst (ab 1281) 23, 37, 225
Marzūq, Kommandeur, Verwandter v. → Muḥammad b. ʿAbbād 188
Matfried I. (* um 795, † 836/37), Graf v. Orléans 101, 114
Mathias v. Neuenburg (* um 1295, † nach 1364), Chronist 411, *414*, 415 f., 421–425
Mauren 75, 80–86, 89
Maurice FitzGerald († 1176), Unterstützer v. → Diarmait mac Murchada 378, 402
Maurikios Chartularios († 643), byz. Rebell 59 f., 62
Meath, County 382
Mediterraneum → Mittelmeerraum
Mehmed II. (* 1432, † 1481), gen. Fātiḥ, osman. Sultan (1444–1446, ab 1451) *7*, 158
Melun 133
Menorca = Manūrqa, Menorquiner 209–231, 244, 245, *246*, 262, 479, 484
Mercia 344
Merioneth, wal. Shire, County (ab 1284) 436
Merlin, mythische Sagengestalt 436
Mesopotamien 192
Messina 22, 37
Metz, Diözese 358
Mexica 305
Mezezios, byz. Rebell 60
Michael Choniates (* um 1138, † um 1222), Bf. auf → Keos, Metropolit v. Athen 171, 477
Michael II. (* 770, † 829), gen. der Stotterer, byz. Ks. (ab 820) 162
Michael VIII. (* 1224/25, † 1282), Mitks. v. Nikaia (1259–1261), byz. Ks. (ab 1261) 174
Michael mac Lochlainn († 1349), Franziskaner, Lektor in → Armagh, wahrsch. Autor der ‚Remonstrance' 387, 396, 400 f.
Michel Pintoin (* um 1350, † um 1421), Mönch und Kantor in der Abtei → St. Denis 123, 135–139, 146
Miguel de Moxica, Konquistador 273
Minūrqa → Menorca
Mittelmeer, Mittelmeerraum 14, 93, 155–157, 168, 183
Moldsdale 431
Monreale 185
Montereau 126

Montesa 250
Montgomery, Vertrag v. (1267) 431
Montpellier 225
Montsurvent bei → Coutances 141
Morcar († 1087), Bruder v. → Edwin, Earl v. Northumbria *32*
Morgan ap Maredud († 1331), wal. Lord v. Gwynllŵg, Anführer des Aufstandes (1294) in → Glanmorgen 438
München, Vertrag von (1325) 414
Münzer, Hieronymus (* 1437 oder 1447, † 1508), Arzt, Geograph *270*, 272, 282
Mudejáren, Aufstand (1275) *224*
Muḥammad b. ʿAbbād, Herrscher westsizilischer Muslime 474
Mühldorf
– Schlacht v. (1322) 411–425
Murbaiṭar → Sagunt
Múrcia *212*, 242
Murman, bretonischer Kg. 97, 104–109, 113, 115–118
Mursiya → Múrcia
Mūsā al-Murābiṭ, Kommandeur in → Biar 248

Naher Osten 181, 183
Nahua 299, 305 f., 308, 484
Narses (* um 490, † 574), oström. Eunuch und General 55 f.
Neapel
– Königreich 21, 225, 454
– Stadt 54, *57*, 451, 454–458, *459*, 463 f.
de Nebrija, Antonio (* 1441/44, † 1522), kast. Humanist, Philologe 285
da Neocastro, Bartolomeo (* um 1240, † nach 1293), Chronist, Jurist 37
Neuspanien 296, 310, 312
New York 167
Newborough 440
Niccoloso da Recco, genues. Seefahrer 270
Nicholas Balmyle († 1319/20), schott. Geistlicher, schott. Kanzler (1301–1307) 445
Nicholas Mac Maol Iosa († 1303), Ebf. v. Armagh (ab 1272) 375 f., 379, 405
Nicole le Jendre, Prior aus → Saint-Germain-de-la-Truite 143
Nikaia, byz. Exilreich 170 f., 173 f.
Nikephoros I. (* um 760, † 811), byz. Ks. (ab 802) 161

Nikephoros Gregoras (* um 1295, † 1359/61), byz. Geschichtsschreiber 174
Niketas Choniates (* um 1155, † 1217), byz. Geschichtsschreiber *157*, 158–160, 165, 169–172, 477
Nikolaos I. (* 852, † 925), gen. Mystikos, Patr. v. → Konstantinopel (901–907, ab 912) 169
Nizza *82*, 83–85
Normandie 123–132, 135–141, 144–147, 182, 271, *333*, 473, *475*, 484
Normannen 30–33, 36, 38, 42, *83*, 108, 130, 141 f., 145 f., 158, 164, 168, 182 f., 185, *332*, 392
Northumbria 31
Nules 241, 243, *247*, 249
Nunyo Sanç (* um 1185, † 1242), Graf v. Roussillon 214
Nürnberg 282

Oder 29
Olympia 161
Olympios († 651/52), Exarch v. Ravenna (ab 649) 59
Ordericus Vitalis (* 1075, † um 1142), norm. Chronist 31 f., 36
Orléans 100, 126
Osmanisches Reich, Osmanen 155, 158, *167*, 169
Ostfalen 26, 40
Ostrogoten *48*
Oströmer → Byzantiner
Ostseeraum 14
Oswestry 431
Oxford 323, 345 f.

Paderborn 26
Palermo 21 f., 24, 34, 37, 185, 194
Palmes 257
Paris
– Sainte-Chapelle 156
– Stadt 100, 124–126, 128–130, *134*, 136, *140*, 146, *216*, 387
Paterna 241, 251
Patrick († 463 oder 493), Hl. 382
Patrimonium Petri 52
Paul I. († 767), Papst (ab 757) *66*
Paulus Diaconus (* 725–730, † vor 800), langobardischer Mönch, Chronist 50, 52

Paulus, Hl. 363 f., 397
Pavia 29, 66, *140*
Pays de Caux 144
Pelagius II. († 590), Papst (ab 579) 55
Peníscola = Baniškula 241 f., 246, 250, 252, 254
Peraza, Hernán (* 1450, † 1488), gen. der Jüngere, span. Konquistador, Mann v. → Beatriz de Bobadilla 278
Pere Martell, Bürger aus → Barcelona 212 f.
Perrin, Sohn v. → Étienne le Roy 141 f.
Peter III. (* 1240, † 1285), Kg. v. Aragón (ab 1276) und Sizilien (ab 1282) 38, 225–227
Peter v. Portugal (* 1187, † 1258), Infant 214
Peter v. Bermingham († 1309), anglo-ir. Lord 402
Peter v. Blois (* 1135, † 1211), Bruder v. → Wilhelm v. Blois, frz. Dichter 34
Peter Langtoft († ca. 1305), engl. Chronist 446
Petrus, Hl. 66, 359 f., 363, 399
Philipp II. (* 1165, † 1223), Kg. v. Frankreich (ab 1180) 123, 135
Philipp III. (* 1396, † 1467), gen. der Gute, Sohn v. → Johann Ohnefurcht, Herzog v. Burgund (ab 1419) 126, *137*
Philipp III. (* 1245, † 1285), Kg. v. Frankreich (ab 1270) 225
Philipp IV. (* 1268, † 1314), gen. der Schöne, Kg. v. Frankreich und Navarra (ab 1285) 39 f., 125, 390, 434
Philipp VI. (* 1293, † 1350), Graf v. Valois, Kg. v. Frankreich (ab 1328) 125
Philippinen 296
Phrygien 164
Pierre Cochon (* 1390, † 1456), Notar, Chronist 123, 131–139, 145
Piers Gaveston († 1312), Günstling v. → Eduard II. 396
Pikarden 130
Pikten 392
Pippin I. (* 797, † 838), Kg. v. Aquitanien (ab 814) 97, 99–101, *110*, 111–115, 118
Pippin III. (* 714, † 768), gen. der Jüngere, Vater v. → Karl dem Großen, frk. Hausmeier und Kg. (ab 751) *52*, 62, 66, 360, 363
Pisa 200
Plinius der Ältere (* 23/24, † 79), röm. Gelehrter 269
Pont-Audemer 144
Portugal, Portugiesen 222, 268, 271

Powys 435
Pruzzen 30
Puebla 301
Pusguse → Karalissee

Quauhquechollan, Quauhquecholteken
- Lienzo 295–303, 305, 311, 476, 480
Quintus Aurelius Symmachus (* um 342, † 402/3), röm. Redner *54*
Qulaira → Cullera

Radulphus Ardens (* vor 1140, † ca. 1200), Theologe *397*
Rainulf († 1139), Graf v. Caiazzo 481
Ramon de Patot, Meister des Templerordens 255
Ramon de Serra, Tempelritter, Berater v. → Jakob I. 214
Ranshofen, österr. Chorherrenstift 415
Raoul de Graucourt (* um 1370, † 1461), frz. Adeliger 136
Raoul Jouvin 142
Ratchis, Kg. der → Langobarden (744–749) 64
Ravenna
- Exarchat 57, 59, *65*, 157
- Pentapolis 64 f.
- Stadt *57*, 62, 64
Real
- San Antonio, Kirche 272
- Stadt 272, 278
Regensburg *419*
Reginald de Grey († 1308), Justiziar (1270–1274) in → Chester 431
Reims 126, 134
Rhaglawry, Flintshire 439
Rhomäer → Byzantiner
Rhone 461
Rhos 431
Rhuddlan (engl. Burg) *433*, 438
Rhys ap Maredudd (* um 1250, † 1292), Lord aus Deheubarth, Anführer des wal. Aufstandes (1287/88) 438
Riccio, Michele (* 1445, † 1515), Historiker 457
Richard de Clare (* um 1130, † 1176), gen. Strongbow, Mann von → Aoife, Herrscher in → Leinster, Unterstützer von → Diarmait mac Murchada 378, 382, 394
Richard Mór de Burgh († 1243), Justiziar von Irland (1228–1232) *383*

Robert Blondel (* um 1380, † um 1460), norm. Dichter, Geschichtsschreiber 128, 145, 477
Robert Bruce (* 1274, † 1329), Kg. v. Schottland (ab 1306) 385, 443, 445–447
Robert Clifford (* 1274, † 1314), engl. Magnat 442
Robert de Comines († 1069), Earl v. Northumbria (ab 1068) 31
Robert FitzStephen († 1183), cambro-norm. Kolonist in → Irland 378, 395
Robert Tibetot (* 1228, † 1298), wal. Justiziar 438
Robin Auber, norm. Kleinhändler 139 f.
de Rochefort, Guillaume (* um 1440, † 1492), Kanzler v. Frankreich (ab 1483) *455*, 456, *458*
de Rochefort, Guy († 1507/08), Kanzler v. Frankreich (ab 1497) 451, 454–462, 464
Römisches Reich 47, 155–157, 165
Roger II. (* 1095, † 1154), Kg. v. Sizilien (ab 1130) 159 f., 481
Roger Clifford, engl. Amtsträger in → Moldsdale 431
Roger Lestrange († 1311), engl. Amtsträger in → Oswestry 431
Roger Skoter, engl. Justiziar v. Galloway (1296) 441
Rom
- Diözese 479
- Dukat v. 63
- Lateranpalast 59
- Stadt 47–68, 80 f., 84 f., 156–158, 332, 362, 479
- Synode (769) *65*
- Venantius-Kapelle *61*
Rouen 124 f., 129, 131 f., 134–137, 139, 141, 144 f.
Roussillon, Grafschaft 225
Roxburgh 434
Ruaidrí Ua Conchobair († 1198), ‚Hochkg.' v. Irland 378, *395*
Rudolf I. (* 1218, † 1291), Graf v. Habsburg (ab 1240), röm.-dt. Kg. (ab 1273) 416, 422, *423*, 424
Rugles 143

Sachsen 21, 23, 25–30, *25–28*, 32 f., 40–42, *73*, 75–80, 92–94, 97 f., 108, *111*, 268, 392, *436*, 484

Sagunt 241, 249
de Sahagún, Fray Bernardino (* 1499/1500, † 1590), span. Missionar, Chronist 305, 479
Saint-Germain-de-la-Truite 143
Saint-Martin-le-Gaillard 144
Salamanca, Schule v. *274*, 286
Salamó Alconstantini = Don Salomo, ḥakīm im Dienst v. → Jakob I. 214, *215*, *246*
Sannazaro, Jacopo (* 1458, † 1530), neapol. Dichter, Humanist 451, 454–458, 462–465, 477 f.
Santa Àgueda, Burg → Sent Agayz
Santiago Matamoros → Jakobus
Saône 461
Sarazenen 58, 81, 103 f., 108 f., 113–115, 117 f.
Sardinien 60, *62*
Šarq al-Andalus 212, 215, *218*, 237–239, 242, *246*, 253, 259, 261 f., 478
Sassaniden 156, 158
Šāṭiba → Xàtiva
Schottland, Schotten 31, 33, 41, 390–393, 400, 404, 429, 430, 433 f., 441–448
Seldschuken 165
Selymbria 170
Semidan, Tenesor = Fernando Guanarteme, Herrscher v. Gáldar auf → Gran Canaria, span. Vasall 273 f., *284*, 289
Senguer 257
Sent Agayz
– Burg 211, *217*, 226 f.
– Vertrag v. (685/1287) 209, 211 f.
Sergius († 701), Papst (ab 687) 58
Serra d'Eslida, Gebirge 257, *258*
Setxi → al-Šaǧasī
Severin († 640), Papst (ab 638) 58–60
Sevilla 222
Siegburg, Kloster *453*
Silverius († 537), Papst (ab 536) 54
Simancas 310
Simon v. Durham (* 1060, † 1130), engl. Chronist 31
Sindual († 566/67), Kg. der → Heruler 55
Sinibaldo Fieschi → Innozenz IV.
Sizilien, Sizilianer
– Insel 22–24, 27, 30, 34–39, 42, 61 f., 79, 181–189, 190 f., 193–197, 202–204, 474, 480

– Königreich 21–23, 38, 159 f., 182, 185 f., 192, 196 f., 200, 202, 225
– Sizilianische Vesper 22, 24 f., 36, 39, 197 f., 200, 225
Sklavinien 161
Slawen
– Slawenaufstand (983) 29 f.
Spanien, Spanier 14, 30, *82*, 157, 162, 267–269, 271, 274, 278 f., 287, 295–297, 299–301, 303, 305 f., 309–312, 389, 454, 464, 484
St. Denis, Abtei 34
St. Malo 142
Stalingrad 167
Staufer 21, 30, 38, 185–189, 191–197
Stellinga, sächs. Rebellen 28
Stephan II. († 757), Papst (ab 752) 63 f., *66*, 360, 362
Stephan III. († 772), Papst (ab 768) 65
Stewart, schott. Adelsfamilie 443
Stirling
– Schlacht v. (1297) 442
– Stadt 434
Strongbow → Richard de Clare
Suárez Yupanqui, Isabel (* ca. 1523, † 1571), Frau v. → Sebastián Garcilaso de la Vega, Mutter v. → Inca Garcilaso de la Vega 309
Sueras 257
Sulaymān ʿAbd al-Ǧabbār, Gebetsleiter, ṣāḥib al-ṣalā 256
Šūn → Uixó
Sven I. (* ca. 960, † 1014), gen. Gabelbart, Kg. v. Dänemark (1014) 319, *321*, 324, *327*, *329*, 332
Sven Estridson (* um 1020, † 1076), dän. Kg. (ab 1047) 33, *330*, *335*
Syrakus *61*, 157
Syrien 164, 187

Tabasco 308
Tadhg Ua Briain († 1259), Sohn des ir. Kg. v. Thomond 383 f.
Taínos, Volk auf den karibischen Inseln 305
Talybont 439
Tanausú († 1493), Kg. v. → La Palma 267 f., 289
Tankred (* um 1138, † 1194), Kg. v. Sizilien (ab 1190) 35
Tarent *61*

Tarragona 212, 214
Tavira 222
Telese, Kloster v. 481 f.
Teneriffa *267*, 271, 273 f., 287
Tenochtitlán 296
Teruel 241
Teutoburger Wald 26
Theben 159
Theoderich († 526), gen. der Große, Kg. der Ostgoten 54
Theodor I. († 649), Papst (ab 642) 58 f.
Theodor Calliopas, Exarch v. Ravenna (643–ca. 645, 653–666) 59 f.
Theophanes (* um 760, † 818), byz. Chronist 161, 163
Thessalonike 157 f., 160, 167–169, 477
Thomas Basin (* 1412, † 1491), Bf. v. Lisieux, Geschichtsschreiber *139*, 140 f., 144 f.
Thomas Becket (* 1118, † 1170), Ebf. v. Canterbury (ab 1162), Hl. 398
Thomas Morisse 142
Thomasse Raoul 141
Thomond *377*, 383
Thrakien 162
Tigernach, Annalen des 382
Timotheus, biblische Figur 397
Tlaxcala, Tlaxcalteken
– Lienzo 303–305
– Volk 296, 299, 303, 305 f., 310
Torriani, Leonardo (* 1560, † 1628), Geschichtsschreiber *267*, 277, 281
Toto († 768), selbsternannter Herzog v. Nepi, etrurischer Magnat 52
Toulouse *376*
Trausnitz, Vertrag v. (1325) 414, 424 f.
Troia 201
Troyes, Vertrag v. (1420) 124, 126, 130, 133, 135, 138, 145, 147
Túatha Dé Danann, ir. mythisches Volk 388, 392
Tunis 223, *244*
Turgesius, Verbrecher in den Annalen des → Tigernach 382
Türken 164, 278, 286
Tuszien *65*

Uixó 241, 243, *247*, 250 f.
Ulster
– Annalen v. 382 f.

– Stadt 377, 383, 385 f.
Umayyaden 114, 158
Ungarn, Volk 52

Val de Vire → Vire, Tal der
València
– Königreich 212, 221, *224*, 228 f., 237 f., 241, 243, 247, 250–252, *257*, 259–262
– Stadt 213, *215*, 242, 245, 249, 282
Vallada 250
Vandalen 52
de Vargas Machuca, Bernardo (* 1557, † 1622), span. Konquistador, Chronist 297, 310–312
Vázquez de Tapia, Bernardino (* um 1490, † nach 1552), span. Konquistador, Chronist 297, 308, 312
Venantius, Hl. *61*
Venedig, Venezianer 30
Veo 257
Vergil (* 70 v. Chr., † 19 v. Chr.), röm. Dichter 332, 459–463, 476
Verneuil, Schlacht v. (1424) 144
de Viana, Antonio (* um 1578, † um 1650), kanar. Dichter 283, *475*
de Vera, Pedro (* 1430, † 1505), kast.-andal. Eroberer 273, 277
Vienne, Konzil v. (1312) 400
Vire, Tal der 144
Visigoten 52
Vitalian (* ca. 600, † 672), Papst (ab 657) *61*
de Vitoria, Francisco (* 1483, † 1546), Theologe 286

Wales
– Region 32, *376*, 378, *383*, 392, 429–442, 444–448
– Statut v. (1284) 433
Walter Amersham, Kanzler der schott. Regierung (1296) 441
Walter Map (* ca. 1130/35, † 1209/10), engl. Chronist 396
Waltheof (* 1050, † 1076), Earl v. Northumbria, Aufständischer (1069) 32
Wāqid b. Ṭūbā, Kommandeur 256
Waterford 378
Weibertreu, Burg 452
Weinsberg, Schlacht v. (1140) 451–453
Welf VI. (* 1115, † 1191), Markgraf v. Tuszien 451

Wenrich v. Trier († nach 1090), Leiter der Schule an der Trierer Domkirche 371
Weser 25 f.
Westfalen 26, 42
Widukind, Anführer des Widerstandes der → Sachsen (777–785) 28
Wikinger 82, 85, 327
Wilhelm I. (* 1027/28, † 1087), gen. der Eroberer, Herzog der Normandie (ab 1035), Kg. v. England (ab 1066) 7, 21, 25, 30–34, 36, 123, 129, *337*
Wilhelm v. Blois (* 1135; † 1202), Bruder v. → Peter v. Blois, Bf. v. Chartres (1164–1176), Erzbf. v. Sens (1169–1176) und Reims (ab 1176) 34
William Bevercotes, Kanzler der schott. Regierung unter → Eduard I. 441, 444
William de Burgh († 1206), Earl. v. Kent 377 f., *383*
William Marshal († 1219), königlicher Justiziar *377*
William Mortimer, engl. Justiziar v. North of the Forth 441
William Sycun († 1310/11), Hauptmann v. Conway Castle, Wales 439
William v. Moray, schott. Rebell *446*

William v. Ormesby († 1317), engl. Justiziar v. Lothian (1296/97) 441
William Wallace (* um 1270, † 1305), schott. Ritter 434, 442 f., 445
Windsor, Vertrag v. (1175) 378
Wittelsbacher, dt. Adelsgeschlecht 415
Wulfstan († 1023), Ebf. v. York (ab 1002) 319, *320*, 321–323, 325–328, 337, 341–343, 345–347, 349, *476–478*

Xàtiva
– Vertrag v. (1244) 212, *216*, *220*, *222*
– Stadt 239, 243 f., 247 f., 250–252
Xivert 255 f.

Yballa, Geliebte v. → Peraza, Hernán 279 f., 289
York 31, 33, 319, 438, 476–478
Yorkshire 31

Zacharias († 752), Papst (ab 741) 62–64, *66*, 360, 362 f.
Zadun, sarazenischer Fürst 108–110, 115, 117 f.
Zisterzienser *394*, 440

www.ingramcontent.com/pod-product-compliance
Lightning Source LLC
Chambersburg PA
CBHW081837230426
43669CB00018B/2737